한 번에 합격,
자격증은 이기적

이렇게 기막힌 적중률

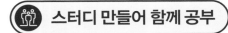
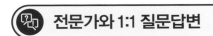
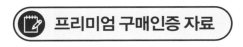

인증만 하면, **고퀄리티 강의가 무료!**

100% 무료 강의

이기적
홈페이지
접속하기

STEP
2

무료동영상
게시판에서
과목 선택하기

STEP
3

ISBN 코드
입력 & 단어
인증하기

STEP
4

이기적이 준비한
명품 강의로
본격 학습하기

영진닷컴 이기적 🔍

1년 365일 이기적이 쏜다!

365일 진행되는 이벤트에 참여하고 다양한 혜택을 누리세요.

EVENT ❶
기출문제 복원

- 이기적 독자 수험생 대상
- 응시일로부터 7일 이내 시험만 가능
- 스터디 카페의 링크 클릭하여 제보

이벤트 자세히 보기 ▶

EVENT ❷
합격 후기 작성

- 이기적 스터디 카페의 가이드 준수
- 네이버 카페 또는 개인 SNS에 등록 후
  이기적 스터디 카페에 인증

이벤트 자세히 보기 ▶

EVENT ❸
온라인 서점 리뷰

- 온라인 서점 구매자 대상
- 한줄평 또는 텍스트 & 포토리뷰 작성 후
  이기적 스터디 카페에 인증

이벤트 자세히 보기 ▶

EVENT ❹
정오표 제보

- 이름, 연락처 필수 기재
- 도서명, 페이지, 수정사항 작성
- book2@youngjin.com으로 제보

이벤트 자세히 보기 ▶

N Pay
네이버페이 포인트 쿠폰
20,000원

영진닷컴 쇼핑몰
30,000원

- N페이 포인트 5,000~20,000원 지급
- 영진닷컴 쇼핑몰 30,000원 적립
- 30,000원 미만의 영진닷컴 도서 증정

※이벤트별 혜택은 변경될 수 있으므로 자세한 내용은 해당 QR을 참고하세요.

이기적 크루를 찾습니다!

WANTED

저자 · 강사 · 감수자 · 베타테스터 상시 모집

저자 · 강사

- **분야** 수험서 전 분야
  수험서 집필 혹은 동영상 강의 촬영
- **요건** 관련 강사, 유튜버, 블로거 우대
- **혜택** 이기적 수험서 저자 · 강사 자격
  집필 경력 증명서 발급

감수자

- **분야** 수험서 전 분야
- **요건** 관련 전문 지식 보유자
- **혜택** 소정의 감수료
  도서 내 감수자 이름 기재
  저자 모집 시 우대(우수 감수자)

베타테스터

- **분야** 수험서 전 분야
- **요건** 관련 수험생, 전공자, 교사/강사
- **혜택** 활동 인증서 & 참여 도서 1권
  영진닷컴 쇼핑몰 30,000원 적립
  스타벅스 기프티콘(우수 활동자)
  백화점 상품권 100,000원(우수 테스터)

◀ 모집 공고 자세히 보기

이메일 문의하기 ✉ book2@youngjin.com

기억나는 문제 제보하고 N페이 포인트 받자!

기출 복원 EVENT

성명	이기적		수험번호	2 0 2 4 1 1 1 3

Q. 응시한 시험 문제를 기억나는 대로 적어주세요!

①365일 진행되는 이벤트   ②참여자 100% 당첨   ③우수 참여자는 N페이 포인트까지

영진닷컴 쇼핑몰
30,000원

N Pay
네이버페이
포인트 쿠폰
20,000원

적중률 100% 도서를 만들어주신 여러분을 위한 감사의 선물을 준비했어요.

신청자격 이기적 수험서로 공부하고 시험에 응시한 모든 독자님

참여방법 이기적 스터디 카페의 이벤트 페이지를 통해 문제를 제보해 주세요.
※ 응시일로부터 7일 이내의 시험 복원만 인정됩니다.

유의사항 중복, 누락, 허위 문제를 제보한 경우 이벤트 대상에서 제외됩니다.

참여혜택 영진닷컴 쇼핑몰 30,000원 적립
정성껏 제보해 주신 분께 N페이 포인트 5,000~20,000원 차등 지급

이벤트 페이지 확인하기 ▶

누구나 작성만 하면 100% 포인트 지급

합격 후기 EVENT

이기적과 함께 합격했다면,
합격썰 풀고 네이버페이 포인트 받아가자!

합격 후기
작성 시
100%
지급

네이버페이
포인트 쿠폰   25,000원

카페 합격 후기 이벤트

이기적 스터디 카페에
합격 후기 작성하고 5,000원 받기!

5,000원
네이버 포인트 지급

▲ 자세히 보기

blog 블로그 합격 후기 이벤트

개인 블로그에
합격 후기 작성하고 20,000원 받기!

20,000원
네이버 포인트 지급

▲ 자세히 보기

- 자세한 참여 방법은 QR코드 또는 이기적 스터디 카페 '합격 후기 이벤트' 게시판을 확인해 주세요.
- 이벤트에 참여한 후기는 추후 마케팅 용도로 활용될 수 있습니다.
- 이벤트 혜택은 추후 변동될 수 있습니다.

이기적 스터디 카페 🔍

시험 환경 100% 재현!
CBT 온라인 문제집

**편리한 학습을 돕는
글자 크기 변경 기능**

글자 크기 100% 150% 200%

**한 문제도 놓치지 않도록
안 푼 문제 수 확인**

· 전체 문제 수 : 40 · 안 푼 문제 수 : 40

**실전 시간관리 연습
제한 / 남은시간 표시**

제한 시간 40분
남은 시간 38분 50초

**CBT 시험 그대로!
답안 표기란**

답안 표기란

1 ① ② ③ ④

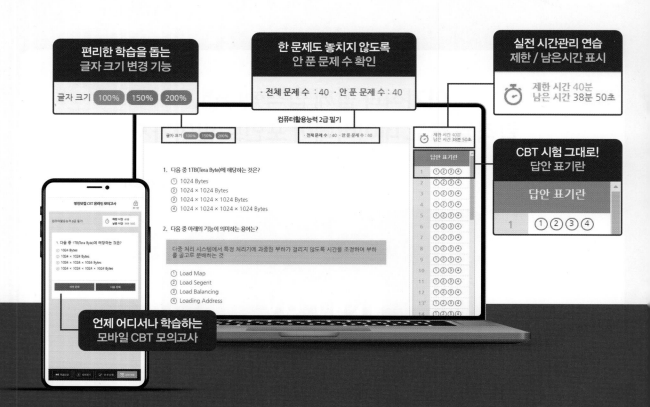

**언제 어디서나 학습하는
모바일 CBT 모의고사**

이용 방법

STEP 1	STEP 2	STEP 3	STEP 4
이기적 CBT cbt.youngjin.com 접속	과목 선택 후 제한시간 안에 풀이	답안 제출하고 합격 여부 확인	틀린 문제는 꼼꼼한 해설로 복습

이기적 CBT 🔍

이렇게
기막힌
적중률

정보통신기사
필기+실기 올인원

1권 · 이론서

"이" 한 권으로 합격의 "기적"을 경험하세요!

YoungJin.com Y.
영진닷컴

출제빈도에 따라 분류하였습니다.
- ㉠ : 반드시 보고 가야 하는 이론
- ㉡ : 보편적으로 다루어지는 이론
- ㉢ : 알고 가면 좋은 이론

▶ 표시된 부분은 동영상 강의가 제공됩니다.
이기적 홈페이지(license.youngjin.com)에 접속하여 시청하세요.

▶ 제공하는 동영상과 PDF 자료는 1판 1쇄 기준 2년간 유효합니다.
단, 출제기준안에 따라 동영상 내용은 변경될 수 있습니다.

PART
06 **정보통신실무**

STEP 01 꼭 필요한 핵심 이론

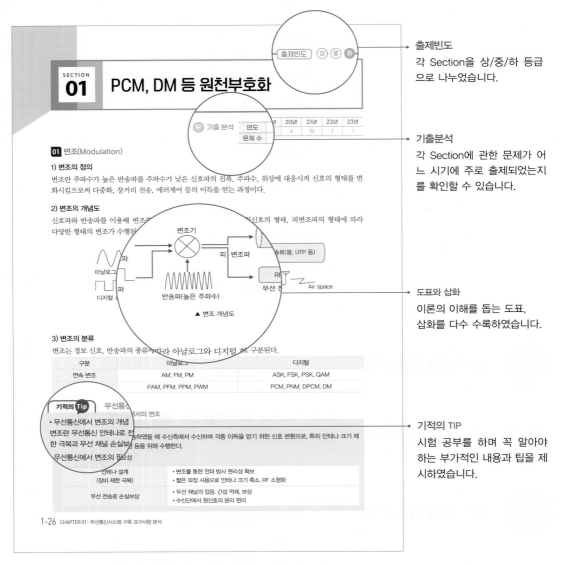

출제빈도

각 Section을 상/중/하 등급으로 나누었습니다.

기출분석

각 Section에 관한 문제가 어느 시기에 주로 출제되었는지를 확인할 수 있습니다.

도표와 삽화

이론의 이해를 돕는 도표, 삽화를 다수 수록하였습니다.

기적의 TIP

시험 공부를 하며 꼭 알아야 하는 부가적인 내용과 팁을 제시하였습니다.

STEP 02 이론을 확인하는 기출문제와 예상문제

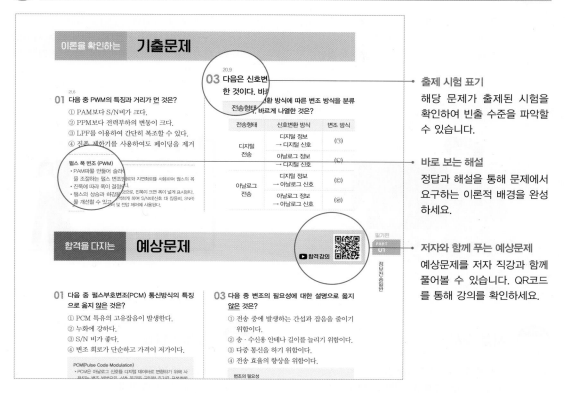

출제 시험 표기
해당 문제가 출제된 시험을 확인하여 빈출 수준을 파악할 수 있습니다.

바로 보는 해설
정답과 해설을 통해 문제에서 요구하는 이론적 배경을 완성하세요.

저자와 함께 푸는 예상문제
예상문제를 저자 직강과 함께 풀어볼 수 있습니다. QR코드를 통해 강의를 확인하세요.

STEP 03 실전 대비 최신 기출문제

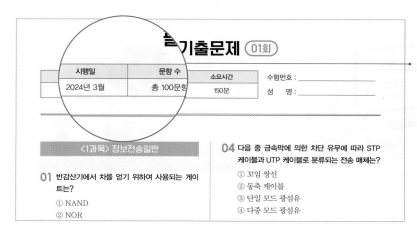

실전같은 기출문제
시행일과 문항 수, 시험시간을 표시하고 있습니다. 문제당 시간을 잘 조절해서 풀 수 있도록 연습하세요.

STEP 01 응시 자격 조건

- 관련 자격 조건에 해당하는 응시자만 응시 가능
- 자세한 응시 자격은 시행처 홈페이지 확인

STEP 02 원서 접수

- www.cq.or.kr에서 인터넷 접수
- 검정과목 면제 신청자는 원서 접수 시 해당 사항을 체크하고 증빙서류 첨부 및 경력사항 기재

STEP 03 시험 응시

- 시험 개시 20분 전까지 입실
- 필기시험은 수험표, 신분증, 컴퓨터용 흑색 사인펜, 수정 테이프 지참
- 실기시험은 수험표, 신분증, 필기도구, 계산기 지참
- 필기, 실기 각 150분 동안 시험 진행

STEP 04 합격자 발표

- 인터넷 발표(www.cq.or.kr)
- 발표일 10:00 공지

01 정보통신기사 시험의 개요

- 시행처 : 한국방송통신전파진흥원
- 수행직무 : 정보통신 관련 공학적 이론지식과 기술을 바탕으로 정보통신 시스템의 설계, 구축, 운영 및 유지보수에 관한 직무수행
- 평가기준 : 응시하고자 하는 종목에 관한 공학적 기술이론 지식을 가지고 설계, 시공, 분석 등의 기술업무를 수행할 수 있는 능력의 유무

02 시험과목 및 시험방법

구분	필기	실기
과목	1. 정보전송일반 2. 정보통신기기 3. 정보통신네트워크 4. 정보시스템운용 5. 컴퓨터 일반 및 정보설비기준	정보통신실무
출제유형 (시험시간)	4지선다형(CBT) (2시간 30분)	필답형 (2시간 30분)
합격기준	과목당 100점을 만점으로 하여 매과목 40점 이상, 전과목 평균 60점 이상	100점을 만점으로 60점 이상

03 세부응시자격

- 산업기사 등급 이상의 자격을 취득한 후 응시하려는 종목이 속하는 동일 및 유사 직무분야에서 1년 이상 실무에 종사한 사람
- 기능사 자격을 취득한 후 응시하려는 종목이 속하는 동일 및 유사 직무분야에서 3년 이상 실무에 종사한 사람
- 응시하려는 종목이 속하는 동일 및 유사 직무분야의 다른 종목의 기사 등급 이상의 자격을 취득한 사람
- 관련학과의 대학 졸업자 등 또는 졸업 예정자
- 3년제 전문대학 관련학과 졸업자 등으로서 졸업 후 응시하려는 종목이 속하는 동일 및 유사 직무분야에서 1년 이상 실무에 종사한 사람

- 2년제 전문대학 관련학과 졸업자 등으로서 졸업 후 응시하려는 종목이 속하는 동일 및 유사 직무분야에서 2년 이상 실무에 종사한 사람
- 동일 및 유사 직무분야의 기사 수준 기술훈련과정 이수자 또는 그 이수 예정자
- 동일 및 유사 직무분야의 산업기사 수준 기술훈련과정 이수자로서 이수 후 응시하려는 종목이 속하는 동일 및 유사 직무분야에서 2년 이상 실무에 종사한 사람
- 응시하려는 종목이 속하는 동일 및 유사 직무분야에서 4년 이상 실무에 종사한 사람
- 외국에서 동일한 종목에 해당하는 자격을 취득한 사람
- 관련학과(NCS 기준)
  - 02 경영 · 회계 · 사무 중 024 생산관리 직무분야와 관련된 학과
  - 16 기계 중 165 항공 직무분야와 관련된 학과
  - 20 전기 · 전자 직무분야와 관련된 학과
  - 21 정보통신 중 212 방송 · 무선 직무분야와 관련된 학과
  - 21 정보통신 중 213 통신 직무분야와 관련된 학과

04 최근 합격률

- 필기

연도	응시자	합격자	합격률
2023년	3,104명	939명	30.2%
2022년	2,409명	884명	36.6%
2021년	3,726명	2,038명	54.7%
2020년	2,928명	1,494명	51.0%

- 실기

연도	응시자	합격자	합격률
2023년	1,664명	835명	50.2%
2022년	2,072명	735명	35.5%
2021년	3,006명	714명	23.7%
2020년	2,101명	1,217명	57.9%

05 원서 접수

- 인터넷접수 : 홈페이지(www.cq.or.kr) 접속하여 접수(실기시험 시험일시 및 장소 본인선택, 선착순)
- 검정과목 면제신청(해당자)
  - 인터넷접수 시 면제신청란 구분의 해당 사항 체크
  - 필기시험 상호면제 종목(전파전자통신, 무선설비, 통신선로) 해당자는 자격선택 및 경력으로 검정과목 면제신청자는 증빙서류 첨부 및 경력사항 기재(증빙서류 원본 제출)
- 응시자격 서류제출 : 수험자 응시 후부터 실기접수 기한 (18:00까지) 내 온라인 제출

06 시험의 진행

- 수험준비물
  - 필기시험 : 수험표, 신분증, 컴퓨터용 흑색 사인펜, 수정 테이프
  - 실기시험(필답형) : 수험표, 신분증, 필기도구(흑색 볼펜), 계산기(공학용)
- 입실 시간
  - 필기시험(CBT 시험장) : 시험 시작 20분 전까지
  - 실기시험(필답형 고사장) : 시험 시작 20분 전까지
  - 입실 시간 이후 시험 응시 불가

07 시험 유의사항

- 원서 접수 시간 : 원서접수 첫날 10:00부터 마지막 날 18:00까지
- 원서 접수 유의사항
  - CBT 상세일정은 홈페이지(www.cq.or.kr)를 통해 사전에 확인
  - 수험자의 학적 변동 · 경력 등 응시자격 충족여부를 확인 후 접수
- 응시자격 심사기준일 : (필기시험이 있는 경우) 필기시험일. 다만, 필기시험을 여러 날 중에서 선택할 수 있는 경우 해당 회차의 마지막 필기시험일
- 필기시험은 CBT 전면시행에 따라 평일검정으로 시행

- CBT 응시 유의사항
  - 정기검정 회별 응시기회는 종목당 1회로 한정
  - CBT 시험은 문제은행에서 개인별로 상이하게 문제가 출제되며, 시험문제는 비공개
- 자격취득자의 시험응시 : 기 취득한 국가기술자격과 동일한 국가기술자격 종목의 시험은 응시 불가
- 금지된 전자기기 소지 시 부정행위 처리
- 실기(필답형)시험은 실기시험 시작 첫 번째 토요일에 전국 동시 시행
- 시험장별 접수인원이 5명 미만인 경우 타 시험장으로 변경 시행(단, 장애 또는 질병 등 특별한 사유가 있는 경우는 예외)
- 천재지변, 감염병 확산, 응시인원 증가 등 부득이한 사유가 발생된 경우 검정시행 기관장이 시행일정을 조정할 수 있음

08 합격자 발표, 필기시험 면제, 이의신청

- 인터넷 발표(www.cq.or.kr), 발표일 10:00 공지
- 필기시험 면제 기간
  - 필기시험 합격자 발표일로부터 2년간 면제
  - 필기시험 면제 기간은 필기시험 합격(예정)자 발표일을 기준으로 설정
  - 실기시험 원서 접수 시점에 면제 기간이 도래한 경우 실기시험 원서 접수 불가
- 시험문제에 이의가 있을 시 홈페이지 묻고 답하기에 질의하면 합격자 발표 이전에 검토 결과를 수험자에게 안내

09 자격증 발급 신청

- 신청 준비물 : 자격증 교부신청서, 증명사진 1매, 신분증, 수수료
- 인터넷(www.cq.or.kr) 자격증 발급 메뉴에서 신청(내방신청 없음, 온라인 신청 후 등기우편으로 배송)

10 CBT 디지털 시험장 위치

서울본부	북서울본부
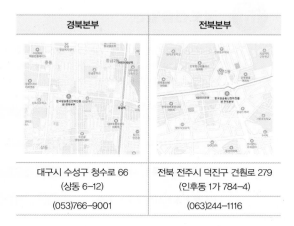	
서울시 송파구 중대로 135 IT벤처타워 서관2층	서울시 마포구 성암로 189 중소기업 DMC타워 10층 (상암동 1622)
(02)2142-2060	(02)3151-9900

부산본부	경인본부
부산시 동구 초량중로 29 (초량동 1056-2)	인천시 남동구 미래로 7 현대해상빌딩 4층 (구월동 1128-10)
(051)440-1001	(032)442-8701

경북본부	전북본부
대구시 수성구 청수로 66 (상동 6-12)	전북 전주시 덕진구 견훤로 279 (인후동 1가 784-4)
(053)766-9001	(063)244-1116

강원본부	제주본부
강원도 원주시 만대로 15-1 한국정보통신공사협회 2층	제주도 제주시 중앙로 265 성우빌딩 7층 (이도2동 1034-4)
(033)732-8501	(064)752-0386

PART 01 정보전송일반

20문항

정보전송일반은 2022년 이전 과목에서 정보전송 공학의 내용과 디지털 전자회로의 일부 내용이 더해진 과목으로, 변복조, 전송매체, 전송방식, 변복조 회로, 발진회로 등을 다룹니다. 어려운 계산은 없으나 비교적 복잡한 공식이나 회로 등이 많이 포함된 과목이기 때문에 이해 및 암기가 충분히 병행되어야 합니다.

01 무선통신시스템 구축 요구사항 분석 — 30%
02 정보통신선로 검토 — 15%
03 네트워크 품질 시험 — 34%
04 무선통신시스템 장비발주 — 21%

PART 02 정보통신기기

20문항

정보통신 단말이나 기기 등 전반의 종류와 표준 등을 주로 다루는 과목입니다. 대부분 특정 단어가 뜻하는 바를 알고 있어야 하는 부류의 문제가 많아 이해보다는 암기가 중심이 됩니다. 최신 기술과 관련한 표준 등도 출제될 가능성이 있으므로 외부에도 관심을 기울이면 도움이 될 수 있습니다.

01 단말기 개발검증 — 24%
02 회선 개통 — 28%
03 영상정보처리 기기 설비 — 24%
04 홈네트워크 설비 공사 — 24%

PART 03 정보통신네트워크

20문항

통신망의 구조나 프로토콜, 전송제어, 계층 등 네트워크에 관한 내용을 다룹니다. 다른 과목에서 같이 짚고 넘어가는 내용이 다소 있고, 일상적인 IT 기술과 거리가 가까운 편으로 상대적으로 쉽게 느껴질 수 있습니다. 다만 암기해야 할 양 자체는 적지 않으므로 중요한 내용을 놓치지 않도록 합니다.

01 네트워크 구축설계 — 47%
02 근거리통신망(LAN) 설계 — 23%
03 구내통합설비 설계 — 17%
04 이동통신서비스 시험 — 13%

PART 04 정보시스템운용　　　　　　　　　　20문항

2022년 개정 이후에 추가된 과목으로 상대적으로 어려운 과목으로 꼽힙니다. 서버 구축 외에 설비에 관한 내용은 대부분 수험생에게 낯설 수 있고, 비교적 출제된 기간이 짧아 변동의 가능성이 큰 영역입니다. 다만 그 기간 중에서도 꾸준히 출제되는 키워드가 가동률, MTTR 등 드러나고 있는 편이므로 해당 내용을 중심으로 학습하도록 해야 합니다.

- 01 서버 구축 — 24%
- 02 정보통신설비 검토 — 41%
- 03 구내통신 구축 설계 — 8%
- 04 네트워크 보안관리 — 27%

PART 05 컴퓨터 일반 및 정보설비 기준　　　　　　　20문항

컴퓨터 구조에 관한 내용과 통신설비 관련 법규 내용으로 구분됩니다. 컴퓨터 일반은 타 자격의 수험 내용과 유사하며, 통신설비 관련 법규는 모든 법령을 암기하는 것은 한계가 있으므로 기출문제를 통해 출제된 법령과 키워드를 우선으로 학습하도록 합니다.

- 01 하드웨어 기능별 설계 — 19%
- 02 전자부품 소프트웨어 개발 환경 분석 — 28%
- 03 NW 운용관리 — 7%
- 04 보안 운영관리 — 4%
- 05 분석용 데이터 구축 — 1%
- 06 서버 구축 — 3%
- 07 정보통신 법규 해석 — 38%

PART 06 정보통신실무　　　　　　　　　　20문항

대부분 필기에서 학습한 내용을 다시 보게 됩니다. 다만 객관식에서 필답형으로 바뀌어 각 개념을 좀 더 명확히 알고 있어야 하며, 필기에서 다루지 않는 지엽적인 요소도 출제되고 특히 최근 신유형 문제가 자주 출제되고 있어 확실한 이론적 바탕을 만드는 방향으로 학습해야 할 것입니다.

- 01 교환시스템 기본설계 — 33%
- 02 네트워크 구축공사 — 30%
- 03 구내통신구축 공사관리 — 23%
- 04 구내통신 공사 품질관리 — 14%

CBT 시험 가이드

CBT란?

CBT는 시험지와 필기구로 응시하는 일반 필기시험과 달리, 컴퓨터 화면으로 시험 문제를 확인하고 그에 따른 정답을 클릭하면 네트워크를 통하여 감독자 PC에 자동으로 수험자의 답안이 저장되는 방식의 시험입니다.

CBT 필기시험 진행 방식

본인 좌석 확인 후 착석 ➡ 수험자 정보 확인 ➡ 화면 안내에 따라 진행 ➡ 검토 후 최종 답안 제출 ➡ 퇴실

CBT 응시 유의사항

- 수험자마다 문제가 모두 달라요. 문제은행에서 자동 출제됩니다!
- 답지는 따로 없어요!
- 문제를 다 풀면, 반드시 '제출' 버튼을 눌러야만 시험이 종료되어요!
- 시험 종료 안내방송이 따로 없어요.

FAQ

Q CBT 시험이 처음이에요! 시험 당일에는 어떤 것들을 준비해야 좋을까요?

A 시험 20분 전 도착을 목표로 출발하고 시험장에는 주차할 자리가 마땅하지 않은 경우가 많으므로, 대중교통을 이용하는 것을 추천합니다. 무사히 시험 장소에 도착했다면 수험자 입장 시간에 늦지 않게 시험실에 입실하고, 자신의 자리를 확인한 뒤 착석하세요.

Q 기존보다 더 어려워졌을까요?

A 시험 자체의 난이도 차이는 없지만, 랜덤으로 출제되는 CBT 시험 특성상 경우에 따라 유독 어려운 문제가 많이 출제될 수는 있습니다. 이러한 돌발 상황에 대비하기 위해 이기적 CBT 온라인 문제집으로 실제 시험과 동일한 환경에서 미리 연습해두세요.

CBT 진행 순서

좌석번호 확인	수험자 접속 대기 화면에서 본인의 좌석번호를 확인합니다.
수험자 정보 확인	시험 감독관이 수험자의 신분을 확인하는 단계입니다. 신분 확인이 끝나면 시험이 시작됩니다.
안내사항	시험 안내사항을 확인하고, 다음을 클릭합니다.
유의사항	시험과 관련된 유의사항을 확인합니다.
문제풀이 메뉴 설명	시험을 볼 때 필요한 메뉴에 대한 설명을 확인합니다. 메뉴를 이용해 글자 크기와 화면 배치를 조정할 수 있습니다. 남은 시간을 확인하며 답을 표기하고, 필요한 경우 아래의 계산기를 이용할 수 있습니다.
문제풀이 연습	시험 보기 전, 연습을 해 보는 단계입니다. 직접 시험 메뉴화면을 클릭하며, CBT가 어떻게 진행되는지 확인합니다.
시험 준비 완료	문제풀이 연습을 모두 마친 후 [시험 준비 완료] 버튼을 클릭하면 시험 감독관의 지시에 따라 시험이 시작됩니다.
시험 시작	시험이 시작되었습니다. 수험자는 제한 시간에 맞추어 문제풀이를 시작합니다.
답안 제출	시험을 완료하면 [답안 제출] 버튼을 클릭합니다. 답안을 수정하기 위해 시험화면으로 돌아가고 싶으면 [아니오] 버튼을 클릭합니다.
답안 제출 최종 확인	답안 제출 메뉴에서 [예] 버튼을 클릭하면, 수험자의 실수를 방지하기 위해 한 번 더 주의 문구가 나타납니다. 완벽히 시험 문제 풀이가 끝났다면 [예] 버튼을 클릭하여 최종 제출합니다.
합격 발표	CBT 시험이 모두 종료되면, 퇴실할 수 있습니다.

이제 완벽하게 CBT 필기시험에 대해 이해하셨나요?
그렇다면 이기적이 준비한 CBT 온라인 문제집으로 학습해 보세요!

이기적 온라인 문제집 : https://cbt.youngjin.com

이기적 CBT
바로가기

Q 정보통신기사란?

A 정보통신기사는 통신관련 분야에서 무선설비기사와 더불어 통신 분야의 대표자격증입니다. 과거 명칭이 유선설비기사였지만 현재 정보통신기사는 유무선 통신 전반에 대해 다루고 있어 무선설비기사와 필기 한정 상당한 부분에서 공통 내용을 갖고 있으며, 오히려 상대적으로 더 넓은 분야를 다룬다고 볼 수 있습니다.

Q 정보통신기사를 취득하면?

A 정보통신기사를 취득하면 정보통신공사협회에서 인정하는 정보통신기술자가 됩니다. 정보통신기사 취득 직후에는 초급기술자이므로 정보통신공사를 진행하는 도급금액 5억 원 미만의 현장에 배치될 수 있습니다. 이후 경력을 2년 더 쌓으면 중급기술자, 3년을 더 쌓으면 고급기술자가 되어 더 많은 현장에 배치될 수 있습니다. 그 외에 실질적으로는 공기업 통신직 등을 지원하기 위한 목적으로 취득하게 됩니다.

Q 정보통신기사의 취득 난이도는?

A 최근 정보통신기사의 합격률은 필기가 50%대를 유지하다가 30%로 떨어졌고, 실기의 경우 40%를 밑돌다 50%대로 돌아온 상황입니다. 과거에는 통상 필기, 실기 모두 50% 전후의 합격률을 유지했으나, 2022년에 있었던 시험 전면 개정 이후로 난이도가 다소 들쑥날쑥한 경향을 보였습니다. 다만, 필기의 경우 CBT 개편으로 인해 난이도 수준이 이전 평균으로 수렴할 것으로 예상됩니다. 일반적인 기사 시험의 합격률과 비슷한 수준으로 성실하게 공부한 수험생들은 무난하게 합격할 수 있는 난이도이나, 공학기사 자격증임에도 계산이 적고 암기가 많은 특성상 개인별로 체감하는 난이도 차이가 있을 것입니다.

Q 달라진 정보통신기사의 수험 전략은?

A 필기의 경우 2024년부로 전면 CBT로 개편되었습니다. 2022년 개정 이후로 신유형의 출제가 늘어난 편으로 문제은행 방식이라고 하더라도 기출만으로는 필요한 점수를 얻기 어려울 수 있습니다. 실기에 대한 대비를 겸하여 이론학습을 충실히 하시길 바랍니다.
정보통신기사의 실기는 작업형이 없어져 필답형만으로 진행되는데, 그 출제 범위가 필기에서 학습한 내용에서 그다지 벗어나지 않습니다. 따라서 필기 수험 기간에 이론을 숙지했다면 실기 수험 기간을 크게 단축할 수 있습니다.

Q 정보통신기사를 응시할 때 주의해야 할 점은?

A 대부분의 국가자격 시험과 달리 정보통신기사는 주관기관이 한국방송통신전파진흥원으로 대부분의 다른 기사 과목과 접수처, 접수기간, 시험일 등 관련된 사항이 모두 다릅니다. www.cq.or.kr에서 관련 정보를 반드시 확인하시기 바랍니다.

저자의 말

정보통신 기술의 급격한 발전은 현대 사회를 둘러싼 환경을 빠르게 변화시키고 있습니다. 이러한 변화에 발맞춰 정보통신 분야에서의 전문 지식과 기술 역시 절실하게 요구되고 있습니다. 이 책을 통해 정보통신기사 자격증 취득을 향한 여정을 시작하거나 이미 시작한 분들에게, 그리고 정보통신 분야에 관심을 가지고 있는 모든 분들에게 도움이 되고자 합니다.

이 책을 작성하면서, 정보통신 분야의 복잡한 개념과 기술을 이해하고 습득하는 데 도움이 되는 체계적인 내용을 제공하려 노력했습니다. 장황하고 방대한 이론 설명이 아닌 필히 익혀야 할 핵심 이론만으로 구성하였으며, 최근 5~6년간 실제 시험에서 출제된 유형의 문제들을 집중적으로 다루어, 독자 여러분이 기출문제 중심으로 준비할 수 있도록 구성하였습니다.

- **최신 NCS 출제기준 대응** : NCS 정보통신기사 자격증 필기와 실기 시험을 최신 출제기준에 맞추어 핵심이론과 기출/예상 문제로 구성하였습니다. 이는 실제 변경된 출제기준 기반의 시험에서 자격증 취득을 위한 가장 효율적인 길잡이가 될 것입니다.
- **한권으로 필기/실기 시험 대비** : 필기 시험과 실기 시험을 함께 대비하려는 분들을 위해 필기와 실기를 통합적으로 다루고 있습니다. 이를 통해 두 시험 간의 연계성을 이해하고 효과적으로 대비할 수 있습니다.
- **3개년 기출문제 풀이** : 최근 3년간의 기출 문제를 분석하여, 실전에 가장 유용한 풀이 방법을 제시하였습니다. 최근 변경된 기출문제 풀이를 통해 보다 효율적으로 자격증 취득을 돕고자 하였습니다.
- **Section별 5개년 출제빈도 분석** : 최근 5개년 각 Section별 기출문제 분석을 통해 년도별 문제출제 빈도를 표시하였으며, 변경된 출제기준에 따른 [출제빈도 : 상/중/하]를 표기함으로써 효율적인 학습을 지원하고자 하였습니다.

본 서적은 정보통신기사 자격증 취득에 초점을 맞추고 있지만, 더 나아가 정보통신 분야에서의 전문 지식과 기술을 습득하고 발전시키는 데도 도움을 주고자 합니다. 정보통신 분야는 계속해서 진화하고 변화하며 더 많은 기회와 도전을 제공하고 있습니다. 우리는 이 책을 통해 여러분의 학습과 성장을 지원하고, 정보통신 분야에서의 성공을 이루어 나가길 바랍니다. 정보통신기술사 6인이 각 과목별 분석과 다년간 현장 경험을 바탕으로 최대한 쉽게 독자들이 이해할 수 있도록 집필하였으나, 다소 부족한 내용이 있을 수 있습니다. 혹여라도 발생할 수 있는 오류에 대해서는 정오표를 게시하고, 지속 수정 보완하여 독자들에게 유익한 서적이 될 수 있도록 하겠습니다.

마지막으로 이 책을 출판할 수 있도록 많은 지지와 성원을 보내준 가족과 (주)영진닷컴 김길수 대표님, 이혜영 부장님 및 편집부 직원 여러분께도 진심으로 감사드립니다.

– 저자 일동 –

정보전송일반

학습 **방향**

정보전송일반 과목은 정보통신기술의 기본 원리와 개념을 다루는 과목으로, 정보의 전송, 신호의 종류(아날로그와 디지털), 전송 매체(유선, 무선), 그리고 정보통신 시스템의 구성 요소와 역할을 이해해야 한다. 변복조 기술을 비롯해 부호화 및 복호화 기법으로 데이터 를 효율적으로 전송하는 방법에 대해 학습하며, 유선 및 무선 전송 매체의 특성과 사용 사 례를 중점으로 공부한다.

CHAPTER
01

무선통신시스템 구축
요구사항 분석

PCM, DM 등 원천부호화

기출 분석

연도	19년	20년	21년	22년	23년
문제 수	5	4	10	2	1

01 변조(Modulation)

1) 변조의 정의

변조란 주파수가 높은 반송파를 주파수가 낮은 신호파의 진폭, 주파수, 위상에 대응시켜 신호의 형태를 변화시킴으로써 다중화, 장거리 전송, 에러제어 등의 이득을 얻는 과정이다.

2) 변조의 개념도

신호파와 반송파를 이용해 변조를 수행하여 피변조파를 얻으며, 원신호의 형태, 피변조파의 형태에 따라 다양한 형태의 변조가 수행된다.

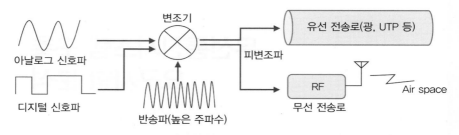

▲ 변조 개념도

3) 변조의 분류

변조는 정보 신호, 반송파의 종류에 따라 아날로그와 디지털 형태로 구분된다.

구분	아날로그	디지털
연속 변조	AM, FM, PM	ASK, FSK, PSK, QAM
펄스 변조	PAM, PFM, PPM, PWM	PCM, PNM, DPCM, DM

기적의 Tip 무선통신에서의 변조

• 무선통신에서 변조의 개념
변조란 무선통신 안테나로 전송하였을 때 수신측에서 수신하며 각종 이득을 얻기 위한 신호 변환으로, 특히 안테나 크기 제한 극복과 무선 채널 손실보상 등을 위해 수행한다.

• 무선통신에서 변조의 필요성

안테나 설계 (장비 제한 극복)	• 변조를 통한 전파 방사 편리성 확보 • 짧은 파장 사용으로 안테나 크기 축소, RF 소형화
무선 전송로 손실보상	• 무선 채널의 잡음, 간섭 억제, 보상 • 수신단에서 원신호의 분리 편리

장거리 전송	• 반송파를 이용한 고주파 대역으로의 이동 • 높은 주파수로 인한 장거리 전송
다중화 전송	• 여러 다른 반송파로 변조를 통한 다중화 • 다중화를 통해 주파수 사용효율 증대
전송속도 향상	• 고속변조 적용으로 전송속도 향상 • 16QAM, 256QAM 등 변조 가능

02 PCM(Pulse Code Modulation)

1) PCM의 정의

PCM은 아날로그 신호를 디지털 데이터로 변환하기 위해 사용되는 변조 방법으로, 신호 등급을 균일한 주기로 표본화한 후, 디지털(이진) 코드로 양자화 처리하는 과정을 거친다.

2) PCM 동작 구성도

PCM은 표본화, 양자화, 부호화 과정을 거쳐서 아날로그 신호를 디지털 신호로 변환한다.

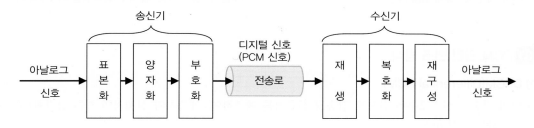

▲ PCM 동작 구성도

① **표본화(Sampling)** : 필요한 정보를 취하기 위해 음성 또는 영상 등의 연속적인 아날로그 신호를 불연속적인 디지털 신호로 바꾸는 과정이며, 원신호를 시간 축상에서 일정한 주기로 추출하는 것을 말한다. 이 과정에서 나이퀴스트의 샘플링 정리를 활용한다.

> **기적의 Tip** Nyquist 표본화 정리(Sampling Theorem)
>
> • Nyquist 표본화 주기 : $T_s = \dfrac{1}{2f_m}$, Nyquist 표본화 주파수 : $f_s = 2f_m$ (f_m : 신호가 갖는 최고 주파수)
> • 정보전송량 = 비트율 = 표본화 주파수(f_s) × 비트 수
> • 표본화 주파수가 높을수록 원신호 복원에 유리하나, 전송 데이터가 많아 속도는 느려진다.
> • 앨리어싱(Aliasing) 현상 : 신호의 중복과 섞임 등에 의해 왜곡이 발생되는 현상으로, 나이퀴스트 주파수보다 낮은 주파수로 표본화할 경우 발생한다.

② **양자화(Quantization)** : 표본화를 통해 얻은 PAM 신호를 디지털화하기 위해 진폭 축을 따라 이산값(서로 떨어져 있는 값)을 갖도록 처리하는 것을 말한다. 연속적인 아날로그 값을 이산적인 디지털 값으로 바꾸는 A/D 변환을 뜻하는 것으로, 표본화된 펄스의 크기를 부호화하기 위한 값으로 바꾸어 주는 과정이다.

- 양자화 오차 : PAM과 양자화 스텝 사이의 차이로 인해 발생하는 오차이며, 양자화 스텝 수가 많을수록 오차는 줄어들고, 정보량은 많아진다.
- 양자화 오차 대책 : 양자화 스텝 수를 늘리거나, 비선형 양자화를 하거나, 압신기를 사용한다.
- 신호전력 대 양자화 잡음비 : 양자화 비트 1[bit] 증가 시 6[dB] 증가한다.
- 양자화 잡음에는 경사 과부하(최대값 신호보다 큰 부분)와 그래뉴러(최소값 신호보다 작은 부분)가 있으며, 이를 개선하기 위해서는 ADM을 이용해야 한다.

③ **부호화(Encoding)** : 각 데이터 정보 하나하나에 할당되는 2진 표현으로 바꾸는 과정으로, 양자화된 신호들은 전송 시에 잡음에 매우 민감하므로 전송 및 처리에 적합하도록 부호화하여야 한다.

3) PCM의 장/단점

장점	단점
• 잡음에 강함 • 분기와 삽입이 쉬움 • 누화, 혼선에 강함 • 중계기의 재생기능으로 잡음 누적 없음 • 저질의 전송로에서 사용 가능	• 채널당 소요되는 대역폭 증가 • 표본화/양자화 잡음이 발생 • 동기 유지 필요 • A/D, D/A 변환과정 증가 • 기존 아날로그 네트워크(N/W)와 정합 시 비용부담

03 PCM 관련 변조 방식

1) DPCM(Differential PCM)
- 이미 전송된 신호로부터 앞으로 전송될 신호치를 예측하여, 예측치와 실제치의 차를 양자화/부호화하여 전송하는 방식이다.
- 양자화 스텝 수를 줄일 수 있게 되어 전송할 정보량을 줄일 수 있는 변조 방식이다.

2) DM(Delta Modulation, ⊿M, 델타변조)
- 입력 신호를 표본화하여 바로 앞의 표본치와 크기(진폭)을 비교하여 입력 신호가 크면 1, 입력 신호가 작으면 0으로 대응시켜 극성만을 전송하는 변조 방식이다.
- 1bit 양자화(2레벨 양자화)를 수행하여 정보 전송량을 크게 줄인 변조 방식이다.
- 전송 중의 에러에도 강하며, 업다운 카운터가 필요하다.

3) ADPCM(Adaptive DPCM)
DPCM 방식의 성능 개선을 위해 양자화 레벨이 적응적(입력신호에 따라 양자화 스텝의 최대/최소값이 변함)으로 변화하며, 예측 부호화를 동시에 하는 변조 방식이다.

4) ADM(Adaptive DM)
DM의 성능 개선을 위해, 적응형 양자화기를 사용하여 잡음을 감소시키는 변조 방식이다.

이론을 확인하는 기출문제

21.10

01 다음 중 정보 단말기 변조 기능의 목적 또는 필요성에 맞지 <u>않는</u> 것은?

① 잡음, 간섭을 줄인다.

② 무선 전송 매체를 사용하여 전파 복사 (Radiation)를 이용하게 한다.

③ 전송 신호를 전송 매체에 정합시킨다.

④ 역다중화가 이루어진다.

변조(Modulation)

• **변조의 정의**

변조란 주파수가 높은 반송파를 주파수가 낮은 신호파의 진폭, 주파수, 위상에 대응시켜 신호의 형태를 변화시킴으로써 다중화, 장거리 전송, 에러제어 등의 이득을 얻는 과정이다.

• **변조의 필요성**

– 잡음, 간섭, 손실 등의 영향을 줄일 수 있다.

– 전파 방사 편리성 확보와 짧은 파장 사용으로 안테나 크기 축소, RF 소형화가 가능하다.

– 반송파를 이용한 고주파 대역으로의 이동과 높은 주파수로 인한 장거리 전송이 가능하다.

– 여러 다른 반송파로 변조를 통한 다중화 전송을 통해 주파수 사용 효율 증대가 가능하다.

– 16QAM, 256QAM 등 변조 적용으로 전송속도를 향상시킬 수 있다.

22.3, 21.6, 20.5

02 5[kHz]의 음성신호를 재생시키기 위한 표본화 주기는?

① 225[μs]

② 200[μs]

③ 125[μs]

④ 100[μs]

Nyquist 표본화 주기

• Nyquist 표본화 주기 : $T_s = \dfrac{1}{2f_m}$,

Nyquist 표본화 주파수 : $f_s = 2f_m$

• $T_s = \dfrac{1}{2f_m} = \dfrac{1}{2 \times 5 \times 10^3} = 10^{-4}[\text{s}] = 100[\mu\text{s}]$

22.3, 21.3, 20.9, 18.3

03 양자화 잡음의 개선 방법으로 틀린 것은?

① 양자화 스텝을 크게 한다.

② 비선형 양자화 방법을 사용한다.

③ 선형양자화와 압신방식을 같이 사용한다.

④ 양자화 스텝 수가 2배로 증가할 때마다 6[dB]씩 개선된다.

양자화 잡음

• **양자화 잡음 정의**

양자화 잡음은 연속적인 아날로그 신호를 불연속적인 디지털 신호로 바꾸는 양자화 과정에서 순시 진폭 값의 반올림, 버림에 의해 생기는 잡음을 말한다.

• **양자화 잡음 개선방법**

– 양자화 스텝 수를 늘리거나, 비선형 양자화를 하거나, 압신기를 사용한다.

– **신호전력 대 양자화 잡음비** : 양자화 비트 1[bit] 증가 시 6[dB] 증가한다.

– 양자화 잡음에는 경사 과부하(최대값 신호보다 큰 부분)와 그래뉴러(최소값 신호보다 작은부분)가 있으며, 이를 개선하기 위해서는 ADM을 이용해야 한다.

> **오답 피하기**
>
> 양자화 스텝 사이즈(양자화 계단 크기)를 크게 하면 양자화 잡음은 늘어난다.

19.6

04 다음 중 DPCM 송신기의 구성요소가 <u>아닌</u> 것은?

① 양자화기   ② 예측기

③ 복호기   ④ 부호화기

DPCM(Differential PCM, 차동 펄스 부호변조 방식)

• 이미 전송된 신호로부터 앞으로 전송될 신호치를 예측하여, 예측치와 실제치의 차를 양자화/부호화하여 전송하는 방식이다.

• 양자화 스텝 수를 줄일 수 있게 되어 전송할 정보량을 줄일 수 있는 변조 방식이다.

• 예측기, 양자화기, 부호화기, 예측 필터 등으로 구성되어 있다.

• 음성이나 영상과 같은 신호는 큰 상관성을 갖기 때문에 한 표본점과 다음 표본점의 신호 값이 천천히 변하는 특성을 이용한 변조 방식이다.

정답 01 ④ 02 ④ 03 ① 04 ③

05 다음 설명 중 틀린 것은?

① ADM은 양자화기의 스텝 크기를 입력신호에 따라 적응시키는 방법이다.

② PCM은 연속적인 아날로그 신호를 일정한 간격으로 샘플링 하는 방법이다.

③ DM은 예측값과 측정값의 차이를 양자화하는 변조 방법이다.

④ DPCM은 진폭 값과 예측값과의 차이만을 양자화하는 방법이다.

PCM 관련 변조 방식

• **ADM(Adaptive DM)**
  DM의 성능 개선을 위해, 적응형 양자화기(순시 진폭값과 예측값과의 차이에 따라 양자화 스텝의 크기를 적응적으로 변화시키는 방법)를 사용하여 잡음을 감소시키는 변조방식이다.

• **PCM(Pulse Code Modulation)**
  PCM은 아날로그 신호를 디지털 데이터로 변환하기 위해 사용되는 변조 방법으로, 신호 등급을 균일한 주기로 표본화한 후, 디지털(이진) 코드로 양자화 처리되는 과정을 거친다.

• **DM(Delta Modulation, ⊿M, 델타변조)**
  입력 신호를 표본화하여 바로 앞의 표본치와 크기(진폭)를 비교하여 입력 신호가 크면 1, 입력 신호가 작으면 0으로 대응시켜 극성만을 전송하는 변조 방식이다.
  – 1bit 양자화(2레벨 양자화)를 수행하여 정보 전송량을 크게 줄인 변조 방식이다.
  – 전송 중의 에러에도 강하며, 업다운 카운터가 필요하다.

• **DPCM(Differential PCM)**
  – 이미 전송된 신호로부터 앞으로 전송될 신호치를 예측하여, 예측치와 실제치의 차를 양자화/부호화하여 전송하는 방식이다.
  – 양자화 step 수를 줄일 수 있게 되어 전송할 정보량을 줄일 수 있는 변조 방식이다.

06 다음 중 아날로그 신호로부터 디지털 부호를 얻는 방법이 아닌 것은?

① PM(Phase Modulation)

② DM(Delta Modulation)

③ PCM(Pulse Code Modulation)

④ DPCM(Differential Pulse Code Modulation)

펄스 변조 방식
• **아날로그 펄스 변조** : PAM, PWM, PPM 등
• **디지털 펄스 변조** : PCM, DPCM, DM, ADM 등

오답 피하기
PM, FM, AM은 아날로그 변복조 방식이다.

07 PCM 통신방식에서 4[kHz]의 대역폭을 갖는 음성 정보를 8[bit] 코딩으로 표본화하면 음성을 전송하기 위해 필요한 데이터 전송률은 얼마인가?

① 4[kbps]

② 8[kbps]

③ 32[kbps]

④ 64[kbps]

데이터 전송률 계산
• PCM은 표본화, 양자화, 부호화 과정을 통해 A/D변환을 수행한다.
• 4[kHz]의 대역폭을 갖는 신호를 표본화하기 위한 표본화 주파수는 $2^8 = 8[kHz]$이다.
• 8[bit] 코딩으로 부호화한다는 것은 2^8 양자화 스텝을 갖는 것이다.
• 데이터 전송률(정보 전송 속도) = 표본화 주파수 × 비트수 = $8 \times 10^3 \times 8 = 64$ [kbps]
• $C = 2B log_2 M$ [bps] (C : 채널용량, B : 채널의 대역폭, M : 진수)

정답 05 ③ 06 ① 07 ④

SECTION 02 PAM, PWM 등 펄스 변조

기출 분석

연도	19년	20년	21년	22년	23년
문제 수	1	4	1	0	0

01 펄스 변조(Pulse Modulation)

1) 펄스 변조 정의

펄스 변조는 주기적인 펄스를 정보신호에 의해 변조하는 방식으로, 구현이 용이하고, 시분할 다중화가 가능하며, 큰 폭의 주파수 대역이 필요한 특징이 있다.

2) 펄스 변조 종류

• **아날로그 펄스 변조 방식** : 아날로그 파형을 이산적인 시간 간격으로 표본화시킨 후, 그 값에 따라 펄스열의 진폭/위상/폭을 변화시키면서 변조하는 방식으로 PAM, PWM, PPM 등이 있다.
• **디지털 펄스 변조 방식** : 아날로그 파형을 샘플링하고, 양자화시킨 신호로 펄스를 변조하거나 부호화하는 방식으로 PCM, DM, PNM 등이 있다.

3) 주요 아날로그 펄스 변조

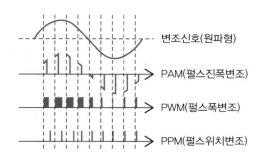

▲ 주요 펄스 변조 개념도

① 펄스 진폭 변조 (PAM)

• 정보신호에 따라 펄스 반송파의 진폭(크기)를 변화시키는 방식이다.
• 표본치 진폭 크기에 1 : 1 대응관계를 갖는 진폭 변조 방식으로 가장 많이 사용된다.

② 펄스 폭 변조 (PWM, PDM)

• 변조 신호의 크기에 따라서 펄스의 폭을 변화시켜 변조하는 방식이다.
• 신호 진폭이 클 때는 펄스의 폭이 커지고 진폭이 작을 때는 펄스의 폭이 작아지도록 펄스의 폭을 조절하는 방식이며, 펄스의 위치나 진폭은 변하지 않는다.

③ 펄스 위치 변조 (PPM)

• 정보신호에 따라 펄스 반송파의 위치를 변화시키는 방식이다.
• 펄스의 시간적 위치를 변화시키는 변조 방식으로, 진폭에 따라 위치가 결정되며 진폭이 높을수록 위치는 오른쪽으로 표시된다.

01 다음 중 PWM의 특징과 거리가 먼 것은?
_{21.6}

① PAM보다 S/N비가 크다.

② PPM보다 전력부하의 변동이 크다.

③ LPF를 이용하여 간단히 복조할 수 있다.

④ 진폭 제한기를 사용하여도 페이딩을 제거할 수는 없다.

펄스 폭 변조 (PWM)
• PAM파를 만들어 슬라이스 회로와 지연회로를 사용하여 펄스의 폭을 조절하는 펄스 변조방식이다.
• 진폭에 따라 폭이 결정되는 것으로, 진폭이 크면 폭이 넓게 표시된다.
• 펄스의 상승과 하강을 급격하게 하여 S/N비(신호 대 잡음비, SNR)를 개선할 수 있고, 모터 및 전압 제어에 사용된다.

오답 피하기
PWM 변조는 진폭 제한기의 사용으로 수신 신호의 레벨변동(페이딩)을 제거할 수 있다.

02 다음 중 정보신호에 따라 펄스 반송파의 폭을 변화시키는 펄스변조 방식은?
_{19.10}

① PDM   ② PAM

③ PPM   ④ PCM

펄스 변조
• **펄스 진폭 변조 (PAM)**
  – 정보신호에 따라 펄스 반송파의 진폭(크기)를 변화시키는 방식이다.
  – 표본치 진폭 크기에 1 : 1 대응관계를 갖는 진폭 변조 방식으로 가장 많이 사용된다.
• **펄스 위치 변조 (PPM)**
  – 정보신호에 따라 펄스 반송파의 위치를 변화시키는 방식이다.
  – 펄스의 시간적 위치를 변화시키는 변조 방식으로, 진폭에 따라 위치가 결정되며 진폭이 높을수록 위치는 오른쪽으로 표시된다.
• **펄스 부호 변조 (PCM)**
  – 아날로그 정보신호를 표본화 → 양자화 → 부호화 과정을 거쳐 디지털 신호로 변환하는 변조 방식이다.
  – 전송로에 의한 레벨의 변동이 없고, 잡음 및 누화에 강해 저질의 전송로를 통해서도 사용 가능하다는 특징이 있다.
• **펄스 폭 변조 (PWM, PDM)**
  – 변조 신호의 크기에 따라서 펄스의 폭을 변화시켜 변조하는 방식이다.
  – 신호 진폭이 클 때는 펄스의 폭이 커지고 진폭이 작을 때는 펄스의 폭이 작아지도록 펄스의 폭을 조절하는 방식이며, 펄스의 위치나 진폭은 변하지 않는다.

03 다음은 신호변환 방식에 따른 변조 방식을 분류한 것이다. 바르게 나열한 것은?
_{20.9}

전송형태	신호변환 방식	변조 방식
디지털 전송	디지털 정보 → 디지털 신호	(㉠)
	아날로그 정보 → 디지털 신호	(㉡)
아날로그 전송	디지털 정보 → 아날로그 신호	(㉢)
	아날로그 정보 → 아날로그 신호	(㉣)

① ㉠ 베이스밴드, ㉡ 펄스 부호 변조(PCM), ㉢ 브로드밴드 대역 전송, ㉣ 아날로그 변조

② ㉠ 브로드밴드 대역 전송, ㉡ 펄스 부호 변조(PCM), ㉢ 아날로그 변조, ㉣ 베이스밴드

③ ㉠ 베이스밴드, ㉡ 펄스 부호 변조(PCM), ㉢ 아날로그 변조, ㉣ 브로드밴드 대역 전송

④ ㉠ 펄스 부호 변조(PCM), ㉡ 베이스밴드, ㉢ 브로드밴드 대역 전송, ㉣ 아날로그 변조

신호 변환에 따른 변조 방식
• **베이스밴드(Baseband) 전송**
  – 디지털 정보(0,1)를 변조하지 않고, 직류 전기신호로 전송하는 방식이다.
  – 디지털 정보 → 디지털 신호로 신호 변환을 한다.
• **펄스 부호 변조**
  – 아날로그 정보를 표본화 → 양자화 → 부호화 과정을 거쳐 디지털 신호로 변환하는 변조 방식이다.
  – 아날로그 정보 → 디지털 신호로 신호 변환을 한다.
• **디지털 변조 방식 (브로드밴드 대역전송 방식)**
  ASK, FSK, PSK, QAM 등의 변조 방식을 활용하여 디지털 정보 → 아날로그 신호로 신호 변환을 한다.
• **아날로그 변조 방식**
  반송파의 진폭, 주파수, 위상 등에 신호를 실어 보내는 AM, FM, PM 등의 방식으로 아날로그 정보 → 아날로그 신호로 신호 변환을 한다.

정답 01 ④ 02 ① 03 ①

SECTION 03 AM, FM, PM 등 아날로그 변조

📖 기출 분석

연도	19년	20년	21년	22년	23년
문제 수	8	7	7	0	0

01 아날로그 변조(Analog Modulation)

1) 개요

- 변조란 통신로의 특성에 맞도록 반송파를 신호파에 따라 변화시켜 실어주는 것을 말하며, 아날로그 변조는 진폭, 주파수, 위상을 이용하여 신호파에 반송파를 실어주는 방식이다.
- 본래의 신호파에 따라 반송파의 진폭을 달리해주면 진폭 변조(AM), 반송파의 주파수를 달리해주면 주파수 변조(FM), 반송파의 위상을 달리해주면 위상 변조(PM)이다.
- 반송파가 정보 신호에 따라 선형적으로 변화되는 변조 방식인 선형 변조와 제곱 법칙처럼 비선형성을 따르는 변조 방식인 비선형 변조가 있다.
- 선형 변조 방식에는 진폭 변조(AM)가 해당되며, 비선형 변조 방식에는 주파수 변조(FM), 위상 변조(PM)가 해당된다.

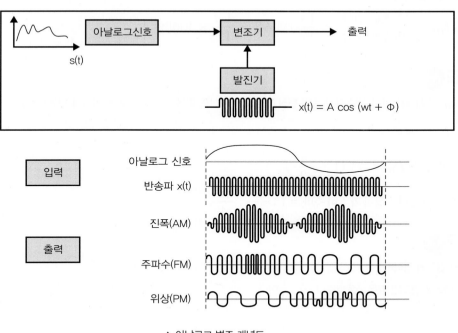

▲ 아날로그 변조 개념도

02 진폭 변조(AM, Amplitude Modulation)

1) 진폭 변조 개념

진폭 변조란 송신하고자 하는 정보(변조 신호)를 가지고, 반송파의 진폭을 변화시켜 전송하는 방식이다.

2) 진폭 변조 종류

종류	특징
양측파대 진폭변조 (DSB–TC)	반송파와 양 측파대 모두 전송
양측파대 반송파억압 진폭변조 (DSB–SC)	반송파가 제거되고 양 측파대만 전송
단측파대 진폭변조 (SSB)	한쪽 측파대만 전송
잔류측파대 진폭변조 (VSB)	한쪽 측파대 모두와 다른 쪽 측파대 일부 전송

3) 진폭 변조 특징

- 송수신 회로가 간단하며, 점유 주파수 대역이 좁다.
- 약한 전계에서도 수신이 가능하다.
- 잡음이나 간섭에 취약하고, 레벨변동에 약한 단점이 있다.
- S/N 개선을 위해 송신출력을 높여야 하고, 과변조 시 왜곡이 발생한다.

4) 변조도 및 전력비

- 변조도$(m) = \dfrac{\text{신호파 전압}}{\text{반송파 전압}} = \dfrac{Vs}{Vc}$, 변조율 $= \dfrac{Vs}{Vc} \times 100[\%]$

> **기적의 Tip**
>
> 과변조$(m \gt 1)$시 위상반전, 일그러짐 등의 현상 발생으로 원신호 회복이 어렵다. 이를 피하기 위해서는 $m \leq 1$을 유지해야 한다.

- 피변조파 전력$(Pm) = Pc\left(1 + \dfrac{m^2}{2}\right)$
- 전력비 = 반송파 : 상측파 : 하측파 $= 1 : \dfrac{m^2}{4} : \dfrac{m^2}{4}$

> **기적의 Tip**
>
> **$m = 1$인 경우의 전력비**
>
> $m = 1$인 100% 변조인 경우, 전력비는 $1 : \dfrac{1}{4} : \dfrac{1}{4}$이다.

03 주파수 변조(FM, Frequency Modulation)

1) 주파수 변조 개념
- 반송파의 진폭은 일정하게 하고, 주파수 성분을 변조 신호의 진폭에 따라 변화시키는 방식이다.
- cos 또는 sin 함수와 같은 연속함수를 반송파로 사용한다.
- 진폭이 일정하게 유지됨으로써, 잡음과 혼신을 억제할 수 있다.
- 발진회로의 발진 주파수를 신호파의 진폭에 비례시켜 직접 변조하는 방식인 직접 FM 방식과 위상 변조에 의하여 간접적으로 FM파를 만드는 간접 FM 방식이 있다.

2) 주파수 변조 특징
- AM에 비해 이득, 선택도와 감도가 우수하다.
- 외부 잡음이나 간섭에 강하여 에코 간섭이나 페이딩의 영향을 덜 받고, S/N비가 우수하다.
- 레벨 변동에 강하며, 송신효율이 우수하다.
- 점유 주파수 대역폭이 넓으나, 송/수신기 구성이 복잡하다는 단점이 있다.

3) 주파수 변조의 대역폭
- FM 신호의 대역폭은 Carson의 법칙에 의하여 근사적으로 표현된다.
- $B[Hz] = 2(\Delta f + f_s) = 2(m_f + 1)f_s$

  (Δf는 최대주파수 편이, f_s는 신호 주파수, $m_f = \dfrac{\Delta f}{f_s}$은 변조지수)

- FM 방식에서 대역폭은 변조지수(m_f)의 크기에 비례한다.

4) FM 복조기(FM Demodulator)
- FM 복조기는 FM 변조된 신호의 순시 주파수에 선형 비례하는 출력을 만들어 내는 기기를 말한다.
- FM 복조기의 종류로는 경도 검파기(동조회로 + 포락선 검파기), Foster-Seeley 검파기, 비(Ratio) 검파기, 직교 검파기(Quadrature Detector), PLL 이용 FM 검파기 등이 있다.
- FM 복조기의 기본 구현 형태

구성	설명
리미터	FM 신호 검출 전에 신호 진폭의 변화를 제거
저역통과필터	진폭 변화를 부드럽게 만듦
주파수 변별기	입력신호 주파수에 비례한 출력 전압 신호를 만듦(진폭 변화로 변환)
포락선 검파기	신호 진폭 변화의 바깥을 감싸는 포락선을 검출

04 위상 변조(PM, Phase Modulation)

1) 위상 변조 개념
- 위상 변조는 정보신호에 따라 반송파의 위상을 변화시켜 전송하는 방식이다.
- 메시지 값이 증가할수록 파형이 촘촘해지며, 고속도 전송이 가능하다.

01 23.3

다음 중 DSB(Double Side Band) 통신방식과 비교하여 SSB(Single Side Band) 통신방식의 특징으로 **틀린** 것은?

① S/N비가 개선된다.
② 적은 전력으로 양질의 통신이 가능하다.
③ 회로 구성이 간단하다.
④ 점유 주파수 대역이 절반이다.

SSB(Single Side Band) 통신방식 특징
- DSB 방식은 반송파의 진폭을 변조 신호에 따라 변화시키는 방식이며, SSB 방식은 DSB의 양측파대 중에서 어느 한쪽 측파대만을 전송하는 방식이다.
- 점유 주파수 대역폭이 1/2로 축소되며, 적은 송신 전력으로 통신을 할 수 있다.
- 신호 대 잡음비가 개선되고, 선택성 페이딩의 영향이 적다.
- 송/수신 회로 구성이 복잡하다.

02 20.6, 18.3

FM 검파 방식 중 주파수 변화에 의한 전압 제어 발진기의 제어 신호를 이용하여 복조하는 방식은?

① 계수형 검파기
② PLL형 검파기
③ 포스터–실리 검파기
④ 비 검파기

PLL(Phase Locked Loop)형 검파기
- FM 복조회로는 FM 변조된 신호로부터 정보를 복원하는 회로이다.
- PLL(Phase Locked Loop)형 검파기는 PPL 위상고정회로를 이용하여 수신기의 국부발진 주파수를 FM 변조된 반송파에 정합시키는 복조방식이다.
- PLL은 위상비교기, 저역통과필터, 전압제어 발진기로 구성되어 있다.
- PLL은 입력신호와 출력신호의 위상차를 검출하고 이 위상차에 비례한 전압을 통해 출력신호 발생기의 위상을 제어하여 출력신호의 위상과 입력신호의 위상을 같게 한다.

03 19.10, 18.3

FM 변조에서 최대주파수 편이가 80[kHz]일 때 주파수 변조파의 대역폭은 약 얼마인가?

① 40 [kHz]
② 60 [kHz]
③ 80 [kHz]
④ 160 [kHz]

주파수 변조의 대역폭
- FM 신호의 대역폭은 Carson의 법칙에 의하여 근사적으로 표현된다.
- $B[Hz] = 2(\Delta f + f_s) = 2(m_f + 1)f_s$ (Δf는 최대주파수 편이, f_s는 신호 주파수, $m_f = \dfrac{\Delta f}{f_s}$은 변조지수)
- FM 방식에서 대역폭은 변조지수(Δf)의 크기에 비례한다.
- Δf가 충분히 크면, $B[Hz] \fallingdotseq 2\Delta f$, 즉 $B[Hz]$는 근사적으로 최대 주파수 편이의 2배이다.
- $B[Hz] \fallingdotseq 2\Delta f = 2 \times 80[kHz] = 160[kHz]$이다.

04 21.3, 18.6

다음 중 단측파대 변조 방식의 특징으로 **틀린** 것은?

① 점유 주파수 대역폭이 매우 작다.
② 변복조기 사이에 반송파의 동기가 필요하다.
③ 송신출력이 비교적 작게 된다.
④ 전송 도중에 복조되는 경우가 있다.

SSB(Single Side Band, 단측파대 변조)
- 진폭 변조(AM)된 신호를 주파수 영역에서 살펴보면 반송파 주파수만큼 상하로 주파수 천이된 똑같은 형태의 상/하 측파대가 생성된다.
- SSB 방식은 상 측파대 또는 하 측파대 중 1개 측파대만을 전송하는 방식으로 DSB(양측파대)에 비해 송신기의 전력 소모 및 대역폭 사용을 절감하도록 한 방식이다.
- 반송파가 제거되므로 송신기 전력 소비가 적다.
- DSB(양측파대)의 1/2로 주파수 대역이 좁아 다중통신에 접합하다.
- 수신기의 복조는 동기검파를 해야 하며, 수신회로가 복잡하다.
- 유선 방송 전파, 단파 무선 통신 등에 활용된다.

정답 01 ③ 02 ② 03 ④ 04 ④

05 다음 중 주파수 변조에 대한 설명으로 틀린 것은?

① 직접 FM과 간접 FM 방식이 있다.
② 입력신호에 따라 반송파의 주파수를 변화시킨다.
③ 선형 변조 방식이다.
④ 반송파로는 cos 함수 또는 sin 함수와 같은 연속함수를 사용한다.

주파수 변조(FM, Frequency Modulation)
• 반송파의 진폭은 일정하게 하고, 반송파의 주파수 성분을 변조 신호의 진폭에 따라 변화시키는 방식이다.
• cos 또는 sin 함수와 같은 연속함수를 반송파로 사용한다.
• 진폭이 일정하게 유지됨으로써, 잡음과 혼신을 억제할 수 있다.
• 발진회로의 발진 주파수를 신호파의 진폭에 비례시켜 직접 변조하는 방식인 직접 FM 방식과 위상 변조에 의하여 간접적으로 FM파를 만드는 간접 FM 방식이 있다.

`오답 피하기`
아날로그 변조에는 반송파가 정보 신호에 따라 선형적으로 변화되는 변조 방식인 선형 변조 방식과, 제곱 법칙처럼 비선형성을 따르는 변조 방식인 비선형 변조 방식이 있다. 주파수 변조는 비선형 변조 방식에 해당한다.

06 다음 중 주파수 변조를 진폭 변조와 비교한 설명으로 틀린 것은?

① 페이딩의 영향이 적다.
② 주파수의 혼신 방해가 작다.
③ 사용 주파수 대역이 좁다.
④ S/N비가 개선된다.

주파수 변조 특징
• 신호 대 잡음비가 우수하고, 외부 잡음이나 간섭에 강하다.
• 레벨변동에 강하며, 송신효율이 우수하다.
• 점유 주파수 대역폭이 넓으나, 송/수신기 구성이 복잡한 단점이 있다.
• AM과 비교하여 이득, 선택도와 감도가 우수하다.
• 에코 간섭, 페이딩의 영향을 덜 받고, S/N가 개선된다.

진폭 변조 특징
• 송수신 회로가 간단하며, 점유 주파수 대역이 좁다.
• 약한 전계에서도 수신이 가능하다.
• 잡음이나 간섭에 취약하고, 레벨변동에 약한 단점이 있다.
• 신호 대 잡음비 개선을 위해서는 송신출력을 높여야 하고, 과변조 시 왜곡이 발생한다.

07 다음의 FM 변조지수 중 대역폭이 가장 넓은 것은?

① 1
② 2
③ 3
④ 4

주파수 변조의 대역폭
• FM 신호의 대역폭은 Carson의 법칙에 의하여 근사적으로 표현된다.
• $B[Hz] = 2(\Delta f + f_s) = 2(m_f + 1)f_s$ (Δf 는 최대주파수 편이, f_s 는 신호 주파수, $m_f = \dfrac{\Delta f}{f_s}$ 은 변조지수)
• FM 방식에서 대역폭은 변조지수(m_f)의 크기에 비례하므로, 대역폭이 가장 넓은 것은 보기 중 큰 수인 4이다.

08 FM 수신기에 사용되는 주파수 변별기의 역할은?

① 주파수 변화를 진폭 변화로 바꾸어준다.
② 진폭 변화를 위상 변화로 바꾸어준다.
③ 주파수체배를 행한다.
④ 최대주파수 편이를 증가시킨다.

FM 복조기
• FM 복조기는 FM 변조된 신호의 순시 주파수에 선형 비례하는 출력을 만들어 내는 기기를 말한다.
• FM 복조기의 종류로는 경도 검파기(동조회로 + 포락선 검파기), Foster-Seeley 검파기, 비(Ratio) 검파기, 직교 검파기(Quadrature Detector), PLL 이용 FM 검파기 등이 있다.
• FM 복조기의 기본 구현 형태는 FM 신호 검출 전에 신호 진폭의 변화를 제거하는 리미터, 진폭 변화를 부드럽게 만드는 저역통과필터, 입력신호 주파수에 비례하여 출력 전압 신호를 만드는(진폭의 변화로 변환) 주파수 변별기, 신호 진폭 변화의 바깥을 감싸는 포락선을 검출하는 포락선 검파기로 구현되어 있다.

SECTION 04 RZ, NRZ 등 라인코드

01 전송 부호화(Line Coding, 선로 부호화, 라인 부호화)

1) 전송 부호화 정의
전송 부호화는 신호원 출력인 디지털 신호를 선로 특성에 맞게 전기적인 펄스 열로 변환하는 과정을 말한다.

2) 전송 부호화 조건
- DC(직류) 성분이 포함되지 않아야 한다.
- 동기 정보가 충분히 포함되어 있어야 한다.
- 만들기 쉽고 부호 열이 짧아야 한다.
- 전송 부호의 코딩 효율이 양호해야 한다.
- 전송 대역폭이 작아야 한다.
- 타이밍 정보가 충분히 포함되어야 한다.
- 전송과정에서 에러의 검출과 정정이 가능해야 한다.
- 전송 부호 형태에 제한을 받지 않아야 한다.(투명성을 가져야 한다.)

3) 주요 전송 부호화 종류
- 전송 부호화는 단극형(Unipolar), 극형(Polar), 양극형(Bipolar) 방식이 있다.
- 극형 방식에는 한 비트 동안의 전압이 일정한 NRZ, 반 비트 동안 전압 유지 후 0[V]로 복귀하는 RZ, 두 방식의 문제점을 개선한 맨체스터 코딩 등이 있다.

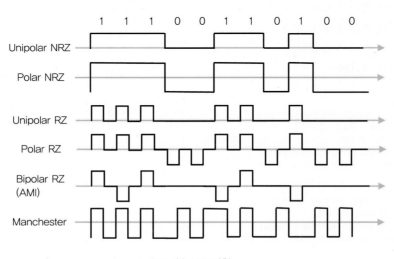

▲ 주요 전송 부호 파형

기적의 Tip

NRZ(Non Return to Zero) 방식
- 입력이 1이면 +, 0이면 0을 전송한다.
- 동기 확인이 어렵고 직류 성분이 존재한다.

RZ(Return to Zero) 방식
- 입력이 1이면 +로 전송하다가 반주기 이후에 0 값으로 전송한다.
- NRZ 대비 동기 확인이 용이하고, 직류 성분이 적다.

맨체스터 부호
- 맨체스터 신호의 극성은 각 비트의 중앙에서 반전한다.
- ※ 디지털 비트 구간의 1/2 지점에서 신호와 위상이 변화한다.(하향천이 '0', 상향천이 '1')
- 수신 동기가 용이하고 오류에 강하며, DC Balance 되어 직류 성분이 없다.

4) RZ, NRZ, 맨체스터 코딩 비교

구분	RZ	NRZ	맨체스터
감쇄	大	中	小
자기 동기화	가능	불가능	가능
필요 대역폭	넓음	좁음	좁음
잡음	약함	보통	강함
활용	일반 유선	LAN	IEEE 802.3

※ Line Coding 방식은 회선 상태와 용도에 맞게 설정해야 한다.

23.3

01 다음 중 전송 부호 형식의 조건으로 <u>틀린</u> 것은?

① 대역폭이 작아야 한다.
② 부호가 복잡하고 일관성이 있어야 한다.
③ 충분한 타이밍 정보가 포함되어야 한다.
④ 에러의 검출과 정정이 쉬워야 한다.

전송 부호 조건
• DC(직류) 성분이 포함되지 않아야 한다.
• 동기 정보가 충분히 포함되어 있어야 한다.
• 만들기 쉽고 부호 열이 짧아야 한다.
• 전송 부호의 코딩 효율이 양호해야 한다.
• 전송 대역폭이 작아야 한다.
• 타이밍 정보가 충분히 포함되어야 한다.
• 전송과정에서 에러의 검출과 정정이 가능해야 한다.
• 전송 부호 형태에 제한을 받지 않아야 한다.(투명성을 가져야 한다.)

23.6

02 2비트 데이터 크기를 4준위 신호 중 하나에 속하는 2비트 패턴의 1개 신호 요소로 부호화하는 회선 부호화(Line Coding) 방식은?

① RZ(Return to Zero)
② NRZ−I(Non Return to Zero − Inverted)
③ 2B/1Q
④ Differential manchester

2B/1Q (2 Binary 1 Quaternary)
• 2진 데이터 4개(00, 01, 11, 10)를 1개의 4진 심볼(−3, −1, +1, +3)로 변환하는 선로 부호화 방식이다.
• 첫째 비트는 극성을, 둘째 비트는 심볼의 크기를 의미한다.
• 첫째 비트가 1이면 +, 0이면 −이며, 둘째 비트가 1이면 진폭이 1, 0이면 진폭이 3이 된다.
• Baseband 변조 방식으로도 비교적 전송 가능 거리가 길고, AMI에 비해 근단누화가 양호하다.

20.9

03 다음 그림이 나타내는 전송 부호 형식은?

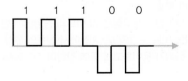

① Unipolar NRZ
② Polar NRZ
③ Unipolar RZ
④ Polar RZ

전송 부호화(Line Coding) 형식
• Unipolar(단극성)와 Polar(극성)
 − Unipolar 부호는 신호가 있으면 +A, 없으면 0으로 구분하여 보내는 전송방식이다.
 − Polar 부호는 신호가 있으면 +A, 없으면 −A로 구분하여 보낸다.
• NRZ(Non Return to Zero)와 RZ(Return to Zero) 방식
 − NRZ 방식은 입력이 1이면 +, 0이면 0을 전송한다.(중간 0으로 돌아오지 않는다.)
 − RZ 방식은 입력이 1이면 +로 전송하며, 반주기 이후에 0 값으로 전송한다.

19.10

04 디지털 비트 구간의 1/2 지점에서 항상 신호와 위상이 변화하는 신호의 이름은?

① 맨체스터 코드
② 바이폴라 RZ
③ AMI(Alternating Mark Inversion)
④ NRZ(Non Return to Zero Inversion)

맨체스터 부호
• 맨체스터 신호의 극성은 각 비트의 중앙에서 반전한다.
• 디지털 비트 구간의 1/2 지점에서 신호와 위상이 변화한다.(하향천이 '0', 상향천이 '1')
• 수신 동기가 용이하며 오류에 강하고, DC Balance 되어 직류 성분이 없다.

정답 01 ② 02 ③ 03 ④ 04 ①

ASK, FSK, PSK, QAM 등 디지털 변복조

기출 분석

연도	19년	20년	21년	22년	23년
문제 수	5	3	1	1	0

01 디지털 변조(Digital Modulation)

1) 디지털 변조의 개요

• 디지털 변조는 펄스 형태의 원신호를 변조하여 아날로그 형태의 출력을 얻는 변조 방식이다.
• ASK, FSK, PSK, QAM 방식이 있으며, Symbol당 전송 bit 수에 따라 2진, 4진, 8진, M진이 있다.
• 최근 IoT 디바이스 및 대용량 디지털 정보 전송을 위해 다차 고효율 변조 방식이 사용되고 있다.

2) 디지털 변조의 개념도

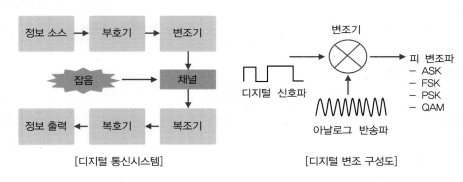

[디지털 통신시스템] [디지털 변조 구성도]

▲ 디지털 변조 개념도

• 디지털 통신시스템은 디지털 신호의 송신/수신을 위한 시스템으로 부호기, 변조기, 복조기, 복호기 등으로 이루어지며, 디지털 심볼들을 채널의 특성에 맞게 아날로그 파형으로 변환, 매핑시킨다.
• 디지털 통신시스템의 채널로 전송하기 위해 디지털 신호파에 아날로그 또는 펄스파 형태의 반송파를 대응시켜 변조를 수행한다.

3) 디지털 변조 방식의 기술적 특징

기술적 특징	디지털 변조 방식 결정요인
• 수치열에 대응하는 파형이 전송됨 • 심볼주기 내에서만 존재함 • 전송 파형이 랜덤함 • 변조된 주파수 스펙트럼이 대체로 넓게 퍼짐 • 아날로그 변조 대비 스펙트럼을 효율적으로 사용 가능 • 아날로그 변조 대비 저전력 소모 • 여러 다중화 방식의 구현이 가능함	• 채널의 제공 대역폭 • 오류 확률 • 주파수 효율 • 요구 속도(다치 변조 적용) • 전력효율 및 검파 방식 • 회로의 구성

※ 디지털 변조를 통해 채널의 각종 잡음 등으로부터 발생하는 손실을 보상한다.

4) 디지털 변조 방식의 종류

구분	특징	개념도
ASK 진폭 편이 변조	• 2가지의 서로 다른 진폭을 이용한 변조 • 반송파의 진폭을 변화시키는 변조 방식 • 발진기 2대 사용, 불연속, 대역폭 증가 • 잡음, 간섭에 약하여 오류 확률 높음	Acos wt Bcos wt 1 0 1
FSK 주파수 편이 변조	• 2가지의 서로 다른 주파수를 이용한 변조 • 반송파의 주파수를 변화시키는 변조 방식 • 발진기 2대 사용, 불연속, 대역폭 증가 • 잡음, 간섭에 강함	Acos w1t Acos w2t 1 0 1
PSK 위상 편이 변조	• 2~M개의 서로 다른 위상을 이용한 변조 • 반송파의 위상을 변화시키는 변조 방식 • 회로가 복잡, 위상 반전 시 대역폭 증가 • 진수 증가 시 BER(비트 오류율)도 증가함	Acos wt Bcos wt + 180도 1 0 1
QAM 진폭, 위상 편이 변조	• 4~M개의 서로 다른 진폭과 위상을 이용한 변조 • 주로 16QAM 이상이 사용됨	Acos wt Bcos wt Acos wt + 180도 Bcos wt + 180도 11 01 10

5) 디지털 변조 방식 비교

구분	ASK	FSK	PSK	QAM
신호대응	진폭	주파수	위상	진폭+위상
변조지수	2진	2진	2~M진	4~M진
검파	동기/비동기	동기/비동기	동기	동기
회로	간단	간단	복잡	복잡
속도	저속	저속	중속	고속
활용	DSRC, 마우스	IoT 센서	GPS, WLAN	3G, 4G

※ 디지털 변조 방식 결정 시 채널 대역폭, 주파수 효율, 전력 효율, 회로 구성 등을 고려하여 선정이 필요하다.

19.3

01 다음 중 정보 전송에서 반송파로 사용되는 정현파의 위상에 정보를 싣는 변조 방식은?

① PSK　　　　② FSK
③ PCM　　　　④ ASK

디지털 데이터의 변조 방식
• ASK : 반송파의 진폭을 변화시키는 디지털 변조 방식
• PSK : 반송파의 위상을 변화시키는 디지털 변조 방식
• FSK : 반송파의 주파수를 변화시키는 디지털 변조 방식

21.10

02 다음 중 4진 PSK에서 BPSK와 같은 양의 정보를 전송하기 위해 필요한 대역폭은?

① BPSK의 0.5배
② BPSK와 같은 대역폭
③ BPSK의 2배
④ BPSK의 4배

QPSK (4진 PSK)
• QPSK는 2bit를 1개의 Symbol로 전송한다. 다시 말해 2bit의 신호가 1개의 Symbol로 변조되기 때문에 주파수 대역폭이 BPSK(Binary PSK, 2진 PSK)에 비해 절반이다.
• 동일 대역폭으로 생각하면 QPSK는 BPSK보다 2배의 데이터를 전송할 수 있다.
• 일정한 속도를 얻기 위해 QPSK는 BPSK보다 1/2의 대역폭이 필요하다.

19.10

03 8진 PSK에서 반송파 간의 위상차는?

① π　　　　② $\dfrac{\pi}{2}$
③ $\dfrac{\pi}{4}$　　　　④ $\dfrac{\pi}{8}$

8진 PSK에서 반송파 간의 위상차
• PSK에서 반송파 간의 위상차 $= \dfrac{2\pi}{M}$ (M 은 진수)
• 8진 PSK($M = 8$)에서 반송파 간의 위상차 $= \dfrac{2\pi}{8} = \dfrac{\pi}{4}$

22.6, 20.9, 19.6

04 다음 중 직교 진폭 변조(QAM) 방식에 대한 설명으로 틀린 것은?

① 진폭과 위상을 혼합하여 변조하는 방식이다.
② 제한된 채널에서 데이터 전송률을 높일 수 있다.
③ 검파는 동기 검파나 비동기 검파를 사용한다.
④ 신호 합성시 I-CH과 Q-CH이 완전히 독립적으로 존재한다.

QAM 변조
• 반송파의 진폭과 위상을 데이터에 따라 변화시키는 진폭 변조와 위상 변조 방식을 혼합하여 변조하는 방식이다.
• 4~M개의 서로 다른 진폭과 위상을 이용하여 변조한다.
• 주로 16QAM 이상이 사용된다.
• ASK와 PSK를 합친 변조 방식이다.
• 서로 직교하는 2개의 반송파를 사용한다.
• 2개 채널인 I-CH과 Q-CH이 완전히 독립적으로 존재한다.
• 제한된 채널에서 PRF(Partial Response Filter)를 사용하여 데이터 전송률을 높일 수 있다.
• 동기검파 또는 동기직교검파를 검파 방식으로 사용한다.

18.3

05 아날로그 전송 회선에서 BPSK 변조 방식을 사용하여 4,800[bps]의 전송속도로 데이터를 전송하려 할 때 필요한 주파수 대역폭은? (단, 잡음이 없는 채널일 경우)

① 1,200[Hz]
② 2,400[Hz]
③ 4,800[Hz]
④ 9,600[Hz]

채널용량
• $C = 2B\log_2 M$ [bps], ($M = 2^n$ (n은 비트수))
• 대역폭(B) 및 진수(M)를 크게 하면 채널용량 및 전송속도를 증가시킬 수 있다.
• BPSK(2진 PSK)의 채널용량 C는 4,800[bps] $= 2B\log_2 2 = 2B$
  B $= \dfrac{C}{2} = \dfrac{4,800}{2} = 2,400$ [Hz]

정답　01 ① 02 ① 03 ③ 04 ③ 05 ②

SECTION 06 발진회로

기출 분석	연도	19년	20년	21년	22년	23년
	문제 수	9	10	8	2	2

01 발진회로

1) 발진회로 개요

- 발진회로는 전기적 에너지를 받아서 지속적인 전기적 진동을 만들어 내는 회로(장치)이다.
- 발진회로는 증폭기와 정궤환(Positive feedback) 회로로 구성된다.
- 발진 주파수에 의한 증폭기의 이득과 궤환(Feedback) 회로의 궤환율의 곱이 1을 초과하는 경우 발진이 일어난다.

2) 발진조건

위상 조건은 입력과 출력이 동위상이고, 증폭도(A_f) $= \dfrac{A}{(1-A\beta)}$ 에서

① 바크하우젠(Barkhausen) 발진조건은 $|A\beta| = 1$이다.
② 발진의 성장조건은 $|A\beta| \geq 1$이다.
③ 발진의 소멸조건은 $|A\beta| \leq 1$이다.

3) 발진회로의 종류

정현파 발진기	• LC 발진회로 : 증폭기와 LC 동조회로의 조합을 통한 발진회로 • CR 발진회로 : RC 회로의 충전/방전주기 조절을 통한 주기적 파형 발진 • 수정 발진회로 : 수정의 압전효과를 이용한 발진회로
비정현파 발진기	• 멀티바이브레이터(펄스 발진기) • 톱니파 발진기

02 LC 발진회로

1) LC 발진회로 개요

- LC 발진회로는 LC 동조 증폭회로에 정궤환을 부가한 발진회로이다.
- 주요 LC 발진회로로는 하틀리 발진회로와 콜피츠 발진회로가 있다.
- LC 발진회로는 발진 주파수의 범위가 넓어서 이를 조정하는 것이 어려우므로 주파수의 정밀도가 높지 않다.

2) 주요 LC 발진회로

구분	회로 구성	주요특징
하틀리 발진회로		• L_1, L_2의 직렬합성과 C로 구성 • 발진주파수 $f_0 = \dfrac{1}{2\pi\sqrt{C(L_1+L_2+2M)}}$ [Hz], $M = k\sqrt{L_1 L_2}$, k는 결합계수 • 주파수 가변이 용이
콜피츠 발진회로		• C_1, C_2의 직렬합성과 L로 구성 • 발진주파수 $f_0 = \dfrac{1}{2\pi\sqrt{L(\dfrac{C_1 C_2}{C_1+C_2})}}$ [Hz], • 높은 주파수 발진에 용이

03 CR 발진회로

1) CR 발진회로 개요

• CR 발진회로는 발진 주파수를 결정하는 요소로 콘덴서(C)와 저항(R)을 이용해 발진시키는 회로이다.
• 동조회로가 없으므로, 저주파에서의 주파수 왜곡을 최소화하기 위해 A급 증폭기를 사용한다.
• LC 발진회로에 비해서 발진 주파수의 범위가 좁아 안정적으로 동작한다.
• 경제적 구현이 가능하고, 정현파에 가까운 파형을 얻을 수 있다.

2) 주요 CR 발진회로

구분	회로 구성	주요특징
빈 브리지 발진회로		• 콘덴서와 저항으로 구성된 CR발진회로 • 발진 주파수 $f_0 = \dfrac{1}{2\pi\sqrt{R_1 R_2 C_1 C_2}}$ [Hz], • 빈 브리지 발진기는 5Hz ~ 1MHz의 저주파수대의 발진기이며, 작은 왜곡이 요구될 때 사용
병렬저항 이상형 발진회로		• 출력단에 저항을 병렬로 접속하고, 콘덴서를 이용하여 RC 회로를 여러 단 연결하여 출력에서 위상을 180도 바꾼 다음 궤환시켜 발진 • 발진 주파수 $f_0 = \dfrac{1}{2\pi\sqrt{6}\,RC}$ [Hz]

04 수정 발진회로

1) 수정 발진회로 개요

- 수정 발진회로는 LC 회로의 유도성 소자 대신에 압전효과를 갖는 수정 진동자를 이용한 발진회로이다.
- LC 발진회로보다 높은 주파수 안정도가 요구되는 경우 이용된다.

구분	회로 구성	주요특징
수정 발진회로		• 직렬 공진주파수 $f_s = \dfrac{1}{2\pi\sqrt{L_0 C_0}}$ [Hz] • 병렬 공진주파수 $f_p = \dfrac{1}{2\pi\sqrt{L_0\left(\dfrac{CC_0}{C+C_0}\right)}}$ [Hz] • 안정적 동작을 하려면 f_s보다는 높게, f_p보다는 낮게 해야 함 ($f_s <$ 발진 주파수 $< f_p$로 유도성 범위에서 사용)

2) 수정 발진회로 특징

- 주파수 안정도가 좋으며, 기계적으로나 물리적으로 안정하다.
- 수정 진동자의 선택도(Q)가 매우 높다.
- 발진을 만족하는 유도성 범위가 매우 좁다.
- 고주파 발진기에 적합하다.

이론을 확인하는 기출문제

23.3

01 궤환에 의한 발진회로에서 증폭기의 이득을 A, 궤환회로의 궤환율을 β라고 할 때, 발진이 지속되기 위한 조건은?

① βA = 1　　　　② βA < 1

③ βA < 0　　　　④ βA = 0

발진회로
- 발진회로는 전기적 에너지를 받아서 지속적인 전기적 진동을 만들어 내는 회로(장치)이다.
- 발진회로는 증폭기와 정궤환 회로로 구성된다.
- 발진 주파수에 의한 증폭기의 이득과 궤환회로의 궤환율의 곱이 1을 초과하는 경우 발진이 일어난다.
- 위상 조건은 입력과 출력이 동위상이고, 증폭도(A_f) $= \dfrac{A}{(1-A\beta)}$ 에서
  ① 바크하우젠(Barkhausen) 발진조건은 $|A\beta| = 1$ (안정된 발진).
  ② 발진의 성장조건은 $|A\beta| \geq 1$ (상승진동).
  ③ 발진의 소멸조건은 $|A\beta| \leq 1$ (감쇠진동)이다.

21.6, 21.3

02 병렬저항 이상형 발진회로에서 1.6[kHz]의 주파수를 발진하는 데 필요한 저항값은 약 얼마인가? (단, C = 0.01[μF])

① 2[kΩ]　　　　② 4[kΩ]

③ 6[kΩ]　　　　④ 8[kΩ]

병렬저항 이상형 발진회로
- 병렬저항 이상형 발진회로는 출력단에 저항을 병렬로 접속하고, 콘덴서를 이용하여 RC회로를 여러 단 연결하여 출력에서 위상을 180도 바꾼 다음 궤환시켜 발진하는 회로이다.
- 발진 주파수 $f_0 = \dfrac{1}{2\pi\sqrt{6}\,RC}$ [Hz]
- 그러므로,
$$R = \dfrac{1}{2\pi\sqrt{6}\,Cf_0} = \dfrac{1}{2\pi\sqrt{6}\,(0.01\times10^{-6})\times(1.6\times10^3)}$$
$$\fallingdotseq 4[k\Omega]$$

03 다음 중 온도 특성이 좋고, 전원이나 부하의 변동에 대하여 비교적 안정도가 좋기 때문에 안정한 주파수의 발생원으로 많이 쓰이는 발진회로는?

① 빈 브리지형 발진회로
② 수정 발진회로
③ RC 발진회로
④ 이상형 발진회로

수정 발진회로
• 수정 발진회로는 LC 회로의 유도성 소자 대신에 압전효과를 갖는 수정 진동자를 이용한 발진회로이다.
• LC 발진회로보다 높은 주파수 안정도가 요구되는 경우 이용된다.
• 주파수 안정도가 좋으며, 기계적으로나 물리적으로 안정하다.
• 수정 진동자의 선택도(Q)가 매우 높다.
• 발진을 만족하는 유도성 범위가 매우 좁다.
• 고주파 발진기에 적합하다.

04 발진회로의 출력이 직접 부하와 결합되면 부하의 변동으로 인하여 발진 주파수가 변동된다. 이에 대한 대책이 <u>아닌</u> 것은?

① 정전압 회로를 사용한다.
② 발진회로와 부하 사이에 완충증폭기를 접속한다.
③ 발진회로를 온도가 일정한 곳에 둔다.
④ 다음 단과의 결합을 밀 결합으로 한다.

발진 주파수의 변동 원인과 대책

변동 원인	대책
주위 온도의 변동	• 항온조를 사용한다. • 온도계수가 작은 수정편(공진자)을 사용한다.
부하의 변동	• 완충 증폭기(buffer amp)를 사용한다. • 차폐를 하거나, 다음 단과 소 결합시킨다.
동조점의 불안정	발진 강도가 최강인 점보다 약간 벗어난 점으로 한다.
전원 전압의 변동	• 정전압 회로를 채용한다. • 직류 안정화 바이어스 회로를 사용한다. • 전원을 독립적으로 사용한다.
부품의 불량	• Q가 높은 수정편(공진자)을 사용한다. • 양질의 부품을 사용한다. • 방진 및 방습 장치를 사용한다.

오답 피하기
부하변동에 따른 대책으로는 다음 단과 소 결합시킨다.

05 다음 중 LC 발진회로에서 발진 주파수의 변동 요인과 그 대책이 <u>틀린</u> 것은?

① 전원 전압의 변동 : 직류안정화 바이어스 회로를 사용
② 부하의 변동 : Q가 낮은 수정편을 사용
③ 온도의 변화 : 항온조를 사용
④ 습도에 의한 영향 : 회로의 방습 조치

발진 주파수의 변동 원인과 대책

변동 원인	대책
주위 온도의 변동	• 항온조를 사용한다. • 온도계수가 작은 수정편(공진자)을 사용한다.
부하의 변동	• 완충 증폭기(buffer amp)를 사용한다. • 차폐를 하거나, 다음 단과 소 결합시킨다.
동조점의 불안정	발진 강도가 최강인 점보다 약간 벗어난 점으로 한다.
전원 전압의 변동	• 정전압 회로를 채용한다. • 직류 안정화 바이어스 회로를 사용한다. • 전원을 독립적으로 사용한다.
부품의 불량	• Q가 높은 수정편(공진자)을 사용한다. • 양질의 부품을 사용한다. • 방진 및 방습 장치를 사용한다.

정답 01 ① 02 ② 03 ② 04 ④ 05 ②

06 다음 그림과 같은 발진회로에서 높은 주파수의 동작에 적절한 발진회로 구현을 위한 리액턴스 조건은 무엇인가?

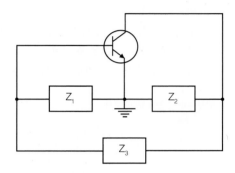

① Z_1=용량성, Z_2=용량성, Z_3=용량성
② Z_1=유도성, Z_2=유도성, Z_3=유도성
③ Z_1=유도성, Z_2=용량성, Z_3=용량성
④ Z_1=용량성, Z_2=용량성, Z_3=유도성

콜피츠 발진회로
- 콜피츠 발진회로는 하틀리 발진회로보다 높은 주파수를 얻기 용이하므로 VHF/UHF대에서 많이 사용한다.
- 콜피츠 발진기는 C_1, C_2의 직렬합성과 L로 구성된다.
- 용량성 리액턴스에 해당하는 것은 콘덴서(C)이고, 유도성 리액턴스에 해당하는 것이 코일(L) 부하이다.
- 발진 주파수 $f_0 = \dfrac{1}{2\pi \sqrt{L(\dfrac{C_1 C_2}{C_1 + C_2})}}$ [Hz]

07 다음 그림과 같은 회로에서 결합계수가 0.5이고, 발진 주파수가 200[kHz]일 경우 C의 값은 얼마인가? (단, π=3.14이고, $L_1=L_2=1$[mH]로 가정한다.)

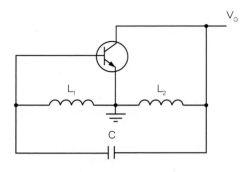

① 211.3[μF]
② 211.3[pF]
③ 422.6[μF]
④ 422.6[pF]

하틀리 발진회로
- 하틀리 발진기는 인덕턴스 분할발진기로 코일의 일부분에 걸린 전압이 궤환된다.
- 하틀리 발진기는 L_1, L_2의 직렬합성과 C로 구성된다.
- 주파수 가변이 용이하다.
- 발진 주파수 $f_0 = \dfrac{1}{2\pi \sqrt{C(L_1 + L_2 + 2M)}}$ [Hz],
  $M = k\sqrt{L_1 L_2}$ (k는 결합계수)
- 그러므로, $C = \dfrac{1}{4\pi^2 \times (L_1 + L_2 + 2k\sqrt{L_1 L_2}) \times f^2}$

  $= \dfrac{1}{4\pi^2 \times (1mH + 1mH + 2 \times 0.5 \times \sqrt{1mH \times 1mH}) \times (200kHz)^2}$

  $= \dfrac{1}{39.4384 \times 0.003 \times 4 \times 10^{10}} = 2.1129 \times 10^{-10} = 211.3$[pF]

08 그림과 같은 회로에 대한 설명 중 옳은 것은?

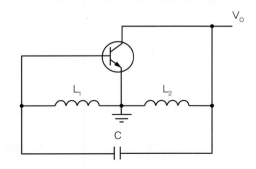

① 콜피츠 발진회로이다.
② VHF대나 UHF대에서 많이 사용된다.
③ 부궤환을 적용하였다.
④ 하틀리 발진회로이다.

하틀리 발진회로
- 하틀리 발진기는 인덕턴스 분할발진기로 코일의 일부분에 걸린 전압이 궤환된다.
- 하틀리 발진기는 L_1, L_2의 직렬합성과 C로 구성된다.
- 주파수 가변이 용이하다.
- 발진 주파수 $f_0 = \dfrac{1}{2\pi\sqrt{C(L_1 + L_2 + 2M)}}$ [Hz],
  $M = k\sqrt{L_1 L_2}$ (k는 결합계수)

오답 피하기
VHF대나 UHF대에서 많이 사용되는 것은 콜피츠 발진회로이다.

09 그림과 같은 발진회로에서 200[kHz]의 발진주파수를 얻고자 한다. C_1과 C_2의 값이 0.001[μF]이라면 L의 값은 약 얼마인가?

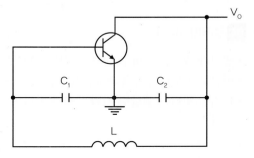

① 2.21[mH]
② 1.27[mH]
③ 2.31[mH]
④ 1.35[mH]

콜피츠 발진회로
- 콜피츠 발진회로는 하틀리 발진회로보다 높은 주파수를 얻기 용이하므로 VHF/UHF대에서 많이 사용한다.
- 콜피츠 발진기는 C_1, C_2의 직렬합성과 L로 구성된다.
- 발진 주파수 $f_0 = \dfrac{1}{2\pi\sqrt{L\left(\dfrac{C_1 C_2}{C_1 + C_2}\right)}}$ [Hz]

- $(2\pi f)^2 = \dfrac{1}{L}\left(\dfrac{1}{C_1} + \dfrac{1}{C_2}\right)$ 이므로, $L = \dfrac{1}{(2\pi f)^2}\left(\dfrac{1}{C_1} + \dfrac{1}{C_2}\right)$

$= \dfrac{1}{(2\pi \times 200 \times 10^3)^2}\left(\dfrac{1}{0.01 \times 10^{-6}} + \dfrac{1}{0.01 \times 10^{-6}}\right)$

$\fallingdotseq 1.27$[mH]

연도	19년	20년	21년	22년	23년
문제 수	0	0	2	0	0

01 필터(Filter)

• 필터란 원하는 주파수 대역을 선택적으로 통과시키거나 저지하도록 설계된 여파기를 말한다.
• 아날로그 필터는 수동소자인 R, L, C를 사용하여 구성되며, LPF, HPF, BPF, BSF으로 분류된다.
• 디지털 필터는 샘플링 기법 등을 사용하여 이산시간 신호로 변환된 디지털 신호를 처리하는 시스템을 말한다.

02 대역별 통과 특성에 따른 분류

• **저역통과필터**(LPF, Low Pass Filter) : 낮은 대역만 통과시키는 필터이다.

구분	회로도	차단 주파수
R, C 결합	(회로도)	$f_c = \dfrac{1}{2\pi RC}$
L, R 결합	(회로도)	$f_c = \dfrac{R}{2\pi L}$

• **고역통과필터**(HPF, High Pass Filter) : 높은 대역만 통과시키는 필터이다.

구분	회로도	차단 주파수
C, R 결합		$f_c = \dfrac{1}{2\pi RC}$
R, L 결합		$f_c = \dfrac{R}{2\pi L}$

• **대역통과필터**(BPF, Band Pass Filter) : 원하는 대역만 통과시키는 필터이다.

구분	회로도	차단 주파수
R, C 결합		$f_H = \dfrac{1}{2\pi R_1 C_1}$, $f_L = \dfrac{1}{2\pi R_2 C_2}$
R, L, C 결합		$f_c = \dfrac{1}{2\pi \sqrt{LC}}$

• **대역제거필터**(BRF, Band Rejection Filter) : 원하는 대역만 제거시키는 필터이다.

구분	회로도	차단 주파수
R, C 결합		$f_N = \dfrac{1}{4\pi RC}$
R, L, C 결합		$f_c = \dfrac{1}{2\pi \sqrt{LC}}$

03 아날로그 필터와 디지털 필터 비교

1) 아날로그 필터 특성
- 고주파 대역에서 주파수 응답 특성이 안정하고, 선형성을 가진다.
- 소비전력이 크고, 가격이 상대적으로 저렴하다.

2) 디지털 필터 특성
- 하드웨어와 소프트웨어 루틴으로 구현되어 있다.
- 낮은 주파수 대역에서 선형성을 가진다.
- 소비전력이 작고, 상대적으로 가격이 높다.

구분	아날로그 필터	디지털 필터
구성	R, L, C	가산기, 곱셈기, 지연소자
대상신호	아날로그 신호	디지털 신호
복잡도	간단	비교적 복잡
구현방식	하드웨어	하드웨어 + 소프트웨어
주파수 응답	높은 주파수에서 선형적	낮은 주파수에서 선형적

※ 현재는 디지털 통신이 일반적으로 사용되고 있고, 반도체 기술의 발전으로 디지털 필터가 주로 활용되고 있다.

이론을 확인하는 기출문제

21.10, 18.6

01 다음 중 저역 통과 RC 회로에서 시정수가 의미하는 것은?

① 응답의 위치를 결정해준다.
② 입력의 주기를 결정해준다.
③ 입력의 진폭 크기를 표시한다.
④ 응답의 상승속도를 표시한다.

시정수(Time Constant)
- 시스템이나 어떤 물체가 목표 위치까지 도달하는 시간을 말한다.
- 초기값이 0%인 어떤 시스템에 입력을 주면 목표로 한 100%에 즉시 도달하지는 못하고, 시간의 흐름에 따라서 점점 목표에 접근하게 된다. 이때 목표점의 63.2%에 도달한 시점을 의미한다.
- 반대로 초기값 100%에서 36.8%로 떨어지는데 걸리는 시간을 의미하기도 한다.

22.6

02 콘덴서를 이용한 필터의 출력에 리플전압이 발생하는 이유는?

① 콘덴서의 인덕턴스
② 콘덴서의 개방
③ 콘덴서의 충전과 방전
④ 콘덴서의 단락

리플(Ripple)
- 교류 전원을 정류회로를 거쳐 직류전압으로 만들 때 완벽하게 직류가 되지 않고 교류 신호가 일부 남아 있는데, 이 신호를 리플전압이라고 한다.
- 직류 성분을 중심으로 변화하는 신호로서, 콘덴서의 충전과 방전으로 인한 출력전압의 변동으로 인하여 발생한다.
- 콘덴서 용량을 키우거나, 레귤레이터 IC로 전압을 안정시켜주면 감소시킬 수 있다.

정답 01 ④ 02 ③

SECTION
08

논리회로

📊 기출 분석

연도	19년	20년	21년	22년	23년
문제 수	13	11	12	4	3

01 논리 게이트

1) 논리 게이트 개요

- 논리 게이트는 부울 대수를 물리적 장치에 구현한 것으로, 하나 이상의 논리적 입력값에 대해 논리 연산을 수행하여 하나의 논리적 출력값을 얻는 전자회로이다.
- 0과 1의 2진 정보를 처리하는 논리회로로, 복잡한 논리를 간결하고 정확하게 표현할 수 있어 컴퓨터 등에 이용한다.
- 논리 게이트의 종류로 AND, OR, NOT, BUFFER, NAND, NOR, XOR, XNOR 등이 있다.

2) 논리 게이트 종류 및 특징

게이트	설명	회로 심볼	논리식	진리표		
AND	논리곱 연산을 수행하는 논리 소자로 모든 입력이 1인 경우만 출력이 1로 나타나며, 나머지 경우에는 0을 출력한다.	A B ⟶ X	$X = A \cdot B$	A B X		
				0 0 0		
				0 1 0		
				1 0 0		
				1 1 1		
OR	논리합 연산을 수행하는 논리 소자로 다수의 입력 중 최소한 하나 이상의 입력이 1일 경우에 출력이 1이 된다.	A B ⟶ X	$X = A + B$	A B X		
				0 0 0		
				0 1 1		
				1 0 1		
				1 1 1		
NOT	한 개의 입력과 한 개의 출력을 갖는 게이트로 논리 부정을 나타내며, 입력값에 대해 반대의 출력값을 내보낸다.	A ⟶ X	$X = A'$	A X		
				0 1		
				1 0		
XOR	여러 개의 입력 중에서 1의 개수가 홀수로 입력되면 1을 출력한다. 즉, 입력이 2개인 경우에는 하나만 1로 입력되면 1을 출력하고, 둘 모두가 1이거나 0이면 0을 출력한다.	A B ⟶ X	X $= A\overline{B} + \overline{A}B$ $= A \oplus B$	A B X		
				0 0 0		
				0 1 1		
				1 0 1		
				1 1 0		

			A	B	X
NAND	AND 게이트와 NOT 게이트가 결합한 형태로, AND 게이트의 결과를 반대로 출력한다.	$X = \overline{A \cdot B}$	0	0	1
			0	1	1
			1	0	1
			1	1	0
NOR	OR 게이트와 NOT 게이트가 결합된 형태로, OR의 결과를 반대로 출력한다.	$X = \overline{A + B}$	0	0	1
			0	1	0
			1	0	0
			1	1	0

02 플립플롭(Flip-Flop)

1) 플립플롭 개요

- 플립플롭은 2개의 안정된 상태를 갖는 쌍안정 멀티바이브레이터를 말한다.
- 플립플롭은 1bit의 정보를 저장하는 기억소자이다.
- CPU의 캐시메모리, 레지스터를 구성하는 기본 회로로 사용되며, 휘발성으로 전원이 차단되면 정보는 사라진다.
- RS 플립플롭, JK 플립플롭, T 플립플롭, D 플립플롭 등이 있다.
- 조합 논리회로와 달리 궤환(Feedback)이 존재한다.
- 플립플롭과 유사하게 정보를 기억하는 소자로 래치(Latch)가 있으며 출력의 상태가 한번 결정되면 입력을 0으로 하여도 출력의 상태는 그대로 유지되는 성질이 있다. 플립플롭은 래치에 클럭(Clock)이라는 펄스 입력을 추가로 갖는 형태로 이를 통해 동기화된다.

2) RS 플립플롭

- 2개의 입력단자인 R(Reset)과 S(Set)단자를 가지고 있어서 이들 입력의 상태에 따라서 출력이 정해진다.
- S는 Q를 1의 상태로 만드는 입력이고, R은 Q를 0의 상태로 만드는 입력이다.
- R과 S에 1이 동시 입력되는 경우, 출력이 결정되지 않으므로 해당 입력은 금지된다.

3) JK 플립플롭

- RS 플립플롭에서 R과 S에 1이 동시 입력되는 경우 불확정 상태가 된다는 단점을 보완한 플립플롭 회로이다.
- J는 Q를 1의 상태로 만드는 입력이고, K는 Q를 0의 상태로 만드는 입력이다.
- J와 K에 동시에 1이 입력되는 경우, 이전 출력값의 반전된(Toggled) 값이 출력된다.
- J와 K단자를 연결하면 T(Toggle) 플립플롭이 되며 T가 0(J와 K 모두 0)인 경우 이전의 출력값을, T가 1(J와 K가 모두 1)인 경우 이전 출력값의 반전된 값이 출력된다.

논리회로		진리표			

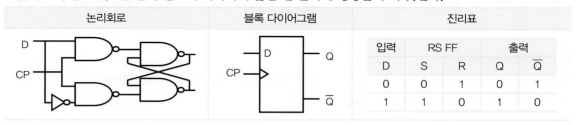

입력		출력	
J	K	Q	$\overline{Q}$
0	0	불변	불변
0	1	0	1
1	0	1	0
1	1		

4) D(Delay) 플립플롭

- RS 플립플롭에서 2개의 입력 R, S가 동시에 1인 경우에도 불확정한 출력 상태가 되지 않도록 하기 위해 인버터 하나를 입력 양단에 부가한 회로이다.
- D의 값이 0일 경우 S=0, R=1이 되어 Reset 수행, D가 1인 경우 S=1, R=0이 되어 Set을 수행한다.
- 입력 D의 신호 0, 1은 클럭 펄스가 나타나지 않는 한 출력에 영향을 주지 못한다.

논리회로	블록 다이어그램	진리표				

입력	RS FF		출력	
D	S	R	Q	$\overline{Q}$
0	0	1	0	1
1	1	0	1	0

03 카운터(Counter)

1) 카운터 개요

- 카운터란 계수회로라고도 하며, 클럭 펄스를 세어서 각종 장치 등을 제어하거나, 수치를 처리하기 위한 논리회로로서 2개 이상의 플립플롭과 논리 게이트의 결합을 통해 구성된다.
- 동기식 계수회로와 비동기식 계수회로가 있다.
- 동기식 계수회로는 회로를 구성하는 모든 플립플롭의 클럭 입력단자에 동시에 클럭 펄스가 인가된다.
- 비동기식 계수회로는 첫 번째 위치한 T 플립플롭의 클럭 입력단자에만 클럭 펄스가 입력되고, 이후에는 이전 단의 출력이 다음 단의 클럭 입력단자에 입력된다.
- 비동기식 계수회로는 리플 카운터라고도 한다.
- 대표적인 비동기식 계수회로인 N진 카운터 설계에서 필요한 플립플롭 개수 n은 $2^{n-1} \leq N \leq 2^n$ 이다.

2) 계수회로의 종류

동기식 계수회로	• 펄스를 인가할 때 모든 플립플롭이 동시에 트리거 되어 상태가 변하도록 만든 회로이다. • 종류로는 동기식 2진, 동기식 2진 Up-Down, 동기식 BCD 등이 있다.
비동기식 계수회로	• 첫 번째 플립플롭에만 클럭 펄스가 인가되고, 이후에는 전단의 출력이 차례로 클럭 펄스로 인가되도록 구성한 회로이다. • 리플 카운터라고도 하며, 종류에는 2^n(N)진 카운터 등이 있다.

3) 계수회로 비교

구분	동기식 계수회로	비동기식 계수회로
클럭 펄스 입력	모든 플립플롭에 동시 입력	앞단 플립플롭에만 입력
구성 방식	복잡	단순
고속 동작	적합	부적합(지연 시간 누적)
명칭	병렬 카운터	리플 카운터, 직렬 카운터

04 조합 논리회로

1) 조합 논리회로 개요

- 기본 논리 게이트의 조합을 통해 만들어진 회로로, 과거의 입력과 관계없이 현재의 입력 조합에 의해서만 출력이 결정되는 회로이다.
- 조합 논리회로의 종류로는 반가산기(Half Adder), 전가산기(Full Adder), 디코더(Decoder)/인코더(Encoder), 멀티플렉서(Multiplexer)/디멀티플렉서(Demultiplexer)가 있다.

2) 디코더(Decoder)

디코더는 입력선의 코드화된 2진 정보 n개를 최대 2^n개의 출력으로 변환하는 조합회로이다.

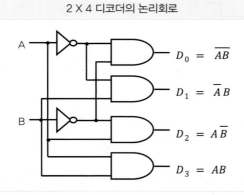

2 X 4 디코더의 논리회로

$D_0 = \overline{A}\,\overline{B}$
$D_1 = \overline{A}\,B$
$D_2 = A\,\overline{B}$
$D_3 = AB$

진리표

A B	$D_0\, D_1\, D_2\, D_3$
0 0	1 0 0 0
0 1	0 1 0 0
1 0	0 0 1 0
1 1	0 0 0 1

3) 인코더(Encoder)

인코더는 부호화되지 않은 2^n개의 입력을 받아서 부호화된 n개 비트의 출력코드를 생성하는 조합회로이다.

4 X 2 인코더의 논리회로

진리표

$D_0\, D_1\, D_2\, D_3$	A B
1 0 0 0	0 0
0 1 0 0	0 1
0 0 1 0	1 0
0 0 0 1	1 1

4) 멀티플렉서(Multiplexer)/디멀티플렉서(Demultiplexer)

- 멀티플렉서는 여러 아날로그 또는 디지털 입력신호 중 하나를 선택하고, 선택된 입력을 하나의 출력선에 전달하는 조합회로이다.
- 디멀티플렉서는 멀티플렉서의 역기능을 수행하는 회로로서, 선택선을 통해 여러 개의 출력선 중 1개의 출력선에만 입력값이 전달되는 회로이다.

구분	논리회로	진리표
멀티플렉서		
디멀티플렉서		

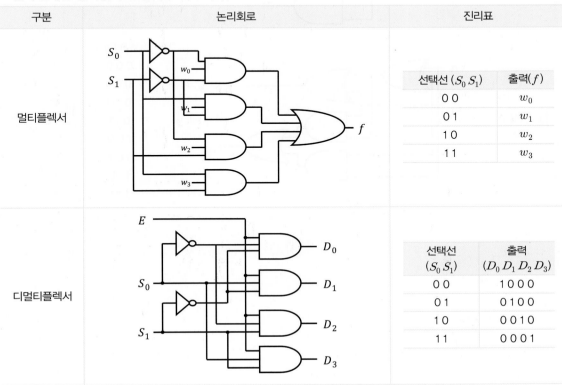

선택선 ($S_0 S_1$)	출력(f)
0 0	w_0
0 1	w_1
1 0	w_2
1 1	w_3

선택선 ($S_0 S_1$)	출력 ($D_0 D_1 D_2 D_3$)
0 0	1 0 0 0
0 1	0 1 0 0
1 0	0 0 1 0
1 1	0 0 0 1

5) 가산기(Adder)

- 가산기는 덧셈 연산을 수행하는 조합회로이며, 반가산기(Half adder)와 전가산기(Full adder)가 있다.
- 반가산기는 2개의 2진수 입력 A, B를 가산하여 합과 자리 올림을 계산할 수 있도록 설계한 논리회로이다.
- 반가산기는 XOR 게이트와 AND 게이트를 사용하여 구성한 것으로 식으로 표현하면, S(Sum) = $\overline{A}B + A\overline{B} = A \oplus B$, C(Carry) = $A \cdot B$이다.
- 전가산기는 하위 비트에서 발생한 올림수를 포함한 입력 3개의 합과 올림수를 출력하는 조합회로이다.
- 내부적으로 2개의 반가산기와 1개의 OR 게이트로 구현하고, 3개 입력과 2개 출력으로 구성된다.
- 입력은 피연산수 A, 연산수 B, 하위 비트에서 발생한 입력 올림수 Cin(Carry in)이며, 출력은 합 S(Sum)과 올림수 Cout(Carry out)이다.

구분	논리회로	진리표		

A B	C	S
0 0	0	0
0 1	0	1
1 0	0	1
1 1	1	0

반가산기

A B Cin	Cout S
0 0 0	0 0
0 0 1	0 1
0 1 0	0 1
0 1 1	1 0
1 0 0	0 1
1 0 1	1 0
1 1 0	1 0
1 1 1	1 1

전가산기

기출문제

23.6

01 다음 그림의 회로 명칭은?

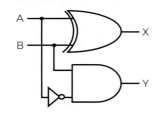

① 가산기
② 감산기
③ 반감산기
④ 비교기

반감산기

• 반감산기는 두 비트의 뺄셈을 수행하며, 그 차와 1을 빌려왔는지를 나타내는 자리내림을 가진 논리회로이다.
• 1자리 2진수의 감산을 수행하는 것으로 반가산기와 대응되는 회로이다.
• 반가산기 회로도에 NOT 게이트 회로를 결합한 회로이다.

21.6, 18.10

02 25진 리플 카운터를 설계할 경우 최소한 몇 개의 플립플롭이 필요한가?

① 3개   ② 4개
③ 5개   ④ 6개

리플 카운터(Ripple Counter) 회로

• 리플 카운터는 비동기식 카운터로, 플립플롭의 클럭 펄스 입력이 외부에서 인가되는 것이 아니라 전단의 출력이 트리거(Trigger) 입력으로 들어온다.
• n개의 플립플롭을 연결하면 원래의 상태로 Reset되기 전에 2^n까지 카운트할 수 있다.
• 리플 카운터를 이용한 N진 카운터 설계에서 필요한 플립플롭 개수 n은 $2^{n-1} \leq N \leq 2^n$이므로, $2^{n-1} \leq 25 \leq 2^n$를 만족하는 n은 5이며, 5개의 플립플롭이 필요하다.

23.3, 20.5

03 다음 논리도는 무슨 회로인가?

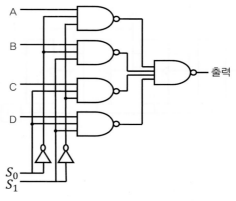

① 멀티플렉서(multiplexer)
② 디멀티플렉서(demultiplexer)
③ 인코더(encoder)
④ 디코더(decoder)

멀티플렉서(Multiplexer)

멀티플렉서는 여러 아날로그 또는 디지털 입력신호 중 하나를 선택하여 선택된 입력을 하나의 출력선에 전달하는 조합회로이다.

구분	논리 회로
멀티플렉서	

진리표	
선택선 ($S_0 \, S_1$)	출력(f)
0 0	w_0
0 1	w_1
1 0	w_2
1 1	w_3

정답   01 ③ 02 ③ 03 ①

04 ^{21.3, 19.6} 다음 그림은 T F/F을 이용한 비동기 10진 상향 계수기이다. 계수 값이 10이 되었을 때 계수기를 0으로 하기 위해서는 전체 F/F을 clear 시켜야 하는데, 이를 위해 (가)에 알맞은 게이트는?

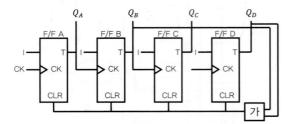

① OR

② AND

③ NOR

④ NAND

비동기식 10진 카운터
- 10진 카운터는 0에서 9까지의 카운트를 반복한다.
- 비동기식 10진 카운터 구성을 하려면 4개의 플립플롭이 필요하며, 4개 플립플롭에 의해 만들어지는 16개의 상태 중에서 10개의 상태만을 사용한다.
- 10진 카운터이므로 출력이 10에 도달하는 순간을 포착하여 모든 플립플롭을 0으로 clear 시켜야 한다.
- 10은 2진수 표기로 1010이므로 10이 되는 순간에 23을 나타내는 Q_D와 21을 나타내는 Q_B에서 출력 1이 발생한다.
- Q_B와 Q_D 출력을 NAND 게이트로 결합하면 둘이 1이 되는 순간 NAND 게이트에서 0을 출력하며, 그 출력을 모든 플립플롭의 clear 입력에 연결한다.

05 ^{20.9} 입력 주파수 512[kHz]를 T형 플립플롭 7개가 종속 접속한 회로에 인가했을 때 출력 주파수는 얼마인가?

① 256[kHz] ② 8[kHz]

③ 4[kHz] ④ 2[kHz]

T형 플립플롭
- JK 플립플롭의 두 입력선을 묶어서 한 개의 입력선 T로 구성한 회로이다.
- T형 플립플롭 한 개는 2진 카운터(÷2) 역할을 한다.
- T형 플립플롭이 7개 직렬로 연결되므로 128 분주회로이다.
- 그러므로, 출력 주파수는 입력 주파수 ÷ 2^7 = 512[kHz] ÷ 128 = 4[kHz]이다.

18.6, 18.10

06 다음은 어떤 논리회로인가?

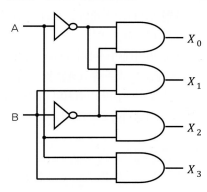

① 인코더
② 디코더
③ RS 플립플롭
④ JK 플립플롭

디코더(Decoder)
• 디코더는 입력선의 코드화된 2진 정보 n개를 최대 2^n 개의 출력으로 변환하는 조합회로이다.
• 컴퓨터의 중앙처리장치 내에서 번지의 해독, 명령의 해독, 제어 등에 사용된다.

2 X 4 디코더의 논리회로	진리표	
	A B	$D_0\ D_1\ D_2\ D_3$
$D_0 = \overline{AB}$	0 0	1 0 0 0
$D_1 = \overline{A}B$	0 1	0 1 0 0
$D_2 = A\overline{B}$	1 0	0 0 1 0
$D_3 = AB$	1 1	0 0 0 1

22.10

07 다음 중 정보를 유지하기 위한 래치(Latch) 회로나 시프트 레지스터(Shift register)에 주로 사용되는 플립플롭은?

① D Flip-Flop
② T Flip-Flop
③ RS Flip-Flop
④ K Flip-Flop

D(Delay) 플립플롭
• RS 플립플롭에서 2개의 입력 R, S가 동시에 1인 경우에도 불확정한 출력 상태가 되지 않도록 하기 위해 인버터 하나를 입력 양단에 부가한 회로이다.
• D의 값이 0일 경우 S=0, R=1이 되어 Reset을 수행, D가 1인 경우 S=1, R=0이 되어 Set을 수행한다.
• 입력 D의 신호 0, 1은 클럭 펄스가 나타나지 않는 한 출력에 영향을 주지 못한다.

논리 회로	블록 다이어그램

입력	RS FF		출력	
D	S	R	Q	$\overline{Q}$
0	0	1	0	1
1	1	0	1	0

18.3

08 플립플롭 6개로 구성된 계수기가 가질 수 있는 최대 2진 상태수는?

① 16개 ② 32개
③ 64개 ④ 85개

계수기(Counter, 카운터)
• 카운터란 계수회로라고도 하며, 클럭 펄스를 세어서 각종 장치 등을 제어하거나, 수치를 처리하기 위한 논리회로로서 2개 이상의 플립플롭과 논리 게이트의 결합을 통해 구성된다.
• 동기식 계수회로와 비동기식 계수회로가 있다.
• 1개의 플립플롭은 1bit를 저장할 수 있는 기억소자로서 2개의 상태를 나타낼 수 있다.
• 6개의 플립플롭으로 계수기가 구성되어 있다면 2^6인 64가지 상태를 가지며, 64진 계수기라고 한다.

정답   04 ④   05 ③   06 ②   07 ①   08 ③

09 다음 회로는 무엇을 가리키는가?

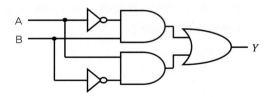

① 배타적 논리합 회로(Exclusive–OR)
② 감산기(Subtractor)
③ 반가산기(Half adder)
④ 전가산기(Full adder)

배타적 논리합 회로(Exclusive–OR, XOR)
• Exclusive–OR(XOR)은 두 입력값 중 어느 하나가 참인 경우, 결과 값이 참이 되는 논리회로이다.
• 많은 응용회로에 중요하게 사용되어 기본 논리 소자로 취급되며, 두 개의 입력이 다를 때만 1을 출력한다.
• $Y = \overline{A}B + A\overline{B} = A \oplus B$ 이다.

10 멀티플렉서의 설명이 <u>아닌</u> 것은?

① 특정한 입력을 몇 개의 코드화된 신호의 조합으로 바꾼다.
② N개의 입력데이터에서 1개의 입력만 선택하여 단일 통로로 송신하는 장치이다.
③ 멀티플렉서는 전환 스위치의 기능을 갖는다.
④ 데이터 선택기라고도 한다.

멀티플렉서(Multiplexer)
멀티플렉서는 여러 아날로그 또는 디지털 입력신호 중 하나를 선택하여 선택된 입력을 하나의 출력선에 전달하는 조합회로이다. 즉, 데이터 선택기로서 여러 개의 데이터 입력을 받아들여 한 시점에 오직 하나의 데이터 입력만을 출력하는 스위칭 회로이다.

오답 피하기
특정한 입력을 몇 개의 코드화된 신호의 조합으로 바꾸는 것은 인코더(Encoder)이며, 입력 2^n개로부터, 출력 n비트 코드로 변환하는 논리회로이다.

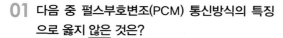

01 다음 중 펄스부호변조(PCM) 통신방식의 특징으로 옳지 <u>않은</u> 것은?

① PCM 특유의 고유잡음이 발생한다.
② 누화에 강하다.
③ S/N 비가 좋다.
④ 변조 회로가 단순하고 가격이 저가이다.

> **PCM(Pulse Code Modulation)**
> • PCM은 아날로그 신호를 디지털 데이터로 변환하기 위해 사용되는 변조 방법으로, 신호 등급을 균일한 주기로 표본화한 후, 디지털(이진) 코드로 양자화 처리되는 과정을 거친다.
> • PCM의 장/단점
>
> | 장점 | 단점 |
> |---|---|
> | • 잡음에 강함 | • 채널당 소요되는 대역폭 증가 |
> | • 분기와 삽입이 쉬움 | • 표본화/양자화 잡음이 발생 |
> | • 누화, 혼선에 강함 | • 동기 유지 필요 |
> | • 중계기의 재생기능으로 잡음 누적 없음 | • A/D, D/A 변환과정 증가 |
> | • 저질의 전송로에서 사용 가능 | • 기존 아날로그 N/W와 정합 시 비용부담 |

02 PCM 단계 중에서 연속적인 아날로그 신호를 입력으로 받아 불연속적인 진폭을 갖는 펄스를 생성하는 과정에 해당하는 것은?

① 표본화　　　　② 양자화
③ 부호화　　　　④ 압축기

> **PCM 단계**
> • 표본화(Sampling) : 필요한 정보를 취하기 위해 음성 또는 영상 등의 연속적인 아날로그 신호를 불연속적인 디지털 신호로 바꾸는 과정이며, 원신호를 시간 축 상에서 일정한 주기로 추출하는 것을 말한다.
> • 양자화(Quantization) : 표본화에 의해 얻은 PAM 신호를 디지털화하기 위해 진폭 축을 따라 이산값(서로 떨어져 있는 값)을 갖도록 처리하는 것을 말하며, 연속적인 아날로그 값을 이산적인 디지털 값으로 바꾸는 A/D 변환을 뜻하는 것으로, 표본화된 펄스의 크기를 부호화하기 위한 값으로 바꾸어 주는 과정이다.
> • 부호화(Encoding) : 각 데이터 정보 하나하나에 할당되는 2진 표현으로 바꾸는 과정이며, 양자화된 신호들은 전송 시에 잡음에 매우 민감하므로 전송 및 처리에 적합하도록 부호화하여야 한다.

03 다음 중 변조의 필요성에 대한 설명으로 옳지 <u>않은</u> 것은?

① 전송 중에 발생하는 간섭과 잡음을 줄이기 위함이다.
② 송 · 수신용 안테나 길이를 늘리기 위함이다.
③ 다중 통신을 하기 위함이다.
④ 전송 효율의 향상을 위함이다.

> **변조의 필요성**
> • 잡음, 간섭, 손실 등의 영향을 줄일 수 있다.
> • 전파 방사 편리성 확보와 짧은 파장 사용으로 안테나 크기 축소, RF 소형화가 가능하다.
> • 반송파를 이용한 고주파 대역으로 이동과 높은 주파수로 인한 장거리 전송이 가능하다
> • 여러 다른 반송파로 변조를 통한 다중화 전송을 통해 주파수 사용효율 증대가 가능하다.
> • 16QAM, 256QAM 등 변조 적용으로 전송속도를 향상시킬 수 있다.

04 다음 중 델타변조 DM(Delta Modulation)의 특징을 알맞지 <u>않은</u> 것은?

① 신뢰성이 높으며 표본화 주파수는 PCM의 2~4배이다.
② 표본화 주파수를 2배 증가시키면 S/N 비가 6[dB] 개선된다.
③ 업다운 카운터(Up-Down Counter)가 필요하다.
④ 전송 중의 에러에도 강하다.

> **DM(Delta Modulation, ⊿M, 델타변조)**
> • 1bit 양자화(2레벨 양자화)를 수행하여 정보 전송량을 크게 줄인 변조 방식이다.
> • 저가이며 시스템이 간단하다.
> • 전송 중의 에러에도 강하며, 업다운 카운터가 필요하다.
>
> **오답 피하기**
> 표본화 주파수를 2배 증가시키면 S/N 비는 3[dB] 개선되고, 4배 증가시키면 S/N 비는 6[dB] 개선된다.

정답 01 ④　02 ①　03 ②　04 ②

05 다음 중 정보신호에 따라 펄스 반송파의 진폭(크기)를 변화시키는 방식은?

① PDM
② PAM
③ PPM
④ PCM

> **펄스 변조**
> • **펄스 진폭 변조 (PAM)**
>   − 정보신호에 따라 펄스 반송파의 진폭(크기)를 변화시키는 방식이다.
>   − 표본치 진폭 크기에 1 : 1 대응관계를 갖는 진폭 변조 방식으로 가장 많이 사용된다.
> • **펄스 위치 변조 (PPM)**
>   − 정보신호에 따라 펄스 반송파의 위치를 변화시키는 방식이다.
>   − 펄스의 시간적 위치를 변화시키는 변조 방식으로, 진폭에 따라 위치가 결정되며 진폭이 높을수록 위치는 오른쪽으로 표시된다.
> • **펄스 부호 변조 (PCM)**
>   − 아날로그 정보신호를 표본화 → 양자화 → 부호화 과정을 거쳐 디지털 신호로 변환하는 변조 방식이다.
>   − 전송로에 의한 레벨의 변동이 없고, 잡음 및 누화에 강해 저질의 전송로를 통해서도 사용 가능하다는 특징이 있다.
> • **펄스 폭 변조 (PWM, PDM)**
>   − 정보신호에 따라 펄스 반송파의 폭을 변화시키는 방식이다.
>   − PAM파를 만들어 슬라이스 회로와 지연회로를 사용하여 펄스의 폭을 조절하는 방식이다.

06 다음 중 FM에 대한 특징으로 틀린 것은?

① 단파 대역에 적당하지 않다.
② 수신의 충실도를 향상시킬 수 있다.
③ 잡음을 보다 감소시킬 수 있다.
④ 피변조파의 점유 주파수 대역이 좁아진다.

> **주파수 변조(FM, Frequency Modulation)의 특징**
> • 반송파의 진폭은 일정하게 하고, 주파수 성분을 변조신호의 진폭에 따라 변화시키는 방식이다.
> • 신호 대 잡음비가 우수하고, 외부 잡음이나 간섭에 강하다.
> • 레벨 변동에 강하며, 송신효율이 우수하다.
> • 점유 주파수 대역폭이 넓어 단파 대역에 사용하기는 적당하지 않으며, 송/수신기 구성이 복잡한 단점이 있다.
> • AM에 비해 이득, 선택도와 감도가 우수하다.
> • 에코 간섭, 페이딩의 영향을 덜 받고, S/N이 개선된다.

07 다음 중 주파수 변조(FM)에서 신호 대 잡음비(S/N)를 개선하기 위한 방법이 아닌 것은?

① 디엠파시스(De-Emphasis) 회로를 사용한다.
② 주파수 대역폭을 넓게 한다.
③ 변조지수를 크게 한다.
④ 증폭도를 크게 높인다.

> **주파수 변조에서 S/N을 개선하기 위한 방법**
> • 전송 대역폭을 늘리거나 변조지수를 크게 하면 S/N이 개선된다.
> • FM 방식은 같은 송신전력에도 넓은 전송 대역을 사용함으로써 신호를 높은 S/N으로 전송할 수 있다. 전송 대역을 2배로 증가시키면, S/N은 6[dB]씩 개선된다.
> • 또한, 프리엠파시스(Pre-Emphasis)와 디엠퍼시스(De-Emphasis) 회로를 사용하면 S/N이 개선된다.

08 다음 중 기저대역 전송 부호 조건으로 틀린 것은?

① 전송 대역폭이 넓어야 한다.
② 전송 부호의 코딩 효율이 양호해야 한다.
③ 타이밍 정보가 충분히 포함되어야 한다.
④ DC 성분이 포함되지 않아야 한다.

> **기저대역(Baseband) 전송 부호 조건**
> • DC 성분이 포함되지 않아야 한다.
> • 전력밀도 스펙트럼 상에서 아주 높은/낮은 주파수 성분이 제한되어야 한다.
> • 전송 도중에 발생하는 에러의 검출과 교정이 가능해야 한다.
> • Timing 정보가 충분히 포함되어야 한다.
> • 누화, ISI, 왜곡, 지터 등과 같은 각종 장해에 강한 전송 특성을 가져야 한다.
> • 전송 부호의 코딩 효율이 양호해야 한다.
> • 전송로의 운영상태를 감시할 수 있어야 한다.
> • 전송 대역폭이 압축되어야 한다.

09 다음 중 회로 구성이 간단하고 가격이 저렴하며, 잡음이나 신호의 변화에 약하며, 광섬유를 이용한 디지털 전송에서 사용되는 변조 방식은?

① ASK
② FSK
③ PSK
④ QAM

ASK(Amplitude Shift Keying)
• ASK는 진폭편이변조로 정보신호에 따라 반송파의 진폭을 변화시키는 디지털 변조 방식이다.
• ASK 변조기는 회로 구성이 간단하고, 가격이 저렴하다.
• ASK 피변조파는 잡음 및 간섭 등에 약한 특성이 있고, 오류확률이 높다.
• ASK 변조 방식은 디지털 신호 1과 0에 따라 반송파를 보내거나 보내지 않는 방식으로 광섬유를 이용해 디지털 신호를 전송하는 목적으로 사용하고 있다.

10 다음 중 QAM 변조 방식에 대한 설명으로 가장 적합한 것은?

① 입력신호에 따라 반송파의 진폭을 변화시키는 방식
② 입력신호에 따라 반송파의 최소 주파수를 변화시키는 방식
③ 진폭 신호에 따라 적은 전력으로 다량의 정보를 전송시키는 방식
④ 반송파의 진폭과 위상을 데이터에 따라 변화시키는 진폭변조와 위상변조 방식의 혼합

QAM 변조
• 반송파의 진폭과 위상을 데이터에 따라 변화시키는 진폭 변조와 위상 변조 방식을 혼합하여 변조하는 방식이다.
• 4~M개의 서로 다른 진폭과 위상을 이용하여 변조한다.
• 주로 16QAM 이상이 사용된다.
• ASK와 PSK를 합친 변조 방식이다.
• 서로 직교하는 2개의 반송파를 사용한다.
• 2개 채널인 I–CH과 Q–CH이 완전히 독립적으로 존재한다.
• 제한된 채널에서 PRF(Partial Response Filter)를 사용하여 데이터 전송률을 높일 수 있다.
• 동기검파 또는 동기직교검파를 검파 방식으로 사용한다.

11 수정발진기는 어떤 효과를 이용한 것인가?

① 차폐 효과
② 압전기 효과
③ 홀 효과
④ 제벡 효과

수정 발진회로
• 수정 발진회로는 LC 회로의 유도성 소자 대신에 압전효과를 갖는 수정 진동자를 이용한 발진회로이다.
• LC 발진회로보다 높은 주파수 안정도가 요구되는 경우 이용된다.
• 주파수 안정도가 좋으며, 기계적으로나 물리적으로 안정하다.
• 수정공진자의 선택도(Q)가 매우 높다.
• 발진을 만족하는 유도성 범위가 매우 좁다.
• 고주파 발진기에 적합하다.

12 발진회로에서 발진을 지속하기 위해 필요한 과정은?

① 출력신호의 일부분을 부궤환시킨다.
② 출력신호의 일부분을 정궤환시킨다.
③ 외부로부터 지속적으로 입력신호를 제공한다.
④ L과 C 성분을 제거한다.

발진회로
• 발진회로는 전기적 에너지를 받아서 지속적인 전기적 진동을 만들어 내는 회로(장치)이다.
• 발진회로는 증폭기와 정궤환 회로로 구성된다.
• 발진 주파수에 의한 증폭기의 이득과 궤환회로의 궤환율의 곱이 1을 초과하는 경우 발진이 일어난다.
• 위상 조건 : 입력과 출력이 동위상
• 이득 조건 : 증폭도(A_f) $= \dfrac{A}{(1-A\beta)}$ 에서

 – 바크하우젠(Barkhausen) 발진조건 : $|A\beta| = 1$
 – 발진의 성장조건 : $|A\beta| \geq 1$
 – 발진의 소멸조건 : $|A\beta| \leq 1$

13 다음 중 원하는 대역만 통과시키는 필터는 무엇인가?

① LPF(Low Pass Filter)
② BRF(Band Rejection Filter)
③ BPF(Band Pass Filter)
④ HPF(High Pass Filter)

필터 종류
- 저역통과필터(LPF, Low Pass Filter) : 낮은 대역만 통과시키는 필터이다.
- 고역통과필터(HPF, High Pass Filter) : 높은 대역만 통과시키는 필터이다.
- 대역통과필터(BPF, Band Pass Filter) : 원하는 대역만 통과시키는 필터이다.
- 대역제거필터(BRF, Band Rejection Filter) : 원하는 대역만 제거시키는 필터이다.

14 다음 중 전가산기(Full Adder)의 구성으로 옳은 것은?

① 1개의 반가산기와 1개의 OR게이트
② 1개의 반가산기와 1개의 AND게이트
③ 2개의 반가산기와 1개의 OR게이트
④ 2개의 반가산기와 1개의 AND게이트

가산기(Adder)
- 가산기는 덧셈 연산을 수행하는 조합회로이며, 반가산기(Half adder)와 전가산기(Full adder)가 있다.
- 전가산기는 하위 비트에서 발생한 올림수를 포함한 입력 3개의 합과 올림수를 출력하는 조합회로이다.
- 내부적으로 2개의 반가산기와 1개의 OR 게이트로 구현하고, 3개 입력과 2개 출력으로 구성된다.
- 입력은 피연산수 A, 연산수 B, 하위 비트에서 발생한 입력 올림수 Cin이며, 출력은 합 S(Sum)과 올림수 Cout(Carry out)이다.
- 반가산기는 2개의 2진수 입력 A, B를 가산하여 합과 자리올림을 계산할 수 있도록 설계한 논리회로이다.
- 반가산기는 XOR 게이트와 AND 게이트를 사용하여 구성한 것으로 식으로 표현하면, S(Sum) = $\overline{A}B + A\overline{B} = A \oplus B$, C(Carry) = $A \cdot B$이다.

15 다음 그림과 같은 회로의 명칭은?

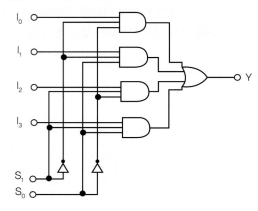

① 병렬 가산기
② 멀티플렉서
③ 디멀티플렉서
④ 디코더

멀티플렉서(Multiplexer)
- 멀티플렉서는 여러 아날로그 또는 디지털 입력신호 중 하나를 선택하여 선택된 입력을 하나의 출력(라인)에 전달하는 조합회로이다.
- 멀티플렉서는 데이터 선택기로서 여러 개의 데이터 입력을 받아들여 한 시점에 오직 하나의 데이터 입력만을 출력하는 스위칭 회로이다.

정답 13 ③ 14 ③ 15 ②

정보통신선로 검토

SECTION 01 동선(UTP, STP) 케이블

01 동선(UTP, STP) 케이블 개요

• 전기적 특성이 균일하고, 가느다란 구리 심선을 견고하게 외장 처리한 케이블이다.
• 차폐 또는 비차폐 꼬인 구리선으로 전화나 LAN 구성 시 사용되는 케이블이다.

02 UTP(Unshielded Twisted Pair) 케이블(비차폐 꼬임선)

1) 개요

• 절연된 2개의 구리선을 서로 꼬아 만든 여러 쌍의 케이블 외부를 플라스틱 피복으로 절연시킨 케이블이다.
• 일반 전화선이나 LAN(근거리통신망)의 환경을 이어주는 신호선의 한 종류이다.

2) 주요 특징

• 내부의 선은 두 가닥씩 꼬인 4쌍, 8가닥의 신호선으로 구성된다.
• 신호 전송 용도는 4가닥, 나머지 4가닥은 접지 용도이며, 전송 길이는 최대 100m 이내이다.
• 선로 간 누화 현상 감소를 위하여 근접한 Pair 간 꼬는 길이를 달리한다.

> **기적의 Tip** UTP Cable 종류
>
> | Category | 대역폭 | 전송속도 | 규격 |
> |---|---|---|---|
> | Category 5(CAT-5) | 100[MHz] | 100[Mbps] | 100BASE-TX |
> | Category 5e(CAT-5e) | 100[MHz] | 1[Gbps] | 1000BASE-T |
> | Category 6(CAT-6) | 250[MHz] | 1[Gbps] | 1000BASE-TX |
> | Category 6A(CAT-6A) | 500[MHz] | 10[Gbps] | 10G BASE |
> | Category 7(CAT-7) | 600[MHz] | 10[Gbps] | 10G BASE |

03 STP(Shielded Twisted Pair) 케이블(차폐 꼬임선)

1) 개요

• 두 가닥씩 꼰 Pair 4쌍 각각에 알루미늄 호일 등을 사용, 편조실드 처리를 한 케이블이다.
• 전자기파 장해가 예상되는 발전소, 변전소 등에 사용된다.

2) 주요 특징

• 차폐에 따라 부피가 크고, 휘어지지 않아 취급이 어렵다.
• 내부의 선은 두 가닥씩 꼬인 4쌍, 8가닥의 신호선으로 구성되며, 신호 전송 용도는 4가닥이고 나머지 4가닥은 접지 용도이다.

23.6
01 통신용 케이블 중 UTP(Unshielded Twisted-Pair) 케이블 규격에 대한 설명으로 틀린 것은?

① CAT.5 케이블의 규격은 10BASE-T이다.
② CAT.5E 케이블의 규격은 1000BASE-T이다.
③ CAT.6 케이블의 규격은 1000BASE-TX이다.
④ CAT.7 케이블의 규격은 10GBASE이다.

UTP(Unshielded Twisted Pair) 케이블
UTP 케이블은 비차폐 꼬임선으로, 절연된 2개의 구리선을 서로 꼬아 만든 여러 쌍의 케이블 외부를 플라스틱 피복으로 절연시킨 케이블이다.
• UTP Cable 종류

Category	대역폭	전송속도	규격
Category 5(CAT-5)	100[MHz]	100[Mbps]	100BASE-TX
Category 5e(CAT-5e)	100[MHz]	1[Gbps]	1000BASE-T
Category 6(CAT-6)	250[MHz]	1[Gbps]	1000BASE-TX
Category 6A(CAT-6A)	500[MHz]	10[Gbps]	10G BASE
Category 7(CAT-7)	600[MHz]	10[Gbps]	10G BASE

오답 피하기
CAT.5 케이블의 규격은 100BASE-TX이며, 대역폭은 100[MHz], 전송속도는 100[Mbps]이다.

22.3
02 다음 중 UTP 케이블 특징이 <u>아닌</u> 것은?

① 차폐 기능을 지원
② 8가닥 선으로 구성
③ 트위스트 페어 케이블의 일종
④ 전송 길이는 최대 100[m] 이내

UTP(Unshielded Twisted Pair) 케이블
• UTP 케이블은 비차폐 꼬임선으로, 절연된 2개의 구리선을 서로 꼬아 만든 여러 쌍의 케이블 외부를 플라스틱 피복으로 절연시킨 케이블이다.
• 내부의 선은 두 가닥씩 꼬인 4쌍, 8가닥의 신호선으로 구성된다.
• 신호 전송 용도는 4가닥, 나머지 4가닥은 접지 용도이며, 전송 길이는 최대 100m 이내이다.
• 선로 간 누화 현상 감소를 위하여 근접한 Pair 간 꼬는 길이를 달리한다.
• UTP 커넥터로는 RJ-45가 가장 많이 사용된다.

18.6
03 UTP 케이블의 카테고리(Category)는 표준화 기구에서 정의한 케이블 회선의 꼬임 정도 등을 나타내는 인터페이스 규격이다. 다음 중 대부분 Unshielded 형태로 제작되며, 최대 100[MHz]의 전송 대역까지 통신 가능한 미국표준(EIA-568)규격은?

① Category 5 또는 5e
② Category 6
③ Category 6A
④ Category 7

Category5 또는 5e
• 최대 100[Mbps]의 속도로 데이터를 전송할 수 있으며, 최대 전송 거리는 100[m]이다.
• 사용주파수가 100[MHz]를 넘어서면 감쇠가 급격히 증가한다.
• UTP 커넥터로는 RJ-45가 가장 많이 사용된다.
• 전송 거리가 100[m] 이상을 초과하게 되면 late collision이 발생한다.

18.10
04 다음 중 광섬유 전송 매체와 비교했을 때 일반적인 트위스티드 페어(Twisted Pair) 케이블에 대한 설명으로 잘못된 것은?

① 신호의 감쇠 및 간섭에 약하다.
② 아날로그 및 디지털 전송에 모두 사용할 수 있다.
③ 비용이 저렴한 편이다.
④ 대역폭이 넓다.

트위스티드 페어(Twisted Pair) 케이블
• 아날로그 및 디지털 전송에 모두 사용할 수 있고, 비용도 저렴하다.
• 나선 상태로 사용하므로 신호의 감쇠 및 간섭에 약하며, 좁은 전송 대역폭을 갖는다.
• 전기적 특성이 균일하고, 가느다란 구리 심선을 견고하게 외장 처리한 케이블이다.
• 차폐 또는 비차폐 꼬인 구리선으로 전화나 LAN 구성 시 사용되는 케이블이다.

정답 01 ① 02 ① 03 ① 04 ④

SECTION 02 동축 케이블

기출 분석

연도	19년	20년	21년	22년	23년
문제 수	3	3	2	1	0

01 동축 케이블(Coaxial Cable)

1) 동축 케이블 정의

동축 케이블은 중앙의 구리선을 절연체 및 전도체(차폐용 실드)가 둘러싸고 있는 케이블이다.

2) 동축 케이블의 개념도

▲ 동축 케이블 구조

- Data 통신에 사용되는 전송선로의 일종으로, 긴 원통 모양의 외부도체와 그 중심축에 자리한 1개의 내부도체로 이루어진 전송선로이다.
- 내부도체가 실제적인 신호 전송용이며, 외부도체는 알루미늄 또는 구리로 만들어진 그물 모양으로 차폐용 실드 역할을 하고, 그 사이를 유전체/절연체(폴리에틸렌 등)로 채워서 분리하여 만들어져 있다.

3) 동축 케이블의 장/단점

장점	단점
• 유연하며, 설치가 쉽다. • 간섭에 강하며, 누화가 적다. • 가격이 저렴하고, 주파수 특성이 우수하다.	• 장거리 전송이 어렵다. • 광케이블보다 속도는 떨어진다(100[Mbps]급). • 전력이 제한된다.

4) 동축 케이블과 광케이블 비교

구분	동축 케이블	광케이블
가격	상대적 저가	상대적 고가
전송 길이	500[m] 이하	수십 [km]
전송 속도	100[Mbps]	G급 [bps]
간섭 강도	간섭에 강함	간섭 없음
활용	TV, 모뎀	고속 N/W
종류	10Base2, 10Base5	SM, MM

22.6, 19.10

01 다음 중 동축 케이블에 대한 설명으로 **틀린** 것은?

① 영상전송에서 우선 고려사항은 감쇄이며, 이를 위해 75[Ω] 특성 임피던스를 많이 사용한다.

② 특성 임피던스는 내외부 도체의 직경으로부터는 영향을 받지 않는다.

③ 통신, 계측, 안테나 등의 Radio Frequency 영역에서는 50[Ω] 특성 임피던스를 사용한다.

④ BNC 커넥터(Connector)는 N 커넥터보다 차단주파수(Cutoff Frequency)가 낮다.

동축 케이블 개요
- 동축 케이블은 중앙의 구리선을 절연체 및 전도체(차폐용 실드)가 둘러싸고 있는 케이블이다.
- Twisted Pair 케이블보다 감쇠가 심해 장거리 전송을 위해서는 다수의 증폭기가 필요하다.
- 영상전송 시 감쇄를 우선 고려해야 하므로 75Ω의 특성 임피던스를 많이 사용하며, Radio Frequency 영역에서는 50[Ω] 특성 임피던스를 사용한다.
- 대역폭이 넓으므로 많은 음성신호를 한 번에 전송할 수 있는 높은 데이터 전송률을 갖는다.
- 특성 임피던스는 내부도체 직경과 외부도체 직경, 양 도체 사이의 유전체의 비유전율에 따라 변한다.

21.10, 18.6

02 다음 중 동축 케이블의 특징으로 **틀린** 것은?

① 차폐된 구조를 가진 케이블이다.

② 외부도체는 신호전송용으로 사용한다.

③ 2선식 케이블의 표피효과를 보완한 케이블이다.

④ 세심 동축 케이블의 내경/외경은 1.2/4.4 [mm]이다.

동축 케이블의 특징
- 세심 동축 케이블에는 외부도체 외경이 4.4[mm]와 5.6[mm]인 케이블이 있으며, 외부도체가 4.4[mm]인 세심 동축 케이블의 내경은 1.2[mm]이다.
- 2선식 케이블의 표피효과를 보완한 케이블이다.
- 외부도체를 접지해서 사용하므로 외부로부터 잡음 및 에코에 강하다.
- 간섭에 강하며, 누화가 적다.
- 가격이 저렴하고, 주파수 특성이 우수하다.
- 장거리 전송이 어렵다.

20.6, 19.3

03 다음과 같은 전송 매체에 대한 표기 방법에 대한 설명으로 옳지 **않은** 것은?

> 10Base5

① 전송속도가 10[Mbps]이다.

② 기저대역 전송을 행한다.

③ 전송 매체가 동축케이블이다.

④ 전송거리가 최장 5[km]이다.

전송 매체 표기 방법(10Base5)의 의미
- 10 : 전송속도가 10[Mbps]임을 의미한다.
- Base : 전송방식으로 Baseband(기저대역) 전송을 사용함을 의미한다.
- 5 : 리피터 없이 전송될 수 있는 거리인 세그먼트 하나의 길이가 500[m]임을 의미한다.

정답 01 ② 02 ② 03 ④

04 18.6
04 다음 중 동축 케이블의 용도가 <u>아닌</u> 것은?

① 광대역 전송로로 사용
② TV 신호 분배(유선 TV의 경우)에 사용
③ LAN 구성에 사용
④ 장거리 시스템 링크용으로 사용

동축 케이블의 용도
단거리 네트워크 구성, 단거리 시스템 링크, TV 신호 분배 및 전송, 광대역 전송로로 사용한다.

21.10
05 다음 중 동축 케이블의 전기적 특성 중 2차 정수는?

① 인덕턴스
② 특성 임피던스
③ 정전용량
④ 컨덕턴스

동축 케이블 전기적 특성의 1, 2차 정수
• 1차 정수 : 저항, 인덕턴스, 정전용량
• 2차 정수 : 감쇠 정수, 위상 정수, 전파 정수

20.6
06 다음 중 동축 케이블의 RG(Radio Guide) 규격과 특성 임피던스의 연결이 옳은 것은?

① RG−6 : 75[Ω]
② RG−8 : 75[Ω]
③ RG−11 : 50[Ω]
④ RG−59 : 50[Ω]

동축 케이블 RG 규격과 특성 임피던스
• RG−6 : 75 [Ω]
• RG−8 : 50 [Ω]
• RG−11 : 75 [Ω]
• RG−58 : 50 [Ω]
• RG−59 : 75 [Ω]

정답 04 ④ 05 ② 06 ①

SECTION 03 광케이블

01 광케이블 (Optical Cable)

1) 광케이블 개요

• 기존 구리를 사용하는 케이블은 전자기파 간섭, 전송로 상의 Loss 등의 이유로 광대역, 원거리 전송의 제약이 발생한다.

• 광통신은 정보를 광신호로 변환하여 석영을 주재료로 하는 코어와 클래드로 구성된 광케이블에 통과시켜 정보를 전달한다.

• 광케이블은 전자기파의 간섭이 없고, 선로에서의 손실이 적어 광대역, 원거리 통신환경에 많이 사용된다.

2) 광케이블 전달 원리 및 종류

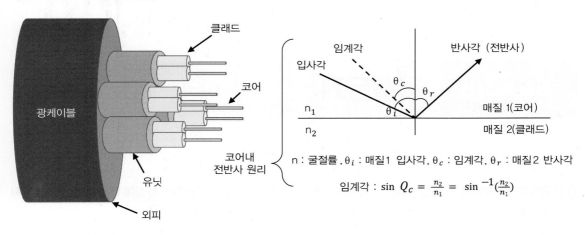

▲ 광케이블 구조와 원리

• 광케이블은 굴절률이 다른 코어와 클래드의 경계면에서 임계각 이상의 입사각으로 입사 시 전반사가 발생한다는 스넬의 법칙을 이용한다.

> **기적의 Tip** 스넬의 법칙(Snell's law)
>
> 파동이 하나의 매질에서 다른 종류의 매질로 진행할 때, 입사각의 사인값과 굴절각의 사인값의 비가 항상 일정하다는 법칙이다. ($n_1\sin\theta_1 = n_2\sin\theta_2$)

• 광케이블의 코어와 클래드 경계면에서, 입사각을 임계각 θ_c보다 크게 입사시킬 때, 스넬의 법칙에 의해 전반사가 발생한다.(이때 $N_1 > N_2$이다)

• 광케이블은 Cable 내에 존재하는 모드 수에 따라 Single Mode와 Multi Mode로 나눌 수 있고, Multi Mode Cable에는 Core의 굴절률 변화를 점차적으로 늘려 모드 내 분산 문제를 해결한 Multi Mode-

Graded Mode Index Cable과 코어/클래드 경계면에서 계단형태로 굴절률이 바뀌는 Multi Mode-Step Index Cable이 있다.

3) 광케이블 종류 비교

구분	Single Mode	Multi Mode	
	Step Index	Graded Index	Step Index
대역폭	3[GHz]	300[MHz]~3[GHz]	200[MHz]
거리	40[km]	10[km] 이하	10[km] 이하
코어직경	10[μm]	50~100[μm]	50~100[μm]
활용	WAN(해저)	WAN(근거리)	LAN, MAN

※ 원거리 통신에는 Single Mode, 근거리 통신에는 Multi Mode가 유리하다.

4) 광섬유의 장/단점

장점	단점
• 주재료인 석영의 풍부함과 가벼움 • 전자기파의 간섭이 적음 • 선로 손실이 적어 장거리 전송에 유리 • 광파를 이용, 광대역 통신 유리	• 케이블 파손 시, 대형 사고로 이어짐 • 파손에 약함 • 고가의 전송장치

이론을 확인하는 기출문제

23.6
01 광섬유케이블에서 빛을 집광하는 능력 즉, 최대 수광각 범위 내로 입사시키기 위한 광학 렌즈의 척도를 무엇이라 하는가?

① 개구수(Numerical Aperture, NA)
② 조리개 값(F-number)
③ 분해 거리(Resolved Distance)
④ 초점 심도(Depth of Focus)

주요 광학 파라메터
• 수광각(Acceptance Angle) : 빛을 받아들일 수 있는 각으로, 광을 Core 내에서 전달하기 위한 최대 입사각도이다.
• 개구수(Numerical Aperture) : 빛이 밖으로 굴절하지 않고 광섬유 내에서 전반사하여 전파하는 최대 각도이다.(광을 모을 수 있는 능력)
• 규격화 주파수(Normalized Frequency) : Optical Fiber가 단일 모드 인지, 다중 모드 인지를 구별할 수 있도록 하는 값이다.

20.9, 18.10
02 다음 중 광섬유의 특징에 대한 설명으로 알맞지 않은 것은?

① 아주 빠른 전송속도를 가지고 있다.
② 정보 손실률이 높다.
③ 매우 낮은 전송 에러율을 가지고 있다.
④ 네트워크 보안성이 높다.

광섬유의 특징
• 광파를 이용하여 전송속도가 빨라 광대역 통신에 유리하다.
• 선로 손실이 적어 장거리 전송에 유리하다.
• 주재료인 석영이 가볍고, 자연계에 풍부하다.
• 전자기파의 간섭이 적다.
• 전송 에러율이 매우 낮고, 보안성이 높다.
• 케이블 파손 시, 대형 사고로 이어지며, 전송장치가 고가이다.

03 23.3, 20.9, 19.6
다음 중 다중 모드 광섬유(Multimode Fiber)에 대한 설명으로 알맞지 않은 것은?

① 코어 내를 전파하는 모드가 여러 개 존재한다.
② 모드 간 간섭이 있어 전송 대역이 제한된다.
③ 고속, 대용량 장거리 전송에 사용된다.
④ 단일 모드 광섬유보다 제조 및 접속이 용이하다.

....

광케이블 전송 모드
• 단일 모드(Single Mode) 광섬유
  - 1개의 전파 모드만 이용하여 전파하므로 모드 간 분산이 없다.
  - 손실 및 분산 특성이 우수하다.
  - 광섬유 중앙으로 직선 전파된다.
  - Power가 강하고, 광대역 전송 속도가 우수하며 고속, 장거리 전송에 적합하다.
  - 코어 직경(9[μm])이 작아 제조 및 접속이 어렵고 고가이다.
• 다중 모드(Multi Mode) 광섬유
  - 광섬유 코어 안에서 전파되는 빛의 모드가 여러 개인 광섬유이다.
  - 모드 간 분산 특성이 불리하여 전송 대역폭이 좁다.
  - 코어의 직경이 50~60[μm]이며 계단형 다중 모드와 언덕형 다중 모드가 있다.
  - 계단형(Step Index)은 근거리 단파장용으로 저가이며, 광원과의 결합 효율이 우수하고 코어의 직경이 비교적 크기 때문에 제조 및 접속이 용이하다.
  - 언덕형(Graded Index)은 계단형의 모드 간 분산 특성을 향상시킨 모드로, 굴절률 분포는 중심부가 높고 클래드 경계면 쪽으로 갈수록 감소된다. 여러 경로의 빛이 한곳에 집속, 모드 분산이 제거되어 속도 증가의 장점이 있다.

04 21.3, 18.10
스넬의 법칙(Snell's law)이란 광선 또는 전파가 서로 다른 매질의 경계면에 입사하여 통과할 때 입사각과 굴절각과의 관계를 표현한 법칙이다. 다음 그림과 같이 굴절률이 n_1과 n_2로 서로 다른 두 매질이 맞닿아 있을 때 매질을 통과하는 빛의 경로는 매질마다 광속이 다르므로 휘게 되는데, 그 휜 정도를 빛의 입사 평면상에서 각도로 표시하면 θ_1과 θ_2가 된다. 이때 스넬의 법칙으로 n_1, n_2, θ_1, θ_2의 상관관계를 올바르게 정의한 것은?

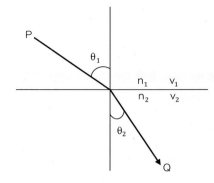

① $n_1 + \cos\theta_1 = n_2 + \sin\theta_2$
② $n_1 + \cos\theta_2 = n_2 + \sin\theta_2$
③ $n_1(\sin\theta_1) = n_2(\sin\theta_2)$
④ $n_1(\sin\theta_2) = n_2(\sin\theta_1)$

....

스넬의 법칙(Snell's law)
• 파동이 하나의 매질에서 다른 종류의 매질로 진행할 때, 입사각의 사인값과 굴절각의 사인값의 비가 항상 일정하다는 법칙이다.
• $n_1\sin\theta_1 = n_2\sin\theta_2$이 성립하며, 전반사가 일어나기 위한 광의 최소 입사각인 임계각은 $\sin^{-1}(\frac{n_1}{n_2})$이다.

정답 01 ① 02 ② 03 ③ 04 ③

05 다음 중 광섬유 케이블의 분류 방법이 다른 것은?

① 단일 모드 광섬유 파이버
② 계단형 광섬유 파이버
③ 언덕형 광섬유 파이버
④ 삼각형 광섬유 파이버

굴절률 분포에 따른 광섬유케이블 구분
Step Index Fiber(계단형 광섬유 케이블), Graded Index Fiber(언덕형 광섬유 케이블), Triangular Index Fiber(삼각형 광섬유 케이블)가 있다.

06 광케이블의 광학 파라미터가 아닌 것은?

① 편심률
② 개구수
③ 수광각
④ 모드 수

광케이블의 광학 파라미터
• 비굴절률차 : 코어와 클래드 간의 상대적 굴절률 차
• 수광각 : 광을 코어 내에서 입사할 때 전반사시킬 수 있는 최대 입사 원뿔각
• 개구수 : 광섬유가 내부 전반사 조건을 만족하면서, 광원으로부터 빛을 얼마나 받을 수 있는지를 나타내는 능력 수치값
• 굴절률 분포 계수 : 코어 내에서 축으로부터의 거리에 따른 굴절률의 변화
• 규격화 주파수 : 광섬유 내 빛의 경로(전파 모드) 개수를 정하는 광섬유 파라미터

오답 피하기
편심률, 코어 직경, 클래드의 직경, 편심율, 비원율은 구조적 파라미터이다.

07 광섬유의 특성을 코어 광섬유의 굴절율 분포에 따라 구분하면 계단형(Step index)과 2차 곡선 모양(Graded index)로 구분되고, 전파모드 수가 1개이면 Single mode, 다수이면 Multi mode라고 한다. 이 두 가지 특성을 조합하여 광섬유 종류를 나타내는데, 아래 내용 중 상용화되지 않은 광섬유 종류는 어느 것인가?

① Step Index Multi Mode
② Step Index Single Mode
③ Graded Index Multi Mode
④ Graded Index Single Mode

광케이블 전송 모드
• 단일 모드(Single Mode) 광섬유
  – 1개의 전파 모드만 이용하여 전파하므로 모드 간 분산이 없다.
  – 손실 및 분산 특성이 우수하다.
  – 광섬유 중앙으로 직선 전파된다.
  – Power가 강하고, 광대역 전송 속도가 우수하며 고속, 장거리 전송에 적합하다.
  – 코어 직경(9[μm])이 작아 제조 및 접속이 어렵고 고가이다.
• 다중 모드(Multi Mode) 광섬유
  – 광섬유 코어 안에서 전파되는 빛의 모드가 여러 개인 광섬유이다.
  – 모드 간 분산 특성이 불리하여 전송 대역폭이 좁다.
  – 코어의 직경이 50~60[μm]이며 계단형 다중 모드와 언덕형 다중 모드가 있다.
  – 계단형(Step Index)은 근거리 단파장용으로 저가이며, 광원과의 결합 효율이 우수하고 코어의 직경이 비교적 크기 때문에 제조 및 접속이 용이하다.
  – 언덕형(Graded Index)은 계단형의 모드 간 분산 특성을 향상시킨 모드로, 굴절률 분포는 중심부가 높고 클래드 경계면 쪽으로 갈수록 감소된다. 여러 경로의 빛이 한곳에 집속, 모드 분산이 제거되어 속도 증가의 장점이 있다.

오답 피하기
Gradded Index는 모드 분산을 줄이기 위해 사용되며, 모드 분산은 모드 사이의 전파 속도 차 때문에 생기는 분산으로 Single Mode에서는 생기지 않고, Multi Mode에서만 발생한다.

정답 05 ① 06 ① 07 ④

SECTION 04 전자기파 기본성질

기출 분석

연도	19년	20년	21년	22년	23년
문제 수	0	1	1	2	4

01 전파(Radio Wave)의 정의

전파는 시간에 따라 변화하는 전기장과 자기장의 상호작용으로 인하여 빛의 속도로 퍼져나가는 파동 에너지이며, 전계와 자계에 직각인 방향으로 진행하는 횡파이다.

02 전파의 주요 특징(성질)

| 굴절
(Refraction) | 반사
(Reflection) | 회절
(Diffraction)
산, 언덕 | 편파
(Polarization) | 산란
(Scattering) |

▲ 전파의 주요 특징

- **직진성** : 전파는 매질을 통과할 때 직진하고, 주파수가 높을수록 직진성이 강하다.
- **굴절** : 서로 다른 두 개의 매질을 통과할 때, 그 경계면에서 휘어지는 현상을 말하고, 굴절은 전파의 진행 속도 차에 의해 발생한다.
- **회절** : 전파 통로에 장애물이 있을 때 전파가 뒤편 음영지역으로 도달하는 현상으로 초가시거리 통신이 가능해지고, 파장이 길수록 잘 발생한다.
- **간섭** : 두 개의 신호가 서로 합성되는 현상으로, 보강간섭과 상쇄간섭이 발생한다.
- **감쇠** : 전파는 이동 중에 전송 매체에서 감쇠가 발생하여 손실되며 주파수가 높을수록, 전송 거리가 멀수록 감쇠가 커진다.
- **편파** : 전파 진행 방향에 대해 어떤 고정점에서 전기장 벡터의 끝이 그리는 궤적의 방향을 의미한다. 수직/수평 편파를 사용하면 주파수 용량증대 효과를 얻을 수 있다.

> **기적의 Tip** 전파의 회절 특성
>
> ① 전파 회절의 개념
> - 전파 경로상에 산악, 건물 등과 같은 장애물이 있는 경우, 하위헌스의 원리에 의해 그 뒤쪽에서 전파 일부가 휘어져 수신되는 현상을 말한다.
> - 전파의 회절은 주파수가 낮을수록(파장이 길수록) 현저하게 나타난다.
>
> ② 회절로 인해 나타나는 현상
> - 무선통신에 미치는 영향
> - 장점 : 장거리 전송 가능으로 커버리지 확대, 음영지역 해소, 경제적인 무선통신 시스템 구축이 가능하다.
> - 단점 : 페이딩 및 간섭현상으로 통신품질 열화 및 타 통신에 영향을 미쳐 혼선이 발생할 가능성이 있다.

- Fresnel Zone

무선 신호가 송신 안테나에서 수신 안테나를 향해서 방사될 때 회절의 영향으로 원형의 방사 패턴을 보이며 확산되어 나가는데 이 때 형성되는 각 동심원의 방사 패턴이 만드는 영역으로, 이를 이용하여 송/수신 안테나 사이에 산이나 건물 등 장애물이 있을 때 이의 영향을 분석할 수 있다.

- 산악회절 이득

VHF(초단파)대에 있어서 송신점과 수신점 사이에 높은 산악이 있는 경우, 산악이 없는 경우의 전계 강도보다 산악회절에 의한 전계 강도가 커지는 결과가 때에 따라 발생할 수 있다.

- 구면 회절

지구의 구 표면 또는 일반적으로 파장에 관계하여 아주 큰 둥근 장애물에 의한 회절 손실을 말한다.

이론을 확인하는 기출문제

23.3, 21.3

01 다음 중 밀리미터파의 특징으로 틀린 것은?

① 저전력 사용
② 우수한 지향성
③ 낮은 강우 감쇠
④ 송수신장치의 소형화

밀리미터파의 특징
- 밀리미터파는 3~30[GHz]의 전파인 SHF 전파를 말한다.
- 파장이 짧으므로 지향성이 우수하며, 송수신장치를 소형화시킬 수 있다.
- 직진성을 가지므로 저전력을 사용한다.
- 강우 시 감쇠가 크다.

22.10, 20.9, 18.6

02 다음 중 전자파(전파)에 대한 설명으로 틀린 것은?

① 전자파를 파장이 짧은 것부터 순서대로 나열하면 감마선, X선, 적외선 등이 있다.
② 전자파는 파장이 짧을수록 직진성 및 지향성이 강하다.
③ 전자파는 진공 또는 물질 속을 전자장의 진동이 전파함으로써 전자 에너지를 운반하는 것이다.
④ 전파는 인공적인 유도에 의해 공간에 퍼져나가는 파이다.

전파(Radio Wave)의 특징
- 시간에 따라 변화하는 전기장과 자기장의 상호작용으로 인하여 빛의 속도로 퍼져나가는 파동 에너지이며, 전계와 자계에 직각인 방향으로 진행하는 횡파이다.
- 전계는 자계를 만들고, 자계는 전계를 만드는 과정을 반복하는 상호 전자적인 유도 현상에 의해 공간으로 퍼져나가는 파이다.
- 전파의 주요 특징은 직진성, 굴절, 회절, 간섭, 감쇠, 편파 등이 있다.
- 전파는 파장이 짧을수록(주파수가 높을수록) 직진성과 지향성이 강하다.

정답 01 ③ 02 ④

주파수와 파장 관계, 주파수 스펙트럼 개념

기출 분석

연도	19년	20년	21년	22년	23년
문제 수	4	1	3	3	2

01 파장(Wave Length)

1) 파장의 정의

파장이란 공간을 진행하는 파동의 형태가 주기적으로 반복된 모양을 나타내는 구간의 길이를 말한다.

2) 파장 개념 이해

- 파장은 진동수, 진폭 등과 함께 파동의 공간적 특성을 기술하는 데 중요한 물리량이며, λ(람다)로 표기한다.
- 전자기파의 파장 길이가 1[mm] 이상으로 가장 큰 라디오파(전파)를 포함하여 1[mm] 이하의 마이크로파, 적외선(750[nm]~1[m]) 및 가시광선(400~760[nm]), 자외선(100~380[nm])과 그보다 더 짧은 파장을 가진 방사선 등이 있다.
- 전파는 유한한 자원으로 세계 각국이 공동으로 사용하므로 ITU에서는 전파 사용에 관한 규칙을 국제법화하고 있고, 각국은 사용 중 일어날 수 있는 혼신을 사전에 방지하고 사용 주파수에 대해 국제적으로 보호받기 위하여 관련 주파수에 대한 국제등록을 하고 있다.

3) 주파수 대역에 따른 분류

대역	주파수 범위	파장	용도
VLF, 초장파 (Very Low Frequency)	3~30[kHz]	100~10[km]	선박, 장거리 통신
LF, 장파 (Low Frequency)	30~300[kHz]	10~1[km]	선박, 장거리 통신
MF, 중파 (Medium Frequency)	300~3,000[kHz]	1,000~100[m]	표준 AM 방송, 선박통신, 아마추어 방송
HF, 단파 (High Frequency)	3~30[MHz]	100~10[m]	원거리, 중거리, 선박통신
VHF, 초단파 (Very High Frequency)	30~300[MHz]	10~1[m]	FM 방송, VHF TV 방송
UHF, 극초단파 (Ultra High Frequency)	300~3,000[MHz]	100~10[cm]	UHF TV 방송, 이동통신
SHF, 마이크로파 (Super High Frequency)	3~30[GHz]	10~1[cm]	레이더, 위성통신
EHF, 밀리미터파 (Extreme High Frequency)	30~300[GHz]	10~1[mm]	미사일용 전파
광파	300~3,000[GHz]	1~0.1[mm]	미래 통신

02 주파수 스펙트럼(Frequency Spectrum)

1) 주파수 스펙트럼 정의

- 신호를 주파수 또는 파장의 함수로써 주파수 영역에 표현한 것으로, 주파수 성분과 크기를 말한다.
- 주파수 및 파장별로 그 성질의 크기(신호 세기 등)를 펼쳐 보인 것으로, 서로 다른 신호 파형은 서로 다른 스펙트럼을 갖고 있다.
- 비주기적인 신호는 푸리에 변환을 통해 시간 함수를 주파수 함수로 변환하여 스펙트럼이 어떤 주파수 성분과 크기를 갖는지 해석할 수 있다.

2) 주파수 스펙트럼 종류

- **진폭 스펙트럼** : 우대칭 특성이 있으며, 주파수별로 어떤 성분이 얼마의 비중이 있는지를 보여준다.
- **위상 스펙트럼** : 기대칭 특성이 있으며, 주파수별로 시간 지연이 얼마나 있는지를 보여준다.
- **선 스펙트럼** : 주기 신호의 주파수 스펙트럼과 같이 선만으로 구성되는 형태이다.
- 이외에도 에너지, 전력 스펙트럼 등이 있다.

이론을 확인하는 **기출문제**

23.3, 21.10, 19.6

01 30[m] 높이의 빌딩 옥상에 설치된 안테나로부터 주파수가 2[GHz]인 전파를 송출하려고 한다. 이 전파의 파장은 얼마인가?

① 5[cm]
② 10[cm]
③ 15[cm]
④ 20[cm]

파장 계산

$\lambda = \dfrac{c}{f}$ 이고, 주파수 f 는 2[GHz] = 2×10^9[s^{-1}], c 는 3×10^8[m/s]

이므로, $\lambda = \dfrac{3 \times 10^8}{2 \times 10^9} = 0.15$[m] = 15[cm]이다.

22.6, 21.6, 19.6

02 다음 중 마이크로파 통신의 특징으로 **틀린** 것은?

① 파장이 길다.
② 광대역성이 가능하다.
③ 강한 직진성을 가진다.
④ S/N을 개선할 수 있다.

마이크로파의 특징

- 마이크로파는 주파수 3~30[GHz], 파장 10~1[cm]인 SHF(Super High Frequency)로 레이더 및 위성통신에 사용되는 주파수이다.
- 광대역 통신 및 전송이 가능하고, 파장이 짧아 예민한 지향성을 가진 고이득 안테나를 사용할 수 있다.
- 가시거리 내 통신으로 장애물이 없는 거리 내에서만 가능하고, 그 외 장거리 통신은 중간에 중계소를 설치해야 한다.
- 전파손실이 적으며, S/N비를 크게 할 수 있다.
- 외부 잡음의 영향이 적고, 기상조건에 따라 전송 품질이 영향을 받는다.

22.3
03 전리층을 이용한 통신에 가장 많이 사용되는 주
파수대는?

① VLF대

② HF대

③ VHF대

④ UHF대

단파의 특징
• 단파는 주파수 3~30[MHz], 파장 100~10[m]인 HF(High Frequency)
로 원거리, 선박통신에 사용되는 주파수이다.
• 단파는 전리층 중 F층에서 반사하여 도약거리가 가장 크기 때문에
원거리 통신에 이용된다.

22.6
04 주기 신호의 주파수 스펙트럼 형태는?

① 선 스펙트럼

② 연속 스펙트럼

③ 사각 스펙트럼

④ 정현 스펙트럼

주파수 스펙트럼
• 신호를 주파수 또는 파장의 함수로써 주파수 영역에 표현한 것으로,
주파수 성분과 크기를 말한다.
• **진폭 스펙트럼** : 우대칭 특성이 있으며, 주파수별로 어떤 성분이 얼
마의 비중이 있는지를 보여준다.
• **위상 스펙트럼** : 기대칭 특성이 있으며, 주파수별로 시간 지연이 얼
마나 있는지를 보여준다.
• **선 스펙트럼** : 주기 신호의 주파수 스펙트럼과 같이 선만으로 구성되
는 형태이다.

19.3
05 비주기적인 임의의 파형의 주파수 스펙트럼을
해석하는 방법으로 가장 적절한 것은?

① 푸리에 급수로 해석한다.

② 펄스 열로 표시한다.

③ 델타함수 열로 해석한다.

④ 푸리에 변환으로 해석한다.

주파수 스펙트럼을 해석하는 방법
• 주파수 및 파장별로 그 성질의 크기(신호 세기 등)를 펼쳐 보인 것으
로, 서로 다른 신호 파형은 서로 다른 스펙트럼을 갖고 있다.
• 비주기적인 신호는 푸리에 변환을 통해 시간 함수를 주파수 함수로
변환하여 스펙트럼이 어떤 주파수 성분과 크기를 갖는지 해석할 수
있다.

오답 피하기
• 주기적인 신호 해석에는 푸리에 급수가 사용된다.
• 푸리에 급수는 어떤 형태의 주기 신호라 하더라도 직류성분, cos 성
분, sin 성분의 합으로 나타낼 수 있어 이를 해석할 수 있다.

정답 01 ③ 02 ① 03 ② 04 ① 05 ④

01 다음 중 금속막에 의한 차단 유무에 따라 STP 케이블과 UTP 케이블로 분류되는 전송 매체는?

① 동축케이블
② 꼬임 쌍선
③ 단일 모드 광섬유
④ 다중 모드 광섬유

UTP(Unshielded Twisted Pair)
• 비차폐 꼬임선, 절연된 2개의 구리선을 서로 꼬아 만든 여러 쌍의 케이블 외부를 플라스틱 피복으로 절연시킨 케이블이다.
• 일반 전화선이나 LAN(근거리통신망)의 환경을 이어주는 신호선의 한 종류이다.
• 내부의 선은 두 가닥씩 꼬인 4쌍, 8가닥의 신호선으로 구성된다.
• 신호 전송 용도는 4가닥, 나머지 4가닥은 접지 용도이며, 전송 길이는 최대 100m 이내이다.
• 선로 간 누화 현상 감소를 위하여 근접한 Pair 간 꼬는 길이를 달리한다.

STP(Shielded Twisted Pair) 케이블
• 차폐 꼬임선, 두 가닥씩 꼬인 Pair 4쌍 각각에 알루미늄 호일 등을 사용하여 편조실드 처리를 한 케이블이다.
• 전자기파 장해가 예상되는 발전소, 변전소 등에 사용된다.
• 차폐에 따라 부피가 크고, 휘어지지 않아 취급이 어렵다.
• 내부의 선은 두 가닥씩 꼬인 4쌍, 8가닥의 신호선으로 구성되며, 신호 전송 용도는 4가닥이고 나머지 4가닥은 접지 용도이다.

---

02 다음 중 동선과 비교할 때 동축 케이블의 장점이 **아닌** 것은?

① 용량이 커서 많은 신호를 한 번에 전송한다.
② 케이블 간의 신호 간섭을 억제한다.
③ 주파수 신호세력의 감쇠나 전송지연의 변화가 적다.
④ 선로구축 비용이 저렴하다.

동선 대비 동축 케이블의 특징
• 동선 대비 용량이 커서 많은 신호를 한 번에 전송한다.
• 외부 도체를 접지해 사용하므로 케이블 간의 신호 간섭을 억제할 수 있고, 외부로부터의 간섭도 적다.
• 주파수 신호세력의 감쇠나 전송지연의 변화가 적다.

---

03 다음의 손실 중 동축 케이블에 나타나는 손실은?

① 적외선 흡수 손실
② 레일리 산란 손실
③ 와류 손실
④ 구조 불완전 손실

와류손실
• 도체를 관통하는 자속이 시간에 따라 변하면 이러한 변화를 막기 위해 도체 내에 국부적으로 형성되는 임의의 폐회로를 따라 전류가 유기되는데 이 전류를 와전류라 하고, 와전류에 의한 전력손실을 와류손실(와류손) 이라고 한다.
• 와류손실은 동축 케이블에서 발생하는 손실이다.

오답 피하기
적외선 흡수손실, 레일리 산란손실, 구조 불완전 손실 등은 광케이블에서 발생하는 손실이다.

---

04 광케이블에서 광에너지의 전달속도인 군속도(group velocity)는 코어의 굴절률과 어떤 관계를 가지는가?

① 코어의 굴절률에 비례한다.
② 코어의 굴절률에 반비례한다.
③ 코어의 굴절률의 제곱에 비례한다.
④ 코어의 굴절률의 제곱에 반비례한다.

군속도
• 군속도는 여러 주파수를 가진 파동이 중첩되었을 때의 속도로, 광에너지의 전달속도이며, 코어의 굴절률에 반비례한다.
• 군속도 굴절율(군 굴절률) : $n_g = \dfrac{c}{v_g}$
• 가시광선 영역에서 군속도 굴절률은 통상의 굴절률 보다 그 값이 더 크다.

05 다음 중 단일 모드(Single mode) 광섬유에 대한 설명으로 알맞은 것은?

① 광섬유 속을 지나는 전파 모드가 여러 개이다.

② 광선의 도착시간 차이에 의해 전송 대역폭이 제한된다.

③ 광선이 도착하는 시간차가 없으므로 10[GHz]의 넓은 전송 대역폭을 가진다.

④ 코어 직경이 크므로 제조 및 접속이 용이하고 초대용량 단거리 전송에 적합하다.

광케이블 전송 모드

• 단일 모드(Single Mode) 광섬유
  - 1개의 전파 모드만 이용하여 전파하므로 모드 간 분산이 없다.
  - 손실 및 분산 특성이 우수하다.
  - 광섬유 중앙으로 직선 전파된다.
  - Power가 강하고, 광대역 전송 속도가 우수하며 고속, 장거리 전송에 적합하다.
  - 코어 직경(9[μm])이 작아 제조 및 접속이 어렵고 고가이다.

• 다중 모드(Multi Mode) 광섬유
  - 광섬유 코어 안에서 전파되는 빛의 모드가 여러 개인 광섬유이다.
  - 모드 간 분산 특성이 불리하여 전송 대역폭이 좁다.
  - 코어의 직경이 50~60[μm]이며 계단형 다중 모드와 언덕형 다중 모드가 있다.
  - 계단형(Step Index)은 근거리 단파장용으로 저가이며, 광원과의 결합 효율이 우수하고 코어의 직경이 비교적 크기 때문에 제조 및 접속이 용이하다.
  - 언덕형(Graded Index)은 계단형의 모드 간 분산 특성을 향상시킨 모드로, 굴절률 분포는 중심부가 높고 클래드 경계면 쪽으로 갈수록 감소된다. 여러 경로의 빛이 한곳에 집속, 모드 분산이 제거되어 속도 증가의 장점이 있다.

06 전파 통로에 장애물이 있을 때 전파가 뒤편 음영지역으로 도달하는 성질을 무엇이라 하는가?

① 회절
② 간섭
③ 굴절
④ 편파

전파의 주요 성질

• 직진성 : 전파는 매질을 통과할 때 직진하고, 주파수가 높을수록 직진성이 강하다.
• 굴절 : 서로 다른 두 개의 매질을 통과할 때, 그 경계면에서 휘어지는 현상을 말하고, 굴절은 전파의 진행 속도 차에 의해 발생한다.
• 회절 : 전파 통로에 장애물이 있을 때 전파가 뒤편 음영지역으로 도달하는 현상으로 초가시거리 통신이 가능해지고, 파장이 길수록 잘 발생한다.
• 간섭 : 두 개의 신호가 서로 합성되는 현상으로, 보상간섭과 상쇄간섭이 발생한다.
• 감쇠 : 전파는 이동 중에 전송 매체에서 감쇠가 발생하여 손실되며 주파수가 높을수록, 전송 거리가 멀수록 감쇠가 커진다.
• 편파 : 전파 진행 방향에 대해 어떤 고정점에서 전기장 벡터의 끝이 그리는 궤적의 방향을 의미한다. 수직/수평 편파를 사용하면 주파수 용량증대 효과를 얻을 수 있다.

07 다음 중 회절에 의해 나타나는 현상이 <u>아닌</u> 것은?

① Fresnel Zone
② 산악회절 이득
③ 구면 회절
④ 음영지역 확산

> **회절에 의해 나타나는 현상**
> • 무선통신에 미치는 영향
>   – 장점 : 장거리 전송 가능으로 커버리지 확대, 음영지역 해소, 경제적인 무선통신 시스템 구축이 가능하다.
>   – 단점 : 페이딩 및 간섭현상으로 통신품질 열화 및 타 통신에 영향을 미쳐 혼선이 발생할 가능성이 있다.
> • Fresnel Zone
> 무선 신호가 송신 안테나에서 수신 안테나를 향해서 방사될 때 회절의 영향으로 원형의 방사 패턴을 보이며 확산되어 나가는데 이 때 형성되는 각 동심원의 방사 패턴이 만드는 영역으로, 이를 이용하여 송/수신 안테나 사이에 산이나 건물 등 장애물이 있을 때 이의 영향을 분석할 수 있다.
> • 산악회절 이득
> VHF(초단파)대에 있어서 송신점과 수신점 사이에 높은 산악이 있는 경우, 산악이 없는 경우의 전계 강도보다 산악회절에 의한 전계 강도가 커지는 결과가 때에 따라 발생할 수 있다.
> • 구면 회절
> 지구의 구 표면 또는 일반적으로 파장에 관계하여 아주 큰 둥근 장애물에 의한 회절 손실을 말한다.

08 다음 중 마이크로파 통신의 특징에 대한 설명으로 옳지 <u>않은</u> 것은?

① 광대역 전송이 가능하다.
② 산악 등 지형 장애물의 영향이 적다.
③ 지향성 안테나를 사용하며 유선통신에 비해 회선 구성이 용이하다.
④ 소형의 고이득 안테나를 사용할 수 있다.

> **마이크로파의 특징**
> • 마이크로파는 주파수 3~30[GHz], 파장 10~1[cm]인 SHF(Super High Frequency)로 레이더 및 위성통신에 사용되는 주파수이다.
> • 광대역 통신 및 전송이 가능하고, 파장이 짧아 예민한 지향성을 가진 고이득 안테나를 사용할 수 있다.
> • 가시거리 내 통신으로 장애물이 없는 거리 내에서만 가능하고, 그 외 장거리 통신은 중간에 중계소를 설치해야 한다.
> • 전파손실이 적으며, S/N비를 크게 할 수 있다.
> • 외부 잡음의 영향이 적고, 기상조건에 따라 전송 품질이 영향을 받는다.

09 다음 |보기 중 일반적으로 파장이 긴 것부터 순서대로 나열한 것은?

> **보기**
> (1) 밀리미터파, (2) 가시광선, (3) 초단파, (4) 단파, (5) 자외선

① (1)—(2)—(3)—(4)—(5)
② (2)—(4)—(1)—(3)—(5)
③ (4)—(3)—(1)—(2)—(5)
④ (5)—(1)—(2)—(4)—(3)

> **주파수 대역에 따른 분류**
> • 파장이 길수록 주파수는 작다.
> • 전자기파의 파장 길이가 1[mm] 이상으로 가장 큰 라디오파(전파)를 포함하여 1mm 이하의 마이크로파, 적외선(750[nm]~1[mm]) 및 가시광선(400~760[nm]), 자외선(100~380[nm])과 그보다 더 짧은 파장을 가진 방사선 등이 있다.
> • HF(High Frequency), 단파 〉 VHF(Very High Frequency), 초단파 〉 EHF(Extreme High Frequency), 밀리미터파 〉 가시광선 〉 자외선 순이다.

네트워크 품질 시험

SECTION 01 시간 영역과 주파수 영역 관계

기출 분석

연도	19년	20년	21년	22년	23년
문제 수	0	0	0	1	0

01 푸리에 급수 및 푸리에 변환

1) 정의

- 푸리에 급수는 주기 함수의 시간 영역 신호를 정현파의 합으로 표시한 것으로, 직교함수를 이용한 신호 표현 방법이다.
- 푸리에 변환은 시간 영역의 함수를 주파수 영역의 함수로 변환하는 것을 말하며, 스펙트럼 해석에 사용된다.

2) 푸리에 변환 개념

- 시간 영역의 신호를 알면 푸리에 변환을 이용하여 주파수 영역의 신호를 구할 수 있으며, 주파수 영역의 신호를 알면 푸리에 역변환을 이용하여 시간 영역의 신호를 구할 수 있다.
- 정의식

푸리에 변환	푸리에 역 변환
$X(f) = \int_{-\infty}^{\infty} x(t) e^{-j2\pi ft} dt$	$x(t) = \int_{-\infty}^{\infty} X(f) e^{j2\pi ft} df$

3) 주파수 변환의 응용

- 신호의 주파수 성분 분석
- 신호, 전력 및 에너지 스펙트럼 분석
- 대역폭(채널용량) 산출
- 잡음(Noise) 해석 : SNR, E_b/N_o, C/I

02 에너지 신호와 전력 신호

1) 개요

에너지 신호는 시간 영역에서 평균전력은 0, 에너지는 유한값을 갖고, 전력 신호는 평균전력은 유한값, 에너지는 무한값을 갖는 신호이다.

2) 개념도

에너지 신호(비주기 신호)	전력 신호(주기 신호)
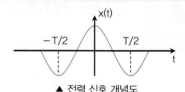 ▲ 에너지 신호 개념도	▲ 전력 신호 개념도
$E = \int_{-\infty}^{\infty} \|x(t)\|^2 dt, \ (0 < E < \infty)$	$E = \int_{-\infty}^{\infty} \|x(t)\|^2 dt = \infty$
$P_{av} = \lim_{T \to \infty} \frac{1}{T} \int_{-\frac{T}{2}}^{\frac{T}{2}} \|x(t)\|^2 dt = 0$	$P_{av} = \lim_{T \to \infty} \frac{1}{T} \int_{-\frac{T}{2}}^{\frac{T}{2}} \|x(t)\|^2 dt, \ (0 < P_{av} < \infty)$

- 에너지 신호는 전체 시간 영역에서 총 에너지가 유한값이므로 비주기 신호의 경우 에너지 함유량으로 특성을 분석한다.
- 전력 신호는 한 주기 내의 평균전력이 유한값이므로 주기 신호의 경우 평균전력으로 신호를 해석한다.

기적의 Tip 에너지 신호와 전력 신호를 구분하는 이유

- 실제 통신에서 신호와 잡음을 수학적으로 해석하는데, 신호와 잡음 분석을 통해 효율적인 통신을 구현할 수 있다.
- 신호 에너지가 높을수록 통신품질은 향상되고 오류 없는 Bit 검출이 가능하다.
- 평균전력은 송신기 공급전압, 전파의 전기장 세기를 결정할 수 있다.

이론을 확인하는 **기출문제**

22.6

01 신호 x(t)의 푸리에 변환을 X(f)라고 할 때, 다음 함수의 푸리에 변환으로 맞는 것은?

$$x(t)\cos 2\pi f \ t_0$$

① $-\frac{1}{2}X(f-f_0) + \frac{1}{2}X(f+f_0)$

② $\frac{1}{2}X(f-f_0) + \frac{1}{2}X(f+f_0)$

③ $\frac{1}{2}X(f-f_0) - \frac{1}{2}X(f+f_0)$

④ $-\frac{1}{2}X(f-f_0) - \frac{1}{2}X(f+f_0)$

푸리에 변환
- 푸리에 변환은 시간 영역의 함수를 주파수 영역의 함수로 변환하는 것을 말하며, 스펙트럼 해석에 사용된다.
- $x(t)$의 푸리에 변환 : $X(f)$
- $\cos 2\pi f_0 t$의 푸리에 변환 : $\frac{1}{2}\delta(f-f_0) + \frac{1}{2}\delta(f+f_0)$
- $X(f)$와 $\frac{1}{2}\delta(f-f_0) + \frac{1}{2}\delta(f+f_0)$를 콘볼루션 하면
  $= \frac{1}{2}X(f-f_0) + \frac{1}{2}X(f+f_0)$ 이다.

정답 1 ②

SECTION 02 신호 RMS 값 및 dB 크기

기출 분석

연도	19년	20년	21년	22년	23년
문제 수	0	1	1	3	0

01 실효값과 평균값

1) 실효값(RMS Value, Root Mean Square Value)

- 평균값 or 피크값 만으로는 파형 특성의 유용한 판단 수단이 되지 못하여, 서로 다른 파형 간의 적절한 비교의 척도로서 실효값(RMS)을 사용한다.
- 실효값의 물리적 의미는 동일한 평균전력을 공급할 때, 이와 동일한 수준의 일을 하는 직류의 전류/전압 값을 나타낸다.
- 실효치는 자승평균(제곱평균)의 평방근을 취함으로써 얻을 수 있으며, 역으로 실효치의 자승을 취하면 평균전력을 얻을 수 있다.
- 정현파는 $v_{rms} = \sqrt{\dfrac{1}{T}\int_0^T v^2(t)dt}$, 비정현파는 $v = V_0 + \sqrt{2}\,V_1\sin\omega t + \sqrt{2}\,V_2\sin2\omega t + \cdots$

  가 있을 때 $\sqrt{V_0^2 + V_1^2 + V_2^2 + \cdots}$ 로 실효값을 계산할 수 있다.

2) 평균값

- 평균값은 한 주기 동안의 평균치로 직류값이며, 위/아래가 대칭인 대칭파의 경우에는 반 주기 평균치를 구한다.
- 주기파의 평균값은 $v_{av} = \dfrac{1}{T}\int_0^T v(t)dt$, 대칭파의 평균값은 $v_{av} = \dfrac{1}{\frac{T}{2}}\int_0^{\frac{T}{2}} v(t)dt$로 계산할 수 있다.

02 데시벨

1) 데시벨 개요

- 신호의 감쇠, 이득을 수량적으로 표현하기 위한 단위로 벨[B]이 있으나, 신호의 크기 대비 너무 작은 값이라 취급하기가 어려웠기에, 이를 대신하여 신호의 상대적 크기를 1/10로 줄인 단위 데시벨[dB]을 사용한다.
- [dB]는 절대적인 크기가 아닌 상대적인 크기를 나타내는 단위로, 상용로그에 10을 곱한 값이므로 지수함수로 변화하는 신호의 크기를 [dB]로 표시하면 간단, 편리하게 표현할 수 있다.

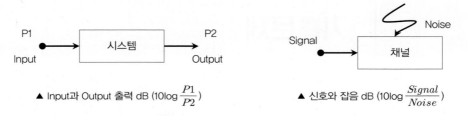

▲ Input과 Output 출력 dB (10log $\frac{P1}{P2}$)　　　　▲ 신호와 잡음 dB (10log $\frac{Signal}{Noise}$)

- 입력과 출력을 [dB]로 표현하면 10log $\frac{P1}{P2}$ 이 되고, (+)값을 가질 시 이득, (−)값을 가질 시 손실이 발생한 것이다.

- 신호와 잡음의 비를 [dB]로 표현 시 10log $\frac{Signal}{Noise}$ 이 되고, 이 값이 (+)값을 나타내면 신호가 잡음보다 크다는 것이고, (−)값을 나타내면 신호보다 잡음이 크다는 의미이다.

- [dB] 수식의 분모에 기준값을 대입하여 절대값으로 사용이 가능하다. 그 예로,

$$dBm = 10\log\frac{P_2}{1\,[m\,W]},\ dBW = 10\log\frac{P_2}{1\,[W]},\ dBmV = 20\log\frac{m\,V}{1\,[m\,V]},\ dBV = 20\log\frac{V}{1\,[V]}$$

가 있다.

2) 데시벨과 네퍼의 비교

구분	데시벨	네퍼
수식	10log $\frac{P1}{P2}$	$\frac{1}{2}$10log $\frac{P1}{P2}$
단위	dB	N_p
정의	손실과 이득을 상용로그로 표현	손실과 이득을 자연로그로 표현
활용	증폭도, 이득	에너지 감쇠 비율
관계식	$1[dB] = 0.155[N_p]$	$1[N_p] = 8.686[dB]$

※ dB은 전압, 전류 등 전기적 신호뿐만 아니라, 소리 신호 분석에도 사용된다.

22.10, 18.3

01 100[mV]는 몇 [dBmV]인가? (단, 1[mV]는 0[dBmV] 이다.)

① 10[dBmV]

② 20[dBmV]

③ 30[dBmV]

④ 40[dBmV]

데시벨
- 신호의 감쇠, 이득을 수량적으로 표현하기 위한 단위이다.
- dB 수식의 분모에 기준값을 대입하여 절대값으로 사용이 가능하다. 그 예로,

$$dBm = 10\log\frac{P_2}{1[mW]}, dBW = 10\log\frac{P_2}{1[W]},$$

$$dBmV = 20\log\frac{mV}{1[mV]}, dBV = 20\log\frac{V}{1[V]} \text{ 가 있다.}$$

- 이를 적용하면 $20\log\frac{100[mV]}{1[mV]} = 20\log10^2 = 40[dBmV]$ 이다.

22.6

02 다음 중 ㉠~㉡이 순서대로 올바르게 짝지어진 것은?

> 신호의 세기는 전송 매체상에서 거리가 증가함에 따라 작아진다. 유도 매체에서 감쇠는 일반적으로 (㉠)의 형태로 나타내고, 단위 거리당 (㉡)의 형태로 표시한다.

① 지수함수 – S/N비

② 로그함수 – 데시벨

③ 지수함수 – Baud

④ 로그함수 – BPS

데시벨
- 유도 매체에서 감쇠는 일반적으로 로그함수의 형태로 나타내고, 단위 거리당 데시벨(dB/km)의 형태로 표시한다.
- 전력의 경우에는 $dBm = 10\log\frac{P_2}{1[mW]}, dBW = 10\log\frac{P_2}{1[W]}$

  전압의 경우에는 $dBmV = 20\log\frac{mV}{1[mV]}, dBV = 20\log\frac{V}{1[V]}$

  등의 로그함수 형태로 나타낸다.

22.10

03 다음의 구형파 신호에 대한 실효값(rms)은?

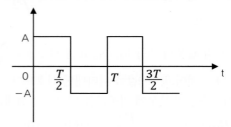

① 0.5A

② A

③ 1.5A

④ 2A

실효값(RMS Value, Root Mean Square Value) 계산
- 평균값 or 피크값 만으로는 파형 특성의 유용한 판단 수단이 되지 못하여, 서로 다른 파형간의 적절한 비교의 척도로서 실효값(RMS)을 사용한다.
- $v_{rms} = \sqrt{\frac{1}{T}\int_0^T v^2(t)dt}$ 계산식으로 실효값을 계산할 수 있다.
- 위와 아래가 대칭파이므로 반 주기에 대해서만 생각하면,

$$v_{rms}^2 = \frac{1}{T}\int_0^{\frac{T}{2}} v^2(t)dt = \frac{2}{T}\int_0^{\frac{T}{2}} A^2 dt = \frac{2A^2}{T}\cdot\frac{T}{2} = A^2$$

이므로,

$$v_{rms} = A \text{이다.}$$

정답 01 ④ 02 ② 03 ②

SECTION 03 비트율과 신호율 및 채널용량

기출 분석

연도	19년	20년	21년	22년	23년
문제 수	7	7	8	6	5

01 비트율

1) 비트율의 정의

비트율은 초당 전송되는 비트 수로 단위는 bps를 사용하며, 데이터 신호속도라고도 한다.

2) 비트율 계산

- 비트율은 변조속도에다 한 번에 보낼 수 있는 비트 수를 곱하여 구할 수 있다.

- 비트율(데이터 신호속도) = $n \times B$ [bps] (n : 한 번에 전송하는 비트 수, B : 변조속도)

> **기적의 Tip** 변조속도(통신속도, 신호속도, 보오율, Baud Rate)
>
> - 변조속도는 초당 신호단위의 수로 단위는 baud를 사용하며 Baud rate이라고도 한다.
> - 신호의 변조과정에서 1초 동안 몇 회 변조되었는가를 나타내는 것으로, 초당 신호단위의 수 또는 최단 펄스의 시간 길이의 역수로 계산할 수 있다.
> - 변조속도(보오율), $B = \dfrac{1}{T}$ [baud]

02 채널용량

1) 채널용량의 정의

채널용량이란 송신측에서 수신측으로 전송되는 정보량인 상호 정보량의 최대치를 말하는 것으로, Shannon의 정리와 Nyquist 공식을 이용하여 구할 수 있다.

2) Shannon의 정리

- Shannon의 정리란 채널 상에 백색잡음이 존재한다고 가정한 상태에서 채널용량을 구하는 공식으로 단위는 [bps] 이다.

- $C = B log_2 \left(1 + \dfrac{S}{N}\right)$ [bps] (C : 채널용량, B : 채널의 대역폭, S/N : 신호 대 잡음비)

- 채널의 전송용량을 늘리려면 채널의 대역폭을 증가시키거나, 신호의 세기를 높이고, 잡음을 감소시키면 된다.

3) Nyquist 공식

- Nyquist 공식은 잡음이 없는 채널로 가정하고, 자연왜곡에 의한 ISI에 근거하여 최대용량을 산출한 공식으로 단위는 [bps] 이다.

- $C = 2B log_2 M$ [bps] (C : 채널용량, B : 채널의 대역폭, M : 진수)

23.6, 19.10

01 어떤 신호가 4개의 데이터 준위를 갖고 펄스 시간은 1[ms] 일 때 비트 전송률은 얼마인가?

① 1,000 [bps]

② 2,000 [bps]

③ 4,000 [bps]

④ 8,000 [bps]

비트 전송률 계산

- 비트 전송률(bps) $= n \times B$ [bps] (n : 한 번에 전송하는 비트 수, B : 변조속도)이다.
- $n = \log_2 M$ (M은 데이터 준위 수)이므로, $n = \log_2 4 = 2$이다.
- 변조속도 $B = \dfrac{1}{T} = \dfrac{1}{1 \times 10^{-3}} = 1,000$[baud]이다.
- 그러므로 비트 전송률 $n \times B = 2 \times 1,000 = 2,000$[bps]이다.

23.6

02 다음 |보기|의 설명으로 적합한 것은?

┤ 보기 ├

신호 레벨이 변하는 속도로 매초에 전송할 수 있는 부호의 수를 의미하여 하나의 부호(심볼)를 전송할 때 필요한 시간에 대한 심볼의 폭으로 나타낼 수 있으며, 단위는 'Baud'이다.

① 변조속도

② 데이터 신호속도

③ 데이터 전송속도

④ 베어러(Bearer) 속도

변조속도(통신속도, 신호속도, 보오율, Baud Rate)

- 변조속도는 초당 신호단위의 수로 단위는 baud를 사용하며 Baud rate라고도 한다.
- 신호의 변조과정에서 1초 동안 몇 회 변조되었는가를 나타내는 것으로, 초당 신호단위의 수 또는 최단 펄스의 시간 길이의 역수로 계산할 수 있다.
- 변조속도(보오율), $B = \dfrac{1}{T}$ [baud]

22.6, 20.6

03 채널의 대역폭이 1,000[Hz]이고 신호 대 잡음비가 3일 경우 채널용량은 얼마인가? (단, 채널용량은 샤논의 정리를 이용하여 계산)

① 1,500[bps]

② 2,000[bps]

③ 2,500[bps]

④ 3,000[bps]

Shannon의 정리

- Shannon의 정리란 채널 상에 백색잡음이 존재한다고 가정한 상태에서 채널용량을 구하는 공식으로 단위는 [bps] 이다.
- $C = B \log_2 \left(1 + \dfrac{S}{N}\right)$ [bps]

  (C : 채널용량, B : 채널 대역폭, S/N : 신호 대 잡음비이므로,
  $= 1,000 \log_2(1 + 3) = 1,000 \log_2(2^2) = 2 \times 1,000 \log_2 2$
  $= 2,000$ [bps] 이다.

20.5, 18.3

04 최대 전송률을 예상할 수 있는 나이퀴스트 공식으로 맞는 것은? (단, C는 채널용량, B는 전송채널의 대역폭, M은 진수, S/N은 신호 대 잡음비)

① $C = B \times \log_2(M)$

② $C = 2B \log_2 M$

③ $C = B \times \log_2 \left(M \times 1 + \dfrac{S}{N}\right)$

④ $C = 2 \times B \times \log_2 \left(M \times \left(1 + \dfrac{S}{N}\right)\right)$

Nyquist 공식

- Nyquist 공식은 잡음이 없는 채널로 가정하고, 자연왜곡에 의한 ISI에 근거하여 최대용량을 산출하는 공식으로 단위는 [bps] 이다.
- $C = 2B \log_2 M$ [bps] (C : 채널용량, B : 채널의 대역폭, M : 진수)

22.3

05 다음 중 채널용량에 대한 설명으로 옳지 <u>않은</u> 것은?

① 통신용량이라고도 하며 단위로는 [bps]를 사용한다.
② 수신측에 전송된 정보량은 상호 정보량의 최대치이다.
③ 채널용량을 증가시키기 위해서는 대역폭을 줄이고 S/N비를 증가시켜야 한다.
④ 잡음이 있는 채널에서는 Shannon의 공식을 사용하여 채널 용량을 계산한다.

채널용량
• 채널용량이란 송신측에서 수신측으로 전송되는 정보량인 상호 정보량의 최대치를 말하는 것으로, Shannon의 정리와 Nyquist 공식을 이용하여 구할 수 있다.
• Shannon의 정리란 채널 상에 백색잡음이 존재한다고 가정한 상태에서 채널용량을 구하는 공식으로 단위는 [bps]이다.
• $C = Blog_2 \left(1 + \dfrac{S}{N}\right)$[bps]

(C : 채널용량, B : 채널의 대역폭, S/N : 신호 대 잡음비)
• Nyquist 공식은 잡음이 없는 채널로 가정하고, 자연왜곡에 의한 ISI에 근거하여 최대용량을 산출한 공식으로 단위는 [bps]이다.
• $C = 2Blog_2M$ [bps] (C : 채널용량, B : 채널의 대역폭, M : 진수)

오답 피하기
채널의 전송용량을 늘리려면 채널의 대역폭을 증가시키거나, 신호의 세기를 높이고, 잡음을 감소시키면 된다.

21.6, 20.5

06 9,600[bps]의 비트열을 16진 PSK로 변조하여 전송하면 변조속도는?

① 1,200[Baud]
② 2,400[Baud]
③ 3,200[Baud]
④ 4,600[Baud]

bps와 변조속도와의 관계
• 변조속도는 신호의 변조과정에서 1초 동안 몇 회 변조되었는가를 나타낸다.
• bps(데이터 신호속도) = $n \times B$ [bps] (n : 한 번에 전송하는 비트 수, B : 변조속도)로 9,600 = log2M × B이고, M = 16 = 2^4이므로

B(변조속도) = $\dfrac{9,600}{\log_2 2^4} = \dfrac{9,600}{4} = 2,400$[Baud]이다.

21.6, 19.10

07 4-PSK 변조방식에서 변조속도가 1,200[baud]일 때 데이터 전송속도는 몇 [bps] 인가?

① 1,200[bps]
② 2,400[bps]
③ 3,600[bps]
④ 4,800[bps]

bps와 변조속도와의 관계
• 변조속도는 신호의 변조과정에서 1초 동안 몇 회 변조되었는가를 나타낸다.
• bps(데이터 신호속도) = $n \times B$ [bps] (n : 한 번에 전송하는 비트 수, B : 변조속도)로
데이터 전송속도 = log2M = 1,200이고, M = 4 = 2^2이므로
$= \log_2 2^2 \times 1,200 = 2 \times 1,200 = 2,400$ [Baud]
이다.

21.3, 19.10

08 최단 펄스시간 길이가 $1,000 \times 10^{-6}$[sec]일 때, 이 펄스의 변조속도는?

① 1[baud]
② 10[baud]
③ 100[baud]
④ 1000[baud]

변조속도(통신속도, 신호속도, 보오율, Baud Rate)
• 변조속도는 초당 신호단위의 수로 단위는 baud를 사용하며 Baud rate이라고도 한다.
• 신호의 변조과정에서 1초 동안 몇 회 변조되었는가를 나타내는 것으로, 초당 신호단위의 수 또는 최단 펄스의 시간 길이의 역수로 계산할 수 있다.
• 변조속도(보오율)은 $B = \dfrac{1}{T} = \dfrac{1}{1,000 \times 10^{-6}} = 1,000$[baud] 이다.

정답 01 ② 02 ① 03 ② 04 ② 05 ③ 06 ② 07 ② 08 ④

SECTION 04 잡음, 간섭, 왜곡, ISI

기출 분석

연도	19년	20년	21년	22년	23년
문제 수	2	3	1	5	7

01 간섭(Interference)

- 간섭은 둘 이상의 파동이 중첩하여 나타나는 물리적 현상으로, 간섭 신호는 희망신호와 중첩되어 오류를 발생시킨다.
- 간섭의 종류로는 인접 심볼 간 간섭(ISI), 채널 간 간섭(ICI), 이동통신 셀 간의 간섭, 혼변조 간섭 등이 있다.
- 간섭 형태에 따른 변/복조 및 채널코딩 방식 채택, 외부 간섭원 제거 등의 방법으로 간섭의 영향을 최소화할 수 있다.

> **기적의 Tip**   ISI(Inter Symbol Interference)
>
> 전송되는 디지털 심볼 신호가 다중경로 페이딩, 대역제한 채널 등을 통과할 때 이웃하는 심볼들이 서로 겹치며 비트 에러의 원천이 되어 심볼 간 서로 간섭이 발생하는 현상이다.

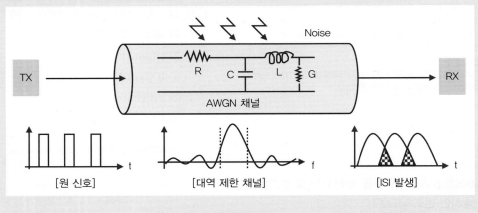

▲ ISI 개념도

ISI 발생원인	ISI가 통신에 미치는 영향
• 디지털 심볼 신호가 다중경로 페이딩을 겪을 때 • 대역 제한 채널을 통한 정보의 전송 • 전송 채널의 기본적인 AWGN에 의해 발생 • 불완전 필터의 사용 • 전송로의 R/L/C/G 성분	• 전송 정보의 오류 발생 • 정보의 왜곡으로 전송속도 저하 • 디지털 펄스를 전송하는 중에 인접한 심볼 중첩/간섭에 의해 비트 오류 발생 • 채널 상의 외부 잡음이 존재하지 않을 때도 발생(신호에 의존적임)

※ 디지털 신호에 대한 품질을 평가하기 위한 척도로 Eye Pattern(눈 패턴)을 사용한다.
※ ISI 방지대책으로는 광대역 전송로, 재생중계기, 펄스 성형, 등화기, 차폐, 실드 적용 등이 있다.

02 왜곡(Distortion)

- 왜곡은 대역 제한 채널, 주파수 간섭 등으로 인해 원신호의 파형이 변하는(찌그러지는) 현상이다.
- 왜곡의 종류에는 상호변조왜곡, 감쇠왜곡, 지연왜곡 등이 있다.
- 왜곡은 항상 존재하는 간섭, 잡음 등과는 달리 신호가 사라지면 왜곡도 사라지며 비선형적 입출력 채널 특성에 기인하며, 디지털 신호 전송의 왜곡은 신호 파형의 분산 또는 찌그러짐 등으로 나타난다.

> **기적의 Tip** 왜곡(Distortion)의 종류

상호변조왜곡	• 하나의 전송로 상에 여러 개의 주파수가 전송되는 경우, 각각의 신호 주파수끼리 서로 가감작용을 일으켜 또 다른 주파수 성분이 생성되어 영향을 미치는 현상이다. • 방지 대책으로 송수신 장치를 선형영역에서 동작시키거나, 다중화(TDM) 방식 적용, 필터 적용 등이 있다.
감쇠왜곡	• 신호가 어떤 매체를 따라 송신될 때 거리가 멀어질수록 신호가 약해지는 현상에 따라 발생하는 왜곡이다. • 방지대책으로는 증폭기 및 중계기 사용, 감쇠 결과 평탄화 기법 등이 있다.
지연왜곡	• 전송되는 신호를 구성하는 주파수의 가변적 속도 때문에 발생하는 왜곡으로, 수신측에 신호가 도달하는 시간이 달라져 발생된다. • 위상의 흔들림(지터), ISI 같은 왜곡이 발생하며, 방지/보상 대책으로 등화기의 사용이 있다.

03 잡음(Noise)

- 잡음은 원하는 신호의 전송 및 처리를 방해하는 원하지 않는 파형으로, 정보 내용에 방해를 일으키며 신호와 공존하고 있다.
- 잡음은 정보를 포함하고 있지 않은 신호의 일종이며, 신호의 존재 유무와 상관없이 인공이든 자연적이든 거의 항상 존재한다.
- 잡음은 열 잡음(thermal noise), 험 잡음(hum noise), 산탄/충격 잡음(shot noise) 등의 내부 잡음과 자연 잡음(natural noise), 인공/공전 잡음(man-made noise) 등의 외부 잡음으로 구분할 수 있다.
- 잡음 저감의 주요 기술로는 차폐, 회로 평형화, 필터링, 이격 등이 있다.

> **기적의 Tip** 백색잡음(White Noise)
> - 백색잡음은 전력스펙트럼 밀도가 전 주파수 범위에 걸쳐 일정한 잡음으로, 열 잡음이 대표적이다.
> - 백색잡음은 평균값이 0이며, 통계적 성질이 시간에 따라 변하지 않는다.

01 데이터 전송 시 서로 다른 전송 선로 상의 신호가 정전 결합, 전자 결합 등 전기적 결합에 의하여 다른 회선에 영향을 주는 현상은?

① 왜곡(Distortion)

② 누화(Crosstalk)

③ 잡음(Noise)

④ 지터(Jitter)

누화(Crosstalk)
- 채널의 신호가 다른 채널에 전자기적으로 결합되어 영향을 미치는 현상이다.
- 누화는 차폐가 안 된 동선 가닥이 인접해 있거나, 안테나가 원하는 신호 외에 반사 전파 등에 의한 신호도 수신할 때 발생할 수 있다.
- 누화 손실은 유도 회선에서 송신한 신호 세기에 대한 피유도 회선으로 유입된 신호 세기의 비이다.
- 일반적으로 주파수가 높을수록 누화에 의한 잡음이 증가한다.
- 누화에는 근단누화(NEXT)와 원단누화(FEXT)가 있으며, 근단누화 특성이 원단누화 특성보다 더 많은 영향을 미친다.

02 다음 중 선로의 전송특성 열화 요인에서 정상 열화 요인이 아닌 것은?

① 펄스성 잡음

② 위상 지터

③ 반향

④ 누화

전송특성 열화 요인
- 정상 열화 요인 : 감쇠 왜곡, 고주파 왜곡, 군지연 왜곡, 랜덤 왜곡, 주파수 편차, 위상 지터, 누화, 반향 등
- 비정상 열화 요인 : 펄스 잡음, 단시간 레벨 변동, 진폭 이동, 순간적 단절, 위상 이동 등

03 다음 중 상호변조왜곡 방지 대책으로 가장 적합한 것은?

① 입력 신호의 레벨을 높인다.

② 전송시스템에 FDM 방식을 사용한다.

③ 송수신 장치를 선형영역에서 동작시킨다.

④ 필터를 이용하여 통과대역 내의 신호를 걸러낸다.

상호변조왜곡
- 하나의 전송로 상에 여러 개의 주파수가 전송되는 경우, 각각의 신호 주파수끼리 서로 가감작용을 일으켜 또 다른 주파수 성분이 생성되어 영향을 미치는 현상이다.
- 방지 대책으로 송수신 장치를 선형영역에서 동작시키거나, 다중화(TDM) 방식 적용, 필터 적용 등이 있으며, 음성신호에 대한 디지털 데이터 전송을 위해 사용되는 회선의 비율 제한(일정치 이하)을 하기도 한다.

04 디지털 통신에서 펄스 성형(Pulse shaping)을 하는 주된 이유로 옳은 것은?

① 심볼 간 간섭(ISI)을 줄이기 위함

② 노이즈를 줄이기 위함

③ 다중접속을 용이하게 하기 위함

④ 채널 대역폭을 증가시키기 위함

ISI(Inter Symbol Interference)
- 전송되는 디지털 심볼 신호가 다중경로 페이딩, 대역제한 채널 등을 통과할 때 이웃하는 심볼들이 서로 겹치며 비트 에러의 원천이 되어 심볼 간 서로 간섭이 발생하는 현상이다.
- 디지털 신호에 대한 품질을 평가하기 위한 척도로 Eye Pattern(눈패턴)을 사용한다.
- ISI 방지대책으로는 광대역 전송로, 재생중계기, 펄스 성형, 등화기, 차폐, 실드 적용 등이 있다.

펄스 성형(Pulse Shaping)
심볼 간 간섭(ISI)을 방지하거나 대역 제한 채널의 극복을 위해, 디지털 펄스 열을 대역 제한시킨 아날로그 파형으로 바꾸는 방법이다.

22.10, 20.5

05 다음 중 전송로의 동적 불완전성 원인으로 발생하는 에러로 알맞은 것은?

① 지연 왜곡
② 에코
③ 손실
④ 주파수 편이

전송로의 불완전성

정적인 불완전성	• 시스템 특성에 의해 발생하는 시스템적인 왜곡으로, 상쇄 및 보상이 가능하다. • 진폭 감쇠 왜곡, 지연 왜곡, 특성 왜곡, 손실, 주파수 편이 등이 있다.
동적인 불완전성	• 무작위적으로 발생하여 예측이 어려운 왜곡으로, 제어가 불가능하다. • 백색잡음, 상호변조잡음, 페이딩, 에코, 위상 지터, 혼선 등이 있다.

22.6

06 무선통신에서 백색잡음(White Noise)에 대한 설명으로 옳지 <u>않은</u> 것은?

① 열 잡음이 대표적 예이다.
② 백색잡음은 신호에 더해지는 형태이다.
③ 주파수 전 대역에서 전력스펙트럼 밀도가 거의 일정하다.
④ 레일리 분포 특성을 보인다.

백색잡음(White Noise)
• 백색잡음은 전력스펙트럼 밀도가 전 주파수 범위에 걸쳐 일정한 잡음으로, 열 잡음이 대표적이다.
• 백색잡음은 평균값이 0이며, 통계적 성질이 시간에 따라 변하지 않는다.
• 백색잡음은 Gaussian 확률 분포를 갖기 때문에 Gaussian Noise이라고도 한다.

SECTION 05 신호대 잡음비, 비트에러율

01 S/N(Signal to Noise)과 C/N(Carrier to Noise)

1) S/N과 C/N 개요

- 신호를 통신 채널로 전송 시 감쇠(신호가 줄어듦)와 왜곡이 발생하며 주변 잡음에 의한 영향을 받게 되므로, 통신 시스템의 성능은 신호와 잡음의 상대적 비가 중요하다.
- S/N은 아날로그 신호의 측정지표로, 신호와 잡음의 비를 dB로 표현한 값이며 출력의 S/N에 대한 입력의 S/N 비로도 표현한다.
- C/N은 디지털 신호의 성능지표로 반송파에 대한 잡음 크기의 비를 나타내며, BER에 의한 식으로 풀이될 수 있다.

2) S/N, C/N 일반식

- $$\frac{S}{N} = 10\log \frac{신호의\ 파워}{잡음의\ 파워} = \frac{(\frac{S}{N})_{out}}{(\frac{S}{N})_{in}}$$

- $$\frac{C}{N} = \frac{E_b}{N_o} \times \frac{r_b}{B_n}, \ (\frac{E_b}{N_o} : \text{BER}, \ r_b : \text{Bit rate}, \ B_n : 수신기\ 잡음\ 대역폭)$$

> **기적의 Tip**   S/N, C/N 높다는 의미는?
>
> - S/N이 크다는 것은 해당 통신 시스템에서 잡음 관리 및 송출 신호가 잘 보존되어 있어, 신뢰성 있는 통신이 가능하다는 것을 의미한다.
> - C/N이 높다는 것은 디지털 통신에서 동일 BER 고려 시 더 높은 Bit rate로 신뢰성이 있는 통신이 가능하다는 것을 의미한다.

3) S/N과 C/N 비교

구분	S/N	C/N
사용 신호	아날로그	디지털
일반식	$10\log(\frac{S}{N})$	$\frac{E_b}{N_o} \times \frac{r_b}{B_n}$
전송 특성	전송 품질 보장	BER 보장
개선 방안	저잡음 증폭기	재생중계기

※ S/N과 C/N은 신호의 품질을 평가하는 가장 기본적인 지표이다.

4) S/N, C/N 개선방안

- 공통적으로 노이즈의 차폐, 감쇄(신호를 줄여 제거함)를 통해 S/N, C/N 개선이 가능하다.
- S/N은 저잡음 증폭기를 사용하여 개선할 수 있지만, 증폭 시 잡음도 같이 증폭될 수 있다.
- C/N은 디지털 신호이므로 재생중계기를 사용하여 잡음을 완전히 제거할 수 있다.

02 비트 에러율(BER, Bit Error Rate)

1) 개요

- Bit Error는 송신 정보와 수신 정보 사이에 단일 비트가 일치하지 않는 것을 말한다.
- 비트 에러율(BER)은 디지털 신호가 받는 전송로의 잡음, 왜곡 등의 영향 정도를 종합적으로 평가, 판단할 수 있는 지표로, 전송된 총 비트 수에 대한 오류 비트 수의 비율이다.

2) 비트 에러율 계산

비트 에러율 $= \dfrac{\text{수신된 비트 중 에러 비트 수}}{\text{송신(전송)한 총 비트 수}}$ 로 계산할 수 있다.

22.6, 20.6, 18.10

01 통신속도가 2,000[bps]인 회선에서 1시간 전송했을 때, 에러 비트 수가 36[bit]였다면, 이 통신회선의 비트 에러율은 얼마인가?

① 2.5×10^{-6}

② 2.5×10^{-5}

③ 5×10^{-6}

④ 5×10^{-5}

비트 에러율(BER, Bit Error Rate)
- 비트 에러율은 전송된 총 비트 당 오류 비트의 비율로 계산할 수 있다.
- 비트 에러율은 디지털 신호가 받는 전송로의 잡음, 왜곡 등의 영향 정도를 종합적으로 평가, 판단할 수 있는 지표이다.
- 비트 에러율 $= \dfrac{\text{에러 비트 수}}{\text{총 전송 비트 수}} = \dfrac{36}{2,000 \times 3,600} = \dfrac{1}{200,000}$
  $= \dfrac{1}{2 \times 10^5} = 5 \times 10^{-6}$이다.

22.10

02 어느 특정 시간 동안 10,000,000개의 비트가 전송되고, 전송된 비트 중 2개가 오류로 판명되었을 때 이 전송의 비트 에러율은 얼마인가?

① 1×10^{-6}

② 1×10^{-7}

③ 2×10^{-6}

④ 2×10^{-7}

비트 에러율
- 비트 에러율은 전송된 총 비트 당 오류 비트의 비율로 계산할 수 있다.
- 비트 에러율은 디지털 신호가 받는 전송로의 잡음, 왜곡 등의 영향 정도를 종합적으로 평가, 판단할 수 있는 지표이다.
- 비트 에러율 $= \dfrac{\text{에러 비트 수}}{\text{송신(전송)한 총 비트 수}} = \dfrac{2}{10,000,000}$
  $= 2 \times 10^{-7}$이다.

19.3

03 일정 시간 동안 200개의 비트가 전송되고, 전송된 비트 중 15개의 비트에 오류가 발생하면 비트 에러율(BER)은?

① 7.5[%]

② 15[%]

③ 30[%]

④ 40.5[%]

비트 에러율(BER, Bit Error Rate)
- 비트 에러율은 전송된 총 비트 당 오류 비트의 비율로 계산할 수 있다.
- 비트 에러율은 디지털 신호가 받는 전송로의 잡음, 왜곡 등의 영향 정도를 종합적으로 평가, 판단할 수 있는 지표이다.
- 비트 에러율 $= \dfrac{\text{에러 비트 수}}{\text{총 전송 비트 수}} = \dfrac{15}{200} \times 100 = 7.5[\%]$이다.

21.6, 20.9

04 다음 중 주파수변조(FM)에서 신호 대 잡음비(S/N)를 개선하기 위한 방법으로 틀린 것은?

① 디엠파시스(De-Emphasis) 회로를 사용한다.

② 잡음지수가 낮은 부품을 사용한다.

③ 변조지수를 크게 한다.

④ 증폭도를 크게 높인다.

주파수변조(FM)에서 S/N을 개선하기 위한 방법
- 송신측에 Pre-Emphasis, 수신측에 De-Emphasis 회로를 사용한다.
- 변조지수를 크게 한다.
- 주파수 대역폭을 크게 한다.
- 최대 주파수 편이를 크게 한다.

정답 01 ③ 02 ④ 03 ① 04 ④

SECTION 06 에러검출 및 정정(채널부호)

기출 분석

연도	19년	20년	21년	22년	23년
문제 수	3	1	4	3	1

01 FEC(Forward Error Correction)

1) FEC 정의

FEC는 수신측에서 오류를 스스로 검출/정정할 수 있도록, 송신 시 오류복구를 위한 잉여 비트를 추가하여 전송하는 오류제어 기법이다.

2) FEC의 주요 기법

Block Code	Hamming Code	• 미국의 Bell 연구소의 Hamming에 의해 고안된 자기 오류 정정 부호 • 1비트 오류는 정정, 2비트 오류는 검출까지 가능 • ARQ 등 재전송이 어려운 원거리 통신에 적합한 코딩기법
	Reed–Solomon Code	• 선형 블록부호에 속하는 순환부호를 기반으로 오류를 정정하는 기법 • 오류 정정 능력이 우수하고, 비트 단위가 아닌 심볼 단위로 부호화함
Non Block Code	Convolution Code	• 블록 부호화와는 달리 메모리를 갖는 부호화 방식 • 부호화 시 현재 입력 신호에 과거의 일부 신호를 함께 사용 • 수신단에서 오류가 발생하여도 과거의 입력값으로 현재 입력값을 판단하여 오류를 정정할 수 있음
	Turbo Code	• 두 개의 컨볼루션 코드를 병렬로 연접하여 처리하는 방식 • 이동통신에서는 터보 코드가 많이 사용됨

02 BEC(Backward Error Correction)

1) BEC 정의

BEC는 수신측에서 오류를 검출하고 이를 송신측에 알려주어 재전송을 통하여 오류를 정정하게 되는 방식이다.

2) BEC의 주요 기법

오류 검출	패리티 검사 (Parity Check)	• 데이터의 끝에 한 비트를 추가하여 1의 개수로 오류 유무 판단 • 짝수 패리티 : 1의 전체 개수가 짝수 개가 되게 함 • 홀수 패리티 : 1의 전체 개수가 홀수 개가 되게 함
	블록합 검사 (Block Sum)	이차원 패리티 검사, 가로와 세로로 두 번 검사
	순환중복 검사 (CRC)	이진 나눗셈 및 XOR 연산을 기반으로 오류를 검출하는 방식
	검사합 검사 (Check Sum)	• 전송데이터의 맨 마지막에 앞서 보낸 모든 데이터를 다 합한 합계를 보수화하여 전송 • 수신측에서는 모든 수를 합산하여 보수화한 후 결과가 0이면 오류가 없다고 보고 수용하는 검사 방법

	ARQ	데이터 수신측에서 오류 검출 후 송신측에 오류 사실을 알리고 재전송을 요청하여 오류를 수정하는 네트워크 오류제어 기술
오류 정정	Stop & Wait ARQ	송신측에서 1개의 프레임을 송신하고, 수신측에서 수신된 프레임의 오류 유무를 판단하여 송신측에 ACK나 NAK를 보냄
	Go—Back—N ARQ	프레임이 중간에 손상되면 해당 프레임 이후 모든 프레임을 재전송
	Selective—Repeat ARQ	프레임이 중간에 손상되면 손상된 프레임만 재전송
	Hybrid ARQ	FEC 방식을 적용해 오류를 수정하고 수정 안 된 프레임만 재전송
	Adaptive ARQ	채널 효율을 최대로 높이기 위해 블록의 길이를 동적(dynamic)으로 변경할 수 있는 방식

03 FEC와 BEC 비교

구분	FEC	BEC
원리	수신측이 오류 발견 시 부가적 정보를 이용하여 오류 검출 및 정정	수신측이 오류 발견 시 송신측에 재전송을 요구하는 방식
특징	오류가 발생해도 재전송 요구없이 오류의 수정이 가능하므로, 실시간 처리 및 높은 처리율 제공	재전송을 기반으로 링크의 신뢰성 확보 가능
용도	• 하나의 송신측이 여러 개의 수신측과 연결된 환경 • 재전송 피드백이 어려운 환경 • 채널 환경이 열악한 곳 • 높은 신뢰성이 요구되는 곳 등	실시간 처리가 어려운 오류에 대한 제어
유형	• Hamming Code • Convolution Code • Turbo Code 등	• Stop & Wait ARQ • Go—Back—N ARQ • Selective—Repeat ARQ 등

이론을 확인하는 기출문제

23.6, 19.3

01 32 비트의 데이터에서 단일 비트 오류를 정정하려고 한다. 해밍 오류 정정 코드(Hamming Error Correction Code)를 사용한다면 몇 개의 검사 비트들이 필요한가?

① 4비트
② 5비트
③ 6비트
④ 7비트

해밍 코드
• 해밍 코드는 단일 오류를 검출하고 정정하는 오류 정정 방식이다.
• $2^p \geq n + p + 1$(n : 데이터의 크기, p : 패리티 비트의 수)
• $2^p \geq 33 + p$를 만족하는 최소 p는 6이다.

23.3, 19.3

02 동일한 데이터를 2회 송출하여 수신측에서 이 2개의 데이터를 비교 체크함으로써 에러를 검출하는 에러 제어 방식은?

① 반송 제어 방식
② 연속송출 방식
③ 캐릭터 패리티 검사 방식
④ 사이클릭 부호 방식

연속송출 방식
• 연속송출은 송신측에서 동일한 데이터를 2회 송출하고, 수신측에서는 2개의 데이터를 비교하여 에러를 판단하는 오류 검출 방식이다.
• 2개 데이터가 같으면 전송과정에서 오류가 없다고 판단하고, 같지 않으면 오류가 발생했다고 판단한다.

22.3, 19.10

03 다음 중 FEC(Forward Error Correction) 기법에서 사용하는 오류 정정부호가 아닌 것은?

① CRC
② LDPC
③ Turbo Code
④ Hamming Code

FEC(Forward Error Correction)
• 송신측이 전송할 문자나 프레임에 부가적 정보를 첨가하여 전송하고, 수신측이 부가적 정보를 이용하여 오류 검출 및 정정을 하는 방식이다.
• Hamming 코드, BCH 코드, Turbo 코드, Convolution 코드, LDPC, Reed-Solomon 코드 등이 있다.
• 송신측이 한 곳이고 수신측이 여러 곳이거나, 채널 환경이 열악한 곳, 높은 신뢰성이 요구되는 곳 등에 사용한다.
• 오류가 발생하여도 재전송 요구 없이 오류수정이 가능하므로 실시간 처리 및 높은 처리율을 제공하는 특징이 있다.

22.3, 19.6

04 짝수 패리티 비트의 해밍 코드로 0011011을 받았을 때(왼쪽에 있는 비트부터 수신됨), 오류가 정정된 정확한 코드는 무엇인가?

① 0111011
② 0011000
③ 0101010
④ 0011001

짝수 패리티 부호의 해밍 코드
• 비트열의 2^n 자리에 패리티 비트를 추가한다. (1, 2, 4번 자리)
• 따라서 패리티 비트는 1110이다.
• **오류가 정정된 코드 계산**

자리	7	6	5	4	3	2	1
비트	0	0	1	1	0	1	1

① 1, 2, 4번 자리에 있는 패리티 비트를 제외하고 1이 있는 자리는 5번이며, 이를 8421 BCD 코드인 '0101'로 나타낸다.
② 패리티 비트인 '0111'과 '0101'를 exclusive-OR 진행하면 '0010'이 된다.
③ '0010'은 십진수로 2이므로, 2번째 비트가 오류이다.
④ 오류가 정정된 정확한 코드는 0011001이다.

정답 01 ③ 02 ② 03 ① 04 ④

05 다음 중 패리티 검사(Parity Check)를 하는 이유는 무엇인가?

① 수신정보 내의 오류 검출
② 전송되는 부호의 용량 검사
③ 전송데이터의 처리량 측정
④ 통신 프로토콜의 성능 측정

패리티 검사(Parity Check)
- 패리티 체크는 수신정보 내의 오류를 검출하기 위해 사용되는 방식이다.
- 정보 비트 수가 적고, 오류 발생 확률이 낮은 경우에 주로 사용하는 오류 검출 방식이다.
- 오류 검출은 가능하나, 오류 정정은 불가능하다.
- 구현이 간단하여 비동기 통신에 많이 이용한다.

06 다음 중 블록 단위의 1의 수가 짝수 또는 홀수인지를 행 단위로 체크하는 에러검출 방식은?

① 수평 패리티 체크 방식
② 수직 패리티 체크 방식
③ 정 마크 정 스페이스 방식
④ 군 계수 체크 방식

패리티 체크 방식
패리티 체크 방식에는 수직 패리티 체크 방식과 수평 패리티 체크 방식이 있다.

수직 패리티 체크 방식	문자 단위의 1의 수가 짝수 또는 홀수가 되도록 각 열에 패리티 비트를 부가하여(1의 수가 짝수가 되게 하는 것을 짝수 패리티 방식, 1의 수가 홀수가 되게 하는 것을 홀수 패리티 방식이라고 한다.) 전송하고, 수신측에서는 전송되어 온 정보 내의 1의 수가 짝수 또는 홀수인가를 체크하여 오류를 검출하는 방식이다.
수평 패리티 체크 방식	블록 단위의 1의 수가 짝수 또는 홀수가 되도록 각 행에 패리티 비트를 부가하여 전송하고, 수신측에서는 전송되어온 정보 내의 1의 수가 짝수 또는 홀수인가를 체크하여 오류를 검출하는 방식이다.

07 다음 중 FEC(Forward Error Correction)의 특징이 <u>아닌</u> 것은?

① 역 채널을 사용하지 않는다.
② 연속적 데이터 전송이 가능하다.
③ 오류가 발생 시 패킷을 재전송한다.
④ 잉여 비트에 의한 전송 채널 대역이 낭비된다.

FEC(Forward Error Correction)
- 송신측이 전송할 문자나 프레임에 부가적 정보를 첨가하여 전송하고, 수신측이 부가적 정보를 이용하여 오류 검출 및 정정을 하는 방식이다.
- 연속적인 데이터 전송이 가능하고, 역 채널이 필요 없다는 장점이 있다.
- 기기와 코딩방식이 복잡하고, 잉여 비트에 의한 전송 채널 대역이 낭비되는 단점이 있다.
- 송신측이 한 곳이고 수신측이 여러 곳이거나, 채널 환경이 열악한 곳, 높은 신뢰성이 요구되는 곳 등에 사용된다.
- 오류가 발생하여도 재전송 요구 없이 오류수정이 가능하므로 실시간 처리 및 높은 처리율을 제공한다.

SECTION 07 전송방법, 전송방향, 동기방법에 따른 데이터 전송

기출 분석

연도	19년	20년	21년	22년	23년
문제 수	4	5	9	5	1

01 전송방법에 따른 데이터 전송

1) 직렬 전송
- 한 개의 전송선을 이용하여, 한 번에 한 비트씩 순서대로 전송하는 방식이다.
- 한 비트씩 전송하기 때문에 전송속도는 느리지만, 통신회선의 비용은 저렴하다.
- 주로 원거리 전송과 Ethernet, HDMI, RS-232C 와 같은 인터페이스에 사용된다.

2) 병렬 전송
- 여러 개의 전송선을 병렬로 나열하여, 한 번에 n(라인 개수) 비트 이상을 동시에 전송하는 방식이다.
- 직렬 전송보다 전송속도는 빠르나, 통신회선을 구축하는 데 큰 비용이 든다.
- 근거리 통신과 노드와 노드 사이 거리가 짧고, 많은 데이터를 전송하는 용도로 사용된다.
- 송수신 사이에 동기를 위한 추가적인 타이밍 선이 필요하다.
- 일정한 시간 내에 다량의 정보 전송이 유리하다.

기적의 Tip   병렬 전송의 단점 : 고비용, 동기화의 어려움
- 병렬 전송은 다량의 데이터를 고속으로 전송할 수 있지만, 여러 개의 전송선을 설치해야 하는 비용 문제가 발생한다.
- 거리가 멀어질수록 두 노드 간에 전송지연이 발생하여 송/수신부에 동기화 장치를 부착해야 한다.

02 전송 방향에 따른 데이터 전송

1) 단방향(Simplex) 전송 방식
- 단방향 전송은 데이터 전송로에서 한 방향으로만 데이터가 전송되는 방식이다.
- TV 방송, 라디오 방송, 원격 측정기(Telemeter) 등이 단방향 전송 방식에 해당한다.
- 데이터는 컴퓨터 측에서 제어를 받는 장비 측으로 전송한다.

2) 양방향(Duplex) 전송 방식
양방향 전송은 데이터 전송로에서 양방향으로만 데이터가 전송되는 방식으로, 전이중 방식과 반이중 방식이 있다.

① 전이중(Full Duplex) 전송 방식
- 전이중 방식은 두 장치 간에 동시에 양방향으로 데이터를 교환하는 전송방식이다.
- 전이중 방식은 전송 회선의 사용 효율이 높고, 회선 비용이 많이 소요된다.
- 전화, Videotex 등이 전이중 전송 방식에 해당한다.
- 4선식 회선에 가장 효율적인 통신방식이다.

② 반이중(Half Duplex) 전송 방식

- 반이중 방식은 두 장치 간에 교대로 데이터를 교환하는 전송방식이다.
- 동시에 양쪽으로 전송이 불가하며, 한쪽이 송신하면 다른 한쪽은 수신하는 통신 방식이다.
- 데이터 전송 방향을 바꾸는 데 소요되는 전송 반전 시간이 필요하다.
- 전송데이터가 적을 때 사용하며, 전이중 방식보다는 전송효율이 낮다.
- 무전기(휴대용 무선통신기기)가 반이중 전송 방식에 해당한다.

03 동기 방법에 따른 데이터 전송

1) 비동기 전송 방식(Asynchronous Transmission)

- 비동기 전송은 데이터를 송신장치에서 수신장치로 전송할 때, 서로 간에 타이밍을 맞추지 않고 문자 단위로 전송하는 방식이다.
- 비동기 전송에서 데이터 신호는 Start bit, 데이터, Stop bit로 구분된다.
- 송신장치와 수신장치가 서로 독립적인 시스템 클럭을 사용하지만, Start bit와 Stop bit로 동기를 맞추고 데이터를 인식한다.
- 매번 동기에 따른 부담으로 인해 저속(2,000[bps] 이하) 전송에 많이 쓰인다.
- 문자와 문자 사이에는 휴지 간격(Idle time)이 있을 수 있으며, 전송속도와 전송효율이 낮은 방식이다.

2) 동기 전송 방식(Synchronous Transmission)

- 동기 전송은 송/수신기가 동일한 클럭을 사용하여 데이터를 송/수신하는 방법이다.
- 전송효율을 높이기 위해서 송신측과 수신측이 서로 약속한 일정한 데이터 형식에 따라 전송하는 방식이다.
- 미리 정해진 수만큼의 문자열을 한 묶음(블록 단위)으로 만들어서 일시에 전송하는 방법이다.
- 블록 앞에는 동기 문자를 사용하며, 별도 클럭(Timing Clock) 신호를 이용하여 송수신측이 동기를 유지한다.
- 송신기 및 수신기 클럭이 장시간 동안 동기 상태에 있어야 하므로 추가적인 비용이 필요하다.
- 메시지마다 동기를 해야 하는 부담이 별로 없어 고속 전송이 가능하다.
- 묶음으로 구성하는 글자들 사이에는 휴지 간격이 없으며, BBC, BCS에서 사용한다.

3) 혼합형 동기식(등시성) 전송 방식(Isochronous Transmission)

- 혼합형 동기식 전송은 동기식과 비동기식의 전송특성을 혼합한 전송 방식이다.
- IEEE 1394, 파이버 채널(FC), USB 등의 규격에서는 육성이나 동화상 등 실시간성이 요구되는 데이터를 전송하기 때문에 혼합형 동기식(등시성) 전송의 규격화를 규정하고 있다.
- 비동기식보다 전송속도가 빠르고, 각 글자가 start 비트와 stop 비트를 갖는다.
- 송수신측이 동기 상태에 있어야 한다.

이론을 확인하는 기출문제

22.6, 22.3, 20.6, 20.5, 18.6

01 다음 중 동기식 전송(Synchronous Transmission)에 대한 설명으로 틀린 것은?

① 전송속도가 비교적 낮은 저속 통신에 사용한다.

② 전 블록(또는 프레임)을 하나의 비트열로 전송할 수 있다.

③ 데이터 묶음 앞쪽에는 반드시 동기 문자가 온다.

④ 한 묶음으로 구성하는 글자들 사이에는 휴지 간격이 없다.

- -

동기식 전송방식(Synchronous Transmission)

• 동기 전송은 송/수신기가 동일한 클럭을 사용하여 데이터를 송/수신하는 방법이다.

• 전송 효율을 높이기 위해서 송신측과 수신측이 서로 약속한 일정한 데이터 형식에 따라 전송하는 방식이다.

• 미리 정해진 수만큼의 문자열을 한 묶음(블록 단위)으로 만들어서 일시에 전송하는 방법이다.

• 블록 앞에는 동기 문자를 사용하며, 별도 클럭(Timing Clock) 신호를 이용하여 송수신측이 동기를 유지한다.

• 송신기 및 수신기 클럭이 장시간 동안 동기 상태에 있어야 하므로 추가적인 비용이 필요하다.

• 메시지마다 동기를 해야 하는 부담이 별로 없어 고속 전송이 가능하다.

• 묶음으로 구성하는 글자들 사이에는 휴지 간격이 없으며, BBC, BCS에서 사용한다.

21.6, 20.9

02 다음 중 동기식 전송 방식과 비교한 비동기 전송 방식에 대한 설명으로 올바른 것은?

① 블록 단위 전송 방식이다.

② 비트신호가 1에서 0으로 바뀔 때 송신 시작을 의미한다.

③ 각 비트마다 타이밍을 맞추는 방식이다.

④ 전송속도와 전송효율이 높은 방식이다.

- -

비동기 전송 방식(Asynchronous Transmission)

• 비동기 전송은 데이터를 송신장치에서 수신장치로 전송할 때, 서로 간에 타이밍을 맞추지 않고 문자 단위로 전송하는 방식이다.

• 비동기 전송 데이터 신호는 Start bit, 데이터, Stop bit로 구분된다.

• 송신장치와 수신장치가 서로 독립적인 시스템 클럭을 사용하지만, Start bit와 Stop bit로 동기를 맞추고 데이터를 인식한다.

• 매번 동기로 인하여 저속(2,000[bps] 이하) 전송에 많이 쓰인다.

• 문자와 문자 사이에는 휴지 간격(Idle time)이 있을 수 있으며, 전송속도와 전송효율이 낮은 방식이다.

> **오답 피하기**
>
> 동기식 전송 방식은 블록 단위로 전송, 별도의 타이밍 클럭 신호를 통해 각각의 비트마다 타이밍을 맞춰, 전송속도와 전송효율이 높은 방식이다.

03 다음 중 병렬 전송의 특징이 <u>아닌</u> 것은?

① 근거리 전송에 적합하다.

② 단위시간에 다량의 데이터를 고속으로 전송할 수 있다.

③ 비용이 많이 든다.

④ 한 번에 한 비트만 전송이 가능하다.

전송방법에 따른 데이터 전송

• **직렬 전송**
 – 한 개의 전송선을 이용하여, 한 번에 한 비트씩 순서대로 전송하는 방식이다.
 – 한 비트씩 전송하기 때문에 전송속도는 느리지만, 통신회선의 비용은 저렴하다.

• **병렬 전송**
 – 여러 개의 전송선을 병렬로 나열하여, 한 번에 n(라인 개수) 비트 이상을 동시에 전송하는 방식이다.
 – 직렬 전송보다 전송속도는 빠르나, 통신회선을 구축하는 데 큰 비용이 든다.
 – 근거리 통신과 노드와 노드 사이 거리가 짧고, 많은 데이터를 전송하는 용도로 사용된다.

04 다음 중 혼합형 동기방식의 특징으로 <u>틀린</u> 것은?

① 비동기식보다 전송속도가 빠르다.

② 글자와 글자 사이에는 휴지 시간이 없다.

③ 각 글자가 스타트 비트와 스톱 비트를 가진다.

④ 동기식과 비동기식의 전송특성을 혼합한 것이다.

혼합형 동기식(등시성) 전송 방식(Isochronous Transmission)

• 혼합형 동기식 전송은 동기식과 비동기식의 전송특성을 혼합한 전송 방식이다.
• 송신측에서 보낸 타이밍 신호를 그대로 유지해서 수신측까지 데이터 프레임을 보내는 전송하는 방식이다.
• IEEE 1394, 파이버 채널(FC), USB 등의 규격에서는 육성이나 동화상 등 실시간성이 요구되는 데이터를 전송하기 때문에 혼합형 동기식(등시성) 전송의 규격화를 규정하고 있다.
• 비동기식보다 전송속도가 빠르고, 각 글자가 start 비트와 stop 비트를 갖는다.
• 송수신측이 동기 상태에 있어야 한다.

21.3, 19.3

05 다음 데이터 통신방식 중 반이중 방식의 설명으로 틀린 것은?

① 2선식 전송로를 이용하며 어느 시점 한 방향으로만 데이터를 전송

② 전송 데이터 양이 적을 때 사용

③ 데이터 전송방향을 바꾸는데 소요되는 시간인 전송 반전 시간 필요

④ 전이중 방식보다 전송효율이 높은 특징을 보유

반이중 전송 방식(Half Duplex)
- 반이중 방식은 두 장치 간에 교대로 데이터를 교환하는 전송방식이다.
- 동시에 양쪽으로 전송이 불가하며, 한쪽이 송신하면 다른 한쪽은 수신하는 통신 방식이다.
- 데이터 전송 방향을 바꾸는 데 소요되는 전송 반전 시간이 필요하다.
- 전송 데이터가 적을 때 사용되고, 전이중 방식보다는 전송효율이 낮다.
- 반이중 전송방식의 예로는 무전기(휴대용 무선통신기기)를 들 수 있다.

20.6, 18.6

06 다음 중 4선식 회선에 가장 효율적인 통신방식은?

① 단방향 통신
② 반이중 통신
③ 전이중 통신
④ 기저대역 통신

전송 방향에 따른 데이터 전송
- **단방향(Simplex) 전송 방식**
  - 단방향 전송은 데이터 전송로에서 한 방향으로만 데이터가 전송되는 방식이다.
  - TV 방송, 라디오 방송, 원격 측정기(telemeter) 등이 단방향 전송 방식에 해당한다.
- **양방향(Duplex) 전송 방식 – 전이중(Full Duplex) 전송 방식**
  - 전이중 방식은 두 장치 간에 동시에 양방향으로 데이터를 교환하는 전송방식이다.
  - 전이중 방식은 전송 회선의 사용 효율이 높고, 회선 비용이 많이 소요된다.
  - 전화, Videotex 등이 전이중 전송 방식에 해당한다.
  - 4선식 회선에 가장 효율적인 통신방식이다.
- **양방향(Duplex) 전송 방식 – 반이중(Half Duplex) 전송 방식**
  - 반이중 방식은 두 장치 간에 교대로 데이터를 교환하는 전송방식이다.
  - 동시에 양쪽으로 전송이 불가하며, 한쪽이 송신하면 다른 한쪽은 수신하는 통신 방식이다.
  - 데이터 전송 방향을 바꾸는 데 소요되는 전송 반전 시간이 필요하다.
  - 전송데이터가 적을 때 사용하며, 전이중 방식보다는 전송효율이 낮다.
  - 무전기(휴대용 무선통신기기)가 반이중 전송 방식에 해당한다.

정답 03 ④ 04 ② 05 ④ 06 ③

01 다음 중 에너지 신호와 전력 신호에 대해서 **틀린** 것은 무엇인가?

① 에너지 신호는 전체 시간 영역에서 총 에너지가 유한한 값이다.
② 에너지 신호는 시간 영역에서 평균전력이 0이다.
③ 전력 신호는 평균전력이 무한값을 갖는 신호이다.
④ 전력 신호는 에너지가 무한값을 갖는 신호이다.

> **에너지 신호와 전력 신호**
> • 에너지 신호는 시간 영역에서 평균전력은 0, 에너지는 유한값을 갖고, 전력 신호는 평균전력은 유한값, 에너지는 무한값을 갖는 신호이다.
> • 에너지 신호는 전체 시간 영역에서 총 에너지가 유한값이므로 비주기 신호의 경우 에너지 함유량으로 특성을 분석한다.
> • 전력 신호는 한 주기 내의 평균전력이 유한값이므로 주기 신호의 경우 평균전력으로 신호를 해석한다.
> • 에너지 신호와 전력 신호를 구분하는 이유는 실제 통신에서 신호와 잡음을 수학적으로 해석하는데, 신호와 잡음 분석을 통해 효율적인 통신을 구현할 수 있다.

02 10[mV]는 몇 [dBmV]인가? (단, 1[mV]는 0[dBmV] 이다.)

① 10[dBmV]   ② 20[dBmV]
③ 30[dBmV]   ④ 40[dBmV]

> **데시벨**
> • 데시벨이란 신호의 감쇠, 이득을 수량적으로 표현하기 위한 단위이다.
> • dB 수식의 분모에 기준값을 대입하여 절대값으로 사용이 가능하다. 그 예로,
> $dBm = 10\log\dfrac{P_2}{1[mW]}$, $dBW = 10\log\dfrac{P_2}{1[W]}$,
> $dBmV = 20\log\dfrac{mV}{1[mV]}$, $dBV = 20\log\dfrac{V}{1[V]}$ 가 있다.
> • 이를 적용하면 $20\log\dfrac{10[mV]}{1[mV]} = 20\log10 = 20[dBmV]$ 이다.

03 데시벨과 네퍼에 대한 설명 중 **틀린** 것은 무엇인가?

① 데시벨은 손실, 이득을 상용로그로 표현한 것이다.
② 네퍼는 손실, 이득을 자연로그로 표현한 것이다.
③ 데시벨은 단위는 [dB], 네퍼의 단위는 [N_p]이다.
④ $1[dB] = 8.686[N_p]$이다.

> **데시벨과 네퍼의 비교**
>
> | 구분 | 데시벨 | 네퍼 |
> | --- | --- | --- |
> | 수식 | $10\log\dfrac{P1}{P2}$ | $\dfrac{1}{2}\log_e\dfrac{P1}{P2}$ |
> | 단위 | [dB] | [N_p] |
> | 정의 | 손실과 이득을 상용로그로 표현 | 손실과 이득을 자연로그로 표현 |
> | 활용 | 증폭도, 이득 | 에너지 감쇠 비율 |
> | 관계식 | $1[dB] = 0.155[N_p]$ | $1[N_p] = 8.686[dB]$ |

04 16진 PSK를 사용하는 시스템에서 데이터 신호속도가 12,400[bps]라면 변조속도는 얼마인가?

① 775[baud]
② 1,550[baud]
③ 3,100[baud]
④ 6,200[baud]

> **bps와 변조속도와의 관계**
> • 변조속도는 신호의 변조과정에서 1초 동안 몇 회 변조되었는가를 나타낸다.
> • bps(데이터 신호속도) = $n \times B$ [bps] (n : 한 번에 전송하는 비트 수, B : 변조속도)로
> 12,400 = $\log_2 M \times B$(변조속도)이고, M = 16 = 2^4이므로
> B(변조속도) = $\dfrac{12,400}{\log_2 2^4} = \dfrac{12,400}{4} = 3,100$ [Baud] 이다.

05 다음 중 채널용량에 대한 설명으로 옳지 않은 것은?

① 송신측에서 수신측으로 전송되는 정보량인 상호 정보량의 최대치이다.

② 채널용량의 단위는 [bps]를 사용한다.

③ 채널용량을 증가시키기 위해서는 신호의 세기를 높이고, S/N 비를 증가시켜야 한다.

④ Shannon의 정리와 Nyquist 공식을 사용하여 채널용량을 계산한다.

채널용량
- 채널용량이란 송신측에서 수신측으로 전송되는 정보량인 상호 정보량의 최대치를 말하는 것으로, Shannon의 정리와 Nyquist 공식을 이용하여 구할 수 있다.
- Shannon의 정리란 채널 상에 백색잡음이 존재한다고 가정한 상태에서 채널용량을 구하는 공식으로 단위는 [bps] 이다.
- $C = Blog_2 \left(1 + \dfrac{S}{N}\right)$
  (C : 채널용량, B : 채널의 대역폭, S/N : 신호 대 잡음비)
- Nyquist 공식은 잡음이 없는 채널로 가정하고, 자연왜곡에 의한 ISI에 근거하여 최대용량을 산출한 공식으로 단위는 [bps] 이다.
- $C = 2Blog_2 M$ [bps]
  (C : 채널용량, B : 채널의 대역폭, M : 진수)

오답 피하기
채널의 전송용량을 늘리려면 채널의 대역폭을 증가시키거나, 신호의 세기를 높이고 잡음을 감소시키면 된다.

06 다음 중 전송로의 동적 불완전성 원인으로 발생하는 에러로 알맞은 것은?

① 지연 왜곡

② 백색잡음

③ 손실

④ 주파수 편이

전송로의 불완전성

정적인 불완전성	• 시스템 특성에 의해 발생하는 시스템적인 왜곡으로, 상쇄 및 보상이 가능하다 • 진폭 감쇠 왜곡, 지연 왜곡, 특성 왜곡, 손실, 주파수 편이 등이 있다.
동적인 불완전성	• 무작위적으로 발생하여 예측이 어려운 왜곡으로, 제어가 불가능하다. • 백색잡음, 상호변조잡음, 페이딩, 에코, 위상 지터, 혼선 등이 있다.

백색잡음(White Noise)
- 백색잡음은 전력 스펙트럼 밀도가 전 주파수 범위에 걸쳐 일정한 잡음으로, 열 잡음이 대표적이다.
- 백색잡음은 평균값이 0이며, 통계적 성질이 시간에 따라 변하지 않는다.
- 백색잡음은 Gaussian 확률 분포를 갖기 때문에 Gaussian Noise이라고도 한다.

07 일정 시간 동안 400개의 비트가 전송되고, 전송된 비트 중 10개의 비트에 오류가 발생하면 비트 에러율(BER)은?

① 7.5[%]

② 2.5[%]

③ 5.5[%]

④ 10.5[%]

비트 에러율(BER, Bit Error Rate)
- 비트 에러율은 전송된 총 비트당 오류 비트의 비율로 계산할 수 있다.
- 비트 에러율은 디지털 신호가 받는 전송로의 잡음, 왜곡 등의 영향 정도를 종합적으로 평가, 판단할 수 있는 지표이다.
- 비트 에러율 = $\dfrac{\text{에러 비트 수}}{\text{총 전송 비트 수}} = \dfrac{10}{400} \times 100 = 2.5[\%]$ 이다.

정답 01 ③ 02 ② 03 ④ 04 ③ 05 ③ 06 ② 07 ②

08 다음 중 주파수 변조(FM)에서 신호 대 잡음비 (S/N)를 개선하기 위한 방법으로 맞는 것은?

① 변조지수를 낮게 한다.
② 잡음지수가 높은 부품을 사용한다.
③ 송신측에 Pre-Emphasis, 수신측에 De-Emphasis 회로를 사용한다.
④ 주파수 대역폭을 작게 한다.

주파수변조(FM)에서 S/N을 개선하기 위한 방법
• 송신측에 Pre-Emphasis, 수신측에 De-Emphasis 회로를 사용한다.
• 변조지수를 크게 한다.
• 주파수 대역폭을 크게 한다.
• 최대 주파수 편이를 크게 한다.

09 다음 중 FEC(Forward Error Correction)의 특징이 아닌 것은?

① 역 채널을 사용하지 않는다.
② 연속적 데이터 전송이 가능하다.
③ 잉여 비트에 의한 전송 채널 대역이 낭비된다.
④ 기기와 코딩방식이 단순하다.

FEC(Forward Error Correction)
• 송신측이 전송할 문자나 프레임에 부가적 정보를 첨가하여 전송하고, 수신측이 부가적 정보를 이용하여 오류 검출 및 정정을 하는 방식이다.
• 연속적인 데이터 전송이 가능하고, 역 채널이 필요 없다는 장점이 있다.
• 기기와 코딩방식이 복잡하고, 잉여 비트에 의한 전송 채널 대역이 낭비되는 단점이 있다.
• 송신측이 한 곳이고 수신측이 여러 곳이거나, 채널 환경이 열악한 곳, 높은 신뢰성이 요구되는 곳 등에 사용된다.
• 오류가 발생하여도 재전송 요구 없이 오류수정이 가능하므로 실시간 처리 및 높은 처리율을 제공한다.

10 데이터의 끝에 한 비트를 추가하여 1의 개수로 오류여부를 판단하는 오류 검출 방법은?

① 패리티 검사(Parity Check)
② 블록합 검사(Block Sum)
③ 순환중복 검사(CRC)
④ 검사합 검사(Check Sum)

패리티 검사(Parity Check)
• 패리티 체크는 수신정보 내의 오류를 검출하기 위해 사용되는 방식이다.
• 정보 비트 수가 적고, 오류 발생 확률이 낮은 경우에 주로 사용하는 오류 검출 방식이다.
• 데이터의 끝에 한 비트를 추가하여 1의 개수로 오류 유무를 판단한다.
• 오류 검출은 가능하나, 오류 정정은 불가능하다.
• 구현이 간단하여 비동기 통신에 많이 이용한다.

11 전송 방식에는 크게 동기식과 비동기식으로 구분된다. 다음 중 동기식 전송 방식의 특징이 아닌 것은?

① 전송할 정보 묶음 단위로 앞뒤에 동기 문자를 가지며 전송효율이 높다.
② 클럭(Clock)을 동기신호로 사용한다.
③ 주로 전송속도가 9,600[bps] 이상에서 사용한다.
④ 전송할 묶음 문자 사이에 휴지 간격(Idle time)이 존재한다.

동기식 전송 방식(Synchronous Transmission)
• 동기 전송은 송/수신기가 동일한 클럭을 사용하여 데이터를 송/수신하는 방법이다.
• 전송효율을 높이기 위해서 송신측과 수신측이 서로 약속한 일정한 데이터 형식에 따라 전송하는 방식이다.
• 미리 정해진 수만큼의 문자열을 한 묶음(블록 단위)으로 만들어서 일시에 전송하는 방법이다.
• 블록 앞에는 동기 문자를 사용하며, 별도 클럭(Timing Clock) 신호를 이용하여 송수신측이 동기를 유지한다.
• 송신기 및 수신기 클럭이 장시간 동안 동기 상태에 있어야 하므로 추가적인 비용이 필요하다.
• 메시지마다 동기를 해야 하는 부담이 별로 없어 고속 전송이 가능하다.
• 묶음으로 구성하는 글자들 사이에는 휴지 간격이 없으며, BBC, BCS에서 사용한다.

정답 08 ③ 09 ④ 10 ① 11 ④

무선통신시스템 장비발주

다중화 기술

기출 분석

연도	19년	20년	21년	22년	23년
문제 수	4	4	1	5	5

01 다중화(Multiplexing) 개요

- 서로 다른 2개 이상의 신호들을 하나의 전송 매체를 이용해서 동시에 전송할 수 있도록 신호를 결합/분리하는 과정이다.
- 분리된 두 지점 상호 간에 여러 개의 저속신호를 개별적으로 직접 연결하지 않고, 고속신호로 변환하여 하나의 통신 채널로 전송하는 방법이다.
- 경제적인 정보의 전송, 통신 시스템의 단순화, 주파수 효율성 향상 등을 위해 서로 다른 여러 정보를 하나의 전송로로 송수신하는 다중화 기술을 적용할 수 있다.

02 다중화 종류

1) 주파수 분할 다중화(FDM, Frequency Division Multiplexing)

- FDM은 전송하는 각 정보의 주파수를 다르게 분할하여 전송하는 다중화 방식이다.
- 아날로그 다중통신방식에서 많이 사용하며, 보내야 할 정보의 양이 많을수록 주파수 대역폭이 많이 필요하다.
- 동기를 위한 장치는 불필요하나, 채널 사용 효율이 낮으며 송/수신기 구조가 복잡하다.

2) 시간 분할 다중화(TDM, Time Division Multiplexing)

- TDM은 전송하고자 하는 각각 정보의 시간을 다르게 분할하여 전송하는 다중화 방식으로, 여러 개의 서로 다른 신호가 전송로를 점유하는 시간을 분할해 줌으로써 하나의 전송로에 채널을 다중화하는 방식이다.
- 채널 사용 효율이 높고, 송/수신기의 구조가 동일하다.
- 정보의 양에 따라 많은 시간이 필요하며, 동기가 정확해야 하는 단점이 있다.
- TDM의 종류에는 Time slot을 고정적으로 할당하는 STDM과 Time slot을 동적으로 할당하는 ATDM(통계적 시분할 다중화기) 방식이 있다.

3) 코드 분할 다중화(CDM, Code Division Multiplexing)

- CDM은 코드를 다르게 하여 다중화하는 방식으로, 이동통신에서 하나의 주파수를 이용해 여러 사람이 통화할 수 있도록 하는 방식이다.
- 사람의 음성마다 통화자 고유의 코드를 부여하여 다중화하는 방법이다.

4) 파장 분할 다중화(WDM, Wavelength Division Multiplexing)

- WDM은 DSF(Dispersion Shifted Fiber, 분산천이 광섬유)를 이용하여 1,550[nm]의 저손실 대역에 다수의 채널을 각 파장에 할당하여 저비용으로 광대역 통신 구현을 가능케 하는 다중화 방식이다.

- WDM은 저비용, 장거리, 광대역 전송이 가능하며, EDFA, MUX, DEMUX를 사용하고, 다중화하여 원하는 채널 파장만 추출한다.
- WDM 종류에는 WDM, DWDM, UDWDM과 단거리 통신을 위해 가격을 저렴하게 한 CWDM이 있다.

기적의 Tip 다중화 방식의 비교

구분	FDM	TDM	CDM	WDM
이용 자원	주파수	시간	부호	파장
적용	GSM	AMPS	CDMA	광통신
장점	동기를 위한 장치 불필요	• 채널 사용 효율 높음 • 송/수신기 구조 동일	• 동시간/채널 사용 • 부호 자원 무한대 • 사용자 용량 증대	• 광수동소자만으로 쉽게 분기결합 가능 • 대용량 전송 가능
단점	• 채널 사용 효율 낮음 • 송/수신기 구조 복잡	동기가 정확해야 함	송/수신기 구조가 복잡	광손실 보상을 위해 광증폭기 사용

이론을 확인하는 기출문제

01 22.6, 20.6, 18.6
효율적인 전송을 위해 하나의 전송로에 여러 신호를 동시에 전송하는 기술은?

① 다중화
② 부호화
③ 압축화
④ 양자화

다중화(Multiplexing)
- 서로 다른 2개 이상의 신호들을 하나의 전송 매체를 이용해서 동시에 전송할 수 있도록 신호를 결합/분리하는 과정이다.
- 분리된 두 지점 상호 간에 다수 개의 저속신호를 개별적으로 직접 연결하지 않고, 고속신호로 변환하여 하나의 통신 채널로 전송하는 방법이다.
- 주파수 분할 다중화(FDM), 시간 분할 다중화(TDM), 코드 분할 다중화(CDM), 파장 분할 다중화(WDM) 등이 있다.

02 22.3, 20.6
다음 중 고속의 송신 신호를 다수의 직교하는 협대역 반송파로 다중화시키는 변조 방식은?

① EBCDIC
② CDMA
③ OTDM
④ OFDM

OFDM(Orthogonal Frequency Division Modulation)
- OFDM은 하나의 정보를 여러 개의 반송파(subcarrier)로 분할하고, 분할된 반송파 간의 간격을 최소로 하기 위해 직교성을 부가하여 다중화시키는 변조기술이다.
- 고속의 직렬 데이터를 저속 병렬 데이터로 변환하여 여러 개의 직교 주파수에 실어 전송하고, 수신측에서는 병렬의 저속 데이터들을 합쳐서 고속의 직렬 데이터로 복원한다.
- OFDM은 주파수 이용 효율이 높고, 멀티패스에 의한 ISI(심볼 간 간섭)에 강해 고속 데이터 전송에 적합하다.
- OFDM은 반송파 간의 성분 분리를 위한 직교성 부여로 전송효율 증대가 가능하고, FDM의 GB(Guard Band)를 두지 않는 장점이 있다.
- OFDM은 유/무선 채널에서 고속 데이터 전송에 적합한 디지털 변조 방식으로, 지상파 디지털 방송, IEEE 802.11a 등의 무선 LAN, 전력선 모뎀 등의 전송방식에 채택되고 있다.

정답 01 ① 02 ④

03 송수신할 데이터가 있는 단말기에만 타임슬롯 (Time slot)을 할당하는 방식은 무엇인가?

① 주파수 분할 다중화 방식

② 부호화 방식

③ 변조 방식

④ 통계적 시분할 다중화 방식

시간 분할 다중화 (TMD, Time Division Multiplexing)
- TDM은 전송하고자 하는 각각 정보의 시간을 다르게 분할하여 전송하는 다중화 방식으로, 여러 개의 서로 다른 신호가 전송로를 점유하는 시간을 분할해 줌으로써 하나의 전송로에 채널을 다중화하는 방식이다.
- TDM의 종류에는 Time slot을 고정적으로 할당하는 STDM과 Time slot을 동적으로 할당하는 ATDM 방식(통계적 시분할 다중화기라고도 한다.)이 있다.

04 다음 중 다중화 방식의 특징에 관한 설명으로 옳지 <u>않은</u> 것은?

① 통신회선의 유지보수가 용이하다.

② 회선 사용에 있어서 경제적이다.

③ 통신 선로의 설치 공사비가 절감된다.

④ 신호처리과정이 단순해진다.

다중화(Multiplexing)
- 서로 다른 2개 이상의 신호들을 하나의 전송 매체를 이용해서 동시에 전송할 수 있도록 신호를 결합/분리하는 과정이다.
- 분리된 두 지점 상호 간에 다수 개의 저속신호를 개별적으로 직접 연결하지 않고, 고속신호로 변환하여 하나의 통신 채널로 전송하는 방법이다.
- 주파수 분할 다중화(FDM), 시간 분할 다중화(TDM), 코드 분할 다중화(CDM), 파장 분할 다중화(WDM) 등이 있다.
- 경제적인 정보의 전송, 통신 시스템의 단순화, 주파수 효율성 향상 등을 위해 서로 다른 여러 정보를 하나의 전송로로 송수신하는 다중화 기술을 적용한다.

오답 피하기
다중화 방식 적용을 위해서는 복잡한 신호처리과정이 필요하다.

05 여러 발광소자에서 나오는 파장이 다른 광신호를 광결합기로 결합하여 전송하는 다중화 방식은?

① WDM

② CDM

③ FDM

④ TDM

파장 분할 다중화(WDM : Wavelength Division Multiplexing)
- WDM은 DSF를 이용하여 1,550[nm]의 저손실 대역에 다수의 채널을 각 파장에 할당하여 저비용으로 광대역 통신 구현이 가능한 다중화 방식이다.
- WDM은 저비용, 장거리, 광대역 전송이 가능하며, EDFA, MUX, DEMUX를 사용하고, 다중화하여 원하는 채널 파장만 추출한다.
- WDM 종류에는 WDM, DWDM, UDWDM이 있다.

06 다음 중 파장분할다중화(WDM) 방식의 특징이 <u>아닌</u> 것은?

① 하나의 광섬유에 동시에 전송

② 광손실 보상을 위해 광증폭기를 사용

③ 중장거리보다 단거리 통신에 주로 사용

④ 여러 파장대역을 동시에 전송하는 광 다중화 방식

WDM의 종류
- WDM, DWDM, UDWDM과 단거리 통신을 위해 가격을 저렴하게 한 CWDM이 있다.

구분	WDM	DWDM	UDWDM
명칭	Wave	Dense Wave	Ultra DWDM
파장의 개수	8~16	16~80	80~160
채널 간격	0.8[nm]	0.4[nm]	0.2[nm]
속도	40[Gbps]	200[Gbps]	400[Gbps]
비용	보통	고가	매우 고가

07 20.9 다음 중 시분할 다중화(TDM) 방식의 특징으로 틀린 것은?

① 주파수 대역폭을 작은 대역폭으로 나누어 사용한다.
② 동기 및 비동기식 데이터 다중화에 사용한다.
③ 비트 삽입식과 문자 삽입식이 있다.
④ 동기가 정확해야 한다.

시간 분할 다중화(TDM: Time Division Multiplexing)
• TDM은 전송하고자 하는 각각 정보의 시간을 다르게 분할하여 전송하는 다중화 방식으로, 여러 개의 서로 다른 신호가 전송로를 점유하는 시간을 분할해 줌으로써 하나의 전송로로 채널을 다중화하는 방식이다.
• 채널 사용 효율이 높고, 송/수신기의 구조가 동일하다.
• 정보의 양에 따라 많은 시간이 필요하며, 동기가 정확해야 하는 단점이 있다.
• TDM의 종류에는 Time slot을 고정적으로 할당하는 STDM과 Time slot을 동적으로 할당하는 ATDM 방식(통계적 시분할 다중화라고도 한다.)이 있다.
• 비트 삽입식과 문자 삽입식이 있으며, Point-to-Point 시스템에 적합하다.

오답 피하기
사용가능한 주파수 대역폭을 작은 대역폭으로 나누어 다수 개의 통화로를 구성하는 다중화 방식은 FDM(Frequency Division Multiplexing) 방식이다.

08 22.3 다음 중 주파수 분할 다중화(FDM)에 대한 설명으로 옳지 않은 것은?

① 채널 간의 완충 지역으로 가드 밴드(Guard Band)가 있어 대역폭이 낭비된다.
② 저속의 Data를 각각 다른 주파수에 변조하여 하나의 고속 회선에 신호를 싣는 방식이다.
③ 주파수 분할 다중화기는 전송하려는 신호에서 필요한 대역폭보다 전송 매체의 유효 대역폭이 클 경우에 가능하다.
④ 각 채널은 전용 회선처럼 고속의 채널을 독점하는 것처럼 보이지만 실제로 분배된 시간만 이용한다.

주파수 분할 다중화 (FDM, Frequency Division Multiplexing)
• FDM은 전송하는 각 정보의 주파수를 다르게 분할하여 전송하는 다중화 방식이다.
• 아날로그 다중통신방식에서 많이 사용하며, 보내야 할 정보의 양이 많을수록 주파수 대역폭이 많이 필요하다.
• 동기를 위한 장치는 불필요하나, 채널 사용 효율이 낮으며 송/수신기 구조가 복잡하다.

오답 피하기
TDM(시간 분할 다중화)의 특성으로, 각 채널은 전용 회선처럼 고속의 채널을 독점하는 것처럼 보이지만 실제로 분배된 시간만 이용한다.

정답 03 ④ 04 ④ 05 ① 06 ③ 07 ① 08 ④

SECTION 02 다중 접속 기술

01 다중접속 기술(Multiple Access) 개요

- 시간, 주파수 코드 등 한정된 전송 자원을 다수의 노드가 효율적으로 사용하기 위해 여러 사용자가 공동으로 사용하는 전송기술이다.
- 다중접속 기술은 어떤 통신 자원을 공유하느냐에 따라 구분되며, 그 종류로 FDMA, TDMA, CDMA, OFDMA, SC-FDMA, NOMA 등이 있다.

02 다중접속 기술 종류

1) FDMA(Frequency Division Multiple Access, 주파수 분할 다중접속)

① FDMA 정의 : FDMA는 사용 가능한 주파수 대역을 여러 개로 나누어서 각각의 사용자에게 할당하는 방식이다.

② FDMA 특징

- 다중접속 방식 중 가장 간단하고 오래된 방식으로 1세대 이동통신에 사용되었다.
- 아날로그 방식으로 구현이 간단한 장점이 있지만, 인접 채널 간 간섭이 생길 수 있으므로 주파수 대역 사이에 보호 대역인 Guard Band가 필요하다.
- 주파수 이용효율에 한계가 있어 사용자 수가 제한된다.
- 동기가 필요하지 않아 기지국의 장비가 간단하고 저렴하지만, 간섭에 약하다.

2) TDMA(Time Division Multiple Access, 시분할 다중접속)

① TDMA 정의

- TDMA는 동일한 주파수 대역폭 안에서 시간축을 여러 구간으로 나누고, 각 사용자가 서로 겹치지 않게 다른 시간에 접속하는 방식이다.
- 각각의 사용자 신호를 서로 다른 시간 슬롯에 할당하여 실어 보낸다.

② TDMA 특징

- 주어진 타임슬롯 내에서 전체 주파수 대역을 사용하기 때문에 주파수 효율성이 좋다.
- 상호 간섭이 적고, 상호변조왜곡이 일어나지 않는다.
- 망 동기가 필요하고, 2세대 이동통신에 사용되었다.
- 수신기 구조가 비교적 복잡하며, 등화기가 필요하다.

3) CDMA(Code Division Multiple Access, 코드 분할 다중접속)

① CDMA 정의

- CDMA는 각 사용자가 고유의 확산 부호를 할당받아 신호를 부호화하여 전송하면, 해당 확산 부호를 알고 있는 수신기에서만 부호화된 신호를 복원할 수 있는 방식이다.
- 각각의 사용자 신호에 서로 다른 코드를 곱하여 달리 구분(직교성 보장)하는 다중접속 기술이다.

② CDMA 특징

- 3세대 이동통신 방법으로, 사용자마다 고유한 PN 코드(Pseudo Noise Code) 사용하여 보안성이 좋다.
- 기존 아날로그 FDMA 방식에 비해 수용용량이 약 10~20배이다.
- 전력제어 및 에러정정 부호를 사용하므로 전송품질이 우수하다.
- TDMA, FDMA 방식에 비해 낮은 송신 출력을 사용하여 소비전력이 작다.
- 다이버시티(Diversity)를 이용하여 신호 진폭 및 위상이 불규칙하게 변하는 페이딩(Fading) 현상을 극복하고 통화품질을 향상시킬 수 있다.
- 수신기 구조가 복잡하다.

4) OFDMA(Orthogonal Frequency Division Multiple Access, 직교 주파수 분할 다중접속)

① OFDMA 정의

- 각 사용자가 서로 다른 직교 관계에 있는 부반송파를 사용하는 FDMA 방식이다.
- 사용자는 채널 상태에 따라 가변하는 부반송파를 할당받아 데이터를 전송한다.

② OFDMA 특징

- 사용자가 요구하는 전송률에 따라 주파수 영역에서 직교 반송파의 수를 변화시켜 자원분배를 효과적으로 할 수 있다.
- 높은 주파수 효율과 대용량 전송이 가능하다.
- ISI에 강하며, 멀티패스에 의한 전송특성의 열화가 적다.
- PAPR(Peak to Average Power Ratio)이 커 RF 증폭기의 전력효율이 감소한다.
- 반송파의 주파수 및 위상 오프셋에 민감하다.

5) SC-FDMA(Single Carrier-Frequency Division Multiple Access, 단일 반송파 주파수 분할 다중접속)

① SC-FDMA 정의 : SC-FDMA는 LTE 상향링크(Uplink) 전송에서 사용되는 방식으로 OFDMA의 신호처리와 유사하나, DFT 회로 등이 추가되어 기존 OFDMA의 PAPR 문제와 전력효율 등을 개선, LTE 상향링크에 적용한 다원접속 기술이다.

② SC-FDMA 특징

- 주파수 영역에서 하나로 뒤섞고 묶어서 마치 단일 반송파처럼 보이게 하여, 변화가 심한 순시 피크 송신전력을 두리뭉실하게 중화시켜 전력증폭기 효율성을 높인다.
- 하나의 반송파를 사용함으로써 PAPR이 감소하지만, DFT, IDFT 회로를 추가함으로써 구성이 복잡해진다.

6) NOMA(Non Orthogonal Multiple Access, 비직교 다중접속)

① **NOMA 정의** : NOMA는 비직교 다중접속기술로 셀의 주파수 용량 향상을 위해 동일한 시간, 주파수, 공간 자원 상에 다수의 사용자를 위한 신호를 동시에 전송하여 주파수 효율을 향상시키는 기술이다.

② **NOMA 특징**

- NOMA에서는 사용자들 간의 채널 이득 차이를 이용하여 서브밴드를 통해 대규모 IoT(Massive IoT) 기기를 동일한 자원에 할당할 수 있다.
- 주파수의 효율성을 높이기 위한 5G mmWave의 무선접속 후보 기술이다.
- NOMA는 중첩 코딩, 순차적 간섭제거, 전력제어를 통해 기존 OFDMA 대비 30% 이상의 용량 증대가 가능하다.

이론을 확인하는 **기출문제**

01 19.3, 18.6
사용자 신호마다 서로 다른 코드를 곱해서 구분하여 보내는 다중접속 기술은?

① FDMA
② TDMA
③ CDMA
④ OFDMA

다중접속 기술(Multiple Access)
- FDMA(Frequency Division Multiple Access, 주파수 분할 다중접속) : 사용 가능한 주파수 대역을 여러 개로 나누어서 각각의 사용자에게 할당
- TDMA(Time Division Multiple Access, 시분할 다중접속) : 동일한 주파수 대역폭 안에서 시간축을 여러 구간으로 나누고, 각 사용자가 서로 겹치지 않게 다른 시간에 접속, 각각의 사용자 신호를 서로 다른 시간 슬롯에 할당하여 전송
- CDMA(Code Division Multiple Access, 코드 분할 다중접속) : 각 사용자가 고유의 확산 부호를 할당받아 신호를 부호화하여 전송하면 해당 확산 부호를 알고 있는 수신기에서만 부호화된 신호를 복원하는 것으로, 각각의 사용자 신호에 서로 다른 코드를 곱하여 구분하는 다중접속 기술
- OFDMA(Orthogonal Frequency Division Multiple Access, 직교 주파수 분할 다중접속) : 각 사용자가 서로 다른 직교 관계에 있는 부반송파를 사용하는 FDMA 방식으로, 사용자는 채널 상태에 따라 가변하는 부반송파를 할당받아 데이터를 전송
- SC-FDMA(Single Carrier-Frequency Division Multiple Access, 단일 반송파 주파수 분할 다중접속) : LTE 상향링크 전송에서 사용되는 방식으로 OFDMA의 신호처리와 유사하나, DFT 회로 등이 추가되어 기존 OFDMA의 PAPR 문제와 전력효율 등을 개선, LTE 상향링크에 적용한 다원접속 기술
- NOMA(Non Orthogonal Multiple Access, 비직교 다중접속) : 비직교 다중접속기술로 셀의 주파수 용량 향상을 위해 동일한 시간, 주파수, 공간 자원 상에 다수의 사용자를 위한 신호를 동시에 전송하여 주파수 효율을 향상시키는 기술

02 22.10
다음이 설명하는 용어는?

- LTE의 상향링크 전송 방식
- 여러 개의 주파수가 섞여 하나의 주파수로 보임
- 통화자들이 전체 부반송파 개수를 나누어 사용
- PAPR 특성으로 인한 단말의 전력증폭기의 부담을 개선

① OFDMA
② CDMA
③ FDMA
④ SC-FDMA

SC-FDMA(Single Carrier-Frequency Division Multiple Access, 단일 반송파 주파수 분할 다중접속)
- SC-FDMA는 LTE 상향링크(Uplink) 전송에서 사용되는 방식으로 OFDMA의 신호처리와 유사하나, DFT 회로 등이 추가되어 기존 OFDMA의 PAPR 문제와 전력효율 등을 개선, LTE 상향링크에 적용한 다원접속 기술이다.
- 주파수 영역에서 하나로 뒤섞고 묶어서 마치 단일 반송파처럼 보이게 하여, 변화가 심한 순시 피크 송신 전력을 두리뭉실하게 중화시켜 전력증폭기 효율성을 높인다.
- 하나의 반송파를 사용함으로써 PAPR이 감소하지만, DFT, IDFT 회로를 추가함으로써 구성이 복잡해진다.

18.10

03 다음 중 이동통신의 무선 다중접속 방식 중 FDMA 방식의 특징이 <u>아닌</u> 것은?

① 아날로그 방식이고, 주파수를 이용하여 다 중접속한다.
② 회선 용량이 부족하고 간섭에 취약하다.
③ 수신 시에는 필터에 의해 필요한 반송파를 선택한다.
④ 가입자 단위로 서로 다른 코드를 할당하므 로 통신의 비밀이 보장된다.

FDMA(Frequency Division Multiple Access, 주파수 분할 다중접속)
• FDMA는 사용 가능한 주파수 대역을 여러 개로 나누어서 각각의 사용자에게 할당하는 방식이다.
• 다중접속 방식 중 가장 간단하고 오래된 방식으로 1세대 이동통신에 사용되었다.
• 아날로그 방식으로 구현이 간단한 장점이 있지만, 인접 채널 간 간섭이 생길 수 있으므로 주파수 대역 사이에 보호 대역인 Guard Band가 필요하다.
• 주파수 이용효율에 한계가 있어 사용자수가 제한된다.
• 동기가 필요하지 않아 기지국의 장비가 간단하고 저렴하지만, 간섭에 약한 특징이 있다.

18.3

04 다음 중 CDMA 방식의 특징으로 거리가 <u>먼</u> 것 은?

① 아날로그 방식보다 10~15배 정도의 용량 을 증가시킬 수 있다.
② 통화에 대한 비밀이 보장된다.
③ 여러 가지 다이버시티를 사용하여 페이딩 의 최대화로 통화 품질이 양호하다.
④ 전력제어를 통해 간섭을 극복하므로 회선 품질을 좋게 한다.

CDMA(Code Division Multiple Access, 코드 분할 다중접속)
• CDMA는 각 사용자가 고유의 확산 부호를 할당받아 신호를 부호화하여 전송하면, 해당 확산 부호를 알고 있는 수신기에서만 부호화된 신호를 복원할 수 있는 방식이다.
• 각각의 사용자 신호에 서로 다른 코드를 곱하여 달리 구분(직교성 보장)하는 다중접속 기술이다.
• 3세대 이동통신 방법으로, 사용자마다 고유한 PN 코드(Pseudo Noise Code) 사용하여 보안성이 좋다.
• 기존 아날로그 FDMA 방식에 비해 수용용량이 약 10~20배이다.
• 전력제어 및 에러정정 부호를 사용하므로 전송품질이 우수하다.
• TDMA, FDMA 방식에 비해 낮은 송신 출력을 사용하여 소비전력이 작다.
• 다이버시티를 이용하여 신호 진폭 및 위상이 불규칙하게 변하는 페이딩 현상을 극복하고 통화품질을 향상시킬 수 있다.
• 수신기 구조가 복잡하다.

정답 01 ③ 02 ④ 03 ④ 04 ③

SECTION 03 전송 프레임 기본구조(PDH/SDH)

기출 분석	연도	19년	20년	21년	22년	23년
	문제 수	0	0	1	4	3

01 디지털 다중화 계위(Hierarchy)

- 동기란 데이터통신에서 전송 매체를 통해서 전달된 정보를 정확히 읽어내기 위해 송신과 수신 시점을 맞추는 것이다.
- 디지털 다중화를 위해서는 동기를 맞추는 것이 필수적이며, 동기는 맞추는 방식에 따라서 비동기식(유사동기)과 동기식으로 구분할 수 있다.

02 PDH(Plesiochronous Digital Hierarchy, 유사동기식 디지털 계위)

1) 개요

- 서로 다른 클럭원에 의하여 발생되는 입력신호들을 결합시키는 방식이다.
- 입력신호의 비트 속도를 맞추기 위해 추가적인 비트를 삽입(Bit Stuffing)하며, 북미방식(NAS)과 유럽방식(CEPT)이 있다.
- 다중화된 신호 내의 하위 계위신호 추출을 위해서는 순차적으로 상위 계위신호를 해제해야 하는 과정을 거쳐야 한다.

2) NAS(North America Standard, 북미방식)

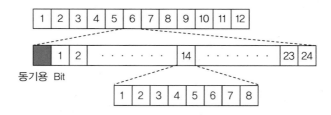

▲ NAS Frame 구조

- 북미에서 사용하는 PCM으로 24개 전송 채널을 시분할 다중화하여 1.544[Mbps]를 제공한다.
- 총 12개의 멀티프레임으로 구성되며, 프레임당 총 24개 채널을 전송한다.
- 표본화 주파수는 8000[Hz](125[μs] 주기), 프레임당 타임슬롯(채널) 수는 24개, 타임슬롯(채널) 당 비트 수는 8[bits]이므로, 프레임당 비트 수는 (8[bits] * 24채널) + 1 = 193[bits]이며, 출력 비트율(속도)은 193[bits/frame] * 8000[frame/sec] = 1.544[Mbps]이다.
- 총 24개 채널 중 6번과 12번 채널에는 제어용 1bit가 포함되어 전체 채널 속도가 일정하지는 않다.

3) CEPT(유럽방식)

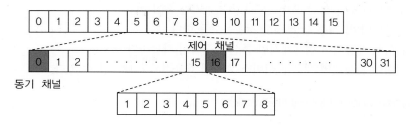

▲ CEPT Frame 구조

- 유럽에서 사용하는 PCM으로 32개 전송 채널을 시분할 다중화하여 2.048[Mbps]를 제공한다.
- 총 16개의 멀티프레임으로 구성되며, 프레임당 총 32개 채널을 전송한다.
- 표본화 주파수는 8000[Hz](125[μs] 주기), 총 채널 수는 32개(정보 채널 30개 + 동기 채널 1개 + 신호 채널 1개), 타임슬롯(채널) 당 비트 수는 8[bits]이므로, 프레임당 비트 수는 8[bits] * 32채널= 256[bits]이며, 출력 비트율(속도)은 256[bits/frame] * 8000[frame/sec] = 2.048[Mbps]이다.
- 총 32개 전송 채널 중 0번 채널은 동기용, 16번 채널은 제어용, 30개 채널은 데이터 전송에 사용된다.

4) NAS와 CEPT의 비교

구분	NAS(T1)	CEPT(E1)
사용국가	북미	유럽
표본화 주파수	8,000[Hz]	8,000[Hz]
프레임당 Bit수	193[bit]	256[bit]
전송 채널	24채널	32채널
전송속도	1.544[Mbps]	2.048[Mbps]
압신방식	μ-law	A-law
압축 곡선	15절선	13절선
멀티 프레임 수	12개	16개

※ T1, E1 모두 멀티프레임을 사용하여 전송속도를 증가시킨다.

03 SONET/SDH(Synchronous Digital Hierarchy, 동기식 디지털 계위)

1) 개요

- PDH는 동기를 맞추기 위해 Stuffing bit를 추가해야 하고, 단계별 다중화를 거쳐 고위 계위로 다중화 하는 단점이 있어, 이를 보완하기 위해 SDH가 제안되었다.
- SONET/SDH는 광케이블을 통해 다양한 종류의 디지털 통신 서비스를 전송하기 위한 동기식 네트워크 표준 규격이다.
- SONET은 북미를 중심으로 제안된 동기식 전송방식이며, SDH는 SONET을 기초로 하는 세계적 동기 식 전송방식이다.

2) 동기식 전송방식 특징

- SOH, LOH, POH 등 다양한 오버헤드로 유지관리가 용이하다.
- 계층 구조로 구성되며, 계층 간 투명한 전송을 제공한다.
- PDH와 호환성이 제공되어 범세계적인 통신망 구축이 가능하다.
- 회선 분기/결합이 가능하여 새로운 서비스 요구에 효율적으로 대처할 수 있다.

3) SONET(Synchronous Optical NETwork)

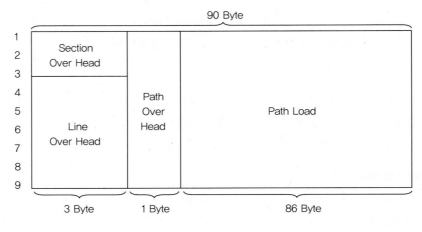

▲ SONET STS-1 Frame 구조

- 북미를 중심으로 제안된 동기식 전송방식이다.
- SONET의 기본 전송단위인 STS(Synchronous Transport Signal)-1은 90[Byte] * 9행의 2차원 논리적 배열구조를 가진다.
- 전체 810[Byte] 영역에서 36[Byte]는 프레임이 올바른 전송에 필요한 프로토콜 오버헤드로 구성된다.
- STS-1의 전송속도는 8000[frames/sec] * 810[bytes/frame] * [8bits/byte] = 51.84[Mbps]이다.
- SONET 전송계위는 STS-n으로 다중화되고, STS-1/3/12/48/192 등이 있다.

4) SDH(Synchronous Digital Hierarchy)

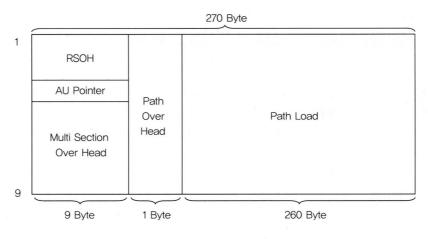

▲ SDH STM-1 Frame 구조

- SDH는 SONET을 기초로 하는 세계적 동기식 전송방식이다.
- SDH의 프레임(125[μs] 단위) 구조는 270[Byte] * 9행으로 이루어져 있으며, 전송속도는 8000 [frames/sec] * 2430[bytes/frame] * 8[bits/byte] = 155.52[Mbps]이다.
- SDH 전송계위는 STM-n으로 다중화되고, STM-1/4/16/32/48 등이 있다.

5) SONET과 SDH의 비교

구분	SONET	SDH
표준화	ANSI T1 위원회	ITU-T
프레임 구조	90*9	270*9
기본 프레임	STS-n	STM-n
기본 전송속도	51.84[Mbps]	155.52[Mbps]
다중화 계위	STS-1/3/12/48/192	STM-1/4/16/32/48

6) SONET/SDH 다중화 계위

SONET		SDH	
다중화 계위	전송속도	다중화 계위	전송속도
STS-1(OC-1)	51.84[Mbps]	STM-1	155.52[Mbps]
STS-3(OC-3)	155.52[Mbps]	STM-4	622.08[Mbps]
STS-12(OC-12)	622.08[Mbps]	STM-16	2488.32[Mbps]
STS-48(OC-48)	2488.32[Mbps]	STM-32	4976.64[Mbps]
STS-192(OC-192)	9953.28[Mbps]	STM-48	7464.96[Mbps]

23.3

01 다음 중 PDH 및 SDH/SONET의 공통점이 아닌 것은?

① 디지털 다중화에 의한 계위 신호 체계

② 시분할 다중화(TDM) 방식

③ 프레임 반복 주기는 125[μs]

④ 북미 표준의 동기식 다중화 방식 디지털 계위 신호 체계

PDH 및 SDH/SONET 공통점

• 시분할 다중화(TDM) 방식으로 다중화한다.

• 프레임 반복 주기는 125[μs]이다.

• PDH는 입력신호의 비트 속도를 맞추기 위해 추가적인 비트를 삽입 (Bit Stuffing)하며, 북미방식(NAS)과 유럽방식(CEPT)이 있다.

• SONET은 북미를 중심으로 제안된 동기식 전송방식이며, SDH는 SONET을 기초로 하는 세계적 동기식 전송방식이다.

22.6

02 SDH(Synchronous Digital Hierarchy : 동기식 디지털 계위) 특징이 아닌 것은?

① TDM 방식으로 다중화 함

② 동기식 디지털 기본 계위신호 STM-1을 기본으로 권고 함

③ 프레임 주기는 125[μs] 임

④ 9행×90열 구조로 되어 있음

SDH(Synchronous Digital Hierarchy)

• SDH는 SONET을 기초로 하는 세계적 동기식 전송방식이다.

• SDH의 프레임(125[μs] 단위) 구조는 270[byte] * 9행으로 이루어져 있으며, 전송속도는 8000[frames/sec] * 2430[bytes/frame] * 8 [bits/byte] = 155.52[Mbps]이다.

• SDH 전송계위는 STM-n으로 다중화되고, STM-1/4/16/32/48 등이 있다.

22.10

03 PDH(Plesiochronous Digital Hierarchy) 중 북미방식인 T1의 전송속도는?

① 64[Kbps]

② 1.544[Mbps]

③ 2.048[Mbps]

④ 6.312[Mbps]

NAS(North America Standard, 북미방식, T1)

표본화 주파수는 8000[Hz](125[μs] 주기), 프레임당 타임슬롯(채널) 수는 24개, 타임슬롯(채널) 당 비트 수는 8[bit]이므로, 프레임당 비트 수는 (8[bits] * 24채널) + 1 = 193[bits]이며, 출력 비트율(속도)은 193 [bits/frame] * 8000[frame/sec] = 1.544[Mbps]이다.

21.6, 19.5

04 다음은 무엇에 대한 설명인가?

> • 범세계적이고 융통성 있는 전송 네트워크를 실현해 주는 광통신 전송시스템 표준화가 목적이다.
>
> • 기본이 되는 최저 다중화 단위인 OC-1(Optical Carrier-1)의 전송속도는 51.84[Mbps]이다.
>
> • 광 케이블의 WAN 시스템으로서 이론적으로 2.48[Gbps]의 전송속도를 가지며 음성, 데이터, 비디오의 정보를 동시에 보낼 수 있다.
>
> • 서로 다른 업체 가에도 호환이 되고 새로운 서비스 플랫폼에도 유연하다.

① Sonet(Synchronous Optical Network)

② Sdh(Synchronous Digital Hierarchy)

③ Pdh(Plesiochronous Digital Hierarchy)

④ Otn(Optical Transport Network)

SONET(Synchronous Optical NETwork)

• SONET의 기본 전송단위인 STS(Synchronous Transport Signal)-1은 90[Byte] * 9행의 2차원 논리적 배열구조를 가진다.

• 전체 810[Byte] 영역에서 36[Byte]는 프레임이 올바른 전송에 필요한 프로토콜 오버헤드로 구성된다.

• STS-1의 전송속도는 8000[frames/sec] * 810[bytes/frame] * [8bits/byte] = 51.84[Mbps]이다.

• SONET 전송계위는 STS-n으로 다중화되고, STS-1/3/12/48/192 등이 있다.

22.3
05 다음은 무엇에 대한 설명인가?

> • 동기 디지털 계층으로 B-ISDN인 광섬유 매체
> 에서 사용자-네트워크 인터페이스의 속도를 결
> 정하려고 각 국의 속도 계층을 하나로 통일한
> 것이다.
> • 동기화 데이터를 전송하는 국제 표준 기술을 말
> 하며, STM-1 시리즈의 속도를 사용한다.
> • 전송 레벨은 155.52[Mbps]를 STM-1로 시작
> 하여 최대 STM-256 까지 정의하고, 실제 응용
> 은 1, 4, 16만 적용한다.
> • TMN(Telecommunication Management
> Network) 등 망 관리와 유지에 필요한 신호 대
> 역이 할당되어 있다.

① SDH(synchronous digital hierarchy)
② PDH(plesiochronous digital hierarchy)
③ OTN(optical transport network)
④ SONET(synchronous optical network)

SDH(Synchronous Digital Hierarchy)
• SONET/SDH는 광케이블을 통해 다양한 종류의 디지털 통신 서비
스를 전송하기 위한 동기식 네트워크 표준 규격이다.
• SDH는 SONET을 기초로 하는 세계적 동기식 전송방식이다.
• SDH의 프레임(125[μs] 단위) 구조는 270[byte] * 9행으로 이루어져
있으며, 전송속도는 8000 [frames/sec] * 2430 [bytes/frame] * 8
[bits/byte] = 155.52 [Mbps]이다.
• SDH 전송계위는 STM-n으로 다중화되고, STM-1/4/16/32/48 등
이 있다.

21.10
06 다음은 STM-1 프레임구조를 설명한 내용이다.
비트율 크기가 맞지 <u>않는</u> 것은?

① 재생기 구간 오버헤드(RSOH) : 3 × 9B
[byte]
② 다중화기 구간 오버헤드(MSOH) : 5 × 9B
[byte]
③ 포인터(PTR) : 1 × 9B[byte]
④ 상위경로 오버헤드를 포함한 유료부하 공
간 : 160 × 9B[byte]

STM(Synchronous Transfer Mode)
• 동기식 디지털 계위의 기본 전송계층 단위이다.
• 유료부하 공간(Payload)는 오버헤드를 제외하고 9 × 260B[byte]
이다.
• SDH 전송계위는 STM-n으로 다중화되고, 노드와 노드 사이에서의
전송속도에 따라 STM-1/4/16/32/48 등으로 구분할 수 있다.

SDH	
다중화 계위	전송속도
STM-1	155.52 [Mbps]
STM-4	622.08 [Mbps]
STM-16	2488.32 [Mbps]
STM-32	4976.64 [Mbps]
STM-48	7464.96 [Mbps]

정답 01 ④ 02 ④ 03 ② 04 ① 05 ① 06 ④

SECTION 04 대역확산기술

01 대역확산기술(Spread Spectrum)

1) 대역확산기술 개요

- 주파수 자원은 용량이 한정되어 있고, 채널에는 잡음이 존재하므로 이를 극복할 방안이 필요하다.
- 대역확산기술은 신호에 자기 상관성은 높고, 상호 상관성은 낮은 확산코드를 곱하여 원신호 및 신호에 유기되는 잡음을 확산한 후, 수신단에서 확산코드를 다시 곱해 원신호를 회복하는 기술이다.
- 대역확산기술은 이동통신에 사용되는 DS 방식, 블루투스에 사용되는 FH 방식, 군통신에 사용되는 Chirp 방식이 있다.

2) 대역확산기술 원리와 종류

① 직접 확산(DSSS, Direct Sequence Spread Spectrum)

- 주파수에 확산코드를 XOR하여, 원신호의 대역폭을 확산시키는 기술이다
- PN 부호로 확산된 입력신호는 채널에서 잡음에 영향을 받게 되지만, 수신단에서 역확산 과정을 거치게 되면 원신호는 복원되고, 잡음은 더욱 확산하게 된다.
- 이때 확산코드는 높은 자기 상관성과 낮은 상호 상관성을 가지고 있어야 한다.

② 주파수 도약(FHSS, Frequency Hopping Spread Spectrum)

- 원신호를 미리 정해진 패턴에 따라 불연속적인 주파수로 이동시켜 반송파를 호핑(편이)시키는 기술이다.
- 1차 변조된 파를 PN 부호에 의해 결정되는 주파수 합성기 출력 신호를 통해 재변조하는 방식으로, 송/수신단에서 동일한 PN 부호 발생기를 가지고 있어야 송/수신이 가능하다.

③ Chirp 방식

- Pulse를 선형 주파수 특성에 따라 반송파의 대역을 확산시키는 기술이다.
- 다른 방식과 혼용하여 많이 사용된다.

3) 대역확산기술의 비교

구분	직접 확산 방식	주파수 도약 방식	Chirp 방식
동작원리	원신호 × 확산코드	원신호 × 주파수 호핑코드	정보 × 주파수 변환코드
속도	고속	저속	저속
보안	강함	강함	강함
복잡성	보통	높음	매우 높음
활용	이동통신(CDMA)	블루투스, 군통신	레이더, 군통신

※ 대역확산기술은 재밍, 간섭에 강하며, 보안성이 우수하다.

이론을 확인하는 기출문제

22.6

01 반송파를 여러 개 사용해 일정한 주기마다 바꾸며 신호를 대역확산하여 전송하는 기술은?

① 직접확산(DS)
② 주파수 도약(FH)
③ 시간도약(TH)
④ 첩(Chirp)

대역확산기술 종류
- **직접 확산(DSSS, Direct Sequence Spread Spectrum)**
  - 송신측에서는 데이터로 변조된 반송파를 직접 고속의 확산부호를 이용하여 다시 변조하여 스펙트럼 대역을 확산시켜 전송하고, 수신측에서는 송신측에서 사용했던 확산부호와 동기되고, 동일한 역확산부호를 이용하여 원래의 스펙트럼 대역으로 환원시킨 다음 복조하는 방법이다.
  - PN 부호로 확산된 입력신호는 채널에서 잡음에 영향을 받게 되지만, 수신단에서 역확산 과정을 거치게 되면 원신호는 복원되고, 잡음은 더욱 확산하게 된다.
  - 데이터 변조 방식은 주로 PSK 방식이 사용된다.
- **주파수 도약(FHSS, Frequency Hopping Spread Spectrum)**
  - 원신호를 미리 정해진 패턴에 따라 불연속적인 주파수로 이동시켜 반송파를 호핑(편이)시키는 기술이다.
  - 1차 변조된 파를 PN 부호에 의해 결정되는 주파수 합성기 출력 신호를 통해 재변조하는 방식이며, 송/수신단에서 동일한 PN 부호 발생기를 가지고 있어야 송/수신이 가능하다.
  - 데이터 변조 방식은 주로 M진 FSK가 사용되며, 반송파를 여러 개 사용해 일정한 주기마다 바꾸며 신호를 대역확산하는 방식이다.
- **시간 도약(THSS, Time Hopping Spread Spectrum)**
  PN 부호 발생기의 2진 출력에 의해 선택된 특정 Time Slot 동안 데이터로 변조된 반송파를 연집(burst) 형태로 송출하는 방식이다.
- **Chirp 방식**
  Pulse를 선형 주파수 특성에 따라 반송파의 대역을 확산시키는 기술이다.

22.10, 18.10

02 5단 귀환 시프트 레지스터(Shift Register)로 구성된 PN 부호 발생기의 출력 데이터 계열의 주기는?

① 5   ② 16
③ 31   ④ 32

PN 부호 발생기의 출력 데이터 계열의 주기
- PN 부호 발생기의 출력 데이터 계열의 주기는 $2^n - 1$이다. (n은 시프트 레지스터의 단 수)
- $n = 5$ 이므로, 출력 데이터 계열의 주기는 $2^5 - 1 = 31$이다.

21.3, 19.6

03 10[GHz]의 직접확산 시스템이 20[kbaud]의 데이터 전송에 사용된다. 20[Mbps]의 확산부호를 BPSK 변조시킬 때 이 시스템의 처리이득은 얼마인가?

① 13[dB]
② 18[dB]
③ 27[dB]
④ 30[dB]

처리이득 계산
- 처리이득(확산이득)은 신호의 대역이 확산코드에 의해 얼마나 넓게 환산되었는지를 나타내는 파라미터이다.
- 처리이득 $PG = 10\log \dfrac{\text{확산된 신호 대역폭}}{\text{원 신호 대역폭}}$

$$= 10\log \frac{\log_2 2(BPSK의\ M) \times 2 \times 10^6}{2 \times 10^3}$$

$$= 10\log 10^3 = 30[dB]$$

20.9

04 다음 중 이동통신기기에 사용하는 PN(Pseudo Noise) 코드 설명으로 틀린 것은?

① PN 코드는 균형성을 가진 의사잡음이다.
② 형태가 무작위인 것 같지만 실제로는 규칙성을 갖는다.
③ PN 코드는 런 특성을 가지고 있다.
④ PN 코드는 초기동기를 잡는 데는 사용되지 않는다.

의사잡음코드 (PN, Pseudo Noise)
- 직접확산 방식의 통신 시스템에서 협대역 신호를 광대역 신호로 확산시키는데 사용된다.
- 2레벨 자기상관함수, 평형, 이진가산, 런(Run) 특성이 있다.
- PN Code는 초기동기를 잡는 데 사용된다.

정답 01 ② 02 ③ 03 ④ 04 ④

SECTION 05 다중경로채널 및 페이딩

01 페이딩(Fading)

1) 페이딩 정의

페이딩은 무선 전송과정에서 전파의 흡수, 회절, 반사, 산란 등으로 인해 수신측의 전계강도가 변화하는 현상으로 무선 통신 전 영역에서 발생한다.

2) 페이딩의 개념 이해

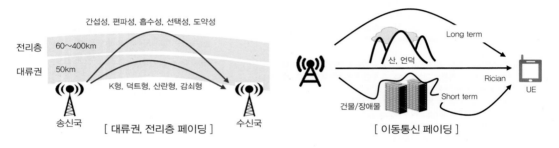

▲ 페이딩 개념도

- 대류권 페이딩은 대기 중의 불규칙한 공기, 비, 구름, 안개로 전계가 변하는 것으로, K형, 덕트형, 산란형, 감쇠형 페이딩이 있다.
- 전리층 페이딩은 전리층을 통과하거나 반사될 때 전리층의 특성에 따라 전계강도가 변하는 것으로, 간섭성, 편파성, 흡수성, 선택성, 도약성 페이딩이 있다.
- 이동통신 페이딩은 주변 장애물과 환경에 의해 전계강도가 변하는 것으로, Long term, Short term, Rician 페이딩이 있다.

3) 페이딩의 종류

페이딩 종류		원인	방지대책
대류권 페이딩	K형	등가 지구 반경계수 K의 변화	AGC, AVC
	덕트형	Radio Duct로 인하여 발생	다이버시티
	산란형	대기의 난류 등에 의한 산란파	다이버시티
	감쇠형	비, 안개, 구름의 흡수 및 산란	AGC
전리층 페이딩	간섭성	동일 전파가 둘 이상의 통로로 수신	공간, 주파수 다이버시티
	편파성	편파면의 변화에 의해 발생	편파 다이버시티
	선택성	반송파와 측파대의 감쇠 정도 차이	SSB, 주파수 다이버시티
	도약성	도약거리 근처에서 발생	주파수 다이버시티

이동통신 페이딩	Short term	빌딩과 같은 인공지형에 의한 반사	공간 다이버시티
	Long term	산과 같은 자연지형에 의한 반사	공간 다이버시티
	Rician	직접파와 간섭파 동시 수신	레이크 수신기
	도플러 효과	송/수신기의 이동	공간 다이버시티

4) 페이딩 대책 종류

① 다이버시티(Diversity)

- 수신 전계의 불규칙한 변동과 같은 페이딩 발생 영향을 적게 받기 위해서 취해지는 방식이다.
- 동일한 신호를 복제하여 공간, 주파수, 시간 등을 달리하여 수신하는 것으로, 여러 복제본 중 페이딩 영향이 적은 것을 수신하거나, 페이딩 영향이 적도록 합성하는 기법이다.
- **공간 다이버시티** : 동일 주파수를 사용하는 2개 이상의 안테나를 공간적으로 분리하여 설치하여 다이버시티 효과를 얻는 기법이다.
- **주파수 다이버시티** : 동일 정보 신호를 주파수를 다르게 하여 2개 이상으로 전송하고, 수신측에서 2개 이상의 신호 중 양호한 신호를 선택 또는 합성하는 방식이다.
- **편파 다이버시티** : 편파가 다르면 페이딩의 상태가 달라지는 것을 이용하는 방식으로, 2개의 편파(수직편파, 수평편파)를 따로 송수신하여 페이딩의 영향을 개선하는 방식이다.
- **시간 다이버시티** : 동일 정보를 시간 차이를 두어 반복적으로 송신하고, 이 중 페이딩이 발생하지 않거나 적은 전파를 수신하여 페이딩을 방지하는 방식이다.
- **각도 다이버시티** : 전파를 수신하는 각도가 다른 안테나를 이용해 다이버시티 효과를 얻는 방식이다.

② AGC(Automatic Gain Control, 자동 이득 제어)

- 입력 레벨 변동에도 출력 레벨이 상대적으로 일정한 값을 유지하게 만드는 자동 이득 제어회로이다.
- 신호 감쇠가 나타나면 이득(Gain)을 증가시키고, 신호 강도가 급격히 증가할 시 이득을 감소시켜 전계 감도 변화에 따라 Gain 보상을 조절하는 방식이다.

23.6, 22.6, 22.3

01 이동통신망에서 발생하는 페이딩 중 고층 건물, 철탑 등 인공구조물에 의하여 발생하는 페이딩은?

① Long-term Fading
② Short-term Fading
③ Rician Fading
④ Mid-term Fading

이동통신 페이딩
- 이동통신 페이딩은 주변 장애물과 환경에 의해 전계강도가 변하는 것으로, Long term, Short term, Rician 페이딩이 있다.
- **Long term 페이딩** : 기지국에서의 거리에 따라 전파의 세기가 변화(감소)되는 현상
- **Short term 페이딩** : 주위의 건물 또는 장애물의 반사파 등에 의해 수신되는 전파의 세기가 빠르게 변화하는 현상
- **Rician 페이딩** : 기지국 근처에서는 이동국과의 사이에 가시거리가 확보되어 직접파와 반사파가 동시에 존재하게 되는 현상

23.3

02 다중 경로로 인해 페이딩이 발생했을 때 동일 정보를 일정 시간 간격을 두어 반복적으로 보내어 방지하는 방식은?

① 공간 다이버시티(Space Diversity)
② 주파수 다이버시티(Frequency Diversity)
③ 시간 다이버시티(Time Diversity)
④ 편파 다이버시티(Polarization Diversity)

다이버시티 종류
- **공간 다이버시티** : 동일 주파수를 사용하는 2개 이상의 안테나를 공간적으로 분리하여 설치하여 다이버시티 효과를 얻는 기법이다.
- **주파수 다이버시티** : 동일 정보 신호를 주파수를 다르게 하여 2개 이상으로 전송하고, 수신측에서 2개 이상의 신호 중 양호한 신호를 선택 또는 합성하는 방식이다.
- **편파 다이버시티** : 편파가 다르면 페이딩의 상태가 달라지는 것을 이용하는 방식으로, 2개의 편파(수직편파, 수평편파)를 따로 송수신하여 페이딩의 영향을 개선하는 방식이다.
- **시간 다이버시티** : 동일 정보를 시간 차이를 두어 반복적으로 송신하고, 이 중 페이딩이 발생하지 않거나 적은 전파를 이용하여 페이딩을 방지하는 방식이다.

22.10, 22.6

03 대류권파의 페이딩이 <u>아닌</u> 것은?

① 신틸레이션 페이딩
② K형 페이딩
③ 덕트형 페이딩
④ 도약성 페이딩

대류권 페이딩

페이딩 종류	원인	방지대책
K형	등가 지구 반경계수의 변화	AGC, AVC
덕트형	Radio Duct로 인하여 발생	다이버시티
산란형	대기의 난류 등에 의한 산란파	다이버시티
감쇠형	비, 안개, 구름의 흡수 및 산란	AGC
신틸레이션	대기 중 산란파와 직접파의 간섭	다이버시티

22.10

04 단파 통신에서 페이딩(fading)에 대한 경감법으로 적합하지 <u>않은</u> 것은?

① 간섭성 페이딩은 AGC 회로를 부가한다.
② 편파성 페이딩은 편파 다이버시티를 사용한다.
③ 흡수성 페이딩은 수신기에 AGC 회로를 부가한다.
④ 선택성 페이딩은 주파수 다이버시티 또는 SSB 통신방식을 사용한다.

전리층(단파통신)에서 발생되는 페이딩 및 대책
- **간섭성 페이딩** : 서로 다른 전파통로를 거쳐 수신되는 전파끼리 간섭을 일으켜 발생하는 페이딩으로, 공간 또는 주파수 다이버시티로 경감할 수 있다.
- **편파성 페이딩** : 편파의 변화에 의해 발생하는 페이딩으로, 편파 다이버시티로 경감시킬 수 있다.
- **흡수성 페이딩** : 전파가 전리층을 통과하거나 반사할 때 감쇠를 받아 발생되는 페이딩으로, 수신기에 AGC 또는 AVC 회로를 사용하여 방지할 수 있다.
- **도약성 페이딩** : 전리층 전자밀도의 불규칙적인 변동에 의해 전파가 전리층을 시간에 따라 반사하거나 투과함으로써 생기는 페이딩으로, 주파수 다이버시티로 경감시킬 수 있다.

05 22.3
수직안테나와 수평안테나의 조합으로 다른 전파를 발사하여 페이딩을 경감하는 다이버시티는?

① 공간 다이버시티(Space diversity)
② 편파 다이버시티(Polarization diversity)
③ 주파수 다이버시티(Frequency diversity)
④ 시간 다이버시티(Time diversity)

다이버시티
• 전계의 불규칙한 변동과 같은 페이딩 발생 영향을 적게 받기 위해서 취해지는 방식을 말한다.
• **공간 다이버시티** : 동일 주파수를 사용하는 2개 이상의 안테나를 공간적으로 분리하여 설치하여 다이버시티 효과를 얻는 기법이다.
• **주파수 다이버시티** : 동일 정보 신호를 주파수를 다르게 하여 2개 이상으로 전송하고, 수신측에서 2개 이상의 신호 중 양호한 신호를 선택 또는 합성하는 방식이다.
• **편파 다이버시티** : 편파가 다르면 페이딩의 상태가 달라지는 것을 이용하는 방식으로, 2개의 편파(수직편파, 수평편파)를 따로 송수신하여 페이딩의 영향을 개선하는 방식이다.
• **시간 다이버시티** : 동일 정보를 시간 차이를 두어 반복적으로 송신하고, 이 중 페이딩이 발생하지 않거나 적은 전파를 수신하여 페이딩을 방지하는 방식이다.
• **각도 다이버시티** : 전파를 수신하는 각도가 다른 안테나를 이용해 다이버시티 효과를 얻는 방식이다.

06 19.3
다음 중 이동통신에서 나타나는 페이딩 현상으로 맞는 것은?

① 이동체의 움직임에 따라 관측점과 파원의 실효 길이가 변화하게 되어 수신 신호 주파수가 변하는 현상이다.
② 신호 전파의 도달 거리 차에 의해 수신 전계강도가 시간적으로 변동하는 현상이다.
③ 인접한 이동체간에 동일 주파수 채널을 사용함으로써 발생하는 간섭현상이다.
④ 전파가 전송되는 과정에서 다중 반사되어 나타나는 지연 현상이다.

페이딩
• 페이딩은 무선 전송과정에서 전파의 흡수, 회절, 반사, 산란 등으로 인해 수신측의 전계강도가 변화하는 현상이다.
• 대류권 페이딩은 대기 중의 불규칙한 공기, 비, 구름, 안개로 전계가 변하는 것으로, K형, 덕트형, 산란형, 감쇠형 페이딩이 있다.
• 전리층 페이딩은 전리층을 통과하거나 반사될 때 전리층의 특성에 따라 전계강도가 변하는 것으로, 간섭성, 편파성, 흡수성, 선택성, 도약성 페이딩이 있다.
• 이동통신 페이딩은 주변 장애물과 환경에 의해 전계강도가 변하는 것으로, Long term, Short term, Rician 페이딩이 있다.

SECTION 06 다중입출력 전송기술(MIMO)

01 MIMO(Multiple Input Multiple Output) 안테나 기술

1) MIMO 안테나 기술 개요

- 기지국과 사용자 단말의 안테나를 2개 이상으로 늘려 데이터를 여러 경로로 전송하고, 수신단에서 여러 경로로 수신된 신호를 검출해 간섭을 줄이고 속도를 증대하는 기술이다.
- 통신용량이나 신뢰성을 높이는 효과가 있다.

2) MIMO(Multiple Input Multiple Output) 안테나 기술의 개념도

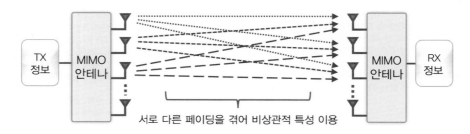

▲ MIMO (Multiple Input Multiple Output) 안테나 기술의 개념도

- 송/수신단에 여러 개의 안테나를 설치하고, 각 안테나마다 서로 다른 신호를 전송한다.
- 동일한 시간이나 주파수를 사용해도 공간적으로 서로 다른 페이딩을 겪기 때문에 서로 다른 정보의 전송이 가능하다.

3) MIMO 안테나 기술의 특징

- 공간 다이버시티 이득, 다중화 이득, 빔포밍 이득이 있으며, 다중화 이득을 얻기 위해서는 높은 SNR과 많은 반사파가 필요하다.
- 반사파가 많은 도심 환경에 SNR이 높은 기지국 근처에서 MIMO의 성능이 최대가 되며, 반사파가 적은 교외 지역에서는 효과가 떨어진다.
- 송신시스템은 전송용량 증대가 목적, 수신 시스템은 페이딩 등 간섭제거가 목적이다.
- 통신로의 상태에 따라 공간 스트림 증대와 다이버시티 효과를 적절히 사용해야 한다.
- 전송과정의 신호융합을 분리하기 위해 송신단에 특별한 코딩 수행이 필요하다.

4) 대역확산기술과 비교

구분	SISO	MIMO
안테나 구성	송/수신기 1개	송/수신기 N개
채널용량	1배 $(C = \log_2(1 + \dfrac{S}{N}))$ ※ C : 채널용량	N배 $(C = M\log_2(1 + \dfrac{S}{N}))$ ※ M : 안테나 수
복잡도	단순	복잡
다중화 이득	없음	높음
다이버시티 이득	없음	높음

※ MIMO는 낮은 상호 상관성을 이용하여 통신하는 것으로 통신용량을 높이는 기술이다.

01 다수의 안테나를 일정한 간격으로 배열하고 각 안테나로 공급되는 신호의 진폭과 위상을 변화시켜 특정한 방향으로 안테나 빔을 만들어 그 방향으로 신호를 강하게 송수신하는 기술은?

① 핸드오버(Handover)
② 다이버시티(Diversity)
③ 빔포밍(Beamforming)
④ 전력제어(Power Control)

빔포밍(Beamforming)
• 빔포밍 기술은 안테나 여러 개를 일정한 간격으로 배열하고 각 안테나로 공급되는 신호의 진폭과 위상을 변화시켜 특정한 방향으로 안테나 빔을 만들어 그 방향으로 신호를 강하게 송수신하는 기술이다.
• 어레이 안테나를 활용하여 원하는 특정 방향만으로 방사/수신하는 전파 빔을 만들어 낼 수 있다.
• 섹터 안테나와 같이 고정형 빔포밍과 스마트 안테나, MIMO 등 적응형 빔포밍으로 구분할 수 있다.

02 다중입출력(MIMO: Multiple Input Multiple Output)안테나의 핵심기술이 <u>아닌</u> 것은?

① 핸드오버(Handover)
② 공간다중화(Spatial Multiplexing)
③ 다이버시티(Diversity)
④ 사전코딩(Pre-coding)

MIMO 안테나의 핵심기술
• **공간 다중화(Spatial Multiplexing)** : 서로 다른 데이터를 2개 이상의 안테나를 사용하여 각각의 경로로 동시에 전송하는 기술이다.
• **공간 다이버시티(Diversity)** : 2개 이상의 독립된 전파 경로를 통해 전송된 여러 개의 수신 신호 가운데 가장 양호한 특성을 가진 신호를 이용하는 기술이다.
• **사전코딩(Pre-coding)** 방식으로 MIMO에서 사용하는 전송코드 형태인 STC(Space Time Code)를 사용한다.

오답 피하기
핸드오버(Handover) : 이동국(Mobile station)이 서비스 중인 기지국 영역을 벗어나 인접 기지국으로 이동할 때, 통화를 계속 유지하기 위해 통화로를 이동한 기지국으로 바꾸어 주는 기술이다.

03 22.10 스마트 안테나(Smart antenna)는 공간신호를 인식하여 스마트 신호처리 알고리즘을 사용하는 안테나 배열을 의미한다. 다음 중 스마트 안테나 종류가 <u>아닌</u> 것은?

① Multiple Input Multiple Output antenna (MIMO)
② Switched beam array antenna
③ Adaptive array antenna
④ Single Input Single Output antenna (SISO)

....

스마트 안테나(Smart antenna)의 종류
• MIMO(Multiple Input Multiple Output) 안테나 : 기지국과 사용자 단말의 안테나를 2개 이상으로 늘려 데이터를 여러 경로로 전송하고, 수신단에서 여러 경로로 수신된 신호를 검출해 간섭을 줄이고 속도를 증대하는 기술이다.
• Switched beam array 안테나 : 송수신되는 빔의 방향을 알고리즘을 이용하여 전자적으로 바꾸어 줌으로써 원하는 방향으로 전파를 발사해 빔의 지향성을 예리하게 만드는 스마트 안테나 기술이다.
• Adaptive array 안테나 : 배열 안테나를 구성하는 각 안테나 소자에 적절한 위상차의 전류를 공급함으로써 여러 가지 지향특성을 얻을 수 있는 적응형 배열 안테나 기술이다

오답 피하기
SISO(Single Input Single Output) : 단일 입력/출력을 가지는 안테나이다.

04 22.6 무선환경에서 다중입출력(MIMO) 안테나의 송신측과 수신측 기술의 궁극적 목표가 각각 알맞게 연결된 것은?

① 송신측 – 공간간섭 제거,
　 수신측 – 채널용량 증대
② 송신측 – 공간간섭 제거,
　 수신측 – 공간간섭 제거
③ 송신측 – 채널용량 증대,
　 수신측 – 채널용량 증대
④ 송신측 – 채널용량 증대,
　 수신측 – 공간간섭 제거

....

MIMO 사용에 따른 주요 이점(목표)
• 채널용량 증대(송신측) : MIMO 안테나는 다중입출력을 가지는 안테나로 송신측에서는 다양한 형태의 많은 정보를 여러 개의 안테나를 통해 보낼 수 있으므로 채널용량을 증대시킬 수 있다.
• 공간 다이버시티 효과(수신측) : 수신측에서는 2개 이상의 수신 안테나를 이용하여 공간 다이버시티 효과를 얻을 수 있으므로 간섭성 페이딩을 제거할 수 있다.

합격을 다지는 예상문제

01 다음 중 광통신용 신호와 관련된 다중화 기술은 무엇인가?

① FDM
② TDM
③ WDM
④ CDM

> **파장 분할 다중화(WDM : Wavelength Division Multiplexing)**
> • WDM은 DSF(Dispersion Shifted Fiber, 분산천이 광섬유)를 이용하여 1,550[nm]의 저손실 대역에 다수의 채널을 각 파장에 할당하여 저비용으로 광대역 통신 구현을 가능케 하는 다중화 방식이다.
> • WDM은 저비용, 장거리, 광대역 전송이 가능하며, EDFA, MUX, DEMUX를 사용하고, 다중화하여 원하는 채널 파장만 추출한다.
> • WDM 종류에는 WDM, DWDM, UDWDM과 단거리 통신을 위해 가격을 저렴하게 한 CWDM이 있다.

02 공통선 신호방식은 별도의 신호 전용채널을 통해 신호정보를 다중화하여 고속으로 전송하는 방식이다. 이때 사용되는 다중화 방식은 무엇인가?

① FDM
② TDM
③ CDM
④ WDM

> **시간 분할 다중화(TDM : Time Division Multiplexing)**
> • TDM은 전송하고자 하는 각각 정보의 시간을 다르게 분할하여 전송하는 다중화 방식으로, 여러 개의 서로 다른 신호가 전송로를 점유하는 시간을 분할해 줌으로써 하나의 전송로에 채널을 다중화하는 방식이다.
> • 공통선 신호방식에서는 신호정보를 다중화하기 위해 시분할 다중화인 TDM을 사용하며, 64[kb/s]의 속도로 전송할 수 있다.
> • 채널 사용 효율이 높고, 송/수신기의 구조가 동일하다.
> • 정보의 양에 따라 많은 시간이 필요하며, 동기가 정확해야 하는 단점이 있다.

03 SC-FDMA에 대해서 설명이 틀린 것은?

① LTE 상향링크 전송에서 사용되는 방식이다.
② 기존 OFDMA의 PAPR 문제와 전력효율을 개선한 기술이다.
③ 변화가 심한 순시 피크 송신 전력을 두리뭉실하게 중화시켜 전력증폭기 효율성을 높인 기술이다.
④ 회로 구성이 간단하다.

> **SC-FDMA(Single Carrier-Frequency Division Multiple Access)**
> • SC-FDMA는 LTE 상향링크(Uplink) 전송에서 사용되는 방식으로 OFDMA의 신호처리와 유사하나, DFT 회로 등이 추가되어 기존 OFDMA의 PAPR 문제와 전력효율 등을 개선, LTE 상향링크에 적용한 다원접속 기술이다.
> • 주파수 영역에서 하나로 뒤섞고 묶어서 마치 단일 반송파처럼 보이게 하여, 변화가 심한 순시 피크 송신 전력을 두리뭉실하게 중화시켜 전력증폭기 효율성을 높인다.
> • 하나의 반송파를 사용함으로써 PAPR이 감소하지만, DFT, IDFT 회로를 추가함으로써 구성이 복잡해진다.

04 다음 중 CDMA 방식의 특징으로 맞는 것은?

① 아날로그 방식보다 2~3배 정도의 용량을 증가시킬 수 있다.

② 전력제어 및 에러정정 부호를 사용하므로 전송품질이 우수하다.

③ 수신기 구조가 비교적 간단하다.

④ TDMA, FDMA 방식에 비해 높은 송신 출력을 사용하여 소비전력이 크다.

CDMA(Code Division Multiple Access, 코드 분할 다중접속)

• 각 사용자가 고유의 확산 부호를 할당받아 신호를 부호화하여 전송하면, 해당 확산 부호를 알고 있는 수신기에서만 부호화된 신호를 복원할 수 있는 방식이다.
• 각각의 사용자 신호에 서로 다른 코드를 곱하여 달리 구분(직교성 보장)하는 다중접속 기술이다.
• 3세대 이동통신 방법으로, 사용자마다 고유한 PN 코드(Pseudo Noise Code) 사용하여 보안성이 좋다.
• 기존 아날로그 FDMA 방식에 비해 수용용량이 약 10~20배이다.
• 전력제어 및 에러정정 부호를 사용하므로 전송품질이 우수하다.
• TDMA, FDMA 방식에 비해 낮은 송신 출력을 사용하여 소비전력이 작다.
• 다이버시티를 이용하여 페이딩 현상을 극복하고 통화품질을 향상시킬 수 있다.
• 수신기 구조가 비교적 복잡하다.

05 PDH(Plesiochronous Digital Hierarchy)중 유럽식 방식인 E1의 전송속도는?

① 64[Kbps]

② 1.544[Mbps]

③ 2.048[Mbps]

④ 6.312[Mbps]

CEPT(유럽방식, E1)

• 유럽에서 사용하는 PCM으로 32개 전송 채널을 시분할 다중화하여 2.048[Mbps]를 제공한다.
• 총 16개의 멀티프레임으로 구성되며, 프레임당 총 32개 채널을 전송한다.
• 표본화 주파수는 8000[Hz](125[μs] 주기), 총 채널 수는 32개(정보채널 30개 + 동기채널 1개 + 신호채널 1개), 타임슬롯(채널) 당 비트 수는 8[bit]이므로, 프레임당 비트 수는 8[bits] * 32채널 = 256[bits]이며, 출력 비트율(속도)은 256[bits/frame] * 8000[frame/sec] = 2,048[Mbps]이다.
• 총 32개 전송 채널 중 0번 채널은 동기용, 16번 채널은 제어용, 30개 채널은 데이터 전송에 사용된다.

정답 | 01 ③ 02 ② 03 ④ 04 ② 05 ③

06 다음은 무엇에 대한 설명인가?

> - SONET을 기초로 한 세계적인 동기식 전송 방식이다.
> - 프레임(125[μs] 단위) 구조는 270[byte] * 9행으로 이루어져 있다.
> - 전송속도는 155.52[Mbps]이다.
> - 전송계위는 STM-n으로 다중화되고, STM-1/4/16/32/48 등이 있다.

① SONET(synchronous optical network)
② SDH(synchronous digital hierarchy)
③ PDH(plesiochronous digital hierarchy)
④ OTN(optical transport network)

SDH(Synchronous Digital Hierarchy)
- SDH는 SONET을 기초로 하는 세계적 동기식 전송방식이다.
- SDH의 프레임(125[μs] 단위) 구조는 270[byte] * 9행으로 이루어져 있으며, 전송속도는 8000[frames/sec] * 2430[bytes/frame] * 8[bits/byte] = 155.52[Mbps]이다.
- 동기 디지털 계층으로 B-ISDN인 광섬유 매체에서 사용자-네트워크 인터페이스의 속도를 결정하려고 각 국의 속도 계층을 하나로 통일한 것이다.
- SDH 전송계위는 STM-n으로 다중화되고, 155.52[Mbps]를 STM-1로 시작하여 최대 STM-256까지 정의하며 실제 응용은 1, 4, 16만 적용한다.
- TMN(Telecommunication Management Network) 등 망관리와 유지에 필요한 신호대역이 할당되어 있다.

07 CDMA 대역확산 통신기술을 이용하여 다중경로전파 가운데 원하는 신호만을 분리할 수 있는 수신기는?

① 레이크 수신기
② Multi channel 수신기
③ 헤테로다인 수신기
④ VLR 수신기

레이크 수신기(Rake Receiver)
- CDMA 방식 등에서 서로 다른 경로로 도착한 시간에 차이(지연확산)가 있는 다중경로 신호들을 잘 묶어서 더 나은 신호를 얻을 수 있도록 해주는 수신기이다.
- 다중경로 페이딩에 의해 영향을 받은 신호 성분들의 경로 간 간섭을 최소화하므로, 시간 다이버시티 효과에 의해 전송품질의 열화를 극복할 수 있다.

08 이동통신망에서 발생하는 페이딩 중 산과 같은 자연지형에 의한 반사 등에 의하여 발생하는 페이딩은?

① Long-term Fading
② Short-term Fading
③ Rician Fading
④ Mid-term Fading

이동통신 페이딩
- 이동통신 페이딩은 주변 장애물과 환경에 의해 전계강도가 변하는 것으로, Long term, Short term, Rician 페이딩이 있다.
- Long term 페이딩 : 기지국에서의 거리에 따라 전파의 세기가 변화(감소)되는 현상
- Short term 페이딩 : 주위의 건물 또는 장애물의 반사파 등에 의해 수신되는 전파의 세기가 빠르게 변화하는 현상
- Rician 페이딩 : 기지국 근처에서는 이동국과의 사이에 가시거리가 확보되어 직접파와 반사파가 동시에 존재하게 되는 현상

09 이동통신에서 반사나 회절 등으로 전파 전송경로가 다르게 되어 수신신호의 레벨이 변동이 생기는데 이러한 현상을 무엇이라 하는가?

① 페이딩 현상

② 도플러 현상

③ 채널간섭 현상

④ 지연확산 현상

페이딩
무선 전송과정에서 전파의 흡수, 회절, 반사, 산란 등으로 인해 수신측의 전계강도가 변화하는 현상이다.

페이딩 종류		원인	방지대책
대류권 페이딩	K형	등가 지구 반경계수 K의 변화	AGC, AVC
	덕트형	Radio Duct로 인하여 발생	다이버시티
	산란형	대기의 난류 등에 의한 산란파	다이버시티
	감쇠형	비, 안개, 구름의 흡수 및 산란	AGC
전리층 페이딩	간섭성	동일 전파가 둘 이상의 통로로 수신	공간, 주파수 다이버시티
	편파성	편파의 변화에 의해 발생	편파 다이버시티
	선택성	반송파와 측파대의 감쇠 정도 차이	SSB, 주파수 다이버시티
	도약성	도약거리 근처에서 발생	주파수 다이버시티
이동통신 페이딩	Short term	빌딩과 같은 인공지형에 의한 반사	공간 다이버시티
	Long term	산과 같은 자연지형에 의한 반사	공간 다이버시티
	Rician	직접파와 간섭파 동시 수신	레이크 수신기
	도플러 효과	송/수신기의 이동	공간 다이버시티

10 복수 개의 안테나를 사용하여 서로 <u>다른</u> 신호를 전송하는 방법으로 통신용량이나 신뢰성을 높이는 신호처리 기술로 무엇이라 하는가?

① MIMO(Multiple Input Multiple Output)

② SISO(Single Input Single Output)

③ 핸드오버(Handover)

④ Beamforming 기술

MIMO(Multiple Input Multiple Output) 안테나 기술
• 기지국과 사용자 단말의 안테나를 2개 이상으로 늘려 데이터를 여러 경로로 전송하고, 수신단에서 여러 경로로 수신된 신호를 검출해 간섭을 줄이고 속도를 증대하는 기술이다.
• 통신용량이나 신뢰성을 높이는 효과가 있다.
• 동일한 시간이나 주파수를 사용해도 공간적으로 서로 다른 페이딩을 겪기 때문에 서로 다른 정보의 전송이 가능하다.
• 공간 다이버시티 이득, 다중화 이득, 빔포밍 이득이 있으며, 다중화 이득을 얻기 위해서는 높은 SNR과 많은 반사파가 필요하다.
• 반사파가 많은 도심 환경에 SNR이 높은 기지국 근처에서 MIMO의 성능이 최대가 되며, 반사파가 적은 교외 지역에서는 효과가 떨어진다.
• 송신시스템은 전송용량 증대가 목적, 수신 시스템은 페이딩 등 간섭제거가 목적이다.
• 통신로의 상태에 따라 공간 스트림 증대와 다이버시티 효과를 적절히 사용해야 한다.
• 전송과정의 신호융합을 분리하기 위해 송신단에 특별한 코딩 수행이 필요하다.

정보통신기기

학습 **방향**

정보통신기기 과목은 정보통신 장비와 관련된 기초 지식과 응용 능력을 배양하는 데 목표를 둔 부분으로, 주로 정보통신기기의 구성 요소와 동작 원리를 이해하는 것에 중점을 두어야 한다. 주요 통신기기 각각의 기능과 작동 방식을 학습해야 하며 설치 및 유지보수 방법에 학습하며, 디지털 회로의 기본 원리에 대한 이해도 필요하다.

단말기 개발검증

정보단말기의 특징과 기능, 기본 구성 요소

출제빈도

기출 분석	연도	19년	20년	21년	22년	23년
	문제 수	7	5	3	1	1

01 정보통신시스템

1) 정보통신시스템의 정의

정보통신시스템이란 데이터 통신을 위해서 정보를 처리하여 통신회선 채널을 통해 송수신하는 시스템이다.

2) 정보통신시스템의 구성

• 정보통신시스템은 크게 데이터 전송계와 데이터 처리계로 나뉜다.

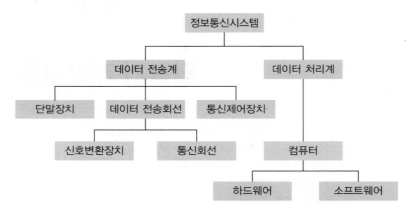

▲ 정보통신시스템의 기본 구성도

• **데이터 전송계** : 데이터 전송계는 정보데이터를 담당한다.

구분	설명
DTE (Data Terminal Equipment)	사용자 측에서 데이터의 송신이나 수신에 사용하는 장비로 데이터를 발생시킴 (컴퓨터 입출력 단말장치 등)
DCE (Data Communication Equipment)	정보를 전달하기 위하여 전송 신호의 동기제어 송수신을 확인하고, 전송절차제어, 전송정보를 전기신호로 전환하는 역할을 수행하는 장치

• **데이터 처리계** : 데이터 처리계는 정보의 가공, 처리, 저장의 기능을 담당한다.

구분	설명
컴퓨터의 하드웨어	중앙처리장치(CPU), 주변장치(보조기억장치, 입출력장치) 등
컴퓨터의 소프트웨어	운영체제(OS), 통신제어프로그램, 응용소프트웨어 등

02 정보단말기

1) 정보단말기 정의

정보단말기(Terminal)은 디지털 데이터를 입력, 출력하는 데 사용하는 장치로, 컴퓨터의 키보드, 마우스 등 입력장치와 모니터와 프린터 등의 출력 장치를 의미한다.

2) 정보단말기의 종류

종류	기능
Dummy Terminal	단순 버퍼의 기능으로 입출력기능만 수행
Smart Terminal	입출력기능과 데이터 처리기능 수행
Intelligent Terminal	데이터 처리기능, 입출력기능, 계산 및 프로그램 개발 기능
Remote Batch Terminal	원격지 일괄 처리기능 수행

3) 정보단말기의 기능

- **입출력기능** : 사람이 식별 가능한 데이터를 통신장비가 처리 가능한 2진 신호로 변환하거나 그 역(逆)을 행하는 기능을 수행한다.
- **전송제어기능** : 입출력제어기능, 에러제어기능, 송수신 제어기능 등을 통해 전송제어를 수행한다.

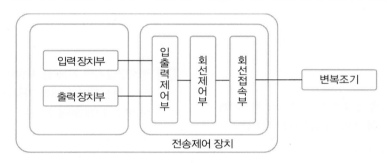

▲ 정보단말기의 구성

4) 정보단말기의 구성

- **입출력장치** : 입력 장치부와 출력 장치부로 구성된다.
- **전송제어장치** : 입출력제어부, 회선제어부, 회선접속부로 구성된다.
  - **입출력제어부** : 입출력장치를 제어하고 상태를 감시한다.
  - **회선제어부** : 데이터 직병렬 변환 및 에러제어 등 제어 역할을 수행한다.
  - **회선접속부** : 단말기와 데이터 전송회선을 물리적으로 연결한다.

> **기적의 Tip** 멀티 포인트 연결방식(Multi Point link)
>
> - 폴링(Polling) : 호스트가 터미널에 전송할 데이터가 있는지 묻는 방식으로, 데이터가 있을 시 전송을 허가한다.
> - 셀렉션(Selection) : 호스트가 터미널에 전송할 데이터가 있을 때 수신준비를 묻고 준비가 된 경우 데이터를 전송하는 방식이다.
> - 경쟁방식(Contention) : 복수의 사용자가 하나의 회선에 접근하기 위해 서로 경쟁하고, 회선을 나누어 쓰는 방식이다.

20.6, 18.6

01 다음 중 데이터 전송계에서 신호변환 외에 전송 신호의 동기제어 송수신 확인, 전송 조작절차의 제어 등을 담당하는 역할을 하는 장치는?

① DCE
② DTE
③ DDU
④ DID

데이터 전송계
• DTE(데이터 단말장치) : 사용자 측에서 데이터의 송신이나 수신으로 사용되는 장비로 데이터를 발생시킨다(컴퓨터 입출력 단말장치 등).
• DCE(데이터 신호변환장치) : 정보를 전달하기 위하여 전송 신호의 동기제어 송수신을 확인하고, 전송절차 제어, 전송정보를 전기신호로 전환하는 역할을 수행하는 장치이다.

19.6

02 정보 단말장치 중 입출력기능, 데이터 처리기능, 계산 및 프로그램 개발 기능을 가진 장치는?

① Dummy Terminal
② Up-Down Terminal
③ Intelligent Terminal
④ Remote Batch Terminal

정보 단말장치 종류

정보 단말장치	기능
Dummy Terminal	단순 버퍼의 기능으로 입출력기능만 수행
Smart Terminal	입출력기능과 데이터 처리기능 수행
Intelligent Terminal	데이터 처리기능, 입출력기능, 계산 및 프로그램 개발 기능
Remote Batch Terminal	원격지 일괄 처리기능 수행

23.3

03 정보단말기의 전송제어장치에서 단말기와 데이터 전송회선을 물리적으로 연결해주는 부분은?

① 회선접속부
② 회선제어부
③ 입출력제어부
④ 변복조부

정보단말기의 전송제어장치
• 입출력제어부 : 입출력장치를 제어하고 상태를 감시한다.
• 회선제어부 : 데이터 직병렬 변환 및 에러제어 등 제어 역할을 수행한다.
• 회선접속부 : 단말기와 데이터 전송회선을 물리적으로 연결한다.

20.6

04 정보단말기의 기능 중 사람이 식별 가능한 데이터를 통신장비가 처리 가능한 2진 신호로 변환하거나 그 역(逆)을 행하는 기능은?

① 신호 변환 기능
② 입 · 출력 기능
③ 송 · 수신 제어 기능
④ 에러 제어기능

정보단말기의 기능
• 정보단말기의 기능에는 입출력기능과 전송제어기능이 있다.
• 입출력기능 : 사람이 식별 가능한 데이터를 통신장비가 처리 가능한 2진 신호로 변환하거나 그 역(逆)을 행하는 기능을 수행한다.
• 전송제어기능 : 입출력제어기능, 에러제어기능, 송수신 제어기능 등을 통해 전송제어를 수행한다.

20.6, 19.3, 18.3
05 컴퓨터가 어떤 터미널에 전송할 데이터가 있는 경우 터미널이 수신준비가 되어 있는지를 묻고, 준비가 된 경우에 터미널로 데이터를 전송하는 것을 무엇이라 하는가?

① 폴링
② 셀렉션
③ 링크
④ 리퀘스트

멀티 포인트 연결방식(Multi Point link)
- **폴링(Polling)** : 호스트가 터미널에 전송할 데이터가 있는지 묻는 방식으로, 데이터가 있을 시 전송을 허가한다.
- **셀렉션(Selection)** : 호스트가 터미널에 전송할 데이터가 있을 때 수신준비를 묻고 준비가 된 경우 데이터를 전송하는 방식이다.
- **경쟁방식(Contention)** : 복수의 사용자가 하나의 회선에 접근하기 위해 서로 경쟁하고, 회선을 나누어 쓰는 방식이다.

19.3
06 다음 중 컴퓨터가 터미널에 전송할 데이터가 있는가를 확인하는 동작은?

① Polling
② Selection
③ Daisy-Chain
④ NAK

멀티 포인트 연결방식(Multi Point link)
- **폴링(Polling)** : 호스트가 터미널에 전송할 데이터가 있는지 묻는 방식으로, 데이터가 있을 시 전송을 허가한다.
- **셀렉션(Selection)** : 호스트가 터미널에 전송할 데이터가 있을 때 수신준비를 묻고 준비가 된 경우 데이터를 전송하는 방식이다.
- **경쟁방식(Contention)** : 복수의 사용자가 하나의 회선에 접근하기 위해 서로 경쟁하고, 회선을 나누어 쓰는 방식이다.

정답 01 ① 02 ③ 03 ① 04 ② 05 ② 06 ①

모뎀(MODEM), DSU, CSU

📑 기출 분석

연도	19년	20년	21년	22년	23년
문제 수	3	6	3	8	3

01 DCE(Data Communication Equipment)

- 신호변환장치(DCE)는 송신정보를 전기적 형태의 신호로 변환하여 채널로 전송하고 수신 시에는 전송받은 전기적 신호를 정보로 복원한다.
- 채널(통신회선)에 따라 모뎀과 DSU, CSU로 나뉜다.

1) MODEM(MOdulator/DEModulator)

- **모뎀의 정의** : 데이터 신호를 송신측에서는 디지털 신호에서 아날로그로 변조(Modulation)하고 수신측에서는 아날로그 신호에서 디지털로 복조(Demodulation)하는 장비이다.
- **모뎀의 구성**
  - **송신부** : 데이터 부호화기, 변조기, 스크램블러, 주파수 체배기, 대역 제한 여파기, 증폭기, 변압기 등으로 구성된다.
  - **수신부** : 등화기, 대역 제한 여파기, 자동 이득 조절기, 복조기, 데이터 복호화기, 디스크램블러 등으로 구성된다.

2) DSU(Digital Service Unit)

- 디지털망에 사용하는 회선 종단장치(DCE)이며, 가입자 측 장비로 컴퓨터 등 데이터 장비의 비트열 신호를 장거리 전송에 맞게 변환, 전송하는 장비이다.
- 디지털 신호를 먼 곳까지 안전하게 전송할 수 있도록 단극성(Unipolar) 신호를 양극성(Bipolar) 신호로 변환한다.
- 신호 형식은 변환 없이 신호 레벨만 높이면 장거리 전송이 가능하다.

3) CSU(Channel Service Unit)

- 모뎀은 아날로그 전송 장비인 반면, CSU는 디지털 전송장치이다. 모뎀은 아날로그 신호를 변복조 해야하므로 기술적으로 어렵고, 속도 향상에 한계가 있다.
- CSU 등의 디지털 전송로를 설치하면 모뎀보다 고속으로 정보를 송수신할 수 있다.
- 아날로그와 달리 원거리 전송 시에도 디지털 신호를 샘플링하여 에러의 정정 및 보상이 용이하며, 모뎀보다 비교적 기술적으로 간단하다.
- 국측 장비로 T1, E1 같은 트렁크 라인을 그대로 수용할 수 있다.

02 모뎀과 DSU의 차이

모뎀은 단말의 일종으로 상대측도 반드시 모뎀이어야 하지만 DSU는 네트워크 장비의 일부이다.

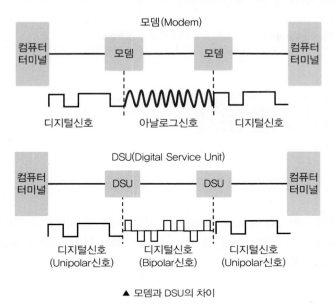

▲ 모뎀과 DSU의 차이

03 DSU와 CSU의 차이

DSU는 주로 가입자 장비 측에서 사용되며 장거리 전송을 위하여 Unipolar 신호를 Bipolar 신호로 변환시켜 전송하는 반면, CSU는 국을 포함하는 네트워크 측에서 T1, E1 회선변환 없이 전용회선을 수용한다.

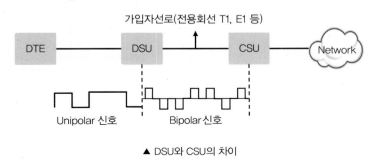

▲ DSU와 CSU의 차이

04 모뎀, DSU, CSU의 비교

구분	모뎀	DSU	CSU
사용 목적	음성급 전화망 모뎀 간 전송	데이터 전용망 가입자 측 장비	데이터 전용망 국측 장비
전송 신호	아날로그	디지털	디지털
특징	QAM, DPSK	Unipolar 신호를 Bipolar로 변환	T1, E1 등 전용회선 수용
전송 속도	9.6[Kbps]	64[Kbps]	128[Kbps]

• 모뎀의 패턴 발생기와 내부 회로의 진단 테스터 역할을 수행한다.
• 자국 내 모뎀의 진단 및 통신회선의 고장 진단을 수행한다.
• 상대편 모뎀의 시험인 Remote Loop Back Test도 가능하다.
• 궤환 시험은 선로와 장비, 상태를 테스트하며 전송속도 테스트와는 무관하다.

이론을 확인하는 기출문제

23.6, 22.10, 21.3, 20.9

01 가입자선에 위치하고 단말기와 디지털 네트워크 사이의 인터페이스를 제공하며, 유니폴라 신호를 바이폴라 신호로 변환시키는 것은?

① DSU(Digital Service Unit)
② 변복조기(MODEM)
③ CSU(Channel Service Unit)
④ 다중화기

모뎀과 DSU, CSU 비교

구 분	모뎀	DSU	CSU
사용 목적	음성급 전화망 모뎀 간 전송	데이터 전용망 가입자 측 장비	데이터 전용망 국측 장비
전송 신호	아날로그	디지털	디지털
특징	QAM, DPSK	Unipolar 신호를 Bipolar로 변환	T1, E1 등 전용회선 수용
전송속도	9.6[Kbps]	64[Kbps]	128[Kbps]

23.6

02 다음 중 아날로그 신호를 디지털 신호로 변환하여 전송매체로 전송하기 위한 과정으로 옳은 것은?

① 표본화 − 부호화 − 양자화 − 펄스발생기 − 통신채널
② 펄스발생기 − 부호화 − 표본화 − 양자화 − 통신채널
③ 표본화 − 양자화 − 부호화 − 통신채널 − 펄스발생기
④ 표본화 − 양자화 − 부호화 − 펄스발생기 − 통신채널

PCM(Pulse Code Modulation) 과정
• PCM은 송신측에서 아날로그 파형을 디지털화하여 전송하고 수신측에서 그것을 다시 아날로그화함으로써 아날로그 정보를 전송하는 방식이다.
• PCM의 과정은 표본화 − 양자화 − 부호화 − 펄스발생기 − 통신채널을 통해 이루어진다.
• **표본화** : 연속적인 아날로그 신호를 일정 시간 간격으로 디지털 신호로 바꾸는 과정이다.
• **양자화** : 표본화된 신호를 진폭에 따라 이산적인 값으로 변환하는 과정이다.
• **부호화** : 양자화를 통해 얻은 이산적인 값을 디지털 2진수로 표현하는 과정이다.

03 다음 중 CSU(Channel Service Unit)의 기능으로 옳은 것은?

① 광역통신망으로부터 신호를 받거나 전송하며, 장치 양측으로부터의 전기적인 간섭을 막는 장벽을 제공한다.
② CSU는 오직 독립적인 제품으로 만들어져야 한다.
③ CSU는 디지털 데이터 프레임들을 보낼 수 있도록 적절한 프레임으로 변환하는 소프트웨어 장치이다.
④ CSU는 아날로그 신호를 전송로에 적합하도록 변환한다.

CSU(Channel Service Unit)
• CSU는 광역통신망으로부터 신호를 받거나 전송하며, 장치 양측으로부터의 전기적인 간섭을 막는 장벽을 제공한다.

오답 피하기
• CSU는 전기적 간섭을 막는 보호기능, 타이밍 신호 공급기능, 유지보수기능, 루프백 시험 기능 등 다양한 기능을 제공한다.
• CSU는 디지털 데이터 프레임들을 보낼 수 있도록 적절한 프레임으로 변환하는 하드웨어 장치이다.
• CSU는 디지털 신호를 전송로에 적합하도록 변환한다.

04 다음 중 모뎀의 궤환 시험(Loop Back Test) 기능과 관련된 것이 아닌 것은?

① 모뎀의 패턴 발생기와 내부 회로의 진단 테스터
② 자국 내 모뎀의 진단 및 통신회선의 고장의 진단
③ 전송속도의 향상
④ 상대편 모뎀의 시험인 Remote Loop Back Test도 가능

모뎀의 궤환 시험(Loop Back Test) 기능
• 모뎀의 패턴 발생기와 내부 회로의 진단 테스터 역할을 수행한다.
• 자국 내 모뎀의 진단 및 통신회선의 고장 진단을 수행한다.
• 상대편 모뎀의 시험인 Remote Loop Back Test도 가능하다.
• 궤환 시험은 선로와 장비, 상태를 테스트하며 전송속도 테스트와는 무관하다.

05 다음 중 통신제어장치의 설명으로 올바른 것은?

① 중앙처리 장치의 부하를 가중시킨다.
② 통신회선의 감시 및 접속, 전송오류검출을 수행한다.
③ 회선접속장치를 원격처리장치로 연결한다.
④ 나이퀴스트 주기보다 짧게 하여 표본화할 경우에 발생한다.

통신제어 장치
• CCU(통신제어장치)는 데이터 처리계에서 CPU와 모뎀 사이에 위치하며 중앙처리 장치의 제어를 받으며 부하를 관리하고, 통신회선의 감시 및 접속, 전송오류를 검출한다.
• 회선접속부와 전송제어부가 있으며 회선접속장치는 모뎀과 연결한다.

▲ CCU의 위치, 데이터 처리계에서 CPU와 모뎀사이에 위치

06 다음 중 멀티 포트 모뎀에 대한 설명으로 가장 알맞은 것은?

① 짧은 거리에서 경비를 경감하기 위해 사용한다.
② 시분할 다중화기와 고속 동기식 모뎀을 이용한다.
③ 약간의 전사처리능력과 데이터 압축기능이 부가된 것이다.
④ 비교적 원거리 통신용으로 개발된 모뎀이다.

멀티 포트 모뎀(Multi Port Modem)
• 제한된 기능의 멀티플렉서와 변복조기가 혼합된 형태로, 대체로 4개 이하의 채널을 다중 이용하고자 하는 경우에는 별도의 멀티플렉서가 필요하지 않으므로 경제적이다.
• 고속 동기식 변복조기와 시분할 다중화기(TDM)가 하나의 장비로 만들어진 것으로 별도의 장치를 이용하는 것보다 편리하다는 장점이 있다.

정답 01 ① 02 ④ 03 ① 04 ③ 05 ② 06 ②

SECTION 03 광통신 종단장치(ONU, ONT 등)

기출 분석

연도	19년	20년	21년	22년	23년
문제 수	0	1	0	1	3

01 광가입자망 기술

1) 광가입자망 개념

광대역 멀티 서비스 제공을 위해 서비스 사업자와 가입자 구간에 광통신을 이용해 FTTH, FTTC, FTTB 등의 방식으로 구성하는 통신망 기술이다.

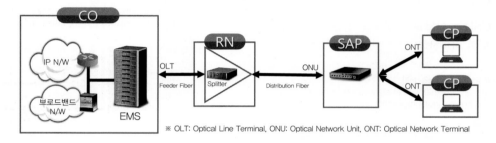

※ OLT: Optical Line Terminal, ONU: Optical Network Unit, ONT: Optical Network Terminal

▲ 광가입자망 구성도

2) 광가입자망 구성

- CO에서 CP까지 전 구간에 광케이블을 설치하여 광대역 고속 전송이 가능하도록 구성한다.
- CO(Central Office) : 멀티미디어 서비스 제공 사업자(집중국)이다.
- RN(Remote Node) : 다중화장치(사업자와 가입자 연결)이다.
- SAP(Service Access Point) : 가입자 구내/댁내의 ONT와 연결해 주는 장치이다.
- CP(Customer Premises) : 서비스 가입자이다.

3) 광가입자망 기술의 종류

구분	FTTH	FTTC	FTTB
대상	가입자 구내/댁내	가입자 집중지역	빌딩
회선	광케이블	광케이블, 동축	광케이블, 동축
성능	높음	보통	낮음
비용	높음	낮음	낮음

- FTTH(Fiber To The Home) : CO 측 OLT에서 가입자 구내/댁내 ONU까지의 광케이블 연결방식이다.
- FTTC(Fiber To The Curb) : CO 측 OLT에서 가입자 집중지역 ONU까지의 광케이블 연결방식이다.
- FTTB(Fiber To The Building) : CO 측 OLT에서 가입자 빌딩 ONU까지의 광케이블 연결방식이다.
- 광가입자망 구성 시 회선 및 용량, 경제성을 고려하여 구축해야 한다.

02 PON(Passive Optical Network)

1) PON의 개념

가입자 인터넷 회선 서비스 구성 방법으로, 회선을 광신호 분기(광 분배기), 결합기 등 별도의 전원 공급이 필요 없는 수동 부품으로만 구성한다.

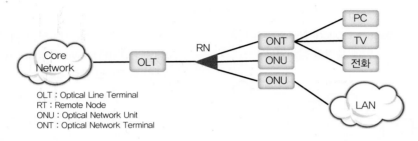

OLT : Optical Line Terminal
RT : Remote Node
ONU : Optical Network Unit
ONT : Optical Network Terminal

▲ PON 서비스 제공 구조

2) PON의 구성요소

구분	설명
OLT	• 국사나 헤드엔드에 위치하며, 광신호를 전송 • 가입자의 광신호를 국사 측에서 종단하는 기능
RT (광 스플리터)	• 주로 아파트 관리사무소에서 적용됨 • 전원이 필요 없는 수동형 광 분배기 • 입력된 광신호의 파장을 분리하여 전송
ONU	• 가입자 단말과 연결하는 변환 장치 • 가입자 밀집 지역의 분계점에 설치
ONT	• 가입자나 사업자 구내로 포설되어 최종적으로 설치되는 장치 • PC, TV 등과 연결

PON은 가입자 신호 분배를 수동 광 분배기(Splitter)를 이용하므로 수동형 광 네트워크라 한다.

3) PON의 특징

• 네트워크 양 끝 단말을 제외하고는 능동소자를 전혀 사용하지 않아 설치가 용이하다.
• 광섬유의 공유를 이용한 효율적인 사용을 통하여 광 전송로의 비용이 절감된다.
• 전원이 필요 없는 수동형 소자를 이용하여 유지보수 비용이 타 방식에 비해 저렴하다.

> **기적의 Tip** PON과 AON의 비교
>
> | 구분 | PON | AON |
> |---|---|---|
> | 소자 구분 | 수동 광소자 사용(광 분배기) | 능동 소자사용(이더넷 스위치) |
> | 구축 비용 | 초기비용 높음 | 저렴 |
> | 주 연결방식 | Point to Point | Point to Multipoint |
> | 적용 분야 | 주로 아파트 | PON 적용이 어려운 곳(주택 등) |
> | 기타 | FTTH 서비스에 적합 | 장애 발생 시 즉각 조치 어려움 |
>
> ※ AON(Active Optical Network)과 PON과의 구분문제가 나올 수 있으므로 숙지한다.

01 다음은 PON(Passive Optical Network)의 구성도로 괄호(　) 안에 들어갈 장치명은?

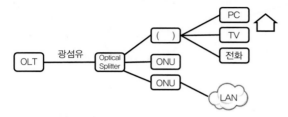

① OLT(Optical Line Terminal)
② Optical Splitter
③ ONU(Optical Network Unit)
④ ONT(Optical Network Terminal)

PON 구성장비

구분	설 명
OLT	• 국사나 헤드엔드에 위치하며, 광신호를 전송 • 가입자의 광신호를 국사 측에서 종단하는 기능
RT (광 스플리터)	• 주로 아파트 관리사무소에서 적용됨 • 전원이 필요 없는 수동형 광 분배기 • 입력된 광신호의 파장을 분리하여 전송
ONU	• 가입자 단말과 연결하는 변환 장치 • 가입자 밀집 지역의 분계점에 설치
ONT	• 가입자나 사업자 구내로 포설되어 최종적으로 설치되는 장치 • PC, TV 등과 연결

오답 피하기
ONT는 최종종단 장치이며 국사로부터 가입자까지 도달하여 PC나 전화에 연결되는 장치이다.

02 다음 중 가입자망 기술로 망의 접속계 구조 형태인 PON(Passive Optical Network)기술에 대한 특징으로 틀린 것은?

① 네트워크 양 끝 단말을 제외하고는 능동소자를 전혀 사용하지 않는다.
② 광섬유의 효율적인 사용을 통하여 광 전송로의 비용을 절감한다.
③ 유지보수 비용이 타 방식에 비해 저렴하다.
④ 보안성이 우수하다.

PON(Passive Opitcal Network)기술
• 네트워크 양 끝 단말을 제외하고는 능동소자를 전혀 사용하지 않아 설치가 용이하다.
• 광섬유의 공유를 이용한 효율적인 사용을 통하여 광 전송로의 비용을 절감한다.
• 전원이 필요 없는 수동형 소자를 이용하여 유지보수 비용이 타 방식에 비해 저렴하다.

PON과 AON의 비교

구분	PON	AON
소자 구분	수동 광소자 사용 (광 분배기)	능동 소자 사용 (이더넷 스위치)
구축 비용	초기비용 높음	저렴
주 연결방식	Point to Point	Point to Multipoint
적용 분야	주로 아파트	PON 적용이 어려운 곳 (주택 등)
기타	FTTH 서비스에 적합	장애 발생 시 즉각 조치 어려움

22.6

03 다음 광통신 장치에 대한 설명이 틀린 것은?

① OLT(Optical Line Terminal) : 국사 내에 설치되어 백본망과 가입자망을 서로 연결하는 광가입자망 구성장치

② ONT(Optical Network Terminal) : 가입자와 가입자를 광을 통해 서로 연결해 주는 광통신 장치

③ ONU(Optical Network Unit) : 주거용 가입자 밀집 지역의 중심부에 설치하는 소규모의 옥외/옥내용 광통신 장치

④ Backbone : 네트워크상에서 중요 공유자원들을 연결하기 위한 중추적인 기간 네트워크

PON 구성장비

구 분	설 명
OLT	• 국사나 헤드엔드에 위치하며, 광신호를 전송 • 가입자의 광신호를 국사 측에서 종단하는 기능
RT (광 스플리터)	• 주로 아파트 관리사무소에서 적용됨 • 전원이 필요 없는 수동형 광 분배기 • 입력된 광신호의 파장을 분리하여 전송
ONU	• 가입자 단말과 연결하는 변환 장치 • 가입자 밀집 지역의 분계점에 설치
ONT	• 가입자나 사업자 구내로 포설되어 최종적으로 설치되는 장치 • PC, TV 등과 연결

오답 피하기

ONT는 최종종단 장치이며 국사로부터 가입자까지 도달하여 PC나 전화에 연결되는 장치이다.

다중화기, 집중화기

기출 분석

연도	19년	20년	21년	22년	23년
문제 수	2	3	3	1	2

01 다중화기(MUX, Multiplexer)

1) 다중화기의 개념

- 다중화기는 하나의 통신회선을 효율적으로 사용하기 위해 여러 입력 신호를 결합(Multiplexing)하고 분리하여 출력할 수 있는 장비이다.
- 여러 개의 저속회선을 다중화기를 통해 일정한 간격으로 나눈 주파수, 시간 등으로 하나의 회선을 통해 전송한 후 역다중화를 통해 원신호를 복원하여 수신 단말로 전송하는 원리이다.

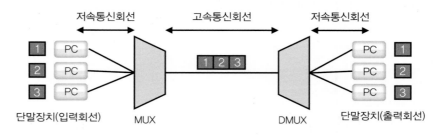

▲ 다중화기 원리

2) 다중화의 종류

① 주파수 분할 다중화(FDM)

- 통신회선의 주파수를 여러 개로 분할하여 여러 대의 단말기가 동시에 사용할 수 있다.
- 1,200[bps] 이하의 비동기식에서 사용한다.
- 동기를 위한 장치는 불필요하나, 채널 사용 효율이 낮으며 송/수신기 구조가 복잡하다.
- Multipoint 구성에 적합하다.

② 시분할 다중화(TDM)

- 통신회선의 시간을 여러 개로 분할하여 여러 대의 단말기가 동시에 사용할 수 있다.
- 비트 삽입식과 문자 삽입식의 두 가지가 있다.
- 동기 및 비동기식 데이터를 다중화하는 데 사용할 수 있다.
- 각 부채널은 고속의 채널을 실제로 분배된 시간을 이용한다.
- Point-to-Point 시스템이다.

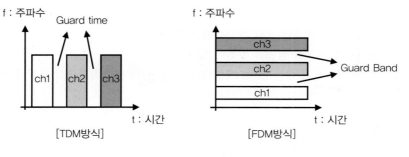

▲ 다중화의 종류

3) TDM과 FDM의 비교

구분	TDM	FDM
방식	시간 분할 다중화	주파수 분할 다중화
보호방식	가드시간	가드밴드
속도	고속	저속
구성	구성이 복잡하여 고가	구성이 간단하여 저렴
적용	디지털 회선	아날로그 회선

02 집중화기(Concentrator)

1) 집중화기의 개념

고속의 전송 회선과 저속의 단말기를 접속하기 위한 방식으로 실제로 전송할 데이터가 있는 단말기에만 채널을 동적으로 할당하는 장비이다.

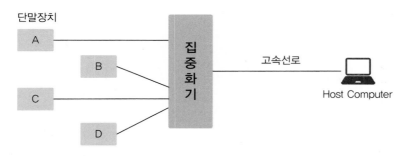

▲ 집중화기 원리

2) 집중화기의 구성요소

- **제어기** : 단일 회선 제어기, 다중 선로 제어기
- **공유기** : 선로공유기, 변복조 공유기
- 중앙처리장치(CPU) 등

3) 집중화기의 특징

- m개의 입력 회선을 n개의 출력 회선으로 집중화하는 장비이다.
- 패킷교환 집중화 방식과 회선교환 집중화 방식이 있다.
- 부채널(단말기 측)의 전송속도의 합은 Link 채널(통신회선 측)의 전송속도보다 크거나 같다.
- 입력회선 n개가 출력회선 m개보다 같거나 많다. (n≥m)

4) 다중화기와 집중화기의 비교

구분	다중화기	집중화기
회선 사용 방식	통신회선의 정적 배분	통신회선의 동적 배분
회선 공유 방식	공유회선을 규칙적으로 공유	공유회선의 독점 형태
구조	구성이 간단	구성이 복잡
대역폭	대역폭 동일	대역폭이 모두 상이

23.6, 21.3

01 1,200[bps] 속도를 갖는 4채널을 다중화한다면 다중화 속도는 최소 얼마인가?

① 1,200[bps]
② 2,400[bps]
③ 4,800[bps]
④ 9,600[bps]

다중화(Multiplexing)
다중화는 다수의 데이터 신호를 중복시켜 하나의 고속신호를 생성한 뒤 전달하는 방식이므로 4개의 채널을 다중화하면 최소 1,200[bps] × 4ch = 4,800[bps]의 속도가 된다.

23.3

02 다중화 방식의 FDM 방식에서 서브 채널 간의 상호 간섭을 방지하기 위한 완충 역할을 하는 것은?

① Buffer
② Guard Band
③ Channel
④ Terminal

FDM 방식의 Guard Band
FDM 방식에서 서브 채널 간 상호 간섭을 방지하기 위한 완충 역할을 하는 것은 Guard Band이다.

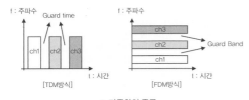

▲ 다중화의 종류

오답 피하기

TDM 방식에서 서브 채널 간 상호 간섭을 방지하기 위한 완충 역할을 하는 것은 Guard Time이다.

22.6

03 다음 중 집중화기에 대한 설명으로 옳지 않은 것은?

① m개의 입력 회선을 n개의 출력 회선으로 집중화하는 장비이다.
② 집중화기의 구성요소로는 단일 회선 제어기, 다수 선로 제어기 등이 있다.
③ 집중화기는 정적인 방법(Static Method)의 공동 이용을 행한다.
④ 부채널의 전송속도의 합은 Link 채널의 전송속도보다 크거나 같다.

집중화기
• m개의 입력 회선을 n개의 출력 회선으로 집중화하는 장비이다.
• 집중화기의 구성요소에는 제어기, 공유기, 중앙처리장치 등이 있으며, 제어기에는 단일 회선 제어기, 다수 선로 제어기 등이 있다.
• 패킷교환 집중화 방식과 회선교환 집중화 방식이 있다.
• 부채널(단말기 측)의 전송속도의 합은 Link 채널(통신회선 측)의 전송속도보다 크거나 같다.
• 입력회선 n개가 출력회선 m개보다 같거나 많다. (n≥m)

04 다음 중 시분할 다중화기에 대한 설명과 가장 거리가 먼 것은?

① 비트 삽입식과 문자 삽입식의 두 가지가 있다.

② 시분할 다중화기가 주로 이용되는 곳은 Point-to-Point 시스템이다.

③ 각 부채널은 고속의 채널을 실제로 분배한 시간을 이용한다.

④ 보통 1,200[baud] 이하의 비동기식에 사용한다.

시분할 다중화(TDM)
- 통신회선의 시간을 여러 개로 분할하여 여러 대의 단말기가 동시에 사용할 수 있다.
- 비트 삽입식과 문자 삽입식의 두 가지가 있다.
- 동기 및 비동기식 데이터를 다중화하는데 사용할 수 있다.
- 각 부채널은 고속의 채널을 실제로 분배한 시간을 이용한다.
- Point-to-Point 시스템이다.

오답 피하기

1,200[baud] 이하의 비동기식에 사용하는 것은 주파수 분할 다중화기이다.

---

05 통신속도를 달리하는 전송회선과 단말기를 접속하기 위한 방식으로 실제로 전송할 데이터가 있는 단말기에만 채널을 동적으로 할당하는 방식을 무엇이라 하는가?

① 집중화기   ② 다중화기

③ 변조기   ④ 부호기

집중화기와 다중화기의 비교

구분	다중화기	집중화기
회선 사용 방식	통신회선의 정적 배분	통신회선의 동적 배분
회선 공유 방식	공유회선을 규칙적으로 공유	공유회선의 독점 형태
구조	구성이 간단	구성이 복잡
대역폭	대역폭 동일	대역폭이 모두 상이

오답 피하기

집중화기는 회선을 동적으로 할당하고, 다중화기는 회선을 정적으로 할당한다.

---

06 다음 중 실제로 보낼 데이터가 있는 터미널에만 동적인 방식으로 각 부채널에 시간폭을 할당하는 것은?

① 지능 다중화기

② 광대역 다중화기

③ 주파수 분할 다중화기

④ 역 다중화기

기타 다중화기
- **지능 다중화기** : 실제로 보낼 데이터가 있는 터미널에만 동적인 방식으로 각 부채널에 시간폭을 할당하는 다중화기이다.
- **광대역 다중화기** : 서로 다른 동기식 데이터를 묶어 광대역의 채널을 이용하여 전송하는 시분할 다중화기이다.
- **역 다중화기** : 광대역 회선 대신 두 개의 음성 대역 회선을 이용하여 데이터를 전송할 수 있도록 하는 다중화기이다.

07 입력회선이 10개인 집중화기에서 출력회선을 몇 개까지 설계할 수 있는가?

① 10
② 11
③ 13
④ 15

집중화기(Concentrator)
· 집중화기는 입력회선 n개가 출력회선 m개보다 같거나 많다. (n≥m)
· 출력회선은 입력회선인 10개보다 같거나 작아야 하므로 최대 10개까지 설계할 수 있다.

08 다음 중 집중화기(Concentrator)의 구성요소에 해당하는 것은?

① 모뎀
② 멀티플렉서
③ 호스트 시스템
④ 단일 회선 제어기

집중화기의 구성요소
· 제어기 : 단일 회선 제어기, 다중 선로 제어기
· 공유기 : 선로공유기, 변복조 공유기
· 중앙처리장치(CPU) 등

09 다음 중 집중화 방식의 특징이 <u>아닌</u> 것은?

① 송수신할 데이터가 없어도 타임슬롯을 할당한다.
② 채널을 효율적으로 사용할 수 있다.
③ 단말기의 속도, 터미널의 접속 개수 등을 자유롭게 변경할 수 있다.
④ 패킷교환 집중화 방식과 회선교환 집중화 방식이 있다.

집중화기(Concentrator)
집중화 장비는 선로를 동적으로 이용하므로 송수신할 데이터가 있을 때만 타임슬롯을 할당한다. 송수신할 데이터가 없어도 타임슬롯을 할당하는 것은 다중화기이다.

01 다음 중 사용자 측에서 데이터의 송신이나 수신으로 사용되는 장비로 데이터를 발생시키는 역할을 하는 장치는?

① DCE
② DTE
③ DDU
④ DID

> **DTE(데이터 단말장치)**
> 사용자 측에서 데이터의 송신이나 수신에 사용하는 장비로 데이터를 발생시키며, 그 예로 컴퓨터 입출력 단말장치 등이 있다.
>
> **DCE(데이터 신호변환장치)**
> 정보를 전달하기 위하여 전송 신호의 동기제어 송수신을 확인하고, 전송절차 제어, 전송정보를 전기신호로 전환하는 역할을 수행하는 장치이다.

02 정보 단말장치 중 단순 버퍼의 기능으로 입출력 기능만 수행하는 기능을 가진 장치는?

① Dummy Terminal
② Up-Down Terminal
③ Intelligent Terminal
④ Remote Batch Terminal

정보 단말장치 종류

정보 단말장치	기능
Dummy Terminal	단순 버퍼의 기능으로 입출력기능만 수행
Smart Terminal	입출력기능과 데이터 처리기능 수행
Intelligent Terminal	데이터 처리기능, 입출력기능, 계산 및 프로그램 개발 기능
Remote Batch Terminal	원격지 일괄 처리기능 수행

03 다음 중 모뎀의 궤환 시험(Loop Back Test) 기능과 관련된 것이 **아닌** 것은?

① 모뎀의 패턴 발생기와 내부 회로의 진단 테스터
② 자국 내 모뎀의 진단 및 통신회선의 고장의 진단
③ 전송 데이터의 내용을 확인할 수 있으며 전송속도를 조절가능하다.
④ 상대편 모뎀의 시험인 Remote Loop Back Test도 가능

> **모뎀의 궤환 시험(Loop Back Test) 기능**
> • 모뎀의 패턴 발생기와 내부 회로의 진단 테스터 역할을 수행한다.
> • 자국 내 모뎀의 진단 및 통신회선의 고장 진단을 수행한다.
> • 상대편 모뎀의 시험인 Remote Loop Back Test도 가능하다.
> • 궤환 시험은 선로와 장비, 상태를 테스트하며 전송속도의 변경은 할 수 없고, 데이터의 내용은 알 수 없다.

04 다음 중 모뎀(MODEM)의 설명으로 옳은 것은?

① 데이터 전송에서 송신정보를 전기적 형태의 신호로 변환하여 채널로 전송하고 수신 시에는 전송받은 전기적 신호를 정보로 복원한다.

② 데이터 신호를 송신측에서는 디지털 신호에서 아날로그로 변조(Modulation)하고 수신측에서는 아날로그 신호에서 디지털로 복조(Demodulation)하는 장비이다.

③ 가입자측 장비로 컴퓨터 등 데이터 장비의 비트열 신호를 장거리 전송에 맞게 변환, 전송하는 장비이다.

④ 국측장비로 T1, E1 같은 트렁크 라인을 그대로 수용할 수 있는 데이터 통신 전용장비이다.

모뎀(MODEM) 및 신호변환장치

- MODEM(MOdulator/DEModulator) : 데이터 신호를 송신측에서는 디지털 신호에서 아날로그로 변조(Modulation)하고 수신측에서는 아날로그 신호에서 디지털로 복조(Demodulation)하는 장비이다.
- DCE(Data Communication Equipment) : 데이터 전송에서 송신정보를 전기적 형태의 신호로 변환하여 채널로 전송하고 수신 시에는 전송받은 전기적 신호를 정보로 복원한다.
- DSU(Digital Service Unit) : 가입자측 장비로 컴퓨터 등 데이터 장비의 비트열 신호를 장거리 전송에 맞게 변환, 전송하는 장비이다.
- CSU(Channel Service Unit) : 국측 장비로 T1, E1 같은 트렁크 라인을 그대로 수용할 수 있는 데이터 통신 전용장비이다.

05 다음 중 광가입자망 구성요소가 아닌 것은?

① OLT(Optical Line Terminal)
② OTT(Over The Top)
③ ONU(Optical Network Unit)
④ ONT(Optical Network Terminal)

수동 광가입자망(PON) 구성장비

구분	설명
OLT	• 국사나 헤드엔드에 위치하며, 광신호를 전송 • 가입자의 광신호를 국사 측에서 종단하는 기능
RT (광 스플리터)	• 주로 아파트 관리사무소에서 적용됨 • 전원이 필요 없는 수동형 광 분배기 • 입력된 광신호의 파장을 분리하여 전송
ONU	• 가입자 단말과 연결하는 변환 장치 • 가입자 밀집 지역의 분계점에 설치
ONT	• 가입자나 사업자 구내로 포설되어 최종적으로 설치되는 장치 • PC, TV 등과 연결

오답 피하기

OTT(Over The Top)는 기존 통신 및 방송사업자와 더불어 제3 사업자들이 인터넷을 통해 드라마나 영화 등의 다양한 미디어 콘텐츠를 제공하는 서비스이다.

06 다음 중 가입자망 기술인 AON(Active Optical Network) 기술에 대한 특징으로 틀린 것은?

① 능동소자를 가입자 지역 내에 설치하여 스위칭 기능을 수행한다.

② 저렴하게 구축이 가능하다.

③ Point to Multipoint 방식으로 적용된다.

④ 장애 발생 시에 즉각 조치가 가능하여 유지보수성이 좋다.

PON과 AON의 비교

구분	PON	AON
소자 구분	수동 광소자 사용 (광 분배기)	능동 소자사용 (이더넷 스위치)
구축 비용	초기비용 높음	저렴
주 연결방식	Point to Point	Point to Multipoint
적용 분야	주로 아파트	PON 적용이 어려운 곳 (주택 등)
기타	FTTH 서비스에 적합	장애 발생 시 즉각 조치 어려움

정답 01 ② 02 ① 03 ③ 04 ② 05 ② 06 ④

07 2,400[bps] 속도를 갖는 4채널을 다중화한다면 다중화 속도는 최소 얼마인가?

① 1,200[bps]
② 2,400[bps]
③ 4,800[bps]
④ 9,600[bps]

> **다중화 속도**
> 다중화는 다수의 데이터 신호를 중복시켜 하나의 고속신호를 생성한 뒤 전달하는 방식이므로 4개의 채널을 다중화하면 최소 2,400[bps] × 4ch = 9,600[bps]의 속도가 된다.

08 다중화 방식의 TDM 방식에서 서브 채널 간의 상호 간섭을 방지하기 위한 완충 역할을 하는 것은?

① Guard Time
② Buffer
③ Channel
④ Terminal

> **TDM방식의 Guard Time**
> TDM 방식에서 서브 채널 간 상호 간섭을 방지하기 위한 완충 역할을 하는 것은 Guard Time이다.

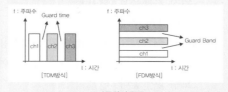

▲ 다중화의 종류

> 오답 피하기
> FDM 방식에서 서브 채널 간 상호 간섭을 방지하기 위한 완충 역할을 하는 것은 Guard Band이다.

09 통신속도를 달리하는 전송회선과 단말기를 접속하기 위한 방식으로 회선을 정적으로 할당하는 방식을 무엇이라 하는가?

① 집중화기
② 다중화기
③ 변조기
④ 부호기

> **집중화기와 다중화기의 비교**

구 분	다중화기	집중화기
회선 사용 방식	통신회선의 정적 배분	통신회선의 동적 배분
회선 공유 방식	공유회선을 규칙적으로 공유	공유회선의 독점 형태
구조	구성이 간단	구성이 복잡
대역폭	대역폭 동일	대역폭이 모두 상이

> 오답 피하기
> 집중화기는 회선을 동적으로 할당하고, 다중화기는 회선을 정적으로 할당한다.

10 입력회선이 14개인 집중화기에서 출력회선을 몇 개까지 설계할 수 있는가?

① 10
② 11
③ 13
④ 14

> **집중화기에서의 출력회선 수**
> • 집중화기는 입력회선 n개가 출력회선 m개보다 같거나 많다. (n≥m)
> • 출력회선은 입력회선인 14개보다 같거나 작아야 하므로 최대 14개까지 설계할 수 있다.

회선 개통

SECTION 01 전화기와 교환기의 기능과 동작

기출 분석

연도	19년	20년	21년	22년	23년
문제 수	12	2	3	3	4

01 전화기의 기능과 동작

1) 전화기의 개념
- 전화기는 음성서비스를 위한 단말로 음성신호를 전기적 신호로 변환하여 유선과 무선채널을 통해 정보를 교환하는 장치이다.
- 전화기는 통화회로, 신호회로, 출력회로로 구성되어 있으며, 전화기의 음성서비스는 PSTN(Public Switched Telephone Network) 서비스와 VoIP(Voice over Internet Protocol) 서비스가 있다.

2) 음성서비스

① PSTN
- 기존에 사용되던 일반 공중용 아날로그 전화망을 지칭하며 통신사업자가 음성 전화 서비스를 제공한다.
- 회선교환 방식을 사용하며, 신규서비스 제공의 어려움 등으로 VoIP 방식으로 대체되고 있다.

② VoIP
- 기존의 PSTN 전화를 IP망을 통하여 사용하게 하는 기술로 음성신호를 압축, 디지털신호로 변환하여 패킷 형태로 신호를 전달하는 기술이다.

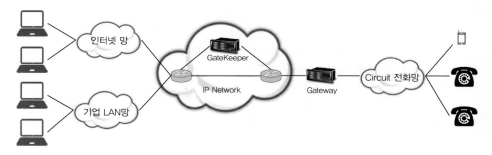

▲ VoIP 구성도

- VoIP 구성요소

구분	설명
게이트키퍼	게이트웨이, 서비스 관리 등의 제어, 인증 등
게이트웨이	PSTN 등 인터넷과 연동된 망과의 신호변환 역할을 수행
단말	음성 IP 전화기 등

• VoIP의 특징

구분	내용
구축 비용	기구축된 인터넷 IP 장비를 사용하기 때문에 구축 비용이 저렴
서비스 비용	트래픽 전송기술로 인하여 서비스 비용이 저렴
다양한 서비스	인증, 제어, 과금 등에서 장점이 있으며, IP 서비스와 다양하게 조합 가능
설비 구성과 보안성	기존 PSTN과 비교하여 구성이 복잡하고, IP 적용을 통한 해킹기법에 취약

• VoIP 적용 프로토콜

구분	설명
실시간 미디어 전달 프로토콜	• RTP : UDP 기반 실시간 음성/영상 전달 • RTCP : QoS(Quality of Service, 서비스 품질) 유지 지원 및 데이터 전송 감시, 제어
시그널링 프로토콜	• 음성통화 호/세션 성립, 유지 해제 등 제어 프로토콜 • SIP : IETF 표준 • H.323 : ITU-T 표준
Media Gateway 제어 프로토콜	• 전화망 등 다양한 망과 인터넷망을 접속해 주는 역할 • ITU-T와 IETF 협력을 통한 표준화 도출

• PSTN과 VoIP 비교

구분	일반전화(PSTN)	VoIP
회선	아날로그/디지털	디지털
서버	국선 교환기 (가입자 수만큼 포트 필요)	게이트키퍼 (한 대의 게이트키퍼로 전 지역 관리)
교환방식	회선 교환방식	패킷 교환방식
응용서비스	자체 서비스	PSTN to VoIP, VoIP to PSTN 등의 응용서비스 가능
특징	통화 품질 및 안정성 보장	저가의 통화료 및 연동성

02 교환기의 기능과 동작

- 교환기는 가입자선, 전기통신 회선 또는 기타 기능을 가진 장치들을 상호접속이 가능하도록 하는 회선망 중심점에서 트래픽을 전달하는 장치이다.
- 교환기가 있으면 Mesh 형태의 전송형태를 대신하여 Star 형태의 전송형태로 구성할 수 있기 때문에 적은 회선으로 많은 가입자를 수용할 수 있는 장점이 있다.

> **기적의 Tip**
> - 현재의 교환기는 대용량 전자교환기의 형태로, 축적 프로그램 제어(SPC, Stored Program Control) 방식을 채택하여 호의 접속 및 제어를 기억장치에 축적한 프로그램에 따라 제어를 수행한다.
> - 교환기의 발전 단계는 수동식교환기 → 기계식 자동 교환기 → 전자식 자동 교환기(축적 프로그램 방식)로 발전해 왔다.

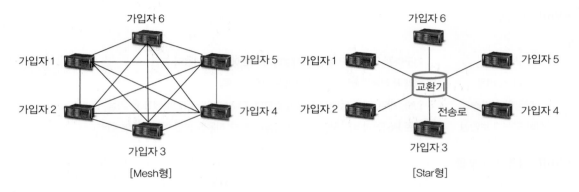

가입자 6 가입자 1 가입자 5 가입자 2 가입자 4 가입자 3

[Mesh형]

가입자 6 가입자 1 교환기 가입자 5 가입자 2 전송로 가입자 4 가입자 3

[Star형]

▲ 교환망 토폴로지

이론을 확인하는 기출문제

23.6, 21.6, 19.3

01 20개의 중계선으로 5[Erl]의 호량을 운반하였다면 이 중계선의 효율은 몇 [%]인가?

① 20[%]

② 25[%]

③ 30[%]

④ 35[%]

중계선의 효율과 얼량
- **얼량(Erl)** : 1회선을 1시간 동안 계속 점유한 통화량(호량)이다.
- **중계선의 효율** : 중계선에서 단위 시간 동안의 1중계선 당 평균 사용 시간의 백분율이다.

$$\therefore \frac{5}{20} \times 100 = 25\%$$

23.3, 21.6

02 유선 전화망에서 노드가 10개일 때 그물형(Mesh)으로 교환 회선을 구성할 경우, 링크 수를 몇 개로 설계해야 하는가?

① 30개

② 35개

③ 40개

④ 45개

메쉬망에서의 전송로 수
- 그물형(Mesh)으로 모든 노드를 망형으로 연결하는 경우 필요 회선 수는 아래와 같다.
- 필요 전송로 수 $= \dfrac{n(n-1)}{2}$

$$\therefore \frac{10(10-1)}{2} = 45$$

03 전자교환기에서 사용하고 있는 푸쉬 버튼 방식의 전화기는 각각 두 개의 주파수로 구성된 가청 발신음을 낸다. 다음 중 전화기 버튼의 가청 주파수 연결로 틀린 것은?

19.10

① 1 : 697 [Hz] + 1,209 [Hz]
② 5 : 770 [Hz] + 1,336 [Hz]
③ 9 : 852 [Hz] + 1,336 [Hz]
④ 0 : 941 [Hz] + 1,336 [Hz]

다이얼 주파수(DTMF)

- Dual Tone Multiple Frequency의 약자로 전자식 교환기의 다이얼 톤으로 주로 사용하고 있다. DTMF는 무선통신에서 잡음을 제거하기 위한 코드 스켈치로 사용되고 있으며, 기타 여러 리모트 컨트롤용으로 응용되기도 한다.
- 저주파와 고주파의 톤을 혼합하는 수단이기 때문에 최소한의 회로로 16개의 신호(단순 전화 패드라면 12개)를 전부 조합할 수 있다.

고군 \ 저군	1209 Hz	1336 Hz	1477 Hz
697Hz	1	2	3
770Hz	4	5	6
852Hz	7	8	9
941Hz	*	0	#

04 텔레포니의 핵심 기술인 VoIP의 구성요소로 거리가 먼 것은?

19.6

① 단말장치
② 게이트웨이
③ 게이트키퍼
④ 방향성 결합기

VoIP 구성요소

구분	설명
게이트키퍼	게이트웨이, 서비스 관리 등의 제어, 인증 등
게이트웨이	PSTN 등 인터넷과 연동된 망과의 신호변환 역할을 수행
단말	음성 IP 전화기 등

05 VoIP 기술의 특징을 설명한 것으로 옳지 <u>않은</u> 것은?

18.6

① PSTN에 비해 요금이 저렴하다.
② 이미 구축된 인터넷 장비를 활용함으로써 구축 비용이 상대적으로 적게 들어간다.
③ 인터넷과 연계된 다양한 부가 서비스 기능이 가능하다.
④ 기능 및 동작이 PSTN에 비해 단순하고, 보안에 강하다.

VoIP의 특징

구분	내용
구축 비용	기구축된 인터넷 IP 장비를 사용하기 때문에 구축 비용이 저렴
서비스 비용	트래픽 전송기술로 인하여 서비스 비용이 저렴
다양한 서비스	인증, 제어, 과금 등에서 장점이 있으며, IP 서비스와 다양하게 조합 가능
설비 구성과 보안성	기존 PSTN과 비교하여 구성이 복잡하고, IP 적용을 통한 해킹기법에 취약

06 대용량 전자교환기에서 가장 많이 채택하고 있는 접속 제어 방식은?

21.3

① 자동 제어 방식
② 반전자 제어 방식
③ 축적 프로그램 제어 방식
④ 중앙 제어 방식

전자교환기

- 현재의 교환기는 대용량 전자교환기의 형태로, 축적 프로그램 제어(SPC, Stored Program Control) 방식을 채택하여 호의 접속 및 제어를 기억장치에 축적한 프로그램에 따라 제어를 수행한다.
- 교환기의 발전 단계는 수동식교환기 → 기계식 자동 교환기 → 전자식 자동 교환기(축적 프로그램 방식)로 발전해 왔다.

정답 01 ② 02 ④ 03 ③ 04 ④ 05 ④ 06 ③

SECTION 02 이동통신 단말의 개요

기출 분석	연도	19년	20년	21년	22년	23년
	문제 수	0	0	1	4	4

01 이동통신 시스템의 개요

1) 이동통신의 정의

이동통신(Mobile Telecommunication)은 사용자가 단말기를 통해 음성이나 영상, 데이터 등을 장소에 구애받지 않고 통신할 수 있도록 이동성이 부여된 통신 체계를 말한다.

2) 이동통신의 발전

구분	기술	설명
1세대	AMPS	아날로그 셀룰러 통신으로 FDMA 방식을 사용
2세대	CDMA, GSM	디지털 셀룰러 통신으로 CDMA, TDMA 방식을 사용
3세대	WCDMA	멀티미디어 통신을 하며 광대역 CDMA 방식을 사용
4세대	LTE	패킷 데이터 통신방식으로 OFDMA 방식을 사용

02 이동통신 시스템의 구성

1) 이동국(무선단말)

① **이동국의 정의** : 이동 중인 가입자에게도 통신서비스를 제공하는 단말장치이다.

② **이동국의 구성**
- **제어장치** : 전화기의 기능을 제어하고 전기적인 신호를 음성신호로 변경해 준다.
- **무선 송 · 수신기** : 전파된 신호를 무선통신방식으로 송 · 수신할 수 있도록 송신기와 수신기를 사용한다.
- **안테나** : 전파를 송 · 수신하는 기능을 수행한다.

③ **이동국의 기능** : 음성, 영상, 데이터 등의 신호 전송과 다이얼링 기능을 수행한다.

2) 기지국

① **기지국의 정의** : 이동국 단말기와 무선통신을 수행하여 이동 전화 교환국을 연결하는 기능을 수행한다.

② **기지국의 구성**
- **제어장치** : 기지국의 기능을 제어하고 전기적인 신호를 음성신호로 변경한다.
- **무선 송 · 수신기** : 전파된 신호를 무선통신방식으로 송 · 수신할 수 있도록 송신기와 수신기를 사용한다.
- **안테나** : 전파를 송 · 수신하는 기능을 수행한다.
- **데이터 터미널** : 기지국에서의 무선신호를 데이터형식으로 변환하는 역할을 수행한다.

③ 기지국의 기능
- 통화 채널 지정, 전환, 감시 역할
- 이동통신 단말기의 위치확인
- 이동통신 단말기로부터의 수신 신호 세기 측정

▲ 이동통신 시스템 구성

④ 기지국의 전력제어방식
- **폐루프 전력제어** : 통화 중 이동국의 출력을 기지국이 수신 가능한 최소 전력이 되도록 최소화함으로써 기지국 역방향 통화 용량을 최대화하며, 단말기 배터리 수명을 연장시킨다.
- **순방향(하향 링크) 전력제어** : 송신전력을 기지국에서 제어하며, 기지국에서 멀리 있는 이동국에게는 큰 송신 출력, 가까이 있는 이동국에게는 작은 송신 출력으로 전송하는 방식이다.
- **외부루프 전력제어** : 기지국 외부의 제어센터에서 전력제어를 수행하는 방식이다.
- **개방루프 전력제어** : 이동국과 기지국 간에 루프를 형성하지 않고, 주로 이동국에 의해 송신전력을 조절하는 방식이다.

3) 이동 전화 교환국

① **이동 전화 교환국의 정의** : 이동통신 시스템에서 이동국과 기지국 간의 제어와 통화 연결, 이동국의 등록, 인증 등을 수행하는 교환기이다.

② **이동 전화 교환국의 구성**
- **홈 위치 등록 레지스터(HLR : Home Location Register)** : 이동통신 가입자의 정보를 저장하는 데이터베이스이다.
- **방문 위치 등록 레지스터(VLR : Visitor Location Register)** : 이동국에 대한 가입자 정보를 관리하며, 위치 등록 및 삭제, 핸드오프 처리 등을 수행한다.
- **운용 보존국(OMC : Operation and Maintenance Center)** : 이동통신 시스템을 운용하고 유지보수를 위한 서비스를 수행한다.

③ **이동 전화 교환국의 기능**
- 무선자원의 관리 역할
- 이동국 위치 정보관리
- 통화 채널 전환(핸드오프)

기적의 Tip 이동통신 핸드오프(Handoff)

- 이동통신에서 통화 중인 호(Call)를 계속 유지하면서 기지국 간 이동을 수행하는 기능이다.
- 이동국이 현재의 기지국 영역에서 다른 기지국 영역으로 이동하거나, 사용 중인 기지국 내 무선 채널의 상태가 불량한 경우, 동일 기지국 내 현재 섹터에서 다른 섹터로 이동하는 경우 핸드오프가 발생한다.
- 이동통신 핸드오프의 종류

구분	설명
Soft Handoff	셀(Cell) 간의 핸드오프, 기지국에서 통화의 단절 없이 동일한 주파수를 사용하는 다른 기지국으로 옮겨가는 방식
Softer Handoff	동일한 기지국 내 다른 섹터(Sector) 간의 핸드오프
Hard Handoff	이동국이 한 기지국에서 다른 기지국으로 이동할 때 기존 기지국과 연결되었던 채널을 끊은 후 새로운 기지국의 새로운 채널로 연결되는 핸드오프 방식

기적의 Tip 주파수 공용통신(TRS)

- 주파수 공용통신은 중계국에 할당된 수 개의 주파수를 다수의 이용자가 공동으로 사용하는 무선통신 서비스이며, 이동통신 수요의 대체수단으로 주파수 자원 부족에 대처할 수 있는 최신 통신기술이다.
- TRS와 일반 무선통신과의 비교

항목	기존 무선통신 방식	주파수 공용 방식
채널 할당	시스템당 단일채널	시스템당 5~20채널
중계경로	이동국 – 중계소 – 이동국	이동국 – 중계소 – 이동국
통화시간	무제한	제한(1~10분 사이로 조정 가능)
비밀통화	통화 채널에 다수 가입자 사용 시 통화내용 공개	통화 시 채널이 전용되므로 통화내용 비공개
통화내용	음성	음성 및 데이터
서비스구역	Home Zone	Home Zone 외에 인근 지역까지 서비스 가능
통화접속률	Busy 상태가 많으며 무리한 통과 시 교신 방해	주파수를 공용하므로 통화접속률이 높음
주파수 활용도	효율 낮음	효율 높음
주파수 대역	150[MHz] 혹은 100[MHz] 대역	800[MHz] 대역

23.6
01 다음 내용에서 설명하는 전력제어 기술은?

> 통화 중 이동국의 출력을 기지국이 수신 가능한 최소 전력이 되도록 최소화함으로써 기지국 역방향 통화 용량을 최대화하며, 단말기 배터리 수명을 연장시킨다.

① 폐루프 전력제어
② 순방향 전력제어
③ 개방루프 전력제어
④ 외부루프 전력제어

이동통신 전력제어
- **폐루프 전력제어** : 통화 중 이동국의 출력을 기지국이 수신 가능한 최소 전력이 되도록 최소화함으로써 기지국 역방향 통화 용량을 최대화하며, 단말기 배터리 수명을 연장시킨다.
- **순방향(하향 링크) 전력제어** : 송신전력을 기지국에서 제어하며, 기지국에서 멀리 있는 이동국에게는 큰 송신 출력, 가까이 있는 이동국에게는 작은 송신 출력으로 전송하는 방식이다.
- **외부루프 전력제어** : 기지국 외부의 제어센터에서 전력제어를 수행하는 방식이다.
- **개방루프 전력제어** : 이동국과 기지국 간에 루프를 형성하지 않고, 주로 이동국에 의해 송신전력을 조절하는 방식이다.

23.3월
02 다음 중 이동전화 단말기(Mobile Station) 구성요소의 설명으로 **틀린** 것은?

① 제어장치 : 전화기의 기능을 제어하고 전기적인 신호를 음성신호로 변경해 준다.
② 통화로부 : 통화회선의 수용과 상호접속에 의한 교환기능을 수행한다.
③ 무선 송 · 수신기 : 전파된 신호를 무선통신 방식으로 송 · 수신할 수 있도록 송신기와 수신기를 사용한다.
④ 안테나 : 전파를 송 · 수신하는 기능을 수행한다.

이동전화 단말기(Mobile Station)
- **제어장치** : 전화기의 기능을 제어하고 전기적인 신호를 음성신호로 변경해 준다.
- **통화로부(송수화기)** : 수신된 전기신호를 음성신호로 변환시키고, 음성신호를 전기신호로 변환시켜 송신한다.
- **무선 송 · 수신기** : 전파된 신호를 무선통신방식으로 송 · 수신할 수 있도록 송신기와 수신기를 사용한다.
- **안테나** : 전파를 송 · 수신하는 기능을 수행한다.

오답 피하기
통화회선의 교환기능은 이동 전화 교환국에서 담당한다.

03 다음 중 이동통신 시스템의 구성 중 기지국의 주요 기능으로 틀린 것은?

① 통화 채널 지정, 전환, 감시 기능
② 이동통신 단말기의 위치확인 기능
③ 통화의 절체 및 통화로 관리 기능
④ 이동통신 단말기로부터의 수신신호 세기 측정

기지국의 기능
• 통화 채널 지정, 전환, 감시 역할
• 이동통신 단말기의 위치확인
• 이동통신 단말기로부터의 수신 신호 세기 측정

오답 피하기

통화의 절체 및 통화로 관리 기능은 이동 전화 교환국에서 수행한다.

04 이동통신 시스템에서 단말기가 이동교환기 내에 있는 기지국에서 통화의 단절 없이 동일한 주파수를 사용하는 다른 기지국으로 옮겨 통화하는 경우에 해당되는 Handoff는?

① Hard Handoff
② Soft Handoff
③ Dual Handoff
④ Softer Handoff

핸드오프의 종류

구분	설명
Soft Handoff	셀(Cell) 간의 핸드오프, 기지국에서 통화의 단절 없이 동일한 주파수를 사용하는 다른 기지국으로 옮겨가는 방식
Softer Handoff	동일한 기지국 내 다른 섹터(Sector) 간의 핸드오프
Hard Handoff	이동국이 한 기지국에서 다른 기지국으로 이동할 때 기존 기지국과 연결되었던 채널을 끊은 후 새로운 기지국의 새로운 채널로 연결되는 핸드오프 방식

05 이동통신의 세대와 기술이 바르게 짝지어진 것은?

① 1세대 : GSM
② 2세대 : AMPS
③ 3세대 : WCDMA
④ 4세대 : CDMA

이동통신 세대별 기술

구분	기술	설명
1세대	AMPS	아날로그 셀룰러 통신으로 FDMA 방식을 사용
2세대	CDMA, GSM	디지털 셀룰러 통신으로 CDMA, TDMA 방식을 사용
3세대	WCDMA	멀티미디어 통신을 하며 광대역 CDMA 방식을 사용
4세대	LTE	패킷 데이터 통신방식으로 OFDMA 방식을 사용

06 다음 중 중계국에 할당된 여러 개의 주파수 채널을 다수의 이용자가 공동으로 사용하는 주파수 공용통신(TRS)에 대한 설명으로 <u>틀린</u> 것은?

① 음성과 데이터의 전송이 가능하다.
② 채널당 주파수 이용효율이 낮다.
③ 신속한 호접속이 가능하다.
④ 산업용 통신에 주로 이용된다.

주파수 공용통신(TRS)
• 주파수 공용통신은 중계국에 할당된 수 개의 주파수를 다수의 이용자가 공동으로 사용하는 무선통신 서비스이며, 이동통신 수요의 대체수단으로 주파수 자원 부족에 대처할 수 있는 최신 통신기술이다.
• TRS와 일반 무선통신과의 비교

항목	기존 무선통신 방식	주파수 공용 방식
채널 할당	시스템당 단일채널	시스템당 5~20채널
중계경로	이동국 – 중계소 – 이동국	이동국 – 중계소 – 이동국
통화시간	무제한	제한 (1~10분 사이로 조정 가능)
비밀통화	통화 채널에 다수 가입자 사용 시 통화내용 공개	통화 시 채널이 전용되므로 통화내용 비공개
통화내용	음성	음성 및 데이터
서비스구역	Home Zone	Home Zone 외에 인근 지역까지 서비스 가능
통화접속률	Busy 상태가 많으며 무리한 통과 시 교신 방해	주파수를 공용하므로 통화접속률이 높음
주파수 활용도	효율 낮음	효율 높음
주파수 대역	150[MHz] 혹은 100[MHz] 대역	800[MHz] 대역

오답 피하기
주파수 공용통신은 채널당 주파수 이용효율이 높다.

07 다음은 이동통신 기술 중 무엇에 관한 설명인가?

• CDMA방식에서 다중반사 문제를 극복하는 기술
• 여러 갈래의 갈고리처럼 여러 경로를 거쳐 오는 반사파 신호들을 분리
• 기지국간 이동 시 소프트 핸드오프를 가능하게 하는 기술

① Rake 수신기 기법
② CDMA 채널 설정 방법
③ HSDPA 초기 동기 구분 기술
④ MIMO 기술

Rake 수신기법

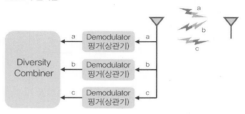

▲ Rake 수신기

• Rake 수신기는 갈고리처럼 여러 경로를 오는 반사파 신호들을 분리하여 각각의 상관기에서 각기 다른 시간 지연을 한 뒤, Diversity Combiner를 통해 신호 에너지를 결합시키는 방식이다.
• CDMA 방식에 적용하여 기지국 간 이동 시 소프트 핸드오프를 가능하게 하는 기술이다.

정답 03 ③ 04 ② 05 ③ 06 ② 07 ①

SECTION 03 무선통신 단말의 종류

기출 분석

연도	19년	20년	21년	22년	23년
문제 수	0	0	1	4	4

01 무선통신기기

1) 무선통신의 개념

무선통신은 정보를 전선 같은 유선 매체를 통하지 않고 전파를 공기 중에 송신 안테나를 통해 방사하여 송신하고 수신안테나로 전파를 수신하여 정보를 전달하는 시스템이다.

2) 무선통신기 구조

① **무선 송신기** : 무선 송신기는 전파를 안테나를 통해 방사하는 장치로 발진부, 완충 증폭부, 변조기, 여진 전력 증폭기, 종단 전력 증폭기와 송신 안테나로 구성된다.

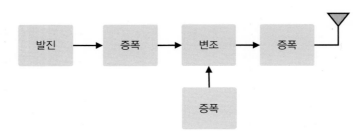

▲ 무선 송신기 구조

② **무선 수신기** : 무선 수신기는 수신안테나로부터 송신된 신호를 수신하여 원신호로 변환하는 장치로 주파수 변환부, 중간 주파수 증폭부, 복조부로 구성된다.

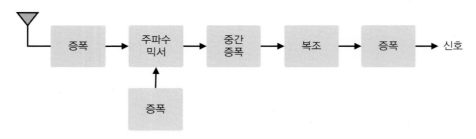

▲ 무선 수신기 구조

무선 송신기의 성능지표
- 주파수의 안정도가 높을수록 좋다.
- 전자파의 점유주파수 대역이 좁을수록 좋다
- 불요파 방사가 적을수록 좋다.
- 왜곡과 내부 잡음이 적을수록 좋다.

무선 수신기의 성능지표
- 감도(Sensitivity) : 무선 수신기가 얼마만큼 미약한 전파까지 수신할 수 있는지 나타내는 지표이다.
- 선택도(Selectivity) : 희망파 이외의 불요파를 제거하여 원하는 주파수의 전파를 선택하는 능력이다.
- 충실도(Fidelity) : 전파된 통신 내용을 수신하였을 때 본래의 신호를 어느 정도 정확하게 재현하는지 나타내는 지표이다.
- 안정도(Stability) : 수신기에 희망파의 일정한 주파수 및 진폭을 가할 때, 어느 정도 시간까지 일정한 출력이 얻어지는지 나타내는 지표이다.

02 WPAN(Wireless Personal Area Network)

1) WPAN의 정의

짧은 거리(10m 내)의 개인 공간 활동 영역 내에서 저전력 휴대단말을 이용한 무선 네트워크 구성을 말한다.

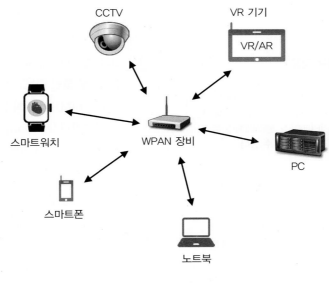

▲ WPAN 개념도

2) WPAN의 종류

① **Bluetooth** : IEEE 802.15.1 표준 기반 통신기술로, 근거리에서 2.4[GHz] 주파수 대역을 이용하여 호주머니나 가방에 넣어 둔 전화기와 연결된 무선 이어폰으로 전화를 걸거나 받을 수 있고, 음악도 들을 수 있는 기술이다.

② **Zigbee** : IEEE 802.15.4 표준 기반 저전력 통신기술로, 지능형 홈네트워크 및 산업용 기기 자동화, 물류, 환경 모니터링, 휴먼 인터페이스, 텔레매틱스 등 다양한 유비쿼터스 환경에 응용할 수 있다.

③ NFC : 13.56[MHz]의 High Frequency 무선 대역을 사용하는 기술로, 10[cm]가량의 가까운 거리와 통신하기 위해 사용한다. P2P 양방향 통신이 가능하다.

④ RFID : 소형 전자칩과 안테나로 구성된 전자 Tag를 제품에 부착하여 사물을 정보 단말기가 인식하고, 인식된 정보를 IT 시스템과 실시간으로 교환하는 기술이다.

3) WPAN 비교

구분	Bluetooth	Zigbee	NFC	RFID
전송속도	1[Mbps]	200[Kbps]	400[Kpbs]	9[Kpbs]
전송거리	10~100[m]	10[m]	10[cm]	10[cm](low) 100[m](high)
용도	기기 연결 등	스마트홈 등	결제 등	물류 등
특징	범용성	저비용, 저전력	P2P 통신	높은 내구성

이론을 확인하는 기출문제

21.3, 18.6

01 다음 내용에 해당하는 것은?

> IEEE 802.15.4 표준 기반 저전력 통신기술로, 지능형 홈네트워크 및 산업용 기기 자동화, 물류, 환경 모니터링, 휴먼 인터페이스, 텔레매틱스 등 다양한 유비쿼터스 환경에 응용할 수 있다.

① Bluetooth ② Zigbee
③ NFC ④ RFID

WPAN(Wireless Personal Area Network)
- Bluetooth : IEEE 802.15.1 표준 기반 통신기술로, 다수의 장치를 무선으로 상호연결하기 위한 단거리 무선통신 기술이다.
- Zigbee : IEEE 802.15.4 표준 기반 저전력 통신기술로, 지능형 홈네트워크 및 산업용 기기 자동화, 물류, 환경 모니터링, 휴먼 인터페이스, 텔레매틱스 등 다양한 유비쿼터스 환경에 응용할 수 있다.
- NFC : 13.56[MHz]의 High Frequency 무선 대역을 사용하는 기술로, 10[cm]가량의 가까운 거리와 통신하기 위해 사용한다. P2P 양방향 통신이 가능하다.
- RFID : 소형 전자칩과 안테나로 구성된 전자 Tag를 제품에 부착하여 사물을 정보 단말기가 인식하고, 인식된 정보를 IT 시스템과 실시간으로 교환하는 기술이다.

21.6

02 다음 중 NFC(Near Field Communication)의 설명으로 틀린 것은?

① 13.56[MHz] 주파수 대역을 사용한다.
② 전송거리가 10[cm] 이내이다.
③ Bluetooth에 비해 통신설정 시간이 길다.
④ P2P(Peer to Peer)기능이 가능하다.

NFC(Near Field Communication)
13.56[MHz]의 High Frequency 무선 대역을 사용하는 기술로, 10[cm]가량의 가까운 거리와 통신하기 위해 사용한다. P2P 양방향 통신이 가능하다.

오답 피하기

NFC는 장치 간 통신 설정이 0.1초 이내에 이뤄질 정도로 짧은 특징을 지니고 있으며, Bluetooth 기술은 NFC보다 통신 설정이 오래 걸리고 전송속도 또한 느리다.

20.5

03 다음에서 설명하는 내용은 정보 단말기의 어떤 기술을 설명한 것인가?

> 소형 전자칩과 안테나로 구성된 전자 Tag를 제품에 부착하여 사물을 정보 단말기가 인식하고, 인식된 정보를 IT 시스템과 실시간으로 교환하는 기술

① IPTV
② PLC
③ RFID
④ HSDPA

RFID와 NFC 기술의 차이

구분	RFID	NFC
태그 방식	한 번에 여러 단말 태그	한 번에 하나의 단말 태그
전송기기	RFID 태그와 리더기 필요	NFC 장비로 리더와 태그 모두 가능
기기 가격	고가	저가
데이터 공유	불가	가능
전송 거리	장거리 단거리 모두 가능	단거리만 가능(수 [cm])

20.5

04 WPAN(Wireless Personal Area Network) 기술의 확산으로 멀티미디어 기기 간 연결이 많아지고 다양한 서비스가 제공되고 있다. 다음 중 WPAN 기술에 해당하지 **않는** 것은?

① UWB
② Zigbee
③ Bluetooth
④ PLC

WPAN(Wireless Personal Area Network)
짧은 거리(10m 내)의 개인 공간 활동 영역 내에서 저전력 휴대단말을 이용한 무선 네트워크 구성을 말한다.

오답 피하기
PLC(Power Line Communication)는 전력선 통신으로 전력선을 이용하여 데이터를 전송하는 시스템이다.

18.6

05 무선접속 장치가 설치된 곳을 중심으로 일정 거리 이내에서 PDA나 노트북, 스마트폰을 이용하여 초고속 인터넷을 이용할 수 있는 서비스를 무엇이라 하는가?

① RFID
② Bluetooth
③ SWAP
④ WiFi

WiFi(Wireless Fidelity)
근거리 통신망의 유형으로 무선통신을 사용하여 노트북, 스마트폰을 이용하여 인터넷 서비스를 이용 가능한 서비스를 의미하며 AP(Access Point) 같은 무선 공유기를 통해 구축한다.

18.3

06 무선 이어폰은 전화기를 호주머니나 가방에 넣어 둔 채로 전화를 걸거나 받을 수 있고, 음악도 들을 수 있다. 이와 같이 근거리에서 2.4[GHz] 주파수 대역을 이용하여 휴대기기 간 연결을 도와주는 기술은 무엇인가?

① Bluetooth
② Zigbee
③ NFC
④ RFID

WPAN(Wireless Personal Area Network)
• Bluetooth : IEEE 802.15.1 표준 기반 통신기술로, 다수의 장치를 무선으로 상호연결하기 위한 단거리 무선통신 기술이다.
• Zigbee : IEEE 802.15.4 표준 기반 저전력 통신기술로, 지능형 홈네트워크 및 산업용 기기 자동화, 물류, 환경 모니터링, 휴먼 인터페이스, 텔레매틱스 등 다양한 유비쿼터스 환경에 응용할 수 있다.
• NFC : 13.56[MHz]의 High Frequency 무선 대역을 사용하는 기술로, 10[cm]가량의 가까운 거리와 통신하기 위해 사용한다. P2P 양방향 통신이 가능하다.
• RFID : 소형 전자칩과 안테나로 구성된 전자 Tag를 제품에 부착하여 사물을 정보 단말기가 인식하고, 인식된 정보를 IT 시스템과 실시간으로 교환하는 기술이다.

정답 01 ② 02 ③ 03 ③ 04 ④ 05 ④ 06 ①

SECTION 04 사업자용 단말장비

01 IPTV(Internet Protocol TV)

1) IPTV의 개요

- IP망(인터넷)을 통해 TV 수상기로 양방향 TV 서비스를 제공하는 통신 및 방송이 융합된 서비스이다.
- 사용자가 IPTV를 이용하기 위해서는 셋톱박스, TV 수상기, 인터넷 회선이 연결되어 있어야 한다.

2) IPTV의 특징

- **ALL IP 방식** : 단순 인터넷 TV와 달리 일정 수준 이상의 QoS가 보장되며, 대역폭이 절약되는 등의 특징이 있다.
- **Multicast 방식** : 한 번의 송신으로 다수의 가입자에게 전송할 수 있다.
- **사용자 편의성** : 공중파 서비스와 달리 사용자가 원하는 시간에 원하는 방송을 시청할 수 있다.

3) IPTV의 구성

① **헤드엔드 시스템(HeadEnd System)**

헤드엔드시스템은 방송국의 컨텐츠를 각 가정 및 수신가입자들에 고화질로 전송하기 위한 시스템으로 Encoding/Muxing/Modulation등의 역할을 수행한다.

② **네트워크(Network)**

헤드엔드에서 전송되는 콘텐츠를 IP망을 통해 단말로 전송하는 역할을 하며, 백본망, 엑세스망으로 구성된다.

③ **단말(Set-top box)**

셋톱박스는 가입자 신호변환 장치로, 네트워크를 통해 수신된 신호를 영상신호로 복호화하여 TV에 전송하는 기능을 수행한다.

4) 인터넷 TV, IPTV, 디지털 CATV와의 비교

구분	인터넷 TV	IPTV	디지털 CATV
입력장치	키보드	리모컨	리모컨
네트워크	공개 IP망	폐쇄 IP망	HFC망
전송 방식	unicast	multicast	multicast
대상	전 세계 인터넷 사용자	가입자	가입자
제공 단말	인터넷 장비만 필요	셋톱박스 사용	케이블 모뎀 사용 (DOCSIS)
특징	낮은 해상도, 버퍼링 등	사용료 有, 높은 해상도 등	지역 특색 방송 등

02 영상보안기법

1) CAS(Conditional Access System)

CAS는 허가된 특정 사용자에게만 채널과 프로그램, VOD 등의 Contents를 시청할 수 있도록 제한하는
방송용 보안 기술이다.

- EMM을 통해서 권한을 확보하고, ECM을 통해 복호화하여 화면을 재생할 수 있음
※ EMM(Entitlement Manage Message) : 자격 관리 메시지(권한 확인)
※ ECM(Entitlement Control Message) : 자격 제어 메시지

▲ CAS 동작 원리

2) DRM(Digital Right Management)

콘텐츠를 암호화한 후 배포하여 인증된 사용자만 사용하고, 무단 복제 시 인증되지 않은 사용자는 사용할
수 없도록 제어하는 기술이다.

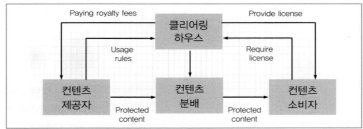

- 보호된 컨텐츠를 컨텐츠 제공자로부터 소비자에게 전달하고 인증된 사용자만 권한내에서 사용하도록 보장함
- 불법적인 컨텐츠의 복제 방지를 넘어 컨텐츠의 생성부터 삭제까지의 전과정에 대한 정보보호를 제공함

▲ DRM 동작 원리

3) CAS와 DRM 비교

구분	CAS	DRM
적용 목적	불법 사용자 접근 방지	컨텐츠 불법사용 차단
저작권 보호	저작권의 사전 관리	저작권의 사전 관리
요소 기술	스크램블 및 다단계 암호화키 기술	암호화 및 키 관리 기술
활용 분야	CATV, 위성 TV	VOD, 문서 파일 암호화

기적의 Tip 네트워크 엔지니어링(Network Engineering)

- IPTV는 인터넷망을 이용하기 때문에 네트워크 엔지니어링의 수행이 중요하며, 네트워크 엔지니어링의 수행에 있어서는
트래픽 관리, 망 용량 관리, 네트워크 플래닝이 중요하다.
- 트래픽 관리 : 부하 조절에 실패한 상황과 같이 발생할 수 있는 모든 상황에서 네트워크의 성능을 최적화하는 것이다.
- 망 용량 관리 : 최소 비용으로 망 요구를 만족하며 성능을 보장하는 것이다.
- 네트워크 플래닝 : 노드 및 전송용량을 계획하고 트래픽 변화에 대비하는 것이다.

이론을 확인하는 기출문제

23.6

01 IPTV의 보안기술 중 CAS(Conditional Access System)와 DRM(Digital Right Management)에 대한 설명으로 **틀린** 것은?

① CAS는 인증된 사용자만이 프로그램을 수신한다.
② DRM은 콘텐츠 복제와 유통방지를 목적으로 한다.
③ CAS는 다단계 암호화 키를 사용한다.
④ DRM은 단방향 통신망에서 사용한다.

IPTV의 보안기술
• CAS(Conditional Access System)는 허가된 특정 사용자에게만 채널과 프로그램, VOD 등의 Contents를 시청할 수 있도록 제한하는 방송용 보안 기술이다.
• DRM(Digital Right Management)은 콘텐츠를 암호화한 후 배포하여 인증된 사용자만 사용하고, 무단 복제 시 인증되지 않은 사용자는 사용할 수 없도록 제어하는 기술이다.

> 오답 피하기
> DRM은 인터넷과 IPTV 등 양방향 통신망에서 사용된다.

23.3

02 다음 중 IPTV의 특징으로 **틀린** 것은?

① 입력장치로 주로 키보드를 사용한다.
② 네트워크로 방송하며 폐쇄형 IP망을 이용한다.
③ 전송방식은 멀티캐스트 다채널 방송형태이다.
④ 쌍방향 통신형 서비스를 제공한다.

인터넷 TV와 IPTV의 비교

구분	인터넷 TV	IPTV
입력장치	키보드	리모컨
네트워크	공개 IP망	폐쇄 IP망
전송 방식	unicast	multicast
대상	전 세계 인터넷 사용자	가입자
특징	낮은 해상도, 버퍼링 등	사용료 有, 높은 해상도 등

> 오답 피하기
> 입력장치로 키보드를 사용하는 것은 인터넷 TV이다.

23.3

03 다음 중 IPTV 서비스를 위한 네트워크 엔지니어링과 품질 최적화를 위한 기능으로 **틀린** 것은?

① 트래픽 관리
② 망 용량 관리
③ 네트워크 플래닝
④ 영상자원 관리

네트워크 엔지니어링
• **트래픽 관리** : 부하 조절 실패 등 발생할 수 있는 모든 상황에서 네트워크의 성능을 최적화하는 것이다.
• **망 용량 관리** : 최소 비용으로 망 요구를 만족하며 성능을 보장하는 것이다.
• **네트워크 플래닝** : 노드 및 전송용량을 계획하고 트래픽 변화에 대비하는 것이다.

21.6, 18.10

04 DOCSIS(Data Over Cable Service Interface Specifications)라는 표준 인터페이스 규격을 활용하는 단말은?

① 케이블 모뎀
② 휴대폰
③ 스마트 패드
④ 유선 일반전화기

DOCSIS(Data Over Cable Service Interface Specifications)
• DOCSIS는 케이블 모뎀을 포함한 케이블 TV 시설을 통하는 초고속 인터넷 서비스를 위한 표준으로, 케이블 모뎀의 표준 입출력 처리 장치에 대한 표준 인터페이스 표준안이다.
• 하향 54~864 [MHz], 상향 5~42 [MHz] 대역을 사용한다.

정답 01 ④ 02 ① 03 ④ 04 ①

SECTION 05 디지털 정보기기의 특성과 기능

기출 분석

연도	19년	20년	21년	22년	23년
문제 수	0	1	2	0	1

01 디지털 정보기기

1) 디지털 정보기기 개요

디지털 정보기기는 다양한 입출력 매체, 저장매체 등을 말한다. 프린터, 마우스, 모니터, USB, 하드디스크 등이 있다.

2) 디지털 정보기기 특징

기존의 아날로그 방식이 아닌 디지털 방식으로 입력과 출력을 수행하여 IP 방식의 네트워크로 전송할 수 있으며, 전송속도가 빠르고 음성, 영상, 데이터 등 다양한 서비스를 제공할 수 있다.

3) 디지털 정보기기 기능

- **입력기능** : 키보드, 마우스, CCTV, 텔레라이팅 등
- **출력기능** : PDP, OLED 등의 영상 출력, 프린터, FAX 등의 이미지 출력 등
- **저장기능** : HDD, SSD, USB 등 고속, 대용량의 저장 기기 등

4) 디지털 뉴미디어 정보기기 종류

종류	설명
CATV	광케이블이나 동축케이블을 이용하여 방송국과 수신자 사이를 연결하여 방송서비스를 전달하는 시스템
CCTV	특정 수신자만을 대상으로 하는 폐쇄적 망을 구성한 텔레비전 통신 시스템
텔레라이팅	전화 등의 통신회선을 이용해서 손으로 쓴 문자나 도형을 상대편의 디스플레이에 전송하는 기술
HDTV	기존의 TV 방송보다 2배 선명한 화상과 고품질의 음성을 제공하는 디지털 TV
MHS	공중망 서비스 부분에서 표준화를 지정하고 있는 전자우편 시스템
비디오텍스	공중 전화망을 통한 양방향 통신방식에 의해 가정 내에서 대화 형식으로 정보 검색 서비스를 받는 시스템을 총칭
전자 데이터 교환	기업 간 전자상거래 서식 또는 공공 서식을 서로 합의된 표준에 따라 표준화된 메시지 형태로 변환해 거래 당사자끼리 통신망을 통해 교환하는 방식
다중방송	TV 및 라디오 방송 전파의 주파수 또는 전송 신호의 여유 부분을 이용하여 부가정보를 정규 프로그램과 함께 수행하는 방송

02 멀티미디어

1) 멀티미디어 개요

멀티미디어란 문자, 소리, 그림, 동영상 등의 매체 가운데 두 가지 이상을 합하여 만든 것으로, 디지털 형식으로 정보를 표현하고 전달하는 것이다.

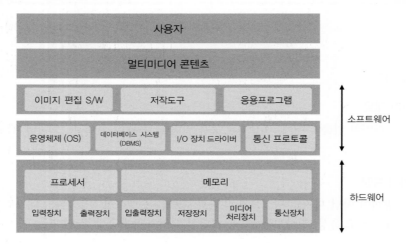

▲ 멀티미디어 시스템 구성요소

2) 멀티미디어의 특징

- 비디오, 오디오 등 두 가지 이상의 미디어를 동시에 수용할 수 있어야 한다.
- 멀티미디어를 하나의 시스템에서 사용할 수 있어야 한다.
- 사용자는 시스템과 대화가 가능해야 한다.
- 시스템을 사용하여 정보를 획득할 수 있어야 한다.
- 모든 정보를 디지털화하여 저장, 편집이 쉽도록 하여야 한다.
- 멀티미디어 통신서비스로 원격회의, 인터넷 방송 등이 있다.

3) 멀티미디어의 응용 분야

분야		설명
비즈니스 분야	전자상거래 (E-Commerce)	컴퓨터, 네트워크, 스마트 기기와 같은 전자적인 매체를 통해 실시간 거래가 이루어지는 방식이다.
교육 분야	코스웨어 (Courseware)	시스템과 학생과의 상호 대화식 방법으로 교육을 진행하는 콘텐츠이다.
엔터테인먼트 분야	홈엔터테인먼트	가정의 온라인 환경에서 멀티미디어 기술을 사용하여 놀이나 게임을 즐기는 분야에서 사용된다.
기타 분야	멀티미디어 키오스크	일자리와 같은 공공 서비스의 정보를 전달한다.
	가상현실	시각적 디스플레이를 포함하여 사용자 경험을 향상시키기 위해 멀티미디어 기술을 사용한다.
	의료서비스	수술 훈련 시뮬레이션을 할 수 있도록 가상수술 시뮬레이션을 지원하며 원격진료 시스템을 이용하여 환자를 진료한다.

01 다음 중 프린터의 인쇄 이미지 해상도나 선명도를 표시하는 방식은?

23.6

① Pixel　　　　　② Lux
③ DPI　　　　　　④ Lumen

DPI(Dots Per Inch)
• 프린터의 성능(해상도)을 나타내는 지표이다.
• 1인치 안에 들어 있는 점의 수를 나타내며 수치가 높을수록 선명도가 좋다.

02 어느 멀티미디어 기기의 전송대역폭이 6[MHz]이고 전송속도가 19.36[Mbps]일 때, 이 기기의 대역폭 효율값은 약 얼마인가?

22.10

① 2.23　　　　　② 3.23
③ 5.25　　　　　④ 6.42

대역폭 효율(Bandwidth Efficiency)
• 디지털 통신을 위한 변조 기술의 전송 효율을 나타내는 값으로, 전송된 정보율을 사용한 대역폭으로 나눈 값으로 표현한다.
• 대역폭 효율 $= \dfrac{\text{전송속도}}{\text{전송대역폭}}$

$\therefore \dfrac{19.36 \times 10^6}{6 \times 10^6} = 3.23\,[bps/Hz]$

03 다음 중 멀티미디어 응용 분야와 가장 거리가 먼 것은?

19.3

① 원격회의　　　　② 원격교육
③ 원격진료　　　　④ 원격검색

멀티미디어(Multimedia)
• 멀티미디어란 문자, 소리, 그림, 동영상 등의 매체 가운데 두 가지 이상을 합하여 만든 것으로, 디지털 형식으로 정보를 표현하고 전달하는 것이다.
• 멀티미디어는 원격회의, 원격교육, 원격진료, 원격방송 등에서 사용된다.

04 다음 중 2개의 전극(Anode와 Cathode) 사이에 삽입된 유기물 층에 전기장을 가해 발광하게 하는 것은?

21.6

① CRT　　　　　② OLED
③ PDP　　　　　④ TFT−LCD

OLED(Organic Light Emitting Diode)
• 유기 화합물 중 형광 물질의 발광에 기반을 둔 디스플레이 기술이다.
• 반도체 특성을 지닌 적층된 박막 유기 화합물의 외부에 전압을 걸고, 주입된 전자, 정공의 재결합 발광을 이용한 발광 다이오드 소자이다.

오답 피하기
• CRT(Cathode Ray Tube) : 음극선관을 말하며 브라운관이라고도 한다. 전기신호를 전자빔의 작용에 의해 영상이나 도형, 문자 등의 광학적인 영상으로 변환하여 표시하는 특수진공관이다.
• PDP(Plasma Display Panel) : 플라즈마의 전기방전 현상을 일으키는 가스 튜브로 화면을 구성하여 화면을 표출하는 방식이다.
• TFT−LCD(Thin film Transistor Liquid Crystal Display) : 매우 얇은 액정을 통하여 정보를 표시하는 디스플레이로서 액정의 변화와 편광판을 통과하는 빛의 양을 조절하는 방식으로 영상정보를 표시하는 방식을 사용한다.

05 멀티미디어 특성에 대한 설명 중 바르지 <u>못한</u> 것은?

20.5

① 비디오, 오디오 등 두 가지 이상의 미디어를 동시에 수용할 수 있어야 한다.
② 멀티미디어를 하나의 시스템에서 사용할 수 있어야 한다.
③ 멀티미디어 통신 서비스는 원격회의, 인터넷 방송 등이 있다.
④ 모든 정보를 아날로그화하여 저장, 편집이 쉽도록 하여야 한다.

멀티미디어 특성
• 비디오, 오디오 등 두 가지 이상의 미디어를 동시에 수용할 수 있어야 한다.
• 멀티미디어를 하나의 시스템에서 사용할 수 있어야 한다.
• 멀티미디어 통신서비스로 원격회의, 인터넷 방송 등이 있다.
• 사용자는 시스템과 대화가 가능해야 한다.
• 시스템을 사용하여 정보를 획득할 수 있어야 한다.
• 모든 정보를 디지털화하여 저장, 편집이 쉽도록 하여야 한다.

정답 01 ③ 02 ② 03 ④ 04 ② 05 ④

01 50개의 중계선으로 5[Erl]의 호량을 운반하였다면 이 중계선의 효율은 몇 [%]인가?

① 5[%]

② 10[%]

③ 20[%]

④ 30[%]

> **중계선의 효율과 얼랑**
> • 얼랑(Erl) : 1회선을 1시간 동안 계속 점유한 통화량(호량)이다.
> • 중계선의 효율 : 중계선에서 단위시간 동안의 1중계선당 평균 사용 시간의 백분율이다.
> ∴ $\dfrac{5}{50} \times 100 = 10\%$

02 유선 전화망에서 노드가 8개일 때 그물형(Mesh)으로 교환 회선을 구성할 경우, 링크 수를 몇 개로 설계해야 하는가?

① 12개

② 16개

③ 24개

④ 28개

> **메쉬망에서의 전송로 수**
> • 그물형(Mesh)으로 모든 노드를 망형으로 연결하는 경우 필요 회선 수는 아래와 같다.
> • 필요 전송로 수 = $\dfrac{n(n-1)}{2}$
> ∴ $\dfrac{8(8-1)}{2} = 28$

03 VoIP 기술의 특징을 설명한 것으로 옳은 것은?

① PSTN에 비해 요금이 고가이다.

② 이미 구축된 인터넷 장비를 활용함으로써 구축 비용이 상대적으로 적게 들어간다.

③ 인터넷과 연계된 다양한 부가 서비스 기능이 제한된다.

④ 기능 및 동작이 PSTN에 비해 단순하고, 보안에 강하다.

> **VoIP의 특징**
>
> | 구분 | 내용 |
> | --- | --- |
> | 구축 비용 | 기구축된 인터넷 IP 장비를 사용하기 때문에 구축 비용이 저렴 |
> | 서비스 비용 | 트래픽 전송기술로 인하여 서비스 비용이 저렴 |
> | 다양한 서비스 | 인증, 제어, 과금 등에서 장점이 있으며, IP 서비스와 다양하게 조합 가능 |
> | 설비 구성과 보안성 | 기존 PSTN과 비교하여 구성이 복잡하고, IP 적용을 통한 해킹기법에 취약 |

04 다음 중 이동전화 단말기(Mobile Station) 구성 요소의 설명으로 옳은 것은?

① 제어장치 : 전화기의 기능을 제어하고 영상 신호를 음성신호로 변경해 준다.
② 통화로부 : 수신된 전기신호를 음성신호로 변환시키고, 음성신호를 전기신호로 변환시켜 송신한다.
③ 무선 송·수신기 : 전파된 신호를 유선통신 방식으로 송·수신할 수 있도록 송신기와 수신기를 사용한다.
④ 안테나 : 광신호를 송·수신하는 기능을 수행한다.

이동전화 단말기(Mobile Station)
• 제어장치 : 전화기의 기능을 제어하고 전기적인 신호를 음성신호로 변경해 준다.
• 통화로부(송수화기) : 수신된 전기신호를 음성신호로 변환시키고, 음성신호를 전기신호로 변환시켜 송신한다.
• 무선 송·수신기 : 전파된 신호를 무선통신방식으로 송·수신할 수 있도록 송신기와 수신기를 사용한다.
• 안테나 : 전파를 송·수신하는 기능을 수행한다.

---

05 다음 중 이동통신 시스템의 구성 중 기지국의 주요 기능으로 옳은 것은?

① 통화 채널 지정, 전환, 감시 기능
② 이동통신 단말기의 배터리 확인 기능
③ 통화의 절체 및 통화로 관리 기능
④ 이동통신 단말기의 애플리케이션 관리

기지국의 기능
• 통화 채널 지정, 전환, 감시 역할
• 이동통신 단말기의 위치확인
• 이동통신 단말기로부터의 수신 신호 세기 측정

---

06 이동국이 한 기지국에서 다른 기지국으로 이동할 때 기존 기지국과 연결되었던 채널을 끊은 후 새로운 기지국의 새로운 채널로 연결되는 Handoff는?

① Hard Handoff
② Soft Handoff
③ Dual Handoff
④ Softer Handoff

핸드오프의 종류

구분	설명
Soft Handoff	셀(Cell) 간의 핸드오프, 기지국에서 통화의 단절 없이 동일한 주파수를 사용하는 다른 기지국으로 옮겨가는 방식
Softer Handoff	동일한 기지국 내 다른 섹터(Sector) 간의 핸드오프
Hard Handoff	이동국이 한 기지국에서 다른 기지국으로 이동할 때 기존 기지국과 연결되었던 채널을 끊은 후 새로운 기지국의 새로운 채널로 연결되는 핸드오프 방식

---

07 다음 내용에 해당하는 것은?

13.56[MHz]의 High Frequency 무선 대역을 사용하며 10[cm]가량의 가까운 거리와 통신하기 위해 사용한다.

① Bluetooth   ② Zigbee
③ NFC   ④ RFID

WPAN(Wireless Personal Area Network)
• Bluetooth : IEEE 802.15.1 표준 기반 통신기술로, 다수의 장치를 무선으로 상호연결하기 위한 단거리 무선통신 기술이다.
• Zigbee : IEEE 802.15.4 표준 기반 저전력 통신기술로, 지능형 홈네트워크 및 산업용 기기 자동화, 물류, 환경 모니터링, 휴먼 인터페이스, 텔레매틱스 등 다양한 유비쿼터스 환경에 응용할 수 있다.
• NFC : 13.56[MHz]의 High Frequency 무선 대역을 사용하는 기술로, 10[cm]가량의 가까운 거리와 통신하기 위해 사용한다. P2P 양방향 통신이 가능하다.
• RFID : 소형 전자칩과 안테나로 구성된 전자 Tag를 제품에 부착하여 사물을 정보 단말기가 인식하고, 인식된 정보를 IT 시스템과 실시간으로 교환하는 기술이다.

정답 01 ② 02 ④ 03 ② 04 ② 05 ① 06 ① 07 ③

08 IPTV의 보안기술 중 CAS(Conditional Access System)와 DRM(Digital Right Management)에 대한 설명으로 옳은 것은?

① CAS는 인증없이 프로그램을 수신한다.
② DRM은 콘텐츠 복제와 유통방지를 목적으로 한다.
③ CAS는 단일 단계 암호화 키를 사용한다.
④ DRM은 단방향 통신망에서 사용한다.

> **IPTV의 보안기술**
> • CAS(Conditional Access System)는 허가된 특정 사용자에게만 채널과 프로그램, VOD 등의 Contents를 시청할 수 있도록 제한하는 방송용 보안 기술이다.
> • DRM(Digital Right Management)은 콘텐츠를 암호화한 후 배포하여 인증된 사용자만 사용하고, 무단 복제 시 인증되지 않은 사용자는 사용할 수 없도록 제어하는 기술이다.

09 다음 중 IPTV의 특징으로 옳은 것은?

① 입력장치로 주로 키보드를 사용한다.
② 네트워크로 방송하며 폐쇄형 IP망을 이용한다.
③ 전송방식은 유니캐스트 다채널 방송형태이다.
④ 단방향 통신형 서비스를 제공한다.

> **인터넷 TV와 IPTV의 비교**
>
> | 구분 | 인터넷 TV | IPTV |
> |---|---|---|
> | 입력장치 | 키보드 | 리모컨 |
> | 네트워크 | 공개 IP망 | 폐쇄 IP망 |
> | 전송방식 | unicast | multicast |
> | 대상 | 전 세계 인터넷 사용자 | 가입자 |
> | 특징 | 낮은 해상도, 버퍼링 등 | 사용료 有, 높은 해상도 등 |

10 다음 중 IPTV 서비스를 위한 네트워크 엔지니어링과 품질 최적화를 위한 기능으로 틀린 것은?

① 트래픽 관리
② 망 용량 관리
③ 네트워크 플래닝
④ 품질관리 서비스

> **네트워크 엔지니어링**
> • 트래픽 관리 : 부하 조절 실패 등 발생할 수 있는 모든 상황에서 네트워크의 성능을 최적화하는 것이다.
> • 망 용량 관리 : 최소 비용으로 망 요구를 만족하며 성능을 보장하는 것이다.
> • 네트워크 플래닝 : 노드 및 전송용량을 계획하고 트래픽 변화에 대비하는 것이다.

11 다음 중 USB 특징으로 틀린 것은?

① Plug and Play 기능 지원
② 컴퓨터 기반의 직병렬 인터페이스 표준
③ USB 2.0에서 최대접속기기는 127개
④ 장착된 USB 장치와 Master-Slave 형태로 정보 교환

> **USB(Universal Serial Bus)**
> • Plug and Play(주변기기 자동 감지 기능) 기능을 지원한다.
> • 컴퓨터 기반의 직렬 인터페이스 표준이다.
> • USB 2.0에서 최대접속기기는 127개이다.
> • 장착된 USB 장치와 Master-Slave 형태로 정보 교환을 수행한다.

정답 08 ② 09 ② 10 ④ 11 ②

CHAPTER

03

영상정보처리 기기 설비

SECTION 01   CCTV 시스템의 특성과 기능, 영상회의 시스템
SECTION 02   방송 단말 개요
합격을 다지는 예상문제

SECTION 01 CCTV 시스템의 특성과 기능, 영상회의 시스템

출제빈도 상 중 하

기출 분석

연도	19년	20년	21년	22년	23년
문제 수	2	5	3	8	4

01 화상통신 시스템

1) 화상통신 시스템 개요

이미지 또는 동영상을 전송하는 시스템으로 화상회의, 팩시밀리(Facsimile, FAX), CCTV, HDTV 등이 있다.

2) 화상통신 시스템의 종류

① 팩스

- 팩시밀리 장비는 원거리에 있는 단말에 그래픽, 수기 또는 인쇄물 형태의 정보를 전송하여 재현하는 시스템이다.
- 원본에 빛을 주사하여 화소로 분리하고(송신주사) 주사된 광신호를 전기신호로 변환(광전변환)시켜 전송한다.
- 수신측에서 전기신호를 다시 원본 형태의 광신호로 변환(전광변환, 기록변환)시키는 데 송신측과 같은 빛으로 동기를 맞춰(수신주사) 원본 형태로 수신화상을 복원하는 방식이다.

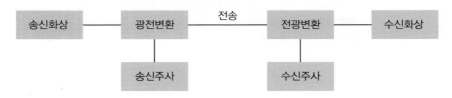

▲ 팩스 동작 원리

② CCTV 시스템

- 특정 수신자만을 대상으로 하는 폐쇄적 망을 구성한 텔레비전 통신 시스템이다.

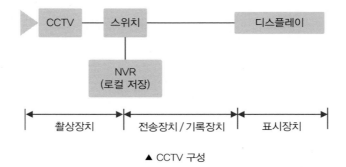

▲ CCTV 구성

• CCTV 구성요소

구분	내용
촬상장치	카메라를 이용하여 영상을 촬영하는 장치로, 반도체 촬상소자를 적용한 CCD 방식을 주로 사용
전송장치	동축전송방식, UTP 전송방식, 광전송방식 등으로 영상신호를 전송
표시장치	촬영된 영상을 모니터를 통해 표시
기록장치	DVR, NVR 등으로 영상을 저장

③ 영상회의시스템(Video Conference System)

• 원거리에 떨어져 있는 사용자들이 서로 보면서 대화할 수 있는 실시간 오디오/비디오 네트워크의 회의시스템을 말한다.

• 영상회의시스템의 구성요소

구분	설명
음향부	음성을 송 · 수신하는 음향부(음성처리 등)
영상부	영상을 송 · 수신하는 영상부(동영상 처리)
제어부	회의시스템을 제어하는 제어부
회의 보조시설	기록 및 연락을 수행하는 회의 보조시설

④ WebRTC(Web Real-Time Communication) : WebRTC는 브라우저 이용자 간 P2P 방식의 실시간 화상전화, 영상협업, 파일공유, 인터넷방송 서비스를 별도 프로그램 설치 없이 구현할 수 있게 해주는 기술 표준 규격이다.

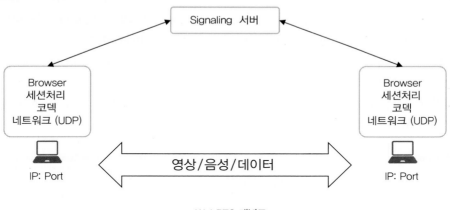

▲ WebRTC 개념도

> **기적의 Tip** H.323
>
> • H.323은 ITU-T에서 TCP/IP 환경의 오디오, 비디오 및 데이터를 포함한 화상 회의시스템에 필요한 프로토콜로 정의하고 있다.
> • 호 처리 제어, 디렉터리 서비스, 연결 설정, 논리 채널의 개설과 종료, 종단 간의 능력교환(Capability Exchange), 패킷망에서의 실시간 전송, point-to-point(점대점) 및 point-to-multipoint, 상태변환 기능 등을 지원한다.

HD-SDI(High Definition-Serial Digital Interface)

• HD-SDI는 메가 픽셀화면(1280×720 이상)을 시리얼 라인(동축)을 이용하여 전송하기 위한 디지털 영상 전송규격이다.
• 동축케이블은 일반적으로 75옴 규격을 사용하며 보통의 가정용 TV에서 사용된 동축케이블 규격과 동일하다.
• HD-SDI 카메라의 경우 녹화기 또한 HD급 디지털녹화기를 사용해야 한다.
• 기존의 아날로그 카메라에 설치된 동축케이블을 활용해 고화질 영상전송을 하는 목적으로 주로 사용된다.

HDMI(High Definition Multimedia Interface)

• HDMI는 비압축방식의 디지털 오디오와 비디오 신호를 통합 전송할 수 있는 초고속 멀티미디어 인터페이스이다.
• HDMI는 HDMI를 지원하는 셋탑박스, DVD 재생기 등의 멀티미디어 소스에서 AV기기, 모니터, 디지털 텔레비전 등의 장치들 사이의 인터페이스를 제공한다.
• HDMI 1.3은 대역폭이 기존 5Gbps(165MHz)에서 10Gbps(340MHz)로 확대되어 약 2배 더 많은 대용량 데이터를 송수신할 수 있다.

이론을 확인하는 **기출문제**

23.6, 20.9

01 멀티미디어 기기 중 비디오텍스의 특성으로 틀린 것은?

① 대용량의 축적 정보를 제공한다.
② 쌍방향 통신 기능을 갖는 검색·회화형 화상 정보 서비스이다.
③ 정보 제공자와 운용 주체가 같다.
④ 시간적인 제한은 없으나 화면의 전송이 느리고 Interface가 필요하다.

비디오텍스(Videotex)
• 정의
　– 지상파 TV 방송망, 전화망, LAN 등의 통신망을 통해 정보 센터의 DB(DataBase)에 접속하여 데이터베이스의 정보 중 사용자가 원하는 정보를 단말기에 표시하는 서비스이다.
　– 1970년대 말부터 2010년대 초까지 사용자에게 컴퓨터 같은 형식으로 정보를 전달하기 위해 사용되었다.
• 특징
　– 대용량의 축적 정보를 제공한다.
　– 쌍방향 통신 기능을 갖는 검색·회화형 화상 정보 서비스이다.
　– 정보 제공자와 운용 주체가 다르다.
　– 시간적인 제한은 없으나 화면의 전송이 느리고 Interface가 필요하다.

23.6

02 웹 브라우저 간에 플러그인의 도움 없이 서로 통신을 할 수 있도록 설계되어 음성통화, 영상통화 등 영상회의 시스템에 사용되는 API(Application Program Interface)는?

① UAS(User Agent Server)
② H.323
③ WebRTC(Web Real-Time Communication)
④ H.264

WebRTC(Web Real-Time Communication)
WebRTC는 브라우저 이용자 간 P2P 방식의 실시간 화상전화, 영상협업, 파일공유, 인터넷방송 서비스를 별도 프로그램 설치 없이 구현할 수 있게 해주는 기술 표준 규격이다.

오답 피하기
• UAS(User Agent Server)은 SIP 프로토콜에서 호를 수락하거나 거절 또는 Redirect하는 장치이다.
• H.323은 음성전화망 시그널링 프로토콜이다.
• H.264는 MPEG-4 표준안보다 압축율이 약 2배 정도 향상된 동영상 압축기술 표준이다.

03 다른 장소에서 회의를 하면서 TV 화면을 통해 음성과 화상을 동시에 전송받아 한 사무실에서 회의를 하는 것과 같은 효과를 내는 장치는?

① VCS(Video Conference System)
② VOD(Video On Demand)
③ VDT(Video DialTone)
④ VR(Video Reality)

영상회의시스템(Video Conference System)
원거리에 떨어져 있는 사용자들이 서로 보면서 대화할 수 있는 실시간 오디오/비디오 네트워크 회의시스템을 말한다.

04 CCTV 구성요소로 **틀린** 것은?

① camera
② DVR/NVR
③ 전송장치
④ 단말장치

CCTV 구성요소

구분	내용
촬상장치	카메라를 이용하여 영상을 촬영하는 장치로, 반도체 촬상소자를 적용한 CCD 방식을 주로 사용
전송장치	동축전송방식, UTP 전송방식, 광전송방식 등으로 영상신호를 전송
표시장치	촬영된 영상을 모니터를 통해 표시
기록장치	DVR, NVR 등으로 영상을 저장

05 다음 중 멀티미디어 화상회의 데이터를 TCP/IP와 같은 패킷망을 통해 전송하기 위한 ITU-T의 표준은?

① H.221
② H.231
③ H.320
④ H.323

H.323
• H.323은 ITU-T에서 TCP/IP 환경의 오디오, 비디오 및 데이터를 포함한 화상 회의시스템에 필요한 프로토콜로 정의하고 있다.
• 호 처리 제어, 디렉터리 서비스, 연결 설정, 논리 채널의 개설과 종료, 종단 간의 능력교환(Capability Exchange), 패킷망에서의 실시간 전송, point-to-point(점대점) 및 point-to-multipoint, 상태변환 기능 등을 지원한다.

06 다음 중 영상회의시스템의 구성요소로 틀린 것은?

① SCN(주사 회로)
② 음성 신호처리
③ 영상 신호처리
④ TV 프로세서(송수신 장치)

영상회의시스템의 구성요소

구분	설명
음향부	음성을 송·수신하는 음향부(음성처리 등)
영상부	영상을 송·수신하는 영상부(동영상 처리)
제어부	회의시스템을 제어하는 제어부
회의 보조시설	기록 및 연락을 수행하는 회의 보조시설

`오답 피하기`
주사 회로는 화소 점, 지시 방향 등을 직선이동(시간에 따라 변하게)하여 탐색 또는 표출하는 것으로 아날로그 TV나 팩스에서 사용한다.

07 기존의 아날로그 카메라에 설치되어있는 동축 케이블을 활용해 고화질 영상전송이 가능한 디지털 신호 전송방식은?

① DNR
② HD-SDI
③ HDMI
④ WDR

HD-SDI(High Definition-Serial Digital Interface)
• HD-SDI는 메가 픽셀화면(1280×720 이상)을 시리얼 라인(동축)을 이용하여 전송하기 위한 디지털 영상 전송규격이다.
• 동축케이블은 일반적으로 75옴 규격을 사용하며 보통의 가정용 TV에서 사용된 동축케이블 규격과 동일하다.
• HD-SDI 카메라의 경우 녹화기 또한 HD급 디지털녹화기를 사용해야 한다.
• 기존의 아날로그 카메라에 설치된 동축케이블을 활용해 고화질 영상전송을 하는 목적으로 주로 사용된다.

08 다음 중 팩스 작동원리를 순서대로 나열한 것은?

① 송신주사 → 전송 → 기록변환 → 광전변환 → 수신주사
② 송신주사 → 광전변환 → 전송 → 기록변환 → 수신주사
③ 송신주사 → 기록변환 → 광전변환 → 전송 → 수신주사
④ 송신주사 → 기록변환 → 전송 → 광전변환 → 수신주사

팩스 작동원리

• 원본에 빛을 주사하여 화소로 분리하고(송신주사) 주사된 광신호를 전기신호로 변환(광전변환)시켜 전송한다.
• 수신측에서 전기신호를 다시 원본 형태의 광신호로 변환(전광변환, 기록변환)시키는데 송신측과 같은 빛으로 동기를 맞춰(수신주사) 원본 형태로 수신화상을 복원하는 방식이다.

SECTION 02 방송 단말 개요

01 HDTV(High Definition TV)

1) HDTV 정의

기존의 TV 방송보다 2배 선명한 화상과 고품질의 음성을 제공하는 디지털 TV 방식이다.

2) HDTV 특징

• HDTV는 기존 아날로그방식보다 화소를 4배 향상시킨 고품질의 영상을 제공한다.
• 영상 압축방식은 MPEG-2, 음성 압축방식은 AC-3, 전송방식은 8VSB 방식을 사용하며, 6[MHz]의 대역폭을 사용한다.

02 UHDTV(Ultra High Definition TV)

1) UHDTV 정의

UHDTV는 초고선명 영상(3,840×2,160 이상의 화소)의 비디오와 다채널, 실감형 오디오를 제공하여 시청자에게 현장감과 사실감을 전달한다.

2) UHDTV 특징

4K(3,840×2,160) 또는 8K(7,680×4,320) 해상도와 초당 60 또는 120프레임의 고프레임률을 제공하고, OFDM의 전송방식과 H.264(HEVC) 영상 압축방식, MPEG-3D Audio 음성 압축방식을 사용한다.

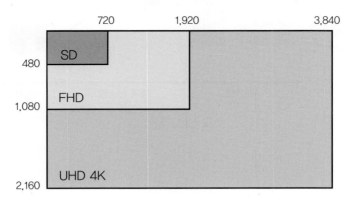

▲ 화소 비교

3) HDTV와 UHDTV 비교

구분	HDTV	UHDTV(4K)
화면 화소 수	1920 × 1080	3840 × 2160
대역폭	6[MHz]	6[MHz]
전송방식	8VSB	OFDM
영상표준	MPEG-2	HEVC(H.264)
오디오표준	Dolby AC-3	MPEG 3D Audio

03 CATV(Cable TV)

1) CATV 정의

CATV는 광케이블이나 동축케이블을 이용하여 방송국과 수신자 사이를 연결하여 다수의 채널에 쌍방향성 방송서비스를 제공하는 시스템이다.

2) CATV 특징

CATV는 광케이블과 동축케이블의 혼합망인 HFC(Hybrid Fiber Coaxial)형태로 주로 서비스되며 방송국에서 ONU까지는 광케이블로, ONU에서 가입자까지는 동축케이블로 전송한다.

3) CATV 사업자 구분

- **프로그램 공급자(PP)** : 고유 채널을 가지고, 프로그램을 제작하여 SO에 공급한다.
- **전송망 사업자(NO)** : 독점사업권을 가지며, 각 가정까지 케이블망을 설치 및 관리한다.
- **방송국운영사업자(SO)** : 종합유선방송국을 가입자에 프로그램을 전송한다.

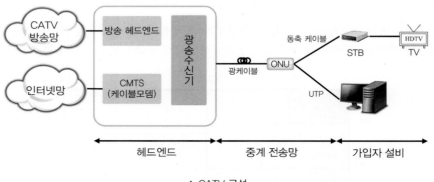

▲ CATV 구성

4) CATV 구성요소

구분	설명
헤드엔드	• 수신된 방송 신호의 출력 레벨을 조정하여 전송망으로 보내는 역할을 담당 • 공동주택의 기계실에 위치하며 신호 분배/혼합, 출력 레벨 조정, 분기 전송을 수행
중계 전송망	헤드엔드에서 보내는 신호를 가입자까지 전송하는 망
가입자 설비	가입자 측의 정합기, 옥내분배기, TV 단말로 구성

04 FM 방송

1) FM 수신기의 특징

- 디엠퍼시스 회로가 있다.
- 수신주파수 대역폭이 넓다.
- 리미터, 스켈치, 주파수 변별기로 검파한다.
- 수신 전계의 변동이 심한 이동 무선에 적합하다.
- 잡음에 강하여 신호 대 잡음비가 우수하다.

2) FM의 잡음억제회로 구성

- Limiter 회로 : 신호의 진폭 변화를 일정하게 유지하여 잡음을 억제하는 역할을 한다.
- Squelch 회로 : 신호의 입력 신호가 미약해서 잡음 출력이 커질 때 출력을 차단하는 회로이다.
- De-emphasis 회로 : 신호의 수신 시 고역이 강조된 주파수 신호를 복원하기 위해 고역 성분을 원 상태로 감소시켜 잡음도 함께 줄이는 방식이다.
- Pre-emphasis 회로 : 신호의 송신 시 잡음을 줄이기 위해 주파수 신호를 시정수를 통해 고역으로 변조하는 방식이다.

23.6

01 다음 중 우리나라 디지털 지상파 HDTV 방송의 전송방식 표준 기술로 바르게 나열한 것은?

> • 변조방식 : ㉠ 8-VSB ㉡ COFDM
> • 반송파 방식 : ㉢ 단일 캐리어 ㉣ 복수캐리어
> • 음성 부호화 : ㉤ MPEG-2 오디오 AAC
>   ㉥ Dolby AC-3

① ㄱ, ㄹ, ㅂ
② ㄴ, ㄷ, ㅁ
③ ㄱ, ㄷ, ㅂ
④ ㄴ, ㄹ, ㅁ

HDTV(High Definition TV)
• HDTV는 기존 아날로그방식보다 화소를 4배 향상시킨 고품질의 영상을 제공한다.
• 영상 압축방식은 MPEG-2, 음성 압축방식은 AC-3, 전송방식은 8VSB 방식을 사용하며, 6[MHz]의 대역폭을 사용한다.

23.3

02 다음 중 FM 수신기의 특징으로 틀린 것은?

① 디엠퍼시스 회로가 있다.
② 수신주파수 대역폭이 AM 수신기에 비해 좁다.
③ 주파수 변별기로 검파한다.
④ 수신 전계의 변동이 심한 이동 무선에 적합하다.

FM 수신기의 특징
• 디엠퍼시스 회로가 있다.
• 수신주파수 대역폭이 넓다.
• 리미터, 스켈치, 주파수 변별기로 검파한다.
• 수신 전계의 변동이 심한 이동 무선에 적합하다.
• 잡음에 강하여 신호 대 잡음비가 우수하다.

22.10, 18.10, 18.6

03 국내 지상파 HDTV 방식에서 1채널의 주파수 대역폭은?

① 6[MHz]
② 9[MHz]
③ 18[MHz]
④ 27[MHz]

HDTV(High Definition TV)
국내 지상파 HDTV 방식과 UHDTV 방식에서 1채널의 주파수 대역폭은 6[MHz] 이다.

22.10

04 다음 중 FM 수신기에서 주로 사용되는 잡음억제회로로 거리가 먼 것은?

① Limiter 회로
② Squelch 회로
③ De-emphasis 회로
④ Eliminator 회로

FM의 잡음억제회로
• Limiter 회로 : 신호의 진폭 변화를 일정하게 유지하여 잡음을 억제하는 역할을 한다.
• Squelch 회로 : 신호의 입력 신호가 미약해서 잡음 출력이 커질 때 출력을 차단하는 회로이다.
• De-emphasis 회로 : 신호의 수신 시 고역이 강조된 주파수 신호를 복원하기 위해 고역 성분을 원 상태로 감소시켜 잡음도 함께 줄이는 방식이다.
• Pre-emphasis 회로 : 신호의 송신 시 잡음을 줄이기 위해 주파수 신호를 시정수를 통해 고역으로 변조하는 방식이다.

22.6
05 다음 DTV의 특징 중 잡음에 강하고, 전송 에러 자동 교정 및 Ghost 감소의 효과를 나타내는 특징으로 맞는 것은?

① 양방향화
② 고품질화
③ 고기능화
④ 다채널화

DTV의 특징
- **양방향화** : 대화형 단말, 멀티미디어 방송 가능
- **고품질화** : 잡음에 강하고, 전송 에러 자동 교정 및 Ghost(화면 겹침 현상) 감소
- **고기능화** : 다양한 서비스를 멀티미디어의 형태로 제공
- **다채널화** : 압축기술을 사용, 대역폭 활용도를 높여 다양한 채널 수용

19.10
06 CATV 시스템의 기본 구성에서 안테나로부터 수신된 방송 신호의 출력 레벨을 조정하여 전송 망으로 보내는 것은?

① 탭 오프(Tap-off)
② 간선 증폭기
③ 분기 증폭기
④ 헤드엔드(Head-end)

CATV 구성요소

구분	설명
헤드엔드	• 안테나로 수신된 방송 신호의 출력 레벨을 조정하여 전송망으로 보내는 역할을 담당 • 공동주택의 기계실에 위치하며 신호 분배/혼합, 출력 레벨 조정, 분기 전송을 수행
중계 전송망	헤드엔드에서 보내는 신호를 가입자까지 전송하는 망
가입자 설비	가입자 측의 정합기, 옥내분배기, TV 단말로 구성

19.10
07 다음 중 CATV 시스템에 대한 설명으로 옳지 않은 것은?

① 유선방송 시스템은 공동수신 CATV, 지역 외 CATV, 자체방송 CATV, 쌍방향 CATV로 구분한다.
② 국소적인 분야에서 특수한 목적으로 사용하는 경우, 간단한 카메라와 모니터링 화면 및 화상 정보의 전송로 전달과 통제실 확인 장치 및 컴퓨터시스템으로 구성된다.
③ CATV의 3요소는 전체 시스템을 통제하는 유선국, 신호를 분배 전송하는 분배 전송로, 서비스를 받는 가입자국으로 구성된다.
④ 유선방송 시스템의 응용으로는 호텔용 CATV, 교통감시용 CATV, 교육용 CATV, 정지화상통신, TV 회의, TV 전화 등이 있다.

국소적인 분야에서 특수한 목적으로 사용하기 위해 간단한 카메라와 모니터링 화면 및 화상 정보의 전송로 전달과 통제실 확인장치 및 컴퓨터시스템으로 구성하는 것은 CCTV이다.

01 멀티미디어 기기 중 비디오텍스의 특성으로 옳은 것은?

① 소용량의 축적 정보를 제공한다.
② 단방향 통신 기능을 갖는 검색 · 회화형 화상 정보 서비스이다.
③ 정보 제공자와 운용 주체가 다르다.
④ 시간적인 제한이 있으며 화면의 전송이 빠르며 Interface가 필요 없다.

비디오텍스(Videotex)
· 정의
 – 지상파 TV 방송망, 전화망, LAN 등의 통신망을 통해 정보 센터의 DB(DataBase)에 접속하여 데이터베이스의 정보 중 사용자가 원하는 정보를 단말기에 표시하는 서비스이다.
 – 1970년대 말부터 2010년대 초까지 사용자에게 컴퓨터 같은 형식으로 정보를 전달하기 위해 사용되었다.
· 특징
 – 대용량의 축적 정보를 제공한다.
 – 쌍방향 통신 기능을 갖는 검색 · 회화형 화상 정보 서비스이다.
 – 정보 제공자와 운용 주체가 다르다.
 – 시간적인 제한은 없으나 화면의 전송이 느리고 Interface가 필요하다.

02 CCTV 구성요소로 틀린 것은?

① 부가장치
② camera
③ DVR/NVR
④ 전송장치

CCTV 구성요소

구분	내용
촬상장치	카메라를 이용하여 영상을 촬영하는 장치로, 반도체 촬상소자를 적용한 CCD 방식을 주로 사용
전송장치	동축전송방식, UTP 전송방식, 광전송방식 등으로 영상신호를 전송
표시장치	촬영된 영상을 모니터를 통해 표시
기록장치	DVR, NVR 등으로 영상을 저장

03 다음 중 영상회의시스템의 구성요소로 틀린 것은?

① 입력부
② 음향부
③ 제어부
④ 회의 보조시설

영상회의시스템의 구성요소

구분	설명
음향부	음성을 송 · 수신하는 음향부(음성처리 등)
영상부	영상을 송 · 수신하는 영상부(동영상 처리)
제어부	회의시스템을 제어하는 제어부
회의 보조시설	기록 및 연락을 수행하는 회의 보조시설

04 다음 중 비압축방식의 디지털 오디오와 비디오 신호를 통합 전송할 수 있는 초고속 멀티미디어 인터페이스는?

① DNR
② HD-SDI
③ HDMI
④ WDR

HDMI(High Definition Multimedia Interface)
· HDMI는 비압축방식의 디지털 오디오와 비디오 신호를 통합 전송할 수 있는 초고속 멀티미디어 인터페이스이다.
· HDMI는 HDMI를 지원하는 셋탑박스, DVD 재생기 등의 멀티미디어 소스에서 AV기기, 모니터, 디지털 텔레비전 등의 장치들 사이의 인터페이스를 제공한다.
· HDMI 1.3은 대역폭이 기존 5Gbps(165MHz)에서 10Gbps(340MHz)로 확대되어 약 2배 더 많은 대용량 데이터를 송수신할 수 있다.

05 국내 지상파 UHDTV 방식에서 1채널의 주파수 대역폭은?

① 6[MHz]
② 9[MHz]
③ 18[MHz]
④ 27[MHz]

> **UHDTV 방식 대역폭**
> 국내 지상파 HDTV 방식과 UHDTV 방식에서 1채널의 주파수 대역폭은 6[MHz] 이다.

06 다음 DTV의 특징 중 압축기술을 사용하여 대역폭 활용도를 높여 다양한 채널을 수용하는 특징으로 맞는 것은?

① 양방향화
② 고품질화
③ 고기능화
④ 다채널화

> **DTV의 특징**
> • 양방향화 : 대화형 단말, 멀티미디어 방송 가능
> • 고품질화 : 잡음에 강하고, 전송 에러 자동 교정 및 Ghost(화면 겹침 현상) 감소
> • 고기능화 : 다양한 서비스를 멀티미디어의 형태로 제공
> • 다채널화 : 압축기술을 사용, 대역폭 활용도를 높여 다양한 채널을 수용

07 다음 중 CCTV와 CATV에 대한 설명으로 옳은 것은?

① CCTV는 헤드엔드, 중계전송망, 가입자설비로 구성되어 있다.
② CCTV는 특정 건물 및 공장 지역 외에도 서비스 범위가 다양하다.
③ CATV는 다수의 채널에 단방향성 서비스를 제공한다.
④ CATV는 방송국에서 가입자까지 케이블을 통해 프로그램을 전송하는 시스템이다.

> **CCTV (Closed Circuit Television)**
> • 특정 수신자만을 대상으로 하는 폐쇄적 망을 구성한 텔레비전 통신 시스템이다.
> • CCTV 구성요소
>
> | 구분 | 내용 |
> | --- | --- |
> | 촬상장치 | 카메라를 이용하여 영상을 촬영하는 장치로, 반도체 촬상소자를 적용한 CCD 방식을 주로 사용 |
> | 전송장치 | 동축전송방식, UTP 전송방식, 광전송방식 등으로 영상신호를 전송 |
> | 표시장치 | 촬영된 영상을 모니터를 통해 표시 |
> | 기록장치 | DVR, NVR 등으로 영상을 저장 |
>
> **CATV(Cable TV)**
> • CATV는 광케이블이나 동축케이블을 이용하여 방송국과 수신자 사이를 연결하여 다수의 채널에 쌍방향성 서비스를 제공한다.
> • CATV는 방송국에서 가입자까지 케이블을 통해 프로그램을 전송하는 시스템이다.

정답 01 ③ 02 ① 03 ① 04 ③ 05 ① 06 ④ 07 ④

08 다음 CATV의 구성요소 중 중계 전송망으로 간선, 분배선, 간선증폭기, 분배증폭기 등으로 구성된 것은?

① 전송계
② 단말계
③ 센터계
④ 분배계

> **CATV 구성**
> • **전송계** : 중계 전송망으로 간선, 분배선, 간선 증폭기, 분배 증폭기 등으로 구성된다.
> • **단말계** : 가입자 설비로서 컨버터, 옥내분배기, TV 및 부가장치 등으로 구성된다.
> • **센터계** : 수신점 설비, 헤드엔드, 방송 설비 및 기타 설비로 구성된다.

09 다음 중 멀티미디어 서비스를 위한 요구사항과 거리가 **먼** 것은?

① 영상 정보의 고압축 알고리즘 기술
② 영상 정보의 Real Time 전송을 위한 고속 통신망의 구축
③ 분산 환경의 통신 Protocol 및 Group 환경의 통신 Protocol
④ 정적인 정보들 간의 동기화 속성을 부여할 수 있는 기술

> **멀티미디어(Multimedia) 서비스를 위한 요구사항**
> • 영상 정보의 고압축 알고리즘 기술을 제공해야 한다.
> • 영상 정보의 Real Time 전송을 위한 고속 통신망의 구축해야 한다.
> • 분산 환경의 통신 Protocol 및 Group 환경의 통신 Protocol이 있어야 한다.
> • 동적인 정보들 간의 동기화 속성을 부여할 수 있는 기술이 필요하다.

10 우리나라 DTV 표준에 관한 설명 중 **틀린** 것은?

① 오디오표준 : Dolby AC-3
② 영상표준 : MPEG-2
③ 전송방식 : ATSC
④ 채널당 대역폭 : 16[MHz]

> **DTV 표준**
> 우리나라 DTV 표준은 미국식 전송방식인 ATSC(Advanced Television System Committee)이며 오디오표준은 Dolby AC-3, 영상표준은 MPEG-2를 사용하며 채널당 대역폭 6[MHz]를 적용한다.

홈네트워크 설비 공사

홈네트워크 단말

출제빈도 상 중 하

기출 분석	연도	19년	20년	21년	22년	23년
	문제 수	0	0	0	4	7

01 홈네트워크

1) 홈네트워크 개요

홈네트워크는 홈게이트웨이를 통해 가정 내의 기기와 유무선 통신으로 연결하고 단지네트워크를 통해 인터넷과 연결되는 기술이다.

2) 홈네트워크 구성

• 홈네트워크는 단지 공용부와 세대 전유부로 나뉜다.
• **단지 공용부** : 단지 관리 서버, 단지네트워크 장비가 있다.
• **세대 전유부** : 홈게이트웨이, 세대 단말기가 있다.

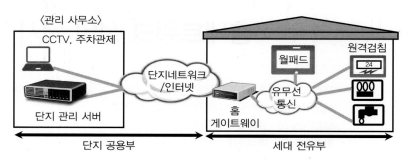

▲ 홈네트워크 구성

3) 홈네트워크 설비의 설치기준

구분	내용
홈네트워크망	단지망, 세대망
홈네트워크 장비	홈게이트웨이, 세대 단말기, 단지네트워크 장비, 단지 서버

• **단지망** : 집중구내통신실에서 세대까지를 연결하는 망이다.
• **세대망** : 전유부분(각 세대 내)을 연결하는 망이다.
• **홈게이트웨이** : 전유부분에 설치되어 세대 내에서 사용되는 홈네트워크 사용기기들을 유무선 네트워크로 연결하고 세대망과 단지망 혹은 통신사의 기간망을 상호 접속하는 장치이다.
• **세대 단말기** : 세대 및 공용부의 다양한 설비의 기능 및 성능을 제어하고 확인할 수 있는 기기로 사용자 인터페이스를 제공하는 장치이다.
• **단지네트워크 장비** : 세대 내 홈게이트웨이와 단지 서버 간의 통신 및 보안을 수행하는 장비로서, 백본(back-bone), 방화벽(fire wall), 워크그룹 스위치 등 단지망을 구성하는 장비이다.

- **단지 서버** : 홈네트워크 설비를 총괄적으로 관리하며, 이로부터 발생하는 각종 데이터의 저장 · 관리 · 서비스를 제공하는 장비이다.

4) 홈네트워크건물 인증 심사기준

등급	내용
AAA(홈 IoT)	심사항목(1) + 심사항목(2) 중 16개 이상 + 심사항목(3)
AA	심사항목(1) + 심사항목(2) 중 16개 이상
A	심사항목(1) + 심사항목(2) 중 13개 이상

5) 홈네트워크 보안 요구사항

구분	보안 요구사항
데이터 기밀성	이용자 식별정보, 인증정보, 개인정보 등에 대해 암호 알고리즘, 암호키 생성 · 관리 등 암호화 기술을 적용하고, 민감한 데이터의 접근제어 관리 기술을 적용하여 기밀성을 구현
데이터 무결성	이용자 식별정보, 인증정보, 개인정보 등에 대해 해시 함수, 전자서명 등의 기술을 적용하여 위 · 변조 여부 확인 및 방지조치
인증	사용자 확인을 위하여 전자서명, 아이디/비밀번호, 일회용 비밀번호(OTP) 등을 통해 신원확인 및 인증 기능을 구현
접근통제	자산 · 사용자 식별, IP 관리, 단말인증 등의 기술을 적용하여 사용자 유형 분류, 접근 권한 부여 · 제한 기능을 구현, 이를 통해 인가된 사용자 외의 비인가 된 접근을 통제
전송데이터 보안	승인된 홈네트워크 장비 간에 전송되는 데이터가 유출 또는 탈취되거나 데이터 흐름의 전환 등이 발생하지 않도록 전송데이터 보안 기능을 구현

02 스마트홈

1) 스마트홈 개요

스마트홈은 유무선 IoT 기술을 통해 집안의 모든 기기를 연결하여 스마트폰 등 모바일 기기를 이용해서 집안이나 원격지에서도 기기를 제어하는 기술이다.

2) 스마트홈 구성

구분	내용
스마트 단말	스마트폰, 리모컨 등 집안 내 기기를 제어하는 장치와 제어 신호를 받아 기능을 수행하는 단말을 총칭
게이트웨이	집안의 기기를 유무선 통신으로 연결하고 중앙에서 기기제어를 수행하며 데이터를 수집
애플리케이션	스마트홈 기기를 제어하기 위한 응용소프트웨어

> **기적의 Tip** 홈게이트웨이(Home Gateway)
> - 각 세대 내에 설치되어 사용되는 홈네트워크 사용기기들을 유무선 네트워크로 연결하고 세대망과 단지망 혹은 통신사의 기간망을 상호 접속하는 장치이다.
> - 인터넷망을 연결하는 역할을 수행하고, 최근에는 홈IoT 게이트웨이 역할도 수행한다.

23.6
01 다음의 홈네트워크 장비 보안 요구사항 중 정보 통신망 연결기기 인증기준 항목의 "인증"에 관련된 내용으로 구성된 것은?

> ㄱ. 비밀번호 및 인증정보관리
> ㄴ. 사용자 인증(관리자 인증 포함)
> ㄷ. 세션 관리
> ㄹ. 디바이스 접근
> ㅁ. 개인정보 법적 준거성

① ㄱ, ㄴ, ㄷ
② ㄱ, ㄴ, ㄹ
③ ㄴ, ㄷ, ㄹ
④ ㄷ, ㄹ, ㅁ

홈네트워크 장비 보안 요구사항 인증기준 항목
사용자 확인을 위하여 전자서명, 아이디/비밀번호, 일회용 비밀번호(OTP) 등을 통해 신원확인 및 인증 기능을 구현하는 것으로 비밀번호 및 인증번호 관리, 사용자 인증(관리자 인증 포함), 세션 관리 등이 있다.

오답 피하기
디바이스 접근은 접근통제 항목이며, 개인정보 법적 준거성은 데이터 기밀성과 무결성에 해당하는 내용이다.

23.3
02 다음 중 홈네트워크 장비의 보안성 확보를 위한 보안 요구사항이 아닌 것은?

① 데이터의 무결성
② 접근통제
③ 전송데이터 보안
④ 개인정보보호 인증

홈네트워크(Home Network)
• 홈네트워크는 홈게이트웨이를 통해 가정 내의 기기와 유무선 통신으로 연결하고 단지네트워크를 통해 인터넷과 연결되는 기술이다.
• 홈네트워크 장비 보안 요구사항 항목은 데이터 기밀성, 데이터 무결성, 인증, 접근통제, 전송데이터 보안 5가지이다.

22.10
03 다음 중 스마트홈(Smart Home) 서비스를 구성하는 기술 구성요소가 아닌 것은?

① 스마트 단말(Device)
② 게이트웨이(Gateway)
③ 스마트폰 애플리케이션
④ CCTV 통합관제센터

스마트홈(Smart Home)
• 스마트홈은 집안의 가전제품들이 인터넷을 통해 상호 연결되고 지능화되어 이를 통해 다양한 서비스가 제공되는 첨단 인텔리전트 서비스 시스템이다.
• 스마트홈 서비스 기술 구성요소는 스마트 단말(Device), 게이트웨이, 스마트폰 애플리케이션으로 나뉜다.

22.10
04 각 세대 내에 설치되어 사용되는 홈네트워크 사용기기들을 유무선 네트워크로 연결하고 세대망과 단지망 혹은 통신사의 기간망을 상호 접속하는 장치는?

① 홈게이트웨이
② 감지기
③ 전자출입 시스템
④ 단지 서버

홈게이트웨이(Home Gateway)
• 각 세대 내에 설치되어 사용되는 홈네트워크 사용기기들을 유무선 네트워크로 연결하고 세대망과 단지망 혹은 통신사의 기간망을 상호 접속하는 장치이다.
• 인터넷망을 연결하는 역할을 수행하고, 최근에는 홈IoT 게이트웨이 역할도 수행한다.

05 홈네트워크 설비 중 정전에 대비하여 예비전원이 공급되는 설비가 <u>아닌</u> 것은?

① 홈게이트웨이
② 감지기
③ 세대 단말기
④ 단지 서버

홈네트워크 설비의 예비전원

지능형 홈네트워크 설비 설치 및 기술기준에 따라 홈네트워크 설비인 홈게이트웨이, 세대 단말기, 단지 서버 등은 정전에 대비하여 예비전원이 공급되어야 한다.

오답 피하기

감지기는 가스감지나, 개폐감지 등을 위해 사용하는 장비로 홈네트워크 설비에 해당하지 않는다.

06 홈네트워크건물 인증 심사기준에 따른 등급의 종류가 <u>아닌</u> 것은?

① 홈IoT
② AA등급
③ A등급
④ B등급

홈네트워크건물 인증 심사기준

등급	내용
AAA(홈 IoT)	심사항목(1) + 심사항목(2) 중 16개 이상 + 심사항목(3)
AA	심사항목(1) + 심사항목(2) 중 16개 이상
A	심사항목(1) + 심사항목(2) 중 13개 이상

정답 01 ① 02 ④ 03 ④ 04 ① 05 ② 06 ④

SECTION 02 스마트 미디어기기의 종류 및 구성

기출 분석

연도	19년	20년	21년	22년	23년
문제 수	0	0	0	3	4

01 스마트 미디어기기

1) 스마트 미디어기기 개요

스마트폰, TV, 셋톱박스, 디지털 사이니지 등 인터넷 접속이 가능한 기기를 기반으로 방송과 함께 인터넷 콘텐츠 이용이 가능한 새로운 방송서비스를 제공하는 기기이다.

2) 스마트 미디어기기 종류

- **웨어러블 기기** : 스마트안경, 스마트시계, 스마트 팔찌 등이 있다.
- **실감형 미디어 기기** : AR, VR, 홀로그래퍼 등이 있다.

02 웨어러블 기기

1) 웨어러블 기기의 개념

웨어러블 기기는 신체에 착용 또는 이식하여 정보를 전달하고 사용자의 편의성을 제공하는 기기이다.

2) 웨어러블 기기의 발전

1세대(~2010) 웨어러블 컴퓨터	2세대(2010~2020) 웨어러블 액세서리	3세대(2015~2025) 웨어러블 디바이스	4세대(2020~) Wearing IT-Self
단독형 컴퓨터 장치	착용형 소형기기	부착형/직물 일체형	생체 이식형
• 휴대폰, PDA, • 휴대용 게임기	• 스마트안경/시계 • 목걸이, 시계, 팔찌 착용형 기기	• 직물/의류 일체형 • 신체부착형 센서 및 장치	• 이식형 생체센서 • 특수임무 착용형 장치

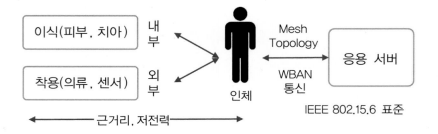

▲ Wearable 기기 구성

3) 웨어러블 기기 구성요소

구분	설명
센서	• 착용자의 상태정보를 감지하여 측정값을 데이터처리부에 전송 • 스마트시계의 심박 수 센서, 가속도 센서, 온도 센서 등
데이터처리부	센서값이나 단말 내/외부에서 발생하는 데이터를 처리하는 기능이 내장된 소프트웨어의 설치나 데이터 처리, 분석 등을 수행
디스플레이	데이터를 처리하여 사용자가 확인할 수 있도록 디스플레이에 이미지나 영상의 형태로 데이터를 출력
배터리	• 웨어러블 기기에 전원을 공급하는 역할을 수행 • 근거리 저전력의 특징을 지님

4) 웨어러블 기기의 기본 기능

기본 기능	설명
항시성	사용자가 언제 어디서든 사용 가능하도록 필요한 기능을 제공해야 함
편의성	사용자의 편의를 고려하여 쉽고 빠르게 이용 가능해야 함
저전력	전력 소모를 최소화하여 오랜 기간 동안 사용할 수 있어야 함
경량화	단말의 무게를 최소화하여 사용하는 데 지장이 없어야 함

5) 웨어러블 기기의 적용 분야

구분	설명
엔터테인먼트	가상현실이나 증강현실 기기를 이용하여 고실감 몰입형 서비스를 제공
의료, 피트니스	사용자가 활동하는 시간에 건강데이터를 측정하여 질병 예방, 생활습관 개선 등의 활동에 적용 가능
재난 안전	긴급구조용 위치정보 등을 이용하여 인명과 재산 보호
군사	신체보호나 로봇이나 군사 무기에 적용하여 군사 활동 고도화

기적의 Tip 웨어러블 기기 센서 종류

• Hall 센서 : 자기장의 세기를 감지할 때 사용하는 센서이다. 스마트폰에서는 홀 센서를 이용해 플립커버의 닫힘 유무를 확인할 수 있다.
• 심박수 센서 : 착용자의 분당 심박수를 측정하는 센서로, 피트니스 및 건강 상태 확인에 이용할 수 있다.
• 자이로 스코프 : 방향과 회전을 측정하여 공간에서 기기의 위치를 결정하고, 화면 회전 및 활동 인식 등의 기능을 제공한다.
• GPS 센서 : 실내나 야외활동 중 위치, 거리, 속도를 나타낼 수 있는 센서이다.
• 광센서 : 주변 조명 조건에 따라 디스플레이 밝기를 조정하여 배터리 수명을 절약하고 가독성을 향상시키는 기능을 수행한다.

23.6

01 다음 중 긴급구조용 위치정보를 제공하는 웨어러블 기기의 구성요소가 <u>아닌</u> 것은?

① 무선(이동)통신 모듈
② SNS(Social Networking Service) 처리 모듈
③ A-GNSS(Assisted Global Navigation Satellite Systems) 모듈
④ WiFi 모듈

긴급구조용 웨어러블 기기
화재, 사고, 재난 등 긴급구조상황에서 구조요청자의 기기 위치정보를 제공하는 웨어러블 기기이다.

오답 피하기
• 무선통신 모듈, A-GNSS 모듈, WiFi 모듈은 위치정보를 이용 가능한 모듈이다.
• SNS(Social Networking Service)는 웹상에서 이용자들이 인적 네트워크를 형성할 수 있게 해주는 서비스로 긴급구조용 위치정보를 제공하는 웨어러블 기기에 사용되는 모듈과는 무관하다.

23.3

02 스마트미디어 기기를 구성하는 센서의 종류 중 검출대상이 <u>다른</u> 것은?

① 포토트랜지스터
② 포토다이오드
③ Hall 소자
④ CDS 소자

스마트미디어 센서의 종류
• **포토트랜지스터** : 빛에너지를 전류로 전환하여 증폭하는 역할을 한다.
• **포토다이오드** : 빛에너지를 전류로 전환하여 스위칭하는 역할을 한다.
• **CDS(조도센서)** : 빛의 세기에 따라 저항값이 변하는 광 가변저항이다.
오답 피하기
홀 소자(Hall Sensor)
홀 소자는 자기장의 세기를 감지할 때 사용하는 센서이다.

23.3

03 다음 |보기에서 설명하는 스마트 기기는 무엇인가?

┤ 보기 ├
• 인터넷 및 네트워크 기반의 양방향 서비스 및 맞춤형 서비스가 가능한 미디어로, 특정 시간, 정보 또는 청중의 행동에 따라 전자 장치에 정보, 광고 및 기타 메시지를 보내는 시스템
• 콘텐츠 및 디스플레이 일정과 같은 관련 정보를 네트워크를 통해 제공하며, 실내, 실외, 이동기기(엘리베이터, 차량, 선박, 철도, 항공기 등)에 설치 운영

① Smart Signage
② UHDTV(Ultra High Definition TV)
③ HMD(Head Mounted Display)
④ OTT(Over The Top)

Smart Signage
• 사물과 사물끼리 통신하고 피드백하는 기술, 즉 고도의 A·IoT 기술을 통해 스스로 작동하는 광고물이나 간판이며 기존 디지털 사이니지와 달리 콘텐츠를 실시간 전송하고, 모니터링이 가능하다.
• 유지·관리도 쉽고, 콘텐츠를 손쉽게 확보할 수 있으며, 맞춤형 마케팅도 가능한 특징을 지닌다.

22.10, 22.6

04 다음 중 웨어러블(wearable) 디바이스가 갖춰야 할 기본 기능으로 틀린 것은?

① 항시성
② 가시성
③ 저전력
④ 경량화

웨어러블 디바이스의 기본 기능
• **항시성** : 사용자가 언제 어디서든 사용 가능하도록 필요한 기능을 제공해야 한다.
• **편의성** : 사용자의 편의를 고려하여 쉽고 빠르게 이용 가능해야 한다.
• **저전력** : 전력 소모를 최소화하여 오랜 기간 동안 사용할 수 있어야 한다.
• **경량화** : 단말의 무게를 최소화하여 사용하는 데 지장이 없어야 한다.

정답 01 ② 02 ③ 03 ① 04 ②

<table>
<tr><td>SECTION
03</td><td colspan="5">융복합 단말기기</td></tr>
</table>

🔍 기출 분석

연도	19년	20년	21년	22년	23년
문제 수	4	6	3	9	3

01 융복합 단말기기

1) 가상현실(VR, Virtual Reality)

가상현실은 가상의 컨텐츠와 실시간 상호작용을 통해 실감 체험을 제공하는 기술로 HMD(Head Mount Display) 등을 이용한다.

2) 증강현실(AR, Augmented Reality)

증강현실은 현실세계에 가상의 객체를 사용자의 시점에 맞게 증강시켜 제공하는 기술로 스마트안경과 같은 기기나 스마트폰 단말을 이용한다.

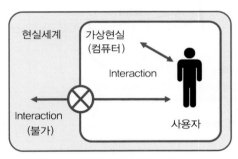 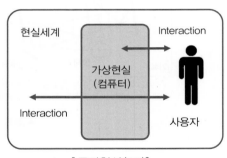

▲ 가상현실과 증강현실 개념도

3) 혼합현실(MR, Mixed Reality)

• 가상의 정보(객체)를 현실세계에 덧입혀 제공하는 기술에서 더 나아가, 현실과 가상이 자연스럽게 결합되어 두 환경이 공존하는 기술이다.

혼합현실(MR) = 증강현실(AR)의 현실감, 정보성 + 가상현실(VR)의 몰입도

▲ 혼합현실 개념도

• 혼합현실은 기존의 가상현실과 증강현실에서 몰입감과 현장감을 증대시켜 사용자의 체험을 극대화한다.

4) 가상현실, 증강현실, 혼합현실 비교

구분	VR	AR	MR
개념	가상의 이미지 전체로 구현된 세계	현실 + 가상 이미지가 결합된 세계	현실 + 가상 공간을 융합시킨 세계
구현범위	사용자의 모든 시야	한정된 Display 영역	사용자의 모든 시야
장점	몰입도	현실감	몰입도 + 현실감
단점	두통, 현실감 낮음	이질적, 몰입감 낮음	고가, 기술개발 필요

5) 홀로그램(Hologram)

- 홀로그램은 그리스어로 홀로(전체)와 그램(메시지)의 합성어로 특정 레이저 광원을 이용하여 물체로부터 반사되는 빛의 간섭무늬를 기록한 것이다.
- 홀로그램은 실물에 대한 3차원 영상 정보를 활용하여 데이터를 획득한다.
- 대용량의 홀로그래픽 간섭 패턴을 컴퓨터로 고속 처리한다.
- 홀로그램 데이터로부터 객체를 실공간에 광학적으로 재현한다.

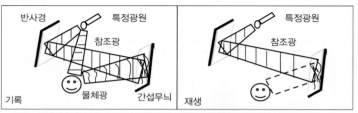

- 기록 : 특정광원을 이용 참조광(직접광)과 물체반사광의 간섭무늬를 필름에 저장
- 재생 : 간섭무늬가 저장된 필름에 특정광원을 주사하면 저장된 홀로그램이 복원됨

▲ 홀로그램 개념도

02 단말형(On-Device) 인공지능(AI) 기술

1) 단말형 인공지능 기술 개념

- 중앙 서버를 거치지 않고 사용자 단말에서 인공지능 알고리즘을 실행하고 결과를 획득하는 기술이다.
- 효율적 처리를 위해 신경망 처리장치와 같은 등의 하드웨어와 경량화된 소프트웨어 최적화 솔루션 등을 이용된다.

2) 단말형 인공지능 기술 장점

- 중앙 서버를 거치지 않고 정보를 처리하기 때문에 사용자의 개인정보가 중앙 서버로 전송되는 과정에서 해킹을 당하거나 중앙 서버가 디도스 공격을 당하는 등의 보안 위협을 방지할 수 있다.
- 네트워크가 불안정하여 중앙 서버를 이용할 수 없는 상황 등의 오프라인 환경에서도 사용자의 데이터를 학습하여 실시간으로 빠른 서비스를 제공할 수 있다.

3) 단말형 인공지능 기술 단점

- 데이터가 중앙 서버로 모이지 않기 때문에 학습 알고리즘의 성능을 개선하는 데 한계가 있다.
- 사용자에 따라 편향된 데이터로 인하여 이를 학습한 AI가 대응한 결과는 그 신뢰성을 보장하기가 어렵다.

01 다음 중 단말형(On-Device) 인공지능(AI) 기술에 대한 설명으로 틀린 것은?

① 중앙 서버를 거치지 않고 사용자 단말에서 인공지능 알고리즘을 실행하고 결과를 획득하는 기술이다.
② 단말기 자체적으로 사용자의 음성 데이터를 학습하고 오프라인 환경에서는 사용자의 데이터를 학습할 수 없다.
③ 효율적 처리를 위해 신경망 처리장치와 같은 하드웨어와 경량화된 소프트웨어 최적화 솔루션 등이 이용된다.
④ 단말형 인공지능의 가장 큰 장점은 보안성과 실시간성이다.

단말형(On-Device) 인공지능(AI) 기술
• 중앙 서버를 거치지 않고 사용자 단말에서 인공지능 알고리즘을 실행하고 결과를 획득하는 기술이다.
• 효율적 처리를 위해 신경망 처리장치와 같은 하드웨어와 경량화된 소프트웨어 최적화 솔루션 등이 이용된다.
• 단말형 인공지능의 가장 큰 장점은 보안성과 실시간성이다.

오답 피하기
단말기 자체적으로 사용자의 음성 데이터를 학습하고 오프라인 환경에서도 사용자의 데이터를 학습할 수 있다.

02 다음에서 설명하고 있는 기술 용어는?

> 가상의 정보(객체)를 현실세계에 덧입혀 제공하는 기술에서 더 나아가, 현실과 가상이 자연스럽게 결합되어 두 환경이 공존하는 기술

① 가상현실(VR, Virtual Reality)
② 증강현실(AR, Augmented Reality)
③ 혼합현실(MR, Mixed Reality)
④ 홀로그램(Hologram)

실감형 디스플레이 기술
• **가상현실(Virtual Reality)** : 가상의 컨텐츠와 실시간 상호작용을 통해 실감 체험을 제공하는 기술이다.
• **증강현실(Augmented Reality)** : 현실세계에 가상의 개체를 사용자의 시점에 맞게 증강시켜 제공하는 기술이다.
• **홀로그램(Hologram)** : 특정 레이저 광원을 이용하여 물체로부터 반사되는 빛의 간섭무늬를 기록한 것이다.

03 다음 중 HMD(Head Mounted Display) 기반의 가상현실 핵심기술 요소가 아닌 것은?

① 영상 추적(Image Tracking) 기술
② 머리 움직임 추적(Head Tracking) 기술
③ 넓은 시야각(Wide Field of View) 구현 기술
④ 입체 3D(Stereoscopic 3D) 구현 기술

HMD(Head Mounted Display)
• HMD(Head Mounted Display)는 VR기기의 일종으로 머리에 착용하여 주변 시야를 차단시킨 후 사용자의 눈에 직접 가상현실 화면을 현시하는 방식이다.
• HMD의 핵심기술로는 머리 움직임 추적(Head Tracking)기술, 넓은 시야각(Wide Field of View) 구현 기술, 입체 3D(Stereoscopic 3D) 구현 기술, 인터랙션 및 사용자 인터페이스 기술 등이 있다.

정답 01 ② 02 ③ 03 ①

04 홀로그램(Hologram) 핵심기술의 주요 내용으로 가장 거리가 <u>먼</u> 것은?

① 실공간에 재현된 그래픽의 안경형 홀로그램 구현

② 실물에 대한 3차원 영상 정보를 활용하여 데이터 획득

③ 대용량의 홀로그래픽 간섭 패턴을 컴퓨터로 고속 처리

④ 홀로그램 데이터로부터 객체를 실공간에 광학적으로 재현

홀로그램(Hologram)

홀로그램은 그리스어로 홀로(전체)와 그램(메시지)의 합성어로 특정 레이저 광원을 이용하여 물체로부터 반사되는 빛의 간섭무늬를 기록한 것이다.

홀로그램의 특징

· 실물에 대한 3차원 영상 정보를 활용하여 데이터를 획득한다.

· 대용량의 홀로그래픽 간섭 패턴을 컴퓨터로 고속 처리한다.

· 홀로그램 데이터로부터 객체를 실공간에 광학적으로 재현한다.

> **오답 피하기**
> 홀로그램은 기존 3D 영상의 단점인 안경 착용을 해결하여 높은 입체감을 제공하는 기술이다.

05 가상현실(VR) 및 증강현실(AR)의 기술적 발전 방향이 <u>아닌</u> 것은?

① 오감기술 도입

② 다중 사용자 환경 기술

③ 증강현실(AR)로 단일화

④ 동적 기술로 임장감 확대

가상현실(VR) 및 증강현실(AR)의 기술적 발전 방향

현재(AS-IS)	미래(TO-BE)
가상현실, 증강현실	혼합현실, 확장현실
시각, 청각 위주 기술	오감기술 도입
단일 사용자 기술	다중 사용자 환경 기술
정적 기술	동적 기술 적용

06 다음 중 AR, VR, MR에 대한 설명이 틀린 것은?

① MR은 현실세계와 가상세계 정보를 결합해 두 세계를 융합시킨 공간을 만들어내는 기술이다.

② AR은 현실과 가상환경을 융합하는 복합형 가상현실 기술이다.

③ VR은 컴퓨터를 통해 가상현실을 체험하게 해주는 기술이다.

④ MR은 가상세계와 현실정보를 결합한 기술이다.

AR, VR, MR 비교

구분	VR	AR	MR
개념	가상의 이미지 전체로 구현된 세계	현실 + 가상 이미지가 결합된 세계	현실 + 가상 공간을 융합시킨 세계
구현 범위	사용자의 모든 시야	한정된 Display 영역	사용자의 모든 시야
장점	몰입도	현실감	몰입도 + 현실감
단점	두통, 현실감 낮음	이질적, 몰입감 낮음	고가, 기술개발 필요

> **오답 피하기**
> 가상세계와 현실정보를 결합한 기술은 AR이다.

01 다음 중 홈네트워크 장비의 보안성 확보를 위한 보안 요구사항인 것은?

① 데이터의 압축
② 접근통제
③ 전송로 확보
④ 개인정보보호 인증

홈네트워크(Home Network)
• 홈네트워크는 홈게이트웨이를 통해 가정 내의 기기와 유무선 통신으로 연결하고 단지네트워크를 통해 인터넷과 연결되는 기술이다.
• 홈네트워크 장비 보안 요구사항 항목은 데이터 기밀성, 데이터 무결성, 인증, 접근통제, 전송데이터 보안 5가지이다.

02 다음 중 스마트홈(Smart Home) 서비스를 구성하는 기술 구성요소가 아닌 것은?

① 스마트 단말(Device)
② 게이트웨이(Gateway)
③ 스마트폰 애플리케이션
④ 데이터 관제센터

스마트홈(Smart Home)
• 스마트홈은 집안의 가전제품들이 인터넷을 통해 상호 연결되고 지능화되어 이를 통해 다양한 서비스가 제공되는 첨단 인텔리전트 서비스 시스템이다.
• 스마트홈 서비스 기술 구성요소는 스마트 단말(Device), 게이트웨이, 스마트폰 애플리케이션으로 나뉜다.

03 홈네트워크건물 인증 심사기준 중 가장 높은 단계로 심사항목(1)과 심사항목(2) 중 16개 이상에 해당하고 심사항목(3)을 만족하는 등급은?

① 홈 IoT
② AA등급
③ A등급
④ B등급

홈네트워크건물 인증 심사기준

등급	내용
AAA (홈 IoT)	심사항목(1) + 심사항목(2) 중 16개 이상 + 심사항목(3)
AA	심사항목(1) + 심사항목(2) 중 16개 이상
A	심사항목(1) + 심사항목(2) 중 13개 이상

04 빛의 세기에 따라 저항값이 변하는 광 가변저항으로 주로 카메라에 적용되는 센서는?

① 포토트랜지스터
② 포토다이오드
③ Hall 소자
④ CDS 소자

스마트미디어 센서의 종류
• 포토트랜지스터 : 빛에너지를 전류로 전환하여 증폭하는 역할
• 포토다이오드 : 빛에너지를 전류로 전환하여 스위칭하는 역할
• CDS(조도센서) : 빛의 세기에 따라 저항값이 변하는 광 가변저항
• Hall 소자 : 자기장의 세기를 감지할 때 사용하는 센서

정답 01 ② 02 ④ 03 ① 04 ④

05 다음 중 웨어러블(wearable) 디바이스가 갖춰야 할 기본 기능으로 **틀린** 것은?

① 항시성
② 심미성
③ 저전력
④ 경량화

> **웨어러블 디바이스의 기본 기능**
> • **항시성** : 사용자가 언제 어디서든 사용 가능하도록 필요한 기능을 제공해야 한다.
> • **편의성** : 사용자의 편의를 고려하여 쉽고 빠르게 이용 가능해야 한다.
> • **저전력** : 전력 소모를 최소화하여 오랜 기간 동안 사용할 수 있어야 한다.
> • **경량화** : 단말의 무게를 최소화하여 사용하는 데 지장이 없어야 한다.

06 IoT 센서를 더욱 스마트하게 활용하기 위해, 센서와 관련된 응용서비스(Application) 처리 시 필요한 핵심적인 기능인 것은?

① 고전력 소모
② 저지연
③ 중앙데이터 처리
④ 전용 플랫폼 사용

> **IoT(Internet of Things)**
> • IoT는 인터넷을 기반으로 모든 사물을 연결하여 상호 소통하는 지능형 기술 및 서비스를 말한다.
> • IoT는 크게 센서, 디바이스 및 플랫폼, 네트워크, 서비스로 구분되며, 상호 간 정보를 공유할 수 있는 환경이다.
> • IoT 센서와 관련된 응용서비스 처리 시 핵심적인 기능은 고속 데이터 처리, 저전력, 저지연이다.

07 다음 중 EMS(에너지관리시스템, Energy Management System)에서 에너지 관리대상에 따른 분류로 가장 거리가 **먼** 것은?

① FEMS(Facility Energy Management System)
② CEMS(Community Management System)
③ HEMS(Home Energy Management System)
④ BEMS(Building Energy Management System)

> FEMS의 F는 Factory를 의미한다.
>
> **EMS(Energy Management System)**
> 에너지의 생산 및 소비 현황을 감시, 제어하여 효율적인 에너지 운영이 가능하도록 한 시스템으로, 기존 시스템이나 장비와 연계하거나 독립적으로 구축된다.
>
> **EMS 에너지 관리대상에 따른 분류**
>
> | 종류 | 내용 |
> | --- | --- |
> | CEMS(Community EMS) | 마을, 관광단지 등 |
> | MGEMS(Microgrid EMS) | 군, 산단, 캠퍼스, 섬 등 |
> | BEMS(Building EMS) | 빌딩, 상가, 학교 등 |
> | HEMS(Home EMS) | 홈, 아파트 등 |
> | FEMS(Factory EMS) | 각종 공장 |

08 다음 중 단말형(On-Device) 인공지능(AI) 기술에 대한 설명으로 옳은 것은?

① 중앙 서버를 거치지 않고 사용자 단말에서 인공지능 알고리즘을 실행하고 결과를 획득하는 기술이다.

② 단말기 자체적으로 사용자의 음성 데이터를 학습하지만, 온라인 환경에서만 사용자의 데이터를 학습할 수 있다.

③ 효율적 처리를 위해 신경망 처리장치와 같은 하드웨어와 대형화된 소프트웨어 최적화 솔루션 등이 이용된다.

④ 단말형 인공지능의 가장 큰 장점은 개방성과 일괄처리 능력이다.

단말형(On-Device) 인공지능(AI) 기술
• 중앙 서버를 거치지 않고 사용자 단말에서 인공지능 알고리즘을 실행하고 결과를 획득하는 기술이다.
• 단말기 자체적으로 사용자의 음성 데이터를 학습하고 오프라인 환경에서도 사용자의 데이터를 학습할 수 있다.
• 효율적 처리를 위해 신경망 처리장치와 같은 하드웨어와 경량화된 소프트웨어 최적화 솔루션 등이 이용된다.
• 단말형 인공지능의 가장 큰 장점은 보안성과 실시간성이다.

09 다음 중 현실세계에 가상의 개체를 사용자의 시점에 맞게 증강시켜 제공하는 기술은?

① 가상현실(VR, Virtual Reality)
② 증강현실(AR, Augmented Reality)
③ 혼합현실(MR, Mixed Reality)
④ 홀로그램 (Hologram)

실감형 디스플레이 서비스
• **가상현실(Virtual Reality)** : 가상의 컨텐츠와 실시간 상호작용을 통해 실감 체험을 제공하는 기술이다.
• **증강현실(Augmented Reality)** : 현실세계에 가상의 개체를 사용자의 시점에 맞게 증강시켜 제공하는 기술이다.
• **홀로그램(Hologram)** : 특정 레이저 광원을 이용하여 물체로부터 반사되는 빛의 간섭무늬를 기록한 것이다.

10 가상현실(VR) 및 증강현실(AR)의 기술적 발전 방향으로 옳은 것은?

① 시각 위주의 기술 도입
② 단일 사용자 환경 기술
③ 증강현실(AR)로 단일화
④ 동적 기술로 임장감 확대

가상현실(VR) 및 증강현실(AR)의 기술적 발전 방향	
현재(AS-IS)	미래(TO-BE)
가상현실, 증강현실	혼합현실, 확장현실
시각, 청각 위주 기술	오감기술 도입
단일 사용자 기술	다중 사용자 환경 기술
정적 기술	동적 기술 적용

정답 05 ② 06 ② 07 ① 08 ① 09 ② 10 ④

정보통신네트워크

학습 **방향**

정보통신 네트워크 과목은 네트워크의 기본 개념과 구성 요소, OSI 7계층 모델, TCP/IP 프로토콜, 라우팅 및 스위칭 기술 등을 포함하며 네트워크 토폴로지, IP 주소 체계, 서브넷팅, VLAN 구성, NAT, DHCP, DNS 등의 네트워크 설정과 관리 기술에 대해 공부하는 과목이다. 네트워크 환경에서 발생할 수 있는 다양한 시나리오에 대응할 수 있도록 네트워크 설계와 구축 능력을 배양해야 한다.

네트워크 구축설계

네트워크의 기본 구성

기출 분석 연도	19년	20년	21년	22년	23년
문제 수	4	3	4	4	0

01 네트워크 기본 구성

1) 네트워크 정의
정보를 교환할 수 있도록 연결된 망을 의미한다. 단말장치, 전송장치, 프로토콜 등으로 구성되어 유기적으로 결합된 정보를 전달할 수 있다.

2) 네트워크의 개념 이해

▲ 네트워크 개념도

- **단말장치** : 데이터를 송수신할 수 있는 장치이다.
- **전송장치** : 유선과 무선으로 정보의 전달을 수행하는 장치이다.
- **프로토콜** : 통신을 위한 약속, 규약으로 커뮤니케이션하는 컴퓨터들 사이에서 오류를 최소화하여 정보를 원활하게 교환하기 위해 만들어진 규칙의 집합이다.

3) 네트워크 설계
① **절차** : 요구사항 분석, 설계기준 및 설계범위 결정, 설계설명서 작성, 설계산출물 작성 등

② **네트워크 구축 시 고려사항**
- 백업 회선의 필요성 여부를 고려한다.
- 단독 및 다중화 등을 조사한다.
- 분기 회선 구성 필요성을 검토한다.
- 경제성, 안전성, 보안성, 확장성, 유지보수 가능성을 고려한다.

4) 데이터 교환방식
① **회선 교환방식** : 통신 경로 설정 후 데이터를 교환하는 방식이다.
- 연결 설정 단계에서 자원 할당(고정적 대역폭)이 필요하다.

- 데이터 통신을 위해 연결 설정, 데이터 전송, 연결 해제의 세 단계가 필요하다.
- 주로 전화망에서 사용하는 교환방식이다.
- 전송지연이 거의 없으나, 접속에 긴 시간이 소요된다.
- 길이가 긴 연속적인 데이터 전송에 적합하다.

② **메시지 교환방식** : 축적방식으로 데이터의 논리적 단위인 메시지를 교환하는 방식이다.
- 전송로의 효율적 이용이 가능하다.
- 코드가 서로 다른 기기 간에도 통신이 가능하다.
- 실시간 전송에 적합하지 않은 전송방식이다.

③ **패킷 교환방식** : 교환기로 경로를 설정하여 패킷 데이터를 보내는 방식이다.
- 교환 노드에서 패킷 처리가 신속하다.
- 데이터 도착순서가 송신 순서와 동일하지는 않다.
- 전송데이터에 대한 오류 제어가 가능해야 한다.
- 회선 효율이 높아 경제적 망 구성이 가능하다.
- 장애 발생 등 회선 상태에 따라 경로 설정이 유동적이다.
- 프로토콜이 다른 이기종 망간 통신이 가능하다.
- 종류로는 가상회선 교환방식과 데이터그램 방식이 있다.
  - **가상회선 교환방식** : 패킷이 전송되기 전에 송신지와 수신지 간의 논리적인 경로가 미리 성립되는 방식이다.
  - **데이터그램 방식** : 송신지와 수신지 간의 경로를 정해 놓지 않고 각각의 패킷을 독립적으로 전송하는 방식이다.

구분	가상회선 교환방식	데이터그램 방식
전용 전송로	있음	없음
전송단위	연속적인 데이터	패킷
패킷 도착순서	송신 순서와 같음	송신 순서와 다를 수 있음
에러제어	수행	없음

이론을 확인하는 기출문제

22.3, 21.3

01 다음 중 가상회선 교환방식의 설명으로 알맞지 않은 것은?

① 데이터 전송은 연결 설정, 데이터 전송, 연결 해제 세 단계로 이루어진다.

② 전송할 데이터는 패킷으로 분할되어 전송된다.

③ 연결이 설정되고 나면 모든 패킷은 동일한 경로를 따라 전송된다.

④ 각 패킷마다 상이한 경로가 설정된다.

패킷 교환방식
- **가상회선 교환방식** : 패킷이 전송되기 전에 송신지와 수신지 간의 논리적인 경로가 미리 성립되는 방식이다.
- **데이터그램 방식** : 송신지와 수신지 간의 경로를 정해 놓지 않고 각각의 패킷을 독립적으로 전송하는 방식이다.

구분	가상회선 교환방식	데이터그램 방식
전용 전송로	있음	없음
전송단위	연속적인 데이터	패킷
패킷 도착순서	송신 순서와 같음	송신 순서와 다를 수 있음
에러제어	수행	없음

22.10, 21.6

02 다음 중 회선 교환방식에 비하여 패킷 교환방식의 장점이 아닌 것은?

① 회선 효율이 높아 경제적 망 구성이 가능하다.

② 장애 발생 등 회선 상태에 따라 경로 설정이 유동적이다.

③ 실시간 데이터 전송에 유리하다.

④ 프로토콜이 다른 이기종 망간 통신이 가능하다.

데이터 교환방식
- **회선 교환방식** : 통신 경로 설정 후 데이터를 교환하는 방식이다.
  - 연결 설정 단계에서 자원 할당(고정적 대역폭)이 필요하다.
  - 데이터 통신을 위해 연결 설정, 데이터 전송, 연결 해제의 세 단계가 필요하다.
  - 주로 전화망에서 사용하는 교환방식이다.
  - 전송지연이 거의 없으나, 접속에 긴 시간이 소요된다.
  - 길이가 긴 연속적인 데이터 전송에 적합하다.
- **메시지 교환방식** : 축적방식으로 데이터의 논리적 단위인 메시지를 교환하는 방식이다.
  - 전송로의 효율적 이용이 가능하다.
  - 코드가 서로 다른 기기 간에도 통신이 가능하다.
  - 실시간 전송에 적합하지 않은 전송방식이다.
- **패킷 교환방식** : 패킷 데이터를 교환기에 의해 경로 설정하여 보내는 방식이다.
  - 교환 노드에서 패킷 처리가 신속하다.
  - 데이터 도착순서가 송신 순서와 동일하지는 않다.
  - 전송데이터에 대한 오류 제어가 가능해야 한다.
  - 회선 효율이 높아 경제적 망 구성이 가능하다.
  - 장애 발생 등 회선 상태에 따라 경로 설정이 유동적이다.
  - 프로토콜이 다른 이기종 망간 통신이 가능하다.

03 다음 중 정보통신시스템 구축 시 네트워크에 관한 고려사항이 <u>아닌</u> 것은?

① 파일 데이터의 종류 및 측정방법
② 백업 회선의 필요성 여부
③ 단독 및 다중화 등 조사
④ 분기 회선 구성 필요성

네트워크 구축 시 고려사항
• 백업 회선의 필요성 여부를 고려한다.
• 단독 및 다중화 등을 조사한다.
• 분기 회선 구성 필요성을 검토한다.
• 경제성, 안전성, 보안성, 확장성, 유지보수 가능성을 고려한다.

04 패킷 경로를 동적으로 설정하며, 일련의 데이터를 패킷 단위로 분할하여 데이터를 전달하고, 목적지 노드에서는 패킷의 재순서화와 조립과정이 필요한 방식은?

① 회선 교환방식
② 메시지 교환방식
③ 가상회선방식
④ 데이터그램 방식

패킷 교환방식
• 가상회선 교환방식 : 패킷이 전송되기 전에 송신지와 수신지 간의 논리적인 경로가 미리 성립되는 방식이다.
• 데이터그램 방식 : 송신지와 수신지 간의 경로를 정해 놓지 않고 각각의 패킷을 독립적으로 전송하는 방식이다.

구분	가상회선 교환방식	데이터그램 방식
전용 전송로	있음	없음
전송단위	연속적인 데이터	패킷
패킷 도착순서	송신 순서와 같음	송신 순서와 다를 수 있음
에러제어	수행	없음

05 정보통신망에서 사용되지 <u>않는</u> 교환방식은?

① 회선 교환방식
② 메시지 교환방식
③ 위성 교환방식
④ 패킷 교환방식

데이터 교환방식
• **회선 교환방식** : 통신 경로 설정 후 데이터를 교환하는 방식이다.
• **메시지 교환방식** : 축적방식으로 데이터의 논리적 단위인 메시지를 교환하는 방식이다.
• **패킷 교환방식** : 교환기로 경로를 설정하여 패킷 데이터를 보내는 방식이다.

06 다음 중 회선 교환 방식의 설명으로 <u>틀린</u> 것은?

① 설정되면 데이터를 그대로 투과시키므로 오류 제어 기능이 없다.
② 데이터를 전송하지 않는 기간에도 회선을 독점하므로 비효율적이다.
③ 회선을 전용선처럼 사용할 수 있어 많은 양의 데이터를 전송할 수 있다.
④ 음성이나 동영상 등 실시간 전송이 요구되는 미디어 전송에는 적합하지 않다.

회선 교환방식
• 통신 경로 설정 후 데이터를 교환하는 방식이다.
• 연결 설정 단계에서 자원 할당(고정적 대역폭)이 필요하며, 회선을 독점하여 비효율적이다.
• 데이터 통신을 위해 연결 설정, 데이터 전송, 연결 해제의 세 단계가 필요하다.
• 데이터 연결 설정 후 데이터를 그대로 전송시킨다.
• 주로 전화망에서 사용하는 교환방식이다.
• 전송지연이 거의 없으나, 접속에 긴 시간이 소요된다.
• 길이가 긴 연속적인 데이터 또는 많은 양의 데이터 전송에 적합하다.

네트워크 분류 및 특성

🔖 기출 분석

연도	19년	20년	21년	22년	23년
문제 수	4	3	6	0	0

01 네트워크 구조

1) 네트워크 구조 개념

컴퓨터들로 네트워크를 구성하는 형태에 따라 대표적으로 버스형(Bus), 링형(Ring), 성형(Star)의 구성 방법이 있다.

2) 네트워크의 구조 이해

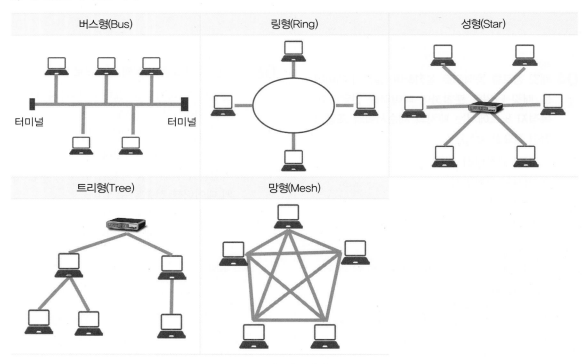

▲ 네트워크 개념도

- **버스형** : 하나의 통신회선에 여러 대의 컴퓨터를 연결하는 구조이다.
- **링형** : 인접한 컴퓨터 장치가 환형 구조로 연결하는 구조이다.
- **성형** : 모든 컴퓨터 장치가 중앙 허브에 1:1로 연결하는 구조이다.
- **트리형** : 계층적으로 연결하는 구조이다.
- **망형** : 모든 컴퓨터 장치를 서로 연결하는 구조이다.

  - **필요 회선 수** : $\dfrac{n(n-1)}{2}$, n : 단말(컴퓨터) 수

- **장점** : 신뢰성, 가용성이 높다.
- **단점** : 비용이 많이 들며, 설치나 관리가 어렵다.

구분	버스형	링형	성형
개념	허브나 스위치 등을 사용하지 않고 모든 장비가 버스라는 하나의 케이블에 연결된 형태	모든 장비가 좌우에 장비와 원형을 이루며 연결된 형태로 토큰이라는 단위로 데이터를 전송	중앙집중형으로 중앙 노드인 허브나 스위치에 직접 연결된 형태
특징	• 노드 추가 · 제거 용이 • 노드 증가 시 성능 저하	• 설치 간단 • 신뢰성 높음 • 장애 시 전체 망 영향	• 관리 및 유지보수용이 • 노드 추가 · 제거용이 • 중앙 노드 장애 시 전체 망 영향
주요 LAN 방식	• 10Base-2 • 10Base-5	• 토큰링 • FDDI	• 10Base-T • 100Base-TX/FX • 1000Base-X

3) 네트워크 종류

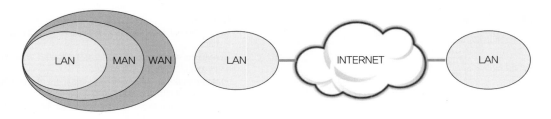

▲ 네트워크 구조

- **PAN(Personal Area Network)** : 개인마다 가지는 고유한 네트워크이다.
- **LAN(Local Area Network)** : 근거리 통신 네트워크로 건물과 같은 일정 지역 내의 네트워크 구성 형태이다.
- **MAN(Metropolitan Area Network)** : 대도시 정도의 넓은 지역을 연결하기 위한 네트워크 구성 형태이다.
- **WAN(Wide Area Network)** : 광범위한 지역을 수용하며, 도시와 도시의 연결을 목적하는 형태이다.
- **GAN(Global Area Network)** : 세계적 통신망은 국가와 국가 사이를 연결하는 네트워크이다.

이론을 확인하는 기출문제

01 21.6, 20.5, 19.6, 19.3, 18.6, 18.3

유선 전화망에서 노드가 10개일 때 그물형(Mesh)으로 교환 회선을 구성할 경우, 링크 수를 몇 개로 설계해야 하는가?

① 30개
② 35개
③ 40개
④ 45개

망형(Mesh Network)

구분	설명
필요 회선 수	$\dfrac{n(n-1)}{2}$, n : 단말(컴퓨터) 수 $\dfrac{10 \times 9}{2} = 45$
장점	신뢰성, 가용성이 높다.
단점	비용이 많이 들며, 설치나 관리가 어렵다.

02 22.10, 21.6

네트워크 통신에서 '전용회선 서비스에 주로 사용되는 기간망'의 안정성을 고려하여 구성하는 망 형태가 아닌 것은?

① Ring형
② Mesh형
③ 8자형
④ Star형

네트워크 구조
성(Star)형 : 모든 컴퓨터 장치가 중앙 허브에 1 : 1로 연결하는 구조로, 중앙 노드 장애 시 전체 망에 영향을 주므로 안정성이 높다고 할 수는 없다.

03 22.3

일반적으로 통신망의 크기(Network coverage)에 따라 통신망을 분류할 때 적절하지 않은 것은?

① LAN
② MAN
③ WAN
④ CAN

통신망 분류
• PAN(Personal Area Network) : 개인마다 가지는 고유한 네트워크이다.
• LAN(Local Area Network) : 근거리 통신 네트워크로 건물과 같은 일정 지역 내의 네트워크 구성 형태이다.
• MAN(Metropolitan Area Network) : 대도시 정도의 넓은 지역을 연결하기 위한 네트워크 구성 형태이다.
• WAN(Wide Area Network) : 광범위한 지역을 수용하며, 도시와 도시의 연결을 목적하는 형태이다.
• GAN(Global Area Network) : 세계적 통신망은 국가와 국가 사이를 연결하는 네트워크이다.

04 다음 중 버스형 통신망 구조에 대한 설명으로 틀린 것은?

18.3

① 인접한 단말기들을 케이블로 연결하여 길을 트기만 하면, 네트워크로 연결할 수 있다.
② 버스의 전기적 특성 때문에 버스 네트워크의 모든 요소가 전체 네트워크에 영향을 줄 가능성이 있지만, 설치가 매우 효율적이다.
③ 메시형 통신망보다 케이블 사용량이 적다.
④ 잡음을 내보내는 불량 스테이션이 있어도 전체 버스에 영향이 없다.

네트워크 구조

구분	버스형	링형	성형
개념	허브나 스위치 등을 사용하지 않고 모든 장비가 버스라는 하나의 케이블에 연결된 형태	모든 장비가 좌우에 장비와 원형을 이루며 연결된 형태로 토큰이라는 단위로 데이터를 전송	중앙집중형으로 중앙 노드인 허브나 스위치에 직접 연결된 형태
특징	• 노드 추가 · 제거 용이 • 노드 증가 시 성능 저하	• 설치 간단 • 신뢰성 높음 • 장애 시 전체 망 영향	• 관리 및 유지보수 용이 • 노드 추가 · 제거 용이 • 중앙 노드 장애 시 전체 망 영향

05 정보통신시스템의 기본 구성에서 데이터 전송계에 속하지 않는 것은?

21.6, 19.3

① 중앙처리장치
② 전송 회선
③ 단말장치
④ 통신제어장치

정보통신시스템 구성

정보통신시스템	구성
데이터 전송계	• 단말장치 • 데이터 전송장치 : 신호변환장치, 전송 회선 • 통신제어장치
데이터 처리계	컴퓨터 : 중앙처리장치, 주변장치
프로토콜	약속, 규약으로 커뮤니케이션하는 컴퓨터들 간에 오류를 최소화하여 정보를 원활하게 교환하기 위해 만들어진 규칙의 집합

06 호출 개시 과정을 통해 수신측과 논리적 접속이 이루어지며 각 패킷은 미리 정해진 경로를 통해 전송되어 전송한 순서대로 도착하는 교환방법은?

21.6, 20.6

① 회선 교환방법
② 가상회선 교환방법
③ 데이터그램 교환방법
④ 메시지 교환방법

패킷 교환방식
• **가상회선 교환방식** : 패킷이 전송되기 전에 송신지와 수신지 간의 논리적인 경로가 미리 성립되는 방식이다.
• **데이터그램 방식** : 송신지와 수신지 간의 경로를 정해 놓지 않고 각각의 패킷을 독립적으로 전송하는 방식이다.

정답 01 ④ 02 ④ 03 ④ 04 ④ 05 ① 06 ②

통신 프로토콜 계층구조

기출 분석

연도	19년	20년	21년	22년	23년
문제 수	4	4	6	2	1

01 통신 프로토콜 계층구조

1) 통신 프로토콜 개념

통신을 위한 약속, 규약으로 커뮤니케이션하는 컴퓨터들 사이에서 오류를 최소화하여 정보를 원활하게 교환하기 위해 만들어진 규칙의 집합이다.

2) 통신 프로토콜 계층구조 이해

OSI 7 Layer Model	TCP/IP 프로토콜
응용 계층	응용 계층
표현 계층	
세션 계층	
전송 계층	전송 계층
네트워크 계층	인터넷 계층
데이터링크 계층	네트워크 인터페이스
물리 계층	

▲ OSI 7계층 및 TCP/IP 프로토콜 구조

3) 프로토콜의 기본요소

① **구문(Syntax)** : 송수신 데이터 형식, 코딩, 신호 레벨 등을 규정
② **의미(Semantic)** : 조정과 에러 처리를 위한 제어 정보를 규정
③ **순서(Timing)** : 시스템 간 정보 전송을 위한 속도 조절과 순서 관리 등을 규정

4) 프로토콜의 기능

기능	설명
단편화와 재조립	• 단편화(Fragmentation) : 주어진 데이터를 효율적으로 전송하기 위해 전송 가능한 일정한 크기의 작은 데이터 블록으로 나누는 것 • 재조립(Reassembly) : 수신측에서 분리된 데이터를 적합한 메시지로 재합성하는 과정
캡슐화 (Encapsulation)	데이터에 주소, 에러 검출 부호, 프로토콜 제어 등의 각종 제어 정보를 추가하여 하위계층으로 내려보내는 과정
연결 제어 (Connection Control)	연결 설정, 데이터 전송, 연결 해제의 3단계로 연결을 제어하는 기능
흐름 제어 (Flow Control)	• 수신부에서 처리할 수 있는 데이터 분량만큼 송신부에서 조절하는 기능 • 인터넷에서는 종단 간(End-to-End) 흐름 제어는 전송 계층이 담당

오류 제어 (Error Control)	전송 중에서 발생하는 오류를 검출하거나 정정하는 기능
동기화 (Synchronization)	두 개의 통신 개체가 동시에 같은 상태를 유지하도록 하는 기능
주소 지정 (Addressing)	주소를 표기하여 데이터의 정확한 전송을 보장하는 기능
다중화 (Multiplexing)	하나의 통신로를 다수의 사용자가 동시에 사용할 수 있게 하는 기능

5) 통신 프로토콜의 특성

- 두 개체 사이의 통신 방법은 직접 통신과 간접 통신 방법이 있다.
- 프로토콜은 단일 구조 또는 계층적 구조로 구성될 수 있다.
- 프로토콜은 대칭적이거나 비대칭적일 수 있다.
- 컴퓨터를 이용한 온라인(On-Line) 시스템 등장 이후 필요성이 제기되었다.
- 통신 프로토콜의 표준화가 제기되면서 국제전기통신연합(ITU)에서 패킷 교환망용 X.25를 표준화하였다.
- 기능별 계층(Layer)화 프로토콜 기술을 채택하는 네트워크 아키텍처로 발전하게 되었다.

6) 프로토콜 전송방식

① 문자 전송방식

- 전송 제어 문자를 사용하여 데이터 프레임의 시작과 끝을 나타내는 방식이다.
- **대표적 방식** : BSC(Binary Synchronous Communication)로 회선제어는 경쟁방식 또는 폴링 방식을 적용한다.
  - Frame 구조 : SOH-heading-STX-text-ETX-BCC 순서

	제어 문자	의미
SOH	Start Of Heading	정보 메시지의 헤딩 시작
STX	Start Of Text	텍스트 시작 및 헤딩 종료
ETX	End Of Text	텍스트의 끝
EOT	End Of Transmission	전송을 종료, 데이터 링크를 초기화
ENQ	ENQuiry	데이터 링크 설정 및 응답 요구
ACK	ACKnowledge	수신한 정보 메시지에 대한 긍정응답
NAK	Negative Acknowledge	수신한 정보 메시지에 대한 부정응답
SYN	SYNchronous idle	문자의 동기를 유지
BCC	Block Check Character	오류 검출을 위한 코드
ETB	End Of Transmission Block	전송 블록의 끝
DLE	Data Link Escape	타 전송 문자와 조합하여 의미를 바꿈

② 바이트 방식
- 데이터 프레임의 헤더(Header)에 전송데이터 프레임의 문자 개수, 메시지 수신 상태 등의 제어 정보를 삽입하여 전송하는 방식이다.
- 직렬·병렬, 동기식·비동기식 전송방식 모두에 이용할 수 있다.
- **대표적 방식** : DDCM(Digital's Data Communication Message Protocol)

③ 비트 방식
- 데이터 프레임의 시작과 끝을 나타내는 고유한 비트 패턴(플래그)을 삽입해서 전송하는 방식이다.
- **대표적 방식** : SDLC, HDLC, LAPB, X.25 등

방식	설명
SDLC (Synchronous Data Link Control)	동기 전송, 비트 지향형 작동을 기반으로 하는 데이터 링크 프로토콜
HDLC (High-level Data Link Control)	SDLC에서 발전된 데이터 링크 프로토콜로서 기본특성이 유사하다. 주국, 종국 혼합국으로 구성되며, 주국에서 전송되는 메시지를 명령이라고 정의하고, 이에 대한 종국의 회신을 응답이라고 한다.
LAPB (Link Access Protocol-Balanced)	양쪽의 호스트가 혼합국으로 동작하기 때문에 누구나 먼저 명령을 전송할 수 있다.
X.25	패킷 교환망에서 DCE(회선 종단 장치)와 DTE(데이터 단말 장치) 사이에 이루어지는 상호작용을 규정한 프로토콜로서, SDLC → HDLC → X.25로 발전되었다.

이론을 확인하는 기출문제

18.10, 18.6, 18.3

01 다음 중 통신 프로토콜 구성의 기본요소가 **아닌** 것은?

① 구문(Syntax)
② 타이밍(Timing)
③ 의미(Semantics)
④ 연결(Connection)

프로토콜의 기본요소
- **구문(Syntax)** : 송수신 데이터 형식, 코딩, 신호 레벨 등을 규정
- **의미(Semantic)** : 조정과 에러 처리를 위한 제어 정보를 규정
- **순서(Timing)** : 시스템 간 정보 전송을 위한 속도 조절과 순서 관리 등을 규정

21.6, 20.6

02 인터넷 프로토콜 중 TCP/IP 계층은 ISO의 OSI 모델 7계층 중 각각 어느 계층에 대응되는가?

① 인터넷 계층 – 데이터 링크 계층
② 네트워크 계층 – 세션 계층
③ 응용 계층 – 물리 계층
④ 응용 계층 – 표현 계층

OSI 7Layer

OSI 7 Layer Model		TCP/IP 프로토콜
응용 계층		응용 계층
표현 계층		
세션 계층		
전송 계층		전송 계층
네트워크 계층		인터넷 계층
데이터링크 계층		네트워크 인터페이스
물리 계층		

03 문자방식 프로토콜에 사용되는 전송 제어 문자가 <u>아닌</u> 것은?

① ENQ
② DLE
③ REG
④ ETB

문자방식 프로토콜 전송 제어 문자

제어 문자		의미
SOH	Start Of Heading	정보 메시지의 헤딩 시작
STX	Start Of Text	텍스트 시작 및 헤딩 종료
ETX	End Of Text	텍스트의 끝
EOT	End Of Transmission	전송을 종료, 데이터 링크를 초기화
ENQ	ENQuiry	데이터 링크 설정 및 응답 요구
ACK	ACKnowledge	수신한 정보 메시지에 대한 긍정응답
NAK	Negative Acknowledge	수신한 정보 메시지에 대한 부정응답
SYN	SYNchronous idle	문자의 동기를 유지
BCC	Block Check Character	오류 검출을 위한 코드
ETB	End Of Transmission Block	전송 블록의 끝
DLE	Data Link Escape	타 전송 문자와 조합하여 의미를 바꿈

04 다음 중 통신 프로토콜의 주요 기능이 <u>아닌</u> 것은?

① 송신지 및 수신지 주소 지정
② 전송 메시지의 생성 및 캡슐화
③ 정보 흐름의 양을 조절하는 흐름 제어
④ 정확하고 효율적인 전송을 위한 동기 맞춤

전송 메시지의 생성은 프로토콜의 기능이 아니다.

프로토콜의 기능

기능	설명
단편화와 재조립	• 단편화(Fragmentation) : 주어진 데이터를 효율적으로 전송하기 위해 전송 가능한 일정한 크기의 작은 데이터 블록으로 나누는 것 • 재조립(Reassembly) : 수신측에서 분리된 데이터를 적합한 메시지로 재합성하는 과정
캡슐화 (Encapsulation)	데이터에 주소, 에러 검출 부호, 프로토콜 제어 등의 각종 제어 정보를 추가하여 하위 계층으로 내려보내는 과정
연결 제어 (Connection Control)	연결 설정, 데이터 전송, 연결 해제의 3단계로 연결을 제어하는 기능
흐름 제어 (Flow Control)	• 수신부에서 처리할 수 있는 데이터 분량만큼 송신부에서 조절하는 기능 • 인터넷에서는 종단간(End-to-End) 흐름 제어는 전송계층이 담당
오류 제어 (Error Control)	전송 중에서 발생하는 오류를 검출하거나 정정하는 기능
동기화 (Synchronization)	두 개의 통신 개체가 동시에 같은 상태를 유지하도록 하는 기능
주소 지정 (Addressing)	주소를 표기하여 데이터의 정확한 전송을 보장하는 기능
다중화 (Multiplexing)	하나의 통신로를 다수의 사용자가 동시에 사용할 수 있게 하는 기능

05 다음 중 통신 프로토콜의 특성으로 알맞지 <u>않은</u> 것은?

① 두 개체 사이의 통신 방법은 직접 통신과 간접 통신 방법이 있다.

② 프로토콜은 단일 구조 또는 계층적 구조로 구성될 수 있다.

③ 프로토콜은 대칭적이거나 비대칭적일수 있다.

④ 프로토콜은 반드시 표준이어야 한다.

프로토콜 특성

• 두 개체 사이의 통신 방법은 직접 통신과 간접 통신 방법이 있다.
• 프로토콜은 단일 구조 또는 계층적 구조로 구성될 수 있다.
• 프로토콜은 대칭적이거나 비대칭적일 수 있다.
• 컴퓨터를 이용한 온라인(On-Line) 시스템 등장 이후 필요성이 제기되었다.
• 통신 프로토콜의 표준화가 제기되면서 국제전기통신연합(ITU)에서 패킷 교환망용 X.25를 표준화하였다.
• 기능별 계층(Layer)화 프로토콜 기술을 채택하는 네트워크 아키텍처로 발전하게 되었다.

06 다음 중 통신 프로토콜의 기능과 관계가 <u>없는</u> 것은?

① 오류 제어
② 흐름 제어
③ 보안 제어
④ 연결 제어

프로토콜의 기능

기능	설명
단편화와 재조립	• 단편화(Fragmentation) : 주어진 데이터를 효율적으로 전송하기 위해 전송 가능한 일정한 크기의 작은 데이터 블록으로 나누는 것 • 재조립(Reassembly) : 수신측에서 분리된 데이터를 적합한 메시지로 재합성하는 과정
캡슐화 (Encapsulation)	데이터에 주소, 에러 검출 부호, 프로토콜 제어 등의 각종 제어 정보를 추가하여 하위 계층으로 내려보내는 과정
연결 제어 (Connection Control)	연결 설정, 데이터 전송, 연결 해제의 3단계로 연결을 제어하는 기능
흐름 제어 (Flow Control)	• 수신부에서 처리할 수 있는 데이터 분량만큼 송신부에서 조절하는 기능 • 인터넷에서는 종단간(End-to-End) 흐름 제어는 전송계층이 담당
오류 제어 (Error Control)	전송 중에서 발생하는 오류를 검출하거나 정정하는 기능
동기화 (Synchronization)	두 개의 통신 개체가 동시에 같은 상태를 유지하도록 하는 기능
주소 지정 (Addressing)	주소를 표기하여 데이터의 정확한 전송을 보장하는 기능
다중화 (Multiplexing)	하나의 통신로를 다수의 사용자가 동시에 사용할 수 있게 하는 기능

SECTION 04 국제표준 프로토콜 계층구조

기출 분석

연도	19년	20년	21년	22년	23년
문제 수	14	16	16	7	1

01 OSI 7계층 프로토콜

1) OSI 7계층 정의
네트워크 통신에서 신뢰성 있는 정보 전송을 위해 국제표준기구에서 표준화된 네트워크 구조를 제시한 기본 모델이다.

2) OSI 7계층 기능

기능	설명
응용 계층	• 사용자가 네트워크에 접근할 수 있도록 인터페이스를 제공하는 계층으로 사용자에게 가장 직접적으로 보이는 부분 • HTTP, SMTP, FTP, SNMP 등
표현 계층	• 응용 프로그램 형식을 네트워크 형식으로 변환하고, 정보의 형식 설정과 코드 교환 암호화 및 판독기능을 수행 • MPEG, JPEG, MIDI 등
세션 계층	실제 네트워크 연결이 이루어지는 계층으로 프로세스 간의 통신을 제어하고, 동기화 제어, 연결, 세션 관리 등을 수행
전송 계층	• 종점 간의 오류수정과 흐름 제어를 수행하여 신뢰성 있고 투명한 데이터 전송을 제공 • 1~3계층을 사용하여 종단점 간 신뢰성 있는 데이터 전송 • TCP, UDP
네트워크 계층	• 교환, 중계, 경로 설정 등을 수행하는 계층으로 라우터들을 바탕으로 데이터를 패킷 단위로 잘게 쪼개어 전송하는 역할을 수행 • IP, IPX, ICMP, ARP 등
데이터 링크 계층	• 물리적 링크를 통해 동기화, 오류 제어, 흐름 제어, 입출력 제어, 회선 제어, 동기 제어 등의 신뢰성 있는 정보를 전송 • HDLC, BSC, 등
물리 계층	• 전송 매체에서의 전기적 신호 전송 기능과 제어 및 클럭 신호의 제공을 담당하고 전기적, 기계적, 절차적 사항 등을 규정 • RS-232, RS-485 등

3) OSI 7계층 목적
• 시스템 상호 간에 접속하기 위한 개념을 규정한다.
• OSI 표준을 개발하기 위한 범위를 선정한다.
• 관련 규격의 적합성을 조정하기 위한 공통적인 기반을 제공한다.
• 개발, 유지보수, 업그레이드, 장비 교체 등을 용이하게 한다.
• 각 계층을 독립적으로 구분하여 문제를 특정 계층으로 한정시키고 해결의 효율을 높인다.

4) 개방형 시스템

① OSI의 개방형 시스템 : OSI는 Open Systems Interconnection의 약자로 누군가에게 독점적으로 이용되는 것이 아니라 OSI를 따르기를 원하는 누구라도 OSI를 이용할 수 있다.

② OSI 모델에서 개방형 시스템 간의 연결을 모델화하기 위한 요소
- **개방형 시스템** : 컴퓨터, 단말기, 통신, 제어장치 등과 같은 응용 프로세스 간의 데이터 통신 기능을 제공한다.
- **응용 개체** : 네트워크상에서 동작하는 응용 프로그램과 시스템 운영 및 관리 프로그램이다.
- **연결** : 응용 개체 사이를 서로 연결하는 논리적인 데이터 통신 회선 기능이다.
- **전송 미디어** : 데이터링크 등과 같이 네트워크 시스템 간의 데이터를 전송한다.

02 전송 제어

1) 전송 제어 정의

전송 제어는 데이터를 목적지에 정확하게 전송하기 위한 송/수신 장치 간의 절차적 규약이다.

2) 전송 제어 절차
- **회선 접속(제1단계)** : 회선의 물리적 연결을 한다.
- **데이터 링크 확립(제2단계)** : 데이터 송수신을 위한 논리적인 경로를 구성한다.
- **정보 전송(제3단계)** : 전송로에서의 에러를 검출, 교정하는 제어를 받으며 전송한다.
- **데이터링크 해제(제4단계)** : 데이터의 전송이 종료되면 논리적 연결을 해제한다.
- **회선 절단(제5단계)** : 연결된 회선을 절단한다.

3) HDLC(High-level Data Link Control)

① **방식**
- 특수한 플래그를 메시지의 처음과 끝에 둔 후 비트 메시지를 구성하여 전송하는 방식이다.
- SDLC에서 발전된 데이터링크 프로토콜로서 기본특성이 유사하다.
- 주국(1차국), 종국(2차국), 혼합국으로 구성되며 주국에서 전송되는 메시지를 명령이라고 정의하고, 이에 대한 종국의 회신을 응답이라고 한다.
- 주국(명령 송신 및 응답 프레임을 수신), 종국(주국의 명령 수신 및 응답), 복합국(명령, 응답 모두를 송수신)

② **구조(1Frame)**

플래그 (8비트)	주소부	제어부	정보데이터	FCS (에러검사부)	플래그 (8비트)
01111110	8비트	8비트	n비트	16비트	01111110

구분	내용
플래그	01111110으로서 프레임의 시작과 종료를 표시
주소부	목적지 주소를 기록하는 부분
제어부	주소부에서 지정하는 2차 국에 대한 동작을 명령하고 흐름/오류 제어 수행

FCS	오류검출기능 수행
정보데이터	정보 메시지와 제어 정보

③ HDLC 특성
- 단방향, 반이중, 전이중 전송방식 모두 가능하다.
- 오류제어를 위해 Go-Back-N ARQ 및 Selective ARQ 방식을 사용한다.
- 전송 효율과 신뢰성이 높다.
- Point-To-Point, Multipoint, Loop 방식은 모두 가능하다.

④ 제어필드 형식에 따른 프레임
- **정보-프레임(I-프레임, Information Frame)** : 사용자 데이터를 전송하는 데 사용한다.
- **감독-프레임(S-프레임, Supervisory Frame)** : 에러 제어와 흐름 제어를 위해 사용한다.
- **번호를 갖지 않는 프레임(U-프레임, Unnumbered Frame)** : 보조 링크 제어 기능을 제공한다.

⑤ 프레임
- 수신준비(RR), 수신 불가(PNR), 거절(REJ), 선택적 거절(SREJ)의 4가지 기능을 제공한다.
- 프레임은 Flag-주소부-제어부-정보부-FCS-Flag로 구성되어 있다.

⑥ 주소부(Address Field)
- 주소는 전송할 목적지 스테이션의 주소를 의미한다.
- 8비트로 표시하면 필요시에는 사전에 합의하에 확장이 가능하다.
- 주소부를 확장하려면 각 바이트의 첫 비트값이 0이면 다음 바이트도 주소로 사용한다는 의미이다.
- 첫 번째 비트가 1이면 주소부의 마지막 바이트를 나타낸다.
- 주소부의 모든 비트가 1인 경우는 global address로 모든 국(스테이션)에 대한 프레임 전달용으로 사용하고, 모든 비트가 0인 경우는 no station address로 모든 국에 대한 시험용으로 사용한다.

4) BSC(Binary Synchronous Control)
① **방식** : 특수문자인 SOH · STX · ETX · EOT 등을 사용하여 메시지의 처음과 끝을 나타내도록 하여 전송하는 방식이다.

② **구조(1Frame)**

SYN	SYN	SOH	Heading	STX	TEXT	ETX/ETB	BCC
동기문자	동기문자	헤딩시작	수신국 주소	헤딩종료 본문시작	본문	본문종료	오류검출
헤더					Payload	트레일러	

제어 문자	의미	제어 문자	의미
SYN	문자의 동기를 유지	ETX	텍스트의 끝
SOH	정보 메시지의 헤딩 시작	ETB	전송 블록의 끝
STX	텍스트 시작 및 헤딩 종료	BCC	오류검출을 위한 코드

③ BSC 특성
- 반이중(Half-Duplex)방식에서만 사용할 수 있다.
- Stop&Wait ARQ 방식을 사용한다.
- Point-To-Point, Multipoint 방식만 가능하고 Loop 방식은 불가능하다.
- 신뢰성과 효율성이 낮다.

5) X.25

① 개념
- X.25는 데이터 단말장치와 데이터 회선 종단장치 간의 인터페이스를 제공하며, 통신을 원하는 두 단말 장치가 패킷 교환망을 통해 패킷을 원활하게 전달하기 위한 프로토콜이다.

② 계층구조

구분	설명
패킷 계층	• OSI 7계층의 네트워크 계층에 해당 • 패킷 계층의 수행 절차 : 호 설정 - 데이터 전송 - 호 해제 • 호 설정 후, 호 해제 시까지 가상회선을 이용하여 통신 경로를 유지
프레임 계층	• OSI 7계층의 데이터 링크 계층에 해당 • 패킷의 원활한 전송을 지원 • 다중화, 순서 제어, 오류 제어, 흐름 제어기능 등 • LAPB를 사용
물리 계층	• DE와 DCE 간의 물리적 접속에 관한 인터페이스 정의 • X.21을 사용

6) 프레임 릴레이(Frame Relay)

① 개념
- LAN 간 또는 광역통신망(WAN) 내 단말 지점 간 데이터 전송의 비용을 효율적으로 하기 위해 고안된 통신기술이다.
- X.25 패킷 교환기술에서 발전한 기술로, 데이터를 프레임 단위로 분할하고 네트워크를 통해 전송하는 방식으로 동작한다.

② 장점
- X.25에 비해 전송지연이 작고, 대역폭이 절약되며 하드웨어 구현 비용이 적게 든다.
- 데이터 링크 프로토콜을 프레임 릴레이에 인터페이스 시키기 쉽고 프로토콜이 투명하다.
- 임의 대역폭 조정이 가능하며, 전송의 효율성과 속도는 높고 전송지연은 작다.

23.3, 20.9
01 OSI 참조모델에서 컴퓨터, 단말기, 통신 제어장치, 단말기 제어장치 등과 같은 응용 프로세서 간에 데이터 통신 기능을 제공하는 요소는?

① 개방형 시스템
② 응용 개체
③ 연결
④ 전송 미디어

OSI 모델에서 개방형 시스템 간의 연결을 모델화하기 위한 요소
• **개방형 시스템** : 컴퓨터, 단말기, 통신, 제어장치 등과 같은 응용 프로세스 간의 데이터 통신 기능을 제공한다.
• **응용 개체** : 네트워크상에서 동작하는 응용 프로그램과 시스템 운영 및 관리 프로그램이다.
• **연결** : 응용 개체 사이를 서로 연결하는 논리적인 데이터 통신 회선 기능이다.
• **전송 미디어** : 데이터링크 등과 같이 네트워크 시스템 간의 데이터를 전송한다.

22.10, 22.3, 21.10, 21.6, 20.9
02 OSI 7계층 모델 중 각 계층의 기능에 대한 설명으로 **틀린** 것은?

① 물리 계층 – 전기적, 기계적, 절차적 기능 정의
② 데이터 링크 계층 – 흐름 제어, 에러 제어
③ 네트워크 계층 – 경로 설정 및 네트워크 연결 관리
④ 전송 계층 – 코드 변환, 구문 검색

OSI 모델 기능

기능	설명
응용 계층	• 사용자가 네트워크에 접근할 수 있도록 인터페이스를 제공하는 계층으로 사용자에게 가장 직접적으로 보이는 부분 • HTTP, SMTP, FTP, SNMP 등
표현 계층	• 응용 프로그램 형식을 네트워크 형식으로 변환하고, 정보의 형식 설정과 코드 교환 암호화 및 판독기능을 수행 • MPEG, JPEG, MIDI 등
세션 계층	실제 네트워크 연결이 이루어지는 계층으로 프로세스 간의 통신을 제어하고, 동기화 제어, 연결, 세션 관리 등을 수행
전송 계층	• 종점 간의 오류수정과 흐름 제어를 수행하여 신뢰성 있고 투명한 데이터 전송을 제공 • 1~3계층을 사용하여 종단점 간 신뢰성 있는 데이터 전송 • TCP, UDP
네트워크 계층	• 교환, 중계, 경로 설정 등을 수행하는 계층으로 라우터들을 바탕으로 데이터를 패킷 단위로 잘게 쪼개어 전송하는 역할을 수행 • IP, IPX, ICMP, ARP 등
데이터 링크 계층	• 물리적 링크를 통해 동기화, 오류 제어, 흐름 제어, 입출력 제어, 회선 제어, 동기 제어 등의 신뢰성 있는 정보를 전송 • HDLC, BSC, 등
물리 계층	• 전송 매체에서의 전기적 신호 전송 기능과 제어 및 클럭 신호의 제공을 담당하고 전기적, 기계적, 절차적 사항 등을 규정 • RS–232, RS–485 등

정답 **01** ① **02** ④

03 다음 중 네트워크 계층에서 전달되는 데이터 전송 단위로 옳은 것은?

① 비트(Bit)
② 프레임(Frame)
③ 패킷(Packet)
④ 데이터그램(Datagram)

OSI 모델 각 계층의 데이터 단위

계층	형태
응용 계층	Message
표현 계층	Message
세션 계층	Message(Record)
전송 계층	Message(Segment)
네트워크 계층	Packet
데이터 링크 계층	Frame
물리 계층	Bit

04 다음 중 LAN 장비에서 네트워크 계층의 연결 장비인 것은?

① Router
② Bridge
③ Repeater
④ Hub

네트워크 장비

계층	형태
응용 계층	L7 스위치, 게이트웨이
표현 계층	–
세션 계층	–
전송 계층	L4 스위치
네트워크 계층	라우터
데이터 링크 계층	브리지
물리 계층	리피터, 허브

05 데이터 링크 계층(Data link Layer)에서 전송 제어 프로토콜의 절차 단계 중 옳은 것은?

① 데이터 링크 설정 → 회선 접속 → 정보 전송 → 회선 절단 → 데이터 링크 해제
② 정보 전송 → 회선 접속 → 데이터 링크 설정 → 데이터 링크 해제 → 회선 절단
③ 회선 접속 → 데이터 링크 설정 → 정보 전송 → 데이터 링크 해제 → 회선 절단
④ 회선 접속 → 데이터 링크 설정 → 데이터 링크 해제 → 회선 절단 → 정보 전송

전송 제어 절차
• 회선 접속(제1단계) : 회선의 물리적 연결을 한다.
• 데이터 링크 설정(제2단계) : 데이터 송수신을 위한 논리적인 경로를 구성한다.
• 정보 전송(제3단계) : 전송로에서의 에러를 검출, 교정하는 제어를 받으며 전송한다.
• 데이터 링크 해제(제4단계) : 데이터의 전송이 종료되면 논리적 연결을 해제한다.
• 회선 절단(제5단계) : 연결된 회선을 절단한다.

06 다음 중 HDLC 프로토콜에 대한 설명으로 옳지 않은 것은?

① 바이트 방식의 프로토콜이다.
② 단방향, 반이중, 전이중방식 모두 사용이 가능하다.
③ 데이터 링크 계층의 프로토콜이다.
④ 오류제어방식으로 ARQ 방식을 사용한다.

HDLC 특성
• 단방향, 반이중, 전이중 전송방식 모두 가능하다.
• 오류 제어를 위해 Go-Back-N ARQ 및 Selective ARQ 방식을 사용한다.
• 전송 효율과 신뢰성이 높다.
• 1차국(=주국, 명령 송신 및 응답 프레임을 수신), 2차국(=종국, 1차국의 명령 수신 및 응답), 복합국(명령, 응답 모두를 송수신)으로 구성되어 있다.
• Point-To-Point, Multi-point, Loop 방식은 모두 가능하다.
• 데이터 링크 계층의 프로토콜이다.

정답 03 ③ 04 ① 05 ③ 06 ①

SECTION 05 흐름 제어, 오류 제어, MAC 주소

출제빈도 상 중 하

기출 분석

연도	19년	20년	21년	22년	23년
문제 수	2	2	0	7	6

01 흐름 제어

1) 흐름 제어 정의

- 수신 버퍼 크기가 송신 버퍼보다 작을 때 발생하는 에러를 제어하는 기술
- 전송 단이 수신 단으로부터 확인 응답(ACK)을 받기 전에 전송하는 Data의 양을 수신 단에서 설정한 크기만큼 조절

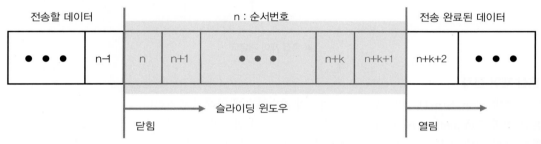

▲ 흐름 제어 개념도

① 대표적인 흐름 제어 기법인 슬라이딩 윈도우는 송신측이 ACK를 수신하지 않아도 수신측에서 설정한 윈도우 크기만큼의 데이터를 전송하여 흐름을 동적으로 조절하는 제어 알고리즘이다.

② 슬라이딩 윈도우는 윈도우 안에서 전송스테이션이 PDU(Protocol Data Unit)를 전송하는 기법이다.
- 윈도우는 전송 및 수신측에서 만들어진 버퍼의 크기를 의미한다.
- 송신측에서 ACK 프레임을 수신하면 윈도우 크기가 늘어난다.
- ACK 수신 없이 여러 개의 프레임을 연속적으로 전송할 수 있다.

2) 흐름 제어 절차

① **송신자** : 윈도우 크기만큼 패킷을 보내고, 마지막 패킷의 Sequence를 기다린다.

② **수신자**
- 수신받은 패킷 윈도우의 마지막 Sequence를 보낸다.
- 만약 (1, 2, 4, 5)처럼 중간 패킷 '3'이 손실된 경우 2에 대한 ACK를 보내 3을 받는다.

③ **송신자** : 수신된 ACK 값이 마지막이 아니면, 수신한 값부터 윈도우 마지막까지 재송신한다.

02 혼잡 제어

1) 혼잡 제어 정의
- 사용자 트래픽의 양이 네트워크로 유입될 때 네트워크 용량을 초과하지 않도록 유지시키는 제어 기술이다.
- 트래픽 양이 네트워크 용량을 초과하여 혼잡상태가 되면, 느린 출발 알고리즘과 혼잡 회피 알고리즘을 기반으로 하여 혼잡 제어를 수행하게 된다.

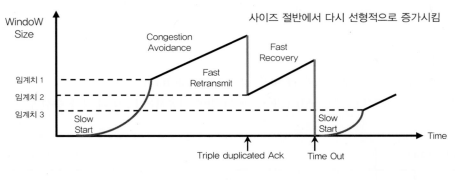

▲ 혼잡 제어 개념도

2) 혼잡 제어 절차
- **느린 출발(Slow Start)** : 윈도우의 크기가 2의 지수함수에 비례해 증가한다.
- **혼잡 회피(Congestion Avoidance)** : 윈도우의 크기가 임계치 이후 선형적(Linear)으로 증가한다.
- **빠른 재전송(Fast Retransmit)** : 3개의 중복 ACK 수신 시, 윈도우 크기를 절반으로 감소시킨다.
- **빠른 회복(Fast Recovery)** : 재전송 이후 '느린 출발' 없이 '혼잡 회피' 상태로 전송한다.

03 오류 제어

1) 오류 제어 정의
- 전송정보의 신뢰성을 보장하기 위해 부호 오류를 검출하고, 정확한 정보를 재현하는 기술이다.
- 오류를 정정하는 FEC(순방향 오류 정정)와 오류검출부호를 사용하는 ARQ(자동 재전송 요구) 기법이 있다.

2) ARQ(Automatic Repeat Request)
송신측에서 전송하는 프레임 내에 삽입된 오류검출 코드를 수신측에서 검사하고, 오류확인 시 송신측으로 오류 사항을 알리고 재전송받는 방법이다.

① Stop N Wait ARQ
- 송신측에서 전송한 하나의 블록에 대해 수신측이 오류 발생 점검을 완료하고 ACK나 NAK을 보내올 때까지 기다리는 방식이다.
- ARQ 방식 중에서 가장 간단하다.
- 착오 검출 능력이 우수한 부호를 사용해야 한다.
- 신호를 재전송할 역 CH(Reverse CH : 수신측에서 ACK나 NAK를 송신측으로 보내기 위한 CH)이 필요하다.
- BSC Protocol에서 채택(Half-duplex에서 이용)하고 있다.
- 데이터 통신시스템의 buffer 메모리 용량은, 전송되는 데이터 block 가운데 가장 큰 block을 저장할 수 있어야 한다.

② Go Back N ARQ
- 오류가 발생하거나 NAK이 발생한 프레임부터 다시 재전송하는 기법이다.
- HDLC protocol에서 채택하고 있다.

③ Selective Repeat ARQ
- 프레임 도착순서에 영향을 받지 않고 오류가 발생한 프레임만 재전송하는 기법이다.
- HDLC 및 SDLC protocol에서 채택하고 있다.
- 복잡한 논리회로와 큰 용량의 Buffer가 필요하다.
- 수신 단에서 데이터를 처리하기 전에 원래 순서대로 조립해야 한다.

④ 적응형 ARQ(Adaptive ARQ)
- 에러 발생 비율이 높아 데이터 재전송 요청 비율이 높은 경우에는 Block의 크기를 줄이고, 데이터 재전송 요청 비율이 낮은 경우에는 Block의 크기를 키우는 기법이다.
- 채널의 효율을 최대로 하기 위하여, Block의 크기를 동적으로 변경할 수 있다.
- 복잡한 기법으로, Block 크기 변경에 기인하여 채널의 유휴시간이 발생한다.
- 일반 통신 Protocol에는 적용하지 않는다.

3) FEC(Forward Error Correction)
송신측에서 추가한 오류 제어용 잉여 비트를 이용하여, 수신측에서 오류검출 시 직접 수정하는 오류 제어 방법이다.

① **해밍코드** : 기존의 데이터에 특정 규칙을 가진 여러 개의 짝수 패리티 비트를 삽입하여 새로운 데이터를 만들며 수신측에서는 이 짝수 패리티 비트들을 검사해서 오류를 검출하고 수정한다.

② **콘볼루션 코드** : 수신 단에서 오류 발생 시 과거의 입력값으로 현재 입력값을 판단함으로써 오류를 정정한다.

③ **CRC(Cyclic Redundancy Check) 방식**
- 다항식 코드를 이용하여 집단 에러를 검출하는 방식으로 체크 값을 이용하여 오류를 검사하여 오류 여부를 확인한다.
- 수신측에서는 전송된 신호를 생성 다항식으로 나누어 나머지가 없으면 오류가 없다고 판단한다.

04 MAC 주소

1) MAC 주소 정의

- 네트워크상에서 장치를 개별로 구분하기 위해서 할당된 물리적 주소를 의미한다.
- MAC 주소를 알기 위해서는 IP주소를 MAC 주소로 변환해야 하며, 이를 위해서는 ARP(Address Resolution Protocol) 과정이 필요하다.

2) 네트워크 통신방식

구분	유니캐스트	멀티캐스트	브로드캐스트	애니캐스트
개념	출발지와 목적지가 명확한 일대일 통신	특정된 그룹에 모두 보내는 방식	같은 네트워크의 모든 노드에게 보내는 방식	가장 가까운 노드와 통신
개념도				
특징	출발지와 목적지의 MAC 주소가 동일	특정 그룹을 지정하여 보내는 방식 (MAC 주소 : 01:00:5E:XX:XX:XX)	주로 IP는 알지만, MAC 주소를 모를 때 사용 (MAC 주소 : FF:FF:FF:FF:FF:FF)	수신 가능한 한 노드에만 전송

23.6
01 OSI 7계층 중 시스템 간의 전송로 상에서 순서 제어, 오류 제어, 회복처리, 흐름 제어 등의 기능을 실행하는 계층은?

① 물리 계층
② 트랜스포트 계층
③ 데이터 링크 계층
④ 세션 계층

OSI 모델 기능

기능	설명
응용 계층	• 사용자가 네트워크에 접근할 수 있도록 인터페이스를 제공하는 계층으로 사용자에게 가장 직접적으로 보이는 부분임 • HTTP, SMTP, FTP, SNMP 등
표현 계층	• 응용 프로그램 형식을 네트워크 형식으로 변환하고, 정보의 형식 설정과 코드 교환 암호화 및 판독기능을 수행 • MPEG, JPEG, MIDI 등
세션 계층	실제 네트워크 연결이 이루어지는 계층으로 프로세스 간의 통신을 제어하고, 동기화 제어. 연결, 세션 관리 등을 수행
전송 계층	• 종점 간의 오류수정과 흐름 제어를 수행하여 신뢰성 있고 투명한 데이터 전송을 제공 • 1~3계층을 사용하여 종단점 간 신뢰성 있는 데이터 전송 • TCP, UDP
네트워크 계층	• 교환, 중계, 경로 설정 등을 수행하는 계층으로 라우터들을 바탕으로 데이터를 패킷 단위로 잘게 쪼개어 전송하는 역할을 수행함 • IP, IPX, ICMP, ARP 등
데이터 링크 계층	• 물리적 링크를 통해 동기화, 오류 제어, 흐름 제어, 입출력 제어, 회선 제어, 동기 제어 등의 신뢰성 있는 정보를 전송 • HDLC, BSC, 등
물리 계층	• 전송 매체에서의 전기적 신호 전송 기능과 제어 및 클럭 신호의 제공을 담당하고 전기적, 기계적, 절차적 사항 등을 규정 • RS-232, RS-485 등

23.6
02 다음 중 네트워크의 호스트 간 패킷 전송에서 슬라이딩 윈도우 흐름 제어 기법에 대한 설명으로 **틀린** 것은?

① 송신측에서 ACK(확인 응답) 프레임을 수신하면 윈도우 크기가 늘어난다.
② 윈도우는 전송 및 수신측에서 만들어진 버퍼의 크기를 말한다.
③ ACK(확인 응답) 수신 없이 여러 개의 프레임을 연속적으로 전송할 수 있다.
④ 네트워크에 혼잡현상이 발생하면 윈도우 크기를 1로 감소시킨다.

슬라이딩 윈도우는 흐름제어의 한 기법이며, 네트워크에 혼잡현상이 발생 시 윈도우 크기를 1로 감소시키는 것은 혼잡 제어 절차 중 느린 시작(Slow Start)의 경우에 해당한다.

슬라이딩 윈도우 특징
• 송신측에서 ACK 프레임을 수신하면 윈도우 크기가 늘어난다.
• 윈도우는 전송 및 수신측에서 만들어진 버퍼의 크기를 의미한다.
• ACK 수신 없이 여러 개의 프레임을 연속적으로 전송할 수 있다.
• 윈도우 안에서 전송스테이션이 PDU(Protocol Data Unit)를 전송하는 기법이다.

정답 01 ③ 02 ④

03 다음 중 네트워크 내 혼잡현상을 해결하기 위해 사용되는 제어 기법이 <u>아닌</u> 것은?

① 패킷 폐기 방법
② 선택적 재전송 방법
③ 버퍼 사전 할당 방법
④ 쵸크 패킷 제어 방법

혼잡제어
혼잡제어는 네트워크의 혼잡 상태를 파악하고 그 상태를 해결하기 위해 데이터 전송을 제어하는 것을 의미한다

기법	설명
패킷 폐기 기법	혼합 검출시 입력 패킷을 확률적으로 폐기함으로써 망 내부에서 혼잡 발생을 사전에 방지
버퍼 사전 할당 기법	버퍼에 overflow가 발생해 패킷 지연, 손실 등 문제가 발생하는데, 적당한 크기의 버퍼를 할당하여 문제 방지
초크패킷 제어 기법	전용 개별 초크패킷을 사용하여 혼잡 발생을 사전에 방지
패킷 분할과 병합 기법	데이터가 클 경우 패킷을 분할하여 전송하고 수신단에서 분할된 패킷을 다시 모으는 방식

04 프로토콜의 기능 중 송신측 개체로부터 오는 데이터의 양이나 속도를 수신측 개체에서 조절하는 기능은 무엇인가?

① 연결 제어
② 에러 제어
③ 흐름 제어
④ 동기 제어

흐름 제어
수신 버퍼 크기가 송신 버퍼보다 작을 때 발생하는 에러를 제어하는 기술로서 전송 단이 수신 단으로부터 ACK를 받기 전에 전송하는 Data의 양을 수신 단에서 설정한 크기만큼 조절하는 제어 기술이다.

혼잡 제어
사용자 트래픽의 양이 네트워크로 유입될 때 네트워크 용량을 초과하지 않도록 유지시키는 제어 기술이다.

오류 제어(에러 제어)
전송정보의 신뢰성을 보장하기 위해 부호 오류를 검출하고, 정확한 정보를 재현하는 기술이다.

05 다음 그림은 16진수 열두 자리로 표기된 MAC 주소를 나타낸다. 모든 필드가 FFFF, FFFF, FFFF로 채워져 있을 때 이에 해당되는 MAC 주소는?

16진수로 표기된 MAC 주소

① 유니캐스트 주소
② 멀티캐스트 주소
③ 브로드캐스트 주소
④ 멀티 브로드캐스트 주소

네트워크 통신방식

구분	유니캐스트	멀티캐스트	브로드캐스트	애니캐스트
개념	출발지와 목적지가 명확한 일대일 통신	특정된 그룹에 모두 보내는 방식	같은 네트워크의 모든 노드에게 보내는 방식	가장 가까운 노드와 통신
개념도				
특징	출발지와 목적지의 MAC 주소가 동일	특정 그룹을 지정하여 보내는 방식 (MAC 주소 : 01:00:5E:XX :XX:XX)	주로 IP는 알지만, MAC 주소를 모를 때 사용 (MAC 주소 : FF:FF:FF:FF :FF:FF)	수신 가능한 한 노드에만 전송

SECTION 06 인터넷(IP) 주소 체계, 서브네팅(CIDR, VLSM)

출제빈도 상 중 하

📋 기출 분석

연도	19년	20년	21년	22년	23년
문제 수	4	3	4	14	4

01 인터넷(IP) 주소

1) IP주소 정의

TCP/IP 프로토콜을 사용하여 통신하는 컴퓨터 네트워크에서 송신장치와 수신장치가 서로를 식별하고 통신하기 위한 고유의 주소이다.

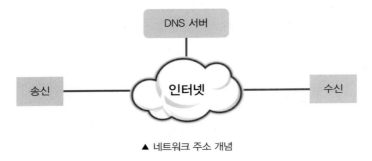

▲ 네트워크 주소 개념

02 IPv4

1) IPv4 주소 정의

IPv4는 32비트로 이루어져 약 40억 개의 서로 다른 주소로 표현될 수 있는 주소체계이다.

2) IPv4 주소 클래스

IP주소는 네트워크 부분과 호스트 부분으로 구별되며, 네트워크 부분의 값에 따라 A, B, C, D, E 클래스로 구분된다.

클래스	설명
A 클래스	첫 비트가 '0'으로 시작하며, 네트워크 주소 8bit, 호스트 주소 24bit
B 클래스	첫 비트가 '10'으로 시작하며, 네트워크 주소 16bit, 호스트 주소 16bit
C 클래스	첫 비트가 '110'으로 시작하며, 네트워크 주소 24bit, 호스트 주소 8bit
D 클래스	멀티캐스트 용도
E 클래스	향후 사용을 위해 남겨진 주소

3) 서브넷(Subnet, Sub Network)

① 정의

- 하나의 네트워크를 논리적으로 분할한 작은 크기의 네트워크로, 각각의 서브넷들이 모여 하나의 논리적인 네트워크를 구성한다.
- **서브넷팅의 목적**
  - IP주소를 효율적으로 사용할 수 있음
  - 트래픽의 관리 및 제어 가능
  - 불필요한 브로드캐스팅 메시지를 제한

② 서브넷 마스크

- 서브넷을 분할하는 수단으로, 로컬 네트워크의 범위가 조정된다.
- 라우터에서 서브넷 식별자를 구별하는 데 필요하다.
- 서브넷 마스크는 IP주소와 마찬가지로 32비트로 이루어져 있다.
- 서브넷 마스크의 비트열이 1이면 해당 IP주소의 비트열은 네트워크 주소 부분으로 간주된다.
- 목적지 IP주소의 비트열에 서브넷 마스크 비트열을 AND 연산하여 서브넷 마스크를 적용할 수 있다.
- **서브넷 마스크의 목적**
  - 네트워크의 부하 감소
  - 네트워크의 논리적 분할
  - 네트워크 ID와 호스트 ID의 구분

③ 디폴트 서브넷 마스크 : 네트워크를 나누지 않고 그대로 쓰는 경우에 사용한다.

- A 클래스 : 255.0.0.0
- B 클래스 : 255.255.0.0
- C 클래스 : 255.255.255.0

기적의 Tip 서브넷팅

Network ID의 부족을 해결하기 위해 Host ID의 일부분 비트를 서브 네트워크 ID로 사용하는 방법으로 주로 B 클래스 IP주소에 적용한다. Host ID 중에서 2개의 bit를 서브 네트워크 ID로 사용하면 4개의 서브 네트워크를 만들 수 있다.
- 네트워크 ID를 추가 확보함으로써 IP주소의 효율적 관리가 가능하다.
- 트래픽의 관리 및 제어가 가능하다.
- 서브 네트워크가 존재함으로 불필요한 브로드캐스팅을 제한할 수 있다.

---

4) VLSM(Variable Length Subnet Mask, 가변 길이 서브넷 마스크)

① 정의

- VLSM으로 기본 서브넷을 한 네트워크에서 또다시 서브넷을 하는 것을 의미한다.
- 서브넷이 동일한 네트워크에서 여러 마스크를 사용할 때 발생하며, VLSM을 사용하면 다양한 서브넷 계층으로 나눌 수 있다.

② VLSM 특징

- 라우팅 테이블의 크기가 줄어든다.
- IP주소의 낭비를 막아, IP를 효율적으로 사용한다.
- 경로 요약이 가능하다.
- VLSM을 지원하는 라우팅 프로토콜은 RIPv2, OSPF, EIGRP이다.

5) CIDR(Classless Inter-Domain Routing)

① 정의

• IPv4 주소한계의 해결을 위해 개발되었으며, 클래스 없는 도메인 간 라우팅 기법이다

• 고갈되어가는 IP주소를 기존의 클래스 기반 IP주소 할당 방식보다 더 효율적으로 사용할 수 있는 장점이 있다.

② CIDR 블록 : 클래스 기반의 IPv4와 달리 네트워크 주소와 호스트 식별자인 두 개의 숫자 그룹으로 구성된다.

③ CIDR 표기법

• IP주소 및 접미사로 표기한다.

• A.B.C.D/E : A부터 D까지는 IPv4 주소와 동일하게 8비트로 0~255까지인 10진수 수이며, 슬래시 뒤에 오는 수 E는 접두사 길이(Prefix Length)이다. 서브넷 마스크는 접두사 길이만큼 1로 시작하여 나머지는 0으로 채운다.

• IP와 서브넷 마스크를 함께 표기하며, IP/Subnet Bit 수와 같이 IP주소 뒤에 Subnet Bit로 표기한다.

• A.B.C.D/24 : 총 32비트 중 앞에서 24비트 이후의 4번째 옥텟(8비트)을 전부 사용할 수 있다는 표현으로, 하나의 옥텟은 8비트이므로 2^8=256개이다. 따라서 192.168.0.0/24는 192.168.0.0 ~ 192.168.0.255까지 사용할 수 있음을 의미한다.

④ CIDR 특징

• 별도 서브넷팅 없이 내부 네트워크를 임의로 분할 할 수 있다.

• 소수의 라우팅 항목으로 다수의 네트워크를 표현할 수 있다.

• 네트워크 식별자 범위를 자유롭게 지정할 수 있다.

• 네트워크 주소와 호스트 식별자인 두 개의 숫자 그룹으로 구성된다.

03 IPv6

1) IPv6 주소 정의

• IPv6는 IPv4의 주소를 32비트에서 128비트로 증가시키고, 기존 IPv4에서 문제가 된 부분을 해결한 프로토콜로 IETF에서 표준으로 채택하였다.

• IPv6 프로토콜은 기본 헤더와 확장 헤더로 나뉜다. 기본 헤더는 IPv4보다 단순하며, 기본필드를 8개 지원한다.

Version(4)	Priority(8)	Flow Label(20)	
Payload Length(16)		Next Header(8)	Hop Limit(8)
Source Address(128bit)			
Destination Address(128bit)			
Extension Header(확장헤더)			
Data			

▲ IPv6 헤더 구조

2) IPv6 헤더 구성 요소

구분	설명
Version	4비트 값으로 0110의 값을 가짐. IPv4는 0100임
Priority	패킷별 우선순위 전송. IPv4의 Service Type 필드와 유사
Flow label	QoS(Quality of Service) 기능 및 Flow 별 우선순위 제공, 실시간 서비스에서 사용
Payload Length	IP Datagram의 크기(데이터 전체 길이)
Next Header	상위 계층 Protocol 종류 표시 (TCP/UDP 등)
Hop Limit	패킷이 라우터에 의해 중개될 때마다 감소되며, 0이 되면 해당 패킷은 네트워크에서 사라짐. IPv4에서 TTL과 동일 (최대 255)

3) IPv6 주소체계

구분		설명
유니 캐스트	Global 유니캐스트	001로 시작, 외부에서 접속 가능한 공인 IP
	Link Local	주소는 FE80::/10으로 표현하며, 1개의 Link 상에서만 사용 가능
	Site Local	주소는 FEC0::/10으로 시작하며, Site 단위로 사용 가능
멀티캐스트		• 멀티캐스트 라우팅 프로토콜을 이용하여 송신측에서 수신측으로 전달됨 • IPv4의 Multicast와 동일
애니캐스트		네트워크상 수신이 가능한 노드 중 제일 가까운 노드로 연결됨
Hop Limit		IPv4에서 TTL과 동일 (최대 255)

4) IPv6와 IPv4의 특징 비교

구분	IPv6	IPv4
주소 길이	128비트	32비트
주소 개수	2^{128}개(43억×43억×43억×43억)	2^{32}개(약 43억)
주소 유형	유니/멀티/애니캐스트	유니/멀티/브로드캐스트
패킷 헤더	고정 사이즈	변동 사이즈
주소 할당 방법	CIDR 기반 계층적 할당(클래스)	A, B, C, D(멀티캐스트)클래스
헤더 필드수	8	12
이동성	가능	없음
플러그&플레이	자동 구성으로 지원	없음

01
23.6

클래스 B 주소를 가지고 서브넷 마스크(subnet mask) 255.255.255.240으로 서브넷을 만들었을 때 나오는 서브넷의 수와 호스트의 수가 맞게 짝지어진 것은?

① 서브넷 2,048 호스트 14
② 서브넷 14, 호스트 2,048
③ 서브넷 4,094 호스트 14
④ 서브넷 14, 호스트 4,094

서브넷 마스크 수와 호스트 수
• **클래스별 주소**
  – A 클래스 : 첫 비트가 '0'으로 시작하며, 네트워크 주소 8bit, 호스트 주소 24bit이다.
  – B 클래스 : 첫 비트가 '10'으로 시작하며, 네트워크 주소 16bit, 호스트 주소 16bit이다.
  – C 클래스 : 첫 비트가 '110'으로 시작하며, 네트워크 주소 24bit, 호스트 주소 8bit이다.
• **클래스 B의 디폴트 서브넷 마스크** : 255.255.0.0
• **서브넷 마스크** : 255.255.255.240은 다음과 같이 해석한다.
  – 호스트 주소 16bit 부분 255.240 → 11111111.11110000이다.
  – 호스트 주소 뒤 16bit 중 연속된 1이 위치한 12bit를 네트워크 주소로 사용한다는 의미이다.
  – 네트워크 주소는 앞 28bit이고 호스트 주소는 뒤 4bit이다.
  – 서브넷 수는 $2^{12} - 2 = 4,094$개
  – 호스트 수는 $2^4 - 2 = 14$개

02
19.3

다음 중 IP의 특성이 <u>아닌</u> 것은?

① 비접속형
② 신뢰성
③ 주소 지정
④ 경로 설정

IP 특성
• IP는 인터넷을 위한 네트워크층의 호스트 간 전달 프로토콜로 신뢰성이 없는 비접속성(비연결성)의 데이터그램 프로토콜이다.
• IP는 Best Effort Delivery 서비스를 제공하는데, 이는 IP에서 오류 제어나 흐름 제어를 제공하지 않는다는 의미이다.
• IPv4는 32bit, IPv6는 128bit 주소체계이며, 라우팅 기능을 통해 IP 주소를 이용한다.

03
23.6

인터넷상의 IP주소 할당 방식인 CIDR(Classless Inter Domain Routing) 형태로 192.168.128.0/20으로 표기된 네트워크가 가질 수 있는 IP주소의 수는?

① 512
② 1,024
③ 2,048
④ 4,096

CIDR 체계
• IP주소 및 접미사로 표기한다.
• A.B.C.D/E : A부터 D까지는 IPv4 주소와 동일하게 8비트로 0~255까지인 10진수 수이며, 슬래시 뒤에 오는 수 E는 접두사 길이(prefix length)이다. 서브넷 마스크는 접두사 길이만큼 1로 시작하여 나머지는 0으로 채운다.
• A.B.C.D/24 : 총 32비트 중 앞에서 24비트 이후의 4번째 옥텟(8비트)을 전부 사용할 수 있다는 표현으로, 하나의 옥텟은 8비트이므로 28 = 256개이다. 따라서 192.168.0.0/24는 192.168.0.0 ~ 192.168.0.255까지 사용할 수 있음을 의미한다.

192.168.128.0/20
• 192.168.128.0/20 : 32비트 중 20비트 이후의 12비트를 전부 사용할 수 있다는 표현이다.
• 즉, 192.168.128.0/20은 192.168.240.0~192.168.255.255까지 사용할 수 있다는 의미이다.
• IP주소의 수 = 2^{12} = 4,096개이다.

04 다음 중 네트워크 서브넷 마스크가 255.255.255.248일 때 CIDR 표기법으로 표시하면 어떤 숫자인가?

① 32
② 30
③ 29
④ 28

CIDR(Classless Inter-Domain Routing)
- A.B.C.D/E : A부터 D까지는 IPv4 주소와 동일하게 8비트로 0~255까지인 10진수 수이며, 슬래시 뒤에 오는 수 E는 접두사 길이(prefix length)이다. 서브넷 마스크는 접두사 길이만큼 1로 시작하여 나머지는 0으로 채운다.
- 255.255.255.248 = 11111111.11111111.11111111.11111000로 1이 29개가 연속되고 0이 3개이다. 따라서 IP/29가 된다.

05 IPv4 주소체계는 Class A, B, C, D, E로 구분하여 사용하고 있으며 Class C는 가장 소규모의 호스트를 수용할 수 있다. Class C가 수용할 수 있는 호스트 개수로 가장 적합한 것은?

① 1개
② 254개
③ 1,024개
④ 65,536개

IP 클래스
- 클래스별 주소
  - A 클래스 : 첫 비트가 '0'으로 시작, 네트워크 주소 8bit, 호스트 주소 24bit
  - B 클래스 : 첫 비트가 '10'으로 시작, 네트워크 주소 16bit, 호스트 주소 16bit
  - C 클래스 : 첫 비트가 '110'으로 시작, 네트워크 주소 24bit, 호스트 주소 8bit
- 클래스 C의 디폴트 서브넷 마스크 : 255.255.255.0
- 호스트 개수 : $2^8 - 2$(네트워크 주소, 브로드캐스트 주소 각 1개) = 254개

06 다음 중 IP 헤더의 구조에 속하지 <u>않는</u> 것은?

① 버전(Version)
② 헤더 길이(Header Length)
③ IP주소
④ 긴급 포인터(Urgent Pointer)

IPv4 헤더 구조

Version(4)	Header Length(4)	Service Type(8)	Total Length(16)	
Identification(16)			Flags(3)	Fragment Offset(13)
Time to Live(8)		Protocol(8)	Header Checksum(16)	
Source Address(32bit)				
Destination Address(32bit)				
Options				Padding

구분	설명
Version	4비트 값으로 0100의 값을 가짐
Header Length	헤더의 길이
Service Type	패킷별 우선순위 전송, IP Datagram의 서비스 형태
Total Length	IP Datagram의 크기(데이터 전체 길이)
Identification	• IP Datagram을 구분하기 위해서 사용 • IP Datagram이 단편화(Fragmentation) 되었을 때 어디에 속해 있는지 알 수 있음
Frags	IP Datagram의 단편화를 표현함
Fragmentation offset	IP Datagram의 단편화된 순서를 표현함
Time to Live	패킷이 라우터에 의해 중개될 때마다 감소되며, 0이 되면 해당 패킷은 네트워크에서 사라짐
Payload Length	IP Datagram 상위 계층의 프로토콜
Header Checksum	오류를 검출할 수 있는 정보

SECTION 07 TCP/IP, ARP, ICMP, IGMP

기출 분석

연도	19년	20년	21년	22년	23년
문제 수	2	3	3	5	6

01 TCP/IP

1) TCP/IP 정의

TCP/IP는 전송 제어 프로토콜과 인터넷 프로토콜로 구성되며, 인터넷으로 통신하는 데 있어 기반이 되는 프로토콜이다.

OSI 7 Layer Model		TCP/IP 프로토콜
응용 계층		
표현 계층		응용 계층
세션 계층		
전송 계층		전송 계층
네트워크 계층		인터넷 계층
데이터링크 계층		네트워크 인터페이스
물리 계층		

▲ OSI 7계층 모델과 TCP/IP 계층

2) TCP/IP 기능

기능	설명
응용 계층	• 사용자가 네트워크에 접근할 수 있도록 인터페이스를 제공하는 계층으로 사용자에게 가장 직접적으로 보이는 부분 • Telnet, HTTP, SMTP, FTP, SNMP 등
전송 계층	• 인터넷 계층으로부터 IP 패킷을 전달받아 응용계층으로 전달하거나, 그 반대의 역할을 수행 • TCP, UDP
인터넷 계층	• IP 패킷 형성, IP주소 작성, 경로 설정하고 패킷을 전달하는 역할을 수행 • IP, ARP, ICMP, IGMP 등
네트워크 인터페이스	• 물리적 인터페이스와 연관된 하드웨어를 제어하는 역할을 수행 • Ethernet, PPP, SONET/SDH 등

> **기적의 Tip** TCP/IP
>
> TCP는 연결형 서비스를 제공하고 신뢰성 있는 서비스를 제공하기 위해 흐름 제어와 오류 제어를 제공한다.
> • 흐름 제어는 슬라이딩 윈도우(Sliding Window Flow Control, SWFC)를 사용
> • 오류 제어는 Checksum, 확인 응답, 재전송, 연결관리창 제어 등을 사용

02 ARP(Address Resolution Protocol)

1) ARP 정의

ARP는 같은 네트워크에서 IP주소를 이용하여 MAC 주소를 알아 오는 프로토콜이다.

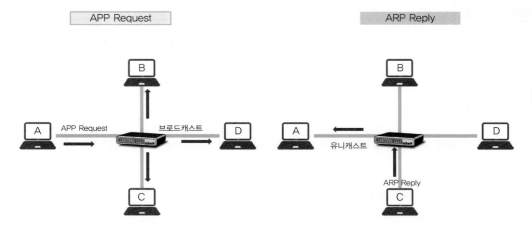

2) ARP 동작 절차

① A 컴퓨터는 스위치로 ARP Request Packet을 전송
② 스위치는 자신과 연결된 모든 포트에 ARP Request Packet을 브로드캐스트
③ 네트워크상의 모든 컴퓨터가 ARP Request Packet을 수신
④ 요청 대상에 해당하는 C 컴퓨터는 ARP Reply Packet에 IP주소와 MAC 주소 정보를 포함하여 A 컴퓨터에 유니캐스트

03 ICMP(Internet Control Message Protocol)

1) ICMP 정의

인터넷(IP) 계층에서 데이터를 전송하는 과정에서 전송오류가 발생하였을 때 오류 메시지를 전송하기 위한 프로토콜이다.

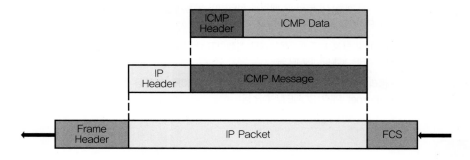

2) 대표적인 명령어

• ping : 대상 IP에 접속할 수 있는지 확인하기 위하여 응답을 요청하는 패킷을 보낸다.
• tracert(traceroute) : 목적지까지 도달하는 경로를 추적한다.

3) 주요 ICMP Error 보고 메시지

메시지	설명
Destination Unreachable	목적지에 도착할 수 없음을 의미
Redirection	라우팅 경로가 잘못되어 새로운 경로를 알려주는 메시지
Time Exceed	타임아웃이 발생하여 IP 패킷이 폐기됨을 의미
Echo Request	ping 테스트 시 네트워크 및 호스트의 상태진단으로 사용

04 IGMP(Internet Group Management Protocol)

1) IGMP 정의

• IGMP는 로컬 네트워크에서 멀티캐스팅 수행을 위해 사용하는 프로토콜이다.

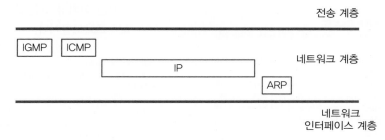

• IGMP, ICMP 등은 데이터 전송용 프로토콜이 아니라, 네트워크에서 발생한 변화를 알리는 데 사용되는 프로토콜이다.

2) IGMP 메시지 및 동작

메시지	설명
Joining	그룹 가입, 그룹에 가입하기 위해 라우터에 요청
Membership Query	멤버십 가입 메시지를 보내고 응답을 기다림
Membership Report	멤버십을 계속해서 유지하기를 원하는 보고 메시지
Leave Report	그룹탈퇴

3) IGMP Snooping

호스트와 라우터 사이의 스위치가 IGMP 메시지를 들을 수 있게 하는 기능이다.

01 TCP/IP 관련 프로토콜 중 응용 계층이 <u>아닌</u> 것은?

① SMTP

② ICMP

③ FTP

④ SNMP

응용 계층 프로토콜, IP 계층 프로토콜
- SMTP(Simple Mail Transfer Protocol) : 인터넷에서 전자메일을 보낼 때 사용하는 프로토콜
- FTP(File Transfer Protocol) : 인터넷을 통해 컴퓨터에서 컴퓨터로 파일을 전송하기 위해 사용하는 프로토콜
- SNMP(Simple Network Management Protocol) : 네트워크상에서 자동으로 정보를 수집하여 네트워크 관리를 하기 위한 프로토콜
- ICMP(Internet Control Message Protocol) : 인터넷 계층에서 데이터를 전송하는 과정에서 전송오류가 발생하였을 때 오류 메시지를 전송하기 위한 프로토콜

02 ARP(Address Resolution Protocol) 스푸핑은 몇 계층 공격에 해당하는가?

① 1계층

② 2계층

③ 3계층

④ 4계층

ARP(Address Resolution Protocol)
ARP는 같은 네트워크에서 IP주소를 이용하여 MAC 주소를 알아 오는 프로토콜이다.

ARP 스푸핑
- ARP 스푸핑 정의 : ARP 메시지를 변조시켜 특정 IP주소를 해커 자신의 MAC 주소로 연결시키고, 해당 IP로 전송되는 개인정보 등의 데이터를 가로채는 공격이다.
- ARP 스푸핑은 인터넷(IP) 계층에서 이루어진다.

03 다음 중 TCP/IP 프로토콜에 관한 설명으로 거리가 <u>먼</u> 것은?

① TCP/IP는 De jure(법률) 표준이다.

② IP는 ARP, RARP, ICMP, IGMP를 포함한다.

③ 인터넷에서 사용하는 프로토콜이다.

④ TCP는 신뢰성 있는 스트립 전송 포트 대 포트 프로토콜이다.

De jure/De facto
OSI 7계층은 De jure(법률) 표준이고, TCP/IP는 De facto(사실상) 표준이다.

TCP/IP
TCP/IP는 전송 제어 프로토콜과 인터넷 프로토콜로 구성되며, 인터넷으로 통신하는 데 있어 기반이 되는 프로토콜이다.

04 물리 주소(MAC Address)에 해당하는 IP주소를 얻는데 사용하는 프로토콜은?

① RIP

② ARP

③ RARP

④ ICMP

인터넷(IP) 계층 프로토콜
- RIP(Routing Information Protocol) : 거리-벡터(distance-vector) 라우팅을 이용하여 UDP/IP 상에서 가장 짧은 경로를 선택하는 라우팅 기법이다.
- ARP(Address Resolution Protocol) : 같은 네트워크에서 IP주소를 이용하여 MAC 주소를 알아 오는 프로토콜이다.
- RARP(Reverse Address Resolution Protocol) : 역순 주소 결정 프로토콜로서 ARP와 반대로 MAC 주소로부터 IP주소를 얻기 위한 프로토콜이다.
- ICMP(Internet Control Message Protocol) : 인터넷(IP) 계층에서 데이터를 전송하는 과정에서 전송오류가 발생하였을 때 오류 메시지를 전송하기 위한 프로토콜이다.

18.3

05 다음 중 브로드캐스트 주소(Broadcast Address)에 대한 설명으로 알맞은 것은?

① 데이터를 보낼 때 특정 노드에게만 데이터를 보낸다.
② 네트워크 주소에서 호스트의 비트가 모두 1인 주소이다.
③ 네트워크 검사용으로 예약된 주소이다.
④ 호스트 식별자에 127을 붙여서 사용한다.

네트워크 주소
각 네트워크에서 네트워크 주소는 가장 첫 번째 주소이고, 브로드캐스트 주소는 마지막 주소이다. 주소의 순서는 호스트 ID에 따르므로 첫 번째 주소는 호스트 ID가 모두 0이고 마지막 주소는 모두 1이다. 따라서 브로드캐스트 주소의 호스트 비트는 모두 1이어야 한다.

18.3

06 다음 중 도메인 네임(Domain Name)에 대한 설명으로 잘못된 것은?

① IP주소 대신 쉽게 기억할 수 있고, 이용도 쉽게 할 수 있도록 이름을 부여한 것이다.
② 소속 기관이나 국가에 따라서 계층적으로 형성되어 있다.
③ 호스트 명, 소속단체, 단체 성격, 소속국가의 형태를 가지고 있다.
④ 오른쪽으로 갈수록 하위 도메인에 속한다.

Domain Name(도메인 네임)
• IP주소는 숫자로 표현되어 사람이 기억하기 어렵다.
• 도메인 주소는 IP주소를 대신하여 쉽게 기억하고 이용할 수 있도록 알파벳으로 만든 주소이다.
• 도메인 네임은 소속된 기관이나 국가에 따라 계층적으로 구성된다.
• 오른쪽으로 갈수록 상위 도메인에 속한다.
  – xxx.university.ac.kr : 호스트 컴퓨터 이름(xxx), 소속기관 이름 (university), 기관/단체 성격(ac), 국가(kr)

IP주소 자원관리(DHCP), 이동 IP, 국제표준화 기구

출제빈도 상 중 하

🔖 기출 분석

연도	19년	20년	21년	22년	23년
문제 수	0	1	1	5	1

01 DHCP(Dynamic Host Configuration Protocol)

1) DHCP 정의

DHCP는 TCP/IP 통신을 하기 위한 동적 IP 할당 방식으로, 더 많은 가입자에게 IP를 할당하기 위한 프로토콜이다.

2) DHCP 동작 Sequence

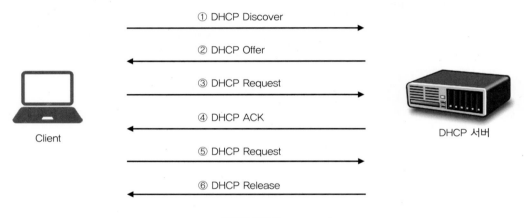

▲ DHCP 동작 Sequence

① **임대(Lease)** : IP를 할당해 주는 것을 의미한다.
- **Discover** : MAC 주소를 기반으로 IP주소를 받기 위해 Discover 패킷을 브로드캐스트 하는 과정이다.
- **Offer** : DHCP 서버가 사용 가능한 IP주소를 브로드캐스트 하는 과정으로 Discover를 보낸 호스트 이외의 다른 호스트는 패킷을 전부 폐기한다.
- **Request** : 할당받은 IP주소를 DHCP 서버에 승인 요청한다.
- **ACK** : IP주소를 할당하게 되는 과정으로 서버의 승인사항을 브로드캐스트 하는 과정이다.

② **갱신(Renewal)** : IP주소의 임대갱신을 의미한다.
- **Request** : DHCP 서버에 갱신을 요청하는 Request 패킷을 유니캐스트 한다.
- **ACK** : 임대갱신 요청에 대한 승인 과정이다.

③ **반환(Release)** : 임대 기간이 끝나거나, IP주소를 사용하지 않을 경우의 IP주소 반환을 의미한다.

3) DHCP 구성요소

- **서버(Server)** : 클라이언트로부터 IP 할당 요청을 받으면, IP를 부여하고 관리한다.
- **클라이언트(Client)** : IP주소를 요청하여 서버로부터 IP주소를 부여받으면, 다른 호스트와 TCP/IP 통신을 할 수 있다.
- **릴레이(Relay)** : 다른 네트워크 대역에 있는 DHCP server로 중계하는 역할을 한다.

4) DHCP 주소 할당 방식

- **수동할당 방식** : Client IP주소를 DHCP 서버 관리자가 설정한다.
- **자동할당 방식** : DHCP 서버 접속 시 IP주소를 자동으로 할당한다.
- **동적할당 방식** : IP주소를 일시적으로 Client에 할당하고 자동으로 재활용 가능한 방식으로, 관리가 용이하다.

5) DHCP 특징

- 적은 수의 IP로 많은 가입자를 수용할 수 있다.
- 동적 IP 할당으로 IP 관리가 용이하다.
- 신뢰성 높은 IP주소 구성을 통해 보안성을 강화한다.
- IP 자동할당으로 IP의 충돌을 방지한다.

02 이동 IP(MIP ; Mobile IP)

1) 이동 IP 정의

- IP주소로 운영되는 단말이 이동할 때에도 자동으로 통신 연결을 보장하는 IP 라우팅 기술이다.
- 최종 CoA(Care of Address)와 MN(Mobile Node)의 홈 주소를 연결한다.

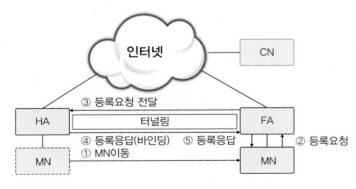

▲ 이동 IP 동작 구성도

2) Mobile IP 구성요소

	구성요소	설명
MN	Mobile Node	이동 단말
–	Home Address	MN에 할당된 주소
HA	Home Agent	MN이 초기에 속해 있던 네트워크의 라우터
FA	Foreign Agent	MN이 이동하여 소속된 네트워크의 라우터
CoA	Care of Address	MN이 이동한 후에 획득하는 IP주소
CN	Correspondent Node	MN과 통신하는 노드

3) CoA(Care of Address)

① **Foreign Agent CoA** : FA의 한 IP주소를 이동 단말의 CoA로 사용하는 것을 의미하며, 하나의 FA CoA는 여러 이동 노드가 공유할 수도 있다.

② **Collocated CoA** : 특정 이동 단말에 임시로 배정된 IP주소로, 하나의 Collocated CoA는 하나의 이동 노드만 사용할 수 있다.

4) 터널링(Tunneling)

① **터널과 터널링** : 터널이란 HA와 FA 사이에 이동 단말기의 인증과정을 거쳐 형성된 루트이며, 터널을 이용해 HA가 FA를 통해 MN에게 데이터를 보내는 과정이다.

② **터널링 방법**
- **FA CoA를 사용하는 경우** : HA가 FA로 패킷을 보내고 FA가 MN에게 패킷을 전달한다.
- **Collocated CoA를 사용하는 경우** : HA가 MN에게 직접 패킷을 전달한다.

03 국제표준화 기구

구분	내용
국제표준화기구	• ISO(International Standards Organization) • 통신시스템과 관련 표준화 사업을 위해 만들어진 비조약기구

국제전기통신연합	• ITU-T(International Telecommunication Union)
	• 전화전송, 전화 교환, 신호 방법 등에 관한 표준을 권고
	   – V시리즈 : 아날로그 통신
	   – X시리즈 : 디지털 통신

전자 공업협회	• 하드웨어에 관한 규격 • RS-232 접속규격 등
미국표준기술연구소	• NIST(National Institute Standards and Technology) • 데이터 알고리즘 제정 등

23.3
01 DHCP 프로토콜에서 IP를 일정 시간 동안만 부여하고 시간 종료 후 회수하기 위해 설정하는 항목은?

① 임대 시간
② 여유 시간
③ 고정 시간
④ 동적 시간

DHCP 동작 과정 중 임대 과정에서 받은 ACK 메시지에는 임대 시간이 포함되어 있다. 해당 시간을 연장하는 과정이 갱신이며 해당 시간이 만료되어 IP 임대를 끝내는 과정이 반환이다.

22.10
02 Mobile IP 서비스에서 사용되는 바인딩(binding)에 대한 설명으로 맞는 것은?

① HA(Home Agent)가 MN(Mobile Node)에게 데이터를 보내기 위해 터널을 연결하는 것
② CoA(Care of Address)와 MN(Mobile Node)의 홈 주소를 연결시키는 것
③ HA(Home Agent)와 FA(Foreign Agent)가 자신이 어느 링크에 접속되어 있는지를 광고로 알리는 것
④ FA(Foreign Agent)가 MN(Mobile Node)과 다른 MN(Mobile Node)을 연결시키는 것

모바일 IP 바인딩
이동 단말(MN)이 한 네트워크에서 다른 네트워크로 이동 후 받은 임시 주소인 CoA와 모바일 단말기의 홈 주소를 연결하는 것

22.10
03 다음 중 네트워크 대역이 다른 네트워크에서 동적으로 IP 부여를 하기 위해 필요한 DHCP (Dynamic Host Configuration Protocol) 구성요소가 <u>아닌</u> 것은?

① DHCP 서버
② DHCP 클라이언트
③ DHCP 릴레이
④ DHCP 에이전트

DHCP 구성요소
• 서버(Server) : 클라이언트로부터 IP 할당 요청을 받으면, IP를 부여하고 관리한다.
• 클라이언트(Client) : IP주소를 요청하여 서버로부터 IP주소를 부여받으면, 다른 호스트와 TCP/IP 통신을 할 수 있다.
• 릴레이(Relay) : 다른 네트워크 대역에 있는 DHCP server로 중계하는 역할을 한다.

04 다음 중 인터넷상에서 이동성(Mobility)을 지원하는 Mobile IP 기능의 동작 원리를 가장 정확하게 설명한 것은?

① 이동통신에서 사용되고 있는 전력제어와 유사한 원리로 이루어진다.

② 이동한 지역에서 새로 할당받은 IP주소인 바인딩(Binding)을 사용한다.

③ 원래 사용하던 IP주소를 계속 사용하는데, 이동한 지역까지의 연결에는 터널링 기술을 적용하여 연결을 연장시킨다.

④ 이동 가입자를 식별하는 IP주소와 이동한 지역에서 새로 할당받은 IP주소를 매핑시켜서 이동성을 지원한다.

Mobile IP
- IP주소로 운영되는 단말의 이동시에도 자동으로 통신 연결을 보장하는 IP 라우팅 기술이다.
- 이동 가입자를 식별하는 MN(Mobile Node)의 홈 주소와 새로 할당받은 IP주소인 CoA(Care Of Address)를 연결한다.

05 다음 중 정보통신 표준화 분야에서 핵심적인 역할을 수행하고 있는 국제표준화 단체가 아닌 것은?

① IAU   ② IEC
③ ANSI   ④ TTA

정보통신표준
- **국제표준** : 국제표준화기구(ITU, ISO, IEC, JTC1 등)에서 채택하여 회원국의 일반 대중이 이용하도록 제공하는 표준이다.
- **지역표준** : 유럽, 아시아 등 지역 내 국가가 참여하는 지역 표준화 기구(ETSI, CEN, APT 등)에서 채택하여 해당 지역의 일반 대중이 이용하도록 제공하는 표준이다.
- **국가표준** : 국가표준화기구(ANSI, BSI 등)에서 채택하여 자국의 일반 대중이 이용하도록 제공하는 표준이다.
- **단체표준** : 국가 내 관련 기업이나 연구기관, 소비자, 학계 등 이해관계인이 참여하여, 자국 내 사정을 반영한 규격을 개발하여 서로 이용하게 하는 표준(TIA, TTC, TTA 등)이다.

오답 피하기

IAU(International Astronomical Union) : 국제천문학연맹

06 표준화 단체인 IETF가 제공하는 인터넷 표준화를 위한 작업문서를 무엇이라 하는가?

① RFC(Request For Comments)
② RFI(Request For Information)
③ RFP(Request For Proposal)
④ RFO(Request For Offer)

국제인터넷 표준화 기구(IETF : Internet Engineering Task Force)
- IETF는 인터넷의 운영, 관리, 개발에 대해 협의하고 프로토콜과 구조적인 사안들을 분석하는 인터넷 표준화 작업기구이다.
- IETF는 분야(Area)로 구별되고, 분야별로 두고 있는 여러 개의 하위 조직인 워킹그룹(Working Group)에서 표준 개발을 담당하고 있다. 보통 IETF 표준을 RFC(Request for Comments)로 칭한다.

정답   04 ④   05 ①   06 ①

SECTION 09 TCP 및 UDP, 포트 주소

📖 기출 분석

연도	19년	20년	21년	22년	23년
문제 수	0	1	1	2	2

01 TCP, UDP

1) TCP, UDP 정의

전송계층은 TCP(Transmission Control Protocol)와 UDP(User Datagram Protocol)로 구분되며 신뢰성이 요구되는 애플리케이션에는 TCP를 사용하고, 간단하고 빠른 속도로 전송하는 애플리케이션에서는 UDP를 사용한다.

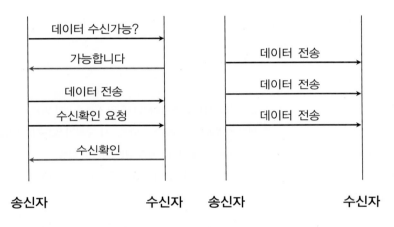

▲ TCP/UDP 개념도

02 TCP

1) TCP 특징

특징	설명
연결형 서비스	가상회선 방식 제공하며, 3–way handshaking을 통한 연결 설정 및 4–way handshaking을 통한 연결 해제 진행
흐름 제어	데이터 처리 속도를 조절하여 수신자의 버퍼 Overflow 방지
혼잡 제어	네트워크 내의 패킷 수가 넘치게 증가하지 않도록 방지
신뢰성 높은 전송	일정 시간 ACK 값을 수신하지 못하면 재전송을 요청
전이중, 점대점 방식	양방향 전송 및 각 연결이 정확히 2개의 종단점을 가지고 있음

2) TCP 헤더 정보

구분	설명
송·수신자의 포트 번호	TCP로 연결되는 가상회선 양단의 송수신 프로세스에 할당되는 포트 주소로 송수신 각 16bit의 크기를 갖고 있음
시퀀스 번호	송신자가 지정하는 순서 번호로 전송되는 바이트 수를 기준으로 증가
응답 번호	수신 프로세스가 제대로 수신한 바이트의 수를 응답하기 위해 사용
데이터 오프셋	TCP 세그먼트의 시작 위치를 기준으로 데이터의 시작 위치를 표현
예약 필드	사용하지 않지만 나중을 위한 예약 필드이며 0으로 채워져 있음
제어 비트	SYN, ACK, FIN 등의 제어 번호
윈도우 크기	수신 윈도우의 버퍼 크기를 지정할 때 사용하며, 0이면 송신 프로세스의 전송 중지
체크섬	TCP 세그먼트에 포함하는 프로토콜 헤더와 데이터에 대한 오류 검출 용도
긴급위치	긴급 데이터를 처리하기 위함으로 URG 플래그 비트가 지정된 경우에만 유효

03 UDP

1) UDP 특징

특징	설명
비연결형 서비스	연결 설정 없이 데이터 전송하여 데이터 전송순서가 바뀔 수 있음
신뢰성이 낮음	흐름 제어가 없어서 제대로 전송되었는지, 오류가 없는지 확인할 수 없음
데이터 수신 여부 확인하지 않음	TCP의 3-way handshaking과 같은 과정이 없음
TCP보다 속도가 빠름	SYN, ACK와 같이 확인 절차 기능이 존재하지 않기 때문
연결 등에 대한 상태 정보를 저장하지 않음	
1:1 & 1:N & M:N 통신 가능	

2) UDP 헤더 정보

구분	설명
송신측의 포트 번호	데이터를 보내는 애플리케이션의 포트 번호
수신측의 포트 번호	데이터를 받을 애플리케이션의 포트 번호
데이터의 길이	UDP 헤더와 데이터의 총 길이
체크섬	데이터 오류 검사에 사용

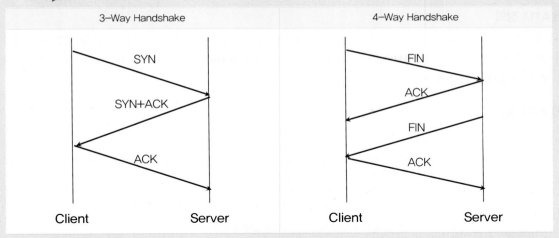

TCP 연결 및 해제 과정

1) 3—Way Handshake
① 클라이언트는 서버 연결을 위해 SYN 패킷을 보내고 SYN/ACK 응답을 기다리는 SYN_SENT 상태가 된다.
② 서버는 요청을 수락한다는 ACK와 SYN Flag가 설정된 패킷을 발송하고, 서버는 SYN_RECEIVED 상태가 된다.
③ 클라이언트는 서버에게 ACK를 보낸 후부터는 연결이 되며, 서버 상태는 ESTABLISHED가 된다.

2) 4—Way Handshake
① 클라이언트가 연결을 종료하겠다는 FIN Flag를 전송한다.
② 서버에서는 ACK를 클라이언트에 전송해주고, 서버는 CLOSE—WAIT 상태가 된다.
③ 연결 종료 후 서버는 클라이언트에게 FIN Flag를 전송해준다.
④ FIN Flag를 받은 클라이언트는 확인을 알리는 ACK를 서버로 전송하고 TIME—WAIT 상태가 된다.
⑤ ACK를 받은 서버는 소켓을 CLOSE하고 세션이 종료된다.
⑥ TIME—WAIT 상태의 클라이언트는 서버로부터 FIN을 수신하더라도, 일정 시간 동안 세션을 유지하며 도착하지 않은 패킷을 기다린다.

04 포트 공동 이용기(Port Sharing Unit)

1) 포트 공동 이용기 정의
통신 제어기 또는 중앙 처리 장치(CPU) 접속구(포트)에 연결하여 2~6개의 단말장치 또는 모뎀에 데이터를 보내거나 받는 데 사용하는 장치이다.

2) 포트 공동 이용기 특징
• 모든 공동 이용기는 호스트 컴퓨터와 변복조기 사이에 설치되어 여러 대의 터미널이 하나의 공동 포트를 이용하여 컴퓨터 포트의 비용을 절감한다.
• 포트 공동 이용기는 컴퓨터 설치장소와 가까운 곳에 있는 터미널들이나 원격지 터미널 모두를 이용할 수 있다.
• Poll/Selection 프로토콜을 이용한다.
• 변복조기 공동 이용기와 선로 공동 이용기의 대체 장비, 보충 장비로 이용할 수 있다.
• 컴퓨터 설치장소와 무관하게 이용할 수 있다.
• 인터페이스는 로컬 인터페이스로 이루어진다.

05 ATM(Asynchronous Transfer Mode, 비동기 전달 모드)

1) ATM 정의

- ATM은 광대역 ISDN을 구현하기 위한 기초기술로 비동기 시분할 다중화를 사용한 고속 패킷 교환이다.
- 전송할 정보가 있을 때만 정보 데이터를 53 Byte[Header 5 Byte + Payload 48 Byte]의 일정한 크기로 분할해서 프레임에 실어 전송하는 방식이다.

2) ATM 특징

특징	설명
유연한 네트워크 구축	• 같은 수신처 레이블 정보를 가진 셀의 송신개수를 변화시킴으로써 통신 채널의 대역 용량을 시간적으로 변경할 수 있음 • 가상 패스(VP, Virtual Path)와 가상 채널(VC, Virtual Channel)로 구성되어 있으며, 가상 패스 용량을 가변하여 융통성 있는 네트워크를 운영할 수 있음
효율적인 정보 전송	• 셀을 임시 축적하기 위한 버퍼를 갖추고 있음 • 버퍼에서도 셀이 넘치는 경우 우선 송신할 셀과 폐기해도 되는 셀을 구분하여 취급함
오퍼레이션의 향상	• 통신 채널 내에서 보수용 오퍼레이션 정보를 통지할 수 있음 • 고장 발생 시 고장 발생 점보다 하류 쪽에 있는 통신 채널의 나머지 부분을 사용하여 통신할 수 있음 • 단말에서 단말까지의 종단 간 시험을 쉽게 할 수 있음 • 비트 오류 발생 시 서비스를 중단하지 않고도 비트 오류 발생 구간을 알아내고 검사할 수 있음

01 데이터 통신 프로토콜인 UDP(User Datagram Protocol)와 비교할 때 TCP(Transmission Control Protocol)의 장점이 아닌 것은?

23.6

① 전송 연결 설정
② 흐름 제어
③ 혼잡 제어
④ 멀티캐스팅 가능

TCP 특징

특징	설명
연결형 서비스	가상회선 방식 제공하며, 3-way handshaking을 통한 연결 설정 및 4-way handshaking을 통한 연결 해제 진행
흐름 제어	데이터 처리 속도를 조절하여 수신자의 버퍼 Overflow 방지
혼잡 제어	네트워크 내의 패킷 수가 넘치게 증가하지 않도록 방지
신뢰성 높은 전송	일정 시간 ACK 값을 수신하지 못하면 재전송을 요청한다.
전이중, 점대점 방식	양방향 전송 및 각 연결이 정확히 2개의 종단점을 가지고 있음

02 다음 중 포트(Port) 주소에 대한 설명으로 <u>틀린</u> 것은?

23.3

① TCP와 UDP가 상위 계층에 제공하는 주소 표현이다.
② TCP 헤더에서 각각의 포트 주소는 32bit로 표현한다.
③ 0~1023까지의 포트 번호를 Well-Known Port라고 한다.
④ Source Port Address와 Destination Port Address로 구분한다.

PORT(포트)
• IP 내에서 애플리케이션 상호 구분(프로세스 구분)을 위해 사용하는 번호이며, 포트 숫자는 IP주소가 가리키는 PC에 접속할 수 있는 통로(채널)이다.
• 이미 사용 중인 포트는 중복해서 사용할 수 없다.
• 다른 프로그램에서 3000번 포트를 사용 중이면, 3001번 포트 번호로 리액트가 실행된다.
• 포트 번호는 0 ~ 65,535까지 사용할 수 있으나, 0 ~ 1023번까지의 포트 번호는 주요 통신을 위한 규약에 따라 이미 정해져 있는 Well known port이다.
• TCP 헤더의 포트는 Source Port(송신 포트)와 Destination Port(수신 포트)로 나뉘며, 각 포트는 16비트씩을 차지한다.

03 다음 중 포트 공동 이용기(Port Sharing Unit)의 특징이 <u>아닌</u> 것은?

① 여러 대의 터미널이 하나의 포트를 이용하므로 포트의 비용을 줄일 수 있다.
② 폴링과 셀렉션 방식에 의한 통신이다.
③ 컴퓨터와 가까운 곳에 있는 터미널이나 원격지 터미널에 모두 이용할 수 있다.
④ 터미널의 요청이 있을 때 사용하지 않는 포트를 찾아 할당한다.

포트 공동 이용기(Port Sharing Unit)
• 통신 제어기 또는 중앙 처리 장치(CPU) 접속구(포트)에 연결하여 2~6개의 단말장치 또는 모뎀에 데이터를 보내거나 받는 데 사용하는 장치이다.
• 모든 공동 이용기는 호스트 컴퓨터와 변복조기 사이에 설치되어 여러 대의 터미널이 하나의 공동 포트를 이용하여 컴퓨터 포트의 비용을 절감한다.
• 포트 공동 이용기는 컴퓨터 설치장소와 가까운 곳에 있는 터미널들이나 원격지 터미널 모두를 이용할 수 있다.
• Poll/Selection 프로토콜을 이용한다.
• 변복조기 공동 이용기와 선로 공동 이용기의 대체 장비, 보충 장비로 이용할 수 있다.
• 컴퓨터 설치장소와 무관하게 이용할 수 있다.
• 인터페이스는 로컬 인터페이스로 이루어진다.

04 ATM에서 기본 패킷 단위인 셀의 크기는?

① 32바이트
② 53바이트
③ 64바이트
④ 1,024바이트

ATM(Asynchronous Transfer Mode, 비동기 전달 모드)
• ATM은 광대역 ISDN을 구현하기 위한 기초기술로 비동기 시분할 다중화를 사용한 고속 패킷 교환이다.
• 전송할 정보가 있을 때만 정보 데이터를 53 Byte[Header 5 Byte + Payload 48 Byte]의 일정한 크기로 분할해서 프레임에 실어 전송하는 방식이다.

05 다음 중 UDP에 대한 설명으로 옳지 <u>않은</u> 것은?

① 신뢰성을 제공하지 않는다.
② 연결 설정 없이 데이터를 전송한다.
③ 연결 등에 대한 상태 정보를 저장하지 않는다.
④ TCP에 비해 오버헤드의 크기가 크다.

TCP는 신뢰성, 흐름 제어, 혼잡 제어 등을 목적으로 UDP보다 큰 패킷 헤더를 사용하기 때문에 상대적으로 더 큰 오버헤드가 발생할 수 있다.

UDP 특징

특징	설명
비 연결형 서비스	연결 설정 없이 데이터 전송하여 데이터 전송 순서가 바뀔 수 있음
신뢰성이 낮음	흐름 제어가 없어서 제대로 전송되었는지, 오류가 없는지 확인할 수 없음
데이터 수신 여부 확인하지 않음	TCP의 3-way handshaking과 같은 과정이 없음
TCP보다 속도가 빠름	SYN, ACK와 같이 확인 절차 기능이 존재하지 않기 때문
연결 등에 대한 상태 정보를 저장하지 않음	
1:1 & 1:N & M:N 통신 가능	

06 다음 중 TCP의 특징이 <u>아닌</u> 것은?

① 접속형 프로토콜
② 신뢰성 서비스
③ 데이터그램 서비스
④ 혼잡 제어

TCP 특징

특징	설명
연결형 서비스	가상회선 방식 제공하며, 3-way handshaking을 통한 연결 설정 및 4-way handshaking을 통한 연결 해제 진행
흐름 제어	데이터 처리 속도를 조절하여 수신자의 버퍼 Overflow 방지
혼잡 제어	네트워크 내의 패킷 수가 넘치게 증가하지 않도록 방지
신뢰성 높은 전송	일정 시간 ACK 값을 수신하지 못하면 재전송을 요청한다.
전이중, 점대점 방식	양방향 전송 및 각 연결이 정확히 2개의 종단점을 가지고 있음

정답 03 ④ 04 ② 05 ④ 06 ③

SECTION 10 응용 계층 프로토콜과 TMS, CTMS

기출 분석

연도	19년	20년	21년	22년	23년
문제 수	1	2	2	9	3

01 FTP(File Transfer Protocol), HTTP(Hyper Text Transfer Protocol)

1) 정의

- FTP는 하나의 시스템에서 다른 시스템으로의 파일 전송용 프로토콜로서 21번 포트로 명령어를, 20번 포트(Active 모드) 또는 1024번 이상의 임의의 포트(Passive 모드)로 데이터를 전달한다.
- HTTP는 웹 문서를 구성하는 Hyper Text를 전송하기 위한 프로토콜로서 서버는 80번 포트를 사용하고 TCP를 사용해 연결 설정한다.

▲ FTP/HTTP 개념도

2) 특징

FTP	HTTP
• 동작 방식이 단순하고 직관적이다. • 빠른 속도로 전달 가능하다. • 보안에 취약하다. • 연결성이다.	• HTTP 메시지는 단순하고 확장이 쉽다. • HTTP 통신은 state 개념이 존재하지 않는다. • 서버 클라이언트는 각각 독립적이다. • 클라이언트와 서버는 비연결성이다.

02 SMTP(Simple Mail Transfer Protocol), POP3(Post Office Protocol)

1) 정의

- SMTP는 메시지 전송 에이전트로서 클라이언트에서 서버로 메일을 전송할 때 쓰이는 프로토콜이다.
- POP3는 메시지 액세스 에이전트로서 메일 클라이언트가 메일을 사용자 PC로 다운로드할 수 있도록 해주는 프로토콜이다.

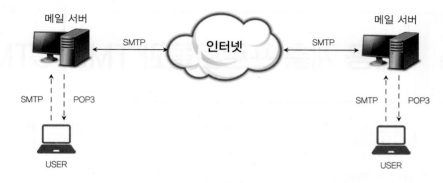

▲ SMTP/POP3 개념도

2) 특징

구분	SMTP	POP3
개념	메시지 전송 에이전트	메시지 액세스 에이전트
형태	단순 메일 전송 프로토콜	우체국 프로토콜
동작	• 송신자와 송신자 측 메일 서버 사이 • 송신자 측 메일 서버와 수신자 측 메일 서버 사이	수신자와 수신자 측 메일 서버 사이
작업	송신자 컴퓨터의 메일을 수신자 측의 메일 서버에 있는 메일 상자로 전송	수신자 측의 메일 서버에 있는 사서함에서 메일을 검색하고 구성하는 데 사용

03 SNMP

1) SNMP 정의

네트워크를 효율적으로 운용하기 위하여 여러 개의 에이전트를 두고, 필요시 매니저가 에이전트에게 정보를 요청하면 에이전트는 응답하는 방식의 TCP/IP망 관리 프로토콜이다.

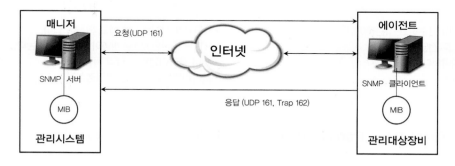

▲ SNMP 개념도

2) SNMP 특징

특징	설명
매우 단순하고 구현 용이	구조의 간단함, 구현의 용이함 등으로 쉽게 관리에 적용 가능
정보 지향적 동작 구조	명령 지향적보다는 정보 지향적
여러 프로토콜과의 협동	크게 '정보 운반' 및 '관리 정보' 프로토콜로 분리
Manager/Agent(관리자/대리인) 형태로 동작	

3) 관리 정보 프로토콜

기능	설명
정보구조	• SMI 및 MIB라는 정보구조를 사용 • SMI(Structure of Management Information) : 관리정보구조 • MIB(Management Information Base) : 관리정보저장소
정보식별	• 망 관리 대상 개체 식별체계 • OID : 트리 형태의 계층구조

4) MIB(Management Information Base)

- 관리하려는 요소에 관한 정보를 포함하는 데이터베이스이다.
- 각각의 관리하려는 자원은 객체로 표현되는데 이들 객체들의 구조적인 모임이다.
- SMI에 의하여 데이터의 형태와 자원들이 어떻게 나타내어지고 이름 붙여지는지 정의된다.

5) 장비 구분

기능	설명
Manager	관리시스템 안에 탑재하여 관리용 메시지를 에이전트에 요청 및 모니터링
Agent	관리되는 장비들(허브, 라우터, 스위치, 브리지, 호스트 등)

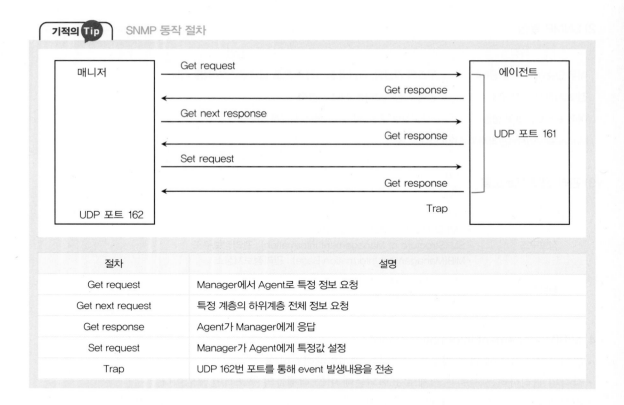

기적의 **Tip** SNMP 동작 절차

절차	설명
Get request	Manager에서 Agent로 특정 정보 요청
Get next request	특정 계층의 하위계층 전체 정보 요청
Get response	Agent가 Manager에게 응답
Set request	Manager가 Agent에게 특정값 설정
Trap	UDP 162번 포트를 통해 event 발생내용을 전송

04 TMS, CTMS

1) TMS(Threat Management System)

다수의 장비를 관리하며 다양한 위협정보를 종합적으로 모니터링하고 분석하며 대응하는 통합위협관리 플랫폼이다.

2) CTMS(Centralization Monitoring Management System, 트래픽 집중 관리 시스템)

트래픽 집중 관리 시스템을 통해 통신망의 효율적인 관리, 중장기 계획에 과학적인 기초자료 제공과 예견되는 통화 폭주를 미연에 방지할 수 있다.

• Acquisition : 전용회선을 이용한 트래픽 데이터의 수집을 한다.
• Anaysis : 수집된 데이터의 분석을 한다.
• Store : 장단기 수요 예측을 위한 데이터를 가공 및 축적한다.

이론을 확인하는 기출문제

23.6

01 IP 기반 네트워크상의 관리 프로토콜인 SNMP (Simple Network Management Protocol)의 데이터 수집 방식에 대한 설명으로 **틀린** 것은?

① 관리자는 에이전트에게 Request 메시지를 보낸다.

② 에이전트는 관리자에게 Response 메시지를 보낸다.

③ 이벤트가 발생하면 에이전트는 관리자에게 Trap 메시지를 보낸다.

④ 이벤트가 발생하면 관리자나 에이전트 중 먼저 인지한 곳에서 Trap 메시지를 보낸다.

SNMP 동작 절차

절차	설명
Get request	Manager에서 Agent로 특정 정보 요청
Get next request	특정 계층의 하위계층 전체 정보 요청
Get response	Agent가 Manager에게 응답
Set request	Manager가 Agent에게 특정값 설정
Trap	UDP 162번 포트를 통해 event 발생내용을 전송

23.3, 22.10, 22.6

02 네트워크의 호스트를 감시하고 유지 관리하는 데 사용되는 TCP/IP상의 프로토콜은?

① SNMP

② FTP

③ VT

④ SMTP

SNMP
네트워크를 효율적으로 운용하기 위하여 여러 개의 에이전트를 두고, 필요시 매니저가 에이전트에게 정보를 요청하면 에이전트는 응답하는 방식의 TCP/IP망 관리 프로토콜이다.

22.10, 18.3

03 다음 중 MIB(Management Information Base)에 대한 설명으로 옳지 **않은** 것은?

① 관리하려는 요소에 관한 정보를 포함하는 데이터베이스

② 각각의 관리하려는 자원은 객체로 표현되는데 이들 객체들의 구조적인 모임

③ MIB에 저장된 객체 값은 읽기 전용

④ SMI에 의하여 데이터의 형태와 자원들이 어떻게 나타내어지고 이름 붙여지는지를 정의

MIB(Management Information Base)
• 관리하려는 요소에 관한 정보를 포함하는 데이터베이스이다.
• 각각의 관리하려는 자원은 객체로 표현되는데 이들 객체들의 구조적인 모임이다.
• SMI에 의하여 데이터의 형태와 자원들이 어떻게 나타내어지고 이름 붙여지는지 정의된다.

정답 01 ④ 02 ① 03 ③

04 21.10 통신망 관리 시스템 네트워크 내에서 소통되는 호의 상황, 설비 상황이나 그의 변동상황을 파악·관리하며 네트워크의 설비 설계, 폭주 관리 설비, 소통관리 등의 역할을 갖는 시스템은?

① 가입자 시설 집중 운용 분산 시스템(Subscriber Line Maintenance and Operation System)
② 장거리 회선 감시 제어 및 운용 관리 시스템
③ 트래픽 집중관리 시스템(Centralized Traffic Management System)
④ 네트워크 트래픽 시스템(Network Traffic System)

CTMS(Centralization Monitoring Management System, 트래픽 집중 관리 시스템)
- 트래픽 집중 관리 시스템을 통해 통신망의 효율적인 관리, 중장기 계획에 과학적인 기초자료 제공과 예견되는 통화 폭주를 미연에 방지할 수 있다.
- Acquisition : 전용회선을 이용한 트래픽 데이터의 수집을 한다.
- Anaysis : 수집된 데이터의 분석을 한다.
- Store : 장단기 수요 예측을 위한 데이터를 가공 및 축적한다.

05 20.5 전송지연보다 데이터 무결성(Data Integrity)이 중요한 서비스는?

① 전화 서비스
② 파일 전송(FTP) 서비스
③ TV 서비스
④ 오디오 스트리밍 서비스

데이터 무결성(Data Integrity)
- 시스템에 있는 데이터의 정확성을 보장하기 위해, 데이터의 변경이나 수정 시 제한을 두어 안정성을 저해하는 요소를 막아 데이터 상태들을 항상 옳게 유지하는 것이다.
- 인가된 정보만 수정할 수 있고, 전송 중에 정보의 내용이 수정되지 않는 것으로 데이터베이스 관리시스템에 중요한 기능이다.
- 파일 전송 및 웹 트랜잭션 등의 응용들은 100% 신뢰적 데이터 전송을 요구한다.

정답 04 ③ 05 ②

1-272 CHAPTER 01 : 네트워크 구축설계

合격을 다지는 **예상문제**

▶ 합격 강의

01 다음 중 서브넷 마스크(Subnet Mask)에 대한 설명으로 옳지 **않은** 것은?

① 서브넷 마스크는 라우터에서 서브넷 식별자를 구별하기 위해서 필요한 것이다.

② 서브넷 마스크는 IP주소와 마찬가지로 32비트로 이루어져 있다.

③ 서브넷 마스크의 비트열이 1인 경우 해당 IP주소의 비트열은 네트워크 주소 부분으로 간주된다.

④ 서브넷 마스크를 적용하는 방법은 목적지 IP주소의 비트열에 서브넷 마스크 비트열을 OR 논리를 적용한다.

서브넷 마스크
- 서브넷을 분할하는 수단으로, 로컬 네트워크의 범위가 조정된다.
- 라우터에서 서브넷 식별자를 구별하는 데 필요하다.
- 서브넷 마스크는 IP주소와 마찬가지로 32비트로 이루어져 있다.
- 서브넷 마스크의 비트열이 1이면 해당 IP주소의 비트열은 네트워크 주소 부분으로 간주된다.
- 목적지 IP주소의 비트열에 서브넷 마스크 비트열을 AND 연산하여 서브넷 마스크를 적용할 수 있다.

서브넷 마스크의 목적
- 네트워크의 부하 감소
- 네트워크의 논리적 분할
- 네트워크 ID와 호스트 ID의 구분

---

02 다음 중 IP주소에 대한 설명한 그림으로 옳은 것은?

① A클래스 | 1 | 네트워크 주소(7비트) | 호스트 주소(24비트) |
② B클래스 | 1 | 1 | 네트워크 주소(16비트) | 호스트 주소(14비트) |
③ C클래스 | 1 | 1 | 0 | 네트워크 주소(21비트) | 호스트 주소(8비트) |
④ D클래스 | 1 | 1 | 0 | 1 | 브로드캐스트 주소(26비트) |

IPv4 주소 클래스

IP주소는 네트워크 부분과 호스트 부분으로 구별되며, 네트워크 부분의 값에 따라 A, B, C, D, E 클래스로 구분된다.

클래스	설명
A 클래스	첫 비트가 '0'으로 시작하며, 네트워크 주소 8bit, 호스트 주소 24bit
B 클래스	첫 비트가 '10'으로 시작하며, 네트워크 주소 16bit, 호스트 주소 16bit
C 클래스	첫 비트가 '110'으로 시작하며, 네트워크 주소 24bit, 호스트 주소 8bit
D 클래스	멀티캐스트 용도
E 클래스	향후 사용을 위해 남겨진 주소

정답 01 ④ 02 ③

03 다음 중 전송오류 제어에서 Stop-and-wait ARQ 방식의 설명으로 **틀린** 것은?

① ARQ 방식 중 가장 간단하다.
② 전파 지연이 긴 시스템에 효과적이다.
③ 오류 검출이 뛰어나다.
④ 메모리 Buffer 용량은 큰 블록 데이터를 저장할 수 있어야 한다.

ARQ(Automatic Repeat Request)
송신측에서 전송하는 프레임 내에 삽입된 오류검출 코드를 수신측에서 검사하고, 오류확인 시 송신측으로 오류 사항을 알리고 재전송받는 방법이다.

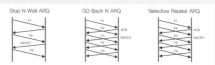

Stop N Wait ARQ
- 송신측에서 전송한 하나의 블록에 대해 수신측이 오류 발생 점검을 완료하고 ACK나 NAK을 보내올 때까지 기다리는 방식으로, 전파 지연이 긴 경우 응답을 기다리는 시간이 길어져 적합하지 않다.
- ARQ 방식 중에서 가장 간단하다.
- 착오 검출 능력이 우수한 부호를 사용해야 한다.
- 신호를 재전송할 역 CH(Reverse CH : 수신측에서 ACK나 NAK을 송신측으로 보내기 위한 CH)가 필요하다.
- BSC Protocol에서 채택(Half-duplex에서 이용)하고 있다.
- 데이터 통신시스템의 buffer 메모리 용량은, 전송되는 데이터 block 가운데 가장 큰 block을 저장할 수 있어야 한다.

04 프로토콜의 기능 중 송신측 개체로부터 오는 데이터의 양이나 속도를 수신측 개체에서 조절하는 기능은 무엇인가?

① 연결 제어
② 에러 제어
③ 흐름 제어
④ 등기 제어

흐름 제어
- 수신 버퍼 크기가 송신 버퍼보다 작을 때 발생하는 에러를 제어하는 기술
- 전송 단이 수신 단으로부터 확인 응답(ACK)을 받기 전에 전송하는 Data의 양을 수신 단에서 설정한 크기만큼 조절

05 다음 중 UDP에 대한 설명으로 **틀린** 것은?

① 신뢰성을 제공하지 않는다.
② 연결 설정 없이 데이터를 전송한다.
③ 연결 등에 대한 상태 정보를 저장하지 않는다.
④ TCP에 비하여 오버헤드의 크기가 크다.

TCP는 신뢰성, 흐름 제어, 혼잡 제어 등을 목적으로 UDP보다 큰 패킷 헤더를 사용하기 때문에 상대적으로 더 큰 오버헤드가 발생할 수 있다.

UDP의 특징

특징	설명
비 연결형 서비스	연결 설정 없이 데이터 전송하여 데이터 전송순서가 바뀔 수 있음
신뢰성이 낮음	흐름 제어가 없어서 제대로 전송되었는지, 오류가 없는지 확인할 수 없음
데이터 수신 여부 확인하지 않음	TCP의 3-way handshaking과 같은 과정이 없음
TCP보다 속도가 빠름	SYN, ACK와 같이 확인 절차 기능이 존재하지 않기 때문
연결 등에 대한 상태 정보를 저장하지 않음	
1:1 & 1:N & M:N 통신 가능	

06 다음 중 서브넷팅(Subnetting)을 하는 이유로 옳지 **않은** 것은?

① IP주소를 효율적으로 사용할 수 있다.

② 트래픽의 관리 및 제어가 가능하다.

③ 불필요한 브로드캐스팅 메시지를 제한할 수 있다.

④ 서브넷 분할을 하면 호스트 ID를 사용하지 않아도 된다.

서브넷팅(Subnetting)
Network ID의 부족을 해결하기 위해 Host ID의 일부분 비트를 서브 네트워크 ID로 사용하는 방법으로 주로 B 클래스 IP주소에 적용한다. Host ID 중에서 2개의 bit를 서브 네트워크 ID로 사용하면 4개의 서브 네트워크를 만들 수 있다.
① 네트워크 ID를 추가 확보함으로써 IP주소의 효율적 관리가 가능하다.
② 트래픽의 관리 및 제어가 가능하다.
③ 서브 네트워크가 존재하므로 불필요한 브로드캐스팅을 제한할 수 있다.

07 OSI 7계층에서 응용 사이의 연결을 설정·관리·해제하는 통신제어 구조를 제공하는 계층은?

① 물리계층

② 표현계층

③ 전송계층

④ 세션계층

세션 계층(Session Layer)
실제 네트워크 연결이 이루어지는 계층으로 프로세스 간의 통신을 제어하고, 동기화 제어, 연결, 세션 관리 등을 수행하는 역할을 한다.

08 회선교환 방식의 특징이 **아닌** 것은?

① 연결 설정 단계에서 자원 할당이 필요하다.

② 데이터 통신을 위해 연결 설정, 데이터 전송, 연결 해제의 세 단계가 필요하다.

③ 회선교환 방식은 데이터그램 방식에 비해 네트워크 효율성이 좋다.

④ 주로 전화망에서 사용하는 교환 방식이다.

회선교환방식
• 통신 경로 설정 후 데이터를 교환하는 방식이다.
• 연결 설정 단계에서 자원 할당(고정적 대역폭)이 필요하다.
• 데이터 통신을 위해 연결 설정, 데이터 전송, 연결 해제의 세 단계가 필요하다.
• 주로 전화망에서 사용하는 교환방식이다.
• 전송지연이 거의 없으나, 접속에 긴 시간이 소요된다.
• 길이가 긴 연속적인 데이터 전송에 적합하다.

09 다음 중 TCP 프레임의 헤더 구조를 설명한 것으로 **틀린** 것은?

① 순차 번호(Sequence Number) 필드는 송신 TCP로부터 수신 TCP로 송신되는 데이터 스트림 중 마지막 바이트를 지정한다.

② 응답 번호(Acknowledgement Number)는 응답 제어 비트가 설정되어 있을 때만 제공된다.

③ Data Offset은 TCP 헤더에서 32비트 워드의 숫자를 특성화시킨다.

④ Window는 수신부가 응답 필드에서 지정한 번호부터 수신할 수 있는 바이트의 수를 표시한다.

> 순차 번호 필드는 송신되는 데이터 스트림의 첫 번째 바이트를 지정한다.

TCP의 헤더 정보

구분	설명
송 · 수신자의 포트 번호	TCP로 연결되는 가상회선 양단의 송수신 프로세스에 할당되는 포트 주소로 송수신 각 16bit의 크기를 갖고 있음
시퀀스 번호	송신자가 지정하는 순서 번호로 전송되는 바이트 수를 기준으로 증가
응답 번호	수신 프로세스가 제대로 수신한 바이트의 수를 응답하기 위해 사용
데이터 오프셋	TCP 세그먼트의 시작 위치를 기준으로 데이터의 시작 위치를 표현
예약 필드	사용하지 않지만 나중을 위한 예약 필드이며 0으로 채워져 있음
제어 비트	SYN, ACK, FIN 등의 제어 번호
윈도우 크기	수신 윈도우의 버퍼 크기를 지정할 때 사용하며, 0이면 송신 프로세스의 전송 중지
체크섬	TCP 세그먼트에 포함하는 프로토콜 헤더와 데이터에 대한 오류 검출 용도
긴급위치	긴급 데이터를 처리하기 위함으로 URG 플래그 비트가 지정된 경우에만 유효

10 V.32, V.42, X.25 등의 표준을 제정한 표준화 기구는 어디인가?

① IEEE
② ANSI
③ ISO
④ ITU-T

> **ITU-T(국제 전기통신 연합)**
> • 전화전송, 전화 교환, 신호 방법 등에 관한 여러 표준을 권고하고 있는데 이 가운데 데이터 통신과 관련된 표준안은 V시리즈와 X시리즈다.
> • V시리즈는 전화망을 이용한 아날로그 통신에서 사용되는 인터페이스 권고안이다.
> • X시리즈는 일반적인 디지털 데이터 통신에서 사용되는 인터페이스 권고안이다.

11 통신망의 구성 형태 중 성형(star type) 망의 장점이 **아닌** 것은?

① 전송 제어 기능이 간단하다.
② 각 터미널마다 전송속도를 다르게 설정할 수 있다.
③ 제어용 컴퓨터가 필요 없다.
④ 집중 제어형이므로 보수와 관리가 용이하다.

네트워크의 구조 개념

버스형(Bus)	링형(Ring)	성형(Star)
트리형(Tree)	망형(Mesh)	

> **성형 망(Star Type Network)**
> • 중앙집중형으로 중앙 노드인 허브나 스위치에 직접 연결된 형태로서, 각 단말마다 전송속도를 다르게 할 수 있음
> • 관리 및 유지보수와 노드 추가 · 제거가 용이
> • 중앙 노드 장애 시 전체 망에 영향을 줌

12 IPv4의 C 클래스 네트워크를 26개의 서브넷으로 나누고, 각 서브넷에는 4~5개의 호스트를 연결하려고 한다. 이러한 서브넷을 구성하기 위한 서브넷 마스크 값은?

① 255.255.255.192
② 255.255.255.224
③ 255.255.255.240
④ 255.255.255.248

> **서브넷 마스크(Subnet Mask)**
> 26개의 서브넷을 확보하기 위해서는 네트워크 ID에 5bit를 더 확보하여 $2^5=32$개의 네트워크로 나눌 수 있어야 하고, 4~5개의 호스트를 연결하기 위해서는 네트워크 주소와 브로드캐스트 주소 1개씩을 포함하여 6~7개의 주소가 필요하므로 호스트에 3bit를 할당하여 $2^3=8$개의 주소를 확보해야 한다.
> C 클래스의 디폴트 서브넷 마스크는 255.255.255.0이며 마지막 옥텟에서 5bit가 네트워크 ID, 3bit가 호스트 ID가 되므로 서브넷 마스크는 255.255.255.11111000, 255.255.255.248이 된다.

13 OSI 7계층의 계층별 기능 중 종점 간의 오류수정과 흐름 제어를 수행하여 신뢰성 있고 투명한 데이터 전송을 제공하는 계층은?

① 데이터 링크 계층
② 네트워크 계층
③ 트랜스포트 계층
④ 세션 계층

> **전송 계층(Transport Layer)**
> 송수신 시스템 간의 논리적 안정성을 유지하고 일관된 서비스를 제공하며, 통신망의 차이를 중재하여 네트워크 계층과 세션 계층 간의 데이터 전송을 원활하게 처리하는 역할을 한다.

14 HDLC 프로토콜에서 S-프레임의 명령어와 거리가 먼 것은?

① Receive Ready(RR)
② Request Disconnect(RD)
③ Reject(REJ)
④ Selective-Reject(SREJ)

플래그 (8비트)	주소부	제어부	정보 데이터	FCS (에러 검사부)	플래그 (8비트)
01111110	8비트	8비트	n비트	16비트	01111110

구분	내용
플래그	01111110으로서 프레임의 시작과 종료를 표시
주소부	목적지 주소를 기록하는 부분
제어부	주소부에서 지정하는 2차국에 대한 동작을 명령하고 흐름/오류제어 수행
FCS	오류검출기능 수행
정보데이터	정보 메시지와 제어 정보

제어부의 형식에 따른 프레임
- 정보-프레임(I-프레임 : Information Frame) : 사용자 데이터를 전송하는 데 사용
- 감독-프레임(S-프레임 : Supervisory Frame) : 에러제어와 흐름제어를 위해 사용하며 수신준비(RR), 수신불가(PNR), 거절(REJ), 선택적 거절(SREJ)의 4가지 기능을 제공
- 번호를 갖지 않는 프레임(U-프레임 : Unnumbered Frame) : 보조 링크제어 기능을 제공

정답 09 ① 10 ④ 11 ③ 12 ④ 13 ③ 14 ②

15 통신 프로토콜의 기능에 해당하지 <u>않는</u> 것은?

① 표준화
② 단편화와 재합성
③ 에러 제어
④ 동기화

프로토콜의 기능

기능	설명
단편화와 재조립	• 단편화(Fragmentation) : 주어진 데이터를 효율적으로 전송하기 위해 전송 가능한 일정한 크기의 작은 데이터 블록으로 나누는 것 • 재조립(Reassembly) : 수신측에서 분리된 데이터를 적합한 메시지로 재합성하는 과정
캡슐화 (Encapsulation)	데이터에 주소, 에러 검출 부호, 프로토콜 제어 등의 각종 제어 정보를 추가하여 하위계층으로 내려보내는 과정
연결 제어 (Connection Control)	연결 설정, 데이터 전송, 연결 해제의 3단계로 연결을 제어하는 기능
흐름 제어 (Flow Control)	• 수신부에서 처리할 수 있는 데이터 분량만큼 송신부에서 조절하는 기능 • 인터넷에서는 종단 간(End-to-End) 흐름 제어는 전송 계층이 담당
오류 제어 (Error Control)	전송 중에서 발생하는 오류를 검출하거나 정정하는 기능
동기화 (Synchronization)	두 개의 통신 개체가 동시에 같은 상태를 유지하도록 하는 기능
주소 지정 (Addressing)	주소를 표기하여 데이터의 정확한 전송을 보장하는 기능
다중화 (Multiplexing)	하나의 통신로를 다수의 사용자가 동시에 사용할 수 있게 하는 기능

근거리통신망(LAN) 설계

SECTION 01 이더넷 개념

기출 분석

연도	19년	20년	21년	22년	23년
문제 수	0	2	1	3	2

01 이더넷(Ethernet)

1) 이더넷 정의

근거리통신망의 대표적인 프로토콜로서 CSMA/CD 기술을 사용하여 하나의 인터넷 회선(전송 매체)에 다수의 시스템이 랜선 및 통신 포트에 연결되어 통신이 가능한 네트워크 구조이다.

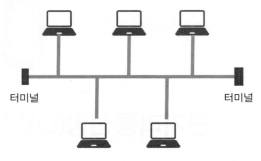

▲ 버스구조의 이더넷 개념도

2) 이더넷 규격

① 대표적 케이블 규격

규격	전송속도(최대)	호환성
1000BASE-T	1Gbps	• 10Base-T 케이블과 연결하면 10Mbps 이하 • 100Base-TX 케이블과 연결하면 100Mbps 이하 • 1000Base-T 케이블과 연결하면 1Gbps 이하
100BASE-TX	100Mbps	• 10Base-T 케이블과 연결하면 10Mbps 이하 • 100Base-TX 케이블과 연결하면 100Mbps 이하 • 1000Base-T 케이블과 연결하면 100Mbps 이하
10BASE-T	10Mbps	10Base-T, 100Base-TX, 1000Base-T 케이블 모두 연결이 가능하지만, 속도는 모두 10Mbps 이하

② 케이블 등급과 특성

케이블 등급	속도	규격
Cat.3	10Mbps	10Base-T
Cat.4	16Mbps	10Base-T
Cat.5	100Mbps	100Base-TX
Cat.5e	1Gbps	1000Base-T

Cat.6	1Gbps	1000Base-TX
Cat.6A	10Gbps	10GBase
Cat.7	10Gbps	10GBase

3) 이더넷 프레임

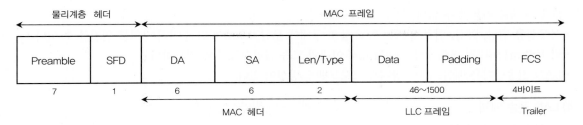

- **프레임** : 이더넷의 전송단위
- **목적지 주소지(DA, Destination Address)** : 6byte
- **출발지 주소지(SA, Source Address)** : 6byte

02 LAN(Local Area Network) 개념

1) LAN 정의
한정된 소규모 지역에 소수의 장치끼리 서로 연결한 네트워크를 의미하며, 장치들의 연결된 형식에 따라 버스형, 스타형, 링형 등으로 구분된다.

2) LAN 구성요소

구성요소	설명
호스트(장치)	• LAN에 연결된 컴퓨터나 장치 • 각 호스트는 데이터를 전송하고 네트워크 상태를 감지하며, 그 과정에서 발생하는 충돌을 감지하고 처리
케이블	LAN에서 호스트와 장비들을 연결하는 데 사용
네트워크 인터페이스 카드 (NIC)	• 컴퓨터와 네트워크 사이의 통신을 가능하게 하는 하드웨어 장치 • 호스트는 네트워크 인터페이스 카드를 사용하여 LAN에 연결됨
스위치 또는 허브	• 스위치는 MAC 주소를 사용하여 호스트 간의 통신을 전담 • 스위치를 통해 각 호스트는 독립적으로 연결 • 허브는 데이터를 받아서 연결된 모든 호스트에게 중계
라우터	• 여러 개의 LAN을 연결하는 데 사용되는 장비 • LAN 간의 통신을 중계하고 인터넷과의 연결을 관리
프로토콜	LAN에서는 통신을 위해 특정한 프로토콜이 사용됨

3) LAN 특징

- 광대역 전송 매체를 적용하여 고속 통신이 가능하다.
- 지역이 소규모로 한정되어 있어 경로 선택이 불필요하다.
- 에러율이 매우 낮다.
- 네트워크 구축이 유연하다.
- 패킷 지연이 최소화된다.
- 방송 형태로 이용할 수 있다.
- 사무실용 빌딩, 공장, 연구소 또는 학교 등의 구내에 분산적으로 설치된 여러 장치를 연결할 수 있다.
- 약 10[km] 이내의 거리에서 100[Mbps] 이내의 고속 데이터 전송이 가능하다.
- LAN 전송방식은 베이스밴드 방식과 브로드밴드 방식이 있다.

4) LAN 전송 매체

① 트위스트 페어 케이블(Twisted Pair Cable)

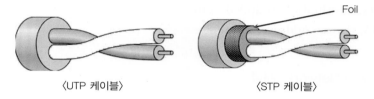

〈UTP 케이블〉 〈STP 케이블〉

- UTP와 STP로 구분된다.
- UTP는 8가닥을 2가닥씩 꼰 4쌍의 구리선으로, 쉴드 보호되어 있지 않다.
- STP는 쉴드로 보호되어 있어 잡음에 강하나, 가격이 비싸다.
- UTP는 감쇠 현상으로 인하여 길이가 100m로 제한된다.

② 동축케이블

- 잡음에 강하며, 고속 전송에 적합하다.
- 뛰어난 주파수 특성과 넓은 대역폭을 가졌다.
- 케이블 가격이 비싸다.

③ 광케이블

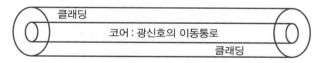

- 신호 정보를 빛의 형태로 전송한다.
- 매우 빠른 데이터 전송에 적합하다.
- 케이블 가격이 비싸고, 설치 비용이 많이 든다.
- 케이블 접속 시에 고도의 기술이 요구된다.

5) 전송방식

구분	설명
기저대역 방식 (Baseband)	• 디지털 신호를 직접 전송 • 고속 전송 시 신호 감쇠 현상 발생으로 거리가 제한됨 • 비용이 저렴하며, 설치와 보수가 용이함 • 동축 및 트위스트 페어 케이블 모두 사용 가능
광대역 방식 (Broadband)	• 동축 및 광섬유 케이블을 사용 • CATV 기술에 적용 • 비용이 고가이며, 설치 및 보수가 복잡함 • 고가의 RF 모뎀이 요구됨

6) MAC 프로토콜

구분	설명
CSMA/CD	• 감시하다가 신호가 있으면 기다리고, 신호가 없으면 전송하는 방식 • 가장 많이 사용되는 액세스 방법으로 버스형에서 사용됨 • 사용자가 필요할 시 액세스하는 방식 • 작업량이 적어 효과적 • 데이터 전송이 필요할 때 임의로 채널을 할당하는 랜덤 할당 방식 • 통신 제어 기능이 단순하여 적은 비용으로 구현 가능

토큰 패싱	• 토큰이라는 채널 사용권을 받은 송신자가 송신권을 이용하는 방식
	• 링형 망에서 주로 사용
	• 전송할 데이터가 없는 기기에도 토큰이 전송되는 낭비가 있음
	• 토큰 패싱 방식은 토큰 버스와 토큰링 방식이 있음
	  – 토큰 버스 : 토큰을 가지게 되면 특정 시간 동안 매체를 제어하고 하나 이상의 패킷을 전송할 수 있음
	  – 토큰 링 : 링 주위의 토큰이 순회 중 패킷을 전송하려는 송신자는 프리 토큰을 잡아 제어권을 얻는 방식

7) LAN 분류

분류	종류
네트워크 형태(토폴로지)	성형, 버스형, 링형, 토큰형
접근방식	ALOHA, CSMA/CD, Token Ring, Token Bus
전송방식	Baseband LAN, Broadband LAN

23.6
01 이더넷에서 장치가 매체에 접속하는 것을 관리하는 방법으로 데이터 충돌을 감지하고 이를 해소하는 방식을 무엇이라 하는가?

① CRC(Cyclic Redundancy Check)

② CSMA/CD(Carrier Sense Multiple Access/Collision Detection)

③ FCS(Frame Check Sequency)

④ ZRM(Zmanda Recovery Manager)

MAC 프로토콜

구분	설명
CSMA/CD	• 감시하다가 신호가 있으면 기다리고, 신호가 없으면 전송하는 방식 • 가장 많이 사용되는 액세스 방법으로 버스형에서 사용됨 • 사용자가 필요할 시 액세스하는 방식 • 작업량이 적어 효과적 • 데이터 전송이 필요할 때 임의로 채널을 할당하는 랜덤 할당 방식 • 통신 제어 기능이 단순하여 적은 비용으로 구현 가능
토큰 패싱	• 토큰이라는 채널 사용권을 받은 송신자가 송신권을 이용하는 방식 • 링형 망에서 주로 사용 • 전송할 데이터가 없는 기기에도 토큰이 전송되는 낭비가 있음 • 토큰 패싱 방식은 토큰 버스와 토큰 링 방식이 있음 　– 토큰 버스 : 토큰을 가지게 되면 특정 시간 동안 매체를 제어하고 하나 이상의 패킷을 전송할 수 있음 　– 토큰 링 : 링 주위의 토큰이 순회 중 패킷을 전송하려는 송신자는 프리 토큰을 잡아 제어권을 얻는 방식

23.3, 22.10, 22.6
02 10기가비트 이더넷(10 Gigabit Ethernet)의 설명 중 틀린 것은?

① 카테고리 3, 4, 5인 UTP 케이블 모두 사용 가능하다.

② LAN뿐만 아니라 MAN이나 WAN까지도 통합하여 응용할 수 있다.

③ 기가비트 이더넷보다 성능이 최대 10배 빠른 백본 네트워크이다.

④ IEEE802.3 위원회에서 표준화하였다.

10기가비트 이더넷
• 데이터를 초당 10기가비트 즉, 1.25GB/s의 속도로 전송하는 기술이다.
• 속도를 보장받기 위해서 최소 Cat.6 이상의 케이블 또는 광케이블을 적용해야 하며, 광케이블의 경우 싱글모드 케이블은 트랜시버만 교환하여 사용할 수 있다.

케이블 등급과 특성

케이블 등급	속도	규격
Cat.3	10Mbps	10Base-T
Cat.4	16Mbps	10Base-T
Cat.5	100Mbps	100Base-TX
Cat.5e	1Gbps	1000Base-T
Cat.6	1Gbps	1000Base-TX
Cat.6A	10Gbps	10GBase
Cat.7	10Gbps	10GBase

22.10, 21.3
03 10Base-5 이더넷의 기본 규격으로 맞는 것은?

① 전송 매체가 꼬임 선이다.

② 전송속도가 10[Mbps]이다.

③ 전송 최대 거리가 50[m]이다.

④ 전송방식이 브로드밴드 방식이다.

케이블 등급과 특성
• 10Base-5 : 10Mbps의 전송속도를 지원하며, 케이블의 최대 길이는 500m이다.
• 10Base-T : 10Mbps의 전송속도를 지원하며, 케이블에 꼬임 선이 적용되었다.

21.10

04 다음 중 LAN에서 베이스밴드 전송의 특징이 아닌 것은?

① 가격이 저렴하다.
② 아날로그 신호 전송 및 원거리 전송이 가능하다.
③ 단순하여 설치와 유지가 쉽다.
④ 전파 지연이 짧다.

전송방식

구분	설명
기저대역 방식 (Baseband)	디지털 신호를 직접 전송
	고속 전송 시 신호 감쇠 현상 발생으로 거리가 제한됨
	비용이 저렴하며, 설치와 보수가 용이함
	동축 및 트위스트 페어 케이블 모두 사용 가능

20.9

05 근거리통신망(LAN)에서 사용되는 이더넷 프레임(Ethernet Frame)의 목적지 주소 크기와 출발지 주소 크기의 합은 얼마인가?

① 6[bits]
② 12[bits]
③ 64[bits]
④ 96[bits]

이더넷 프레임

Preamble	SFD	DA	SA	Len/Type	Data	Padding	FCS
7	1	6	6	2	46~1500		4바이트

• 목적지 주소지(DA, Destination Address) : 6byte
• 출발지 주소지(SA, Source Address) : 6byte

18.3

06 고속 이더넷 100Base-FX의 전송 매체로 옳은 것은?

① 광섬유 케이블
② 카테고리 3인 UTP 케이블
③ 카테고리 4인 UTP 케이블
④ 카테고리 5인 UTP 케이블

고속 이더넷 100Base-FX
• 멀티모드 광섬유 케이블을 링크 당 두 가닥 사용하는 100Mbps 베이스밴드 패스트 이더넷 규격이다.
• 길이가 400m를 초과하면 안 된다.
• IEEE 802.3 표준을 기반한다.

정답 01 ② 02 ① 03 ② 04 ② 05 ④ 06 ①

스위치, 네트워크 접속 장비

출제빈도

기출 분석

연도	19년	20년	21년	22년	23년
문제 수	0	1	1	6	2

01 스위치

1) 스위치 정의

일반적으로 2계층 장비로서 연결된 모든 장치에 데이터를 보내는 허브와는 달리 데이터의 목적지에 해당하는 장치에만 데이터를 전달하는 장치이다.

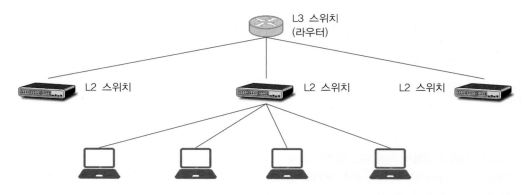

▲ 스위치 적용 네트워크 구조

2) 스위치 특징

- 충돌이 발생하지 않고, 고속으로 전송할 수 있다.
- 두 개 노드가 통신하는 동안 다른 노드들도 통신이 가능하여 높은 효율을 갖는다.
- 감청이 어려워 보안성이 높다.
- Processor, RAM, OS를 탑재하므로 많은 부가 기능을 갖는다.
- L2 스위치, L3 스위치, L4 스위치로 구분되며, L2는 MAC 주소를, L3는 IP주소를, L4는 세션 프로토콜을 이용하여 스위칭한다.

3) L2 스위치

구분	설명
동작 원리	• 프로세서, 메모리, 펌웨어가 있는 Flash ROM으로 구성되어 있다. • 부팅 시 각 포트별 노드의 상태를 확인한다. • 각 노드의 MAC 주소를 메모리에 적재하게 하고, 패킷이 전달될 때 이 정보를 기반으로 스위칭하게 된다. • 스위칭할 때 각 포트별 주소 정보가 저장된다. • 일반적인 스위치는 메모리 용량 이상의 주소가 저장되면 스위칭 기능이 중지되고, 더미 허브와 같은 방식으로 동작한다. • 동일 네트워크 간의 연결만 가능하다.

특징	• 구조가 간단하며 신뢰성이 높다. • 가격이 경제적이고 성능이 우수하다. • 브로드캐스트 패킷에 의해 성능 저하가 발생한다. • 패킷의 MAC 주소를 읽어 스위칭한다. • L2 스위치 허브는 여러 개의 포트 중 특정 포트로만 정보를 전달한다.

4) L3 스위치

구분	설명
동작 원리	• 노드의 주소를 테이블의 메모리에 적재하게 하고, 노드의 주소가 전달될 때 이 정보를 기반으로 스위칭하게 된다. • 기본적으로 스위치 자체에 IP주소를 할당한다. • 각 포트별 IP주소 할당 내역 등을 설정하여 스위칭할 때 설정된 값을 이용한다.
특징	• 트래픽 체크, 가상 랜 등의 많은 부가 기능이 있다. • 특정 프로토콜을 이용해야 스위칭을 할 수 있다. • 브로드캐스트 트래픽으로 인한 전체 성능 저하를 막을 수 있다. • 패킷의 IP나 IPX 주소로 스위칭하며, 통신 경로는 한 번만 설정한다. • 고성능의 하드웨어를 기반으로 L2 스위치에 라우팅 기능을 추가하였다.

5) L4 스위치

구분	설명
동작 원리	• L3 스위치와 유사하지만, L3 스위치 대비 가상 랜 기능과 그룹화, 부하 분산 등의 고급 설정이 추가되었다. • 대부분 TCP/IP 프로토콜 기반으로 동작하고, 포트 번호로 스위칭까지도 가능하다. • IP주소 및 TCP/UDP 포트 정보를 참조하여 스위칭한다. • 포트 번호는 IP 패킷의 형태로 상위 계층으로 전달된다.
특징	• 많은 양의 트래픽을 여러 서버로 분산시킬 수 있는 부하 분산 기능을 제공한다. • 제조사별 설정 방법이 상이하여 특별한 표준을 지정하기가 어렵다. • 설정이 복잡하여, 세팅이 어렵다. • 고급 스위칭 설정이 가능하며, 보안성이 높다.

> **기적의 Tip** 부하 분산(Load Balancing)
>
> • 서버 또는 네트워크에 가해지는 부하를 분산해 주는 기술로 여러 개의 중앙처리장치 또는 저장장치와 같은 컴퓨터에 작업을 분산하는 것을 의미한다.
> • 네트워크의 부하 분산 종류는 아래와 같다.
> – VLAN을 이용한 2계층 부하 분산이다.
> – 라우팅 프로토콜을 이용한 3계층 부하 분산이다.
> – 서버 부하 분산 등이 있다.

02 네트워크 접속 장비

1) 리피터

1계층 장비로서 신호를 재생하여 전달되는 거리를 증가시키는 네트워크 장비이다.

2) 브리지

2계층 장비로서 네트워크를 분리하거나, 서로 다른 네트워크를 연결해 주는 장비이다.

3) 허브

- 2계층 장비로서 다수의 PC와 장치들을 묶어서 LAN을 구성할 때 각각의 PC에 연결된 케이블을 하나로 모으는 역할을 해주는 장비이다.
- 한 사무실이나 가까운 거리의 컴퓨터들을 UTP 케이블을 사용하여 연결하기 위해 사용된다.
- 허브는 데이터가 하나 또는 그 이상의 방향으로부터 한곳으로 모이는 장소로서, 들어온 데이터들은 다시 하나 또는 그 이상의 방향으로 전달한다.

4) 스위치(L2 스위치)

2계층 장비로서 2계층 주소인 MAC주소를 기반으로 동작하여 네트워크 중간에서 패킷을 받아 필요한 곳에만 보내주는 장비이다.

5) 라우터

- 3계층 장비로서 패킷의 위치를 추출하여 그 위치에 대한 최적의 경로를 지정하며, 이 경로를 따라 데이터 패킷을 다음 장치로 전향시키는 장치이다.
- 라우터는 이더넷이나 토큰 링, ATM 등 네트워크 구성 방식이나, 데이터 링크 계층의 프로토콜에 상관없이 네트워크를 연결하게 해주는 장비이다.

6) 게이트웨이

- OSI 모델의 모든 계층을 포함하여 동작하는 네트워크 장비로서 두 개의 완전히 다른 네트워크 사이의 데이터 형식을 변환하는 장비이다.
- 응용 계층(7계층)에서 동작한다.

7) DSU/CSU(Digital Service Unit/Channel Service Unit)

종단장치로 전송특성 개선을 위한 회선 조절 기능, 회선의 유지 보수기능, 타이밍 신호의 공급기능을 수행한다.

8) 네트워크 스위치

- L2 스위치, L3 스위치, L4 스위치, L7 스위치가 있다.
- L7 스위치는 IP주소 TCP/UDP 포트 정보 및 패킷 내용을 참조하여 스위칭하며 데이터 안의 실제 내용을 기반으로 한 부하 분산(load balancing)을 수행한다.

23.6

01 VLAN(Virtual Local Area Network)으로 네트워크를 분리하는 경우, 분할이 이루어지는 네트워크 장치는 무엇인가?

① L2 스위치
② 라우터
③ DHCP(Dynamic Host Configuration Protocol) 서버
④ DNS(Domain Name System) 서버

VLAN은 네트워크를 논리적으로 분리하는 기능으로, 포트별로 네트워크를 분리할 수 있는 L2 스위치에서부터 구성할 수 있다.

L2 스위치

구분	설명
동작 원리	• 프로세서, 메모리, 펌웨어가 있는 Flash ROM으로 구성되어 있다. • 부팅 시 각 포트별 노드의 상태를 확인한다. • 각 노드의 MAC 주소를 메모리에 적재하게 하고, 패킷이 전달될 때 이 정보를 기반으로 스위칭하게 된다. • 스위칭할 때 각 포트별 주소 정보가 저장된다. • 일반적인 스위치는 메모리 용량 이상의 주소가 저장되면 스위칭 기능이 중지되고, 더미 허브와 같은 방식으로 동작한다. • 동일 네트워크 간의 연결만 가능하다.
특징	• 구조가 간단하며 신뢰성이 높다. • 가격이 경제적이고 성능이 우수하다. • 브로드캐스트 패킷에 의해 성능 저하가 발생한다. • 패킷의 MAC 주소를 읽어 스위칭한다. • L2 스위치 허브는 여러 개의 포트 중 특정 포트로만 정보를 전달한다.

22.6

02 다음 중 OSI 7 Layer의 물리 계층(1계층) 관련 장비는?

① 리피터(Repeater)
② 라우터(Router)
③ 브리지(Bridge)
④ 스위치(Switch)

네트워크 접속 장비
• **리피터** : 1계층 장비로서 신호를 재생하여 전달되는 거리를 증가시키는 네트워크 장비이다.
• **브리지** : 2계층 장비로서 네트워크를 분리하거나, 서로 다른 네트워크를 연결해 주는 장비이다.
• **허브** : 2계층 장비로서 다수의 PC와 장치들을 묶어서 LAN을 구성할 때 각각의 PC에 연결된 케이블을 하나로 모으는 역할을 해주는 장비이다.
• **스위치(L2 스위치)** : 2계층 장비로서 2계층 주소인 MAC 주소를 기반으로 동작하여 네트워크 중간에서 패킷을 받아 필요한 곳에만 보내주는 장비이다.
• **라우터** : 3계층 장비로서 패킷의 위치를 추출하여 그 위치에 대한 최적의 경로를 지정하며, 이 경로를 따라 데이터 패킷을 다음 장치로 전향시키는 장비이다.
• **게이트웨이** : OSI 모델의 모든 계층을 포함하여 동작하는 네트워크 장비로서 두 개의 완전히 다른 네트워크 사이의 데이터 형식을 변환하는 장비이다.
• **DSU/CSU(Digital Service Unit/Channel Service Unit)** : 종단장치로 전송특성 개선을 위한 회선 조절 기능, 회선의 유지 보수기능, 타이밍 신호의 공급기능을 수행한다.
• **네트워크 스위치**
  − L2 스위치, L3 스위치, L4 스위치, L7 스위치가 있다.
  − L7 스위치는 IP주소, TCP/UDP 포트 정보, 패킷 내용을 참조하여 스위칭하는 장비로, 데이터 안의 실제 내용을 기반으로 하여 부하 분산(load balancing)을 수행한다.

정답 01 ① 02 ①

03 다음 중 스위치와 허브에 대한 설명으로 올바른 것은?

① 전통적인 케이블 방식의 CSMA/CD는 허브라는 장비로 대체되었다.
② 임의의 호스트에서 전송한 프레임은 허브에서 수신하며, 허브는 목적지로 지정된 호스트에만 해당 데이터를 전달한다.
③ 허브는 외형적으로 스타형 구조를 갖기 때문에 내부의 동작 역시 스타형 구조로 작동되므로 충돌이 발생하지 않는다.
④ 스위치 허브의 성능 문제를 개선하여 허브로 발전하였다.

CSMA/CD
이더넷에서 사용하는 충돌 검출 방식으로, 버스에 연결된 장치들이 동시에 통신하게 되어 발생하는 충돌을 막기 위해 사용하는 프로토콜이다.
허브가 개발됨에 따라 CSMA/CD의 케이블을 통한 버스형 구조는 허브를 통한 성형 구조로 대체되었다.

04 스위치 전송 방식 중에서 목적지 주소만 확인하고 전송을 진행하는 방식은?

① Store and forward 방식
② Cut−through 방식
③ Fragment−free 방식
④ Filtering 방식

스위칭 방식
• Store and forward 방식 : 통신시스템에서 노드로 들어오는 메시지나 패킷을 한번 축적하고 나서 목적지를 식별한 후 정보를 전송하는 방식이다.
• Cut−through 방식
  − 수신된 패킷의 헤더 부분만 검사하여 이를 곧바로 스위칭하는 방식으로, 전송되는 프레임 전체가 수신되기 전에 헤더 내의 목적지 주소만을 보고 판단한다.
  − L2 스위칭(LAN 스위칭) : 컷 스루 스위칭 방식과 매우 유사하다.
  − L3 스위칭 : 복수의 라우터를 경유하지 않고, 직접 송수신지 사이에 통신용 컷 스루 경로를 확립한다.
• Fragment−free 방식 : 스토어 앤 포워드 방식과 컷 스루 방식을 결합한 방법으로 처음 512비트를 보고 전송을 시작하기 때문에 에러 감지 능력 부분이 컷 스루보다 우수하다.

05 HUB에 대한 설명으로 맞는 것은?

① 근거리통신망(LAN)과 단말장치를 접속하는 장치이다.
② 근거리통신망(LAN)과 외부 네트워크를 연결하여 다중 경로를 제어하는 장치이다.
③ OSI 7 Layer에서 2계층의 기능을 담당하는 장치이다.
④ 아날로그 선로에서 신호를 분배, 접속하는 중계 장치이다.

허브
• 1계층 장비로서 다수의 PC와 장치들을 묶어서 LAN을 구성할 때 각각의 PC에 연결된 케이블을 하나로 모으는 역할을 해주는 장비이다.
• 한 사무실이나 가까운 거리의 컴퓨터들을 UTP 케이블을 사용하여 연결하기 위해 사용한다.
• 허브는 데이터가 하나 또는 그 이상의 방향으로부터 한곳으로 모이는 장소로서, 들어온 데이터들은 다시 하나 또는 그 이상의 방향으로 전달한다.

06 LAN과 LAN을 연결하는 장비로, OSI 7계층 중 데이터 링크 계층에 해당하는 것은?

① 브리지
② 라우터
③ 리피터
④ 게이트웨이

브리지
2계층 장비로서 네트워크를 분리하거나, 서로 다른 네트워크를 연결해주는 장비이다.

정답 03 ① 04 ② 05 ① 06 ①

SECTION 03 VLAN, VAN

출제빈도 상 중 하

필기편 PART 03 정보통신네트워크

기출 분석

연도	19년	20년	21년	22년	23년
문제 수	2	2	4	8	2

01 VLAN

1) VLAN 정의

- 트래픽 감소 및 네트워크 분리를 목적으로 물리적 LAN을 여러 개의 논리적 브로드캐스트 도메인으로 분리하는 것을 의미한다.
- 물리적 배선 구성에 제한받지 않고 물리적으로 분리된 노드들을 그룹 단위로 묶을 수 있다.

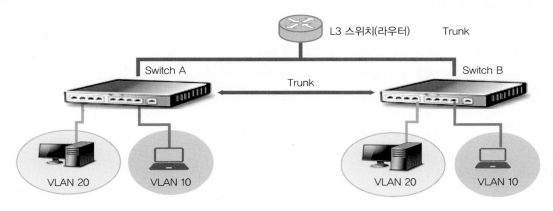

▲ VLAN 적용 구조

2) VLAN 연결 및 포트

구분	설명
VLAN 지원 장비	LAN 스위치
VLAN 간 연결	VLAN 트렁크(Trunk)
액세스 포트	일반 단말이 사용하는 포트
트렁크 포트	• 스위치 간 트렁크를 위한 포트 • 802.1Q 포트
브로드캐스트 도메인	• 각 VLAN은 브로드캐스트 도메인별로 설정 • 하나의 VLAN은 하나의 논리적인 브로드캐스트 도메인이고, 하나의 논리적인 네트워크임 • 하나의 VLAN ID = IP 서브넷(subnet)

3) VLAN 특징

구분	설명
네트워크 세분화	• 과부하 감소 • 효율적인 대역폭 활용하여 Load Balance 효과 • 여러 다양한 트래픽을 용도에 따라 나눌 수 있음 • 브로드캐스트 제어
보안 안전성	• 임의 세그먼트로의 접속을 제한할 수 있음 • 문제의 확산을 방지하고 고립시킴
네트워크 유연성	• 물리적 구조의 세그먼트를 다수의 논리적 세그먼트로 분리 운영 • 여러 개의 LAN으로 보이도록 LAN을 확장시킴 • 여러 개의 LAN 스위치 장비에 걸쳐 VLAN 구현
브로드캐스트 도메인 분리	• 하나의 VLAN으로 하나의 논리적인 브로드캐스트 도메인 구성 • VLAN 간 통신을 위해서는 라우터 또는 L3 스위치가 필요함

4) VLAN 그룹 구분 방식

구분	설명
Port Based	1계층 물리 계층의 포트 단위로 구분 관리
MAC 주소	2계층 데이터 링크 계층의 MAC 주소에 의한 구분 관리
IP주소	3계층 망 계층의 IP주소에 의한 구분 관리
프로토콜	• 1~3계층 모두 사용 • 프로토콜 종류뿐만 아니라, MAC 주소나 포트 번호 모두 사용

5) VLAN 할당 방식

구분	설명
정적 VLAN	• 포트별 수동할당 • 관리자가 VLAN 할당을 각 스위치에서 직접 할당 • VLAN 구성이 쉽고 모니터링에 용이 • 네트워크에서 사용자가 이동하는 경우에도 동작 가능
동적 VLAN	• MAC 주소별 자동할당 • MAC 주소에 따라 관리 서버로부터 VLAN이 자동 할당되어 설정됨

6) VLAN 프로토콜

① VLAN 트렁크 프로토콜(VTP ; VLAN Trunking Protocol)

• 시스코 전용 프로토콜로 스위치 간 트렁크로 연결된 구간에서 VLAN 생성, 삭제, 수정 정보를 공유하는 프로토콜이다.
• **트렁크 프로토콜** : 이더넷 프레임에 식별용 VLAN ID를 삽입, 스위치 포트들을 그룹핑하여 연결할 수 있는 프로토콜이다.

② 스패닝 트리 프로토콜(STP ; Spanning Tree Protocol)

• STP는 2계층 프로토콜로서 스위치에서 이더넷 프레임의 루핑을 방지해 주는 프로토콜이다.
• **루핑 현상** : 환형 토폴로지가 형성된 이더넷 네트워크에서 프레임이 전달될 경우 이더넷 프레임이 지속해서 순환되는 현상을 의미한다.

• 같은 도메인에서 트래픽 시 발생되는 보안 문제를 해결해 주는 스위치 보안 기능이며, IP주소 낭비를 해결해 준다.
• 복수의 VLAN을 만들어 VLAN 사이의 라우팅 및 방화벽 설정 기능을 제공하여 보안을 강화하는 방법이다.

02 VAN(Value Added Network, 부가가치통신망)

1) VAN 정의

회선을 직접 보유하거나, 공중 전기 통신 사업자로부터 통신 회선을 빌려 독자적인 네트워크를 형성하는 것이다.

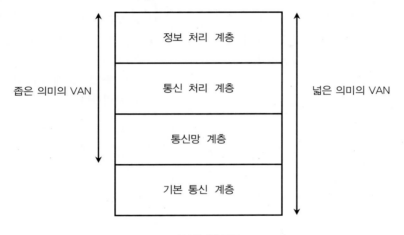

▲ VAN 계층구조

2) VAN 계층구조와 기능

구분	설명
기본통신 계층	아날로그 통신과 디지털 통신으로 구분되며, 정보전달을 수행
통신망 계층	교환기능과 다른 통신망과의 접속 기능을 제공
통신 처리 계층	• 통신망 계층에 부가가치를 추가한 서비스 • 정보의 축적 : 전자사서함 등 • 정보의 변환 : 속도 변환, 코드 변환, 프로토콜 변환, 매체변환
정보처리 계층	• 필요한 정보의 형태로 변환시킴 • 온라인 실시간, 원격 일괄 · 시분할 처리시스템 등 데이터 처리 기능 • DB(데이터베이스) 기능

01 다음 중 정적(Static) VLAN(Virtual Local Area Network)에 대한 설명으로 틀린 것은?

23,6

① 네트워크에서 사용자가 이동하는 경우에도 동작 가능하다.
② MAC 주소별로 주소가 자동 할당된다.
③ VLAN 구성이 쉽고 모니터링 하기도 쉽다.
④ 스위치 포트별로 VLAN을 할당한다.

VLAN 할당 방식

구분	설명
정적 VLAN	• 포트별 수동할당 • 관리자가 VLAN 할당을 각 스위치에서 직접 할당 • VLAN 구성이 쉽고 모니터링에 용이 • 네트워크에서 사용자가 이동하는 경우에도 동작 가능
동적 VLAN	• MAC 주소별 자동할당 • MAC 주소에 따라 관리 서버로부터 VLAN이 자동 할당되어 설정됨

02 다음 중 VLAN의 종류로 거리가 먼 것은?

22,6

① 포트 기반(Port-based) VLAN
② LLC 주소기반 VLAN
③ 프로토콜 기반 VLAN
④ IP 서브넷을 이용한 VLAN

VLAN 그룹 구분 방식

구분	설명
Port Based	1계층 물리 계층의 포트 단위로 구분 관리
MAC 주소	2계층 데이터 링크 계층의 MAC 주소에 의한 구분 관리
IP주소	3계층 망 계층의 IP주소에 의한 구분 관리
프로토콜	1~3계층 모두 사용 (프로토콜 종류뿐만 아니라, MAC 주소나 포트 번호 모두 사용)

03 다음 중 VLAN의 설명으로 옳은 것은?

20,5

① 유니캐스트 도메인(Unicast Domain)을 분리한다.
② 브로드캐스트 도메인(Broadcast Domain)을 분리한다.
③ 애니캐스트 도메인(Anycast Domain)을 분리한다.
④ 멀티캐스트 도메인(Multicast Domain)을 분리한다.

VLAN 정의

• 트래픽 감소 및 네트워크 분리를 목적으로 물리적 LAN을 여러 개의 논리적 브로드캐스트 도메인으로 분리하는 것을 의미한다.
• 물리적 배선 구성에 제한받지 않고 물리적으로 분리된 노드들을 그룹 단위로 묶을 수 있다.

04 IEEE 802.1Q 표준 규격의 VLAN을 구별하는 VLAN ID를 전달하는 방법인 태깅(Tagging) 방법에 대한 설명으로 <u>틀린</u> 것은?
20.5

① 이더넷 프레임에서 소스 주소(Source Address) 바로 다음에 2바이트 TPID(Tag Protocol ID)를 삽입하여 VLAN 태그가 존재함을 알려준다.

② VLAN 태그를 인식하지 못하는 구형 장비는 알려지지 않은 이더넷 프로토콜 타입으로 간주하여 폐기한다.

③ TPID 바로 다음에 2바이트 TCI(Tag Control Information)를 삽입하여 태그 제어 정보로 사용한다.

④ TCI 중 12비트인 VID(VLAN ID)는 각각의 VLAN을 식별하는 데 사용하며, 총 4,096개의 VLAN 구별이 가능하다.

VLAN Tag
• IEEE 802.1Q는 VLAN 상에서 스위치 간에 VID(VLAN Identifier) 정보를 전달하는 방법으로 이더넷 프레임에 덧붙이는 태그 방식을 의미한다.
• VLAN ID를 전달하는 방법으로 태깅 방법을 사용하는데, 스위치 제조사마다 서로 다른 방식을 사용하고 있어 표준화하였다.
• VLAN Tag는 각각 2바이트의 TPID(Tag Protocol Identifier)와 TCI(Tag Control Information)로 구성되어 있다.
• TPID는 0×8100의 고정된 값의 태그 프로토콜 식별자로서 SA 다음에 2바이트의 VLAN 태그가 있음을 알리고, TCI는 VLAN 태그로서 Priority(3bit), CFI(1bit), VID(12bit)로 구성되어 있다.
• VLAN 표준은 IEEE 802.1Q 이다.
• VLAN 태그를 인식하지 못하는 구형 장비는 알려지지 않은 이더넷 프로토콜 타입으로 간주하여 폐기한다.

05 부가가치통신망(VAN)의 출현배경과 거리가 <u>먼</u> 것은?
21.6

① 정보저장용량의 증대
② 아날로그 정보처리기술의 발달
③ 정보통신 응용분야의 다양화
④ 정보처리 속도의 향상

VAN 출현 배경
• 사무자동화 기술의 발달에 따라 출현하였다.
• 전자통신 기술의 발달에 따라 출현하였다.
• 정보전달 수단의 발달에 따라 출현하였다.
• 정보처리 산업의 발달에 따라 출현하였다.
• 컴퓨터 이용기술의 발달에 따라 출현하였다.

06 VAN의 서비스 기능 중 통신 처리 기능(통신 처리 계층)으로 <u>틀린</u> 것은?
21.3

① 패킷 교환
② 코드 변환
③ 속도 변환
④ 프로토콜 변환

VAN 계층구조와 기능

구분	설명
기본통신 계층	아날로그 통신과 디지털 통신으로 구분되며, 정보전달을 수행
통신망 계층	교환기능과 다른 통신망과의 접속 기능을 제공
통신 처리 계층	• 통신망 계층에 부가가치를 추가한 서비스 • 정보의 축적 : 전자사서함 등 • 정보의 변환 : 속도 변환, 코드 변환, 프로토콜 변환, 매체변환
정보처리 계층	• 필요한 정보의 형태로 변환시킴 • 온라인 실시간, 원격 일괄 · 시분할 처리시스템 등 데이터 처리 기능 • DB(데이터베이스) 기능

SECTION 04 라우팅 프로토콜

출제빈도

기출 분석 연도	19년	20년	21년	22년	23년
문제 수	6	3	2	6	3

01 라우팅

1) 라우팅 정의

네트워크에서 최적의 경로로 메시지의 목적지까지 갈 수 있도록 경로를 설정해 주는 과정을 의미한다.

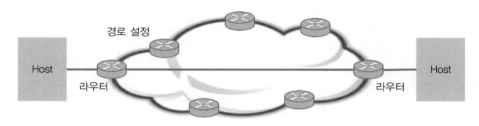

▲ 라우팅 개념도

2) 라우팅 프로토콜 구성요소

구성요소	설명
라우팅 테이블	라우팅 테이블로 최적의 경로를 결정하고 패킷을 전송
메시지	라우팅하기 위해 교환하는 라우팅 정보
메트릭	최적 경로의 등급으로 결정할 수 있게 숫자로 환산한 변수

> **기적의 Tip** 라우팅 테이블 등록 방법
> • 수동 방식 : 소규모 네트워크에 적용하며, 관리자가 직접 입력하는 방식이다.
> • 능동 방식 : 대규모 네트워크에 적용하며, 라우터가 자동으로 등록하는 방식이다.

3) 라우팅 프로토콜 특징

• 라우터와 라우터 간 통신방식을 규정하는 통신 규약이다.
• 라우팅 테이블의 동적 유지관리 및 라우팅 정보의 교환을 동적으로 수행한다.
• 라우팅 테이블을 구성하는 것이 라우팅 프로토콜에서 가장 중요한 목적이다.

4) 라우팅 프로토콜 분류

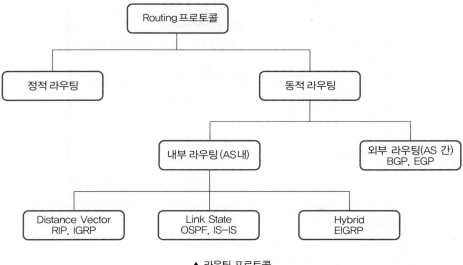

▲ 라우팅 프로토콜

① 정적 라우팅 vs 동적 라우팅
• 정적 라우팅

구분	설명
정의	• 네트워크 관리자가 수동으로 라우팅 항목을 설정하는 방법 • 미리 정해진 경로를 선택
특징	• 속도가 빠르고 안정적이며, 소규모 네트워크에 유리함 • 보안성이 우수하고, CPU 부하가 적음 • 초기 구성과 유지보수에 시간이 오래 걸림 • 확장성이 매우 적음 • 라우팅 테이블이 수동으로 작성됨

• 동적 라우팅

구분	설명
정의	• 라우팅 프로토콜에 의해 망의 상태에 따라 경로가 자동으로 설정되는 방법 • 라우팅 항목이 자동으로 생성 및 유지
특징	• 네트워크 변화에 능동적으로 대처 가능하며, 대규모 네트워크에 유리 • 최신 라우팅 정보를 유지할 수 있음 • 라우터의 부하가 크고, 라우터의 메모리를 많이 차지함 • 대역폭 소비가 큼

② 내부 라우팅 vs 외부 라우팅

구분	설명
내부	• AS(Autonomous system, 자율시스템) 내부의 라우터끼리 라우팅 정보를 전달하는 방식 • IGP(내부 라우팅 프로토콜)
외부	• AS와 AS간, 서로 다른 AS로 라우팅 정보를 전달하는 방식 • EGP(외부 라우팅 프로토콜)

③ 거리 벡터 방식 vs 링크 상태 방식

• 거리 벡터 라우팅

구분	설명
정의	거리와 방향 정보에 의한 라우팅 알고리즘으로, 라우터 그리고 라우터와 직접 연결된 주변 이웃 라우터와의 정보를 교환하는 방식
특징	• 주변 라우터로부터의 정보를 이용하여 네트워크를 구성 • 작은 규모의 네트워크에 적용 • 경로 계산은 홉 수에 의해 이루어짐 • 벨만–포드 알고리즘 적용

• 링크 상태 라우팅

구분	설명
정의	링크의 상태 정보를 전달하여 최단 경로를 구성하는 알고리즘으로 주변 상황에 변화가 있을 때 그 정보를 모든 라우터에게 전달하는 방식
특징	• 네트워크 변화에 능동적으로 대처 가능하며, 대규모 네트워크에 유리 • 최신 라우팅 정보를 유지할 수 있음 • 경로는 홉 수, 지연, 대역폭 등에 따라 결정 • 다익스트라 알고리즘 적용

5) 라우팅 프로토콜 종류

구분	종류	설명
내부 라우팅	RIP	• Routing Information Protocol • 거리 벡터 방식 • 최대 15 Hop까지 지원하며, Hop 수가 가장 적은 경로를 선택 • 매 30초마다 주기적인 라우팅 업데이트 • 라우팅 트래픽 부하 증가 및 수렴 시간이 느림 • 설정 및 운영이 간단하며, 소규모 네트워크에 적용 • 서브 네트워크의 주소는 클래스 A, B, C의 마스크를 기준으로 라우팅 정보를 구성
	OSPF	• Open Shortest Path First • 링크 상태 방식이며, 다익스트라의 SPF(Shortest Path First) 알고리즘 사용 • 링크 상태 정보를 이용하여 최단 경로로 패킷을 전달 • Link State에 변화가 있을 때 해당 라우터가 LSA(Link State Advertisement, 라우팅 정보)를 전체 네트워크에 Flooding 함 • 라우팅 설정이 복잡하고 자원 소모량이 많음 • AS 내부를 영역 단위로 나누어 관리
	IGRP	• Interior Gateway Routing Protocol • 거리 벡터 방식으로 중규모 네트워크에 적합함 • RIP의 문제점을 개선한 프로토콜로서 메트릭으로 최적의 경로 설정 • 매 90초마다 경로 정보를 전송하며, 신뢰성 있음 • 운영과 설정이 간단하고, 수렴이 빠르며, 멀티패스 라우팅 지원 • 국제표준 규약이 아니며, 비용 결정 계산이 복잡함
	IS–IS	• Intermediate System to Intermediate System • 링크 상태 방식이며, 다익스트라의 SPF(Shortest Path First) 알고리즘 사용 • 라우터끼리 동적으로 경로 정보를 주고받는 프로토콜 • 최대 홉 제한 없음 • 2단계 계층적 구조(1, 2)를 지원하며 여러 Area로 구분됨

	EIGRP	• Enhanced IGRP • 거리 벡터 기반의 링크 상태처럼 동작하는 하이브리드 방식 • IGRP 기반으로 라우터 내 대역폭 및 처리 능력의 향상과 경로상 불안정한 라우팅을 최적화함 • Classless Routing을 수행하며, 수렴 시간이 빠름 • 네트워크 변화에 즉시 반응하여 경로 설정 및 Load Balancing 지원 • 대규모 네트워크에서 관리가 어려우며, 시스코 라우터에서만 동작
외부 라우팅	BGP	• Border Gateway Protocol • 경로 벡터 라우팅 프로토콜 • AS 사이의 경로지정을 위해 사용되는 프로토콜 • Classless Routing을 수행하며, 수렴 시간이 빠름 • TCP를 사용하여 연결하며, 대형망 네트워크 지원 • Classless Routing 및 다양하고 풍부한 메트릭 사용 • 회선 장애 시 우회 경로를 생성하고 라우팅 정보의 부분 갱신 가능 • 매트릭 설정이 어렵고 수렴 시간이 느림
	EGP	• Exterior Gateway Protocol • 경로를 파악하는 데 있어 최적 또는 최단의 경로를 찾지 않고, 도달 가능성을 확인하고 알리는 프로토콜 • 경로에 자신의 AS가 포함되어 있다면 그 경로는 유효하지 않다고 판단 • 속도는 느리지만 많은 양의 라우팅 정보 업데이트 가능 • 다른 AS 간에 사용

이론을 확인하는 기출문제

21.03

01 다음 중 동적 라우팅(Dynamic Routing)에 사용되는 프로토콜은?

① HTTP
② PPP
③ OSPF
④ SMTP

동적라우팅 프로토콜의 종류
• 내부라우팅 : RIP, IGRP, OSPF, IS-IS, EIGRP
• 외부라우팅 : BGP, EGP

22.10

02 다음 중 IGP(Interior Gateway Protocol)로 사용하지 않는 라우팅 프로토콜은 어느 것인가?

① RIP(Routing Information Protocol)
② BGP(Border Gateway Protocol)
③ IGRP(Interior Gateway Routing Protocol)
④ OSPF(Open Shortest Path First)

라우팅 프로토콜 종류
• 내부 라우팅(IGP) : RIP, OSPF, IGRP, IS-IS, EIGRP
• 외부 라우팅(EGP) : BGP

정답 01 ③ 02 ②

03 23.6

IP 기반 네트워크의 OSPF(Open Shortest Path First)에서 갱신정보를 인접 라우터에 전송하고 인접 라우터는 다시 자신의 인접 라우터에 갱신정보를 즉시 전달하여 갱신정보가 네트워크 전역으로 신속하게 전달되도록 하는 과정은?

① 플러딩(Flooding)
② 경로 태그(Route Tag)
③ 헬로우(Hello)
④ 데이터베이스 교환(Database Exchange)

OSPF
- Open Shortest Path First
- 링크 상태 방식이며, 다익스트라의 SPF(Shortest Path First) 알고리즘 사용
- 링크 상태 정보를 이용하여 최단 경로로 패킷을 전달
- Link State에 변화가 있을 때 해당 라우터가 LSA(Link State Advertisement, 라우팅 정보)를 전체 네트워크에 Flooding 함
- 라우팅 설정이 복잡하고 자원 소모량이 많음
- AS 내부를 영역 단위로 나누어 관리

04 23.3

다음 중 라우팅(Routing)에 대한 설명으로 **틀린** 것은?

① 라우팅 알고리즘에는 거리 벡터 알고리즘과 링크 상태 알고리즘이 있다.
② 거리 벡터 알고리즘을 사용하는 라우팅 프로토콜에는 RIP, IGRP가 있다.
③ 링크 상태 알고리즘을 사용하는 대표적인 라우팅 프로토콜로는 OSPF프로토콜이 있다.
④ BGP는 플러딩을 위해서 D class의 IP주소를 사용하여 멀티캐스팅을 수행한다.

라우팅 프로토콜의 종류
- 거리 벡터 알고리즘 : RIP, IGRP, EIGRP
- 링크 상태 알고리즘 : OSPF, IS-IS
- 경로 벡터 알고리즘 : BGP

05 22.6

라우팅의 루핑 문제를 방지하기 위한 여러 가지 방법 중 라우팅 정보가 들어온 곳으로는 같은 라우팅 정보를 내보내지 <u>않는</u> 방법을 무엇이라 하는가?

① 최대 홉 카운트(Maximum Hop Count)
② 스플릿 호라이즌(Split Horizon)
③ 홀드 다운 타이머(Hold Down Timer)
④ 라우트 포이즈닝(Route Poisoning)

루핑(Looping)
프로그램 속에서 동일한 명령이나 처리를 반복하여 실행하는 것

루핑 방지 대책

방법	설명
Maximum Hop Count	경로상 최대 라우터의 개수를 15개까지 지정하는 방법
Hold Down Timer	일정 시간 동안 홀드 시간을 두어 정보를 무시하는 방법
Split Horizon	라우팅 정보가 들어오는 곳으로 같은 정보를 보내지 않는 방법
Route Poisoning	네트워크가 다운되면 메트릭 값을 사용할 수 없는 값인 16으로 변경하여 다운된 네트워크를 먼저 무한대치로 바꾸는 방법
Poison Reverse	라우팅 정보를 되돌려 보내지만, 이 값을 무한대 값으로 하는 방법

정답 03 ① 04 ④ 05 ②

SECTION 05 라우터 구성 및 동작

기출 분석

연도	19년	20년	21년	22년	23년
문제 수	0	2	0	1	1

01 라우터

1) 라우터 정의

- 라우터는 3계층(네트워크계층) 장비로, 서로 다른 네트워크를 연결하고 패킷을 최적의 경로로 전달하는 역할을 한다.
- 라우터는 브로드캐스트 도메인을 나누며(=브로드캐스트 도메인은 라우터를 경계로 나누어짐) 브로드캐스트 패킷은 라우터를 경유하여 해당 도메인 내에서만 전파하고, 이를 통해 네트워크 트래픽을 효율적으로 관리한다.

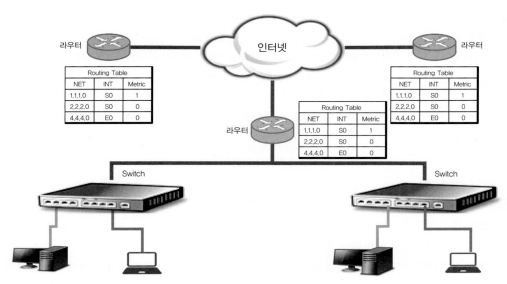

▲ 네트워크 개념도

2) 라우터 내부 구성요소

구성요소	설명
CPU	라우터를 제어하고, 다양한 기능을 위한 연산을 담당
DRAM	각 포트에 필요한 버퍼 제공 및 라우팅 테이블을 저장
Flash 메모리	운영체제(OS)를 저장하고 있는 저장장소
NVRAM	Non Volatile RAM으로 설정이 저장되며, 재부팅되어도 설정값이 유지되는 config 정보가 저장되는 장소
ROM	기본적인 설정이 저장되어 있으며, PC의 BIOS와 비슷

3) 라우터 주요 기능

기능	설명
경로 설정	• 경로 정보 확인 및 설정 • 경로 정보 확인 후 패킷을 포워딩함
브로드캐스트 제어	다른 네트워크로의 전파를 막기 위해 제어함
IP 패킷 전달	• 서로 다른 프로토콜로 구성된 네트워크를 연결 • IP 패킷을 수신하고, 목적지 또는 다른 라우터로 전달
혼잡상태 제어	• 네트워크의 경로상 혼잡상태를 확인하고, 최적의 경로로 패킷 전달 • 네트워크의 상태에 따라 라우팅 테이블을 갱신
QoS기능 제공	데이터의 크기, 중요도, 프로토콜 등 여러 상황에 따른 트래픽의 순서 조정
라우팅 테이블 갱신	라우팅 프로토콜을 사용하여 최적의 경로를 결정하며, 결정된 경로에 맞게 라우팅 테이블을 갱신함
대역폭 관리	대역폭 관리를 통해 네트워크 트래픽을 제어하고, 이를 통해 네트워크 성능을 최적화함

02 라우터의 종류 및 특징

종류	설명
코어 라우터	신뢰성이 높은 고성능 라우터로, 인터넷 서비스 제공자 간 네트워크를 상호 연결
센터 라우터	• 중앙 데이터 센터에서 사용되는 특정 유형의 라우터 • 대규모 네트워크에서 다양한 서브넷과 서버 간의 통신을 관리하고 제어하는 역할을 수행
엣지 라우터	• 네트워크의 가장자리(Edge)에 위치하여 로컬 네트워크와 외부 네트워크 간의 연결과 통신을 관리 • 네트워크의 가장자리에서 발생하는 트래픽을 처리하고, 보안, 라우팅, NAT(Network Address Translation), 패킷 필터링 등의 기능을 수행

1) 코어 라우터 주요 특징

• **대규모 확장성** : 대규모 데이터 센터 환경에서 많은 수의 서브넷과 서버를 관리할 수 있으며, 확장성을 강조하여 네트워크의 성장과 변화에 적응할 수 있다.
• **고성능 전달** : 대량의 트래픽을 처리하고 빠른 전달 속도를 제공하며, 센터에서 발생하는 대규모 트래픽을 효과적으로 처리하여 성능을 최적화한다.
• **로드 밸런싱** : 서로 다른 서버 또는 서브넷 간의 트래픽을 균형 있게 분산시키는 로드 밸런싱 기능을 제공한다.
• **보안 기능** : 코어 라우터는 네트워크 보안을 강화하기 위해 방화벽, 가상 사설망(VPN), 암호화 등의 기술을 활용하여 데이터 센터 내의 통신을 보호한다.
• **품질 관리** : 코어 라우터는 트래픽의 우선순위 설정, 대역폭 관리, 품질 서비스(QoS) 제공 등을 통해 네트워크 품질을 관리한다.

2) 센터 라우터 주요 특징

① **라우팅** : 복잡한 라우팅 기능을 수행하여 네트워크 간의 경로를 결정, 최적의 경로로 패킷을 전달한다.
② **품질 서비스(QoS)** : 특정 서비스 또는 애플리케이션에 대한 우선순위와 대역폭 할당을 관리한다.

③ **보안 기능** : 네트워크 보안을 강화하기 위해 방화벽, 가상 사설망(VPN), 암호화 등의 기술을 활용하여 데이터 센터 내의 통신을 보호한다.

④ **로드 밸런싱** : 센서별 또는 서버 팜 간의 트래픽을 균형 있게 분산시켜 로드 밸런싱을 수행한다.

⑤ **멀티캐스트 지원** : 멀티미디어 스트리밍 및 그룹 통신을 효과적으로 처리할 수 있다.

⑥ **가상화 지원** : 가상 라우팅 및 가상 네트워크 기능을 제공하여 가상 서버 또는 가상 네트워크 간의 효율적인 통신과 관리를 가능하게 한다.

3) 엣지 라우터 주요 특징

① **로컬 네트워크 연결** : 로컬 네트워크(가정, 사무실, 브렌치 오피스 등)와 외부 네트워크(인터넷 또는 다른 외부 네트워크)를 연결한다.

② **보안 기능** : 네트워크 보안을 강화하기 위해 방화벽, 가상 사설망(VPN), 인트라넷 보안 등의 기술을 활용하여 외부에서의 불법적인 접근과 공격을 방지하고 네트워크를 보호한다.

③ **라우팅** : 라우팅 프로토콜을 사용하여 패킷의 최적 경로를 선택하고 전달한다.

④ **NAT(Network Address Translation)** : 엣지 라우터는 사설 IP주소와 공인 IP주소 간의 변환을 수행하는 NAT을 지원한다.

⑤ **패킷 필터링** : 패킷 필터링을 통해 특정 유형의 패킷을 거부하거나 차단할 수 있으며, 보안 정책에 따라 특정 포트, 프로토콜 또는 IP주소를 차단하여 외부로부터의 악의적인 트래픽을 제어할 수 있다.

기적의 Tip 라우터 요약

- 라우터는 OSI 3계층 장비로, 라우팅을 능동적으로 수행하는 장치이다.
- 라우터는 패킷의 최적 경로를 결정하고 다음 장치로 데이터 패킷을 전달하는 역할을 한다.
- 라우터는 서로 다른 네트워크를 중계하며, LAN과 LAN 또는 LAN과 WAN을 연결하기 위한 인터네트워크 장비이다.
- 라우터의 주요 기능에는 경로 설정과 스위칭 등이 포함된다.

이론을 확인하는 **기출문제**

20.6
01 라우터를 로컬 내에서만 연결하여 관리할 수 있는 인터페이스(포트)는 무엇인가?

① 이더넷 포트   ② 직렬 포트
③ 콘솔 포트   ④ Auxiliary 포트

라우터 외부 연결 포트
- **이더넷 포트** : 주로 LAN 장비들과 연결되는 인터페이스
- **직렬(Serial) 포트** : WAN 구간과 연결되는 인터페이스
- **콘솔(Console) 포트** : 라우터 관련 정보를 확인하거나, 라우터 설정을 위해 PC 시리얼(Serial) 포트와 연결하는 인터페이스
- **옥스(AUX, Auxiliary) 포트** : 원격으로 라우터를 제어하기 위해 모뎀과 연결하는 인터페이스

18.6
02 다음 중 라우터의 이더넷(Ethernet) 인터페이스인 접속 포트에 활용되지 <u>않는</u> 것은?

① TP   ② AUI
③ DVI   ④ MAU

이더넷 인터페이스 방식
- **TP(Twisted Pair)** : RJ45 커넥터를 이용한 인터페이스
- **AUI(Attachment Unit Interface)** : 15핀으로 된 인터페이스 방식
- **MAU(Media Access Unit)** : AUI to TP 변환을 수행하는 트랜시버

정답 01 ③ 02 ③

23.3

03 다음 중 라우터의 내부 물리적 구조에 포함되지 않는 것은?

① GPU
② CPU
③ DRAM
④ ROM

라우터 내부 구성요소

구성요소	설명
CPU	라우터를 제어하고, 다양한 기능을 위한 연산을 담당
DRAM	각 포트에 필요한 버퍼 제공 및 라우팅 테이블을 저장
Flash 메모리	운영체제(OS)를 저장하고 있는 저장장소
NVRAM	Non Volatile RAM으로 설정이 저장되며, 재부팅되어도 설정값 유지되는 config 정보가 저장되는 장소
ROM	기본적인 설정이 저장되어 있으며, PC의 BIOS와 비슷

23.3

04 다음에서 설명하는 장치의 이름으로 옳은 것은?

- OSI 모델의 물리 계층, 데이터 링크 계층, 네트워크 계층의 기능을 지원하는 장치
- 자신과 연결된 네트워크 및 호스트 정보를 유지하고 관리하며, 어떤 경로를 이용해야 빠르게 전송할 수 있는지를 판단하는 장치

① Gateway
② Repeater
③ Router
④ Bridge

라우터 정의
- 라우터는 3계층(네트워크계층) 장비로, 서로 다른 네트워크를 연결하고 패킷을 최적의 경로로 전달하는 역할을 한다.
- 라우터는 브로드캐스트 도메인을 나누며(=브로드캐스트 도메인은 라우터를 경계로 나누어짐) 브로드캐스트 패킷은 라우터를 경유하여 해당 도메인 내에서만 전파하고, 이를 통해 네트워크 트래픽을 효율적으로 관리한다.

18.6

05 라우터가 패킷을 수신하면 라우터 포트 중 단 하나만을 통해 패킷을 전달하는 라우팅을 무엇이라 하는가?

① 싱글캐스트 라우팅
② 유니캐스트 라우팅
③ 멀티캐스트 라우팅
④ 브로드캐스트 라우팅

유니캐스트
하나의 송신자와 하나의 수신자 사이의 1:1 통신
유니캐스트 라우팅
- 라우터 포트 중 최적 경로에 해당하는 포트 하나만을 통하여 패킷을 전달하는 방식으로, 패킷은 포워딩 테이블을 참조하여 발신지에서 목적지까지 홉 단위로 전달된다.
- 해당하는 라우팅 프로토콜은 RIP, IGRP, OSPF, BGP 등이다.

20.6

06 다음 중 라우터의 주요 기능이 아닌 것은?

① 경로 설정
② IP 패킷 전달
③ 라우팅 테이블 갱신
④ 폭주 회피 라우팅

라우터 주요 기능
- 경로 설정
- IP 패킷 전달
- 라우팅 테이블 갱신
- 네트워크 혼잡상태 제어
- 이중 네트워크 연결

정답 03 ① 04 ③ 05 ② 06 ④

유선 LAN 시스템 구성

출제빈도

📖 기출 분석

연도	19년	20년	21년	22년	23년
문제 수	3	2	3	5	3

01 CSMA/CD(Carrier Sense Multiple Access/Collision Detection)

1) CSMA/CD 정의

이더넷 유선 네트워크에서 충돌 감지와 함께 작동하는 다중 접속 방식으로, 전송 데이터를 공유하는 장치가 네트워크 상태를 감지하고 통신 중인지 확인 후 전송하는 프로토콜이다.

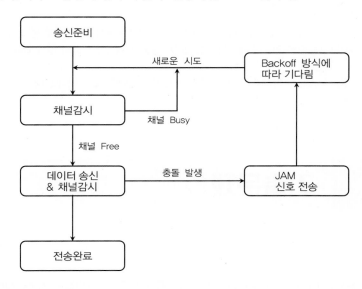

▲ CSMA/CD 개념도

2) CSMA/CD 동작 절차

동작 절차	설명
① 초기화	초기화 단계에서는 매체 접근을 위한 매개 변수들을 설정하고, 전송할 데이터에 대해 준비한다.
② 캐리어 감지	장치는 네트워크 매체를 모니터링하여 데이터를 전송하기 전에 캐리어가 존재하는지 감지한다. 캐리어가 없으면 다음 단계로 진행하고, 감지하면 대기 상태로 돌아간다.
③ 충돌 감지	충돌을 감지하면 전송을 즉시 중단하고, 충돌이 발생한 것을 다른 장치에 알린다.
④ 재전송 및 지연	충돌을 감지한 장치는 일정 시간 동안 대기한 후에 다시 전송을 시도한다. 이때 대기 시간은 임의로 설정되며, 장치 간에 충돌이 다시 발생하는 것을 방지하기 위해 무작위로 선택된다.
⑤ 데이터 전송	충돌이 발생하지 않고 캐리어가 감지되지 않는 경우, 장치는 데이터를 전송하고, 이때 다른 장치는 캐리어가 없는 상태를 감지하고 대기한다.
⑥ 완료	데이터 전송이 완료되면 해당 장치는 네트워크 상태를 모니터링하며, 다음 데이터 전송을 위해 위의 과정을 반복한다.

3) CSMA/CD 구성요소

구성요소	설명
호스트(장치)	이더넷 네트워크에 연결된 컴퓨터나 장치로서, 각 호스트는 데이터를 전송하고 네트워크 상태를 감지하며, 충돌을 감지하고 처리한다.
매체	호스트들이 데이터를 전송하는 데 사용하는 공유된 통신 매체
캐리어 감지	호스트는 매체를 감지하여 데이터를 전송하기 전에 캐리어(다른 호스트의 통신 신호)가 존재하는지를 확인한다. 캐리어가 감지되면 호스트는 데이터 전송을 지연시키고 대기한다.
충돌 감지	호스트는 데이터를 전송하는 동안 매체를 계속 모니터링하여 충돌이 발생하는지를 감지하며, 충돌을 감지하면 호스트는 즉시 전송을 중단하고 충돌을 처리하는 과정으로 넘어간다.
충돌 처리	충돌이 발생한 호스트들은 충돌을 감지한 후 충돌이 발생했음을 다른 호스트에게 알린다. 그 후 각 호스트는 일정한 시간 동안 대기한 후 재전송을 시도한다.

> **기적의 Tip** CSMA/CD 기술 흐름
>
> • 네트워크 허브와 스위칭 허브의 등장으로 이더넷 네트워크의 형태가 버스형에서 스타형으로 변화
> • 신호를 분리하는 스위치의 기능으로 인하여 네트워크 환경에서 충돌 자체가 발생하지 않게 되어 고속 네트워크가 가능해짐
> • 과거의 호환성 문제로 CSMA/CD는 이더넷 표준에 포함되어 있지만, 현대의 고속 이더넷 네트워크에서는 CSMA/CD는 실질적으로 사용되지 않음

이론을 확인하는 기출문제

21.10
01 Ethernet에서 사용되는 매체접속 프로토콜은?

① CSMA/CD
② Polling
③ Token Passing
④ Slotted Ring

CSMA/CD
이더넷 유선 네트워크에서 충돌 감지와 함께 작동하는 다중 접속 방식으로, 전송 데이터를 공유하는 장치가 네트워크 상태를 감지하고 통신 중인지 확인 후 전송하는 프로토콜이다.

22.3
02 다음 중 다원접속 기술방식이 다른 것은?

① Token
② Polling
③ CSMA/CD
④ Round-robin

다원접속(Multiple access) 기술방식
• Token, Polling, Round-robin은 다원접속 기술방식이며, CSMA/CD는 충돌 감지와 다중 접속 방식을 다루는 프로토콜이다.
• Token : 네트워크에서 특정 장치에게만 데이터를 전송할 수 있는 "토큰"을 전달하는 방식이다. 토큰을 가진 장치만이 데이터를 전송할 수 있으며, 토큰은 순환 방식으로 장치들 사이에서 전달된다.
• Polling : 중앙 제어 장치가 네트워크의 각 장치에게 순차적으로 접근 권한을 부여하는 방식이다. 중앙 제어 장치가 각 장치에게 "할 일이 있는지" 묻고, 장치는 데이터를 전송하거나 대기 상태에 머무른다.
• Round-robin : 순환적으로 각 장치에게 리소스 접근 권한을 부여하는 방식이다. 각 장치는 순서에 따라 접근 권한을 얻어 일정 시간 동안 작업을 수행할 수 있으며, 시간이 지나면 다음 장치에게 접근 권한이 이동한다.

03 이더넷에서 장치가 매체에 접속하는 것을 관리하는 방법으로 데이터 충돌을 감지하고 이를 해소하는 방식을 무엇이라 하는가?
23.3

① CRC(Cyclic Redundancy Check)
② CSMA/CD(Carrier Sense Multiple Access / Collision Delection)
③ FCS(Frame Check Sequency)
④ ZRM(Zmanda Recovery Manager)

CSMA/CD
이더넷 유선 네트워크에서 충돌 감지와 함께 작동하는 다중 접속 방식으로, 전송 데이터를 공유하는 장치가 네트워크 상태를 감지하고 통신 중인지 확인 후 전송하는 프로토콜이다.

오답 피하기

• CRC(Cyclic Redundancy Check) : 오류검출 기술로서 송신측에서 생성한 순환 코드를 수신측에서 검사하여 데이터의 무결성을 확인한다.
• FCS(Frame Check Sequency) : 프레임의 무결성을 확인하기 사용된다. 데이터 전송 중에 프레임에 추가되어, 수신측에서 FCS를 검사여 프레임의 오류여부를 판단한다
• ZRM(Zmanda Recovery Manager) : 데이터베이스의 백업 및 복원을 관리하기 위한 오픈 소스 솔루션 중 하나이다.

04 LAN의 채널 접근 방식에 따른 분류 가운데 무엇에 대한 설명인가?
22.10

• 1976년 미국 제록스에서 이더넷을 처음 개발한 후 제록스, 인텔, DEC가 공동으로 발효한 규격이다.
• 채널을 사용하기 전에 다른 이용자가 해당 채널을 사용하는지 점검하는 것으로 채널 상태를 확인해 패킷 충돌을 피하는 방식이다.
• 데이터 전송이 필요할 때 임의로 채널을 할당하는 랜덤 할당 방식으로 버스형에 이용된다.

① CSMA/CD
② 토큰 버스
③ 토큰 링
④ 슬롯 링

CSMA/CD
이더넷 유선 네트워크에서 충돌 감지와 함께 작동하는 다중 접속 방식으로, 전송 데이터를 공유하는 장치가 네트워크 상태를 감지하고 통신 중인지 확인 후 전송하는 프로토콜이다.

05 토큰 링 프레임(Token Ring Frame)은 데이터 프레임과 토큰 프레임으로 구분할 수 있다. 토큰 프레임의 구성요소가 <u>아닌</u> 것은?

① FC(Frame Control) : 프레임 제어
② SD(Start Delimiter) : 시작 구분자
③ AC(Access Control) : 접근 제어
④ ED(End Delimiter) : 끝 구분자

토큰링 프레임 구성요소

구성요소	설명
시작 구분자 SD(Start Delimiter)	토큰 프레임의 시작을 나타내는 특정한 비트 패턴이며, 이 비트 패턴을 수신한 장치는 토큰의 시작을 감지하고 데이터 전송을 준비한다.
접근 제어 AC(Access Control)	여러 장치들이 토큰을 사용하여 데이터에 접근하는 방식을 제어하는 메커니즘을 의미한다.
목적지 주소 DA(Destination Address)	토큰을 받을 장치의 주소를 나타내는 필드로써, 목적지 장치가 토큰을 인식하고 데이터를 전송할 수 있는지 여부를 결정하는 데 사용한다.
송신 주소 SA(Source Address)	토큰을 전송한 장치의 주소를 나타내는 필드로써, 토큰을 받은 장치가 응답을 보낼 때 송신 장치에게 돌려주는 역할을 한다.
데이터	토큰 프레임에는 실제 전송할 데이터가 포함되며, 데이터 필드의 크기는 네트워크의 프로토콜과 설정에 따라 다를 수 있다.
종결 구분자 ED(End Delimiter)	토큰 프레임의 끝을 나타내는 특정한 비트 패턴으로, 이 비트 패턴을 수신한 장치는 토큰의 끝을 감지하고 다음 장치에게 토큰을 전달한다.

06 LAN(Local Area Network)의 설명 중 <u>잘못된</u> 것은?

① 사무실용 빌딩, 공장, 연구소 또는 학교 등의 구내에 분산적으로 설치된 여러 장치를 연결할 수 있다.
② 약 10[km] 이내의 거리에서 100[Mbps] 이내의 고속 데이터 전송이 가능하다.
③ LAN 프로토콜은 ISO의 OSI 기준 모델인 상위계층을 채택한 계층화된 개념을 사용한다.
④ LAN 전송방식은 베이스밴드 방식과 브로드밴드 방식이 있다.

LAN(Local Area)
한정된 소규모 지역에 소수의 장치들을 서로 연결한 네트워크를 의미하며, 장치들의 연결된 형식에 따라 버스형, 스타형, 링형 등으로 구분된다.

LAN의 특징
• 광대역 전송 매체를 적용하여 고속 통신이 가능하다.
• 지역이 소규모로 한정되어 있어 경로 선택이 불필요하다.
• 에러율이 매우 낮다.
• 네트워크 구축이 유연하다.
• 패킷 지연이 최소화된다.
• 방송 형태로 이용할 수 있다.
• 사무실용 빌딩, 공장, 연구소 또는 학교 등의 구내에 분산적으로 설치된 여러 장치를 연결할 수 있다.
• 약 10[km] 이내의 거리에서 100[Mbps] 이내의 고속 데이터 전송이 가능하다.
• LAN 전송방식은 베이스밴드 방식과 브로드밴드 방식이 있다.

정답 05 ① 06 ③

SECTION 07 무선 LAN 시스템 구성

01 무선 LAN

1) 무선 LAN 정의

무선 LAN은 무선으로 컴퓨터와 장치들을 연결하여 작은 지역에서 데이터를 전송하고 통신하는 기술로, 주로 Wi-Fi를 이용하여 가정, 사무실, 학교 등에서 인터넷 접속과 파일 공유를 제공하는 네트워크이다.

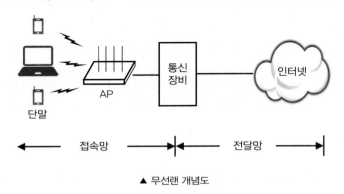

▲ 무선랜 개념도

2) 무선랜 구성요소

구성요소	설명
무선 클라이언트(장치)	노트북, 스마트폰, 태블릿 등 무선 기능을 가진 컴퓨터나 장치들이 무선 LAN에 접속
무선 액세스 포인트 (AP)	무선 클라이언트들과 통신하기 위한 중계 역할을 하는 장치
전원 장치	• PoE(Power over Ethernet)를 통해 이더넷 케이블로 전원을 공급하는 방식 • 전원과 데이터를 분리하여 공급하는 방식
L2 스위치	MAC 주소를 기반으로 스위칭하는 장치
유선 네트워크	무선 라우터에는 인터넷 연결을 위해 WAN 포트가 있고, 이 WAN 포트는 인터넷 공급자(ISP)의 모뎀이나 다른 네트워크와 연결되어 있음
인터넷	인터넷 공급자와 연결된 유선 네트워크를 통해 인터넷으로 데이터가 전송되고, 무선 LAN을 통해 무선 클라이언트들이 인터넷에 접속하여 데이터를 송수신할 수 있음

3) 무선 LAN 표준(IEEE 802.11)

표준	주파수	최대속도	최대대역폭	변조방식	Modulation	안테나
802.11b	2.4GHz	11Mbps	20MHz	DSSS	CCK	1x1
802.11a	5GHz	54Mbps	20MHz	OFDM	64QAM	1x1
802.11g	2.4GHz	54Mbps	20MHz	OFDM	64QAM	1x1

802.11n	2.4/5GHz	600Mbps	20/40MHz	OFDM	64QAM	2x2
802.11ac	5GHz	3.4Gbps	20/40/80/160MHz	OFDM	256QAM	4x4
802.11ad	60GHz	7Gbps	2.16GHz	OFDM	256QAM	8x8
802.11ax	2.4/5GHz	9.6Gbps	20/40/80/160MHz	OFDM	1024QAM	8x8
802.11be	2.4/5/6GHz	30Gbps	20/40/80/160/320MHz	OFDM	4096QAM	16x16

4) 무선 LAN 특징

특징	설명
무선 통신	물리적인 케이블 없이 무선으로 통신
이동성	노트북, 스마트폰, 태블릿 등 이동 가능한 장치들과 함께 사용
편리한 설치	케이블 구성이 필요하지 않으므로 공간을 유연하게 활용할 수 있고, 기기를 추가하는 것도 용이함
유연한 네트워크 구성	네트워크 구성을 유연하게 변경할 수 있음
간섭 문제	주변 무선 기기, 전자기기 등의 간섭으로 인해 무선 LAN의 성능이 영향을 받을 수 있음
보안 문제	• 쉽게 도청될 수 있으므로 적절한 보안 조치가 필요 • Wi-Fi 보안 프로토콜(WPA, WPA2 등)을 사용하여 네트워크 보호
속도와 안전성	거리와 간섭에 따라 성능이 변동되므로 사용 환경을 고려하여 적절한 장비를 선택

5) 무선 LAN 망 형태

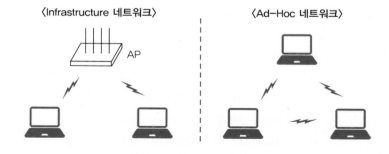

〈Infrastructure 네트워크〉   〈Ad-Hoc 네트워크〉

AP

▲ 무선 LAN 망 형태

망 형태	설명
Infrastructure 네트워크	• 인프라스트럭처 네트워크는 무선 액세스 포인트(AP)를 중심으로 구성 • 무선 클라이언트들은 AP에 연결하여 네트워크에 접속 • 대부분의 공공장소, 사무실, 학교, 가정 등에서 사용되는 일반적인 무선 LAN 형태 • 인프라스트럭처 네트워크는 큰 범위의 커버리지를 제공하며, 무선 클라이언트들은 AP를 기준으로 연결되어 이동성을 확보
Ad-Hoc 네트워크	• Ad-Hoc 네트워크는 인프라스트럭처 없이 무선 클라이언트들이 직접 통신하는 형태 • 특별한 무선 액세스 포인트 없이 무선 기기들끼리 직접 연결하여 데이터를 주고받음 • Ad-Hoc 네트워크는 소규모 그룹 간의 임시적인 데이터 공유에 사용되며, 범위가 제한적

기적의 Tip 무선 LAN 인증

1) 무선 LAN 보안 인증

보안 인증	설명
Pre-Shared Key (PSK)	가장 일반적인 방식으로, 미리 공유된 암호키를 클라이언트와 액세스 포인트가 사용하여 인증하는 방법
802.1X/EAP 인증	무선 네트워크의 고급 보안 방식으로, 클라이언트는 개별적인 사용자 이름과 비밀번호로 인증
MAC 주소 인증	클라이언트의 MAC 주소를 사용하여 인증하는 방식으로, 미리 등록된 MAC 주소만 네트워크에 접속할 수 있도록 제한
WPS (Wi-Fi Protected Setup)	버튼을 누르기만 하면 자동으로 무선 네트워크에 접속할 수 있도록 인증하는 간편한 방식
인증서 기반 인증	클라이언트가 디지털 인증서를 사용하여 서버와 상호 인증하는 방식

2) 무선 LAN 보안 취약점

취약점	설명
무단 접근	무선 네트워크는 물리적으로 접근을 제한할 수 없으므로 외부에서 무단으로 접속하는 위험이 있음
데이터 도청	데이터를 암호화하지 않으면 해커가 무선 채널을 통해 쉽게 정보를 가로챌 수 있음
SSID 스니핑	SSID 숨김 기능을 사용하지 않는 경우, 해커가 무선 네트워크의 식별자(SSID)를 스니핑 하여 네트워크에 접속 가능
MAC 주소 스푸핑	MAC 주소 필터링을 사용하더라도 해커가 다른 사용자의 MAC 주소를 도용하여 인증을 우회할 수 있음
암호화 취약성	암호화 방식이 약하게 설정되어 있거나, 취약점이 발견되면 데이터가 노출될 수 있음
DoS(서비스 거부) 공격	해커가 대량의 데이터 패킷을 보내 네트워크를 과부하 시키는 공격을 수행하여 정상적인 통신을 방해

02 CSMA/CA(Carrier Sensing Multiple Access, Collision Avoidance)

1) CSMA/CA 정의

- 무선 네트워크에서 데이터 전송 충돌을 피하기 위한 프로토콜이다.
- 다른 호스트가 데이터 송신 중인지를 판단한 후, 다른 단말이 송신 중이라면 랜덤한 시간 동안 대기하여 아무도 송신하고 있지 않을 때 전송한다.

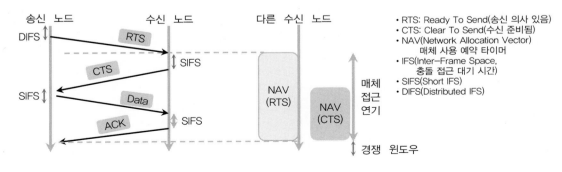

▲ CSMA/CA 개념도

2) CSMA/CA 동작 절차

	동작 절차	설명
①	무선 채널 감지 (Carrier Sense)	클라이언트가 데이터를 전송하기 전에 먼저 무선 채널을 감지하고, 다른 클라이언트가 데이터를 전송 중인지 확인
②	무선 채널 비어 있는지 확인	무선 채널이 사용 중이 아니라면 데이터를 전송하기 위해 준비
③	데이터 전송 준비	데이터를 전송하기 위해 무선 채널을 사용할 의사를 가지고 있음을 알리기 위해 RTS(Ready To Send) 프레임을 보냄
④	CTS 프레임 수신	다른 클라이언트들은 RTS 프레임을 수신하고, 자신들의 데이터 전송이 예정되어 있지 않다면 해당 클라이언트와 충돌을 피하기 위해 CTS(Clear To Send) 프레임을 보냄
⑤	데이터 전송	RTS/CTS 프레임 교환에 성공한 클라이언트는 데이터를 전송
⑥	완료	데이터 전송이 완료되면, 다른 클라이언트들은 무선 채널이 비어 있음을 감지하고 데이터를 전송

3) CSMA/CA 구성요소

구성요소	설명
무선 클라이언트 (장치)	노트북, 스마트폰, 태블릿 등 무선 기기들로서, 무선 네트워크에 접속하여 데이터를 전송하고 수신
무선 액세스 포인트 (AP)	무선 클라이언트들과 통신을 중계하는 장치로, 무선 네트워크의 중심 역할
RTS/CTS 프레임	충돌 방지를 위해 사용되는 프레임으로, 데이터 전송 전에 클라이언트가 RTS 프레임을 보내면 다른 클라이언트들은 CTS 프레임을 보내어 데이터 전송을 준비
NAV (Network Allocation Vector)	가상의 타이머로서, 데이터 전송 중인 클라이언트의 주변 클라이언트들이 일시적으로 채널 점유를 보류하도록 함
콘텐션 창	무선 클라이언트들이 데이터 전송을 시작하기 전에 무작위로 기다리는 시간 범위를 나타내며, 충돌 방지와 데이터 접근을 조절하는 데 사용

01 IEEE에서 제정한 무선 LAN의 표준은?
23.3

① IEEE 802.3

② IEEE 802.4

③ IEEE 802.9

④ IEEE 802.11

무선 LAN 표준(IEEE 802.11)

표준	주파수	최대속도	최대대역폭	변조방식	Modulation	안테나
802.11b	2.4GHz	11Mbps	20MHz	DSSS	CCK	1×1
802.11a	5GHz	54Mbps	20MHz	OFDM	64QAM	1×1
802.11g	2.4GHz	54Mbps	20MHz	OFDM	64QAM	1×1
802.11n	2.4/5GHz	600Mbps	20/40MHz	OFDM	64QAM	2×2
802.11ac	5GHz	3.4Gbps	20/40/80/160MHz	OFDM	256QAM	4×4
802.11ad	60GHz	7Gbps	2.16GHz	OFDM	256QAM	8×8
802.11ax	2.4/5GHz	9.6Gbps	20/40/80/160MHz	OFDM	1024QAM	8×8
802.11b	2.4/5/6GHz	30Gbps	20/40/80/160/320MHz	OFDM	4096QAM	16×16

02 WLAN(Wireless Local Area Network)의 MAC 알고리즘으로 옳은 것은?
22.6

① FDMA(Frequency Division Multiple Access)

② CDMA(Code Division Multiple Access)

③ CSMA/CA(Carrier Sense Multiple Access Collision Avoidance)

④ CSMA/CD(Carrier Sense Multiple Access Collision Detection)

CSMA/CA 정의
- 무선 네트워크에서 데이터 전송 충돌을 피하기 위한 프로토콜이다.
- 다른 호스트가 데이터 송신 중인지를 판단한 후, 다른 단말이 송신 중이라면 랜덤한 시간 동안 대기하여 아무도 송신하고 있지 않을 때 전송한다.

03 다음 WLAN 규격 중 가장 속도가 빠른 규격은?
21.10

① IEEE 802.11a   ② IEEE 802.11b

③ IEEE 802.11g   ④ IEEE 802.11n

무선 LAN 최고속도
- IEEE 802.11a : 54Mbps
- IEEE 802.11b : 11Mbps
- IEEE 802.11g : 54Mbps
- IEEE 802.11n : 600Mbps

표준	주파수	최대속도	최대대역폭	변조방식	Modulation	안테나
802.11b	2.4GHz	11Mbps	20MHz	DSSS	CCK	1×1
802.11a	5GHz	54Mbps	20MHz	OFDM	64QAM	1×1
802.11g	2.4GHz	54Mbps	20MHz	OFDM	64QAM	1×1
802.11n	2.4/5GHz	600Mbps	20/40MHz	OFDM	64QAM	2×2
802.11ac	5GHz	3.4Gbps	20/40/80/160MHz	OFDM	256QAM	4×4
802.11ad	60GHz	7Gbps	2.16GHz	OFDM	256QAM	8×8
802.11ax	2.4/5GHz	9.6Gbps	20/40/80/160MHz	OFDM	1024QAM	8×8
802.11b	2.4/5/6GHz	30Gbps	20/40/80/160/320MHz	OFDM	4096QAM	16×16

04 다음 중 NFC(Near Field Communication)의 설명으로 틀린 것은?
21.6

① 13.56[MHz] 주파수 대역을 사용한다.

② 전송 거리가 10[cm] 이내이다.

③ Bluetooth에 비해 통신설정 시간이 길다.

④ P2P(Peer to Peer)기능이 가능하다.

NFC 특징
- 동작 주파수는 주로 13.56MHz로서, 근거리 무선 통신 기술인 RFID(Radio Frequency Identification)와도 호환된다.
- 전송 거리가 10[cm] 이내이다.
- P2P(Peer to Peer) 기능을 지원한다.
- 데이터 전송 속도는 최대 424[Kbps]까지 가능하다.
- 다른 기기들과의 간섭이 최소화되고, 안전한 통신을 할 수 있다.
- NFC를 사용하는 디지털 장치들은 NFC 태그를 통해 간단한 설정 및 통신을 할 수 있다.

정답 01 ④ 02 ③ 03 ④ 04 ③

05 다음 중 USN의 구성요소로 적합하지 않는 것은?

① 센서 노드(Sensor Node)
② 싱크 노드(Sink Node)
③ 게이트웨이(Gateway)
④ RFID 서버

USN(Ubiquitous Sensor Network)
다양한 종류의 센서들로부터 데이터를 수집하고, 이를 통합하여 처리하고 제어하는 네트워크 시스템을 의미한다.

USN 구성
· 센서 노드(Sensor Node)
  – 센서 노드는 물리적인 환경에서 데이터를 수집하는 장치이다.
  – 온도, 습도, 조도, 압력, 가속도 등의 센서들이 포함된다.
  – 주변 환경의 정보를 측정하고 수집한 데이터를 처리하여 무선으로 싱크 노드 또는 게이트웨이로 전송한다.
  – 센서 노드의 구성 요소는 무선통신부, 제어부, 센서부, 전원부로 구분된다.
· 싱크 노드(Sink Node)
  – 싱크 노드는 센서 노드들로부터 수집된 데이터를 중앙 집중적으로 수신하는 장치이다.
  – 센서 노드들과의 무선 통신을 담당하여 데이터를 수집하고, 게이트웨이나 서버로 데이터를 전송한다.
· 게이트웨이(Gateway)
  – 게이트웨이는 센서 노드와 싱크 노드 사이의 중계 역할을 수행하는 장치이다.
  – 센서 노드로부터 수집된 데이터를 처리하고, 필요한 경우 데이터를 서버로 전송한다.
  – 주변에 여러 개의 센서 노드들을 관리하며, 다양한 무선 통신 기술을 지원하여 센서 네트워크를 구축한다.
· 서버(Server)
  – 서버는 게이트웨이로부터 수집된 데이터를 처리하고 저장하는 중앙 데이터베이스(Database) 시스템이다.
  – 수집된 데이터를 분석, 가공하여 응용 프로그램에 제공하고, 필요한 경우 응용 프로그램과 상호 작용한다.

06 블루투스에 사용되는 TDD(Time Division Duplex)-TDMA 방식에 대한 설명으로 틀린 것은?

① 송신자와 수신자가 데이터를 송신하고 수신할 수 있지만, 동시에 이루어지지 않는다.
② 송신자와 수신자의 각 방향에 대한 통신은 서로 다른 주파수 도약을 사용한다.
③ 전이중 양방향 통신방식의 한 종류이다.
④ 서로 다른 반송 주파수를 사용하는 워키토키와 유사하다.

TDD-TDMA(Time Division Duplex – Time Division Multiple Access)
· TDD(Time Division Duplex, 시분할 방식) : TDD는 블루투스 장치들이 데이터를 송신하는 시간과 수신하는 시간을 구분하여 사용하는 방식이다. 특정 시간 구간 동안 송신과 수신이 번갈아 가며 이루어지는 반이중 양방향 통신방식의 한 종류이다.
· TDMA(Time Division Multiple Access, 시분할 다중 접속) : TDMA는 시간 구간을 여러 개의 슬롯으로 나누어, 각 장치가 독점적으로 슬롯을 사용하여 데이터를 송수신한다. 이에 따라 다수의 블루투스 장치들이 동시에 하나의 주파수 대역을 공유하여 사용할 수 있다.

01 다음 중 LAN(Local Area Network)의 특성이 **아닌** 것은?

① 고속 통신이 가능하다.
② 구성 및 연결, 사용 방법이 복잡하다.
③ 패킷 지연이 최소화된다.
④ 네트워크 유지, 보수, 운용이 용이하다.

> LAN은 라우터에서 주변장치로 케이블을 연결하는 것만으로도 구성할 수 있어 네트워크 가운데 상대적으로 저렴하고 설치가 간단한 편이라 할 수 있다.

02 다음 중 HUB에 대한 설명으로 옳은 것은?

① 구내 정보통신망(LAN)과 단말장치를 접속하는 선로분배 장치이다.
② 구내 정보통신망(LAN)과 외부 네트워크를 연결하여 다중 경로를 제어하는 장치이다.
③ 개방형 접속표준(OSI7)에서 제5계층의 기능을 담당하는 장치이다.
④ 아날로그 선로상의 신호를 분배, 접속하는 중계 장치이다.

> **허브**
> • 2계층 장비로서 다수의 PC와 장치들을 묶어서 LAN을 구성할 때 각각의 PC에 연결된 케이블을 하나로 모으는 역할을 해주는 장비이다.
> • 한 사무실이나 가까운 거리의 컴퓨터들을 UTP 케이블을 사용하여 연결하기 위해 사용한다.
> • 허브는 데이터가 하나 또는 그 이상의 방향으로부터 한곳으로 모이는 장소로서, 들어온 데이터들은 다시 하나 또는 그 이상의 방향으로 전달한다.

03 다음 중 근거리통신망(LAN)에서 사용하는 프로토콜이 **아닌** 것은?

① CSMA/CD
② Token Ring
③ ALOHA
④ BGP(Boarder Gateway Protocol)

> **LAN(Local Area Network) 분류**
>
> | 분류 | 종류 |
> |---|---|
> | 네트워크 형태(토폴로지) | 성형, 버스형, 링형, 토큰형 |
> | 접근방식 | ALOHA, CSMA/CD, Token Ring, Token Bus |
> | 전송 방식 | Baseband LAN, Broadband LAN |

04 다음 중 VLSM을 지원하는 내부 라우팅 프로토콜이 **아닌** 것은?

① RIP v1
② EIGRP
③ OSPF
④ Integrated IS-IS

> **VLSM(Variable Length Subnet Mask, 가변길이 서브넷 마스크)**
> • VLSM으로 기본 서브넷을 한 네트워크에서 또다시 서브넷을 하는 것이다.
> • 서브넷이 동일한 네트워크에서 여러 마스크를 사용할 때 발생하며, VLSM을 사용하면 다양한 서브넷 계층으로 나눌 수 있다.
>
> **VLSM 특징**
> • 라우팅 테이블의 크기가 줄어든다.
> • IP주소의 낭비를 막아, IP를 효율적으로 사용할 수 있다.
> • 경로 요약이 가능하다.
> • 네트워크에 VLSM이 있으면 클래스리스 내부용 라우팅 프로토콜(EIGRP, IS-IS, OSPF, RIPv2, BGPv4)을 사용해야 한다.

정답 01 ② 02 ① 03 ④ 04 ①

05 다음 중 부가가치통신망(VAN)이 일반 통신망에 비해 추가적으로 제공하는 기능으로 볼 수 없는 것은?

① 전화 서비스 기능

② 정보처리 기능

③ 프로토콜 변환 기능

④ 통신속도 변환 기능

부가가치통신망(VAN, Value Added Network)

• 회선을 직접 보유하거나 통신 사업자의 회선을 임차 또는 이용하여 단순한 데이터 전송 이상의 가치를 더해 음성, 데이터 등 다양한 정보를 제공하는 통신망이다.

• 부가가치란 일반 통신망에 비해 추가적으로 제공하는 기능으로 속도, 프로토콜, 코드 등의 변환처리와 전자사서함, 동시간 다자간 통신, 지정시간 배달 등의 저장 전달 교환 등을 의미한다.

---

06 WLAN(Wireless Local Area Network)의 MAC 알고리즘으로 옳은 것은?

① FDMA(Frequency Division Multiple Access)

② CSMA/CA(Carrier Sense Multiple Access Collision Avoidance)

③ CDMA(Code Division Multiple Access)

④ CSMA/CD(Carrier Sense Multiple Access Collision Detection)

CSMA/CA

• WLAN의 MAC 알고리즘으로서, 무선 네트워크에서 데이터 전송 충돌을 피하기 위한 프로토콜이다.

• 다른 호스트가 데이터 송신 중인지를 판단한 후, 다른 단말이 송신 중이라면 랜덤한 시간 동안 대기하여 아무도 송신하고 있지 않을 때 전송한다.

• CSMA/CA 동작 절차

동작 절차	설명
① 무선 채널 감지 (Carrier Sense)	클라이언트가 데이터를 전송하기 전에 먼저 무선 채널을 감지하고, 다른 클라이언트가 데이터를 전송 중인지 확인
② 무선 채널 비어 있는지 확인	무선 채널이 사용 중이 아니라면 데이터를 전송하기 위해 준비
③ 데이터 전송 준비	데이터를 전송하기 위해 무선 채널을 사용할 의사를 가지고 있음을 알리기 위해 RTS(Ready To Send) 프레임을 보냄
④ CTS 프레임 수신	다른 클라이언트들은 RTS 프레임을 수신하고, 자신들의 데이터 전송이 예정되어 있지 않다면 해당 클라이언트와 충돌을 피하기 위해 CTS(Clear To Send) 프레임을 보냄
⑤ 데이터 전송	RTS/CTS 프레임 교환에 성공한 클라이언트는 데이터를 전송
⑥ 완료	데이터 전송이 완료되면, 다른 클라이언트들은 무선 채널이 비어 있음을 감지하고 데이터를 전송

07 다음 중 VLAN 트렁킹(Trunking)에 대한 설명으로 **틀린** 것은?

① 복수개의 VLAN Frame을 전송할 수 있는 링크를 트렁크(Trunk)라고 하고, 특정 포트를 Trunk Port로 동작시키는 것을 트렁킹(Trunking)이라 한다.

② Trunking Protocol은 Access Mode로 연결된 디바이스 사이에서만 동작한다.

③ Trunk Port를 통해 Frame을 전송할 때는 Frame이 속하는 VLAN번호를 표시해 주어야 한다.

④ Trunking Protocol은 IEEE 802.1Q와 시스코에서 개발한 ISL(Inter Switch Link)이 있다.

> **VLAN 트렁크 프로토콜(VTP : VLAN Trunking Protocol)**
> • 시스코 전용 프로토콜로 스위치 간 트렁크로 연결된 구간에서 VLAN 생성, 삭제, 수정 정보를 공유하는 프로토콜이다.
> • 프로토콜로 IEEE 802.1Q와 시스코에서 개발한 ISL(Inter Switch Link)이 있다.
> • **트렁크 프로토콜** : 이더넷 프레임에 식별용 VLAN ID를 삽입, 스위치 포트들을 그룹핑하여 연결할 수 있는 프로토콜이다.
> • **트렁크 및 트렁킹** : 복수개의 VLAN Frame을 전송할 수 있는 링크를 트렁크(Trunk)라고 하고, 특정 포트를 Trunk Port로 동작시키는 것을 트렁킹(Trunking)이라 한다.
> • Trunk Port를 통해 Frame을 전송할 때는 Frame이 속하는 VLAN번호를 표시해야 한다.

08 다음 중 라우터의 주요 기능이 **아닌** 것은?

① 경로 설정
② IP 패킷 전달
③ 라우팅 테이블 갱신
④ 폭주 회피 라우팅

> **라우터 기능**
> • 경로 설정
> • IP 패킷 전달
> • 라우팅 테이블 갱신
> • 네트워크 혼잡상태 제어
> • 이중 네트워크 연결

09 다음 중 프레임 릴레이의 특징이 **아닌** 것은?

① 연결 지향적 데이터 전송으로써, 낮은 전송률과 높은 지연 특성을 갖는다.

② 데이터링크 계층에서만 오류검출 기능을 수행한다.

③ 논리적 링크를 지원하여 하나의 물리적 회선에 PVC를 통해 여러 단말기 간의 통신이 가능하게 한다.

④ 전용선을 이용한 WAN 구성보다 가격이 더욱 저렴하다.

> **프레임 릴레이**
> • LAN 간 또는 광역통신망(WAN) 내 단말 지점 간의 데이터 전송을 효율적인 비용으로 하기 위해 고안된 통신 기술이다.
> • X.25 패킷 교환기술이 진화된 것으로, 데이터를 프레임 단위로 분할하여 네트워크를 통해 전송하는 방식으로 동작한다.
>
> **프레임 릴레이 장점**
> • X.25에 비해 전송지연이 작고, 대역폭이 절약되며, 하드웨어 구현 비용이 적게 든다.
> • 데이터링크 프로토콜을 프레임 릴레이에 인터페이스 시키기 쉽고 프로토콜이 투명하다.
> • 임의 대역폭 조정이 가능하며, 전송의 효율성, 고속 전송, 작은 전송지연의 특성을 갖는다.

10 다음 중 라우팅의 역할로 가장 알맞은 것은?

① 송신지에서 수신지까지 데이터가 전송될 수 있는 여러 경로 중 가장 적절한 전송 경로를 선택하는 기능이다.

② 수신지의 네트워크 주소를 보고 다음으로 송신되는 노드의 물리주소를 찾는 기능이다.

③ 네트워크 전송을 위해 물리 링크들을 임시적으로 연결하여 더 긴 링크를 만드는 기능이다.

④ 하나의 데이터 회선을 사용하여 동시에 많은 상위 프로토콜 간의 데이터 전송을 수행하는 기능이다.

> **라우팅 정의 및 역할**
> • 네트워크에서 최적의 경로로 메시지의 목적지까지 갈 수 있도록 경로를 설정해 주는 과정을 의미한다.
> • 데이터가 전송될 수 있는 여러 경로 중 가장 적절한 전송 경로를 찾는 과정이다.
> • 라우팅 테이블을 참고하여 패킷을 목적지까지 전달한다.
> • 라우팅은 여러 경로중에서 트래픽을 분산하여 네트워크 부하를 균형 있게 유지하고, 효율적인 자원 사용을 도모한다.

11 다음 중 IEEE 802.3 프로토콜에 해당하는 것은?

① CSMA/CD
② Token Bus
③ Token Ring
④ Frame Relay

> **MAC(Medium Access Control, 전송 매체 접속제어)**
> LAN에서 사용되는 전송 매체 접속제어 방식이다.
>
> **MAC 계층 IEEE 802 계열 종류**
> • CSMA/CD : IEEE 802.3으로 규격화
> • Token Bus : IEEE 802.4로 규격화
> • Token Ring : IEEE 802.5로 규격화
> • DQDB : IEEE 802.6으로 규격화
> • CSMA/CA(무선 LAN) : IEEE 802.11로 규격화

12 다음 중 라우팅 프로토콜이 <u>아닌</u> 것은?

① BGP(Border Gateway Protocol)
② EGP(Exterior Gateway Protocol)
③ SNMP(Simple Network Management Protocol)
④ RIP(Routing Information Protocol)

> **라우팅 프로토콜의 종류**
> • 내부 라우팅(IGP)
>   – 거리 벡터 알고리즘 : RIP, IGRP, EIGRP
>   – 링크 상태 알고리즘 : OSPF, IS-IS
> • 외부 라우팅(EGP)
>   – 경로 벡터 알고리즘 : BGP

정답 10 ① 11 ① 12 ③

CHAPTER

03

구내통합설비 설계

SECTION 01 전화망

기출 분석	연도	19년	20년	21년	22년	23년
	문제 수	2	7	5	9	1

01 PSTN(Public Switched Telephone Network, 전화통신망)

1) PSTN 정의

- 공공 통신 사업자가 운영하는 공중전화망으로 과거부터 사용되던 일반 공중용 아날로그 전화망을 의미한다.
- 보통 데이터망과는 별도로 전화 위주의 유선 통신망이다.

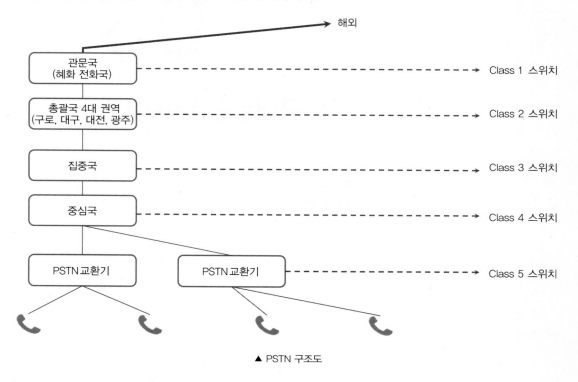

▲ PSTN 구조도

2) PSTN 구성

구성요소	설명
총괄국 (Sectional Center)	시외전화 시 반드시 거쳐야 함
집중국 (Primary Center)	중심국, 단국들을 모아 총괄국으로 보내는 역할
중심국 (Toll Center)	시외 망으로 나가는 첫 번째 전화국으로 단국 교환기들을 묶는 교환기

단국 (End Office/Local Office)	사용자에게 요금 고지서를 보내는 지역 전화국으로 시외 국의 최하위국이며 가입전화를 수용하는 전화 취급국
중심국부터 총괄국은 SS7, 단국은 R2 시그널링 프로토콜 사용	

3) PSTN 특징

- 전송속도가 느리다.
- 비트 에러율이 높다.
- 기존의 시설을 이용할 수 있으므로 광역 서비스가 가능하다.
- 손쉽게 이용할 수 있으며 별도의 시설투자가 필요치 않다.
- 교환기능이 있어 어느 곳이라도 통신이 가능하다.
- 호가 연결된 후 데이터 전송 중에는 일정한 경로를 사용한다.
- 전송지연이 작다.
- 연속적인 데이터 전송에 적합하다.
- 전화망은 회선 교환방식(Circuit Switched Network)을 사용한다.

4) PSTN 품질 저하

① **누화(Cross Talk)** : 전화 통화 중에 서로 다른 회선 사이에서 신호가 혼선되어 상대방의 음성이 무작위로 뒤섞이는 현상으로, 일반적으로 인접한 전화 회선 사이에 발생할 수 있으며, 누화가 심한 경우 상대방의 음성이 이해하기 어려워질 수 있다.

② **신호 감쇠** : 전화망에서 신호의 에너지가 전송 중에 약해지는 현상으로, 신호가 장거리를 이동하거나 케이블을 통과하는 동안 에너지 손실이 발생할 수 있으며, 이에 따라 통화 품질이 저하될 수 있다.

③ **전화 반향(에코, Echo)** : 통화 중에 자신이나 상대방의 음성이 반향되어 동일한 내용이 되돌아오는 현상으로, 주로 전화 회로나 통화 장비에서 발생하며, 에코가 심한 경우 통화의 음질이 저하되어 음성의 내용을 이해하기 어려워질 수 있다.

④ **신호 지연** : 전화 통화 중에 신호가 송수신되는 과정에서 시간적인 지연이 발생하는 현상으로, 지연이 길면 통화가 불편해지고 상호 간의 응답이 느려질 수 있다.

⑤ **주파수 편이(Frequency Distortion)** : 전화망의 전송 채널을 통과하는 동안 아날로그 신호의 주파수 구성이 왜곡되는 현상으로, 음성 통화나 데이터 전송 시에 신호의 원본 주파수와 다른 주파수 성분이 발생하여 음질 저하를 유발한다.

⑥ **위상 왜곡(Phase Distortion)** : 위상 왜곡은 아날로그 신호의 위상이 전송되는 과정에서 왜곡되는 현상으로, 신호의 정확성과 음성의 자연스러움이 손상된다.

5) 유선 전화망의 구성요소

① **가입자 선로(Subscriber Line)** : 개별 사용자들의 전화기와 전화 교환시스템(교환기)을 연결하는 회선으로, 가정이나 사무실 등 개별 사용자들의 전화를 유선 전화망에 연결하는 중요한 부분이다.

② **중계선로(Trunk Line)** : 교환시스템(교환기)과 다른 교환시스템이나 통신 사업자 사이를 연결하는 링크로, 중계선로를 통해 다른 교환시스템과의 통화를 라우팅하고 통신이 이루어진다.

③ **교환기(Exchange)** : 교환기는 유선 전화망의 핵심 요소로서, 전화 통화 요청 시 송신자와 수신자 사이를 연결하는 역할을 통해 전화 통화를 중계하고 관리하여 정상적인 통화가 이루어질 수 있도록 한다.

④ **교환국(Central Office)** : 교환국은 교환기를 사용하여 여러 개의 가입자 회선 또는 중계선을 연결하며 서로 다른 가입자들 사이를 연결한다.

⑤ **스위치(Switch)** : 교환기 내부에서 통화를 연결하는 기능을 담당하는 장비로 교환기는 여러 개의 스위치로 구성되며, 각 스위치는 통화 요청에 따라 적절한 연결을 수행한다.

⑥ **프로그램 기억장치(Program Memory)** : 교환기에서 실행되는 소프트웨어 프로그램들을 저장하는 메모리를 의미하고, 프로그램 기억장치 상의 프로그램들은 통화를 관리하고 제어하는 데에 사용된다.

6) 신호방식(Signaling Method)

① 개별 회선 신호방식(통화로 신호방식)

- 전화 통화에서 사용되는 신호방식으로, 두 개의 전화 단말 간에 통화할 때 개별적인 회선을 사용하여 실시간 음성 정보를 전달하는 방식이다.
- 통화 회선에서 음성 정보뿐 아니라 제어 정보도 함께 전달한다.
- **동작 순서** : 단말기 연결 → 아날로그 신호 변조 → 실시간 전달 → 회선 독점
- 개별 회선 신호방식은 전화 통화에서 음성의 실시간 전달을 보장하고, 오디오 품질을 유지하는 데 효과적이다.
- 하나의 회선에 하나의 통화만 가능하며, 회선의 점유율과 유지비용이 비교적 높은 단점도 있다.
- R1, R2, No.1, 2, 3, 4, 5

② 공통선 신호방식(CCS, Common Channel Signaling System)

- 통신시스템에서 제어 정보를 전송하기 위해 공유된 전용회선인 공통선을 사용하는 방식으로, 개별 회선 신호방식과는 달리 제어 정보와 음성 정보를 분리하여 전송한다.
- 주로 디지털 통신 시스템에서 사용한다.
- 공통선 신호방식은 제어 정보와 음성 정보를 분리하여 처리한다. 음성 정보는 개별 회선이 아닌 공유된 회선을 통해 전달되며, 제어 정보는 별도의 공통선을 통해 전송된다. 제어 정보를 중앙 집중적으로 처리하여, 회선을 공유함으로 자원을 효율적으로 관리할 수 있다.
- 공통선 신호방식을 사용하여 효율적으로 제어 정보를 교환하고 음성 통화를 처리하여, 개별 회선 신호방식보다 더 효율적이고 경제적인 해결책을 제공한다.
- No.6, 7

> **기적의 Tip**
>
> **No. 7 신호방식(SS7)**
> 하나의 공통선에서 다수의 신호를 교환하는 방식으로, 국제 전기 통신 연합(ITU-T)에서 정의한 통신시스템 간에 신호와 정보를 교환하기 위한 프로토콜 규격이다.
>
> **SS7의 특징**
> - 통화 중에도(호 접속과 무관하게) 신호 전송이 가능하다.
> - 64kbps의 고속신호 채널을 사용하여 호 설정 시간이 짧다.
> - 서로 다른 국가 또는 네트워크 간에 상호 연결성을 제공한다.
> - 제어 정보와 음성 정보를 분리하여 처리한다.
> - 디지털 통신 시스템에서 주로 사용되는 신호방식이다.
> - 다양한 통신시스템 간의 상호 운용성을 지원하며, 효율적인 데이터 전송과 통신 기능을 제공한다.

01 다음 중 교환기의 과금처리 방식 중 하나인 중앙집중처리방식(CAMA)에 대한 설명으로 틀린 것은?

① 다수의 교환국망일 때 유리하다.
② 신뢰성이 좋은 전용선이 필요하다.
③ 유지보수에 많은 시간이 소요된다.
④ 과금센터 구축에 큰 경비가 들어간다.

중앙집중처리방식(CAMA, Centralized Automatic Message Accounting)
CAMA 방식은 과거에 주로 아날로그 전화망에서 사용되던 방식 중 하나로, 통화 시작과 종료 시점에서 중앙집중처리장치를 통해 통화 정보를 기록하고 요금을 책정하는 방법이다.

CAMA 특징
• **신뢰성** : CAMA 시스템은 중앙집중처리를 하기 위해 신뢰성이 좋은 전용선이 필요하고, 이에 따라 통화 정보의 일관성과 정확성이 보장된다.
• **유지보수** : CAMA 시스템은 중앙집중처리를 하므로 유지보수가 상대적으로 용이하다.
• **구축 경비** : CAMA 시스템은 중앙집중처리를 하므로 과금 처리시스템의 구축 비용은 감소하지만, 전체 시스템을 구축하기 때문에 큰 경비가 소요된다.
• **다수의 교환국 망** : CAMA는 교환국마다 독립적인 과금 기능을 구현하는 것이 아니라, 통화 정보를 중앙집중처리장치에서 처리하는 방식으로 작동하기 때문에 다수의 교환국에서 통화 정보를 통합적으로 관리할 수 있어 다수의 교환국 망일 때 유리하다.

02 어느 센터의 최번시 통화량을 측정하니 1시간 동안에 3분짜리 전화호 100개가 측정되었다. 이 센터의 최번시 통화량은 몇 [Erl]인가?

① 4[Erl]
② 5[Erl]
③ 6[Erl]
④ 7[Erl]

최번시(최적의 번호 배정 방법)
전화망에서 1일 중 호(Call)가 가장 많이 발생하는 1시간을 의미한다. 호는 전화의 이용자가 통신을 목적으로 통신회선을 사용하는 행위이다.

통화량(Traffic Volume)
• 각 호의 발생 횟수에 따른 보유시간의 곱
• 3분×100개 = 300분
  → 300분÷60분 = 5[Erl]

03 전화통신망(PSTN)에 일반적으로 사용되는 교환방식의 특징이 아닌 것은?

① 호가 연결된 후 데이터 전송 중에는 일정한 경로를 사용한다.
② 축적 교환방식의 일종이다.
③ 전송지연이 작다.
④ 연속적인 데이터 전송에 적합하다.

전화통신망 특징
• 전송속도가 느리다.
• 비트 에러율이 높다.
• 기존의 시설을 이용할 수 있으므로 광역 서비스가 가능하다.
• 손쉽게 이용할 수 있으며 별도의 시설투자가 필요치 않다.
• 교환기능이 있어 어느 곳이라도 통신이 가능하다.
• 호가 연결된 후 데이터 전송 중에는 일정한 경로를 사용한다.
• 전송지연이 작다.
• 연속적인 데이터 전송에 적합하다.
• 전화망은 회선 교환방식(Circuit Switched Network)을 사용한다.

정답 01 ③ 02 ② 03 ②

20.6

04 PSTN 상에서 대화형 멀티미디어 응용을 지원하고, 64[Kbps] 이하의 낮은 전송률을 대상으로 전송하며, Sub-QCIF, QCIF, CIF, 4CIF, 16CIF를 지원하는 동영상 압축방식은?

① H.261　　　　② H.263
③ MPEG-1　　　④ MPEG-2

H.263
- 이전에 개발된 H.261 비디오 압축 표준을 기반으로 하며, 주로 비디오 전화, 멀티미디어 메시징, 비디오 컨퍼런싱 등에 사용되는 압축 기술이다.
- H.261에 비해 절반의 대역폭으로 똑같은 화질을 얻을 수 있다.

H.263 특징
- **비디오 압축** : H.263은 비디오 데이터를 압축하여 전송할 수 있어 적은 대역폭을 사용하여 비디오를 전송하는 데에 유용하다.
- **압축과 품질** : H.263은 압축률과 품질 간의 균형을 유지하면서 다양한 비디오 데이터를 처리할 수 있으므로 대역폭이 제한된 환경에서도 효율적인 비디오 통화가 가능하다.
- **Bitstream Syntax** : H.263은 비디오 데이터를 표현하기 위한 Bitstream Syntax를 정의하여 인코딩된 비디오 데이터를 디코딩하는 데 사용된다.
- **피드백 기능** : H.263은 피드백 기능을 지원하여 네트워크의 대역폭 상태를 파악하고 비디오 데이터의 전송을 조절한다.

20.6

05 유선 전화망의 구성 요소로 교환기와 단말기를 연결해 주고, 신호와 정보를 전달하는 것은?

① 가입자 선로
② 중계선로
③ 스위치
④ 프로그램 기억장치

유선 전화망의 구성 요소
- **가입자 선로(Subscriber Line)** : 개별 사용자들의 전화기와 전화 교환시스템(교환기)을 연결하는 회선으로, 가정이나 사무실 등 개별 사용자들의 전화를 유선 전화망에 연결하는 중요한 부분이다.
- **중계선로(Trunk Line)** : 교환시스템(교환기)과 다른 교환시스템이나 통신 사업자 사이를 연결하는 링크로, 중계선로를 통해 다른 교환시스템과의 통화를 라우팅하고 통신이 이루어진다.
- **스위치(Switch)** : 교환기 내부에서 통화를 연결하는 기능을 담당하는 장비로 교환기는 여러 개의 스위치로 구성되며, 각 스위치는 통화 요청에 따라 적절한 연결을 수행한다.
- **프로그램 기억장치(Program Memory)** : 교환기에서 실행되는 소프트웨어 프로그램들을 저장하는 메모리를 의미하고, 프로그램 기억장치 상의 프로그램들은 통화를 관리하고 제어하는 데에 사용된다.

20.6

06 전화통신망(PSTN)에서 인접 선로 간 차폐가 완전하지 않아, 인접 선로 상의 다른 신호에 영향을 미쳐 발생하는 품질 저하 현상은?

① 누화(Cross Talk)
② 신호 감쇠
③ 에코(Echo)
④ 신호 지연

PSTN(Public Switched Telephone Network)에서의 누화, 신호 감쇠, 에코, 신호 지연
- **누화(Cross Talk)** : 전화 통화 중에 서로 다른 회선 사이에서 신호가 혼선되어 상대방의 음성이 무작위로 뒤섞이는 현상으로, 일반적으로 인접한 전화 회선 사이에 발생할 수 있으며, 누화가 심한 경우 상대방의 음성이 이해되기 어려워질 수 있다.
- **신호 감쇠** : 전화망에서 신호의 에너지가 전송 중에 약해지는 현상으로, 신호가 장거리를 이동하거나 케이블을 통과하는 동안 에너지 손실이 발생할 수 있으며, 이에 따라 통화 품질이 저하될 수 있다.
- **에코(Echo)** : 통화 중에 자신이나 상대방의 음성이 반향되어 동일한 내용이 되돌아오는 현상으로, 주로 전화 회로나 통화 장비에서 발생하며, 에코가 심한 경우 통화의 음질이 저하되어 음성의 내용을 이해하기 어려워질 수 있다.
- **신호 지연** : 전화 통화 중에 신호가 송수신되는 과정에서 시간적인 지연이 발생하는 현상으로, 지연이 길면 통화가 불편해지고 상호 간의 응답이 느려질 수 있다.

정답 04 ② 05 ① 06 ①

SECTION 02 패킷 교환망

기출 분석

연도	19년	20년	21년	22년	23년
문제 수	0	1	2	2	2

01 PSDN(Packet Switching Data Network, 패킷 교환망)

1) PSDN 정의

- 데이터를 작은 패킷 단위로 나누어 전송하는 네트워크로 각각의 패킷은 독립적으로 전송되며, 경로에 따라 다른 패킷과 섞일 수 있다.
- 패킷 교환망은 축적교환의 일종으로, 단말기로부터 송출된 데이터를 교환기에 축적(버퍼링)한 후 패킷망 내에서 고속으로 전송하는 방식을 사용한다.

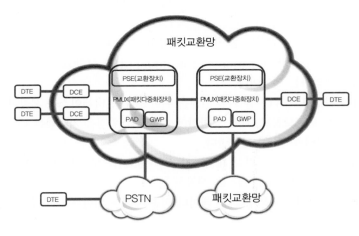

▲ PSDN 구조도

2) PSDN 구성

구성요소	설명
PSE (패킷 교환기)	• PSDN에서 데이터를 스위칭하고 전달하는 장치 • 데이터를 작은 패킷으로 분할하여 네트워크를 통해 전달하고, 최적의 경로를 선택하여 전송
PMUX (패킷 다중화 장치)	• 여러 개의 데이터 소스로부터 수신된 패킷을 하나의 출력으로 다중화하는 기능을 수행하는 장치 • 데이터 통신 네트워크에서 데이터를 효율적으로 전달하고 네트워크 자원을 효율적으로 활용하기 위해 사용
DTE (Data Terminal Equipment)	• 데이터 통신 장치의 하나로, 데이터를 생성하고 처리하는 끝 단말기 • 데이터를 송신하거나 수신하는 장치로서, 사용자와 직접 상호작용하는 디바이스
DCE(Data Circuit –terminating Equipment)	• 데이터 통신 장치의 다른 끝에 위치하는 장치로, 데이터 회선을 종결하는 장비 • 데이터를 전송하고 수신하는 데 필요한 시그널링, 전송속도 동기화, 오류검출 등의 기능을 제공

PAD(Packet Assembler/ Disassembler)	• PMUX가 다수의 데이터 소스로부터 수신된 패킷들을 하나의 출력으로 다중화할 때 PMUX의 PAD 기능이 패킷의 조립/해제 역할을 수행 • PAD는 PSDN에 직접 접속할 수 없는 비패킷 단말장치를 PSDN으로 접속시켜주는 기능 을 수행
GWP(Gateway Protocol)	• GWP는 패킷 교환망과 다른 네트워크 간의 인터페이스 역할을 수행하며, 패킷 교환망과 다른 네트워크 간의 데이터 전송을 중계하고 라우팅한다. • GWP와 PAD는 패킷 교환망과 다른 네트워크 간의 인터페이스를 제공하고 데이터를 관 리하는 데 역할을 하지만, PSDN이 반드시 GWP와 PAD를 포함해야 하는 것은 아님

3) PSDN 특징

- 물리적 회선을 공유하기 때문에 회선 효율이 높다.
- 경로 장애 시 타 경로를 선택하므로 신뢰성이 높다.
- 디지털 전송방식으로 전송품질이 높다.
- 경제적인 망 구축이 가능하다.
- 프로토콜이 표준화되어 있으며, 상이한 다른 기종 간의 통신을 가능하게 한다.
- 축적교환의 형태이므로 대량의 데이터 전송 시 전송지연이 발생한다.
- 비동기적으로 데이터를 송 · 수신한다.
- ITU-T 권고안 X.21, X.21 bis, X.25, X.28, X.29 등의 표준화된 프로토콜을 사용한다.
  - **X.21** : DCE(Digital Circuit-terminating Equipment)와 DTE(Data Terminal Equipment)
  간의 인터페이스를 정의하는 권고이다.
  - **X.21 bis** : X.21의 확장으로, 디지털 회선 연결을 위한 표준 인터페이스를 제공한다.
  - **X.25** : PSDN의 핵심 프로토콜로, 패킷 교환망에서 패킷 스위칭을 처리하는 데 사용하고 패킷형 단말
  과 패킷 교환기 간의 인터페이스를 규정한다.
  - **X.28** : DTE와 DCE 간의 통신 절차를 제어하기 위한 권고안으로, 데이터 터미널과 데이터 회선 장비
  간의 제어 및 통신을 위한 표준화된 기능을 제공한다.
  - **X.29** : 데이터 터미널과 패킷 교환망 간의 데이터 전송 제어를 위한 프로토콜로 사용된다.

4) 패킷의 교환방식

① 데이터그램 패킷 교환방식

구분	설명
정의	• 가상회선을 설정하지 않고, 데이터를 작은 패킷으로 분할하여 독립적으로 전송한 뒤 도착지에서 재조립하 는 방식 • 각각의 패킷은 목적지 주소와 라우팅 정보를 포함하고 있어서 패킷 교환망을 통해 개별적으로 경로를 결 정하여 목적지로 전송
특징	• 비연결성 • 독립적 패킷 전송 • 라우팅 정보 포함 • 네트워크의 상태에 따라 최적 경로가 동적으로 변경(동적 라우팅) • 네트워크의 유연성이 높음 • 비신뢰성 • 전송속도 느림 • 경로 설정, 오류 제어 안 함

② 가상회선 패킷 교환방식

구분	설명
정의	• 데이터를 가상회선이라는 논리적인 연결을 통해 전송하는 방식 • 가상회선은 논리적인 회선으로, 데이터를 전송하기 위해 패킷 교환망 내에서 경로를 미리 설정하여 데이터를 전송하는 데 사용
특징	• 가상회선 설정 • 연결 기반 통신 • 물리적인 회선을 공유되는 회선 자원 공유 • 데이터 전송이 끝날 때까지 가상회선의 유지 • 신뢰성 있음 • 전송속도 빠름 • 경로 설정으로 인한 지연 발생 • 교환기마다 오류 제어함

이론을 확인하는 기출문제

01 ^{18.10} 패킷교환망(PSDN)에서 패킷교환망 접속 기능을 갖고 있지 <u>않은</u> 비패킷 단말장치를 패킷교환망으로 접속시켜주는 기능을 수행하는 장치는 무엇인가?

① TAD
② RAD
③ PAD
④ WAD

PAD
• PMUX가 다수의 데이터 소스로부터 수신된 패킷들을 하나의 출력으로 다중화할 때 PMUX의 PAD 기능이 패킷의 조립/해제 역할을 수행
• PAD는 PSDN에 직접 접속할 수 없는 비패킷 단말장치를 PSDN으로 접속시켜주는 기능을 수행

02 ^{21.6} 호출 개시 과정을 통해 수신측과 논리적 접속이 이루어지며 각 패킷은 미리 정해진 경로를 통해 전송되어 전송한 순서대로 도착하는 교환방법은?

① 회선 교환방법
② 가상회선 교환방법
③ 데이터그램 교환방법
④ 메시지 교환방법

패킷의 교환방식(Packet switching)의 경로 설정
• 가상회선 패킷 교환방식 : 데이터를 가상회선이라는 논리적인 연결을 통해 전송하는 방식으로 데이터는 정해진 같은 경로를 통해 이동
• 데이터그램 패킷 교환방식 : 가상회선을 설정하지 않고, 데이터를 작은 패킷으로 분할하여 독립적으로 전송하는 방식이므로 데이터 전송을 위한 특정 경로가 존재하지 않음

정답 01 ③ 02 ②

03 다음 중 네트워크 통신의 패킷 교환방식과 관련된 내용으로 <u>틀린</u> 것은?

① 축적전달(Store and Forward) 방식
② 지연이 적게 요구되는 서비스에 적합
③ 패킷을 큐에 저장하였다가 전송하는 방식
④ X.25 교환망에 적용

PSDN(Paket Switching Data Network, 패킷 교환망) 특징
• 물리적 회선을 공유하기 때문에 회선 효율이 높다.
• 경로 장애 시 타 경로를 선택하므로 신뢰성이 높다.
• 디지털 전송방식으로 전송품질이 높다.
• 경제적인 망 구축이 가능하다.
• 프로토콜이 표준화되어 있으며, 상이한 다른 기종 간의 통신을 가능하게 한다.
• 축적교환의 형태이므로 대량의 데이터 전송 시 전송지연이 발생한다.
• 비동기적으로 데이터를 송 · 수신한다.
• ITU-T 권고안 X.21, X.21 bis, X.25, X.28, X.29 등의 표준화된 프로토콜을 사용한다.

04 ITU-T에서 제정한 표준안으로서 패킷 교환망에서 패킷형 단말과 패킷 교환기 간의 인터페이스를 규정하는 프로토콜은 무엇인가?

① X.25
② X.28
③ X.30
④ X.75

X.21, X.21 bis, X.25, X.28, X.29 프로토콜
• X.21 : DCE(Digital Circuit-terminating Equipment)와 DTE(Data Terminal Equipment) 간의 인터페이스를 정의하는 권고이다.
• X.21 bis : X.21의 확장으로, 디지털 회선 연결을 위한 표준 인터페이스를 제공한다.
• X.25 : PSDN의 핵심 프로토콜로, 패킷 교환망에서 패킷 스위칭을 처리하는 데 사용하고 패킷형 단말과 패킷 교환기 간의 인터페이스를 규정한다.
• X.28 : DTE와 DCE 간의 통신 절차를 제어하기 위한 권고안으로, 데이터 터미널과 데이터 회선 장비 간의 제어 및 통신을 위한 표준화된 기능을 제공한다.
• X.29 : 데이터 터미널과 패킷 교환망 간의 데이터 전송 제어를 위한 프로토콜로 사용된다.

05 다음 중 패킷 스위칭에 대한 설명으로 <u>틀린</u> 것은?

① 데이터 전송을 위한 특정 경로가 존재한다.
② 패킷은 전송 도중에 결합되거나 분할될 수 있다.
③ 데이터를 패킷이라는 작은 조각으로 나누어 전송한다.
④ 일부 데이터가 유실되거나 순서가 뒤바뀌어 수신될 수 있다.

패킷의 교환방식(Packet switching)의 경로 설정
• 가상회선 패킷 교환방식 : 데이터를 가상회선이라는 논리적인 연결을 통해 전송하는 방식으로 데이터는 정해진 같은 경로를 통해 이동
• 데이터그램 패킷 교환방식 : 가상회선을 설정하지 않고, 데이터를 작은 패킷으로 분할하여 독립적으로 전송하는 방식이므로 데이터 전송을 위한 특정 경로가 존재하지 않음

06 패킷 경로를 동적으로 설정하며, 일련의 데이터를 패킷 단위로 분할하여 데이터를 전달하고, 목적지 노드에서는 패킷의 재순서화와 조립과정이 필요한 방식은?

① 회선 교환방식
② 메시지 교환방식
③ 가상회선 방식
④ 데이터그램 방식

데이터그램 패킷 교환방식
• 가상회선을 설정하지 않고, 데이터를 작은 패킷으로 분할하여 독립적으로 전송한 뒤 도착지에서 재조립하는 방식
• 각각의 패킷은 목적지 주소와 라우팅 정보를 포함하고 있어서 패킷 교환망을 통해 개별적으로 경로를 결정하여 목적지로 전송
• 비연결성, 비신뢰성
• 독립적 패킷 전송
• 라우팅 정보 포함
• 네트워크의 상태에 따라 최적 경로가 동적으로 변경(동적 라우팅)
• 네트워크의 유연성이 높음
• 전송속도 느림
• 경로 설정/오류 제어 안 함

SECTION 03 인터넷 통신망

기출 분석

연도	19년	20년	21년	22년	23년
문제 수	2	4	2	3	2

01 인터넷(Internet)

1) 인터넷의 정의

인터넷(Internet)은 전 세계적으로 연결된 컴퓨터 네트워크들의 거대한 집합체를 가리키는 용어이다. 이 네트워크들은 서로 다른 종류의 기술과 프로토콜을 사용하여 정보를 주고받을 수 있게 구성되어 있다.

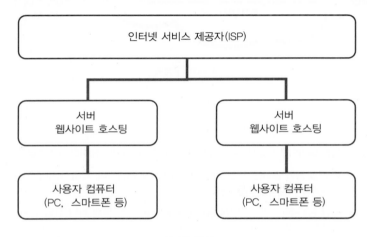

▲ 인터넷 구성도

2) 인터넷 응용서비스

서비스	설명
Telnet	원격지 컴퓨터 접속 서비스
E-mail	전자적으로 메시지와 파일을 주고받는 데 사용되는 서비스
소셜 미디어	다른 사람들과 연결하여 사진, 동영상, 상태 업데이트 등을 공유하고 소통하는 서비스
비디오 스트리밍	인터넷을 통해 동영상 콘텐츠를 실시간으로 시청하거나 온디맨드로 제공하는 서비스로, 유튜브, 넷플릭스, 아마존 프라임 비디오 등이 대표적
온라인 쇼핑	인터넷을 통해 제품을 구매하고 주문하는 온라인 쇼핑 서비스
온라인 뱅킹	은행과 금융 기관에서 제공하는 인터넷을 통한 은행 업무 서비스로, 계좌 조회, 자금 이체, 결제 등을 온라인으로 처리
온라인 검색	검색 엔진을 이용하여 웹상의 정보를 검색하는 서비스로, 구글, 네이버, 빙 등이 대표적
클라우드 컴퓨팅	인터넷을 통해 클라우드 서비스를 이용하여 컴퓨팅 자원을 제공받는 서비스

02 VoIP(Voice over Internet Protocol)

1) VoIP 정의

- 인터넷 프로토콜을 사용하여 음성 통화를 전송하는 기술이다.
- VoIP는 개인용 및 기업용 음성 통화 서비스에서 많이 사용되며, 온라인 회의, 팀 협업, 비즈니스 전화 등 다양한 응용 분야에서 활용되고 있다.

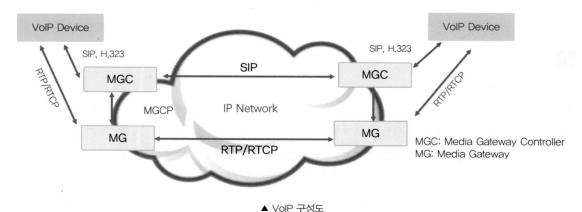

▲ VoIP 구성도

2) VoIP 특징

서비스	설명
인터넷 기반 전송	음성 데이터를 인터넷 프로토콜(IP)을 이용하여 디지털 데이터 패킷으로 변환하여 전송
저렴한 비용	VoIP를 통한 통화는 기존 전화 서비스에 비해 저렴하며, 특히, 국제 전화 통화나 장거리 통화를 할 경우에도 저렴하게 이용 가능
음성과 영상 통화	음성 통화뿐만 아니라 영상 통화도 지원하고, 이를 통해 원격 회의, 비즈니스 협업, 원격 교육 등 다양한 분야에서 활용 가능
이동성	인터넷 연결만 가능하면 어디서든 사용할 수 있으므로 이동성이 높음
다양한 기능 제공	음성 메일, 전화 기록, 전화 전달, 콜 컨퍼런싱 등 다양한 편의 기능을 지원
유연한 확장성	기존 전화 회선과 달리 VoIP는 소프트웨어 기반으로 구현되기 때문에 필요에 따라 유연하게 확장 가능
통합 서비스	데이터 통신과 음성 통화를 하나의 네트워크로 통합할 수 있으며, 이를 통해 관리가 편리해지고, 통신 비용이 절감
고음질 통화	기술의 발전으로 인해 VoIP 통화의 음질은 크게 향상되어 기존 전화와 유사한 높은 품질의 음성 통화 가능

3) VoIP 프로토콜

① SIP

구분	설명
정의	IETF(Internet Engineering Task Force)에서 개발한 음성 통화와 다양한 멀티미디어 서비스를 위한 프로토콜
특징	• 주로 음성 통화를 위해 설계되어 간단하고 유연한 구조 • 음성 통화뿐만 아니라 비디오, 메시지, 파일 전송 등 다양한 멀티미디어 서비스를 지원 • SIP은 미디어와 제어를 분리하여 처리하며, 미디어 전송은 RTP(Real-time Transport Protocol)과 함께 사용 • 간단하고 유연한 구조로 구축과 관리가 용이

② H.323

구분	설명
정의	국제 전기 통신 연합(ITU-T)에서 개발한 멀티미디어 통신을 위한 표준 프로토콜
특징	• 음성과 비디오, 데이터를 포함한 다양한 멀티미디어 서비스를 지원 • 멀티미디어 통신과 제어를 하나의 프로토콜로 통합하여 사용 • 초기에 개발되었기 때문에 프로토콜 구조가 비교적 복잡 • 다양한 업체와 장치들 사이에서도 상호 운용성을 제공

03 xDSL(x-Digital Subscriber)

1) xDSL의 정의

전화선을 이용하여 초고속 데이터 통신을 가능하게 하는 디지털 가입자 회선이다.

2) 종류 및 특징

구분	변조방식	최대거리	하향속도	상향속도	응용	비고
ADSL	DMT, CAP	5.4km	160K~9M	2~768K	인터넷	보편적인 DSL
VDSL	DMT, CAP	1.4km	1.3M~52M	3M	인터넷, VOD	단거리 고속 제공
SDSL	DMT, CAP	3.6km	160K~2.048M		전용회선	HDSL의 단일 구리
HDSL	2B1Q, CAP	5.4km(4선식)	1.5M~2.048M		T1/E1서비스	

04 FTTx(Fiber To The x)

1) FTTx의 정의

광케이블을 활용하여 인터넷과 다양한 통신 서비스를 제공하는 기술의 총칭으로 FTTx에서의 "F"는 Fiber(광섬유)를 나타내며, "x"는 광케이블이 도달하는 지점을 나타낸다. x부터 단말까지는 구리선 등으로 연결된다.

2) FTTx 종류

종류	의미	광케이블 도달 장소
FTTH	Fiber-to-the-Home	광케이블을 집안까지 연결
FTTP	Fiber-to-the-Premises	광케이블을 집안/건물 내부까지 연결
FTTB	Fiber-to-the-Building	광케이블을 건물 내부까지 연결
FTTC	Fiber-to-the-Curb/Cabinet	광케이블을 도로나 거리의 통신 캐비닛까지 연결
FTTO	Fiber-to-the-Office	광케이블을 업무지구까지 연결
그 외 Node, Apartment 등 광케이블이 도달할 수 있는 범위가 x가 될 수 있음		

3) FTTx 네트워크 방식

종류	설명
AON (Active Optical Network)	• 광케이블을 사용하여 데이터를 전송하며, 각 연결 지점에서 별도의 전원이 필요한 광 능동소자를 통해 광신호를 증폭하고 처리하는 방식 • OLT(Optical Line Terminal, Active 장비), ONU(Optical Network Unit), 광케이블로 구성되며, 빠른 데이터 전송과 높은 대역폭을 제공하므로 대규모 네트워크와 고속 인터넷 서비스에 적용
PON (Passive Optical Network)	• 광케이블을 사용하여 데이터를 전송하며, 각 연결 지점에서 별도의 전원공급이 필요 없는 광 수동소자로 신호를 처리하는 방식으로 유지관리에 유리 • OLT(Optical Line Terminal, Passive 장비), ONU(Optical Network Unit), 광케이블로 구성되며, 설치와 유지보수가 간단하고 경제적이므로 많이 사용되고 있음

05 HFC(Hybrid Fiber Coaxial)

1) HFC 정의
광케이블과 동축케이블을 함께 사용하여 데이터와 음성 신호를 전송하는 혼합형 통신 기술이다.

2) HFC 구성

종류	설명
광케이블 (Fiber Optical)	송신국(HUB)에서 광 수신장치(ONU)까지 광케이블을 사용하여 데이터를 수신하고 전송한다.
동축케이블 (Coaxial Cable)	광케이블로부터 전송된 데이터를 ONU에서 동축케이블로 변환하여 가입자 집 또는 사무실로 전송한다.
CMTS (Cable Modem Termination System)	보통 CATV 지역 SO(System Operator, 종합유선방송사업자) 분배센터 내에 위치하는 집중 장비로, 양방향 HFC 망을 통해 초고속 인터넷 서비스를 제공하기 위해 케이블 모뎀과의 인터페이스 및 외부망과의 연결을 수행한다.

3) DOCSIS(Data Over Cable Service Interface Specification)
케이블 네트워크를 사용하여 데이터 통신을 제공하는 데 사용되는 규격이다. DOCSIS는 케이블 모뎀과 CMTS 사이의 통신을 표준화하여 케이블 인터넷 서비스를 가능하게 한다.
• 다중 채널 환경에서 데이터를 전송하는 데 사용된다.
• 비대칭 전송을 지원하여 다운로드와 업로드 속도를 다르게 설정할 수 있다.
• 사용자의 데이터를 보호하기 위해 암호화와 인증 기능을 제공한다.
• 다양한 서비스들의 품질을 보장하기 위해 QoS를 지원한다.

06 MHS(메시지 처리 시스템)

1) MHS(Message Handling System)의 정의
• 서로 다른 전자메일 시스템 간의 상호 접속과 텔레마틱 서비스와의 다양한 접속을 위해, CCITT가 제정한 이메일 시스템 표준이다.
• 컴퓨터를 통해 이용자가 보내고 싶은 정보를 축적, 전송하고 이용자의 요구조건에 따라서 수신측에 보내는 서비스를 의미한다.

2) MHS 구성 요소

구성 요소	설명
메시지 저장장치 (MS, Message Store)	• 메일 서버의 일부로서, 사용자들의 전자메일 메시지를 저장하는 공간 • 메시지의 검색 및 저장을 가능하게 하며 사서함 등의 기능을 제공
사용자 에이전트 (UA, User Agent)	• 이용자로부터 의뢰된 메시지를 MTA로 발신 • 사용자가 전자메일을 작성하고 읽을 수 있는 인터페이스
메시지 전송 에이전트 (MTA, Message Transfer Agent)	• 메일 서버 간에 메일을 전송하고 중계하는 역할 • 메시지의 전송 및 중계 그리고 코드 변환 등의 기능
접근장치 (AU ; Access Unit)	사용자가 메시지 통신 시스템에 접근하고 서비스를 이용할 수 있도록 하는 장치나 모듈

3) MHS 서비스

구분	설명
배달 서비스	동시 통신, 지연 배달, 우선순위 지정
서로 다른 기종 터미널 간 서비스	정보변환, 프로토콜 변환
정보검색 서비스	메시지 파일 검색, 전자 게시판 등
사서함 서비스	사용자의 메시지 수신 및 저장 등

07 UWB(Ultra Wide Band)

1) UWB 정의

• 주파수 3.1GHz~10.6GHz를 사용하고, 중심주파수의 20% 이상 또는 500MHz 이상의 주파수 대역폭을 갖는 무선 통신이다.
• IEEE 802.15.3a에서 표준화되었고, 신호 출력은 −41.3dBm 이하로 규정하여 다른 통신과 중첩되더라도 간섭 없이 사용할 수 있다.
• 통신 및 거리 측정을 위한 무선 통신 기술이다.
• 국내 허용 주파수는 Low Band(3.1GHz~4.8GHz), High Band(7.2GHz~10.GHz) 이다.

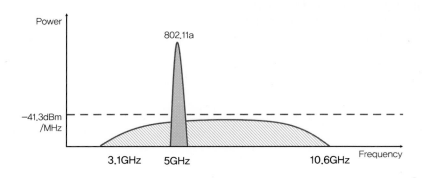

▲ 5GHz WiFi(802.11a)와의 비교

2) UWB 특징

- 매우 짧은 펄스폭의 변조방식인 PPM(Pulse Position Modulation)을 이용한 단거리 고속 무선 통신 기술이다.
- 낮은 소모전력으로 대용량의 데이터를 고속으로 전송할 수 있다.
- Baseband로 전송하며, 전송속도는 400~500Mbps이다.
- 출력이 낮고 Baseband에서 통신이 이루어지므로 송·수신기의 구조가 간단하다.
- 간단한 구조 때문에 제작이 쉽고 저렴한 가격으로 생산할 수 있으며, 회로의 소형화, 저전력화가 용이하다.
- 장애물 투과 능력이 우수하며 정밀한 위치 추적이 가능하다.

이론을 확인하는 기출문제

22.10

01 다음 |보기| 중 기저대역(Baseband) 무선 전송 기술방식으로 응용되는 UWB(Ultra Wide Band) 방식의 설명으로 옳은 것을 모두 선택한 것은?

─| 보기 |─
ㄱ. 매우 짧은 펄스폭의 변조방식인 PPM(Pulse Position Modulation)을 이용한 단거리 고속 무선 통신 기술이다.
ㄴ. 송신기 제작이 쉽고 저렴한 가격으로 구현 가능하며, 회로의 크기가 작다.
ㄷ. 대용량의 데이터를 저전력 소모하에 고속으로 전송 가능하다.
ㄹ. 반송파를 이용하지 않고, 기저대역(Baseband) 상태에서 수 GHz 이상의 넓은 주파수 대역, 매우 높은 스펙트럼 밀도로 전송한다.

① ㄱ
② ㄱ, ㄴ
③ ㄱ, ㄴ, ㄷ
④ ㄱ, ㄴ, ㄷ, ㄹ

UWB 특징
- 매우 짧은 펄스폭의 변조방식인 PPM(Pulse Position Modulation)을 이용한 단거리 고속 무선 통신 기술이다.
- 낮은 소모전력으로 대용량의 데이터를 고속으로 전송할 수 있다.
- 출력이 낮고 Baseband에서 통신이 이루어지므로 송·수신기의 구조가 간단하다.
- 간단한 구조 때문에 제작이 쉽고 저렴한 가격으로 생산할 수 있으며, 회로의 소형화, 저전력화가 용이하다.
- 신호 출력이 낮으므로 스펙트럼 밀도는 낮다.

02 4[Gbps](상향 1[Gbps], 하향 3[Gbps])급 용량의 FTTH 회선이 있다고 가정한다. 하향 회선을 기준으로 할 때 괄호 안에 들어갈 최대수용 가능한 가입자 수는 약 얼마인가?

22.10, 20.5

- CBR 가입자 : 용량 100[Mbps], 가입자 수 10회선, 회선 점유율 100%
- VBR 가입자 : 용량 50~100[Mbps], 가입자 수 (   ) 회선, 회선 점유율 70%
- CBR(Constant Bit Rate) : 고정전송 속도
- VBR(Variable Bit Rate) : 실시간 가변 전송 속도
- (단, 제어회선, 에러율, 재전송률 등은 없는 것으로 가정하고, 순수한 가입자 데이터 용량으로 한정하여 계산)

① 80
② 57
③ 21
④ 11

CBR(고정비트율), VBR(가변비트율), AVR(가용비트율)
동영상 인코딩 방식에는 CBR, VBR, AVR 등이 있다.

구성 요소	설명
CBR (Constant Bit Rate)	• CBR은 동영상 인코딩에서 고정된 비트율을 사용하는 방식 • 동영상 파일이 일정한 비트율로 인코딩되기 때문에, 파일 크기와 품질이 고정되어 있음 • 동영상이 일정한 품질로 전송되길 원하는 경우 사용
VBR (Variable Bit Rate)	• VBR는 동영상 인코딩에서 비트율이 가변적으로 변하는 방식 • 동영상의 내용과 움직임에 따라 비트율을 동적으로 조절하여 품질을 최적화
AVR (Available Bit Rate)	• AVR은 동영상 스트리밍 시스템에서 사용되는 비트율 조정 방식 • 네트워크 상태에 따라 가용한 비트율을 동적으로 할당하여 동영상을 전송

회선 용량의 계산
하향 회선의 용량은 3[Gbps]인데, CBR 가입자가 고정적으로 차지하는 용량이 100×10^6(용량) $\times$ 10(회선) $\times$ 1(100%) = 1[Gbps] 이므로, 2[Gbps]가 VBR 가입자에게 할당된다.
최대한 많은 가입자를 수용해야 하므로 가변 전송속도의 하한선인 50[Mbps]로 계산하면,

VBR 가입자 회선 최대 수 $= \dfrac{2 \times 10^9}{50 \times 10^6 \times 0.7} = 57.14$[회선]

03 다음 중 메시지 처리시스템(MHS)의 구성 요소가 아닌 것은?

21.10

① MS(Message Store)
② UA(User Agent)
③ MTA(Message Transfer Agent)
④ MH(Message Host)

MHS(Message Handling System, 메시지 처리 시스템)
- 서로 다른 전자메일 시스템 간에 상호 접속과 텔레마틱 서비스와의 다양한 접속을 위해, CCITT가 제정한 이메일 시스템 표준이다
- 컴퓨터를 통해 이용자가 보내고 싶은 정보를 축적, 전송하고 이용자의 요구조건에 따라서 수신측에 보내는 서비스를 의미한다.

MHS 구성 요소

구성 요소	설명
메시지 저장장치 (MS, Message Store)	• 메일 서버의 일부로서, 사용자들의 전자메일 메시지를 저장하는 공간 • 메시지의 검색 및 저장을 가능하게 하며 사서함 등의 기능을 제공
사용자 에이전트 (UA, User Agent)	• 이용자로부터 의뢰된 메시지를 MTA로 발신 • 사용자가 전자메일을 작성하고 읽을 수 있는 인터페이스
메시지 전송 에이전트 (MTA, Message Transfer Agent)	• 메일 서버 간에 메일을 전송하고 중계하는 역할 • 메시지의 전송 및 중계 그리고 코드 변환 등의 기능
접속장치 (AU ; Access Unit)	사용자가 메시지 통신 시스템에 접근하고 서비스를 이용할 수 있도록 하는 장치나 모듈

04 HFC 네트워크의 전송 매체로 가장 적합한 것은?

18.10

① 무선
② UTP 케이블
③ 평행 이선식(Twisted Pair)
④ 광섬유케이블과 동축케이블

HFC(Hybrid Fiber Coaxial)
광케이블과 동축케이블을 함께 사용하여 데이터와 음성 신호를 전송하는 혼합형 통신 기술

정답 01 ③ 02 ② 03 ④ 04 ④

05 다음 중 xDSL 회선의 변복조 방식인 CAP (Carrier-less Amplitude/Phase)와 DMT (Discrete Multi-Tone)의 주파수 배치표로 옳은 것은?

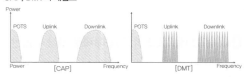

① CAP방식 : ㉮ 음성전화(POTS), ㉯ 역방향 (Upstream), ㉰ 순방향(Downstream)
② CAP방식 : ㉮ 순방향(Downstream), ㉯ 역방향(Upstream), ㉰ 음성전화(POTS)
③ DMT방식 : ㉮ 순방향(Downstream), ㉯ 역방향(Upstream), ㉰ 음성전화(POTS)
④ DMT방식 : ㉮ 음성전화(POTS), ㉯ 순방향 (Downstream), ㉰ 역방향(Upstream)

- -

CAP, DMT

종류	설명
CAP (Carrier-less Amplitude/Phase)	2개의 기저대역 신호를 In-Phase와 Quadrature-Phase 필터를 통해 통과대역의 스펙트럼을 성형(Passband Spectral Shaping)하여 전송하는 방식
DMT (Discrete Multi-Tone Modulation)	Multi QAM 변조 방식으로 사용 주파수 대역을 고속 푸리에 변환(FFT)하여 여러 개의 부채널 주파수 별로 각각 데이터를 변조하여 전송하는 방식

CAP, DMT의 개념도

06 xDSL에서 사용되는 변조 방식인 DMT의 장점이 아닌 것은?

① 회선 상태에 따라 다양한 속도를 지원한다.
② 주파수를 독립적으로 운용하여 초기 모뎀 간의 각 구간마다 전송 파워의 범위를 정할 수 있다.
③ 회선의 잡음이 특정 대역에 영향을 줄 경우에는 그 대역에서 통신이 가능한 QAM 크기를 적용하여 최대의 통신속도 제공이 가능하다.
④ 초기 모뎀 간의 설정 시간이 짧고 오류 검사가 간편하다.

- -

DMT의 특징
- 회선 상태에 따라 다양한 속도를 지원한다.
- 주파수를 독립적으로 운용하여 초기 모뎀 간의 각 구간마다 전송 파워의 범위를 정할 수 있다.
- 회선의 잡음이 특정 대역에 영향을 줄 경우에는 그 대역에서 통신이 가능한 QAM 크기를 적용하여 최대의 통신속도 제공이 가능하다.
- DMT는 주파수 스펙트럼을 여러 개의 작은 주파수 영역으로 분할하고, 각 톤은 서로 다른 데이터를 전송하는 데 사용한다.
- 톤들이 병렬로 데이터를 전송함으로써 높은 전송률을 달성한다.
- 통신 채널의 상태에 따라 톤들의 전송속도와 파워를 동적으로 조정한다.

SECTION 04 MSPP, WDM, OTN, ATM

기출 분석

연도	19년	20년	21년	22년	23년
문제 수	4	6	8	4	2

01 MSPP(Muti-Service Provisioning Platform)

1) MSPP 정의

MSPP는 SDH를 기반으로 하는 장치로, Ethernet, ATM 등 다양한 네트워크 기술과 연동하여 다양한 통신 서비스를 제공하고 전송할 수 있는 장치이다.

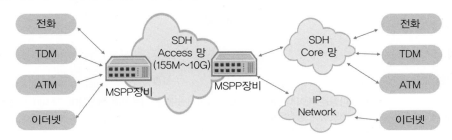

▲ MSPP 네트워크 구성도

2) 주요 기술

기술	설명
GFP (Generic Framing Procedure)	• 다양한 패킷 형식을 균일한 형태로 캡슐화하는 기술 • 물리 계층에서 다양한 프레임 형식을 지원하여 패킷 스위칭에 적합하게 함
VC (Virtual Concatenation)	• 여러 개의 작은 VC를 하나로 묶어서 더 큰 가상회선을 생성하는 방법 • 이더넷, PDH 등의 여러 신호들을 컨테이너 상자 안에 그룹핑하는 과정
LCAS (Link Capacity Adjustment Scheme)	• 통신회선의 대역폭을 동적으로 조정하는 기술 • 가상 연결된 VC의 크기를 동적으로 재조정

3) 특징

특징	설명
통합 멀티서비스 지원	음성, 데이터, 영상 등 다양한 형태의 통신 서비스를 통합하여 관리하고 전송
광 기반 네트워크 지원	광케이블 기반 네트워크로서 효율적으로 동작하도록 설계
효율적인 스위칭 기능	스위칭 기능을 통해 데이터를 목적지에만 전달하여 네트워크 트래픽을 효율적으로 관리
혼잡 제어와 품질 관리	네트워크 혼잡상태를 감지하여 트래픽을 조절하고 품질 관리를 수행
서비스 수준 협상	서로 다른 서비스들 간의 우선순위를 협상하여 서비스 수준(QoS, Quality of Service)을 보장
장애 복구와 보안 기능	네트워크 장애 발생 시 자동으로 복구하고 보안 기능을 통해 네트워크를 안전하게 보호

02 WDM(Wavelength Division Multiplexing)

1) WDM 정의

WDM은 다수의 채널을 각각의 파장에 할당한 뒤, 다수의 파장을 한 가닥의 광섬유로 동시에 전송하는 기술로서, 통신 용량과 속도를 향상시켜 주는 광 전송 방식이다.

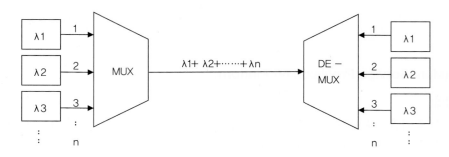

▲ WDM 구성도

2) 주요 구성

구성	설명
송신기	• 광 파장은 레이저 다이오드 또는 레이저 모듈을 사용하여 생성하며, 각 데이터 스트림은 빛으로 변조하여 광섬유로 전송 • 전기신호를 빛 신호로 변환하는 전광 변환
MUX/DEMUX	• MUX는 송신기에서 입력되는 다중 파장을 하나의 빛 신호로 통합 • DEMUX는 통합된 광신호를 분할하여 수신기에 입력
수신기	수신기는 광섬유로부터 도착한 광 파장을 검출하고, 광을 전기신호로 변환

3) 특징

특징	설명
대역폭 확장	여러 개의 광 파장을 사용하여 단일 광섬유 케이블을 다중화하므로, 전체 통신 대역폭을 확장하는 데에 기여함
용량 증가	각 광 파장에 다수의 데이터 스트림을 동시에 전송할 수 있으므로, 전송 용량을 증가시킴
멀티플렉싱	여러 개의 서로 다른 데이터 스트림을 하나의 광섬유로 통합, 여러 개의 독립적인 통신 채널을 효과적으로 관리하고 동시에 전송
서로 간 간섭 없음	각 광 파장은 서로 독립적이며, 서로 간 간섭이 없기 때문에 다양한 서비스를 동시에 전송하더라도 안정적이고 신뢰성 있음
경제적 효율성	하나의 광섬유를 활용하여 여러 개의 독립적인 통신 채널을 구축하므로 광섬유 인프라의 활용도가 높음
장거리 통신	DWDM 기술을 활용하여 광 파장 간격을 좁게 설정함으로써 더 많은 광 파장을 동시에 사용할 수 있고, 장거리 통신에 적합

4) WDM의 종류

WDM, DWDM, UDWDM과 단거리 통신을 위해 가격을 저렴하게 한 CWDM이 있다.

구분	WDM	DWDM	UDWDM
명칭	Wave	Dense Wave	Ultra DWDM
파장의 개수	8~16	16~80	80~160
채널 간격	0.8[nm]	0.4[nm]	0.2[nm]
속도	40[Gbps]	200[Gbps]	400[Gbps]
비용	보통	고가	매우 고가

03 OTN(Optical Transport Network)

1) OTN의 정의

- 광 전송 네트워크를 위한 광섬유 통신 표준 기술이다.
- 다양한 데이터 통신과 서비스 전송을 위한 고속 광섬유 전송기술로 전송 신호의 프로토콜 형태, 속도에 무관하게 모든 신호를 Wrapping 하여 전송한다.
- 다중 제조업체 및 다양한 광섬유 기기들 사이의 상호 운용성과 호환성을 보장하기 위해 ITU-T에서 표준화된 기술이다.

※ Och: Optical Channel Layer Network, OMS: Multiplex Section, OTS: Transmission

▲ OTN 구성도 및 계층별 구조

2) 주요 구성

구성 요소	설명
OPU	• Optical channel Payload Unit • 다양한 사용자 데이터 속도와 OTN 페이로드 속도 사이의 차이를 적응시키는 기능
ODU	• Optical channel Data Unit • 종단 간 데이터 연결 및 네트워크 감시 기능
OTU	• Optical channel Transport Unit • ODU 데이터를 광 채널에 실어 나름 • OTU는 Och 페이로드로 매핑 된 후에 전송됨

3) 특징

특징	설명
높은 전송속도	10Gbps, 40Gbps, 100Gbps, 200Gbps, 400Gbps 등 다양한 Rate의 데이터 전송
다중프로토콜 지원	Ethernet, IP, SONET/SDH 등 다양한 프로토콜을 통합하여 효율적인 통신을 제공
광 복구 기능	광섬유의 장애 발생 시 복구하는 기능을 통해 네트워크의 신뢰성을 향상시킴
견고한 오류 관리	오류 감지와 복구 기능을 내장하여 데이터의 안정성과 신뢰성을 유지
오버헤드 관리	효율적인 대역폭 관리를 위해 오버헤드를 조절하고 대역폭을 최적화
네트워크 스케일링	대규모 네트워크를 지원하고 확장성이 뛰어나며 복잡한 네트워크 구성도를 관리
다중 광 파장 지원	WDM 기술을 활용하여 다수의 광 파장을 동시에 사용하여 통신 용량을 확장하는 기능을 제공
유연한 대역폭	다양한 서비스와 트래픽 요구를 충족시키기 위해 유연한 대역폭 관리를 지원

4) 기존 망과 비교

속도	SONET	SDH	OTN
51Mbps	STS-1	STM-0	
155Mbps	STS-3	STM-1	
622Mbps	STS-12	STM-4	
2.5Gbps	STS-48	STM-16	ODU-1
10Gbps	STS-192	STM-64	ODU-2
40Gbps	STS-768	STM-256	ODU-3
100Gbps			ODU-4

04 ATM(Asynchronous Transfer Mode)

1) ATM의 정의

- 고속 데이터 전송을 위한 광대역 통신 기술로서 다양한 종류의 통신 서비스와 데이터를 비동기적으로 전송하는 방식
- 각 데이터 패킷이 고정된 크기의 셀(Cell) 단위로 분할되어 전송됨

2) ATM 특징

특징	설명
고속 전송	높은 대역폭과 낮은 지연 시간을 제공하여 고속 데이터 전송을 지원
통합 서비스	음성, 데이터, 동영상 등 다양한 종류의 통신 서비스를 하나의 네트워크에서 통합하여 전송하며, 이에 따라 다양한 서비스를 효율적으로 관리
고정길이 셀	데이터를 일정한 크기로 나누어 셀 단위로 전송
경로 보호	광섬유 네트워크에서 경로 보호 기능을 제공하여 데이터 전송의 신뢰성 높임
호환성	다양한 통신 기술과 네트워크와의 상호 운용성을 제공하여 기존의 네트워크와 쉽게 통합 가능

3) ATM 셀 구조

구성 요소	설명
셀 크기	셀 크기는 53바이트로, 헤더 5바이트, 페이로드(Payload) 48바이트로 구성

헤더	• 송수신 제어 정보를 담고 있는 부분으로 5바이트가 할당됨
	• 헤더 구성 요소
	  – 가상 경로 식별자(Virtual Path Identifier, VPI)
	  – 가상회선 식별자(Virtual Channel Identifier, VCI)
	  – 페이로드 유형(Payload Type, PT) : 어떤 종류의 데이터인지를 나타냄
	  – 오류검출을 위해 CRC(Cyclic Redundancy Check) 사용

페이로드	실제 데이터가 담기는 부분으로서, 최대 48바이트까지의 정보를 포함

4) ATM 기본 제어 정보

구성 요소	설명
PT (Payload Type)	페이로드에 어떤 종류의 데이터가 담겨 있는지를 식별하는 데 사용되는 값으로, PT 비트의 값에 따라 페이로드가 데이터, 음성, 동영상 등의 서비스 데이터인지를 판별
CLP (Cell Loss Priority)	셀 전송 과정에서 혼잡상태가 발생할 경우, 우선적으로 폐기되어도 괜찮은 데이터인지를 표시
HEC (Header Error Control)	오류검출 코드로, CRC를 통해 ATM 스위치나 라우터에서 셀의 헤더를 검사하고 오류가 있는지를 확인하는 데 사용

01 ^{23.6} 다음 |보기의 괄호( ) 안의 내용으로 적합한 것은?

─| 보기 |─────────────────────
ATM 셀의 전체 크기는 (㉠)바이트로, B–ISDN 에서 전송의 기본단위이다. 크기가 (㉡)바이트인 헤더와 (㉢)바이트인 사용자 데이터로 구성된다
─────────────────────────

① ㉠ 53, ㉡ 5, ㉢ 48
② ㉠ 53, ㉡ 48, ㉢ 5
③ ㉠ 48, ㉡ 5, ㉢ 43
④ ㉠ 48, ㉡ 43, ㉢ 5

ATM 셀 구조

구성 요소	설명
셀 크기	셀 크기는 53바이트로, 헤더 5바이트, 페이로드(Payload) 48바이트로 구성
헤더	• 송수신 제어 정보를 담고 있는 부분으로 5바이트가 할당됨 • 헤더 구성 요소 – 가상 경로 식별자(Virtual Path Identifier, VPI) – 가상회선 식별자(Virtual Channel Identifier, VCI) – 페이로드 유형(Payload Type, PT) : 어떤 종류의 데이터인지를 나타냄 – 오류검출을 위해 CRC(Cyclic Redundancy Check) 사용
페이로드	실제 데이터가 담기는 부분으로서, 최대 48바이트까지의 정보를 포함

02 ^{22.6} 다음 설명의 괄호 안에 들어갈 용어로 알맞은 것은?

─────────────────────────
광대역 종합정보통신망(B–ISDN)을 구현하기 위하여 ITU–T에서 선택한 전송기술은 ( )이고, 이 기술의 실제 근간을 이루는 물리적 전송망은 ( )이다.
─────────────────────────

① SDH/PDH, X.25
② ATM, SDH/SONET
③ xDSL, SDH/PDH
④ LAN, X.25

B–ISDN
• 모든 종류의 서비스를 제공할 수 있도록 포괄적으로 구성한 광대역 망
• 다양한 종류의 서비스를 제공해야 하므로 다중화 기술이 필요함
• **전송방식** : ATM
• **전송단위** : ATM 셀
• **다중화 기술** : SDH/SONET

03 ^{22.6} 다음 중 ATM 셀 헤더를 구성하는 필드(field)에 대한 설명으로 틀린 것은?

① PT : 페이로드에 실린 정보의 종류를 표시한다.
② VPI : 셀이 속한 가상경로를 식별하기 위해 사용한다.
③ CLP : 망 폭주 시 셀이 폐기될 우선순위를 나타낸다.
④ HEC : 헤더 자체오류 유무를 검사하기 위한 것으로 해밍코드(Hamming Code)를 사용한다.

──────────

ATM 헤더 구성 요소
• 가상 경로 식별자(Virtual Path Identifier, VPI)
• 가상회선 식별자(Virtual Channel Identifier, VCI)
• 페이로드 유형(Payload Type, PT) : 어떤 종류의 데이터인지를 나타냄
• CLP : 혼잡상태가 발생할 경우, 우선적으로 폐기되어도 괜찮은 데이터인지를 표시
• HEC : 오류검출을 위해 CRC(Cyclic Redundancy Check) 사용

04 ^{22.3} 다음 중 ROADM(Reconfigurable Optical Add-Drop Multiplexer)이 OXC(Optical Cross Connect)에 비하여 갖는 최대 장점은?

① 파장 단위로 회선을 분기/결합이 가능하다.
② 스위칭 속도가 느리다.
③ 전광/광전 변환이 필수적이다.
④ 트래픽 상황 변화에 대처가 느리다.

──────────

ROADM(Reconfigurable Optical Add-Drop Multiplexer)
광섬유 통신 네트워크에서 광 파장을 동적으로 추가하고 제거하는 장치로, 이를 통해 유연하고 효율적인 광 통신을 가능하게 한다.

ROADM의 특징

특징	설명
동적 광 파장 추가 및 제거	광 파장의 추가와 제거를 소프트웨어적으로 제어하여 네트워크 트래픽에 따라 적절한 대역폭 할당이 가능
재구성 가능	물리적인 장비의 재설치 없이도 광 파장의 구성을 변경할 수 있어 네트워크 운영의 유연성을 높임
호환성	기존의 광섬유 네트워크와 호환되며, 기존 광섬유 기반 시스템과 투명하게 통합하여 사용할 수 있음
자가 고장 회복	광섬유 네트워크에서의 오류와 장애 발생 시 자동으로 회복할 수 있으며, 이를 통해 네트워크의 안정성과 신뢰성을 보장

05 캐리어 이더넷은 기존 LAN 영역에 쓰이는 이더넷 기술을 전달망 또는 백본 영역까지 확장시킨 기술이다. 다음 중 캐리어 이더넷이 기존 이더넷 기술의 단점을 보완하기 위하여 최우선적으로 고려한 사항은 무엇인가?

① 구축 거리
② QoS
③ 과금
④ 망 중립성

캐리어 이더넷

이더넷 기술을 기반으로 한 네트워크 서비스로서, LAN에서 사용되던 이더넷을 기간망 사업자의 백본망까지 적용한 시스템으로, 빠른 데이터처리에 안전성까지 보강한 스위칭 전송기술이다.

캐리어 이더넷의 특성

특성	설명
대역폭 제공	고속 대역폭을 제공하며, 다양한 서비스에 대해 높은 전송속도를 지원
스위칭 기술	스위칭 기술로 효율적인 데이터 전송과 경로 선택을 지원하며, 트래픽의 증가나 변화에 유연하게 대응
품질보장 (QoS)	서비스 품질(QoS)을 보장하는 기능이 있어 다양한 서비스의 우선순위를 설정하여 중요한 데이터에 우선권을 부여하거나, 특정 서비스의 대역폭을 보장하는 등의 기능을 제공
확장성	기존의 이더넷 네트워크를 활용하거나 대규모 네트워크를 구축하여 다양한 서비스를 제공
표준화	IEEE 802.1Q, IEEE 802.1ad(Q-in-Q), IEEE 802.1ah(Provider Backbone Bridges), MEF(Metro Ethernet Forum) 등의 표준에 따라 정의되어 있어 다양한 공급 업체가 호환성을 지원하고, 상호 운용성을 확보할 수 있도록 함

06 미국표준협회(ANSI)에서 개발된 근거리 통신망(LAN) 기술로서, IEEE 802.5 토큰링에 기초를 둔 광섬유 토큰링 표준방식은?

① FDDI(Fiber Distributed Data Interface)
② Fast Ethernet
③ Gigabit Ethernet
④ Frame Relay

FDDI(Fiber Distributed Data Interface)

• FDDI는 멀티모드 케이블(MMF) 광케이블을 사용한 100[Mbps]의 고속 LAN으로, 토큰패싱으로 접속제어하는 링형 통신망을 사용하는 광케이블 토큰링으로 구성되어 있다.
• 고층 빌딩 또는 넓은 구내에서 각 층 혹은 각 건물마다 설치되어 있는 이더넷 등의 LAN을 연결하여, 대규모 LAN으로 하는 것이 대표적인 활용법이다.

정답 05 ② 06 ①

합격을 다지는 **예상문제**

▶ 합격 강의

01 동기식 광전송시스템에 대한 설명으로 적합하지 <u>않은</u> 것은?

① STM-1 신호를 기본신호 단위로 하여 그 배수로서 고계위 신호인 STM-n 신호를 형성하는 장비이다.

② 간단히 다중처리가 가능하므로 경제적인 시스템을 구성할 수 있다.

③ PDH처럼 단계적인 다중방식을 사용함으로 중간단계 다중화에서 오버헤드가 불필요하다.

④ 기준의 모든 통신망 통합이 가능하여 장거리 통신이 가능하고 단일 표준의 망 구성을 할 수 있다.

SDH/SONET
• SDH와 SONET은 광 매체상에서 동기식 데이터 전송을 하기 위한 표준 기술로, 국제적으로 동등한 표준으로 인정받고 있다.
• 두 기술 모두 전통적인 PDH에 비해, 더 빠르면서도 비용은 적게 드는 네트워크 접속 방법이다.

구분	PDH	SDH
동기화 방법	Bit-Stuffing	Pointer
최소동기화 단위	bit	byte
오버헤드 사용	매 단계 새로운 오버헤드 첨가	STM-1 이후 오버헤드 추가 없음
적합성	Point-to-Point 환경	Network 환경

02 다음 중 메시지 전송서비스에 해당하지 <u>않는</u> 것은?

① 통보 전송

② 발신 메시지 정보

③ 우선도 지정

④ 비밀도 표시

메시지 처리 시스템(MHS : Message Handling System)
컴퓨터를 통해 이용자가 보내고자 하는 정보를 수집하고 전송하며, 수신자의 요구사항에 따라 메시지를 전달하는 서비스를 제공하는 시스템이다.

서비스 구분	설명
배달 서비스	동시 통신, 지연 배달, 우선순위 지정
서로 다른 기종 터미널 간 서비스	정보변환, 프로토콜 변환
정보검색 서비스	메시지 파일 검색, 전자 게시판 등
사서함 서비스	

03 다음 중 광대역통합망(BcN, Broadband Convergence Network)의 특성에 대한 설명으로 옳지 <u>않은</u> 것은?

① 음성, 데이터, 유무선, 통신, 방송 융합형 서비스를 언제 어디서나 편리하게 이용할 수 있는 서비스 통합망

② 다양한 서비스의 개발과 제공이 용이한 개방형 플랫폼(Open API) 기반의 통신망

③ 보안(Security), 품질보장(QoS), IPv6가 지원되는 통신망

④ 특정 네트워크 및 단말을 사용하여 다양한 서비스를 끊어짐 없이 이용할 수 있는 유비쿼터스 환경을 지원하는 통신망

광대역통합망(BcN, Broadband Convergence Network)
BcN은 다양한 서비스를 단말에 구애받지 않고 끊김 없이 이용할 수 있는 유비쿼터스 서비스 환경을 제공하는 통신 기술이다.

BcN 특징
• 통합네트워크에서 다양한 서비스를 제공한다.
• 표준화된 개방형 네트워크 구조이다.
• 패킷 기반의 유무선 방송 멀티미디어 통합네트워크이다.
• 운영비용 및 투자비가 최소화된다.

04 광전송시스템에서 전송 신호와 간섭을 유발시키는 역반사 잡음을 방지하기 위한 것은?

① 광감쇠기
② 광서큘레이터
③ 광커플러
④ 광아이솔레이터

광전송시스템
• **광감쇠기** : 광통신에 사용되는 빛의 세기를 일정한 간격 혹은 연속적으로 줄인다.
• **광서큘레이터** : 입출력되는 광신호의 진행 방향을 적절히 전환시킨다.
• **광커플러** : 광섬유로부터 광신호를 분기하거나 결합하는 광수동소자이다.
• **광아이솔레이터** : 빛이 한 방향으로만 진행하도록 하는 광소자로, 반사로 인해 전송 효율이 저하되는 것을 방지한다. 주로 원거리 통신에서 발생하는 반사광이 레이저나 광증폭기와 같은 장치의 안전성을 해치지 않도록 보호하기 위해 사용한다.

05 사무실에서 인터넷 구내망을 설치하여 음성전화 서비스를 제공하는 설비는?

① PBX
② IP-PBX
③ ISDN-PBX
④ Solo-PBX

PBX(Private Branch Exchange, 사설 전화교환기)
회사나 기업 내에서 사용되는 전화 교환시스템으로, 일정 수의 외부 전화 회선을 내부 사용자들 간에 자동으로 연결하여 내선 전화 통화를 관리하고 운영하는 시스템이다.

IP-PBX(Internet Protocol Private Branch Exchange)
• 인터넷 기반의 구내교환기를 의미한다.
• 단순 음성 통화만 가능했던 기존의 PBX와는 달리 IP-PBX는 사내 LAN과 통합하여 유지보수가 간단하고, 구성 장비가 간단하여 설치 공간이 절약되며, 인터넷 기반으로 기존 기업의 다양한 애플리케이션과의 통합이 유리하다.

06 트래픽 단위에서 180[HCS]는 몇 얼랑(Erlang)인가?

① 3[Erl]
② 4[Erl]
③ 5[Erl]
④ 6[Erl]

트래픽 단위
• **얼랑(Erlang, Erl)** : 호(Call)가 하나의 회선과 교환기기를 1시간 동안 사용했을 때의 호량
• **HCS(Hundred Call Seconds)** : 호가 1개의 전화 회선과 교환기기를 100초 동안 사용했을 때의 호량
• $1[\text{Erlang}] = 36[\text{HCS}]$, $1[\text{HCS}] = \dfrac{1}{36}[\text{Erlang}]$으로, $180[\text{HCS}] = 5[\text{Erlang}]$이다.

07 다음은 ADSL의 변조방식인 DMT와 CAP 방식을 비교한 것이다. CAP 방식에 대한 설명으로 옳은 것은?

① 각 단위 채널이 제공하는 속도에 한계가 있어 지연속도가 크다.

② 전력소모가 크며 열이 많이 발생한다.

③ 각 채널별로 변조가 이루어지기 때문에 빠른 속도를 제공한다.

④ 가격이 상대적으로 저렴하다.

CAP, DMT

종류	설명
CAP (Carrier-less Amplitude/Phase)	• 2개의 기저대역 신호를 In-Phase와 Quadrature-Phase 필터를 통해 통과대역의 스펙트럼을 성형(Passband Spectral Shaping)하여 전송하는 방식 • 알고리즘이 간단하여 칩 구성이 단순하고 설계용이 • 여러 종류의 xDSL에 적용 • 저전력을 소모 • 데이터 손실이 많음
DMT (Discrete Multi- Tone Modulation)	• Multi QAM 변조 방식으로 사용 주파수 대역을 고속 푸리에 변환(FFT)하여 여러 개의 부채널 주파수 별로 각각 데이터를 변조하여 전송하는 방식 • 다양한 속도를 지원 • 잡음억제 기능 • 간섭현상이 CAP보다 양호 • 주파수 대역별 변조로 칩셋이 비쌈 • 에러 체크가 복잡

08 다음 중 메시지 통신시스템(MHS : Message Handling System)의 구성요소에 해당하지 않는 것은?

① User Agent

② Message Transfer Agent

③ Message Store

④ Codec

MHS 구성 요소

구성 요소	설명
메시지 저장장치 (MS, Message Store)	• 메일 서버의 일부로써, 사용자들의 전자메일 메시지를 저장하는 공간 • 메시지의 검색 및 저장을 가능하게 하며 사서함 등의 기능을 제공
사용자 에이전트 (UA, User Agent)	• 이용자로부터 의뢰된 메시지를 MTA로 발신 • 사용자가 전자메일을 작성하고 읽을 수 있는 인터페이스
메시지 전송 에이전트 (MTA, Message Transfer Agent)	• 메일 서버 간에 메일을 전송하고 중계하는 역할 • 메시지의 전송 및 중계 그리고 코드 변환 등의 기능
접근장치 (AU ; Access Unit)	사용자가 메시지 통신 시스템에 접근하고 서비스를 이용할 수 있도록 하는 장치나 모듈

09 다음 중 파장 분할 다중 방식(Wavelength Division Multiplex)에 대한 특징으로 옳지 <u>않은</u> 것은?

① 광 코어의 수를 줄일 수 있다.
② 광 수동소자만으로 구성이 가능하다.
③ 양방향 전송이 불가능하다.
④ 전송 거리가 TDM 방식보다 더 길다.

WDM의 특징

특징	설명
대역폭 확장	여러 개의 광 파장을 사용하여 단일 광섬유 케이블을 다중화하므로, 전체 통신 대역폭을 확장하는 데에 기여함
용량 증가	각 광 파장에 다수의 데이터 스트림을 동시에 전송할 수 있으므로, 전송 용량을 증가시킴
멀티플렉싱	여러 개의 서로 다른 데이터 스트림을 하나의 광섬유로 통합, 여러 개의 독립적인 통신 채널을 효과적으로 관리하고 동시에 전송
서로 간 간섭 없음	각 광 파장은 서로 독립적이며, 서로 간 간섭이 없기 때문에 다양한 서비스를 동시에 전송하더라도 안정적이고 신뢰성 있음
경제적 효율성	하나의 광섬유를 활용하여 여러 개의 독립적인 통신 채널을 구축하므로 광섬유 인프라의 활용도가 높음
장거리 통신	DWDM 기술을 활용하여 광 파장 간격을 좁게 설정함으로써 더 많은 광 파장을 동시에 사용할 수 있고, 장거리 통신에 적합

10 다음 중 전송속도가 가장 빠른 디지털가입자회선(Digital Subscriber Line) 방식은?

① VDSL
② SDSL
③ ADSL
④ HDSL

xDSL(x-Digital Subscriber) 종류 및 특징
전화선을 이용하여 초고속 데이터 통신을 가능하게 하는 디지털 가입자 회선으로, ADSL, VDSL, SDSL, HDSL 등이 있다.

구분	변조 방식	최대 거리	하향 속도	상향 속도	응용	비고
ADSL	DMT, CAP	5.4km	160K~9M	2~768K	인터넷	보편적인 DSL
VDSL	DMT, CAP	1.4km	1.3M~52M	3M	인터넷, VOD	단거리 고속 제공
SDSL	DMT, CAP	3.6km	160K~2,048M		전용회선	HDSL의 단일 구리
HDSL	2B1Q, CAP	5.4km (4선식)	1.5M~2,048M		T1/E1서비스	

이동통신서비스 시험

SECTION 01 무선통신망과 이동통신망

01 무선통신망

1) 무선통신망의 정의

자유공간을 매개로 통신하는 것으로 데이터, 음성, 영상 등 다양한 정보를 무선으로 전송하고 통신할 수 있도록 해주는 기술이다.

▲ 무선통신망 개념도

2) 무선통신망의 장단점

장점	단점
• 이동성과 편의성 • 네트워크 확장성 용이 • 유선 케이블 비용이 없어 비용 절감 • 데이터 전송 속도와 품질 향상	• 간섭과 제한된 대역폭 • 보안 문제 • 전파 범위의 제한 • 배터리 소모로 인한 제한

02 이동통신망(Mobile Communication Network)

1) 이동통신의 정의

사용자가 이동 중에도 계속적인 통신이 가능하게 해주는 통신 시스템을 의미한다.

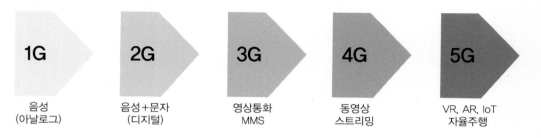

▲ 이동통신 세대별 특성

2) 세대별 특징

세대	설명
1세대	• 아날로그 기술을 사용하여 음성 통화만 가능한 시대 • 주로 휴대폰이라고 부르던 큰 크기의 이동통신 단말기를 사용 • 음성 전용 서비스로 데이터 통신이나 인터넷 접속은 불가능 • 1980년대 초반부터 1990년대 초반까지 주로 사용
2세대	• 디지털 기술을 도입하여 음성 통화와 문자 메시지 서비스를 제공 • 주로 GSM과 CDMA가 사용됨 • 데이터 통신 서비스가 도입되어 인터넷 접속이 가능 • 1990년대 중반부터 2000년대 초반까지 주로 사용
3세대	• 고속 데이터 통신을 지원하는 세대 • 주로 WCDMA(Wideband Code Division Multiple Access)와 CDMA2000이 사용됨 • 이동 인터넷, 멀티미디어, 영상 통화 등 다양한 서비스를 지원 • 2000년대 중반부터 2010년대 초반까지 주로 사용
4세대	• LTE(Long-Term Evolution) 기술을 기반으로 한 고속 무선 데이터 통신 세대 • 초고속 인터넷 접속과 HD 영상 스트리밍 등을 지원 • 대역폭이 넓어지고, 전송속도와 신뢰성이 크게 향상 • 2010년대 중반부터 현재까지 주로 사용
5세대	• 초고속 대용량 데이터 통신과 미세한 지연 시간을 제공하는 세대 • 대규모 데이터 통신, 가상 현실(VR), 증강 현실(AR), 자율 주행 등에 적합한 기술을 갖추고 있음 • IoT(Internet of Things) 기기들과의 연결이 원활하게 이루어짐 • 2020년대부터 상용화가 진행되고 있으며, 계속해서 발전 중

3) 서비스 기술별 특징

서비스 기술	설명
CDMA (2G)	• CDMA는 코드 분할 다중 접속이라는 의미로, 여러 사용자가 같은 주파수 대역을 공유하면서 각자의 고유한 코드를 사용하여 통신하는 방식 • 주파수 대역을 효율적으로 사용하고, 잡음과 간섭에 대해 상대적으로 강건한 특징을 가지고 있음
WCDMA (3G)	• 더 넓은 대역폭을 사용하는 CDMA 기술 • 고속 데이터 전송과 멀티미디어 서비스를 제공 • 데이터 전송 속도와 음성 통화 품질이 향상
LTE (4G)	• 고속 무선 데이터 전송 기술 • 넓은 대역폭과 패킷 전송기술을 이용하여 초고속 인터넷 접속과 HD 영상 스트리밍을 지원 • 이동통신에서 대용량 데이터 전송과 다양한 멀티미디어 서비스를 가능하게 함
LTE-A (4.5G)	• LTE의 발전된 버전으로, 4.5세대 이동통신으로 분류 • 더 높은 전송속도와 용량을 제공하며, 멀티캐리어와 CA 기술을 도입하여 성능을 향상시킴 • 더 많은 기지국과 채널을 이용하여 더 강력한 통신 성능을 제공
5G	• 다섯 번째 세대 이동통신으로서, 초고속 대역폭과 미세한 지연 시간을 지닌 차세대 통신 기술 • mmWave 기술과 Network Slicing 등 다양한 기술이 도입되어 성능과 기능이 크게 발전됨

4) 이동통신의 주요 기술

전력제어 (Power Control)	낮은 전력 레벨로 시스템 성능을 유지할 수 있도록 이동국과 기지국의 송신 전력을 알맞은 레벨로 조정하는 기법
핸드오프 (Handoff)	이동국이 현재 서비스를 받고 있는 기지국 영역을 벗어나도 계속 통화가 유지될 수 있도록 통화로를 전환해 주는 기술

22.6
01 이동통신의 세대와 기술이 바르게 짝지어진 것은?

① 1세대 : GSM
② 2세대 : AMPS
③ 3세대 : WCDMA
④ 4세대 : CDMA

세대별 적용기술
- 1세대 : 아날로그 기술
- 2세대 : GSM(Global System for Mobile Communications), CDMA(Code Division Multiple Access)
- 3세대 : WCDMA(Wideband Code Division Multiple Access), CDMA2000
- 4세대 : LTE(Long-Term Evolution)

22.6, 22.3
02 이동통신 시스템에서 handoff 기능에 대한 설명으로 옳은 것은?

① 자동 우회 기능 및 통화량의 자동 차단 기능
② 한 서비스 지역 내에서 다수의 사용자가 동시에 통화할 수 있는 기능
③ 사용자가 가입 등록되어 있는 서비스 사업자의 시스템 이외의 시스템에서도 정상적인 서비스를 제공하는 기능
④ 사용자가 현재 서비스를 제공받고 있는 기지국을 벗어나더라도 인접 기지국으로 채널을 자동으로 전환해 주는 기능

Handoff(=Handover)
이동 중인 휴대전화기가 두 개 이상의 기지국 사이에서 서비스를 지속적으로 제공받기 위해 이동한 기지국 또는 셀로 바꾸어주는 기술로, 셀 경계를 넘어갈 때, 기지국 간 간섭이 높을 때, 기지국의 부하 분산이 필요할 때 수행한다.

Handoff의 종류

소프터 핸드오프 (Softer Handoff)	• 이동통신 기지국의 섹터 간 전파가 겹치는 지역에서 통화전환이 이루어질 때의 핸드오프 • 동일 기지국 내 섹터 간의 핸드오프
소프트 핸드오프 (Soft Handoff)	• 기존 기지국에서 신호 세기가 약화되어도 새로운 기지국과의 연결을 먼저 수립한 후에 기존 기지국과의 연결을 끊음으로써 통화나 데이터 통신의 끊김 없이 핸드오프를 수행 • 셀(기지국) 간의 핸드오프
하드 핸드오프 (Hard Handoff)	• 기존 기지국에서 신호 세기가 약화되면 즉시 새로운 기지국과의 연결로 전환되며, 통화나 데이터 통신이 끊길 수 있음 • 교환기 간, 주파수 간 핸드오프

03 무선송신기에서 주파수 체배기가 사용되는 목적은?

① 수정발진자의 주파수보다 더 낮은 주파수를 얻기 위해
② 수정발진자의 주파수보다 더 높은 주파수를 얻기 위해
③ 수정발진자의 주파수 허용편차를 개선하기 위해
④ 수정발진자의 주파수를 정수배 감소시키기 위해

주파수 체배기
• 입력 주파수를 원하는 배수로 증폭하는 장치 또는 회로
• 주파수의 증폭을 통해 더 높은 주파수 신호를 생성할 수 있음
• 주로 다이오드(Diode)나 트랜지스터(Transistor)와 같은 비선형 소자를 이용
• 비선형 소자는 입력 신호의 주파수를 증폭시키는 특성이 있으며, 이를 이용하여 원하는 주파수 배수를 생성
• 무선 송수신기, 레이더 시스템, 위성통신 등 다양한 무선 통신 시스템 분야에 적용

04 다음 중 이동통신에서 사용하는 셀 종류 중 가장 작은 것은?

① Mega Cell
② Pico Cell
③ Macro Cell
④ Micro Cell

이동통신 셀(Cell)
이동통신에서 하나의 기지국이 관리하는 지역을 가리키는 개념으로, 하나의 기지국이 할당된 전파를 이용하여 이동국에게 서비스하는 영역을 의미한다.

셀 크기 분류

셀 종류	반경	용도
Mega cell	100~50km	광역(위성통신 등)
Macro cell	35km 이내	교외
Micro cell	1km 이내	도심
Pico cell	50m 이내	도심밀집지역
Femto cell	옥내	

05 셀룰러 이동통신 방식에서 기지국 서비스 영역을 확대하는 방법이 아닌 것은?

① 고이득 지향성 안테나를 사용한다.
② 수신기의 수신 한계 레벨을 높게 조정한다.
③ 다이버시티 수신기를 사용한다.
④ 기지국 안테나 높이를 증가시킨다.

이동통신 기지국의 서비스 범위 확대 방법
• 기지국 안테나의 높이를 증가시킨다.
• 기지국의 송신 출력을 높인다.
• 고이득 지향성 안테나를 사용한다.
• 수신기의 LNA에 저잡음 수신기를 적용한다.
• 수신안테나에 다이버시티 방식을 적용한다.
• 기지국 사이에 중계기 등을 설치하여 전파 음영지역을 해소한다.
• 기지국의 설치 위치를 최적화한다.
• 기지국들 사이에서 주파수를 재사용하여 서로 간섭을 최소화하고 효율적으로 무선 리소스를 활용한다.

06 다음 중 이동통신 시스템에서 가입자의 관리를 책임지는 데이터베이스는?

① HLR(Home Location Register)
② EIR(Equipment Identity Register)
③ VLR(Visitor Location Register)
④ AC(Authentication Center)

이동통신 시스템의 가입자 정보관리

HLR(홈 위치 등록기, Home Location Register)	단말장치의 사용자 정보를 저장하고 관리하는 시스템
VLR(방문자 위치 등록기, Visitor Location Register)	관할 영역에 타 시스템의 단말장치가 진입했을 때 이를 인지하여 타 시스템과 로밍을 해주는 역할
EIR(식별 정보 저장장치, Equipment Identity Register)	이동통신 시스템에서 사용되는 데이터베이스로서, 모바일 디바이스의 식별 정보를 저장하는 장치
AC(Authentication Center)	이동통신 시스템에서 사용자의 신원을 확인하고 인증하는 중요한 기능을 수행하는 엔티티

정답 01 ③ 02 ④ 03 ② 04 ② 05 ② 06 ①

SECTION 02 위성통신망

01 위성통신망

1) 위성통신망의 정의

위성통신은 우주의 인공위성을 이용하여 지상의 두 지점 간 통신을 가능하게 하는 중계 통신 기술로서, 위성시스템, 지구국 시스템, 두 시스템 사이의 신호 구간으로 구성된다.

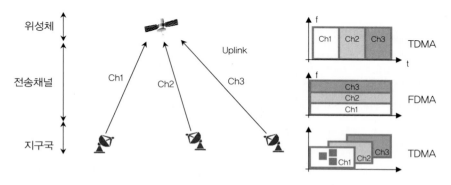

▲ 위성통신망 구성도

2) 위성통신망의 구성

구분	설명
우주국	• 페이로드와 버스(플랫폼)로 구성 • 페이로드 : 송/수신안테나, 중계기(트랜스폰더)로 구성 • 버스 : 태양전지판, 열 제어부, 추진체 등으로 구성
지구국	• 카세그레인/파라볼릭 안테나 • 위성추적시스템 • RF 서브 시스템

3) 위성통신망의 장단점

장점	단점
• 광범위한 커버리지 • 빠른 구축과 유연성 • 동시에 정보 전송 가능 • 생존성, 회선 구성이 용이함	• 큰 전파손실 및 전파 지연 • 높은 구축 비용 • 기상 영향 • 전파방해 및 취약한 보안성

4) 위성통신 다중 접속

다중 접속	구분	설명
FDMA	개념	제한된 위성 주파수를 분할하여 각 지구국에 할당하고, 다수의 지구국이 위성을 공유하는 방식
	특징	• 주파수 분할 방식 • 지구국 장비 간단함 • 회선설정이 용이함 • 주파수 사용효율 낮음 • 간섭에 약함
TDMA	개념	여러 개의 시간 단위로 분할하여 각 지구국에 할당하고, 해당 시간 동안 위성을 사용하는 방식
	특징	• 시간 분할 방식 • 단일 반송파 사용 • 간섭이 상대적 작음 • 회선 할당이 자유로움 • 동기 제어로 구조 복잡 • 요구할당 방식에 사용
CDMA	개념	동일 시간 동일 주파수에서 각 지구국이 코드를 다르게 하여 스펙트럼 확산 방식으로 위성을 공유
	특징	• 코드 분할 방식 • 코드 직교성 • 간섭에 강함 • 용량이 큼 • 회로 구성 복잡 • 보안에 유리
SDMA	개념	지구국의 지역을 분할하여 주파수를 재사용하면서 여러 지구국이 위성을 공유하는 방식
	특징	• 공간 분할 방식 • 주파수 재사용 • 멀티 빔, 소형안테나 • 위성체 구조복합 • 다중 액세스

5) 위성통신 회선 할당 방식

① **정의** : 위성통신 회선 할당 방식은 다원접속을 통해 위성중계기의 자원을 각 지구국에 할당하는 방법으로 PAMA, RAMA, DAMA 등이 있다.

② **종류**

할당 방식	구분	설명
PAMA (사전할당 다원접속)	개념	고정된 주파수를 지구국에 사전할당하는 방식(고정)
	특징	• 사전할당 방식 • 주파수, 타임슬롯 고정 • 미사용 시에도 자원을 대기 • 자원 사용 유연성이 낮음
RAMA (임의할당 다원접속)	개념	망의 상태와 무관하게 각 지구국에 전송할 정보가 발생하면 임의 주파수를 할당하는 방식
	특징	• 경쟁 할당 방식 • 전송 트래픽 발생 시 여유 자원에 대하여 할당 • 충돌 가능성 있음 • 비실시간 특성 전송 분야에 적용
DAMA (요구할당 다원접속)	개념	지구국이 주파수를 요구할 때 주파수를 할당하고 회수하는 방식
	특징	• 전송 요구 시 할당 • 자원의 효율적 사용 • 제어관리가 복잡함 • 중앙제어, 분산제어 방식

트랜스폰더(중계기)

구분	설명
정의	수신기와 송신기를 하나의 장치로 모듈화한 장치로서, 주파수 변환 신호의 증폭 및 중계기능을 수행함
구분	• 단일주파수 변환형 트랜스폰더 : 상향링크 주파수가 수신되면, 저잡음 증폭기(LNA)에서 증폭 후 국부발진기와 혼합시켜 하향 링크 주파수로 변환 • 이중주파수 변환형 트랜스폰더 : 상향링크 주파수가 수신되면, LNA에서 증폭된 후 1차 국부발진기와 혼합시켜 중간 주파수로 변환 • 기저 주파수 검파형 트랜스폰더(재생 트랜스폰더) : 수신된 신호를 검파해서 기저대역 신호로 변환

6) 저궤도 위성(Low Earth Orbit)

① 위성의 고도

• **저궤도 위성** : 지상으로부터 고도 200~6000[km]에 떠 있는 위성
• **정지궤도 위성** : 지상으로부터 고도 35,800[km]에 떠 있는 위성

② 저궤도 위성 특징

구분	설명
낮은 고도	주로 지구 해수면으로부터 수백 킬로미터에서 수천 킬로미터까지의 지구로부터 가까운 고도에 위치
짧은 주기	지구 주위를 상대적으로 짧은 주기로 공전하여 그 주기가 대체로 1시간에서 2시간에 한 번에 불과
빠른 통신속도	낮은 고도와 짧은 주기로 인해 저궤도 위성은 빠른 통신속도를 제공하며, 데이터 전송 지연이 적음
작은 지역 커버리지	저궤도 위성은 작은 지역을 커버하므로, 대규모 지역에 대한 커버리지를 제공하기 위해서는 여러 개의 위성이 필요
통신 및 인터넷 서비스	• 주로 통신 및 인터넷 서비스를 제공하기 위해 사용되며, 빠른 데이터 전송과 고해상도 지구 관측에 활용 • 다중 빔 방식으로 주파수를 효율적으로 사용
지구 관측 및 탐사	지구 대기, 환경, 날씨 등을 관측하고 지구 탐사 미션에 활용

23.3

01 다음 중 정지궤도 위성에 대한 설명으로 <u>틀린</u> 것은?

① 정지궤도란 적도상공 약 36,000[km]를 말한다.

② 궤도가 높을수록 위성이 지구를 한 바퀴 도는 시간이 길어진다.

③ 극지방 관측이 불가능하다.

④ 정지궤도에 있는 통신위성에서는 지구면적의 약 20[%]가 내려다 보인다.

정지궤도 위성
지구와 동일한 자전주기와 같은 방향으로 동작하는 궤도에 있는 인공위성으로, 이러한 위성들은 지구의 자전주기와 동일하게 약 24시간 동안 한 지점을 고정하여 주변 지역과 같은 위치를 유지한다.

위성의 위치와 속도
• 지구의 인력과 위성의 원심력이 일치하는 공간에 위치한다.
• 궤도가 높을수록 인력이 줄어들고, 궤도를 유지하기 위한 원심력도 줄어들어 위성이 지구를 한 바퀴 도는 시간이 길어진다.

정지궤도 위성의 특징
• 정지궤도란 적도 상공 약 36,000[km]를 말한다.
• 적도 궤도에 위치하여 극지방 관측이 불가능하다.
• 지구 전체를 커버하기 위한 최소한의 위성 수는 3개이다.

22.10

02 다음 중 위성통신의 특징으로 <u>틀린</u> 것은?

① 운용 시 지연 시간이 발생하지 않는다.

② 회선설정이 유연하다.

③ 서비스 지역이 광범위하다.

④ 비용이 통신거리에 무관하여 경제적이다.

위성통신망의 장단점

장점	단점
• 광범위한 커버리지	• 큰 전파손실 및 전파 지연
• 빠른 구축과 유연성	• 높은 구축 비용
• 동시에 정보 전송 가능	• 기상 영향
• 생존성, 회선 구성이 용이함	• 전파방해 및 취약한 보안성

22.3

03 다음 중 이동통신이나 위성통신에서 사용되는 무선 다원 접속(Radio Multiple Access) 방식에 해당되지 <u>않는</u> 것은?

① FDMA

② TDMA

③ CDMA

④ WDMA

위성통신 다중 접속
• **FDMA** : 제한된 위성 주파수를 분할하여 각 지구국에 할당하고, 다수의 지구국이 위성을 공유하는 방식
• **TDMA** : 여러 개의 시간 단위로 분할하여 각 지구국에 할당하고, 해당 시간 동안 위성을 사용하는 방식
• **CDMA** : 동일 시간 동일 주파수에서 각 지구국이 코드를 다르게 하여 스펙트럼 확산 방식으로 위성을 공유
• **SDMA** : 지구국의 지역을 분할하여 주파수를 재사용하면서 여러 지구국이 위성을 공유하는 방식

04 다음 중 통신위성 트랜스폰더에 대한 구성방법으로 옳지 <u>않은</u> 것은?

① 단일주파수 변환(Single Frequency Conversion) 시스템

② 이중주파수 변환(Double Frequency Conversion) 시스템

③ 기저 주파수 검파(Regenerative) 시스템

④ 대역통과(Bandpass) 시스템

트랜스폰더의 구분
- **단일주파수 변환형 트랜스폰더** : 상향링크 주파수가 수신되면, 저잡음 증폭기(LNA)에서 증폭 후 국부발진기와 혼합시켜 하향 링크 주파수로 변환
- **이중주파수 변환형 트랜스폰더** : 상향링크 주파수가 수신되면, LNA에서 증폭된 후 1차 국부발진기와 혼합시켜 중간주파수로 변환
- **기저 주파수 검파형 트랜스폰더(재생 트랜스폰더)** : 수신된 신호를 검파해서 기저대역 신호로 변환

05 인공위성이나 우주 비행체는 매우 빠른 속도로 운동하고 있으므로 전파발진원의 이동에 따라서 수신주파수가 변하는 현상은?

① 페이지 현상

② 플라즈마 현상

③ 도플러 현상

④ 전파 지연 현상

- **도플러 효과** : 파동의 주파수가 관측자와 파원의 상대적인 움직임에 따라 변화하는 현상
- **플라즈마 현상** : 자유 전하를 가진 입자들이 주로 전자와 양이온으로 이루어진 상태로, 일반적인 고체, 액체, 기체와는 다른 상태로 높은 온도와 에너지를 가지고 있으며, 전자들이 자유롭게 움직이는 등 비정상적인 특성을 나타냄
- **전파 지연 현상** : 위성통신망에서와 같이 전송되는 신호가 도달하는 데 걸리는 시간이 일정하게 지연되는 현상

06 위성통신용 지구국의 구성 요소로 옳지 <u>않은</u> 것은?

① 송수신계

② 인터페이스계

③ 안테나계

④ 자세제어계

위성통신의 지구국
- **지구국** : 우주에 떠 있는 위성에서 지구 쪽의 송·수신국을 의미한다.
- **지구국 구성** : 안테나계, 추미계, 송신계, 수신계, 지상 인터페이스계, 통신관제 서브 시스템, 측정장치, 전원 장치 등

SECTION
03

SECTION 03 5G 통신 활용 기술

기출 분석

연도	19년	20년	21년	22년	23년
문제 수	4	2	3	3	1

01 SDN(Software Defined Network)

1) SDN 정의

- 네트워크 장비의 제어부와 데이터 전송부 평면을 분리하여, 네트워크 관리 및 제어를 중앙화된 소프트웨어 컨트롤러로 관리하는 방식이다.
- 라우터 장비는 데이터 전송 기능만 수행하고 제어는 소프트웨어로 처리하여 중앙집중방식의 관리가 가능하고 동적으로 네트워크를 프로그래밍할 수 있다.

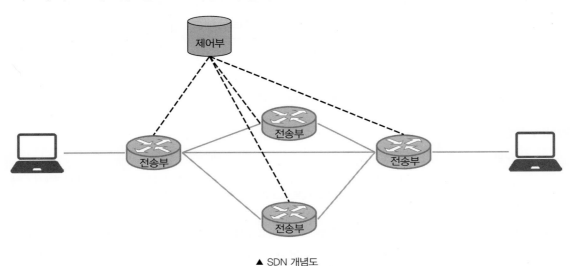

▲ SDN 개념도

2) SDN 특징

구분	설명
제어와 데이터 평면 분리 (높은 확장성)	• 네트워크 장비(스위치, 라우터 등)의 데이터 전달 기능과 제어 기능을 분리 • 데이터 평면은 전통적인 방식대로 패킷을 전달하는 역할을 하고, 제어 평면은 중앙화된 컨트롤러에 의해 관리하여 확장성이 높음
중앙화된 컨트롤러	중앙화된 소프트웨어 컨트롤러는 네트워크 장비에 명령을 내리고 네트워크 흐름을 조정하며 정책을 관리
프로그래밍 가능한 네트워크	네트워크 관리자가 필요에 따라 네트워크 동작을 조정하고 최적화할 수 있음
유연성과 자동화	네트워크 변경을 빠르게 반영하고, 정책 및 설정을 자동화하여 네트워크 운영 및 관리를 향상시킴
가상화 지원 (비용 절감)	가상 네트워크 구성을 효과적으로 관리할 수 있으며, 가상 네트워크 간의 격리와 흐름 제어가 가능

02 NFV(Network Functions Virtualization)

1) NFV 정의

네트워크 기능을 가상화하여 하드웨어에서 소프트웨어로 전환하는 기술로서, 전통적인 네트워크 장비의 제약과 복잡성을 줄이고, 유연성, 확장성, 자동화를 향상시킨다.

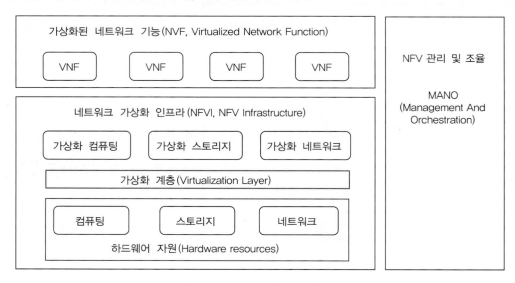

▲ NFV 개념도(계층구조)

2) NFV 특징

구분	설명
가상화 (Virtualization)	네트워크 장비의 기능을 가상화하여 가상 머신(VM) 또는 컨테이너와 같은 가상 환경에서 실행하고, 이를 통해 여러 개의 네트워크 기능을 하나의 물리적 장비에서 별도의 인스턴스로 실행할 수 있음
자원 분배 및 확장성	필요에 따라 자원을 동적으로 할당하고 조정하여 네트워크 기능을 확장하거나 축소할 수 있음
하드웨어 추상화	하드웨어와 네트워크 기능 간의 의존성을 줄여주며, 이에 따라 다양한 하드웨어 환경에서 동일한 네트워크 기능을 실행할 수 있음
자동화와 관리 용이성	네트워크 기능의 배포, 확장, 업그레이드, 관리 등을 자동화하며, 이에 따라 네트워크 운영을 단순화하고 오류를 줄여 줄 수 있음
유연한 서비스 제공	네트워크 기능을 필요한 곳에 빠르게 배포하여 서비스를 제공하거나 조정할 수 있음

03 IoT(Internet of Things, 사물인터넷)

1) IoT 정의

다양한 유형의 기기나 장비를 네트워크로 연결하여 실시간으로 데이터의 수집, 분석, 제어를 수행하고 데이터를 상호 전달하는 사물 네트워크이다.

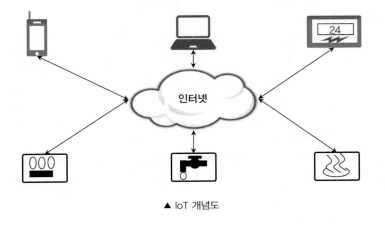

▲ IoT 개념도

2) IoT 구성

구분	설명
디바이스	디바이스의 기본적인 구성 요소로 센서, 액추에이터 및 데이터 수집 장치 등이 있음
센서 및 액추에이터	센서는 물리적인 환경 데이터를 감지하고 수집하며, 액추에이터는 환경에 변화를 주는 작업을 수행
커넥티비티	디바이스들을 인터넷 또는 다른 통신 프로토콜을 통해 네트워크에 연결하는 것을 의미하며, Wi-Fi, 블루투스, 셀룰러 네트워크 등 다양한 커넥티비티 옵션이 있음
클라우드 서비스	IoT 시스템은 수많은 디바이스로부터 생성되는 대량의 데이터를 처리하기 위해 클라우드 서비스를 활용함
애플리케이션	IoT 데이터 및 기능은 사용자 또는 관리자가 접근할 수 있는 웹 또는 모바일 애플리케이션을 통해 표시 가능
네트워크	IoT 디바이스와 클라우드 또는 애플리케이션 간의 통신은 네트워크를 통해 이루어짐

3) IoT 특징

구분	설명
연결성	인터넷에 연결된 사물들은 인터넷을 통하여 데이터를 주고받고 원격으로 제어할 수 있음
데이터 수집 및 분석	연결된 기기들은 센서와 액추에이터를 통해 환경 정보를 수집하고, 수집된 데이터는 중앙 처리 및 분석을 통해 유용한 정보로 활용
자동화와 제어	스마트 홈, 스마트 시티, 스마트 공장 등에서 기기를 원격으로 제어하거나 자동으로 조작하는 것이 가능
신규 서비스 및 기능	스마트 건강 관리, 스마트 랜드스케이핑, 자율 주행 자동차 등 다양한 분야에서 새로운 서비스와 기능이 개발
보안과 개인 정보 보호	많은 기기들이 연결되어 데이터를 주고받기 때문에 보안과 개인 정보 보호가 중요함

04 Smart City

1) Smart City 정의

정보통신 기술과 인프라를 활용하여 도시의 기능과 서비스를 발전시키고, 주거자의 삶의 질을 향상시키는 도시 개념을 의미한다.

2) Smart City 목표

구분	설명
지속 가능성과 환경 보호	에너지 효율성, 재활용, 대중교통 개선과 같은 방식으로 환경친화적인 도시 운영을 지향
효율적인 운영	스마트 그리드, 스마트 물류, 스마트 교통 등 다양한 분야에서 기술을 활용하여 도시의 운영을 효율화하고 최적화
서비스 향상	스마트 건강 관리, 스마트 교육, 공공 안전 개선 등을 통해 주민의 삶의 질을 향상시키는 서비스를 제공
편의성과 접근성	인터넷 접근성, 스마트 모빌리티, 공공시설의 효율적인 관리를 통해 주민의 편의성을 증진
데이터 활용	센서 데이터와 빅데이터 분석을 통해 도시의 상황과 트렌드를 파악하고, 정책 결정에 활용
경제적 발전	혁신적인 스마트 시스템 도입을 통해 새로운 경제 부문과 일자리를 창출하며 경제적인 발전을 추구

3) Smart City 기반시설(스마트도시 조성 및 산업진흥 등에 관한 법률)

- 정보통신 융합기술이 적용된 지능화된 시설
- 초연결 지능정보 통신망
- 관리 운영을 할 수 있는 스마트도시 통합운영센터
- 정보의 수집 및 제공을 위한 건설기술 또는 정보통신 기술이 적용된 폐쇄회로 영상장치 등

> **기적의 Tip** USN(Ubiquitous Sensor Network)
>
> 다양한 종류의 센서들로부터 데이터를 수집하고, 이를 통합하여 처리하고 제어하는 네트워크 시스템이다.
>
> | 구분 | 설명 |
> | --- | --- |
> | 센서 노드
(Sensor Node) | • 물리적인 환경에서 데이터를 수집하는 장치이다.
• 온도, 습도, 조도, 압력, 가속도 등의 센서들이 포함된다.
• 주변 환경의 정보를 측정하고 수집한 데이터를 처리하여 무선으로 싱크 노드 또는 게이트웨이로 전송한다.
• 센서 노드의 구성 요소는 무선통신부, 제어부, 센서부, 전원부로 구분된다. |
> | 싱크 노드
(Sink Node) | • 센서 노드들로부터 수집된 데이터를 중앙 집중적으로 수신하는 장치이다.
• 센서 노드들과의 무선 통신을 담당하여 데이터를 수집하고, 게이트웨이나 서버로 데이터를 전송한다. |
> | 게이트웨이
(Gateway) | • 센서 노드와 싱크 노드를 서버와 중계하는 장치이다.
• 센서 노드로부터 수집된 데이터를 처리하고, 필요한 경우 데이터를 서버로 전송한다.
• 주변에 여러 개의 센서 노드들을 관리하며, 다양한 무선 통신 기술을 지원하여 센서 네트워크를 구축한다. |
> | 서버
(Server) | • 서버는 게이트웨이로부터 수집된 데이터를 처리하고 저장하는 중앙 데이터베이스(Database) 시스템이다.
• 수집된 데이터를 분석, 가공하여 응용 프로그램에 제공하고, 필요한 경우 응용 프로그램과 상호 작용한다. |
> | 릴레이 노드 | 싱크 노드와 센서 노드가 원거리 이격 시 신호를 중계할 수 있는 노드이다. |

05 VoD(Video on Demand, 주문형 비디오 서비스)

1) VoD 정의

- 인터넷 등의 통신회선을 사용하여 사용자가 원하는 비디오 콘텐츠를 언제든지 선택적으로 시청할 수 있는 서비스이다.
- 이용자는 프로그램의 재생, 선택, 색인검색, 제어, 질의 등을 할 수 있다.

2) VoD 구성

구분	설명
콘텐츠 제공 서버	사용자들이 원하는 콘텐츠를 신속하게 제공하고, 다양한 콘텐츠 카테고리를 관리
사용자 클라이언트	스마트폰, 태블릿, 스마트 TV, 컴퓨터 등 다양한 플랫폼에서 VoD 애플리케이션을 실행하여 콘텐츠를 선택하고 시청
네트워크	사용자의 요청에 따라 콘텐츠 데이터를 사용자 클라이언트로 전달하는 데 사용

3) VoD 특징

구분	설명
선택적 시청	사용자들이 원하는 시간과 장소에서 원하는 콘텐츠를 선택적으로 시청
다양한 콘텐츠 제공	영화, TV 프로그램, 드라마, 교육 콘텐츠, 스포츠 이벤트 등 다양한 종류의 콘텐츠를 선택
편리성과 유연성	사용자는 TV 방송 스케줄에 구애받지 않고, 편리하게 콘텐츠를 선택 가능
개인화된 경험	사용자는 자신의 취향과 관심사에 맞는 콘텐츠를 선택 가능
대역폭 요구	빠른 인터넷 연결이 요구되며, 대역폭이 제한적인 경우에는 음질이나 화질에 영향을 미침
이용자 중심 콘텐츠	기존의 방송 텔레비전과는 달리 사용자들이 콘텐츠를 선택하고 제어하는 데 있어서 이용자 중심적인 서비스를 제공

06 OTT(Over The Top)

1) OTT 정의

- 기존의 전통적인 미디어 채널이나 통신사 네트워크를 우회하고 인터넷을 통해 콘텐츠를 제공하는 서비스이다.
- 서비스는 케이블 TV, 위성 방송, 라디오 등과 같은 전통적인 미디어 채널을 거치지 않고 인터넷을 통해 다양한 콘텐츠를 제공하며, 사용자들은 개인적인 기기나 앱을 통해 이를 시청하거나 이용할 수 있다.
- Over The Top의 Top은 초기에 셋톱박스를 의미하였고, 이를 통해 서비스되었으나, 현재는 셋톱박스뿐 아니라 PC, 스마트폰, 태블릿 PC, 게임기 등을 통해서도 서비스된다.

2) OTT 특징

구분	설명
독립적인 제공	콘텐츠 제공자가 직접 콘텐츠를 온라인으로 제공하므로 중간에 제3의 배급망을 거치지 않고 제공자는 독립적으로 콘텐츠를 관리하고 배포
다양한 콘텐츠	영화, TV 프로그램, 동영상, 음악, 웹 시리즈 등 다양한 형태의 콘텐츠를 제공
다양한 플랫폼 지원	사용자는 TV 방송 스케줄에 구애받지 않고, 편리하게 콘텐츠를 선택 가능
대역폭 요구	빠른 인터넷 연결이 요구되며, 대역폭이 제한적인 경우에는 음질이나 화질에 영향을 미침
시대의 변화	기존의 방송 및 미디어 산업에 큰 변화를 가져왔으며, 사용자들은 시간에 맞추어 원하는 콘텐츠를 시청함
주요 OTT 서비스	Netflix, Hulu, Amazon Prime Video, Disney+, YouTube Premium 등

23.6
01 다음 중 네트워크 통신에서 기존 일반적인 네트워킹과 비교하여 SDN(Software Defined Network)의 장점이 아닌 것은?

① 확장성   ② 유연성

③ 비용 절감   ④ 넓은 대역폭

SDN 특징

구분	설명
제어와 데이터 평면 분리 (높은 확장성)	• 네트워크 장비(스위치, 라우터 등)의 데이터 전달 기능과 제어 기능을 분리 • 데이터 평면은 전통적인 방식대로 패킷을 전달하는 역할을 하고, 제어 평면은 중앙화된 컨트롤러에 의해 관리하여 확장성이 높음
중앙화된 컨트롤러	중앙화된 소프트웨어 컨트롤러는 네트워크 장비에 명령을 내리고 네트워크 흐름을 조정하여 정책을 관리
프로그래밍 가능한 네트워크	네트워크 관리자가 필요에 따라 네트워크 동작을 조정하고 최적화할 수 있음
유연성과 자동화	네트워크 변경을 빠르게 반영하고, 정책 및 설정을 자동화하여 네트워크 운영 및 관리를 향상시킴
가상화 지원 (비용 절감)	가상 네트워크 구성을 효과적으로 관리할 수 있으며, 가상 네트워크 간의 격리와 흐름 제어가 가능

22.6
02 다음 스마트공장의 구성 요소 중 IIoT(Industrial Internet of Things)에 해당하지 않는 것은?

① ERP(Enterprise Resource Planning)

② 각종 센서(Sensor)

③ 엑츄에이터(Actuator)

④ 제어기(Controller)

스마트공장(Smart Factory) 관련 IoT 필수 기능 및 구성 요소

구분	설명
IoT 기능	• 감지(Sensing) • 통제/판단(Control) • 작동/실행(Actuating)
구성 요소	• 센서(Sensor) • 제어기(Controller) • 액츄에이터(Actuator) • 기타 데이터처리, 네트워크 등

22.6
03 스마트도시(Smart City) 기반시설에 해당하지 않는 것은?

① 기반시설 또는 공공시설에 건설 · 정보통신 융합기술을 적용하여 지능화된 시설

② 초연결 지능통신망

③ 도시정보 데이터베이스

④ 스마트도시 통합운영센터 등 스마트도시의 관리 · 운영에 관한 시설

Smart City 기반시설(스마트도시 조성 및 산업진흥 등에 관한 법률)
• 정보통신 융합기술이 적용된 지능화된 시설
• 초연결 지능정보 통신망
• 관리 운영을 할 수 있는 스마트도시 통합운영센터
• 정보의 수집 및 제공을 위한 건설기술 또는 정보통신 기술이 적용된 폐쇄회로 영상장치 등

19.10
04 다음 중 센서 네트워크를 이용하여 유비쿼터스 환경을 구현하는 것을 목적으로 하는 것은?

① USN

② BCN

③ TMN

④ VAN

USN(Ubiquitous Sensor Network)
태그와 센서로 정보를 인식하고, 그 정보를 무선으로 수집하여 활용하는 무선 네트워크로서 유비쿼터스 환경을 구현하는 것을 목적으로 한다.

구분	설명
센서 노드	센서를 이용하여 데이터를 수집하여 싱크 노드에 전달
싱크 노드	센서 노드에서 감지된 데이터의 취합 및 센서 노드에 작업 요구
게이트웨이	센서 네트워크를 외부 네트워크와 연결
릴레이 노드	싱크 노드와 센서 노드가 원거리 이격 시 신호를 중계할 수 있는 노드

정답   01 ④   02 ①   03 ③   04 ①

01 저궤도 위성통신 시스템의 일반적인 특징이 아닌 것은?

① 정지위성에 비해 많은 수의 위성이 필요하다.

② 동일한 궤도에서도 여러 개의 위성이 필요하다.

③ 정지위성에 비해 저궤도 위성의 수명이 매우 길다.

④ 다중 빔 방식으로 주파수를 효율적으로 사용한다.

인공위성의 수명은 잔여 연료량, 발전량, 기기 내구성 등에 의해 결정되며 대체로 정지궤도 위성을 저궤도 위성보다 긴 수명으로 설계한다.

저궤도 위성(Low Earth Orbit)의 특징

구분	설명
낮은 고도	주로 지구 해수면으로부터 수백 킬로미터에서 수천 킬로미터까지의 지구로부터 가까운 고도에 위치
짧은 주기	지구 주위를 상대적으로 짧은 주기로 공전하여 그 주기가 대체로 1시간에서 2시간에 한 번에 불과
빠른 통신속도	낮은 고도와 짧은 주기로 인해 저궤도 위성은 빠른 통신속도를 제공하며, 데이터 전송 지연이 적음
작은 지역 커버리지	저궤도 위성은 작은 지역을 커버하므로, 대규모 지역에 대한 커버리지를 제공하기 위해서는 여러 개의 위성이 필요
통신 및 인터넷 서비스	• 주로 통신 및 인터넷 서비스를 제공하기 위해 사용되며, 빠른 데이터 전송과 고해상도 지구 관측에 활용 • 다중 빔 방식으로 주파수를 효율적으로 사용
지구 관측 및 탐사	지구 대기, 환경, 날씨 등을 관측하고 지구 탐사 미션에 활용

02 다음 중 CDMA(IS-95A방식기준) 망에서 BTS(Base Transceiver Station)에서 수행하는 과정이 아닌 것은?

① 콘볼루션 인코딩

② 심볼 반복

③ 블록 인터리빙

④ CRC

CDMA 시스템

• CDMA 시스템은 순방향채널과 역방향 채널이 있다.

• 순방향 통화 채널은 콘볼루션 인코딩과 심볼 반복, 블록 인터리빙을 거쳐서 왈시 코드에 매핑된다.

• 순방향 통화 채널은 롱 코드 발생기에 의해 확산되며, Mux 부분에서 전력제어 비트를 첨가하여 단말로 전송된다.

03 지구국으로부터 통신위성까지의 거리가 36,000[km]일 때, 이 지구국에서 발사된 전파가 통신위성을 경유하여 지구국에 도착할 때까지의 걸리는 이론적 시간은 얼마인가? (단, 지구국과 통신위성 장치에서 소요되는 시간은 고려하지 않는다.)

① 240[ms]

② 245[ms]

③ 250[ms]

④ 255[ms]

정지위성 통신 지연

전파는 빛의 속도로 이동한다. 즉 약 3×10^8[m/s]의 속도로 36,000[km]를 왕복하는데 걸리는 시간은,

$$\frac{2 \times 36000 \times 10^3 \, m}{3 \times 10^8 \, m/s} = 0.24[s] = 240[ms]$$

정답 01 ③ 02 ④ 03 ①

04 기존 통신 및 방송사업자와 더불어 제3 사업자들이 인터넷을 통해 드라마나 영화 등의 다양한 미디어 콘텐츠를 제공하는 서비스를 무엇이라 하는가?

① P2P
② IPTV
③ VOD
④ OTT

OTT(Over The Top)
• 기존의 전통적인 미디어 채널이나 통신사 네트워크를 우회하고 인터넷을 통해 콘텐츠를 제공하는 서비스이다.
• 서비스는 케이블 TV, 위성 방송, 라디오 등과 같은 전통적인 미디어 채널을 거치지 않고 인터넷을 통해 다양한 콘텐츠를 제공하며, 사용자들은 개인적인 기기나 앱을 통해 이를 시청하거나 이용할 수 있다.
• Over The Top의 Top은 초기에 셋톱박스를 의미하였고, 이를 통해 서비스되었으나, 현재는 셋톱박스뿐 아니라 PC, 스마트폰, 태블릿 PC, 게임기 등을 통해서도 서비스된다.

05 유비쿼터스 센서 네트워크(USN) 구성에서 기본적인 기술 구성 요소가 아닌 것은?

① 전송부(BUS)
② 제어부(MCU)
③ 센서부(Sensor)
④ 통신부(Radio)

USN의 기술 구성
• 노드에서 감지(센서부)한 데이터를 가공(제어부)하여 무선 네트워크(통신부)로 송신한다.
• USN은 무선 네트워크를 이용하므로 BUS 회선은 이용하지 않는다.

06 지능형교통체계(ITS) 서비스를 위해 차량탑재장치(OBE, On Board Equipment)와 노변기지국(RSE, Road Side Equipment) 간 통신망으로 가장 적합한 것은?

① HFC(Hybrid Fiber and Coaxial)
② DSRC(Dedicated Short Range Communication)
③ WiFi
④ FTTC(Fiber To The Curb)

DSRC(Dedicated Short Range Communication, 단거리 전용통신)
노변 기지국과 차량탑재 단말이 근거리 무선 통신을 통해 각종 정보를 주고받는 시스템으로써 ITS의 핵심기술이다.

DSRC의 구성 및 특징

구분	설명
OBU (On-Board Unit)	차량에 장착되며 DSRC 통신을 수행하는 장치로, 차량의 위치, 속도 및 정보를 수집하여 주변 차량 및 도로 인프라와 통신
RSU (Roadside Unit)	도로나 교통 인프라에 설치되어 DSRC 통신을 지원하는 장치로, RSU는 차량에 도로 정보를 전달하거나 차량의 정보를 수집하여 교통 흐름을 관리하는 데 사용
통신 주파수 대역	5.9GHz 주파수 대역을 주로 사용
통신 프로토콜	IEEE 802.11p 표준을 기반으로 한 통신 프로토콜을 사용

07 이동전화망의 위치등록 장치인 HLR(Home Location Register)의 기능이 아닌 것은?

① 등록인식
② 위치확인
③ 채널 할당
④ 루팅 정보조회

HLR(Home Location Register, 홈 위치등록 레지스터)
• 가입자 정보, 위치정보, 과금 정보, 등록인식 등 이동 단말의 모든 정보를 저장하는 일종의 가입자 서비스용 데이터베이스다.
• 이동전화가입자에 대한 정보를 실시간으로 관리하는 시스템으로, 교환기는 HLR에게 가입자의 현재 위치정보를 입수하여 이동통신 가입자에게 착신할 수 있다.
• 내부 DB에 가입자에 대한 전화번호, 단말기 일련번호, 호처리 루팅 정보, 각종 부가서비스 정보 등을 포함하고 있어 이를 관리한다.

08 다음 중 정지위성에 대한 설명으로 옳지 않은 것은?

① 지구 전체 커버 위성 수는 90도 간격으로 최소 4개이다.
② 지구표면으로부터 정지 궤도의 고도는 약 36,000[km]이다.
③ 지구 중심으로부터 고도는 약 42,000[km] 이다.
④ 지구의 인력과 위성의 원심력이 일치하는 공간에 위치한다.

정지위성(Geostationary Satelite)
• 지구 적도 상공 해발 약 35,800[km](지구 중심으로부터 42,000[km]에 위치한 위성 3개를 활용하여 안정된 대용량 통신을 가능하게 하는 통신방식이다.
• 지구의 자전과 같은 공전 주기를 가지며, 통신 서비스를 제공하기 위해 고정된 위치에서 운영된다.
• 신호가 36,000[km] 이상을 전파할 때 심한 감쇠현상이 발생한다.

09 다음 중 강우로 인한 위성통신 신호의 감쇠를 보상하기 위한 방법이 아닌 것은?

① Site Diversity
② Angle Diversity
③ Orbit Diversity
④ Frequency Diversity

위성통신 다이버시티(Diversity)
• 강우 감쇠 등에 의한 통신품질 저하 현상을 방지하기 위해 서로 다른 2개 이상의 독립된 전파경로를 통하여 수신된 여러 개의 신호 중 가장 양호한 특성을 갖은 신호를 선택하여 이용하는 방법이다.
• 위성통신에서 강우감쇠보상대책으로는 장소 다이버시티, 주파수 다이버시티, 전력제어 기법 및 위성 중계기에서 Beam overlay 기술을 이용하여 해당지역에 실효방사전력(EIRP)를 높이는 기법 등이 있다.
• Site Diversity : 여러 위치에 지상국을 설치하여 다양한 경로로 데이터를 수신한다.
• Orbit Diversity : 궤도가 분리된 2개의 위성을 통해 데이터를 수신한다.
• Frequency Diversity : 다양한 주파수 대역으로 데이터를 수신한다.

10 OTT(Over The Top)는 전파나 케이블이 아닌 인터넷망을 통해 멀티미디어 콘텐츠를 볼 수 있는 서비스를 말한다. Over The Top에서 "Top" 이 의미하는 기기는 무엇인가?

① 모뎀
② 셋톱박스
③ 공유기
④ TV

Over The Top의 Top은 초기에 셋톱박스를 의미하였고, 이를 통해 서비스되었으나, 현재는 셋톱박스뿐 아니라 PC, 스마트폰, 태블릿 PC, 게임기 등을 통해서도 서비스된다.

11 다음 중 만물 인터넷(Internet of Everything)을 구성하는 핵심 요소가 아닌 것은?

① 사람
② 데이터
③ 프로세서
④ OXC

IoE(Internet of Everything)
IoE는 통신 및 네트워크 기업인 Cisco에서 제안한 단어로, 사람, 프로세스, 데이터, 사물을 네트워크로 유기적으로 연결하여 사물에 지능을 부여한다는 개념이다.

정답 04 ④ 05 ① 06 ② 07 ③ 08 ① 09 ② 10 ② 11 ④

MEMO

한번에 합격, 자격증은 이기적

이기적 스터디 카페

합격 전담마크! 핵심자료부터
실시간 Q&A까지 다양한 혜택 받기

365 이벤트

매일 매일 쏟아지는 이벤트!
기출복원, 리뷰, 합격후기, 정오표

이기적 유튜브 채널

13만 구독자의 선택,
7.5천 개의 고퀄리티 영상 무료

CBT 온라인 문제집

연습도 실전처럼!
PC와 모바일로 시험 환경 완벽 연습

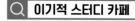 이기적 스터디 카페

홈페이지 : license.youngjin.com
질문/답변 : cafe.naver.com/yjbooks

YoungJin.com Y.
영진닷컴

이렇게 기막힌 적중률

정보통신기사
필기+실기
2권 · 이론서

올인원

All in One

정보통신기술사 안영준, 육철민, 윤경수, 이병찬, 장윤진, 정영준 공저

25
· 2025년 수험서 ·

수험서 48,000원
13000

9 788931 478228
ISBN 978-89-314-7822-8

이기적 스터디 카페
함께 공부해요!
다양한 이벤트부터 1:1 질문답변까지

100% 무료 강의
인증만 하면, 교재와 연계된
고퀄리티 강의가 무료

YoungJin.com Y.
영진닷컴

기억나는 문제 제보하고 N페이 포인트 받자!

기출 복원 EVENT

성명	이기적

수험번호	2	0	2	4	1	1	1	3

Q. 응시한 시험 문제를 기억나는 대로 적어주세요!

① 365일 진행되는 이벤트   ② 참여자 100% 당첨   ③ 우수 참여자는 N페이 포인트까지

영진닷컴 쇼핑몰
30,000원

N Pay
네이버페이
포인트 쿠폰
20,000원

적중률 100% 도서를 만들어주신 여러분을 위한 감사의 선물을 준비했어요.

신청자격 이기적 수험서로 공부하고 시험에 응시한 모든 독자님

참여방법 이기적 스터디 카페의 이벤트 페이지를 통해 문제를 제보해 주세요.
※ 응시일로부터 7일 이내의 시험 복원만 인정됩니다.

유의사항 중복, 누락, 허위 문제를 제보한 경우 이벤트 대상에서 제외됩니다.

참여혜택 영진닷컴 쇼핑몰 30,000원 적립
정성껏 제보해 주신 분께 N페이 포인트 5,000~20,000원 차등 지급

이벤트 페이지 확인하기 ▶

이렇게
기막힌
적중률

정보통신기사
필기+실기 올인원
2권 · 이론서

"이" 한 권으로 합격의 "기적"을 경험하세요!

YoungJin.com Y.
영진닷컴

출제빈도에 따라 분류하였습니다.
- ⬢ : 반드시 보고 가야 하는 이론
- ⬢ : 보편적으로 다루어지는 이론
- ⬢ : 알고 가면 좋은 이론

▶️ 표시된 부분은 동영상 강의가 제공됩니다.
이기적 홈페이지(license.youngjin.com)에 접속하여 시청하세요.

▶ 제공하는 동영상과 PDF 자료는 1판 1쇄 기준 2년간 유효합니다.
  단, 출제기준안에 따라 동영상 내용은 변경될 수 있습니다.

PART 04 정보시스템운용

PART 06 정보통신실무

정보시스템운용

정보시스템 운용 과목은 정보시스템의 효율적 관리와 운용을 위한 기본 지식과 실무 능력에 관한 과목으로 서버를 비롯한 운영체제 시스템과 건물의 유지보수에 관한 각종 통신설비를 모두 다루며, 이러한 시스템의 구축뿐 아니라 모니터링, 복구, 보안에 대해 학습한다.

CHAPTER 01

서버 구축

SECTION 01 리눅스 서버 구축

출제빈도 상 중 하

연도	19년	20년	21년	22년	23년
문제 수	0	0	0	6	3

기출 분석

01 리눅스(Linux) 서버

1) 리눅스의 개요

리눅스는 컴퓨터 운영체제의 한 종류로 유닉스 운영체제에 기반을 둔 오픈소스 운영체제(OS)이며 커널 자체를 의미하기도 한다.

2) 리눅스의 특징

구분	설명
장점	• 오픈소스 운영체제(무료) • 다중작업 및 다중스레드 지원 • 하드웨어 자원의 최적화된 운용 • 확장성과 이식성이 용이
단점	• 보안 취약점 존재 • 사용자 진입장벽이 존재 • 소프트웨어 가용성 제한 • 기술지원 부족

3) 리눅스의 구조

리눅스는 커널, 쉘, 응용 프로그램으로 구성되어 있다.

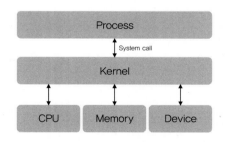

▲ 리눅스의 구조

① **커널** : 커널은 운영체제(OS)의 핵심적인 역할을 담당하는 부분으로, 하드웨어를 제어하고 소프트웨어와 상호통신을 하며 시스템의 모든 자원을 통제하고 관리하는 역할을 한다.

커널의 역할	설명
프로세스 제어	전체 프로세스간 통신, 스케줄링, 메모리 관리를 수행
장치 드라이버	하드웨어와 소프트웨어를 연결해주는 인터페이스를 제공
파일 서브 시스템	하드디스크와 같은 저장 공간에 파일을 저장하고 불러오는 역할

② 쉘
- 쉘은 명령어 해석기라고 하며, 사용자가 입력한 명령어를 커널에 전달한다.
- **쉘의 종류** : 본 쉘(Bourne Shell), 콘 쉘(Korn Shell), C 쉘(C Shell) 등
- **쉘의 주요기능**
  - 자체 내장 명령어를 제공
  - 입력, 출력, 오류의 방향 변경(redirection)
  - 서브 쉘을 생성
  - 백그라운드 처리
  - 쉘 스크립트(프로그램) 작성
③ **응용 프로그램** : 리눅스 환경은 각종 프로그래밍 개발 도구, 문서 편집 도구, 네트워크 관련 도구 등 다양한 응용 프로그램을 제공한다.

02 리눅스의 프로세스 관리

1) 프로세스
- 리눅스에서 프로세스는 실행 중인 프로그램을 나타내는 단위이다.
- 각각의 프로세스는 독립적으로 메모리와 시스템 리소스를 할당받아 실행된다.
- 리눅스는 다중 사용자, 다중 작업 환경을 지원하므로 여러 개의 프로세스가 동시에 실행될 수 있다.

2) 프로세스의 부모-자식 관계
프로세스는 부모-자식 관계를 갖고 있으며 필요에 따라 부모 프로세스(parent process)는 자식 프로세스(child process)를 생성하고, 자식 프로세스는 또 다른 자식 프로세스를 생성할 수 있다.

3) 프로세스의 종류

종류	설명
데몬 프로세스	특정 서비스를 제공하기 위해 존재하며 리눅스 커널에 의해 실행
고아 프로세스	자식 프로세스가 아직 실행 중인데 부모 프로세스가 먼저 종료된 경우, 해당 자식 프로세스는 고아(orphan) 프로세스가 됨
좀비 프로세스	자식 프로세스가 실행을 종료했는데도 프로세스 테이블 목록에 남아 있는 경우

4) 데몬
- 데몬은 유닉스(Unix) 운영체제에서 부팅 시 자동으로 켜져, 백그라운드에서 계속 실행되는 프로세스를 의미한다.

• 데몬의 구분

구분	설명
슈퍼 데몬 모드	• xinetd라는 하나의 서버 데몬으로 여러 서비스를 한꺼번에 관리 • 서비스 요청이 많지 않은 서비스들을 모아서 같이 관리할 때 유용함 • 요구가 뜸한 서비스들을 하나의 xinetd 데몬에서 관리하면 그만큼 불필요한 리소스 사용을 줄일 수 있기 때문
독립 실행 모드	• 각 서비스 데몬을 하나씩 독립적으로 실행 • 서비스 요청이 많은 서비스일 때 사용 • 일반적으로 웹, 메일, 네임 서버 등이 이에 해당

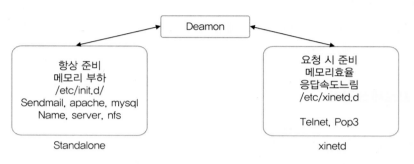

▲ 데몬의 구분

이론을 확인하는 기출문제

01
23.6
리눅스 시스템에서 지정된 여러 개의 파일을 아카이브라고 부르는 하나의 파일로 만들거나, 하나의 아카이브 파일에 집적된 여러 개의 파일을 원래의 형태대로 추출하는 리눅스 쉘 명령어는?

① tar(Tape Archive)
② gzip
③ bzip
④ bunzip

tar(Tape Archive)
여러 개의 파일을 아카이브라고 부르는 하나의 파일로 만들거나, 하나의 아카이브 파일에 집적된 여러 개의 파일을 원래의 형태대로 추출하는 리눅스 쉘 명령어이다.

오답 피하기
• gzip : 하나의 파일을 압축하는 데 사용하는 명령어로 표준 GNU/UNIX 압축 유틸리티이다.
• bzip : 파일을 압축할 때 사용하며 gzip보다 압축률이 높다.
• bunzip : bzip으로 압축한 파일을 해제하는 데 사용한다.

종류	파일명
tar	파일명.tar
gzip & gunzip	파일명.gz
bzip2 & bunzip2	파일명.bz2

02

23.6

리눅스 커널에서 보안과 관련된 패치 등의 집합체이며 해킹 공격의 방어에 효과적인 방법은?

① 긴급 복구 디스켓 만들기
② /boot 파티션 점검
③ 커널 튜닝 적용
④ Openwall 커널 패치 적용

Openwall 커널 패치

Openwall 프로젝트란 다양한 소프트웨어의 모음으로, 서버용으로 설계된 보안 강화 리눅스(Openwall linux, OWL)를 포함한다. 리눅스 커널 수준에서 보안과 관련된 패치 등을 포함하는 집합체이기 때문에 이를 적용하는 것은 해킹 공격의 방어에 효과적인 방법이다.

오답 피하기

• **긴급 복구 디스켓 만들기** : 컴퓨터에 문제가 발생할 때를 대비하여 긴급 복구용 디스켓을 만든다.
• **boot 파티션 점검** : 부팅에 오류가 발생했을 때. 점검시간을 단축하고 부팅시간을 최적화하기 위해 부팅에 필요한 부분을 논리적으로 분리, 파티션으로 나눈 드라이브를 점검한다.
• **커널 튜닝** : 리눅스를 설치하면 기본 설정은 범용 용도에 맞게 되어 있다. 이를 웹 서버, 네트워크 서버 등 목적으로 사용하려면 커널 파라미터 튜닝이 필요하다.

03

23.6

리눅스 서버는 데몬 방식으로 네트워크 서비스 제공 프로그램을 실행한다. 리눅스 서버의 데몬들에 대한 설명 중 틀린 것은?

① lpd : 프린트 서비스를 위한 데몬
② nscd : rpc.lockd를 실행하기 위한 데몬
③ gpm : 웹서버 아파치의 데몬
④ kflushd : 메모리와 파일 시스템을 관리하기 위한 데몬

데몬(Daemon)

• 리눅스/유닉스 시스템이 처음 기동될 때 실행되는 백그라운드 프로세스
• 메모리에 상주해 있으면서 특정 요청이 오면 즉시 대응할 수 있도록 대기

데몬의 종류

종류	설명
crond	cron을 실행시키는 데몬으로, 지정한 프로그램을 지정한 시간에 주기적으로 실행시킴
iptables	IP 패킷 필터링을 관리하는 데몬이며, iptables를 이용하여 서버 자체를 방화벽 서버로 사용할 수 있음
lpd	프린터(Line Printer)가 정상적으로 동작하게 해주는 데몬
nscd	Name Service Cache Daemon으로, DNS, NIS, NIS+를 사용하기 위해 실행해야 하는 데몬
nfslock	rpc.lockd를 실행하기 위한 데몬
xinetd	telnet, FTP 등과 같은 서비스를 제어할 수 있는 슈퍼 데몬
kflushd	메모리와 파일 시스템을 관리하기 위한 데몬

오답 피하기

웹서버 아파치의 데몬은 httpd이며, gpm은 General Purpose Mouse이란 의미로, 텍스트 기반의 리눅스 애플리케이션에 마우스를 사용할 수 있도록 지원하는 데몬이다.

04 다음 |보기|에서 설명하고 있는 내용으로 적합한 것은?

┌─| 보기 |──────────────────────
│ • 새로운 압축 파일을 적당한 디렉토리에 옮긴 다
│   음 새로운 커널을 설치하기에 앞서 이전 커널을
│   삭제한다.
│ • 새로운 커널을 설치하기 전에 이전의 커널을 삭
│   제해도 커널은 이미 메모리에 존재하기 때문에
│   시스템을 재부팅하기 전까지는 아무런 영향을
│   주지 않는다.
└────────────────────────────

① 긴급 복구 디스켓 만들기
② boot 파티션 점검
③ 커널 튜닝 적용
④ Openwall 커널 패치 적용

커널 튜닝
커널 튜닝은 시스템 하드웨어의 성능을 최대한 효율적으로 사용하기
위하여 최적의 커널을 설치 또는 변경하는 것을 말한다.

`오답 피하기`
• **긴급 복구 디스켓 만들기** : 컴퓨터에 문제가 발생할 때를 대비하여
  긴급 복구용 디스켓을 만든다.
• **boot 파티션 점검** : 부팅에 오류가 있을 때 점검시간을 단축하고 부
  팅시간을 최적으로 만들기 위해 부팅에 필요한 부분을 논리적으로
  파티션을 나눈 드라이브를 점검한다.
• **Openwall 커널 패치 적용** : 리눅스 커널에서 보안과 관련된 패치 등
  의 집합체이며 해킹 공격의 방어에 효과적인 방법이다.

05 httpd.conf 파일 설정 항목에 대한 설명으로 틀린 것은?

① ServerTokens는 클라이언트의 요청에
   따라 웹서버가 응답하는 방법을 설정한다.
② Timeout은 클라이언트가 요청한 정보를
   받을 때까지 소요되는 초 단위 대기 시간의
   최대값을 의미한다.
③ ServerAdmin은 웹서버에 문제가 생겼을
   때 클라이언트가 메일을 보내는 웹서버 관
   리자의 이메일 주소를 설정한다.
④ ErrLog는 웹서비스를 통해 사용자에게 보
   일 HTML 문서가 위치하는 곳의 디렉토리
   를 설정한다.

웹서비스를 통해 사용자에게 보이는 HTML 문서의 디렉토리는
DocumentRoot를 통해 설정한다.

리눅스 아파치 웹서버의 메인 설정 파일
• **경로** : /etc/conf/httpd/httpd.conf
• 아파치 웹 서버 설정 파일은 3가지 섹션으로 나뉘어져있다.
  (Global Environment, Main Server Configuration, Virtual
  Hosts)
• **ServerAdmin** : 서버 오류 발생 시 클라이언트로 전송할 오류 메시
  지에 보여질 관리자 이메일 주소이다. 에러 발생 시, 에러 화면에 해
  당 이메일 주소가 표시된다.
• **ServerTokens** : HTTP 응답 시 헤더의 Server 필드를 통해 제공할
  정보이다.
• **Timeout** : 클라이언트와 서버 간 유휴시간을 지정한다.
• **ErrorLog** : 에러 로그 파일의 경로를 지정한다.

06 22.10 서버의 디렉토리에 있는 각종 설정값을 조절하여 리눅스 커널의 가상 메모리(VM) 하위 시스템 운영을 조정할 수 있다. 설정값에 해당되지 않는 것은?

① overcommit_config

② page-cluster

③ pagetable_cache

④ kswapd

리눅스 커널 가상 메모리(VM)

• 리눅스 커널의 가상 메모리는 메모리를 관리하는 방법의 하나로, 각 프로그램에 실제 메모리 주소가 아닌 가상의 메모리 주소를 주는 방식을 말한다. 가상 메모리를 이용하면 실제 물리 메모리가 가지고 있는 크기를 논리적으로 확장하여 사용할 수 있다.

• /proc/sys/vm : 가상 메모리 폴더이다.

• page-cluster : 가상 메모리는 한 번에 복수로 페이지를 읽어 과도한 디스크 검색을 피하는데 이때 페이지의 크기를 조절하는 설정이다.

• pagetable_cache : 커널은 하나의 프로세스 캐시당 일정한 양의 페이지 테이블을 저장하는데 커널 메모리 제어를 얻을 필요 없이 빠른 pagetable 할당을 할 수 있다.

• kswapd : 메모리가 조각으로 나뉘거나 꽉 차는 경우 메모리를 해소해 주는 역할을 수행한다.

오답 피하기

메모리 초과 할당 설정은 overcommit_memory의 설정값을 통해 조절할 수 있다.

07 22.6 다음에서 설명하고 있는 용어는?

> • 리눅스 커널의 가상 메모리(VM) 하위 시스템에 밀접하게 관련이 있고 디스크 사용량에는 약간의 영향이 있다.
> • 이 파일을 조정하면 파일 시스템을 향상 시킬 수 있으며, 시스템의 반응을 빠르게 할 수 있다.

① bdflush

② buffermem

③ freepages

④ kswapd

리눅스 커널 가상 메모리(VM)

• 리눅스 커널의 가상 메모리 하위 경로는 /proc/sys/vm/ 이며 디렉토리에 있는 각종 값을 조절하여 리눅스 커널의 가상 메모리 하위 시스템을 조정할 수 있다.

• bdflush 커널 데몬은 디스크에 대한 쓰기 작업을 관리하는 역할을 한다. bdflush가 제어 디스크를 쓰기 위해 대기하는 시간을 좀 더 늘리면 디스크 접근 시 과도한 경쟁 현상을 피할 수 있다.

오답 피하기

• buffermem : 얼마나 많은 메모리가 버퍼 메모리로 사용되어야 하는지에 대한 설정을 전체 시스템 메모리에 대한 퍼센트 단위로 조절한다.

• freepage : 메모리 관리에 사용되는 min, low, high의 3개의 값으로 구성된 구조를 포함하고 있다.

• kswapd : 메모리가 조각으로 나뉘거나 꽉 차는 경우 메모리를 해소해 주는 역할을 한다.

SECTION 02 가상화 서버 구축 및 운용

기출 분석

연도	19년	20년	21년	22년	23년
문제 수	0	0	0	2	2

01 가상화

1) 가상화 개요

- 가상화는 물리적으로 다른 시스템을 논리적으로 분리, 통합, 확대하는 기술이며 1대 이상의 다수 운영체제, 애플리케이션을 동시에 실행 가능한 환경이다.
- 가상화를 관리하는 소프트웨어(Hypervisor)를 사용하여 하나의 물리적 머신(하드웨어)을 여러 개의 가상 머신(VM)으로 만들어 운영한다.
- **기존 시스템과 가상화 시스템의 비교**

기존 시스템	가상화 시스템
하나의 OS가 모든 하드웨어 자원을 관리	하나의 하드웨어 상에서 여러 개의 가상 머신을 구동 가능
하나의 머신에서 여러 개의 애플리케이션을 구동하는 것은 충돌 등 문제를 일으킬 수 있음	하드웨어와 무관하게 원하는 운영체제나 그에 맞는 애플리케이션을 실행
유연성이 부족하며 비용이 높음	어떠한 시스템에서도 가상 머신을 프로비저닝 가능

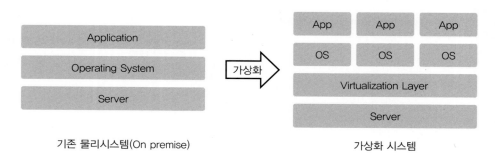

기존 물리시스템(On premise)   가상화 시스템

▲ 가상화 개념

2) 가상화 종류

가상화의 종류에는 서버 가상화, 메모리 가상화, 스토리지 가상화, 애플리케이션 가상화, 네트워크 가상화 등이 있다.

02 서버 가상화

1) 전가상화

하드웨어를 완전히 가상화하는 방식이다. 하드웨어를 완전히 가상화하기 때문에 게스트 OS는 아무런 수정 없이 다양한 OS를 이용할 수 있지만, 성능 저하가 발생할 수 있다.

2) 반가상화

전가상화와 달리 하드웨어를 완전히 가상화하지 않고 게스트 OS가 직접 하드웨어를 제어하는 것이 아니고 하이퍼바이저에게 요청한다. 하이퍼바이저가 제어를 하기 때문에 높은 성능의 유지가 가능하다.

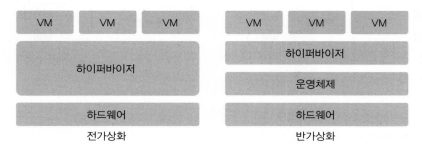

▲ 전가상화 반가상화

3) 전가상화와 반가상화의 비교

구분	전가상화	반가상화
개념	하드웨어를 완전히 가상화	하드웨어를 일부 가상화
성능	하드웨어 제약 존재	높은 성능 유지 가능
하드웨어 제어	게스트 OS가 직접통제	Hypervisor가 통제
대상 OS	게스트 OS 수정 없이 사용	게스트 OS 커널 일부 수정

03 망분리

1) 망분리의 개념

망분리는 외부 인터넷망을 통한 불법적인 접근과 내부정보 유출을 차단하기 위해 업무망과 외부 인터넷망을 분리하는 것을 말한다.

2) 망분리의 종류

① **물리적 망분리** : 업무망과 인터넷망을 물리적으로 분리할 뿐만 아니라 각 망에 접속하는 컴퓨터도 물리적으로 분리하여 망간 접근경로를 차단하는 방식이다.

② **논리적 망분리** : 가상화 기술을 이용하여 서버 또는 컴퓨터를 가상화함으로써 논리적으로 업무망과 인터넷망을 분리하는 방식이다.

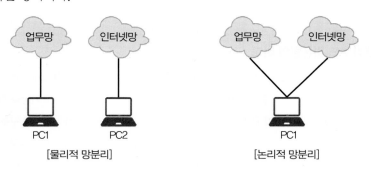

▲ 망분리 개념

③ 물리적 망분리와 논리적 망분리의 비교

구분	물리적 망분리	논리적 망분리
보안성	매우 높음	높음
사용 편의성	낮음	높음
관리 편의성	낮음	높음
구축비용	고가	상대적 저가
재택근무	불가능	가능

04 클라우드 컴퓨팅(Cloud Computing)

1) 클라우드 컴퓨팅의 개념

- 클라우드 컴퓨팅은 서로 다른 물리적 위치에서 존재하는 컴퓨터 자원을 언제, 어디서나 사용할 수 있도록 하기 위한 서비스이다.
- 클라우드 컴퓨팅은 기존 시스템 대비 경제성, 확장성, 안정성 면에서 장점이 있으며, 요소기술로는 가상화 기술, 대규모 분산처리 기술, Open I/F 기술, 서비스 프로비저닝, 자원관리 기술 등이 있다.

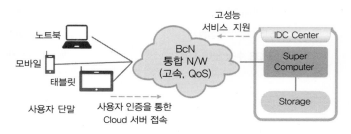

▲ 클라우드 컴퓨팅 개념도

2) 클라우드 컴퓨팅의 서비스 형태

구분	설명
SaaS (Software as a Service)	서버에 소프트웨어를 설치해 두고 사용자는 웹 브라우저를 통해 사용한 만큼 비용을 지불하고 소프트웨어를 서비스로 이용하는 방식
PaaS (Platform as a Service)	프로그램 개발에 필요한 개발, 테스트, 배포, 호스팅 플랫폼과 서비스를 제공하는 방식
IaaS (Infrastructure as a Service)	서버, 소프트웨어, 데이터들을 On-Demand 방식으로 애플리케이션 구동 서비스를 제공하는 방식

3) 기존 시스템과 클라우드 컴퓨팅의 비교

구분	기존 시스템(On-Premise)	Cloud computing
환경	물리적 환경	가상화 환경
구축비용	초기 구축비용 높음	저비용 구축 가능
확장성	낮음	우수
안정성	보통	우수
보안	추가 구축	기본 제공

23.6

01 다음과 같은 특징을 갖는 서버 기반 논리적 망 분리 방식은?

> • 가상화된 인터넷 환경 제공으로 인한 악성코드 감염을 최소화
> • 인터넷 환경이 악성코드에 감염되거나 해킹을 당해도 업무 환경은 안정적으로 유지 가능
> • 가상화 서버 환경에 사용자 통제 및 관리정책 일괄적 적용 가능

① 인터넷망 가상화
② 업무망 가상화
③ 컴퓨터 기반 가상화
④ 네트워크 기반 가상화

논리적 망분리
• 논리적 망분리 기술은 서버 또는 컴퓨터를 가상화하여 업무망과 인터망을 분리하는 기술이다.
• 논리적 망분리 방식은 서버기반 논리적 망분리, 컴퓨터기반 논리적 망분리 등으로 구분된다.
• 서버기반 논리적 망분리 기술은 인터넷망 가상화 방식과 업무망 가상화 방식으로 나뉘며 기존의 업무를 가상화 서버 등에 접속하여 수행하는 방식이다.
• 컴퓨터기반 논리적 망분리 기술은 기존의 업무를 서버에 접속하는 것이 아니라 사용자 컴퓨터의 영역을 분리하는 컴퓨터 가상화 전용 프로그램을 설치하고, 분리된 가상영역에서 업무를 수행하는 방식이다.

서버기반 논리적 망분리 기술

구분	인터넷망 가상화	업무망 가상화 방식
방식	• 업무는 사용자 컴퓨터에서 수행 • 인터넷은 컴퓨터에 설치된 서버 접속용 프로그램으로 인터넷망 가상화 서버에 접속하여 사용	• 업무는 컴퓨터에 설치된 서버접속용 프로그램으로 업무용 가상화 서버에 접속하여 수행 • 인터넷은 컴퓨터에서 직접 사용
장점	• 가상화 서버환경에 사용자 통제 및 관리정책 일괄적용 가능 • 가상화된 인터넷 환경 제공으로 인한 악성코드 감염 최소화 • 인터넷 환경이 악성코드에 감염되거나 해킹을 당해도 업무 환경은 안전하게 유지 가능	• 가상화 서버 환경에 업무정보가 저장됨에 따라 업무 데이터에 중앙관리 및 백업 용이, 내부정보 유출방지 효과 증가 • 사용자 통제 및 관리 정책 일괄적용 가능
단점	• 가상화 서버 구축을 위한 비용발생 • 가상화 서버를 다수의 사용자가 동시에 사용함에 따라 컴퓨터와 가상화 서버 간 네트워크 트래픽 증가로 인터넷망 트래픽 증가 및 속도 지연 가능 • 가상화 서버 환경에서 실행되는 보안프로그램에 호환성 검토 필요	• 가상화 서버 구축을 위한 비용발생 • 가상화 서버 성능 및 용량이 충분하지 못할시 속도 저하, 업무 지연 등 발생 • 가상화 서버 장애시 업무 중단 • 가상화 서버 환경에서 실행되는 업무 프로그램, 보안프로그램 등에 호환성 검토 필요 • 사용자 컴퓨터(로컬영역)가 악성코드에 감염되거나 해킹 당할시 업무망으로의 악성코드 유입 및 불법적인 침해 발생 가능

23.6

02 다음 중 클라우드 컴퓨팅 가상화의 주요 이점이 아닌 것은?

① 비용 절감
② 정합성 향상
③ 효율성 및 생산성 향상
④ 재해 복구 상황에서 다운타임 감소 및 탄력성 향상

클라우드 컴퓨팅(Cloud Computing)
클라우드 컴퓨팅은 가상화 기술을 적용하여 구축비용 절감, 효율성, 생산성 향상, 재난 복구 시간 단축 등의 이점을 가질 수 있다. 그러나 클라우드 컴퓨팅은 데이터를 분산 서버에서 처리하기 때문에 데이터의 일관성과 무결성에 관련한 개념인 정합성은 낮아질 수 있다.

정답 01 ① 02 ②

03 개인의 컴퓨터나 기업의 응용 서버 등의 컴퓨터 데이터를 별도 장소로 옮겨 놓고, 네트워크를 연결하여 인터넷 접속이 가능한 다양한 단말기를 통해 언제 어디서나 데이터를 이용할 수 있는 사용자 환경은?

① 클라우드 컴퓨팅
② 빅데이터 컴퓨팅
③ 유비쿼터스 컴퓨팅
④ 사물인터넷 컴퓨팅

클라우드 컴퓨팅(Cloud Computing)
개인의 컴퓨터나 기업의 응용 서버 등의 컴퓨터 데이터를 별도 장소로 옮겨 놓고, 네트워크를 연결하여 인터넷 접속이 가능한 다양한 단말기를 통해 언제 어디서나 데이터를 이용할 수 있는 사용자 환경은 클라우드 컴퓨팅 환경이다.

오답 피하기

- **빅데이터** : 빅데이터란 디지털 환경에서 생성되는 데이터로 생성 주기가 짧고, 그 규모가 방대하며 형태 또한 수치 데이터뿐 아니라 문자와 영상 데이터를 포함하는 대규모 데이터를 말한다.
- **유비쿼터스** : '언제 어디에나 존재한다'는 뜻의 라틴어로, 사용자가 컴퓨터나 네트워크에 구애받지 않고 장소에 상관없이 자유롭게 네트워크에 접속할 수 있는 환경을 말한다.
- **사물인터넷** : 각종 사물에 센서와 통신 기능을 내장하여 인터넷에 연결하는 기술로, 무선 통신을 통해 각종 사물을 연결하는 기술을 의미한다.

04 클라우드 보안 영역 중 관리방식(Governance)이 아닌 것은?

① 컴플라이언스와 감사
② 어플리케이션 보안
③ 정보관리와 데이터 보안
④ 이식성과 상호 운영성

클라우드 거버넌스(Governance)
- 클라우드 거버넌스란 조직의 클라우드 운영을 가이드하는 정책의 프레임워크를 정의, 구현, 모니터링하는 것이다.
- 클라우드 거버넌스는 컴플라이언스(준법감시/내부통제)와 감사, 정보관리와 보안, 이식성과 상호 운영성, 데이터 보안 유지 등이 있다.

05 클라우드서비스 어플라이언스(Appliance) 타입 부하분산 장비가 아닌 것은?

① BIG-IP
② NetScale
③ Ace 4700
④ LVS(Linux Virtual Server)

클라우드 부하분산 장치
BIG-IP, NetScale, Ace 4700는 클라우드 부하분산 하드웨어 장치이다. LVS(Linux Virtual Server)는 실제 서버를 통해 IP 로드 밸런스를 맞추기 위한 통합된 소프트웨어 구성 요소 모음으로, 가상 IP 주소를 사용하여 클라이언트 요청을 여러 서버로 분산시킨다.

06 클라우드 컴퓨팅의 서비스 유형과 적용 서비스가 틀린 것은?

① IaaS : AWS(AmazonWeb Service)
② SaaS : 전자메일서비스, CRM, ERP
③ PaaS : Google AppEngine, Microsoft Asure
④ BPaaS : 컴퓨팅 리소스, 서버, 데이터센터 패브릭, 스토리지

BPaaS는 Business Process as a Service로, 비즈니스 프로세스 자동화, 리소스 플래닝, 인사 관리 등 비즈니스 관련 서비스를 제공하며, 컴퓨팅 리소스, 서버, 데이터센터 패브릭, 스토리지 등의 하드웨어 관련 서비스와는 무관하다.

클라우드 컴퓨팅 서비스 유형

구분	설명
SaaS (Software as a Service)	서버에 소프트웨어를 설치해 두고 사용자는 웹 브라우저를 통해 사용한 만큼 비용을 지불하고 소프트웨어를 서비스로 이용하는 방식
PaaS (Platform as a Service)	프로그램 개발에 필요한 개발, 테스트, 배포, 호스팅 플랫폼과 서비스를 제공하는 방식
IaaS (Infrastructure as a Service)	서버, 소프트웨어, 데이터들을 On-Demand 방식으로 애플리케이션 구동 서비스를 제공하는 방식

정답 03 ① 04 ② 05 ④ 06 ④

SECTION 03 Web, WAS

기출 분석

연도	19년	20년	21년	22년	23년
문제 수	0	0	0	6	4

01 Web 서버

1) Web 서버의 개념

웹 클라이언트(웹브라우저 등)가 HTTP 프로토콜을 통해 요청한 HTML 페이지를 정적으로 제공하는 서버이다.

2) Web 서버의 특징

• 사용자 요청 결과를 HTML 형태로 변환하여 전달한다.
• 웹 기능 구현 관련 자원의 관리를 수행한다.
• TCP 연결 관리에 대해 운영체제와 별도로 일부 역할 분담을 수행한다.

3) Web 서버의 구축 형태

• 1-Tier : 웹서버, WAS, 데이터베이스 서버가 모두 단일 서버에 구축된 형태이다.
• 2-Tier : 웹서버, WAS가 하나의 서버에 데이터베이스 서버가 또 다른 서버에 구축된 형태이다.
• 3-Tier : 웹서버, WAS, 데이터베이스 서버가 모두 다른 서버에 분리 구축된 형태이다.

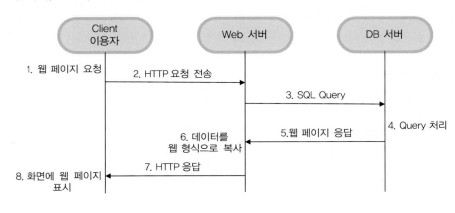

▲ Web 서버 동작

02 WAS 서버(Web Application Server)

1) WAS 서버의 개념

Web 서버는 HTML 문서 같은 정적 컨텐츠를 처리하는 데 목적이 있으며, WAS 서버는 asp, php, jsp 등 개발 언어를 읽어 동적 컨텐츠, 웹 응용 프로그램 등을 처리하는 데 목적이 있다.

2) WAS 서버의 특징

- 이미지나 단순 html 파일과 같은 정적인 리소스를 제공하는 경우는 Web 서버를 사용한다.
- DB와 연결되어 데이터를 주고받거나 프로그램으로 데이터 조작이 필요한 경우에는 WAS 서버를 사용한다.
- Web Container의 유무로 Web과 WAS를 나눌 수 있다.

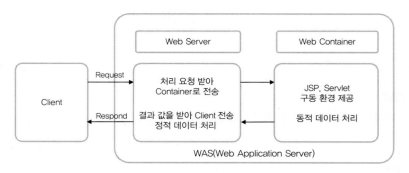

▲ Web 서버, WAS 서버

3) Web 서버와 WAS 서버의 비교

구분	Web 서버	WAS 서버
개념	문서 등 정적 콘텐츠 처리	php, jsp 등 동적 컨텐츠 처리
역할	정적 컨텐츠만 처리하여 서버 부담 분산	동적 컨텐츠 처리, 부하분산 및 보안 강화, 세션 관리 등
동작 경로	WAS를 거치지 않고 자원 제공	Container를 거쳐 DB 접속
종류	Apache Server, IIS 등	Tomcat, Jeus, Web Sphere 등

03 서버 부하분산 방식

분류	부하분산 방식	설명
정적	라운드로빈(RoundRobin)	순서대로 할당
	가중치(Ratio)	가중치가 높은 서버에 할당
	액티브-스탠바이	액티브 장비만 할당
동적	최소 연결수(Least Connection)	연결 수가 적은 서버에 할당
	최단 응답 시간(Fastest)	가장 빠르게 응답하는 서버에 할당
	최소 부하(Least Loaded)	가장 부하가 적은 서버에 할당

01 다음 중 서버 부하분산 방식 중 정적 부하방식이 **아닌** 것은?

23.6

① 라운드로빈
② 가중치
③ 액티브-스탠바이
④ 최소 응답 시간

서버 부하분산 방식

분류	부하분산 방식	설명
정적	라운드로빈(RoundRobin)	순서대로 할당
	가중치(Ratio)	가중치가 높은 서버에 할당
	액티브-스탠바이	액티브 장비만 할당
동적	최소 연결수 (Least Connection)	연결 수가 적은 서버에 할당
	최단 응답 시간(Fastest)	가장 빠르게 응답하는 서버에 할당
	최소 부하(Least Loaded)	가장 부하가 적은 서버에 할당

02 다음 |보기와 그림에서 (가)에 해당하는 서버의 명칭은?

23.3

┤ 보기 ├
- 웹브라우저로부터 요청을 받아 정적인 콘텐츠를 처리하는 시스템이다.
- 정적인 콘텐츠는 html, css, jpeg 등이 있다.

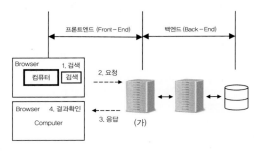

① Web Server
② WAS(Web Application Server)
③ DB Server
④ 보안 서버

Web Server
웹 클라이언트(웹브라우저 등)가 HTTP 프로토콜을 통해 요청한 HTML 페이지를 정적으로 제공하는 서버이다.

오답 피하기
- **WAS(Web Application Server)** : WAS 서버는 asp, php, jsp 등 개발 언어를 읽어 동적 컨텐츠, 웹 응용 프로그램 등을 처리하는 데 목적이 있다.
- **DB Server** : 데이터베이스 정보를 제공하는 서버이다.
- **보안 서버** : 네트워크 전반의 보안 기능을 담당하는 서버로, 인터넷 상에서 전송되는 자료를 암호화하여 송수신하는 기능뿐 아니라, 기타 개인정보 보호를 위한 가장 기본적인 수단으로 사용된다.

정답 01 ④ 02 ①

03 다음 중 웹서버에서 APM을 설치하기 위한 명령어가 <u>아닌</u> 것은?

① yum -y install httpd
② yum -y install MySQL
③ yum -y install php
④ yum -y install proftpd

APM(Apache, PHP, MySQL)
• APM은 웹서버 구현을 위해 사용하는 Apache(httpd), PHP, MySQL을 통칭하는 말이다.
• APM은 각각 독립된 프로젝트이나 서로 간의 호환성이 좋아 전통적인 서버 개발에 많이 사용되고 있다.

yum
• Linux 환경에서 패키지를 설치하는 용도로 사용되는 도구이다.
• yum [옵션] [명령] [패키지]
• -y : 모든 물음에 yes로 대답한다.
• install : 시스템에 패키지나 패키지들을 설치한다.

오답 피하기
proftpd는 FTP 서버 소프트웨어로 APM에 포함되지 않는다.

04 WAS(Web Application Server) 서버 구성요소가 <u>아닌</u> 것은?

① XML
② JSP
③ Servlet
④ JavaBeans

WAS 서버의 구성요소
동적 처리 구동 환경을 제공하는 JSP, Servlet, JavaBeans 등으로 구성된다.

정답 03 ④ 04 ①

SECTION 04 | DBMS

기출 분석

연도	19년	20년	21년	22년	23년
문제 수	0	0	0	1	3

01 데이터베이스(DB, Database)

1) 데이터베이스 개념

데이터베이스는 여러 사람이 공유하여 사용할 목적으로 체계화해 통합, 관리하는 데이터의 집합이다.

2) 데이터베이스 시스템의 구조

① 사용자(User)

- 데이터베이스 관리자(DBA)
- 데이터베이스 응용 프로그래머
- 데이터베이스 사용자

② 데이터베이스 언어(Database Language) : 데이터베이스를 구축, 조작, 검색하는 데 사용되는 프로그래밍 언어이다.

③ DBMS(DataBase Management System) : 데이터베이스를 구축하고 이용하는 기능을 제공하는 시스템 소프트웨어이다.

④ DB(Database) : 한 조직의 여러 응용 시스템이 공용(Shared)하기 위해 최소한의 중복으로 통합(Integrated)되고, 저장(Stored) 된 운영(Operational) 데이터의 집합이다.

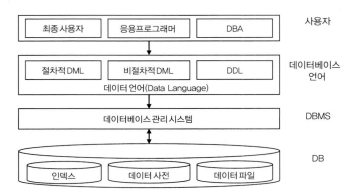

▲ 데이터베이스 시스템

02 데이터베이스의 투명성(Transparency)

구분	내용
분할 투명성	하나의 논리적 Relation이 여러 단편으로 분할되어 각 단편의 사본이 여러 site에 저장
위치 투명성	사용하려는 데이터의 저장 장소 명시 불필요. 위치정보가 System Catalog에 유지되어야 함
지역사상 투명성	지역 DBMS와 물리적 DB 사이의 Mapping 보장. 각 지역 시스템 이름과 무관한 이름 사용 가능
중복 투명성	DB 객체가 여러 site에 중복되어 있는지 알 필요가 없는 성질
장애 투명성	구성요소(DBMS, Computer)의 장애에 무관한 Transaction의 원자성 유지
병행 투명성	다수 Transaction 동시 수행 시 결과의 일관성 유지. Time Stamp, 분산 2단계 Locking을 이용하여 구현

기적의 Tip 운영체제의 처리 방식 종류

- **일괄 처리 시스템**
  - 일괄 처리 시스템은 시스템의 효율성을 최대한 높이기 위하여 일정 시간 또는 일정량의 데이터를 모아서 한 번에 처리하는 시스템이다.
  - 급여 계산, 회계 마감 업무, 세무 처리, 수도/전기요금 처리, 연말 결산 등의 업무에서 사용된다.

- **온라인 실시간 처리 시스템**
  - 온라인 실시간 처리 시스템은 데이터 발생 즉시, 또는 데이터 처리 요구가 있을 시 즉시 처리하여 결과를 산출하도록 하는 방식으로 단순히 온라인 처리 시스템이라고도 한다.
  - 레이더 추적기, 전화 교환장치의 제어, 은행은 On-Line 업무 등 시간에 제한을 두고 수행되어야 하는 작업에 사용된다.

- **분산 처리 시스템**
  - 분산 처리 시스템은 지리적으로 분산되어 있는 여러 대의 컴퓨터를 통신회선으로 연결하여 논리적으로 하나의 시스템을 사용하는 것처럼 운영하는 방식이다.
  - 클라우드 시스템, 빅데이터 시스템 재해복구 시스템, 백업 시스템 등에서 사용된다.

23.6
01 다음 내용에서 분산 데이터베이스의 투명성은 무엇인가?

> 여러 사용자나 응용 프로그램이 동시에 분산 데이터베이스에 대한 트랜잭션을 수행하는 경우에도 그 결과에 이상이 발생하지 않는다.

① 위치 투명성
② 복제 투명성
③ 병행 투명성
④ 분할 투명성

데이터베이스의 투명성(Transparency)

구분	내용
분할 투명성	하나의 논리적 Relation이 여러 단편으로 분할되어 각 단편의 사본이 여러 site에 저장
위치 투명성	사용하려는 데이터의 저장 장소 명시 불필요, 위치 정보가 System Catalog에 유지되어야 함
지역사상 투명성	지역 DBMS와 물리적 DB 사이의 Mapping 보장, 각 지역 시스템 이름과 무관한 이름 사용 가능
중복 투명성	DB 객체가 여러 site에 중복되어 있는지 알 필요가 없는 성질
장애 투명성	구성요소(DBMS, Computer)의 장애에 무관한 Transaction의 원자성 유지
병행 투명성	다수 Transaction 동시 수행 시 결과의 일관성 유지, Time Stamp, 분산 2단계 Locking을 이용하여 구현

23.3
02 데이터베이스의 상태를 변화시키는 하나의 논리적 기능을 수행하기 위한 작업의 단위 또는 한꺼번에 모두 수행되어야 할 일련의 연산들을 의미하는 것은?

① 트랜잭션(Transaction)
② 릴레이션(Relation)
③ 튜플(Tuple)
④ 카디널리티(Cardinality)

데이터베이스 구성요소
• **트랜잭션(Transaction)** : 하나의 작업을 수행하기 위하여 필요한 데이터베이스의 연산들을 모아놓은 것으로, 데이터베이스에서 논리적인 작업의 단위가 된다.
• **튜플(Tuple)** : 데이터베이스 내의 주어진 목록과 관계있는 속성값의 모음이다. 관련 테이블에서 행한 수치 이상으로 혼합된 자료 요소를 의미한다.
• **릴레이션(Relation)** : 하나의 개체에 관한 데이터를 2차원 테이블의 구조로 저장한 것이다.
• **카디널리티(Cardinality)** : 하나의 릴레이션에서 튜플의 전체 개수를 릴레이션의 카디널리티라고 한다.

03 다음 중 데이터베이스 접근통제 보안정책에 대한 설명으로 틀린 것은?

① 비인가자의 데이터베이스 접근을 제한한다.
② 일정 시간 이상 업무를 수행하지 않는 경우 수동 접속 차단한다.
③ 사용하지 않는 계정, 테스트용 계정, 기본 계정 등은 삭제한다.
④ 계정별 사용 가능 명령어를 제한한다.

데이터베이스 접근통제 보안정책
• 비인가자의 데이터베이스 접근을 제한한다.
• 일정 시간 이상 업무를 수행하지 않는 경우 자동으로 접속을 차단한다.
• 사용하지 않는 계정, 테스트용 계정, 기본 계정 등은 삭제한다.
• 계정별 사용 가능 명령어를 제한한다.

04 데이터베이스 시스템을 구성하는 기본요소가 아닌 것은?

① 메타데이터
② 응용 프로그램
③ DBMS(DataBase Management System)
④ 컴파일러

데이터베이스 시스템 구성요소
응용 프로그램, DBMS, 메타데이터, 사용자 등이 있다.

`오답 피하기`

컴파일러는 코볼(COBOL), 포트란(FORTRAN), C 등의 고급언어로 쓰인 프로그램을 어셈블리 언어나 기계어로 쓰인 프로그램으로 변환할 때 사용하는 도구이다.

05 다음 통신방식 중 요금과 급여 계산 및 경영자료 작성 등에 주로 사용되는 방식은?

① 일괄 처리 방식
② 온라인 방식
③ 직렬 전송 방식
④ 병렬 전송 방식

운영체제의 처리 방식 종류
• 일괄 처리 시스템
 − 일괄 처리 시스템은 시스템의 효율성을 최대한 높이기 위하여 일정 시간 또는 일정량의 데이터를 모아서 한 번에 처리하는 시스템이다.
 − 급여 계산, 회계 마감 업무, 세무 처리, 수도/전기요금 처리, 연말 결산 등의 업무에서 사용된다.
• 온라인 실시간 처리 시스템
 − 온라인 실시간 처리 시스템은 데이터 발생 즉시, 또는 데이터 처리 요구가 있을 시 즉시 처리하여 결과를 산출하도록 하는 방식으로 단순히 온라인 처리 시스템이라고도 한다.
 − 레이더 추적기, 전화 교환장치의 제어, 은행의 On-Line 업무 등 시간에 제한을 두고 수행되어야 하는 작업에 사용된다.
• 분산 처리 시스템
 − 분산 처리 시스템은 지리적으로 분산되어 있는 여러 대의 컴퓨터를 통신회선으로 연결하여 논리적으로 하나의 시스템을 사용하는 것처럼 운영하는 방식이다.
 − 클라우드 시스템, 빅데이터 시스템 재해복구 시스템, 백업 시스템 등에서 사용된다.

`정답` 03 ② 04 ④ 05 ①

01 하나의 파일을 압축하는 데 사용하는 명령어이고 표준 GNU/UNIX 압축 유틸리티인 것은?

① tar(Tape Archive)

② gzip

③ bzip

④ bunzip

> **gzip**
> 하나의 파일을 압축하는 데 사용하는 명령어로 표준 GNU/UNIX 압축 유틸리티이다.
>
> 오답 피하기
> • tar(Tape Archive) : 여러 개의 파일을 아카이브라고 부르는 하나의 파일로 만들거나, 하나의 아카이브 파일에 집적된 여러 개의 파일을 원래의 형태대로 추출하는 리눅스 쉘 명령어이다.
> • bzip : 파일을 압축할 때 사용하며 gzip보다 압축률이 높다.
> • bunzip : bzip으로 압축한 파일을 해제하는 데 사용한다.
>
> | 종류 | 파일명 |
> |---|---|
> | tar | 파일명.tar |
> | gzip & gunzip | 파일명.gz |
> | bzip2 & bunzip2 | 파일명.bz2 |

02 리눅스를 설치하면 범용 용도로 기본 설정이 되어 있기 때문에 웹 서버, 네트워크 서버 등으로 사용하기 위한 작업은?

① 긴급 복구 디스켓 만들기

② 커널 튜닝 적용

③ /boot 파티션 점검

④ Openwall 커널 패치 적용

> **커널 튜닝**
> 리눅스를 설치하면 기본 설정이 범용 용도로 되어 있기 때문에 웹 서버, 네트워크 서버 등으로 사용하려면 커널 파라미터에 대한 튜닝이 필요하다.
>
> 오답 피하기
> • Openwall 커널 패치 : 서버용으로 설계된 보안 강화 리눅스를 포함하는 소프트웨어의 모음이다. 리눅스 커널 수준에서 보안과 관련된 패치 등을 포함하는 집합체이기 때문에 해킹 방어에 효과적이다.
> • 긴급 복구 디스켓 만들기 : 컴퓨터에 문제가 발생할 때를 대비하여 긴급 복구용 디스켓을 만든다.
> • boot 파티션 점검 : 부팅에 오류가 있을 때 점검시간을 단축하고 부팅시간을 최적으로 만들기 위해 부팅에 필요한 부분을 논리적으로 파티션을 나눈 드라이브를 점검한다.

03 리눅스 서버는 데몬 방식으로 네트워크 서비스 제공 프로그램을 실행한다. 리눅스 서버의 데몬들에 대한 설명 중 **틀린** 것은?

① lpd : 키보드입력 서비스를 위한 데몬

② crond : 지정한 프로그램을 지정한 시간에 주기적으로 실행시키는 데몬

③ gpm : 텍스트 기반의 리눅스 애플리케이션에 마우스를 서포트 하는 데몬

④ xinetd : telnet, FTP 등과 같은 서비스를 제어할 수 있는 슈퍼 데몬

데몬(Daemon)
• 리눅스/유닉스 시스템이 처음 기동될 때 실행되는 백그라운드 프로세스로, 사용자의 요청이 발생하면 대응하는 리스너와 같은 역할을 한다. 메모리에 상주해 있으면서 특정 요청이 오면 즉시 대응할 수 있도록 대기 중인 프로세스이다.
• 데몬의 종류

종류	설명
crond	cron을 실행시키는 데몬으로, 지정한 프로그램을 지정한 시간에 주기적으로 실행시킴
iptables	IP 패킷 필터링을 관리하는 데몬이며, iptables를 이용하여 서버 자체를 방화벽 서버로 사용할 수 있음
lpd	프린터(Line Printer)가 정상적으로 동작하게 해주는 데몬
nscd	Name Service Cache Daemon으로, DNS, NIS, NIS+를 사용하기 위해 실행해야 하는 데몬
nfslock	rpc.lockd를 실행하기 위한 데몬
xinetd	telnet, FTP 등과 같은 서비스를 제어할 수 있는 슈퍼 데몬
kflushd	메모리와 파일 시스템을 관리하기 위한 데몬

04 가상화 기술을 이용하여 서버 또는 컴퓨터를 가상화함으로써 논리적으로 업무망과 인터넷망을 분리하는 방식은?

① 메모리 가상화

② 네트워크 가상화

③ 물리적 망분리

④ 논리적 망분리

논리적 망분리
한 대의 PC에서 내부망과 외부망을 논리적으로 분리한 방식이며 인터넷망 또는 업무망을 논리적으로 가상화하여 외부 악성코드 침입과 내부정보 유출을 막을 수 있다.

05 클라우드 컴퓨팅의 서비스 유형에서 서버에 소프트웨어를 설치해 두고 사용자는 웹 브라우저를 통해 사용한 만큼 비용을 지불하고 소프트웨어를 서비스로 이용하는 방식은?

① IaaS(Infra as a Service)

② SaaS(Software as a Service)

③ PaaS(Platform as a Service)

④ BPaaS(Business Process as a Service)

클라우드 컴퓨팅 서비스 유형

구분	설명
SaaS (Software as a Service)	서버에 소프트웨어를 설치해 두고 사용자는 웹 브라우저를 통해 사용한 만큼 비용을 지불하고 소프트웨어를 서비스로 이용하는 방식
PaaS (Platform as a Service)	프로그램 개발에 필요한 개발, 테스트, 배포, 호스팅 플랫폼과 서비스를 제공하는 방식
IaaS (Infrastructure as a Service)	서버, 소프트웨어, 데이터들을 On-Demand 방식으로 애플리케이션 구동 서비스를 제공하는 방식

06 다음 중 서버 부하분산 방식 중 동적 부하방식이 <u>아닌</u> 것은?

① 최소 연결수
② 가중치
③ 최소 부하
④ 최소 응답 시간

서버 부하분산 방식

분류	부하분산 방식	설명
정적	라운드로빈 (RoundRobin)	순서대로 할당
	가중치(Ratio)	가중치가 높은 서버에 할당
	액티브–스탠바이	액티브 장비만 할당
동적	최소 연결수 (Least Connection)	연결 수가 적은 서버에 할당
	최단 응답 시간 (Fastest)	가장 빠르게 응답하는 서버에 할당
	최소 부하 (Least Loaded)	가장 부하가 적은 서버에 할당

07 asp, php, jsp 등 개발 언어를 읽고 처리하여 동적 컨텐츠, 웹 응용 프로그램 서비스를 처리하는 서버는?

① Web Server
② DB Server
③ WAS(Web Application Server)
④ 보안 서버

WAS(Web Application Server)
WAS 서버는 asp, php, jsp 등 개발 언어를 읽고 처리하여 동적 컨텐츠, 웹 응용 프로그램 서비스를 처리하는 서버이다.

오답 피하기
• **Web Server** : 웹 클라이언트(웹브라우저 등)가 HTTP 프로토콜을 통해 요청한 HTML 페이지를 정적으로 제공하는 서버이다.
• **DB Server** : 데이터베이스 정보를 제공하는 서버이다.
• **보안 서버** : 네트워크 전반의 보안 기능을 담당하는 서버. 인터넷상에서 전송되는 자료를 암호화하여 송수신하는 기능뿐 아니라, 기타 개인정보 보호를 위한 가장 기본적인 수단으로 사용된다.

08 웹서버에서 APM이란?

① Application, Performance, Management
② Apache, Prm ,Myplatform
③ Apple, Pdf, Mydata
④ Apache, PHP, MySQL

APM(Apache, PHP, MySQL)
APM은 웹서버 구현을 위해 사용하는 Apache, PHP, MySQL을 통칭하는 말이다. APM은 각각 독립된 프로젝트이나 서로 간의 호환성이 좋아 전통적인 서버 개발에 많이 사용되고 있다.

09 데이터베이스의 투명성에서 하나의 논리적 Relation이 여러 단편으로 분할되어 각 단편의 사본이 여러 site에 저장되는 성질은?

① 위치 투명성
② 복제 투명성
③ 병행 투명성
④ 분할 투명성

데이터베이스의 투명성(Transparency)

구분	내용
분할 투명성	하나의 논리적 Relation이 여러 단편으로 분할되어 각 단편의 사본이 여러 site에 저장
위치 투명성	사용하려는 데이터의 저장 장소 명시 불필요. 위치정보가 System Catalog에 유지되어야 함
지역사상 투명성	지역 DBMS와 물리적 DB 사이의 Mapping 보장. 각 지역 시스템 이름과 무관한 이름 사용 가능
중복 투명성	DB 객체가 여러 site에 중복되어 있는지 알 필요가 없는 성질
장애 투명성	구성요소(DBMS, Computer)의 장애에 무관한 Transaction의 원자성 유지
병행 투명성	다수 Transaction 동시 수행 시 결과의 일관성 유지, Time Stamp, 분산 2단계 Locking을 이용하여 구현

10 데이터베이스 내의 주어진 목록과 관계있는 속성값의 모음으로 관련 테이블에서 행한 수치 이상으로 혼합된 자료 요소를 의미하는 것은?

① 트랜잭션(Transaction)
② 릴레이션(Relation)
③ 튜플(Tuple)
④ 카디널리티(Cardinality)

튜플(Tuple)
데이터베이스 내의 주어진 목록과 관계있는 속성값의 모음이다. 관련 테이블에서 행한 수치 이상으로 혼합된 자료 요소를 의미한다.

오답 피하기
- **트랜잭션(Transaction)** : 하나의 작업을 수행하기 위하여 필요한 데이터베이스의 연산들을 모아놓은 것으로, 데이터베이스에서 논리적인 작업의 단위가 된다.
- **릴레이션(Relation)** : 하나의 개체에 관한 데이터를 2차원 테이블의 구조로 저장한 것이다.
- **카디널리티(Cardinality)** : 하나의 릴레이션에서 튜플의 전체 개수를 릴레이션의 카디널리티라고 한다.

11 다음 통신방식 중 레이더 추적기, 전화 교환장치의 제어, 은행의 On-Line 업무 등 시간에 제한을 두고 수행되어야 하는 작업에 사용되는 방식은?

① 일괄 처리 방식
② 온라인 방식
③ 직렬 전송 방식
④ 병렬 전송 방식

운영체제의 처리 방식 종류
- 일괄 처리 시스템
  - 일괄 처리 시스템은 시스템의 효율성을 최대한 높이기 위하여 일정 시간 또는 일정량의 데이터를 모아서 한 번에 처리하는 시스템이다.
  - 급여 계산, 회계 마감 업무, 세무 처리, 수도/전기요금 처리, 연말 결산 등의 업무에서 사용된다.
- 온라인 실시간 처리 시스템
  - 온라인 실시간 처리 시스템은 데이터 발생 즉시, 또는 데이터 처리 요구가 있을 시 즉시 처리하여 결과를 산출하도록 하는 방식으로 단순히 온라인 처리 시스템이라고도 한다.
  - 레이더 추적기, 전화 교환장치의 제어, 은행의 On-Line 업무 등 시간에 제한을 두고 수행되어야 하는 작업에 사용된다.
- 분산 처리 시스템
  - 분산 처리 시스템은 지리적으로 분산되어있는 여러 대의 컴퓨터를 통신회선으로 연결하여 논리적으로 하나의 시스템을 사용하는 것처럼 운영하는 방식이다.
  - 클라우드 시스템, 빅데이터 시스템 재해복구 시스템, 백업 시스템 등에서 사용된다.

CHAPTER
02

정보통신설비 검토

SECTION 01 통합관제시스템

연도	19년	20년	21년	22년	23년
문제 수	0	0	0	0	3

🔖 기출 분석

01 통합관제시스템

- 통합관제시스템이란 다양한 목적의 CCTV들을 기능적, 공간적으로 통합하여 관제하는 시스템을 말한다.
- 통합관제시스템은 각기 다른 용도의 CCTV들을 하나의 시스템에 연계함으로써 교통감시, 치안유지, 산불감시와 같은 관제요인들을 한 곳에서 모니터링할 수 있고, 운영인력 감소, 상황대처 능력 향상, 관리비용 절감과 같은 효과를 얻을 수 있다.

02 구성요소

통합관제시스템은 네트워크를 통해 인입(설치)된 CCTV들을 용이하게 관제하고 분석할 수 있도록 DVR(Digital Video Recorder)/NVR(Network Video Recorder), 영상분석 서버, 통합관제 서버, 스토리지, 월 스크린, 외부 연계장치, 보안장비 등으로 구성되어 있다.

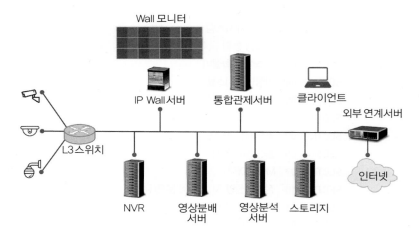

▲ 통합관제시스템 구성도(IP 카메라) 예시

1) DVR/NVR 장비

DVR/NVR은 CCTV 영상을 녹화하는 장치로, DVR은 아날로그 카메라 영상을 처리하고, NVR은 디지털 카메라(IP 카메라)를 처리한다.

2) 영상분배 서버

- 영상분배 서버는 영상 포맷(압축/전송방식/화질)이 각기 다른 CCTV 영상들을 통합하여 기록하고, 인증된 사용자에게 실시간으로 분배하는 역할을 한다.

- 영상분배 서버는 영상을 분배하면서도 프레임 저하, 시간 지연 없이 동일한 품질의 영상을 전송/저장하는 특징이 있다.

3) 영상분석 서버
- CCTV 영상들을 실시간으로 분석하거나 사용자 요구 시 정보를 제공하는 역할을 한다.
- 지능형 SW가 탑재되어 사용자가 원하는 영상 속 객체를 찾아준다.

4) 스토리지
- 네트워크를 통해 인입된 CCTV 영상들을 순차적으로 저장하는 장치이다.
- 스토리지는 CCTV 영상 데이터 크기/스토리지 저장 용량/백업 주기 및 기간/데이터 복구 시간을 고려해서 설계한다.

5) 외부 연계장치
경찰서나 소방서와 같은 외부기관에서 통합관제시스템 내 CCTV 영상들을 확인할 수 있도록 연계된 장치이다.

6) 월 스크린
- 운영자들이 전체 CCTV 영상 모니터링을 용이하게 할 수 있도록 벽에 설치된 초대형 스크린이다.
- 여러 개의 영상을 동시에 관제하거나 특정 영상만 확대해서 볼 수 있도록 되어 있다.

7) 보안장비
- 인가되지 않은 자의 접근이나 내부 영상정보가 외부로 유출되지 않도록 설치된 장치이다.
- 방화벽, 안티바이러스, IPS 등을 말한다.

8) 기타
- **GIS 서버** : CCTV 위치나 지역 정보 제공을 위한 지도 서버이다
- **번호 인식 서버** : 교통관제나 생활 안전을 위해 차량 번호를 인식하는 서버이다.
- **영상 검색 서버** : 스토리지에 저장된 영상에서 필요한 객체를 빠르게 찾는 서버이다.
- **시스템 관리 서버** : 사용자 계정, DB, 프로그램 등을 관리하는 서버이다.

03 통합관제시스템 주요 기능 및 장점
- 다양한 목적과 종류의 CCTV 영상들을 용이하게 모니터링할 수 있다.
- 지능형 영상분석을 통해 중요한 사항을 신속하게 확인할 수 있다.
- 소방서, 경찰서 등과 연계되어 이벤트 발생 시 유기적으로 대응할 수 있다.
- 스토리지를 통해 과거 영상들을 원활하게 조회할 수 있다.
- 적은 감시 인력으로도 다수의 현장 상황을 모니터링할 수 있다.
- 실시간 모니터링을 통해 신속한 의사결정이 가능하다.

04 시스템 구축 시 고려사항
- 통합관제의 목적을 정확히 이해하고 시스템을 구축한다.

- 향후 CCTV 확장을 고려하여 스토리지 용량을 설계한다.
- 장애 발생에도 실시간 감시가 중단되지 않도록 중요 시스템은 이중화로 구성한다.
- 외부망 연계 시 보안장비를 필수적으로 설치한다.
- 시스템 구축 이후에는 기능시험/통합시험/실환경시험을 통해 성능을 검증한다.

성능검증 시험	설명
기능시험	시스템 요구사항(명세서)에 명시된 기능들을 판단하기 위해 실행하는 시험
통합시험	장비들 또는 시스템 간 실행하는 End-to-End 연동시험
실환경시험	실제 운영환경과 동일한 상태에서 실행하는 시험

이론을 확인하는 기출문제

23.6
01 다음 중 통합관제센터 구축 이후 진행되는 성능시험 단계별 시험 내역으로 틀린 것은?

① 단위 기능시험 : 시스템별 요구사항 명세서에 명시된 기능들의 수행여부를 판단하기 위한 시험

② 통합시험 : 시스템간 서비스 레벨의 연동 및 End-to-End 연동시험

③ 실환경 시험 : 최종단계의 시험으로 실제 운영환경과 동일한 시험

④ BMT(Bench Mark Test) 성능시험 : 장비도입을 위한 장비간 성능 비교시험

통합관제시스템 구축 시 고려사항
- 통합관제의 목적을 정확히 이해하고 시스템을 구축한다.
- 향후 CCTV 확장을 고려하여 스토리지 용량을 설계한다.
- 장애 발생에도 실시간 감시가 중단되지 않도록 중요 시스템은 이중화로 구성한다.
- 외부망 연계 시 보안장비를 필수적으로 설치한다.
- 시스템 구축 이후에는 기능시험/통합시험/실환경 시험을 통해 성능을 검증한다.

성능검증 시험	설명
기능시험	시스템 요구사항(명세서)에 명시된 기능들을 판단하기 위해 실행하는 시험
통합시험	장비들 또는 시스템 간 실행하는 End-to-End 연동시험
실환경시험	실제 운영환경과 동일한 상태에서 실행하는 시험

오답 피하기
BMT는 여러 개의 제품 성능을 상호 비교하여 품질을 상대적으로 평가하기 위한 시험으로, 장비의 도입 이전에 실행하는 시험이다.

23.3
02 다음 중 통합관제센터 백업 설정 요소로 고려사항이 아닌 것은?

① 백업 데이터에 대한 무결성
② 백업대상 데이터와 자원 현황
③ 백업 및 복구 목표 시간
④ 백업 주기 및 보관 기간

통합관제센터 백업 설정 요소
- 백업대상 데이터 용량
- 저장 용량
- 복구시간
- 백업 주기 및 기간

정답 01 ④ 02 ①

시스템 통합

01 시스템 통합(System Integration)

• 시스템 통합은 하드웨어, 소프트웨어, 네트워크 등 시스템 구성요소들을 분석하여 하나의 전체 시스템으로 통합하거나, 사용자 요구사항을 반영하여 니즈에 가장 적합한 IT 시스템을 구현하는 것이다.

• 시스템 통합은 기존 시스템과 새로 개발된 시스템을 통합시키는 작업이므로, 서로 다른 제품의 하드웨어와 소프트웨어가 함께 원활히 동작하는 것이 목표이며, 주요업무는 시스템 진단/컨설팅/구축/기술지원/성능분석 등이다.

• 시스템 진단 및 구성 컨설팅
• 시스템 재배치
• 백업 컨설팅
• 이중화 컨설팅
• 시스템 솔루션 소개

• 하드웨어 유지보수
• 운영 사항 기록/장애 관리
• 시스템 성능분석

• 하드웨어 구축
• 소프트웨어 공급 및 설치
• 전산실 구축 및 구축 설계
• 인력지원 /기술지원

시스템
컨설팅

시스템
유지보수

시스템
구축

시스템통합

▲ 시스템 통합 개요

02 시스템 통합 단계

시스템 통합은 전략 수립 → 계획 수립 → 구현 → 배치 및 평가 단계를 가지고 있다.

절차	주요 내용
전략 수립 단계	사용자 환경의 구성요소(HW, SW, NW)를 식별하고 통합을 위한 상황을 준비하는 단계
계획 수립 단계	• 시스템 통합을 위해 보안정책이나 아키텍처 등을 분석하고 상용화된 제품들을 검토하는 단계 • 보안정책, 업무 및 사용자 요구사항 분석, 네트워크 하부구조 요구사항 분석, 기존 시스템 및 패키지 어플리케이션 진단, 조직 IT 아키텍처 분석, 상용화 제품 검토
구현 단계	계획 수립 단계의 고려사항을 토대로 시스템을 구축하거나 개발한 애플리케이션을 반영하는 단계
배치 및 평가 단계	통합 시스템 평가 및 각종 테스트를 수행하는 단계

03 시스템 통합의 종류

1) 인터페이스 통합(Interface Integration)

- 인터페이스 통합은 시스템 간 또는 시스템들이 연계된 외부기관들과의 데이터 처리를 위해 표준화된 인터페이스를 구축하는 것이다.
- 인터페이스 통합은 상호 연동장치나 시스템 전용 에이전트를 구현하기도 하며, 일관성 있고 체계화된 프로세스 지원, 사용자 편의성 제공 등의 장점이 있다.

2) 데이터 통합(Data Integration)

- 데이터 통합은 시스템 전체 데이터를 효율적으로 관리하기 위해 서로 다른 소스에서 정보를 수집하고 통합하는 것이다.
- 데이터 통합은 각종 데이터의 추출, 변경, 전송이 가능하도록 하는 것과 데이터에 다양한 애플리케이션이 활용될 수 있도록 하는 것을 목적으로 한다.
- 데이터 통합은 데이터브로커(Data Broker)라는 개념이 사용되며, 데이터의 포맷과 변환을 구현하기 위해 개방형 언어로 XML 등이 사용된다.

> **기적의 Tip**
>
> 데이터브로커는 시스템 간 원활한 데이터 교환을 위해 이기종 시스템과 애플리케이션에서 생성된 데이터의 포맷을 관리해주는 기술이다.

3) 애플리케이션 통합(Application Integration)

- 애플리케이션 통합은 독립적으로 설계된 여러 애플리케이션이 시스템과 함께 동작할 수 있도록 공통된 역할의 프로세스를 제공하는 것이다.
- 애플리케이션 통합은 사용자 환경을 고려하여 일반적으로 가장 많이 쓰이는 표준기술을 선정하며, 비용 절감과 업무 효율성을 높일 수 있다는 장점이 있다.

4) 프로세스 통합(Process Integration)

- 프로세스 통합은 하나의 조직 또는 여러 조직에 분산된 시스템들 사이에서 순서, 계층, 이벤트, 실행 로직, 정보의 이동 등을 규정하는 통합 작업이다.
- 프로세스 통합은 공통의 비즈니스 프로세스 모델을 정의하는 역할을 하며, 종류로는 비즈니스 프로세스 자동화(Business Process Automation), 워크플로우(Workflow), 프로세스 통합(Process Integration) 등이 있다.

5) 포탈 지향 통합(Portal-Oriented Integration)

- 포탈 지향 통합은 사용 중인 여러 종류의 시스템들을 웹브라우저와 같은 단일한 사용자 환경으로 구현하는 것이다.
- 다른 유형의 통합이 실시간이나 공통 프로세스 중심이라면, 포탈 지향 통합의 목적은 현존하는 시스템의 정보를 하나의 창구로 외부에 표출시키는 것이라 할 수 있다.

SECTION 03 가스식 소화설비

기출 분석

연도	19년	20년	21년	22년	23년
문제 수	0	0	0	0	0

01 가스식 소화설비

• 가스식 소화설비는 이산화탄소나 할론, 할로겐화합물 및 불활성기체 등 가스를 이용하여 화재를 진압하는 설비이다.
• 가스식 소화설비는 화재 진압 시 인명 보호와 함께 통신장비나 고가의 장비 손실을 최소화할 수 있는 장점이 있으며, 주로 통신실이나 CCTV 관제실, 방송 설비실, 서버실 등에 수계 소화설비(스프링클러)를 대신하여 설치된다.

02 구성요소

가스식 소화설비는 가스를 저장하는 저장용기(실린더)와 화재 시 가스를 분출하는 기동장치, 소화설비를 제어하는 제어반, 그 외에 수신반, 선택밸브, 배관, 감지기 등으로 구성되어 있다.

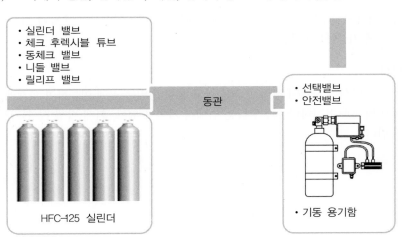

• 실린더 밸브
• 체크 후렉시블 튜브
• 동체크 밸브
• 니들 밸브
• 릴리프 밸브

동관

• 선택밸브
• 안전밸브

• 기동 용기함

HFC-125 실린더

▲ 가스식 소화설비 구성도

03 가스식 소화설비 종류

• 이산화탄소(CO_2) 소화설비
• 할로겐화합물 소화설비
• 청정소화약제 소화설비
• 불활성기체 소화설비

04 특징 및 장점

- 소화약제가 기체이므로 화재 진압 시 잔여물이 남지 않아 고가장비 또는 중요 장비의 손실을 최소화할 수 있다.
- 수계 소화설비와 달리 전기와 접촉했을 때 문제가 발생하지 않아 통신장비실 이외에도 전기실, 변전실, 방사성 폐기물 저장시설, 항공기 격납고, 지정문화재 등에 설치된다.
- 가스식 소화설비는 물분무 등 소화설비의 한 종류에 해당되므로 별도의 제약사항이 없는 이상 수계 소화설비가 설치되는 장소에 동일하게 설치될 수 있다.
- 다만, 이산화탄소 소화설비는 산소농도를 떨어뜨려서 소화하는 특성이 있고, 할로겐화합물 및 불활성기체 소화설비는 독성이 있으므로 방재실이나 제어실과 같이 사람과 통신장비가 함께 있는 공간에는 설치하지 않는다.

05 가스계 소화약제 설치방식

1) 고정식 설치방식

- 고정식 설치방식은 크게 집합관 방식, 모듈러 방식, 팩케이지 방식으로 구분할 수 있다
- **집합관 방식** : 별도 저장소에 소화약제 저장용기를 집합 수용하여 다수의 방호구역에 방출하는 방식이다.
- **모듈러 방식** : 방호구역 내 저장용기를 두고 소화약제를 저장하는 방식으로 단일 방호구역을 담당할 때 사용한다.
- **팩케이지 방식** : 하나의 작은 공간을 방호하고자 할 때 사용하는 방식으로 별도의 저장실을 두지 않고 캐비닛 형태의 외함에 저장하는 방식이다.

2) 이동식 설치방식

호스릴 방식 : 호스릴 방식은 사람이 직접 호스를 끌고 불길이 있는 곳에 이동하여 화재에 약제를 방사하는 방식으로 팩케이지 방식과 유사하나 이동한다는 점에서 차이가 있고, 화재 발생 시 연기가 찰 우려가 없는 장소에 주로 사용한다.

SECTION 04 비상방송시스템

01 비상방송시스템

- 비상방송시스템은 관공서, 기업, 대형빌딩, 학교 등 단일건물이나 인접 건물에서 원하는 구역의 전체 또는 층별, 구역별로 방송을 송출하는 시스템이다.
- 비상방송시스템은 건물 내 안내방송, 공지사항 전달과 같은 자체방송 서비스(자주방송)를 제공하는 데 사용되며, 화재나 자연재해 같은 상황에서 인명과 재산 손실을 최소화하는 역할을 한다.

02 비상방송시스템 구성도

- 비상방송시스템은 중앙 방송실에 송신장치를 설치하고, 각 사무실이나 호실, 복도 등에 스피커를 포함한 수신장치를 설치하여 중앙 방송실에서 각 사무실로 방송을 전달하는 구조로 되어있다.
- 비상방송시스템은 마이크로폰을 제외한 입력부, 제어부, 증폭부가 Rack 형태의 단일 시스템으로 구성되어 있으며, 출력부는 비상방송 송출을 위해 주로 건물 내에 설치된다.

▲ 비상방송시스템 구성도 예시

구분	역할
입력부	음성, 음원 등 진동에 의한 음성신호(음파)를 전기신호로 바꾸는 역할을 한다.
제어부	음량의 밸런스와 음질, PC 연동 등 전반적인 신호 처리와 조절을 담당한다.
증폭부	미세한 전기신호를 증폭하여 음량을 조정하는 장치이다.
출력부	전기신호를 사람이 들을 수 있는 음성신호로 바꾸는 역할을 한다.

03 비상방송시스템 설계 기준

구분	주요 내용
입력부	• 입력부에 사용되는 기기는 마이크로폰, MP3 Player, 카세트 데크, Stereo Tuner 등이 있으며, 비상방송설비의 구성 방식과 기능에 고려하여 설계에 반영 • 마이크로폰은 일반적으로 다이내믹형을 주로 적용하지만 콘덴서형, 크리스털형, 세라믹형 등 시스템 특성에 따라 선정하여 설계에 반영
제어부	• 제어부는 단일 시스템이라기보다는 하나의 Rack에 설치되는 통합 시스템으로 Rack 설치가 가능한 장치에 반영 • 제어부는 비상방송설비의 목적과 사용 용도에 따라 설비 및 설치범위가 결정되므로, 경제성, 효율성 등을 고려하여 설계에 반영
증폭부	• 증폭부는 저잡음 및 고출력 회로가 적용된 제품을 적용하고 신호 대 잡음비(S/N)비가 우수해야 함 • 증폭부는 온도특성에 따라 그 특성이 달라질 수 있기 때문에 과입력 또는 과부하를 감지하여 출력을 제한할 수 있는 기능을 고려하여 설계에 반영
출력부	• 출력부는 설치장소와 소음, 스피커 도달거리를 고려하여 선정 • 스피커는 청취 범위를 고려하여 스피커의 방향과 수를 결정 • 실내 스피커로는 Ceiling Speaker 및 Column Speaker, 실외 스피커로는 혼형 스피커를 적용 • 스피커는 내구성, 내수성이 요구될 시 트럼펫 스피커, 혼 스피커 등을 사용

04 비상방송시스템 설치 대상

• 비상방송시스템은 정보통신공사업법(구내방송)과 소방법(비상방송)의 적용을 받는다.
• 비상방송시스템은 구내방송, 안내방송, 연회장, 학교, 강단, 세미나 등에 적합하도록 설치되어야 하고, 공동주택(아파트, 연립, 다세대), 주상복합건물, 빌딩형 아파트 등 구내 전송선로설비를 갖춘 건축물에 설치되어야 한다.
• 비상방송시스템은 실·내외의 공지사항, 일반방송, 비상통제, 원격방송, 일반안내, 음악방송(BGM) 등을 필요로 하는 건축물 이외에도 관련법 "특정소방대상물"에서 다음과 같이 규정하고 있다.
  – 연면적 3,500m² 이상인 것
  – 지하층을 제외한 층수가 11층 이상인 것
  – 지하층의 층수가 3층 이상인 것

이론을 확인하는 기출문제

22.6

01 방송전송 시스템에 따른 방송 종류를 바르게 연결한 것은?

(가) 정규방송 •	• (a) 국내 지상파 방송사 서비스
(나) 자주방송 •	• (b) IPTV, OTT 등 상업적 방송 서비스
(다) 유료방송 •	• (c) 안내방송, 공지사항 등 자체제작 방송 서비스

① (가)–(a), (나)–(b), (다)–(c)
② (가)–(b), (나)–(a), (다)–(c)
③ (가)–(a), (나)–(c), (다)–(b)
④ (가)–(b), (나)–(c), (다)–(a)

방송의 종류
• **정규방송** : 편성표에 의거하여 정해진 시간에 송출하는 지상파 방송
• **자주방송** : 안내방송, 공지사항 등 자체제작 방송
• **유료방송** : IPTV, OTT와 같이 콘텐츠 수신료를 결제해야 하는 상업용 방송

SECTION 05 출입통제시스템

기출 분석

연도	19년	20년	21년	22년	23년
문제 수	0	0	0	1	0

01 출입통제시스템

- 출입통제시스템은 건물, 시설물 등 특정 구역에 대해 인가되지 않은 사람들의 출입을 제한하여 인명과 자산을 안전하게 보호하는 시스템이다.
- 출입통제시스템은 내부 자산 보호가 목적이지만, 기업 내 업무 특성과 용도에 따른 제한/개방을 사용자가 원하는 방법으로 조절하여 유연한 사무환경을 조성하기도 하고, RFID CARD, 생체인식을 이용하여 소속 인원과 외부인원을 구별하기도 한다.

02 출입통제시스템 구성도

출입통제시스템은 허가된 인원만 출입할 수 있도록 출입과 관련된 모든 정보가 자동 저장되고, 감시부, 제어부, 통신부, 경보부, 출력부가 각각의 역할을 수행한다.

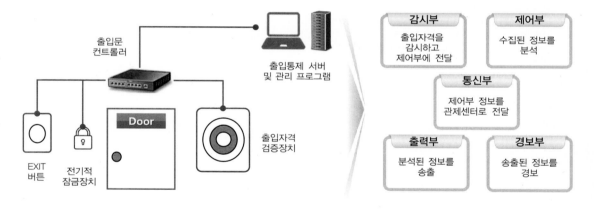

▲ 출입통제시스템 구성도 예시

- **출입자격 검증장치** : RFID, NFC, 생체인식 등을 이용하여 출입자격을 확인하는 장치이다.
- **전기적 잠금장치** : 출입자격 검증장치에 의해 전기적으로 문을 잠그거나 해제하는 장치이다.
- **출입문 컨트롤러** : 출입통제 서버와 연결되어 검증장치, 잠금장치 등을 제어하는 장치이다.
- **출입통제 서버** : 관리자에 의해 출입 허용인원의 자격을 생성/수정/삭제하고, 시스템 내 장치들을 소프트웨어적으로 제어하는 서버이다.

03 출입 인증수단

출입 인증수단이란 출입인가를 위한 자격이나 권한이 있는지 확인하는 요소로, 인증수단 종류로는 지식기반 인증수단, 소유기반 인증수단, 고유속성 인증수단이 있다.

구분	주요 내용
지식기반 인증수단	• 사용자만 알고 있는 지식기반의 인증수단 • 비밀번호, 패턴, 질문의 답과 같은 방법을 의미 • 디지털 도어락, 스마트폰의 패턴 인증 등이 해당
소유기반 인증수단	• 사용자가 소유하고 있는 매체 기반의 인증수단 • 열쇠, 카드(RFID, IC, NFC, 마그네틱 등), 스마트폰 등이 해당
고유속성 인증수단	• 사용자만의 고유 속성인 신체적, 행동적 특징을 이용한 인증수단 • 지문, 홍채, 정맥, 얼굴, 음성 등이 해당

04 특징 및 도입효과

- 인가되지 않은 출입자를 제한하여 내부 자산을 보호할 수 있다.
- 원격지에서도 통제가 가능하다.
- 문자 통보를 통한 이벤트 감지 등 실시간 통제와 대처가 가능하다.
- CCTV, 소방, 공조, 조명, 전력, 엘리베이터 등 타 시스템들과의 인터페이스를 통해 시너지 효과를 낼 수 있다.
- 기존 구축된 내부망(LAN)을 이용할 수 있어 유연성과 확장성이 우수하다.
- 자산보호 이외에도 근태관리, 주차관리 등 다양한 응용이 가능하다.

05 응용 시스템

출입통제시스템은 많은 장점이 있지만, 인가되지 않은 자가 인가된 자의 뒤를 따라 들어가는 Tail-Gating 문제가 존재한다. 따라서, 이를 방지하기 위해 스피드 게이트(Speed Gate), 턴스타일 게이트(Turnstile Gate)과 같은 Anti Tail-Gating 장비를 설치하기도 한다.

구분	주요 내용
스피드 게이트 (Speed Gate)	• 출입이 허가된 사람만 한 사람씩 출입할 수 있도록 만든 장비 • 끼임 사고 등을 방지하기 위해 센서가 장착되어있으며, 따라 들어가는 행위를 차단할 수 있음
턴스타일 게이트 (Turnstile Gate)	• 철제봉이 회전되는 형태로 개폐가 동작하는 출입 장비 • 간단한 삼발이 형식의 Tripod 방식과 키 높이 형식의 Full Height 방식 등이 있음
이중 출입문	별도의 센서를 적용하지 않고 내부문과 외부문을 설치하여 자발적으로 비인가자의 출입을 통제하는 방식

01 22,10

출입통제시스템 제어부에서 분석한 감지 신호를 유·무선 네트워크를 이용하여 관제센터로 전달하는 역할을 하는 요소는?

① 감시부

② 통신부

③ 경보부

④ 출력부

출입통제시스템

• 출입통제시스템은 건물, 시설물 등 특정 구역에 대해 인가되지 않은 사람들의 출입을 제한하여 인명과 자산을 안전하게 보호하는 시스템으로 감시부, 제어부, 통신부, 경보부, 출력부로 구성되어 있다.

출입통제시스템 구성요소별 역할

• **감시부** : 출입자격을 감시하고 제어부에 전달

• **제어부** : 수집된 정보를 분석

• **출력부** : 분석된 정보를 송출

• **경보부** : 송출된 신호를 경보

• **통신부** : 제어부 정보를 유·무선 네트워크를 통해 관제센터로 전달

SECTION
06

네트워크 타임 프로토콜 시스템

기출 분석

연도	19년	20년	21년	22년	23년
문제 수	0	0	0	0	0

01 네트워크 타임 프로토콜(Network Time Protocol, NTP)

• NTP는 인터넷을 통해 단말들(호스트, 라우터 등)의 시간을 동기화하는 프로토콜이다.
• NTP는 시간 동기를 최상위 마스터 클럭(Master Clock)에 맞추며 모든 장비의 시간을 일치시켜주는 프로토콜이라 할 수 있다. 최소 0.001초 단위까지 동기화가 가능하다.

02 NTP 계층구조

• NTP는 서버에서 브로드캐스팅 방식으로 시간 정보가 전달되며, 이를 단말이 받아서 시간을 설정하게 된다. 또한, 서버와 단말 간 계측을 표현하기 위해 Stratum이라는 용어를 사용한다.

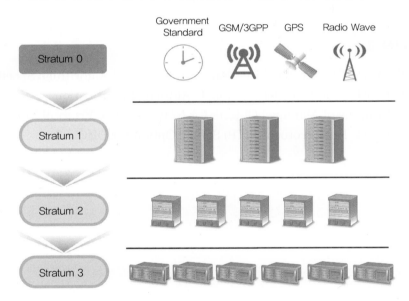

▲ NTP 계층구조

• Stratum 구조는 트리구조로 이루어지며, 가장 최상위 서버를 Stratum 0으로 표현한다.
  – **Stratum 0** : 세슘 원자시계와 이를 탑재한 GPS 등을 의미한다.
  – **Stratum 1** : Stratum 0에 물리적으로 연결된 1차 타임 서버로 전 세계적으로 다수의 공식적인 1차 타임 서버가 운영 중이며, 국내에는 time.kriss.re.kr, ntp.postech.ac.kr과 같이 연구기관, 학술기관, 통신사 등에서 운영하는 Stratum 1 서버가 있다.
  – **Stratum 2~15** : NTP 서버를 경유할 때마다 Stratum이 1씩 증가한다. Stratum 2부터는 계층적 트리구조를 형성하고, 일반적인 단말들은 Stratum 2, 3, 4에 접속하여 시간을 받아온다.

03 NTP 특징

• 시간 기준은 협정 세계시(Universal Time Coordinated, UTC)를 사용한다.
• UTC와 비교하여 수 밀리 초(ms) 이하의 정확도를 유지하고, Stratum 1~15까지 시간 서버들의 시간 오류 편차는 수 ms 이내이다.
• UDP 기반으로 동작하고, 네트워크 지연에 대한 시간 정보 오류교정은 4개의 타임스탬프를 사용한다.
  – Reference Timestamp
  – Originate Timestamp
  – Receive Timestamp
  – Transmit Timestamp
• 단말들은 다수의 NTP 서버와 Multicast 모드로 동작하며 시간을 교정한다.
• NTP 서버들은 상위계층 서버들과는 Client/Server 모드로 동작하고, 동일계층 서버들과는 Symmetric 모드로 동작하며 시간을 교정한다.
• 최초 클럭 동기는 5~10분 동안 모두 6번의 시간 교환을 통해 이루어지고, 그 후 매10분마다 메시지 교환을 통해 클럭을 수정한다.
• NTP를 사용하면 로그분석이 용이하고, 데이터 손실을 방지할 수 있다.
• 외부 서버로 시간을 동기화하여 보안상 취약점이 존재한다.(이를 위해 별도의 타임 서버를 이용하기도 한다.)

04 NTP 통신방식 표준

• RFC 5905: Network Time Protocol Version 4: Protocol and Algorithms Specification
• RFC 5906: Network Time Protocol Version 4: Autokey Specification
• RFC 5907: Definitions of Managed Objects for Network Time Protocol Version 4 (NTPv4)
• RFC 5908: Network Time Protocol (NTP) Server Option for DHCPv6

SECTION 07 통합배선 시스템

기출 분석

연도	19년	20년	21년	22년	23년
문제 수	0	0	0	0	0

01 통합배선 시스템

- 통합배선은 아파트나 빌딩 등 건물 내 정보통신 서비스(음성/화상/데이터)를 원활하게 처리하기 위해 각각의 배선들을 하나로 통합한 인프라이다.
- 통합배선은 정보통신 신호 체계가 디지털 방식으로 변화하면서 나타나게 되었고, 구내통신 케이블의 용이한 확장과 유지관리, 다양한 데이터 수용 등 장점이 있다.
- 통합배선 시스템이란 이러한 건축물 내 배선들을 하나로 묶어주고 관리할 수 있는 시스템을 말한다.

02 통합배선 시스템 구성

- 통합배선 시스템은 주로 간선배선(Backbone Cabling), 수평배선(Horizontal Cabling), 세대단자함, 인출구(Outlet) 등 4개의 구조화된 서브 시스템으로 구성되어 있다.

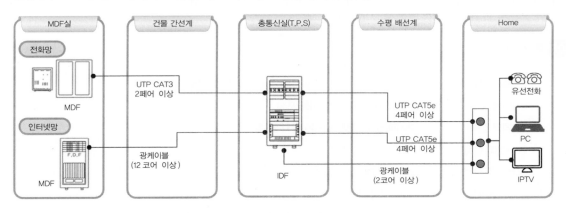

▲ 통합배선 시스템 구성도 예시

- **간선배선** : 건축물 내 주 분배함(MDF)에서 각 세대단자함까지의 배선을 말한다. 각 세대별 최소한 2페어 이상의 케이블이 구축되어야 하고, 구축배선은 최소 16MHz의 전송대역폭을 가져야 한다.
- **수평배선** : 세대단자함에서 각 실별로 설치된 1회선 이상의 단독배선을 말한다. 4페어 이상 UTP 케이블로 배선하고, 최소 1회선(2회선 이상 권장) 이상 포설한다. 또한, 세대단자함으로부터 성형배선으로 구축하되 음성급을 제외하고는 브리지탭을 만드는 배선은 허용되지 않는다.
- **세대단자함** : 세대 내 인입되는 통신선로, 방송공동수신설비 또는 홈네트워크설비 등의 배선을 효율적으로 분배 및 접속하기 위한 분배함을 말한다. 세대단자함은 옥외에 분계점이 있거나 공동 다세대 주택일 경우 이용자 세대별로 전용세대 분전함을 설치하고, 세대단자함 위치는 접근이 용이하고(보수성), 배선 길이를 최소화(경제성)할 수 있도록 한다. 아울러, 전력콘센트와 1.8m 이내에 위치시키며 전자기기 간섭 원과는 가까이하지 않도록 한다.

- **인출구(Outlet)** : 구내 배선/배관이 나올 수 있도록 설치된 인출 장치로 건물 내 벽이나 바닥 등에 설치되어 있다. 보통 RJ-45 모듈러 잭을 통해 연결의 용이성을 지향한다. 인출구는 최소 3.7m 벽면마다 1개씩 설치하며, 일반적으로 바닥에서 30cm 높이 이상으로 설치한다.

03 통합배선의 장점

- **경제성** : 통신배선 및 시설에 필요한 케이블 구축비용과 운영관리 비용을 줄일 수 있다.
- **효율성** : 사무실 레이아웃 변경, 정보통신 시스템 이동 및 확장 등에 따른 중복 배선과 인력 낭비, 경제적 손실을 막을 수 있다.
- **호환성** : 다양한 종류의 데이터 전송 매체와 단말기 접속이 가능하다.
- **유연성** : 공간 활용을 유연하게 할 수 있고, 기술표준 적용 및 지원이 용이하다.
- **확장성** : 케이블 증설/이설/변경, 시스템 확장이 용이하다.
- 정보통신의 통합화를 실현하고, 고속 데이터 통신을 보장할 수 있다.

04 통합배선 표준규격

- **EIA/TIA(미국)** : 구내 통신용 배선/배관방식 표준규격
- **JIS(일본)** : 구내 통신용 배관/배선 규격 및 기술기준
- **CSA(캐나다)** : 건축물 내 구내통신 배선/배관 표준규격
- **ISO/IEC(국제 표준)** : 업무용 건축물에 대한 구내통신 설비의 표준규격

05 통합배선 주요 공정

주요 공정	작업 내역
케이블 포설	UTP, STP, FTP, 광케이블 포설
커넥터 접속	패치패널, 아울렛, RJ-45 설치 및 접속
통신설비 설치	통신랙, 분전함 설치
광케이블 작업	광접속, FDF 설치 및 성단, OJC 설치
케이블 보호용 배관 설치	CD관, 전선관 설치
회선시험	광 파워미터, OTDR, Cable Analyzer를 통한 회선시험

SECTION 08 통신설비 접지

기출 분석

연도	19년	20년	21년	22년	23년
문제 수	0	0	0	2	1

01 통신설비 접지

• 접지란 전기회로나 장비, 외함의 일부를 전기적으로 대지에 접속하여 낙뢰 또는 정전기 등으로부터 장치를 보호하는 조치이다.
• 통신설비 접지는 원하지 않는 전류나 전압의 유입, 전기적 잡음으로부터 통신 시스템을 보호하는 일종의 기능용 보호 조치이다.
• 사용 분야 및 목적에 따라 보안용 접지와 기능용 접지로 구분할 수 있다.

02 통신설비 접지의 목적

• 전기적 충격으로부터 인명을 보호한다.
• 전기적 피해로부터 시설물을 보호한다.
• 정전기나 잡음을 제거하여 통신장비의 원활한 기능을 확보한다.
• 낙뢰와 같은 강한 충격으로부터 기기의 절연파괴를 방지한다.

03 접지 목적에 따른 분류

보안용 접지	기능용 접지
• 인명 피해나 누전에 의한 감전 및 기기의 손상/화재/폭발 등 전기설비의 안전을 목적으로 하는 접지 • 뇌해 방지용 접지, 등전위 접지, 계통 접지 등이 있음	전기, 전자, 통신설비 기기의 안정적 동작 및 운용을 목적으로 하는 접지

04 접지방식의 종류

1) 독립접지

• 독립접지는 모든 통신 시스템이나 전기장비 등에 대해 개별적으로 접지를 구성하는 방식이며, 개별접지 또는 단독접지라고도 한다.
• 독립접지는 접지의 성능 악화나 손상이 발생하더라도 다른 장비에 영향을 주지 않아 전반적인 시스템 안전성이 높지만, 접지 공사 비용이 많이 들고, 각각의 접지 간 충분한 이격거리를 확보해야 하는 등 상대적으로 시공이 용이하지 않은 단점이 있다(접지 이격거리가 충분하지 않으면, 하나의 접지가 다른 접지에 영향을 줄 수 있다).

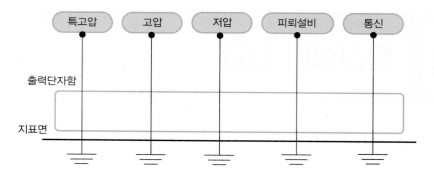

▲ 독립접지 구성 예시

2) 공통접지

- 공통접지는 전력계통을 하나로 묶어 접지하고, 통신, 피뢰침을 따로 접지하는 방식이다.
- 공통접지는 통신장비가 전력계통과 분리되어 과전압으부터 손상을 줄일 수 있으며, 비교적 단순한 구조를 가져 시공이 용이하다.
- 다만, 계통 전압의 이상 발생 시 노이즈 발생 가능성이 있다.

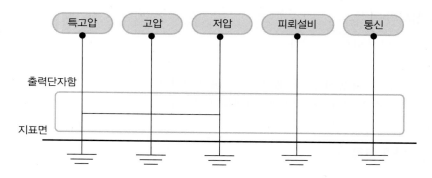

▲ 공통접지 구성 예시

3) 통합접지

- 통합접지는 통신 시스템, 전기장비, 피뢰침과 같은 여러 설비를 하나의 공통된 전극으로 구성한 접지방식이다.
- 통합접지는 건축물 부지 내 하나의 접지선 또는 철골 구조물을 이용하여 각 시스템의 접지전극을 연결하는 방법을 주로 사용한다.
- 통합접지는 접지가 필요한 모든 설비를 접지하는 것이 용이하며, 비용을 절감할 수 있는 장점이 있다.
- 반면, 모든 설비가 공통으로 연결되어 있기 때문에, 특정 접지전극의 성능 열화나 손상이 발생할 경우, 전체 장비에 영향을 줄 수 있다.

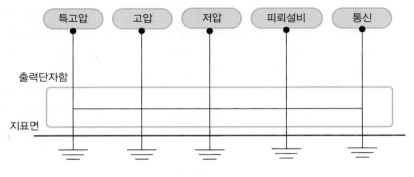

| 특고압 | 고압 | 저압 | 피뢰설비 | 통신 |

출력단자함

지표면

▲ 통합접지 구성 예시

05 접지 설계 방법

- 접지가 필요한 장치를 선정하고, 예산을 산출한다.
- 기술기준 및 법령을 기반으로 기본계획을 수립한다.
- 대지도전율 측정 및 분석, 유도전압, 이격도, 소요 저항 등을 계산하여 반영한다.
- 접지 공사 장소, 접지 분야별 기준저항, 접지 구성 방식(공통, 독립), 접지공법, 접지 시스템 구성도(접지 전극, 접지저항 계산, 접지선 등) 등을 세부적으로 작성한다.
- 접지저항 측정이 용이한 위치에 접지시험 단자함을 설치한다.

06 접지 자재 선정 시 고려사항

- 과전류를 충분히 흘려보낼 수 있는 용량이어야 한다.
- 낮은 임피던스 특성을 가져야 하고 영구적이어야 한다.
- 외부에 노출된 자재는 물리적인 강도가 충분해야 하며, 매설되는 접지극 및 접지선은 내부식성이 강한 규격품이어야 한다.
- 사용 자재(접지선, 동판, 동봉 등)는 KS 규격품이어야 한다.

07 접지설비·구내통신설비·선로설비 및 통신 공동구 등에 대한 기술기준(제5조 접지저항 등)

- 교환설비, 전송설비 및 통신케이블과 금속으로 된 단자함(구내통신단자함, 옥외분배함 등), 장치함 및 지지물 등이 사람이나 방송 통신설비에 피해를 줄 우려가 있을 때는 접지 단자를 설치하여 접지하여야 한다.
- 통신 관련 시설의 접지저항은 10[Ω] 이하를 기준으로 한다. 다만, 다음의 경우는 100[Ω] 이하로 할 수 있다.
  - 선로설비 중 케이블에 대하여 일정 간격으로 시설하는 접지(단, 차폐 케이블은 제외)
  - 국선 수용 회선이 100회선 이하인 주 배선반
  - 보호기를 설치하지 않는 구내통신단자함
  - 구내통신선로설비에 있어서 전송 또는 제어 신호용 케이블의 쉴드 접지
  - 철탑 이외 전주 등에 시설하는 이동통신용 중계기
  - 암반 지역 또는 산악지역에서의 암반 지층을 포함하는 경우 등 특수 지형에의 시설이 불가피한 경우로서 기준 저항값 10[Ω]을 얻기 곤란한 경우
  - 기타 설비 및 장치의 특성에 따라 시설 및 인명 안전에 영향을 미치지 않는 경우

- 통신회선 이용자의 건축물, 전주 또는 맨홀 등의 시설에 설치된 통신설비로서 통신용 접지 시공이 곤란한 경우에는 그 시설물의 접지를 이용할 수 있으며, 이 경우 접지저항은 해당 시설물의 접지 기준에 따른다. 다만, 전파법시행령 제25조의 규정에 따라 신고하지 아니하고 시설할 수 있는 소출력 중계기 또는 무선국의 경우, 설치된 시설물의 접지를 이용할 수 없을 시 접지하지 아니할 수 있다.
- 접지선은 접지 저항값이 10[Ω] 이하인 경우에는 2.6[㎜] 이상, 접지 저항값이 100[Ω] 이하인 경우에는 직경 1.6[㎜] 이상의 PVC 피복 동선 또는 그 이상의 절연 효과가 있는 전선을 사용하고 접지극은 부식이나 토양오염방지를 고려한 도전성 재료를 사용한다. 단, 외부에 노출되지 않는 접지선의 경우에는 피복을 아니할 수 있다.
- 접지체는 가스, 산 등에 의한 부식의 우려가 없는 곳에 매설하여야 하며, 접지체 상단이 지표로부터 수직 깊이 75[cm] 이상되도록 매설하되 동결심도보다 깊도록 하여야 한다.
- 사업용 방송 통신설비와 전기통신사업법 제64조의 규정에 의한 자가전기통신설비 설치자는 접지저항을 정해진 기준치를 유지하도록 관리하여야 한다.
- 다음에 해당하는 방송 통신 관련 설비의 경우에는 접지를 아니할 수 있다.
  - 전도성이 없는 인장선을 사용하는 광섬유케이블의 경우
  - 금속성 함체이나 광섬유 접속 등과 같이 내부에 전기적 접속이 없는 경우

기적의 Tip 서지 보호기(Surge Protector)

- 서지 보호기는 과전압/과전류를 차단하여 기기를 보호하는 장치이다.
- 서지 보호기는 ① 낙뢰/지락과 같은 과도전압으로부터 설비를 보호하거나, ② 전원계통으로부터 유입된 전압을 억제하는 역할을 한다.(데이터 및 전화교환기 보호, 접지 시스템 개선, 무선안테나 경로로 인입된 전압 억제 등)

01 정보통신공사에서 접지를 개별적으로 시공하여 다른 접지로부터 영향을 받지 않고 장비나 시설을 보호하는 접지 방식은?

22.6

① 공통접지
② 독립접지
③ 보링접지
④ 다중접지

독립접지
- 독립접지는 모든 통신 시스템이나 전기장비 등에 대해 개별적으로 접지를 구성하는 방식이며, 개별접지 또는 단독접지라고도 한다.
- 독립접지는 접지의 성능 악화나 손상이 발생하더라도 다른 장비에 영향을 주지 않는 장점이 있지만, 접지 공사 비용이 비싸고, 각각의 접지 간 충분한 이격거리를 확보해야 하는 등 시공이 용이하지 않은 단점이 있다.

02 서지 보호기(Surge Protector)의 서지 피해 보호 종류 중 전원 계통에 인입된 서지의 억제와 관련된 것을 모두 고른 것은?

23.3

> ㉠ 직격뢰의 피해 억제
> ㉡ 데이터 및 전화교환기의 보호 통신용
> ㉢ 접지 시스템의 개선
> ㉣ 무선안테나 경로로 인입된 서지의 억제

① ㉠, ㉡
② ㉠, ㉡, ㉢
③ ㉡, ㉢, ㉣
④ ㉠, ㉡, ㉣

서지 보호기(Surge Protector)
- 서지 보호기는 과전압/과전류를 차단하여 기기를 보호하는 장치이다.
- 서지 보호기는 ① 낙뢰/지락과 같은 과도전압으로부터 설비를 보호하거나, ② 전원계통으로부터 유입된 전압을 억제하는 역할을 한다.(데이터 및 전화교환기 보호, 접지 시스템 개선, 무선안테나 경로로 인입된 전압 억제 등)

03 다음 중 접지설비의 접지저항에 대한 설명으로 틀린 것은?

23.6

① 접지선은 접지 저항값이 10[Ω] 이하인 경우에는 1.6[mm] 이상, 접지 저항값이 100[Ω] 이하인 경우에는 직경 3.6[mm] 이상의 PVC(Poly Vinyl Chloride) 피복 동선 또는 그 이상의 절연 효과가 있는 전선을 사용한다.
② 금속성 함체이나 광섬유 접속등과 같이 내부에 전기적 접속이 없는 경우 접지를 아니할 수 있다.
③ 접지체는 가스, 산 등에 의한 부식의 우려가 없는 곳에 매설 하여야 하며, 접지체 상단이 지표로부터 수직 깊이 75[cm] 이상 되도록 매설하되 동결심도보다 깊게 하여야 한다.
④ 전도성이 없는 인장선을 사용하는 광섬유 케이블의 경우 접지를 아니할 수 있다.

접지설비·구내통신설비·선로설비 및 통신공동구등에 대한 기술기준(접지저항 등)
- 접지선은 접지 저항값이 10[Ω] 이하인 경우에는 2.6[mm] 이상, 접지 저항값이 100[Ω] 이하인 경우에는 직경 1.6[mm] 이상의 PVC 피복 동선 또는 그 이상의 절연 효과가 있는 전선을 사용하고 접지극은 부식이나 토양오염방지를 고려한 도전성 재료를 사용한다. 단, 외부에 노출되지 않는 접지선의 경우에는 피복을 아니할 수 있다.
- 접지체는 가스, 산 등에 의한 부식의 우려가 없는 곳에 매설하여야 하며, 접지체 상단이 지표로부터 수직 깊이 75[cm] 이상 되도록 매설하되 동결심도보다 깊도록 하여야 한다.
- 사업용 방송 통신설비와 전기통신사업법 제64조의 규정에 의한 자가전기통신설비 설치자는 접지저항을 정해진 기준치를 유지하도록 관리하여야 한다.

정답 01 ② 02 ③ 03 ①

SECTION 09 MDF, IDF

01 MDF(Main Distribution Frame)

1) 정의

- MDF는 건물 외부 통신회선을 건물 내부 교환시설과 연결하는 첫 번째 배선반으로, 주 배선반 또는 통신 선로 배선 분기 시설이라고 한다.
- MDF는 사용되는 회선 수가 총 300회선 이상인 공동주택 등에서 사업자 설비와 이용자 설비를 상호접 속하고, 원활한 회선의 절체 접속과 유지보수를 위해 설치되는 장치이며, 옥외 회선 인입이 원활한 장소 에 주로 설치된다.
- MDF는 선번 순서대로 배열된 외부 회선측 단자(수직)와 가입자 번호 순서대로 배열된 국내측 단자(수 평)를 점퍼선으로 연결하는 방식으로 회선을 구성하며, MDF실(구내통신실)에는 MDF 외에도 각 통신사 장비(광전송장비, 네트워크 장비, 구내통신선로설비 등)들과 장비보호를 위해 피뢰기, 보호장치 등이 설 치되어 있다.

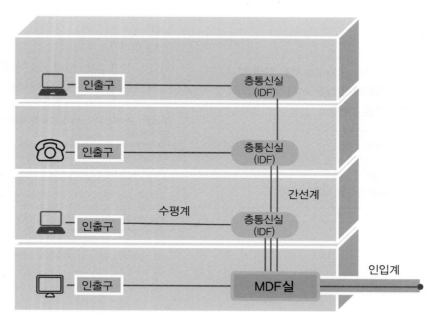

▲ 건물 내 MDF실 위치 예시

2) 주요 기능

- 외부 회선과 내부 회선의 접속 분계점 역할을 한다.
- 교환 장비를 운용하는 경우, MDF를 사업자와 가입자 간 접속 분계점으로 본다.

- 회선 및 통신장비의 상태를 감시할 수 있다.
- 외부 회선과 내부 회선 간 절체 시험을 수행할 수 있다.

3) MDF실(구내통신실) 관련 규정

- 업무용 건축물에는 국선·국선단자함 또는 국선배선반과 초고속통신망장비, 이동통신망장비 등 각종 구내통신선로설비 및 구내용 이동통신설비를 설치하기 위한 공간으로서 집중구내통신실과 층구내통신실을 확보하여야 한다.
- 주거용 건축물 중 공동주택에는 '공동주택의 구내통신실 면적확보 기준'에 충족하는 집중구내통신실을 확보하여야 한다.
- 구내통신실은 외부환경에 영향이 적은 지상에 확보되어야 한다. 다만, 부득이한 사유로 지상 확보가 곤란한 경우에는 침수 우려가 없고 습기가 차지 않는 지하층에 설치할 수 있다.
- 집중구내통신실에는 조명시설과 통신장비 전용의 전원설비를 갖추어야 한다.
- 각 통신실의 면적은 벽이나 기둥 등을 제외한 면적으로 한다.
- 집중구내통신실의 출입구에는 잠금장치를 설치하여야 한다.

4) 초고속정보통신건물의 MDF실 관련 규정(특등급 기준)

기준	공동주택/오피스텔/연립/다세대	업무시설
위치	지상	지상
면적	• 공동주택/오피스텔 : 세대에 따라 상이 (12m² ~ 34m² 이상) • 연립/다세대 : 세대에 따라 상이 (12m² ~ 25m² 이상)	• 15m² 이상으로 1개소 이상 • 층별 설치를 원칙으로 함 • 2개 층 이상의 통신설비를 1개의 통신실에 통합수용 가능 • 동일층에서 층 구내통신실 2개소 이상으로 분리설치 가능
출입문	• 유효너비 0.9m, 유효높이 2m 이상의 잠금장치가 있는 방화문 설치 • 관계자 외 출입통제 표시 부착	
환경/관리	• 통신장비 및 상온/상습장치 설치 • 전용의 전원설비 설치	
심사방법	현장실측으로 유효면적 확인 (집중구내통신실의 한쪽 벽면이 지표보다 높고 침수의 우려가 없으면 "지상 설치"로 인정)	

02 IDF(Intermediate Distribution Frame)

- IDF는 MDF와 세대단자함 사이의 위치한 중간단자함(중간배선반)을 말하며, 연결/중계/증폭 등 중간 조정을 주목적으로 하고 있다.
- IDF는 아파트 공용 복도나 사무실 인근 등 가입자가 위치한 주변에 주로 설치되며, 최종 가입자에게 통신선로를 분기하는 역할을 한다. 또한, 서비스에 따라 구리선 또는 광케이블이 인입되며, 배선은 통신관로를 통해 연결된다.
- IDF는 외부인이 회선에 접근하거나 수정할 경우, 회선단절, 도청 등의 위험요인이 있어 통상 물리적 잠금장치가 설치되어 있다.

03 접지설비 · 구내통신설비 · 선로설비 및 통신공동구 등에 대한 기술기준(주요 내용)

- 구내로 인입된 국선은 구내선과의 분계점에 설치된 주단자함 또는 주배선반(국선단자함)에 수용하여야 한다.
- 국선단자함은 다음과 같이 구분하여 설치하여야 한다. 다만, 구내교환기를 설치하는 경우에는 주배선반에 수용하여야 한다.
  - **광섬유케이블 또는 300회선 미만의 동케이블을 수용하는 경우** : 주단자함 또는 주배선반
  - **300회선 이상의 동케이블을 수용하는 경우** : 주배선반
- **구내간선케이블** : 구내에 두 개 이상의 건물이 있는 경우 국선단자함에서 각 건물의 동단자함 또는 동단자함에서 동단자함까지의 건물 간 구간을 연결하는 통신케이블
- **건물간선케이블** : 동일 건물 내의 국선단자함이나 동단자함에서 층단자함까지 또는 층단자함에서 층단자함까지의 구간을 연결하는 통신케이블
- **수평배선케이블** : 층단자함에서 통신인출구까지를 연결하는 통신케이블
- **동단자함** : 구내간선케이블 및 건물간선케이블을 종단하여 상호 연결하는 통신용 분배함
- **층단자함** : 건물간선케이블 및 수평배선케이블을 종단하여 상호 연결하는 통신용 분배함
- **세대단자함** : 세대내에 인입되는 통신선로, 방송공동수신설비 또는 홈네트워크설비 등의 배선을 효율적으로 분배 · 접속하기 위하여 이용자의 주거전용면적에 포함되는 실내공간에 설치되는 분배함
- **세대 내 성형배선** : 세대단자함 또는 이와 동등한 기능이 있는 단자함에서 각 인출구로 직접 배선되는 방식
- 세대단자함에서 각 인출구까지는 성형배선 방식으로 하여야 한다.
- 국선단자함에서 세대 내 인출구까지 꼬임 케이블을 배선할 경우에 구내배선설비의 링크 성능은 100[MHz] 이상의 전송특성이 유지되도록 하여야 한다. 다만, 동단자함이 설치된 경우에는 링크성능 구간은 동단자함에서 세대 내 인출구까지로 한다.
- 층단자함에서 각 인출구까지는 성형배선 방식으로 하여야 한다.
- 선로를 용이하게 수용하기 위한 접속함(선로 간을 직접 연결하기 위한 함) 또는 중간단자함 등은 국선단자함으로부터 세대단자함까지의 구간 중에서 다음의 하나에 해당하는 장소에 설치되어야 한다.
  - 규정에 부적합한 배관의 굴곡점
  - 선로의 분기 및 접속을 위하여 필요한 곳

22.10

01 다음 중 초고속정보통신건물 인증제도에서 말하는 집중구내통신실(MDF실)의 설명으로 **틀린** 것은?

① 관계자 외 출입통제 표시 부착
② 유효면적은 실측
③ 유효높이 1.8M 이상 잠금장치가 있는 방화문 설치
④ 침수 우려가 없는 지상에 설치

초고속정보통신건물의 MDF실 관련 규정(특등급 기준)

기준	공동주택/오피스텔/연립/다세대	업무시설
위치	지상	지상
면적	• 공동주택/오피스텔 : 세대에 따라 상이($12m^2$ ~ $34m^2$ 이상) • 연립/다세대 : 세대에 따라 상이($12m^2$ ~ $25m^2$ 이상)	• $15m^2$ 이상으로 1개소 이상 • 층별 설치를 원칙으로 함 • 2개 층 이상의 통신설비를 1개의 통신실에 통합수용 가능 • 동일층에서 층 구내통신실 2개소 이상으로 분리설치 가능
출입문	• 유효너비 0.9m, 유효높이 2m 이상의 잠금장치가 있는 방화문 설치 • 관계자 외 출입통제 표시 부착	
환경/관리	• 통신장비 및 상온/상습장치 설치 • 전용의 전원설비 설치	
심사방법	현장실측으로 유효면적 확인 (집중구내통신실의 한쪽 벽면이 지표보다 높고 침수의 우려가 없으면 "지상 설치"로 인정)	

23.3

02 통신용 케이블의 보호를 위하여 만들어진 고정된 구조물로서 다량의 케이블 다발을 수용할 수 있도록, 벽이나 바닥 천장 등에 고정되는 케이블의 이동통로는?

① 케이블 트레이(Cable Tray)
② 크림프(Crimp)
③ 브리지 탭(Bridged Tap)
④ 풀박스(Pull Box)

케이블 트레이
• 케이블 트레이는 다량의 통신케이블 수용, 지지 또는 통신케이블의 보호를 위해 벽이나 바닥, 천장 등에 고정된 구조물이다.
• 케이블 트레이는 금속제 또는 불연성 재료로 제작되며, 사다리형, 바닥 밀폐형, 메쉬형, 펀치형 등이 있다.

23.6

03 다음 중 건물의 통신설비인 중간단자함(IDF)에 관한 설명으로 **틀린** 것은?

① 층단자함에서 각 인출구까지는 성형배선 방식으로 한다.
② 국선단자함과 층단자함은 용도가 상이하다.
③ 구내교환기를 설치하는 경우에는 층단자함에 수용하여야 한다.
④ 선로의 분기 및 접속을 위하여 필요한 곳에 설치한다.

접지설비 · 구내통신설비 · 선로설비 및 통신공동구 등에 대한 기술기준(구내배선 요건)
• 층단자함에서 각 인출구까지는 성형배선 방식으로 하여야 한다.
• 국선단자함에서 인출구까지 꼬임 케이블을 배선할 경우에 구내배선설비의 링크성능은 100[MHz] 이상의 전송특성이 유지되도록 하여야 한다. 다만, 동단자함이 설치된 경우 링크성능 구간은 동단자함에서 인출구까지로 한다.
• 국선단자함은 구분하여 설치하여야 한다. 다만, 구내교환기를 설치하는 경우에는 주배선반에 수용하여야 한다.
• 중간단자함은 선로의 분기 및 접속을 위하여 필요한 곳에 설치한다.

SECTION 10 정보통신망 및 시스템 운용(유지보수)

기출 분석	연도	19년	20년	21년	22년	23년
	문제 수	3	4	5	8	8

01 정보통신망

1) 정의

- 정보통신망이란 다수의 송수신 장치(컴퓨터, 서버, 단말기 등)들이 유/무선 전송 매체와 프로토콜, 통신 방식에 의해 상호 간 정보를 주고받을 수 있는 컴퓨터 네트워크를 말한다.
- 정보통신망은 컴퓨터에 축적된 정보, 프로그램 등의 공유와 정보처리 결과물들을 원활하게 전달하는 역할을 하며, 네트워크의 경제성, 정보 전달의 신뢰성 및 확장성을 추구한다.
- 종류로는 전화 교환망(PSTN), 데이터통신망, 방송통신망, 이동통신망 등이 있다.

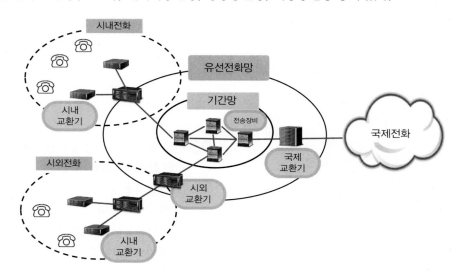

▲ 정보통신망 예시(유선 전화망)

2) 정보통신망 4대 구성요소

- **송신장치(컴퓨터)** : 전달하고자 하는 데이터를 매체에 적합한 형태로 변환하는 장치이다(변조).
- **수신장치(단말기)** : 전달된 데이터를 수신자가 이해할 수 있는 형태로 변환하는 장치이다(복조).
- **제어장치** : 송수신 장치의 정보 입출력 및 동작을 제어하는 장치이다.
- **전송 매체** : 송신장치와 수신장치를 연결하는 유/무선 통신 인프라를 말한다.

3) 정보통신망 기본요건

- **투명성(Transparent)** : 사용자는 송수신 간 중간의 복잡한 연결과정을 의식할 필요 없이 어떠한 단말로도 통신할 수 있도록 한다.

- **신뢰성(Reliability)** : 통신망 내 분산 처리되는 각종 데이터들이 마치 단일 컴퓨터에서 동작하는 것처럼 신뢰성 있게 전달되어야 한다.
- **유연성(Flexibility)** : 서비스 요구사항이나 변동사항에 유연하게 처리해야 한다.
- **확장성(Extensibility)** : 향후 사용자나 노드 증가를 고려하여 네트워크를 설계한다.
- **복구 능력(Healing)** : 장애 발생 시 구간 우회, 시스템 절체 등의 기능을 말한다.

4) 정보통신망 종류

분류	종류
일반적 분류	전화망, 종합정보통신망, 데이터통신망, CATV망, 무선통신망, 이동통신망, 위성 통신망, 초고속통신망 등

종류에 따른 분류	• 사용 주체에 따른 분류 : 공중망, 사설망(자가망), 임대망
	• 이용방법에 따른 분류 : 교환망, 전용망(전용회선)
	• 역할에 따른 분류 : 백본망, 액세스망(가입자망), 중계망
	• 지역 범위에 따른 분류 : 시내망, 시외망, 국제망
	• 커버리지(영역)에 따른 분류 : LAN, MAN, WAN
	• 전달정보의 형태에 따른 분류 : 전화 교환망(PSTN), 데이터통신망
	• 통신 기능에 따른 분류 : 교환망, 신호망, 전달망
	• 교환방식에 따른 분류 : 회선 교환망, 축적 교환망
	   − 회선교환 방식은 송수신 단말기가 둘만의 회선을 설정하여 정보를 교환하는 방식이다.
	   − 축적교환 방식은 송신측 데이터를 교환기에 저장시켰다가 경로설정 후 수신측에 전송하는 방식으로 메시지 교환방식과 패킷 교환방식이 있다.

5) 정보통신망 토폴로지

- **버스형** : 모든 노드가 간선을 공유하며 버스 T자형으로 연결되는 토폴로지로, 구조가 단순하고 단말 숫자와 망 효율성이 비례한다.
- **성형(스타형)** : 모든 노드가 하나의 공통 노드(중앙)에 직접 연결되어있는 구조의 토폴로지로, 중앙 제어 장치가 고장이 나면 네트워크 전체에 영향을 미치기 때문에 안정성이 비교적 낮다.
- **트리형** : 최상위부터 나뭇가지처럼 계층적으로 연결된 토폴로지로, 확장이 용이하지만 상위계층 단말에 고장이 나면 다수의 단말에 영향이 발생한다.
- **링형** : 각 노드를 원형 경로로 연결한 토폴로지로, 구조가 단순하고 패킷 충돌 가능성이나 부하가 낮지만, 하나의 노드에 장애가 발생하면 전체 네트워크에 영향을 줄 수 있다. 이를 방지하려면 이중화 등 다른 방안을 마련해야 한다.
- **메쉬형** : 망사 그물처럼 모든 노드가 직접 상호 연결된 형태의 토폴로지로 구조는 복잡하나, 안정성이 높아 공중망에서 많이 사용한다.

6) 정보통신망 진화형태

- 개인 단말의 확대에 따라 고정형 → 이동성으로 진화하고 있다.
- 다양한 서비스 창출에 따라 단순소통 → 지능형으로 진화하고 있다.
- 정보 전달의 효율성을 위해 회선교환 → 축적교환(메시지 교환, 패킷 교환)방식으로 진화하고 있다.
- 다양한 매체를 수용하기 위해 폐쇄형 → 개방형으로 진화하고 있다.
- 비용 절감을 위해 전용망, 개별망 → 통합망으로 진화하고 있다.

7) 정보통신망 구성 시 고려사항

- **통신망 계획** : 망 구축과 관련된 전반적인 구성요소들의 계획을 수립한다.
- **토폴로지** : 통신망의 외형적인 연결 모양이나 형태를 결정한다.
- **신호방식** : 통신망 내 데이터 제어 신호처리 방식을 결정한다.
- **상호접속방식** : 이종망이나 이종단말 간의 상호연결 방안을 수립한다.
- **망관리** : 사용자가 효율적으로 통신망을 관리할 수 있는 방식을 선정한다.
- **트래픽 엔지니어링** : 트래픽 경로 제어 및 트래픽 전반에 대한 품질관리 기술을 고려한다.

02 정보통신망 운용

1) 정의

- 정보통신망 운용은 서비스 중인 시스템이 안정적으로 유지/관리될 수 있도록 네트워크 감시, 장애처리, 정기점검, 품질관리와 같은 업무들을 이행하는 모든 행위를 말한다.
- 정보통신망 운용을 위해서는 망 관제를 위한 모니터링 시스템(감시체계 및 방법), 정기점검 및 장애처리를 수행할 수 있는 운용인력(인력과 예비부품), 그리고 통신망의 상태나 품질을 측정할 수 있는 측정도구(장비 및 회선시험)가 필요하며, 안정성을 최우선으로 추구한다.

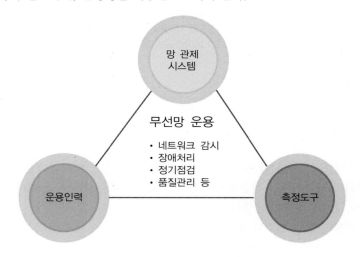

▲ 정보통신망 운용의 3요소

2) 운영계획

- 운영계획은 정보통신망의 체계적 운영 및 이행을 위해 정기점검 계획서, 기술 지원체계 등을 수립하고 작성하는 것이다.
- 정보통신망 운영계획을 위해 포함되어야 할 항목은 다음과 같다.
  - 정기점검 계획서
  - 일일/주간/월간 점검방법
  - 기술 지원체계
  - 하자 관리 조직 및 방침
  - 작업내용, 작업량, 작업 우선순위 등이 포함된 유지보수 계획서
  - 유지보수 점검일지

- 정보통신망 또는 시스템 유지보수 인력 구성 시 다음 사항을 고려한다.
  - 유지보수 인력은 해당 업무의 지침을 잘 이해하고, 이를 수행하여야 한다.
  - 유지보수 인력은 해당 업무에 대한 전문적 기술과 경험이 있어야 한다.
  - 유지보수 인력은 업무의 효율성을 극대화할 수 있어야 한다.

3) 네트워크 감시

- 네트워크 감시란 지역 내 운용 중인 통신망에 대해 지역 단위, 시스템 단위로 실시간 모니터링을 수행하고, 장비 고장이 발생하면 운용지침에 따라 상황전파와 대응을 할 수 있도록 하는 임무이다.
- 네트워크 관리 시스템은 주로 SNMP 기반의 시스템을 활용하며, 장애감시 이외에도, 성능감시, 계정관리, 구성관리 업무를 수행한다.

분류	세부내역
장애감시	장애 발생 시 알람 등급과 장애코드, 현황을 파악하고, 중요도에 따라 상황을 전파
성능감시	시스템의 성능 저하나 특이사항, 이벤트 사항이 발생하였을 때, 실시간 분석 및 상황에 따라 조치 또는 전파
계정관리	운용자의 모니터링이나 분석 등급에 따른 계정관리
구성관리	망 관리를 하는 자가 네트워크의 어떤 장치들을 효율적으로 찾을 수 있는지에 대한 관리

4) 장애처리

- 장애처리는 네트워크 감시자로부터 통신망 장애를 통보받았을 때 신속하게 이동 후 원인파악 및 진단과정을 통해 시스템을 원상복구 하는 행위이다.
- 장애처리는 원활한 정보통신 서비스를 위한 운용업무 중 하나로 대응절차는 다음과 같다.
  - 장애 발생 신고접수 → 장애처리 → 결과보고 → 장애이력 관리
- 통신망 장애 발생 시 발생시간, 장애 지역, 장애 국소 수, 장애 영향 부위, 현재 진행 상태 등을 파악하여 단계별로 대응한다.
- 장애처리를 위해서는 장애복구 지침을 준수해야 하고, 알람 등급에 따라 대처해야 한다.
- 전용선 장애 발생 시 장애설비에 수용된 회선을 다른 장비 또는 다른 지역으로 분산시켜 장비에 대한 영향을 최소화한다. 필요에 따라서는 루프백(Loop-Back) 시험을 수행한다.
  - 루프백 시험이란 통신장비에서 신호를 보내고, 그 신호가 일정 구간을 거친 뒤 다시 되돌아오게 하는 시험으로, 주로 신호의 입력단이나 종단(출력단)에서 수행한다.
  - 루프백 시험은 네트워크상 동작하지 않는 노드 또는 회선단절이 있는지 확인하는 방법이며, 계측기나 소프트웨어를 사용한다.
  - 루프백 시험은 자국에서 시험을 수행하는 자국(Local) 제어방법과 원격에서 수행하는 원격국(Remote) 방법이 있다.
- 하드웨어 결함에 대비하여 예비 장비를 확보하고 장애처리 매뉴얼에 따라 긴급 복구 작업을 할 수 있어야 한다.

5) 장애 원인분석

- 장애처리 이후, 정확한 원인분석을 통해 향후 중복장애가 발생하지 않도록 하고, 유사장애 발생 시 좀 더 신속하게 처리할 수 있도록 한다.

- 기본적인 알람 분석이나 HW/SW 장애 분석, 과거 이력 분석을 통해 원인을 파악하고, DB화한다.
- 알람 분석은 장애 발생 시 운용지침에 명시된 등급을 적용하여 분석한다.
- HW/SW 장애 분석은 장비 고장 시 제조사 유형별 에러 로그를 분석하고, 장비 리셋, 보드 재설치, 교체 등의 조치 여부를 기록하여 분석하는 것이다.
- 이력 분석은 과거에 발생했던 장애나 변경 이력에 대한 분석으로, 자주 발생하는 장애들은 조치할 수 있는 긴급 조치 매뉴얼을 비치해 처리속도를 개선한다.

6) 정기점검

- 정보통신망 장애를 사전에 예방할 목적으로 정기적인 유지보수 점검 계획을 수립한다.
- 예방 점검 계획은 일일, 주간, 월간, 분기 등의 일반 점검과 임의 사항에 대한 특별 점검으로 구분하여 수립할 수 있다.
- 장비, 선로, 부대설비 등 대상 장비에 따라 점검 계획서를 작성하고, 필요에 따라 관련 부서와 회의를 통해 대상 항목을 선정한다.
- 예방 점검 계획에는 점검 대상, 주기, 점검내용, 점검방법, 결과 관리, 수행 주체 등이 포함되어야 한다.
- 점검 대상의 운용 절차서, 유지보수 지침서 등을 참조하여 점검 항목을 선정하며, 선정된 점검 항목은 사전에 주관 부서의 승인을 받아야 한다.
- 점검 대상에 대한 점검일지를 작성하고, 점검일지에 기록된 항목에 따라 점검을 수행하며, 점검 항목을 변경할 때에는 관련 부서와 협의하여야 한다.
- 육안으로 확인할 수 있는 일반항목은 일일 단위로 수행하며, 측정 장비를 활용하는 항목은 점검 시간을 고려하여 일일, 주간, 월간, 분기 단위로 지정해서 실시한다.
- 정기점검 이후에는 점검결과에 따른 관리를 실시한다. 일일, 주간, 월간 등 정기적인 일상 점검을 각각의 점검일지에 기록하고 점검결과를 관리한다.
- 정기점검 특이사항 발생 시, 해당 결과와 특이사항 유무를 상급자에게 보고한다.
- 점검결과는 정기적으로 관련 부서와 공유하여 문제점 발굴, 점검방법의 개선 등을 통해 효율적인 예방 점검이 되도록 한다.
- 점검일지는 기간을 정하여 해당 기간 동안 실물 보관하고, 보관 기간이 지나면 운용지침에 따라 처리한다.

일일	주간	월간	분기
• 장비 알람 • 데이터 에러율 • 온습도	• 회선 선번장 • 전송 장비 점검 • 전원부	• 장비 절체시험 • RF 실제 출력 • DB 백업	• 부대시설 • 접지저항 • 회선 절체시험 • 배터리 전압

7) 품질관리

- 품질관리는 통계분석부터 이벤트 발생에 따른 대응, 정보통신 품질 영향요소(에러율, 전송 성공률, 지연율 등) 분석, 주기적인 성능시험을 통한 품질 불량구간 발췌까지 포함된다.
- 따라서 시스템 전 구간의 안정적인 통화품질을 위해 점검, 분석, 조치하는 모든 행위라 할 수 있으며 아래와 같은 4가지로 분류할 수 있다.
  - 품질지표 관리
  - 데이터 품질 이벤트 관리
  - 품질 영향요소 분석 및 진단
  - 현장 시험 및 불량구간 발췌

8) 패치 관리

- 패치 관리는 관리자가 네트워크에 설치된 OS, 플랫폼, 애플리케이션, 소프트웨어 업데이트 현황 등을 관리하는 것이다.
- 패치 관리는 보안시스템 취약점 등으로 인해 발생할 수 있는 침해사고를 예방하는 것으로 정기적인 실행이 요구되며, 중요도에 따른 정책 및 절차를 수립해야 한다.
- 패치 관리는 우선순위나 중요도를 고려하여 패치 적용 전 시스템 가용성에 미치는 영향을 분석해야 하고, 패치 관리 시스템을 활용하는 경우, 접근통제 등 보안대책을 마련하고 관리한다.
- 주요 서버나 네트워크 장비, 정보보호 시스템의 경우, 가급적 외부 인터넷과 접속하지 않는다.

9) 통신망 측정 도구

- 정보통신망을 안정적으로 운용하기 위해서는 정기/비정기적으로 측정 도구를 활용하여 품질을 측정해야 한다. 또한, 장비 출력부터 광신호, 인입 전원 등 다양한 포인트에서 측정을 해야 하며, 대표적 측정 도구로는 스펙트럼 아날라이저, 광 파워미터 등이 있다.

분류	세부내역
스펙트럼 아날라이저	• 장비 출력, 수신 레벨이나 VSWR(전압 정재파비)을 측정하기 위해 사용 • 전기신호의 파형을 표시하며, 왼쪽→오른쪽으로 스위프되는 점으로 표시
광 파워미터	• 전송 장비의 광신호를 측정하기 위해 사용 • 광신호 인입 신호를 용이하게 측정할 수 있고 휴대가 편리함
OTDR	• 광 파워미터와 같은 목적을 갖는 도구이나, 구간 신호를 측정할 수 있는 기능이 포함되어 있음 • 거리에 따른 밴딩/절단 구간을 찾을 수 있어 선로 절단 시 주로 사용
멀티 테스터기	장비에 인입되는 상시전원, 배터리 전압, 차단기 불량 유무, 분전반 결함, 장비 내부 보드별 DC전압을 측정할 때 주로 사용
접지 및 절연저항계	통신설비 접지저항 측정 시 사용

03 정보통신 시스템 운용

1) 정의

정보통신 시스템이란 여러 호스트 또는 시스템 간 정보를 교신하기 위해 유기적으로 결합한 네트워크 시스템을 말한다.

2) 정보통신 시스템의 5가지 특성

- **목적성** : 반드시 목적이 있어야 하며 이를 달성하기 위해서는 구성요소 간 상호작용이 원활하게 이루어져야 한다.
- **자동성** : 조건이나 상황의 변화에 시기적절하게 대응, 처리할 수 있어야 한다.
- **제어성** : 정해진 규정이나 궤도에서 이탈되는 사태 또는 현상의 발생을 사전에 감지하여 수정해야 한다.
- **종합성** : 시스템은 하나 이상의 하위시스템으로 구성되고, 이들 시스템 간 상호작용을 통해 목적을 달성할 수 있어야 한다.
- **시너지효과** : 시스템을 구성하는 개체들의 통합 결과값이 전체를 구성하는 개별 개체의 합을 초과해야 한다.

3) 정보통신 시스템의 분류

- 정보통신 시스템은 원거리에 분산된 단말들 사이의 정보를 전송, 처리하기 위한 상호 유기적 결합 시스템으로, 정보전송 시스템과 정보처리 시스템으로 구분한다.

▲ 정보통신 시스템의 분류

- **정보전송 시스템(데이터 전송계)** : 단말장치, 데이터 전송회선(신호변환 장치/통신회선), 통신 제어장치
- **정보처리 시스템(데이터 처리계)** : 컴퓨터(중앙처리장치/기억장치/입출력장치, HW/SW), 주변기기

4) 정보통신 시스템 유지보수

- 정보통신 시스템 유지보수는 구축된 시스템의 성능을 최상으로 유지하고, 장애처리 등을 통해 서비스 단절을 최소화하기 위한 활동이다.
- 유지보수 활동의 4가지 유형은 다음과 같다.

유형	세부내역
수정 유지보수	잘못된 것을 수정하는 유지보수
적응 유지보수	시스템을 새로운 환경에 적응시키는 유지보수
완전 유지보수	새로운 기능을 추가하는 유지보수
예방 유지보수	장애 발생을 예방하거나 미래의 시스템을 관리하는 유지보수

5) 시스템 신뢰도

- 시스템 신뢰도란 시스템이 고장 없이 성능을 최대한 발휘할 수 있는 확률을 말한다.
- 시스템 신뢰도는 시스템이 직렬일 경우, 각 신뢰도를 곱해서 산출하고, 병렬일 경우 1에서 각 시스템의 신뢰도를 차감한 수를 곱해 산출한다.
- 직렬 시스템 신뢰도(R) = 시스템1 신뢰도 × 시스템2 신뢰도
- 병렬 시스템 신뢰도(R) = [1−(1−시스템1 신뢰도) × (1−시스템2 신뢰도)]

6) 시스템 신뢰성 척도 및 계산식

시스템 신뢰성 척도	설명
MTTF (Mean Time To Failure)	• 평균고장시간 • 시스템 사용 시작부터 고장 날 때까지의 평균시간 • 수리할 수 없는 장치의 예상수명을 계산, 길수록 유리

MTTR (Mean Time To Repair)	• 평균수리시간 • 고장 발생 시점부터 수리 완료시점까지의 평균시간 • 수리하는데 얼마나 오래 걸리는지 계산, 짧을수록 유리 • $MTTR = \dfrac{\text{총 고장 시간}}{\text{고장 횟수}}$
MTBF (Mean Time Between Failure)	• 평균고장간격 • 고장 발생 시점부터 다음 고장 시점까지의 평균시간 • 수리 가능한 장치의 예상수명을 계산, 길수록 유리 • $MTBF = MTTR + MTTF = \dfrac{\text{정상 가동 총 시간(= 가동시간 + 고장시간)}}{\text{고장 건수}}$
가용도 (Availability)	• 가용도 • 시스템 전체 운영시간 중에서 고장 없는 시간의 비율 • 가용도 $= \dfrac{\text{실질 가동 시간}}{\text{총 운용 시간}} = \dfrac{MTTF}{MTBF} = \dfrac{MTTF}{MTTF + MTTR}$

이론을 확인하는 기출문제

01 ^{23.6} 네트워크 통신에서 '전용회선 서비스에 주로 사용되는 기간망'의 안정성을 고려하여 구성하는 망 형태가 아닌 것은?

① Ring형
② Mesh형
③ 8자형
④ Star형

네트워크 구조-Star형
• Star형 네트워크는 각 호스트가 중앙 제어장치와 Point-to-Point 링크로 접속된 형태이다.
• Star형 네트워크는 하나의 링크가 고장나도 다른 링크에 영향을 주지 않는 장점이 있으나, 중앙 제어장치가 고장 나면 네트워크 전체에 영향을 미치기 때문에 네트워크 안정성이 비교적 낮다.

02 ^{23.3} 다음 중 정보통신망의 유지보수 장애처리, 긴급 변경 정책 및 절차가 아닌 것은?

① 장애대응 조치 절차
② 장애 감시체계 및 감시방법
③ 주요 부품 및 인력 지원
④ 장애 원인분석 및 향후 대응방안마련

정보통신망 장애처리 주요요소
• 장애 감시체계(관제 시스템)
• 장애 감시방안
• 장애처리 프로세스
• 장애처리 인력 및 측정도구
• 예비 장비 또는 부품

정답 01 ④ 02 ④

03 다음 중 정보통신망 유지보수 OS 패치를 위한 세부 검토 항목으로 틀린 것은?

① 서버, 네트워크 장비, 보안시스템은 중요도에 따라 패치 관리 및 정책 및 절차를 수립하고 이행해야 한다.
② 주요 서버, 네트워크 장비에 설치된 OS, 소프트웨어 패치 적용 현황을 관리해야 한다.
③ 주요 서버, 네트워크 장비, 정보보호 시스템의 경우 공개 인터넷접속을 통해 패치를 실시한다.
④ 운영시스템의 경우 패치 적용하기 전 시스템 가용성에 미치는 영향을 분석하여 패치를 적용한다.

패치 관리
• 패치 관리는 관리자가 네트워크에 설치된 OS, 플랫폼, 애플리케이션, 소프트웨어 업데이트 현황 등을 관리하는 것이다.
• 패치 관리는 보안시스템 취약점 등으로 인해 발생할 수 있는 침해사고를 예방하는 것으로 정기적인 실행이 요구되며, 중요도에 따른 정책 및 절차를 수립해야 한다.
• 패치 관리는 우선순위나 중요도를 고려하여 패치 적용 전 시스템 가용성에 미치는 영향을 분석해야 한다.
• 패치 관리 시스템을 활용하는 경우, 접근통제 등 보안대책을 마련하고 관리한다.
• 주요 서버나 네트워크 장비, 정보보호 시스템의 경우, 가급적 외부 인터넷과 접속하지 않는다.

04 다음 중 정보통신망 운영계획에 포함되어야 할 내용이 아닌 것은?

① 연간, 월간 장기계획
② 주간, 일간 단기계획
③ 최적 회선망의 설계조건 검토
④ 작업내용, 작업량, 우선순위, 주기, 운전소요시간, 운전형태 및 시스템 구성

정보통신망 운영계획
• 정기점검 계획서 작성
• 일일/주간/월간 점검방법 결정
• 기술 지원체계 정립
• 하자 관리 조직 및 방침 수립
• 작업내용, 작업량, 작업 우선순위 등 유지보수 계획 수립

오답 피하기
최적 회선망의 설계조건 검토는 정보통신망 설계에 해당된다.

05 다음 중 정보통신망에서 정보를 교환하는 방식이 아닌 것은?

① 회선 교환(Circuit Switching) 방식
② 메시지 교환(Message Switching) 방식
③ 패킷 교환(Packet Switching) 방식
④ 프레임 교환(Frame Switching) 방식

정보통신망 교환방식
• 정보통신망 교환방식은 회선교환 방식과 축적교환 방식이 있다.
• 회선교환 방식은 송수신 단말기가 둘만의 회선을 설정하여 정보를 교환하는 방식이다.
• 축적교환 방식은 송신측 데이터를 교환기에 저장시켰다가 경로설정 후 수신측에 전송하는 방식으로 메시지 교환방식과 패킷 교환방식이 있다.

06 다음 중 유용한 시스템이 가져야 할 특성이라고 볼 수 없는 것은?

① 목적성
② 자동성
③ 제어성
④ 비선형성

시스템(System)의 5가지 특성
• **목적성** : 반드시 목적이 있어야 하며 이를 달성하기 위해서는 구성요소 간 상호작용이 원활하게 이루어져야 한다.
• **자동성** : 조건이나 상황의 변화에 시기적절하게 대응, 처리할 수 있어야 한다.
• **제어성** : 정해진 규정이나 궤도에서 이탈되는 사태 또는 현상의 발생을 사전에 감지하여 수정해야 한다.
• **종합성** : 시스템은 하나 이상의 하위시스템으로 구성되고, 이들 시스템 간 상호작용을 통해 목적을 달성할 수 있어야 한다.
• **시너지효과** : 시스템을 구성하는 개체들의 통합 결과값이 전체를 구성하는 개별 개체의 합을 초과해야 한다.

21.3
07 효율적인 정보통신 시스템 유지보수 조직 운영 및 관리 방안 중 인력구성 계획단계에 해당하지 <u>않은</u> 것은?

① 운영 및 유지보수에 대한 지침을 이해한다.
② 운영 및 유지보수에 유경험자를 투입한다.
③ 유지보수 업무 효율성을 극대화시키는 팀을 구성한다.
④ 공사 시방서의 구축예정 물량을 확인한다.

정보통신 시스템 유지보수 인력구성
• 유지보수 인력은 해당 업무의 지침을 잘 이해하고, 이를 수행하여야 한다.
• 유지보수 인력은 해당 업무에 대한 전문적 기술과 경험이 있어야 한다.
• 유지보수 인력은 업무의 효율성을 극대화할 수 있어야 한다.

21.3
08 정보통신 시스템은 크게 데이터 전송계와 데이터 처리계로 분리할 수 있다. 다음 중 데이터 전송계가 <u>아닌</u> 것은?

① 단말장치
② 통신 소프트웨어
③ 데이터 전송회선
④ 통신 제어장치

데이터 통신의 구성
• 데이터 전송계 : 단말장치, 데이터 전송회선, 통신 제어장치
• 데이터 처리계 : 컴퓨터(중앙처리장치/기억장치/입출력장치, HW/SW)

21.6
09 정보처리 시스템으로 분류되지 <u>않는</u> 것은?

① 중앙처리장치
② 통신회선
③ 기억장치
④ 입출력장치

정보처리 시스템
정보통신 시스템은 원거리에 분산된 단말 사이의 정보를 전송, 처리하기 위한 상호 유기적 결합 시스템으로 정보전송 시스템과 정보처리 시스템으로 구분한다.
• **정보전송 시스템** : 단말장치, 데이터 전송회선(신호변환 장치/통신회선), 통신 제어장치
• **정보처리 시스템** : 컴퓨터(중앙처리장치/기억장치/입출력장치, HW/SW), 주변기기

23.3, 22.6, 22.3
10 수리가 가능한 시스템이 고장이 난 후부터 다음 고장이 날 때까지의 평균시간을 의미하는 것은?

① MTBF
② MTTF
③ MTTR
④ Availability

시스템 신뢰성 척도
• **MTBF(Mean Time Between Failure)** : 수리할 수 있는 시스템의 고장 발생 시점부터 다음 고장 시점까지의 평균시간
• **MTTF(Mean Time To Failure)** : 수리하지 않는 시스템의 사용 시작 시점부터 고장이 발생할 때까지의 평균시간
• **MTTR(Mean Time To Repair)** : 시스템 고장 시점부터 수리 완료된 시점까지의 평균 수리시간
• **가용도(Availability)** : 시스템 전체 운용시간에서 고장 없이 운영된 시간의 비율

정답 03 ③ 04 ③ 05 ④ 06 ④ 07 ④ 08 ② 09 ② 10 ①

11 어떤 시스템에서 신뢰도를 높이기 위해 중복시스템을 채용하고 있다. 이 시스템에서 유니트 1 또는 3이 고장을 일으키면 자동적으로 유니트 2 또는 4로 바뀐다. 유니트 1, 2, 3, 4의 신뢰도를 각각 [0.8], [0.8], [0.9], [0.9]라 할 때 이 시스템의 신뢰도는 얼마인가?

① 0.9684

② 0.9504

③ 0.5184

④ 0.0684

시스템 신뢰도
- 시스템 신뢰도란 시스템 고장 없이 성능을 최대한 발휘할 수 있는 확률을 말한다.
- 시스템 신뢰도는 시스템이 직렬일 경우, 각 신뢰도를 곱해서 산출하고, 병렬일 경우 1에서 각 시스템의 신뢰도를 차감한 수를 곱해 산출한다.
- 직렬 시스템 신뢰도(R) = 시스템1 신뢰도 × 시스템2 신뢰도
- 병렬 시스템 신뢰도(R) = [1−(1−시스템1 신뢰도) × (1−시스템2 신뢰도)]
- 문제의 경우, 유니트 1, 3은 직렬 구성이고, 1, 2와 3, 4는 각각 병렬로 구성된 형태이다.
- 따라서, 해당 시스템의 신뢰도(R) = [1−(1−0.8) × (1−0.8)] × [1−(1−0.9) × (1−0.9)] = 0.9504

12 시스템을 구성하는 각 장비의 기능에 따라 정상 상태를 시험할 목적으로 사용되는 프로그램은?

① 프로그램 보수 프로그램

② 장애해석 프로그램

③ 시스템 가동 통계 프로그램

④ 보수시험 프로그램

- **프로그램 보수 프로그램** : 프로그램의 추가, 삭제, 편집 프로그램
- **장애해석 프로그램** : 시스템 운영 중에 발생하는 장애 정보 확인 및 해석 프로그램
- **시스템 가동 통계 프로그램** : 시스템 가동 및 운영의 통계자료 출력 프로그램
- **보수시험 프로그램** : 시스템을 구성하는 각 장비의 기능 시험 프로그램

13 서비스의 중단을 야기하는 장애 구간을 탐색하기 위하여, 각 구간을 질분하여 시험하는 루프백(Loop-Back) 시험에 대한 설명으로 **잘못된** 것은?

① 루프백의 제어방법에는 자국(Local) 제어방법과 원격국(Remote) 제어방법이 있다.

② 원격 루프백은 자국으로부터 수신한 신호를 자국으로 돌려주는 것을 말한다.

③ 루프백 시험을 위해서는 패턴을 발생하고 분석하는 계측기를 사용하여야 한다.

④ 루프백이 수행되는 지점은 각 통신시스템에서 신호의 입력 및 출력이 이루어지는 지점이다.

루프백(Loop-Back) 시험
- 루프백 시험이란 통신장비에서 신호를 보내고, 그 신호가 일정 구간을 거친 뒤 다시 되돌아오게 하는 시험으로 주로 신호의 입력단이나 종단(출력단)에서 수행한다.
- 루프백 시험은 네트워크상 동작하지 않는 노드 또는 회선단절이 있는지 확인하는 방법이며, 계측기나 소프트웨어를 사용한다.
- 루프백 시험은 자국에서 시험을 수행하는 자국(Local) 제어방법과 원격에서 수행하는 원격국(Remote) 방법이 있다.

14 다음 중 정보통신 시스템 유지보수 활동의 유형에 해당되지 **않는** 것은?

① 준공 시 정보통신 시스템 성능의 유지관리

② 잘못된 것을 수정하는 유지보수

③ 시스템 구축을 위한 유지보수

④ 장애발생 예방을 위한 유지보수

유지보수(Maintenance)
- 유지보수는 구축된 시스템의 성능을 최상으로 유지하고, 장애처리 등을 통해 서비스 단절을 최소화하기 위한 활동이다.
- 유지보수 활동의 4가지 유형은 다음과 같다.
  - **수정 유지보수** : 잘못된 것을 수정하는 유지보수
  - **적응 유지보수** : 시스템을 새로운 환경에 적응시키는 유지보수
  - **완전 유지보수** : 새로운 기능을 추가하는 유지보수
  - **예방 유지보수** : 장애 발생을 예방하거나 미래의 시스템을 관리하는 유지보수

정답 11 ② 12 ④ 13 ② 14 ③

SECTION 11 망관리 시스템(NMS)

기출 분석

연도	19년	20년	21년	22년	23년
문제 수	3	1	3	3	2

01 망관리 시스템(NMS, Network Management System)

- NMS는 네트워크를 모니터링하고 관리하는데 사용되는 하드웨어와 소프트웨어의 조합으로, 네트워크 내 전체 장비의 상태와 성능을 감시하고 제어하는 시스템이다.
- NMS는 네트워크 장애의 빠른 감지와 대응시간 감소를 위해 개발되었으며, 통신망 모니터링뿐 아니라, 네트워크 성능감시, 보안 위협 대응 등 다양한 역할을 하고 있다.

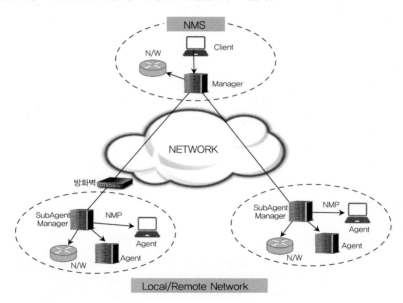

▲ NMS 통신망 구성도 예시

02 NMS 구성요소

- **Manager(관리자)** : 네트워크 내 장비들의 장애 감시, 성능분석과 같은 역할을 하고, 관리자에게 네트워크 전체 상황을 볼 수 있도록 인터페이스를 제공하며, Agent 동작에 대한 명령을 전달하고 동작을 수행하게 한다.
- **Agent(대리인)** : 라우터, 스위치, 브리지, 호스트 등 관리되는 통신장비 안에 탑재된 S/W 형태의 모듈로 Manager의 명령을 받아 실행하고, 결과값을 피드백한다.
- **프로토콜** : Manager와 Agent 사이 통신을 위한 전용 프로토콜로 SNMP 등이 있다.

- MIB(Management Information Base) : 망관리 자원을 구조화시킨 체계화된 형태의 대규모 정보 집합으로 계층적 구조로 되어있다. 네트워크 내 모든 장비는 현재의 상태를 알려주는 MIB를 가지고 있고, Manager는 해당 값을 읽어 장비를 모니터링한다.

03 NMS 5대 기능

- **장애관리** : 네트워크 장애를 감지하거나, 비정상적인 동작이 감지되었을 때 신속하게 대처할 수 있도록 정보를 제공하는 기능이다.
- **구성관리** : 네트워크 장비 및 링크의 연결 상태, 설정, 역할 등 전반적인 네트워크 구성요소와 형상을 관리하는 기능이다.
- **성능관리** : 네트워크 장비와 링크 상태(에러율, 가동률 등)를 모니터링하여 성능 저하가 발생했을 때 즉시 대처할 수 있도록 하는 기능이다.
- **계정관리** : 사용자의 권한, 자원 사용현황, 계정 정보 등을 수집/저장/제어하는 기능이다.
- **보안관리** : 네트워크 보안정책을 수립하고, 이벤트를 모니터링하여 보안 위협에 대처할 수 있도록 하는 기능이다.

04 NMS 주요 역할

- 통신망 상태를 실시간으로 모니터링한다.
- 데이터 트래픽 등 네트워크 성능을 감시한다.
- 통신망 장애를 감지한다.
- 보안 위협요인들에 대응한다.

05 NMS 프로토콜(표준)

프로토콜	주요내역
SNMP	• 네트워크 관리를 위해 제어/감시/정보관리/운반 등의 기능이 포함된 프로토콜 • UDP/IP 상에서 동작하는 단순한 형태의 메시지 교환형 프로토콜 • 구조가 간단하고, 구현이 용이하여 망관리 프로토콜로 자주 사용됨 • 정보 지향적이고 단순한 요청과 응답의 메커니즘으로 구성(Get/Set)
CMIP	• 조직적이고 규모가 큰 망관리용 프로토콜로, 계층적 구조로 되어있어 대규모 망 관리에 적합 • OSI 프로토콜 스택 상 동작하는 대규모의 프로토콜 • 자동 이벤트 통지 기능이 있고, Connection-oriented 방법으로 통신
RMON	• 네트워크 장비에서 수집된 데이터를 분석하고 보고하는 데 사용되는 프로토콜 • 네트워크 데이터 전송량, 패킷 유형, 오류, 장애 정보를 수집하는 데 유용함
NetFlow	• 시스코에서 개발한 NMS 프로토콜로 네트워크상 데이터 흐름을 수집하여 분석하는 데 유용 • 네트워크상 데이터 전송량, 전송 경로, 사용자 및 애플리케이션에 대한 정보수집 기능

06 NMS 유사 시스템

1) TMN(Telecommunication Management Network)

- TMN이란 전기통신망과 통신서비스를 관리하기 위해, 운용시스템과 통신망 구성 장비들을 표준 인터페이스로 연결하고, 인터페이스를 통해 필요한 관리정보를 상호 교환하는 논리적 구조의 망관리 시스템이다.
- TMN은 통신망 전송시스템 및 교환시스템을 관리할 목적으로 1988년 CCITT M.30에서 처음으로 권고된 이래 이를 확대/발전시키면서 출현하게 되었고, 장애관리/구성관리/성능관리/계정관리/보안관리 기능이 있다.

2) NME(Network Management Entity)

- NME는 네트워크 자원들 작업을 위한 소프트웨어 집합체이다.
- NME는 호스트, 스위치, 라우터, 컨트롤러 등과 같은 관리대상의 상위에 위치하고 있으며, 네트워크 자원들의 상태 정보 및 트래픽 수집, 통계 저장, 호스트 요청처리 등을 수행한다.

이론을 확인하는 기출문제

23.6, 21.3
01 다음 중 네트워크를 관리하는 통신망인 TMN (Telecommunication Management Network)에서 정의하고 있는 5가지 관리 기능이 아닌 것은?

① 성능관리
② 보안관리
③ 조직관리
④ 구성관리

TMN
- TMN이란 전기통신망과 통신서비스를 관리하기 위해, 운용시스템과 통신망 구성 장비들을 표준 인터페이스로 연결하고, 인터페이스를 통해 필요한 관리정보를 상호 교환하는 논리적 구조의 망관리 시스템이다.
- TMN은 통신망 전송시스템 및 교환시스템을 관리할 목적으로 1988년 CCITT M.30에서 처음으로 권고된 이래 이를 확대/발전시키면서 출현하게 되었고, 장애관리/구성관리/성능관리/계정관리/보안관리 기능이 있다.

22.6
02 네트워크를 모니터링하고 관리하는 데 사용되는 하드웨어와 소프트웨어의 조합으로 구성되는 망관리 시스템은?

① NMS
② DOCSIS
③ SMTP
④ LDAP

- **NMS** : 네트워크를 모니터링하고 관리하는 데 사용되는 하드웨어와 소프트웨어의 조합으로, 네트워크 내 전체 장비의 상태와 성능을 감시하는 시스템
- **DOCSIS** : CATV 망을 이용한 초고속 인터넷 서비스 표준으로, 헤드엔드와 가입자 간의 통신규격
- **SMTP** : 인터넷에서 이메일을 송신하기 위해 사용되는 프로토콜
- **LDAP** : 네트워크상에서 조직이나 조직 내 파일/개인정보/디바이스 정보 등을 찾아볼 수 있도록 하는 프로토콜

정답 01 ③ 02 ①

03 통신망(Network) 관리 중 아래 내용에 해당되는 것은?

a. 네트워크 장비를 관리 감시하기 위한 목적
b. 관리시스템, 관리대상 에이전트, MIB(Management Information Base) 등으로 구성
c. 원격장치구성, 네트워크 성능 모니터링, 네트워크 사용 감시의 역할

① SNMP(Simple Network Management Protocol)
② TMN(Telecommunications Management Network)
③ SMAP(Smart Management Application Protocol)
④ TINA-C(Telecommunication Information Network Architecture Consortium)

SNMP(Simple Network Management Protocol)
• SNMP는 네트워크 관리 및 감시를 위해 제어/감시/정보관리/운반 등의 기능이 포함된 통신망 관리 프로토콜이다.
• SNMP는 UDP/IP 상에서 동작하는 단순한 형태의 메시지 교환형 프로토콜로 매니저, 에이전트, MIB와 함께 NMS를 구성한다.
• SNMP는 구조가 간단하고, 구현의 용이하여 망관리 프로토콜로 자주 사용된다.

04 다음 중 네트워크 자원들의 상태를 모니터링하고 이들에 대한 제어를 통해서 안정적인 네트워크 서비스를 제공하는 것은?

① 게이트웨이 관리　② 서버 관리
③ 네트워크 관리　④ 시스템 관리

네트워크 관리 시스템(NMS)
네트워크 관리 시스템(NMS)은 네트워크를 모니터링하고 관리하는 데 사용되는 하드웨어와 소프트웨어의 조합으로, 네트워크 내 전체 장비의 상태와 성능을 감시하는 시스템이다.

05 네트워크 장비를 하나의 네트워크 관리체계(NME)로 볼 수 있으며 여기에는 네트워크 관리를 위해 사용되는 소프트웨어들을 포함하고 있는데 이들 NME의 역할이 아닌 것은?

① 장비에 들어오고 나가는 트래픽 통계 정보를 수집한다.
② 수집한 통계 정보를 저장한다.
③ 관리 호스트로부터의 요청을 처리한다.
④ 장비에 이상 발생 시 주위 장비들에 이를 알린다.

NME(Network Management Entity)
• NME는 네트워크 자원들 작업을 위한 소프트웨어 집합체이다
• NME는 호스트, 스위치, 라우터, 컨트롤러 등과 같은 관리대상의 상위에 위치하고 있으며, 네트워크 자원들의 상태 정보 및 트래픽 수집, 통계 저장, 호스트 요청처리 등을 수행한다.

06 네트워크 관리 구성 모델에서 관리를 실행하는 객체와 관리를 받는 객체를 올바르게 짝지은 것은?

① Agent-Manager
② Manager-Server
③ Client-Agent
④ Manager-Agent

네트워크 관리구조
• 네트워크나 시스템은 일반적으로 관리자(Manager)와 대리인(Agent)으로 구성된다.
• 관리자는 대리인 동작에 대해 명령을 전달하고 동작을 수행하게 하는 관리 객체이다.
• 대리인은 관리자의 명령을 받아 실행하고, 결과값을 관리자에게 전달하는 수행 객체이다.

정답　03 ①　04 ③　05 ④　06 ④

합격을 다지는 예상문제

▶ 합격 강의

01 통합관제시스템의 영상분배 서버에 대한 설명으로 옳은 것은?

① 영상 포맷(압축/전송방식/화질)이 각기 다른 CCTV 영상들을 통합하여 기록하고, 인증된 사용자에게 실시간으로 분배하는 역할을 한다.
② 인공지능 SW가 탑재되어 사용자가 원하는 영상 속 객체를 찾아준다.
③ 경찰서나 소방서와 같은 외부기관에서 통합관제시스템 내 CCTV 영상들을 확인할 수 있도록 연계된 장치이다.
④ 운영자들이 전체 CCTV 영상을 용이하게 모니터링 할 수 있는 장치이다.

통합관제시스템의 영상분배 서버
• 영상분배 서버는 영상 포맷(압축/전송방식/화질)이 각기 다른 CCTV 영상들을 통합하여 기록하고, 인증된 사용자에게 실시간으로 분배하는 역할을 한다.
• 영상분배 서버는 영상을 분배하면서도 프레임 저하, 시간 지연 없이 동일한 품질의 영상을 전송/저장하는 특징이 있다.

02 다음 중 시스템 통합에 대한 설명으로 **틀린** 것은?

① 시스템 통합은 하드웨어, 소프트웨어, 네트워크 등 시스템 구성요소들을 분석하여 하나의 전체 시스템으로 통합하는 것이다.
② 시스템 통합은 기존 시스템과 새로 개발된 시스템을 분리시키는 작업이다.
③ 시스템 통합은 서로 다른 제품의 하드웨어와 소프트웨어가 함께 원활히 동작되는 것이 목표이다.
④ 시스템 통합의 주요업무는 시스템 진단/컨설팅/구축/기술지원/성능분석 등이다.

시스템 통합(System Integration) 개념 및 특징
• 시스템 통합은 하드웨어, 소프트웨어, 네트워크 등 시스템 구성요소들을 분석하여 하나의 전체 시스템으로 통합하거나, 사용자 요구사항을 반영하여 니즈에 가장 적합한 IT 시스템을 구현하는 것이다.
• 시스템 통합은 기존 시스템과 새로 개발된 시스템을 통합시키는 작업이므로, 서로 다른 제품의 하드웨어와 소프트웨어가 함께 원활히 동작하는 것이 목표이며, 주요업무는 시스템 진단/컨설팅/구축/기술지원/성능분석 등이다.

정답 01 ① 02 ②

03 다음 중 가스식 소화설비의 특징이 아닌 것은?

① 소화약제가 기체이므로 화재 진압 시 잔여물이 남지 않아 중요 장비의 손실을 최소화할 수 있다.

② 가스식 소화설비는 전기와 접촉했을 때 문제가 발생하지 않는다.

③ 가스식 소화설비는 별도의 제약사항이 없는 이상 수계 소화설비가 설치되는 장소에 동일하게 설치될 수 있다.

④ 가스식 소화설비는 사람과 통신장비가 함께 있는 공간에 설치한다.

가스식 소화설비 주요 특징

• 소화약제가 기체이므로 고가장비 또는 중요 장비의 손실을 최소화할 수 있다.

• 수계 소화설비와 달리 전기와 접촉했을 때 문제가 발생하지 않는다.

• 통신장비실 이외에도 전기실, 방사성 폐기물 저장시설, 지정문화재 등에 설치된다.

• 가스식 소화설비는 별도의 제약사항이 없는 이상 수계 소화설비가 설치되는 장소에 동일하게 설치될 수 있다.

• 다만, 이산화탄소 소화설비는 산소농도를 떨어뜨려서 소화하는 특성이 있고, 할로겐화합물 및 불활성기체 소화설비는 독성이 있으므로 방재실이나 제어실과 같이 사람과 통신장비가 함께 있는 공간에는 설치하지 않는다.

---

04 다음 중 비상방송시스템 출력부에 대한 설명으로 옳은 것은?

① 음성, 음원 등 진동에 의한 음성신호(음파)를 전기신호로 바꾸는 역할을 한다.

② 음량의 밸런스와 음질, PC 연동 등 전반적인 신호 처리와 조절을 담당한다.

③ 미세한 전기신호를 증폭하여 음량을 조정하는 장치이다.

④ 전기신호를 사람이 들을 수 있는 음성신호로 바꾸는 역할을 한다.

비상방송시스템 구성요소

• **입력부** : 음성, 음원 등 진동에 의한 음성신호(음파)를 전기신호로 바꾸는 역할을 한다.

• **제어부** : 음량의 밸런스와 음질, PC 연동 등 전반적인 신호 처리와 조절을 담당한다.

• **증폭부** : 미세한 전기신호를 증폭하여 음량을 조정하는 장치이다.

• **출력부** : 전기신호를 사람이 들을 수 있는 음성신호로 바꾸는 역할을 한다.

05 다음은 출입통제시스템의 어떤 것에 대한 설명인가?

- 사용자만 알고 있는 인증수단
- 비밀번호, 패턴, 질문의 답 같은 방법을 의미
- 디지털 도어락, 스마트폰의 패턴 인증이 해당

① 지식기반 인증수단
② 소유기반 인증수단
③ 고유속성 인증수단
④ 응용기반 인증수단

출입통제시스템 인증수단

구분	주요 내용
지식기반 인증수단	• 사용자만 알고 있는 지식기반의 인증수단 • 비밀번호, 패턴, 질문의 답과 같은 방법을 의미 • 디지털 도어락, 스마트폰의 패턴 인증 등이 해당
소유기반 인증수단	• 사용자가 소유하고 있는 매체 기반의 인증수단 • 열쇠, 카드(RFID, IC, NFC, 마그네틱 등), 스마트폰 등이 해당
고유속성 인증수단	• 사용자만의 고유 속성인 신체적, 행동적 특징을 이용한 인증수단 • 지문, 홍채, 정맥, 얼굴, 음성 등이 해당

06 다음은 무엇에 대한 설명은?

- 인터넷을 통해 단말들(호스트, 라우터 등)의 시간을 동기화시키는 프로토콜
- 모든 장비의 시간을 똑같이 만들어주는 프로토콜
- 최소 0.001초 단위까지 동기화가 가능

① SNMP(Simple Network Management Protocol)
② CMIP(Common Management Information Protocol)
③ NTP(Network Time Protocol)
④ MDF(Main Distribution Frame)

네트워크 타임 프로토콜(Network Time Protocol, NTP)
• NTP는 인터넷을 통해 단말들(호스트, 라우터 등)의 시간을 동기화하는 프로토콜이다.
• NTP는 시간 동기를 최상위 마스터 클럭(Master Clock)에 맞추며 모든 장비의 시간을 일치시켜주는 프로토콜이라 할 수 있다. 최소 0.001초 단위까지 동기화가 가능하다.

07 통합배선의 수평배선에 대한 설명 중 틀린 것은?

① 건축물 내 주 분배함(MDF)에서 각 세대단자함까지의 배선이다.
② 세대단자함에서 각 실별로 설치된 1회선 이상의 단독배선이다.
③ 4페어 이상 UTP 케이블로 배선한다.
④ 최소 1회선(2회선 이상 권장) 이상 포설한다.

통합배선시스템의 수평배선
• 세대단자함에서 각 실별로 설치된 1회선 이상의 단독배선을 말한다.
• 4페어 이상 UTP 케이블로 배선하고, 최소 1회선(2회선 이상 권장) 이상 포설한다.
• 세대단자함으로부터 성형배선으로 구축하되 음성급을 제외하고는 브리지탭을 만드는 배선은 허용되지 않는다.

오답 피하기

간선배선 : 건축물 내 주 분배함(MDF)에서 각 세대단자함까지의 배선을 말한다. 각 세대별 최소한 2페어 이상의 케이블이 구축되어야 하고, 구축배선은 최소 16MHz의 전송대역폭을 가져야 한다.

정답 03 ④ 04 ④ 05 ① 06 ③ 07 ①

08 통신설비 접지방식의 종류가 아닌 것은?

① 보안접지
② 독립접지
③ 공통접지
④ 통합접지

통신설비 접지의 종류
· 접지 목적에 따른 분류 : 보안용 접지, 기능용 접지
· 접지방식의 종류 : 독립접지, 공통접지, 통합접지

09 MDF에 대한 설명 중 틀린 것은?

① 외부 회선과 내부 회선의 접속 분계점 역할을 한다.
② 교환 장비를 운용하는 경우, MDF를 사업자와 가입자간 접속 분계점으로 본다.
③ 아파트 공용 복도나 사무실 인근 등 가입자가 위치한 주변에 주로 설치된다.
④ 외부 회선과 내부 회선 간 절체 시험을 수행할 수 있다.

MDF 주요기능
· 외부 회선과 내부 회선의 접속 분계점 역할을 한다.
· 교환 장비를 운용하는 경우, MDF를 사업자와 가입자 간 접속 분계점으로 본다.
· 회선 및 통신장비의 상태를 감시할 수 있다.
· 외부 회선과 내부 회선 간 절체 시험을 수행할 수 있다.

10 정보통신망 운용을 위해 필요한 것이 아닌 것은?

① 트래픽 엔지니어링
② 망 관제 시스템
③ 운용인력
④ 통신망 측정도구

정보통신망 운용
정보통신망 운용을 위해서는 망 관제를 위한 모니터링 시스템, 정기점검 및 장애처리를 수행할 수 있는 운용인력, 그리고 통신망의 상태나 품질을 측정할 수 있는 측정도구가 필요하며, 안정성을 최우선으로 추구한다.

11 NMS 구성요소에 대한 설명 중 틀린 것은?

① Manager : Agent로부터 정보를 주기적으로 전달받고, 장애 감시와 성능분석을 담당한다.
② Agent : 라우터, 스위치, 브리지 등 관리되는 통신장비 내 탑재된 S/W 형태의 모듈이다.
③ 프로토콜 : Manager와 Agent 사이 통신을 위한 전용 프로토콜로 SNMP 등이 있다.
④ MIB : 네트워크 전체 상황을 볼 수 있도록 인터페이스를 제공한다.

NMS 구성요소
· **Manager** : 네트워크 내 장비들의 장애 감시, 성능분석과 같은 역할을 하고, 관리자에게 네트워크 전체 상황을 볼 수 있도록 인터페이스를 제공하며, Agent로부터 정보를 요청하거나 주기적으로 전달받는다.
· **Agent** : 라우터, 스위치, 브리지, 호스트 등 관리되는 통신장비 안에 탑재된 S/W 형태의 모듈로 장치 내 정보를 수집하여 Manager에게 전달한다.
· **프로토콜** : Manager와 Agent 사이 통신을 위한 전용 프로토콜로 SNMP 등이 있다.
· **MIB** : 망관리 자원을 구조화시킨 체계화된 형태의 대규모 정보 집합으로 계층적 구조로 되어있다. 네트워크 내 모든 장비는 현재의 상태를 알려주는 MIB를 가지고 있고, Manager는 해당 값을 읽어 장비를 모니터링한다.

정답 08 ① 09 ③ 10 ① 11 ④

CHAPTER

03

구내통신 구축 설계

01 개요

- 구내통신이란 정보통신 장비(방송 공동수신설비, 홈네트워크 장비, 영상감시설비 등)와 배관, 배선, 부대설비를 이용한 건물 내 통신이다.
- 구내통신 구축을 위해서는 계획 수립이 필수적이고, 계획 수립을 통해 구내통신의 목표와 범위, 조직 등을 확립해야 한다.

02 구내통신 계획 검토사항

- 서비스 트래픽의 종류와 사용자 수요를 분석하여 용량 산출에 반영한다.
- 최번시(Busy Hour)를 기준으로 트래픽을 산정하고 반영한다.
- 유연성과 확장성, 신규기술 도입 가능성을 고려한다.
- 구내통신망 환경조건과 설치 및 운용사례를 검토하여 장비 신뢰성을 높인다.

03 구내통신 목표 수립

1) 타당성 검토

- 타당성 검토는 구내통신 구축 사업 추진 중 불필요한 예산 낭비를 방지하고, 재정운영의 효율성을 높이기 위함이다.
- 타당성 검토에는 사업 착수 이전에 구내통신설비를 대상으로 실행하는 계획단계 타당성 검토와 기본설계단계에서 실행하는 설계단계 타당성 검토가 있다.

2) 경제성 검토

- 경제성 검토는 비용 대비 사업에 대한 수요를 추정하여 편익을 산정하고, 총사업비와 해당 사업에 필요한 모든 경비를 산정하는 것이다.
- 일반적으로 비용─편익(B/C)비율이 1보다 크면 경제성이 있어 타당한 사업이다.

3) 구내통신설비 현황 및 규정 파악

- 현재의 구내통신설비 현황을 파악하고, 문제점을 분석하는 것이다.
- 현장에 방문하여 운영 중 문제점과 운영 방향, 운영자 요구사항을 조사한다.
- 구내통신설비 관련 규정을 검토한다.
  - 방송통신설비기술에 관한 규정, 전기통신사업법 관련 규정, 주택건설기준에 관한 규정, 초고속정보통신설비 설치 규정, 정보통신공사업법 기술기준, 방송공동수신설비 설치 규정, CCTV 설치 규정 등

4) 사전 계획서 작성

- 사전 계획서 작성으로 사업비 초과를 방지하고, 사업 시행 중 발생하는 문제점을 보완하며, 유관부서와 협력을 도모한다.
- 사전 계획서에는 현재 구내통신 상태의 문제점 분석, 비용산정, 업무분장, 일정 관리, 담당 인력 등이 명시되어 있다.

04 구내통신 구축범위 설정

1) 구축범위 사전검토

- 설치하고자 하는 시스템의 구축범위와 비용, 구내통신설비 유지보수비용 등에 대한 사전검토를 시행하는 것이다.
- 전문회사 용역 여부, 운영 전담인력, 장애처리 절차, 유지보수비용 증가 시 대처방안 등 구내통신설비 운영 사항과 업무 범위를 검토한다.
- 통합관리 시스템을 이용하여 운영비를 줄일 수 있는 방안과 통합 관리업무가 필요한 분야를 고려하여 구축범위를 결정한다.

2) 구축범위 결정

- **발주자가 구축범위 결정** : 발주자가 다른 현장에 설치한 규모를 사례로 구축의 범위를 결정하고 설계자에게 총 사업비 기준으로 설계를 요구하는 방법이다.
- **설계자가 구축범위 결정** : 설계자가 다른 현장에 설치한 규모를 사례로 구축범위를 결정하여 발주자에게 설명하고 총사업비 규모를 결정하는 방법이다.

3) 구축범위 설정

- 구축범위는 발주자가 요구하는 설치계획을 기준으로 설정한다.
- 구축범위는 설정된 내용이 통신 관련 법률과 규정에 준수할 수 있도록 한다.

4) 구축범위 계획서 작성

- 구축범위 계획서는 현장 조사 내용을 중심으로 작성하고, 다른 공사와 연계성을 검토하며 사업추진 계획의 범위 내 발주자 요구사항을 반영한다.
- 하드웨어 및 소프트웨어 요구사항, 일정계획, 관련 조직의 업무분장과 책임 한계, 시스템 위험 관리 방법, 지적 재산권의 귀속 및 관리 방법 등을 검토하여 작성한다.

05 구축조직 구성

1) 조직 구성

- 구내통신 구축을 위한 조직은 발주자 조직과 사업자 조직이 있으며, 상호협력관계로 사업을 진행하도록 구성한다.
- 구축조직은 사업 기간에만 필요한 프로젝트성 조직이며, 발주자와 사업자의 특징, 담당분야를 위한 직무 분석, 조직 업무량 등을 종합적으로 고려한다.
- 구축조직은 설계, 개발, 공사, 감리 등 담당업무에 따라 다양하게 분류할 수 있으며, 세부적으로는 계획/시행/평가/관리/예산 등의 명칭을 붙일 수 있다.

2) 업무분장

- 사업 계획서에 따른 사업 기간과 구내통신 설비 규모를 반영하여 업무를 분장한다.
- 각 부서별 사전 지원과 설계도서를 제공받아 소요 인력을 산출하고, 조직 간의 업무량을 균등하게 나누어 분장한다.
- 문제점 해결 범위와 예산 규모를 고려하여 업무를 분장한다.

06 소요예산 파악

- 예산이란 구내통신 구축 계획을 수립한 기관에서 활동 전반에 대한 수입과 지출을 금전으로 표시한 예정표를 말한다.
- 예산 수립은 중기재정계획 수립 → 투자심사 → 예산편성 → 예산집행 → 집행 결산 → 재정분석 → 재정환류의 과정으로 이루어진다.

1) 예산편성

- 예산편성은 재원을 확보하여 경비 지출의 효율성과 건전성을 높이기 위함이다.
- 예산은 구내통신설비 구축과 목표 설비의 효과적인 운영지원, 재정의 자립기반 조성, 합리적인 세입을 고려하고, 재정지출과 건전재정, 정책 기본방향과의 연계성을 사전에 검토하여 편성한다.
- 구내통신 구축 설계비와 감리비 예산은 엔지니어링 사업 대가 기준을 적용한다.

2) 예산집행

- 예산집행이란 수입의 조정, 납입의 통지, 수납, 예산의 배정, 지출원인행위의 실행, 지방채의 발행, 일시차입금의 차입, 세출예산의 배정 등의 행위를 말한다.
- 예산집행은 편성된 목적과 내용대로 실행해야 하고, 예산과목(세출 업무의 형식과 체계로 분류해 놓은 것) 내에서 집행하도록 한다.

3) 예산관리

- 예산관리는 구내통신 구축에 소요되는 금전, 물품, 재산 등의 출납과 보관 · 관리의 예산을 정리 · 기록하여 수입과 지출을 규정대로 사용하였는지를 관리하는 것이다.
- 예산관리는 계약과 지출, 결산의 전 과정이 포함되며, 제한된 예산을 초과하지 않는 범위 내에서 계약을 실행하고, 계약서대로 대가를 지출하는 원칙을 준수해야 한다.
- 예산관리에는 기본설계, 실시설계, 공사, 감리, 통신장비 개발, 구매 등에 대한 일정표와 지출 범위 등이 포함된다.

07 구축 인허가 계획 수립

1) 구내통신 구축 관련 법령 조사

- 사업에 관계된 각종 법령을 검색하고, 위법사항이 없도록 법령을 조사하는 것이다.
- 인터넷 사이트의 법제처(http://www.moleg.go.kr/main.html)를 검색하고, 조사하려는 법령을 입력하여 검토한다.
- **구내통신 분야 법률 종류** : 방송통신발전기본법, 정보통신공사업법, 전파법, 전기통신사업법, 방송통신설비의 기술기준에 관한 규정, 접지설비 · 구내통신설비 · 선로설비 및 통신공동구 등에 대한 기술기준, 건축법시행령 제87조4항 방송 공동수신설비 설치에 관한 규정

2) 건축법에서 구내통신 분야 인허가 절차 파악

- 정보통신공사업법에는 인가나 허가의 제도를 법으로 규정하지 않고 있으나, 건축법에서는 건축허가 시 통신설계도면을 지방자치단체장에게 제출하도록 규정하고 있다.
- 건축물을 건축하거나 대수선하려는 자는 특별자치도지사 또는 시장·군수·구청장의 허가를 받아야 한다. 다만, 21층 이상의 건축물 등 대통령령으로 정하는 용도 및 규모의 건축물을 특별시나 광역시에 건축하려면 특별시장이나 광역시장의 허가를 받아야 한다.

3) 착공 전 설계도서 검토

정보통신공사의 착공 전 설계도를 시/군/구청장에게 제출하는 규정에 대해 검토한다.

4) 사용 전 검사 준비

- 사용 전 검사는 정보통신공사업법 제36조에서 의무적으로 실시하도록 규정하고 있다.
- 사용 전 검사 대상과 절차를 사전에 파악하여 서류를 준비한다.

이론을 확인하는 기출문제

22.10
01 통신망 계획 시 검토사항이 적절하지 <u>않은</u> 것은?

① 설비의 신뢰성 : 통신망의 환경조건 분석, 설치 운용사례수집
② 수요 및 트래픽 분석 : 트래픽(Traffic)의 종류, 이용자의 성향분석
③ 이용자의 성향분석 : 최한시(Idle Hour) 기준의 트래픽 설계, 멀티미디어 서비스 이용 동향
④ 기술적 특성 및 전망 : 인터페이스 조건, 기술발전추세 부합 여부

....

통신망 계획 검토사항
- 통신망 환경조건과 설치 및 운용사례를 검토하여 장비 신뢰성을 높인다.
- 서비스 트래픽의 종류와 사용자 수요를 분석하여 용량 산출에 반영한다.
- 최번시(Busy Hour)를 기준으로 트래픽을 산정하고 반영한다.
- 유연성과 확장성, 신규기술 도입 가능성을 고려한다.

정답 01 ③

SECTION 02 구내통신 구축 설계

기출 분석

연도	19년	20년	21년	22년	23년
문제 수	1	2	0	3	0

01 개요

구내통신 구축 설계는 구내통신 구축을 위해 설계산출물(설계보고서, 도면, 시방서 등)을 작성하는 것이다.

02 구내통신환경 분석

1) 현장조사

• 현장조사는 설계를 위한 정보수집의 직무 행위로 체계화된 프로세스를 갖추어야 하며, 가능한 한 다양하고 많은 정보를 기록한다.
• 건물 주변 환경과 구내 환경을 모두 기록하여 설계에 반영한다.

구분	주변 환경	구내 환경
현장조사 대상	• 건물 형태 및 구조 • 건물 근처 맨홀 위치와 관로 • 맨홀과 통신실 간 관로 • 상용전기 공급현황 • 통신설비 운반환경 • 건물 진동 유무 • 접근성 및 교통환경	• 접지 시설 여부 • 건물 내 통신 분배함 위치 • 통신실 크기 및 구조 • 통신구 위치 및 관로 • 수직/수평계 덕트 • 비상발전 확보 여부

2) 요구사항 분석

• 요구사항 분석은 이해 관계자의 요구사항을 수집 및 분석하고 문서화하는 프로세스이다.
• 요구사항 분석을 통해 구축 관련 정보 중 객관적이고 정확한 정보를 선별하고, 핵심적인 정보를 반영할 수 있다.
• 구내통신 구축과 관련된 요구사항 항목으로는 인터넷 서비스 현황, 보안 솔루션, 전용회선 관련 정보, 융합서비스 정보 등이 있다.

3) 정보통신 시스템 분석

• 정보통신 시스템 분석은 기존 시스템이나 계획 중인 시스템을 체계적으로 조사하여 그 시스템에 요구되는 정보나 처리 과정, 타 시스템과의 관계 등을 조사하는 활동을 말한다.
• 정보시스템 분석은 새로운 시스템에 대한 요구를 명확하게 하고, 비효율적인 요소를 사전에 발췌하거나, 향후 효과에 대한 자료를 얻기 위해 수행한다.

03 설계보고서 작성

1) 기본설계 보고서

- 기본설계 보고서는 타당성 조사와 기본계획을 토대로 시설물의 규모, 배치, 형태, 개략 공사 방법 및 기간, 개략 공사비 등에 관한 조사, 분석내용이 기재된 보고서이다.
- 기본설계 보고서에는 각종 사업의 인허가 사항을 포함하고, 설계 기준 및 조건 등 실시설계에 필요한 기술적인 내용을 기재한다.
- 기본설계 보고서는 기본계획에서 수립한 내용들이 포괄적으로 포함되어 있다.
- 보고서 작성을 위해 구내통신망 구축을 위한 문제점과 비용에 대한 사항을 검토한다.
- 설비 배치, 평면, 입면, 단면 등의 모양과 구조, 재료, 설비, 공사비, 공사 기간 등의 내용을 명시한다.

2) 실시설계 보고서

- 실시설계 보고서는 세부적인 현장조사와 분석, 검토과정을 거친 후 최적의 방안을 제시하여 실제 공사를 위한 내용을 작성하는 보고서이다.
- 실시설계 보고서에는 기본설계 내용을 토대로 하되, 시설물의 규모와 배치, 형태, 공사방법과 기간, 공사비 등을 확정하도록 한다.
- 실시설계 보고서는 설계자의 의도를 정확하게 전달하기 위해 전문적이고 기술적인 내용이 서술되어야 하고 시공자가 알아보기 편리하도록 작성해야 한다.
- 구축에 필요한 장비 및 자재의 변경으로 인해 사업비가 증감되는 경우, 발주처나 사용자 요구사항의 변경으로 인해 사업비가 증감된 경우에는 그 내용을 세부적으로 작성한다.

3) 설계보고서 작성 시 고려사항

- 수평 케이블과 접속 기자재의 설계 기준을 적용한다.
- 수평 관로 및 배선 공간 설계 기준을 적용한다.
- 배선 구조, 케이블 설치와 관로 설계 기준을 적용한다.
- 통신실 설치기준과 고려하여 작성한다.
- 전원시설과 환경조건을 고려하여 작성한다.
- 환경조건 설계 기준을 고려하여 작성한다.
- 통신서비스 인입 및 종단을 설계 기준에 따라 적용한다.

04 설계도면 작성

1) 관로도, 선로도

- 관로도란 인공, 수공 등에 연결한 관로를 도면으로 표시한 것이며, 주관로, 인입관로, 예비관로, 인수공, 교량 첨가물 등이 포함되어야 한다.
- 선로도는 광케이블, 동축케이블, TP케이블을 포설한 도면으로 선로의 종류로는 가공케이블, 지하케이블, 해저케이블, 수저케이블 등이 있다.
- 통신관로는 지중 또는 공동관로로 시설하는 것을 원칙으로 하고, 광전송선로 이원화를 위해 선로 양측으로 구성한다.
- 지중케이블 선로 시설이 곤란한 구간이나 기설 지지물이 있는 구간에는 직매 또는 가공방식을 적용한다.

2) 장비 및 기기 배치도

- 장비 및 기기 배치도는 축적의 크기를 결정하고, 건축도면을 참조하여 작성한다.
- 도면에 표기한 배관, 배선, 기기 설치 부분을 상세하게 나타내려면 상세도면을 별도의 페이지에 작성하거나 범례란을 만들어 표현한다.
- 상세도면은 단면도, 측면도, 평면상세도를 통한 거리 산출이 될 수 있도록 작성한다.
- 장비 및 기기 배치도에는 각종 기기 및 운용설비의 배치현황과 기기의 종류, 부대 시설물 명칭이 기재되어야 하고, 전원 분전반, 통신용 접지 위치, 거리표시 등이 명시되어야 한다.

3) 통신망 구성도

- 통신망 구성도는 구축 설비를 기능적(네트워크, 서버류, 보안장비, 방송장비, 이동통신설비 등)으로 분류하여 작성한다.
- 구내통신망 통합관제 설비 구성도를 작성하고, 네트워크를 위한 광전송 장비(PON, AON, WDM 등)와 IPTV, 방송통신 융합설비, 케이블TV 설비 구성도 등을 작성한다.
- 각종 장비의 위치, 형식, 수량이 적정하도록 작성하고, 인입통신선로 상세도를 작성한다.
- 인입통신선로 상세도는 현장 실사를 토대로 하고, 케이블 증설, 변경을 고려하여 인입 위치와 케이블랙, 인입배관을 설정한다.

05 시방서 작성

- 구내통신 설계에서 시방서는 통신망을 설계하거나 설치할 때 도면상에 나타낼 수 없는 세부 사항을 명시한 문서이다.
- 시방서는 도면과 함께 통신망 구축을 위한 설계서의 중요한 부분이며, 구내통신에 필요한 설비와 선로, 재료의 재질과 품질, 치수, 시공방법들이 명시되어 있다.

1) 일반 시방서

일반 시방서에는 각 공사에 공통적으로 해당하는 기본 법령, 설계 기준, 표준공법, 기타 규정을 기재한다.

2) 표준 시방서

- 표준 시방서는 표준적인 시공기준을 명시한 문서이다.
- 표준 시방서는 시설물의 안전 및 공사 시행의 적정성과 품질확보 등을 위해 시설물별로 정한 표준적인 시공기준이다.
- 표준 시방서는 발주처나 용역사업자가 공사 시방서를 작성하는 경우에 활용한다.
- 표준 시방서는 공사의 종류에 따라 내용과 형식이 달라질 수 있지만, 동종 공사에 공통으로 적용된다.

3) 특별 시방서

- 특별 시방서는 반드시 준수해야 할 공사 특유의 공법, 작업순서, 기타 작업지침을 기재하는 시방서이다.
- 특별 시방서에는 구내통신 구축을 위한 특별한 공법 또는 재료 등을 기재하고, 고유한 공법과 새로운 재료의 시공, 현장 사정에 맞추기 위한 특별한 배려 등을 포함시킨다.
- 특별 시방서는 표준 시방서보다 우선하며 공사의 종류에 따라 내용과 형식이 달라진다.

06 프로그램 설계

- 프로그램 설계란 컴퓨터 프로그램에 대한 요구를 조작 가능한 프로그램으로 변환시키는 계획의 개념, 발명, 책략을 의미한다. 여기서 설계는 요구사항을 코드 작성과 오류 수정에 연결하는 행위를 말한다.
- 프로그램 설계에는 톱-다운(Top-down) 방식, 바텀-업(Bottom-up) 방식, 데이터 중심형 모델 방식, 클라이언트-서버 모델 방식, 계층 모델 방식 등이 있다.

07 설계 시 고려사항

- 정보통신 시스템 또는 장비의 성능과 신뢰도를 검토한다.
- 통신설비의 전기적, 물리적 특성을 고려한다.
- 정보통신 시스템의 유연성, 향후 확장성을 고려한다.
- 경제성을 고려한다.
- 현장 설치나 시공의 용이성을 고려한다.
- 향후 시스템의 운용 및 유지보수까지 고려한다.

01 정보통신 시스템의 하드웨어 설계 시 고려사항이 **아닌** 것은?

22.6

① 운용, 유지보수 및 관리
② 민원 가능성
③ 신뢰성
④ 전기적 및 물리적 성능

정보통신 시스템 하드웨어 설계 시 고려사항
• 장비 성능 및 신뢰성
• 전기적, 물리적 특성
• 경제성
• 유연성 및 확장성
• 시공의 용이성
• 운용 및 유지보수

02 정보통신 시스템 분석의 목적에 관한 내용으로 맞지 **않는** 것은?

22.3

① 새로운 시스템 설계의 기초자료를 얻는다.
② 비능률적이고 낭비적인 요소와 문제점을 발견할 수 있다.
③ 시스템 또는 각 구성요소에 장애가 발생했을 때 회복을 위한 수리의 간편성, 정기적인 점검자료를 얻는다.
④ 전산화에 따른 효과분석을 할 수 있는 기초자료를 얻는다.

정보통신 시스템 분석
• 정보통신 시스템 분석은 기존 시스템이나 계획 중인 시스템을 체계적으로 조사하여 그 시스템에 요구되는 정보나 처리 과정, 타 시스템과의 관계 등을 조사하는 활동을 말한다.
• 정보시스템 분석은 새로운 시스템에 대한 요구를 명확하게 하고, 비효율적인 요소를 사전에 발췌하거나, 향후 효과에 대한 자료를 얻기 위해 수행한다.

03 정보통신 시스템 기본설계에서 프로그램 설계가 **아닌** 것은?

22.3

① 톱-다운 설계
② 복합 설계
③ 데이터 중심형 설계
④ 하드웨어 설계

프로그램 설계
• 프로그램 설계란 컴퓨터 프로그램에 대한 요구를 조작 가능한 프로그램으로 변환시키는 계획의 개념, 발명, 책략을 의미한다. 여기서 설계는 요구사항을 코드 작성과 오류 수정에 연결하는 행위를 말한다.
• 프로그램 설계는 톱-다운(Top-down) 방식, 바텀-업(Bottom-up) 방식, 데이터 중심형 모델 방식, 클라이언트-서버 모델 방식, 계층 모델 방식 등이 있다.

오답 피하기

하드웨어는 프로그램에 해당하지 않는다.

04 다음 중 정보통신시스템 설계의 진행과정에서 가장 나중에 수행해야 하는 것은?

20.9

① 실시설계
② 조사분석
③ 기본설계
④ 계획설계

정보통신시스템 설계 순서
정보통신시스템은 현장조사, 요구사항 분석 → 계획설계 → 기본설계 → 실시설계를 거치고, 이후 산출된 설계도서를 토대로 공사를 실행한다.

SECTION
03 이중마루

기출 분석

연도	19년	20년	21년	22년	23년
문제 수	0	0	0	0	1

01 이중마루(Free Access Raised Floor)

• 이중마루란 통신장비들이 집중된 전산실이나 서버실 마루 아래로 배관이 자유롭게 지나다닐 수 있게 공간을 띄워 시공한 이중바닥 마루를 말한다.
• 이중마루의 정식 명칭은 Free Access Raised Floor이며, 악세스 플로어(Access Floor), OA(Office Automation) Floor라고도 한다.

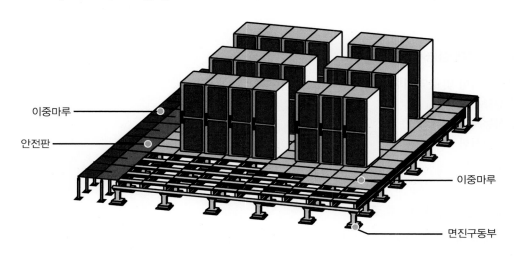

▲ 이중마루 예시

02 이중마루 특징

• 마루 아래로 통신선로가 포설되어 배선이 자유롭고, 깔끔한 공간을 연출할 수 있다.
• 무거운 설비의 하중을 분산시키는 데 유용하다.
• 배선을 보호할 수 있고, 유지관리가 용이하다.
• 배선 교체나 경로 변경 시 해당 부분만 신속하게 처리할 수 있다.
• 케이블 Tray 설치 공간이 협소한 곳에 유용하다.
• 방음효과와 내진 기능이 있다.
• 전도성 타일을 사용하여 정전기 방지 효과가 있다.
• 공기 순환 및 환기에 유리하다.
• 이중마루 사이 간격은 보통 200~500mm이다.

03 이중마루 판넬(타일)

- 판넬의 크기는 450mm×450mm, 500mm×500mm, 600mm×600mm 등 다양하며, 주로 정사각형이다.
- 판넬의 종류는 스틸 판넬, 우드 판넬, 알루미늄 판넬 등이 있다.

타일의 종류	설명
스틸 판넬	• 강도가 우수하나 비교적 고가 • 내하중성, 내구성, 저소음, 안전성 등의 장점이 있음 • 중앙제어반, 전산실, 기계실 등에 주로 사용
우드 판넬	• 나무를 사용하여 비교적 저가 • 진동 및 소음감소 효과가 있음 • 방송실, 시청각교육실, 병원 수술실 등에 주로 사용
알루미늄 판넬	• 강도가 우수하고 가벼운 특성이 있음 • 내부식성, 청결도, 정밀성이 우수 • 반도체공장, 정밀기기실 등에 주로 사용

04 이중바닥재 성능시험 항목

- 국부압축시험 및 충격시험
- 연소성능시험
- 대전성능시험
- 누설저항시험
- 방식성능시험

05 악세스 플로어와 OA 플로어

악세스 플로어와 OA 플로어는 동일하게 이중마루를 뜻하지만, 사용용도, 바닥의 높이 등에서 차이가 있다.

구분	악세스 플로어	OA 플로어
크기	보통 600mm×600mm 이상	600mm×600mm 이하 (단, 600mm×600mm 이상 사용 시 프레임을 함께 설치)
바닥재 높이	20cm 이상	20cm 미만
마감 타일	전도성 타일, 대전 방지 타일 등	카펫 타일 등
설치장소	• 대규모 배선설비 • 방음방진 시설 • 특수시설 등 대형시설물	• 소규모 배선설비 • 일반 사무실

이론을 확인하는 기출문제

23.3

01 다음 중 이중바닥재의 성능시험 항목이 <u>아닌</u> 것은?

① 충격시험
② 누설저항시험
③ 국부인장시험
④ 연소성능시험

이중바닥재 성능시험 항목
• 국부압축시험 및 충격시험
• 연소성능시험
• 대전성능시험
• 누설저항시험
• 방식성능시험

정답 01 ③

01 무정전 전원공급장치(UPS, Uninterruptible Power Supply)

- UPS는 시스템에 전기 공급이 중단되거나, 갑작스러운 전압 변동, 주파수 변동 등 이상 현상이 발생하였을 때, 안정적으로 전원을 공급해주는 장치이다.
- UPS는 건물 정전이나 지역 정전 발생 시에도 일정 시간 동안 전력공급을 끊어지지 않게 할 수 있어 중요도가 높은 전산실이나 서버실 등에 주로 설치되며, 전원 장애로부터 서비스 단절을 예방하는 효과가 있다.

02 UPS 구성도

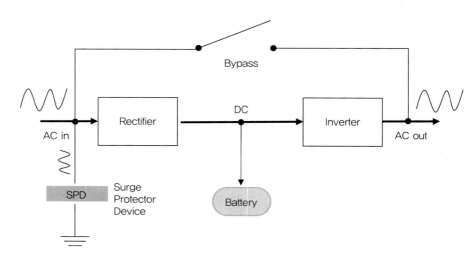

▲ UPS 구성도

- **정류기(Rectifier)** : 3상/단상 전원(교류)을 직류로 변환하여 축전기에 충전시키는 장치
- **인버터(Inverter)** : 전력 반도체 소자를 이용하여 직류 전원을 교류로 변환시키는 장치
- **스위치(Switch)** : 상용전원과 예비전원을 절체 시키는 장치
- **축전지(Battery)** : 전력을 충전하고, 정전 시 인버터에 공급하는 장치

03 UPS 동작방식

- **OFF-LINE 방식** : 평상시에는 상시전원을 그대로 사용하다가 정전 시 UPS를 통해 전원을 공급하는 방식이며, 소용량 채택방식이다.
- **ON-LINE 방식** : 평상시에도 UPS를 통해 전원을 공급하는 방식으로 상시 인버터 방식이라고 한다. 출력이 안정적이고, 대용량 채택방식이다.
- **Interactive 방식** : 바이패스 라인에 전압 레귤레이션 기능을 추가하여 높은 안정성을 나타내는 방식이다. 동작 방식은 OFF-LINE과 동일하나, 안정성이 더 높다.

04 UPS가 동작하는 경우

- 낙뢰 또는 이상기후로부터 발생한 정전 또는 단락 시
- 사고로 인한 전원 차단 시
- 부하에 의한 이상전압 현상 발생 시
- 전력 변환장치에 의한 고조파(高調波, harmonics) 전류 증대 시
- 전압 파형 왜곡 증상 발생 시
- 콘덴서류 불량에 의한 전력계통 오류 시
- 노이즈 등으로 인한 전력계통 오류 시

05 UPS 사용처

- 서버실, 전산실, 통신장비실
- CCTV 및 방송기기 제어실
- LAN/WAN 시스템실
- 병원 및 광학기기 설비실
- 기타 24시간 서비스가 필요한 장소

06 UPS 설치/운용 시 주의사항

- 에어컨이나 냉난방기, 항온항습기 등 전류 소모가 많은 설비와 함께 연결하지 않는다.
- 축전지를 정기점검하고, 주기적(통상 3년)으로 교체한다.
- 축적지 수명에 적절한 온도(20~25℃)를 유지한다.
- 화재 발생 시 신속하게 진압할 수 있는 환경을 구축한다.

- UPS 축전지 충전방식은 초기충전, 보통충전, 급속충전, 부동충전, 균등충전 등이 있다.
- 부동충전방식은 대략 116~119V의 전압으로 평상시에 충전하는 방식이다.
- 연축전지(납축전지)는 한 번 충전하면 10시간 동안 방전이 가능하고, 알칼리 축전지는 5시간 동안 방전이 가능하다(공칭용량).
- 평상시 충전하는 방식인 부동충전방식의 2차 전류[A] 계산식은 다음과 같다.

$$\frac{축전지\ 정격용량[Ah]}{정격\ 방전률[h]} + \frac{상시부하[W]}{표준전압[V]}$$

이론을 확인하는 기출문제

22.10

01 연축전지의 정격용량 200[Ah], 상시부하 12[kW], 표준전압 100[V]인 부동충전방식의 충전기 2차 전류값은 얼마인가?

① 120[A]

② 140[A]

③ 160[A]

④ 200[A]

부동충전방식
- 부동충전방식은 대략 116~119V의 전압으로 평상시에 충전하는 방식이다.
- 연축전지는 한 번 충전하면 10시간 동안 방전이 가능하고, 알칼리 축전지는 5시간 동안 방전이 가능하다. 따라서, 위 문제의 연축전지 정격방전률은 10[h]이다.
- 충전기의 2차 전류[A] 계산식

$$= \frac{축전지\ 정격용량[Ah]}{정격\ 방전률[h]} + \frac{상시부하[W]}{표준전압[V]}$$ 이므로,

계산값은 $\frac{200[Ah]}{10[h]} + \frac{12,000[W]}{100[V]} = 140[V]$이다.

정답 01 ②

SECTION 05 항온항습기

기출 분석

연도	19년	20년	21년	22년	23년
문제 수	0	0	0	0	0

01 항온항습기

• 항온은 일정 온도, 항습은 일정 습도라는 의미이다. 항온항습이란 특정 공간에 일정한 기간동안 정해진 온습도 조건을 유지하는 것을 의미한다.

• 항온항습기는 온도, 습도 외에도 청정도, 기류까지 정밀하게 제어하여 최상의 공조환경을 제공하는 시스템으로 전산실, 반도체 장비실, 실험실, 각종 보관실, 미술관 등에 주로 설치된다.

02 구성요소

• **냉각코일** : 냉각과 제습을 위한 부품으로 동관, 알루미늄 핀의 밀착을 통해 전열효과를 증대시키고, 균일한 성능을 유지하도록 하는 부품이다.

• **재열히터** : 신속하게 열을 전달하기 위한 부품으로 낮은 표면의 부하로 인해 반영구적으로 사용할 수 있으며, 온도 과열 방지 기능이 필요하다.

• **압축기** : 공조용으로서 냉동 효과를 증대시키기 위한 부품이다.

• **가습기** : 양질의 스팀 분사를 위한 부품으로 저수위 보호장치가 급수를 조절함으로써 가습기의 물을 자동으로 배수하게 되어있다.

• **팽창밸브** : 증발기로부터 과열도를 조절하는 부품으로 실내 열부하에 따라서 냉매량을 조절하고, 압축기 보호와 냉각 효율을 최대한 발휘할 수 있도록 한다.

항온항습기 구성요소

• 냉각코일 : 냉각과 제습을 위한 부품
• 재열히터 : 신속하게 열을 전달하기 위한 부품
• 압축기 : 냉동효과를 증대시키기 위한 부품
• 가습기 : 양질의 스팀 분사를 위한 부품
• 팽창밸브 : 증발기로부터 과열도를 조절하는 부품

▲ 항온항습기 구성요소

03 송풍방식

1) Down Flow 방식(하향 송풍식)

- 이중마루를 설치하여 바닥과 이중마루 사이를 공조용 덕트로 이용하는 방법이다.
- 이중마루 판넬에 출구를 두어 하부로부터 찬 공기를 공급하는 방식이다.
- 공조된 공기가 직접 장치에 유입되어 항온항습 효과가 높다.
- 이중마루 하부를 활용하므로 장비 이동이나 용량 증설이 용이하다.
- 항온항습기 배선공사가 용이하다.

2) Up Flow 방식(상향 송풍식)

- 항온항습기 상부에서 실내로 직접 송풍하는 방식이다.
- 실내 기류분포에 주의해야 한다.
- 대형 시스템에는 풍량이 많아 균일한 공조가 어려우므로 소형설비 시스템에 적절하다.
- 설치비용은 Down Flow 대비 저렴하다.

04 항온항습기 종류

구분	수랭식(Water Cooled)	공랭식(Air Cooled)	글리콜식(Glycol)
매체	냉각수	공기	글리콜 용액
주요설비	순환 펌프, 냉각탑, 배관설비	실외응축기, 배관설비	순환 펌프, 드라이 쿨러, 배관설비
장점	• 냉각 효율이 가장 우수 • 외부변화 영향이 적음 • 실내기/실외기간 거리 제한이 없어 고층건물에서도 설치가 용이	• 냉각수 배관이나 설비들이 단순하여 공사비와 운용비용 절감 • 냉각 과다로부터 보호	• 밀폐형 응축기를 이용하여 전천후 사용이 가능 • 계절과 관계없이 제어가 용이 • 글리콜 자체 내식성으로 열 전도율이 우수
단점	동절기 냉각수 동파 가능성 및 누수 위험	• 실외기가 필요하여 실외까지 거리가 먼 경우 설치가 제한적 • 외부환경에 다소 영향을 주고받을 수 있음	• 초기 설비비용이 높음 • 글리콜 용액의 냉각 효율 저하 가능성

SECTION 06 IBS

연도	19년	20년	21년	22년	23년
문제 수	0	0	0	0	0

기출 분석

01 IBS(Intelligent Building System)

- IBS는 빌딩의 단순한 공간 활용 개념을 탈피하고, 효율적인 빌딩관리를 통해 경비 절감과 미래기술을 유연하게 적용할 수 있는 IT 기반의 빌딩 시스템이다.
- IBS는 시스템 통합, 정보통신 시스템, 사무자동화, 빌딩 자동화 시스템을 유기적으로 통합하여 빌딩 내 최첨단 서비스를 제공하고, 입주자에게 쾌적한 사무환경과 근무조건을 지원해주는 역할을 한다.

▲ IBS 개요도

02 IBS 구성요소

1) 시스템 통합

- 시스템 통합은 네트워크 통합, 소프트웨어 개발 등을 적용하여 빌딩 내 HW/SW 시스템들을 효율적으로 상호 연결(연동)시키는 것을 말한다.
- 시스템 통합에는 크게 시스템 간 정보공유, 시스템 간 연동, 시스템 통합제어 및 감시기능이 있으며, 시스템 통합을 통해 빌딩 내 편리하고 안전한 근무환경을 조성할 수 있고, 빌딩 운영관리 측면에서 에너지 절감, 운영인력 절감 등의 효과를 기대할 수 있다.

2) 빌딩 자동화 시스템

- 빌딩 자동화 시스템은 건물의 냉난방이나 환기, 전력, 조명, 주차 등을 관리/제어하는 빌딩 전용관리 시스템을 말한다.

- 빌딩 자동화 시스템을 통해 온열환경이나 미세먼지 등을 방지하여 사무실이 최적의 상태를 유지할 수 있고, 불필요한 승강기 운전 방지와 공조시설 및 전기시설을 제어하여 빌딩 내 에너지 낭비를 막을 수 있다.

3) 정보통신 시스템, 사무자동화 시스템

- 정보통신 시스템은 빌딩 내 보안을 위한 CCTV 시스템, 통합배선 시스템, LAN 시스템, 방화벽 등이 해당하며, 각기 다른 특성의 정보(음성/영상/데이터)들을 효과적으로 처리하기 위한 구내교환기를 포함한다.
- 사무자동화 시스템은 사내 인트라넷, 이메일 전송, 구내 전관방송 시스템 등 사무 업무를 위한 각종 서버와 처리 지원 시스템을 말한다.

03 IBS 특징 및 기대효과

- 빌딩 내 시스템의 자동화, 전산화를 지원하여 전반적으로 생산성이 향상된다.
- 초기 구축비용이 소요되지만, 에너지 비용, 유지관리 비용 등에서 절감효과가 있다.
- 중앙집중식 설비 운영에 따라 관리가 용이하다.
- 빌딩의 용도변경이나 시스템 확장, 신기술 도입이 용이하다.
- 쾌적한 업무환경을 제공하여 사용자들이 창의적인 업무를 수행할 수 있다.
- 기업 이미지 상승효과와 건물의 부가가치가 향상 효과가 있다.

04 구축 시 고려사항

- 정보통신 신기술 융합과 시스템 확장성을 염두에 둔다.
- 유연한 통합을 위해 다수의 프로토콜(BACnet, Lonworks 등)을 검토한다.
- 사용자 편의성을 위해 요구사항을 반영한다.
- 시스템 이중화, 회선 이중화를 반드시 고려하여 구성한다.
- 구축에 필요한 모든 자재는 산업규격에 적합한 것으로 선정한다.

기적의 Tip   지능형 홈네트워크

- 지능형 홈네트워크란 TV, 에어컨, 냉장고 등 가전기기와 조명, 가스 밸브, 화재경보기, 침입탐지기 등 주택설비 기기를 하나의 네트워크로 연결하여 집안이나 밖에서 설비의 상태를 파악하고 제어할 수 있는 시스템이다.
- 홈네트워크의 네트워크는 홈네트워크 장비를 연결하기 위한 단지망과 세대망을 의미하고, 단지망은 집중구내통신실에서 세대까지를 연결하는 망을 말하며, 세대망은 각 세대 내의 전유부분을 연결하는 망을 말한다.
- 홈네트워크 장비는 홈네트워크 망을 통해 접속하는 장치를 총칭하며, 홈게이트웨이, 세대단말기, 단지 네트워크 장비, 단지 서버로 구성되어 있다.
- 홈네트워크 사용기기란 홈네트워크에 접속해 사용하는 원격제어기기, 원격검침시스템, 감지기, 전자출입 시스템, 차량출입 시스템 등을 말한다.
- 홈네트워크설비 설치공간이란 홈네트워크설비가 위치하는 세대단자함과 통신 배관실, MDF실 등의 공간을 말한다. 아울러 방재실과 단지 서버실, 단지 네트워크센터 등 단지 내 홈네트워크설비를 설치하기 위한 곳도 홈네트워크설비 설치공간에 포함된다.

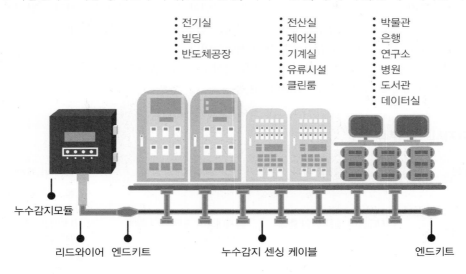
SECTION 07 누수감지시스템

📖 기출 분석

연도	19년	20년	21년	22년	23년
문제 수	0	0	0	0	0

01 누수감지시스템

- 누수감지시스템은 각종 설비(통신, 공조, 기계, 전기설비)가 있는 공간에 물과 같은 전도성 액체가 누출될 경우, 해당 지점을 탐지하고, 표시/경보하는 시스템을 말한다.
- 누수감지시스템은 전산실, 데이터센터, 중앙감시실, 통신실, UPS실 등에 주로 설치되며, 누수 및 이상 상황의 조기발견과 조치를 통해 2차 피해(Data 손실, 서비스 단절, 장애 시간)를 최소화하는 시스템이다.

```
전기실          전산실          박물관
빌딩            제어실          은행
반도체공장       기계실          연구소
               유류시설         병원
               클린룸          도서관
                              데이터실
```

누수감지모듈

리드와이어 엔드키트   누수감지 센싱 케이블   엔드키트

▲ 누수감지시스템 구성도

02 누수감지 원리

- 누수는 센서 케이블 간 전기반응을 이용하여 탐지한다.
- 누수감지는 누출된 물이나 전해성 액체의 전도성으로 인해 회로의 저항 변화가 생기면, 전류나 전압의 변화를 탐지하여 누수 여부와 지점을 판단하는 원리이다.
- 다음 그림과 같이 4개의 도선을 따라 흐르는 전류는 누출된 액체의 저항으로 인해 전압이 변경되며, 이를 감지선이 감지하도록 되어있다.
- 누수가 발생하면 신호선에서 전류가 발생하게 되는데, 이 때문에 전기적으로 전위차가 나타나게 되고, 결론적으로 도선과 감지선의 전위차를 계산하여 누수감지 모듈이 정확한 지점을 파악하게 된다.

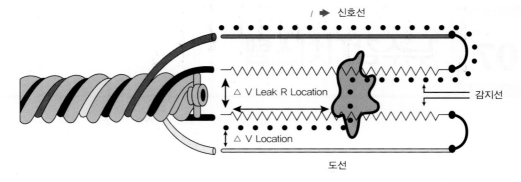

▲ 누수감지 원리

03 구성요소

- **누수감지 컨트롤러** : 누수된 지점과 거리를 사용자가 확인할 수 있도록 정보를 관리하는 장치이다.
- **누수감지 모듈** : 누수감지 케이블에 감지된 누수 지점을 컨트롤러에 전달하는 장치이다.
- **누수감지 케이블** : 전도성 액체를 감지하는 센서 케이블이다.
- **리드 와이어** : 누수감지 모듈과 누수감지 케이블을 이어주는 케이블이다.
- **기타** : 종단킷, 고정클립, 통신선(RS-422/485) 등

04 누수감지시스템 분류

구분	Long Line 방식	Short Line 방식	Network System 방식
적용대상	감지대상이 넓은 단일 층에 주로 적용	감지대상이 좁은 단일 층에 주로 적용	• 건물 내 감지해야 하는 층이 다수일 경우 • 감지대상이 다양한 경우(물, 황산, 유류 등) • 감지공간을 명확히 구분해야 하는 경우

05 누수감지시스템 설치장소

- 상업용 건물이나 일반 건물의 전산실, 통신실, 전기실, 방재실
- IBS 제어 관련 설비실
- 데이터센터, 시스템 통제실, 서버실
- 유류저장시설 및 관련 설비실
- 유해 화학물질 저장소
- 배관/탱크 관련 시설
- 기계실, 공조실, 반도체공장 클린룸 등

출제빈도 상 중 하

SECTION 08 IoT 무선통신 화재감지 시스템

기출 분석

연도	19년	20년	21년	22년	23년
문제 수	0	0	0	1	2

01 IoT 무선통신 화재감지 시스템

- IoT 무선통신 화재감지 시스템은 IoT 기반의 화재감지 센서가 열·연기를 감지하면 화재 위치를 실시간으로 관리자 또는 방재센터에 알리는 실시간 화재감지 시스템이다.
- IoT 무선통신 화재감지 시스템은 IoT 기술, 빅데이터 분석 기술, 미들웨어 플랫폼 등이 포함되어 있으며, 유선뿐 아니라 무선 네트워크로도 시스템 구성이 가능하고, 연기, 열, CO_2 등 다양한 요인들을 감지할 수 있다.

02 시스템 구성도

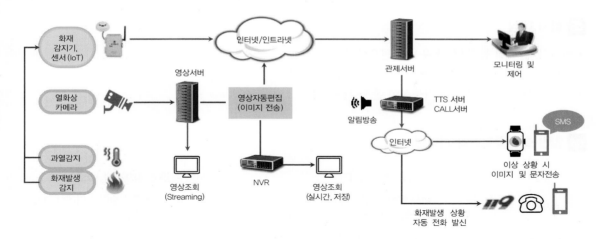

▲ IoT 무선통신 화재감지 시스템 구성도

- **IoT 센서/카메라** : 화재 발생을 사전에 인지할 수 있도록 감지가 필요한 공간에 설치되어 열, 연기, 불꽃, CO_2 등을 감지하는 장치이다
- **중계기** : 센서가 다수이거나, IoT 기반의 무선망으로 시스템을 구축하는 경우, 관제센터에 감지 데이터를 취합하여 전달하는 장치이다.
- **전달망** : 센서 데이터를 전달하는 통신망으로 자가망, 인터넷망, 무선망 등이 있다.
- **모니터링 시스템** : 관제 서버, TTS(Text To Speech) 서버 등으로 구성되어 관리자가 화재를 인지할 수 있도록 구성된 시스템이다.
- **빅데이터 분석 서버** : IoT 센서로부터 수집된 정보들을 처리 및 분석하는 서버이다.
- **미들웨어 플랫폼** : IoT 정보를 빅데이터 분석 서버에 전달하기 위한 플랫폼이다.
- **소화설비** : 화재감지 시 즉각적으로 진압할 수 있도록 화재감지 시스템과 연동된 소화설비를 말한다.

03 연기감지기 종류

- **광전식 감지기** : 연기가 빛을 차단하거나 반사하는 원리를 이용
- **이온화식 감지기** : 방사성 물질에서 방출되는 α선을 감지
- **정온식 감지기** : 정해진 온도 이상이 감지되면 바이메탈의 접점이 붙게 되는 원리를 이용
- **차동식 감지기** : 온도가 급격히 변화하여 내부 공기가 팽창되는 것을 감지
- **자외선 불꽃 감지기** : 260nm 이하의 파장을 갖는 에너지 방사에 반응

04 특징

- IoT, LPWA(Low Power Wide Area) 등 무선통신기술을 접목하여 네트워크 구성이 유연하다.
- 온도뿐 아니라 다양한 요인들(CO_2, 불꽃, 연기)을 감지할 수 있어 스프링클러 기반의 화재감지 시스템 대비 화재 조기 진압이 가능하다.
- 화재 발생 지역을 좌표 등으로 확인할 수 있어 감지가 용이하다.
- 소화장치와 연동할 경우 국소 공간의 자동소화가 가능하다.
- 스마트폰 등 다양한 기기로 확인할 수 있다.
- 인공지능 기술을 접목하여 오작동률을 낮출 수 있다.

05 설치 대상

- 통신실, 관제실 등 24시간 운용이 필요한 장소
- 배터리실, UPS실, 공조실 등 무인 감지가 필요한 장소
- 소규모 시장 등 화재 발생 가능성이 존재하는 장소

06 일반 화재감지기와 차이점

구분	일반 화재감지기	IoT 무선통신 화재감지 시스템
화재감지	화재 발생 후, 연기, 불꽃, 열이 천장에 있는 센서에 도달할 경우 감지	화재 발생 전 요인인 온도 상승이나 미세한 연기, CO_2 농도변화 등으로 감지
네트워크	유선 네트워크 중심	유 · 무선 네트워크 복합
모니터링	중앙관제실	중앙관제실, 스마트폰, 관할 소방서 등
부가기능	제한적	실시간 문자 서비스, 관할 소방서 알람, 유선전화 자동 발신 등 다양

23.6

01 다음 중 건물의 화재감지 방식 중 연기가 빛을 차단하거나 반사하는 원리를 이용한 연기감지 센서는?

① 광전식
② 이온화식
③ 정온식
④ 자외선 불꽃

연기감지기 종류
• **광전식 감지기** : 연기가 빛을 차단하거나 반사하는 원리를 이용
• **이온화식 감지기** : 방사성 물질에서 방출되는 α선을 감지
• **정온식 감지기** : 정해진 온도 이상이 감지되면 바이메탈의 접점이 붙게 되는 원리를 이용
• **차동식 감지기** : 온도가 급격히 변화하여 내부 공기가 팽창되는 것을 감지
• **자외선 불꽃 감지기** : 260nm 이하의 파장을 갖는 에너지 방사에 반응

22.6

02 IoT 미들웨어 플랫폼을 활용한 무선 모듈형 화재감지 시스템의 구성 시 불필요한 설비는 무엇인가?

① 화재감지 센서
② 데이터베이스
③ 키오스크
④ 빅데이터 분석 서버

IoT 무선통신 화재감지 시스템
• IoT 무선통신 화재감지 시스템은 IoT 기반의 화재감지 센서가 열·연기를 감지하면 화재 위치를 실시간으로 관리자 또는 방재센터에 알리는 실시간 화재감지 시스템이다.
• IoT 무선통신 화재감지 시스템은 IoT 기술, 빅데이터 분석 기술, 미들웨어 플랫폼 등이 포함되어 있으며, 유선뿐 아니라 무선 네트워크로도 시스템 구성이 가능하고, 연기, 열, CO_2 등 다양한 요인들을 감지할 수 있다.

정답 01 ① 02 ③

SECTION
09
비상전원 공급 시스템

기출 분석	연도	19년	20년	21년	22년	23년
	문제 수	0	0	0	0	0

01 비상전원 공급 시스템

- 비상전원 공급 시스템은 상용전원의 공급중단 시 대체전력으로 공급하는 비상전원을 말하며, 비상발전기, 축전지 설비, 비상전원용 수전설비로 구성되어 있다.
- 예상치 못한 정전이나 전기설비 고장이 발생하면 설비의 안전문제뿐 아니라, 서비스 제한 또는 경제적 손실을 초래할 수 있으므로 비상전원 공급 시스템은 최소한의 안전 유지와 소방, 비상 공조, 통신, 계측 제어 유지를 위해 설치된다.

02 비상전원 공급 시스템 구성요소

- 비상전원 공급 시스템은 크게 전원을 공급하는 비상발전기와 축전기 설비, 비상전원용 수전설비로 구성되어 있고 24시간 무중단 전원공급을 목표로 한다.
- **비상발전기** : 상용전원이 중단되었을 때 중요설비나 시설에 전원을 공급하는 메인 장치로 종류에 따라 디젤 엔진형, 가솔린 엔진형, 가스터빈 엔진형 등이 있다.
- **축전지 설비** : 축전지, 충전장치, 인버터 등으로 구성된 설비로 비상발전기를 가동해 정격 전압을 확보하기 전까지 비상전원으로 사용하는 설비이다.
- **비상전원용 수전설비** : 상시전원과 별도로 비상전원을 받기 위한 설비로 비상전원이 필요한 대상의 전력 계통, 비상부하 용량을 감안하여 선택하는 설비이다.

03 비상발전기 분류

- **구동방법에 따른 분류** : 디젤/가솔린/스팀/가스터빈 발전기
- **설치방법에 따른 분류** : 고정거치식 발전기, 이동식 발전기
- **시동방법에 따른 분류** : 전기식 발전기, 공기식 발전기
- **냉각방식에 따른 분류** : 공랭식 발전기, 수랭식 발전기
- **운전방식에 따른 분류** : 단독운전방식, 병렬운전방식, 한전 병렬운전방식
- **회전수에 따른 분류** : 저속형 발전기(900rpm 이하), 고속형 발전기(1,200rpm 이상)

04 비상발전기 설치 시 고려사항

- 비상발전기 가까운 곳에 개폐기, 전류 차단기, 전압계 등을 설치한다.
- 전압계는 각 상의 전압을 읽을 수 있도록 설치한다.
- 비상발전기로 절체할 경우를 대비하여 배전반에 절체 스위치를 설치하고, 상용전원과 비상전원이 혼동되지 않도록 한다.
- 절체 스위치는 비상전원에서 공급하는 전력이 상용전원으로 역송전되지 않도록 설치한다.
- 비상발전기 용량산정은 발전기의 기동 및 전력 공급능력에 적합하도록 산정하고, 계산된 용량 이상의 정격을 산정한다.
- 비상발전기 용량산정 시, 고조파를 발생하는 전력 전자기기 부하가 많으면 발전기 제조업체에서 제시한 계산 방식을 참조하여 산정한다.

05 비상전원 공급 시스템 설치대상

- 건물 내 상용전원 중단 시, 조명, 공조, 급배수, 엘리베이터, 통신 등으로 인한 재해가 발생할 수 있으므로, 건축법, 소방법 등에 의해 중요설비들은 최소한의 예비전원을 설치해야 한다.
- 비상전원은 40초 이내에 소방용 설비 등에 전력을 공급할 수 있어야 하고, 응급실이나 수술실 등 의료용 비상발전기는 10초 이내 전력을 공급해야 한다.
- 설치대상 및 적용대상은 다음과 같다.

설치대상	적용대상
• 금융기관 • 의료기관 • 언론사 • 통신사 • 공공기관 • 공장, 백화점 등	• 기관 내 중요장소(금고, 수술실, 방송설비, 냉동저장고 등) • 소방 및 비상조명설비 • 통신실/전기실/공조실/기계실 등 • 위험물 저장소 • 생산 설비실

06 발전기 운전 방법

- **단독운전** : 한 대 이상의 발전기가 각각의 부하에 공급하는 개별 운전 방법이다.
- **병렬운전** : 두 대 이상의 비상발전기 또는 비상발전기와 상용전원을 함께 사용하는 방법으로 전압/주파수/위상 등을 일치시키고, 계통적으로 동기투입이 가능한 설비를 갖추어야 한다.
- 비상발전기의 우발적인 기동을 방지하기 위해 기동시간 지연장치(대부분 1초)를 설치한다.

SECTION 10 정보통신 내진설비

기출 분석

연도	19년	20년	21년	22년	23년
문제 수	0	0	0	0	0

01 정보통신 내진설비

• 내진은 지진으로 인해 건축물이 흔들리더라도 붕괴되지 않는 내구성 및 구조를 가지는 것을 말하며, 면 진은 지반에서 발생한 진동이 구조물로 전달되는 크기를 감소시키기 위한 지진제어 기능을 말한다.
• 정보통신 내진설비는 정보통신설비에 대해 지진 피해를 최소화하기 위한 설비로 대표적인 내진설비로는 면진/내진 이중마루, 면진 테이블, 케이블 트레이 내진설비가 있다.

02 지진대책 수립 정보통신설비 대상

내진 및 면진 관련 대책 수립이 필요한 정보통신설비는 통신국사, 통신장비, 전원설비 등이며, 성능목표, 설치방법 등은 "방송통신설비의 안전성 · 신뢰성 및 통신규약에 대한 기술기준"에 규정되어 있다.

구분		세부항목
수용건물	통신국사	• 건축법시행령 제32조에 의한 내진대상 통신국사 • 통신장비를 수용하기 위하여 건축하는 통신국사
통신장비	통신장비	• 교환기, 전송단국장치, 중계장치(단순중계기는 제외), 다중화장치, 분배장치 • 기지국 송수신 장치 • 고객정보 저장장치, 단문 메시지 저장장치
	전원설비	통신장비의 운용을 위하여 설치하는 수 · 변전 장치, 정류기, 예비전원설비(축전지, 비상용 발전기)
	부대설비	지진대책 대상 통신장비를 설치하기 위하여 시설하는 바닥시설
옥외설비	철탑시설	• 대지에 직접 시설하는 철탑(강관 등에 의하여 구성된 것) 및 철주(원통, 삼각 및 사각주, 강관에 의한 각주 등) • 옥상에 시설되는 철탑 및 건축법시행령 제118조 규정에 의해 신고하는 철주
	선로구조물	통신구, 관로, 맨홀, 통신용 전주

03 정보통신 내진설비 종류

- 지진으로부터 정보통신설비를 보호할 수 있는 면진 및 내진설비는 크게 면진/내진 이중마루, 면진 테이블, 케이블 트레이 내진설비가 있다.
- **면진/내진 이중마루** : 통신실, 전산실, 방송실 등과 같이 통신설비가 집중된 장소에 설치되는 바닥재로, 통신선로, 전원선 등의 효율적인 설치 및 유지관리가 가능하며, 지진 피해를 사전에 예방하기 위한 설비이다. 면진/내진 이중마루는 포스트, 연결대, 면진 유니트, 프레임, 커버 등으로 구성된다.
- **면진 테이블** : 통신설비가 설치된 Rack 하단에 설치되어 지진력을 분산시키는 역할을 하며, 지진 피해를 최소화하는 설비이다.
- **케이블 트레이 내진설비** : 통신케이블이 수용되는 트레이의 지진력을 감쇄하는 기능의 설비이다. 현행 케이블 트레이 설비의 수직 구간에 내진 서프로 행거 장치를 설치하고 트레이의 수평 이음새에 내진 신축 조인트 장치를 설치하는 것으로 구성된다.

04 주요 공종(공사의 종류)

면진/내진 이중마루, 면진 테이블, 케이블 트레이 내진설비의 주요 공종은 다음과 같다.

면진/내진 이중마루	면진 테이블	케이블 트레이 내진설비
• 설치 위치 확인 • 먹줄 시공 • 앵커볼트 설치 • 포스트 및 연결대 설치 • 면진/내진 유니트 설치 • 프레임 설치 • 패널 설치 • 케이블 홀 타공 • 안전커버 설치	• 면진 테이블 연결대 설치 • 면진 테이블 설치 • Rack 위치 조정 • Rack 고정 및 케이블 정리	• 앵커볼트 세트 설치 • 행거볼트 결합 • 내진 서포트 행거 장치 설치 • 행거찬넬 설치 • 케이블 트레이 설치

01 구내통신 목표 수립 항목 중 경제성 검토에 해당되는 것은?

① 총사업비와 해당 사업에 필요한 모든 경비들을 산정하는 것이다.
② 현재의 구내통신설비 현황을 파악하고, 문제점을 분석하는 것이다.
③ 사업비 초과를 방지하고, 사업 시행 중 발생하는 문제점을 보완하는 것이다.
④ 구내통신설비 관련 규정을 검토하는 것이다.

> **구내통신 구축 계획 수립의 경제성 검토**
> • 경제성 검토는 비용 대비 사업에 대한 수요를 추정하여 편익을 산정하고, 총사업비와 해당 사업에 필요한 모든 경비를 산정하는 것이다.
> • 일반적으로 비용-편익(B/C)비율이 1보다 크면 경제성이 있어 타당한 사업이다.

02 구내통신 실시설계 보고서에 대한 설명으로 틀린 것은?

① 기본계획을 토대로 개략 공사방법이나 개략 공사비 등에 관한 내용이 기재된 보고서이다.
② 세부적인 현장조사와 분석, 검토과정을 거친 후 최적의 방안을 제시하는 보고서이다.
③ 설계자의 의도를 정확하게 전달하기 위해 전문적이고 기술적인 내용들을 서술되어 있다.
④ 시설물의 규모와 배치, 형태, 공사방법과 기간, 공사비 등을 확정하는 보고서이다.

> **실시설계 보고서**
> • 실시설계 보고서는 세부적인 현장조사와 분석, 검토과정을 거친 후 최적의 방안을 제시하여 실제 공사를 위한 내용을 작성하는 보고서이다.
> • 실시설계 보고서에는 기본설계 내용을 토대로 하되, 시설물의 규모와 배치, 형태, 공사방법과 기간, 공사비 등을 확정하도록 한다.
> • 실시설계 보고서는 설계자의 의도를 정확하게 전달하기 위해 전문적이고 기술적인 내용이 서술되어야 하고 시공자가 알아보기 편리하도록 작성해야 한다.
> • 구축에 필요한 장비 및 자재의 변경으로 인해 사업비가 증감되는 경우, 발주처나 사용자 요구사항의 변경으로 인해 사업비가 증감된 경우는 그 내용을 세부적으로 작성한다.
>
> 오답 피하기
> 기본설계 보고서는 타당성 조사와 기본계획을 토대로 시설물의 규모, 배치, 형태, 개략 공사방법 및 기간, 개략 공사비 등에 관한 조사, 분석내용이 기재된 보고서이다.

03 이중마루에 대한 특징으로 틀린 것은?

① 마루 아래로 통신선로가 포설되어 배선이 자유롭고, 깔끔한 공간을 연출할 수 있다.
② 배선을 보호할 수 있고, 유지관리가 용이하다.
③ 방음효과와 내진 기능이 있다.
④ 이중마루 사이 간격은 보통 500mm 이상이다.

이중마루 특징
• 마루 아래로 통신선로가 포설되어 배선이 자유롭고, 깔끔한 공간을 연출할 수 있다.
• 배선을 보호할 수 있고, 유지관리가 용이하다.
• 배선 교체나 경로 변경 시 해당 부분만 신속하게 처리할 수 있다.
• 방음효과와 내진 기능이 있다.
• 전도성 타일을 사용하여 정전기 방지 효과가 있다.
• 공기 순환 및 환기에 유리하다.
• 이중마루 사이 간격은 보통 200~500mm이다.

04 UPS(Uninterruptible Power Supply) 구성요소에 대한 설명으로 틀린 것은?

① 정류기(Rectifier) : 3상/단상 전원(교류)을 직류로 변환하여 축전기에 충전시키는 장치
② 인버터(Inverter) : 전력 반도체 소자를 이용하여 직류 전원을 교류로 변환시키는 장치
③ 스위치(Switch) : 이상 신호가 감지될 경우, 전원을 차단하는 장치
④ 축전지(Battery) : 전력을 충전하고, 정전 시 인버터에 공급하는 장치

UPS 구성요소
• 정류기(Rectifier) : 3상/단상 전원(교류)을 직류로 변환하여 축전기에 충전시키는 장치
• 인버터(Inverter) : 전력 반도체 소자를 이용하여 직류 전원을 교류로 변환시키는 장치
• 스위치(Switch) : 상용전원과 예비전원을 절체시키는 장치
• 축전지(Battery) : 전력을 충전하고, 정전 시 인버터에 공급하는 장치

05 다음은 어떤 설비에 대한 설명인가?

• 특정 공간에 일정한 기간 동안 정해진 온습도 조건을 유지시켜주는 장치
• 온도, 습도 외에도 청정도, 기류까지 정밀하게 제어하여 최상의 공조환경을 제공하는 시스템으로 전산실, 반도체 장비실, 실험실, 각종 보관실, 미술관 등에 주로 설치된다.

① 배관설비　　　② 항온항습기
③ 실외기　　　　④ 내진설비

항온항습기
• 항온은 일정 온도, 항습은 일정 습도라는 의미이다. 항온항습이란 특정 공간에 일정한 기간동안 정해진 온습도 조건을 유지하는 것을 의미한다.
• 항온항습기는 온도, 습도 외에도 청정도, 기류까지 정밀하게 제어하여 최상의 공조환경을 제공하는 시스템으로 전산실, 반도체 장비실, 실험실, 각종 보관실, 미술관 등에 주로 설치된다.

06 IBS(Intelligent Building System)에 대한 특징으로 옳은 것은?

① 빌딩 내 시스템의 자동화, 전산화를 지원한다.
② 분산운영을 통해 빌딩을 관리한다.
③ 유지관리 비용이 높지만, 초기 구축비용이 낮다.
④ 빌딩 내 시스템 확장, 신기술 도입은 다소 어렵다.

IBS 특징 및 기대효과
• 빌딩 내 시스템의 자동화, 전산화를 지원하여 전반적으로 생산성이 향상된다.
• 초기 구축비용이 소요되지만, 에너지 비용, 유지관리 비용 등에서 절감효과가 있다.
• 중앙집중식 설비 운영에 따라 관리가 용이하다.
• 빌딩의 용도변경이나 시스템 확장, 신기술 도입이 용이하다.
• 쾌적한 업무환경을 제공하여 사용자들이 창의적인 업무를 수행할 수 있다.
• 기업 이미지 상승효과와 건물의 부가가치가 향상 효과가 있다.

정답　01 ①　02 ①　03 ④　04 ③　05 ②　06 ①

07 누수감지시스템에 대한 설명으로 틀린 것은?

① 물과 같은 전도성 액체가 누출될 경우, 해당 지점을 탐지하고, 표시/경보하는 시스템이다.
② 누수는 센서 케이블 간 전기반응을 이용하여 탐지한다.
③ Long Line 방식, Short Line 방식, Network System 방식이 있다.
④ 유류저장시설이나 유해 화학물질 저장소에는 설치하지 않는다.

누수감지시스템 설치장소
- 상업용 건물이나 일반 건물의 전산실, 통신실, 전기실, 방재실
- IBS 제어 관련 설비실
- 데이터센터, 시스템 통제실, 서버실
- 유류저장시설 및 관련 설비실
- 유해 화학물질 저장소
- 배관/탱크 관련 시설
- 기계실, 공조실, 반도체공장 클린룸 등

08 다음 중 지능형 화재감지 시스템의 구성요소가 아닌 것은?

① 센서/카메라
② 모니터링 시스템
③ 이중마루
④ 소화설비

지능형 화재감지 시스템 구성요소
- **센서/카메라** : 화재 발생을 사전에 인지할 수 있도록 감지가 필요한 공간에 설치되어 열, 연기, 불꽃, CO_2 등을 감지하는 장치이다.
- **중계기** : 센서가 다수이거나, IoT 기반의 무선망으로 시스템을 구축하는 경우, 관제센터에 감지 데이터를 취합하여 전달하는 장치이다.
- **전달망** : 센서 데이터를 전달하는 통신망으로 자가망, 인터넷망, 무선망 등이 있다.
- **모니터링 시스템** : 관제 서버, TTS(Text To Speech) 서버 등으로 구성되어 관리자가 화재를 인지할 수 있도록 구성된 시스템이다.
- **소화설비** : 화재감지 시 즉각적으로 진압할 수 있도록 화재감지 시스템과 연동된 소화설비를 말한다.

09 비상발전기 설치 고려사항에 대한 설명으로 틀린 것은?

① 비상발전기 가까운 곳에 개폐기, 전류 차단기, 전압계 등을 설치한다.
② 비상발전기 용량은 발전기의 기동 및 전력 공급능력에 적합하도록 산정하고, 계산된 용량 이하의 정격을 선정한다.
③ 전압계는 각 상의 전압을 읽을 수 있도록 설치한다.
④ 절체 스위치는 비상전원에서 공급하는 전력이 상용전원으로 역송전되지 않도록 설치한다.

비상발전기 설치 시 고려사항
- 비상발전기 가까운 곳에 개폐기, 전류 차단기, 전압계 등을 설치한다.
- 전압계는 각 상의 전압을 읽을 수 있도록 설치한다.
- 비상발전기로 절체할 경우를 대비하여 배전반에 절체 스위치를 설치하고, 상용전원과 비상전원이 혼동되지 않도록 한다.
- 절체 스위치는 비상전원에서 공급하는 전력이 상용전원으로 역송전되지 않도록 설치한다.
- 비상발전기 용량산정은 발전기의 기동 및 전력 공급능력에 적합하도록 산정하고, 계산된 용량 이상의 정격을 산정한다.
- 비상발전기 용량산정 시, 고조파를 발생하는 전력 전자기기 부하가 많으면 발전기 제조업체에서 제시한 계산 방식을 참조하여 산정한다.

10 다음은 어떤 설비에 대한 설명인가?

- 정보통신설비에 대해 지진 피해를 최소화하기 위한 설비이다.
- 성능목표, 설치방법 등은 "방송통신설비의 안전성·신뢰성 및 통신규약에 대한 기술기준"에 규정되어 있다.

① 배관설비
② 진동설비
③ 공진설비
④ 내진설비

내진설비
정보통신 내진설비는 정보통신설비에 대해 지진 피해를 최소화하기 위한 설비로 대표적인 내진설비로는 면진/내진 이중마루, 면진 테이블, 케이블 트레이 내진설비가 있다.

정답 07 ④ 08 ③ 09 ② 10 ④

CHAPTER

04

네트워크 보안관리

SECTION 01 해킹 및 보안 개요

01 정보보안

1) 정의

정보보안은 내ㆍ외부 위협요인으로부터 정보의 위ㆍ변조, 훼손, 유출 등을 방지하기 위한 관리적ㆍ기술적 수단을 의미하며, 모든 정보의 안전성 유지 또는 정보를 보호하는 개념이다.

2) 정보보안 주요요소

- **기밀성** : 인가된 사용자만 정보에 접근할 수 있다.(=암호화)
- **무결성** : 정보의 내용은 인가된 사용자 이외에는 임의대로 수정, 삭제할 수 없어야 한다.
- **가용성** : 인가된 사용자는 어떠한 환경에서라도 원하는 시간에 지체 없이 정보 접근이 가능해야 한다.
- **인증** : 인가된 사용자는 본인임을 증명해야 한다.
- **부인방지** : 송수신자가 데이터를 전송하거나 수신받은 사실에 대해 부인할 수 없어야 한다.

3) 보안 위협 유형

- **변조** : 인가되지 않은 사용자가 원래의 데이터를 다른 내용으로 변경하는 행위
- **차단** : 정보가 송수신되지 않도록 인위적으로 가로막는 행위
- **가로채기** : 인가되지 않은 사용자가 정보를 중간에 가로채어 열람하거나 도청하는 행위
- **계정 탈취** : 정보에 접근하기 위해 인가된 사용자의 계정을 불법으로 훔치는 행위

02 정보보안 위협 기술

1) 스니핑(Sniffing)

- 스니핑은 네트워크상에서 송ㆍ수신자 사이 주고받은 데이터를 도청하여 계정/비밀번호/시스템 정보 등을 알아내는 행위를 말한다.
- 스니핑은 상대방의 트래픽을 수신할 수 있도록 스니퍼(Sniffer)라는 도구를 사용한다.
- 스니퍼는 일반적으로 작동하는 IP 필터링/MAC 주소 필터링을 하지 않아 네트워크상 모든 트래픽들을 수집할 수 있고, 이를 이용하여 다른 사용자의 패킷을 볼 수 있다.
- 스니핑 보안대책

보안대책	설명
ICMP Echo Reply	의심이 가는 호스트에 ping을 보낼 때, 네트워크에 존재하지 않는 MAC 주소로 위장하여 보냄. 존재하지 않는 주소로 Request를 보냈으니 Reply가 돌아오지 않는 것이 정상이나, ICMP Echo Reply를 회신받는다면 해당 호스트가 스니핑 중인 것을 탐지할 수 있음
암호화	ARP Table을 정적으로 구성하고, 중요 패킷은 SSL, SSH 등 암호화 프로토콜을 사용

2) 스푸핑(Spoofing)

- 스푸핑이란 DDoS(Distributed DoS) 공격 또는 특정 서버에 접근할 목적으로 상대방의 MAC 주소, IP 주소, DNS 정보 등을 탈취하는 행위이다.
- **ARP 스푸핑** : LAN 상에서 ARP 메시지를 이용하여 상대방의 패킷을 중간에서 가로채는 공격행위이며, 자신의 MAC 주소를 다른 컴퓨터의 MAC 주소인 것처럼 속이는 방법으로, 2계층(데이터 링크 계층) 공격에 해당한다. ARP 스푸핑은 로컬 ARP 캐시를 정적으로 정의하여 방어할 수 있다.
- **IP 스푸핑** : 공격자가 타인의 IP를 탈취하고, 탈취한 IP를 통해 특정 컴퓨터나 네트워크에 접근하는 일종의 해킹 기법이다. IP 스푸핑은 3계층 공격이고, 주로 DDoS 공격을 위해 사용되는 행위이며, 정상적인 접근으로 위장하여 특정 서버나 네트워크에 접속한다.
- **IP 스푸핑 보안대책**

보안대책	설명
암호화	HTTPS, SSH, TLS와 같은 암호화된 프로토콜 사용
시퀀스 넘버	시퀀스 넘버(Sequence Number)를 일정하게 발생시키지 않고 무작위로 발생시키는 방법
필터링	외부 패킷 중 내부망 IP를 가지고 있는 패킷들을 라우터에서 필터링하는 방법
트러스트 기능	트러스트 기능을 사용하지 않거나, 만약 사용한다면, 트러스트된 시스템의 MAC주소를 고정으로 지정 및 IP로 인증하는 R-서비스 사용을 자제

- **DNS 스푸핑** : 실제 DNS 서버보다 먼저 공격 대상에게 DNS 응답 패킷을 보내 공격대상이 잘못된 사이트에 접속하도록 유도하는 공격법이다. DNS 스푸핑은 hosts 파일에 있는 중요한 사이트 IP 주소를 기록해 두거나, BIND(Berkeley Internet Name Domain)를 최신 버전으로 바꾸는 방법으로 예방할 수 있다.

3) 하이재킹(Hijacking)/피싱(Phishing)/파밍(Pharming)/스머프(Smurf)/프래글(Fraggle)

- **하이재킹** : 인증이 완료된 정상적인 사용자의 세션을 가로채는 해킹 기법이다.
- **피싱** : 전자우편 또는 메신저를 통해 피해자에게 신뢰할 수 있는 사람으로 가장하여 비밀번호나 개인정보를 탈취하는 해킹 기법이다.
- **파밍** : 사용자가 정확한 웹 페이지 주소를 입력하더라도 가짜 웹 페이지에 접속하게 하여 개인정보를 탈취하는 해킹 기법이다.
- **스머프 공격** : 공격자가 ICMP 패킷을 이용하여 대상 서버 다운을 시도하는 DDoS 공격법이다.
- **프래글 공격** : 스머프 공격과 유사하나 ICMP 패킷 대신 UDP 패킷을 사용하는 DDoS 공격법이다.

4) DDoS 공격

- DoS(Denial of Service) 공격은 특정 웹사이트나 서버에 단일 공격자의 자동화된 요청으로 트래픽을 범람시켜 리소스를 사용할 수 없게 하거나, 홈페이지를 마비시키는 공격법이다.
- DDoS(Distributed DoS) 공격은 DoS 공격과 마찬가지로 대상 시스템을 마비시키는 공격법이다. 다만, DoS가 단일 컴퓨터로 수행하는 것과 달리 DDoS는 다수의 컴퓨터(좀비PC)를 사용하는 대규모의 DoS 공격이다.
- DoS 공격은 단일 컴퓨터로 실행하기 때문에 방화벽을 사용하거나, 공격 IP를 차단하여 방어할 수 있다. 그러나 DDoS 공격은 다수의 IP를 사용하므로 방화벽이나 IP 차단만으로는 방어가 어렵고, 라우터의 트래픽 제한, 서버 분산배치, 사이버 대피소 등을 통해 방어해야 한다.

5) 랜섬웨어(Ransomware)

- 랜섬웨어는 사용자 컴퓨터에 있는 데이터를 모두 암호화하고, 정상적인 작동을 위한 복호화의 대가로 금품을 요구하는 악성코드이다. 랜섬웨어는 사용자 자료를 볼모로 돈을 요구하기 때문에 랜섬(ransom, 몸값)이란 수식어가 붙었으며, 주로 사용자의 문서/그림/영상 파일을 암호화한다.
- 랜섬웨어는 실질적으로 감염되고 나면 복구할 방법이 거의 없다. 그래서, 사후 대책보다는 사전관리가 중요하고, 사전관리 방안으로는 데이터 백업, 백신 프로그램 최신 업데이트, 유해 사이트 방문 금지 등이 있다.

6) APT(Advanced Persistent Threat) 공격

- APT 공격은 하나의 표적에 다양한 공격기술을 이용하여 지속적으로 정보를 수집하고, 취약점을 파악한 뒤, 이를 바탕으로 피해를 주는 공격기법이다.
- APT 공격은 오랜 시간 동안 천천히 정교하게 접근하기 때문에 탐지가 어렵다.
- APT 공격은 Zero-Day Attack, 사회공학기법, 악성코드가 담긴 USB 침투 등을 활용한다.

APT 공격기법	설명
Zero-Day Attack	발견되지 않은 취약점을 이용하는 기법
사회공학기법	사회적 지위가 높은 사람이나 관계자 등으로 가장하여 이메일을 보내거나, 전화를 걸거나, 직접 접촉하는 등의 수단으로 침투경로를 확보하고 정보를 빼내는 방법
포트 스캐닝	네트워크상의 열려있는 포트를 스캔하여 접근을 시도하는 방법
USB 침투	악성코드가 담긴 USB를 통해 물리적으로 침투하는 방법

- APT 공격을 효과적으로 방어하기 위해서는 시스템 내 모든 파일에 대한 가시성을 확보하고, 파일의 실시간 행위분석을 하거나 패턴 분석을 해야 한다. 또한, 사회공학기법을 이용한 침투에 대응하기 위해 사용자에 대한 보안교육 등이 필요하다.

7) 무선랜(Wireless LAN) 보안

- 무선랜은 전파를 매개체로 하는 시스템 특성상 많은 취약점이 존재한다. 유선랜 수준의 보안 취약점 이외에도 전파를 이용한 DoS 공격, 불법 AP, 암호화/인증방식의 문제점 등 다수의 보안 취약점이 존재하며, 불특정 신호들이 혼재되어 있어 도청에 취약하다.
- 무선랜에서 AP는 가급적 사용자 이외 타인이 접근할 수 없도록 건물 내부에 설치하는 등 노출을 제한하여 무선신호(전파)가 외부로 나가지 않도록 한다.
- **비밀번호 설정** : AP 관리자는 보안정책에 따라 AP 비밀번호를 설정한다.
- **암호키 설정** : 무선랜 표준이 지원하는 안전성 높은 암호화 방식(WPA, WPA2)을 사용한다.
- **SSID 숨김 설정** : 무선랜 보안을 위해서는 SSID가 공개적으로 드러나지 않도록 SSID 설정을 숨김으로 변경하고, SSID 브로드캐스트를 비활성화하는 것이 좋다.
- **MAC 주소 필터** : AP 접속을 허용할 단말들만 MAC 주소를 등록하고, 나머지 MAC 주소들은 필터링하여 외부접속을 차단한다.
- **DHCP 사용 억제** : DHCP는 인터넷 이용자에게 IP 주소를 자동으로 분배하는 역할을 하여 비인가 사용자에게도 무분별하게 IP를 할당할 수 있다. 따라서, 무선랜 환경에서는 인증된 사용자 이외 부적절한 사용자의 접근을 막기 위해 DHCP 사용 억제를 권고한다.

03 정보보안 기술

1) 암호화 알고리즘

- RSA(Ron Rivest, Adi Shamir, Leonard Adleman) : 비대칭키 암호화 알고리즘으로, 암호화와 전자서명에 활용되는 알고리즘이다.
- IDEA(International Data Encryption Algorithm) : 대칭키 암호화 알고리즘으로 DES를 대체하기 위해 개발되었고, 128bit의 키로 64bit 블록을 암호화한다.
- DES(Data Encryption Standard) : 대칭키 암호화 알고리즘으로 56bit의 키를 이용한다.
- AES(Advanced Encryption Standard) : 대칭키 암호화 알고리즘으로 DES와 유사하게 블록 대칭키 암호화 방식을 사용하지만, 128bit 평문을 128bit 암호문으로 출력한다.

2) 대칭키(비밀키)/비대칭키(공개키)

- 대칭키(비밀키) 암호화 방식은 암복호화에 사용되는 키가 동일한 암호화 방식이다.
- 비대칭키(공개키) 암호화 방식은 암복호화에 사용되는 키가 서로 다른 암호화 방식이다.
- 대칭키 암호화 방식은 송수신자가 서로 공유하고 있는 키가 필요하고, 비대칭키 방식은 송수신자 모두 한 쌍의 키(개인키, 공개키)가 필요하다.
- 통신 인원 수(n)에 따른 대칭키/비대칭키 수량은 다음과 같다.

  - 대칭키 : $\dfrac{n(n-1)}{2}$, 비대칭키 : $2n$

3) 암호(패스워드) 설정

- 암호 설정은 비인가자의 정보 접근을 방지하기 위한 행위이다.
- 암호는 숫자와 특수문자를 조합하여 구성한다.
- 가능하면 여덟 글자 이상으로 복잡하게 구성한다.
- 암호는 주기적으로 교체한다.
- 암호 입력 횟수를 제한하여 반복적 시도를 사전에 방지한다.

4) 디지털 콘텐츠 보호 기술

- DRM(Digital Right Management) : 콘텐츠를 암호화하여 허가된 사용자만 접근하고 사용할 수 있도록 하는 디지털 컨텐츠 보호 기술이다.
- Water Marking : 사진이나 동영상 같은 디지털 콘텐츠에 저작권 정보를 삽입하여 관리하는 기술이다.
- DOI(Digital Object Identifier) : 디지털 콘텐츠에 부여되는 고유 식별번호이다.
- INDECS(INteroperability of Data in E-Commerce System) : 추가적인 쓰기 작업과 저장 공간을 활용하여 데이터베이스 테이블의 검색 속도를 향상시키기 위한 자료구조이다.

23.6, 22.3, 21.6, 20.9

01 데이터의 비대칭 암호화 방식에서 수신자의 공개키로 암호화하여 이메일을 전송할 때 얻을 수 있는 기능은?

① 무결성(Integrity)

② 기밀성(Confidentiality)

③ 부인방지(Non Repudiation)

④ 가용성(Availability)

비대칭 암호화에서 공개키로 암호화된 정보는 수신자의 개인키로만 해독할 수 있으므로 인가받지 않은 제3자가 정보에 접근할 수 없도록 차단한다.

정보보안 주요요소

• **기밀성** : 인가된 사용자만 정보에 접근할 수 있다. (=암호화)

• **무결성** : 정보의 내용은 인가된 사용자 이외에는 임의대로 수정, 삭제할 수 없어야 한다.

• **가용성** : 인가된 사용자는 어떠한 환경에서라도 원하는 시간에 지체 없이 정보 접근이 가능해야 한다.

• **인증** : 인가된 사용자는 본인임을 증명해야 한다.

• **부인방지** : 송수신자가 데이터를 전송하거나 수신받은 사실에 대해 부인할 수 없어야 한다.

23.6, 21.6, 21.3

02 다음 암호화 방식 중 암호화 · 복호화 종류가 다른 것은?

① RSA(ron Rivest, adi Shamir, leonard Adleman)

② IDEA(International Data Encryption Algorithm)

③ DES(Data Encryption Standard)

④ AES(Advanced Encryption Standard)

RSA는 비대칭키 암호화 알고리즘이고, IDEA, DES, AES는 모두 대칭키 암호화 알고리즘이다.

암호화 기술

• **RSA(Ron Rivest, Adi Shamir, Leonard Adleman)** : 비대칭키 암호화 알고리즘으로, 암호화와 전자서명에 활용되는 알고리즘이다.

• **IDEA(International Data Encryption Algorithm)** : 대칭키 암호화 알고리즘으로 DES를 대체하기 위해 개발되었고, 128bit의 키로 64bit 블록을 암호화한다.

• **DES(Data Encryption Standard).** : 대칭키 암호화 알고리즘으로 56bit의 키를 이용한다.

• **AES(Advanced Encryption Standard)** : 대칭키 암호화 알고리즘으로 DES와 유사하게 블록 대칭키 암호화 방식을 사용하지만, 128bit 평문을 128bit 암호문으로 출력한다.

22.6

03 ARP(Address Resolution Protocol) 스푸핑은 몇 계층 공격에 해당하는가?

① 1계층   ② 2계층

③ 3계층   ④ 4계층

ARP(Address Resolution Protocol) 스푸핑

• ARP 스푸핑은 근거리 통신망(LAN)에서 사용되는 ARP 메시지를 이용하여 상대방의 데이터 패킷을 중간에 가로채는 공격기법이다.

• APR 스푸핑는 자신의 MAC 주소를 다른 컴퓨터의 MAC 주소인 것처럼 속이는 방법으로, 2계층(데이터 링크 계층) 공격에 해당한다.

04 공격자가 두 객체 사이의 세션을 통제하고, 객체 중 하나인 것처럼 가장하여 객체를 속이는 해킹기법은?

① 스푸핑(Spoofing)
② 하이재킹(Hijacking)
③ 피싱(Phishing)
④ 파밍(Pharming)

해킹기법 종류
- **스푸핑(Spoofing)** : 자신의 IP나 ARP 등을 바꾸어서 다른 사람으로 가장하고 패킷을 가로채는 해킹기법이다.
- **하이재킹(Hijacking)** : 인증이 완료된 정상적인 사용자의 세션을 가로채는 해킹기법이다.
- **피싱(Phishing)** : 전자우편 또는 메신저를 통해 피해자에게 신뢰할 수 있는 사람으로 가장하여 비밀번호나 개인정보를 탈취하는 해킹기법이다.
- **파밍(Pharming)** : 사용자가 정확한 웹 페이지 주소를 입력하더라도 가짜 웹 페이지에 접속하게 하여 개인정보를 탈취하는 해킹 기법이다.

05 다음 중 효과적인 암호 관리를 위해 필요한 일반적인 규칙과 관계없는 것은?

① 암호는 가능하면 하나 이상의 숫자 또는 특수문자가 들어가도록 하여 여덟 글자 이상으로 하는 것이 좋다.
② 암호는 가능하면 단순한 암호를 사용하는 것이 좋다.
③ 암호에 유효기간을 두어 일정 기간이 지나면 새 암호로 바꾸라는 메시지를 보여준다.
④ 암호 입력 횟수를 제한하여 암호의 입력이 지정된 횟수만큼 틀렸을 때에는 접속을 차단한다.

효과적인 암호 관리 방법
- 숫자와 특수문자를 조합하여 구성한다.
- 가능하면 여덟 글자 이상으로 복잡하게 구성한다.
- 주기적으로 교체한다.
- 암호 입력 횟수를 제한하여 반복적 시도를 사전에 방지한다.

06 보안 위협의 유형 중 다음 내용에 해당하는 것은?

> 보안요건 중 무결성을 위협하는 것으로 인가받지 않은 제3자가 자원에 접근할 뿐만 아니라 내용을 변경하는 것

① 변조
② 흐름차단
③ 가로채기
④ 계정 탈취

보안 위협 유형
- **변조** : 인가되지 않은 사용자가 원래의 데이터를 다른 내용으로 변경하는 행위
- **차단** : 정보가 송수신되지 않도록 인위적으로 가로막는 행위
- **가로채기** : 인가되지 않은 사용자가 정보를 중간에 가로채어 열람하거나 도청하는 행위
- **계정 탈취** : 정보에 접근하기 위해 인가된 사용자의 계정을 불법으로 훔치는 행위

07 암호화 형식에서 4명이 통신을 할 때, 서로 간 비밀 통신과 공개통신을 하기 위한 키의 수는?

① 비밀키 2개, 공개키 4개
② 비밀키 4개, 공개키 6개
③ 비밀키 6개, 공개키 8개
④ 비밀키 8개, 공개키 10개

대칭키(비밀키)/비대칭키(공개키) 암호화 방식
- 대칭키(비밀키) 암호화 방식은 암복호화에 사용되는 키가 동일한 암호화 방식이다.
- 비대칭키(공개키) 암호화 방식은 암복호화에 사용되는 키가 서로 다른 암호화 방식이다.
- 그러므로 대칭키 암호화 방식은 송수신자가 서로 공유하고 있는 키가 필요하고, 비대칭키 방식은 송수신자 모두 한 쌍의 키(개인키, 공개키)가 필요하다.
- 통신 인원 수(n)가 4명일 경우, 대칭키/비대칭키 수량은 다음과 같다.
  - 대칭키(비밀키) : $\dfrac{n(n-1)}{2} = 6$
  - 비대칭키(공개키) : $2n = 8$

정답 01 ② 02 ① 03 ② 04 ② 05 ② 06 ① 07 ③

SECTION 02 관리적 보안

01 관리적 보안

- 관리적 보안은 기업 내 보안계획을 수립하거나 보안교육을 실시하는 등 정보보호를 위해 조직의 관리절차 또는 규정을 수립하는 행위를 말한다.
- 관리적 보안은 조직 구성원들이 대내외적 업무를 수행할 때, 기업정보를 체계적으로 보호하고 자산을 관리하기 위함이다.
- 관리적 보안의 방법으로는 정보보호 관리체계(ISMS ; Information Security Management System) 인증, 정보보안 교육, 보안 인증 제품 사용 등이 있다.

02 관리적 보안 방법

1) 정보보안 교육

- 정보보안 교육은 조직 내 규정에 따라 정보보안 교육 대상자에게 주기적, 비주기적인 교육을 실시하는 것이다.
- 정보보안 교육은 사전계획을 수립하여 체계적으로 실시해야 하며, 교육 대상자를 위한 교육 내용은 다양한 의견과 조직 취지를 반영한 주제로 한다.
- 교육의 효과를 극대화하기 위해서는 피교육자에 대한 시험과 설문 조사 등 사후관리 절차가 필요하며, 차기 정보보안 교육계획 수립에 참고해야 한다.

항목	설명
교육대상자	주요 경영진, 시스템 관리자, 운영자, 사용자, 협력업체 직원 등
교육내용	정보보호 정책, 업무 프로세스, 보안사고 사례, 정보보안 기술동향 등
교육평가	시험, 설문지
사후관리	관리대장이나 결과보고서를 작성으로 이력 관리

2) ISMS 인증제도

- ISMS(ISMS-P) 인증제도는 정보보호(개인정보보호)를 위한 조치와 활동이 인증기준에 적합한지를 증명하는 제도로 정보보호 관리체계 기반을 마련하고, 관리체계의 점검과 개선, 운영, 위험관리 등을 수립하는 데 목적이 있다.
- 보호 대책 요구사항으로는 정책 및 조직관리, 인적보안, 외부자 보안 등이 있다.
- 정보통신망 이용촉진 및 정보보호 등에 관한 법률 제47조(정보보호 관리체계의 인증)에서 ISMS에 대해 명시한 내용은 다음과 같다.
  - 과학기술정보통신부장관은 정보통신망의 안정성·신뢰성 확보를 위하여 관리적·기술적·물리적 보

호조치를 포함한 종합적 관리체계(정보보호 관리체계)를 수립·운영하고 있는 자에 대하여 기준에 적합한지에 관하여 인증을 할 수 있다.

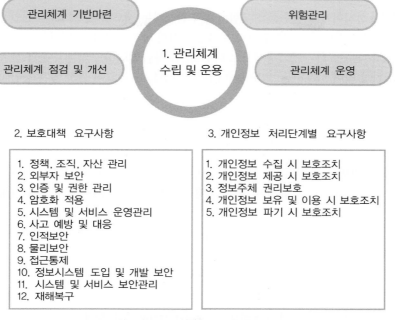

▲ ISMS 인증제도 요구사항(출처 : 한국인터넷진흥원)

- ISMS는 인증협의회(과학기술정보통신부 개인정보보호위원회)에서 정책을 담당하고, 인증기관으로는 한국인터넷진흥원(KISA)과 금융보안원(FSI)이 있으며, 심사는 한국정보통신진흥협회(KATI), 한국정보통신기술협회(TTA), 개인정보보호협회(OPA), 차세대정보보안인증원(NISC)에서 담당한다.
- ISMS 인증 의무대상자
  - 정보통신망서비스를 제공하는 자(ISP)
  - 집적정보통신시설 사업자(IDC)
  - 연간 매출액 또는 세입 등이 1,500억 원 이상이거나 정보통신서비스 부문 전년도 매출액이 100억 원 이상 또는 3개월간 일일 평균 이용자 수 100만 명 이상으로서, 대통령령으로 정하는 기준에 해당하는 자
- **ISMS 인증단계** : ISMS 인증은 기업정보의 비밀을 유지하고, 언제든 정보를 사용할 수 있도록 하는 체계화된 정보보호 절차와 과정이 포함되어 있으며, 총 4단계로 구성되어 있다.

ISMS 인증단계	설명
ISMS 수립	• 조직이 가지고 있는 위험을 관리하고 목적 달성을 위한 정책을 수립 • 주요업무 : 프로세스를 위한 입/출력 규정, 프로세스 책임자 규정, 네트워크 전반적인 흐름과 구상도 전개
ISMS 구현과 운영	• 수립된 정책을 현재 업무에 적용하는 단계 • 주요업무 : 각 프로세스를 위한 자원 분배, 의사소통 경로 수집, 피드백 수용, 자료 수집
ISMS 모니터링과 검토	• 적용된 정책이 실제로 잘 동작하는지에 대한 확인 • 주요업무 : 프로세스의 측정과 이행 모니터링, 정보 분석, 분석결과 평가
ISMS 관리와 개선	• 시정 및 예방 조치를 실행하는 단계 • 잘못 운영되고 있는 경우 원인을 분석하고 개선 시행

3) CC인증 제품 사용

- CC인증은 정보통신장비의 보안 인증을 위한 국제 표준규격으로, IT 제품의 보안성을 평가하고 이를 인증하는 제도이다.
- CC인증은 정보통신장비가 보안수준을 부합하는지 검증하는 제도이며, 기업은 CC인증이 부여된 제품을 사용함으로써 내부 시스템이나 네트워크의 보안 요구사항을 만족시킬 수 있다.
- CC인증은 EAL1~EAL7까지 총 7등급으로 나뉘며, 각 등급별로 요구되는 수준과 산출물은 다르다.
- 단, CC인증을 가장 많이 사용하는 방화벽이나 IPS는 EAL4+ 등급이 가장 높은 등급이다.

4) 망분리

- 망분리란 외부망을 통한 비인가 접근과 내부정보 유출을 차단하기 위해 업무망과 외부망(인터넷망)을 분리하는 정책이다.
- 망분리는 정보통신망법에 의해 100만 명 이상 개인정보를 보유하거나, 정보통신서비스 매출이 100억 원 이상인 사업자는 의무적으로 도입해야 하며, 금융회사 역시 전자금융감독규정에 의해 망분리를 의무화해야 한다.
- 망분리는 PC 보안관리, 네트워크 간 자료 전송 및 통제, 인터넷 메일 사용 권고, 네트워크 접근제어, USB 등 보조 장치에 대한 관리 등을 고려해야 한다.
- 망분리의 종류로는 물리적 망분리와 논리적 망분리가 있다.

구분	물리적 망분리	논리적 망분리
정의	업무망과 외부망을 물리적으로 분리한 완전한 망분리 방식	업무망과 외부망을 논리적으로 분리하여 물리적으로 분리되지 않은 방식
동작 원리	2대의 PC를 사용하여 망을 분리하고, 외부망 자료를 업무망에 전송하려면 별도의 솔루션(HW/SW)을 사용	1대의 PC에 가상화 기술을 적용하여 망을 분리하고, 외부망 자료를 업무망에 전송하려면 별도의 솔루션 사용
장점	물리적 네트워크 분리에 따른 높은 보안성	• 낮은 구축비용 • 관리가 용이
단점	• 높은 구축비용 • 상대적으로 관리 불편	네트워크가 논리적으로 분리되어 있어 상대적으로 낮은 보안성

- 망분리 적용 시 고려사항
  - **PC 보안관리** : 네트워크 설정의 변경을 금지한다.
  - **망간 자료 전송 통제** : 업무망과 인터넷망 간 자료 전송 시 별도의 솔루션(HW/SW)을 사용한다.
  - **인터넷 메일 사용** : 외부로 보내는 메일은 인터넷을 이용한 외부메일 계정을 사용한다.
  - **네트워크 접근제어** : 비인가된 기기의 접근을 차단한다.
  - **보조저장매체 관리** : USB 등과 같은 보조저장매체는 인가된 경우에만 사용한다.

01 다음 중 정보보호 관리체계의 인증 의무대상자가 **아닌** 것은?

① 정보통신서비스 부문 전년도 매출액이 100억 원 이상인 자
② 연간 매출액 또는 세입 등이 150억 원 이상인 자
③ 집적정보통신시설 사업자
④ 정보통신서비스 부문 3개월간의 일일 평균 이용자 수 100만 명 이상인 자

ISMS 인증 의무대상자
• 정보통신망서비스를 제공하는 자(ISP)
• 집적정보통신시설 사업자(IDC)
• 연간 매출액 또는 세입 등이 1,500억 원 이상이거나 정보통신서비스 부문 전년도 매출액이 100억 원 이상 또는 3개월간 일일 평균 이용자 수 100만 명 이상으로서, 대통령령으로 정하는 기준에 해당하는 자

02 다음 중에서 망분리 적용 시 주요 고려사항으로 옳은 것을 모두 고른 것은?

㉠ PC 보안관리	㉡ 망간 자료 전송 통제
㉢ 인터넷 메일 사용	㉣ 네트워크 접근제어
㉤ 보조저장매체 관리	

① ㉠, ㉡
② ㉠, ㉡, ㉢
③ ㉠, ㉡, ㉢, ㉣
④ ㉠, ㉡, ㉢, ㉣, ㉤

망분리 적용 시 고려사항
• **PC 보안관리** : 네트워크 설정의 변경을 금지한다.
• **망간 자료 전송 통제** : 업무망과 인터넷망 간 자료 전송 시 별도의 솔루션(HW/SW)을 사용한다.
• **인터넷 메일 사용** : 외부로 보내는 메일은 인터넷을 이용한 외부메일 계정을 사용한다.
• **네트워크 접근제어** : 비인가된 기기의 접근을 차단한다.
• **보조저장매체 관리** : USB 등과 같은 보조저장매체는 인가된 경우에만 사용한다.

03 다음은 정보보호 관리체계에 대한 "정보통신망 이용촉진 및 정보보호 등에 관한 법률 일부 조항이다. 괄호( ) 안에 들어갈 단어로 적합하지 **않은** 것은?

> 과학기술정보통신부장관은 정보통신망의 안정성·신뢰성 확보를 위하여 ( )·( )·( ) 보호조치를 포함한 종합적 관리체계를 수집·운영하고 있는 자에 대하여 제4항에 따른 기준에 적합한지에 관하여 인증을 할 수 있다. (제4항은 정보보호 및 개인정보보호 관리체계 인증 등에 관한 고시임)

① 물리적
② 관리적
③ 기술적
④ 정책적

정보통신망 이용촉진 및 정보보호 등에 관한 법률
제47조(정보보호 관리체계의 인증) ① 과학기술정보통신부장관은 정보통신망의 안정성·신뢰성 확보를 위하여 관리적·기술적·물리적 보호조치를 포함한 종합적 관리체계(이하 "정보보호 관리체계"라 한다)를 수립·운영하고 있는 자에 대하여 제4항에 따른 기준에 적합한지에 관하여 인증을 할 수 있다.

04 다음 |보기|의 업무는 ISMS(Information Security Management System)의 어떤 단계에서 수행하는 업무인가?

┌─| 보기 |────────────────────────────┐
│ ㉠ 정확한 프로세스의 측정과 이행을 모니터링 │
│ ㉡ 수집된 정보 분석(정량적, 정성적) │
│ ㉢ 분석결과 평가 │
└─────────────────────────────────┘

① 계획 : ISMS 수립
② 수행 : ISMS 구현과 운영
③ 점검 : ISMS 모니터링과 검토
④ 조치 : ISMS 관리와 개선

ISMS 인증단계

ISMS는 기업정보의 비밀을 유지하고, 언제든 정보를 사용할 수 있도록 하는 체계화된 정보보호 절차와 과정이 포함되어 있으며, 총 4단계로 구성되어 있다.

ISMS 인증단계	설명
ISMS 수립	• 조직이 가지고 있는 위험을 관리하고 목적 달성을 위한 정책을 수립 • 주요업무 : 프로세스를 위한 입/출력 규정, 프로세스 책임자 규정, 네트워크 전반적인 흐름과 구성도 전개
ISMS 구현과 운영	• 수립된 정책을 현재 업무에 적용하는 단계 • 주요업무 : 각 프로세스를 위한 자원 분배, 의사소통 경로 수집, 피드백 수용, 자료 수집
ISMS 모니터링과 검토	• 적용된 정책이 실제로 잘 동작하는지에 대한 확인 • 주요업무 : 프로세스의 측정과 이행 모니터링, 정보 분석, 분석결과 평가
ISMS 관리와 개선	• 시정 및 예방 조치를 실행하는 단계 • 잘못 운영되고 있는 경우 원인을 분석하고 개선 시행

05 다음 중 논리적 망분리의 특징으로 틀린 것은?

① 가상화 등의 기술을 이용하여 논리적으로 분리하여 운영
② 상대적으로 관리가 용이하여 효율성 높음
③ 구성 방식에 따라 취약점 발생하여 상대적으로 낮은 보안성
④ 완전한 망분리 방식으로 가장 안전한 방식

망분리

• 망분리란 외부망을 통한 비인가 접근과 내부정보 유출을 차단하기 위해 업무망과 외부망(인터넷망)을 분리하는 정책이다.
• 망분리는 PC 보안관리, 네트워크 간 자료 전송 및 통제, 인터넷 메일 사용 권고, 네트워크 접근제어, USB 등 보조 장치에 대한 관리 등을 고려해야 한다.
• 망분리의 종류로는 물리적 망분리와 논리적 망분리가 있다.

구분	물리적 망분리	논리적 망분리
정의	업무망과 외부망을 물리적으로 분리한 완전한 망분리 방식	업무망과 외부망을 논리적으로 분리하여 물리적으로 분리되지 않은 방식
동작 원리	2대의 PC를 사용하여 망을 분리하고, 전송 프로그램으로 데이터 전달	1대의 PC에 가상화 기술을 적용하여 망을 분리하고, 전송 프로그램 사용
장점	물리적 네트워크 분리에 따른 높은 보안성	• 낮은 구축비용 • 관리가 용이
단점	• 높은 구축비용 • 상대적으로 관리 불편	네트워크가 논리적으로 분리되어 있어 상대적으로 낮은 보안성

기출 분석

연도	19년	20년	21년	22년	23년
문제 수	0	0	0	2	1

01 물리적 보안

- 물리적 보안은 데이터, 시스템, 네트워크, 부대설비와 같은 자산을 물리적인 방법으로 보호하는 행위이다.
- 물리적 보안은 자산에 가해질 수 있는 피해의 최소화를 목적으로 하며, 보안요원 배치, 출입통제 시스템, CCTV 시스템, 침입경보시스템과 같은 방법을 사용한다.
- 물리적 보안은 범죄 또는 파괴를 탐지하는 위험 탐지, 사건을 탐지하고 충격 수준을 판단하는 위험 판단, 위험이 발생할 경우 대응하는 위험 대응 등이 해당한다.
- 구축비용 대비 효율성과 각종 시스템 및 서비스 보안성 확립을 항상 고려해야 한다.

02 물리적 보안 주요 지침

- 보안규정에 따른 출입통제 시스템과 프로세스를 구축한다.
- 출입통제에 대한 모니터링과 감시 방안을 마련한다.
- 출입 인가자와 그러지 않은 사람의 동선을 고려하여 물리적 보안계획을 수립한다.
- 사무실이나 통제구역에는 시건장치를 반드시 설치한다.
- 사내 보안교육에 물리적 보안을 포함한다.
- 중요문서의 출력, 보관, 복사, 반출에 대한 보안 프로세스를 마련한다.
- 분실 및 물리적 보안사고 발생에 대한 보고 프로세스와 담당자를 지정한다.

03 물리적 보안 방법

1) 보안요원 배치

- 보안요원은 인가된 사람만 출입할 수 있도록 출입구나 통제구역에 배치 및 운영되는 별도의 인력이다.
- 보안요원은 외부인원에 대해 확인절차를 수행하여 사전에 인가된 인원 또는 승인된 인원에 대해서만 출입을 허가한다.

2) 보안구역 설정

- 조직 내 전산실이나 장비실 등 특별히 보호가 요구되는 장소를 보안구역으로 설정하고, 보안구역은 외부인의 보행 경로에 겹치지 않도록 한다.
- 보안구역에 따른 보안등급을 정의하고, 적절한 규정을 수립하여 외부인력 접근을 효율적으로 통제한다.
- 내부 규정을 통해 인가된 출입증이나 사원증을 소지한 사람만 출입할 수 있도록 한다.

3) 출입통제 시스템

- 출입통제 시스템은 건물, 시설물의 보안구역 내 승인되지 않은 사람들의 출입을 IT 기술로 통제하는 시스템이다.
- 출입통제 시스템은 별도의 보안요원이 직접 외부인원을 통제하기보다는 근접식 카드(IC카드/RFID카드/NFC카드 등) 기술이나 지문인식, 얼굴인식과 같은 바이오 정보를 활용하여 출입을 허가한다.

출입통제 시스템	설명
근접식 카드 시스템	• IC카드/RFID카드/NFC카드와 같은 근거리 통신 기술을 이용한 카드로 출입을 허가하는 방식 • 시스템 구축비용은 낮지만, 카드 도난이나 분실과 같은 보안 취약점이 존재함
바이오 정보 시스템	• 사람이 가지고 있는 고유의 바이오 정보(지문/얼굴/홍채/정맥 등)를 이용하여 출입을 허가하는 방식 • 시스템 구축비용이 높지만, 분실이나 도난에 따른 보안 취약점은 해소됨

4) CCTV 시스템

- CCTV 시스템은 보안구역이나 통제구역에 설치된 카메라(아날로그/IP)를 통해 외부인원을 촬영하고 인식하는 물리적 출입통제 시스템이다.
- CCTV 시스템은 용도와 비용, 보안성, 확장성을 고려해야 한다.
- CCTV의 구성요소
  - **카메라** : 아날로그 카메라와 IP카메라가 있다. 아날로그 카메라는 가격이 저렴하나 설치 유연성이나 확장성이 다소 부족하며, 저장장치로 DVR(Digital Video Recoder)을 사용한다. IP카메라는 가격이 높지만, 유연성과 확장성이 우수하고, 저장장치로 NVR(Network Video Recoder)을 사용한다.
  - **관제센터** : CCTV 영상을 한 장소에서 감시, 통제하기 위한 센터이다. CCTV의 수량과 비례하여 감시 인원이 필요하지만, 영상인식 소프트웨어나 AI 소프트웨어를 활용하면 효율적으로 감시와 통제를 수행할 수 있다.
  - **네트워크** : 아날로그 카메라를 사용할 경우 동축 케이블로 망을 구성하고, IP카메라일 경우 이더넷(Ethernet) 케이블로 망을 구성한다.

5) 침입경보 시스템

각종 감지(적외선/파장) 장치나 센서를 통해 외부 침입을 검출하는 시스템으로, 보호구역의 경계 구간에 주로 설치된다.

01 22.10
다음 중 물리적 보안을 위한 출입통제 방법이 **아닌** 것은?

① CCTV
② 보안요원 배치
③ 근접식 카드 리더기
④ 자동문 설치

물리적 보안의 출입통제 방법
• 물리적 보안은 데이터, 시스템, 네트워크, 부대설비와 같은 자산을 물리적인 방법으로 보호하는 행위이다.
• 물리적 보안은 자산에 가해질 수 있는 피해의 최소화하기 위함이며, 보안요원 배치, 출입통제 시스템, CCTV 시스템, 카드 리더기 설치, 침입경보시스템과 같은 방법을 사용한다.
• 자동문은 사람이 문에 손을 대지 않고, 버튼이나 센서 등을 통해 자동으로 문을 개폐하는 장치이기 때문에 출입의 편리함은 있겠지만, 통제 역할은 독립적으로 수행할 수 없다.

02 22.10
물리적 보안 시스템인 CCTV 관제센터 설비 구성요소가 **아닌** 것은?

① DVR 및 NVR
② 영상인식 소프트웨어
③ 바이오인식 센서
④ IP 네트워크

CCTV 관제센터 설비
• CCTV 관제센터 설비는 보안구역에 설치되어 있는 CCTV 카메라(아날로그/IP)와 영상들을 용이하게 모니터링하고 통제하기 위한 통합 관제 시스템 설비이다.
• CCTV 관제센터 설비 주요 구성요소
  – **DVR/NVR** : CCTV 영상을 녹화하는 장치로 DVR은 아날로그 카메라 영상을 녹화하고 처리하는 역할을 하며, NVR은 디지털카메라(IP 카메라) 영상처리를 담당한다.
  – **영상인식 소프트웨어** : CCTV 영상 속 사물이나 객체를 구분하고, 주변환경을 감지할 수 있는 소프트웨어를 말한다.
  – **IP 네트워크** : CCTV 카메라와 시스템 및 관제센터를 연결하기 위한 IP 기반의 통신망이다.

오답 피하기
바이오 인식센서는 출입통제시스템의 구성요소이다.

03 22.6
다음 중 물리적 보안구역에 대한 자체 점검항목으로서 적절하지 **못한** 것은?

① 특별한 보호가 필요한 시설과 장비를 보호하기 위한 보호구역을 정의하고, 이에 따른 보안대책을 수립하여 이행하고 있는가를 점검
② 물리적 보호구역이 필요한 보안등급에 따라 정의되고 각각에 대한 보안 조치와 절차가 수립되어 있는가를 점검
③ 일반인의 출입 경로가 보안지역을 지나가지 않도록 배치되어 있는가를 점검
④ 응용시스템 구현 시 코딩표준에 따라 응용시스템을 구현하고 보안 요구사항에 대한 시험 사항의 점검

물리적 보안 주요 지침
• 보안규정에 따른 출입통제 시스템과 프로세스를 구축한다.
• 출입통제에 대한 모니터링과 감시 방안을 마련한다.
• 출입 인가자와 그러지 않은 사람의 동선을 고려하여 물리적 보안계획을 수립한다.
• 사무실이나 통제구역에는 시건장치를 반드시 설치한다.
• 사내 보안교육에 물리적 보안을 포함한다.
• 중요문서의 출력, 보관, 복사, 반출에 대한 보안 프로세스를 마련한다.
• 분실 및 물리적 보안사고 발생에 대한 보고 프로세스와 담당자를 지정한다.

정답 01 ④ 02 ③ 03 ④

기술적 보안

기출 분석	연도	19년	20년	21년	22년	23년
	문제 수	0	4	1	4	3

01 기술적 보안

- 기술적 보안은 외부 위험요소나 허가되지 않은 사용자로부터 시스템, 네트워크, 단말, 데이터 등을 보호하기 위한 기술들을 총칭한다.
- 기술적 보안은 포괄적으로는 물리적 보안을 수행하기 위한 기반 기술이며, 보호 대상에 따라 시스템 보안기술, 네트워크 보안기술, 애플리케이션 보안기술, 데이터 보안기술, PC 보안기술, 기타 보안기술 등으로 구분된다.

02 시스템 보안기술

시스템 보안은 호스트 컴퓨터나 단말을 대상으로 외부로부터 불법 침투, 위장 접속, 중간 탈취 등과 같은 공격을 방어하기 위한 기술이며, SSL(Secure Socket Layer), TLS(Transport Layer Security), IPSec(IP Security) 등이 있다.

1) SSL/TLS

- SSL/TLS는 호스트와 서버 사이의 안전한 보안 채널 형성을 위한 보안 프로토콜이다.
- SSL/TLS는 TCP/IP의 전송(Transport)계층에서 수행되며, 호스트와 서버 사이 상호인증과 데이터 암호화를 통해 정보를 보호한다.
- TLS는 SSL 3.0을 기반으로 만든 SSL 후속 프로토콜이다.

2) IPSec

- IPSec은 TCP/IP의 네트워크(IP)계층에서 작동하며, IP 패킷 단위로 인증, 암호화, 키 관리를 수행하는 보안 프로토콜이다.
- IPSec은 가상사설망(VPN)에서 특히 많이 사용하고, 사이트 투 사이트, 클라이언트 투 서버, 클라이언트 투 게이트웨이 등 다양하게 적용할 수 있다.

03 네트워크 보안기술

네트워크 보안기술은 외부 공격이나 내부 데이터 유출 방지를 위해 네트워크 단에서 방어하는 하드웨어/소프트웨어 기술이다.

1) VPN

- VPN은 데이터 암호화, 터널링, 인증기술을 사용하여 일반 공중망(Public Network)을 마치 개인 사설망(Private Network)처럼 사용하는 네트워크 보안기술이다.

- VPN은 전용회선 사설망보다 비용이 저렴하고, 다양한 서비스에 응용할 수 있으며, 핵심기술로는 터널링(Tunneling), 암호화, 인증, 키 관리가 있다.

2) 방화벽(Firewall)

- 방화벽은 사전 정의된 보안정책이나 접근제어 목록에 따라, 외부에서 내부 네트워크로 유입되는 트래픽을 모니터링하고, 허가되지 않은 트래픽을 제어하는 역할의 보안장비이다.
- 방화벽은 외부망과 내부망 사이에 설치되어 외부 트래픽 유입방지를 할 뿐 아니라, 정해진 규칙에 따라 내부 사용자가 특정 사이트나 외부로 접속하는 것을 방지하는 역할을 한다.
- 방화벽의 구성형태는 패킷 필터링, 서킷 게이트웨이, 프록시 애플리케이션 게이트웨이가 있다.

방화벽 구성형태	설명
패킷 필터링 (Packet Filtering)	정해진 규칙을 통해 인입된 패킷을 분석하고 선별적으로 허용 또는 차단하는 방화벽 (가장 보편적)
프록시 애플리케이션 게이트웨이 (Proxy Application Gateway)	서비스 요청 각각에 접근 규칙을 적용하여 대신 연결해 주는 역할의 방화벽
서킷 게이트웨이 (Circuit Gateway)	모든 서비스 요청에 대해 대표 프록시가 연결해 주는 역할의 방화벽

> **기적의 Tip** 　상태 비저장(Stateless Inspection) 방화벽
>
> - 상태 비저장 방화벽이란 패킷의 인과 관계를 확인하지 않고, 단순히 장비에 등록된 정책만 가지고 패킷을 필터링하는 방화벽으로 패킷 필터(Packet Filter) 방화벽에 해당한다.
> - 상태 비저장 방화벽은 데이터 패킷의 소스, 대상, 기타 매개 변수를 활용하여 데이터가 위협에 처했는지 파악하기 때문에 상태 저장(Stateful Inspection) 방화벽 대비 보안성이 취약하다.
> - 상태 비저장 방화벽은 패킷 전체를 검사하지 않고 프로토콜 헤더만 검사하며, 수신 트래픽 유형, 포트 번호 또는 대상 주소 등 미리 결정된 규칙만을 고려하여 안전한 연결인지 여부를 결정한다.

3) 침입탐지시스템(Intrusion Detection System, IDS)

- IDS는 네트워크 내 트래픽을 실시간으로 수집, 분석하여 비정상적인 사용이나 오용, 남용을 탐지하는 시스템이다.
- IDS는 기존 보안 시스템이 특정 프로토콜만 방어할 수 있는 점과 내부정보를 알고 있는 자의 외부 공격에 취약한 점 등을 보완하여 네트워크 내 트래픽 분석을 통해 침입 여부를 판정하므로 방화벽을 우회한 공격에 대처할 수 있다.

4) 침입방지시스템(Intrusion Prevention System, IPS)

- IPS는 스파이웨어, 해킹 등 외부로부터 침입을 탐지 및 차단하는 시스템으로 방화벽과 IDS가 조합된 형태이다.
- IPS는 IDS가 침입을 탐지하는 기능에 특화된 것과 달리, 탐지 이후 차단 능력을 갖추고 있어 알려지지 않은 공격 패턴을 방어하는 데 효과적이며, 명백한 공격에 대해서는 사전 방어 조치를 취할 수 있는 특징이 있다.

5) 무선침입방지시스템(Wireless IPS, WIPS)

- WIPS는 무선 네트워크 환경에서 공격자의 침입을 탐지 및 방어하는 시스템으로 IPS와 기능은 유사하나, 무선망에 특화된 장비라는 데 차이가 있다.
- WIPS는 관제-탐지-차단 3단계로 동작하며, 무선망 관제 중 인가받지 않은 침입 신호가 탐지되면 더 강한 차단 신호를 내보내어 침입 신호를 차단하는 원리를 가지고 있다.

6) 통합 위협 관리 시스템(Unified Threat Management, UTM)

- UTM은 방화벽, VPN, IPS, 안티 스팸 소프트웨어 등 여러 종류의 보안 장치들을 하나의 단일 장치로 통합한 보안 시스템이다.
- UTM은 하나의 시스템에 다양한 보안 기능을 탑재하여 관리가 용이하고, 비용 절감효과가 있으며, 복합적인 위협요소를 방어할 수 있는 장점이 있다.
- 단, 단일 시스템이기 때문에 고장이 발생할 경우, 전체 보안 기능에 영향을 준다는 단점이 있으므로 주로 소규모 네트워크에서 활용된다.

7) 통합보안 관리(Enterprise Security Management, ESM)

- ESM은 방화벽, VPN, IPS, 안티바이러스 등 서로 다른 종류의 보안제품 정보를 한 곳에서 관리하는 통합보안 관리시스템이다.
- ESM은 다양한 보안 장치들을 한 곳에서 관리함으로써 효율적인 보안 네트워크를 운영할 수 있고, 집중화된 보안 관리를 통해 각각의 보안 기능을 최대화할 수 있는 장점이 있다.
- 주로 기업 등 대규모 네트워크에서 활용된다.

04 기타 보안기술

- SSO(Single Sign On) : 1회 사용자 인증으로 다수의 애플리케이션 및 웹사이트에 대한 로그인을 허용하는 인증 솔루션이다.
- EAM(Enterprise Access Management) : 인트라넷/엑스트라넷/인터넷 환경/일반 클라이언트 서버 환경에서 통합된 사용자 인증 및 권한 관리시스템을 구축하기 위한 액세스 컨트롤 솔루션이다.

01 다음 중 상태 비저장(Stateless Inspection) 방화벽의 특징은?

① 보안성이 강하다.
② 방화벽을 통과하는 트래픽 흐름 상태를 추적하지 않는다.
③ 패킷의 전체 페이로드(Payload) 내용을 검사한다.
④ 인증서 기반의 방화벽이다.

상태 비저장 방화벽
• 상태 비저장 방화벽이란 패킷의 인과 관계를 확인하지 않고, 단순히 장비에 등록된 정책만 가지고 패킷을 필터링하는 방화벽으로 패킷 필터(Packet Filter) 방화벽에 해당한다.
• 상태 비저장 방화벽은 데이터 패킷의 소스, 대상, 기타 매개 변수를 활용하여 데이터가 위협에 처했는지 파악하기 때문에 상태 저장(Stateful Inspection) 방화벽 대비 보안성이 취약하다.
• 상태 비저장 방화벽은 패킷 전체를 검사하지 않고 프로토콜 헤더만 검사하며, 수신 트래픽 유형, 포트 번호 또는 대상 주소 등 미리 결정된 규칙만을 고려하여 안전한 연결인지 여부를 결정한다.

02 침입탐지시스템(IDS)과 방화벽(Firewall)의 기능을 조합한 솔루션은?

① SSO(Single Sign On)
② IPS(Intrusion Prevention System)
③ DRM(Digital Rights Management)
④ IP 관리시스템

침입방지시스템(Intrusion Prevention System, IPS)
• IPS는 스파이웨어, 해킹 등 외부로부터 침입을 탐지 및 차단하는 시스템으로 방화벽과 IDS가 조합된 형태이다.
• IPS는 IDS가 침입을 탐지하는 기능에 특화된 것과 달리, 탐지 이후 차단 능력을 갖추고 있어 알려지지 않은 공격 패턴을 방어하는 데 효과적이며, 명백한 공격에 대해서는 사전 방어 조치를 취할 수 있는 특징이 있다.

03 무선 네트워크 환경에서 보안을 담당하며, 관제-탐지-차단의 3단계 메커니즘으로 작동되는 것은?

① SSO(Single Sign On)
② Firewall
③ IDS(Intrusion Detection System)
④ WIPS(Wireless Intrusion Prevention System)

WIPS(Wireless IPS)
• WIPS는 무선 네트워크 환경에서 공격자의 침입을 탐지 및 방어하는 시스템으로 IPS와 기능은 유사하나, 무선망에 특화된 장비라는 데 차이가 있다.
• WIPS는 관제-탐지-차단 3단계로 동작하며, 무선망 관제 중 인가받지 않은 침입 신호가 탐지되면 더 강한 차단 신호를 내보내어 침입 신호를 차단하는 원리를 가지고 있다.

04 내부 네트워크와 외부 네트워크 사이에 있는 하드웨어와 소프트웨어로 구성되며 보통은 라우터나 서버 등에 위치하는 소프트웨어는?

① IDS
② VPN
③ Firewall
④ TCP/IP 보안

방화벽(Firewall)
• 방화벽은 사전 정의된 보안정책이나 접근제어 목록에 따라, 외부에서 내부망으로 유입되는 트래픽을 모니터링하고, 허가되지 않은 트래픽을 제어한다.
• 방화벽은 하드웨어와 소프트웨어로 구성되어 있으며, 외부망과 내부망 사이에 설치되어 외부 트래픽의 유입방지를 할 뿐 아니라, 정해진 규칙에 따라 내부 사용자가 특정 사이트나 외부로 접속하는 것을 방지하는 역할을 한다.

정답 01 ② 02 ② 03 ④ 04 ③

05 UTM(Unified Threat Management)의 장점이 아닌 것은?

① 패킷 필터링을 통한 내외부 네트워크 접근 통제
② 공간 절약
③ 관리 용이
④ 장애 발생 시 전체에 영향이 없음

UTM(Unified Threat Management)
- UTM은 방화벽, VPN, IPS, 안티 스팸 소프트웨어 등 여러 종류의 보안 장치들을 하나의 단일 장치로 통합한 보안 시스템이다.
- UTM은 하나의 시스템에 다양한 보안 기능을 탑재하여 관리가 용이하고, 비용 절감효과가 있으며, 복합적인 위협요소를 방어할 수 있는 장점이 있다.
- 단, 단일 시스템이기 때문에 고장이 발생할 경우, 전체 보안 기능에 영향을 준다는 단점이 있다.

06 다음 중 기술적 보안기술 요소가 아닌 것은?

① 보안 표준
② SSO(Single Sign On)
③ EAM(Enterprise Access Management)
④ SRM(Security Risk Management)

기술적 보안
- 기술적 보안은 포괄적으로는 물리적 보안을 수행하기 위한 기반 기술이며, 보호 대상에 따라 시스템 보안기술, 네트워크 보안기술, 애플리케이션 보안기술, 데이터 보안기술, PC 보안기술, 기타 보안기술 등으로 분류된다.
- 보안 표준은 AAA(Authentication, Authorization, Accounting), 접근제어, XML 보안 등 표준화된 보안기술을 총칭한다.
- SSO는 1회 사용자 인증으로 다수의 애플리케이션 및 웹사이트에 대한 로그인을 허용하는 인증 솔루션이다.
- EAM은 인트라넷/엑스트라넷/인터넷 환경/일반 클라이언트 서버 환경에서 통합된 사용자 인증 및 권한 관리시스템을 구축하기 위한 액세스 컨트롤 솔루션이다.
- SRM은 조직의 자산을 보호하기 위해 전반적인 보안 위험요인을 분석하고, 적절한 보안대책을 수립하는 관리적 보안기술을 말한다.

01 다음 중 정보보안 주요 요소 설명에 해당하지 않는 것은?

① 기밀성(Confidentiality) : 인가된 사용자만 정보를 확인할 수 있다.

② 무결성(Integrity) : 정보의 내용은 인가된 사용자 이외에는 임의대로 수정, 삭제되지 않아야 한다.

③ 안전성(Safety) : 인가된 사용자의 데이터는 안전해야 한다.

④ 가용성(Availability) : 인가된 사용자는 원하는 시간과 어떠한 환경이라도 정보에 접근이 가능해야 한다.

> **정보보안 주요요소**
> • **기밀성** : 인가된 사용자만 정보에 접근할 수 있다. (=암호화)
> • **무결성** : 정보의 내용은 인가된 사용자 이외에는 임의대로 수정, 삭제할 수 없어야 한다.
> • **가용성** : 인가된 사용자는 어떠한 환경에서라도 원하는 시간에 지체 없이 정보 접근이 가능해야 한다.
> • **인증** : 인가된 사용자는 본인임을 증명해야 한다.
> • **부인방지** : 송수신자가 데이터를 전송하거나 수신받은 사실에 대해 부인할 수 없어야 한다.

02 다음 중 APT 공격기법에 해당되지 않는 것은?

① Zero-Day Attack

② 랜섬웨어(Ransomware)

③ 사회공학기법

④ USB 침투

APT 공격기법

APT 공격기법	설명
Zero-Day Attack	발견되지 않은 취약점을 이용하는 기법
사회공학기법	사회적 지위가 높은 사람이나 관계자 등으로 가장하여 이메일을 보내거나, 전화를 걸거나, 직접 접촉하는 등의 수단으로 침투경로를 확보하고 정보를 빼내는 방법
포트 스캐닝	네트워크상의 열려 있는 포트를 스캔하여 접근을 시도하는 방법
USB 침투	악성코드가 담긴 USB를 통해 물리적으로 침투하는 방법

> 오답 피하기
> 랜섬웨어 : 사용자 컴퓨터에 있는 데이터를 모두 암호화하고, 정상적인 작동을 위한 복호화의 대가로 금품을 요구하는 악성코드이다.

03 ISMS에 대한 설명으로 틀린 것은?

① ISMS는 정보보호의 안전성을 위해 기업이 규정하고 있는 종합 관리체계 인증제도이다.

② ISMS는 특정 조직에 적합한 정보보호 정책을 수립하고, 위험에 상시 대응하는 등 여러 보안 정책을 관리하는 것이 목적이다.

③ ISMS는 기업정보의 비밀을 유지하고, 언제든 정보를 사용할 수 있도록 체계화된 정보보호 절차와 과정이 포함된다.

④ ISMS는 과학기술정보통신부에서 인증업무를 담당한다.

ISMS 개요
- ISMS는 정보보호의 안전성 확보를 위해 기업이 규정하고 있는 종합 관리체계에 대한 인증제도로, 한국인터넷진흥원(KISA)에서 인증업무를 담당한다.
- ISMS는 특정 조직에 적합한 정보보호 정책을 수립하고, 위험에 상시 대응하는 등 여러 보안정책을 관리하는 것이 목적이다.
- ISMS는 기업정보의 비밀을 유지하고, 언제든 정보를 사용할 수 있도록 체계화된 정보보호 절차와 과정이 포함되어 있으며, 총 4단계로 구성되어 있다.

04 다음 중 물리적 망분리에 관한 설명으로 옳은 것은?

① 2대의 PC를 사용하여 망분리

② 낮은 구축비용

③ 업무 효율성 높음

④ 상대적으로 낮은 보안성

망분리 종류

구분	물리적 망분리	논리적 망분리
정의	업무망과 외부망을 물리적으로 분리한 완전한 망분리 방식	업무망과 외부망을 논리적으로 분리하여 물리적으로 분리되지 않은 방식
동작 원리	2대의 PC를 사용하여 망을 분리하고, 전송 프로그램으로 데이터 전달	1대의 PC에 가상화 기술을 적용하여 망을 분리하고, 전송 프로그램 사용
장점	물리적 네트워크 분리에 따른 높은 보안성	• 낮은 구축비용 • 관리가 용이
단점	• 높은 구축비용 • 상대적으로 관리 불편	네트워크가 논리적으로 분리되어 있어 상대적으로 낮은 보안성

05 다음 중 물리적 보안 지침에 해당하지 않는 사항은?

① 보안규정에 따른 출입통제 시스템과 프로세스를 구축한다.

② 보안구역은 외부인의 보행경로를 활용한다.

③ 사무실이나 통제구역에는 시건장치를 반드시 설치한다.

④ 출입통제에 대한 모니터링과 감시 방안을 마련한다.

물리적 보안 주요 지침
- 보안규정에 따른 출입통제 시스템과 프로세스를 구축한다.
- 출입통제에 대한 모니터링과 감시 방안을 마련한다.
- 출입 인가자와 그러지 않은 사람의 동선을 고려하여 물리적 보안계획을 수립한다.
- 사무실이나 통제구역에는 시건장치를 반드시 설치한다.
- 사내 보안교육에 물리적 보안을 포함한다.
- 중요문서의 출력, 보관, 복사, 반출에 대한 보안 프로세스를 마련한다.
- 분실 및 물리적 보안사고 발생에 대한 보고 프로세스와 담당자를 지정한다.

06 SSL/TLS의 설명 중 틀린 것은?

① SSL/TLS는 호스트와 서버 사이의 안전한 보안 채널 형성을 위한 보안 프로토콜이다.

② SSL/TLS는 TCP/IP의 전송(Transport) 계층에서 수행된다.

③ TLS는 SSL 3.0을 기반으로 만든 SSL 이후 프로토콜이다.

④ TLS는 IP 패킷 단위로 인증, 암호화, 키 관리를 수행하는 보안 프로토콜이다.

SSL(Secure Socket Layer)/TLS(Transport Layer Security)
• SSL/TLS는 호스트와 서버 사이의 안전한 보안 채널 형성을 위한 보안 프로토콜이다.
• SSL/TLS는 TCP/IP의 전송(Transport)계층에서 수행되며, 호스트와 서버 사이 상호인증과 데이터 암호화를 통해 정보를 보호한다.
• TLS는 SSL 3.0을 기반으로 만든 SSL 후속 프로토콜이다.

오답 피하기
IPSec은 TCP/IP의 네트워크(IP)계층에서 작동하며, IP 패킷 단위로 인증, 암호화, 키 관리를 수행하는 보안 프로토콜이다.

07 다음 보안 시스템에 해당하는 것은?

• 방화벽, VPN, IPS, 안티바이러스 등 서로 다른 종류의 보안제품 정보를 한 곳에서 관리하는 통합보안 관리시스템
• 다양한 보안 장치들을 한 곳에서 관리함으로써 효율적인 보안 네트워크를 운영할 수 있고, 집중화된 보안 관리를 통해 각각의 보안 기능을 최대화할 수 있는 장점이 있으며, 주로 대규모 네트워크에서 활용

① ESM(Enterprise Security Management)

② WIPS(Wireless IPS)

③ UTM(Unified Threat Management)

④ IPS(Intrusion Prevention System)

통합보안 관리(Enterprise Security Management, ESM)
• ESM은 방화벽, VPN, IPS, 안티바이러스 등 서로 다른 종류의 보안제품 정보를 한 곳에서 관리하는 통합보안 관리시스템이다.
• ESM은 다양한 보안 장치들을 한 곳에서 관리함으로써 효율적인 보안 네트워크를 운영할 수 있고, 집중화된 보안 관리를 통해 각각의 보안 기능을 최대화할 수 있는 장점이 있다.
• 주로 기업 등 대규모 네트워크에서 활용된다.

컴퓨터 일반 및 정보설비 기준

학습 **방향**

컴퓨터 일반 및 정보설비기준 과목에서 컴퓨터 일반은 하드웨어와 소프트웨어의 기본 구조, 운영 체제의 기능, 컴퓨터 네트워크의 기본 개념, 데이터베이스의 기초 이론, 프로그래밍 언어의 기본 문법과 응용 등을 학습하며, 정보설비기준은 정보통신 설비의 설치와 관리에 필요한 각종 법규에 대해서 학습한다. 출제 문제 수 대비 비교적 출제 범위가 넓은 편이므로 기출문제 풀이를 통해 필요한 부분을 우선적으로 학습해야 한다.

하드웨어 기능별 설계

SECTION 01 중앙처리장치

01 중앙처리장치(CPU)

1) 중앙처리장치(CPU) 개념

컴퓨터의 핵심 구성요소로, 명령어를 해석하고 실행하는 역할을 담당한다. 내부적으로 연산장치, 제어장치, 내부기억장치, 버스 인터페이스 등으로 구성되어 있으며, 각각 연산, 제어, 기억, 전달기능을 수행한다.

2) CPU 구성도

컴퓨터를 구성하는 장치로는 CPU, 메모리, 입출력 장치 등이 있고, CPU는 다시 제어장치, 연산장치, 레지스터로 구성된다.

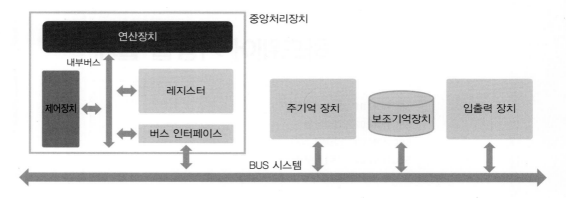

▲ 컴퓨터 및 CPU 구성도

3) CPU 구성

- **제어장치** : CPU에 연결된 장치의 동작을 지시하고 제어하는 장치이다.
- **연산장치** : 산술 연산과 논리 연산을 수행한다.
- **레지스터** : 임시 기억 장소로 명령, 주소, 데이터 등을 일시적으로 저장하는 고속기억장치이다.

4) CPU 레지스터 종류

- **프로그램 계수기(PC, Program Counter)** : CPU가 수행할 다음 명령의 주소를 일시적으로 저장한다.
- **명령어 레지스터(IR, Instruction Register)** : 메모리로부터 인출된 명령어를 일시적으로 보관한다.
- **메모리 주소 레지스터(MAR, Memory Address Register)** : 메모리로부터 읽어오거나 메모리에 쓰기 위한 주소를 일시적으로 저장하고, 주소버스와 연결한다.
- **메모리 버퍼 레지스터(MBR, Memory Buffer Register)** : 메모리로부터 읽어온 데이터 또는 메모리에 쓰기 위한 데이터를 일시적으로 저장하고 데이터버스와 연결한다.

- **누산기(AC, Accumulator)** : 연산 결과를 임시로 저장하는 레지스터이다.
- **상태 레지스터(SR, Status Register)** : 연산 결과의 상태를 나타내는 플래그 비트들로 구성된 레지스터이다.
- **스택 포인터(SP, Stack Pointer)** : 프로그램 점프 발생 시 현재 실행 중인 스레드의 주소를 저장한다. 저장된 주소는 서브루틴 종료 후 복귀 주소로 사용한다.
- **카운터 레지스터(Count Register)** : 반복 명령어 사용 시 반복 카운터로 사용되는 값을 저장한다.

02 CPU 명령어

1) **마이크로 동작(Micro-Operation)** : 마이크로 연산이라고도 하며, CPU 제어장치에서 발생하는 하나의 제어 신호가 전송되는 동안에 일어나는 CPU의 상태변화를 의미한다. 하나의 명령어는 여러 개의 마이크로 연산으로 수행된다.

2) **명령어 사이클(Instruction Cycle)** : 한 개의 기계어 명령어를 가져와 명령어가 요구하는 동작을 수행하는 연속적인 동작 과정이다. 기본적으로 호출 사이클과 실행 사이클로 구성된다.
- **호출(Fetch) 사이클** : 인출 사이클이라고도 하며, CPU가 기억장치로부터 명령어를 읽어오는 단계이다. PC에 저장된 명령어 주소를 MAR로 전달하고 해당 주소에서 명령어를 MBR에 저장한다. 그리고 다시 MBR의 명령어를 IR로 전달한다.
- **실행(Execute) 사이클** : 명령을 실행하는 단계이다. CPU는 읽어온 명령어를 해석하고 연산을 실행하고 결과를 저장한다. 그리고 다시 호출 사이클로 복귀한다.
- **간접(Indirect) 사이클** : 간접주소일 때 유효주소를 가져온다. 호출과 실행 사이클 중간에서 실행된다.
- **인터럽트(Interrupt) 사이클** : 인터럽트를 처리하고 호출 사이클로 복귀한다.

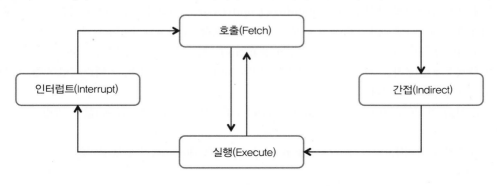

▲ 명령어 사이클 주요 상태

3) **명령어 형식**
- **명령어(Instruction)** : 연산코드(OP code), 오퍼랜드(Operand) 필드로 구성된다.
- **연산코드(OP code, Operation Code)** : 수행할 연산 등을 나타낸다.
- **오퍼랜드(Operand)** : 연산에 사용하는 데이터 또는 데이터가 저장된 위치를 나타낸다.

OP code	Operand

▲ 명령어 형식

- **0−주소 명령** : Stack을 사용하여 Push, Pop 연산만을 처리한다. 오퍼랜드부 없이 연산코드만으로 구성되며, 주소지정이 필요 없는 형식이다.
- **1−주소 명령** : 누산기를 이용하여 명령어를 처리하며, 오퍼랜드부가 한 개 있다.
- **2−주소 명령** : 2개의 오퍼랜드부로 구성된다. 연산 후 입력자료가 소멸하는 명령어 형식이다.
- **3−주소 명령** : 3개의 오퍼랜드부로 구성된다. 연산 후 원래의 자료를 파괴하지 않는다.

4) 주소지정방식

① 주소 지정방식
명령어의 길이를 줄이기 위해 오퍼랜드에 실제 데이터가 있는 메모리/레지스터 주소를 지정하는 방법을 나타낸다.

② 주소지정 방식의 종류
- **직접 주소지정 방식(Direct addressing mode)** : 오퍼랜드에 데이터가 저장된 메모리 유효주소를 표시하는 방식이다.
- **간접 주소지정 방식(Indirect addressing mode)** : 오퍼랜드에 데이터의 간접주소를 명시하는 방식이다. (데이터의 주소의 주소)
- **즉시 주소지정 방식(Immediate addressing mode)** : 오퍼랜드에 데이터를 직접 표시하는 방식으로, 메모리에 접근하지 않아 실행 사이클이 짧다.
- **암시적 주소지정 방식(Implied addressing mode)** : 묵시적 주소지정방식이라고도 한다. 오퍼랜드를 사용하지 않고 주소부분이 암시적으로 정해져 있다. 스택을 사용하는 0−주소 명령이나 누산기를 사용하는 1−주소 명령에서 사용한다.
- **레지스터 주소지정 방식(Register addressing mode)** : 오퍼랜드에 데이터가 저장된 레지스터의 이름을 표시하는 방식이다. 빠르게 데이터에 접근할 수 있다.
- **레지스터 간접 주소지정 방식(Register indirect addressing mode)** : 데이터가 저장된 메모리의 주소를 레지스터에 저장하고 레지스터를 오퍼랜드에 표시한다. 간접 주소방식보다 빠르다.
- **변위 주소지정 방식(Displacement addressing mode)** : 레지스터에 저장된 주소값과 주소필드의 값을 더하여 유효주소를 구하는 계산에 의한 주소지정방식이다. 상대 주소지정, 인덱스 주소지정, 베이스−레지스터 주소지정방식이 있다.
- **상대 주소지정 방식(Relative addressing mode)** : PC(Program Counter)값에 명령어의 주소필드값을 더해서 데이터의 주소값을 구하는 방식이다.
- **인덱스 주소지정 방식(Index addressing mode)** : 인덱스 레지스터값과 명령어의 주소필드 값을 더하여 주소값을 구하는 방식이다.
- **베이스−레지스터 주소지정 방식(Base−register addressing mode)** : 베이스 레지스터의 값과 주소필드 값을 더하여 주소값을 구하는 방식으로 프로그램 재배치에 유용하다.

 기적의 Tip 주소방식에서의 자료 접근속도

(빠름) 즉시 주소지정 > 레지스터 주소지정 > 직접 주소지정 > 레지스터 간접 주소지정 > 간접 주소지정 (느림)

03 명령어 파이프라인

CPU 명령 처리량 향상을 위해 명령 실행 단계를 나누고 동시에 여러 명령어가 중첩, 병렬되어 처리되는 기술이다.

- **2단계 명령 파이프라인**

  명령어 인출(IF) 단계 → 실행(EX) 단계

- **4단계 명령 파이프라인**

  명령어 인출(IF) 단계 → 명령어 해독(ID) 단계 → 오퍼랜드 인출(OF) 단계 → 실행(EX) 단계

> **기적의 Tip**   파이프라인 명령어 실행시간
>
> k = 파이프라인 단계 수, N = 명령어 수
> 단계별 소요 시간을 1이라 할 때,
> - 파이프라인 명령어 실행시간 T_p = k + (N−1)
> - 기존 명령어 실행시간 T = k × N
> - 속도 향상 = $\dfrac{T}{T_p}$
> - 성능향상 제한 요인이 없고(이상적인 경우), 명령어가 무한개일 경우 속도향상은 파이프라인 단계 수, k에 수렴한다.

20.9, 19.6

01 컴퓨터의 중앙처리장치 구성 요소가 <u>아닌</u> 것은?

① 내부기억장치
② 연산장치
③ 제어장치
④ 출력장치

CPU 구성
- **제어장치** : CPU에 연결된 장치의 동작을 지시하고 제어하는 장치이다.
- **연산장치** : 산술 연산과 논리 연산을 수행한다.
- **레지스터** : 임시 기억 장소로 명령, 주소, 데이터 등을 일시적으로 저장하는 고속기억장치이다.
- **버스시스템** : 주소버스, 데이터버스, 제어버스로 구성된다.

오답 피하기
컴퓨터 구성요소와 CPU 내부 구성요소를 구분한다. 출력장치는 컴퓨터 구성요소이다.

18.3

02 다음 중 레지스터에 대한 설명으로 틀린 것은?

① 레지스터는 프로세서 내부에 위치한 저장소(Storage)이다.
② 누산기(Accumulator)는 레지스터의 일종이다.
③ 특정한 주소를 지정하기 위한 레지스터를 상태(Status) 레지스터라 부른다.
④ 레지스터는 실행과정에서 연산 결과를 일시적으로 기억하는 회로이다.

레지스터
- **레지스터** : 임시 기억 장소로 명령, 주소, 데이터 등을 일시적으로 저장하는 고속기억장치이다.
- **누산기(AC, Accumulator)** : 연산 결과를 임시로 저장하는 레지스터이다.

오답 피하기
상태 레지스터(SR, Status Register) : 연산 결과의 상태를 나타내는 플래그 비트들로 구성된 레지스터이다.

22.6

03 다음 중 누산기(Accumulator)에 대한 설명으로 맞는 것은?

① 연산장치에 있는 레지스터의 하나로서 연산 결과를 기억하는 장치이다.
② 기억장치 주변에 있는 회로인데 가감승제 계산 논리 연산을 행하는 장치이다.
③ 일정한 입력 숫자들을 더하여 그 누계를 항상 보존하는 장치이다.
④ 정밀 계산을 위해 특별히 만들어 두어 유효 숫자 개수를 늘리기 위한 것이다.

누산기(AC, Accumulator)
연산 결과를 임시로 저장하는 레지스터이다.

23.3, 20.9

04 중앙 연산 처리 장치에서 마이크로 동작(Micro-Operation)이 순서적으로 일어나게 하려면 무엇이 필요한가?

① 스위치(Switch)
② 레지스터(Register)
③ 누산기(Accumulator)
④ 제어신호(Control Signal)

마이크로 동작(Micro-Operation)
마이크로 연산이라고도 하며, CPU 제어장치에서 발생하는 하나의 제어 신호가 전송되는 동안에 일어나는 CPU의 상태변화를 의미한다. 하나의 명령어는 여러 개의 마이크로 연산으로 수행된다.

18.10

05 다음 중 중앙처리장치(CPU)에 대한 설명으로 옳지 **않은** 것은?

① 인간의 두뇌에 해당하는 역할을 수행하는 장치이다.

② 각종 프로그램을 해독한 내용에 따라 실제 연산을 수행한다.

③ 연산장치와 기억장치로 구성된다.

④ 컴퓨터 내의 각 장치들을 제어, 지시, 감독 하는 기능을 수행한다.

- -

CPU 정의 및 구성
- CPU는 컴퓨터에서 가장 핵심적인 역할을 수행하는 부분이다.
- 프로그램을 실행하기 위해 메인 메모리에서 명령어를 인출하여 해독 하고 실행한다.
- 연산장치, 제어장치, 레지스터로 구성된다.

23.3

06 다음 중앙처리장치의 명령어 사이클 중 (가)에 알맞은 것은?

① Instruction

② Indirect

③ Counter

④ Control

- -

명령어 사이클
- **명령어 사이클(instruction cycle)** : 한 개의 기계어 명령어를 가져 와 명령어가 요구하는 동작을 수행하는 연속적인 동작 과정이다. 기 본적으로 호출 사이클과 실행 사이클로 구성된다.
- **호출(Fetch) 사이클** : 인출 사이클이라고도 하며, CPU가 기억장치 로부터 명령어를 읽어오는 단계이다.
- **실행(Execute) 사이클** : 명령을 실행하는 단계이다. CPU는 읽어온 명령어를 해석하고 연산을 실행하고 결과를 저장한다. 그리고 다시 호출 사이클로 복귀한다.
- **간접(Indirect) 사이클** : 간접주소일 때 유효주소를 가져온다.
- **인터럽트(Interrupt) 사이클** : 인터럽트를 처리하고 호출 사이클로 복귀한다.

18.10

07 16비트 명령어 형식에서 연산코드는 5비트, 오 퍼랜드1은 3비트, 오퍼랜드2는 8비트일 경우, ⓐ 연산종류와 사용할 수 있는 ⓑ 레지스터의 수를 올바르게 나열한 것은?

① ⓐ 32가지, ⓑ 512

② ⓐ 31가지, ⓑ 8

③ ⓐ 32가지, ⓑ 8

④ ⓐ 8가지, ⓑ 511

- -

2주소 명령

OP code 5bit	Operand1(레지스터) 3bit	Operand2(주기억) 8bit

ⓐ 5bit 연산코드 = 2^5 → 32가지의 연산을 할 수 있다.
ⓑ 오퍼랜드1이 레지스터 주소이다. 2^3 → 8개의 레지스터를 갖는다.

22.6

08 '5단계 명령어 파이프라인'에 인가된 클럭의 주 파수가 1[GHz]이고, 이에 명령어 200개를 실행 시키고자 한다. 이때 클럭 주기는 얼마인가?

① 0.1[ns]

② 1[ns]

③ 10[ns]

④ 100[ns]

- -

단순히 클럭 주기를 묻고 있다. 1[GHz]의 주기는 1[ns]이다.

ex) 클럭 주파수 = 1[GHz] → 클럭 주기 = $\dfrac{1}{1[Ghz]} = 10^{-9}[s] = 1[ns]$

파이프라인 명령어 실행시간
k = 파이프라인 단계 수, N = 명령어 수
- 파이프라인 명령어 실행시간 $T_p = k + (N-1)$
- k = 5, N = 200, $T_p = (5+(200-1)) \times 1[ns] = 204[ns]$, 파이프라인 명령어 실행시간은 204[ns]이다.

- -

정답 01 ④ 02 ③ 03 ① 04 ④ 05 ③ 06 ② 07 ③ 08 ②

09 일반 범용컴퓨터에서 메모리에 접근하지 않아 실행 사이클이 짧아지고, 명령어에 사용될 데이터가 오퍼랜드(Operand) 자체로 연산되는 주소지정 방식은?

① 베이스 레지스터 주소지정방식(Base Register Addressing Mode)
② 인덱스 주소지정 방식(Index Addressing Mode)
③ 즉시 주소지정 방식(Immediate Addressing Mode)
④ 묵시적 주소지정 방식(Implied Addressing Mode)

연산 주소지정방식

• 베이스-레지스터 주소지정 방식(Base-register addressing mode) : 베이스 레지스터의 값과 주소필드 값을 더하여 주소값을 구하는 방식으로 프로그램 재배치에 유용하다.
• 인덱스 주소지정 방식(Index addressing mode) : 인덱스 레지스터값과 명령어의 주소필드 값을 더하여 주소값을 구하는 방식이다.
• 즉시 주소지정 방식(Immediate addressing mode) : 오퍼랜드에 데이터를 직접 표시하는 방식으로, 메모리에 접근하지 않아 실행 사이클이 짧다.
• 암시적 주소지정 방식(Implied addressing mode) : 묵시적 주소지정방식이라고도 한다. 오퍼랜드를 사용하지 않고 주소부분이 암시적으로 정해져 있다. 스택을 사용하는 0-주소 명령이나 누산기를 사용하는 1-주소 명령에서 사용한다.

10 다음 지문과 같이 가정할 경우, 무한히 명령문을 수행하여 몇 배의 성능향상을 얻을 수 있는가?

> 5단계(Stage) 파이프라인을 사용하는 파이프라인 기법(Pipelining)에서 성능향상(Speedup) 제한하는 요인(Conflict)들이 발생하지 않는다고 가정한다.

① 2.5배 수렴
② 5배 수렴
③ 7.5배 수렴
④ 10배 수렴

파이프라인 명령어 실행시간

성능향상 제한 요인이 발생하지 않는다고 가정하고 무한히 많은 명령문을 사용하는 이상적인 경우, 성능향상은 명령단계 값에 수렴한다. 따라서 5배에 수렴한다.

k = 파이프라인 단계 수, N = 명령어 수

• 파이프라인 명령어실행시간 $T_p = k + (N - 1)$
• 기존 명령어 실행시간 T = k × N

• 속도향상 $= \dfrac{T}{T_p}$

5단계 명령 파이프라인

IF(Instruction Fetch) : 명령어 인출 → ID(Instruction Decode) : 명령어 해독 및 레지스터 파일 읽기 → EX(Execution) : 실행 및 주소 계산 → MEM(Memory) : 데이터 메모리 접근 → WB(Write Back) : 레지스터에 쓰기

SECTION 02 기억장치

📖 기출 분석

연도	19년	20년	21년	22년	23년
문제 수	4	3	2	3	4

01 주기억장치

- 기억장치(Memory)는 명령어와 데이터를 저장하고, 필요할 때 읽기 가능한 장치이다.
- 주기억장치는 CPU가 직접 접근하여 명령어와 데이터를 쓰고 읽으며 프로그램의 수행을 지원하는 장치이다.

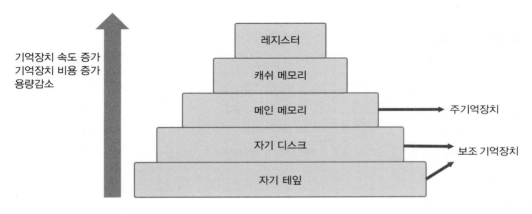

기억장치 속도 증가
기억장치 비용 증가
용량감소

레지스터
캐쉬 메모리
메인 메모리 → 주기억장치
자기 디스크 → 보조 기억장치
자기 테잎

▲ 기억장치 계층 및 특성

02 주기억장치 종류

1) 자기코어(Magnetic core)

자성 물질인 링 모양의 페라이트(Ferrite)에 도체를 연결해 전류를 흘려 데이터를 쓰거나 읽는 반도체소자 이전의 비휘발성 기억장치이다.

2) ROM(Read Only Memory)

- 읽기만 가능한 비휘발성 기억소자이다.
- 마스크 ROM(Masked ROM) : 제조과정에서 데이터를 저장한 메모리로 내용 변경이 불가능하다.
- PROM(Programmable ROM) : 사용자가 한 번 데이터를 기록할 수 있는 메모리이다.
- EPROM(Erasable PROM) : 자외선을 이용하여 데이터를 삭제 가능한 메모리이다. 여러 번 프로그래밍이 가능하다.
- EEPROM(Electrically EPROM) : 전기적으로 지울 수 있어 프로그래밍이 가능한 메모리이다.
- 플래시 메모리 (Flash Memory) : 블록 단위로 다시 쓰기가 가능한 EEPROM의 한 종류이다.

3) RAM(Random Access Memory)

- 쓰기/읽기가 가능한 휘발성 기억소자이다.
- SRAM(Static RAM) : 플립플롭으로 구성한 작은 크기의 기억장치로, 속도가 빠르다.
- DRAM(Dynamic RAM) : 주메모리로 사용되는 기억장치로 FET(Field Effect Transistor)에 전하를 충전하여 정보를 기억시킨다. SRAM보다 속도는 느린 편이고, 소비 전력은 적고, 가격은 저렴하며, 일정 기간마다 재차 정보를 써넣어야 한다. 대용량 기억장치 구성에 적합하다.

구분	SRAM	DRAM
구조	플립플롭	커패시터
속도	빠르다	느리다
용량	적다	크다
가격	고가	저가
활용	캐시메모리	주메모리

4) ROM과 RAM 비교

구분	ROM	RAM
읽기/쓰기	읽기만 가능	읽기/쓰기 가능
속도	상대적으로 느리다	빠르다
휘발성	비휘발성	휘발성
활용	부팅메모리, 바이오스	주기억장치

03 주기억장치의 개선

1) 연관 기억장치(Associative Memory)

검색 데이터를 저장된 데이터 테이블과 비교하고, 일치하는 데이터의 주소를 반환하여 저장된 자료에 접근하는 방식의 기억장치로 내용 주소화 기억장치(CAM, Content Addressable Memory)라고도 한다.

2) 캐시 기억장치(Cache Memory)

자주 사용되는 명령을 저장하여 CPU에 빠르게 제공하기 위한 메모리이다. CPU와 주기억장치의 속도 차이를 줄여주는 완충기억장치이다. 연관 기억장치를 사용한다.

3) 가상기억장치(Virtual Memory)

주기억장치의 용량 제한을 개선하기 위하여 보조기억장치 일부분을 주기억장치인 것처럼 사용하는 방식이다.

기억장치 성능평가요소
- 기억용량(Capacity) : 저장할 수 있는 데이터의 총량이다.
- 접근시간(Access time) : 접근속도를 나타낸다. 읽기/쓰기 명령이 도착한 후 그에 대한 처리가 완료되기까지의 시간이다.
- 사이클 시간(Cycle time) : 두 번 연속적으로 기억장치에 접근하는 데 요구되는 최소시간이다.
- 데이터 전송률(Data Transportation) : 단위 시간 동안 읽을 수 있는 비트 수이다.
- 대역폭(Bandwidth) : 한 번에 전송할 수 있는 비트 수이다.
- 가격(Cost) : 단위 저장용량당 가격이다. 기억장치의 가격은 처리 속도와 비례한다.

메모리 시스템 속도향상 기법
- Banking : 연속적인 주소를 동일 뱅크에 부여한다.
- Interleaving : 연속된 주소를 분리된 뱅크에 분산한다. 동시에 여러 곳에 접근할 수 있어 주기억장치 접근속도가 빨라진다.

접근방법에 따른 분류
- 순차 액세스 메모리(SAM : Sequential Access Memory) : 데이터를 처음부터 순서대로 접근하는 방식으로 자기테이프와 같은 저장매체에서 사용하는 접근방식이다.
- 직접 액세스 메모리(DAM : Direct Access Memory) : 필요한 데이터 위치에 가깝게 이동한 후 순차 접근하는 방법이다. 순차 접근방식이 발전된 것으로 CD-ROM, 자기디스크에서 사용하는 접근방식이다.
- 임의 액세스 메모리(RAM : Random Access Memory) : 위치마다 고유의 주소를 사용하여 직접 접근하는 방식으로 접근 시간이 일정하다. RAM, ROM에서 사용하는 접근방식이다.
- 내용 주소화 메모리(CAM : Content Addressable Memory) 또는 연관 메모리 : 내용을 비교하여 일치하는 단어를 찾아 접근하는 방식으로 캐시기억장치 접근방식이다. 임의 접근방식보다 빠르다.

04 가상기억장치 매핑

1) 페이징(Paging) 기법

가상기억장치와 주기억장치의 영역을 동일 블록 크기의 페이지로 나누어 매핑하여 관리하는 방식이다. 페이지 교체에 따른 페이지 폴트(Fault, 실패)와 페이지 크기에 따른 단편화 현상이 나타나는 단점이 있다. 외부단편화는 해소되지만, 내부단편화가 존재한다.

2) 세그먼트(Segment) 기법

페이징 기법을 개선하기 위하여 프로그램의 논리 구조에 따라 페이지 크기를 다양하게 나누는 방식이다. 세그먼트 번호와 페이지 번호로 매핑하며 두 개의 매핑 테이블이 필요하다. 내부단편화는 해결할 수 있으나 외부단편화가 존재한다.

3) 가상기억장치 오류

- **페이지 폴트** : 요구된 페이지가 주기억장치에 없는 상태이다.
- **스레싱** : 많은 페이지 폴트 때문에 가상 메모리 작업이 멈춘 상태이다.

4) 메모리 단편화(Fragmentation)

- 메모리의 공간을 연속적인 형태로 할당하는 경우 메모리의 할당과 해제가 반복되면서 실제 사용 가능한 메모리가 있으나 할당할 수 없는 메모리 상태를 말한다. 가상메모리 사용으로 보완한다.
- **내부단편화** : 프로세스가 실제 필요한 것보다 더 큰 메모리가 할당되어서 사용하는 메모리 공간이 낭비되는 현상이다.
- **외부단편화** : 할당되는 메모리 사이에 낭비되는 작은 메모리 공간이 발생하는 현상이다.

5) 페이지 교체 알고리즘

- 페이지 폴트를 최소화하기 위한 방법이다.
- **종류** : FIFO(First In First Out), OPT(Optimal), LRU(Least Recently Used), LFU(Least Frequently Used), MFU(Most Frequently Used), NUR(Not Used Recently)

이론을 확인하는 기출문제

22.10, 22.6

01 바이트(8bit) 단위로 주소지정을 하는 컴퓨터에서 MAR(Memory Address Register)과 MDR(Memory Data Register)의 크기가 각각 32비트이다. 512Mb(Megabit) 용량의 반도체 메모리 칩으로 이 컴퓨터의 최대 용량으로 주기억장치의 메모리 배열을 구성하고자 한다. 필요한 칩의 개수는?

① 8개
② 16개
③ 32개
④ 64개

메모리 구성
32비트 MAR/MBR, 8[bit] 컴퓨터는 $2^{32} \times 8 = 32,768$[Mbit] 최대 용량을 구성할 수 있다.
512[Mbit] 메모리 칩 64개가 필요하다.

20.9, 19.3

02 다음 |보기|의 기억장치 중 속도가 가장 빠른 것에서 느린 순서대로 나열한 것으로 맞는 것은?

| 보기 |
(1) 캐시   (2) 보조기억장치
(3) 주기억장치   (4) 레지스터
(5) 디스크 캐시

① (4) − (3) − (1) − (5) − (2)
② (4) − (5) − (3) − (1) − (2)
③ (4) − (1) − (3) − (5) − (2)
④ (4) − (5) − (1) − (3) − (2)

기억장치 속도
레지스터 〉 캐시메모리 〉 주기억장치 〉 자기디스크 〉 자기테이프

오답 피하기
디스크 캐시는 디스크로부터 읽은 내용을 일부 보존해두는 메모리 영역이다. 보조기억장치보다 빠른 속도를 갖는다.

03 기억된 내용의 일부를 이용하여 기억되어 있는 데이터에 직접 접근하여 정보를 읽어내는 장치는?

① 가상기억장치(Virtual Memory)
② 연관 기억장치(Associative Memory)
③ 캐시 메모리(Cache Memory)
④ 보조기억장치(Auxiliary Memory)

기타 고속기억장치
• 연관 기억장치(Associative Memory) : 검색 데이터를 저장된 데이터 테이블과 비교하고, 일치하는 데이터의 주소를 반환하여 저장된 자료에 접근하는 방식의 기억장치로 매핑 테이블에 주로 사용되고, 내용 주소화 기억장치(CAM, Content Addressable Memory)라고도 한다.
• 캐시 기억장치(Cache Memory) : 자주 사용되는 명령을 저장하여 CPU에 빠르게 제공하기 위한 메모리이다. CPU와 주기억장치의 속도 차이를 줄여주는 완충기억장치이다. 연관 기억장치를 사용한다.
• 가상기억장치(Virtual Memory) : 주기억장치의 용량 제한을 개선하기 위하여 보조기억장치 일부분을 주기억장치인 것처럼 사용하는 방식이다.

04 다음 중 램(RAM)에 대한 설명으로 틀린 것은?

① 롬(ROM)과 달리 기억 내용을 자유자재로 읽거나 변경할 수 있다.
② SRAM과 DRAM은 전원공급이 끊기면 기억된 내용이 모두 지워진다.
③ SRAM은 DRAM에 비해 속도가 느린 편이고 소비 전력이 적으며, 가격이 저렴하다.
④ DRAM은 전하량으로 정보를 나타내며, 대용량 기억 장치 구성에 적합하다.

RAM
쓰기/읽기가 가능한 휘발성 기억소자이다.

구분	SRAM	DRAM
구조	플립플롭	커패시터
속도	빠르다	느리다
용량	적다	크다
가격	고가	저가
활용	캐시메모리	주메모리

05 기억장치에서 CPU로 제공될 수 있는 데이터의 전송량을 기억장치 대역폭이라고 한다. 버스 폭이 32비트이고, 클럭 주파수가 1,000[MHz]일 때 기억장치 대역폭은 얼마인가?

① 40[MBytes/sec]
② 400[MBytes/sec]
③ 4,000[MBytes/sec]
④ 40,000[MBytes/sec]

기억장치 대역폭
클럭 주기 $\frac{1}{1,000[Mhz]}$ = 1[ns] 당 32[bit] 전송. 이것을 초당 전송량으로 변환하면,
32[bit] × 1[ns] × 1000000000 = 4000000000[byte/s] = 4000[Mbyte/s]

06 다음 중 1회에 한해 사용자가 내용을 기록할 수 있는 롬(ROM)은?

① 마스크(mask) ROM
② PROM
③ EPROM
④ EEPROM

ROM
• 마스크 ROM(Masked ROM) : 제조과정에서 데이터를 저장한 메모리로 내용 변경이 불가능하다.
• PROM(Programmable ROM) : 사용자가 한 번 데이터를 기록할 수 있는 메모리이다.
• EPROM(Erasable PROM) : 자외선을 이용하여 데이터를 삭제 가능한 메모리이다. 여러 번 다시 쓰기가 가능하다.
• EEPROM(Electrically EPROM) : 전기적으로 지울 수 있어 프로그래밍이 가능한 메모리이다.

정답 01 ④ 02 ③ 03 ② 04 ③ 05 ③ 06 ②

07 다음 중 페이징(Paging) 기법에 대한 설명으로 틀린 것은?

① 가상 기억장치 관리 기법의 하나이다.
② 기억 장소를 일정한 블록 크기의 단위로 분할하여 사용하는 방법이다.
③ 페이지의 크기가 클수록 기억 공간의 낭비가 적어진다.
④ 페이지의 크기가 작을수록 페이지 관리 테이블의 공간이 더 많이 필요하다.

가상기억장치 매핑
• **페이징(Paging) 기법** : 가상기억장치와 주기억장치의 영역을 동일 블록 크기의 페이지로 나누어 매핑하여 관리하는 방식이다. 페이지 교체에 따른 페이지 폴트와 페이지 크기에 따른 단편화 현상이 나타나는 단점이 있다. 외부단편화는 해소되지만, 내부단편화가 존재한다.
• **세그먼트(Segment) 기법** : 페이징 기법을 개선하기 위하여 프로그램의 논리 구조에 따라 페이지 크기를 다양하게 나누는 방식이다. 세그먼트 번호와 페이지 번호로 매핑하며 두 개의 매핑 테이블이 필요하다. 내부단편화는 해결할 수 있으나 외부단편화가 존재한다.

> **오답 피하기**

• **내부단편화** : 프로세스가 실제 필요한 것보다 더 큰 메모리가 할당되어서 사용하는 메모리 공간이 낭비되는 현상이다.
• **외부단편화** : 할당되는 메모리 사이에 낭비되는 작은 메모리 공간이 발생하는 현상이다.

08 접근시간(Access Time)과 사이클 시간(Cycle Time)에 관한 설명으로 틀린 것은?

① 사이클 시간이 접근시간보다 대개 시간이 더 걸린다.
② 접근시간은 메모리로부터 정보를 거쳐오는 데 걸리는 시간이다.
③ 접근시간은 주기억장치에만 관계되며 보조 기억장치와는 상관이 없다.
④ 접근시간은 메모리로부터 정보를 가지고 나와서 다시 재기억시키는 데 걸리는 시간이다.

기억장치 성능평가요소
• **기억용량(Capacity)** : 저장할 수 있는 데이터의 총량이다.
• **접근시간(Access time)** : 접근속도를 나타낸다. 읽기/쓰기 명령이 도착한 후 그에 대한 처리가 완료되기까지의 시간이다.
• **사이클 시간(Cycle time)** : 두 번 연속적으로 기억장치에 접근하는 데 요구되는 최소시간이다.

정답 07 ③ 08 ③

입출력 장치

기출 분석

연도	19년	20년	21년	22년	23년
문제 수	0	4	2	1	2

01 입출력 장치

1) 입출력 장치 개념

입력장치는 CPU로 데이터를 전송하는 장치이고 출력장치는 CPU의 처리결과를 보여주는 장치이다.

2) 입출력 주소지정 방식

- Memory mapped I/O : 주기억장치 주소 일부를 입출력 장치에 할당하는 방식으로 입출력 장치를 메모리 일부로 취급한다. 입출력 명령이 없고 프로그램 작성이 간단하며 기억장치 주소 공간이 감소한다.
- I/O mapped I/O : 입출력 장치 번지와 기억장치의 주소를 구별하여 지정하는 방법이다. 출력 명령이 필요하며 입출력을 위한 별도의 선택 신호가 필요하다.

입출력 장치 주소 영역

메모리 주소 영역

Memory Mapped I/O

메모리 주소 영역

분리된 입출력 장치
주소 영역

Isolated or I/O Mapped I/O

▲ 입출력 주소지정 방식

3) 입출력 주소지정 방식 비교

구분	Memory mapped I/O	I/O mapped I/O
주소 공간	메모리 주소 공간	분리
입출력명령어	메모리 명령어 사용	별도 입출력 명령어
HW	간단	별도 입출력 제어신호
프로세서	ARM, MIPS	X86 계열
사용 분야	RISC, 임베디드 프로세서 등	범용성이 넓어 입출력 장치의 추가/삭제가 자유로운 PC 환경

02 입출력 장치 제어

입출력 장치 제어란 CPU와 입출력 장치들 간의 데이터 전송 등의 상호작용을 제어하는 방법이다.

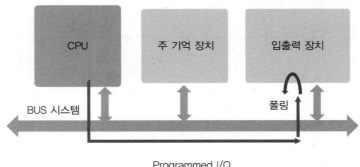

▲ 입출력 전송 모드

① **Programmed I/O** : CPU가 폴링(Polling)방식으로 입출력 여부를 주기적으로 조사하여 입출력 장치와 메모리 간 데이터를 CPU가 직접 전송하는 방식이다.

② **Interrupt I/O** : 입출력 상태변화가 있을 때 CPU에 인터럽트를 발생시켜 서비스루틴으로 분기하여 처리하게 하는 방식이다.

③ **DMA(Direct Memory Access) I/O** : CPU의 직접적인 개입 없이 입출력에 필요한 정보를 DMA 제어기에 전달하여 기억장치와 주변장치 사이에서 직접 입출력을 수행하는 방식이다. DMA 장치에는 주소 레지스터(Address Register), 카운터(Counter), 상태 레지스터(Status Register)가 필요하다.

④ **Channel I/O** : DMA의 확장된 개념으로 CPU를 대신하여 메모리와 입출력 장치 사이에서 입출력 전용 프로세서(I/O Processor)가 입출력을 제어하는 방식이다.
- **선택기 채널(Selector Channel)** : 여러 개의 고속 장치를 제어하기 위해 사용하지만, 전송은 여러 장치 중 동시에 한 개에 대해서만 전용으로 전송이 이루어진다.
- **멀티플렉서 채널(Multiplexer Channel)** : 한 번에 여러 장치에 대하여 블록전송을 수행하여 동시에 여러 장치에서의 전송을 처리할 수 있다.

 사이클 스틸(Cycle Steal)

입출력 채널과 CPU가 동시에 주기억장치에 접근하려고 할 때 입출력 채널의 우선순위를 높게 주는 것이다. 입출력 장비의 효율이 높아진다.

03 인터럽트

1) 인터럽트 개념

인터럽트는 진행 중인 CPU의 일을 중단하고 입출력 장치 등 임의 장치의 상태변화를 알려 CPU에 처리하게 하는 것이다.

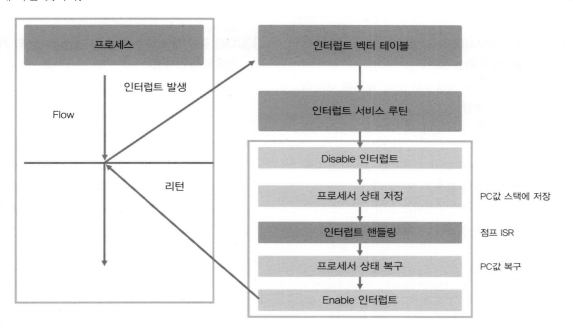

▲ 인터럽트 처리과정

2) 인터럽트 처리 과정

- 인터럽트 발생
- 처리 프로그램을 중지하고 현재 상태를 스택에 저장한다.
- 인터럽트 서비스루틴을 처리한다.
- 스택에서 이전 상태 정보를 꺼내어 복구하고 프로그램 수행을 재개한다.

3) 인터럽트 우선순위

- 전원공급의 이상
- CPU의 기계적인 오류
- 외부 신호에 의한 인터럽트
- 입출력 전송 요청 및 전송 완료, 전송 오류
- 프로그램 검사 인터럽트
- 수퍼바이저 호출(SVC 인터럽트)

21.3, 18.3

01 다음 중 DMA(Direct Memory Access)에 대한 설명으로 **틀린** 것은?

① 주변장치와 기억장치 등의 대용량 데이터 전송에 적합하다.

② 프로그램 방식보다 데이터의 전송속도가 느리다.

③ CPU의 개입 없이 메모리와 주변장치 사이에서 데이터 전송을 수행한다.

④ DMA 전송이 수행되는 동안 CPU는 메모리 버스를 제어하지 못한다.

입출력제어 DMA
DMA(Direct Memory Access) I/O : CPU의 직접적인 개입 없이 입출력에 필요한 정보를 DMA 제어기에 전달하여 기억장치와 주변장치 사이에서 직접 입출력을 수행하는 방식이다.

20.9

02 입력장치에서 대량의 데이터를 전송하기 위해, 중앙처리장치(CPU)가 직접 기억장치 액세스(DMA, Direct Memory Access) 장치에 전달하는 정보로 **틀린** 것은?

① 전송할 워드(Word) 수

② 입력장치의 주소

③ 작동할 연산(Operation) 수

④ 데이터를 저장할 주기억장치의 시작 주소

입출력제어 DMA 입력정보
• 입출력 장치의 주소
• 연산지정자
• 데이터가 있는 주기억장치 주소
• 전송될 데이터 단어들의 수

23.6, 20.9

03 다음 중 입출력 프로세서(I/O Processor)의 기능으로 **틀린** 것은?

① 컴퓨터 내부에 설치된 입출력 시스템은 중앙처리장치의 제어에 의하여 동작이 수행된다.

② 중앙처리장치의 입출력에 대한 접속 업무를 대신 전달하는 장치이다.

③ 중앙처리장치와 인터페이스 사이에 전용 입출력 프로세서(IOP:I/O Processor)를 설치하여 많은 입출력장치를 관리한다.

④ 중앙처리장치와 버스(Bus)를 통하여 접속되므로 속도가 매우 느리다.

I/O Processor
입출력은 별도의 독립된 입출력 프로세서(IOP)가 하고 입출력을 진행하는 동안에 CPU는 다른 프로그램을 실행함으로써 CPU의 효율을 높이는 방식이다. CPU는 입출력 요청만 하고 입출력은 IOP가 전담한다.

04 다음 중 I/O 채널(Channel)에 대한 설명으로 틀린 것은?

① CPU는 일련의 I/O 동작을 지시하고 그 동작 전체가 완료된 시점에서만 인터럽트를 받는다.

② 입출력 동작을 위한 명령문 세트를 가진 프로세서를 포함하고 있다.

③ 선택기 채널(Selector Channel)은 여러 개의 고속 장치들을 제어한다.

④ 멀티플렉서 채널(Multiplexer Channel)은 복수개의 입·출력 장치를 동시에 제어할 수 없다.

입출력 채널(Channel I/O)
DMA의 확장된 개념으로 CPU를 대신하여 메모리와 입출력 장치 사이에서 입출력 전용 프로세서(I/O Processor)가 입출력을 제어하는 방식이다.

오답 피하기
- **선택기 채널(Selector Channel)** : 여러 개의 고속 장치를 제어하기 위해 사용하지만, 전송은 여러 장치 중 동시에 한 개에 대해서만 전용으로 전송이 이루어진다.
- **멀티플렉서 채널(Multiplexer Channel)** : 한 번에 여러 장치에 대하여 블록전송을 수행하여 동시에 여러 장치에서의 전송을 처리할 수 있다.

05 다음 중 비동기 인터페이스(Asynchronous Interface)에 대한 설명으로 틀린 것은?

① 컴퓨터와 입출력 장치가 데이터를 주고받을 때 일정한 클록 신호의 속도에 맞추어 약정된 신호에 의해 동기를 맞추는 방식이다.

② 동기를 맞추는 약정된 신호는 시작(Start), 종료(Stop) 비트 신호이다.

③ 컴퓨터 내에 있는 입출력 시스템의 전송속도와 입출력 장치의 속도가 현저하게 다를 때 사용한다.

④ 일반적으로 컴퓨터 본체와 주변장치 간에 직렬 데이터 전송을 하기 위해 사용된다.

비동기 직렬통신
- **비동기전송** : 송신측의 송신 클럭에 관계없이 수신 신호 클럭으로 타임 슬롯의 간격을 식별한다. 통신을 알리는 시작 비트와 종료를 알리는 정비 비트를 사용한다.
- **동기식전송** : 보내는 측과 받는 측의 각 비트가 동일한 타이밍에 일치하여 전송하는 방식이다.

06 다음은 인터럽트 처리 과정을 나타낸 것이다. 처리 과정의 순서를 올바르게 나열한 것은?

> ⓐ 주변장치로부터 인터럽트 요구가 들어옴
> ⓑ pc 내용을 스택에서 꺼냄
> ⓒ 본 프로그램으로 복귀
> ⓓ 인터럽트 서비스루틴의 시작번지로 점프해서 프로그램 수행
> ⓔ pc 내용을 스택에 저장
> ⓕ 중단했던 원래의 프로그램 번지로부터 수행

① ⓐ → ⓓ → ⓑ → ⓒ → ⓕ → ⓔ
② ⓐ → ⓔ → ⓓ → ⓑ → ⓒ → ⓕ
③ ⓔ → ⓐ → ⓓ → ⓑ → ⓒ → ⓕ
④ ⓔ → ⓐ → ⓑ → ⓓ → ⓒ → ⓕ

인터럽트 순서
인터럽트 발생 → 처리 프로그램을 중지하고 현재 상태를 스택에 저장한다. → 인터럽트 서비스루틴을 처리한다. → 스택에서 이전상태 정보를 꺼내어 복구하고 프로그램 수행을 재개한다.

07 다음 중 인터럽트에 대한 설명으로 틀린 것은?

① 인터럽트 수행 중에는 다른 인터럽트가 발생하지 못한다.
② 인터럽트 발생 후에는 복귀하기 위해서는 스택(Stack)이 필요하다.
③ 인터럽트 발생은 인터럽트 플래그에 의해 결정된다.
④ 인터럽트가 발생하면 주프로그램은 중단이 되고 인터럽트 서비스루틴으로 이동한다.

다른 인터럽트가 발생하면 인터럽트 우선순위에 따라 제어한다.

08 프로세서, 주기억장치, I/O 모듈이 한 개의 버스를 공유할 때 사용하는 주소지정 방식 중 격리형 또는 분리형 I/O(Isolated I/O) 방식에 관한 사항은 어느 것인가?

① 많은 종류의 I/O 명령어들을 사용할 수 있다.
② 주기억장치 주소영역이 I/O 장치들을 위하여 사용된다.
③ 프로그래밍을 더 효율적으로 할 수 있다.
④ 특정 I/O 명령들에 의해서만 I/O 포트들을 액세스할 수 있다.

입출력 주소지정 방식

구분	Memory mapped I/O	I/O mapped I/O
주소 공간	메모리 주소 공간	분리
입출력명령어	메모리 명령어 사용	별도 입출력 명령어
H/W	간단	별도 입출력 제어신호
프로세서	ARM, MIPS	X86 계열
사용 분야	RISC, 임베디드 프로세서 등	범용성이 넓어 입출력 장치의 추가/삭제가 자유로운 PC 환경

SECTION 04 기타 주변장치

기출 분석	연도	19년	20년	21년	22년	23년
	문제 수	2	1	1	0	5

01 보조기억장치

보조기억장치는 주기억장치의 용량 부족을 해소하기 위한 대용량 저속의 장치이다.

1) 자기드럼 기억장치(Magnetic Drum Memory Unit)

초기 컴퓨터에 사용된 것으로 강자성 기록 재료로 코팅된 금속 실린더 또는 드럼으로 제작한다. 드럼 축을 따라 배열된 고정된 읽기–쓰기 헤드로 데이터를 읽기 쓰기를 하는 기억장치이다.

2) 디스크 기억장치(Magnetic Disk Memory Unit)

자성 물질을 입힌 금속 원판을 여러 장 겹쳐서 만든 기억매체로 용량이 크고 접근속도가 빠르다. 하드디스크 형태로 많이 사용한다.

3) 자기테이프 기억장치(Magnetic Tape Memory Unit)

자기 필름 표면에 데이터를 기억시키는 장치로 처음부터 차례대로 처리하는 순차처리만 할 수 있는 대용량 저장매체이다. 액세스 시간이 오래 걸린다.

4) 광디스크(Optical Disk)

빛의 반사를 이용하여 자료를 저장하고 읽어내는 저장매체이다.

> **기적의 Tip** 디스크 입·출력 시간
>
> • 탐구 시간(Seek time) : 기록할 위치 또는 원하는 데이터가 있는 디스크 실린더에 헤더를 위치시키는 시간이다.
> • 지연 시간(Rotation time, Latency) : 헤더가 트랙에서 원하는 섹터까지 위치하는 데 걸리는 시간이다.
> • 데이터 전송시간(Transfer time) : 섹터를 읽어서 전송하거나 데이터를 섹터에 기록하는 데 걸리는 시간이다.
> • Access Time = Seek Time + Rotational Latency + Transfer Time
> • 탐구 시간 〉 지연 시간 〉 데이터 전송시간

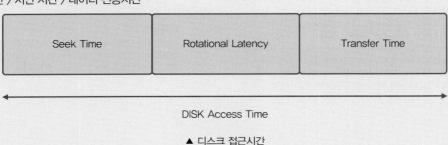

▲ 디스크 접근시간

02 입력장치

1) 자기 잉크 문자 판독기(MICR : Magnetic Ink Character Reader)
자성 물질 잉크로 기록된 문자를 판별하여 주기억장치에 입력시키는 장치이다.

2) 광학문자판독기(OCR : Optical Character Reader)
인쇄된 문자를 이미지 스캐너로 읽어 기계가 읽을 수 있는 문자로 변환하는 장치이다.

3) 광학마크판독기(OMR : Optical Mark Reader)
용지에 미리 정한 곳에 마크된 정보를 구별하는 장치이다. 시험답안 작성에 주로 사용되고 있다.

이론을 확인하는 기출문제

01 ^{23.6}
동심원을 이루는 저장장치에 데이터를 기록하는 방식으로 등각속도(CAV : Constant Angular Velocity)와 등선속도(CLV : Constant Linear Velocity)가 있다. 자기 디스크(Magnetic Disk)와 컴팩트 디스크(CD)의 기록 방식이 올바르게 나열된 것은?

① 자기 디스크 : CAV, 컴팩트 디스크 : CAV
② 자기 디스크 : CLV, 컴팩트 디스크 : CAV
③ 자기 디스크 : CAV, 컴팩트 디스크 : CLV
④ 자기 디스크 : CLV, 컴팩트 디스크 : CLV

보조기억장치의 등각속도, 등선속도
• 등각속도(CAV : Constant Angular Velocity) 방식 : 일정한 속도로 회전하는 상태에서 트랙의 위치와 관계없이 데이터를 같은 비율로 접근하는 방식이다. 디스크를 읽고 쓰는 장치가 간단하나 저장공간의 낭비가 있다.
• 등선속도 방식(CLV : Constant Linear Velocity) : 낭비되는 저장공간 없이 데이터가 균일하게 저장된다. 트랙의 위치에 따라 디스크의 회전속도를 변경, 바깥쪽 트랙은 느리게, 안쪽 트랙은 빠르게 디스크를 회전하여 저장된 데이터의 읽기 속도를 같게 한다. 등선속도 방식은 오디오나 비디오 데이터를 저장하는 경우와 같이 트랙을 일정한 속도로 읽거나 써야 하는 광학 저장장치에 주로 사용한다.

02 ^{21.3}
특수한 연필이나 수성펜 등으로 사람이 지정된 위치에 직접 표시한 것을 광학적으로 읽어내는 장치는?

① 디지타이저(Digitizer)
② 광학 표시 판독기(OMR)
③ 광학 문자 판독기(OCR)
④ 자기 잉크 문자 판독기(MICR)

입력장치
• 자기 잉크 문자 판독기(MICR : Magnetic Ink Character Reader) : 자성 물질 잉크로 기록된 문자를 판별하여 주기억장치에 입력시키는 장치이다.
• 광학문자판독기(OCR : Optical Character Reader) : 인쇄된 문자를 이미지 스캐너로 읽어 기계가 읽을 수 있는 문자로 변환하는 장치이다.
• 광학마크판독기(OMR : Optical Mark Reader) : 용지 위 미리 정한 곳에 마크된 정보를 구별하는 장치이다. 시험답안 작성에 주로 사용되고 있다.

오답 피하기
디지타이저는 컴퓨터에 그림이나 도형의 위치 관계를 부호화하여 입력하는 장치이다. 스마트폰, 태블릿PC 등 IT 장치에서 펜 등 도구의 움직임을 디지털 신호로 변환하여 주는 입력장치이다.

20.5

03 하나의 프린터를 여러 프로그램이 동시에 사용할 수 없으므로 논리 장치에 저장하였다가 프로그램이 완료 시 개별 출력할 수 있도록 하는 방식은?

① Channel
② DMA
③ Spooling
④ Virtual Machine

스풀(Spool : Simultaneous Peripheral Operation On-Line)
중앙처리장치에 비해 주변장치의 처리 속도가 느려서 발생하는 대기시간을 줄이기 위해 고안된 기법이다. 프린터 스풀링이란 인쇄할 때 운영체제는 인쇄 데이터를 버퍼에 저장하고 있다가 프린터의 인쇄 진행 상황 또는 프린터 메모리 가용량 등에 따라 프린터에 데이터와 제어 코드 등을 전송하여 인쇄 작업을 진행하는 것을 말한다.

19.10

04 액정 디스플레이(LCD)에 대한 설명 중 틀린 것은?

① 네온전구와 아르곤 가스를 이용한 플라즈마 현상에 의해 정보를 표시한다.
② 디지털 계산기나 노트북, 컴퓨터 등의 표시 장치에 사용된다.
③ 비발광체이기 때문에 CRT보다 눈의 피로가 적고 전력 소모가 적다.
④ 보는 각도에 따라 선명도가 달라진다.

액정 디스플레이(LCD : Liquid Crystal Display)
LCD는 평면 패널 디스플레이 기술로 일반적으로 TV 및 컴퓨터 모니터나 노트북, 태블릿, 스마트폰 등 모바일 기기의 화면 등에 사용된다. LCD는 전기를 가해 액정을 배열하고 스스로 발광하지 못하는 액정에 백라이트를 조사하여 이미지를 생성한다. 때문에 전력 소모가 적고, 보는 각도에 따라 다르게 보일 수 있다.

`오답 피하기`
PDP(PDP : Plasma Display Panel)는 플라즈마의 전기방전을 이용한 화상 표시장치이고 평면 디스플레이의 한 종류이다.

21.3, 19.3

05 다음 중 선택된 트랙에서 데이터를 Read 또는 Write 하는 데 걸리는 시간은?

① Seek Time
② Search Time
③ Transfer Time
④ Latency Time

디스크 입 · 출력 시간
- **탐구 시간(Seek time)** : 기록할 위치 또는 원하는 데이터가 있는 디스크 실린더에 헤더를 위치시키는 시간이다.
- **지연 시간(Rotation time, Latency)** : 헤더가 트랙에서 원하는 섹터까지 위치하는 데 걸리는 시간이다.
- **데이터 전송시간(Transfer time)** : 섹터를 읽어서 전송하거나 데이터를 섹터에 기록하는 데 걸리는 시간이다.
- Access Time = Seek Time + Rotational Latency + Transfer Time
- 탐구 시간 〉 지연 시간 〉 데이터 전송시간

01 시프트 레지스터(Shift Register)의 내용을 오른 쪽으로 2비트 이동시키면 원래 저장되었던 값 은 어떻게 변화되는가?

① 원래 값의 2배
② 원래 값의 4배
③ 원래 값의 1/2배
④ 원래 값의 1/4배

> **시프트 레지스터**
> • 시프트 레지스터 : 데이터를 왼쪽 또는 오른쪽으로 자리 이 동하는 레지스터로 직/병렬 데이터 전환, 링 카운터(ring counter) 등에 사용한다.
> • 왼쪽으로 이동한 횟수만큼 2를 곱하게 되고, 오른쪽으로 이동 한 횟수만큼 2를 나누게 된다.
> • 오른쪽으로 2비트 이동시키면 2를 두 번 나눈 값이다. 따라서 원래 값에 4를 나눈 값이다.

02 CPU 내부에 있는 특수 목적용 레지스터 중 하 나로, 인터럽트 수행과정에서 원래의 프로세스 가 수행될 수 있도록 프로그램 카운터의 주소를 임시로 저장하는 레지스터를 무엇이라 하는가?

① 명령 레지스터
② 상태 레지스터
③ 기억장치 버퍼 레지스터
④ 스택 포인터

> **레지스터**
> • 명령어 레지스터(IR, Instruction Register) : 메모리로부터 인출된 명령어를 일시적으로 보관한다.
> • 메모리 주소 레지스터(MAR, Memory Address Register) : 메모리로부터 읽어오거나 메모리에 쓰기 위한 주소를 일시적 으로 저장하고, 주소버스와 연결한다.
> • 메모리 버퍼 레지스터(MBR, Memory Buffer Register) : 메 모리로부터 읽어온 데이터 또는 메모리에 쓰기 위한 데이터를 일시적으로 저장하고 데이터버스와 연결한다.
> • 상태 레지스터(SR, Status Register) : 연산 결과의 상태를 나타내는 플래그 비트들로 구성된 레지스터이다.
> • 스택 포인터(SP, Stack Pointer) : 프로그램 점프 발생 시 현 재 실행 중인 스레드의 주소를 저장한다. 저장된 주소는 서브 루틴 종료 후 복귀 주소로 사용한다.

03 다음 상대 주소지정방식을 사용하는 점프 (Jump) 명령어가 300번지에 저장되어있다고 가정할 때, 오퍼랜드가 A=20이라면, 몇 번지로 점프할 것인가?

① 20
② 300
③ 320
④ 321

> • 변위 주소지정 방식(Displacement Addressing Mode) : 레지스터에 저장된 주소값과 주소필드의 값을 더하여 유효주 소를 구하는 계산에 의한 주소지정방식이다. 상대 주소지정, 인덱스 주소지정, 베이스-레지스터 주소지정방식이 있다.
> • 상대 주소지정 방식(Relative Addressing Mode) : PC(Program Counter)값에 명령어의 주소필드 값을 더해서 데이터의 주소값을 구하는 방식이다.
> • 먼저 명령어가 인출되면서 PC의 값이 300 + 1 = 301이 된 다. 상대 주소지정 방식은 명령어의 주소필드 값을 더해야 하 므로, 유효주소 = PC + 주소값 = 301 + 20 = 321이 된다.

04 가상 기억장치 구현방법의 한 가지로, 기억장치를 동일한 크기의 페이지 단위로 나누고 페이지 단위로 주소 변환 및 대체를 하는 방식은?

① 논리 메모리 분할 기법
② 페이징 기법
③ 스케줄링 기법
④ 세그먼테이션 기법

가상기억장치 매핑
• **페이징(Paging) 기법** : 가상기억장치와 주기억장치의 영역을 동일 블록 크기의 페이지로 나누어 매핑하여 관리하는 방식이다. 페이지 교체에 따른 페이지 폴트와 페이지 크기에 따른 단편화 현상이 나타나는 단점이 있다. 외부단편화는 해소되지만, 내부단편화가 존재한다.
• **세그먼트(Segment) 기법** : 페이징 기법을 개선하기 위하여 프로그램의 논리 구조에 따라 페이지 크기를 다양하게 나누는 방식이다. 세그먼트 번호와 페이지 번호로 매핑하며 두 개의 매핑 테이블이 필요하다. 내부단편화는 해결할 수 있으나 외부단편화가 존재한다.

05 메모리 인터리빙(Memory Interleaving)의 사용 목적은?

① 메모리의 저장공간을 높이기 위해서
② CPU의 Idle Time을 없애기 위해서
③ 메모리의 Access 횟수를 줄이기 위해서
④ 명령들의 Memory Access 충돌을 막기 위해서

메모리 인터리빙(Memory interleaving)
메모리 인터리빙은 주기억장치의 접근속도를 빠르게 하거나, 충돌을 회피하기 위하여 메모리를 여러 개의 모듈로 나누고 동시에 접근할 수 있도록 하는 기법이다.

06 0-주소 명령어(zero-address instruction)에서 사용하는 특정한 기억장치 조직은 무엇인가?

① 그래프(graph)
② 스택(stack)
③ 큐(queue)
④ 트리(tree)

명령어 형식
• **0-주소 명령** : Stack을 사용하여 Push, Pop 연산만을 처리한다. 오퍼랜드부 없이 연산코드만으로 구성되며, 주소지정이 필요 없는 형식이다.
• **1-주소 명령** : 누산기를 이용하여 명령어를 처리하며, 오퍼랜드부가 한 개 있다.
• **2-주소 명령** : 2개의 오퍼랜드부로 구성된다. 연산 후 입력자료가 소멸되는 명령어 형식이다.
• **3-주소 명령** : 3개의 오퍼랜드부로 구성된다. 연산 후 원래의 자료를 파괴하지 않는다.

07 효율적인 입·출력을 위하여 고속의 CPU와 저속의 입·출력장치가 동시에 독립적으로 동작하게 하여 높은 효율로 여러 작업을 병행 수행할 수 있도록 해줌으로써 다중 프로그래밍 시스템의 성능향상을 가져올 수 있게 하는 방법은?

① 페이징(Paging)
② 버퍼링(Buffering)
③ 스풀링(Spooling)
④ 인터럽트(Interrupt)

스풀(Spool : Simultaneous Peripheral Operation On-Line)
중앙처리장치에 비해 주변장치의 처리속도가 느려서 발생하는 대기시간을 줄이기 위해 고안된 기법이다. 프린터 스풀링은 인쇄할 때 운영체제는 인쇄 데이터를 버퍼에 저장하고 있다가 프린터의 인쇄 진행 상황 또는 프린터 메모리 가용량 등에 따라 프린터에 데이터와 제어코드 등을 전송하여 인쇄 작업을 진행하는 것이다.

정답 01 ④ 02 ④ 03 ④ 04 ② 05 ④ 06 ② 07 ③

08 다음 중 병렬 입출력 방식(Parallel Input Output)에 대한 설명이 <u>아닌</u> 것은?

① 입·출력 제어장치와 입·출력 장치 사이에 데이터를 1~N 바이트(byte)씩 병렬로 전송하는 방식이다.

② 고속 데이터 전송에 적합하다.

③ 단거리 전송에 이용된다.

④ 데이터의 각 byte의 시작과 끝을 인식하도록 시작과 정지 비트를 사용한다.

병렬 입출력 방식
병렬 입출력 방식은 데이터 전송에서 각각의 비트들이 고유의 전선을 사용하여 동시에 입출력을 수행하는 방식이다. 단거리, 고속 전송에 이용한다.

09 다음 중 콘솔(Console)에 대한 설명으로 옳은 것은?

① 컴퓨터의 상태를 감시하고, 운용자의 필요에 의해서 동작에 개입할 수 있도록 설치된 단말기이다.

② 주기억장치의 용량 부족을 보충하기 위해 외부에 부착하는 저장용 단말기이다.

③ 타자기와 비슷한 형태의 입력장치로서, 문자나 숫자의 키(Key)를 눌러서 컴퓨터에 입력시키는 단말기이다.

④ 컴퓨터에서 처리된 결과를 인쇄하는 데 사용되는 단말기이다.

콘솔(Console)
컴퓨터 기술에서 콘솔은 일반적으로 디스플레이 모니터와 입력 장치의 조합을 의미하며, 이를 통해 사용자는 명령을 입력하고 컴퓨터에서 시각적으로 출력할 수 있다.

10 다음 중 마이크로프로그램에 의한 마이크로 오퍼레이션 동작으로 <u>틀린</u> 것은?

① 주기억장치에서 명령어를 인출하는 동작

② 오퍼랜드의 유효주소를 계산하는 동작

③ 지정된 연산을 수행하는 동작

④ 다음 단계의 주소를 결정하는 동작

마이크로 오퍼레이션 동작
마이크로 연산이라고도 하며, CPU 제어장치에서 발생하는 하나의 제어 신호가 전송되는 동안에 일어나는 CPU의 상태변화를 의미한다. 하나의 명령어는 여러 개의 마이크로 연산으로 수행된다.

오답 피하기
마이크로 동작은 다음 단계로 이동, 진행하는 동작이며 다음 단계의 주소를 결정하지는 않는다.

CHAPTER

02

전자부품 소프트웨어
개발환경 분석

SECTION 01 시스템 프로그램의 이해

기출 분석

연도	19년	20년	21년	22년	23년
문제 수	1	3	1	2	1

01 시스템 프로그램

1) 시스템 프로그램 개념

- 소프트웨어(프로그램)는 입력(Input)에 대한 사용자의 명령(Instruction)에 따라 일련의 산출물(Output)을 제공한다.
- 시스템소프트웨어와 사용자의 응용소프트웨어로 구분할 수 있다.
- 시스템소프트웨어란 사용자와 응용프로그램을 위해 플랫폼을 제공하고 하드웨어 및 하위 자원을 운용, 제어 및 관리하는 역할을 하는 프로그램이다.

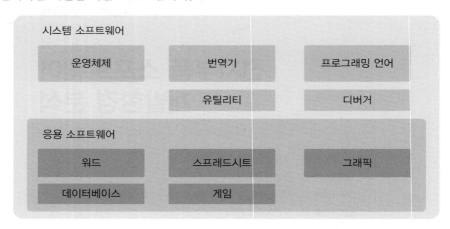

▲ 시스템소프트웨어

2) 시스템 프로그램 주요 역할

파일 관리, 자원 상태정보 제공, 프로그래밍 언어지원, 통신, 백그라운드 서비스 등을 제공한다.

02 시스템 프로그램 종류

- **운영체제(OS)** : 컴퓨터 자원(프로세스, 메모리, 파일 및 정보, 네트워크) 활용 등을 효율적으로 관리할 수 있는 프로그램의 집합이다.
- **번역기**
  - **어셈블러(Assembler)** : 저급 언어(Low level language)로 작성된 원시프로그램을 목적 프로그램으로 변환한다. 어셈블리어를 기계어로 번역한다.
  - **컴파일러(Compiler)** : 고급 언어(High level language)로 작성된 원시프로그램을 목적 프로그램으로 변환한다.

- **인터프리터(Interpreter)** : 고급 언어로 작성된 원시프로그램을 실행하되 목적 프로그램은 만들지 않고 대화식으로 처리한다.
- **저급 프로그래밍언어** : 기계어, 어셈블리어
- **고급 프로그래밍언어** : C/C++, JAVA
- **유틸리티** : 컴퓨터 시스템의 유지관리 수행
- **링커(Linker)** : 두 개 이상의 목적 프로그램을 합쳐서 실행할 수 있는 프로그램으로 만드는 역할을 한다.
- **로더(Loader)** : 프로그램을 실행하기 위하여 프로그램을 보조 기억 장치로부터 컴퓨터의 주기억장치(RAM)에 올려놓는 프로그램이다.

03 언어처리 과정

원시프로그램 → 목적 프로그램 → 로드 → 실행

이론을 확인하는 기출문제

^{23.3}
01 다음 지문의 괄호 안에 들어갈 용어를 올바르게 나열한 것은?

> 소프트웨어는 (㉠)와/과 (㉡)으로 나누어 볼 수 있으며, (㉠)에는 (㉢)와/과 운영체제가 있고, (㉡)에는 (㉣)와/과 주문형 소프트웨어가 있다.

① ㉠ 응용소프트웨어, ㉡ 시스템소프트웨어, ㉢ 유틸리티, ㉣ 패키지
② ㉠ 시스템소프트웨어, ㉡ 응용소프트웨어, ㉢ 유틸리티, ㉣ 패키지
③ ㉠ 시스템소프트웨어, ㉡ 유틸리티, ㉢ 응용소프트웨어, ㉣ 패키지
④ ㉠ 응용소프트웨어, ㉡ 시스템소프트웨어, ㉢ 패키지, ㉣ 유틸리티

시스템소프트웨어
- 시스템소프트웨어와 사용자의 응용소프트웨어로 구분할 수 있다.
- 시스템소프트웨어란 사용자와 응용프로그램을 위해 플랫폼을 제공하고 하드웨어 및 하위 자원을 운용. 제어 및 관리하는 역할을 하는 프로그램이다.

^{22.3, 18.3}
02 원시프로그램(source program)을 컴파일하여 얻어지는 프로그램은?

① 실행 프로그램
② 목적 프로그램
③ 유틸리티 프로그램
④ 시스템 프로그램

컴파일러(Compiler)
- 고급 언어(High level language)로 작성된 원시프로그램을 목적 프로그램으로 변환한다.
- 언어처리 과정 : 원시프로그램 → 목적 프로그램 → 로드 → 실행

정답 01 ② 02 ②

03 다음 중 시스템소프트웨어에 대한 설명으로 틀린 것은?

① 시스템소프트웨어와 응용소프트웨어로 구별할 수 있다.
② 시스템소프트웨어는 관리, 지원, 개발 등으로 분류할 수 있다.
③ 스프레드시트, 데이터베이스 등은 대표적인 시스템소프트웨어이다.
④ 운영체제는 대표적인 시스템소프트웨어이다.

시스템소프트웨어
사용자와 응용프로그램을 위해 플랫폼을 제공하고 하드웨어 및 하위 자원을 운용, 제어 및 관리하는 역할을 하는 프로그램이다.

오답 피하기
스프레드시트, 데이터베이스 등은 응용소프트웨어이다.

04 다음의 소프트웨어에 대한 설명으로 <u>틀린</u> 것은?

① 명령어의 집합을 의미한다.
② 소프트웨어는 크게 시스템소프트웨어와 응용소프트웨어로 나뉜다.
③ 응용소프트웨어에는 백신, 워드프로세서 등의 응용프로그램이 있다.
④ 시스템소프트웨어에는 운영체제가 있다.

백신와 같은 유틸리티 프로그램은 시스템소프트웨어이다.

05 다음 중 프로그램의 종류에 대한 설명으로 <u>틀린</u> 것은?

① 베타버전이란 개발자가 상용화하기 전에 테스트용으로 배포하는 것을 말한다.
② 셰어웨어란 기간이나 기능 제한 없이 무료로 사용하는 것을 말한다.
③ 데모 버전이란 기간이나 기능의 제한을 두고 무료로 사용하는 것을 말한다.
④ 테스트 버전이란 데모 버전 이전에 오류를 찾기 위해 배포하는 것을 말한다.

• 셰어웨어는 유료 판매를 목적으로 하는 소프트웨어를 사용자에게 일단 무료로 사용할 수 있게 배포하는 소프트웨어이다.
• 프리웨어는 저작자(개발자)에 의해 무상으로 배포되는 컴퓨터 프로그램이다.

정답 03 ③ 04 ③ 05 ②

SECTION
02

운영체제(OS)의 기능

출제빈도 상 중 하

필기편

PART
05

컴퓨터 일반 및 정보설비 기준

기출 분석

연도	19년	20년	21년	22년	23년
문제 수	5	5	3	5	2

01 운영체제 개념

운영체제란 컴퓨터 시스템과 소프트웨어 사이의 작업 관리역할을 하는 프로그램이다. 핵심 부분인 커널과 시스템 프로그램으로 구성된다.

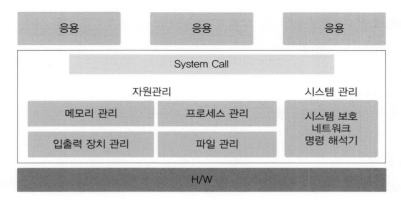

▲운영체제 기능

02 운영체제 기능

1) 자원관리

- 기억장치, 프로세스, 입출력 장치, 파일 등의 자원을 관리한다.
- **메모리 관리** : 메모리 상태 추적, 할당, 회수 등을 관리한다.
- **보조기억장치 관리** : 가상기억장치 관리, 장치 관리자 또는 파일 관리자를 관리한다.
- **프로세스 관리** : 프로세스 스케줄링, 프로세스 생성과 제거, 수행, 프로세스 동기화 등에 관여한다.
- **입출력 장치 관리** : 입출력 장치의 스케줄 관리, 각종 주변장치의 스케줄링 및 관리한다.
- **파일 관리** : 파일의 생성과 삭제, 정보의 위치, 사용 여부와 상태 등을 추적 관리를 한다.

2) 추가 시스템 관리기능

- 시스템보호, 네트워킹, 명령어 해석기 기능을 한다.
- **시스템보호** : 운영체제 프로세스를 다른 사용자 프로그램으로부터 보호하기 위해 권한을 부여한 프로세스만 수행하도록 한다.
- **네트워킹** : 통신을 위한 네트워크 스택을 가지며 시스템 프로세서는 통신 네트워크를 통해 연결한다.
- **명령해석기** : 사용자 입력의 여러 명령을 운영체제에 전달하는 인터페이스 역할을 한다.

03 운영체제 종류

- **유닉스(Unix)** : 네트워크 기능이 강력하며, 다중 사용자 지원이 가능하다. 서버용으로 주로 사용되는 운영체제이나 PC에서도 설치 및 운용을 할 수 있는 버전이 있다.
- **리눅스(Linux)** : 1991년 리누스 토르발스라는 사람이 처음 개발하여 출시한 운영체제이다. 독립된 플랫폼, 빠른 업그레이드, 강력한 네트워크 지원, 멀티태스킹, 유닉스와 호환성을 제공하는 공개형 오픈소스 운영체제이다.
- **윈도우즈(Windows)** : 많은 사용자가 보편적으로 사용하고 있는 운영체제로, 소스가 공개되어 있지 않다. 서버급보다는 클라이언트용으로 주로 사용되고 있다.
- **도스(DOS)** : 디스크 운영체제의 일종으로, 디스크에 읽고 쓰기 등의 명령을 수행하는 명령라인 기반 프로그램이다.

04 운영체제 성능조건

- 사용 가능도(Availability) 증대
- 신뢰도(Reliability) 향상
- 처리능력(Throughput) 증대
- 응답시간(Turn Around Time) 단축

05 운영체제의 방식

- **일괄 처리(Batch Processing)** : 처리할 데이터를 일정 기간 또는 일정량으로 모아 두었다가 한꺼번에 처리하는 방식이다.
- **실시간 처리(Real-Time Processing)** : 처리할 데이터를 즉시 처리하는 방식이다.
- **다중 프로그래밍(Multi Programming)** : 하나의 CPU로 동시에 여러 프로그램을 처리하는 방식이다.
- **시분할 처리(Time-Sharing Processing)** : 여러 사용자가 동시에 하나의 컴퓨터를 사용하는 방식이다.
- **분산 처리(Distributed Processing)** : 지역적으로 분산된 여러 컴퓨터를 연결하여 작업을 분담하여 처리하는 방식이다.
- **병렬 처리(Parallel Processing)** : 여러 개의 프로세서를 이용하여 여러 작업을 동시에 처리하는 방식이다.
- **다중 처리(Multi Processing)** : 하나의 컴퓨터에 여러 개의 CPU를 설치하여 프로그램을 처리하는 방식이다.

> **기적의 Tip** 운영체제의 발달순서
>
> 일괄 처리 → 다중 프로그램 → 시분할(대화식) 처리 → 분산 처리

21.6, 19.3

01 다음 운영체제의 방식 중 가장 먼저 사용된 방식은?

① Batch Processing
② Time Slicing
③ Multi-Threading
④ Multi-Tasking

운영체제 운영방식
- **일괄 처리(Batch Processing)** : 처리할 데이터를 일정 기간 또는 일정량으로 모아 두었다가 한꺼번에 처리하는 방식이다.
- **실시간 처리(Real-Time Processing)** : 처리할 데이터를 즉시 처리하는 방식이다.
- **다중 프로그래밍(Multi Programming)** : 하나의 CPU로 동시에 여러 프로그램을 처리하는 방식이다.
- **멀티 프로세싱(Multi-Processing)** : 하나의 컴퓨터에 여러 개의 CPU를 설치하여 프로그램을 처리하는 방식이다.
- **멀티 태스킹(Multi-Tasking)** : 정해진 시간 동안 교대로 task를 수행하는 방식이다.
- **멀티 쓰레딩(Multi-Threading)** : 프로세스의 여러 스레드를 동시에 실행하는 방식이다.

22.3 20.5

02 Open Source로 개방되어 사용자가 변경이 가능한 운영체제는?

① Mac OS
② MS-DOS
③ OS/2
④ Linux

운영체제별 특징
- **Linux** : 독립된 플랫폼, 빠른 업그레이드, 강력한 네트워크 지원, 멀티 태스킹과 가상 터미널 환경지원, 유닉스와 호환성, 공개형 오픈소스 운영체제, 다중 사용자 환경지원의 특징이 있다.
- **MacOS** : Apple 사가 UNIX 기반으로 개발한 운영체제이다.
- **MS-DOS** : Windows 이전에 MS사가 개발한 단일작업처리 운영체제이다.

20.6, 18.10

03 다음 중 컴퓨터의 운영체제에서 로더(Loader)의 주요 기능이 <u>아닌</u> 것은?

① 프로그램과 프로그램 간의 연결(Linking)을 수행한다.
② 출력 데이터에 대해 일시 저장(Spooling) 기능을 수행한다.
③ 프로그램이 실행될 수 있도록 번지수를 재배치(Relocation)한다.
④ 프로그램 또는 데이터가 저장될 번지수를 계산하고 할당(Allocation)한다.

로더(Loader)
보조기억장치로부터 정보들을 주기억장치로 옮기기 위하여 메모리 할당 및 연결, 재배치, 적재를 담당하는 서비스 프로그램이다.
- **할당(Allocation)** : 목적 프로그램이 적재될 주기억장치 내의 공간을 확보한다.
- **연결(Linking)** : 여러 목적 프로그램들 또는 라이브러리 루틴과의 링크 작업을 한다.
- **재배치(Relocation)** : 목적 프로그램을 실제 주기억장치에 맞추어 재배치하고, 상대주소들을 수정하여 절대주소로 변경한다.
- **적재(Loading)** : 실제 프로그램과 데이터를 주기억장치에 적재하며, 적재할 모듈을 주기억장치로 읽어 들인다.

19.6, 18.3

04 다음 중 오퍼레이팅 시스템에서 제어 프로그램에 속하는 것은?

① 데이터 관리프로그램
② 어셈블러
③ 컴파일러
④ 서브루틴

운영체제 프로그램
- **제어 프로그램** : 시스템 전체의 작동 상태 감시, 작업의 순서 지정, 작업에 사용되는 데이터 관리 등의 역할을 수행하는 프로그램이다. 감시, 작업제어, 데이터관리프로그램 등이다.
- **처리 프로그램** : 제어 프로그램의 지시를 받아 사용자가 요구한 문제를 해결하기 위한 프로그램이다. 서비스, 언어번역 프로그램 등이다.

정답 01 ① 02 ④ 03 ② 04 ①

05 다음 중 운영체제에 대한 설명으로 틀린 것은?

① 유닉스(Unix) : 네트워크 기능이 강력하며, 다중 사용자 지원이 가능하고, PC에서도 설치 및 운용이 가능한 버전이 있다.

② 리눅스(Linux) : 무료로 다운받을 수 있고 모든 분야에 무료로 널리 사용할 수 있으며, 윈도우즈와 동일한 환경을 제공한다.

③ 윈도우즈(Windows) : 소스가 공개되어 있지 않으며, 많은 사용자들이 보편적으로 사용하고 있다. 서버급보다는 클라이언트용으로 주로 사용되고 있다.

④ 도스(DOS) : 명령어 입력방식으로 불편하며, DOS 지원을 위한 메모리와 디스크의 용량에 한계가 있다. 여러 사람이 작업을 할 수 없다.

리눅스는 윈도우즈가 아닌 유닉스와의 호환성을 갖는다.

운영체제 종류
- 유닉스(Unix) : 네트워크 기능이 강력하며, 다중 사용자 지원이 가능하다. 서버용으로 주로 사용되는 운영체제이나 PC에서도 설치 및 운용을 할 수 있는 버전이 있다.
- 리눅스(Linux) : 1991년 리누스 토르발스라는 사람이 처음 개발하여 출시한 운영체제이다. 독립된 플랫폼, 빠른 업그레이드, 강력한 네트워크 지원, 멀티태스킹, 유닉스와 호환성을 제공하는 공개형 오픈소스 운영체제이다.
- 윈도우즈(Windows) : 많은 사용자가 보편적으로 사용하고 있는 운영체제로, 소스가 공개되어 있지 않다. 서버급보다는 클라이언트용으로 주로 사용되고 있다.
- 도스(DOS) : 디스크 운영체제의 일종으로, 디스크에 읽고 쓰기 등의 명령을 수행하는 명령라인 기반 프로그램이다.

06 특정한 짧은 시간 내에 이벤트나 데이터의 처리를 보증하고, 정해진 기간 안에 수행이 끝나야 하는 응용프로그램을 위하여 만들어진 운영체제는?

① 임베디드 운영체제
② 분산 운영체제
③ 실시간 운영체제
④ 라이브러리 운영체제

운영체제의 분류
- 임베디드 운영체제 : 소형장치에 적합하게 최적화된 운영체제로, 예를 들어, 스마트폰, 스마트워치, IoT 장치 등은 임베디드 운영체제를 사용한다.
- 실시간 운영체제 : 주어진 특정 시간 내에 주어진 목적을 실행할 수 있도록 인터럽트 처리를 보장하는 운영체제이다.
- 분산 운영체제 : 네트워크를 통해 여러 대의 컴퓨터를 연결하여 하나의 시스템처럼 동작하는 운영체제이다.

07 자원을 효율적으로 관리하기 위한 운영체제의 추가관리 기능들로 올바르게 나열된 것은?

① 프로세스 관리기능 – 명령해석기 시스템 – 보호 시스템
② 명령해석기 시스템 – 보호 시스템 – 네트워킹
③ 주기억장치 관리 – 네트워킹 – 명령해석기 시스템
④ 주변장치 관리기능 – 보호 시스템 – 네트워킹

운영체제 추가 시스템 관리기능
- 자원 관리기능 : 프로세스 관리, 메모리 관리, 보조기억장치 관리, 파일 관리 등의 기능을 한다.
- 시스템 관리기능 : 시스템보호, 네트워킹, 명령어 해석기 기능을 한다.
  - 시스템보호 : 운영체제 프로세스를 다른 사용자 프로그램으로부터 보호하기 위해 권한을 부여한 프로세스만 수행하도록 한다.
  - 네트워킹 : 통신을 위한 네트워크 스택을 가지며 시스템 프로세서는 통신 네트워크를 통해 연결한다.
  - 명령해석기 : 사용자 입력의 여러 명령을 운영체제에 전달하는 인터페이스 역할을 한다.

정답 05 ② 06 ③ 07 ②

프로세스 및 프로세서 관리

기출 분석

연도	19년	20년	21년	22년	23년
문제 수	3	2	5	1	1

01 프로세스

1) 프로세스 개념

프로세스란 실행 중인 프로그램의 한 형태이다.

2) 프로세스 상태천이

프로세스의 상태는 생성, 준비, 실행, 대기, 종료 5개의 단계로 이루어진다.

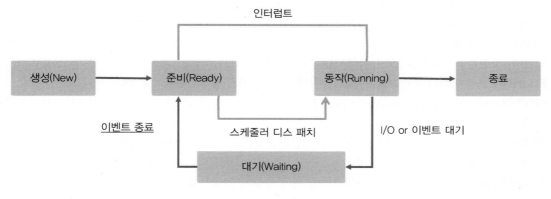

▲프로세스 상태 천이

- **실행상태(running state)** : 프로세스가 프로세서(CPU)에서 실행 중인 상태이다.
- **준비상태(ready state)** : 프로세스가 프로세서에서 실행할 수 있는 상태이다.
- **대기상태(waiting state)** : 프로세스가 작업을 진행하기에 전에 특정 이벤트 발생을 대기한다.
- **생성(new state)** : 프로세스가 생성된 상태이다.
- **종료(terminate state)** : 프로세스의 실행이 종료(exit) 상태이다.

02 프로세스 스케줄링

- CPU를 이용하고자 하는 프로세스들 사이의 실행 순서, 우선순위 등을 관리하는 것이다.
- 프로세스 스케줄링을 통해 CPU의 처리율을 높이고 응답시간, 반환시간 등을 최소화한다.

03 프로세스 스케줄링 분류

1) 선점형 스케줄링(Preemptive scheduling)
- CPU를 할당받아 실행 중인 프로세스가 있어도 다른 프로세스가 실행 중인 프로세스를 중지하고 CPU를 강제로 점유할 수 있는 방식이다.
- 빠른 응답이 요구되는 대화형 시스템에 적합하고 문맥 교환 오버헤드가 적다.
- RR, SRTF, MLQ, MFQ

2) 비선점형 스케줄링 (Non-preemptive scheduling)
- CPU를 할당받아 실행 중인 프로세스가 종료되거나 스스로 중지될 때까지 실행을 보장하는 방식이다.
- 일괄처리 시스템에 적합하고 특정 기준을 중심으로 자원을 배분한다.
- FCFS, Priority, SJF, HRN

04 프로세스 스케줄링 알고리즘

- FCFS(First Come First Served) : 프로세스가 도착한 순서대로 CPU 자원을 할당한다.
- SJF(Shortest Job First) : 실행시간이 짧은 프로세스에 우선으로 CPU 자원을 할당한다.
- HRN(Highest Response-ratio Next) : SJF를 보완하기 위해 대기시간을 우선순위 계산에 포함해 할당한다. 우선순위 = (대기시간 + 실행시간) / (실행시간)
- Priority : 프로세스의 우선순위가 높은 순서대로 CPU 자원 할당한다.
- SRTF(Shortest Remaining Time First) : 남은 실행시간이 짧은 프로세스에 우선으로 CPU 자원을 할당한다.
- RR(Round Robin) : 프로세스별로 동일한 시간만큼 CPU 자원을 할당한다. 할당 시간이 작아지면 문맥 교환이 잦아져 Overhead가 증가한다.
- MLQ(Multi Level Queue) : 프로세스들을 여러 종류의 그룹으로 나누어 여러 개의 Queue를 사용한다. 이를 통해 우선순위가 낮은 큐의 프로세스에 CPU 할당이 안 되는 것을 방지한다.

05 교착 상태(Dead Lock)

두 개 이상의 작업이 서로 끝나기를 기다리며 작업을 계속 수행할 수 없는 상태를 교착 상태라 한다.

1) 발생조건
- 상호배제(Mutual Exclusion) : 프로세스들이 필요로 하는 자원에 대해 배타적인 통제권을 요구한다.
- 점유대기(Hold and Wait) : 프로세스가 할당된 자원을 가진 상태에서 다른 자원의 반납을 기다린다.
- 비선점(Non Preemption) : 프로세스가 어떤 자원의 사용을 끝낼 때까지 그 자원을 강제로 가져올 수 없다.
- 순환대기(Circular Wait) : 각 프로세스가 순환적으로 다음 프로세스가 요구하는 자원을 가지고 있다.

2) 교착 상태 해결방안
- 사용 예방(Prevention) : 교착 상태 발생조건 중 어느 하나를 제거한다.
- 회피(Avoidance) : 자원할당 알고리즘, 은행원 알고리즘을 적용해 교착 상태 발생을 회피한다.

- **발견(Detection)** : 교착 상태가 발생하도록 두고 발생을 점검한다.
- **회복(Recovery)** : 발견된 교착 상태의 프로세스를 종료하거나 자원을 선점한다.

> **기적의 Tip** CPU의 스케줄링 기법을 비교하는 성능 기준
>
> 스케줄러는 CPU 이용률 향상, 처리율 향상, 반환시간 감소, 대기시간 감소, 반응시간이 감소가 되도록 운영되어야 한다.

성능기준	설명	방향
CPU 활용률 (Utilization)	CPU가 작동한 총시간 대비 프로세스들이 실제 사용 시간	향상
처리율 (Throughput)	단위 시간당 완료된 프로세스의 개수	향상
대기시간 (Waiting Time)	프로세스가 준비 큐(Ready Queue)에서 스케줄링 될 때까지 기다리는 시간	감소
응답시간 (Response Time)	프로세스가 CPU를 사용하기 위해 들어와서 최초로 CPU를 사용하기까지 걸린 시간	감소
반환시간 (Turnaround Time)	프로세스가 준비 큐(Ready Queue)에서 기다란 시간 + 실제 CPU를 사용한 시간	감소

06 마이크로프로세서(Mircoprocessor)

- 마이크로프로세서는 중앙제어장치를 단일 IC에 집적한 반도체소자이다.
- 연산부와 제어부, 레지스터부로 구성되어 있다.

07 CISC형과 RISC형 마이크로프로세서

1) CISC형과 RISC형 개념

- **CISC(Complex Instruction Set Computer) 프로세서** : 복잡한 명령어 집합을 가지는 CPU 아키텍처로 대부분의 범용컴퓨터 CPU가 이에 해당한다.
- **RISC(Reduced Instruction Set Computer) 프로세서** : 복잡한 명령어를 제거하여 적은 수의 사용 빈도가 높은 명령어 위주로 처리 속도를 향상한 프로세서이다.

2) CISC형과 RISC형 비교

특성	CISC	RISC
구조	복잡	단순
구성	복잡, 많은 명령어	간단, 최소 명령어
명령어 길이	다양한 길이	고정된 길이
레지스터	작음	많음
속도	느림	빠름
용도	개인	서버

21.10, 20.5

01 병렬 프로세서의 한 종류로 여러 개의 프로세서들이 서로 <u>다른</u> 명령어와 데이터를 처리하는 진정한 의미의 병렬 프로세서로 대부분의 다중프로세서 시스템과 다중 컴퓨터 시스템이 이 분류에 속하는 구조는?

① SISD(Single Instruction stream Single Data stream)
② SIMD(Single Instruction stream Multiple Data stream)
③ MISD(Multiple Instruction stream Single Data stream)
④ MIMD(Multiple Instruction stream Multiple Data stream)

멀티프로세서 유형
• SISD : 직렬컴퓨터로 PC 등에 사용되는 보편적인 컴퓨팅 유형이다.
• SIMD : 여러 프로세서로 구성될 수 있으며 제어장치에 의해 같은 명령어로 여러 데이터를 처리한다.
• MISD : 각 프로세서는 서로 다른 명령어를 실행하지만 처리하는 데이터는 단일 스트림이다.
• MIMD : 전형적인 병렬컴퓨터로 여러 개의 프로세서가 다른 명령어로 다른 데이터를 처리한다.

22.3, 21.6

02 다음 중 마이크로프로세서에 대한 설명으로 옳지 <u>않은</u> 것은?

① 마이크로프로세서는 CPU의 여러 형태 중 하나로 중앙제어장치를 단일 IC에 집적한 반도체소자이다.
② 마이크로프로세서는 연산부와 제어부, 레지스터부로 구성되어 있다.
③ 마이크로프로세서는 MPU(Micro Processing Unit)라 부르기도 한다.
④ 마이크로프로세서는 CPU의 기능과 일정한 용량의 캐시 및 메인 메모리 등의 기억장치, 입출력 제어회로 등을 단일의 칩에 모두 내장한 것을 말한다.

마이크로프로세서
• 마이크로프로세서는 중앙제어장치를 단일 IC에 집적한 반도체소자이다.
• 연산부와 제어부, 레지스터부로 구성되어 있다.

오답 피하기
마이크로컨트롤러(Microcontroller)는 마이크로프로세서에 더하여 메모리, 입출력 제어버스 등을 하나의 칩으로 만들어 정해진 기능을 수행하는 컴퓨터이다.

03 마이크로프로세서로 구성된 중앙처리장치는 명령어의 구성방식에 따라 2가지로 나눌 수 있다. 이중 연산 속도를 높이기 위해 처리할 수 있는 명령어 수를 줄였으며, 단순화된 명령구조로 속도를 최대한 높일 수 있도록 한 것은?

① SCSI(Small Computer System Interface)
② MISC(Micro Instruction Set Computer)
③ CISC(Complex Instruction Set Computer)
④ RISC(Reduced Instruction Set Computer)

CISC, RISC

· CISC(Complex Instruction Set Computer) 프로세서 : 복잡한 명령어 집합을 가지는 CPU 아키텍처로 대부분의 범용컴퓨터 CPU가 이에 해당한다.
· RISC(Reduced Instruction Set Computer) 프로세서 : 복잡한 명령어를 제거하여 적은 수의 사용 빈도가 높은 명령어 위주로 처리 속도를 향상한 프로세서이다.

특성	CISC	RISC
구조	복잡	단순
구성	복잡, 많은 명령어	간단, 최소 명령어
명령어 길이	다양한 길이	고정된 길이
레지스터	작음	많음
속도	느림	빠름
용도	개인	서버

오답 피하기
SCSI(Small Computer System Interface) : 컴퓨터 주변기기 직렬 통신방식 표준으로 스카시라고도 부른다.

04 대기하고 있는 프로세스 p1, p2, p3, p4의 처리 시간은 24[ms], 9[ms], 15[ms], 10[ms] 일 때, 최단 작업 우선(SJF, Shortest-Job-First) 스케줄링으로 처리했을 때 평균 대기시간은 얼마인가?

① 8.5[ms]
② 14.5[ms]
③ 15.5[ms]
④ 25.25[ms]

SJF(Shortest Job First)

· 실행시간이 짧은 프로세스에 우선적으로 CPU 자원을 할당한다.
· 대기시간(Waiting Time) : 프로세스가 준비 큐(Ready Queue)에서 스케줄링 될 때까지 기다리는 시간이다.
· 실행순서 : p2(= 9[ms]) → p4(= 10[ms]) → p3(= 15[ms]) → p1(= 24[ms])
· 대기시간 : (0[ms] + 9[ms] + 19[ms] + 34[ms])/4 = 15.5[ms]

05 Job Scheduling에서 우선순위에 밀려서 작업 처리가 지연될 경우, 지연되는 정도에 따라서 우선순위를 높여주는 것을 무엇이라 하는가?

① Changing
② Aging
③ Controlling
④ Deleting

Aging

· 특정 프로세스의 우선순위가 낮아서 무한정 기다리는 경우를 방지하기 위해서 기다린 시간에 비례해서 우선순위를 한 단계씩 높여주는 방법이다.
· 무한 연기 상태(기아 상태)를 예방하기 위한 기법이다.

정답 01 ④ 02 ④ 03 ④ 04 ③ 05 ②

06 SJF(Shortest-Job-First) 정책으로 관리하는 시스템에 프로세스 p1, p2, p3, p4, p5가 동시에 도착했다. 다음 표와 같이 프로세스가 정의되었을 때 p3의 반환시간(Turn-Around Time)은 얼마인가?

프로세스	CPU 이용시간	우선순위
p1	2[ms]	3
p2	1[ms]	1
p3	8[ms]	3
p4	5[ms]	2
p5	1[ms]	4

① 11[ms]
② 14[ms]
③ 16[ms]
④ 17[ms]

반환시간(Turnaround Time)
프로세스가 준비 큐(Ready Queue)에서 기다란 시간 + 실제 CPU를 사용한 시간이다.

SJF(Shortest Job First)
• 프로세스 실행 우선순위가 정해진 경우, 우선순위가 높은 것을 먼저 실행하고, 만약 동일 우선순위에서는 실행시간이 짧은 프로세스에 먼저 CPU자원을 할당한다.
• 실행순서

실행순서	우선순위	CPU 이용시간	반환시간
p2	1	1[ms]	1[ms]
p4	2	5[ms]	6[ms]
p1	3	2[ms]	8[ms]
p3	3	8[ms]	16[ms]
p5	4	1[ms]	17[ms]

• p3 반환시간 : (1[ms] + 5[ms] + 2[ms] + 8[ms]) = 16[ms]

07 다음 중 교착 상태 예방 방법의 4가지 필요조건에 해당하지 <u>않는</u> 것은?

① 상호배제
② 점유와 대기
③ 자원할당
④ 비선점

교착 상태(Dead Lock)
두 개 이상의 작업이 서로 끝나기를 기다리며 작업을 계속 수행할 수 없는 상태를 교착 상태라 한다. 다음 조건에서 발생한다.
• 상호 배제조건(Mutual Exclusion)
• 점유와 대기조건(Hold and Wait)
• 비선점 조건(Nonpreemptive)
• 환형 대기조건(Circular Wait)

SECTION 04 기억장치 관리

🔖 기출 분석

연도	19년	20년	21년	22년	23년
문제 수	0	0	2	0	0

01 주기억장치 관리

1) 기억장치 배치 전략

새로운 데이터를 기억장치 어디에 배치할 것인지를 결정하는 방식이다.

- **최초적합(First Fit)** : 기억장치의 사용 가능한 공간을 검색하여 순차적으로 처음 찾은 곳을 할당하는 방식이다.
- **최적적합(Best Fit)** : 사용 가능한 공간에서 데이터의 크기와 차이가 가장 작은 것을 선택하는 방식이다. 가용공간들에 대한 목록이 크기 순서대로 정렬되어 있어야 한다.
- **최악적합(Worst Fit)** : 사용 가능한 공간에서 가장 큰 공간에 할당한다. 할당하고 남은 공간을 크게 하여 다른 프로세스들이 사용하도록 하는 방식이다. 가용공간들에 대한 목록이 크기 순서대로 정렬되어 있어야 한다.

2) 페이지 교체 전략

페이지 부재를 최소화하기 메모리에 어떤 데이터를 저장할지를 결정하는 방식이다.

- **FIFO(First In First Out)** : 가장 먼저 메모리에 올라온 페이지를 가장 먼저 내보내는 방식이다.
- **LRU(Least Recently Used)** : 가장 오랫동안 사용되지 않은 페이지를 교체한다.
- **LFU(Least Frequently Used)** : 과거에 사용된 횟수가 가장 적은 페이지를 교체한다.
- **NUR(Not Used Recently)** : 최근에 사용되지 않은 페이지를 교체한다.

21.6, 21.3

01 메모리 관리에서 빈 공간을 관리하는 Free 리스트를 끝까지 탐색하여 요구되는 크기보다 더 크되, 그 차이가 제일 작은 노드를 찾아 할당해 주는 방법은?

① 최초적합(First-Fit)
② 최적적합(Best-Fit)
③ 최악적합(Worst-Fit)
④ 최후적합(Last-Fit)

기억장치 배치 전략
새로운 데이터를 기억장치 어디에 배치할 것인지를 결정하는 방식이다.
• **최초적합(First Fit)** : 기억장치의 사용 가능한 공간을 검색하여 순차적으로 처음 찾은 곳을 할당하는 방식이다.
• **최적적합(Best Fit)** : 사용 가능한 공간에서 데이터의 크기와 차이가 가장 작은 것을 선택하는 방식이다. 가용공간들에 대한 목록이 크기 순서대로 정렬되어 있어야 한다.
• **최악적합(Worst Fit)** : 사용 가능한 공간에서 가장 큰 공간에 할당한다. 할당하고 남은 공간을 크게 하여 다른 프로세스들이 사용하도록 하는 방식이다. 가용공간들에 대한 목록이 크기 순서대로 정렬되어 있어야 한다.

21.10

02 주기억장치 관리에서 배치전략(Placement Strategy)인 최초적합(First-Fit), 최적적합(Best-Fit), 최악적합(Worst-Fit)에 대한 설명으로 옳지 **않은** 것은?

① 최초적합은 가용공간을 찾는 시간이 적어 배치결정이 빠르다.
② 최적적합은 선택 후 남는 공간을 이후에 활용할 가능성이 높다.
③ 최악적합은 가용공간 크기를 정렬한 후 가장 큰 공간에 배치한다.
④ 최악적합은 가용공간 크기를 정렬해야 하는 것이 단점이다.

기억장치 배치 전략
최적적합(Best Fit) : 사용 가능한 공간에서 데이터의 크기와 차이가 가장 작은 것을 선택하기 때문에 남는 공간이 가장 작아지므로 이후 활용할 가능성은 낮다.

기출 분석

연도	19년	20년	21년	22년	23년
문제 수	11	7	9	5	1

01 파일시스템

- 파일시스템은 일반적으로 스토리지 관리, 파일 이름 지정, 디렉토리, 메타데이터, 액세스 규칙 및 권한과 같은 작업을 관리하는 프로세스이다.
- HDD와 메인 메모리 사이의 속도 차이를 줄이고, 파일 관리를 용이하게 하며, 용량을 효율적으로 관리할 수 있다.

1) 파일시스템의 역할

- **파일 관리** : 파일을 저장, 참조, 공유한다.
- **보조 저장소 관리** : 저장공간을 할당한다.
- **파일 무결성 메커니즘** : 파일이 의도한 정보만 포함하고 있음을 의미한다.
- **접근방법** : 저장된 데이터에 접근할 수 있는 방법을 제공한다.

2) 주요 파일시스템

분류	설명
FAT12 (File Allocation Table)	MS-DOS 초기부터 주로 쓰임
FAT16	• 32메가바이트 이상의 하드디스크를 지원 • MS-DOS 3.0과 함께 나왔으며 윈도우95 시기까지 주로 이용됨
FAT32	• 오래되고 많이 사용되는 파일시스템 • 최대 용량 : 32GB, max file : 4GB • 안정성이 좋음
NTFS (New Technology File System)	• FAT32 약점인 최대 파일 크기 및 용량 보완 • 최대 용량 : 256TB, max file : 16TB • 윈도우에서 최적화
ext/ext2 (Extended file system)	리눅스용 파일시스템
APFS (Apple file system)	애플에서 사용하는 파일시스템으로 macOS, iOS, watchOS, tvOS 등에서 범용적으로 사용

01 파일 관리자는 파일 구조에 따라 각기 다른 접근방법으로 관리한다. 다음 중 저장공간의 효율성이 가장 높은 파일 구조는 어느 것인가?

① 직접 파일(Direct File)

② 순차 파일(Sequential File)

③ 색인 순차 파일(Indexed Sequential File)

④ 분할 파일(Partitioned File)

- 순차 파일(Sequential File, 순서 파일) : 모든 데이터가 순서대로 기록된 형태이다.
- 직접 파일(Direct File) : 파일을 구성하는 레코드를 물리 공간에 기록하는 것으로, 직접 접근 방식이라고도 한다.
- 색인 순차 파일(Indexed Sequential File) : 순차 파일과 직접 파일에서 지원하는 방법이 결합된 형태이다. 인덱스를 이용하여 순차접근이 가능하다.
- 분할 파일(Partitioned File) : 분할 파일은 하나의 파일을 여러 개의 파일로 분할하여 저장하는 형태이다.

02 다음 중 연결 리스트(Linked List)에 대한 설명으로 틀린 것은?

① 연결 리스트는 데이터 부분과 포인터 부분을 가지고 있다.

② 포인터는 다음 자료가 저장된 주소를 기억한다.

③ 삽입, 삭제가 쉽고 빠르며 연속적 기억 장소가 없어도 노드의 연결이 가능하다.

④ 포인터 때문에 탐색 시간이 빠르고 링크 부분만큼 추가 기억 공간이 필요하다.

자료구조
프로그램에서 자료를 기억장치의 공간에 저장하는 방법과 저장된 자료 간의 관계를 말한다.

선형/비선형 자료구조
- **선형 자료구조** : 하나의 자료의 뒤에 다른 하나의 자료가 존재하는 방식이다. 배열, 리스트 등이 있으며 1:1 구조를 갖는다.
  - **선형 리스트(Linear List)** : 배열과 같이 연속되는 기억 장소에 저장되는 리스트이다. 간단하고 접근속도가 빠르고 저장 효율이 높다. ❸ 배열(Array)
  - **연결 리스트(Linked List)** : 자료들을 반드시 연속적으로 배열시키지는 않고 노드의 포인터 부분을 이용하여 서로 연결한다. 삽입과 삭제가 쉽다.
  - **스택(Stack)** : 리스트의 한쪽 끝으로만 자료의 삽입, 삭제 작업이 이루어진다.
  - **큐(Queue)** : 선형 리스트의 한쪽에서는 삽입, 다른 한쪽에서는 삭제 작업이 이루어지도록 구성한 자료구조이다.
  - **디큐(Deque)** : 삽입과 삭제가 리스트의 양쪽 끝에서 모두 발생할 수 있는 자료구조
- **비선형 자료구조** : 하나의 자료 뒤에 여러 개의 자료가 이어지는 방식이다. 1 : n 관계로 트리, 그래프가 대표적이고 계층적 구조를 나타낼 수 있다.

22.10
03 10진수 0.375를 2진수로 맞게 변환한 값은?

① 0.111

② 0.011

③ 0.001

④ 0.101

- - -

진수변환

소수 부분이 0이 될 때까지 2씩 곱하면서 정수 부분을 나열한다.

```
  0.375
×     2
─────────
  0.750   0
×     2
─────────
  1.5
  0.5     1
×     2
─────────
  1.0
  0.0     1
```

0.375 = 2진수 0.011

21.10
04 다음 중 BCD 코드 1001에 대한 해밍코드를 구하면? (단, 짝수 패리티 체크를 수행한다.)

① 0011001

② 1000011

③ 0100101

④ 0110010

- - -

해밍코드

패리티 비트 위치

P1 = 1, 3, 5, 7

P2 = 2, 3, 6, 7

P4 = 4, 5, 6, 7

비트에 대한 패리티 비트가 된다.

순서	1	2	3	4	5	6	7
코드	P1	P2	1	P4	0	0	1

1의 개수가 짝수가 되도록 하는 각 P1, P2, P4는

P1 = 1, 3, 5, 7 = P1, 1, 0, 1 = 0, 1, 0, 1 , P1 = 0

P2 = 2, 3, 6, 7 = P2, 1, 0 ,1 = 0, 1, 0, 1 , P2 = 0

P4 = 4, 5, 6, 7 = P4, 0, 0, 1 = 1, 0, 0, 1 , P4 = 1

0011001

21.10
05 길이가 5인 2진 트리로 가족관계를 표현하려고 한다. 최대 몇 명을 표현할 수 있는가?

① 31명

② 32명

③ 63명

④ 64명

- - -

비선형 자료구조, 이진트리

- 이진트리는 하나의 자료 뒤에 여러 개의 자료를 가지는 비선형 자료구조로, 계층 관계를 갖는다.
- **트리의 길이(Length)** : 출발 노드에서 목적지 노드까지 거쳐야 하는 가지의 수이다.
- **트리의 높이(Height)** : 루트 노드에서 가장 깊은 노드까지의 길이이다.
- **트리의 깊이(Depth)** : 루트 노드에서 특정 노드까지의 길이이다.
- 높이가 h인 포화 이진 트리(full binary tree)는 $2^h - 1$개의 노드를 갖는다.(루트 노드의 높이는 1로 할 때) : $2^5 - 1 = 31$

21.6, 19.10
06 정보표현의 단위가 작은 것부터 큰 순으로 올바르게 나열된 것은?

㉠ 바이트	㉡ 레코드
㉢ 파일	㉣ 비트
㉤ 데이터베이스	

① ㉠ ㉡ ㉢ ㉣ ㉤

② ㉣ ㉠ ㉡ ㉢ ㉤

③ ㉣ ㉢ ㉠ ㉤ ㉡

④ ㉠ ㉣ ㉢ ㉡ ㉤

- - -

정보표현단위

- **비트(Bit)** : 정보표현의 최소단위이다. 0 또는 1로 표시한다.
- **니블(Nibble)** : 4개의 비트로 구성된다.
- **바이트(Byte)** : 8개의 비트로 구성된다(1[Byte] = 8[Bit]). 256가지 데이터를 나타낼 수 있는 문자표현의 최소단위이다.
- **워드(Word)** : 4byte로 구성된다. 컴퓨터가 한 번에 처리할 수 있는 명령 단위이다.
- **필드(Field)** : 레코드를 구성하는 항목이다.
- **레코드(Record)** : 프로그램(자료) 처리의 기본단위이다.
- **파일(File)** : 프로그램 구성의 기본단위로 레코드의 집합이다.
- **데이터베이스(Database)** : 파일들을 모아놓은 집합체이다.
- Bit 〈 Nibble 〈 Byte 〈 Word 〈 Field 〈 Record 〈 File 〈 Database

- - -

정답 01 ② 02 ④ 03 ② 04 ① 05 ① 06 ②

01 다음 중 소프트웨어의 정의에 해당하지 <u>않는</u> 것은?

① 하드웨어를 동작하도록 하는 기능과 기술
② 컴퓨터 활용에 필요한 모든 프로그래밍 시스템
③ 운영체제(OS : Operating System)와 응용프로그램
④ 제어와 연산기능만을 수행하는 모듈

> **소프트웨어의 정의**
> 컴퓨터는 하드웨어와 소프트웨어로 구성되며, 소프트웨어는 하드웨어를 움직이게 하는 명령어들의 모임이다. 운영체제인 시스템소프트웨어와 애플리케이션인 응용소프트웨어로 나눌 수 있다.

02 다음 중 컴파일러(Compiler)에 대한 설명으로 옳은 것은?

① 고급(High Level) 언어를 기계어로 번역하는 언어번역 프로그램이다.
② 일정한 기호형태를 기계어와 일대일로 대응시키는 언어번역 프로그램이다.
③ 시스템이 취급하는 여러 가지의 데이터를 표준적인 방법으로 총괄하는 프로그램이다.
④ 프로그램과 프로그램 간에 주어진 요소(Factor)들을 서로 연계시켜 하나로 결합하는 기능을 수행하는 프로그램이다

> • **어셈블러(Assembler)** : 저급 언어(Low level language)로 작성된 원시프로그램을 목적 프로그램으로 변환한다. 어셈블리어를 기계어로 번역한다.
> • **컴파일러(Compiler)** : 고급 언어(High level language)로 작성된 원시프로그램을 목적 프로그램으로 변환한다.

03 다음 문장이 의미하는 소프트웨어는 무엇인가?

> 상하 관계나 동종 관계로 구분할 수 있는 프로그램들 사이에서 매개역할을 하거나 프레임워크 역할을 하는 일련의 중간 계층 프로그램을 말하며, 일반적으로 응용프로그램과 운영체제의 중간에 위치하여 사용자에게 시스템 하부에 존재하는 하드웨어, 운영체제, 네트워크에 상관없이 서비스를 제공한다.

① 유틸리티
② 디바이스 드라이버
③ 응용소프트웨어
④ 미들웨어

> **미들웨어**
> 미들웨어는 두 애플리케이션 또는 서비스 간의 통신을 용이하게 하기 위해 중개자 역할을 하는 소프트웨어이다.

04 마이크로컴퓨터의 기본 정보는 '0'과 '1'로만 표현되며, 이러한 부호의 조합을 명령(Instruction)이라고 한다. 그리고 명령들은 어떤 목적과 규칙에 따라 나열되고, 메모리에 저장되는데 이것을 무엇이라 하는가?

① 데이터(DATA)
② 소프트웨어(Software)
③ 신호(Signal)
④ 2진 코드

> **소프트웨어의 정의**
> • 컴퓨터는 하드웨어와 소프트웨어로 구성한다.
> • 소프트웨어는 하드웨어를 움직이게 하는 명령어들의 모임이다. 운영체제인 시스템소프트웨어와 애플리케이션인 응용소프트웨어로 나눌 수 있다.

05 다음 중 운영체제(Operating System)의 성능을 극대화하기 위한 조건이 <u>아닌</u> 것은?

① 사용 가능도(Availability) 증대
② 신뢰도(Reliability) 향상
③ 처리능력(Throughput) 증대
④ 응답시간(Turn Around Time) 연장

운영체제(Operating System)의 성능조건
• 사용 가능도(Availability) 증대
• 신뢰도(Reliability) 향상
• 처리능력(Throughput) 증대
• 응답시간(Turn Around Time) 단축

06 정보통신시스템 소프트웨어 중 운영체제의 기능이 <u>아닌</u> 것은?

① 메모리 관리
② 잡(Job) 관리
③ 범용라이브러리
④ 통신 제어

운영체제 기능
• **자원관리** : 기억장치, 프로세스, 입출력 장치, 파일 등의 자원을 관리한다.
  – **메모리 관리** : 메모리 상태 추적, 할당, 회수 등을 관리한다.
  – **보조기억장치 관리** : 가상기억장치 관리, 장치 관리자 또는 파일 관리자를 관리한다.
  – **프로세스 관리** : 프로세스 스케줄링, 프로세스 생성과 제거, 수행, 프로세스 동기화 등에 관여한다.
  – **입출력 장치 관리** : 입출력 장치의 스케줄 관리, 각종 주변장치의 스케줄링 및 관리한다.
  – **파일 관리** : 파일의 생성과 삭제, 정보의 위치, 사용 여부와 상태 등을 추적 관리를 한다.
• **추가 시스템 관리기능** : 시스템보호, 네트워킹, 명령어 해석기 기능을 한다.
  – **시스템보호** : 운영체제 프로세스를 다른 사용자 프로그램으로부터 보호하기 위해 권한을 부여한 프로세스만 수행하도록 한다.
  – **네트워킹** : 통신을 위한 네트워크 스택을 가지며 시스템 프로세스는 통신 네트워크를 통해 연결한다.
  – **명령해석기** : 사용자 입력의 여러 명령을 운영체제에 전달하는 인터페이스 역할을 한다.

07 다음 중 운영체제의 프로세스 관리기능에 속하지 <u>않는</u> 것은?

① 사용자 및 시스템 프로세스의 생성과 제거
② 프로그램 내 명령어 형식의 변경
③ 프로세스 동기화를 위한 기법의 제공
④ 교착 상태 방지를 위한 기법 제공

프로세스 관리기능
프로세스 관리 : 프로세스 스케줄링, 프로세스 생성과 제거, 수행, 프로세스 동기화 등에 관여한다.

08 다음 중 선점형 스케줄링(Preemptive Process Scheduling)에 해당하지 <u>않는</u> 것은?

① SJF(Shortest Job First) 스케줄링
② RR(Round Robin) 스케줄링
③ SRT(Shortest Remaining Time) 스케줄링
④ MFQ(Multi-level Feedback Queue) 스케줄링

프로세스 스케줄링 분류
• **선점형 스케줄링(Preemptive scheduling)**
  – CPU를 할당받아 실행 중인 프로세스가 있어도 다른 프로세스가 실행 중인 프로세스를 중지하고 CPU를 강제로 점유할 수 있는 방식이다.
  – 빠른 응답이 요구되는 대화형 시스템에 적합하고 문맥교환 오버헤드가 적다.
  – RR, SRTF, MLQ, MFQ
• **비선점형 스케줄링(Non-preemptive scheduling)**
  – CPU를 할당받아 실행 중인 프로세스의 경우 종료되거나 스스로 중지될 때까지 실행을 보장하는 방식이다.
  – 일괄 처리시스템에 적합하고 특정 기준을 중심으로 자원을 배분한다.
  – FCFS, Priority, SJF, HRN

정답 01 ④ 02 ① 03 ④ 04 ② 05 ④ 06 ③ 07 ② 08 ①

09 대기 중인 프로세서가 요청한 자원들이 다른 대기 중인 프로세스에 의해서 점유되어 다시 프로세스 상태를 변경시킬 수 없는 경우가 발생하게 되는데 이러한 상황을 무엇이라 하는가?

① 한계 버퍼 문제
② 교착 상태
③ 페이지 부재 상태
④ 스레싱(Thrashing)

> **교착 상태(Dead Lock)**
> 두 개 이상의 작업이 서로 끝나기를 기다리며 작업을 계속 수행할 수 없는 상태를 교착 상태라 한다.

10 다음 중 파일(File)의 개념을 바르게 표현한 것은?

① Code의 집합을 말한다.
② Character의 수를 말한다.
③ Database의 수를 말한다.
④ Record의 집합을 말한다.

> **파일(File)**
> • 워드(Word) : 4byte로 구성된다. 컴퓨터가 한 번에 처리할 수 있는 명령 단위이다.
> • 필드(Field) : 레코드를 구성하는 항목이다.
> • 레코드(Record) : 프로그램(자료) 처리의 기본단위이다.
> • 파일(File) : 프로그램 구성의 기본단위로 레코드의 집합이다.
> • 데이터베이스(Database) : 파일들을 모아놓은 집합체이다.
> • Bit 〈 Nibble 〈 Byte 〈 Word 〈 Field 〈 Record 〈 File 〈 Database

TCP/IP, 네트워크운영

01

CHAPTER

03

NW 운용관리

SECTION 01 TCP/IP, 네트워크운영
합격을 다지는 예상문제

SECTION
01

TCP/IP, 네트워크운영

기출 분석

연도	19년	20년	21년	22년	23년
문제 수	0	0	0	5	6

01 OSI 7계층

1) OSI 7계층 개념

국제표준화 기구(ISO)의 표준 모델로 서로 다른 시스템 간 통신을 제공하기 위한 프로토콜의 집합으로 네트워크 구조를 이해하고 설계하기 위한 개념적 모델이다.

응용 계층	
표현 계층	응용 계층
세션 계층	
전송 계층	전송 계층
네트워크 계층	인터넷 계층
데이터링크 계층	네트워크 인터페이스
물리 계층	

▲OSI, TCP/IP 모델 개념도

2) OSI 7계층 특성

- OSI 7계층은 여러 통신 장비들이 상호 호환성 부족 문제를 해결하고, 각 시스템 연결에 사용되는 표준 개발하기 위한 공통적인 방법을 제시한다.
- TCP/IP(Transmission Control Protocol/Internet Protocol)는 서로 다른 기종 간의 컴퓨터 사이의 전송 규칙을 정의하는 인터넷의 표준 프로토콜이다. 네트워크 인터페이스, 인터넷 계층, 전송계층, 응용계층으로 구분한다.

02 OSI 참조모델의 계층별 기능

구분	계층 이름	OSI	데이터 유니트	프로토콜
Layer 1	물리	전기적 신호 전송	bit, 허브, 리피터, 브리지	이더넷, WIFI
Layer 2	데이터링크	인접 노드 사이의 데이터 전송	frame, 스위치	
Layer 3	네트워크	중계 노드를 통해 전송하는 데이터 전송과 교환 기능을 제공	packet	IP, ICMP
Layer 4	전송	종단 간 신뢰성 있고 투명한 데이터 전송을 제공	segment	TCP, UDP

Layer 5	세션	통신 장치 간 상호작용 및 동기화 제공, 데이터 에러 복구 관리		
Layer 6	표현	전송하는 데이터 인코딩, 디코딩, 암호화, 코드 변환 등을 수행	data	HTTP, FTP
Layer 7	응용	응용 프로세서 간 정보교환 및 사용자가 이용할 수 있는 서비스 제공		

03 OSI, TCP/IP 비교

구분	OSI	TCP/IP
제정	1977년/ISO	1969년/ARPA Net
복잡성	복잡(7계층)	간단(4계층)
계층성	계층 간 정확히 일치	계층 간 정확히 대응 안 됨
변화성	상황변화에 대응 어려움	상황변화 시 여러 프로토콜 대응
모델 기반	가상 네트워크 상정 모델	실제 사용 네트워크 진화 발전 모델

04 IPv4, IPv6

1) 개념

- Internet Protocol은 송수인가 패킷이라는 전송 단위를 송신측에서 수신측으로 전달하기 위한 규약으로 송수신측 주소지정과 패킷 분할/조립 기능을 담당한다.
- IPv6는 IPv4의 주소를 32비트에서 128비트로 증가시키고, 기존 IPv4에서 문제가 된 부분을 해결한 프로토콜로 IETF에서 표준으로 채택한 프로토콜이다.

2) IPv4와 IPv6 특징 비교

구분	IPv4	IPv6
주소길이	32비트	128비트
주소 개수	2^{32}개(약 43억)	2^{128}개(43억×43억×43억×43억)
패킷 헤더	변동 사이즈	고정 사이즈
주소 할당 방법	A, B, C, D(멀티캐스트) 클래스 CIDR	CIDR 기반 계층적 할당(클래스)
사용현황	현재 전 세계 보편적 사용	현재 실험/연구용으로 사용 새로운 장비에 도입, 적용 및 개발
헤더 필드 수	12	8
플러그 앤드 플레이	없음	자동 구성으로 지원
이동성	상당히 곤란	가능

3) IPv6 전송방식

구분		내용
Unicast	Global Unicast	001로 시작, 외부에서 접속할 수 있는 공인 IP
	Link Local	주소는 FE80::/10으로 표현, 1개의 Link 상에서만 사용 가능
	Site Local	주소는 FEC0::/10으로 시작, Site 단위로 사용 가능
Multicast		IPv4의 Multicast와 동일하며, 특정 기준을 만족하는 스테이션 그룹으로 전송하기 위한 방식
Anycast		IPv4의 Broadcast 대신 사용하며, 네트워크상 수신이 가능한 노드 중 제일 가까운 노드로 연결됨

05 TCP, UDP

1) 개념

- UDP : 인터넷의 표준 프로토콜 집합인 TCP/IP의 기반이 되는 프로토콜의 하나로 UDP는 수신자와 세션을 설정하지 않고 데이터를 상대주소로 전송한다.
- TCP : OSI 기본 참조모델을 기준으로 제4계층인 전송계층에 해당하는 프로토콜로 전송 상호 간 회선 연결 지향성 서비스를 제공한다.

2) 비교

구분	UDP	TCP
헤더 길이	8 Byte	20 Byte
연결성	연결 비지향	연결 지향
재전송	재전송 없음	에러 발생 시 재전송 요구
특징	고속 실시간 전송에 적합	흐름 제어를 위한 윈도잉 사용
용도	실시간 데이터 전송	신뢰성 있는 통신

06 LAN, MAN, WAN

- LAN(Local Area Network) : 집, PC방, 사무실 등 비교적 좁은 지역에서 좁은 범위에 걸친 네트워크이다.
- MAN(Metropolitan Area Network) : 대도시 영역 네트워크로 도시 범위에 걸친 네트워크이다.
- WAN(Wide Area Network) : 광대한 범위 네트워크로 국가 범위의 네트워크이다.
- 크기는 LAN 〈 MAN 〈 WAN이다.

07 클라이언트 서버 모델

클라이언트 서버 모델(Client – Server model)은 서비스 요청자인 클라이언트와 서비스 자원의 제공자인 서버 간에 작업을 분리해주는 분산 애플리케이션 구조인 네트워크 아키텍처를 나타낸다. 통신은 항상 요청–응답의 형태를 취하고, 통신은 클라이언트에 의해서만 시작된다.

01 네트워크에서 IP주소의 네트워크 주소와 호스트 주소를 구분해 주는 것은?

① Subnet Mask
② ARP(Address Resolution Protocol)
③ DNS(Domain Name System)
④ RARP(Reverse Address Resolution Protocol)

· 서브넷 마스크(Subnet Mask) : 클래스리스(Classless) 기반 IP주소에서 네트워크 주소와 호스트 주소를 구분하기 위한 구분자이다. 호스트 비트를 모두 0으로 설정하고 네트워크 비트를 모두 1로 설정하여 생성된 32비트 숫자이다.

오답 피하기
· ARP : 주소확인 프로토콜이라고도 하며 근거리 통신망(LAN)에서 목적지 IP주소로부터 MAC 주소인 물리적 컴퓨터 주소를 연결하는 프로토콜 또는 절차이다.
· DNS : 목적지 인터넷 도메인 이름으로부터 IP주소로 변환하는 시스템이다.
· RARP : MAC 주소를 IP주소에 매핑하는 데 사용되는 네트워킹 프로토콜로 ARP의 반대 역할을 한다.

02 다음에서 설명하는 프로토콜로 적합한 것은?

- · 헤더 정보는 단순하고 속도가 빠르지만 신뢰성이 보장되지 않는다.
- · 데이터 전송 중 일부 데이터가 손상되더라도 큰 영향을 받지 않는 서비스에 활용된다.
- · 실시간 인터넷 방송 또는 인터넷 전화 등에 사용된다.

① IP(Internet Protocol)
② TCP(Transmission Control Protocol)
③ UDP(User Datagram Protocol)
④ ICMP(Internet Control Message Protocol)

UDP : 데이터의 빠른 전송을 위한 비연결 전송 프로토콜이다. 데이터가 신속하게 필요하고 패킷 손실의 영향이 최소화되는 애플리케이션에 적합하다.

오답 피하기
· IP : 데이터 패킷이 네트워크를 통해 이동하고 목적지에 도착할 수 있도록 데이터 패킷을 라우팅하고 주소를 지정하기 위한 프로토콜이다.
· TCP : 패킷의 안정적인 전송을 보장하기 위해 IP 위에서 사용되는 연결지향 전송 프로토콜이다.
· ICMP : 네트워크 내의 장치가 데이터 전송 문제를 전달하는 데 사용하는 네트워크 계층 프로토콜로 오류 보고 목적으로 사용한다. 두 장치가 인터넷을 통해 연결되면 ICMP는 데이터가 목적지에 도달하지 못한 경우 전송 장치와 공유하기 위해 오류 메시지를 생성한다.

정답 01 ① 02 ③

03 23.3 '255.255.255.224'인 서브넷에 최대 할당 가능한 호스트 수는?

① 2개
② 6개
③ 14개
④ 30개

255.255.255.224 = 11111111.11111111.11111111.11100000
네트워크 비트 : 27, 호스트 비트 : 5
2^5 = 32, 32 − 2 = 30
−2는 네트워크 대표주소, 브로드캐스트 주소를 제외한 것이다.

04 23.3 IPv4와 IPv6 주소체계는 몇 비트인가?

① 8 / 16 [bit]
② 16 / 32 [bit]
③ 16 / 64 [bit]
④ 32 / 128 [bit]

IP 주소체계
• IPv4 : 주소길이 32비트, 8비트씩 4부분을 10진수로 표시한다.
• IPv6 : 주소길이 128비트, 16비트씩 8부분을 16진수로 표시한다.

05 23.3 다음 |보기|의 IP주소와 서브넷 마스크를 참조할 때 다음 중 가능한 네트워크 주소는?

┤ 보기 ├
• IP주소 : 192.156.100.68
• 서브넷 마스크 : 255.255.255.224

① 192.156.100.0
② 192.156.100.64
③ 192.156.100.128
④ 192.156.100.255

서브넷 마스크를 통해 만들어질 수 있는 네트워크는 다음과 같다.
'255.255.255.224' = 11111111.11111111.11111111.11100000,
네트워크 비트 : 27, 호스트 비트 : 5,
2^5 = 32, 32 − 2 = 30,
실제 호스트 수 = 30개, 서브넷 네트워크 수 : 3비트, 2^3 = 8개.
따라서 네트워크는 32개 한 묶음으로 8개로 묶이며, 그중에 192.156.100.68이 포함될 수 있는 네트워크는,
192.156.100.64~192.156.100.95 이다.

06 다음 중 OSI 7 Layer의 물리계층(1계층) 관련
장비는? ^{22.6}

① 리피터(Repeater)

② 라우터(Router)

③ 브리지(Bridge)

④ 스위치(Switch)

계층별 장비
- **리피터** : 신호를 증폭하여 재전송하는 물리계층 장비로, 장거리까지 데이터를 전달할 수 있도록 한다.
- **허브** : 컴퓨터 또는 네트워크 장비를 연결하는 물리계층 장치이다.
- **브리지** : 목적지 이더넷 주소를 보고 콜리전 도메인을 분리하는 네트워크 인터페이스 장비이다.
- **스위치** : 하드웨어적으로 프레임을 처리하는 장비로 2계층, 3계층, 4계층 스위치 장비가 있다.
- **라우터** : 패킷을 목적지로 라우팅 규칙에 따라 전송한다. 브로드캐스트 도메인을 분리하기 위한 네트워크계층 장비이다.
- **콜리전 도메인(Collision domain)** : CSMA/CD 통한 충돌 범위이다.
- **브로드캐스트 도메인(Broadcast domain)** : 브로드캐스트 패킷을 전송할 때 수신할 수 있는 네트워크 범위이다.

07 다음 중 컴퓨터 네트워크의 라우팅 알고리즘의
하나로서 수신되는 링크를 제외한 나머지 모든
링크로 패킷을 단순하게 복사 · 전송하는 것을
무엇이라고 하는가? ^{22.3}

① Flooding

② Filtering

③ Forwarding

④ Listening

스위치 동작
- **Flooding** : 수신 프레임을 수신된 포트를 제외하고 모든 점유 및 활성 포트로 보내는 동작이다.
- **Filtering** : 다른 포트로 프레임이 전달되지 못하도록 막는 동작이다.
- **Forwarding** : 목적지 MAC 주소가 스위치 테이블 속에 존재하면 MAC 주소에 해당하는 포트로 프레임을 전달하는 동작이다.
- **Learning** : 출발지의 MAC 주소와 출발지의 포트에 대한 정보를 스위치 테이블에 저장한다.

정답 03 ④ 04 ④ 05 ② 06 ① 07 ①

01 다음 중 IP의 특성이 <u>아닌</u> 것은?

① 비접속형
② 신뢰성
③ 주소지정
④ 경로 설정

> **IP의 특성**
> IP는 비연결지향적이며 신뢰할 수 없는 프로토콜이다. 데이터를 전송할 때 주소를 지정하고 경로를 설정하지만, 패킷유실이나 오류가 발생할 때 이를 해결하지 않는다.
> • **비접속형** : 송신자와 수신자가 패킷 전송을 위한 연결 설정 없이 패킷을 전송한다.
> • **비신뢰성** : 패킷이 목적지까지 도착하는 것을 보장하지 않는다.
> • **주소지정** : 네트워크 전송 목적지를 지정하기 위한 IP주소를 이용한다.
> • **경로설정** : 목적지 IP주소를 이용하여 전송 경로를 설정한다.

02 다음 중 IPv4와 IPv6의 연동 방법으로 <u>틀린</u> 것은?

① 이중 스택(Dual Stack)
② 터널링(Tunneling)
③ IPv4/IPv6 변환(Translation)
④ 라우팅(Routing)

> **IPv4–IPv6 전환 방식**
> IPv4 망에서 IPv6 망으로 자연스럽게 진화시키기 위한 전환 기술로 듀얼스택 기술, 터널링(tunneling) 기술, 변환(translation) 기술 등이 있다.
> • **이중 스택(Dual Stack)** : IP 계층에 IPv4와 IPv6 두 가지의 프로토콜이 모두 탑재되어 있고 통신 상대방에 따라 해당 IP 스택을 선택하는 방식이다.
> • **터널링(Tunneling)** : 통신방식이 다른 구간에 대하여 새로운 IP 헤더를 추가하여 어떤 프로토콜의 패킷을 다른 프로토콜의 패킷 안에 캡슐화하여 통신하는 방식이다.(예로 IPv6 망에서 IPv4 망을 거쳐 IPv6 망으로 데이터 전달 시, 사용하고 IPv6 데이터를 IPv4 패킷에 캡슐화하여 전달한다.)
> • **IPv4/IPv6 변환(Translation)** : IPv4 망과 IPv6 망 사이의 연동 기술로 IPv6 클라이언트가 IPv4 서버에 접속할 때 또는 IPv4 클라이언트가 IPv6 서버에 접속할 때 사용하는 방식으로 IPv6와 IPv4 간의 Address Table을 생성하여 IPv4와 IPv6 주소를 상호 변환하는 기술이다.

03 일반적으로 통신망의 크기(Network coverage)에 따라 통신망을 분류할 때 적절하지 <u>않</u>은 것은?

① LAN
② MAN
③ WAN
④ CAN

> **네트워크 분류**
> • **LAN(Local Area Network)** : 집, PC방, 사무실 등 비교적 좁은 지역에서 좁은 범위에 걸친 네트워크이다.
> • **MAN(Metropolitan Area Network)** : 대도시 영역 네트워크로 도시 범위에 걸친 네트워크이다.
> • **WAN(Wide Area Network)** : 광대한 범위 네트워크로 국가 범위의 네트워크이다.
> • 크기는 LAN 〈 MAN 〈 WAN이다.

04 다음 중 VoIP 기술의 구성요소로 <u>틀린</u> 것은?

① 미디어 게이트웨이
② 시그널링 서버
③ IP 터미널
④ 구내 교환기

> **VoIP(Voice over Internet Protocol)**
> 인터넷과 같은 인터넷 프로토콜(IP) 네트워크를 통해 음성 통신과 멀티미디어 세션의 전달을 위한 기술이다. 구성요소로는 단말장치, 게이트웨이, 게이트키퍼 등이 있다.
> • **미디어 게이트웨이** : 서로 다른 미디어에 특화된 망들을 상호 연결해주는 장치이다.
> • **시그널링 서버** : 호 처리 제어를 위한 서버이다.
> • **IP 터미널** : 사용자의 음성신호를 전달하는 IP 기반 단말이다.

05 다음 중 클라이언트/서버 네트워킹에 대한 설명으로 **틀린** 것은?

① 보안 유지가 필요한 저비용, 소규모 네트워크에 사용된다.

② 네트워킹을 구성하는 각 장비에 특수한 역할이 부여된다.

③ 대부분의 통신은 클라이언트와 서버사이에서 이루어진다.

④ 피어투피어 네트워킹에 비해 성능, 확장성 측면에서 장점이 있다.

클라이언트-서버(Client-Server) 네트워킹
- 클라이언트-서버 네트워크는 클라이언트가 요청하면 정보를 가지고 있는 서버가 응답하는 방식으로 구성된 네트워크이다. 대부분의 웹 사이트가 클라이언트-서버 구조로 작동한다. N 대 1 구조의 중앙화된 컴퓨팅 방식으로, 서버가 모든 접근과 데이터를 관리하기 때문에 보안상 우수하며 안전하다.
- 클라이언트-서버 네트워크는 많은 수의 클라이언트에게 서비스를 제공해야 하므로 큰 용량과 성능을 갖고 있어 대규모 네트워크에 주로 사용된다.
- P2P는 정해진 클라이언트, 서버가 없이 개별 정보를 가지고 있는 모든 컴퓨터가 서로 데이터를 주고받을 수 있는 네트워크 구조이다.

06 인터넷상에서 주소체계인 IPv4와 IPv6를 비교한 설명으로 **옳지 않은** 것은?

① IPv4는 32비트의 주소체계를 가지고 있다.

② IPv4는 헤더 구조가 복잡하다.

③ IPv4는 네트워크 크기나 호스트의 수에 따라 A, B, C, D, E클래스로 나누어진다.

④ IPv4는 확실한 QoS(Quality of Service)가 보장된다.

주소체계인 IPv4와 IPv6
IPv4에서는 Type of Service 필드로 서비스 품질을 부분적으로 지원한다. IPv6에서는 트래픽 클래스, 플로우 라벨을 이용하여 확장된 서비스 품질을 지원한다.

07 다음 중 OSI 7계층과 TCP/IP 프로토콜의 관계에 대한 설명으로 **옳지 않은** 것은?

① TCP/IP 프로토콜은 OSI 참조모델보다 먼저 개발되었다.

② TCP/IP 프로토콜의 계층구조는 OSI 모델의 계층구조와 정확하게 일치하지 않는다.

③ OSI 모델은 7개 계층으로 TCP/IP 프로토콜은 4개 계층으로 구성되어 있다.

④ OSI 모델의 상위 4개 계층은 TCP/IP 프로토콜에서 응용계층으로 표현된다.

OSI 7계층과 TCP/IP 프로토콜 비교
- TCP/IP 프로토콜(1960~1982)은 OSI 모델(1984)보다 먼저 개발되었다.
- TCP/IP 프로토콜(4계층)의 계층은 OSI 모델(7계층)의 계층과 비슷하지만 정확하게 일치하지는 않는다.
- OSI 모델의 상위 3개 계층은 TCP/IP 프로토콜에서 응용계층이다.

08 다음 중 IPv4에 비해 IPv6에서 보완된 기능이 **아닌** 것은?

① 패킷 크기 확장

② 특별한 처리를 위한 플로우 라벨링 능력 제공

③ 인증과 비밀성을 제공

④ 제한된 주소 할당

IPv6 특징
- IPv6의 점보그램 옵션을 사용하여 임의로 큰 크기의 패킷 전송이 가능하다.
- IPv6에서는 트래픽 클래스, 플로우 라벨을 이용하여 확장된 서비스 품질을 지원한다.
- 확장 헤더를 이용하여 인증 및 비밀 보장 기능 적용이 가능하다.
- 2^{128}개의 주소 크기로 거의 무제한의 주소 할당이 가능하다.

정답 01 ② 02 ④ 03 ④ 04 ④ 05 ① 06 ④ 07 ④ 08 ④

09 IPTV 서비스의 데이터 전송방식으로 가장 많이 쓰이는 방식은?

① 유니캐스트(Unicast)

② 멀티캐스트(Multicast)

③ 브로드캐스트(Broadcast)

④ 애니캐스트(Anycast)

> **멀티캐스트**
> - IPTV 서비스는 영상을 압축하여 인터넷을 이용하여 방송을 전송하여 수신기에 재조합하여 영상을 표시하는 서비스이다.
> - IPTV 서비스에서 동일한 영상을 여러 가입자에게 전송하기 위하여 효율적 전송방식으로 일 대 다 전송이 가능한 멀티캐스트 전송방식(IGMP)을 이용한다.
> - **유니캐스트(Unicast)** : 주소로 식별된 하나의 네트워크 목적지에 1:1로 메시지를 전송하는 방식이다.
> - **멀티캐스트(Multicast)** : 특정 기준을 만족하는 스테이션그룹으로 전송하기 위한 방식이다.
> - **브로드캐스트(Broadcast)** : 자기 호스트가 속해 있는 네트워크 전체를 대상으로 패킷을 전송하는 일대다 전송방식이다.
> - **애니캐스트(Anycast)** : IPv4의 Broadcast 대신 사용, 네트워크상 수신이 가능한 노드 중 제일 가까운 노드로 연결하는 방식이다.

10 다음 중 IPv6의 주소 유형이 <u>아닌</u> 것은?

① Basiccast

② Unicast

③ Anicast

④ Multicast

> **IPv6의 주소 유형**
> - **Unicast** : 주소로 식별된 하나의 네트워크 목적지에 1 : 1로 메시지를 전송하는 방식이다.
> - **Multicast** : IPv4의 Multicast와 동일하며, 특정 기준을 만족하는 스테이션 그룹으로 전송하기 위한 방식이다.
> - **Anycast** : IPv4의 Broadcast 대신 사용하며, 네트워크상 수신이 가능한 노드 중 제일 가까운 노드로 연결되는 방식이다.

11 OSI 참조모델에서 n-1계층 패킷의 데이터 부분은 n계층의 패킷(데이터와 헤더) 전체를 포함한다. 이러한 개념을 무엇이라고 하는가?

① 서비스

② 인터페이스

③ 대등-대-대등 프로세스

④ 캡슐화

> **캡슐화 역캡슐화**
> - **캡슐화(Encapsulation)** : 데이터를 전송할 때 상위계층에서 하위계층으로 헤더를 붙여서 전송용 데이터를 만들어나가는 것을 말한다.
> - **역캡슐화(Decapsulation)** : 데이터를 수신할 때 수신된 데이터로부터 헤더를 하나씩 제거하는 것을 말한다.

12 TCP/IP의 계층에 관계하지 <u>않는</u> 것은?

① 물리계층

② 인터넷계층

③ 전송계층

④ 응용계층

> **TCP/IP의 계층**
> TCP/IP(Transmission Control Protocol/Internet Protocol)는 서로 다른 기종 간의 컴퓨터 사이의 전송 규칙을 정의하는 인터넷의 표준 프로토콜이다. 네트워크 인터페이스(네트워크 연결계층), 인터넷 계층, 전송계층, 응용계층으로 구분한다.

보안 운영관리

SECTION 01 네트워크 보안기술

📑 기출 분석

연도	19년	20년	21년	22년	23년
문제 수	0	0	0	4	3

01 네트워크 보안

네트워크를 이용한 해킹 공격을 보호하기 위한 보안 시스템으로는 방화벽(Firewall), IDS, IPS, WAF, ESM 등이 있으며, 복합적으로 구축하여 해킹에 대응하고 있다.

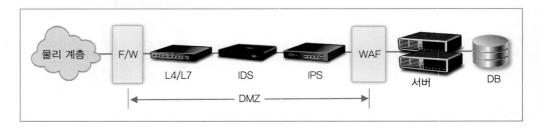

▲네트워크 보안 구성도

1) 방화벽(Firewall)

개요	내/외부 Network를 격리하는 침입 보호장비
기능	• Proxy를 통한 접근제어 • 로깅, 인증, 무결성 확보, Traffic 암호화 등 수행

2) 침입탐지시스템(IDS, Intrusion Detection Systems)

개요	침입 탐지 및 보안정책 위반행위 등을 탐지
기능	• 침입 경보 및 실시간 탐지 기능 • 침입탐지 Data Reporting 기능 제공

3) 침입방지시스템(IPS, Intrusion Prevention System)

개요	침입 탐지 및 차단 솔루션
기능	• 유해 트래픽 검사, 탐지, 분류, 침입차단 • 실시간 통신을 통해 공격 패턴을 검사, 공격이 탐지되면 차단

 기적의 Tip   ESM(Enterprise Security Management)

방화벽, 침입 탐지 시스템, 침입 방지 시스템 등 각종 보안 시스템의 로그들을 모아 한곳에서 통합 관리를 할 수 있게 해주는 시스템이다.

02 비교

구분	방화벽	IDS	IPS	ESM
목적	접근통제	침입 탐지	침입 방지	통합보안 시스템
보안성	수동적	수동적	능동적	능동적
보안 강도	중간	중간	강함	매우 강함
대응	접근제어/ 로깅	Alarm 전송	N/W 차단	정보분석/대응방안 제시

03 기타보안

1) 보안 3요소
- **기밀성** : 특정 정보에 대해서 허가된 사용자 또는 대상만 확인이 가능해야 한다.
- **무결성** : 특정 정보에 대해서 허가된 사용자 또는 대상만 수정 및 삭제 등 가능해야 한다.
- **가용성** : 사용자 또는 대상에 대해서 특정 정보에 대한 접근 및 사용 필요한 경우에는 항상 접근 및 사용이 즉시 가능해야 한다.

2) 전자서명
- 전자서명은 네트워크를 통해 전달되는 디지털 메시지 또는 문서에 대한 진위성(Authenticity), 무결성(Integrity), 부인 방지(Non-repudiation) 특성을 제공한다.
- 전자 서명된 메시지 또는 문서는 신원이 확인된 서명자에 의해 생성되었으며, 송수신 과정에서 내용이 수정되거나 조작되지 않았음을 증명한다.

3) 해시함수
임의의 길이를 갖는 임의의 데이터를 고정된 길이의 데이터(해시값)로 매핑하는 함수이다.
- **역상저항성** : 해시값이 주어졌을 때 그 해시값을 생성하는 입력값을 알아내기 불가능하다.
- **제2역상저항성** : 어떤 입력값과 동일한 해시값을 가지는 다른 입력값을 찾을 수 없어야 한다.
- **충돌저항성** : 해시값이 같은 입력값 두 개를 찾을 수 없어야 한다.

01 다음에서 설명하는 것은 무엇인가?

23.6

> 외부 침입자가 시스템의 자원을 정당한 권한없이 불법적으로 사용하려는 시도나 내부 사용자가 자신의 권한을 오남용하려는 시도를 탐지하여 침입을 방지하는 것을 목적으로 하는 하드웨어 및 소프트웨어를 총칭한다.

① 침입 탐지 시스템(IDS)
② 프록시(Proxy)
③ 침입 차단 시스템(Firewall)
④ DNS(Domain Name System) 서버

- **침입 차단 시스템(방화벽, Firewall)** : 방화벽은 IP주소와 포트 번호에서 규칙을 사용하여 들어오고 나가는 트래픽을 필터링한다.
- **IDS** : 네트워크 트래픽에서 악의적인 활동이나 정책 위반을 분석하고 탐지되면 경고를 보내는 하드웨어 또는 소프트웨어 프로그램이다. 실시간 트래픽을 탐지하고 트래픽 패턴을 검색한 후 경보를 전송한다.
- **IPS** : 유해 트래픽을 검사, 탐지, 분류하여 선제적으로 차단하는 장치이다. 실시간 통신을 통해 공격 패턴을 검사한 후 공격이 탐지되면 차단한다.
- **프록시 서버** : 사용자와 목적지 서버 사이에 게이트웨이를 제공하는 시스템 또는 라우터이다. 사이버 공격자가 네트워크에 진입하는 것을 방지하는 데 도움을 줄 수 있다.
- **DNS** : 목적지 인터넷 도메인 이름으로부터 IP주소로 변환하는 시스템이다.

02 다음 중 디지털 서명 알고리즘이 <u>아닌</u> 것은?

23.6

① 서명 알고리즘
② 해싱 알고리즘
③ 증명 알고리즘
④ 키 생성 알고리즘

서명 알고리즘
디지털 서명은 네트워크에서 송신자의 신원을 증명하는 방법으로, 송신자가 자신의 비밀키로 암호화한 메시지를 수신자가 송신자의 공용키로 해독하는 과정이다
- **키 생성 알고리즘** : 임의로 가능한 개인 키들의 세트로부터 알고리즘은 개인 키와 해당 공개키를 출력한다.
- **서명 생성 알고리즘** : 서명을 만들기 위해 데이터와 개인 키를 결합한다.
- **서명 검증 알고리즘** : 서명을 확인하고 메시지, 공개키 및 서명을 기반으로 메시지가 인증되었는지 여부를 확인한다.

03 다음 중 네트워크에 연결이 안 됐을 때 원인을 조사하기 위해서 사용하는 확인 명령어가 <u>아닌</u> 것은?

23.3

① ipconfig
② ping
③ tracert
④ get

네트워크 명령어
- **ipconfig** : 내 컴퓨터의 네트워크 환경(IP정보)을 확인하는 명령어이다.
- **ping** : 목적지 컴퓨터를 향해 일정 크기의 패킷을 보낸 후, 이에 대한 응답 메시지를 보내면 이를 수신하여 목적지 컴퓨터 동작 여부 및 네트워크 상태를 확인한다.
- **tracert** : 인터넷을 통해 특정 서버 컴퓨터를 찾아가면서 거치는 경로를 기록해주는 명령어이다.
- **get** : ftp에서 파일을 다운할 때 사용하는 명령어이다.

04 22.10
다음 중 네트워크 통신 시에 허락되지 않은 사용자나 객체가 통신으로 전달되는 정보를 함부로 수정할 수 없도록 하는 것은?

① 무결성
② 기밀성
③ 가용성
④ 클라이언트 인증

• **기밀성** : 특정 정보에 대해서 허가된 사용자 또는 대상만 확인이 가능해야 한다.
• **무결성** : 특정 정보에 대해서 허가된 사용자 또는 대상만 수정 및 삭제 등 가능해야 한다.
• **가용성** : 사용자 또는 대상에 대해서 특정 정보에 대한 접근 및 사용 필요한 경우에는 항상 접근 및 사용이 즉시 가능해야 한다.

05 22.6
다음 중 공격대상이 방문할 가능성이 있는 합법적인 웹 사이트를 미리 감염시키고 잠복하고 있다가 공격대상이 방문하면 악성코드를 감염시키는 공격 방법은?

① Watering Hole
② Pharming
③ Spear phishing
④ Spoofing

보안 공격
• **Watering Hole** : 워터링 홀 공격은 대상이 자주 들어가는 사이트를 파악하고 그 취약점을 통해 악성코드를 심어두고, 대상이 접속했을 때 악성코드에 감염시켜 이를 이용해 정보를 취득하는 방식이다. APT 공격에서 주로 쓰이는 공격이다.
• **Pharming** : 사용자가 자신의 웹 브라우저에서 정확한 웹 페이지 주소를 입력하더라도 사기성 웹 사이트로 리디렉션하거나 컴퓨터 시스템을 조작하여 민감한 정보를 수집하는 일종의 사이버 공격이다.
• **Spear phishing** : 일반적으로 악성 이메일을 통해 특정 개인이나 조직을 대상으로 하는 피싱 공격 유형이다. 표적 피싱으로 스피어 피싱의 목적은 로그인 자격 증명과 같은 민감한 정보를 훔치거나 대상의 장치를 악성코드로 감염시킨다.
• **Spoofing** : 다른 사람의 컴퓨터 시스템에 접근할 목적으로 MAC 주소, IP주소, 포트, DNS 주소 등을 변조하여 네트워크 흐름을 조작하는 공격이다.

01 해시함수의 특성과 거리가 먼 것은?

① 가용성

② 역상저항성

③ 제2역상저항성

④ 충돌저항성

> **해시함수**
> 임의의 길이를 갖는 임의의 데이터를 고정된 길이의 데이터(해시값)로 매핑하는 함수이다.
> • **역상저항성** : 해시값이 주어졌을 때 그 해시값을 생성하는 입력값을 알아내기 불가능하다.
> • **제2역상저항성** : 어떤 입력값과 동일한 해시값을 가지는 다른 입력값을 찾을 수 없어야 한다.
> • **충돌저항성** : 해시값이 같은 입력값 두 개를 찾을 수 없어야 한다.

02 암호화 형식에서 4명이 통신을 할 때, 서로 간 비밀통신과 공개통신을 하기 위한 키의 수는?

① 비밀키 : 2개, 공개키 : 4개

② 비밀키 : 4개, 공개키 : 6개

③ 비밀키 : 6개, 공개키 : 8개

④ 비밀키 : 8개, 공개키 : 10개

> **비밀키 공개키 개수**
> • **대칭키 암호화 방식** : 암호화와 복호화에 동일한 키가 사용된다. 암호를 공유하는 사람이 n명이면 $\frac{n(n-1)}{2}$ 키가 필요하다. (n = 4, 키의 수 = 6개)
> • **공개키 암호화 방식** : 암호화와 복호화에 사용하는 키가 다르며 비대칭키 암호화라고 한다. 사람마다 공개키, 비밀키가 요구되면 n명이면 전체 2n의 키가 필요하다. (n = 4, 키의 수 = 8개)

03 다음 중 네트워크 통신 시에 특정 정보에 대해서 허가된 사용자 또는 대상에 대해서만 확인이 가능하도록 한 것은?

① 무결성

② 기밀성

③ 가용성

④ 부인방지

> **정보보안 3요소**
> • **기밀성** : 특정 정보에 대해서 허가된 사용자 또는 대상만 확인이 가능해야 한다.
> • **무결성** : 특정 정보에 대해서 허가된 사용자 또는 대상만 수정 및 삭제 등 가능해야 한다.
> • **가용성** : 사용자 또는 대상에 대해서 특정 정보에 대한 접근 및 사용 필요한 경우에는 항상 접근 및 사용이 즉시 가능해야 한다.

04 다음 중 DMZ(DeMilitarized Zone) 설명과 거리가 먼 것은?

① 외부 네트워크와 내부 네트워크 사이에서 설치한다.

② DMZ의 앞뒤로 방화벽을 설치할 수 있다.

③ 침입으로부터 내부 네트워크를 보호하기 수단이다.

④ DMZ에 내부 네트워크에 연결하는 DB 서버를 설치한다.

> **DMZ(DeMilitarized Zone)**
> 외부 네트워크와 내부 네트워크 사이에서 외부 네트워크 서비스를 제공하면서 내부 네트워크를 보호하는 외부에 오픈된 서버 영역을 말한다.

05 과도한 인터넷 트래픽으로 대상이나 주변 인프라를 공격하여 대상 서버, 서비스 또는 네트워크의 정상적인 트래픽을 방해하려는 악의적인 시도에 해당하는 것은?

① APT
② DDoS
③ IP스푸핑
④ 랜섬웨어

- DDoS(Distributed Denial of Service) : 공격자가 여러 개의 제어된 소스를 이용하여 목적 시스템을 악의적으로 공격해 해당 시스템의 리소스를 부족하게 하여 원래 의도된 용도로 사용하지 못하게 하는 공격이다.
- APT(Advanced Persistent Threat) : 오랜 기간에 걸친 지속적인 공격 시도를 통해 중요한 정보를 취하는 형태의 공격이다.
- 랜섬웨어 : 컴퓨터 시스템을 감염시켜 접근을 제한하고 복구의 대가로 금전을 요구하는 악성 소프트웨어이다.

06 다음 중 디지털 컨텐츠 보호 기술과 거리가 먼 것은?

① DRM
② 워터마킹
③ 핑거프린팅
④ 전자서명

디지털 컨텐츠 보호
- DRM(Digital rights management) : 저작권자가 디지털 컨텐츠의 사용 접근을 제어하는 방식이다. 권한 확인 후 컨텐츠에 접근할 수 있다.
- 워터마킹 : 소유주의 정보를 디지털 컨텐츠에 삽입하여 추후 불법복제 시 소유권을 증명한다.
- 핑거프린팅 : 컨텐츠의 거래 시점에 구매자의 정보를 콘텐츠 자체에 삽입하여 불법 배포행위를 한 구매자를 콘텐츠로부터 역추적한다.

07 다음 중 TCP 계층과 응용계층 사이에서 동작하는 보안계층은?

① HTTP
② SFTP
③ SSL
④ DNS

SSL(Secure Sockets Layer)
브라우저(사용자의 컴퓨터)와 서버(웹 사이트) 사이의 암호화된 연결을 수립하는 데 사용하는 인터넷 암호통신프로토콜이다. 전송계층과 애플리케이션 계층 사이에서 동작한다.

08 다음 중 메시지와 비밀키를 입력하여 인증값으로 사용될 고정된 길이의 어떤 값을 생성하는 방식에 해당하는 것은?

① 전자서명
② 해시함수
③ 대칭키
④ 공개키

해시함수
임의의 길이를 갖는 임의의 데이터를 고정된 길이의 데이터(해시값)로 매핑하는 함수를 말한다.

정답 01 ① 02 ③ 03 ② 04 ④ 05 ② 06 ④ 07 ③ 08 ②

09 다음 중 침입 탐지와 차단을 동시에 할 수 있는 보안장비 무엇인가?

① FireWall
② HUB
③ IPS
④ IDS

- IDS : 네트워크 트래픽에서 악의적인 활동이나 정책 위반을 분석하고 탐지되면 경고를 보내는 하드웨어 또는 소프트웨어 프로그램이다. 실시간 트래픽을 탐지하고 트래픽 패턴을 검색한 후 경보를 전송한다.
- IPS : 유해 트래픽을 검사, 탐지, 분류하여 선제적으로 차단하는 장치이다. 실시간 통신을 통해 공격 패턴을 검사한 후 공격이 탐지되면 차단한다.

10 IP주소에 대한 2계층 MAC 주소를 공격자의 MAC 주소로 속여 클라이언트가 패킷을 중간에서 가로채는 공격은 무엇인가?

① DNS 스푸핑
② IP 스푸핑
③ ARP 스푸핑
④ 스니핑 공격

ARP 스푸핑
Spoofing(스푸핑) 정보를 변조한 후 사용자인 것처럼 위장하여 시스템에 접근하여 필요한 정보를 취득하는 공격행위이다. ARP 스푸핑은 MAC 주소를 공격자의 MAC으로 조작하여 전송하는 패킷을 중간에서 가로챈다.

정답 09 ③ 10 ③

분석용 데이터 구축

SECTION 01 빅데이터 개요

기출 분석	연도	19년	20년	21년	22년	23년
	문제 수	0	0	0	1	2

01 빅데이터

대용량 데이터를 수집, 저장, 관리, 분석하여 가치 있는 정보를 만들고, 생성된 지식을 바탕으로 능동적으로 대응하거나 변화를 예측하기 위한 정보화 기술이다.

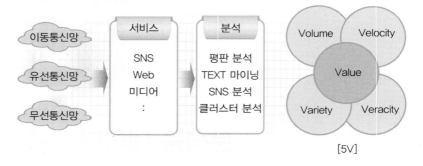

▲빅데이터 개념도

02 빅데이터 특성

- **Volume** : 대규모의 데이터량. 수십 페타/엑사/제타바이트 수준의 대규모 데이터이다.
- **Velocity** : 데이터의 생성 속도. 실시간(Real Time)에 가까운 빠른 속도 처리를 한다.
- **Variety** : 데이터의 다양성. 정형/비정형의 다양한 데이터이다.
- **Veracity** : 정보의 신뢰성. 신뢰할 수 있는 정보를 얻을 수 있는 데이터이다.
- **Value** : 빅데이터로부터 추출되는 정보는 가치를 가질 수 있다.

03 빅데이터 핵심기술

핵심기술	설명	예시
Data 저장 기술	온·오프라인에서 데이터를 수집하고 대량의 데이터를 저장하는 기술	• 분산 파일시스템 • 빅테이블, 분산 스토리지 시스템
Data 분석기술	• 텍스트 웹 소셜 마이닝 기술 및 통계 • 심리 지식을 활용한 데이터 분석 추출	• 하둡 : 대용량 Data 처리 오픈 소스 프레임워크 • 맵리듀스 : 분산 Data 처리 프레임워크
Data 시각화 기술	분석된 데이터를 직관적으로 인식할 수 있도록 하는 기술	인포그래픽

04 빅데이터 스토리지 솔루션

- **데이터 웨어하우스** : 여러 데이터 소스들로부터 통합하여 저장하는 단일저장소이다.
- **데이터 마트** : 특정 목적에 따라 추출하여 저장하는 형태이다.
- **데이터 레이크** : 미가공된 원시 데이터를 그대로 저장한다.

이론을 확인하는 **기출문제**

01 23.3
다음 중 빅데이터 처리시스템에서 실시간 데이터 처리를 위해 필요한 핵심 기술요소가 **아닌** 것은?

① 메시지류
② 시계열 저장소
③ 메모리 기반 저장소
④ 가상머신

- **시계열 저장소** : 빠르고 정확하게 실시간으로 쌓이는 대규모 데이터들을 처리할 수 있다.
- **메모리 기반 저장소** : 접근시간이 하드디스크와 비교하여 빨라 실시간 처리가 가능하다.

02 22.10
하둡(Hadoop)에 대한 설명으로 맞는 것은?

① 신뢰할 수 있고, 확장이 용이하며, 분산 컴퓨팅 환경을 지원하는 오픈소스 소프트웨어이다.
② 인공지능 과정을 통해 분석 결과를 해석하고, 의사 결정할 수 있는 지능을 가진 인간과 유사한 시스템이다.
③ 데이터 웨어하우징을 통해, 서버, 스토리지, 운영체제, 데이터베이스, 데이터 마이닝 등이 통합된 제품이다.
④ 비관계형 데이터베이스로 데이터를 테이블에 저장하지 않는 데이터베이스이며 관계형과는 대조적인 개념이다.

하둡은 적당한 성능의 범용 컴퓨터 여러 대를 클러스터화하고, 대용량 데이터를 클러스터에서 병렬로 동시에 처리하여 처리 속도를 높이는 것을 목적으로 하는 분산처리를 위한 오픈소스 프레임워크이다.

01 빅데이터의 특성으로 3V 와 거리가 <u>먼</u> 것은?

① Volume

② Velocity

③ Variety

④ Valuable

> 3V는 Volume, Velocity, Variety이다.
>
> **빅데이터의 특성**
> • **Volume** : 대규모의 데이터량. 수십 페타/엑사/제타바이트 수준의 대규모 데이터이다.
> • **Velocity** : 데이터의 생성 속도. 실시간(Real Time)에 가까운 빠른 속도처리를 한다.
> • **Variety** : 데이터의 다양성. 정형/비정형의 다양한 데이터이다.
> • **Veracity** : 정보의 신뢰성. 신뢰할 수 있는 정보를 얻을 수 있는 데이터이다.
> • **Value** : 빅데이터로부터 추출되는 정보는 가치를 가질 수 있다.

02 다음 중 가공되지 <u>않은</u> 원시 데이터를 저장하는 빅데이터 스토리지 솔루션은?

① 데이터 웨어하우스

② 데이터 마트

③ 데이터 레이크

④ 데이터 허브

> **빅데이터 스토리지 솔루션**
> • **데이터 웨어하우스** : 여러 데이터 소스들로부터 통합하여 저장하는 단일저장소이다.
> • **데이터 마트** : 특정 목적에 따라 추출하여 저장하는 형태이다.
> • **데이터 레이크** : 미가공된 원시 데이터를 그대로 저장한다.

03 다음 중 빅데이터 시각화 기술에 관련있는 것은?

① 맵리듀스

② 몽고DB

③ 하둡

④ 인포그래픽

> **빅데이터 시각화 기술**
> 빅데이터 시각화 기술은 분석된 데이터를 직관적으로 이해할 수 있도록 표현하는 기술이다.

정답 01 ④ 02 ③ 03 ④

07 네트워크 가상화 및 클라우드

서버 구축

SECTION 01 네트워크 가상화 및 클라우드

기출 분석	연도	19년	20년	21년	22년	23년
	문제 수	0	0	0	2	2

01 네트워크 가상화

- **가상화** : 자원의 효율적 사용을 위하여 물리적인 서비스, 장비 등을 통합하고 논리적으로 재구성하여 다른 객체와 호환되도록 만드는 기술이다. 서버 가상화, 스토리지 가상화, 네트워크 가상화 등의 인프라 자원의 가상화가 있다.
- **네트워크 가상화** : 물리적인 네트워크 인터페이스 카드, 네트워크 대역폭, 회선을 공유하여 네트워크 자원의 효율성을 높이는 것이다.

02 네트워크 가상화 기술

1) VLAN

- VLAN은 물리적 망 구성과 상관없이 가상으로 구성된 근거리 통신망으로 LAN 스위치를 이용하여 물리적 배선에 구애받지 않고 방송 패킷의 전달 범위를 임의로 나눈 기술이다.
- VLAN은 논리적인 네트워크 분리 기술로, 브로드캐스트 도메인을 분리하고 브로드캐스트 트래픽을 축소한다. 보안성을 높이고 포트, MAC, 프로토콜 기반 등을 기준으로 구성할 수 있다.
- VTP(VLAN Trunking Protocol)은 VLAN 설정 정보를 교환할 때 사용하는 프로토콜이다. 트렁킹에서 VLANID를 이용하여 VLAN을 구분한다.(IEEE802.1Q)

2) VPN

- 가상 사설 네트워크는 인터넷을 통해 디바이스 간에 사설 네트워크 연결을 생성하는 기술이다. 퍼블릭 네트워크를 통해 데이터를 안전하게 익명으로 전송하는 데 사용한다.
- 터널링 프로토콜과 암호화 기술을 이용한다.

03 하이퍼바이저

1) 개념

- 가상머신(VM : Virtual Machine)은 물리적 하드웨어 시스템에 구축되어 논리적인 CPU, 메모리, 네트워크 인터페이스 및 스토리지를 갖추고 가상 컴퓨터 시스템으로 작동하는 가상 환경이다.
- **하이퍼바이저** : 물리 하드웨어와 가상머신의 영역을 분리하고 자신이 그 사이에서 중간 관리자, 즉 인터페이스 역할을 한다.

2) 하이퍼바이저 분류

- **TYPE1** : 하드웨어 위에서 바로 구동되는 구성으로 호스트 OS가 없다. 하이퍼바이저가 다수의 가상머신을 관리한다.
- **TYPE2** : 하드웨어 위에 호스트 운영체제가 있고 그 위에서 하이퍼바이저가 다른 응용프로그램과 같은 방식으로 가상머신을 관리한다. 설치가 용이하고 구성이 편리하다. TYPE1 보다는 성능이 떨어진다.

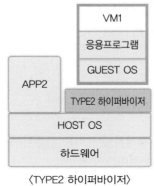
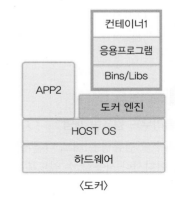

▲ 하이퍼바이저, 도커 개념도

3) 도커, 컨테이너

- **컨테이너** : 하나의 호스트 OS 위에서 독립적인 프로그램처럼 관리되고 실행하는 가상머신이다. 게스트 OS 없이 구동하여 확장성이 좋고 빠르다.
- **도커** : 컨테이너 기반의 오픈소스 가상화 플랫폼 중 하나이다. 도커를 사용하면 인프라에서 애플리케이션을 분리하여 컨테이너로 추상화시켜 소프트웨어를 빠르게 제공할 수 있다.

04 NFV, SDN

1) NFV

- X.86과 같은 범용서버에 H/W 각 기능을 가상화하여 서비스하는 Network 기술이다.
- 범용서버의 성능과 안정성이 높아짐에 따라 NFV 적용으로 구축과 운영비 절감이 가능하다.

2) SDN

- SDN은 개별 형태로 운영되던 H/W, S/W 가상화를 통해 Control Plane과 Data Plane을 분리하는 Open Flow 기반 개방형 N/W로 제어, 관리하는 기술이다.
- 제어 Plane과 Data Plane을 분리하고, 개방형 API인 Open Flow를 통해 상호 연결하는 구조이다.
- 여러 대의 H/W를 통합 분리된 S/W로 중앙관리 함으로써 향상된 네트워크 관리가 가능해진다.

3) 비교

구분	SDN	NFV
개념	H/W, S/W 분리를 통한 가상화	N/W 기능의 가상화
표준기구	ONF(Open Networking Forum)	ETSI NFV그룹
프로토콜	Open Flow	없음
적용장비	서버 or 스위치	서버 or 스위치
적용위치	Data Center/Cloud	Service Provider Network

05 클라우드 컴퓨터

1) 클라우드 컴퓨팅 개념

클라우드 컴퓨팅은 서로 다른 물리적 위치에서 존재하는 컴퓨터 자원을 가상화하여 인터넷을 이용하여 언제, 어디서나 사용할 수 있도록 하기 위한 서비스이다.

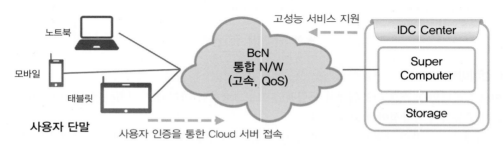

▲ 클라우드 컴퓨터 개념도

2) 클라우드 컴퓨팅 서비스 종류

- SaaS(Software as a Service) : 클라우드를 통해 Software를 제공해주는 서비스이다.
- PaaS(Platform as a Service) : 프로그램 개발에 필요한 플랫폼을 제공해주는 서비스이다.
- IaaS(Infrastructure as a Service) : 클라우드를 통해 IT 자원을 제공해주는 서비스이다.

3) 클라우드 컴퓨팅 배치

- Public Cloud : 서비스 제공업체가 이용자에게 제공하기 위한 개방형 Cloud Service 형태이다.
- Private Cloud : 공공기업이나 대기업 등 본사와 지사 구조에서 주로 사용하는 Cloud Service 형태이다.
- Hybrid Cloud : Public Cloud와 Private Cloud를 혼합하여 사용하는 Cloud Service 형태이다.

4) 서비스 비교

구분	Cloud Computing	기존 시스템(On-premise)
환경	가상화 환경	물리적 환경
구축비용	저비용 구축 가능	초기 구축비 높음
확정상	우수	낮음
안정성	우수	보통
보안	기본 제공	추가 구축

> **기적의 Tip**
>
> 클라우드 컴퓨팅은 기존 시스템 대비 경제성, 확장성, 안정성의 장점이 있으며, 요소기술로는 가상화 기술, 대규모 분산 처리 기술, Open I/F 기술, 서비스 프로비저닝, 자원관리 기술 등이 있다.

23.6, 22.6
01 다음 중 클라우드 컴퓨팅 서비스 유형으로 틀린 것은?

① BPaaS : 비즈니스 프로세스 클라우드 서비스
② IaaS : 인프라 클라우드 서비스
③ PaaS : 플랫폼 클라우드 서비스
④ SaaS : 공용 클라우드 서비스

클라우드 서비스모델
- BPaaS(Business Process as a service) : 클라우드 서비스모델을 기반으로 한 비즈니스 프로세스 아웃소싱(BPO) 서비스이다.
- IaaS(Infrastructure as a Service) : 클라우드를 통해 IT 자원을 제공하는 서비스이다.
- PaaS(Platform as a Service) : 프로그램 개발에 필요한 플랫폼을 제공해주는 서비스이다.
- SaaS(Software as a Service) : 클라우드를 통해 Software를 제공해주는 서비스이다.

23.3
02 다음 중 네트워크 가상화 기술 중 소프트웨어 프로그래밍을 통해 네트워크를 제어하는 차세대 네트워킹 기술은?

① 가상머신(VM : Virtual Machine)
② 네트워크 기능 가상화(NFV : Network Function Virtualization)
③ 하이퍼바이저(Hypervisor)
④ 소프트웨어 정의 네트워크(SDN : Software Defined Network)

- **가상머신(VM, Virtual Machine)** : 물리적 하드웨어 시스템에 구축되어 논리적인 CPU, 메모리, 네트워크 인터페이스 및 스토리지를 갖추고 가상 컴퓨터 시스템으로 작동하는 가상 환경이다.
- **하이퍼바이저** : 물리 하드웨어와 가상머신의 영역을 분리하고 자신이 그 사이에서 중간 관리자 또는 인터페이스 역할을 한다.
- **NFV** : X.86과 같은 범용서버에 H/W 각 기능을 가상화하여 서비스하는 네트워크 기술이다.
- **SDN** : 개별 형태로 운영되던 H/W, S/W를 가상화를 통해 Control Plane과 Data Plane을 분리하는 Open Flow 기반 개방형 네트워크 제어관리 기술이다.

03 개인의 컴퓨터나 기업의 응용서버 등의 컴퓨터 데이터를 별도의 장소로 옮겨 놓고, 네트워크를 연결하여 인터넷 접속이 가능한 다양한 단말기를 통해 언제 어디서나 데이터를 이용할 수 있는 사용자 환경은?

① 클라우드 컴퓨팅
② 빅데이터 컴퓨팅
③ 유비쿼터스 컴퓨팅
④ 사물인터넷 컴퓨팅

클라우드 컴퓨팅은 서로 다른 물리적 위치에서 존재하는 컴퓨터 자원을 인터넷을 이용하여 언제, 어디서나 사용할 수 있도록 하기 위한 서비스이다.

정답 01 ④ 02 ④ 03 ①

01 다음 중 X.86과 같은 범용서버에 H/W 각 기능을 가상화하여 응용서비스 제공하는 기술은 무엇인가?

① 가상머신(VM : Virtual Machine)
② 네트워크 기능 가상화(NFV : Network Function Virtualization)
③ 하이퍼바이저(Hypervisor)
④ 소프트웨어 정의 네트워크(SDN : Software Defined Network)

> • NFV : X.86과 같은 범용서버에 H/W 각 기능을 가상화하여 서비스하는 네트워크 기술이다.
> • SDN : 개별 형태로 운영되던 H/W, S/W를 가상화를 통해 Control Plane과 Data Plane을 분리하는 Open Flow 기반 개방형 네트워크 제어관리 기술이다.

02 VLAN에 대한 설명과 거리가 <u>먼</u> 것은?

① 브로드캐스트 도메인을 분리한다.
② 물리적 망구성에 관계없이 네트워크를 구성할 수 있다.
③ 콜리전 도메인을 분리한다.
④ Port, MAC, 프로토콜 기반 등을 기준으로 VLAN 구성할 수 있다

> **VLAN**
> • VLAN은 물리적 망 구성과 상관없이 가상으로 구성된 근거리 통신망으로 LAN 스위치를 이용하여 물리적 배선에 구애받지 않고 방송 패킷의 전달 범위를 임의로 나눈 기술이다.
> • VLAN은 논리적인 네트워크 분리 기술로, 브로드캐스트 도메인을 분리하고 브로드캐스트 트래픽을 축소한다. 보안성을 높이고 포트, MAC, 프로토콜 기반 등을 기준으로 구성할 수 있다.

03 하이퍼바이저의 설명에 대하여 옳지 <u>않은</u> 것은?

① 하이퍼바이저는 물리 하드웨어와 가상 머신의 영역의 인터페이스 역할을 한다.
② 하이퍼바이저 TYPE1은 하드웨어 위에서 바로 구동되는 구성으로 호스트 OS가 없다.
③ 하이퍼바이저 TYPE2는 TYPE1보다 성능이 떨어진다.
④ 하이퍼바이저 TYPE2는 도커를 이용한다.

> **하이퍼바이저**
> • 하이퍼바이저 : 물리 하드웨어와 가상머신의 영역을 분리하고 자신이 그 사이에서 중간 관리자, 즉 인터페이스 역할을 한다.
> • TYPE1 : 하드웨어 위에서 바로 구동되는 구성으로 호스트 OS가 없다. 하이퍼바이저가 다수의 가상머신을 관리한다.
> • TYPE2 : 하드웨어 위에 호스트 운영체제가 있고 그 위에서 하이퍼바이저가 다른 응용프로그램과 같은 방식으로 가상머신을 관리한다. 설치가 용이하고 구성이 편리하다. TYPE1보다는 성능이 떨어진다.

04 SDN(Software Defined Network)의 North Bound Interface API 방식은?

① REST
② 맵리듀스
③ Console
④ IPSEC

> SDN의 North Bound Interface 애플리케이션 프로그램 인터페이스는 SDN 컨트롤러와 네트워크를 통해 실행되는 서비스 및 애플리케이션 간의 통신에 일반적으로 사용되는 SDN RESTful API이다.

05 다음 중 클라우드 컴퓨팅에 대한 설명으로 거리가 먼 것은?

① 클라우드 컴퓨팅은 컴퓨터 자원을 인터넷을 이용하여 제공하는 것이다.
② 클라우드 배치모델은 IaaS, SaaS, PaaS 등이 있다.
③ 클라우드 컴퓨팅은 저비용으로 확장성이 우수하다.
④ Public Cloud는 서비스 제공업체가 이용자에게 제공하기 위한 개방형 Cloud Service 형태이다.

> • 클라우드 컴퓨팅은 서로 다른 물리적 위치에서 존재하는 컴퓨터 자원을 네트워크를 이용하여 언제, 어디서나 사용할 수 있도록 하기 위한 서비스이다.
> • IaaS, SaaS, PaaS는 클라우드 컴퓨팅 서비스 모델이다.

정보통신 법규 해석

SECTION 01 전기통신기본법

기출 분석

연도	19년	20년	21년	22년	23년
문제 수	1	0	1	2	0

01 전기통신기본법

1) 목적
- 전기통신에 관한 기본적인 사항을 정한다.
- 전기통신을 효율적으로 관리한다.
- 전기통신의 발전을 촉진하고, 공공복리의 증진에 이바지한다.

2) 주요용어
- **전기통신** : 유선 · 무선 · 광선 및 기타의 전자적 방식에 의하여 부호 · 문헌 · 음향 또는 영상을 송신하거나 수신하는 것을 말한다.
- **전기통신설비** : 전기통신을 하기 위한 기계 · 기구 · 선로 기타 전기통신에 필요한 설비를 말한다.
- **전기통신회선설비** : 전기통신설비 중 전기통신을 행하기 위한 송 · 수신 장소 간의 통신로 구성 설비로서 전송 · 선로설비 및 이것과 일체로 설치되는 교환설비 및 이들의 부속설비를 말한다.
- **사업용 전기통신설비** : 전기통신사업에 제공하기 위한 전기통신설비를 말한다.
- **자가 전기통신설비** : 사업용 전기통신설비 외의 것으로서 특정인이 자신의 전기통신에 이용하기 위하여 설치한 전기통신설비를 말한다.
- **전기통신기자재** : 전기통신설비에 사용하는 장치 · 기기 · 부품 또는 선조 등을 말한다.
- **전기통신역무** : 전기통신설비를 이용하여 타인의 통신을 매개하거나 전기통신설비를 타인의 통신용으로 제공하는 것을 말한다.
- **전기통신사업** : 전기통신역무를 제공하는 사업을 말한다.

3) 전기통신의 관장
전기통신에 관한 사항은 이 법 또는 다른 법률에 특별히 규정한 것을 제외하고는 과학기술정보통신부장관이 이를 관장한다.

4) 전기통신 기본계획의 수립
과학기술정보통신부장관은 전기통신의 원활한 발전과 정보사회의 촉진을 위하여 전기통신 기본계획을 수립하여 이를 공고하여야 하며, 기본계획에는 다음의 사항이 포함되어야 한다.
① 전기통신의 이용효율화에 관한 사항
② 전기통신의 질서유지에 관한 사항
③ 전기통신사업에 관한 사항
④ 전기통신설비에 관한 사항
⑤ 전기통신기술의 진흥에 관한 사항
⑥ 기타 전기통신에 관한 기본적인 사항

01 ^{21.10} 다음 중 전기통신기본법의 목적을 달성하기 위하여 전기통신에 관한 기본적이고 종합적인 정보의 시책을 강구하는 기관은?

① 과학기술정보통신부
② 한국방송통신전파진흥원
③ 중앙전파관리소
④ 한국정보통신공사협회

전기통신기본법 제4조(정부의 시책)
과학기술정보통신부장관은 이 법(전기통신기본법)의 목적을 달성하기 위하여 전기통신에 관한 기본적이고 종합적인 정부의 시책을 강구하여야 한다.

02 ^{19.3} 전기통신기본법에 따라 전기통신설비에 사용하는 장치·기기·부품 또는 선조 등을 무엇이라고 하는가?

① 전기통신기자재
② 전기통신회선설비
③ 전기통신선로설비
④ 전기통신설비재료

전기통신기본법 용어
• **전기통신기자재** : 전기통신설비에 사용하는 장치·기기 · 부품 또는 선조 등을 말한다.
• **전기통신회선설비** : 전기통신설비 중 전기통신을 행하기 위한 송·수신 장소 간의 통신로 구성 설비로서 전송·선로설비 및 이것과 일체로 설치되는 교환설비 및 이들의 부속설비를 말한다.

03 ^{18.6} 다음 중 전기통신기본법의 목적이 <u>아닌</u> 것은?

① 전기통신을 효율적으로 관리
② 전기통신의 발전을 촉진
③ 공공복리의 증진에 이바지
④ 전기통신기술의 표준 개정

전기통신기본법 제1조(목적)
이 법은 전기통신에 관한 기본적인 사항을 정하여 전기통신을 효율적으로 관리하고 그 발전을 촉진함으로써 공공복리의 증진에 이바지함을 목적으로 한다.

04 ^{19.6} 다음 중 전기통신사업법에서 규정하는 "전기통신"에 대한 정의로 틀린 것은?

① 유선 방식으로 부호·문언·음향 또는 영상을 송신하거나 수신하는 것
② 무선 방식으로 부호·문언·음향 또는 영상을 송신하거나 수신하는 것
③ 광선 방식으로 부호·문언·음향 또는 영상을 송신하거나 수신하는 것
④ 전기적 방식으로 부호·문언·음향 또는 영상을 송신하거나 수신하는 것

전기통신기본법 용어
전기통신 : 유선·무선·광선 및 기타의 전자적 방식에 의하여 부호·문언·음향 또는 영상을 송신하거나 수신하는 것을 말한다.

전기통신사업법

기출 분석	연도	19년	20년	21년	22년	23년
	문제 수	5	4	6	3	1

01 전기통신사업법

1) 목적

전기통신사업의 적절한 운영과 전기통신의 효율적 관리를 통하여 전기통신사업의 건전한 발전과 이용자의 편의를 도모함으로써 공공복리의 증진에 이바지함을 목적으로 한다.

2) 주요용어

• **전기통신사업자** : 등록 또는 신고(신고가 면제된 경우 포함)를 하고 전기통신역무를 제공하는 자를 말한다.

• **이용자** : 전기통신역무를 제공받기 위하여 전기통신사업자와 전기통신역무의 이용에 관한 계약을 체결한 자를 말한다.

• **보편적 역무** : 모든 이용자가 언제 어디서나 적절한 요금으로 제공받을 수 있는 기본적인 전기통신역무를 말한다.

• **기간통신역무** : 전화·인터넷접속 등과 같이 음성·데이터·영상 등을 그 내용이나 형태의 변경 없이 송신 또는 수신하게 하는 전기통신역무 및 음성·데이터·영상 등의 송신 또는 수신이 가능하도록 전기통신회선설비를 임대하는 전기통신역무를 말한다.

• **부가통신역무** : 기간통신역무 외의 전기통신역무를 말한다.

• **전기통신번호** : 전기통신역무를 제공하거나 이용할 수 있도록 통신망, 전기통신서비스, 지역 또는 이용자 등을 구분하여 식별할 수 있는 번호를 말한다.

• **와이파이** : 무선 접속 장치가 설치된 곳에서 전파 등을 이용하여 일정 거리 안에서 인터넷을 사용할 수 있는 근거리 통신망을 말한다.

• **사물인터넷** : 정보통신망을 통하여 사물에 관한 정보를 전자적 방식으로 수집·가공·저장·검색·송신·수신 및 활용하거나 사물을 관리 또는 제어하는 등의 방식으로 사물과 사람을 상호 연결하는 것을 말한다.

02 전기통신사업법 주요 조항

제3조(역무의 제공의무)
제4조(보편적 역무의 제공)
제5조(전기통신사업의 구분)
제6조(기간통신사업의 등록)
제10조(기간통신사업자의 주식 취득 등에 관한 공익성심사)
제11조(위원회의 구성 및 운영)

이론을 확인하는 **기출문제**

21.10, 20.6, 19.10, 18.10

01 다음 중 전기통신사업자가 제공하는 보편적 역무의 구체적인 내용을 정할 때 고려사항이 <u>아닌</u> 것은?

① 사회복지 증진
② 정보통신기술의 발전 정도
③ 공공의 이익과 안전
④ 기간통신사업자의 사업 규모

전기통신사업법 제4조(보편적 역무의 제공 등)
보편적 역무는 모든 이용자가 언제 어디서나 적절한 요금으로 제공받을 수 있는 기본적인 전기통신역무를 말한다. 보편적 역무의 구체적인 내용은 아래 사항을 고려하여 대통령이 정한다.
• 정보통신기술의 발전 정도
• 전기통신역무의 보급 정도
• 공공의 이익과 안전
• 사회복지 증진
• 정보화 촉진

20.9

02 전기통신사업자가 제공하는 보편적 역무의 내용이 <u>아닌</u> 것은?

① 이동전화 서비스
② 유선전화 서비스
③ 긴급통신용 전화 서비스
④ 장애인·저소득층 등에 대한 요금감면 서비스

전기통신사업법 시행령 제2조(보편적 역무의 내용)
보편적 역무는 모든 이용자가 언제 어디서나 적절한 요금으로 제공받을 수 있는 기본적인 전기통신역무를 말한다. 전기통신사업자의 보편적 역무의 내용은 아래와 같다.
• 유선전화 서비스
• 인터넷 가입자접속 서비스
• 긴급통신용 전화 서비스
• 장애인·저소득층 등에 대한 요금감면 서비스

정답 01 ④ 02 ①

21.10, 18.6

03 전기통신사업자가 법원 · 검사 · 수사관서의 장, 정보수사기관의 장으로부터 재판, 수사, 형의 집행 또는 국가안전보장에 대한 위해를 방지하기 위한 정보수집을 위하여 자료의 열람이나 제출을 요청받을 때에 응할 수 있는 대상이 <u>아닌</u> 것은?

① 이용자의 성명과 주민등록번호
② 이용자의 주소와 전화번호
③ 이용자의 아이디
④ 이용자의 동산 및 부동산

전기통신사업법 제83조(통신비밀의 보호)
① 누구든지 전기통신사업자가 취급 중에 있는 통신의 비밀을 침해하거나 누설하여서는 아니 된다.
② 전기통신업무에 종사하는 사람 또는 종사하였던 사람은 그 재직 중에 통신에 관하여 알게 된 타인의 비밀을 누설하여서는 아니 된다.
③ 전기통신사업자는 법원, 검사 또는 수사관서의 장, 정보수사기관의 장이 재판, 수사, 형의 집행 또는 국가안전보장에 대한 위해를 방지하기 위한 정보수집을 위하여 다음 각호 자료의 열람이나 제출(통신자료제공)을 요청하면 그 요청에 따를 수 있다.
• 이용자의 성명
• 이용자의 주민등록번호
• 이용자의 주소
• 이용자의 전화번호
• 이용자의 아이디
• 이용자의 가입일 또는 해지일

21.3, 19.3

04 다음 중 인터넷접속역무 제공사업자가 이용사업자에게 공개해야 하는 인터넷접속조건에 해당하지 <u>않는</u> 것은?

① 상호접속료
② 통신망 규모
③ 가입자 수
④ 트래픽 교환비율

전기통신사업법 제39조(상호접속)
전기통신사업자는 다른 전기통신사업자가 전기통신설비의 상호접속을 요청하면 협정을 체결하여 상호접속을 허용할 수 있다. 과학기술정보통신부장관은 전기통신설비 상호접속의 범위와 조건 · 절차 · 방법 및 대가의 산정 등에 관한 기준을 정하여 고시한다.

전기통신설비의 상호접속기준 제42조(표준인터넷접속조건)
과학기술정보통신부장관은 인터넷망 상호접속 시 접속사업자 간 계위를 구분하기 위하여 다음 각호의 사항을 고려하여 표준인터넷접속조건을 정한다.
• 통신망 규모
• 가입자 수
• 트래픽 교환비율

22.10

05 다음 중 과학기술정보통신부장관이 전기통신번호 자원 관리계획을 수립 · 시행하는 목적으로 볼 수 <u>없는</u> 것은?

① 전기통신역무의 효율적인 제공을 위하여
② 통신기술인력의 양성사업을 지원하기 위하여
③ 이용자의 편익을 위하여
④ 전기통신사업자 간의 공정한 경쟁환경의 조성을 위하여

전기통신사업법 제48조(전기통신번호자원 관리계획)
과학기술정보통신부장관은 전기통신번호체계 및 전기통신번호의 부여 · 회수 · 통합 등에 관한 사항을 포함한 전기통신번호자원 관리계획을 수립 · 시행해야 한다. 그 목적은 아래와 같다.
• 전기통신역무의 효율적인 제공
• 이용자의 편익과 전기통신사업자 간의 공정한 경쟁환경 조성
• 유한한 국가자원인 전기통신번호의 효율적 활용

06 다음 중 전기통신사업법에서 정하는 용어의 정의로 옳지 <u>않은</u> 것은?

19,6

① "자가전기통신설비"란 사업용전기통신설비 외의 것으로서 특정인이 타인의 전기통신에 이용하기 위하여 설치한 전기통신설비를 말한다.

② "전기통신사업자"란 등록 또는 신고를 하고 전기통신역무를 제공하는자를 말한다.

③ "사업용전기통신설비"란 전기통신사업에 제공하기 위한 전기통신설비를 말한다.

④ "전기통신설비"란 전기통신을 하기 위한 기계 · 기구 · 선로 또는 그 밖에 전기통신에 필요한 설비를 말한다.

전기통신사업법 용어정의
• **전기통신설비** : 전기통신을 하기 위한 기계 · 기구 · 선로 또는 그 밖에 전기통신에 필요한 설비를 말한다.
• **사업용전기통신설비** : 전기통신사업에 제공하기 위한 전기통신설비를 말한다.
• **자가전기통신설비** : 사업용전기통신설비 외의 것으로서 특정인이 자신의 전기통신에 이용하기 위하여 설치한 전기통신설비를 말한다.
• **전기통신사업자** : 이 법에 따른 허가를 받거나 등록 또는 신고(신고가 면제된 경우를 포함)를 하고 전기통신역무를 제공하는 자를 말한다.

07 다음 중 전기통신사업법에서 정하는 "기간통신역무"에 대한 사항으로 옳지 <u>않은</u> 것은?

21,3

① "기간통신역무"외의 전기통신역무는 "부가통신역무"라 말한다.

② 전화 · 인터넷접속 등과 같이 음성 · 데이터 · 영상 등을 그 내용이나 형태의 변경 없이 송신 또는 수신하게 하는 전기통신역무를 말한다.

③ 음성 · 데이터 · 영상 등의 송신 또는 수신이 가능하도록 전기통신회선설비를 임대하는 전기통신역무를 말한다.

④ 전화 · 인터넷접속 등과 같이 음성 · 데이터 · 영상 등의 내용이나 형태를 적합한 형태로 변경하여 송신 또는 수신하게 하는 전기통신역무를 말한다.

전기통신사업법 용어 정의
• **기간통신역무** : 전화 · 인터넷접속 등과 같이 음성 · 데이터 · 영상 등을 그 내용이나 형태의 변경 없이 송신 또는 수신하게 하는 전기통신역무 및 음성 · 데이터 · 영상 등의 송신 또는 수신이 가능하도록 전기통신회선설비를 임대하는 전기통신역무를 말한다.
• **부가통신역무** : 기간통신역무 외의 전기통신역무를 말한다.

출제빈도

기출 분석

연도	19년	20년	21년	22년	23년
문제 수	3	1	3	0	2

01 방송통신발전기본법

1) 목적

방송과 통신이 융합되는 새로운 커뮤니케이션 환경에 대응하여 방송통신의 공익성·공공성을 보장하고, 방송통신의 진흥 및 방송통신의 기술기준·재난관리 등에 관한 사항을 정함으로써 공공복리의 증진과 방송통신 발전에 이바지함을 목적으로 한다.

2) 주요용어

- **방송통신** : 유선·무선·광선 또는 그 밖의 전자적 방식에 의하여 방송통신콘텐츠를 송신(공중에게 송신하는 것을 포함)하거나 수신하는 것과 이에 수반하는 일련의 활동 등을 말한다.
- **방송통신콘텐츠** : 유선·무선·광선 또는 그 밖의 전자적 방식에 의하여 송신되거나 수신되는 부호·문자·음성·음향 및 영상을 말한다.
- **방송통신설비** : 방송통신을 하기 위한 기계·기구·선로 또는 그 밖에 방송통신에 필요한 설비를 말한다.
- **방송통신기자재** : 방송통신설비에 사용하는 장치·기기·부품 또는 선조 등을 말한다.
- **방송통신서비스** : 방송통신설비를 이용하여 직접 방송통신을 하거나 타인이 방송통신을 할 수 있도록 하는 것 또는 이를 위하여 방송통신설비를 타인에게 제공하는 것을 말한다.
- **방송통신사업자** : 관련 법령에 따라 과학기술정보통신부장관 또는 방송통신위원회에 신고·등록·승인·허가 및 이에 준하는 절차를 거쳐 방송통신서비스를 제공하는 자를 말한다.

02 방송통신발전기본법 주요 조항

제8조(방송통신기본계획의 수립)
제28조(기술기준)
제30조(관리 규정)
제32조(새로운 방송통신 방식 등의 채택)
제33조(표준화의 추진)
제34조(한국정보통신기술협회)
제35조(방송통신재난관리기본계획의 수립)

기출문제

23.6, 21.10, 20.5, 19.10, 19.3, 18.10

01 다음 중 방송통신설비 기술기준 적합조사를 실시하는 경우가 <u>아닌</u> 것은?

① 방송통신설비 관련 시책을 수립하기 위한 경우
② 국가비상사태를 대비하기 위한 경우
③ 신기술 및 신통신방식 도입을 위한 경우
④ 방송통신설비의 이상으로 광범위한 방송통신 장애가 발생할 우려가 있는 경우

방송통신발전기본법 제28조(기술기준)
과학기술정보통신부장관은 방송통신설비가 기술기준에 적합하게 설치 · 운영되는지를 확인하기 위하여 다음 각호의 어느 하나에 해당하는 경우에는 소속 공무원으로 하여금 방송통신설비를 설치 · 운영하는 자의 설비를 조사하거나 시험하게 할 수 있다.
• 방송통신설비 관련 시책을 수립하기 위한 경우
• 국가비상사태에 대비하기 위한 경우
• 재해 · 재난 예방을 위한 경우 및 재해 · 재난이 발생한 경우
• 방송통신설비의 이상으로 광범위한 방송통신 장애가 발생할 우려가 있는 경우

21.6, 18.3

02 방송통신설비의 설치 및 보전은 무엇에 따라 하여야 하는가?

① 설계도서
② 프로토콜
③ 전기통신기술기준
④ 정보통신공사업법

방송통신발전기본법 제28조(기술기준)
방송통신설비의 설치 및 보전은 설계도서에 따라 하여야 한다.

19.6, 18.6

03 다음 중 방송통신의 원활한 발전을 위하여 새로운 방송통신 방식을 채택할 수 있는 기관은?

① 한국정보통신기술협회
② 국립전파연구원
③ 과학기술정보통신부
④ 한국정보화진흥원

방송통신발전기본법 제32조(새로운 방송통신 방식 등의 채택)
과학기술정보통신부장관은 방송통신의 원활한 발전을 위하여 새로운 방송통신 방식 등을 채택할 수 있다.

23.6

04 방송통신발전기본 법령에서 규정한 "방송통신설비의 관리규정'에 포함되지 <u>않는</u> 것은?

① 방송통신설비의 유지 · 보수에 관한 사항
② 방송통신설비 관리조직의 구성 · 직무 및 책임에 관한 사항
③ 방송통신서비스 이용자의 통신 감청에 관한 사항
④ 방송통신설비 장애 시의 조치 및 대책에 관한 사항

방송통신발전기본법 제30조(관리 규정)
방송통신설비 등을 직접 설치 · 보유하고 방송통신서비스를 제공하는 방송통신사업자 중 대통령령으로 정하는 자는 방송통신서비스를 안정적으로 제공하기 위하여 대통령령으로 정하는 바에 따라 방송통신설비의 관리 규정을 정하고 그 규정에 따라 방송통신설비를 관리하여야 한다.

방송통신발전기본법 시행령 제21조(관리규정)
관리규정에는 다음 각호의 사항이 포함되어야 한다.
• 방송통신설비 관리조직의 구성 · 직무 및 책임에 관한 사항
• 방송통신설비의 설치 · 검사 · 운용 · 점검과 유지 · 보수에 관한 사항
• 방송통신설비 장애 시의 조치 및 대책에 관한 사항
• 방송통신서비스 이용자의 통신비밀보호대책에 관한 사항

정답 **01** ③ **02** ① **03** ③ **04** ③

05 정보통신의 표준화에 관한 업무를 효율적으로 추진하기 위하여 과학기술정보통신부장관의 인가를 받아 설립된 기관은?

① 한국정보통신기술협회
② 한국정보화진흥원
③ 국립전파연구원
④ 한국방송통신전파진흥원

방송통신발전기본법 제34조(한국정보통신기술협회)
정보통신의 표준 제정, 보급 및 정보통신 기술 지원 등 표준화에 관한 업무를 효율적으로 추진하기 위하여 과학기술정보통신부장관의 인가를 받아 한국정보통신기술협회를 설립할 수 있다.

06 방송통신재난을 신속히 수습·복구하기 위한 방송통신재난관리기본계획을 수립하는 곳은?

① 한국통신(KT)
② 방송통신위원회
③ 소방청
④ 행정안전부

방송통신발전기본법 제35조(방송통신재난관리기본계획의 수립)
① 과학기술정보통신부장관과 방송통신위원회는 재해 및 그 밖에 물리적·기능적 결함 등(방송통신재난)의 발생을 예방하고, 방송통신재난을 신속히 수습·복구하기 위한 방송통신재난관리기본계획을 수립·시행하여야 한다
② 방송통신재난관리기본계획에는 아래 사항을 포함해야 한다.
- 방송통신재난이 발생할 위험이 높거나 방송통신재난의 예방을 위하여 계속적으로 관리할 필요가 있는 방송통신설비와 그 설치 지역 등의 지정 및 관리에 관한 사항
- 국민의 생명과 재산 보호를 위한 신속한 재난방송 실시에 관한 사항
- 방송통신재난에 대비하기 위하여 필요한 사항
  – 우회 방송통신 경로의 확보
  – 방송통신설비의 연계 운용 및 방송통신서비스 긴급복구를 위한 정보체계의 구성
  – 피해복구 물자의 확보
  – 서버, 저장장치, 네트워크, 전력공급장치 등의 분산 및 다중화 등 물리적·기술적 보호조치

07 다음 중 방송통신을 통한 국민의 복리 향상과 방송통신의 원활한 발전을 위하여 수립하고 공고하는 방송통신기본계획에 포함되는 사항이 아닌 것은?

① 방송통신서비스에 관한 사항
② 방송정보통신공사업의 연구에 관한 사항
③ 방송통신콘텐츠에 관한 사항
④ 방송통신기술의 진흥에 관한 사항

방송통신발전기본법 제8조(방송통신기본계획의 수립)
과학기술정보통신부장관과 방송통신위원회는 방송통신을 통한 국민의 복리 향상과 방송통신의 원활한 발전을 위하여 방송통신기본계획(기본계획)을 수립하고 이를 공고하여야 한다. 방송통신기본계획에는 아래 사항을 포함한다.
- 방송통신서비스에 관한 사항
- 방송통신콘텐츠에 관한 사항
- 방송통신설비 및 방송통신에 이용되는 유·무선 망에 관한 사항
- 방송통신광고에 관한 사항
- 방송통신기술의 진흥에 관한 사항
- 방송통신의 보편적 서비스 제공 및 공공성 확보에 관한 사항
- 방송통신의 남북협력 및 국제협력에 관한 사항

SECTION 04 정보통신공사업법

🔾 기출 분석

연도	19년	20년	21년	22년	23년
문제 수	5	6	4	2	3

01 정보통신공사업법

1) 목적

정보통신공사의 조사 · 설계 · 시공 · 감리 · 유지관리 · 기술관리 등에 관한 기본적인 사항과 정보통신공사업의 등록 및 정보통신공사의 도급 등에 필요한 사항을 규정함으로써 정보통신공사의 적절한 시공과 공사업의 건전한 발전을 도모함을 목적으로 한다.

2) 주요용어

- **방송통신** : 유선 · 무선 · 광선 또는 그 밖의 전자적 방식에 의하여 방송통신콘텐츠를 송신(공중에게 송신하는 것을 포함)하거나 수신하는 것과 이에 수반하는 일련의 활동 등을 말하며, 다음 각 목의 것(방송, 인터넷멀티미디어 방송, 전기통신)을 포함한다.
- **정보통신설비** : 유선, 무선, 광선, 그 밖의 전자적 방식으로 부호 · 문자 · 음향 또는 영상 등의 정보를 저장 · 제어 · 처리하거나 송수신하기 위한 기계 · 기구 · 선로 및 그 밖에 필요한 설비를 말한다.
- **정보통신공사** : 정보통신설비의 설치 및 유지 · 보수에 관한 공사와 이에 따르는 부대공사로서 대통령령으로 정하는 공사를 말한다.
- **정보통신공사업** : 도급이나 그 밖에 명칭이 무엇이든 이 법을 적용받는 정보통신공사(공사)를 업으로 하는 것을 말한다.
- **정보통신공사업자** : 정보통신공사업(공사업)의 등록을 하고 공사업을 경영하는 자를 말한다.
- **용역** : 다른 사람의 위탁을 받아 공사에 관한 조사, 설계, 감리, 사업관리 및 유지관리 등의 역무를 하는 것을 말한다.
- **용역업** : 용역을 영업으로 하는 것을 말한다.
- **용역업자** : 엔지니어링사업자로 신고하거나 기술사사무소의 개설자로 등록한 자로서 통신 · 전자 · 정보처리 등 대통령령으로 정하는 정보통신 관련 분야의 자격을 보유하고 용역업을 경영하는 자를 말한다.
- **설계** : 공사에 관한 계획서, 설계도면, 설계설명서, 공사비명세서, 기술계산서 및 이와 관련된 서류(설계도서)를 작성하는 행위를 말한다.
- **감리** : 공사에 대하여 발주자의 위탁을 받은 용역업자가 설계도서 및 관련 규정의 내용대로 시공되는지를 감독하고, 품질관리 · 시공관리 및 안전관리에 대한 지도 등에 관한 발주자의 권한을 대행하는 것을 말한다.
- **감리원** : 공사의 감리에 관한 기술 또는 기능을 가진 사람으로서 제8조에 따라 과학기술정보통신부장관의 인정을 받은 사람을 말한다.
- **발주자** : 공사(용역을 포함)를 공사업자(용역업자를 포함)에게 도급하는 자를 말한다. 다만, 수급인으로서 도급받은 공사를 하도급하는 자는 제외한다.

- **도급** : 원도급, 하도급, 위탁, 그 밖에 명칭이 무엇이든 공사를 완공할 것을 약정하고, 발주자가 그 일의 결과에 대하여 대가를 지급할 것을 약정하는 계약을 말한다.
- **하도급** : 도급받은 공사의 일부에 대하여 수급인이 제3자와 체결하는 계약을 말한다.
- **수급인** : 발주자로부터 공사를 도급받은 공사업자를 말한다.
- **하수급인** : 수급인으로부터 공사를 하도급받은 공사업자를 말한다.

02 정보통신공사업법 주요 조항

제7조(설계 등)
제8조(감리 등)
제14조(공사업의 등록 등)
제15조(등록기준)
제17조(공사업의 양도 등)
제23조(공사업자의 신고의무)
제27조(공사업에 관한 정보관리 등)
제31조(하도급의 제한 등)
제33조(정보통신기술자의 배치)
제36조(공사의 사용전검사 등)
제37조(공사의 하자담보책임)
제40조(정보통신기술자의 겸직 등의 금지)
제41조(정보통신공사협회의 설립)
제66조(영업정지와 등록취소)
제68조의2(정보통신기술자의 인정취소)

03 정보통신공사업법시행령 주요 조항

제2조(공사의 범위)
제3조(용역업자의 범위)
제6조(설계대상인 공사의 범위)
제10조(감리원의 자격기준 등)
제21조(등록기준)
제23조(공사업자의 변경신고사항)
제30조(하도급의 범위 등)
제36조(사용전검사 등)
제37조(공사의 하자담보책임)

01 유선 · 무선 · 광선이나 그 밖에 전자적 방식에 따라 부호 · 문자 · 음향 또는 영상 등의 정보를 저장 · 제어 · 처리하거나 송수신하기 위한 기계 · 기구 · 선로나 그 밖에 필요한 설비를 무엇이라 하는가?

① 국선접속설비
② 전송설비
③ 정보통신설비
④ 이용자방송통신설비

정보통신공사업법 제2조(정의)
정보통신설비는 유선, 무선, 광선, 그 밖의 전자적 방식으로 부호 · 문자 · 음향 또는 영상 등의 정보를 저장 · 제어 · 처리하거나 송수신하기 위한 기계 · 기구 · 선로 및 그 밖에 필요한 설비를 말한다.

21.10, 18.10, 18.6
02 원도급, 하도급, 위탁 그 밖에 명칭이 무엇이든 공사를 완공할 것을 약정하고, 발주자가 그 일의 결과에 대하여 대가를 지급할 것을 약정하는 계약을 무엇이라 하는가?

① 수급
② 도급
③ 용역
④ 감리

정보통신공사업법 제2조(정의)
도급은 원도급 · 하도급 · 위탁 기타 명칭 여하에 불구하고 공사를 완성할 것을 약정하고, 발주자가 그 일의 결과에 대하여 대가를 지급할 것을 약정하는 계약을 말한다.

18.6
03 다음 중 정보통신공사업법에서 규정한 정보통신설비의 설치 및 유지 · 보수에 관한 공사와 이에 따른 부대공사가 아닌 것은?

① 수전설비를 포함한 정보통신전용 전기시설설비공사 등 그 밖의 설비공사
② 전기통신관계법령 및 전파관계법령에 의한 통신설비공사
③ 정보통신관계법령에 의하여 정보통신설비를 이용하여 정보를 제어 · 저장 및 처리하는 정보설비공사
④ 방송법 등 방송관계법령에 의한 방송설비공사

정보통신공사업법 제2조(정의)
정보통신공사는 정보통신설비의 설치 및 유지 · 보수에 관한 공사와 이에 따르는 부대공사로서 대통령령으로 정하는 공사를 말한다.

정보통신공사업법 시행령 제2조(공사의 범위)
정보통신설비의 설치 및 유지 · 보수에 관한 공사와 이에 따른 부대공사는 다음 각호와 같다.
· 전기통신관계법령 및 전파관계법령에 따른 통신설비공사
· 방송법 등 방송관계법령에 따른 방송설비공사
· 정보통신관계법령에 따라 정보통신설비를 이용하여 정보를 제어 · 저장 및 처리하는 정보설비공사
· 수전설비를 제외한 정보통신전용 전기시설설비공사 등 그 밖의 설비공사
· 위의 규정에 따른 공사의 부대공사
· 위의 규정에 따른 공사의 유지 · 보수공사

정답 01 ③ 02 ② 03 ①

04 다음 중 정보통신공사의 하자담보 책임기간으로 옳은 것은?

① 터널식통신구공사 : 10년

② 위성통신설비공사 : 5년

③ 관로공사 : 3년

④ 전송설비공사 : 1년

정보통신공사업법 제37조(공사의 하자담보책임)
수급인은 발주자에 대하여 공사의 완공일부터 5년 이내의 범위에서 공사의 종류별로 대통령령으로 정하는 기간 내에 발생한 하자에 대하여 담보책임이 있다.

정보통신공사업법 시행령 제37조(공사의 하자담보책임)
• 터널식 또는 개착식(땅을 뚫거나 파는 방식을 말한다) 등의 통신구공사 : 5년
• 사업용전기통신설비에 관한 공사로서 다음의 공사 : 3년
  – 케이블 설치공사(구내에서 시공되는 공사는 제외)
  – 관로공사
  – 철탑공사
  – 교환기 설치공사
  – 전송설비공사
  – 위성통신설비공사
• 위의 공사 외의 공사 : 1년

05 다음 중 사용 전 검사의 대상 공사가 <u>아닌</u> 것은?

① 구내통신선로공사

② 구내전송선로설비공사

③ 이동통신구내선로공사

④ 방송공동수선설비공사

정보통신공사업법 제36조(공사의 사용전검사 등)
• 대통령령으로 정하는 공사를 발주한 자는 해당 공사를 시작하기 전에 설계도를 지방자치단체장에게 제출하여 기술기준에 적합한지를 확인받아야 한다.
• 그 공사를 끝냈을 때에는 지방자치단체장의 사용전검사를 받고 정보통신설비를 사용하여야 한다.

정보통신공사업법 시행령 제35조(착공전 설계도 확인 및 사용전검사의 대상공사)
사용전검사 대상 공사는 구내통신선로 · 이동통신구내선로 · 방송공동수신설비의 공사를 말한다. 다만, 다음 공사에 대하여 사용전 검사 대상에서 제외한다.
• 연면적 150제곱미터 이하인 건축물에 설치되는 공사
• 건축법에 따른 신고대상건축물에 설치되는 공사
• 감리를 실시한 공사

06 정보통신공사업법에서 정하는 용어의 정의로 옳지 않은 것은?

① '정보통신설비'란 유선, 무선, 광선, 그 밖의 전자적 방식으로 정보를 저장 · 제어 · 처리하거나 송수신하기 위한 설비를 말한다.

② '설계'란 공사에 관한 계획서, 설계도면, 시방서(示方書), 공사비명세서, 기술계산서 및 이와 관련된 서류를 작성하는 행위를 말한다.

③ '용역'이란 다른 사람의 위탁을 받아 공사에 관한 조사, 설계, 감리, 사업관리 및 유지관리 등의 역무를 하는 것을 말한다.

④ '감리'란 품질관리 · 시공관리에 대한 지도 등에 관한 시공자의 권한을 대행하는 것을 말한다.

정보통신공사업법 용어 정의
• 정보통신설비 : 유선, 무선, 광선, 그 밖의 전자적 방식으로 부호 · 문자 · 음향 또는 영상 등의 정보를 저장 · 제어 · 처리하거나 송수신하기 위한 기계 · 기구 · 선로 및 그 밖에 필요한 설비를 말한다.
• 용역 : 다른 사람의 위탁을 받아 공사에 관한 조사, 설계, 감리, 사업관리 및 유지관리 등의 역무를 하는 것을 말한
• 설계 : 계획서, 설계도면, 설계설명서, 공사비명세서, 기술계산서 및 이와 관련된 서류(설계도서)를 작성하는 행위를 말한다.
• 감리 : 발주자의 위탁을 받은 용역업자가 설계도서 및 관련 규정의 내용대로 시공되는지를 감독하고, 품질관리 · 시공관리 및 안전관리에 대한 지도 등에 관한 발주자의 권한을 대행하는 것을 말한다.

07

20.5

다음 문장의 괄호 안에 들어갈 알맞은 것은? (단, 예외사항은 제외)

> 정보통신공사업자는 도급받은 공사의 100분의
> (   )를 초과하여 다른 공사업자에게 하도급을
> 하여서는 안된다.

① 20
② 30
③ 50
④ 60

정보통신공사업법 제31조 (하도급의 제한 등)
하도급은 도급받은 공사의 일부에 대하여 수급인이 제3자와 체결하는
계약을 말한다. 공사업자는 도급받은 공사의 100분의 50을 초과하여
다른 공사업자에게 하도급하여서는 아니된다.
다만, 다음의 경우 100분의 50을 초과할 수 있다.
• 발주자가 공사의 품질이나 시공상의 능력을 높이기 위하여 필요하다
고 인정하는 경우
• 공사에 사용되는 자재를 납품하는 공사업자가 그 납품한 자재를 설
치하기 위하여 공사하는 경우

08

22.3, 18.10

다음 중 정보통신공사업의 운영에 대한 설명으로 옳지 않은 것은?

① 공사업을 양도할 수 있다.
② 공사업자인 법인 간에 합병할 수 있다.
③ 공사업자인 법인을 분할하여 설립할 수 있다.
④ 합병에 의하여 설립된 법인은 소멸되는 법인의 지위를 승계하지 못한다.

정보통신공사업법 17조(공사업의 양도 등)
공사업자는 다음 각호의 어느 하나에 해당하면 시·도지사에게 신고를
하여야 한다.
• 공사업을 양도하려는 경우(공사업자인 법인이 분할 또는 분할합병되
어 설립되거나 존속하는 법인에 공사업을 양도하는 경우를 포함)
• 공사업자인 법인 간에 합병하려는 경우 또는 공사업자인 법인과 공
사업자가 아닌 법인이 합병하려는 경우
• 공사업자의 사망으로 공사업을 상속받는 경우(공사업자의 상속인이
시·도지사에게 신고)

09

18.6

다음 중 정보통신기술자의 배치에 대한 설명으로 옳지 않은 것은?

① 공사업자는 공사의 시공관리와 그 밖의 기술상의 관리를 하기 위해 공사현장에 정보통신기술자를 1명 이상 배치해야 한다.
② 공사현장에 배치된 정보통신기술자는 공사 발주자의 승낙을 받지 아니하고는 정당한 사유 없이 그 공사현장을 이탈할 수 없다.
③ 공사업자는 공사가 중단된 기간이라도 정보통신기술자를 공사현장에 상주하게 하여 공사관리를 해야 한다.
④ 공사 발주자는 배치된 정보통신기술자가 업무수행능력이 현저히 부족하다고 인정되는 경우에는 교체를 요청할 수 있다.

정보통신공사업법 제33조(정보통신기술자의 배치)
① 공사업자는 공사의 시공관리와 그 밖의 기술상의 관리를 하기 위하
여 대통령령으로 정하는 바에 따라 공사현장에 정보통신기술자 1명
이상을 배치하고, 이를 그 공사의 발주자에게 알려야 한다.
② 배치된 정보통신기술자는 해당 공사의 발주자의 승낙을 받지 아니
하고는 정당한 사유 없이 그 공사 현장을 이탈하여서는 아니 된다.
③ 발주자는 배치된 정보통신기술자가 업무수행의 능력이 현저히 부족
하다고 인정되는 경우에는 수급인에게 정보통신기술자의 교체를 요
청할 수 있다. 이 경우 수급인은 정당한 사유가 없으면 이에 따라야
한다.

SECTION 05 클라우드컴퓨팅 발전 및 이용자 보호에 관한 법

01 클라우드컴퓨팅 발전 및 이용자 보호에 관한 법

1) 목적

클라우드컴퓨팅의 발전 및 이용을 촉진하고 클라우드컴퓨팅서비스를 안전하게 이용할 수 있는 환경을 조성함으로써 국민생활의 향상과 국민경제의 발전에 이바지함을 목적으로 한다.

2) 주요용어

- **클라우드컴퓨팅(Cloud Computing)** : 집적 · 공유된 정보통신기기, 정보통신설비, 소프트웨어 등 정보통신자원을 이용자의 요구나 수요 변화에 따라 정보통신망을 통하여 신축적으로 이용할 수 있도록 하는 정보처리체계를 말한다.
- **클라우드컴퓨팅기술** : 클라우드컴퓨팅의 구축 및 이용에 관한 정보통신기술로서 가상화 기술, 분산처리 기술 등 대통령령으로 정하는 것을 말한다.
- **클라우드컴퓨팅서비스** : 클라우드컴퓨팅을 활용하여 상용으로 타인에게 정보통신자원을 제공하는 서비스로서 대통령령으로 정하는 것을 말한다.
- **이용자 정보** : 클라우드컴퓨팅서비스 이용자가 클라우드컴퓨팅서비스를 이용하여 클라우드컴퓨팅서비스 제공자의 정보통신자원에 저장하는 정보로서 이용자가 소유 또는 관리하는 정보를 말한다.

02 주요 조항

제3조(국가 등의 책무)
제5조(기본계획 및 시행계획의 수립)
제7조(실태조사)
제12조(국가기관등의 클라우드컴퓨팅 도입 촉진)
제14조(전문인력의 양성)
제18조(공정한 경쟁 환경 조성 등)
제20조(국가기관등의 클라우드컴퓨팅서비스 이용 촉진)
제24조(표준계약서)

01 다음 중 클라우드컴퓨팅 발전에 대한 정책으로 거리가 먼 것은?

① 국가와 지자체는 클라우드컴퓨팅서비스의 안전한 이용환경 조성 등에 필요한 시책을 마련하여야 한다.

② 클라우드컴퓨팅서비스 제공자는 이용자 정보를 보호하고 신뢰할 수 있는 클라우드컴퓨팅서비스를 제공하도록 노력하여야 한다.

③ 중앙 행정부 또는 지방단치자체는 신규 IT 자원 기획 시 클라우드서비스만을 고려하여야 한다.

④ 이용자는 클라우드컴퓨팅서비스의 안전성을 해치지 아니하도록 하여야 한다.

클라우드컴퓨팅 발전 및 이용자 보호에 관한 법 제3조(국가 등의 책무)
• 국가와 지방자치단체는 클라우드컴퓨팅의 발전 및 이용 촉진, 클라우드컴퓨팅서비스 이용 활성화, 클라우드컴퓨팅서비스의 안전한 이용환경 조성 등에 필요한 시책을 마련하여야 한다.
• 클라우드컴퓨팅서비스 제공자는 이용자 정보를 보호하고 신뢰할 수 있는 클라우드컴퓨팅서비스를 제공하도록 노력하여야 한다.
• 이용자는 클라우드컴퓨팅서비스의 안전성을 해치지 아니하도록 하여야 한다.

정답 01 ③

SECTION 06 관련법령의 보칙과 벌칙조항

기출 분석

연도	19년	20년	21년	22년	23년
문제 수	1	0	1	0	0

01 전기통신기본법 벌칙

벌칙	내용
3년 이하의 징역 또는 3천만 원 이하의 벌금	자기 또는 타인에게 이익을 주거나 타인에게 손해를 가할 목적으로 전기통신설비에 의하여 공연히 허위의 통신을 한 자
5년 이하의 징역 또는 5천만 원 이하의 벌금	• 전신환에 관한 허위통신 • 전기통신업무에 종사자가 허위통신한 경우
10년 이하의 징역 또는 1억 원 이하의 벌금	전기통신업무에 종사자가 전신환에 관하여 허위의 통신을 한 경우

02 전기통신사업법 벌칙

벌칙	내용
5년 이하의 징역 또는 2억 원 이하의 벌금	• 전기통신설비를 파손하거나 전기통신설비에 물건을 접촉하거나 그 밖의 방법으로 그 기능에 장해를 주어 전기통신의 소통을 방해한 자 • 재직 중에 통신에 관하여 알게 된 타인의 비밀을 누설한 자 • 통신자료제공을 한 자 및 그 제공을 받은 자
3년 이하의 징역 또는 1억5천만 원 이하의 벌금	• 정당한 사유 없이 전기통신역무의 제공을 거부한 자 • 등록을 하지 아니하고 기간통신사업, 부가통신사업을 경영한 자 • 등록의 일부 취소를 위반하여 기간통신사업을 경영한 자 • 선로등의 측량, 전기통신설비의 설치공사 또는 보전공사를 방해한 자 • 전기통신사업 금지행위 위반 • 전기통신사업자가 취급 중에 있는 통신의 비밀을 침해하거나 누설한 자
3년 이하의 징역 또는 1억 원 이하의 벌금	• 재직 중에 알게 된 타인의 비밀을 누설한 자 • 영리를 목적으로 송신인의 전화번호를 변작하는 등 거짓으로 표시하는 서비스를 제공한 자
1년 이하의 징역 또는 5천만 원 이하의 벌금	• 변경등록을 하지 아니한 자 • 사업정지처분을 위반한 자 • 신고 또는 변경신고를 하지 아니하고 전기통신서비스를 제공한 자 • 전기통신사업자가 제공하는 전기통신역무를 이용하여 타인의 통신을 매개하거나 이를 타인의 통신용으로 제공한 자

03 방송통신발전 기본법 벌칙

벌칙	내용
1년 이하의 징역 또는 1천만 원 이하의 벌금	• 근거자료를 제출하지 아니하거나 거짓으로 제출한 자 • 기준에 따라 통신시설을 관리하지 아니한 자 • 명령에 특별한 사유 없이 따르지 아니한 자 • 통신재난관리 전담부서 또는 전담인력을 운용하지 아니한 자 • 특별한 사유 없이 재난방송등을 하지 아니한 자
1천만 원 이하의 과태료	• 시험을 하지 아니하거나 그 결과를 기록·관리하지 아니한 자 • 조사·시험을 거부 또는 기피하거나 이에 지장을 주는 행위를 한 자 • 관리 규정을 정하지 아니하고 방송통신설비를 관리한 자 • 방송통신재난관리계획을 제출하지 아니하거나 거짓으로 자료를 제출한 자

04 정보통신공사업법 벌칙

벌칙	내용
3년 이하의 징역 또는 2천만 원 이하의 벌금	• 공사와 감리를 함께 한 자 • 등록을 하지 아니하거나 부정한 방법으로 등록을 하고 공사업을 경영한 자 • 신고를 하지 아니하거나 부정한 방법으로 신고를 하고 공사업을 경영한 자 • 타인에게 등록증이나 등록수첩을 빌려준 자 또는 타인의 등록증이나 등록수첩을 빌려서 사용한 자 • 영업정지처분을 받고 그 영업정지기간 중에 영업을 한 자
1년 이하의 징역 또는 1천만 원 이하의 벌금	• 감리원이 아닌 사람에게 감리를 하게 한 자 • 다른 사람에게 자기의 성명을 사용하여 감리업무를 수행하게 하거나 자격증을 빌려준 사람 또는 다른 사람의 성명을 사용하여 감리업무를 하거나 다른 사람의 자격증을 빌려서 사용한 자 • 하도급 또는 다시 하도급을 한 자 • 착공 전 확인을 받지 아니하고 공사를 시작하거나 사용전검사를 받지 아니하고 정보통신설비를 사용한 자 • 경력수첩을 빌려준 사람 또는 다른 사람의 경력수첩을 빌려서 사용한 자
500만 원 이하의 벌금	• 기술기준을 위반하여 설계 또는 감리를 한 자 • 용역업자에게 설계 및 발주 조항을 위반하여 발주한 자 • 감리원 배치기준을 위반하여 공사의 감리를 발주하거나 감리원을 배치한 자 • 분리하여 도급하지 아니한 자 • 공사업자가 아닌 자에게 도급, 하도급 또는 다시 하도급을 한 자 • 정보통신기술자를 공사현장에 배치하지 아니한 자

05 클라우드컴퓨팅 발전 및 이용자 보호에 관한 법률 벌칙

벌칙	내용
5년 이하의 징역 또는 5천만 원 이하의 벌금	이용자의 동의 없이 이용자 정보를 이용하거나 제3자에게 제공한 자 및 이용자의 동의 없음을 알면서도 영리 또는 부정한 목적으로 이용자 정보를 제공받은 자
3년 이하의 징역 또는 3천만 원 이하의 벌금	위탁받은 업무를 수행하는 과정에서 알게 된 비밀을 누설하는 자

21.3

01 다음 중 가장 무거운 벌칙을 처벌받는 대상은?

① 전기통신업무 종사자가 재직 중에 통신에 관하여 알게 된 타인의 비밀을 누설한 자
② 전기통신사업자가 취급 중에 있는 통신의 비밀을 침해한 자
③ 전기통신사업자가 전기통신설비의 제공으로 취득한 이용자의 정보를 제3자에게 제공한 자
④ 전기통신사업자가 제공하는 전기통신역무를 이용하여 타인의 통신을 매개한 자

전기통신사업법 제94조(벌칙)
다음에 해당하는 자는 5년 이하의 징역 또는 2억 원 이하의 벌금에 처한다.
- 전기통신설비를 파손하거나 전기통신설비에 물건을 접촉하거나 그 밖의 방법으로 그 기능에 장해를 주어 전기통신의 소통을 방해한 자
- 전기통신역무 재직 중에 통신에 관하여 알게 된 타인의 비밀을 누설한 자
- 통신 이용자정보 제공을 위반하여 통신자료제공을 한 자 및 그 제공을 받은 자

전기통신사업법 제95조(벌칙)
전기통신사업자가 취급 중에 있는 통신의 비밀을 침해하거나 누설한 자는 3년 이하의 징역 또는 1억5천만원 이하의 벌금에 처한다.

전기통신사업법 제96조(벌칙)
정보의 목적 외 사용 금지를 위반하여 정보를 사용하거나 제공한 자는 2년 이하의 징역 또는 1억 원 이하의 벌금에 처한다.

전기통신사업법 제97조(벌칙)
전기통신사업자가 제공하는 전기통신역무를 이용하여 타인의 통신을 매개하거나 이를 타인의 통신용으로 제공한 자는 1년 이하의 징역 또는 5천만 원 이하의 벌금에 처한다.

19.3

02 방송통신설비의 제거 명령을 위반한 자에 대한 벌칙규정은?

① 1년 이하의 징역 또는 1천만 원 이하의 벌금에 처한다.
② 2년 이하의 징역 또는 2천만 원 이하의 벌금에 처한다.
③ 3년 이하의 징역 또는 3천만 원 이하의 벌금에 처한다.
④ 5년 이하의 징역 또는 5천만 원 이하의 벌금에 처한다.

방송통신발전기본법 제46조(벌칙)
방송통신설비의 제거명령을 위반한 자는 1년 이하의 징역 또는 1천만 원 이하의 벌금에 처한다.

정답 01 ① 02 ①

01 유선, 무선, 광선 또는 그 밖의 전자적 방식으로 부호, 문언, 음향 또는 영상을 송신하거나 수신하는 것을 무엇이라 하는가?

① 정보통신
② 전기통신
③ 전자통신
④ 무선통신

> **전기통신기본법 용어**
> 전기통신은 유선·무선·광선 및 기타의 전자적 방식에 의하여 부호·문헌·음향 또는 영상을 송신하거나 수신하는 것을 말한다.

02 과학기술정보통신부장관이 전기통신의 원활한 발전과 정보사회의 촉진을 위하여 전기통신기본계획을 수립하여 공고하여야 한다. 이 기본계획에 포함되지 <u>않는</u> 사항은?

① 정보통신공사업의 발전에 관한 사항
② 전기통신의 질서유지에 관한 사항
③ 전기통신의 이용효율화에 관한 사항
④ 전기통신사업에 관한 사항

> **전기통신기본법 제5조(전기통신기본계획의 수립)**
> 과학기술정보통신부장관은 전기통신의 원활한 발전과 정보사회의 촉진을 위하여 전기통신기본계획을 수립하여 이를 공고하여야 한다. 기본계획은 아래 내용을 포함한다.
> • 전기통신의 이용효율화에 관한 사항
> • 전기통신의 질서유지에 관한 사항
> • 전기통신사업에 관한 사항
> • 전기통신설비에 관한 사항
> • 전기통신기술(전기통신공사에 관한 기술을 포함)의 진흥에 관한 사항
> • 기타 전기통신에 관한 기본적인 사항

03 다음 중 보편적 역무를 제공하는 전기통신사업자를 지정할 때 고려하는 사항이 <u>아닌</u> 것은?

① 정보통신기술의 발전 정도
② 전기통신사업자의 기술적 능력
③ 제공할 보편적 역무의 요금수준
④ 제공할 보편적 역무의 사업규모 및 품질

> **전기통신사업법 제4조(보편적 역무의 제공 등)**
> 과학기술정보통신부장관은 아래 사항을 고려하여 대통령령으로 정하는 기준과 절차에 따라 보편적 역무를 제공하는 전기통신사업자를 지정할 수 있다.
> • 보편적 역무의 사업규모·품질
> • 보편적 역무의 요금수준
> • 전기통신사업자의 기술적 능력

04 다음 중 기간통신사업을 경영하고자 할 경우 과학기술정보통신부장관에게 행하는 절차로 옳은 것은?

① 등록을 하여야 한다.
② 허가를 받아야 한다.
③ 자격을 받아야 한다.
④ 인가를 받아야 한다.

> **전기통신사업법 제6조(기간통신사업의 등록 등)**
> 기간통신사업을 경영하려는 자는 대통령령으로 정하는 바에 따라 다음 각호의 사항을 갖추어 과학기술정보통신부장관에게 등록(정보통신망에 의한 등록을 포함)하여야 한다.
> • 재정 및 기술적 능력
> • 이용자 보호 계획
> • 그 밖에 사업계획서 등 대통령령으로 정하는 사항

정답 01 ② 02 ① 03 ① 04 ①

05 다음 중 부가통신사업의 신고사항을 변경하고자 할 때 신고하여야 할 사항이 <u>아닌</u> 것은?

① 자본금
② 제공역무의 종류
③ 대표자
④ 상호 · 명칭 · 주소

> **전기통신사업법 시행령 제31조(부가통신사업의 변경등록 또는 변경신고)**
> 부가통신사업을 신고 또는 등록한 자가 변경등록하고자 하는 사항이란 다음 각호의 사항을 말한다.
> • 상호 · 명칭 · 주소
> • 대표자
> • 제공 역무의 종류

06 다음 중 전기통신설비를 공동 구축할 수 있는 대상은?

① 국가 또는 지방자치단체와 국민 사이
② 전기통신사업자와 전기통신이용자 사이
③ 기간통신사업자와 자가통신사업자 사이
④ 기간통신사업자와 기간통신사업자 사이

> **전기통신사업법 제63조(전기통신설비의 공동구축)**
> 기간통신사업자는 다른 기간통신사업자와 협의하여 전기통신설비를 공동으로 구축하여 사용할 수 있다.

07 다음 중 자가전기통신설비를 설치한 목적 외에 사용할 수 있는 경우가 <u>아닌</u> 것은?

① 공공기관에서 비영리를 목적으로 사용하는 경우
② 경찰업무에 종사하는 자가 치안유지를 위하여 사용하는 경우
③ 재해구조업무에 종사하는 자가 긴급한 재해구조를 위하여 사용하는 경우
④ 설치자와 업무상 특수한 관계에 있는 사람 간에 사용하는 경우로서 과학기술정보통신부장관이 고시하는 경우

> **전기통신사업법 제65조(목적 외 사용의 제한)**
> 자가전기통신설비를 설치한 자는 그 설비를 이용하여 타인의 통신을 매개하거나 설치한 목적에 어긋나게 운용하여서는 아니 된다. 다만, 다음에 대하여 목적외 사용할 수 있다.
> • 경찰 또는 재해구조 업무에 종사하는 자로 하여금 치안 유지 또는 긴급한 재해구조를 위하여 사용하게 하는 경우
> • 자가전기통신설비의 설치자와 업무상 특수한 관계에 있는 자 간에 사용하는 경우로서 과학기술정보통신부장관이 고시하는 경우

08 방송통신발전기본법에서 규정한 '방송통신설비의 관리규정'에 포함되지 <u>않는</u> 것은?

① 방송통신설비의 유지 · 보수에 관한 사항
② 방송통신설비 관리조직의 구성 · 직무 및 책임에 관한 사항
③ 방송통신서비스 이용자의 통신 감청에 관한 사항
④ 방송통신설비 장애 시의 조치 및 대책에 관한 사항

> **방송통신발전 기본법 시행령 제21조(관리규정)**
> 방송통신설비의 관리규정에는 다음 각호의 사항이 포함되어야 한다.
> • 방송통신설비 관리조직의 구성 · 직무 및 책임에 관한 사항
> • 방송통신설비의 설치 · 검사 · 운용 · 점검과 유지 · 보수에 관한 사항
> • 방송통신설비 장애 시의 조치 및 대책에 관한 사항
> • 방송통신서비스 이용자의 통신비밀보호대책에 관한 사항

09 방송통신발전기본법에서 규정한 '방송통신 표준화'의 목적이 <u>아닌</u> 것은?

① 방송통신의 건전한 발전을 위하여
② 방송통신기자재 생산업자의 편의를 도모하기 위하여
③ 방송시청자의 편의를 도모하기 위하여
④ 방송이용자의 편의를 도모하기 위하여

> **방송통신발전기본법 제33조(표준화의 추진)**
> 과학기술정보통신부장관은 아래 항목을 목적으로 방송통신의 표준화를 추진하고 방송통신사업자 또는 방송통신기자재 생산업자에게 그에 따를 것을 권고할 수 있다.
> • 방송통신의 건전한 발전
> • 시청자 및 이용자의 편의를 도모하기 위하여

10 방송통신재난에 대비하기 위하여 수립하여야 하는 방송통신재난관리 기본계획에 포함되어야 하는 사항이 <u>아닌</u> 것은?

① 우회 방송통신 경로의 확보
② 방송통신회선설비의 연계 운용을 위한 정보체계의 구성
③ 피해복구 물자의 확보
④ 통신재난을 입은 전기통신설비의 매수

> **방송통신발전기본법 제35조(방송통신재난관리기본계획의 수립)**
> ① 과학기술정보통신부장관과 방송통신위원회는 재해 및 그 밖에 물리적·기능적 결합 등(방송통신재난)의 발생을 예방하고, 방송통신재난을 신속히 수습·복구하기 위한 방송통신재난관리기본계획을 수립·시행하여야 한다
> ② 방송통신재난관리기본계획에는 아래 사항을 포함해야 한다.
> • 방송통신재난이 발생할 위험이 높거나 방송통신재난의 예방을 위하여 계속적으로 관리할 필요가 있는 방송통신설비와 그 설치 지역 등의 지정 및 관리에 관한 사항
> • 국민의 생명과 재산 보호를 위한 신속한 재난방송 실시에 관한 사항
> • 방송통신재난에 대비하기 위하여 필요한 사항
> – 우회 방송통신 경로의 확보
> – 방송통신설비의 연계 운용 및 방송통신서비스 긴급복구를 위한 정보체계의 구성
> – 피해복구 물자의 확보
> – 서버, 저장장치, 네트워크, 전력공급장치 등의 분산 및 다중화 등 물리적·기술적 보호조치

11 다음 중 정보통신공사업법에서 규정하는 '하도급'에 대한 설명으로 옳은 것은?

① 도급받은 공사의 전부에 대하여 수급인이 제3자와 체결하는 계약을 말한다.
② 도급받은 공사의 일부에 대하여 하도급인이 제3자와 체결하는 계약을 말한다.
③ 도급받은 공사의 일부에 대하여 수급인이 제3자와 체결하는 계약을 말한다.
④ 도급받은 공사의 전부에 대하여 하급인이 제3자와 체결하는 계약을 말한다.

> **정보통신공사업법 용어정의**
> 하도급은 도급받은 공사의 일부에 대하여 수급인이 제3자와 체결하는 계약을 말한다.

12 다음 중 정보통신설비의 사용전검사에 관한 설명으로 옳지 <u>않은</u> 것은?

① 사용점검사를 받으려는 자는 신청서를 제출하여야 한다.
② 사용전검사 신청을 받은 지자체의 장은 검사를 실시하여야 한다.
③ 검사 결과가 부적합하다고 판정받으면 즉시 시설물을 해체하여야 한다.
④ 검사 결과가 적합하면 지자체의 장은 사용전검사필증을 발급한다.

> **정보통신공사업법 시행령 제36조(사용전검사 등)**
> • 사용전검사를 받으려는 자는 정보통신공사 사용전검사신청서에 공사의 준공설계도면 사본을 첨부하여 지자체장에게 제출하여야 한다.
> • 지자체장은 사용전검사 신청을 받은 때에는 해당 공사가 기술기준에 적합한지의 여부 및 시공 상태의 적정성 여부를 검사하여야 한다.
> • 지자체장은 사용전검사를 한 결과 그 시설이 사용에 적합하다고 인정한 때에는 정보통신공사 사용전검사필증을 발급하여야 한다.
> • 지자체장은 사용전검사를 한 결과 그 공사가 기술기준에 미달하는 등 사용에 부적합하다고 인정하는 때에는 그 사유를 명시하여 보완지시를 하여야 한다.

13 다음 중 정보통신기술자의 배치에 대한 설명으로 옳지 <u>않은</u> 것은?

① 공사업자는 공사의 시공관리와 그 밖의 기술상의 관리를 하기 위해 공사현장에 정보통신기술자를 1명 이상 배치해야 한다.

② 공사현장에 배치된 정보통신기술자는 공사 발주자의 승낙을 받지 아니하고는 정당한 사유 없이 그 공사현장을 이탈할 수 없다.

③ 공사업자는 공사가 중단된 기간이라도 정보통신기술자를 공사현장에 상주하게 하여 공사관리를 해야 한다.

④ 공사 발주자는 배치된 정보통신기술자가 업무수행능력이 현저히 부족하다고 인정되는 경우에는 교체를 요청할 수 있다.

> **정보통신공사업법 제33조(정보통신기술자의 배치)**
> • 공사업자는 공사의 시공관리와 그 밖의 기술상의 관리를 하기 위하여 대통령령으로 정하는 바에 따라 공사현장에 정보통신기술자 1명 이상을 배치하고, 이를 그 공사의 발주자에게 알려야 한다.
> • 배치된 정보통신기술자는 해당 공사의 발주자의 승낙을 받지 아니하고는 정당한 사유 없이 그 공사 현장을 이탈하여서는 아니 된다.
> • 발주자는 배치된 정보통신기술자가 업무수행의 능력이 현저히 부족하다고 인정되는 경우에는 수급인에게 정보통신기술자의 교체를 요청할 수 있다. 이 경우 수급인은 정당한 사유가 없으면 이에 따라야 한다.

14 다음 중 가장 무거운 벌칙을 처벌받는 대상은?

① 공익을 해할 목적으로 전기통신설비에 의하여 공연히 허위의 통신을 한 자

② 타인에게 손해를 가할 목적으로 전기통신설비에 의하여 공연히 허위의 통신을 한 자

③ 전기통신업무에 종사하는 자가 공익을 해할 목적으로 전기통신설비에 의하여 공연히 허위의 통신을 한 자

④ 자기 또는 타인에게 이익을 목적으로 전기통신설비에 의하여 공연히 허위의 통신을 한 자

전기통신기본법 제47조(벌칙)

벌칙	내용
3년 이하의 징역 또는 3천만 원 이하의 벌금	자기 또는 타인에게 이익을 주거나 타인에게 손해를 가할 목적으로 전기통신설비에 의하여 공연히 허위의 통신을 한 자
5년 이하의 징역 또는 5천만 원 이하의 벌금	• 전신환에 관한 허위통신 • 전기통신업무에 종사자가 허위통신한 경우
10년 이하의 징역 또는 1억 원 이하의 벌금	전기통신업무에 종사자가 전신환에 관하여 허위의 통신을 한 경우

SECTION 07 방송통신설비의 기술기준에 관한 규정

📋 기출 분석

연도	19년	20년	21년	22년	23년
문제 수	1	4	6	2	3

01 방송통신설비의 기술기준에 관한 규정

1) 목적

방송통신설비, 관로, 구내통신선로설비 및 구내용 이동통신설비 및 방송통신기자재 등의 기술기준을 규정함을 목적으로 한다.

2) 주요용어

- **사업용방송통신설비** : 방송통신서비스를 제공하기 위한 방송통신설비로서 기간통신사업자 및 부가통신사업자가 설치 · 운용 또는 관리하는 방송통신설비, 전송망사업자가 설치 · 운용 또는 관리하는 방송통신설비, 인터넷 멀티미디어 방송 제공사업자가 설치 · 운용 또는 관리하는 방송통신설비를 말한다.
- **이용자방송통신설비** : 방송통신서비스를 제공받기 위하여 이용자가 관리 · 사용하는 구내통신선로설비, 이동통신구내선로설비, 방송공동수신설비, 단말장치 및 전송설비 등을 말한다.
- **국선** : 사업자의 교환설비로부터 이용자방송통신설비의 최초 단자에 이르기까지의 사이에 구성되는 회선을 말한다.
- **국선접속설비** : 사업자가 이용자에게 제공하는 국선을 수용하기 위하여 설치하는 국선수용단자반 및 이상전압전류에 대한 보호장치 등을 말한다.
- **방송통신망** : 방송통신을 행하기 위하여 계통적 · 유기적으로 연결 · 구성된 방송통신설비의 집합체를 말한다.
- **전력선통신** : 전력공급선을 매체로 이용하여 행하는 통신을 말한다.
- **강전류전선** : 전기도체, 절연물로 싼 전기도체 또는 절연물로 싼 것의 위를 보호피막으로 보호한 전기도체 등으로서 300볼트 이상의 전력을 송전하거나 배전하는 전선을 말한다.
- **교환설비** : 다수의 전기통신회선(회선)을 제어 · 접속하여 회선 상호 간의 방송통신을 가능하게 하는 교환기와 그 부대설비를 말한다.
- **전송설비** : 교환설비 · 단말장치 등으로부터 수신된 방송통신콘텐츠를 변환 · 재생 또는 증폭하여 유선 또는 무선으로 송신하거나 수신하는 설비로서 전송단국장치 · 중계장치 · 다중화장치 · 분배장치 등과 그 부대설비를 말한다.
- **선로설비** : 일정한 형태의 방송통신콘텐츠를 전송하기 위하여 사용하는 동선 · 광섬유 등의 전송매체로 제작된 선조 · 케이블 등과 이를 수용 또는 접속하기 위하여 제작된 전주 · 관로 · 통신터널 · 배관 · 맨홀 · 핸드홀(손이 들어갈 수 있는 구멍) · 배선반 등과 그 부대설비를 말한다.
- **전력유도** : 철도 등 전기를 이용하는 철도시설(전철시설) 또는 전기공작물 등이 그 주위에 있는 방송통신설비에 정전유도나 전자유도 등으로 인한 전압이 발생되도록 하는 현상을 말한다.
- **전원설비** : 수변전장치, 정류기, 축전지, 전원반, 예비용 발전기 및 배선 등 방송통신용 전원을 공급하기 위한 설비를 말한다.

- **단말장치** : 방송통신망에 접속되는 단말기기 및 그 부속설비를 말한다.
- **구내통신선로설비** : 국선접속설비를 제외한 구내 상호 간 및 구내 · 외간의 통신을 위하여 구내에 설치하는 케이블, 선조, 이상전압전류에 대한 보호장치 및 전주와 이를 수용하는 관로, 통신터널, 배관, 배선반, 단자 등과 그 부대설비를 말한다.
- **이동통신구내중계설비** : 구내에 사업자가 설치 · 관리하는 구내용 이동통신설비로서 중계장치, 급전선, 안테나와 그 부대시설을 말한다.
- **정보통신설비** : 유선 · 무선 · 광선이나 그 밖에 전자적 방식에 따라 부호 · 문자 · 음향 또는 영상 등의 정보를 저장 · 제어 · 처리하거나 송수신하기 위한 기계 · 기구 · 선로나 그 밖에 필요한 설비를 말한다.
- **국선단자함** : 국선과 구내간선케이블 또는 구내케이블을 종단하여 상호 연결하는 통신용 분배함을 말한다.

02 방송통신설비의 기술기준에 관한 규정 주요 조항

제4조(분계점)
제5조(분계점에서의 접속기준 등)
제6조(위해 등의 방지)
제7조(보호기 및 접지)
제8조(전송설비 및 선로설비의 보호)
제9조(전력유도의 방지)
제10조(전원설비)
제12조(절연저항)
제13조(누화)
제14조(단말장치의 기술기준)
제18조 (설치방법)
제22조(안전성 및 신뢰성 등)
제24조(국선접속설비 및 옥외회선 등의 설치 및 철거)
제27조(통신규약)

이론을 확인하는 기출문제

01 23.3, 20.5

기간통신사업자가 언론매체, 인터넷 또는 홍보 매체 등을 활용하여 공개하여야 할 통신규약의 종류와 범위는 누가 정하여 고시하는가?

① 방송통신위원장
② 과학기술정보통신부장관
③ 한국정보통신기술협회장
④ 한국산업표준원장

방송통신설비의 기술기준에 관한 규정 제27조(통신규약)
① 사업자는 정보통신설비와 이에 연결되는 다른 정보통신설비 또는 이용자설비와의 사이에 정보의 상호전달을 위하여 사용하는 통신규약을 인터넷, 언론매체 또는 그 밖의 홍보매체를 활용하여 공개하여야 한다.
② 사업자가 공개하여야 할 통신규약의 종류와 범위에 대한 세부 기술기준은 과학기술정보통신부장관이 정하여 고시한다.

02 21.6, 18.3

일정한 형태의 방송통신콘텐츠를 전송하기 위하여 사용하는 동선 · 광섬유 등의 전송매체로 제작된 선조 · 케이블 등과 이를 수용 또는 접속하기 위하여 제작된 전주 · 관로 · 통신터널 · 배관 · 맨홀 · 핸드홀 · 배선반 등과 그 부대설비를 무엇이라 하는가?

① 교환설비   ② 구내설비
③ 선로설비   ④ 전송설비

방송통신설비의 기술기준에 관한 규정 제2조(정의)
• **교환설비** : 다수의 전기통신회선을 제어 · 접속하여 회선 상호 간의 방송통신을 가능하게 하는 교환기와 그 부대설비를 말한다.
• **전송설비** : 교환설비 · 단말장치 등으로부터 수신된 방송통신콘텐츠를 변환 · 재생 또는 증폭하여 유선 또는 무선으로 송신하거나 수신하는 설비로서 전송단국장치 · 중계장치 · 다중화장치 · 분배장치 등과 그 부대설비를 말한다.
• **선로설비** : 일정한 형태의 방송통신콘텐츠를 전송하기 위하여 사용하는 동선 · 광섬유 등의 전송매체로 제작된 선조 · 케이블 등과 이를 수용 또는 접속하기 위하여 제작된 전주 · 관로 · 통신터널 · 배관 · 맨홀 · 핸드홀 · 배선반 등과 그 부대설비를 말한다.

03 21.3, 18.3

방송통신설비가 이에 접속되는 다른 방송통신 설비의 위해 등을 방지하기 위한 대책으로 적합 하지 <u>않은</u> 것은?

① 전력선통신을 행하는 방송통신설비는 이상 전압이나 이상전류에 대한 방지대책이 요 구되지 않는다.
② 다른 방송통신설비를 손상시킬 우려가 있 는 전류가 송출되는 것이어서는 아니 된다.
③ 다른 방송통신설비의 기능에 지장을 주 는 방송통신콘텐츠가 송출되어서는 아니 된다.
④ 다른 방송통신설비를 손상시킬 우려가 있 는 전압이 송출되는 것이어서는 아니 된다.

방송통신설비의 기술기준에 관한 규정 제6조(위해 등의 방지)
① 방송통신설비는 이에 접속되는 다른 방송통신설비를 손상시키거나 손상시킬 우려가 있는 전압 또는 전류가 송출되는 것이어서는 아니 된다.
② 방송통신설비는 이에 접속되는 다른 방송통신설비의 기능에 지장을 주거나 지장을 줄 우려가 있는 방송통신콘텐츠가 송출되는 것이어서는 아니 된다.
③ 전력선통신을 행하기 위한 방송통신설비는 다음 각호의 기능을 갖추어야 한다.
• 전력선과의 접속 부분을 안전하게 분리하고 이를 연결할 수 있는 기능
• 전력선으로부터 이상전압이 유입된 경우 인명 · 재산 및 설비자체를 보호할 수 있는 기능

정답 01 ② 02 ③ 03 ①

04 방송통신설비의 기술기준에 관한 규정에 포함되어 있는 기술기준이 **아닌** 것은?

① 전자파설비의 기술기준
② 구내통신선로설비의 기술기준
③ 구내용 이동통신설비의 기술기준
④ 방송통신기자재의 기술기준

방송통신설비의 기술기준에 관한 규정 제1조(목적)
방송통신설비, 관로, 구내통신선로설비 및 구내용 이동통신설비 및 방송통신기자재등의 기술기준을 규정함을 목적으로 한다

05 방송통신설비의 기술기준에 관한 규정에서 정의한 '특고압'은?

① 7,000볼트를 초과하는 전압
② 5,000볼트를 초과하는 전압
③ 2,500볼트를 초과하는 전압
④ 직류는 750볼트, 교류는 600볼트를 초과하는 전압

방송통신설비의 기술기준에 관한 규정 제2조(정의)
· 저압 : 직류는 750볼트 이하, 교류는 600볼트 이하인 전압을 말한다.
· 고압 : 직류는 750볼트, 교류는 600볼트를 초과하고 각각 7,000볼트 이하인 전압을 말한다.
· 특고압 : 7,000볼트를 초과하는 전압을 말한다

06 다음 중 방송통신설비의 운용자와 이용자의 안전 및 방송통신서비스의 품질향상을 위하여 규정한 단말장치의 기술기준이 **아닌** 것은?

① 방송통신망 또는 방송통신서비스에 대한 장애인의 용이한 접근에 관한 사항
② 전송품질의 유지에 관한 사항
③ 전화역무 간의 상호운용에 관한 사항
④ 전기통신망 유지 및 보수자의 안전에 관한 사항

방송통신설비의 기술기준에 관한 규정 제14조(단말장치의 기술기준)
과학기술정보통신부장관은 방송통신설비의 운용자와 이용자의 안전 및 방송통신서비스의 품질향상을 위하여 다음 각호의 사항에 관한 단말장치의 기술기준을 정할 수 있다.
· 방송통신망 및 방송통신망 운용자에 대한 위해방지에 관한 사항
· 방송통신망의 오용 및 요금산정기기의 고장방지에 관한 사항
· 방송통신망 또는 방송통신서비스에 대한 장애인의 용이한 접근에 관한 사항
· 비상방송통신서비스를 위한 방송통신망의 접속에 관한 사항
· 방송통신망과 단말장치 간 또는 단말장치와 단말장치 간의 상호작동에 관한 사항
· 전송품질의 유지에 관한 사항
· 전화역무 간의 상호운용에 관한 사항
· 그 밖에 방송통신망의 보호를 위하여 필요한 사항

07 전기공작물 또는 전철시설 등이 그 주위에 있는 방송통신설비에 정전유도나 전자유도 등으로 인한 전압이 발생되도록 하는 현상을 무엇이라 하는가?

① 전기유도
② 전압유도
③ 저가유도
④ 전력유도

방송통신설비의 기술기준에 관한 규정 제2조(정의)
전력유도 : 전기를 이용하는 철도시설(전철시설) 또는 전기공작물 등이 그 주위에 있는 방송통신설비에 정전유도나 전자유도 등으로 인한 전압이 발생되도록 하는 현상을 말한다.

방송통신설비의 기술기준에 관한 규정 제9조(전력유도의 방지)
전송설비 및 선로설비는 전력유도로 인한 피해가 없도록 건설 · 보전되어야 한다. 전력유도의 전압이 제한치를 초과하거나 초과할 우려가 있는 경우에는 전력유도 방지조치를 하여야 한다.

정답 | 04 ① 05 ① 06 ④ 07 ④

SECTION 08 방송통신설비의 기술기준에 관한 규정 및 관련법

📋 기출 분석

연도	19년	20년	21년	22년	23년
문제 수	1	1	0	2	0

01 접지설비/구내통신설비/선로설비 및 통신공동구 등에 대한 기술기준

1) 용어정의
- **회선** : 전기통신의 전송이 이루어지는 유형 또는 무형의 계통적 전기통신로를 말하며, 그 용도에 따라 국선 및 구내선 등으로 구분한다.
- **중계장치** : 선로의 도달이 어려운 지역을 해소하기 위해 사용하는 증폭장치 등을 말한다.
- **강전류절연전선** : 절연물만으로 피복되어 있는 강전류전선을 말한다.
- **홈네트워크 주장치** : 세대내에서 사용되는 홈네트워크 기기들을 유·무선 네트워크 기반으로 연결하고 홈네트워크 서비스를 제공하는 기기를 말한다. 홈게이트웨이, 월패드, 홈서버 등을 포함한다.

2) 주요조항
제5조(접지저항 등)
제7조(가공통신선의 지지물과 가공강전류전선간의 이격거리)
제11조(가공통신선의 높이)
제23조(옥내통신선 이격거리)
제28조(구내배관 등)
제46조(통신공동구의 설치기준)
제48조(맨홀 또는 핸드홀의 설치기준)

02 방송통신설비의 안전성 · 신뢰성 및 통신규약에 대한 기술기준

- 「방송통신설비의 기술기준에 관한 규정」 제22조(안전성 및 신뢰성 등) 및 제27조(통신규약)에 대한 기준을 정함으로써 이용자에게 안정적이며 신뢰성 있는 방송통신서비스 제공에 기여함을 목적으로 한다.
- **옥외설비** : 중계케이블이나 공중선 설비 등 옥외에 설치되는 통신설비를 말한다.
- 안전성 및 신뢰성 기준(제4조 관련)

03 정보통신망 이용촉진 및 정보보호 등에 관한 법률

1) 정보통신망 : 전기통신설비를 이용하거나 전기통신설비와 컴퓨터 및 컴퓨터의 이용기술을 활용하여 정보를 수집 · 가공 · 저장 · 검색 · 송신 또는 수신하는 정보통신체제를 말한다.

2) 주요조항
제3조(정보통신서비스 제공자 및 이용자의 책무)
제6조(기술개발의 추진 등)

제7조(기술관련 정보의 관리 및 보급)
제8조(정보통신망의 표준화 및 인증)
제9조(인증기관의 지정 등)
제10조(정보내용물의 개발 지원)
제11조(정보통신망 응용서비스의 개발 촉진 등)
제12조(정보의 공동활용체제 구축)
제13조(정보통신망의 이용촉진 등에 관한 사업)
제14조(인터넷 이용의 확산)
제15조(인터넷 서비스의 품질 개선)
제45조(정보통신망의 안정성 확보 등)

04 전자서명법

1) 전자문서

- 정보처리시스템에 의하여 전자적 형태로 작성, 송신, 수신 또는 저장된 정보를 말한다.
- 전자기록의 한 유형으로 컴퓨터 등 정보처리 능력을 가진 장치에 의하여 전자적인 형태로 생성, 유통·보관되는 문서로 정의한다.

05 무선설비규칙

1) 용어정의

- **급전선** : 전파에너지를 전송하기 위하여 송신장치나 수신장치와 공중선 사이를 연결하는 선을 말한다.
- **수신장치** : 전파를 받는 장치와 이에 부가하는 장치를 말한다(수신공중선과 급전선을 제외한다).

06 방송통신기자재등의 적합성평가에 관한 고시

사후관리 : 적합성평가를 받은 기자재가 적합성평가 기준대로 제조·수입 또는 판매되고 있는지 조사 또는 시험하는 것을 말한다.

01 22.6, 22.3
다음 중 맨홀 또는 핸드홀의 설치기준으로 <u>틀린</u> 것은?

① 맨홀 또는 핸드홀은 케이블의 설치 및 유지·보수 등의 작업 시 필요한 공간을 확보할 수 있는 구조로 설계하여야 한다.

② 맨홀 또는 핸드홀은 케이블의 설치 및 유지·보수 등을 위한 차량 출입과 작업이 용이한 위치에 설치하여야 한다.

③ 맨홀 또는 핸드홀 간의 거리는 350[m] 이내로 하여야 한다.

④ 맨홀 또는 핸드홀에는 주변 실수요자용 통신케이블을 분기할 수 있는 인입 관로 및 접지시설 등을 설치하여야 한다.

접지설비/구내통신설비/선로설비 및 통신공동구 등에 대한 기술기준 제48조(맨홀 또는 핸드홀의 설치기준)
• 맨홀 또는 핸드홀은 케이블의 설치 및 유지·보수 등의 작업 시 필요한 공간을 확보할 수 있는 구조로 설계하여야 한다.
• 맨홀 또는 핸드홀은 케이블의 설치 및 유지·보수 등을 위한 차량출입과 작업이 용이한 위치에 설치하여야 한다.
• 맨홀 또는 핸드홀에는 주변 실수요자용 통신케이블을 분기할 수 있는 인입 관로 및 접지시설 등을 설치하여야 한다.
• 맨홀 또는 핸드홀 간의 거리는 246m 이내로 하여야 한다. 다만, 교량·터널 등 특수구간의 경우와 광케이블 등 특수한 통신케이블만 수용하는 경우에는 예외로 할 수 있다.

02 21.10
설치 장소의 여건에 따른 가공통신선의 설치 높이에 대한 설명으로 옳지 <u>않은</u> 것은?

① 22,900[V]를 수용하는 전압의 가공강전류전선용 전주에 가설되는 경우에는 노면으로부터 5[m] 이상으로 하여야 한다.

② 도로상 설치되는 경우 노면으로부터 4.5[m] 이상으로 한다.

③ 철도 또는 궤도를 횡단하는 경우 차량의 통행에 지장을 줄 우려가 없더라도 열차의 높이 때문에 5[m] 이상으로 하여야 한다.

④ 도로상에서 교통에 지장을 줄 염려가 없고 시공상 불가피한 경우 보도와 차도의 구별이 있으면 보도상에서 3[m] 이상으로 한다.

접지설비/구내통신설비/선로설비 및 통신공동구 등에 대한 기술기준 제11조(가공통신선의 높이)
설치장소 여건에 따른 가공통신선의 높이는 다음 각호와 같다.
• 도로상에 설치되는 경우에는 노면으로부터 4.5m 이상으로 한다. 다만, 교통에 지장을 줄 우려가 없고 시공상 불가피할 경우 보도와 차도의 구별이 있는 도로의 보도상에서는 3m이상으로 한다.
• 철도 또는 궤도를 횡단하는 경우에는 그 철도 또는 궤도면으로 부터 6.5m이상으로 한다. 다만, 차량의 통행에 지장을 줄 우려가 없는 경우에는 예외로 할 수 있다.
• 7,000V를 초과하는 전압의 가공강전류전선용 전주에 가설되는 경우에는 노면으로부터 5m이상으로 한다.
• 기타지역은 지표상으로부터 4.5m 이상으로 한다. 다만, 교통에 지장을 줄 염려가 없고 시공상 불가피한 경우에는 지표상으로부터 3m 이상으로 할 수 있다.

정답 01 ③ 02 ③

03 가공강전류전선의 사용전압이 저압일 경우 가공통신선의 지지물과 가공강전류전선간의 이격거리는 얼마 이상이어야 하는가?

① 30[cm]

② 60[cm]

③ 90[cm]

④ 1[m]

접지설비/구내통신설비/선로설비 및 통신공동구 등에 대한 기술기준
제7조(가공통신선의 지지물과 가공강전류전선 간의 이격거리)
① 가공통신선의 지지물은 가공강전류전선 사이에 끼우거나 통과하여서는 아니된다. 다만, 인체 또는 물건에 손상을 줄 우려가 없을 경우에는 예외로 할 수 있다.
② 가공통신선의 지지물과 가공강전류전선 간의 이격거리는 다음과 같다.

가공강전류전선 사용전압 및 종류	지지물과의 이격거리
저압, 고압(강전류케이블)	30cm 이상
고압(기타 강전류전선)	60cm 이상
특고압(3500V 이하, 강전류케이블)	50cm 이상
특고압(3500V 이하, 강전류절연전선)	1m 이상
특고압(3500V 이하, 기타 강전류전선)	2m 이상
특고압(3500V ~ 60000V 이하)	
특고압 60000V 초과	2m에 60000V를 초과하는 10000V마다 12cm 더한 값 이상

---

04 다음 중 통신공동구의 유지 · 관리에 필요한 부대설비가 아닌 것은?

① 조명시설

② 환기시설

③ 집수시설

④ 접지시설

접지설비/구내통신설비/선로설비 및 통신공동구 등에 대한 기술기준
제46조(통신공동구의 설치기준)
• 통신공동구는 통신케이블의 수용에 필요한 공간과 통신케이블의 설치 및 유지 · 보수등의 작업시 필요한 공간을 충분히 확보할 수 있는 구조로 설계하여야 한다.
• 통신공동구를 설치하는 때에는 조명 · 배수 · 소방 · 환기 및 접지시설 등 통신케이블의 유지 · 관리에 필요한 부대설비를 설치하여야 한다.
• 통신공동구와 관로가 접속되는 지점에는 통신케이블의 분기를 위한 분기구를 설치하여야 하며, 한 지점에서 여러 개의 관로로 분기될 경우에는 작업이 용이하도록 분기구간에는 일정거리이상의 간격을 유지하여야 한다.

05 국선 수용 회선이 100회선 이하인 주배선반선의 접지저항 허용범위는 얼마인가?

① 1,000[Ω] 이하

② 100[Ω] 이하

③ 10[Ω] 이하

④ 1[Ω] 이하

접지설비/구내통신설비/선로설비 및 통신공동구 등에 대한 기술기준
제5조(접지저항 등)
① 교환설비 · 전송설비 및 통신케이블과 금속으로 된 단자함(구내통신단자함, 옥외분배함 등) · 장치함 및 지지물 등이 사람이나 방송통신설비에 피해를 줄 우려가 있을 때에는 접지단자를 설치하여 접지하여야 한다.
단, 광섬유케이블인 경우 또는 내부에 전기적 접속이 없는 방송통신관련 설비의 경우 접지를 아니 할 수 있다.
② 통신관련시설의 접지저항은 10Ω 이하를 기준으로 한다. 다만, 다음 각호의 경우는 100Ω 이하로 할 수 있다.
• 선로설비중 선조 · 케이블에 대하여 일정 간격으로 시설하는 접지(단, 차폐케이블은 제외)
• 국선 수용 회선이 100회선 이하인 주배선반
• 보호기를 설치하지 않는 구내통신단자함
• 구내통신선로설비에 있어서 전송 또는 제어신호용 케이블의 실드 접지
• 철탑 이외 전주 등에 시설하는 이동통신용 중계기
• 암반 지역 또는 산악지역에서의 암반 지층을 포함하는 경우 등 특수 지형에의 시설이 불가피한 경우로서 기준 저항값 10Ω을 얻기 곤란한 경우
• 기타 설비 및 장치의 특성에 따라 시설 및 인명 안전에 영향을 미치지 않는 경우

06 접지체 상단은 지표로부터 수직 깊이가 어느 정도 이상되도록 매설해야 하는가?

① 35[cm]

② 75[cm]

③ 100[cm]

④ 150[cm]

접지설비/구내통신설비/선로설비 및 통신공동구 등에 대한 기술기준
제5조(접지저항 등)
접지체는 가스, 산 등에 의한 부식의 우려가 없는 곳에 매설하여야 하며, 접지체 상단이 지표로부터 수직 깊이 75cm 이상되도록 매설하되 동결심도보다 깊도록 하여야 한다.

07 다음 중 중요한 통신설비의 설치를 위한 통신국사 및 통신기계실입지조건이 <u>아닌</u> 것은?

① 인적이 많고 지대가 높은 곳
② 풍수해로부터 영향을 많이 받지 않는 곳
③ 강력한 전자파장해의 우려가 없는 곳
④ 주변지역의 영향으로 인한 진동발생이 적은 곳

방송통신설비의 안전성·신뢰성 및 통신규약에 대한 기술기준 제4조 (안전성·신뢰성 기준)
[별표] 안전성 및 신뢰성에 관한 기준, 제2장 통신국사 및 통신기계실의 조건
· **입지조건** : 중요한 통신설비의 설치를 위한 통신국사 및 통신기계실은 다음 사항을 고려하여 구축하거나 선정한다.
　– 풍수해로부터 영향을 많이 받지 않는 곳. 다만, 부득이한 경우로서 방풍, 방수 등의 조치를 강구하는 경우에는 예외로 할 수 있다.
　– 강력한 전자파장해의 우려가 없는 곳. 다만, 전자차폐등의 조치를 강구하는 경우에는 예외로 할 수 있다.
　– 주변지역의 영향으로 인한 진동발생이 적은 장소

08 다음 중 방송통신설비의 옥외설비가 갖추어야 할 신뢰성 및 안전성에 대한 대책이 <u>아닌</u> 것은?

① 동결 대책
② 다자접근 용이성 대책
③ 다습도 대책
④ 진동 대책

방송통신설비의 안전성·신뢰성 및 통신규약에 대한 기술기준 제4조 (안전성·신뢰성 기준)
[별표] 안전성 및 신뢰성에 관한 기준, 제1장 설비기준 제2절 옥외설비
옥외 설비에 대하여 아래의 대책이 요구된다.
· 풍해 대책, 낙뢰 대책, 진동 대책, 지진 대책, 화재 대책, 내수 등의 대책, 수해 대책, 동결 대책, 염해 등 대책, 고온·저온 대책, 다습도 대책, 고신뢰도, 제3자의 접촉 방지

09 정보통신망의 안정성 및 정보의 신뢰성을 확보하기 위한 정보보호지침에 포함되지 <u>않는</u> 사항은?

① 정보보호시스템의 설치·운영 등 기술적·물리적 보호조치
② 정보의 불법 유출·변조·삭제 등의 방지하기 위한 기술적 보호조치
③ 정보통신망의 지속적인 이용 가능 상태 확보하기 위한 기술적·물리적 보호조치
④ 전문보안업체를 통한 위탁관리 등 관리적 보호조치

정보통신망법 제45조(정보통신망의 안정성 확보 등)
정보보호지침에는 다음 각호의 사항이 포함되어야 한다.
· 정당한 권한이 없는 자가 정보통신망에 접근·침입하는 것을 방지하거나 대응하기 위한 정보보호시스템의 설치·운영 등 기술적·물리적 보호조치
· 정보의 불법 유출·위조·변조·삭제 등을 방지하기 위한 기술적 보호조치
· 정보통신망의 지속적인 이용이 가능한 상태를 확보하기 위한 기술적·물리적 보호조치
· 정보통신망의 안정 및 정보보호를 위한 인력·조직·경비의 확보 및 관련 계획수립 등 관리적 보호조치
· 정보통신망연결기기등의 정보보호를 위한 기술적 보호조치

---

10 20.5 다음 중 정보통신서비스 제공자 및 이용자의 책무가 <u>아닌</u> 것은?

① 정보통신서비스 제공자는 이용자의 개인 정보를 보호하고 건전하고 안전한 정보 통신서비스를 제공하여 이용자의 권익보호 와 정보이용능력의 향상에 이바지하여야 한다.

② 이용자는 건전한 정보사회가 정착되도록 노력하여야 한다.

③ 정보통신서비스 제공자 및 이용자는 합리 적인 통신과금서비스를 이용할 수 있도록 상호 협조하여야 한다.

④ 정부는 정보통신서비스 제공자단체 또는 이용자단체의 개인정보보호 및 정보통신망 에서의 청소년 보호 등을 위한 활동을 지원 할 수 있다.

정보통신망법 제3조(정보통신서비스 제공자 및 이용자의 책무)
• 정보통신서비스 제공자는 이용자를 보호하고 건전하고 안전한 정보 통신서비스를 제공하여 이용자의 권익보호와 정보이용능력의 향상 에 이바지하여야 한다.
• 이용자는 건전한 정보사회가 정착되도록 노력하여야 한다.
• 정부는 정보통신서비스 제공자단체 또는 이용자단체의 정보보호 및 정보통신망에서의 청소년 보호 등을 위한 활동을 지원할 수 있다.

---

11 21.3, 19.3 다음 중 용어의 정의가 맞지 <u>않는</u> 것은?

① "강전류절연전선"이라 함은 절연물만으로 피복되어 있는 강전류 전선을 말한다.

② "전자파공급선"이라 함은 전파에너지를 전 송하기 위하여 송신장치나 수신장치와 안 테나 사이를 연결하는 선을 말한다.

③ "회선"이라 함은 전기통신의 전송이 이루 어지는 유형 또는 무형의 계통적 전기통신 로를 말하며, 그 용도에 따라 국선 및 구내 선 등으로 구분한다.

④ "중계장치"라 함은 선로의 도달이 어려운 지역을 해소하기 위해 사용하는 증폭장치 등을 말한다.

무선설비규칙
• 급전선 : 전파에너지를 전송하기 위하여 송신장치나 수신장치와 공 중선 사이를 연결하는 선을 말한다.
• 수신장치 : 전파를 받는 장치와 이에 부가하는 장치를 말한다
접지설비 · 구내통신설비 · 선로설비 및 통신공동구등에 대한 기술기준
• 회선 : 전기통신의 전송이 이루어지는 유형 또는 무형의 계통적 전기 통신로를 말하며, 그 용도에 따라 국선 및 구내선 등으로 구분한다.
• 중계장치 : 선로의 도달이 어려운 지역을 해소하기 위해 사용하는 증 폭장치 등을 말한다.
• 강전류절연전선 : 절연물만으로 피복되어 있는 강전류전선을 말한다.

정답 10 ③ 11 ②

SECTION 09 지능형 홈 네트워크 설치 및 기술기준

01 지능형 홈네트워크 설비 설치 및 기술기준

1) 목적

지능형 홈네트워크 설비의 설치 및 기술적 사항에 관하여 위임된 사항과 그 시행에 관하여 필요한 사항을 규정함을 목적으로 한다.

2) 용어정의

• **홈네트워크 설비** : 주택의 성능과 주거의 질 향상을 위하여 세대 또는 주택단지 내 지능형 정보통신 및 가전기기 등의 상호 연계를 통하여 통합된 주거서비스를 제공하는 설비이다. 홈네트워크망, 홈네트워크 장비, 홈네트워크사용기기로 구분한다.

• **홈네트워크망** : 홈네트워크장비 및 홈네트워크사용기기를 연결하는 것을 말한다. 집중구내통신실에서 세대까지를 연결하는 단지망과 각 세대내를 연결하는 세대망으로 구분한다.

• **홈게이트웨이(홈서버)** : 세대망과 단지망을 상호 접속하는 장치로서, 세대 내에서 사용되는 홈네트워크 기기들을 유무선 네트워크 기반으로 연결하고 홈네트워크 서비스를 제공하는 기기를 말한다.

• **세대단말기** : 세대 및 공용부의 다양한 설비의 기능 및 성능을 제어하고 확인할 수 있는 기기로 사용자인 터페이스를 제공하는 장치이다.

• **단지네트워크장비** : 세대내 홈게이트웨이와 단지서버간의 통신 및 보안을 수행하는 장비로서, 백본 (back-bone), 방화벽(fire wall), 워크그룹스위치 등 단지망을 구성하는 장비이다.

• **단지서버** : 홈네트워크 설비를 총괄적으로 관리하며, 이로부터 발생하는 각종 데이터의 저장·관리·서비스를 제공하는 장비를 말한다.

• **원격제어기기** : 주택내·외부에서 가스, 조명, 전기, 난방, 출입 등을 원격으로 제어할 수 있는 기기이다.

• **감지기** : 화재, 가스누설, 주거침입 등 세대 내의 상황을 감지하는데 필요한 기기이다.

• **전자출입시스템** : 비밀번호나 출입카드 등 전자매체를 활용하여 출입을 관리하는 시스템이다.

• **원격검침시스템** : 주택내부 및 외부에서 전력, 가스, 난방, 온수, 수도 등의 사용량 정보를 원격으로 검침하는 시스템이다.

• **세대단자함** : 세대내에 인입되는 통신선로, 방송공동수신설비 또는 홈네트워크 설비 등의 배선을 효율적으로 분배·접속하기 위하여 이용자의 전유부분에 포함되어 실내공간에 설치되는 분배함을 말한다.

• **세대통합관리반** : 세대단자함의 기능을 포함하고 홈게이트웨이와 홈네트워크시스템의 중앙장치가 추가된 캐비넷이나 실 형태로 전유부분에 설치하는 공간을 말한다.

• **통신배관실(TPS실)** : 통신용 파이프 샤프트 및 통신단자함을 설치하기 위한 공간을 말한다.

• **집중구내통신실(MDF실)** : 국선·국선단자함 또는 국선배선반과 초고속통신망장비, 이동통신망장비 등 각종 구내통신선로설비 및 구내용 이동통신설비를 설치하기 위한 공간을 말한다.

• **방재실** : 단지 내 방범, 방재, 안전 등을 위한 설비를 설치하기 위한 공간을 말한다.

이론을 확인하는 **기출문제**

22.3, 20.6

01 지능형 홈네트워크 설비 설치 및 기술기준에서 공용부분 홈네트워크 설비의 설치기준에 맞지 않는 것은?

① 단지서버는 상시 운용 및 조작을 위하여 별도의 잠금장치를 설치하지 아니한다.

② 원격검침시스템은 각 세대별 원격검침장치가 정전 등 운용시스템의 동작 불능 시에도 계량이 가능하여야 한다.

③ 집중구내통신실은 독립적인 출입구를 설치하여야 한다.

④ 단지네트워크장비는 집중구내통신실 또는 통신배관실에 설치하여야 한다.

지능형 홈 네트워크 설치 및 기술기준 제8조(단지네트워크장비)
단지네트워크장비는 집중구내통신실 또는 통신배관실에 설치하여야 한다.

지능형 홈 네트워크 설치 및 기술기준 제9조(단지서버)
• 단지서버는 집중구내통신실 또는 방재실에 설치할 수 있다. 다만 단지서버가 설치되는 공간에는 보안을 고려하여 영상정보처리기기 등을 설치하되 관리자가 확인할 수 있도록 하여야 한다.
• 단지서버는 외부인의 조작을 막기 위한 잠금장치를 하여야 한다.

지능형 홈 네트워크 설치 및 기술기준 제10조(홈네트워크사용기기)
원격검침시스템은 각 세대별 원격검침장치가 정전 등 운용시스템의 동작 불능 시에도 계량이 가능해야하며 데이터 값을 보존할 수 있도록 구성하여야 한다.

지능형 홈 네트워크 설치 및 기술기준 제11조(홈네트워크 설비 설치공간)
• 집중구내통신실은 단지네트워크장비 또는 단지서버를 집중구내통신실에 수용하는 경우에는 설치 면적을 추가로 확보하여야 한다.
• 집중구내통신실은 독립적인 출입구와 보안을 위한 잠금장치를 설치하여야 한다.

19.6, 18.10

02 다음 중 공동주택에 홈네트워크를 설치하는 경우 갖추어야 하는 홈네트워크 장비가 아닌 것은?

① 홈게이트웨이
② 단지네트워크장비
③ 세대내 무선네트워크장비
④ 세대단말기

지능형 홈 네트워크 설치 및 기술기준 제4조(홈네트워크 필수설비)
공동주택이 다음 각호의 설비를 모두 갖춘 경우에는 홈네트워크 설비를 갖춘 것으로 본다.

홈네트워크 설비	상세
홈네트워크망	단지망, 세대망
홈네트워크장비	홈게이트웨이(단, 세대단말기가 홈게이트웨이 기능을 포함하는 경우는 세대단말기로 대체 가능), 세대단말기, 단지네트워크장비, 단지서버

정답 01 ① 02 ③

SECTION 10 CCTV 설치 및 운영에 관한 기준

기출 분석

연도	19년	20년	21년	22년	23년
문제 수	1	2	1	3	1

01 개인정보 보호법

1) 목적

개인정보의 처리 및 보호에 관한 사항을 정함으로써 개인의 자유와 권리를 보호하고, 나아가 개인의 존엄과 가치를 구현함을 목적으로 한다.

2) 용어

영상정보처리기기 : 일정한 공간에 지속적으로 설치되어 사람 또는 사물의 영상 등을 촬영하거나 이를 유·무선망을 통하여 전송하는 장치로서 대통령령으로 정하는 장치를 말한다.

3) 주요조항

제18조(개인정보의 목적 외 이용·제공 제한)
제25조(고정형 영상정보처리기기의 설치·운영 제한)
제25조의2(이동형 영상정보처리기기의 운영 제한)

02 영유아 보육법

1) 목적

영유아의 심신을 보호하고 건전하게 교육하여 건강한 사회 구성원으로 육성함과 아울러 보호자의 경제적·사회적 활동이 원활하게 이루어지도록 함으로써 영유아 및 가정의 복지 증진에 이바지함을 목적으로 한다.

2) 영상기기 관련 조항

제15조의4(폐쇄회로 텔레비전의 설치 등)

03 공동주택관리법

주택건설기준 등에 관한 규정 제39조(영상정보처리기기의 설치)
주택건설기준 등에 관한 규칙 제9조(영상정보처리기기의 설치 기준)

23.3, 19.6
01 어린이집 영상정보처리기기의 촬영영상을 의무적으로 보관하는 기간은?

① 30일 이상
② 40일 이상
③ 60일 이상
④ 보관 규정 없음

영유아보육법 제15조의4(폐쇄회로 텔레비전의 설치 등)
어린이집을 설치 · 운영하는 자는 폐쇄회로 텔레비전에 기록된 영상정보를 60일 이상 보관하여야 한다.

22.6, 20.5
02 개인정보 보호법 시행령에 따르면 공공기관이 영상정보처리기기의 설치 · 운영에 관한 사무를 위탁하는 경우에는 문서로 하여야 한다. 다음 중 해당 문서에 포함될 내용으로 <u>틀린</u> 것은?

① 위탁 처리비용
② 위탁하는 사무의 목적 및 범위
③ 재위탁 제한에 관한 사항
④ 영상정보에 대한 접근 제한 등 안정성 확보 조치에 관한 사항

개인정보 보호법 제25조(고정형 영상정보처리기기의 설치 · 운영 제한)
고정형 영상정보처리기기운영자는 고정형 영상정보처리기기의 설치 · 운영에 관한 사무를 위탁할 수 있다. 다만, 공공기관이 고정형 영상정보처리기기 설치 · 운영에 관한 사무를 위탁하는 경우에는 대통령령으로 정하는 절차 및 요건에 따라야 한다.

개인정보 보호법 시행령 제26조(공공기관의 고정형 영상정보처리기기 설치 · 운영 사무의 위탁)
① 공공기관이 고정형 영상정보처리기기의 설치 · 운영에 관한 사무를 위탁하는 경우에는 다음 각호의 내용이 포함된 문서로 하여야 한다.
• 위탁하는 사무의 목적 및 범위
• 재위탁 제한에 관한 사항
• 영상정보에 대한 접근 제한 등 안전성 확보 조치에 관한 사항
• 영상정보의 관리 현황 점검에 관한 사항
• 위탁받는 자가 준수하여야 할 의무를 위반한 경우의 손해배상 등 책임에 관한 사항
② 사무를 위탁한 경우에는 규정에 따른 안내판 등에 위탁받는 자의 명칭 및 연락처를 포함시켜야 한다.

22.10
03 영상정보처리기기의 설치 · 운영 제한규정에 맞지 <u>않는</u> 것은?

① 영상정보처리기기운영자는 영상정보 이외에 녹음기능을 사용할 수 있다.
② 영상정보처리기기운영자는 개인정보가 분실 · 도난 · 유출 · 위조 · 변조 또는 훼손되지 아니하도록 안전성 확보에 필요한 조치를 하여야 한다.
③ 영상정보처리기기운영자는 대통령령으로 정하는 바에 따라 영상정보처리기기 운영 · 관리 방침을 마련하여야 한다.
④ 영상정보처리기기운영자는 영상정보처리기기의 설치 · 운영에 관한 사무를 위탁할 수 있다.

개인정보보호법 제25조(고정형 영상정보처리기기의 설치 · 운영 제한)
• 고정형 영상정보처리기기운영자는 고정형 영상정보처리기기의 설치 목적과 다른 목적으로 고정형 영상정보처리기기를 임의로 조작하거나 다른 곳을 비춰서는 아니 되며, 녹음기능은 사용할 수 없다.
• 고정형 영상정보처리기기운영자는 개인정보가 분실 · 도난 · 유출 · 위조 · 변조 또는 훼손되지 아니하도록 안전성 확보에 필요한 조치를 하여야 한다.
• 고정형 영상정보처리기기운영자는 대통령령으로 정하는 바에 따라 고정형 영상정보처리기기 운영 · 관리 방침을 마련하여야 한다. 이 경우 개인정보 처리방침을 정하지 아니할 수 있다.
• 고정형 영상정보처리기기운영자는 고정형 영상정보처리기기의 설치 · 운영에 관한 사무를 위탁할 수 있다. 다만, 공공기관이 고정형 영상정보처리기기 설치 · 운영에 관한 사무를 위탁하는 경우에는 대통령령으로 정하는 절차 및 요건에 따라야 한다.

22.3

04 공개된 장소에서 영상정보처리기기의 설치 · 운영할 수 있는 경우가 <u>아닌</u> 것은?

① 유동인구 및 시장조사를 위하여 필요한 경우
② 영유아의 안전과 어린이집의 보안을 위하여 설치하는 경우
③ 범죄의 예방 및 수사를 위하여 필요한 경우
④ 시설안전 및 화재 예방을 위하여 필요한 경우

개인정보보호법 제25조(고정형 영상정보처리기기의 설치 · 운영 제한)
누구든지 다음 각호의 경우를 제외하고는 공개된 장소에 고정형 영상정보처리기기를 설치 · 운영하여서는 아니 된다.
• 법령에서 구체적으로 허용하고 있는 경우
• 범죄의 예방 및 수사를 위하여 필요한 경우
• 시설안전 및 화재 예방을 위하여 정당한 권한을 가진 자가 설치 · 운영하는 경우
• 교통단속을 위하여 정당한 권한을 가진 자가 설치 · 운영하는 경우
• 교통정보의 수집 · 분석 및 제공을 위하여 정당한 권한을 가진 자가 설치 · 운영하는 경우
• 촬영된 영상정보를 저장하지 아니하는 경우로서 대통령령으로 정하는 경우

21.6

05 영상정보처리기기를 설치 · 운영하는 자는 영상정보처리기기가 설치 · 운영되고 있음을 알려주는 안내판을 설치하는 등 필요한 조치를 하여야 한다. 이때 안내판에 포함되는 사항이 <u>아닌</u> 것은?

① 녹음기능 및 보관기간
② 촬영 범위 및 시간
③ 설치 목적 및 장소
④ 관리책임자 성명 및 연락처

개인정보보호법 제25조(고정형 영상정보처리기기의 설치 · 운영 제한)
고정형 영상정보처리기기를 설치 · 운영하는 자는 정보주체가 쉽게 인식할 수 있도록 다음 각호의 사항이 포함된 안내판을 설치하는 등 필요한 조치를 하여야 한다. 다만, 군사시설, 국가중요시설, 그 밖에 대통령령으로 정하는 시설에 대하여는 예외할 수 있다.
• 설치 목적 및 장소
• 촬영 범위 및 시간
• 관리책임자 성명 및 연락처
• 그 밖에 대통령령으로 정하는 사항

20.9

06 영상정보처리기기 운영자가 개인영상정보를 제3자에게 제공할 수 있는 경우가 <u>아닌</u> 것은?

① 정보주체에게 동의를 얻은 경우
② 범죄의 수사와 공소의 제기 및 유지를 위하여 필요한 경우
③ 개인정보처리자의 동의를 얻은 경우
④ 통계작성 및 학술연구 등의 목적을 위하여 필요한 경우로서 특정 개인을 알아볼 수 없는 형태로 개인영상정보를 제공하는 경우

개인정보보호법 제18조(개인정보의 목적 외 이용 · 제공 제한)
① 개인정보처리자는 개인정보를 조항에 따른 범위를 초과하여 이용하거나 제3자에게 제공하여서는 아니 된다.
② 다만, 개인정보처리자는 다음 각호의 어느 하나에 해당하는 경우에는 정보주체 또는 제3자의 이익을 부당하게 침해할 우려가 있을 때를 제외하고는 개인정보를 목적 외의 용도로 이용하거나 이를 제3자에게 제공할 수 있다.
• 정보주체로부터 별도의 동의를 받은 경우
• 다른 법률에 특별한 규정이 있는 경우
• 정보주체 또는 그 법정대리인이 의사표시를 할 수 없는 상태에 있거나 주소불명 등으로 사전 동의를 받을 수 없는 경우로서 명백히 정보주체 또는 제3자의 급박한 생명, 신체, 재산의 이익을 위하여 필요하다고 인정되는 경우

* 아래의 경우는 공공기관의 경우로 한정한다.
• 개인정보를 목적 외의 용도로 이용하거나 이를 제3자에게 제공하지 아니하면 다른 법률에서 정하는 소관 업무를 수행할 수 없는 경우로서 보호위원회의 심의 · 의결을 거친 경우
• 조약, 그 밖의 국제협정의 이행을 위하여 외국정부 또는 국제기구에 제공하기 위하여 필요한 경우
• 범죄의 수사와 공소의 제기 및 유지를 위하여 필요한 경우
• 법원의 재판업무 수행을 위하여 필요한 경우
• 형 및 감호, 보호처분의 집행을 위하여 필요한 경우
• 공중위생 등 공공의 안전과 안녕을 위하여 긴급히 필요한 경우

정답   01 ③   02 ①   03 ①   04 ①   05 ①   06 ③

01 방송통신을 행하기 위하여 계통적 유기적으로 연결 · 구성된 방송통신 설비의 집합체는?

① 전화망
② 전송설비
③ 전원설비
④ 방송통신망

> **방송통신설비의 기술기준에 관한 규정 용어 정의**
> 방송통신망은 방송통신을 행하기 위하여 계통적 · 유기적으로 연결 · 구성된 방송통신설비의 집합체를 말한다.

02 다음 중 전송설비 및 선로설비의 보호대책과 관계가 없는 것은?

① 전송설비와 선로설비간의 분계점을 명확히 한다.
② 다른 사람이 설치한 설비에 피해를 받지 않도록 한다.
③ 설비 주위에 설비에 관한 안전표지를 한다.
④ 강전류전선에 대한 보호망이나 보호선을 설치한다.

> **방송통신설비의 기술기준에 관한 규정 제4조(분계점)**
> 방송통신설비가 다른 사람의 방송통신설비와 접속되는 경우에는 그 건설과 보전에 관한 책임 등의 한계를 명확하게 하기 위하여 분계점이 설정되어야 한다.
>
> **방송통신설비의 기술기준에 관한 규정 제8조(전송설비 및 선로설비의 보호)**
> 전송설비 및 선로설비는 다른 사람이 설치한 설비나 사람 · 차량 또는 선박 등의 통행에 피해를 주거나 이로부터 피해를 받지 아니하도록 하여야 하며, 시공상 불가피한 경우에는 그 주위에 설비에 관한 안전표지를 설치하는 등의 보호대책을 마련하여야 한다.

03 사업용방송통신설비와 이용자방송통신설비의 분계점을 설정하는 데 국선과 구내선의 분계점은 어떻게 설정하는가?

① 사업용방송통신설비의 국선수용단자반과 이용자방송통신설비의 단말장치와의 접속되는 점으로 한다.
② 사업용방송통신설비의 국선접속설비와 이용자방송통신설비가 최초로 접속되는 점으로 한다.
③ 사업용방송통신설비의 전송설비와 이용자방송통신설비의 구내통신선로설비가 최초로 접속되는 점으로 한다.
④ 사업용방송통신설비의 교환설비와 이용자방송통신설비의 최초단자사이에 구성되는 회선으로 한다.

> **방송통신설비의 기술기준에 관한 규정 제4조(분계점)**
> 방송통신설비가 다른 사람의 방송통신설비와 접속되는 경우에는 그 건설과 보전에 관한 책임 등의 한계를 명확하게 하기 위하여 분계점이 설정되어야 한다.
> • 사업용방송통신설비의 분계점은 사업자 상호 간의 합의에 따른다. 다만, 과학기술정보통신부장관이 분계점을 고시한 경우에는 이에 따른다.
> • 사업용방송통신설비와 이용자방송통신설비의 분계점은 도로와 택지 또는 공동주택단지의 각 단지와의 경계점으로 한다. 다만, 국선과 구내선의 분계점은 사업용방송통신설비의 국선접속설비와 이용자방송통신설비가 최초로 접속되는 점으로 한다.

04 다음 중 방송통신서비스를 제공하는 사업자가 구비하여야 할 안정성과 신뢰성에 해당하는 것으로 관계가 적은 것은?

① 방송통신설비 이용자의 안전 확보에 필요한 사항
② 방송통신설비의 안전성 및 신뢰성 확보를 위하여 필요한 사항
③ 방송통신설비의 운용에 필요한 시험 · 감시 기능에 관한 사항
④ 방송통신설비를 판매하기 위한 건축물의 화재대책 등에 관한 사항

> **방송통신설비의 기술기준에 관한 규정 제22조(안전성 및 신뢰성 등)**
> 사업자는 이용자가 안전하고 신뢰성 있는 방송통신서비스를 제공받을 수 있도록 다음 각호의 사항을 구비하여 운용하여야 한다.
> • 방송통신설비를 수용하기 위한 건축물 또는 구조물의 안전 및 화재대책 등에 관한 사항
> • 방송통신설비를 이용 또는 운용하는 자의 안전 확보에 필요한 사항
> • 방송통신설비의 운용에 필요한 시험 · 감시 및 통제를 할 수 있는 기능에 관한 사항
> • 그 밖에 방송통신설비의 안전성 및 신뢰성 확보를 위하여 필요한 사항

05 적합성평가를 받은 기자재가 적합성평가 기준대로 제조 · 수입 또는 판매되고 있는지 조사 또는 시험하는 것을 무엇이라고 하는가?

① 품질관리
② 규격관리
③ 사후관리
④ 시험관리

> **방송통신기자재등의 적합성평가에 관한 고시**
> 사후관리는 적합성평가를 받은 기자재가 적합성평가기준대로 제조 · 수입 또는 판매되고 있는지 법 제71조의2에 따라 조사 또는 시험하는 것을 말한다.

06 다음 중 방송통신설비의 옥외설비가 갖추어야 할 신뢰성 및 안정성에 대한 대책이 <u>아닌</u> 것은?

① 동결 대책
② 다자접근 용이성 대책
③ 다습도 대책
④ 진동 대책

> 옥외설비 : 중계케이블이나 공중선 설비 등 옥외에 설치되는 통신설비를 말한다.
>
> **방송통신설비의 안전성 · 신뢰성 및 통신규약에 대한 기술기준 제4조(안전성 · 신뢰성 기준)**
> [별표] 안전성 및 신뢰성에 관한 기준, 제1장 설비기준 제2절 옥외설비
> 옥외 설비에 대하여 아래의 대책이 요구된다.
> • 풍해 대책, 낙뢰 대책, 진동 대책, 지진 대책, 화재 대책, 내수 등의 대책, 수해 대책, 동결 대책, 염해 등 대책, 고온 · 저온 대책, 다습도 대책, 고신뢰도, 제3자의 접촉 방지

07 다음 중 정부에서 정보통신망을 효율적으로 활용하기 위해 권장하는 사항이 <u>아닌</u> 것은?

① 정보통신망 상호 간의 연계 운영
② 정보통신망의 경영 관리
③ 정보통신망의 표준화
④ 정보의 공동활용체제 구축

> **정보통신망 이용촉진 및 정보보호 등에 관한 법률 제12조(정보의 공동활용체제 구축)**
> 정부는 정보통신망을 효율적으로 활용하기 위하여 정보통신망 상호 간의 연계 운영 및 표준화 등 정보의 공동활용체제 구축을 권장할 수 있다.

정답 01 ④ 02 ① 03 ② 04 ④ 05 ③ 06 ② 07 ②

08 홈네트워크설비 중 단지네트워크장비를 설치할 때 고려할 사항이 <u>아닌</u> 것은?

① 함체나 랙에는 잠금장치를 하여야 한다.
② 누구나 조작이 가능하도록 개방되어 있어야 한다.
③ 집중구내통신실에 설치하여야 한다.
④ 별도의 함체나 랙(Rack)으로 설치하여야 한다.

> **지능형 홈 네트워크 설치 및 기술기준 제8조(단지네트워크장비)**
> • 단지네트워크장비는 집중구내통신실 또는 통신배관실에 설치하여야 한다.
> • 단지네트워크장비는 홈게이트웨이와 단지서버 간 통신 및 보안을 수행할 수 있도록 설치하여야 한다.
> • 단지네트워크장비는 외부인으로부터 직접적인 접촉이 되지 않도록 별도의 함체나 랙(rack)으로 설치하며, 함체나 랙에는 외부인의 조작을 막기 위한 잠금장치를 하여야 한다.

09 다음 중 지능정보화 추진의 기본원칙에 해당되지 <u>않는</u> 것은?

① 지능정보기술을 활용하거나 지능정보서비스를 이용할 때 사회의 모든 구성원에게 공정한 기회가 주어지도록 노력
② 지능정보사회 구현시책의 추진 과정에서 민간과의 협력을 강화하고, 민간의 자유와 창의를 존중하고 지원
③ 자유롭고 개방적인 지능정보사회를 실현하고 이를 지속적으로 발전
④ 정보통신기반의 보호를 위한 제한적 접근과 활용 통제

> **지능정보화 기본법 제3조(지능정보사회 기본원칙)**
> • 국가 및 지방자치단체와 국민 등 사회의 모든 구성원은 인간의 존엄 · 가치를 바탕으로 자유롭고 개방적인 지능정보사회를 실현하고 이를 지속적으로 발전시킨다.
> • 국가와 지방자치단체는 지능정보사회 구현을 통하여 국가경제의 발전을 도모하고, 국민생활의 질적 향상과 복리 증진을 추구함으로써 경제 성장의 혜택과 기회가 폭넓게 공유되도록 노력한다.
> • 국가 및 지방자치단체와 국민 등 사회의 모든 구성원은 지능정보기술을 개발 · 활용하거나 지능정보서비스를 이용할 때 역기능을 방지하고 국민의 안전과 개인정보의 보호, 사생활의 자유 · 비밀을 보장한다.
> • 국가와 지방자치단체는 지능정보기술을 활용하거나 지능정보서비스를 이용할 때 사회의 모든 구성원에게 공정한 기회가 주어지도록 노력한다.
> • 국가와 지방자치단체는 지능정보사회 구현시책의 추진 과정에서 민간과의 협력을 강화하고, 민간의 자유와 창의를 존중하고 지원한다.
> • 국가와 지방자치단체는 지능정보기술의 개발 · 활용이 인류의 공동발전에 이바지할 수 있도록 국제협력을 적극적으로 추진한다.

기출 분석

연도	19년	20년	21년	22년	23년
문제 수	0	1	2	2	1

01 정보통신 설계

1) 설계의 이해

- 설계도면, 설계설명서, 공사비명세서, 기술계산서 및 이와 관련된 서류(설계도서)를 작성하는 행위를 말한다.
- 공사를 설계하는 자는 방송통신설비의 기술기준에 관한 규정에 따른 기술기준에 적합하게 설계하여야 한다.
- 공사의 품질 확보와 적정한 공사관리를 위한 기준으로서 설계기준, 표준공법 및 표준설계설명서 등을 포함한다.

2) 정보통신 설계관련 조항

- 정보통신공사업법 제7조(설계 등)
- 정보통신공사업법 시행령 제6조(설계대상인 공사의 범위)
- 정보통신공사업법 시행령 제7조(설계도서의 보관의무)

02 정보통신 감리

1) 감리의 이해

- **감리** : 발주자의 위탁을 받은 용역업자가 설계도서 및 관련 규정의 내용대로 시공되는지를 감독하고, 품질관리·시공관리 및 안전관리에 대한 지도 등에 관한 발주자의 권한을 대행하는 것을 말한다.
- **감리업무 수행기준** : 감리업무의 효율적인 수행을 위한 기준으로서 공사별 감리 소요인력, 감리비용 산정 기준 등을 포함한다.

2) 정보통신 감리관련 조항

정보통신공사업법 제8조(감리 등)
① 발주자는 용역업자에게 공사의 감리를 발주하여야 한다.
② 제1항에 따라 공사의 감리를 발주 받은 용역업자는 감리원에게 그 공사에 대하여 감리를 하게 하여야 한다. 이 경우 감리원의 업무범위와 공사의 규모 및 종류 등을 고려한 배치 기준은 대통령령으로 정한다.

03 정보통신공사의 범위(종류)

정보통신공사업법 시행령 제2조(공사의 범위) [별표] 공사의 종류

구분	공사의 종류
통신설비공사	통신선로설비공사, 교환설비공사, 전송설비공사, 구내통신설비공사, 이동통신설비공사, 위성통신설비공사, 고정무선통신설비공사
방송설비공사	방송국설비공사, 방송전송 · 선로설비공사
정보설비공사	정보제어 · 보안설비공사, 정보망설비공사, 정보매체설비공사, 항공 · 항만통신설비공사, 선박의 통신 · 항해 · 어로설비공사, 철도통신 · 신호 설비공사
기타 설비공사	정보통신전용전기시설설비공사

이론을 확인하는 기출문제

01 22.6

다음 중 정보통신공사의 설계 및 감리에 관한 설명으로 **틀린** 것은?

① 감리원은 설계도서 및 관련 규정에 적합하게 공사를 감리해야 한다.

② 설계도서를 작성한 자는 그 설계도서에 서명 또는 기명날인하여야 한다.

③ 발주자는 용역업자에게 공사의 설계를 발주하고 소속 기술자만으로 감리업무를 수행하게 해야 한다.

④ 공사를 설계하는 자는 기술기준에 적합하게 설계해야 한다.

정보통신공사업법 제6조(기술기준의 준수 등)
• 공사를 설계하는 자는 대통령령으로 정하는 기술기준에 적합하게 설계하여야 한다.
• 감리원은 설계도서 및 관련 규정에 적합하게 공사를 감리하여야 한다.

정보통신공사업법 제7조(설계 등)
• 발주자는 용역업자에게 공사의 설계를 발주하여야 한다.
• 설계도서를 작성한 자는 그 설계도서에 서명 또는 기명날인하여야 한다.
• 설계 대상인 공사의 범위, 설계도서의 보관, 그 밖에 필요한 사항은 대통령령으로 정한다.

정보통신공사업법 제8조(감리 등)
• 발주자는 용역업자에게 공사의 감리를 발주하여야 한다.
• 공사의 감리를 발주 받은 용역업자는 감리원에게 그 공사에 대하여 감리를 하게 하여야 한다. 이 경우 감리원의 업무범위와 공사의 규모 및 종류 등을 고려한 배치 기준은 대통령령으로 정한다.

02 21.3

발주자는 누구에게 공사의 감리를 발주하여야 하는가?

① 감리원
② 정보통신기술자
③ 용역업자
④ 도급업자

정보통신공사업법 제2조(정의)
감리는 발주자의 위탁을 받은 용역업자가 설계도서 및 관련규정의 내용대로 시공되는지 여부의 감독 및 품질관리 · 시공관리 및 안전관리에 대한 지도 등에 관한 발주자의 권한을 대행하는 것을 말한다.

정보통신공사업법 제8조(감리 등)
• 발주자는 용역업자에게 공사의 감리를 발주하여야 한다.
• 공사의 감리를 발주 받은 용역업자는 감리원에게 그 공사에 대하여 감리를 하게 하여야 한다. 이 경우 감리원의 업무범위와 공사의 규모 및 종류 등을 고려한 배치 기준은 대통령령으로 정한다.
• 공사의 감리를 발주 받은 용역업자가 감리원을 배치(배치된 감리원을 교체하는 경우를 포함)하는 경우에는 발주자의 확인을 받아 그 배치현황을 시 · 도지사에게 신고하여야 한다.
• 감리원으로 인정받으려는 사람은 대통령령으로 정하는 바에 따라 과학기술정보통신부장관에게 자격을 신청하여야 한다.

03 정보통신공사에서 공사와 감리를 함께 할 수 없도록 되어 있는 경우가 <u>아닌</u> 것은?

① 공사업자와 감리용역업자가 동일인인 경우
② 공사업자와 감리용역업자가 모회사와 자회사의 관계에 있는 경우
③ 공사업자와 감리용역업자가 서로 해당 법인의 임직원의 관계인 경우
④ 공사업자와 감리용역업자가 모두 한국정보통신공사협회에 가입되어 있는 경우

- -

정보통신공사업법 제12조 (공사업자의 감리제한)
공사업자와 용역업자가 동일인이거나 다음 각호의 어느 하나의 관계에 해당될 때에는 당해 공사에 관하여 공사와 감리를 함께 할 수 없다.
- 대통령령으로 정하는 모회사와 자회사의 관계에 있는 때
- 법인과 그 법인의 임ㆍ직원의 관계에 있는 때
- 민법에 의한 친족관계에 있는 때

04 다음 문장의 괄호 안에 들어갈 내용으로 <u>틀린</u> 것은?

> 감리란 공사에 대하여 발주자의 위탁을 받은 용역업자가 설계 도서 및 관련 규정의 내용대로 시공되는지를 감독하고, (   ), (   ) 및 (   )에 대한 지도 등에 관한 발주자의 권한을 대행하는 것을 말한다.

① 품질관리
② 시공관리
③ 사후관리
④ 안전관리

- -

정보통신공사업법 제2조(정의)
감리는 발주자의 위탁을 받은 용역업자가 설계도서 및 관련 규정의 내용대로 시공되는지 여부의 감독 및 품질관리ㆍ시공관리 및 안전관리에 대한 지도 등에 관한 발주자의 권한을 대행하는 것을 말한다.

05 다음 중 정보통신공사업에서 규정한 정보통신설비의 설치 및 유지ㆍ보수에 관한 공사와 이에 따른 부대공사로 <u>잘못된</u> 것은?

① 수전설비를 포함한 정보통신전용 전기시설설비공사 등 그 밖의 설비공사
② 전기통신관계법령 및 전파관계법령에 의한 통신설비공사
③ 정보통신관계법령에 의하여 정보통신설비를 이용하여 정보를 제어ㆍ저장 및 처리하는 정보설비공사
④ 방송법 등 방송관계법령에 의한 방송설비공사

- -

정보통신공사업법 제2조(정의)
정보통신공사는 정보통신설비의 설치 및 유지ㆍ보수에 관한 공사와 이에 따르는 부대공사로서 대통령령으로 정하는 공사를 말한다.
정보통신공사업법 시행령 제2조(공사의 범위)
정보통신설비의 설치 및 유지ㆍ보수에 관한 공사와 이에 따른 부대공사는 다음 각호와 같다.
- 전기통신관계법령 및 전파관계법령에 따른 통신설비공사
- 방송법 등 방송관계법령에 따른 방송설비공사
- 정보통신관계법령에 따라 정보통신설비를 이용하여 정보를 제어ㆍ저장 및 처리하는 정보설비공사
- 수전설비를 제외한 정보통신전용 전기시설설비공사 등 그 밖의 설비공사
- 위의 규정에 따른 공사의 부대공사
- 위의 규정에 따른 공사의 유지ㆍ보수공사

- -

정답 01 ③ 02 ③ 03 ④ 04 ③ 05 ①

SECTION 12 설계대상공사 및 범위

01 설계대상공사 및 범위

1) 정보통신공사업법 제7조(설계 등)

• 발주자는 용역업자에게 공사의 설계를 발주하여야 한다.
• 설계도서를 작성한 자는 그 설계도서에 서명 또는 기명날인하여야 한다.
• 설계 대상인 공사의 범위, 설계도서의 보관, 그 밖에 필요한 사항은 대통령령으로 정한다.

2) 정보통신공사업법 시행령 제6조(설계대상인 공사의 범위)

① 용역업자에게 설계를 발주해야 하는 공사는 다음 각호의 어느 하나에 해당하는 공사를 제외한 공사로 한다.
• 시행령 제4조에 따른 경미한 공사
• 천재 · 지변 또는 비상재해로 인한 긴급복구공사 및 그 부대공사
• 통신구설비공사
• 기존 설비를 교체하는 공사로서 설계도면의 새로운 작성이 불필요한 공사

② 다음 각호의 어느 하나에 해당하는 공사로서 기술계 정보통신기술자인 발주자의 소속직원이 관계 법령에 따라 설계하는 공사는 용역업자에게 발주하는 것에 대하여 예외할 수 있다.
• 국방 및 국가안보 등과 관련하여 기밀유지가 요구되는 공사
• 다음에 해당하는 기관이 시행하는 공사(국가 및 지방자치단체, 지방공사, 과학기술정보통신부장관이 정하여 고시하는 기관)
• 총공사금액(도급금액에 발주자가 공급하는 자재비를 포함한 금액)이 1억 원 미만인 공사

22.10, 18.6

01 다음 중 정보통신공사를 발주하는 자가 용역업자에게 설계를 발주하지 않고 시행할 수 있는 경우에 해당하지 <u>않는</u> 것은?

① 기존설비를 교체하는 공사로서 설계도면의 새로운 작성이 불필요한 공사
② 통신구설비공사
③ 비상재해로 인한 긴급 복구공사
④ 50회선 이상의 구내통신선로설비공사

....

건축물에 설치되는 5회선 이하의 구내통신선로 설비공사는 경미한 공사범위이다.

정보통신공사업법 시행령 제6조(설계대상인 공사의 범위)
용역업자에게 설계를 발주해야 하는 공사는 다음 각호의 어느 하나에 해당하는 공사를 제외한 공사로 한다.
• 시행령 제4조에 따른 경미한 공사
• 천재 · 지변 또는 비상재해로 인한 긴급복구공사 및 그 부대공사
• 통신구설비공사
• 기존 설비를 교체하는 공사로서 설계도면의 새로운 작성이 불필요한 공사

감리대상공사 및 감리원 배치제도의 이해

연도	19년	20년	21년	22년	23년
문제 수	1	0	0	1	1

01 정보통신 감리원의 배치기준

정보통신공사업법 시행령 제8조의3(감리원의 배치기준 등)

1) 총 공사비 금액별 감리원 배치 기준

총 공사비(원)	감리원 배치 기준
100억 이상	특급감리원(기술사 자격을 가진 자로 한정)
70억 이상 ~ 100억 미만	특급감리원 이상 배치
30억 이상 ~ 70억 미만	고급감리원 이상 배치
5억 이상 ~ 30억 미만	중급감리원 이상 배치
5억 미만	초급감리원 이상 배치

2) 감리 투입 기준

- 용역업자는 감리원을 공사가 시작하기 전에 1명 배치해야 한다.
- 1명의 감리원이 2 이상의 공사 감리하는 것을 금지한다.
- 공사금액 2억 미만 공사의 직선거리 20km 이내의 동종공사는 2개 감리할 수 있다.
- 물가 변동에 의한 10% 이내 금액증가 시 기존등급의 감리원 투입(유지)이 가능하다.
- 감리 시 배치사항을 시, 군, 구, 도지사에 신고한다.

02 감리대상 공사범위

정보통신공사업법 시행령 제8조(감리대상인 공사의 범위)
다음 항목의 공사를 제외하고 용역업자에게 감리를 발주해야한다.
- 경미한 공사
- 천재지변 또는 비상재해로 인한 긴급복구공사 및 그 부대공사
- 통신구설비공사
- 기존 설비를 교체하는 공사로서 설계도면의 새로운 작성이 불필요한 공사
- 전기통신역무를 제공하기 위한 공사로서 총공사금액이 1억 원 미만인 공사
- 철도, 도시철도, 도로, 방송, 항만, 항공, 송유관, 가스관, 상·하수도 설비의 정보제어 등 안전·재해예방 및 운용·관리를 위한 공사로서 총공사금액이 1억 원 미만인 공사
- 6층 미만으로서 연면적 5천 제곱미터 미만의 건축물에 설치되는 정보통신설비의 설치공사(단, 다음 각호의 시설은 건축물의 층수 및 연면적의 계산에 포함한다. : 지하층, 축사, 창고 및 차고, 그 밖에 이와 유사한 공작물 또는 건축물)

23.3, 19.10
01 다음 중 정보통신공사업법에 따른 총 공사금액과 감리원 배치기준의 기준이 <u>잘못된</u> 것은?

① 총 공사금액 150억원 : 특급감리원(기술사 자격을 가진 자로 한정)

② 총 공사금액 120억원 : 특급감리원

③ 총 공사금액 60억원 : 고급감리원 이상의 감리원

④ 총 공사금액 20억원 : 중급감리원 이상의 감리원

정보통신공사업법 제8조(감리 등)
• 발주자는 용역업자에게 공사의 감리를 발주하여야 한다.
• 공사의 감리를 발주 받은 용역업자는 감리원에게 그 공사에 대하여 감리를 하게 하여야 한다. 이 경우 감리원의 업무범위와 공사의 규모 및 종류 등을 고려한 배치 기준은 대통령령으로 정한다.

정보통신공사업법 시행령 제8조의3(감리원의 배치기준 등)
용역업자는 기준에 따른 감리원을 공사가 시작하기 전에 1명 배치해야 한다. 이 경우 용역업자는 전체 공사기간 중 발주자와 합의한 기간(공사가 중단된 기간은 제외)에는 해당 감리원을 공사현장에 상주하도록 배치해야 한다.

총 공사비(원)	감리원 배치 기준
100억 이상	특급감리원(기술사 자격을 가진 자로 한정)
70억 이상 ~ 100억 미만	특급감리원 이상 배치
30억 이상 ~ 70억 미만	고급감리원 이상 배치
5억 이상 ~ 30억 미만	중급감리원 이상 배치
5억 미만	초급감리원 이상 배치

22.6
02 다음에서 (   )에 들어갈 적합한 용어는?

> 공사의 감리를 발주 받은 (   )은(는) 감리원을 배치하는 경우에는 발주자의 확인을 받아 그 배치 현황을 특별시장 · 광역시장 · 특별자치시장 · 도지사 또는 특별자치도지사에게 신고하여야 한다.

① 공사업자
② 용역업자
③ 시공업자
④ 설계업자

정보통신공사업법 제8조(감리 등)
• 발주자는 용역업자에게 공사의 감리를 발주하여야 한다.
• 공사의 감리를 발주 받은 용역업자는 감리원에게 그 공사에 대하여 감리를 하게 하여야 한다. 이 경우 감리원의 업무범위와 공사의 규모 및 종류 등을 고려한 배치 기준은 대통령령으로 정한다.
• 공사의 감리를 발주 받은 용역업자가 감리원을 배치(배치된 감리원을 교체하는 경우를 포함)하는 경우에는 발주자의 확인을 받아 그 배치현황을 시 · 도지사에게 신고하여야 한다.
• 감리원으로 인정받으려는 사람은 대통령령으로 정하는 바에 따라 과학기술정보통신부장관에게 자격을 신청하여야 한다.

정답 01 ② 02 ②

SECTION 14 정보통신공사 설계 기준 및 산출물

기출 분석

연도	19년	20년	21년	22년	23년
문제 수	2	0	0	1	1

01 정보통신 설계

정보통신 설계는 사업주로부터 어떤 사업물의 규모, 용도, 사업성 등을 요청받아 이를 구체화할 수 있도록 공사의 비용, 재료, 구조 등에 대해 연구, 조사, 분석, 계획하여 도서로 작성하는 것이다.

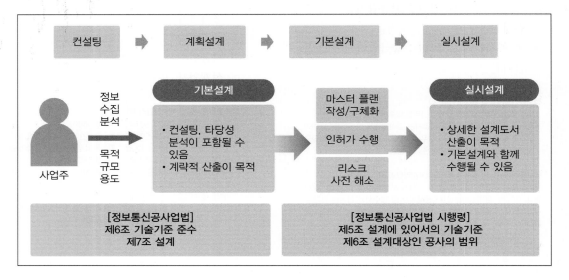

▲ 정보통신공사 설계의 개념도

02 설계 특징 및 산출물

1) 기본설계

기본설계 특징	산출물
• 발주자의 제공요건을 만족하는 기본 계획 수립 • 타당성 분석 병행 가능 (요율 증가) • 계략적 공사비 산출, 도면 작성 • 인/허가 자료 준비 • 사업의 최적안 도출 • 관련법 조사, 확인	• 설계서(설계 보고서) • 기본설계 도면(계략적/ 인허가용) • 공사 내역서(계략적 금액) • 용량계산서(계략적) • 기술검토서, 관련법규, 협의서, 회의록, 검토서 등

2) 실시설계

실시설계 특징	산출물
• 기본설계서를 참조하여 세부적으로 작성 • 실제 시공 가능한 상세한 설계서 작성 • 시스템 최적화를 위한 조사, 분석, 검토 • 상세 도면, 내역서 작성, 산출서 작성 • 적합한 자재의 선정 • 목적에 부합하고 우수한 품질 보장 활동	• 설계 보고서(시방서, 도면) • 공사비 적산서(내역서, 산출서,견적서) • 설계 계산서(부하, 용량, 구조 계산서) • 관공서 협의록, 민원서류, 동의서 등 • 설계 자문, 심의 자료 등

03 설계도서 보관의 의무

정보통신공사업법 시행령 제7조(설계도서의 보관의무)

공사의 설계도서는 다음 각호의 기준에 따라 보관하여야 한다.

• 공사의 목적물의 소유자는 공사에 대한 실시 · 준공설계도서를 공사의 목적물이 폐지될 때까지 보관할 것. 다만, 소유자가 보관하기 어려운 사유가 있을 때에는 관리주체가 보관하여야 하며, 시설교체 등으로 실시 · 준공설계도서가 변경된 경우에는 변경된 후의 실시 · 준공설계도서를 보관하여야 한다.

• 공사를 설계한 용역업자는 그가 작성 또는 제공한 실시설계도서를 해당 공사가 준공된 후 5년간 보관할 것

• 공사를 감리한 용역업자는 그가 감리한 공사의 준공설계도서를 하자담보책임기간이 종료될 때까지 보관할 것

23.6 22.10, 19.10

01 다음 중 정보통신공사의 설계도서에 대한 보관 기준을 설명한 것으로 잘못된 것은?

① 공사에 대한 실시 · 준공설계도서는 공사의 목적물이 폐지될 때까지 보관

② 실시 · 준공설계도서가 변경된 경우에는 변경 전후 실시 · 준공설계도서 모두 보관

③ 공사를 설계한 용역업자는 그가 작성 또는 제공한 실시설계도서를 해당 공사 준공 후 5년간 보관

④ 공사를 감리한 용역업자는 그가 감리한 공사의 준공설계도서를 하자담보책임기간 종료시까지 보관

정보통신공사업법 시행령 제7조(설계도서의 보관의무)
공사의 설계도서는 다음 각호의 기준에 따라 보관하여야 한다.

• 공사의 목적물의 소유자는 공사에 대한 실시 · 준공설계도서를 공사의 목적물이 폐지될 때까지 보관할 것. 다만, 소유자가 보관하기 어려운 사유가 있을 때에는 관리주체가 보관하여야 하며, 시설교체 등으로 실시 · 준공설계도서가 변경된 경우에는 변경된 후의 실시 · 준공설계도서를 보관하여야 한다.

• 공사를 설계한 용역업자는 그가 작성 또는 제공한 실시설계도서를 해당 공사가 준공된 후 5년간 보관할 것

• 공사를 감리한 용역업자는 그가 감리한 공사의 준공설계도서를 하자담보책임기간이 종료될 때까지 보관할 것

23.3

02 정보통신공사의 품질 확보와 적정한 공사 관리를 위한 설계 · 시공 기준이 <u>아닌</u> 것은?

① 설계기준

② 감리비용 산정 기준

③ 표준공법

④ 표준설계설명서

정보통신공사업법 제6조(기술기준의 준수 등)

① 공사를 설계하는 자는 대통령령으로 정하는 기술기준에 적합하게 설계하여야 한다.

② 감리원은 설계도서 및 관련 규정에 적합하게 공사를 감리하여야 한다.

③ 과학기술정보통신부장관은 다음 각호의 구분에 따라 공사의 설계 · 시공 기준과 감리업무 수행기준을 마련하여 발주자, 용역업자 및 공사업자가 이용하도록 할 수 있다.

• **설계 · 시공 기준** : 공사의 품질 확보와 적정한 공사 관리를 위한 기준으로서 설계기준, 표준공법 및 표준설계설명서 등을 포함한다.

• **감리업무 수행기준** : 감리업무의 효율적인 수행을 위한 기준으로서 공사별 감리 소요인력, 감리비용 산정 기준 등을 포함한다.

19.10

03 다음 중 정보통신공사의 '설계도서'에 포함되지 <u>않는</u> 것은?

① 공사비명세서

② 시험성적서

③ 시방서

④ 설계도면

정보통신공사업법 제2조(정의)
설계는 공사에 관한 계획서 · 설계도면 · 시방서 · 공사비내역서 · 기술계산서 및 이와 관련된 서류를 작성하는 행위이다.

정답 01 ② 02 ② 03 ②

SECTION
15

정보통신 감리업무, 공사의 감리 절차 및 산출물

출제빈도

📖 기출 분석

연도	19년	20년	21년	22년	23년
문제 수	2	1	2	1	3

01 감리원 주요업무

1) 설계, 공사감리 업무

설계감리	공사감리
• 설계의 목적달성(적합성) • 안전성, 관리성, 경제성 확보 • 설계업체의 선정에서부터 설계 진행 전반적인 사항을 관리 감독함 • 설계 완료 후 시공 및 유지관리에 관한 사항을 기술지원 • 관련 법령 및 기술구현 가능성을 중점 점검	• 시공계획서의 분석 및 실현 가능성 분석 • 각 공정별 적정 시기에 시공 검측 수행 • 다음 단계 진행 시 전 단계 수행내용 확인 불가로 인한 문제 발생 고려 • 실제 현장 적용의 적합성 확인 • 환경/안전/공정/인력/품질관리 • 하자처리 및 유지보수 관련 준비사항 검토 • 시공품질 확보를 위한 활동

2) 공사단계별 감리업무

단계	주요업무
착공단계 감리업무	• 설계도서 및 시공계획서 검토 • 시공사 제출서류(착수, 계약, 하도급 등) 검토 • 현장조사 및 설계도 대조검토 • 시공대상물의 법적 문제 소지 분석, 점검 • 시공사와 발주처 간 시공방안 전반에 걸친 협의 지원
시공단계 감리업무	• 시공, 공정, 품질, 안전, 환경 관리 • 시공 검측 • 기성검사 및 행정지원 • 공정회의 참여 • 반입 자재 검사 및 승인 • 설계변경 검토(해당 시) • 부실공사 만회대책 검토(해당 시) • 감리 일정, 진행현황 보고
준공단계 감리업무	• 예비준공검사 • 준공검사 • 시운전 관련 결과검토 • 최종 시공사 산출물 점검 • 시스템 인수인계 방안 검토 • 유지보수 및 하자보수 계획 검토 • 최종 감리보고서 제출

02 감리원의 업무 범위

1) 정보통신공사업법 시행령 제8조의2(감리원의 업무범위)

감리원의 업무 범위는 다음 각호와 같다.

- 공사계획 및 공정표의 검토
- 공사업자가 작성한 시공상세도면의 검토 · 확인
- 설계도서와 시공도면의 내용이 현장조건에 적합한지 여부와 시공 가능성 등에 관한 사전검토
- 공사가 설계도서 및 관련 규정에 적합하게 행해지고 있는지에 대한 확인
- 공사 진척 부분에 대한 조사 및 검사
- 사용 자재의 규격 및 적합성에 관한 검토 · 확인
- 재해예방대책 및 안전관리의 확인
- 설계변경에 관한 사항의 검토 · 확인
- 하도급에 대한 타당성 검토
- 준공도서의 검토 및 준공확인

03 감리결과통보

1) 정보통신공사업법 제11조(감리결과의 통보)

공사의 감리를 발주받은 용역업자는 공사에 대한 감리를 끝냈을 때에는 대통령령으로 정하는 바에 따라 그 감리결과를 발주자에게 서면으로 알려야 한다.

2) 정보통신공사업법 시행령 제14조(감리결과의 통보)

용역업자는 공사에 대한 감리를 완료한 때에는 공사가 완료된 날부터 7일 이내에 다음 각호의 사항이 포함된 감리결과를 발주자에게 통보하여야 한다.

- 착공일 및 완공일
- 공사업자의 성명
- 시공 상태의 평가결과
- 사용자재의 규격 및 적합성 평가결과
- 정보통신기술자배치의 적정성 평가결과

01 23.3, 22.3, 18.3

다음 중 감리원이 공사업자가 설계도서 및 관련 규정의 내용에 적합하지 아니하게 공사를 시공하는 경우 취할 수 있는 조치는 무엇인가?

① 하도급인과 협의하여 설계변경 명령을 할 수 있다.

② 발주자의 동의를 얻어 공사중지명령을 할 수 있다.

③ 수급인에게 보고하고 공사업자를 교체할 수 있다.

④ 한국정보통신공사협회에 신고하여 공사업자에 과태료를 부과한다.

정보통신공사업법 제9조(감리원의 공사중지명령 등)
• 감리원은 공사업자가 설계도서 및 관련 규정의 내용에 적합하지 아니하게 해당 공사를 시공하는 경우에는 발주자의 동의를 받아 재시공 또는 공사중지명령이나 그 밖에 필요한 조치를 할 수 있다.
• 감리원으로부터 재시공 또는 공사중지명령이나 그 밖에 필요한 조치에 관한 지시를 받은 공사업자는 특별한 사유가 없으면 이에 따라야 한다.

02 22.6

다음 중 감리원의 공사중지 명령과 관련된 설명으로 맞는 것은?

① 공사업자가 관련 규정의 내용에 적합하지 아니하게 해당 공사를 시공하는 경우에는 발주자의 동의 없이 공사중지명령을 내릴 수 있다.

② 공사업자는 감리원으로부터 재시공 등 필요한 조치에 관한 지시를 받으면 무조건 지시를 따라야 한다.

③ 공사업자가 자신의 명령을 따르지 않는 경우에는 공사업자를 바꾸는 등의 필요한 조치를 할 수 있다.

④ 감리원으로부터 필요한 조치에 관한 지시를 받은 공사업자는 특별한 사유가 없으면 이에 따라야 한다.

정보통신공사업법 제9조(감리원의 공사중지명령 등)
• 감리원은 공사업자가 설계도서 및 관련 규정의 내용에 적합하지 아니하게 해당 공사를 시공하는 경우에는 발주자의 동의를 받아 재시공 또는 공사중지명령이나 그 밖에 필요한 조치를 할 수 있다.
• 감리원으로부터 재시공 또는 공사중지명령이나 그 밖에 필요한 조치에 관한 지시를 받은 공사업자는 특별한 사유가 없으면 이에 따라야 한다.

정답 01 ② 02 ④

03 다음 중 용역업자가 발주자에게 통보해야 하는 감리 결과에 포함되지 <u>않는</u> 것은?

① 착공일 및 완공일
② 공사업자의 성명
③ 사용자재의 제조원가
④ 정보통신기술자배치의 적정성 평가결과

정보통신공사업법 시행령 제14조(감리결과의 통보)
용역업자는 공사에 대한 감리를 완료한 때에는 공사가 완료된 날부터 7일 이내에 다음 각호의 사항이 포함된 감리결과를 발주자에게 통보하여야 한다.
• 착공일 및 완공일
• 공사업자의 성명
• 시공 상태의 평가결과
• 사용자재의 규격 및 적합성 평가결과
• 정보통신기술자배치의 적정성 평가결과

04 다음 중 정보통신공사업법에 따른 감리원의 업무범위가 <u>아닌</u> 것은?

① 공사계획 및 공정표의 검토
② 공사업자가 작성한 시공상세도면의 검토 · 확인
③ 설계도서 변경 및 시공 일정의 조정
④ 공사가 설계도서 및 관련 규정에 적합하게 행하여지고 있는지에 대한 확인

정보통신공사업법 시행령 제8조의2(감리원의 업무범위)
감리원의 업무 범위는 다음 각호와 같다.
• 공사계획 및 공정표의 검토
• 공사업자가 작성한 시공상세도면의 검토 · 확인
• 설계도서와 시공도면의 내용이 현장조건에 적합한지 여부와 시공 가능성 등에 관한 사전검토
• 공사가 설계도서 및 관련 규정에 적합하게 행해지고 있는지에 대한 확인
• 공사 진척 부분에 대한 조사 및 검사
• 사용 자재의 규격 및 적합성에 관한 검토 · 확인
• 재해예방대책 및 안전관리의 확인
• 설계변경에 관한 사항의 검토 · 확인
• 하도급에 대한 타당성 검토
• 준공도서의 검토 및 준공확인

05 공사 발주자가 감리원에 대해 취할 수 있는 필요한 조치에 해당하는 것은?

① 시정지시
② 감리원의 업무정지
③ 감리원의 감봉조치
④ 감리원의 철수요구

정보통신공사업법 제10조(감리원에 대한 시정조치)
발주자는 감리원이 업무를 성실하게 수행하지 아니하여 공사가 부실하게 될 우려가 있을 때에는 대통령령이 정하는 바에 의하여 당해 감리원에 대하여 시정지시 등 필요한 조치를 할 수 있다.

01 다음 중 감리원이 공사업자가 설계도서 및 관련 규정의 내용에 적합하지 아니하게 공사를 시공하는 경우 취할 수 있는 조치는 무엇인가?

① 하도급인과 협의하여 설계변경 명령을 할 수 있다.

② 발주자의 동의를 얻어 공사중지 명령을 할 수 있다.

③ 수급인에게 보고하고 공사업자가 교체할 수 있다.

④ 한국정보통신공사협회에 신고하고 공사업자에 과태료를 부과한다.

> **정보통신공사업법 제9조(감리원의 공사중지명령 등)**
> • 감리원은 공사업자가 설계도서 및 관련 규정의 내용에 적합하지 아니하게 해당 공사를 시공하는 경우에는 발주자의 동의를 받아 재시공 또는 공사중지명령이나 그 밖에 필요한 조치를 할 수 있다.
> • 감리원으로부터 재시공 또는 공사중지명령이나 그 밖에 필요한 조치에 관한 지시를 받은 공사업자는 특별한 사유가 없으면 이에 따라야 한다.

02 다음 중 정보통신 감리에 대한 설명으로 옳지 않은 것은?

① 발주자는 용역업자에게 공사의 감리를 발주하여야 한다.

② 감리는 품질관리, 시공관리 및 안전관리 지도 등에 관한 발주자의 권한을 대행한다.

③ 감리원은 고용노동부장관의 인정을 받은 사람을 말한다.

④ 감리원은 설계도서 및 관련 규정의 내용대로 시공되는지를 감독한다.

> **정보통신공사업법 제2조(정의)**
> • 감리 : 발주자의 위탁을 받은 용역업자가 설계도서 및 관련 규정의 내용대로 시공되는지 여부의 감독 및 품질관리 · 시공관리 및 안전관리에 대한 지도 등에 관한 발주자의 권한을 대행하는 것을 말한다.
> • 감리원 : 감리에 관한 기술 또는 기능을 가진 자로서 제8조의 규정에 의하여 정보통신부장관의 인정을 받은 자를 말한다.
>
> **정보통신공사업법 제6조(기술기준의 준수)**
> • 공사를 설계하는 자는 정보통신부령으로 정하는 기술기준에 적합하도록 설계하여야 한다.
> • 감리원은 설계도서 및 관련규정에 적합하도록 공사를 감리하여야 한다.
>
> **정보통신공사업법 제8조(감리 등)**
> • 발주자는 용역업자에게 공사의 감리를 발주하여야 한다.

03 다음 중 정보통신공사업법에 따른 정보설비공사의 종류에 해당하지 <u>않는</u> 것은?

① 정보망설비공사

② 전송설비공사

③ 철도통신 · 신호설비공사

④ 정보매체설비공사

> 전송설비공사는 통신설비공사의 한 종류이다.
>
> | 구분 | 공사의 종류 |
> |---|---|
> | 통신설비공사 | 통신선로설비공사, 교환설비공사, 전송설비공사, 구내통신설비공사, 이동통신설비공사, 위성통신설비공사, 고정무선통신설비공사 |
> | 방송설비공사 | 방송국설비공사, 방송전송 · 선로설비공사 |
> | 정보설비공사 | 정보제어 · 보안설비공사, 정보망설비공사, 정보매체설비공사, 항공 · 항만통신설비공사, 선박의 통신 · 항해 · 어로설비공사, 철도통신 · 신호 설비공사 |
> | 기타 설비공사 | 정보통신전용전기시설설비공사 |

04 다음 중 총 공사금액에 따른 감리원 배치기준으로 옳지 <u>않은</u> 것은?

① 30억 원 이상 70억 원 : 고급감리원 이상의 감리원

② 70억 원 이상 100억 원 : 특급감리원

③ 5억원 미만 : 중급감리원 이상의 감리원

④ 100억 원 이상 : 기술사

> **정보통신공사업법 시행령 제8조의3(감리원의 배치기준 등)**
> 용역업자는 다음 각호의 기준에 따른 감리원을 공사가 시작하기 전에 1명 배치해야 한다. 이 경우 용역업자는 전체 공사기간 중 발주자와 합의한 기간(공사가 중단된 기간은 제외)에는 해당 감리원을 공사 현장에 상주하도록 배치해야 한다.
>
> | 총 공사비(원) | 감리원 배치 기준 |
> |---|---|
> | 100억 이상 | 특급감리원(기술사 자격을 가진 자로 한정) |
> | 70억 이상 ~ 100억 미만 | 특급감리원 이상 배치 |
> | 30억 이상 ~ 70억 미만 | 고급감리원 이상 배치 |
> | 5억 이상 ~ 30억 미만 | 중급감리원 이상 배치 |
> | 5억 미만 | 초급감리원 이상 배치 |

05 다음 중 정보통신공사의 설계 및 시공에 관한 설명으로 <u>틀린</u> 것은?

① 공사를 설계하는 자는 기술기준에 적합하도록 설계하여야 한다.

② 설계도서를 작성하는 자는 그 설계도서에 서명 또는 기명날인하여야 한다.

③ 감리원은 설계도서 및 관련 규정에 적합하도록 공사를 감리하여야 한다.

④ 공사를 감리한 용역업자는 그가 감리한 공사의 준공설계도서를 준공 후 5년간 보관하여야 한다.

> 감리용역업자는 준공설계도서를 하자담보책임기간이 종료될 때까지 보관해야 한다.
>
> **정보통신공사업법 시행령 제7조(설계도서의 보관의무)**
> 공사의 설계도서는 다음 각호의 기준에 따라 보관하여야 한다.
> • 공사의 목적물의 소유자는 공사에 대한 실시 · 준공설계도서를 공사의 목적물이 폐지될 때까지 보관할 것. 다만, 소유자가 보관하기 어려운 사유가 있을 때에는 관리주체가 보관하여야 하며, 시설교체 등으로 실시 · 준공설계도서가 변경된 경우에는 변경된 후의 실시 · 준공설계도서를 보관하여야 한다.
> • 공사를 설계한 용역업자는 그가 작성 또는 제공한 실시설계도서를 해당 공사가 준공된 후 5년간 보관할 것
> • 공사를 감리한 용역업자는 그가 감리한 공사의 준공설계도서를 하자담보책임기간이 종료될 때까지 보관할 것
>
> **정보통신공사업법 제6조(기술기준의 준수 등)**
> • 공사를 설계하는 자는 정보통신부령으로 정하는 기술기준에 적합하도록 설계하여야 한다.
> • 감리원은 설계도서 및 관련규정에 적합하도록 공사를 감리하여야 한다.
>
> **정보통신공사업 제7조(설계 등)**
> • 발주자는 용역업자에게 공사의 설계를 발주하여야 한다.
> • 설계도서를 작성한 자는 그 설계도서에 서명 또는 기명날인하여야 한다.

06 총 공사금액 70억 원 이상 100억 원 미만인 정보통신공사의 감리원 배치 기준으로 옳은 것은?

① 특급감리원
② 고급감리원
③ 중급감리원
④ 초급감리원

정보통신공사업법 시행령 제8조의3(감리원의 배치기준 등)

총 공사비(원)	감리원 배치 기준
100억 이상	특급감리원(기술사 자격을 가진 자로 한정)
70억 이상 ~ 100억 미만	특급감리원 이상 배치
30억 이상 ~ 70억 미만	고급감리원 이상 배치
5억 이상 ~ 30억 미만	중급감리원 이상 배치
5억 미만	초급감리원 이상 배치

07 정보통신공사에서 실시설계의 산출물이 아닌 것은?

① 설계설명서
② 설비계산서
③ 회사소개서
④ 설계도면

정보통신공사 실시설계

실시설계 특징	산출물
• 기본설계서를 참조하여 세부적으로 작성 • 실제 시공 가능한 상세한 설계서 작성 • 시스템 최적화를 위한 조사, 분석, 검토 • 상세 도면, 내역서 작성, 산출서 작성 • 적합한 자재의 선정 • 목적에 부합하고 우수한 품질 보장 활동	• 설계 보고서(시방서, 도면) • 공사비 적산서(내역서, 산출서,견적서) • 설계 계산서(부하, 용량, 구조 계산서) • 관공서 협의록, 민원서류, 동의서 등 • 설계 자문, 심의 자료 등

08 다음 중 감리원이 감리결과를 보고하는 방법으로 옳은 것은?

① 발주자에게 이동전화로 구두 보고
② 서면으로 작성하여 우편으로 제출
③ 발주자와 대면하여 구두로 보고
④ 발주자에게 이메일로 제출

정보통신공사업법 제11조(감리결과의 통보)
공사의 감리를 발주받은 용역업자는 공사에 대한 감리를 완료한 때에는 정보통신부령이 정하는 바에 의하여 그 감리결과를 발주자에게 서면으로 통보하여야 한다.

09 다음 중 정보통신공사에 대한 감리결과에 포함되지 않는 것은?

① 착공일 및 완공일
② 사용자재의 적합성 평가결과
③ 시공상태의 평가결과
④ 감리비용 사용명세서

정보통신공사업법 시행령 제14조(감리결과의 통보)
용역업자는 공사에 대한 감리를 완료한 때에는 공사가 완료된 날부터 7일 이내에 다음 각호의 사항이 포함된 감리결과를 발주자에게 통보하여야 한다.
• 착공일 및 완공일
• 공사업자의 성명
• 시공 상태의 평가결과
• 사용자재의 규격 및 적합성 평가결과
• 정보통신기술자배치의 적정성 평가결과

정답 03 ② 04 ③ 05 ④ 06 ① 07 ③ 08 ② 09 ④

정보통신실무

학습 **방향**

정보통신 실무에서는 필기에서 학습한 내용 전반을 다시 다루게 된다. 보기가 없어도 문제를 해결할 수 있도록 주요 개념들에 대해서 명확하게 파악하고 있어야 하며, 특히 각 용어의 의미와 풀어쓴 형태를 익혀두어야 한다. 신유형 출제도 종종 이루어지는 만큼 기출문제 외의 내용도 빼놓지 않도록 한다.

교환시스템 기본설계

SECTION 01 통신 시스템 구성하기

기출 분석

연도	19년	20년	21년	22년	23년
문제 수	3	5	1	3	5

01 통신 시스템

데이터 또는 정보를 어떤 지점에서 멀리 떨어진 다른 특정 지점으로 유선, 무선, 광 등의 방법을 이용하여 전달하기 위해 구성되는 시스템으로 하드웨어, 소프트웨어, 전송선로를 포함한 전체적인 시스템을 말하며, 데이터 통신 또는 정보통신 시스템이라고 정의한다.

02 데이터 통신 시스템

1) 개념도

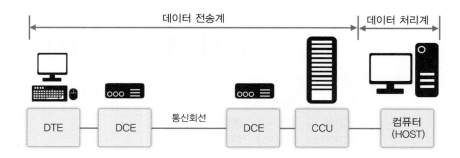

▲ 데이터 통신 시스템 개념도

2) 구성요소

- **데이터 단말장치(DTE)** : 디지털 데이터를 입출력하는데 사용되는 입출력 장치로 데이터를 발생시키는 장치이며, 단말기 또는 데이터 터미널이라고도 한다.
- **회선종단장치(DCE)** : DTE에서 생성한 정보를 변환시켜 전송하거나 원 상태로 복원하는 장비로 DTE와 회선을 연결시켜주는 데이터 회선 종단장치이다.
- **통신제어장치(CCU)** : 컴퓨터 시스템 앞단에서 통신의 흐름 제어, 전송오류 검출, 통신회선의 접속과 회선 감시 등을 수행하기 위한 통신제어장치이다.
- **컴퓨터(Host)** : 중앙처리장치와 주변장치로 구성되어 데이터의 연산과 제어기능 등을 수행하는 데이터 처리계 장치이다.

3) DTE와 DCE 간 연결(인터페이스, 접속)표준

- **X.20** : 공중데이터 통신망에서 비동기식 전송을 위한 DCE와 DTE간 접속규격이다.
- **X.21** : 패킷 교환망에 접속하는 동기 통신용(동기식 전송) 데이터 단말 DTE와 DCE를 접속하는 인터페이스로써 ITU-T 표준규격이다.

- **X.24** : 패킷 교환망에서 사용되는 DTE와 DCE 사이의 인터체인지 회로 구성에 대한 프로토콜이다.
- **X.25** : 패킷 교환망(공중 데이터통신망)에서 DCE와 DTE 간 패킷 단말기 접속규격으로 가장 많이 사용되는 규격이며, ITU-T에서 규정한 표준 프로토콜이다.

4) DTE와 DCE 간 국제표준규격인 인터페이스 규격의 특성 조건

- **기계적 특성** : 물리적 접속을 위한 접속핀의 개수, 크기, 간격 등에 관한 물리적 특성이다.
- **전기적 특성** : 전압 레벨의 사용에 관한 특성이다.
- **기능적 특성** : 각 핀마다 설정할 기능에 대한 특성이다.
- **절차적 특성** : 신호의 전송 절차에 관한 특성이다.

5) DTE의 주요 기능

① 입출력 변환 기능

- **입력** : 컴퓨터 센터에 보내야 할 입력 데이터를 부호화해서 전기 신호로 변환한다.
- **입력장치** : 자판(키보드), 광학 마크 판독기(OMR), 바코드 판독기(BCR), 자기 테이프 판독기 등
- **출력** : 컴퓨터에서 보내온 부호 데이터를 사람이 이해할 수 있는 형태로 바꾸는 기능을 수행한다.
- **출력장치** : 프린터, 모니터, 음성출력장치, X-Y 플로터 등이 있다.

② 입출력 제어기능

- 입력장치나 출력장치를 제어하는 기능을 수행한다.
- 입력장치에서 입력한 데이터를 회선으로 송출, 수신한 데이터를 출력장치로 보내주는 인터페이스를 제공한다.

③ 데이터 송수신 기능

입력된 데이터를 Host로 전송하기 위한 데이터 송신, 수신 기능을 제공한다.

④ 송수신 제어기능

통신회선에 접속하여 Host와 데이터를 교환하고 변복조 장치나 DCE 사이에서 신호의 교환이나 데이터 송수신을 제어하는 기능을 제공한다.

6) DCE의 주요 기능

- **데이터 회선종단장치** : 통신망 사업자 기준으로 통신망 관리의 종단역할을 하는 장치이다.
- **DTE와 전송로 간 인터페이스** : DTE와 전송로를 연결하는 기능으로 신호변환 및 회선 접속기능을 수행한다.
- 아날로그 회선은 MODEM, 디지털 회선은 DSU를 사용한다.

7) 회선제어절차 5단계

- **1단계** : 회선의 접속(송수신단 간 통신회선 연결을 통하여 데이터 전송 가능 상태로 설정)
- **2단계** : 데이터 링크의 확립(설정)(송수신단 간의 데이터 전송을 위한 논리적 경로를 설정)
- **3단계** : 데이터 전송(데이터의 실제 전송 및 에러제어, 흐름제어 수행)
- **4단계** : 데이터 링크의 해제(데이터 전송의 종료 후 데이터 전송의 완료를 수신측에 통보하여 데이터 링크 설정 전의 초기 단계로 돌아가는 단계)
- **5단계** : 회선의 절단(상대방과 접속된 회선을 절단)

03 정보통신 시스템

1) 정의

정보의 전송을 위한 송신기, 신호변환기, 전송선로, 수신기 등으로 구성되고, 송신기와 수신기에는 정보를 전송하고 수신하기 위한 하드웨어와 하드웨어에 설치되어 운영되는 소프트웨어로 구성되고, 전송로는 유선, 무선, 광선 등의 통신선로로 구성된다.

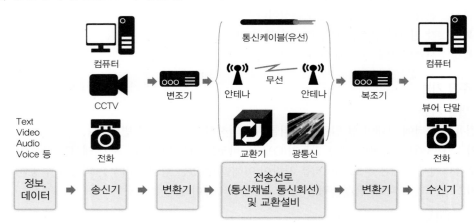

▲ 정보통신 시스템 개념도

2) 정보통신 시스템의 구성요소

① 송신기

데이터 또는 정보를 수신기로 전송하기 위해 정보를 입력하거나 생성된 정보를 송신하기 위한 단말장치로, 전화, 컴퓨터, DTE 등이 있다.

② 신호변환기

송신기에서 전송된 데이터 또는 정보를 전송선로의 전송특성에 적합한 신호의 형태로 변환하는 기능의 DCE 장비로 모뎀(변복조기), DSU 등이 있다.

③ 전송선로(통신채널, 통신회선)

전송선로는 유선 케이블에 의한 유선통신망과 안테나, 위성 등을 이용한 무선통신망, 그리고 광 통신망 등으로 구성할 수 있다.

구분	정의	종류
유선통신망	송수신 양자 간에 유선 선로가 연결되어 데이터, 정보 등을 주고받는 통신	유선 LAN, Serial, IEEE 1394, RS-485(422), 전화(교환기), 동축 케이블, HDMI 등
무선통신망	송수신 양자 간에 안테나 위성 등을 통한 무선전파를 이용하여 데이터, 정보 등을 주고받는 통신	이동통신, 무전기, 위성통신, IRDA, RF, 블루투스, 무선 LAN, LPWA 등
광 통신망	유선통신망의 전송선로를 광케이블로 대체하여 이용한 통신방식	광케이블 통신망, FTTH, PON, AON 등

④ 교환설비
- 복잡하게 연결된 다수의 단말장치를 연결하여 원하는 대상에 정보를 전달할 수 있도록 해주는 장치로, 한 대 또는 다수의 교환기가 연결되어 운영된다.
- 수많은 단말장치를 상호연결하여 단대 단 또는 단대 다수가 효율적으로 통신하기 위해 사용되는 설비로 스위치 허브, PBX 등이 있다.

⑤ 수신기
수신기는 송신기에서 전송되어온 데이터 또는 정보를 컴퓨터, 뷰어 단말 모니터, 전화 등을 통해 표출하거나 저장 등을 수행하는 기기를 의미한다.

04 전송시스템 구성

1) 통신회선의 접속방식
- **점대점(Point-to-Point) 회선 방식** : 컴퓨터 시스템과 단말기를 전용회선으로 직접 연결하는 방식으로, 언제든 데이터를 송수신할 수 있고 응답속도가 빨라 고속 처리가 가능하다.
- **다지점(Multi Drop) 회선 방식** : 컴퓨터 시스템에 연결된 전송회선 1개에 단말기를 여러 대 연결하는 방식으로, 한 시점에서 단말기 하나만 컴퓨터와 통신이 가능한 방식이다.
- **집선(Line Concentration) 회선 방식** : 일정한 지역 내에 있는 중심 부분에 집선장치를 설치하고 여기에 단말기를 여러 대를 연결하여 구성하는 방식으로 집선장치에서 저속의 데이터를 모아 컴퓨터로 고속 전송이 가능한 장점이 있다.
- **회선 다중(Line Multiplexing) 방식** : 일정 지역에 있는 단말기 여러 대를 그 지역의 중심 부분에 설치된 다중화 장치에 연결하고, 다중화 장치와 컴퓨터를 대용량 회선으로 연결하는 방식이다.

2) 통신회선의 이용방식
- **단일(Simplex) 방식** : 데이터를 한쪽 방향으로만 전송 가능한 방식이다.
- **반이중(Half Duplex) 방식** : 양방향으로 전송할 수 있으나 어느 한순간에는 한 방향으로만 전송할 수 있어서 전송 방향을 번갈아 전송하는 방식이다.
- **전이중(Full Duplex) 방식** : 데이터를 동시에 양방향으로 동시 전송할 수 있는 방식이다.

3) 통신회선의 전송방식
- **동기식 전송방식** : 데이터를 블록 형태로 조립한 후, 송·수신측의 동기화를 위한 특정 비트 패턴을 함께 송신하여 송신측과 수신측을 동기화시켜 전송하는 방식이다.
- **비동기식 전송방식** : 송신측과 수신측 사이의 송·수신 시점을 일치시키는 절차(동기화 과정) 없이 고정된 크기의 비트 묶음을 기본 단위로 하여 임의의 시점에서 전송하는 방식이다.

※ 점수표기 없는 문항은 5점

18.4

01 데이터 단말장치(DTE)의 4가지 기능을 설명하시오.

> **정답** 1) 입출력 변환 기능, 2) 입출력 제어기능, 3) 데이터 송수신 기능, 4) 송수신 제어기능

1) 입출력 변환 기능
- 입력 : 컴퓨터 센터에 보내야 할 입력 데이터를 부호화해서 전기 신호로 변환한다.
- 입력장치 : 자판(키보드), 광학 마크 판독기(OMR), 바코드 판독기(BCR), 자기 테이프 판독기 등
- 출력 : 컴퓨터에서 보내온 부호 데이터를 사람이 이해할 수 있는 형태로 바꾸는 기능을 수행한다.
- 출력장치 : 프린터, 모니터, 음성출력장치, X-Y 플로터 등이 있다.

2) 입출력 제어기능
- 입력장치나 출력장치를 제어하는 기능을 수행한다.
- 입력장치에서 입력한 데이터를 회선으로 송출, 수신한 데이터를 출력장치로 보내주는 인터페이스를 제공한다.

3) 데이터 송수신 기능
- 입력된 데이터를 Host로 전송하기 위한 데이터 송신, 수신 기능을 제공한다.

4) 송수신 제어기능
- 통신회선에 접속하여 Host와 데이터를 교환하고 변복조 장치나 DCE 사이에서 신호의 교환이나 데이터 송수신을 제어하는 기능을 제공한다.

18.7

02 가상회선 방식의 대표적인 예로서 공중데이터망(PSDN)에 사용되며 DTE-DCE 간을 정의하는 ITU-T 표준 프로토콜을 쓰시오.

> **정답** X.25

- 패킷 교환망에서 DCE(회선종단장치)와 DTE(데이터 단말장치)를 연결하는 ITU-T 국제 표준 프로토콜이다.
- X.25의 기능은 OSI 7계층 모델 중 물리 계층(Physical layer), 데이터 링크 계층(Data link layer), 네트워크 계층(Network layer)까지를 규정한다.

오답 피하기

X.24 : 패킷 교환망에서 사용되는 DTE와 DCE 사이의 인터체인지 회로 구성에 대한 프로토콜이다.

18.11

03 통신제어장치 기능 4가지를 쓰시오.

정답 1) 중앙처리장치와 데이터의 송수신, 2) 통신회선의 감시 및 접속관리, 3) 전송오류의 검출, 4) 다중전송 제어

- 통신제어장치(CCU)란 컴퓨터 시스템의 앞단. 중앙처리장치와 통신회선 사이에 위치하여 데이터 송수신(흐름) 제어와 전송오류 검출, 회선 감시, 정보 신호 등의 제어를 관장하는 장치이다.
- 회선과의 전기적 인터페이스 매칭 및 접속제어, 문자의 조립, 분해, 데이터의 축적, 메시지 처리, 에러제어, 전송제어 등의 기능을 수행한다.

20.4

04 데이터 전송시스템에서 이루어지는 전송제어에 대하여 4가지를 설명하시오.

정답 1) 입출력 제어, 2) 회선제어(흐름제어), 3) 동기제어, 4) 오류제어

- 전송제어(Transmission control)란 통신망에 접속된 컴퓨터와 단말장치 간에 효율적인 데이터 교환을 위해 정보통신 시스템이 갖춰야 할 제어기능과 방식을 의미한다.
- 전송제어는 OSI 7계층 중 데이터 링크 계층에서 제어 프로토콜 또는 데이터 링크 제어 프로토콜을 사용하여 수행한다.
- 전송제어는 회선 접속, 데이터 링크 확립, 정보전송, 데이터 링크 해제, 회선 절단의 5단계로 이루어진다.

20.7

05 정보 단말기는 데이터를 보내거나 받는 기능을 수행하는 장치로 전송제어부 구성의 3가지를 쓰시오.

정답 1) 회선 접속부, 2) 회선 제어부, 3) 입출력 제어부

1) 회선 접속부 : 터미널과 데이터 전송회선을 연결한다.
2) 회선 제어부 : 데이터 직병렬 변환, 에러제어 등의 전송제어 역할을 한다.
3) 입출력 제어부 : 입출력 장치들을 직접 제어하고 감시한다.

06 정보통신과 관련된 용어의 원어를 풀어쓰시오.

> 1) DSU, 2) ADSL, 3) MPEG, 4) TCP/IP, 5) IETF, 6) TTA

정답 1) DSU : Digital Service Unit, 2) ADSL : Asymmetric Digital Subscriber Line, 3) MPEG : Moving Picture Experts Group, 4) TCP/IP : Transmission Control Protocol/Internet Protocol, 5) IETF : Internet Engineering Task Force, 6) TTA : Telecommunications Technology Association

1) DSU : 아날로그 신호가 디지털 방식의 전송로에서 이동하기에 적합한 형태로 바꾸어주는 장비이다.
2) ADSL : 기존의 전화선을 이용하여 컴퓨터가 데이터 통신을 할 수 있게 하는 통신수단으로, 비대칭형 가입자망 서비스이다.
3) MPEG : 동영상을 압축하고 코드로 표현하는 방법의 표준을 만드는 것을 목적으로 하는 동화상 전문가 그룹이다.
4) TCP/IP : 서로 다른 시스템을 가진 컴퓨터들을 서로 연결하고, 데이터를 전송하는 데 사용하는 통신 프로토콜의 집합이다.
5) IETF : 국제인터넷표준화기구
6) TTA : 한국정보통신기술협회

07 데이터 전송시스템에서 전송제어장치인 DCE(Data Circuit Equipment)의 기능에 대해서 서술하시오.

정답 1) 데이터 회선종단장치, 2) DTE와 전송로 간 인터페이스, 3) MODEM, DSU 사용

1) 데이터 회선종단장치 : 통신망 사업자 기준으로 통신망 관리의 종단역할을 하는 장치이다.
2) DTE와 전송로 간 인터페이스 : DTE와 전송로를 연결하는 기능으로, 신호변환 및 회선 접속을 수행한다.
3) 아날로그 회선은 MODEM, 디지털 회선은 DSU를 사용한다.

22.11
08 통신시스템의 오류제어에는 전방 오류제어(FEC)와 자동 반복 요청(ARQ)이 사용된다. FEC와 ARQ를 설명하시오. (6점)

정답 1) 전방 오류제어(FEC) : 수신측에서 에러를 검출 및 정정을 한 번에 처리하는 방식으로 비트 오류율과 상관없이 일정한 정보처리율 유지가 가능하며, 역 채널이 필요 없고, 일정한 데이터 처리율이 필요할 때 사용된다.

2) 자동 반복 요청(ARQ) : 수신측에서 에러를 검출한 후 에러가 발생하면 재전송하는 방식으로, FEC에 비해 구조가 간단하고 높은 신뢰도를 제공하는 방식이며, 에러 발생 시 재전송 요청을 위한 역 채널이 필요하다.

FEC(Forward Error Correction) 방식	ARQ(Automatic Repeat Request) 방식
수신단 에러 검출 및 정정	수신단 에러 검출 후 재전송요청
Hamming 코드 : 기존 데이터에 Hamming Bit를 추가하여 전송하면 수신측에서 에러 검출 및 정정 컨볼루션 코드 : N개의 시프트 레지스터, 모듈러 가산기, 스위치로 구성되며 오류 정정 능력이 우수	Stop and Wait ARQ : 수신측이 보낸 ACK, NAK 여부에 따라 재전송 Go-Back N : N개 패킷을 ACK 없이 전송, NAK 시 오류가 발생한 블록부터의 패킷을 재전송 Selective ARQ : NAK 된 패킷만 재전송 Adaptive ARQ : 전송 환경에 따라 가변 전송

23.7
09 정보통신시스템에서 DTE-DCE 간의 국제표준규격인 인터페이스(접속) 규격의 특성 조건 4가지를 쓰시오. (6점)

정답 1) 기계적 특성, 2) 전기적 특성, 3) 기능적 특성, 4) 절차적 특성

1) 기계적 특성 : 물리적 접속을 위한 접속핀의 개수, 크기, 간격 등에 관한 물리적 특성이다.
2) 전기적 특성 : 전압 레벨의 사용에 관한 특성이다.
3) 기능적 특성 : 각 핀마다 설정할 기능에 대한 특성이다.
4) 절차적 특성 : 신호의 전송 절차에 관한 특성이다.

10 회선제어절차 2, 3, 4단계는? (6점)

23.7

> **정답** 2단계 : 데이터 링크의 확립(설정), 3단계 : 데이터 전송, 4단계 : 데이터 링크 해제

1단계 : 회선의 접속(송수신단 간 통신회선 연결을 통하여 데이터 전송 가능한 상태로 설정)
2단계 : 데이터 링크의 확립(설정)(송수신단 간의 데이터 전송을 위한 논리적 경로를 설정)
3단계 : 데이터 전송(데이터의 실제 전송 및 에러제어, 흐름제어 수행)
4단계 : 데이터 링크의 해제(데이터 전송의 종료 후 데이터 전송의 완료를 수신측에 통보하여 데이터 링크 설정 전의 초기 단계로 돌아가는 단계)
5단계 : 회선의 절단(상대방과 접속된 회선을 절단)

11 정보통신시스템에서 에러제어에 사용되는 자동반복요청(ARQ)의 종류 3가지를 쓰시오. (6점)

23.7

> **정답** 정기 & 대기(Stop & wait) ARQ, 반송 N블럭(Go back N) ARQ, 선택적 재전송(Selective repeat) ARQ, 적응적(Adaptive) ARQ 중 선택

1) 정기 & 대기(Stop & wait) ARQ
• 송신측에서 한 블록을 전송한 다음 수신측에서 에러 발생 시 송신측에게 에러가 발생한 데이터 블록을 다시 전송해 주도록 요청하는 방식
2) 반송 N블럭(Go back N) ARQ
• 송신측에서 수신측으로 연속적으로 데이터 블록을 보내고, 수신측에서 에러를 검출한 후 에러가 발생한 데이터 블록부터 모두 다시 전송하는 방식
3) 선택적 재전송(Selective repeat) ARQ
• 송신측에서 수신측으로 연속적으로 데이터 블록을 보내고, 수신측에서 에러를 검출한 후 에러가 발생한 데이터 블록만을 다시 송신측에 요청하는 방식
4) 적응적(Adaptive) ARQ
• 전송효율 향상을 위한 방법으로 블록의 길이를 채널의 상태에 따라 동적으로 변경시켜 전송하는 방식

전원회로 구성하기

출제빈도

기출 분석

연도	19년	20년	21년	22년	23년
문제 수	3	3	3	0	1

01 정류회로

1) 개념

정류기를 사용해 교류를 맥동전류로 바꾸는 회로이다. 전자기기는 대부분 크기가 일정한 직류가 필요하므로 정류회로에 의해 생성된 맥동전류를 평활회로를 거쳐 일정한 크기의 직류 전류로 변환하여 사용한다.

2) 특징

- 정보통신설비의 직류 전원공급장치는 변압기(Transformer), 정류회로(Rectifier), 평활회로 (Smoothing Circuit), 정전압 회로(Regulated Circuit)로 구성된다.
- 정류회로는 교류를 직류로 변환하기 위해 사용되는 회로로 반파 정류회로, 전파 정류회로, 브리지 전파 정류회로 등이 적용된다.

3) 종류

구분	반파(Half-wave) 정류회로	전파(Full-wave) 정류회로	브리지 전파 정류회로
회로도			
출력			
특징	입력 기전력의 방향에 따라 출력 여부가 결정되는 정류회로	양쪽 방향의 입력 기전력을 모두 출력할 수 있는 정류회로	하나 이상의 정류기가 직렬로 연결되어 전압이 분배되므로 2개의 정류기로 이루어진 전파 정류회로보다 안정적

02 평활회로

1) 개념

- 평활회로(Smoothing Circuit)는 정류회로에서 만들어진 맥류를 평활한 직류로 만드는 회로로, 직류 중에 포함되는 리플을 제거하기 위해 삽입되는 회로이다.
- 회로 내의 교류성분을 최대한 제거하여 직류성분만을 추출하는 일종의 필터 회로이다.

2) 종류

구분	용량성 반파 평활회로	인덕터 입력형 평활회로
회로도	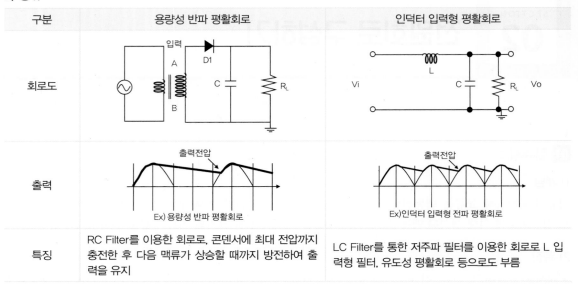	
출력	Ex) 용량성 반파 평활회로	Ex) 인덕터 입력형 전파 평활회로
특징	RC Filter를 이용한 회로로, 콘덴서에 최대 전압까지 충전한 후 다음 맥류가 상승할 때까지 방전하여 출력을 유지	LC Filter를 통한 저주파 필터를 이용한 회로로 L 입력형 필터, 유도성 평활회로 등으로도 부름

03 전원 안정화 회로

1) 개념

입력전압이 변동하더라도 정류된 DC 전압이 안정적 출력, 일정한 출력값을 갖도록 하는 회로이다.

2) 개념도

구분	회로 개념도	회로도
회로도	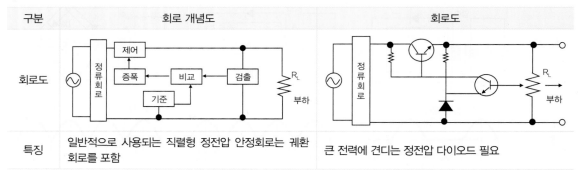	
특징	일반적으로 사용되는 직렬형 정전압 안정회로는 궤환회로를 포함	큰 전력에 견디는 정전압 다이오드 필요

3) 종류 및 특징

- **정전압 다이오드에 의한 전압 안정화 회로** : 부하가 변동하더라도 전원의 출력 전압이 변동하지 않도록 구성하는 회로로 다이오드를 이용하는 가장 기본적인 회로이다.
- **트랜지스터를 이용한 정전압 회로** : 트랜지스터의 증폭 작용을 이용해서 작은 정격 전력의 정전압 다이오드로부터 큰 부하 전류에까지 이용할 수 있는 정전압 회로이다.
- **제어형 정전압 안정화 회로** : 항상 출력 전압의 변화를 검출하고, 변동이 있을 경우 그 변동을 제어하여 일정한 출력을 얻는 회로이다.

18.11

01 아래의 평활회로에서 맥동률을 최소화하기 위한 방법을 3가지 쓰시오.

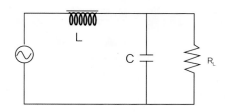

정답 1) L을 크게 한다, 2) C를 크게 한다, 3) 부하저항(R_L)을 크게 한다.

맥동율(Ripple Factor)은 교류분을 포함한 직류에서 그 평균값에 대한 교류분의 실효값의 비이다. 즉, 리플 전압과 직류 평균 전압과의 비를 백분율로 나타낸 것을 말한다.

맥동율 = ($\dfrac{\text{출력전류(전압)에 포함된 교류 성분의 실효값}}{\text{출력전류(전압)의 직류 평균값}} \times 100\%$)

1) L을 크게 한다.
2) C를 크게 한다.
3) 부하저항(R_L)을 크게 한다.
4) 교류 입력주파수를 높인다.

02 아래 정류회로를 보고 답하시오.

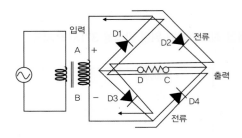

1) 위 회로는 무슨 정류회로인가?
2) (−)반주기 동안 도통 되는 다이오드를 쓰시오.

정답 1) 브리지 전파 정류회로, 2) D1, D4

• (−) 반주기 동안 전류의 흐름은 D4, R, D1으로 흐르게 된다.
• 도통 : 다이오드나 트랜지스터 등의 반도체 스위칭 소자가 켜져서 전류가 흐르는 상태

03 220[V] 60[Hz]의 교류전원이 전파 정류회로를 거칠 때 출력에 나타나는 교류성분의 주파수는 얼마인지 쓰시오.

정답 120[Hz]

전파 정류회로는 입력신호의 반주기(T/2)마다 출력 전압을 만들어내므로 출력에는 입력신호 주파수의 2배에 해당하는 교류성분이 나타나게 된다.

04 정류회로의 직류전압이 24[V]이고 리플(Ripple) 전압의 실효값이 1.2[V]일 경우 리플률(Ripple rate)을 구하시오.

20.4

정답 5%

리플률 = $\dfrac{\text{맥류성분의 실효값}}{\text{직류성분의 평균값}} \times 100\% = \dfrac{1.2}{24} \times 100\% = 5\%$

05 정전압 전원회로에서 무부하 시의 직류 출력 전압이 15[V]이고 전부하 시의 직류 출력 전압이 14.5[V]일 경우 전압변동률을 구하시오.

20.10

정답 3.45%

전압변동률 = $\dfrac{\text{무부하시 직류전압 − 전부하시 직류전압}}{\text{전부하시 직류전압}} \times 1100\%$

$= \dfrac{15 - 14.5}{14.5} \times 100[\%] \fallingdotseq 3.45\%$

06 정전압 회로의 전기적인 특성을 나타내는 파라미터를 3가지 이상 쓰시오.

21.4

정답 1) 전압변동률, 2) 부하 변동률, 3) 대기 전류, 4) 맥동 제거율

1) 전압변동률 : 발전기, 전동기, 변압기 등에 있어서 전부하 시와 무부하 시의 2차 단자 전압 차의 정도를 백분율로 나타낸 것이다.
2) 부하 변동률 : 부하가 변동되는 비율을 말한다.
3) 대기 전류 : 부하를 연결하지 않아서 오디오 기기가 작동되지 않는 상태에서도 소비되는 전류를 말한다.
4) 맥동 제거율 : 맥동율에 대한 제거가 가능한 비율을 말한다.

07 다음은 전원회로의 교류입력단에서 직류 부하단까지의 기본 구성을 나타내고 있다. |보기|에서 알맞은 것을 찾아 빈칸을 채우시오.

21.7

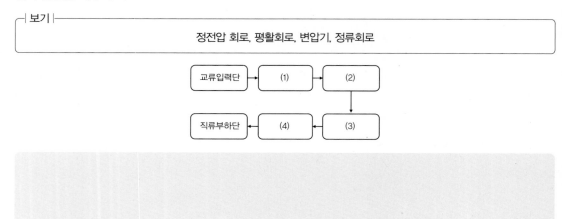

| 보기 |
정전압 회로, 평활회로, 변압기, 정류회로

1) 변압기, 2) 정류회로, 3) 평활회로, 4) 정전압 회로

1) 변압기 : 1차 측과 2차 측의 코일 권선비를 조정하여 2차 측에 교류전압을 출력
2) 정류회로 : 다이오드를 이용해 교류를 한 쪽 방향으로 흐르도록 함
3) 평활회로 : 정류회로에서 만들어진 맥류를 평활한 직류로 만드는 회로로, 직류 중에 포함되는 리플을 제거하기 위해 삽입되는 회로
4) 정전압 회로 : 입력전압(부하)이 변동하더라도 정류된 DC 전압이 안정적으로 일정한 값을 유지하며 출력할 수 있도록 하는 전원 안정화 회로

08 다음 콘덴서의 정격전압, 용량, 허용오차에 대해 답하시오.

21.11

1) 2B474K

2) 32M

1) 2B474K : 정격전압 125V, 용량 470nF, 허용오차 ±10%
2B(정격전압), 474(용량/ 47×10^4[pF] = 470[nF]), K(허용오차)
2) 32M : 정격전압 50V(기본값 적용), 용량 32pF, 허용오차 ±20%
정격전압값 없음, 32(용량/ 32×10^0[pF] = 32[pF]), M(허용오차)

정격전압 [V]	오차 [%]
1A : 10, 2A : 100, 3A : 1000	F : ±1%
	G : ±2%
1B : 12.5, 2B : 125, 3B : 1250	J : ±5%
	K : ±10%
1H : 50, 2H : 500, 3H : 5000	M : ±20%

SECTION 03 가입자망 구성하기

기출 분석

연도	19년	20년	21년	22년	23년
문제 수	3	4	5	1	0

01 가입자망

1) 정의

가입자망이란 개별 가입자에게 통신 서비스를 제공하기 위해 가입자와 가장 가까운 공중통신망 사이의 전송로로써 유선, 무선, 광통신 등 다양한 회선을 통해 연결하는 통신망으로 가입자 회선이라고도 한다.

2) 개념도

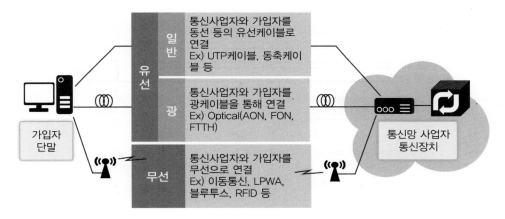

▲ 가입자망 개념도

- 가입자망은 통신사업자가 구성한 통신망의 종단 스위치, 라우터 등에서 가입자의 단말까지 연결하는 통신망으로 유선과 무선통신망을 통해 연결된다.
- 유선통신망은 과거에는 구리, 동선 등을 이용한 상대적 저속통신을 통해 이루어졌으나 이후 광섬유를 통신에 이용함에 따라 빛을 이용한 고속 전송이 가능하게 되었다.

02 가입자망의 종류

1) xDSL(Digital Subscriber Line)

① **개념** : DSL은 일반 구리 전화회선을 이용해 ATM과 비슷한 Mbps급 데이터 전송 속도를 제공할 수 있는 디지털 가입자 회선으로, 현재까지 알려진 DSL 기술은 데이터 전송 속도에 따라 비대칭(Asymmetric), 속도 적응(Rate-adaptive), 대칭(Symmetric), 고속(High bit-rate), 초고속(Very high-speed) 등으로 분류된다.

② 서비스 비교표

구분	ADSL	VDSL	HDSL	SDSL
상, 하향 속도	16~640kbps /1.5~8Mbps	1.6~2.3Mbps /13~52Mbps	1.5~2Mbps	784kbps
최대 전송 거리	8Mbps → 3.6km 1.5Mbps → 5.4km	300~1500m	5.4km	6.9km
변조 방식	CAP, DMT CarrierlessAM/PM Discrete Multi-Tone	CAP, DMT	2B1Q, CAP	2B1Q
용도	인터넷, VOD	인터넷, VOD	T1, E1, 서버, LAN 연결	인터넷, VOD
특징	비대칭 서비스 (하향 광대역, 상향 협대역)	근거리 고속 전송 멀티미디어 서비스	양방향 통신 대칭 속도	양방향 장거리 대칭 서비스

③ 서비스 속도 및 거리

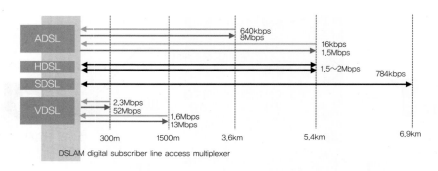

▲ xDSL 종류별 서비스 속도 및 거리

④ 품질에 영향을 미치는 요소
• 전송 거리 : 거리와 속도는 반 비례관계이다.
• 누화(Crosstalk) : 케이블의 누화(근단, 원단 누화) 발생 시 전송 거리가 짧아진다.
• 댁내 브리지 환경 : 전화선 브리지의 경우 신호가 감쇄되고 부정합이 발생하여 품질이 떨어질 수 있다.
• 비표준 장비와 표준 장비 사이의 주파수 간섭이 발생할 수 있다.

2) HFC(Hybrid Fiber Coax)

① 개념
• Hybrid Fiber Coax의 약자로 광케이블과 동축 케이블을 혼합하여 구성한 하이브리드 형태의 가입자망이다.
• CATV 서비스의 경우 방송국에서 가입자 광망 종단장치(ONU)까지는 광 선로로 구성하고 ONU에서 가입자 단말까지는 동축 케이블을 구성하여 서비스를 제공한다.
• 지역적으로 산재한 동축 케이블망을 광케이블과 연결하여 궁극적으로 가입자망을 광케이블화로 진화시키기 위한 중간 전략이다.

② 서비스 구성도

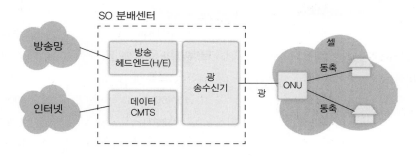

▲ HFC 가입자망 구성도

- **헤드엔드(Headend)** : 방송국 프로그램을 CATV 망에 적합한 상태로 변환 및 신호를 송출하는 장비이다.
- **광 전송계** : 광 송수신기와 가입자 전단의 ONU, 가입자 댁내의 케이블 모뎀과 연결을 위한 광케이블로 구성된다.
- **간선계** : 간선 증폭기, 간선 분기 증폭기, 양방향 결합기 등을 설치하여 전송손실을 보상한다.

③ 서비스 특징

- 헤드엔드에서 ONU까지 광케이블로 품질을 확보할 수 있다.
- ONU에서 가입자 댁내까지는 신규 또는 기존 설치된 동축 케이블을 이용할 수 있다.
- 방송망과 인터넷 등의 통신망이 융합되어있는 망 구조를 가진다.
- 한 개의 셀 내 가입자 수는 400~500가구이지만 속도 증가 시 200가구 내로 축소하여 구축해야 한다.

3) 광 가입자망

① 개념

- 서비스를 이용하는 가입자까지 광케이블을 연결해 방송, 통신 등의 다양한 서비스를 하나의 네트워크로 제공하기 위한 기술이다.
- 기존 DSL 기반의 가입자망의 속도한계 극복을 위한 대안으로 광 전송설비를 액세스 망에 적용하는 광 가입자망이 등장하였다.
- 광 가입자망은 PON 방식을 기반으로 한 FTTx 계열 서비스와 광 LAN, 광-동축 혼합을 통한 HFC 서비스를 제공한다.

② 광 가입자망 개념도

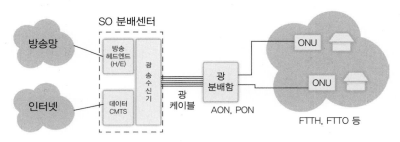

▲ 광 가입자망 구성도

③ 타 서비스와 비교

구분	VDSL	HFC	FTTH(FTTO/FTTC)
유효 전송거리	수 Km	수십 Km	수십 km
전송매체	전화선	광케이블 + 동축 케이블	광
신규 투자비	적음	보통	많음
전송속도	10/50Mbps	10/400Mbps	100Mbps
VoIP QoS	제한적	제한적	보장
장/단점	전송 거리 제한, 실시간 방송 제한	동시 사용자 많을 시 속도변화 큼	기 건축물 진입 곤란, 빠른 속도 제공

4) 무선가입자망

① 개념

- 서비스를 이용하는 가입자까지 유선 선로 대신 무선 시스템을 이용하여 가입자를 수용하는 방식이다.
- 무선가입자망으로 이동통신망, 위성통신망, LPWA IoT, Bluetooth, RFID 등 다양한 서비스가 제공된다.

② 무선가입자망의 종류

구분	서비스 종류	특징	비고
무선 LAN	IEEE 802.11 기반 근거리 가입자망	MAC 접속방식 CSMA/CA사용 ISM 밴드인 2.4GHz, 5GHz 사용	–
WPAN	Bluetooth, RFID, UWB, NFC, Zigbee	30m 이내의 근거리 가입자망 기술로써 주로 저속, 저용량 통신에 사용	–
이동통신	CDMA, WiBro, LTE, 5G	셀룰러 기술을 기반으로 고속, 장거리 통신 서비스에 사용	휴대폰
방송 가입자망	HFC, IPTV, 지상파 공동수신 안테나 설비	가입자 댁내 각종 방송서비스를 제공하기 위한 방송가입자 망	–

01 이동통신에서 일어나는 페이딩에 대하여 설명하시오.

18.11

정답 • 이동통신 페이딩(Fading) : 이동통신은 사용자가 자유롭게 이동하는 중에도 계속적으로 통신이 가능하도록 해주는 통신시스템으로, 이동
통신의 이용자가 계속 이동함에 따라 수신 전계 강도가 시간에 따라 변동하여 통신에 지장을 주는 현상을 이동통신 페이딩이라 한다.
• 이동통신 페이딩의 종류로는 느린 페이딩, 빠른 페이딩, 라이시안 페이딩이 있다.

- 느린 페이딩(Long Term Fading) : 산, 언덕과 같이 큰 지형물에 따라 전계 강도가 변동하는 것으로 수신 전계가 느린 것이 특징이다.
- 빠른 페이딩(Shot Term Fading) : 건물이나 도로구조물 등으로 인해 발생하는 다중경로 페이딩과 도플러 편이로 인해 발생하는 전계 강도의 변동으로, 변동
속도가 빠른 것이 특징이다.
- 라이시안 페이딩(Rician Fading) : 직접 도달하는 직접파와 반사파가 동시에 존재하여 발생하는 페이딩이다.
- 셀룰러 시스템은 대개 사용자가 밀집된 도시지역에서 사용된다. 도시는 고층 빌딩이 밀집된 지역이 많아 이들이 이동 단말기와 기지국 사이를 가리기도 하고
이들에게 반사되어 수신되는 전파에 의해 다중경로에 의한 위상차가 발생하기도 한다. 결국, 이로 인한 수신 신호의 불규칙한 감쇄가 발생하게 된다. 이를 페이
딩(Fading)이라고 부른다.

02 디지털 가입자회선 (xDSL)에서 비대칭형과 대칭형을 쓰시오.

19.4

정답 • 비대칭형 : ADSL, VDSL
• 대칭형 : SDSL, HDSL

비대칭형 서비스는 업링크 속도와 다운 링크 속도가 서로 다른(비대칭) 서비스이고, 대칭형 서비스는 업링크 속도와 다운 링크 속도가 상대적으로 거의 동일
하다.

03 ONU(Optical Network Unit)가 주택지 인근에 설치되고 ONU에서 가입자까지는 이중나선이나 동축 케이블을 사용하는 광가입자망의 명칭을 쓰시오.

정답 HFC(Hybrid Fiber Coax)

광케이블과 동축 케이블을 혼합하여 구성한 하이브리드 형태의 가입자망으로, CATV 서비스의 경우 방송국에서 가입자 광망 종단장치(ONU)까지는 광 선로로 구성하고 ONU에서 가입자 단말까지는 동축 케이블을 구성하여 서비스를 제공한다.

04 케이블 TV 또는 IPTV에서 서비스 수신 자격을 갖춘 가입자에게만 서비스를 제공하기 위한 목적으로 주기적으로 키를 생성하여 가입자에게 전달하는 기능을 수행하는 것을 무엇이라고 하는지 쓰시오.

정답 CAS(Conditional Access System), 제한수신시스템

- CAS는 수신시스템이 자동으로 수신자를 인식하고 허가된 가입자에게만 수신하도록 하는 디지털 콘텐츠 보호 및 관리 기술이다.
- 제한수신 서비스를 신청하지 않은 사용자가 유료 채널을 시청하는 것을 방지할 뿐 아니라 제한. 수신 서비스를 신청한 사용자 중에서도 정확히 자신이 신청한 제한수신 서비스만을 시청하도록 한다.

05 지능형 교통체계(ITS)를 구축하기 위해 사용되는 무선통신기술 2가지를 쓰시오.

20.7

정답 1) DSRC, 2) WAVE

1) DSRC(Dedicated Short Range Communication) : 지능형 교통 시스템을 구현하기 위한 단거리 전용 통신시스템으로 톨게이트나 도로변에 설치하여 자동차에 탑재한 단말장치(OBU)와 약 30M 이내 거리에서 양방향 무선통신을 통하여 다량의 정보를 순간적으로 교환하는 통신 기술이다.
2) WAVE(Wireless Access in Vehicular Environments) : 차세대 지능형 교통 시스템을 가능하게 하는 통신방식으로 고속으로 주행하는 차량 환경에서 통신 서비스를 제공하기 위하여 특화된 통신방식이다. 시속 200km의 고속주행 시에도 끊김이 없는 연속 통신이 가능한 기술로 기존 DSRC보다 향상된 서비스 제공이 가능하다.
3) CV2X(Cellular Vehicle-to-Everything) : 4G LTE, 5G와 같은 셀룰러 이동통신망을 통해 차량이 다른 차량(V2V)이나 교통인프라(V2I), 보행자(V2P), 네트워크 등과 정보를 서로 주고받는 차량 통신 기술이다.

06 ISDN에 관한 내용을 바탕으로 ①~④에 알맞은 답을 기입하시오.

21.4

- B채널은 ① Kbps 속도의 채널이며 사용자 정보전송에 사용된다.
- D채널은 ② Kbps 또는 64Kbps 속도의 채널이며 기본적으로 ③ 전송에 사용된다.
- H채널은 384/1,536 또는 ④ Kbps 이상 속도의 채널이며, 사용자 정보전송에 사용된다.

정답 ① 64, ② 16, ③ 신호정보, ④ 64

- B채널 : 가입자 정보전송용 채널로 64Kbps의 속도를 제공한다.
- D채널 : 신호정보용 채널로 16Kbps의 속도를 제공한다.
- H채널 : 64Kbps 이상의 고속서비스가 가능한 정보전송 채널이다.

07 ^{21.7} 통화 중인 이동국이 현재 셀에서 벗어나 동일 사업자의 다른 셀로 진입해도 통화를 계속할 수 있게 하는 일련의 처리 과정을 무엇이라고 하는지 쓰시오.

정답 핸드오버(Handover)

통화 중인 이동 단말이 해당 기지국 서비스 지역(Cell boundary)을 벗어나 인접 기지국 서비스 지역으로 이동할 때 단말기가 인접 기지국의 새로운 통화 채널에 자동 동조되어 지속적으로 통화 상태가 유지되는 기능을 말한다.

08 ^{21.11} 단일 동선로에서 전이중통신(Full Duplex) 3가지를 쓰시오.

정답 ADSL, VDSL, SDSL

09 ^{22.8} 다음 문장의 괄호 안에 들어갈 알맞은 용어를 쓰시오.

HDSL, SDSL, CSU 등 송수신 속도가 대칭인 전송 장비에 사용되는 선로 부호화 기술로 (   )은(는) 한 번에 2bit 값을 4단계의 진폭으로 구현하여 전송하는 방식이다.

정답 2B1Q (2 Binary 1 Quaternary, Two-bits-to-one Quaternary)

- 2진 데이터(00, 01, 11, 10)를 1개의 4진 심볼로 변환
- 첫째 비트는 극성을, 둘째 비트는 심볼의 크기를 의미
- 즉, 첫째 비트가 1이면 +, 0이면 -, 둘째 비트가 1이면 진폭이 1, 0이면 0

SECTION 04 교환망(라우팅) 구성하기

출제빈도

기출 분석

연도	19년	20년	21년	22년	23년
문제 수	5	3	2	1	1

01 교환망

1) 개념

교환망이란 다수의 가입자가 연결된 교환기를 통해 상호 접속하여 통신을 수행하기 위해 제공되는 망으로 네트워크상에서 IP주소를 이용해 목적지까지 패킷을 전달하는 라우팅 프로토콜을 이용해 통신을 수행한다.

2) 교환망의 개념도

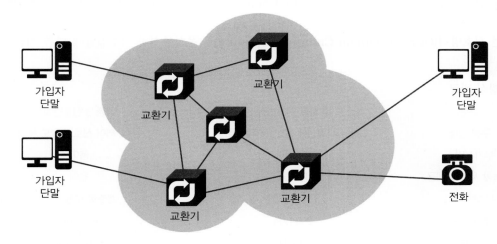

▲ 교환망(라우팅) 개념도

3) 교환망의 특징

- 통신 교환망은 회선 교환망과 패킷 교환망이 있으며, 최근 패킷 교환망 전환이 추진 중이다.
- 패킷 교환망에서는 IP주소를 이용해 목적지까지 찾아가기 위해 중간 교환기 단에서 경로를 최적화하기 위한 라우팅 프로토콜이 사용된다.

실기편

PART
06

정보통신실무

4) 전화 교환망의 개념도

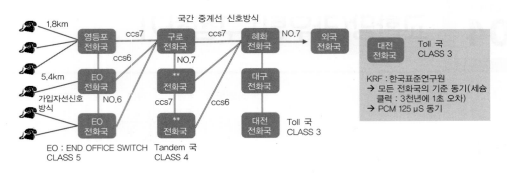

▲ 전화 교환망 개념도

5) 교환망의 신호방식

① 개념

- **통화로 신호방식**(CAS : Channel Associated Signaling) : 음성통신과 신호전달에 같은 채널을 사용한다.
- **공통선 신호방식**(CCS : Common Channel Signaling) : 음성통신과 신호전달에 다른 채널을 사용한다.

② 신호방식 비교

구분	통화로 신호방식	공통선 신호방식
구성 형태	하나의 회선에 음성, 제어 신호	음성, 제어 신호가 별도 분리
부가서비스	어려움	용이
지능망 서비스 제공	어려움	용이
시스템 구조	단일시스템	계층화 모듈 구조
전송속도	2.4kbps	64kbps
적용	PSTN	PSTN, ISDN
종류	CAS, NO.5, R1 MFC, R2 MFC(한국)	CCS6, CCS7

6) 교환망의 교환방식

① 회선 교환방식(Circuit Switching)

- 통신을 원하는 두 지점을 교환기를 이용 물리적으로 접속한다.
- 데이터 전송 전의 통신망에 접속이 필요하고, 접속 후 회선은 고정 대역 전송으로 사용한다.
- 접속 시 긴 시간이 소요되지만, 접속 후 전송에 지연이 발생하지 않아 실시간 전송이 유리하다.
- 통신 과정은 호 설정, 데이터 전송, 호 해제 순으로 이루어진다.
- 장점
  - 교환기에 데이터 저장 없음
  - 전송지연 없음
  - 고속 실시간 전송, 고정대역폭 사용, 전송을 위한 추가 데이터 필요 없음

- **단점**
  - 교환 단에서 코드 변환, 속도 변환, 프로토콜 변환 불가
  - 접속 중 데이터 미전송 낭비 시간 발생
  - 양단간 연결 시만 데이터 전송이 가능

② 메시지 교환방식(Message Switching)
- 전송 데이터를 송신측 교환기에 저장 후, 적절한 경로를 선택하여 수신측에 전송하는 방식이다.
- 메시지 교환방식은 데이터 흐름의 논리적 단위인 메시지 형태로 전송한다.
- 메시지 분실 방지를 위해 번호, 날짜, 시간 등의 메시지를 추가로 전송하고, 동일 메시지를 여러 곳에 전송 가능하며, 가변적 메시지 길이, 구간마다 에러제어가 가능하다.
- **장점**
  - 적은 비용으로 네트워크의 구성이 가능
  - 양단이 운영상태에 있지 않아도 됨
  - 코드 변환, 속도 변환, 우선순위 지정 등이 가능하고 선로의 이용효율이 높음(회선 공유 가능)
- **단점**
  - 교환기 축적 후 전송으로 지연시간이 발생
  - 목적지 주소를 위한 오버헤드가 필요

③ 패킷 교환방식(Packet Switching)
- 일정한 길이의 패킷으로 만들어 전송(일정, 고정 길이이므로 고속)한다.
- 각 교환기에서 저장했다가 정확한 수신 확인 시 폐기한다.
- 송/수신자 간 비 연결형서비스로 동작한다.
- 경로 제어(집중방식은 컴퓨터, 분산 방식은 라우터를 통해 운영), 에러제어, 트래픽 제어기능이 있고 가상회선 교환방식과 영구 가상회선 교환방식, 데이터 그램 방식이 있다.
- **장점**
  - 일정한 크기의 패킷 단위 전송으로 고속 전송(메시지 교환 대비)이 가능
  - 코드 변환, 속도 변환, 프로토콜 변환이 가능
  - 짧은 대화 전송의 대화형 전송에 적합하며 회선 이용률이 좋음
- **단점**
  - 데이터 전송을 위한 오버헤드가 필요
  - 회선 교환방식에 비해 속도가 느림

7) 교환방식 비교

항목	회선 교환방식	메시지 교환방식	패킷 교환방식
전용 전송로	유	무	무
경로 설정	물리 경로 직통	논리 경로	논리 경로 최적
대역폭	고정	가변	가변
메시지 저장 여부	무	파일 저장	일시적 버퍼링
속도, 코드 변환	무	유	유
데이터 전송 형식	데이터 연속 전송	메시지 전송	패킷전송
수신순서 변동	무	무	유/무

02 라우팅 프로토콜

1) 개념

라우팅이란 네트워크상에서 IP주소를 이용 목적지까지 패킷 전달 최적경로를 체계적으로 결정하기 위해 적용되는 프로토콜이다.

2) 분류

거리 벡터 라우팅	링크 상태 라우팅	경로 벡터 라우팅
• 모든 라우터가 경로 결정을 주로 거리, 최소 경로에 의존하는 방식 • 인접 라우터끼리 라우팅 정보를 주기적으로 주고받음	• 라우팅 결정 요소로 대역폭 지원, 부하, 홉 수 등을 고려 • 링크 상태 변화가 있을 때만 정보 전달	• 경로 루프 방지를 위해 경로 분석을 근거로 라우팅 • 경로 정보는 라우터에 누적되며, 라우터들 상호 간에 운반 전달됨

3) 라우팅 프로토콜의 종류

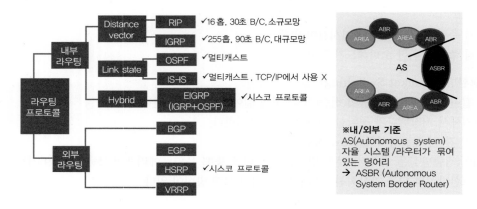

▲ 라우팅 종류

4) 기술 비교

구분	RIP	OSPF
개념도		
표준화	IETF	IETF
알고리즘	Distance Vector	Link State
Hop 수	15개	255개
계층구조	미지원	지원
전송 대상	인접 라우터	모든 라우터
경로 update	30초(주기적)	발생 즉시
효율성	보통	우수

5) 라우팅 원리

- 라우팅은 패킷에 대한 목적지 IP주소와 일치하는 경로를 라우팅 테이블에서 검색하여 패킷을 인터페이스로 출력할 수 있도록 유도하는 동작이다.
- 라우팅 테이블이란 라우터에 구축되어 각 경로에 대한 정보를 유지하고 있어 다른 세그먼트 내로 전송되는 패킷 경로를 정정하는데 사용된다.

6) 라우팅 프로토콜의 기능

- **홉 수 계산** : 패킷이 통과할 라우터 수
- **라우팅 테이블 갱신, 관리** : 정적, 동적
- 라우팅 메트릭의 설정과 유지 · 대역폭 사용 효율 개선
- **라우팅 프로토콜 메시지** : 라우팅 정보를 라우터들 사이에 운반, 전달, 교환
- **경로설정 영향 요소** : 링크의 대역폭, 지연(Delay), 부하(Load), 신뢰성(Reliability), 홉 수, 비용(Cost) 등

7) 라우팅 방식

구분	스태틱 라우팅	다이나믹 라우팅
영문 표기	Static Routing	Dynamic Routing
방식	관리자가 경로를 하나하나 지정해 줌	라우터가 라우팅 프로토콜과 정보를 이용해 자동으로 경로를 설정
종류	정적 라우팅	• Linkstate: OSPF, IS–IS/ 멀티캐스트 • Distance vector : RIP, IGRP/ 브로드캐스트

18.4, 20.4

01 다음 특징을 갖는 패킷 교환방식의 종류를 쓰시오.

> 1. 통신 당사자 간에 물리적 및 논리적 전송로를 설정하지 않으므로 호 설정 시 지연이 없음
> 2. 교환 노드에서 각 패킷에 대한 경로를 결정하므로 속도 및 코드 변환이 가능
> 3. 목적지 단말이 부재중이라도 통신이 가능하고 짧은 데이터 전달에 효율적
> 4. 교환 노드가 고장이 발생 되어도 대체 경로를 이용하여 전송 가능
> 5. 패킷마다 독립적인 라우팅을 행하므로 패킷 순서가 어긋날 수 있으며 수신측에서 순서 제어 기능이 필요

정답 데이터그램 교환방식

패킷 교환방식(Packet Switching)
• 일정한 길이의 패킷으로 만들어 전송(일정, 고정 길이이므로 고속)한다.
• 각 교환기에서 저장했다가 정확한 수신 확인 시 폐기한다.
• 송/수신자 간 비 연결형 서비스로 동작한다.
• 경로 제어(집중방식은 컴퓨터, 분산 방식은 라우터를 통해 운영), 에러제어, 트래픽 제어 기능이 있고 가상회선 교환방식과 영구 가상회선 교환방식, 데이터그램 방식이 있다.

18.4

02 인터넷 전송계층에 속하는 프로토콜로 종단 간 연결을 설정하지 않고 데이터를 전송하는 비 연결형 프로토콜을 쓰시오.

정답 UDP(User Datagram Protocol)

• 인터넷에서 정보를 주고받을 때, 서로 주고받는 형식이 아닌 한쪽에서 일방적으로 보내는 방식의 통신 프로토콜이다.
• 보내는 쪽에서는 받는 쪽이 데이터를 받았는지 받지 않았는지 확인할 수 없고, 또 확인할 필요도 없도록 만들어진 프로토콜이다.

18.11

03 다음 괄호 안에 알맞은 용어를 쓰시오.

> 각 패킷을 전송 전 사전경로 구성없이 독립적, 부 순차적으로 전달하는 (　　)방식은 사전경로 구축 시간이 불필요하고 데드락(DeadLock) 시 융통성이 있어 신속한 대처가 가능하다.

정답 데이터그램 교환방식

구분	가상회선 교환방식	영구 가상회선 교환방식	데이터그램 교환방식
회선 설정	단말기 상호 간에 논리적인 가상 통신 회선을 미리 설정하여 송신지와 수신지 사이의 연결을 확립한 후에 설정된 경로를 따라 패킷들을 순서적으로 운반하는 방식	가상회선 교환방식에서 송신지와 수신지 사이의 연결을 확립 후 영구적으로 사용하는 교환방식 (전용회선처럼 사용)	연결 경로를 설정하지 않고 인접한 노드들의 트래픽 상황을 감안하여 각각의 패킷들을 순서에 상관없이 독립적으로 운반하는 방식
서비스	연결형 서비스		비 연결형 서비스
패킷의 송수신 순서	같음		다름 (서로 다른 경로로 전달)
운영	대용량 정보전송에 적합		소수의 패킷, 짧은 데이터 전송에 적합

19.4

04 STM 교환방식과 ATM 교환방식에 대해 각각 설명하고 차이점을 쓰시오.

정답 1) STM : 일정한 타임슬롯을 통해 고정적으로 채널이 할당되는 방식이다.
2) ATM : 비동기 시분할 다중화 방식으로 53바이트의 일정 셀 단위로 정보를 전달하는 방식이다.
3) 차이점

구분	STM(동기식 전송방식)	ATM(비동기식 전송방식)
슬롯 할당	고정적 할당	동적으로 할당
채널 할당	STDM	ATDM
교환방식	시분할 교환	ATM 셀(53바이트) 교환
전송단위	프레임	셀
전송시스템	PDH, SDH	ATM 전송 장비

05 망형 노드가 100개일 때 필요한 회선 수를 계산하시오.

정답 회선 수 $= \dfrac{N(N-1)}{2}$ (N : 노드), $\dfrac{100(100-1)}{2} = 4{,}950$개

06 다음 괄호 안에 들어갈 알맞은 용어를 쓰시오.

( )는 비 연결형 데이터 그램 전달 서비스를 제공하는 프로토콜로 메시지를 세그먼트로 나누지 않고 블록의 형태로 전송하며 재전송이나 흐름 제어를 제어하기 위한 피드백을 제공하지 않는다.

정답 UDP

• 인터넷에서 정보를 주고받을 때, 서로 주고받는 형식이 아닌 한쪽에서 일방적으로 보내는 방식의 통신 프로토콜이다.
• 보내는 쪽에서는 받는 쪽이 데이터를 받았는지 받지 않았는지 확인할 수 없고, 또 확인할 필요도 없도록 만들어진 프로토콜이다.

07 국선 접속 설비를 제외한 구내 상호 간 및 구내 외관의 통신을 위하여 구내에 설치하는 케이블, 선로, 이상 선로 및 이상 전류에 대한 보호 장치 및 전주와 이를 수용하는 관로, 통신 터널, 배관, 배선반, 단자 등과 그 부대설비로 정의되는 용어를 쓰시오.

정답 구내 통신선로 설비

접지설비 · 구내 통신설비 · 선로설비 및 통신 공동구 등에 대한 기술기준 참고

08 20.4

회선 교환망과 패킷 교환망의 정의 및 특징을 설명하시오.

정답

구분	회선 교환망	패킷 교환망
정의	데이터의 전송 전 통신회선을 미리 설정하여 데이터를 교환	데이터를 패킷 단위로 일정하게 나누어 패킷을 축적 후 전송으로 짧은 대화형 통신에 적합
장점	고속, 대용량, 실시간	회선 이용률 우수
단점	회선 이용률 저조	실시간 전송 어려움

09 20.4

위성통신에서 사용하는 다원접속 방법을 회선 할당 측면에서 3가지를 쓰고 간단히 설명하시오.

정답 1) 사전 할당(PAMA) : 지구국에 고정슬롯을 사전에 할당하는 방식
2) 요구 할당(DAMA) : 호 접속 요구가 발생할 때만 회선을 할당하는 방식
3) 임의 할당(RAMA) : 전송할 정보가 발생할 경우, 즉시 임의 슬롯을 할당하는 방식으로 다른 지구국과 충돌 발생 위험이 있음

10 21.7 다음은 회선교환에서 메시지가 전송되기 전에 경과되는 시간에 대한 설명이다. 물음에 답하시오.

    1) 신호가 한 노드에서 다음 노드로 전송 시 걸리는 시간으로 2×10^{-8}의 지연을 무엇이라고 하는가?

    2) DTE가 데이터 한 블록 보내는데 소요되는 시간은?

    3) 10Kbps로 10,000bit 블록 전송 시 소요 시간을 구하시오.

    4) 한 노드가 데이터 교환 시 필요한 처리를 수행하는데 소요되는 시간은?

> 정답 1) 전파지연(Propagation delay)
> 2) 전송시간(Transmission time)
> 3) 전송시간 $= \dfrac{\text{전송 데이터 길이[bit]}}{\text{전송속도[bps]}} = \dfrac{10,000}{10,000[\text{sec}^{-1}]} = 1\,[\text{sec}]$
> 4) 노드 지연(Node delay)

11 21.11 교환기에서 입력측 하이웨이 상의 타임슬롯 순서와 출력측의 순서를 바꾸기 위한 타임스위치 방법 3가지를 쓰시오.

> 정답 SWRR(Sequential Write Random Read), RWSR(Random Write Sequential Read), RWRR(Random Write Random Read)

12 23.4 회선 교환방식의 논리적 연결(접속) 3단계를 서술하시오. (6점)

> 정답 • 1단계 : 회선 설정(개설)
> • 2단계 : 데이터 전송
> • 3단계 : 회선 해제

출제빈도  상 중 하

기출 분석

연도	19년	20년	21년	22년	23년
문제 수	3	1	3	3	4

01 전송망(전달망)

1) 개념

주로 데이터의 전송만을 위해 여러 가입자망을 상호연결하여 대용량의 전송 장치와 전송로를 구성한 물리적 연결 통신망으로 전달망이라고도 한다.

2) 개념도

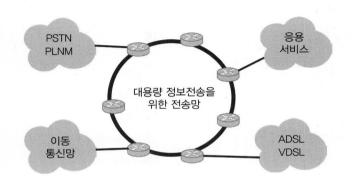

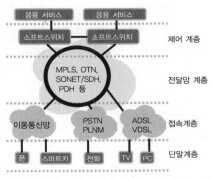

Ex) BcN(Broadband Convergence Network)

▲ 전송망 개념도

02 PDH/SDH

1) 개념

- 전송망 구성 방식 중 하나로 PDH 비동기식 계위는 북미식과 유럽방식으로 구분되며, 우리나라는 북미방식과 유럽방식을 혼합하여 운영 중이다.
- PDH 비동기식 방식은 전 세계가 단일화되지 않아 나라별 상이하게 운영되고 있다.
- SDH 동기식 디지털 전송 계위가 등장하여 PDH보다 발전된 광 채널 위로 모든 형태의 디지털 통신 채널을 실어 나를 수 있는 광통신망의 형태로 진화하면서 고속통신 기반으로 전 세계가 단일화된 전송망이 구성되었다.

2) PDH/SDH 비교

구분	PDH	SDH
다중화 원리	BIT 인터리빙	BYTE 인터리빙
다중 구조	다단계 다중화 계위	세계 단일(북미, 유럽)표준
동기화	Bit Stuffing	Pointer
신호속도	입력신호 다중배수보다 빠름	입력신호 다중배수와 동일
망구성	포인트 투 포인트	포인트 투 멀티포인트
망동기	불일치	단일 클럭으로 동기화
구조	복잡	단순
오버헤드 추가	매 단계 새로운 오버헤드 추가	오버헤드 추가 없음
망 적합 구조	PSTN에 적합	B-ISDN에 적합
전송로	동축 케이블 기반	광케이블 기반
서비스	음성기반	모든 서비스
신호계위	DS1 ~ DS4	STM - n

3) 북미식(NAS)과 유럽식(CEPT) 비교

구분	NAS(DS-1)	CEPT
채널 수	24	32
음성 채널 수	24	30
Frame 비트 수	193 = (7+1)*24+1	256 = (8*32)
동기신호 제공	Frame의 첫 bit	0번째 timeslot
제어신호 제공	6, 12번 채널당 1bit	16번째 timeslot
Frame 전송속도	1.544Mbps	2.048Mbps
압신방식	μ법칙(15절선식)	A법칙(13절선식)
정보전송량	56/64kbps	64kbps
LineCode	AMI, B6ZS	CMI, HDB3
특징	채널 투명성 결여 데이터 통신 시 치명적	공통선 신호방식으로 채널 투명성 가짐

4) SONET/SDH

① 개념

- 전 세계 모든 장거리 전화망의 광케이블 구간에 적용되고 있는 물리 계층 표준이다.
- 동기식 시스템으로 설계되었기 때문에 전체 대역폭이 다양한 부 채널에 할당되어 다수의 타임슬롯을 포함하고 있는 하나의 거대한 채널로 이용된다.
- 반송 프레임은 사용자 데이터 포함 여부와 상관없이 125[μs] 간격으로 끊임없이 전송(데이터가 없어도 보낸다.)한다.

② 적용 구성도

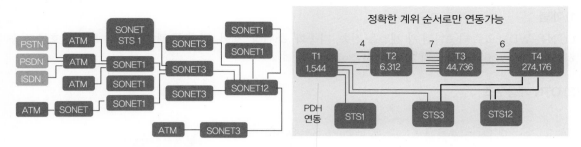

▲ SONET/SDH 구성도

02 광 전송망

1) 개념

SDH 기반의 광신호 파장을 다수의 광 채널로 분리해 전송할 정보를 광학적으로 다중화 함으로서 하나의 광케이블로 다수의 정보를 고속으로 통신할 수 있는 기술이다.

2) 개념도

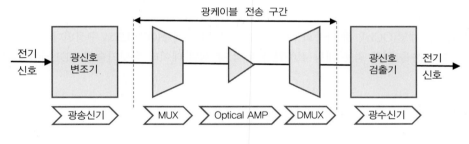

▲ 광 전송망 개념도

3) 광 전송망 관련 기술 비교

구분	CWDM	WDM	DWDM	UDWDM
채널 수	4~8채널	8~16채널	16~80채널	80~160채널
파장 간격	20[nm]	0.8[nm]	0.4[nm]	0.2[nm]
전송 속도	1.25Gbps	40Gbps	200Gbps	Tbps
주요 활용	CATV, 중계기	PON, 메트로	백본, 국가망	백본, 국가망

03 OTN(Optical Transport Network)

1) 개념

OTN은 WDM으로 다중화된 광 채널을 전송, 다중화, 스위칭, 제어, 관리 등 광 계층에서 모든 신호를 전송하는 ITU G.709로 표준화된 광 전송 표준이다.

2) OTN 계층구조

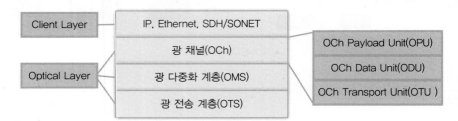

※ OCh : Optical Channel Layer Network, OMS : Multiples Section, OTS : Transmission

▲ OTN 계층구조

3) 특징

- OTN은 디지털 계위와 광학 계위로 구성되며, 디지털 계위는 데이터 OPU → ODU → OTU → OCh 순으로 다중화된다.
- 광학 계위는 광 채널(OCh), 광 다중화 계층(OMS), 광 전송 계층(OTS)으로 구성된다.
- 다양한 신호 수용을 위해 범용 매핑 절차와 유동적 광 채널 데이터 유닛기술인 ODU Flex 기술을 이용한다.

18.4

01 ATM에 대한 다음 각 물음에 답하시오.

1) ATM 참조모델의 3가지 평면

2) AAL에서 서비스 클래스를 지원하기 위한 AAL type

정답 1) 사용자 평면, 제어 평면, 관리 평면, 2) AAL-1, ALL-2, ALL-3/4, ALL-5

- **사용자 평면(데이터 평면)** : 사용자 정보의 전송과 직접 관련된 데이터가 이동하는 평면
- **제어 평면** : 통신 연결의 설정, 유지, 해제, 이동성, 보안 등에 관한 프로토콜이 이동하는 평면
- **관리 평면** : 평면관리, 계층관리, 망감시에 관련한 개념적 프로토콜 평면
- **AAL-1** : 비디오와 음성과 같은 고정 비트율 스트림을 처리한다.
- **ALL-2** : 가변 전송률로 짧은 패킷을 처리한다.
- **ALL-3/4** : 가상회선, 데이터 그램과 같은 기존의 패킷교환을 처리한다.
- **ALL-5** : 고속전송에 적합하고 순서 제어 없고 오류제어 메커니즘이 필요하지 않은 패킷전송을 위해 사용된다.

18.4

02 다중화 장비와 집중화 장비에 대해 설명하고 차이점을 쓰시오.

정답 1) 다중화 장비 : 다수의 저속채널을 하나의 고속채널로 묶어 전송하기 위한 장비이다.
2) 집중화 장비 : 다수의 저속채널을 소수의 회선으로 묶어 전송하는 장비이다.
3) 차이점

구분	다중화 장비	집중화 장비
대역폭	입력 채널 = 출력 채널	입력 채널 ≥ 출력 채널
채널할당	고정할당	동적할당
회선 연결	물리적 연결	논리적 연결
버퍼	없음	있음
지연시간	지연 없음	지연 있음

03 B-ISDN의 ATM 프로토콜 레퍼런스 모델은 계층과 평면의 구조로 되어 있다. 3개의 하위계층과 평면은 각각 무엇인지 작성하시오.

18.7

정답 1) 3개의 하위계층 : 물리 계층, ATM 계층, Adaptive ATM 계층, 2) ATM 평면(ATM 참조모델) : 사용자 평면, 제어 평면, 관리 평면

04 ATM 셀의 구조를 나타내고, 각 필드의 길이를 쓰시오.

19.4

정답

← 셀 전체 크기(53Byte) →	
헤더(5Bytes)	데이터(48Bytes)

05 광섬유 케이블에서 발생되는 자체 손실 3가지를 적으시오.

19.7

정답 산란 손실, 회선 손실, 불균등 손실

1) 산란 손실 : 코어 제작 시 코어 자체의 굴절률의 불균형으로 발생하는 손실이다.
2) 흡수 손실 : 철, 구리 등 이물질에 의해 흡수되어 발생하는 손실이다.
3) 불균등 손실 : 코어와 클래드 면의 불균등에서 발생하는 손실이다.
4) 회선 손실 : 융착 접속, 접속 손실, 점퍼 코드 설치 시에 발생하는 손실이다.
5) 코어 손실 : 코어를 구부려서 설치할 때 발생하는 손실이다.
6) 밴딩(마이크로, 매크로) 손실 : 포설 시 압력, 미세한 구부러짐 등으로 발생하는 손실이다.

2-310 CHAPTER 01 : 교환시스템 기본설계

06 광섬유 케이블에 관한 다음의 질문에 답하시오.

21.4

1) 광 전송과 관련된 법칙은 무엇인가?

2) 발광소자 2개를 쓰시오.

3) 수광소자 2개를 쓰시오.

4) 재료분산과 구조 분산이 서로 상쇄되어 분산이 0이 되는 레이저 파장을 쓰시오.

정답 1) 스넬의 법칙, 2) LED, DFB−LD, 3) PD(Photo Diode), APD(Avlanche Photo Diode), 4) 1310[nm]

07 광섬유의 기본성질을 나타내는 광학적 파라미터 4가지를 적으시오.

21.4

정답 개구수, 수광각, 정규화 주파수, 비 굴절률 차

구분	설명
개구수	광원으로부터 빛을 얼마나 받을 수 있는지를 나타내는 수치
수광각	빛을 광섬유의 코어 내부로 입사시킬 때 광섬유가 전반사시킬 수 있는 입사광의 각도
정규화 주파수	광섬유 내에서 전파할 수 있는 전파모드의 수
비 굴절률 차	코어와 클래딩의 굴절률 차이를 나타내는 파라미터

08 시분할 다중화 방식에 대해 설명하시오.

22.11

정답 TDM(Time Division Multiplexing)

1) 하나의 전송로를 점유하는 시간(Time)으로 분할하여 여러 신호를 전송하는 다중화 기법이다.

2) 전송설비에서 주로 사용하는 다중화 기법이며, PDH, SDH 방식이 있다.

09 ^{23.4} 다음 노드 6개 기준 다음 질문에 답하시오. (8점)

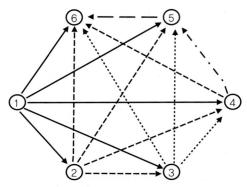

1) 메시망(Mesh Topology) 기준 회선(링크) 수와 포트 수를 쓰시오. (2점)
2) 링망(Ring Topology) 기준 회선(링크) 수와 포트 수를 쓰시오. (2점)
3) 링망(Ring Topology) 기준 단일링크의 문제점을 개선하기 위한 방법과 이를 개선할 경우 장점을 쓰시오. (4점)

정답 1) 메시망 기준 : 회선 수 15개, 포트 수 전체 30포트, 노드 당 각각 5포트
2) 단일 링망 기준 : 회선 수 6개, 포트 수 전체 12포트, 노드 당 각각 2포트
이중 링망 기준 : 회선 수 12개, 포트 수 전체 24포트, 노드 당 각각 4포트
3) 링망 구성 시 어느 노드가 장애가 발생하면 통신이 중단되므로 이중링 구성이 필요하며,
이중링 구성 시 양방향 통신이 가능하여 한 방향 장애 시에도 통신이 가능하다.

• 메시망 중계 노드 수 N = 6개, 회선 수 $= \dfrac{N(N-1)}{2} = \dfrac{6(6-1)}{2} = 3 \times 5 = 15$개

SECTION 06 구내통신망 구성하기

📋 기출 분석

연도	19년	20년	21년	22년	23년
문제 수	0	0	0	1	1

01 구내 통신설비

1) 개념

- 건축물 등의 특정 공간 내에 다수의 통신 노드들을 연결하여 구성한 통신망으로 전화망, 인터넷망, 방송통신망, 이동통신망 등으로 구성된다.
- 구내 정보통신설비는 일반 업무용 건축물의 경우 음성 통신설비, 영상 통신설비, 구내 정보 설비 및 배관, 배선 등을 포함한다.

2) 구내 정보통신 설비 개념도

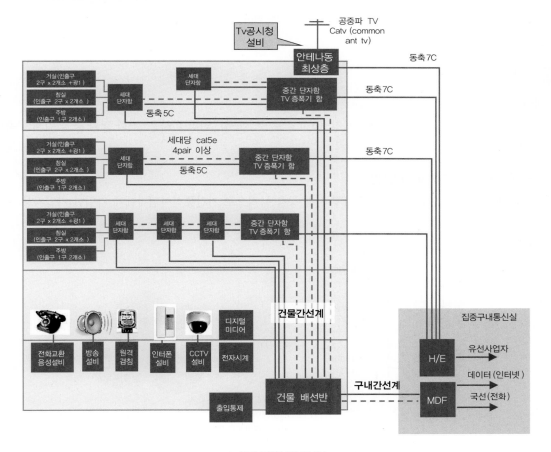

▲ 구내 통신설비 개념도

3) 구내 정보통신 설비

구분	종류
음성 통신설비	전화 설비, 방송설비, 인터폰 설비
영상 통신설비	TV 공시청설비, CATV, CCTV 등
전기시계 설비	GPS 동기 대형 시계, 모자식 전기시계
주차관제설비	차량검지기, 신호등, 유도등, 제어반 등
미디어 표출설비	디지털 사이니지, 키오스크 등
원격 검침 설비	전기, 수도 등 자동 검침을 위한 설비
엘리베이터 자동호출 설비	엘리베이터 자동호출 관련 설비
출입 통제설비	출입문 자동제어, 카드 리더, 지문인식 및 시건장치
인터넷서비스 통신설비	IP TV, 인터넷 등을 위한 통신설비

4) 구내 통신선로 설비

구분	종류
접지설비	구내에 구축되는 정보통신 설비의 보호 및 인명의 보호를 위한 접지설비
배관, 배선	구내에 구축되는 각종 장비 간 연결을 위한 배관 및 배선 일체를 포함

02 구내통신망

1) 개념

건축물 내에 구축되는 통신망으로 TV 시청, CCTV 보안망 구성, 인터넷 사용, 전화 교환 등을 위해 구축되는 통신망이다.

2) 인터넷 가입자 및 CATV 가입자망

- 건축물 내 가입자가 인터넷 사용, IP TV 시청 등을 목적으로 기간통신사업자에게 가입한 가입자용 통신망이다.
- 개념도

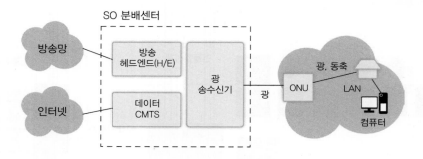

▲ 인터넷, CATV 가입자망(HFC 망 예시)

3) CCTV 보안 통신망

- 건축물 내외부의 침입 보안, 출입 관리 등을 위해 특정 공간 내에 설치되는 패쇄회로 카메라로 과거 NTSC 기반에서 TCP/IP LAN 기반으로 진화하고 있다.
- 개념도

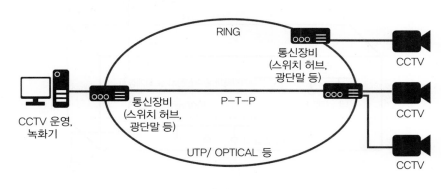

▲ CCTV 통신망 개념도

4) 전화 교환망

- 건축물 내에 구축된 전화 설비의 연결과 교환을 수행하는 전화 교환통신망으로 과거의 회선교환 방식에서 IP 기반의 패킷 교환통신망으로 진화 중이다.
- 개념도

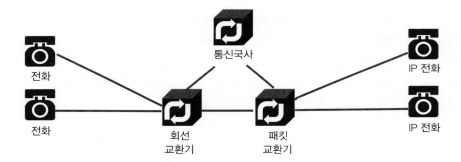

▲ 전화 교환망 개념도

5) 이동통신 서비스 통신망

• 건축물 내 3G, LTE, 5G 등의 이동통신 서비스를 제공하기 위한 이동통신 설비
• 개념도

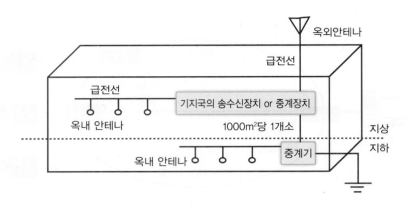

▲ 건축물 내 이동통신 설비 개념도

• 기술기준(구내 통신설비)

구분	기준
배관	옥외 안테나는 배관 36mm 이상 또는 급전선 외경의 2배 이상 배관 설치 (광케이블은 22mm 이상 배관 설치 및 중계장치 설치)
접속함	배관 길이가 40m를 초과할 경우, 굴곡점에 설치
접지	중계 장치로부터 최단 거리에 접지 단자 설치
전원	4kW 이상, 220V 단자 3개 이상 설치
장소	안테나 설치는 4m^2 이상, 중계장치는 2m^2 이상, 유지보수, 작업 편리한 곳에 설치

※ 점수표기 없는 문항은 5점

18.11

01 다음은 무엇에 대한 설명인가?

> 구내 상호 간 및 구내, 외간의 통신을 위하여 구내에 설치하는 케이블, 선조, 이상 전압/전류에 대한 보호 장치 및 전주와 이를 수용하는 관로, 통신 터널, 배관, 배선반, 단자 등과 그 부대설비를 말한다.

정답 **구내 통신선로 설비**

19.7

02 국선 접속 설비를 제외한 구내 상호 간 및 구내/외간의 통신을 위하여 구내에 설치하는 케이블, 선로, 이상 선로 및 이상 전류에 대한 보호 장치 및 전주와 이를 수용하는 관로, 통신 터널, 배관, 배선반, 단자 등과 그 부대설비로 정의되는 용어를 쓰시오.

정답 **구내 통신선로 설비**

1) **구내 통신선로 설비** : 국선접속설비를 제외한 구내 상호 간 및 구내/외간의 통신을 위하여 구내에 설치하는 케이블, 선로, 이상 전압 전류에 대한 보호 장치 및 전주와 이를 수용하는 관로, 통신 터널, 배관, 배선반, 단자 등과 그 부대설비
2) **이동통신 구내 선로설비** : 사업자로부터 이동통신 서비스 및 휴대 인터넷서비스 등을 제공받기 위하여 건축물에 건축주가 설치 · 관리하는 설비로서 관로, 전원 단자, 통신용 접지설비와 그 부대시설
3) **구내 정보통신설비** : 건축물의 옥내외 배관/배선, 맨홀(수공), 전화 및 교환설비, 네트워크 및 보안설비, 구내 이동통신, TV 공청/유선방송설비, 전관 방송/AV 시스템, 홈네트워크, CCTV 및 관제센터, 주차 관제 및 위치 확인, 보안 및 출입 통제, 비상벨, SI/FMS 시스템, 접지설비, 구내 무선통신 설비 통합 시스템(DMB/FM, 이동통신, 무선 AP, 소방 무선통신 보조 설비 등), 안내 시스템, 무인 택배, 전자시계, 원격 검침 설비 등의 구내 통신설비

03 ^{21.4} 건축물 내에서의 이동통신 전화 역무 제공을 위한 급전선의 인입 배관 등에 대해 구내용 이동통신 설비 기술 기준의 설치 조건 2가지를 작성하시오.

> **정답** 1) 옥외 안테나는 배관 36[mm] 이상 또는 급전선 외경의 2배 이상 배관설치, 광케이블은 22[mm] 이상 배관설치 및 중계장치 설치,
> 2) 접속함은 배관 길이가 40[m]를 초과할 경우 설치하고, 굴곡점에도 추가로 설치

04 ^{22.8} 다음 용어를 설명하시오.

1) 구내 간선계
2) 건물 간선계

> **정답** 1) 구내 간선계 : 집중 구내통신실에서 동별 통신실 구간의 배선, 2) 건물 간선계 : 동별 통신실에서 층 단자함 구간의 배선

- 집중 구내 통신실에서 동별 통신실 구간을 구내 간선계, 동별 통신실에서 층 단자함 구간을 건물 간선계, 층 단자함에서 세대 단자함 및 인출구 구간을 수평 배선계(댁내 인입, 댁내 배선)라 한다.
- 각 구간에 적용되는 케이블은 관련법 · 기술기준 등에 따라 전송속도, 전송 거리 및 케이블 특성 등을 반영하여 설계한다.

01 정보통신시스템에서 DTE–DCE 간의 국제표준규격의 특성 조건 4가지를 적으시오.

정답 전기적 조건, 기계적 조건, 기능적 조건, 절차적 조건

....

1) 전기적 조건 : 전압 레벨 관련 특성 조건
2) 기계적 조건 : 숫자와 커넥터의 치수 규정
3) 기능적 조건 : 신호와 관련된 특성 조건
4) 절차적 조건 : 정확한 신호와 제어 신호 관련 특성 조건

02 통신회선의 접속방식 4가지를 쓰시오.

정답 점대점 회선 방식, 다지점 회선 방식, 집선 회선 방식, 회선 다중방식

....

1) **점대점 회선 방식** : 컴퓨터 시스템과 단말기를 전용회선으로 직접 연결하는 방식으로, 언제든 데이터를 송수신할 수 있고 응답속도가 빨라 고속 처리가 가능하다.
2) **다지점 회선 방식** : 컴퓨터 시스템에 연결된 전송회선 1개에 단말기를 여러 대 연결하는 방식으로, 한 시점에서 단말기 하나만 컴퓨터와 통신할 수 있다.
3) **집선 회선 방식** : 일정한 지역 내에 있는 중심 부분에 집선장치를 설치하고 여기에 단말기를 여러 대를 연결하여 구성하는 방식으로, 집선장치에서 저속의 데이터를 모아 컴퓨터로 고속전송할 수 있다는 장점이 있다.
4) **회선 다중방식** : 일정 지역에 있는 단말기 여러 대를 그 지역의 중심 부분에 설치된 다중화 장치에 연결하고, 다중화 장치와 컴퓨터를 대용량 회선으로 연결하는 방식이다.

03 통신시스템의 통신망 구성 방식 3가지를 설명하시오.

정답 1) 유선통신망 : 유선통신은 송수신 양자 간에 유선 선로가 연결되어 데이터, 정보 등을 주고받는 통신방식으로 가장 많이 사용되는 통신방식이다.
2) 무선통신망 : 무선통신은 송수신 양자 간에 안테나 위성 등을 통해 무선전파를 이용하여 데이터, 정보 등을 주고받는 통신방식이다.
3) 광 통신망 : 유무선 통신망의 전송선로로 광케이블을 이용하는 통신방식으로 주로 대용량 또는 장거리 정보전송 시 사용되는 통신 기술이다.

04 xDSL로 통칭되는 디지털 가입자망 접속방식 중 3가지만 쓰시오.

정답 ADSL, SDSL, HDSL

• **비대칭형** : ADSL, VDSL
• **대칭형** : SDSL, HDSL
• 비대칭형 서비스는 업링크 속도와 다운 링크 속도가 서로 다른(비대칭) 서비스이고, 대칭형 서비스는 업링크 속도와 다운 링크 속도가 상대적으로 거의 동일하다.

05 HDSL, SDSL의 대칭 전송 시 선로 부호화할 경우 (   ) 전송법은 2비트 4단계 진폭 변조한다. 이 전송법은 무엇인가?

정답 2B1Q(2 Binary 1 Quaternary, Two-bits-to-one Quaternary)

• 2진 데이터(00, 01, 11, 10)를 1개의 4진 심볼로 변환
• 첫째 비트는 극성을, 둘째 비트는 심볼의 크기를 의미
• 즉, 첫째 비트가 1이면 +, 0이면 −, 둘째 비트가 1이면 진폭이 1, 0이면 0

06 정보통신과 관련된 용어의 원어를 풀어 쓰시오.

> (1) DSU, (2) ADSL, (3) MPEG, (4) TCP/IP, (5) IETF (6) TTA

정답 1) DSU : Digital Service Unit, 2) ADSL : Asymmetric Digital Subscriber Line, 3) MPEG : Moving Picture Experts Group, 4) TCP/IP : Transmission Control Protocol/Internet Protocol, 5) IETF : Internet Engineering Task Force, 6) TTA : Telecommunications Technology Association

07 괄호 안에 알맞은 말을 넣어 완성하시오.

> RIP(Routing Information Protocol)는 (①)을(를) 이용하는 가장 대표적인 라우팅 프로토콜로 (②)라는 것은 (③) 수를 모아 놓은 정보를 근거로 (④) 테이블을 작성하는 것이다.

정답 ① Distance Vector, ② HOP Count, ③ 홉(HOP), ④ 라우팅

08 아래 들어갈 용어를 |보기|에서 선택하시오. (6점)

> | 보기 |
>
> 링크, 거리벡터, 스패닝 트리(Spanning tree), 라우팅 테이블, 홉(Hop)

> RIP(Routing Information Protocol) 이란 (①) 기반으로 소규모 네트워크에서 사용하는 네트워크 경로 설정 프로토콜이다. 여기서 (①)이란 (②)의 수를 의미하며 이를 기반으로 생성된 (③)을(를) 기반으로 최적의 경로를 설정한다.

정답 ① 거리벡터, ② 홉(Hop), ③ 라우팅 테이블

09 공통선 신호망에서 신호선(SP) 간의 신호정보 전달을 중계해주는 패킷교환을 통해 입력된 신호 메시지를 판별하여 각 목적별로 라우팅 및 분배기능을 수행하는 것은 무엇인지 쓰시오.

정답 STP(Signaling Transfer Point, 신호 중계교환기) : 라우팅 신호 중계

• SCP(Service Control Point) : 서비스에 대한 상세한 정보를 유지하면서 SSP 지능망 호 처리 요구에 대한 처리 지시 등을 수행한다.
• SSP(Service Switching Point) : 지능망 호 서비스를 인식하고 SCP에게 필요 정보를 요구하여 서비스 사용자가 원하는 서비스를 완성한다.
• SMS(Service Management System) : 신규 서비스 가입자 정보 추가 시 SSP, SCP, IP에 정보를 제공한다.
• SCE : 새로운 서비스 생성
• SEAS : 망 관리 시스템

10 다음 특징을 갖는 패킷 교환방식을 쓰시오.

> 1. 통신 당사자 간 물리적 및 논리적 전송로를 설정하지 않으므로 호 설정 지연이 없다.
> 2. 패킷마다 독립적인 라우팅을 행하므로 패킷 순서가 어긋날 수 있다.
> 3. 교환 노드에 고장이 발생 되어도 대체 경로를 이용하여 전송이 가능하다.

정답 데이터 그램 교환방식

11 PDH와 SDH 특징을 비교한 표이다. 다음 표의 빈칸을 채우시오.

구분	PDH	SDH
다중화 원리	BIT 인터리빙	BYTE 인터리빙
다중 구조	다단계 다중화 계위	세계 단일(북미, 유럽)표준
동기화	(①)	Pointer
프레임 주기	일정하지 않음	(②)
망 구성	포인트 투 포인트	포인트 투 멀티포인트
망 동기	(③)	단일 클럭으로 동기화
구조	복잡	단순
망 적합 구조	PSTN에 적합	B-ISDN에 적합
신호계위	DS1 ~ DS4	STM - n

정답 ① 비트(Bit), ② 125[μs]로 일정, ③ 비동기

12 기존에 설치되어 있는 공영의 전송망을 임대 후 특별한 서비스를 제공하여 그 가치를 높여 제공하는 사업자를 무엇이라고 하는가?

정답 부가통신사업자(VAN : Value Added Network)

전기통신사업자로부터 회선을 차용하여 고도의 통신 처리 기능 등 부가가치를 붙여서 제3자에게 재판매하는 통신망으로 밴(VAN)이라고도 한다. 본래는 이기종을 포함하는 다종다양한 컴퓨터를 효율적으로 접속시킨다고 하는 사고에서 생겨난 통신망 개념이다. 부가가치라는 말이 사용되고 있기는 하지만 기본이 되는 것은 통신 처리와 회선의 효율화이다.

13 PDH/SDH의 북미방식 채널 수, 전송 프레임 비트 수, 전송속도, 압신방식을 나열하시오.

정답 1) 24채널, 2) 193[bits], 3) 1.544[Mbps], 4) μ법칙(15절선식)

구분	NAS(DS-1)	CEPT
채널 수	24	32
음성 채널 수	24	30
Frame 비트 수	193 = (7 + 1) * 24 + 1	256 = (8 * 32)
동기신호 제공	Frame의 첫 bit	0번째 timeslot
제어신호 제공	6, 12번 채널당 1bit	16번째 timeslot
Frame 전송속도	1.544Mbps	2.048Mbps
압신방식	μ법칙(15절선식)	A법칙(13절선식)
정보전송량	56/64kbps	64kbps
LineCode	AMI, B6ZS	CMI, HDB3
특징	채널 투명성 결여 데이터 통신 시 치명적	공통선 신호방식으로 채널 투명성 가짐

14 광 전송망 구성 방식 3가지를 쓰고 간단히 설명하시오.

[정답] 1) CWDM : 광 파장을 4~8개로 분할하여 전송하며 1.25[Gbps] 속도를 제공해 CATV 등에 이용된다.
2) WDM : 광 파장을 8~16개로 분할하여 전송하며 40[Gbps] 속도를 제공해 PON, 메트로 이더넷 등의 서비스를 제공한다.
3) DWDM : 광 파장을 80~160채널로 분할하여 1[Tbps] 이상의 고속전송이 가능하여 백본망, 국가 통신망, 전송망 등에 적용된다.

15 구내에 구축되는 정보통신설비를 3가지 이상 쓰시오.

[정답] 1) 음성 통신설비 : 전화 설비, 방송설비, 인터폰 설비 등
2) 영상 통신설비 : TV 공시청 설비, CCTV, CATV 등
3) 미디어 설비 : 디지털 사이니지, 키오스크, 광고판 등

16 구내 통신선로 설비의 종류를 쓰시오.

[정답] 1) 접지설비 : 구내에 구축되는 정보통신 설비의 보호, 인명 보호를 위한 접지설비,
2) 배관, 배선 설비 : 구내에 구축되는 각종 장비 간 연결을 위한 배관 및 배선 일체

네트워크 구축공사

SECTION 01 근거리통신망(LAN) 구축하기

기출 분석

연도	19년	20년	21년	22년	23년
문제 수	4	5	5	4	2

01 근거리통신망(LAN)

1) 개념

근거리통신망은 집, 학교, 회사 등의 같은 공간, 같은 건물 안에서 가까운 거리에 분산 설치되어 있는 컴퓨터 및 네트워크 장치들을 연결해 주는 근거리통신망이다. 근거리통신망에 연결되는 장비에는 서버, PC, 인터넷 전화, 프린터 등 다양하며, 다수의 장비를 상호 연결하기 위해 네트워크 스위치, 브리지 등의 장비가 사용된다.

2) 개념도

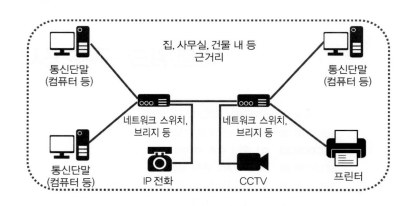

▲ 근거리 통신망(LAN)

3) 근거리통신망의 종류

근거리통신망의 기본 구성(토폴로지)은 스타형, 버스형, 링형이며, 그 외에 망형, 트리형, 혼합형 등이 있다.

종류	다중화 방식	교환 기능	대표적인 액세스 방식	대표적인 전송 매체	특징
스타	–	집중 회선교환	–	연대선	중앙의 컨트롤러에서 방사상으로 회선을 설정하는 방식. 제어가 간단
버스	시분할 다중 (비동기계)	분산 패킷교환	CSMA/CD 토큰 패싱	연대선 동축 케이블 광섬유	제어상 동등한 장치를 단일의 버스에 접속하는 방식. 액세스 경합(競合)이 발생
	주파수 분할 다중	집중 회선교환 및 분산 패킷교환	CSMA/CD	동축 케이블	제어상 동등한 장치를 주파수 분할된 버스에 접속하는 방식. 다양한 서비스에 적용 가능

링	시분할 다중 (비동기계)	분산 패킷교환	토큰 패싱	연대선 동축 케이블 광섬유	제어상 동등한 장치를 원형으로 접속하는 방식. 액세스 경합은 없다.
	주파수 분할 방식	분산 회선교환	TDMA	광섬유	장치를 원형으로 접속하는 방식. 특정한 장치가 망을 관리한다. 액세스 경합은 없다.

4) 근거리통신망 구성 방식

구성 형태	구성도	특징
스타형		스타형에서는 모든 장치가 중앙의 한 장치에 연결되어있으며, 데이터의 전달은 항상 중앙 장치를 통해 이루어진다. 가장 많이 사용되는 방식이다.
버스형		버스형에서는 하나의 통신회선에 장치들을 연결한다. 데이터를 목적지 주소와 함께 버스에 연결된 모든 장치들에게 전송하면 데이터를 받은 장치들은 목적지 주소를 확인하여 자신에게 보내진 데이터일 때 이를 받아들인다.
링형		링형에서는 장치들이 원형 체인 방식으로 연결되어 있으며, 데이터 전송을 위해 토큰(Token)을 사용한다. 토큰은 링형 네트워크를 따라 순환하는데, 토큰을 획득해야 데이터를 전송할 수 있다.

5) LAN 프로토콜

IEEE 802시리즈로 알려진 LAN 프로토콜은 물리 계층, MAC(Medium Access Control) 계층, LLC(Logical Link Control) 계층으로 구성되어 있으며 MAC 계층과 LLC 계층이 OSI 모형의 데이터링크 계층에 대응된다.

▲ LAN 프로토콜

02 OSI 7 Layer

1) 개념

국제표준화기구(ISO)가 1977년에 정의한 국제 통신 표준 규약으로 통신의 접속에서부터 완료까지의 과정을 7단계로 구분하여 정의한 통신 규약이며, 현재 다른 모든 통신 규약의 지침이 되고 있으며 이 7계층의 통신 규약 군에 대해 각 계층별로 설명, 정의한 것이 OSI 기본 참조모델(RM)이다.

2) OSI 7 Layer RM

OSI 7Layer Model		TCP/IP 4Layer Model	
Layer 7	응용 계층	Layer 4	응용 계층
Layer 6	표현 계층		
Layer 5	세션 계층		
Layer 4	전송 계층	Layer 3	전송 계층
Layer 3	네트워크 계층	Layer 2	네트워크 계층
Layer 2	데이터링크 계층	Layer 1	데이터링크 계층 물리 계층
Layer 1	물리 계층		

▲ OSI 7 Layer

3) 계층별 주요기능

구분	주요기능	TCP/IP 기반 LAN	
Layer 7 Application(Message)	응용서비스 구현	Application	telnet, FTP, DHCP, HTTP, SMTP, DNS
Layer 6 Presentation(Message)	데이터 표현 형식의 제어 (압축, 암호화, 전송)		
Layer 5 Session(Message)	통신시스템들 사이의 상호작용을 설정, 유지하고 동기화		
Layer 4 Transport(Segment)	전체 메시지의 프로세스 대 프로세스 전달 end to end 간 신뢰성 있고 투명한 전송제공	Transport	TCP/IP, UDP
Layer 3 Network(Packet)	네트워크 간 경로 제어 에러, 흐름 제어	Network	ICMP, ARP, RARP, IP
Layer 2 Data Link(Frame)	노드 간 링크 상태 관리 및 에러제어	Network Interface	
Layer 1 Physical(Bit)	링크 상에서 신호 전송 bit 정보전달		

4) TCP/IP 헤더

SOURCE PORT			DESTINATION PORT	
SEQUENCE NUMBER [신뢰성] / [흐름 제어]				
ACKNOWLEDGEMENT NUMBER [신뢰성]				
H.LEN	NOT USED	CODE BITS	WINDOW	
HEADER CHECKSUM			URGENT POINTER	
OPTIONS				
전송 데이터				

5) IP 헤더

Version	H.LEN (HEADER LENGTH)	TYPE OF SERVICE (TOS)	TOTAL LENGTH	
IDENTIFICATION (패킷 식별번호)			FLAGE	FRAGMENT OFFSET (세분화 옵셋)
TIME TO LIVE		TYPE(PROTOCOL)	HEADER CHECKSUM	
SOURCE IP ADDRESS				
DESTINATION IP ADDRESS				
IP OPTIONS				PADDING

6) Frame 헤더

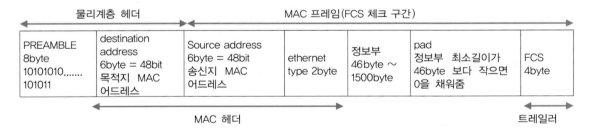

▲ Frame 헤더 구조

03 무선 LAN

1) 개념

무선랜(WLAN ; Wireless Local Area Network)은 802.11 계열 기술로 와이파이(WiFi ; Wireless Fidelity)라고도 하며 유선 랜의 전송방식을 무선 환경에 맞도록 변화시킴으로써 이더넷이나 토큰 링과 같은 전통적인 유선 랜 기술의 이점과 기능을 무선망 환경에서 제공하여 사용자에게 자유로운 이동성을 보장하고 랜(LAN) 설치비용도 줄일 수 있다.

2) 개념도

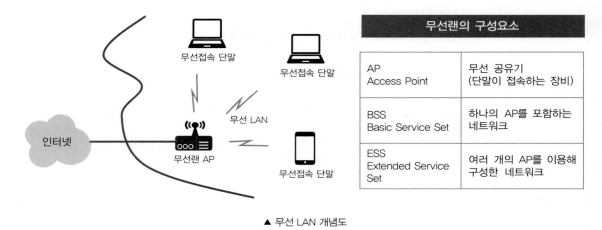

무선랜의 구성요소	
AP Access Point	무선 공유기 (단말이 접속하는 장비)
BSS Basic Service Set	하나의 AP를 포함하는 네트워크
ESS Extended Service Set	여러 개의 AP를 이용해 구성한 네트워크

▲ 무선 LAN 개념도

3) 무선 LAN IEEE 802.11의 프레임 종류

무선 LAN IEEE 802.11의 프레임 종류는 데이터 프레임, 제어 프레임, 관리 프레임이 있으며, 관리 프레임에는 결합요청 프레임, 재결합요청 프레임, 결합 응답 프레임, 프로브 요청 프레임, 프로브 응답 프레임 등이 있다.

18.7

01 LAN의 구성 형태를 모든 단말들이 각각 독립성을 유지하면서 공통회선을 통해 통신하는 방식으로 한 노드의 고장이 다른 부분에 전혀 영향을 미치지 않는 구성 방식은 무엇인지 쓰시오.

정답 버스형

버스형에서는 하나의 통신회선에 장치들을 연결한다. 데이터를 목적지 주소와 함께 버스에 연결된 모든 장치들에게 전송하면 데이터를 받은 장치들은 목적지 주소를 확인하여 자신에게 보내진 데이터일 때 이를 받아들인다.

18.11, 19.7

02 네트워크상에 흐르는 데이터 프레임을 캡처하고 디코딩하여 분석하며 LAN의 병목현상, 응용프로그램 실행 오류, 프로토콜 설정 오류, 네트워크 카드의 충돌오류 등을 분석하는 장비를 쓰시오.

정답 c프로토콜 분석기

- 네트워크를 지나다니는 패킷들을 캡처하여 세밀하게 분석하기 위한 장비로 소프트웨어 또는 하드웨어와 소프트웨어의 조합으로 구성된다.
- **하드웨어 방식** : 휴대용으로 필요한 모든 것이 장착된 형태로 제작된다.
- **소프트웨어 방식** : 고정형 PC나 노트북에 SW를 설치하여 동작하는 형태이다.

19.4

03 근거리통신망을 구축하고자 할 때 경로 제어를 위한 기술적인 사항 4가지만 쓰시오.

정답 1) 망 구성 계획, 2) 망 구성 방식, 3) 망 구성 요소, 4) 인터페이스 장비, 5) 소프트웨어 선택

04 인터넷 표준프로토콜이라 할 수 있으며 다른 기종 컴퓨터 간의 데이터 전송을 위해 규약을 체계적으로 관리 및 정리한 것을 무엇이라 하는지 쓰시오.

정답 TCP/IP

05 Shared LAN 방식과 Switched LAN 방식의 특징을 각각 3가지씩 기술하시오.

정답 1) Shared LAN : 초기의 LAN 형태로 MAC 절차 필요, 자신과 미일치 프레임은 버림, 송신정보가 모든 단말로 전송
2) Switched LAN : LAN 스위치를 사용하는 방식, 특정 목적지로만 정보송신 가능, LAN 스위치에 의해 네트워크 성능이 결정됨

06 다음 괄호 안에 들어갈 알맞은 용어를 쓰시오.

( )는 미국 규격 협회에서 1987년에 표준화된 LAN이고 100Mbps의 전송속도를 제공하며 두 개의 링으로 구성된다. 두 개의 카운터 회전 링을 사용하는 이중 링 구조이며 외부 링은 1차 링, 내부 링을 2차 링으로 부르며 두 개의 링이 모두 작동됨. 노드는 미리 정해진 규칙에 따라 두 개 중 한 개 링으로 전송한다. 전송 매체는 광케이블을 사용하여 2km 떨어진 단말기 사이에서 작동할 수 있다.

정답 FDDI(Fiber Distributed Data Interface)

07 ^{20.7월} IEEE802.11 무선 LAN에서 사용하는 프레임의 종류 3가지를 적으시오.

정답 데이터 프레임, 제어 프레임, 관리 프레임

08 ^{20.10} 유니캐스트 주소(Unicast Address), 멀티캐스트 주소(Multicast Address), 브로드캐스트 주소(Broadcast Address)에 대하여 설명하시오.

정답 1) 유니캐스트 주소 : 고유 주소로 식별된 하나의 목적지에 메시지를 전송하는 방식이다.
2) 멀티캐스트 주소 : 한 번의 송신으로 의도한 여러 목적지로 동시에 정보를 전송하는 방식이다.
3) 브로드캐스트 주소 : 통신망, 네트워크에 연결된 모든 호스트에 정보를 전송하는 방식이다.

09 ^{20.10} 다음 괄호 안에 알맞은 용어를 쓰시오.

네트워크 장비 중에 (①)는(은) 하나의 네트워크 세그먼트 안에서 크기를 확장하기 위해 사용되는 장비인 반면에 (②)
는(은) 네트워크 세그먼트 간을 연결하여 전체 네트워크의 크기를 확장하는데 이용된다.

정답 ① 브리지, ② 라우터

10 다음 설명하는 전송부호 방식을 쓰시오.

> • LAN에서 많이 사용되는 부호로서 대역폭을 많이 차지하며 직류신호가 전송되지 않는다.
> • 전송부호가 1인 경우 전단 T/2구간에 음(−)의 펄스로, 후단 T/2구간에는 양(+)의 펄스로 나타나며, 전송부호 0인 경우엔 이와 반대로 전단 T/2구간에 양(+)의 펄스로, 후단 T/2구간에는 음(−)의 펄스로 표현한다.

정답 맨체스터 코드

- 수신측 동기화의 용이성을 강조하도록 비트 중간에 극성 변화를 주는 선로 부호화 방식이다.
- 비트 중간에서 하향 천이일 경우는 0, 비트 중간에서 상향 천이일 경우는 1로 대응된다.
- 특징적으로 직류성분이 없고 대역폭은 NRZ의 2배이다.

11 통신 네트워크 접속에서 토폴로지 종류 4가지를 쓰시오.

정답 1) 버스형, 2) 링형, 3) 스타형, 4) 메쉬(망)형

구성 형태	구성도	특징
링형		링형에서는 장치들이 원형 체인 방식으로 연결되어있으며, 데이터 전송을 위해 토큰(Token)을 사용한다. 토큰은 링형 네트워크를 따라 순환하는데, 토큰을 획득해야 데이터를 전송할 수 있다.
버스형		버스형에서는 하나의 통신회선에 장치들을 연결한다. 데이터를 목적지 주소와 함께 버스에 연결된 모든 장치들에게 전송하면 데이터를 받은 장치들은 목적지 주소를 확인하여 자신에게 보내진 데이터일 때 이를 받아들인다.
스타형		스타형에서는 모든 장치가 중앙의 한 장치에 연결되어있으며, 데이터의 전달은 항상 중앙 장치를 통해 이루어진다. 가장 많이 사용되는 방식이다.

12 IEEE 802.11a과 IEEE 802.11g에서 사용하는 변조 기술의 용어를 서술하시오.

정답 OFDM(Orthogonal Frequency Division Multiplexing) : 여러 개의 부반송파에 고속의 데이터를 저속의 병렬 데이터로 변환하여 실어 보내는 기법이다.

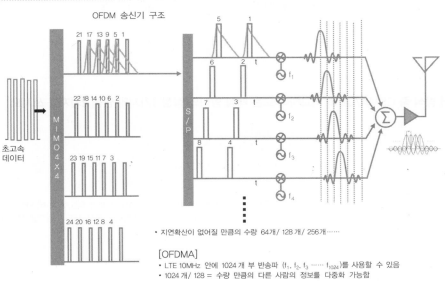

OFDM 송신기 구조

초고속
데이터

• 지연확산이 없어질 만큼의 수량 64개/ 128 개/ 256개……

[OFDMA]
• LTE 10MHz 안에 1024 개 부 반송파 $(f_1, f_2, f_3 \cdots\cdots f_{1024})$를 사용할 수 있음
• 1024 개/ 128 = 수량 만큼의 다른 사람의 정보를 다중화 가능함

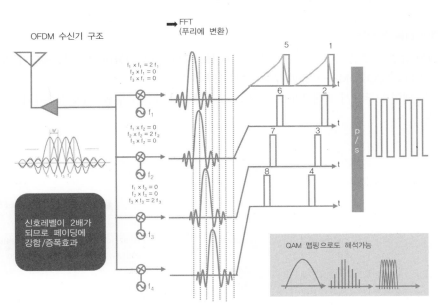

OFDM 수신기 구조

FFT
(푸리에 변환)

$f_1 \times f_1 = 2 f_1$
$f_2 \times f_1 = 0$
$f_3 \times f_1 = 0$

$f_1 \times f_2 = 0$
$f_2 \times f_2 = 2 f_2$
$f_3 \times f_2 = 0$

$f_1 \times f_3 = 0$
$f_2 \times f_3 = 0$
$f_3 \times f_3 = 2 f_3$

신호레벨이 2배가
되므로 페이딩에
강함/증폭효과

QAM 맵핑으로도 해석가능

13 인터넷 네트워킹에서 사용되는 장비 4가지를 적고 각각에 대해 간단히 설명하시오. (4점)

22.4

> **정답** 1) 허브 : 1계층 장비로 다수의 호스트를 연결하기 위한 멀티포트 기능과 리피터 기능을 제공한다.
> 2) 스위치 허브 : 2계층 장비로 MAC 기반의 스위칭을 통한 정보전달과 네트워크상의 충돌을 분리한다.
> 3) 라우터 : 3계층 장비로 IP 기반으로 주소를 찾는 라우팅 기능을 제공한다.
> 4) 게이트웨이 : 7계층 장비로 일반적으로 이기종 프로토콜을 서로 연동하기 위한 프로그램으로 구성된다.

14 LAN 접속제어 방식 중 CSMA/CD와 비교하여 토큰 패싱 방식의 장점 3가지와 단점 2가지를 쓰시오.

22.8

> **정답** • 장점 : 충돌이 발생하지 않음, 성능 저하가 적음, 고속 버스트 전송에 유리
> • 단점 : 하드웨어 장비가 복잡, 노드가 많으면 성능이 떨어짐

15 다음 설명에 대한 답을 쓰시오.

22.8

1) 2003년 6월에 승인된 표준 무선 LAN 주파수(2.4GHz)에서 최대 54Mbps의 전송속도가 가능하고 변조 방식으로 DSSS/OFDM을 사용한 무선 LAN 접속규격
2) 2.4/5GHz 두 대역 모두에서 최대 600Mbps까지 고속전송이 가능한 무선 LAN 접속규격

> **정답** 1) IEEE 802.11g, 2) IEEE 802.11n

구분	IEEE 802.11a	IEEE 802.11b	IEEE 802.11g	IEEE 802.11n
표준화	99.9	99.9	2003.7	2009.10
주파수대역	5GHz	2.4GHz	2.4GHz	2.4GHz, 5GHz
대역폭	20MHz	20MHz	20MHz	20MHz/40MHz
전송속도	54Mbps	11Mbps	54Mbps	600Mbps
변조 방식	OFDM	DSSS	OFDM, DSSS	OFDM

16 23.4 매체접근제어(MAC) 방식 중 경쟁방식과 비 경쟁방식으로 구분하여 해당 종류를 서술하시오. (8점)

> ALOHA, CSMA/CD, Token Ring, Token Bus

정답 1) 경쟁방식 : 충돌을 회피하기 위해 다른 호스트와 경쟁하여 통신 기회를 얻는 방식이다.
• ALOHA : 전송할 프레임이 있으면 언제든 전송하고 확인 응답을 기다리는 방식으로, 충돌 시 프레임이 소멸되었다고 판단하여 재전송한다.
• CSMA/CD : 타 호스트가 전송하는 반송파를 감지하기 위하여 전송 전 매체의 상태를 점검하고, 충돌이 없을 시 정보를 전송한다.
2) 비 경쟁방식 : 다른 호스트에 경쟁 없이 통신을 수행하는 방식이다.
• Token Ring : 링 망에서 토큰을 가졌을 때만 정보를 전송하므로 충돌이 없다.
• Token Bus : 버스 망에서 토큰을 가졌을 때만 정보를 전송하므로 충돌이 없다.

17 23.4 다음은 SNMP의 동작 절차이다. 해당 항목의 빈칸을 채우시오. (5점)

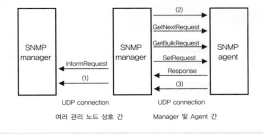

정답 1) Report, 2) Get Request, 3) Trap

18 23.7 LAN에서 연결되어있는 단말을 통해 프레임을 보내고자 하는데, 수신하는 단말의 물리주소(MAC)는 알지만, 논리주소(IP 주소)를 모를 때 사용되는 프로토콜은 무엇인가? (4점)

정답 RARP(Reverse Address Resolution Protocol)

SECTION 02 라우팅 프로토콜 활용하기

기출 분석	연도	19년	20년	21년	22년	23년
	문제 수	0	2	1	2	1

01 라우팅 프로토콜

1) 개념

라우팅이란 네트워크상에서 IP 주소를 이용하여 목적지까지의 패킷 전달 최적 경로를 체계적으로 결정하기 위한 프로토콜이다.

2) 라우팅 프로토콜의 종류

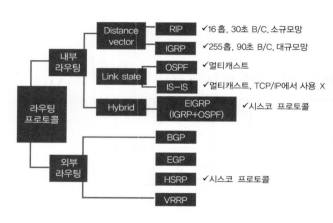

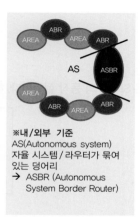

▲ 라우팅 종류

3) HUB(허브)

개념도	특징
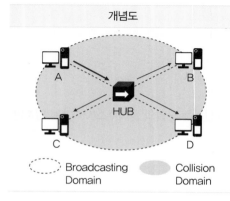	• Broadcasting Domain : A가 B에게 정보를 전송하면, C와 D도 정보를 수신함 • CSMA/CD : 반송파 감지기법으로, 데이터를 보내고자 하는 송신자 'A'는 수신자 'B'가 이미 다른 송신자 'C'와 통신 중임을 감지하면 즉시 통신을 중단하고 정체 신호(Jam Signal)을 보낸다. 이 후 임의의 시간 동안 대기하면서 재전송할 준비를 한다.

4) Switch HUB

개념도	특징
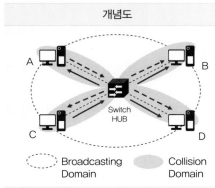	• Switch HUB는 A와 C의 전송할 정보를 모두 수신하며, 다른 모든 단말로 정보를 전송한다. • 충돌에 관계없이 송신할 장비가 정보를 전송하면 스위치에서 수신하여 다른 모든 수신자에게 정보를 전송함 • 스위치의 각 포트별로 Collision Domain을 구분한다.

5) Router

개념도	특징
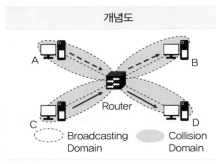	• Router는 A와 C의 전송할 정보를 모두 수신하며, 각각 수신할 단말을 선택하여 정보를 전송한다. • 충돌에 관계없이 송신할 장비가 정보를 전송하면 스위치에서 수신하여 수신자에게 선택적으로 정보를 전송한다. • 스위치의 각 포트별로 Collision Domain과 Broadcasting Domain을 구분한다.

6) 라우팅 프로토콜의 특성

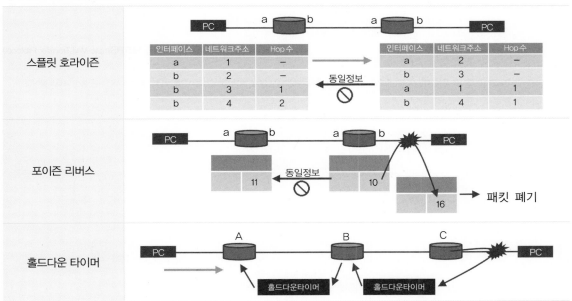

- **트리거드 업데이트** : 라우터에 라우팅 정보 변동이 발생하면 바로 라우팅 테이블의 업데이트를 수행하는 것을 의미한다. 느린 컨버전스 문제로 인하여 발생된다.
- **스플릿 호라이즌** : 라우팅 정보가 들어온 곳으로는 같은 정보를 보내지 않는 것으로, 예를 들어 A에서 B로 준 정보와 동일한 정보는 다시 B에서 A로 주지 않도록 하는 기술이다.
- **포이즌 리버스** : 스플릿 호라이즌의 변형으로, 네트워크가 다운되었을 때 해당 네트워크에 대한 해당 경로의 홉 값을 16(무한을 의미)으로 수정한 후 전송하는 것이다.
- **홀드다운 타이머** : 다른 라우터로부터 새로운 라우팅 정보를 받았을 때 일정 시간이 흐른 후에 라우팅 테이블을 업데이트하는 것이다.

이론을 확인하는 **기출문제**

01 18.4
다음 괄호 안에 들어갈 알맞은 용어를 쓰시오.

> (   )는 TCP/IP 상위계층 응용 프로토콜의 하나로서 컴퓨터 간에 전자 우편을 전송하기 위한 프로토콜이며 OSI의 메시지 통신 처리 시스템에 대응하는 것으로 널리 사용되고 있다.

정답 SMTP(Simple Mail Transfer Protocol)

SMTP는 TCP/IP 기준으로 응용계층, OSI 기준으로 7계층 응용계층에 속하며 인터넷을 통해 이메일 메시지를 보내고 받는데 사용하는 통신 프로토콜이다.

02 다음 괄호 안에 알맞은 말을 넣어 완성하시오.

20.4

> 프로토콜이란 데이터 통신에 있어서 신뢰성 있고 효율적이고 안전하게 정보를 주고받기 위해서 정보의 송, 수신측 또는 네트워크 내에서 사전에 약속된 규약 또는 규범을 말한다. 이때 프로토콜을 구성하는 3대 요소는 (①), (②), 그리고 (③)이다.

정답 ① 구문, ② 의미, ③ 순서

① **구문(Syntax)** : 송수신 데이터를 구성하는 형식이나 코딩 방법 등 형식적 측면
② **의미(Semantic)** : 데이터 전송의 조작 또는 에러제어 등 내용적 측면
③ **순서(Timing)** : 데이터 송수신 속도와 순서 관리 등

03 다음 괄호 안에 알맞은 말을 넣어 완성하시오.

20.4

> 네트워크상에서 IP 주소를 이용하여 목적지까지 체계적으로 최적의 경로를 찾는 과정을 (①)이라 하며, OSI 7계층의 네트워크 계층에서 라우팅 테이블에 의해 이 과정을 능동적으로 수행하는 장치를 (②)라 한다

정답 ① 라우팅, ② 라우터

① **라우팅** : 라우터가 가지고 있는 소프트웨어적 기능으로 패킷의 주소 정보를 읽어 데이터를 목적지별로 분류하는 것을 말한다.
② **라우터** : 라우팅 프로토콜을 통해 서로 다른 네트워크를 중계하는 물리적 장치를 말한다.

04 다음은 MPLS 네트워크 구성도다. 아래 |보기|에서 올바른 것을 A, B에 모두 적으시오.

21.7

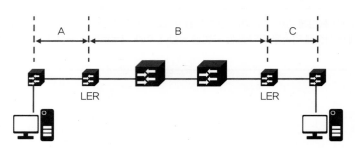

| 보기 |

LSR(Label Switch Router), LER(Label Edge Router), Label Binding 기능, Label Switching 기능, 기존 라우터 기능 불필요, 기존 라우터 기능 제공

정답 1) LER(Label Edge Router), Label Binding 기능, 기존 라우터 기능제공
2) LER(Label Edge Router), Label Binding 기능, Label Switching 기능, 기존 라우터 기능 불필요

21.4, 22.11

05 괄호 안에 알맞은 말을 넣어 완성하시오.

RIP(Routing Information Protocol)는 (①)을(를) 이용하는 가장 대표적인 라우팅 프로토콜로, (②)라는 것은 (③) 수를 모아 놓은 정보를 근거로 (④) 테이블을 작성하는 것이다.

정답 ①, ② 거리 벡터, ③ 홉, ④ 라우팅

RIP는 경유하는 통신망 안에 있는 모든 라우터의 수를 나타내는 홉(Hop) 수로 수치화하고, 거리 벡터 알고리즘을 기반으로 이 수치화 값(메트릭, Metric)들을 동적으로 교환하여 라우팅 테이블을 갱신한다.

06 아래 메시지를 보고 라우터가 사용하는 데이터링크 프로토콜 이름을 쓰시오.

21.7

```
Router#show interfaces serial 0/0/0
serial 0/0/0 is administratively down. Line protocol is down (disabled)
Hardware is HD64570
MTU 1500 bytes, BW 1544 Kbit, DLY 20000 usec.
Reliability 255/255, txload 1/255, rxload 1/255
Encapsulation HDLC, loopback not set, keepalive set(10sec)
```

정답 HDLC(High-level Data-Link Control)

메시지 최하단의 Encapsulation HDLC를 통해 HDLC 프로토콜을 사용하고 있음을 알 수 있다.

07 리피터, 브리지, 라우터, 게이트웨이의 사용 목적을 쓰시오.

22.4

정답 • 리피터 : 전자기 또는 광학 전송 매체상에서 신호를 수신하고, 증폭하며, 매체의 다음 구간으로
재전송 시키는 장치로 전송 거리 연장을 목적으로 함
• 라우터 : 라우터는 네트워크에서 발생하는 데이터를 처리하고,
최적의 경로를 선택하여 목적지로 전송하는 역할을 수행
• 게이트웨이 : 서로 다른 네트워크가 연결될 때 반드시 게이트웨이를 통하여 통신. 인터넷에 연결될 때 데이터 패킷이
게이트웨이를 통해 나가고 들어오며, 패킷을 받으면 필요에 따라 프로토콜을 변환할 수 있음

네트워크 주소 부여하기

기출 분석

연도	19년	20년	21년	22년	23년
문제 수	2	1	2	0	0

01 IPv4 주소 체계 및 주소부여

1) 개념

- IP 주소는 인터넷상에서 정의되는 각 호스트 주소로 자신만을 지정하는 유일한 주소를 가져야 한다.
- 네트워크의 규모가 커지고 호스트의 수가 증가함에 따라 IP 주소가 부족한 현상이 발생하고 있어 IP 주소의 효율적 활용이 필요하다.

2) IPv4 주소 현황

class	시작비트	Net ID	Host ID	호스트 수	주소 유형
A	0	8bit	24bit	224−2	유니캐스트
B	10	16bit	16bit	216−2	유니캐스트
C	110	24bit	8bit	28−2	유니캐스트
D	1110	–	–		멀티캐스트
E	1111	–	–		실험용

3) 특별한 IP주소

Net ID	Host ID	목적	송신	수신
네트워크	모두 0	네트워크 주소	×	×
네트워크	모두 1	직접적 브로드캐스트	×	○
모두 1	모두 1	제한적 브로드캐스트	×	○
모두 0	모두 0	네트워크의 한 호스트	○	×
127	무관	루프백주소	×	○

4) IP 주소 부여하기

IP 주소 : 32비트	
네트워크 주소	호스트 주소
네트워크 식별 라우팅 시 사용 IP주소 할당 기관에서 제공	호스트 식별 호스트 수 만큼 필요 네트워크 관리 자가 할당

A 클래스

네트워크 주소 8비트		호스트 주소 24비트		
0	7비트	8비트	8비트	8비트

B 클래스

네트워크 주소 16비트			호스트 주소 16비트	
1	0	6비트	8비트	8비트	8비트

C 클래스

네트워크 주소 24비트				호스트 주소 8비트
1	1	0	5비트	8비트	8비트	8비트

▲ 네트워크 주소 부여하기

5) CIDR

- IP 주소의 고갈 및 라우팅 테이블의 증대 문제를 해결하기 위해 사용된다.
- 복수 네트워크 번호를 단일의 라우팅 객체로 통합하는 방법으로, RFC 1817로 정의한다.
- 여러 개의 어드레스 블록을 결합하거나 수집하여 규모가 더 큰 Classless IP Address 세트를 생성하여 더 많은 호스트를 허용할 수 있다는 점을 출현 근거로 한다.
- 여러 개의 Class Address를 라우팅 테이블에서 요약할 수 있으므로 이로 인해 광고해야 할 경로가 줄어든다.
- 일반적으로 수퍼넷팅(경로요약)이 Class Full 경계 안에서 혹은 경계까지 이루어지는 것과 달리, CIDR은 여러 개의 Class Full 네트워크를 결합한다는 점에서 차이가 있다.

02 IPv6 주소 체계 및 주소부여

1) 개념

- 현재 사용되고 있는 IP 주소 체계인 IPv4의 단점을 개선하기 위해 개발된 새로운 IP 주소 체계
- 128비트의 주소 체계로, CIDR을 기반으로 하여 계층적 할당
- 주소 유형은 유니캐스트, 멀티캐스트, 애니캐스트(가까운 서버찾기)를 제공

2) IPv6 주소 체계 장점

- 네트워크 속도의 증가
- 특정한 패킷 인식을 통한 높은 품질의 서비스 제공
- 헤더 확장을 통한 패킷 출처 인증과 데이터 무결성 및 비밀의 보장 등

3) IPv6 주소 체계

- 주소의 유형 및 서브넷을 식별하기 위한 64비트의 Prefix 부분과 링크에서의 인터페이스를 식별하기 위한 64비트의 인터페이스 ID로 구성된다.
- IPv6 망에서 주소 할당의 기본단위는 인터페이스이며 8개의 16진수 4자리 숫자를 콜론(:)으로 구분하여 표기한다.
  - 21DA:00D3:0000:2F3F:02AA:00FF:FF28:9C5A
  - 21DA:D3:0:2F3F:2AA:FF:FF28:9C5A와 같이 0을 없애고 더 단순하게 주소를 만들 수도 있음

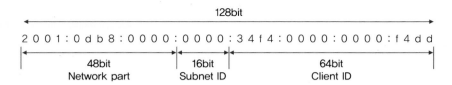

Version	PRIORITY 또는 TRAFFIC CLASS	FLOW LABEL — 흐름제어		
PAY LOAD LENGTH			NEXT HEADER	HOP LIMIT
IPv4 는 3가지 TYPE이 있었음 (TCP/UDP/ICMP) IPv6는 다음 헤더의 내용을 정의, 확장 헤더 (EXTENSION HEADER) 만약 TCP = 6 가 오게 되면(0110) 으로 씀/ UDP = 17 10001로 씀				
SOURCE IP ADDRESS 128 BIT송신자 IP주소 (21DA:00D3:0000:2F3F:02AA:00FF:FF28:9C5A)				
DESTINATION IP ADDRESS 128 BIT수신자 IP주소 (25CA:C0D3:0230:2B3F:02AA:00BF:FD28:9C5A)				
NEXT HEADER				

▲ IPv6 주소 체계

※ 점수표기 없는 문항은 5점

19.4, 21.11

01 다음은 IPv6에 관한 문제이다. 물음에 답하시오.

1) IPv6의 주소 자동설정의 구현방법 2가지
2) IPv4와 IPv6의 연동방법 3가지

정답 1) 상태보존형 자동설정 방식, 상태 비보존형 자동설정 방식, 2) 듀얼 스택, 터널링, IPv4/IPv6 주소 변환

- **상태보존형 자동설정** : DHCP 서버를 이용하는 방식으로 IPv4는 DHCPv4를, IPv6는 DHCPv6를 이용한다.
- **상태 비보존형 자동설정** : IPv6의 NDP 기능을 활용하여 이용한다.
- **듀얼 스택** : 장비가 IPv4, IPv6 두 형태 모두 지원한다.
- **터널링** : IPv6를 IPv4 패킷에 캡슐화하여 사용
- **IPv4/IPv6 주소 변환** : IPv6를 사용하는 메시지를, IPv4를 사용하는 수신자가 이해할 수 있는 형태로 헤더를 변환

19.4, 21.11

02 네트워크를 모두 사용한다고 가정할 때 다음 사항에 대해 답하시오.
(IP주소: 165.243.10.54 서브넷 마스크: 255.255.255.0)

1) 서브넷 마스킹은 몇 비트인가?
2) 네트워크 어드레스는?
3) 사용 가능한 Host의 개수는?

정답 1) 24비트, 2) 165.243.10, 3) 254개($2^8 - 2$)

19.7

03 IPv6에서 사용하는 주소 형태 3가지를 적고 설명하시오.

정답 1) 유니캐스트 주소 : 한 사람의 특정 수신자에게만 데이터 패킷을 전송하는 방식의 주소
2) 멀티캐스트 주소 : 통신망에 연결된 특정 다수의 단말에만 정보를 전송하는 방식의 주소
3) 브로드캐스트 주소 : 통신망에 연결된 모든 멤버에게 정보를 전송하는 방식의 주소

04 호스트 IP 주소를 호스트와 연결된 MAC 주소로 변환하기 위해 사용하는 프로토콜과 반대로 MAC 주소로 변환할 때 사용되는 프로토콜의 명칭을 각각 쓰시오.

19.11

정답 ARP, RARP

- ARP(Address Resolution Protocol) : 논리적인 IP 주소를(망계층) 물리적인 MAC 주소로(데이터링크 계층) 바꾸어주는 역할을 하는 주소 해석 프로토콜이다.
- RARP(Reverse Address Resolution Protocol) : LAN에서 연결되어있는 단말을 통해 프레임을 보내고자 하는데, 수신하는 단말의 물리 주소(MAC)는 알고 있지만, 논리 주소(IP 주소)를 모를 때 사용되는 프로토콜이다.

05 다음 IP 주소의 클래스를 적으시오.

20.4

구분	클래스
10011101 10001111 11111100 11001111	①
11011101 10001111 11111100 11001111	②
01111011 10001111 11111100 11001111	③
11101011 10001111 11111100 11001111	④

정답 ① B클래스, ② C클래스, ③ A클래스, ④ D클래스

- A클래스 : 주소가 0으로 시작(첫자리 0~127)
- B클래스 : 주소가 10으로 시작(첫자리 128~191)
- C클래스 : 주소가 110으로 시작(첫자리 192~223)
- D클래스 : 주소가 1110으로 시작(첫자리 224~239)

SECTION 04 ACL, VLAN, VPN 설정하기

01 ACL(Access Control List)

1) 개념

방화벽, 웹 사이트 등에서 정보 이용 주체가 정보(객체)에 대해 어떤 권한을 가지는지 정해 놓은 목록으로 'A 파일에 대해 B 사용자는 읽기와 쓰기 권한을, C 사용자는 읽기 권한을 가진다.'와 같이 사용자 이름과 권한을 표시해두는 기능을 한다.

2) ACL 기본사항

- 사용자 지정 네트워크 ACL을 생성하고 서브넷과 연결하여 서브넷 수준에서 특정 트래픽을 허용하거나 거부할 수 있다.
- 서브넷을 네트워크 ACL에 명시적으로 연결하지 않을 경우, 서브넷은 기본 네트워크 ACL에 자동적으로 연결된다.
- 모든 인바운드 및 아웃바운드 IPv4 트래픽을 허용하며, 해당되는 경우 IPv6 트래픽도 허용한다.

3) ACL 기본 규칙

- **규칙번호** : 번호가 가장 낮은 규칙부터 평가된다. 규칙에 일치하는 트래픽이 있으면 이와 모순되는 상위 규칙이 있더라도 적용된다.
- **유형** : 모든 트래픽 또는 사용자 범위를 지정할 수 있다.
- **프로토콜** : 표준프로토콜 번호를 가진 어떤 프로토콜이든 지정할 수 있다.
- **포트 범위** : 트래픽에 대한 수신 포트 또는 포트 범위이다. 예를 들어 HTTP는 80포트를 사용한다.

02 VLAN(Virtual Local Area Network)

1) 개념

- 물리적인 망 구성과는 상관없이 가상으로 구성된 근거리통신망(LAN)
- LAN 스위치나 비동기 전송 방식(ATM) 스위치를 사용해서 물리적인 배선에 구애받지 않고 브로드캐스트 패킷(Broadcast Packet)이 전달되는 범위를 임의로 나눈 형태
- 서로 다른 네트워크에 접속되어 있더라도 VLAN에 속한 단말들은 같은 LAN에 연결된 것과 동일한 서비스를 제공받을 수 있음
- **복수의 LAN 스위치를 거쳐 VLAN을 구성하기 위한 표준화 규격** : IEEE 802.1Q

2) VLAN의 특징

- 더 작은 LAN으로 세분화시켜 네트워크 과부하 감소가 가능하다.
- 효율적으로 대역폭 활용하기 위한 방식으로 Load Balancing 효과를 제공한다.
- 여러 다양한 트래픽을 용도에 따라 나눌 수 있다.
- 논리적인 망 분리를 통해 보안성 및 안정성 강화가 가능하다.
- 논리적인 망 분리를 통해 문제 발생 요소의 확산을 방지하고 고립시킬 수 있다.
- 네트워크 구성 변경에 유연성을 제공한다.
- 하나의 물리적 세그먼트를 다수의 논리적 세그먼트로 분리 운용 가능하다.
- 부서별, 용도별, 그룹별로 VLAN을 각각 구분 가능하다.

3) VLAN의 개념도

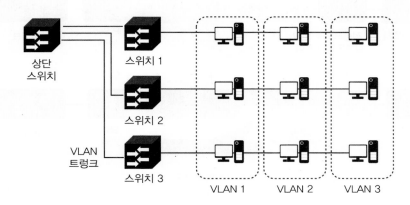

▲ VLAN의 개념도

4) VLAN의 구분방식

① 멤버십(Membership) 구분방식

- 물리계층 포트 단위의 단말 구분방식
- MAC 주소에 의한 단말 구분방식
- **IP 주소에 의한 단말 구분방식** : 하나의 스위치에서 여러 논리적 IP 서브 네트워크로 구분할 수 있음
- **프로토콜에 의한 단말 구분방식** : 1~3계층의 프로토콜을 모두 사용이 가능하고, 프로토콜 종류뿐만 아니라 MAC 주소나 포트 번호도 모두 사용이 가능

② 브로드캐스트 도메인 구분방식 : 각 VLAN은 통상적으로 Broadcast Domain별로 설정

③ 스위치 포트 구분

- **액세스 포트** : 일반 단말이 사용하는 포트
- **트렁크 포트** : VLAN 트렁크를 위한 포트

④ VLAN 할당 방식

- **정적 VLAN** : 관리자가 각 스위치에서 직접 할당하는 방식
- **동적 VLAN** : MAC 주소 등을 통해 관리 서버가 동적으로 VLAN 할당하는 방식

03 VPN(Virtual Private Network)

1) 개념

- 인터넷망과 같은 공중망을 사설망처럼 이용할 수 있도록 특수 통신체계와 암호화 기법을 제공하는 가상 사설 통신망이다.
- 사설망과 같이 안전하고, 통신 품질(QoS)이 보장되는 네트워크를 구축할 수 있으며, 전용선보다 저렴하여 기업 간 인트라넷, 익스트라넷 구축 시 많이 사용된다.
- 공중망을 통해 데이터를 송신하기 전 암호화하고 수신측에서 복호화한다.

2) 개념도

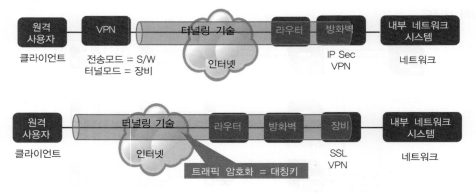

▲ VPN의 개념도

3) VPN의 특징

- 가입자와 원격지에 떨어진 가입자 사이에 인터넷망을 이용하여 VPN 장치를 설치함으로써 터널링 기술에 의한 암호화 통신이 가능하여 보안이 확보된다.
- 기업의 통신망과 인터넷 서비스 제공자와 단순 연결에 비해 비용이 대폭 절감될 수 있다.
- 공중망을 이용하기 때문에 사용자가 늘어나거나 장소를 옮기더라도 유연하게 통신망의 이용이 가능하다.

4) VPN의 종류

① IPSec VPN

- IPSec VPN은 3계층 보안 프로토콜로 VPN을 구현하도록 TCP/IP 패킷을 AH와 ESP를 이용하여 사전에 암호화한다.
- 모든 TCP/IP 프로그램에 대해 보안성을 보장하고 다수의 동시 접속자를 지원한다.

② SSL VPN

- 클라이언트의 Http Web을 통하여 ID/PW를 통해 사용자를 인증한다.
- 전자 상거래 보안을 위해 개발(Netscape에서 개발)된 기술이다.
- 응용계층 프로토콜에 관계없이 사용(HTTP, FTP, NTP) 가능하다.
- 4계층 이상에서 서버와 클라이언트 간에 데이터를 암호화하여 전달한다.
- 구축 운영비용면에서 상대적으로 유리하고, 유연한 호환성을 제공한다.

5) VPN 주요 기술

① **키 관리 기술** : VPN 보안 알고리즘을 위한 안전한 키 생성과 키 교환기술을 활용하여 수동 및 자동으로 키 관리를 할 수 있는 기술이다.

② **터널링 기술**
- IP 데이터를 암호화하여 전달하는 기술로, 인터넷과 같은 보안성이 제공되지 않는 망에서 데이터 및 관련 사용자 정보 스트림이 가상의 파이프를 통해 IP 패킷을 안전하게 전달할 수 있다.
- IPSec, SSL, PPTP, L2TP, L3TP 등이 있다.

③ **VPN 관리 기술** : 네트워크 관리 시스템인 NMS, 장애 관리, 성능관리, 보안정책 및 과금/계정관리를 제공하는 기술이다.

④ **인증 기술** : 다른 위치에서 네트워크 접속을 할 수 있도록 보안서버를 통한 인증 처리를 하는 기술이다.

⑤ **암호화 기술** : 모든 사용자는 송신 시 공개키 암호화 방식을 사용하고, 수신 시 각자의 보안성을 제공하는 복호화키를 사용한다.

6) VPN 관련 기술 간 비교

구분	PPTP	L2TP	IPSec	SSL
계층	L2	L2	L3	L4이상 상위계층
보안	PPP	IPSec	IPSec	SSL
표준화	MS	IETF	IETF	IETF
장점	설치 및 관리 단순	PPTP의 WAN 구간 적용	다수 동시 접속자 지원	강력한 인증, 사용 편리
단점	암호화 약함	암호화 약함	통신 지연으로 성능 저하	웹 기반에서만 효율적
목적	Remote Access	Remote Access	Intra/Extranet	Intra/Extranet

7) 보안장비 종류

① **방화벽** : 기업이나 조직 내부의 신뢰성 높은 네트워크와 신뢰성이 낮은 인터넷 간에 전송되는 정보를 선별하여 수용, 거부, 수정하는 기능을 가진 보안시스템으로, 신뢰하지 않는 외부 네트워크와 신뢰하는 내부 네트워크 사이를 지나는 패킷을 미리 정해 놓은 규칙에 따라 차단하거나 허용해 주는 기능을 하는 하드웨어나 소프트웨어이다.

② **IDS** : 호스트 또는 네트워크에 대한 침입을 즉시 탐지, 이에 대처할 수 있도록 관리자에게 통보하는 시스템이며, 유해 트래픽에 대한 사전 감지/관리, 내부정보 유출 방지, 유해사이트 차단 등의 기능으로 네트워크 가용성을 확보할 수 있다.

③ **IPS** : 차세대 능동형 보안 솔루션으로 불리며, 악성코드 및 해킹 등으로 인한 유해 트래픽을 차단해주는 솔루션이며 바이러스 웜이나 불법 침입, DDoS 등의 비정상적인 이상 신호를 발견하는 즉시 적절한 조치를 취한다는 점에서 IDS와 차별성을 가진다.

④ **UTM** : 안티바이러스, 방화벽, VPN, IDS, IPS, 트래픽 쉐이핑, 콘텐츠 필터링, 웹 필터링, 이메일 필터링 등 여러 가지 기능을 하나의 박스에 넣어 사용하는 통합보안장비이다.

※ 점수표기 없는 문항은 5점

18.11

01 네트워크상에 흐르는 데이터 프레임을 캡처하고 디코딩하여 분석하며 LAN의 병목현상, 응용프로그램 실행 오류, 프로토콜 설정 오류, 네트워크 카드의 충돌오류 등을 분석하는 장비를 쓰시오.

정답 프로토콜 분석기

- 네트워크를 지나다니는 패킷들을 캡처하여 세밀하게 분석하기 위한 장비로 소프트웨어 또는 하드웨어와 소프트웨어의 조합으로 구성된다.
- **하드웨어 방식** : 휴대용으로 필요한 모든 것이 장착된 형태로 제작된다.
- **소프트웨어 방식** : 고정형 PC나 노트북에 SW를 설치하여 동작하는 형태이다.

19.4, 22.4

02 하나의 장비에 여러 보안 솔루션의 기능을 통합적으로 제공하므로 다양하고 복잡한 보안 위협에 대응할 수 있고 관리 편의성과 비용 절감이 가능한 보안시스템은 무엇인지 쓰시오.

정답 UTM(Unified Threat Management)

- 보안 솔루션은 운영목적에 따라 방화벽, 침입 탐지시스템(IDS : Intrusion Detection System), 침입 방지 시스템(IPS : Intrusion Prevention System), 가상 사설망(VPN : Virtual Private Network), 데이터베이스 보안, 콘텐츠 보안, 웹 보안 등 다양한 솔루션 형태로 발전되어 왔다.
- 각각의 보안 솔루션 운용 방법을 익히기 위한 시간 비용, 그리고 운용을 위한 물리적 공간과 인력 확보가 요구되었고, 다양한 보안 솔루션을 하나로 묶어 비용을 절감하고 관리의 복잡성을 최소화하며, 복합적인 위험 요소를 효율적으로 방어할 수 있도록 한 장비가 통합 위협 관리(UTM)이다.

03 대칭키, 공개키 암호화 방법을 설명하시오.
21.4

1) 대칭키 암호화 : 암호화 및 복호화 시 사용되는 키가 동일한 암호화 시스템이다.
2) 공개키 암호화 : 암호화 및 복호화 시 사용되는 키가 서로 다른 암호화 시스템이다.

- 대칭키 암호화에서 송신자는 보낼 메시지를 수신자와 공유하고 있는 암호화 키를 이용해 암호문으로 변환하고 수신자는 수신된 암호문을 암호화 키와 동일한 복호화키를 이용해 평문으로 변환한다.
- 공개키 암호화에서 송신자는 보낼 메시지를 수신자의 공개키로 암호화해 보내고 수신자는 자신의 비밀키를 이용해 복호화하여 평문으로 변환한다.

04 웹(Web) 보안 위협 중 XSS(Cross Site Scripting) 공격을 방어하기 위한 입력 검증 방법 2가지를 설명하시오.
21.7

1) 입력값 제한 방법 : 데이터에 대한 길이, 문자, 형식 및 규칙 등에 대한 유효성을 검사하여 악성 스크립트 자체가 입력되지 않도록 하는 방식이다.
2) 입력값 치환 방법 : 악성 스크립트로 인식될 수 있는 태그들에 대해 HTML 개체로 변경하여 악성 스크립트가 수행되지 않도록 하는 방식이다.

05 다음 |보기|에서 설명하는 것을 쓰시오.
21.11

| 보기 |
수많은 개인 컴퓨터에 해킹 또는 악성코드와 같은 것들을 유포하여 이들의 컴퓨터를 좀비 PC로 만들고, 좀비 PC화된 컴퓨터들을 통해 특정 서버에 동시에 대량의 트래픽을 유발시켜 서버의 기능이 마비되도록 만드는 공격

DDoS(Distributed Denial of Service), 분산 서비스 거부 공격

06 인터넷 계층에서 무결성, 인증, 기밀성을 제공하고 VPN에서 사용하는 보안 프로토콜은 무엇인가?

22.8

정답 IPSec VPN

- IPSec VPN은 3계층 보안 프로토콜로 VPN을 구현하도록 TCP/IP 패킷을 AH와 ESP를 이용하여 사전에 암호화한다.
- 모든 TCP/IP 프로그램에 대해 보안성을 보장하고 다수의 동시 접속자를 지원한다.

07 침입 방지 시스템(IPS)의 적용 영역에 따른 방법 2가지를 쓰시오.

22.8

정답 NIPS(네트워크 기반의 IPS), HIPS(호스트 기반의 IPS)

구분	NIPS(Network IPS)	HIPS(Host IPS)
개요	네트워크의 물리적 혹은 논리적 경계지점에 인라인 방식으로 설치	• 각 호스트에 설치되어 운영 • IPS 모듈이 시스템의 오남용이나 해킹 시도, 이상징후를 탐지하고 차단
특징	• 네트워크 접속과 트래픽 분석을 통해 공격 시도와 유해 트래픽을 차단하는 기능을 수행 • 대부분의 상용 IPS로 적용됨	• 시스템 레벨에서의 위협이나 공격에 대한 차단이라는 측면에서 신뢰성이 높음 • 각 호스트별로 별도의 에이전트를 설치, 관리해야 하므로 대규모 시스템에서는 운영이 어려움
장점	• 정상 트래픽을 막지 않고 임의 전파를 막을 수 있음 • 대부분 익스플로잇 코드가 나오기 전에 새로운 공격에 대해 보호가능 • 대부분의 사고에 자동적으로 대응하므로 사고 대응 비용이 감소	• 알려지지 않은 공격에 대해 보호 가능 • 매년 보안 업데이트할 필요가 없어 소요 비용을 줄일 수 있음 • 커널 레벨에서 호스팅 상의 공격을 방지함 • 패치 관리와 같은 작업 부담을 줄일 수 있음
단점	• 네트워크 코어에서 NIPS 비용이 높을 수 있음 • 인라인 장치이므로 단일 실패점을 생성함 • 매우 효과적인 보안 업데이트를 요구함	• 모든 주요 서버에 에이전트가 필요하므로 시스템 비용이 높을 수 있음 • 모든 서버에 도달하기 위한 시간이 길 수 있음 • 기능적 보안도 부가되기 위해서는 초기 설치 후 적절한 튜닝 필요

22.11

08 아래의 물음에 답하시오. (6점)

1) VPN 약어

2) IPSec 기반의 VPN은 프로토콜 계층 중 몇 계층에서 동작하는가?

3) IPSec 보안 프로토콜은 보안의 3요소(기밀성, 무결성, 가용성) 중 어떠한 요소를 만족하는가?

정답 1) VPN(Virtual Private Network), 2) 3계층, 3) 기밀성, 무결성

22.11

09 침입탐지시스템(IDS, Intrusion Detection System)**은 비정상적인 접근 등으로부터 조직 등의 자산을 보호하는 시스템으로서 H-IDS를 설명하시오.** (4점)

정답 • 호스트에 프로그램 형태로 설치하여 수집된 자료를 검사하는 방식으로 운영된다.
• 호스트에 설치하므로 OS에 종속적이다.
• 암호화된 침입 탐지가 가능하고 시스템과 네트워크 전 범위의 공격 루트 탐지가 가능하다.
• 동작 과정은 정보의 수집, 정보의 가공 및 축약, 침입 분석 및 탐지, 보고 및 조치 순이다.

구분	HIDS	NIDS
탐지 대상	호스트에서 수집된 자료 검사	네트워크를 통과하는 패킷
설치 단위	HOST	네트워크
O/S 관계	종속적	독립적
암호화된 침입 탐지	가능	불가능
공격 루트 탐지범위	시스템과 네트워크	네트워크에 제한적

망 관리 시스템 운용 및 프로토콜 활용하기

출제빈도 (상) (중) (하)

기출 분석

연도	19년	20년	21년	22년	23년
문제 수	1	2	1	2	2

01 망 관리 시스템(NMS, Network Management System)

1) 개념

망 관리 시스템은 SNMP 프로토콜을 활용하여 망의 상태, 경보, 트래픽 데이터 등을 수집·축적하고 망 관리 파라미터나 통계 데이터를 계산하며, 통신망 전반의 망 감시, 제어를 통해 통신망을 관리한다.

2) NMS의 역할

- 교환기로부터 망의 상태, 경보, 트래픽 데이터 등을 수집, 축적
- 망 관리 파라미터나 통계 데이터의 계산
- 명령어에 의하여 교환기의 트래픽 유입 제어
- 망 관리 센터의 망 감시반, 망 제어 단말 제어

3) NMS 개념도

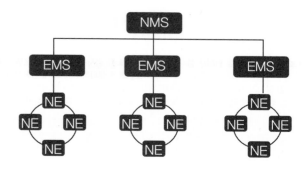

- Manager(NMS, Network Management Station)
  - 관리하는 시스템(호스트 등). 관리 시스템 안에 탑재. 관리용 메세지를 에이전트에 쿼리 요청 및 모니터링
- Agent(Managed Device)
  - 관리되는 장비들(허브, 라우터, 스위치, 브리지, 호스트 등). 관리되는 장치 안에 탑재되는 S/W 형태의 모듈

▲ NMS 개념도

- EMS(Element Management System) : 통신망 장비 관리 시스템
- NE(Network Element) : 망 장비

4) NMS의 주요기능

장애관리, 구성관리, 계정관리, 성능관리, 보안관리

5) 망 관리 관련 프로토콜

- 중소규모의 TCP/IP 기반의 기본 관리 프로토콜로는 SNMP 프로토콜을 사용한다.
- OSI에서 제시한 대규모 망에 대한 프로토콜로는 CMIP(Common Management Information Protocol) 프로토콜이 사용된다.

1) SNMP(Simple Network Management Protocol)

① **개념** : 네트워크에 연결된 라우터, 허브 등 통신기기의 정보를 망 관리 시스템에 전송하는 데 사용되는 간편 프로토콜이다. SNMP 이전에는 ICMP Echo, Echo 응답 Message 등을 이용하여 네트워크를 관리하였으며, TCP/IP를 사용하여 네트워크의 소프트웨어 및 하드웨어 개체들의 정보를 자동 수집하여 감시하고 유지보수를 하기 위한 기본동작과 절차를 명시하였다.

② **SNMP 구성 개념도**

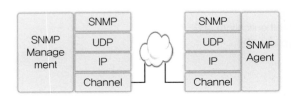
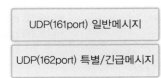

▲ SNMP 구성 개념도

- **SNMP** : 망 관리자와 Agent 간 시스템 관리정보를 교환하는 프로토콜(UDP)
- **SNMP Management** : 대상 장비를 관리하고 제어하는 애플리케이션을 실행
- **SNMP Agent** : 관리 대상 장비에 존재하는 Network-Management 소프트웨어 모듈
- **MIB** : 망 기기를 감시, 제어하기 위해 사용되는 체계화된 관리정보 항목
- **SMI** : 관리정보구조, SNMP 관리정보의 표현 구문 문법 등을 규정

③ **SNMP 메시지**

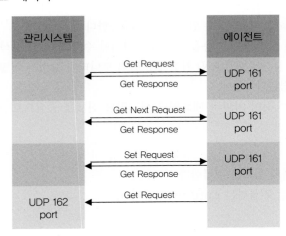

- 수송 프로토콜 : UDP
- 사용 포트번호 : 161번 (일반메시지), 162번 (트랩 메시지)
- 3가지 동작패턴 : get, set, trap
- 관련 메세지 종류 : Get Request, Get Next Request, Set Request, Get Reponse, Trap 등

▲ SNMP 메시지

④ SNMP 기술 발전 및 버전

구분	특징
Ver. 1 1988 RFC1157	• 실장을 위해서 메모리 요구 • PDU가 많고 보안이 미비함 • 명령의 종류가 적어 단순함
Ver. 2 1991	• SNMP v1의 약점을 보완함 • Get−bulk−request와 Inform−request가 추가됨 • Get−bulk−request : Manager가 대량의 데이터를 효과적으로 검색하도록 하는 명령어 • Inform−request : Manager가 다른 Manager에게 정보를 보내도록 하는 명령어
Ver. 3	• 보안 기능 강화 • 인증 및 권한(Authentication) 강화 • 암호화(Encryption) 지원

⑤ SNMP 장단점

장점	• 높은 보안성으로 안정적 망 사용이 가능 • 더 효율적인 망 관리 가능 • 장애 및 여러 이벤트의 DB화로 필요시 이용 가능 • 신속한 장애 처리와 제어로 양질의 서비스 제공
단점	• Polling에 대한 성능 제한으로 대규모 망 관리에 부적합 • 라우팅 테이블과 같은 대용량 Data를 가져오는데 부적합 • SNMP 표준은 기본적인 인증 절차만 제공함 • Manager − to − Manager 통신을 지원하지 않음

2) RMON(Remote Network Monitoring)

① 개념
• 서로 다른 곳에 있는 통신망의 정보를 수집하고, 관리할 수 있는 기능을 제공한다.
• 원격지에 있는 통신망을 관리하도록 설계된 SNMP의 기능을 확장하여 관리할 수 있도록 한 방식이다.
• 표준 SNMP 전송 구조와 명령을 이용하여 분산된 랜(LAN) 환경에서 원격 모니터링 장비가 어떻게 통신망 데이터를 수집하여 저장할 것인지를 규정한다.
• RMON은 네트워크 장비만을 모니터링하는 것이 아니라 네트워크 세그먼트 전체를 중심으로 삼는다는 점이 SNMP와 다른 점이다.

② RMON의 종류
• RMON 1 : 데이터링크 계층(Layer 2) 이하의 정보를 취급한다.
• RMON 2 : 망 계층(Layer 3) 이상의 정보를 취급하는 Enterprise급이다.

③ RMON의 특징
• RMON Agent는 단지 하나의 기기만이 아닌 하나의 세그먼트 전체에서 발생하는 트래픽을 파악하여 보여주게 된다.
• RMON은 원격지 네트워크 세그먼트에 대한 성능 및 통계 데이터를 수집하기 위해 Probe라는 장치를 둔다.
• 보내진 패킷의 수, 바이트 수, 없어진 패킷의 수, 호스트별 통계, 주고받은 주소지별 통계, 다양한 종류의 이벤트 발생 내역 등 9가지 종류의 정보를 수집한다.

18.11

01 다음 괄호 안에 알맞은 프로토콜을 쓰시오.

> ( )란 네트워크 자원(서버, 라우터, 스위치)을 제어 감시하는 기능을 말하며, ( )는 TCP/IP 기반에서 망 관리를 위한 애플리케이션 층의 프로토콜을 말함. 관리 대상과 관리 시스템 간 매니지먼트 인포메이션을 주고받기 위한 규정

정답 SNMP(Simple Network Management Protocol)

네트워크에 연결된 라우터, 허브 등 통신기기의 정보를 망 관리 시스템에 전송하는 데 사용되는 간편 프로토콜이다. SNMP 이전에는 ICMP Echo, Echo 응답 Message 등을 이용하여 네트워크를 관리하였으며, TCP/IP를 사용하여 네트워크의 소프트웨어 및 하드웨어 개체들의 정보를 자동 수집하여 감시하고 유지보수를 하기 위한 기본동작과 절차를 명시하였다.

20.7

02 망 관리 시스템의 주요 구성요소 3가지를 쓰고 설명하시오.

정답 • Manager : 네트워크에서 관리되는 개체 등의 정보를 획득하고 변경하는 주체로써 NMS의 관리 주체이다.
• Agent : 관리국에 의해 관리되는 장비로써 호스트 컴퓨터, 라우터, 스위치 등이 있다.
• MIB(Management Information Base) : MAC 주소, IP주소, 제조사, 시간 정보 등 개체관리정보의 집합체이다.

20.11

03 일반적으로 기업 단위의 네트워크상에 모든 장비에 대한 중앙감시를 목적으로 Monitoring, Planning 및 분석이 가능하고 관련 데이터를 보관하여 필요 즉시 활용하는 망 감시 및 망 성능관리용 시스템을 의미한다. 이에 해당하는 시스템은 무엇인지 쓰시오.

정답 망 관리 시스템(NMS, Network Management System)

망 관리 시스템은 SNMP 프로토콜을 활용하여 망의 상태, 경보, 트래픽 데이터 등을 수집·축적하고 망 관리 파라미터나 통계 데이터를 계산하며, 통신망 전반의 망 감시, 제어를 통해 통신망을 관리한다.

19.11

04 네트워크 관리 구성 모델에서 Manager의 프로토콜 구조이다. ①~⑤에 해당되는 요소를 상위계층부터 |보기|에서 찾아 완성하시오.

| 보기 |

SNMP, IP, UDP, PHYSICAL, MAC

정답 ① SNMP, ② UDP, ③ IP, ④ MAC, ⑤ PHYSICAL

응용 계층	SNMP Manager/Agent
전송 계층	UDP
네트워크 계층	IP
데이터링크 계층	LLC
	MAC
물리 계층	

05 SNMP 원어를 적고 설명하시오.

21.7

> 정답 Simple Network Management Protocol

네트워크에 연결된 라우터, 허브 등 통신기기의 정보를 망 관리 시스템에 전송하는 데 사용되는 간편 프로토콜이다. SNMP 이전에는 ICMP Echo, Echo 응답 Message 등을 이용하여 네트워크를 관리하였으며, TCP/IP를 사용하여 네트워크의 소프트웨어 및 하드웨어 개체들의 정보를 자동 수집하여 감시하고 유지보수를 하기 위한 기본동작과 절차를 명시하였다.

06 정보통신네트워크의 대형화, 복잡화, 이기종화로 네트워크 관리의 중요성이 증가하고 있다. 정보통신망을 구성하는 기능요소 또는 개별 장비들로 각종 정보를 수집, 제어, 관리 등을 통해 네트워크 시스템 운용을 지원하는 시스템을 EMS라고 한다. 이런 네트워크 운영 지원 시스템을 총괄적으로 감시, 관리하는 시스템을 NMS라고 하는데 이러한 망관리시스템이 수행하는 대표적 기능 5가지를 쓰시오.

22.8

> 정답 ① 장애관리, ② 구성관리, ③ 계정관리, ④ 성능관리, ⑤ 보안관리

07 네트워크 관리 시스템(   )은/는 LAN 세그먼트 및 단위 노드에 대한 모니터링, 분석이 가능하고 SNMP 프로토콜을 사용하여 트래픽 부하 절감에 유리하다. (   ) 안에 들어갈 용어를 쓰시오.

22.4

> 정답 NMS(네트워크 관리 시스템)

망 관리 시스템은 SNMP 프로토콜을 활용하여 망의 상태, 경보, 트래픽 데이터 등을 수집 · 축적하고 망 관리 파라미터나 통계 데이터를 계산하며, 통신망 전반의 망 감시, 제어를 통해 통신망을 관리한다.

08 다음은 LAN에 접속된 SNMP의 프로토콜 구조이다. ①과 ②에 들어갈 프로토콜 계층을 쓰시오.

응용
SNMP
①
IP
LLC
②
Physical

정답 ① UDP, ③ MAC

응용 계층	SNMP Manager/Agent
전송 계층	UDP
네트워크 계층	IP
데이터링크 계층	LLC
	MAC
물리 계층	

09 정보통신네트워크가 대형화 및 복잡화되면서 네트워크 관리의 중요성이 증가하고 있다. 아래 빈칸을 채우시오.

- 통신망을 구성하는 기능요소 또는 개별 장비를 (①)라고 한다.
- 여러 장비로부터 정보를 수집, 제어, 관리 등을 통해 네트워크 운송을 지원하는 시스템을 (②)라고 한다.
- 네트워크 운영지원 및 시스템 총괄 감시/관리 시스템을 (③)라고 한다.

정답 1) NE(Network Equipment), 2) EMS(Element Management System), 3) NMS(Network Management System)

1) NE(Network Equipment)
통신망을 구성하는 기능요소 또는 개별 장비를 일컬으며 관리 대상 장비이다.
2) EMS(Element Management System)
통신망 장비를 네트워크를 통해 감시 및 제어를 할 수 있는 시스템으로 관리 대상인 통신망 장비(NE, Network Element) 관리의 효율성 및 일관성을 유지한다.
3) NMS(Network Management System)
망 관리 시스템은 SNMP 프로토콜을 활용하여 망의 상태, 경보, 트래픽 데이터 등을 수집·축적하고 망 관리 파라미터나 통계 데이터를 계산하며, 통신망 전반의 망 감시, 제어를 통해 통신망을 관리한다.

SECTION 06 방화벽 설치, 설정 및 보안시스템 운용하기

01 방화벽

1) 개념

방화벽이란 통신시스템이 연결된 통신망 및 네트워크 시스템에서 해커나 기타 침입자의 불법침입을 차단하여 정보 유출, 시스템 파괴 등의 보안 문제를 사전에 방지하는 소프트웨어 또는 하드웨어로, 일반적으로 네트워크 구조의 최상단(통신망 인입단)에 위치하며 인터넷과 같은 외부망으로부터 들어오는 접근 시도, 침입에 대하여 통제, 방어함으로써 내부 네트워크를 보호하는 역할을 한다.

2) 방화벽 개념도

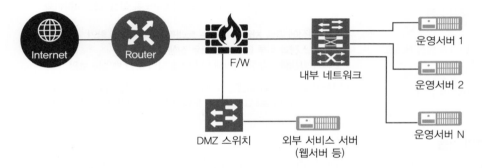

▲ 방화벽 개념도

3) 방화벽 구현방식의 종류

구분	기능	장점	단점
패킷 필터링	• SA/DA/Port 이용한 패킷 정보 분석 • 규칙에 따라 필터링	처리 속도가 빠름	• 헤더 조작/바이러스/보안에 취약 • ACL↑, 부하↑ • 로깅/인증 X
서킷 게이트웨이	OSI L5/7레벨에서 서킷 형성 동작	• 투명성 제공 • 내부 IP 숨김	클라이언트 측의 수정된 P/G 필요
프록시 애플리케이션 게이트웨이	OSI L7 서비스별 프록시데몬	• 로깅/감시/인증 • 보안성 ↑	성능/투명성/유연성↓
하이브리드	• 복합적 구성 • 다단계 인증을 통한 보안	• 다양한 보안정책 제공 • 편의/보안 고려 선택적 기능 부여	가격이 비싸고 구축이 어려움

4) 방화벽 설치 및 설정하기

구분	설정	내용
1단계	방화벽 보호	• 최신 펌웨어 업데이트 • 사용자 계정 현행화 및 암호 사용 • 사용자 제한 • 공격자의 액세스 차단 설정 계획
2단계	방화벽 영역 및 IP주소 설계	• 네트워크 보호 대상 자산 파악 • 레벨, 기능에 따른 네트워크 자산 그룹화 • 웹 서비스 등을 위한 DMZ 공간 할당 • 내부 디바이스 NAT(네트워크 주소 변환) 구성 • 네트워크 영역 구조 설계 및 해당 IP주소 체계 설정 → 방화벽 영역설정 → 방화벽 인터페이스 할당 • VLAN을 이용한 네트워크 2레벨 분리 권고
3단계	액세스 제어목록 구성	• ACL(액세스 제어목록)이라는 방화벽 규칙 생성 시작 • ACL에 따라 각 영역에서 전송/수신할 수 있는 권한이 필요한 트래픽 결정 • 방화벽 인터페이스나 하위 인터페이스에 적용하는 ACL을 최대한 구체적으로 생성 • 정확한 소스 및/또는 대상 IP주소와 포트 번호를 포함 • 애플리케이션의 정상 작동 여부 테스트
4단계	기타 방화벽 서비스 및 로깅 설정	• DHCP 서버, NTP 서버, IPS 등으로 작동하도록 설정 또는 비활성화
5단계	방화벽 설정 테스트	• ACL 설정에 따라 차단해야 하는 트래픽의 차단 여부 확인 • 취약점 스캔과 침투 테스트를 모두 진행 • 오류가 발생할 경우를 대비해 방화벽 설정의 보안 백업을 보관
6단계	방화벽 관리	• 방화벽을 설정하여 실행한 후에는 최적 상태로 작동하도록 유지 보수 • 펌웨어를 업데이트하고, 로그를 모니터링하고, 취약점 스캔을 수행

5) 방화벽의 기능

- **접근제어**: 외부에서 내부 접속을 패킷 필터링을 이용하여 통제 (네트워크 정책 수립)
- **사용자 인증** : 시스템을 지나는 트래픽에 대한 사용자의 신분을 증명
- **감사 및 로그** : 모든 트래픽의 접속정보, 네트워크 사용 통계정보 기록
- **프록시 기능** : 앞단에서 클라이언트의 요청을 실제 서비스 수행 서버로 요청 정보를 전달 (세션 분리/전달)
- **주소 변환(NAT) 기능** : 공인 IP와 사설 IP의 중간에서 변환 역할

02 보안시스템 운용하기

1) 보안시스템의 종류

구분	방화벽	IDS	IPS
제어방식	패킷 헤더 정보에 의한 제어	패킷 헤더 정보/내용 검색을 통한 탐지, 알람 방화벽 이용 차단	패킷 및 프로세스 검사를 통한 침입 탐지, 차단
보안 방식	규칙 (Rule)	패턴 인식	응용방식(API)
위험성	높음	보통	낮음
대응 방식	수동적	수동적	능동적
차단계층	3계층	7계층	7계층

2) UTM(Unified Threat Management)

① **개념** : 최근 웜, 바이러스, 스파이웨어, 애드웨어, 피싱 등 보안 위협이 복잡, 다양해지고 있어 방화벽, VPN, IDS, IPS, Virus-wall 등 다양한 보안 솔루션이 필요함에 따라 통합보안 서비스 제공을 위한 UTM이 등장하였다. UTM은 안티바이러스, 방화벽, VPN, IDS, IPS, 트래픽 쉐이핑, 콘텐츠 필터링, 웹 필터링, 이메일 필터링 등 이런 보안 기능 중 적어도 2개, 많게는 7~8가지 기능을 하나의 박스에 넣어 사용하는 통합보안장비이다.

② **주요 특징**
- 다수의 주요 보안 제품의 기능을 통합함에 따라 설치비용과 시간을 절감할 수 있음
- 단독제품의 개별보안 기능제공, 고성능 보안장비의 기능도 지원
- 필요한 보안 관련 기능만 선택적으로 사용 가능
- 보안 전문가나 IT 전문가가 아니어도 손쉽게 관리할 수 있음
- 보안 위협도 방어되면서 네트워크 성능도 떨어지지 않는 기능
- IP와 관계없이 사용자 ID를 기반 관리(이동성 지원)로 편리한 관리가 가능함

③ **UTM 도입 전후 비교**

UTM 도입 전	UTM 도입 후
• 너무나 많은 독립된 장비 설치 • 장비마다 각각의 벤더(유지관리 어려움) • 별도의 운영 습득 필요 • 별도의 패치-시스템 구성이 복잡하고 고비용	• 통합된 하나의 장비 • 하나의 벤더-하나의 GUI로 관리 • 통합된 패치로 패치 관리용이

3) VPN

① **개념**
- 인터넷망과 같은 공중망을 사설망처럼 이용할 수 있도록 특수 통신체계와 암호화 기법을 제공하는 가상 사설 통신망이다.
- 사설망과 같이 안전하고, 통신 품질(QoS)이 보장되는 네트워크를 구축할 수 있으며, 전용선보다 저렴하여 기업 간 인트라넷, 익스트라넷 구축 시 많이 사용된다.
- 공중망을 통해 데이터를 송신하기 전 암호화하고 수신측에서 복호화한다.

② **VPN 주요 기술**
- **키 관리 기술** : VPN 보안 알고리즘을 위한 안전한 키 생성과 키 교환기술을 활용하여 수동 및 자동으로 키 관리를 할 수 있는 기술이다.
- **터널링 기술** : IP 데이터를 암호화하여 전달하는 기술로, 인터넷과 같은 보안성이 제공되지 않는 망에서 데이터 및 관련 사용자 정보 스트림이 가상의 파이프를 통해 IP 패킷을 안전하게 전달할 수 있다. IPSec, SSL, PPTP, L2TP, L3TP 등이 있다.
- **VPN 관리 기술** : 네트워크 관리 시스템인 MMS, 장애 관리, 성능관리, 보안정책 및 과금/계정관리를 제공하는 기술이다.
- **인증 기술** : 다른 위치에서 네트워크 접속을 할 수 있도록 보안서버를 통한 인증 처리를 하는 기술이다.
- **암호화 기술** : 모든 사용자는 송신 시 공개키 암호화 방식을 사용하고, 수신 시 각자의 보안성을 제공하는 복호화키를 사용한다.

③ SSL VPN과 IPSec VPN

- **SSL VPN** : 클라이언트의 Http Web을 통하여 ID/PW를 통해 사용자를 인증하는 기술로 전자 상거래 보안을 위해 개발되었다.
- **IPSec VPN** : 3계층 보안 프로토콜로 VPN을 구현하도록 TCP/IP 패킷을 사전에 암호화하는 방식으로 AH와 ESP를 이용하여 암호화한다.

4) ESM(통합보안 관리 시스템)

① **개념** : 침입 차단 시스템(Firewall), 침입 탐지 시스템(IDS), 암호화된 VPN 등 다양한 종류의 보안 솔루션을 하나로 모은 보안 관리 시스템으로, 기업의 보안정책을 반영해 다종 다수 보안시스템을 통합 관제/운영/관리함으로써 기업 보안 목적을 효율적으로 실현시킬 수 있는 시스템이다.

② **ESM의 목적**

- 전사적인 보안시스템에 대한 일관성 있는 보안 관리 가능
- 보안 사고를 원인으로 하는 정보시스템의 침해사고 예방 및 신속한 식별, 조치
- 최소화된 보안 관리 인력으로 체계적인 유지관리 추구
- 보안 관리를 위해 투입되는 인력, 비용, 시간의 절감

③ **ESM의 구성**

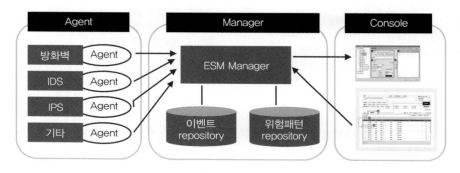

▲ ESM의 구성

- **에이전트** : 방화벽이나 침입 방지 시스템, 게이트웨이, 라우터 등의 장비에서 정보를 수집하여 실시간으로 수집 서버에 전송하는 시스템
- **수집 서버** : 각 장비에 탑재되어있는 에이전트를 통하여 들어온 정보들을 수집 및 정리하여 데이터베이스 서버 및 분석 서버에 전송하는 시스템
- **데이터베이스 서버** : 수집 서버에서 정리된 정보를 데이터베이스에 저장하는 시스템
- **분석 서버** : 수집 서버에서 들어온 데이터 및 데이터베이스에 저장된 정보를 바탕으로 현 네트워크의 상태 및 위기 상황을 분석하고 정리하여 그 결과를 사용자에게 알려주고 현상 및 결과 등의 정보를 데이터베이스에 다시 저장하는 시스템

18.11, 19.7

01 하나의 장비에 여러 보안 솔루션의 기능을 통합적으로 제공하므로 다양하고 복잡한 보안 위협에 대응할 수 있고 관리 편의성과 비용 절감이 가능한 보안시스템은 무엇인지 쓰시오.

정답 UTM(Unified Threat Management)

기존 보안시스템	통합보안 시스템
• 방화벽 설치 • IDS/IPS/VPN 설치 • Anti DDoS/Anti Spam/Anti Virus 설치	• UTM(Unified Threat Management) 설치
• 너무나 많은 독립된 장비 설치 • 장비마다 각각의 벤더(유지관리 어려움) • 별도의 운영 습득 필요 • 별도의 패치-시스템 구성이 복잡하고 고비용	• 통합된 하나의 장비 • 하나의 벤더-하나의 GUI로 관리 • 통합된 패치로 패치 관리용이 • 하나의 관리자 인터페이스

22.11

02 침입탐지시스템(IDS, Intrusion Detection System)은 비정상적인 접근 등으로부터 조직 등의 자산을 보호하는 시스템으로서 H-IDS를 설명하시오. (4점)

정답 • H-IDS는 H(Host)이므로 호스트 기반의 침입탐지시스템이다.
• N-IDS에서는 탐지할 수 없었던 트로이 목마, 버퍼 오버플로우 등의 호스트 기반의 공격들을 탐지할 수 있다.
• 모든 로그와 통계 등을 세밀하게 분석하므로 속도가 느리다. (주로 비정상 행위 탐지기법을 사용함)
그러므로 모든 호스트(pc, 서버 등)에 설치하는 것은 비효율적이다.
• 철저한 보안이 필요한 중요한 호스트에 설치한다.

01 다음은 LAN 프로토콜의 구조를 나타낸 것이다. ①에 들어갈 계층명 및 해당 계층의 기능을 설명하시오.

Network Layer
LLC(Logical Link Control)
(①)
Physical Layer

정답 • 계층명 : 매체 엑세스 제어(MAC) 부계층
• 해당 계층의 기능 : 상위 계층에서 전달된 패킷을 물리적인 네트워크의 프레임 포맷에 맞추어 주는 역할,
발신처와 수신처의 주소부가 및 식별처리, 반송파 검출 및 충돌감지 기능 등

02 무선 LAN IEEE 802.11에서 사용되는 DSSS와 FHSS를 영문으로 쓰시오.

정답 • DSSS : Direct Sequence Spread Spectrum
• FHSS : Frequency Hopping Spread Spectrum

03 무선 LAN IEEE 802.11에서 프레임의 종류 3가지를 쓰시오.

정답 데이터 프레임, 제어 프레임, 관리 프레임

04 고속의 데이터를 직교 관계에 있는 다수의 부반송파에 나누어 실어 다중 전송하는 디지털 전송방식으로 주파수 이용효율이 높고, 고속 전송이 가능하며, 멀티패스에 의한 심볼 간 간섭(ISI)에 강한 특성이 있어 고속 무선 LAN의 표준안인 IEEE802.11a/n의 전송방식으로 채택된 전송방식을 쓰시오.

정답 OFDM(Orthogonal Frequency Division Multiplexing)

- 하나의 정보를 여러 개의 반송파(Subcarrier)로 분할하고, 분할된 반송파 간의 간격을 최소로 하기 위해 직교성을 부가하여 다중화시키는 변조기술이다.
- 병렬 데이터 전송과 다중 캐리어, n개의 부채널을 변복조하기 위해 DFT(불연속 푸리에변환) 알고리즘을 이용한다.
- Orthogonality(직교성) 반송파 간의 성분 분리를 위한 직교성 부여로 전송효율을 증대한다.
- 주파수 이용효율이 높고, 멀티패스에 의한 ISI(Inter Symbol Interference, 심볼 간 간섭)에 강해 고속 데이터 전송에 적합하다.

05 하드웨어적인 문제가 아닌 사항을 점검하는 것으로 네트워크상에 흐르는 데이터 프레임을 캡처하고 디코딩하여 분석하며 LAN의 병목현상, 응용프로그램 실행 오류, 프로토콜 설정 오류, 네트워크 카드의 충돌오류 등을 분석하는 장비를 쓰시오.

정답 프로토콜 분석기

- 네트워크를 지나다니는 패킷들을 캡처하여 세밀하게 분석하기 위한 장비로 소프트웨어 또는 하드웨어와 소프트웨어의 조합으로 구성된다.
- **하드웨어 방식** : 휴대용으로 필요한 모든 것이 장착된 형태로 제작된다.
- **소프트웨어 방식** : 고정형 PC나 노트북에 SW를 설치하여 동작하는 형태이다.

06 인터넷에서 사용되는 라우터의 기본 기능 중 3가지만 쓰시오.

정답 • 네트워크를 상호연결하는 네트워킹 기능
• 최적경로를 설정하는 라우팅 기능
• 송신된 패킷을 다른 포트로 전송
• 최적경로 라우팅을 위한 라우팅 테이블 관리기능

07 공통선 신호망에서 신호선(SP) 간의 신호정보 전달을 중계해주는 패킷교환을 통해 입력된 신호 메시지를 판별하여 각 목적별로 라우팅 및 분배기능을 수행하는 것은 무엇인지 쓰시오.

정답 STP(Signaling Transfer Point)

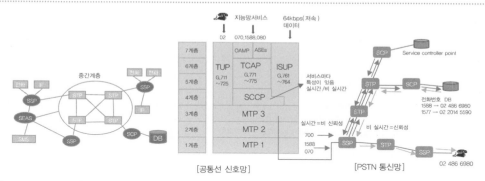

[공통선 신호망] [PSTN 통신망]

• SCP(Service Control Point) : 서비스에 대한 상세한 정보를 유지하면서 SSP 지능망 호 처리 요구에 대한 처리 지시 등을 수행한다.
• SSP(Service Switching Point) : 지능망 호 서비스를 인식하고 SCP에게 필요 정보를 요구하여 서비스 사용자가 원하는 서비스를 완성한다.
• STP(Signaling Transfer Point, 신호 중계교환기) : 신호선(SP) 간의 신호정보 전달을 중계해주는 패킷교환을 통해 입력된 신호 메시지를 판별하여 각 목적별로 라우팅 및 분배기능을 수행한다.
• SMS(Service Management System) : 신규 서비스 가입자 정보 추가 시 SSP, SCP, IP에 정보를 제공한다.
• SCE : 새로운 서비스를 생성한다.
• IP : 지능형 주변장치. 음성안내, 음성합성, 자동음성인식 등 사용자에게 제공될 정보 보유 장치이다.
• SEAS : 망 관리 시스템으로 운영된다.

08 다음 IP주소로부터 네트워크 주소를 쓰시오.

> IP Address : 45.123.21.8
> subnet mask : 255.255.0.0

정답 네트워크 주소 : 45.123

- Subnet mask가 16비트이면 네트워크 주소가 16비트까지이며, 이러한 방식을 CIDR이라고 한다.
- CIDR은 IP주소 할당 방법의 하나로, 기존 8비트 단위로 통신망부와 호스트부를 구획하지 않는 방법으로, 인터넷 접속 시 IP주소는 A·B·C·D·E 등 5종의 등급이 있는데, 등급 C의 주소 공간을 기본단위로 할당한다.

09 다음 괄호 안에 알맞은 말을 넣어 완성하시오.

> IP주소 체계에서 C클래스는 네트워크 주소를 나타내는 첫 번째 바이트의 첫 번째, 두 번째, 세 번째 비트가 각각 (①), (②), (③)인 주소이며, 네트워크 주소는 192.0.0~223.255.255.0이고 호스트 주소는 0~255이다.

정답 ① 1, ② 1, ③ 0

- A클래스 : 주소가 0으로 시작(첫자리 0~127)
- B클래스 : 주소가 10으로 시작(첫자리 128~191)
- C클래스 : 주소가 110으로 시작(첫자리 192~223)
- D클래스 : 주소가 1110으로 시작(첫자리 224~239)

10 유니캐스트 주소, 멀티캐스트 주소, 브로드캐스트 주소에 대해 설명하시오.

정답 • 유니캐스트 주소 : 한 사람의 특정 수신자에게만 데이터 패킷을 전송하는 방식의 주소
• 멀티캐스트 주소 : 통신망에 연결된 특정 다수의 단말에만 정보를 전송하는 방식의 주소
• 브로드캐스트 주소 : 통신망에 연결된 모든 멤버에게 정보를 전송하는 방식의 주소

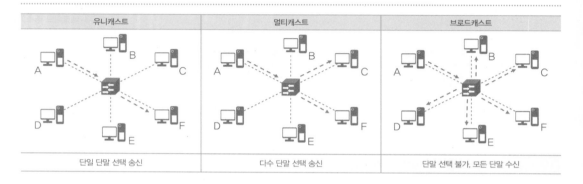

11 VPN의 주요 기술 3가지를 쓰고 설명하시오.

정답 • 키 관리 기술 : VPN 보안 알고리즘을 위한 안전한 키 생성과 키 교환기술을 활용하여 수동 및 자동 키 관리를 할 수 있는 기술이다.
• 터널링 기술 : 인터넷과 같은 보안성이 제공되지 않는 망에서 데이터 및 관련 사용자 정보 스트림이 가상의 파이프를 통해 안전하게 IP 패킷을 전달할 수 있는 기술로, IP 데이터를 암호화하여 전달하는 기술이다.
• 암호화 기술 : 송신하는 모든 사용자는 공개키 암호화 방식을 사용하고, 수신 시 각자의 보안성을 제공하는 복호화키를 사용하는 기술이다.

12 VLAN의 할당 방식을 쓰고 설명하시오.

실기편

PART
06

정보통신실무

정답 • 정적 VLAN 할당 방식 : 관리자가 각 스위치에서 직접 할당하는 방식이다.
• 동적 VLAN 할당 방식 : MAC 주소 등을 통해 관리 서버가 동적으로 VLAN 할당하는 방식이다.

13 VPN의 키 관리 기술을 설명하시오.

정답 VPN 보안 알고리즘을 위한 안전한 키 생성과 키 교환기술을 활용하여 수동 및 자동 키 관리를 할 수 있는 기술이다.

14 VLAN의 구분방식을 3가지 이상 쓰시오.

정답 • 멤버십(Membership) 구분방식
• 브로드캐스트 도메인 구분방식
• 스위치 포트 구분

15 아래 그림은 IP Sec VPN의 헤더 구조이다. 빈칸에 알맞은 용어를 쓰시오.

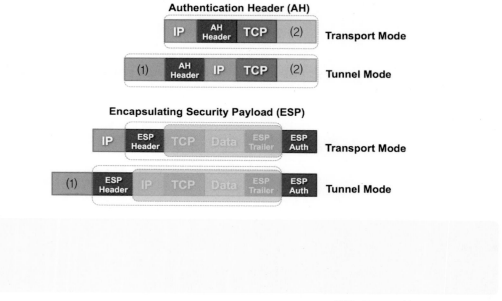

정답 (1) new IP, (2) DATA(실 전송 데이터)

16 정보통신네트워크가 복잡화 되어가므로 네트워크 관리의 중요성이 증가하고 있다. 네트워크에 연결되어있는 수많은 구성요소로부터 각종 정보를 수집, 제어, 관리하고 운용을 지원하는 시스템을 망 관리 시스템이라고 한다. 이러한 망 관리 시스템이 수행하는 주요기능 5가지를 쓰시오.

정답 1) 장애관리, 2) 구성관리, 3) 계정관리, 4) 성능관리, 5) 보안관리

17 정보통신네트워크의 대형화, 복잡화, 이기종화로 네트워크 관리의 중요성이 증가하고 있다. 정보통신망을 구성하는 기능요소 또는 개별 장비들로 각종 정보를 수집, 제어, 관리 등을 통해 네트워크 시스템 운용을 지원하는 시스템을 EMS이라고 한다. 이런 네트워크 운영지원 시스템을 총괄적으로 감시, 관리하는 시스템을 NMS라고 하는데 이러한 망 관리 시스템이 수행하는 대표적 기능 5가지를 쓰시오.

정답 1) 장애관리, 2) 구성관리, 3) 계정관리, 4) 성능관리, 5) 보안관리

18 SNMP 버전을 간단히 설명하시오.

정답 • 버전 1 : 초기 버전으로 보안이 미비하고 명령어의 종류가 적어 단순하게 동작한다.
• 버전 2 : 버전 1의 약점을 보완한 방식으로 대량의 데이터를 효과적으로 검색하도록 개선되었다.
• 버전 3 : 인증 및 권한, 암호화 지원 등 보안 기능이 강화되었다.

19 망 관리 시스템의 MIB를 간단히 설명하시오.

> 정답 MIB(Management Information Base) : MAC 주소, IP주소, 제조사, 시간 정보 등 개체관리정보의 집합체이다.

망 관리 시스템의 구성요소
- Manager : 네트워크에서 관리되어지는 개체 등의 정보를 획득하고 변경하는 주체로써 NMS의 관리 주체
- Agent : 호스트 컴퓨터, 라우터, 스위치 등 관리국에 의해 관리되는 장비
- MIB : MAC 주소, IP주소, 제조사, 시간 정보 등 개체관리정보의 집합체

20 NMS(망관리시스템)의 역할을 3가지 이상 쓰시오.

> 정답 • 교환기로부터 망의 상태, 경보, 트래픽 데이터 등을 수집, 축적한다.
> • 망 관리 파라미터나 통계 데이터의 계산을 수행한다.
> • 명령어에 의하여 교환기의 트래픽 유입을 제어한다.
> • 네트워크 운영 지원 시스템을 총괄적으로 감시, 관리한다.

21 UTM(Unified Threat Management)장비에 포함될 수 있는 보안 기능을 4가지 이상 쓰시오.

> 정답 방화벽, IPS, IDS, Anti-DDoS, Anti-Spam

최근 웜, 바이러스, 스파이웨어, 애드웨어, 피싱 등 보안 위협이 복잡, 다양해지고 있어 방화벽, VPN, IDS, IPS, Virus-wall 등 다양한 보안 솔루션이 필요함에 따라 통합보안 서비스 제공을 위한 UTM이 등장하였다. UTM은 안티바이러스, 방화벽, VPN, IDS, IPS, 트래픽 쉐이핑, 콘텐츠 필터링, 웹 필터링, 이메일 필터링 등 이런 보안 기능 중 적어도 2개, 많게는 7~8가지 기능을 하나의 박스에 넣어 사용하는 통합보안장비이다.

구내통신구축 공사관리

SECTION 01
공사계획서 및 설계도서 작성

01 공사계획서

1) 개념

공사계획서는 공사 착수에 앞서 시공자가 주어진 기간 내에 안전하고 원활한 시스템 설치를 위한 타당성 조사, 기본설계 또는 실시설계 등 설계도서를 작성하기 위한 조사, 계획, 설계 등 과업 단계별로 과업의 범위 및 업무 수행 절차에 관한 세부 계획 전반을 기술한 문서로 시공 및 감독업무의 기반이 되는 문서이다.

2) 책임과 권한

- **시공자** : 시공자는 공사계획서(또는 표준시방서), 각 시방 기준의 공사에 대한 시공계획서를 작성하여 감독자 확인을 받은 후 공사에 착수한다.
- **감독자** : 감독자는 시공자로부터 공사계획서의 기준(종류별, 시기별)에 따른 시공계획서를 공사 착수 전에 제출받아 이를 검토·확인하여 승인한 후 시공토록 하고, 보완이 필요한 경우 그 내용과 사유를 문서로 통보한다.
- **발주자** : 발주자는 공사계획서 중 품질시험 계획에 대한 최종 승인권자로서 감독자의 품질시험 계획 승인요청에 따라 확인 후 승인 여부를 문서로 통보한다.

3) 공사계획서 주요 항목

1. 공사개요	7. 인력 투입계획
2. 수행 조직도	8. 품질관리 및 시험계획
3. 공사 예정 공정표	9. 안전관리계획
4. 주요공종 시공 절차 및 방법	10. 환경관리계획
5. 주요 장비 반입계획	11. 폐기물처리계획
6. 주요 자재 수급 계획	12. 교통관리계획

※ 공사계획서 작성 기준 일반사항이며 실제 공사별로 상이할 수 있음

3) 공사계획서의 제출

- 공사계획서는 당해 공사의 착수 시 착수계와 함께 감리 또는 발주자에게 제출한다.
- 감리 또는 발주자에게 공사계획서의 승인을 득한 후 공사에 착수한다.
- 단, 공사의 성격에 따라 착수계 제출 이후에 제출할 수도 있다.

02 설계도서 작성

1) 개념

정보통신설비 공사에 대한 비용, 재료, 구조 등의 계획을 세워 도면이나 서류에 구체적으로 명시할 수 있도록 연구, 조사, 분석, 계획하는 것이며, 설계 설명서, 설계도면, 일반·특별 시방서, 공사비 내역서 등의 도서를 만드는 것이다.

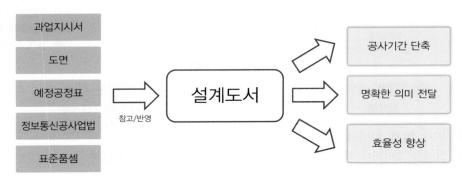

▲ 설계도서의 개념

2) 설계도서 작성 원칙

• 정보통신시스템은 적합성, 안정성, 관리성, 경제성 등을 확보한다.
• 정보통신설비는 운영, 유지보수와 다양한 서비스 제공에 적합하여야 한다.
• 기존 설비와의 연계를 고려하여 합리적이고 안정된 시스템이 구축되도록 설계한다.
• 기설치된 정보통신설비와 인터페이스가 가능하도록 설계한다.

3) 설계도서 작성 단계

정보통신시스템의 설계는 타당성 조사, 기본 계획, 기본설계 및 실시설계 순으로 진행한다.

컨설팅(구상)	기본 계획	정보통신공사 설계	
		기본설계	실시설계
• 사업성 검토 • 문제점 도출 • 법규, 주변 여건 판단	• 사업성 판단 • 컨설팅 내용 구체화 • 예산편성/확보	• 인허가 서류 • 개략 공사비 • 문제점 해결 • 예비 타당성 조사	• 구체적 설계내용 산출 • 최종 산출물 작성
• 발주자 의견 청취 • 요구조건(목록) 정리 • 개략적 시스템 구성 • 개략적 사업 금액 산출	• 법규, 주변 여건, 환경, 시장 등 조사 분석 • 문제점 및 해결방안 분석 • 대략의 추정 금액 산출 • 타당성 조사, 사업성 검토 • 설계의 진행 방향 제시 • 설계 시행을 위한 기반 사항 고려 단계	• 기본 계획 재검토(설비용도, 규모, 용량, 기능 등) • 기본설계 도서의 작성 • 개략 공사비의 파악 • 설계기준, 설계조건 등 실시설계 용역에 필요한 기술자료 작성	• 시설물의 규모, 배치, 형태, 공사 시간, 공사 방법, 공사비, 유지관리 등의 세부조사, 분석, 비교를 통한 최종안 도출 • 기본설계 구체화·실시 설계도서 작성 • 공사비의 적산

		• 설계개요서, 설명서
		• 기본설계도면
		• 개략 공사비 내역서
		• 용량 계획서
		• 시스템 선정 검토서
		• 협의 기록서(협의, 자문 등)
			• 실시설계 보고서
			• 공사비 적산서
			• 설계계산서
			• 기타 기록서류
			 - 개요서, 도면, 시방서
			 - 내역서, 산출서, 원가계산
			  서, 견적서(3사)
			 - 부하, 용량, 구조계산서
			 - 관공서 협의록, 관계자 협
			  의록, 설계/자문/심의 등

• 컨설팅 의견서, 보고서	• 기본 계획 보고서 • 계약적 예산금액, 사업의 타 당성, 사업성 의견 등 포함		
함께 이루어지는 경우가 많음			
자문 형태로 이루어짐		사업으로 발주됨	
감리 無		감리 有(각 단계별)	

- **계획설계** : 누가, 언제, 어디서, 어떻게, 무엇을, 왜 설계를 하는지 계획
- **기본설계** : 그림을 그리거나 컴퓨터 그래픽을 이용해서 정보통신공사 기본설계
- **실시설계** : 기본설계에서 구성했던 대로 실제 정보통신공사실시

4) 설계도서 종류

설계도서	설명	종류
시방서 (설계 설명서)	설계도면에서 표현하지 못한 구체적 사항, 기술적 사항 등을 설계도 서 형식으로 나타낸 문서	표준시방서, 전문시방서, 공사시방서
내역서	일정기간 동안 지출한 모든 비용을 정리하기 위해 작성한 문서	공사비 내역서, 인건비 내역서, 물량 · 자재 내역서
계산서	상호 간의 거래 내역 또는 시스템의 용량 산출을 정확히 하기 위해 작성하는 서류	원가계산서, 기술계산서, 용량 계산서
설계도면	설계자의 의도를 그림으로 나타낸 서면	배치도, 계통도, 평면도, 상세도

① **공사시방서** : 설계, 제조, 시공, 거래 등의 경우에 설계 도면에 표시할 수 없는 세세한 설명 또는 공사에
  관한 규정, 공법, 지침 등을 기재한 것을 말한다.
- **표준시방서(일반시방서)** : 각 공사에 공통적으로 해당하는 기본적으로 지켜져야 할 법령, 설계기준, 표준
  공법 등을 기재
- **전문시방서(특별시방서, 특기시방서)** : 각 공사에 있어서 그 공사 특유의 공법이나 지켜야 할 작업순서,
  작업 지침 등을 기재
- 2020년부터 시방서가 설계 설명서로 법령상의 명칭이 변경되었다.

② **내역서** : 설계 과정에서 발생한 재료비, 노무비, 경비, 관리비, 이윤의 합계를 산출한 내역으로 정보통신
  공사에 필요한 공종별 금액, 공사원가 내역 등을 표현한다.

③ **계산서** : 설계계산서란 제품 등의 설계에 필요한 세부적인 설계 사양을 기재한 문서로 규격이나 수량 산
  출 사유에 관한 구체적인 설계 계산 내용을 상세히 기술한다.

④ **설계도면** : 설계도면(Engineering Drawing)이란 시공될 공사의 목적과 범위를 표현하고 설계자의 의도를 관련 규격에 근거하여 공사 내용을 구체적으로 표현한 그림 형식 설계도서를 말한다.
- **배치도** : 장비, 통신실 배치도, 통신설비 배치도, 단말 배치도 등
- **계통도** : 장비 동작 계통도, 시스템 연결도 등
- **평면도** : 층 단위 평면도, 건물 단위 평면도 등
- **상세도** : 내부 단자함, 안테나 설치, 장비 설치 상세도면 등

이론을 확인하는 **기출문제**

18.4
01 통신공사를 위한 설계 내역서에서 계산되는 공사 금액의 구성상 공사원가와 총원가에 대한 산출내역 항목을 쓰시오.

구분	내용
공사원가	재료비, 노무비, 경비
총 원가	재료비, 노무비, 경비, 일반관리비, 이윤

18.4
02 정보통신 시설 공사를 위한 설계도서의 종류 5가지를 쓰시오.

정답 1) 공사계획서, 2) 설계도면, 3) 설계 설명서(시방서), 4) 공사비 명세서(공사비 적산서), 5) 기술 계산서(구조, 용량, 부하계산서)

2020년부터 시방서가 설계 설명서로 법령상의 명칭이 변경됨

03 공사원가계산서 작성 시 경비에 해당하는 항목 5가지를 쓰시오.

정답 1) 운반비, 2) 기계경비, 3) 환경보전비, 4) 안전 관리비, 5) 4대 보험료(국민연금, 고용보험, 건강보험, 산재보험)

- **재료비** : 직접재료비, 간접재료비
- **노무비** : 직접노무비, 간접노무비
- **경비** : 직접경비, 간접경비(4대 보험료, 안전 관리비 등)
- **직접경비** : 현장경비, 인쇄비, 보증보험 등 직접 소요되는 비용으로 보험료, 용차비, 용선비, 현장 사무원 인건비, 자문 위탁비, 복리후생비, 여비, 도서 인쇄비, 기타 등이 포함된다.
- **간접경비(제경비, 직접인건비가 아닌 비율)** : 직접비에 미포함된 비용으로 임원, 서무, 경리직원 등의 급여, 사무실비(현장사무실 제외), 광열수도비, 사무용 소모품비, 기계 기구의 수선 및 상각비, 통신운반비, 회의비, 공과금, 영업활동비 등을 포함한다.
- **직접비** : 재료비 + 노무비의 합
- **일반관리비** : 순공사비(재료비+노무비+경비)의 일정 비율 합
- **이윤** : 노무비 + 경비 + 일반관리비의 일정 비율의 합(조정가능)
- **부가가치세** : 총 공사비의 10% 가산

04 현장대리인의 적합성을 증빙하기 위해 기본적으로 첨부해야 하는 서류 2가지를 쓰시오.

정답 정보통신기술자 수첩, 경력 확인서

- 정보통신공사에 참여하는 현장대리인은 공사 착수계 제출 시 현장대리인계를 제출한다.
- 현장대리인계의 첨부서류에는 재직증명서, 정보통신기술자 수첩, 경력증명서 등이 있다.

05 설계의 3단계를 적으시오.

18.4

정답 기본 계획(계획설계)단계 → 기본설계 단계 → 실시설계 단계

1) **기본 계획** : 공사의 문제점 도출 및 법규, 공사여건 등을 조사하여 개략적인 계획과 설계를 통해 사업성을 판단하기 위한 용도로 주로 컨설팅 형태로 이루어진다.
2) **기본설계** : 기본 계획을 바탕으로 개략의 공사비를 산출하고 인허가 관련 서류와 기본설계 계획서를 작성한다.
3) **실시설계** : 기본설계서를 바탕으로 조사 및 분석을 통해 시설물의 규모, 배치, 형태, 공사 기간 등을 구체적으로 설계하는 과정으로 설계보고서, 공사비 적산서, 설계계산서, 기타 서류를 산출물로 작성한다.

06 다음 설계서를 작성하는 중 괄호에 들어갈 답을 쓰시오.

20.4

> 입찰 참가자가 입찰 가격의 결정 및 시공에 필요한 정보를 제공하고 서면으로 설명하는 자료이다. (   )는 입찰하기 전에 공사가 진행사항 및 현장에서 현장 상황 도면과 시방서에 표시하기 어려운 사항을 나타내는 것이다.

정답 현장설명서

• 현장설명서는 현장 상황, 설계도면 또는 시방서에 기재하기 어려운 내용, 입찰 가격 등 시공에 필요한 정보와 계약서 내용의 일부를 포함하는 문서로 계약서 내용과 일치하지 않을 경우 발주자와 시공자 간의 분쟁이 발생할 수 있으므로 주의하여야 하며, 계약체결 전이나 공사 착수 전에 현장설명서에 포함된 내용이 계약서 내용과 비교했을 때 일치하지 않는 부분이 있다면 설계변경 요건에 따라 신청하여 이를 반영하도록 해야 한다.
• 공사명에는 시행할 예정인 공사명을 기재한다.
• 하도급 공사명을 기재한다.
• 공사 기간에는 착공일과 준공일을 정확하게 기재하도록 한다.
• 공사 범위, 지급자재 항목에 맞게 알맞은 내용으로 작성한다.
• 견적 조건에는 공사비 지불 방법, 공사계약 보증금, 하자 보증금, 특수조건에 대한 내용을 기재한다.
• 첨부 문서가 있다면 추가적으로 함께 제출한다.

07 아래는 공사의 착공부터 완성까지의 관련 일정, 작업량, 공사명, 계약금액 등 시공 계획을 미리 정하여 나타낸 관리 도표 서식이다. 이것은 무엇인지 쓰시오.

0000000공사

1. 공사개요
   공사명 : ×××× 통신공사
   발주자 : OOO
   계약금액 : 123,222,000원
2. 공사예정공정표
3. 현장 운영방침
4. 공정관리 등

정답 시공계획서(공사계획서)

....

- 시공계획서에 기재할 주요한 항목은 약 10가지로 구분된다.
- 각 관련 기준에 따라 시공계획서에 기재할 주요한 항목을 규정하고 있다.
- 건설공사 사업관리방식 검토기준 및 업무수행지침(국토교통부 고시)참고

1. 공사개요	7. 인력 투입계획
2. 수행 조직도	8. 품질관리 및 시험계획
3. 공사예정공정표	9. 안전관리계획
4. 주요공종 시공절차 및 방법	10. 환경관리계획
5. 주요장비 반입계획	11. 폐기물처리계획
6. 주요자재 수급계획	12. 교통관리계획

08 공사계획서 작성 시 기본적으로 들어가야 하는 내용으로 적합한 것을 |보기|에서 골라 5개 적으시오.

> | 보기 |
>
> 공사개요, 설계변경계획, 감리수행계획, 공정관리계획, 하자보수계획, 안전관리계획, 공사비조달계획, 공사예정공정표, 환경관리계획, 유지보수계획

정답 공사개요, 공정관리계획, 안전관리계획, 공사 예정 공정표, 환경관리계획

09 다음 |보기| 중 통신 설비공사에 해당하는 것 4가지를 쓰시오.

22.8

┌─| 보기 |───┐
│ 통신선로 설비공사, 전송설비공사, 정보망 설비공사, 정보매체 설비공사, 수전 설비공사, 교환설비공사, 방송국 설비공│
│ 사, 이동통신 설비공사   │
└──┘

> **정답** 통신선로 설비공사, 전송설비공사, 교환설비공사, 이동통신 설비공사

- 정보통신공사업법 시행령 [별표 1] (공사의 종류) 내용을 따른다.
- **통신 설비공사** : 통신선로 설비공사, 교환설비공사, 전송설비공사, 구내 통신설비 공사, 이동통신 설비공사, 위성 통신 설비공사, 고정무선통신선로설비공사
- **방송설비공사** : 방송국설비공사, 방송 전송/선로 설비공사
- **정보 설비공사** : 정보제어/보안 설비공사, 정보망 설비공사, 정보매체 설비공사, 항공/항만통신설비공사, 선박의 통신/항해/어로 설비공사, 철도통신/신호 설비공사
- **기타 설비공사** : 정보통신 전용 전기 시설 공사

10 공사 예정 가격 산정 시 순 공사 비용이 3,500만 원이고 재료비가 1,200만 원, 경비가 300만 원일 때 노무비를 계산하시오.(노무비는 직접/간접노무비를 포함한다.)

22.8

> **정답** 노무비 : 2,000만 원

- 순 공사비 : 재료비(직접 + 간접) + 노무비(직접 + 간접) + 경비(직접 + 간접)
- 노무비 = 3,500만 원 − 1,200만 원 − 300만 원 = 2,000만 원

11 ^{22.8} **공사계획서 작성 시 다음에서 설명하는 것은 무엇인가?**

1) 공사를 시공하는 과정에서 요구되는 기술적인 사항을 설명한 문서로서 구체적으로는 사용할 재료의 품질, 작업순서, 마무리 정도 등 도면상 기재가 곤란한 기술적인 사항이 표시되는 도서
2) 공사 시 도면으로 나타낼 수 없는 사항(시공 방법, 상세 규격, 사양, 수치 등) 및 설계, 공사 업무의 수행에 관련된 제반 규정, 요구 사항 등을 명시한 문서

정답 설계 설명서(구 공사시방서)

• 2020년부터 시방서가 설계 설명서로 법령상의 명칭이 변경되었다.

12 ^{22.11} **아래의 괄호에 들어갈 용어를 각각 쓰시오.** (6점)

(①)(이)란 예비 타당성 조사, 기본 계획 및 타당성 조사를 감안하여 시설물의 규모, 배치, 형태, 개략 공사 방법 및 기간, 개략 공사비 등에 관한 조사, 분석, 비교, 검토를 거쳐 최적안을 선정하고 이를 설계도서로 표현하여 제시하는 설계 업무로서 각종 사업의 인허가를 위한 설계를 포함하며, 설계기준 및 조건 등 실시설계용역에 필요한 기술 자료를 작성하는 것이다.
(②)(이)란 시설물의 규모, 배치, 형태, 공사 방법과 기간, 공사비, 유지관리 등에 관하여 세부조사 및 분석, 비교/검토를 통하여 최적안을 선정하여 시공 및 유지관리에 필요한 설계도서, 도면, 시방서, 내역서, 구조 및 수리계산서 등을 작성하는 것을 말한다.

정답 ① 기본설계, ② 실시설계

13 간접재료비와 직접재료비에 대해 서술하시오. (3점)

23.4

정답 • 직접재료비 : 해당 공사에 직접 투입되는 부품, 장비 등의 재료비이다.
　　• 간접재료비 : 직접재료비를 제외한 소모성 부품 등을 말하며 기계 · 설비의 수선용 재료, 기계 윤활유 등의 비용이 이에 포함된다.

• **재료비** : 직접재료비, 간접재료비
• **노무비** : 직접노무비, 간접노무비
• **경비** : 직접경비, 간접경비(4대 보험료, 안전 관리비 등)
• **직접경비** : 현장경비, 인쇄비, 보증보험 등 직접 소요되는 비용으로 보험료, 용차비, 용선비, 현장 사무원 인건비, 자문 위탁비, 복리후생비, 여비, 도서 인쇄비, 기타 등이 포함된다.
• **간접경비(제경비, 직접인건비가 아닌 비율)** : 직접비에 미포함된 비용으로 임원, 서무, 경리직원 등의 급여, 사무실비(현장사무실 제외), 광열수도비, 사무용 소모품비, 기계 기구의 수선 및 상각비, 통신운반비, 회의비, 공과금, 영업활동비 등을 포함한다.
• **직접비** : 재료비 + 노무비의 합
• **일반관리비** : 순공사비(재료비+노무비+경비)의 일정 비율 합
• **이윤** : 노무비 + 경비 + 일반관리비의 일정 비율의 합(조정가능)
• **부가가치세** : 총 공사비의 10% 가산

SECTION 02 인증제도 적용

기출 분석

연도	19년	20년	21년	22년	23년
문제 수	1	0	0	0	1

01 인증제도

1) 개념

초고속정보통신 및 홈네트워크 서비스 등 다양한 서비스가 원활하게 지원되도록 일정 기준 이상의 구내 정보통신 설비를 갖춘 건물에 대해 인증 등급을 부여하여 구내 정보통신 설비의 고도화를 촉진 및 유도하여 관련 서비스를 활성화하고 인식을 확산시키는 제도이다.

① **초고속정보통신 건물 인증제도** : 공동주택 및 업무시설 등 건축물에 설치되는 구내방송 통신설비의 권장기준을 제시하고, 일정 기준 이상의 설비를 갖춘 건물에 대해 소정의 인증을 부여하는 제도

② **홈네트워크 건물 인증제도** : 조명 · 난방 · 출입 통제 등의 서비스를 원격으로 제어할 수 있는 건축물에 등급을 부여하는 제도

2) 적용 대상 및 등급

구분	초고속정보통신 건물	홈네트워크 건물
법규	「건축법」 제2조 제2항 제2호 「건축법」 제2조 제2항 제14호	「건축법」 제2조 제2항 제2호 「주택법」 제2조 제4항 및 「주택법 시행령」 제4조 제4항
대상 건물	공동주택 중 총 20세대 이상의 건축물 업무시설 중 연면적 3,300m² 이상인 건축물	공동주택 중 20세대 이상의 건축물 오피스텔(준주택)
분류 등급	특등급, 1등급, 2등급	AAA등급, AA등급, A등급
인증	 초고속정보통신특등급	 초고속정보통신특등급 홈네트워크AAA등급(홈IoT)
적용	병행 사용 가능, 초고속 1등급 이상 시 홈네트워크 인증 가능	

3) 인증심사

① 예비인증

- 건물 완공 전에도 예비인증 신청이 가능하며, 구내 정보통신설비 설계도면에 대한 서류심사를 통해 예비인증 여부 결정
- 예비인증 된 건물은 각종 광고 및 견본주택에 해당 등급의 엠블럼을 사용할 수 있음

② 본 인증

- 신청인은 동일한 건축물에 대한 본 인증 신청을 3회까지 신청 가능
- 최종 설계도면과 실제 시공 결과는 동일해야 하며, 예비인증을 받은 건축물의 설계도면이 본 인증 또는 준공 예정일 이전에 변경되었을 경우 심사기관에 그 사실을 통지하여야 함

4) 인증업무 프로세스

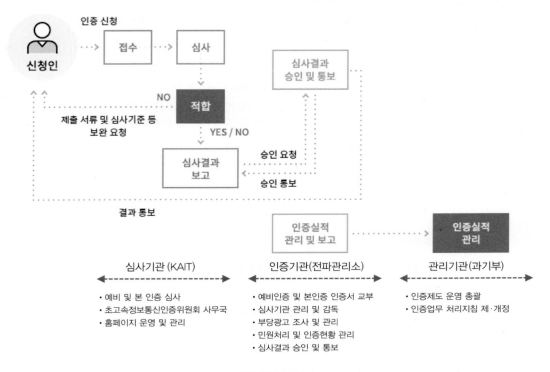

▲ 인증업무 프로세스

5) 초고속정보통신건물 구내 배선계

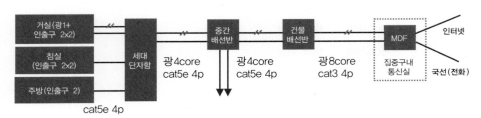

▲ 초고속정보통신 건물 특등급 배선 예시

1) 공동주택, 준주택 오피스텔(특등급)

심사항목				특등급 요건
배선 설비	배선방식(세대 내)			성형 배선
	케이블	구내간선계		광케이블(SMF) 12코어 이상 + 세대당 Cat3 4페어 이상
		건물간선계		세대당 광케이블(SMF) 4코어 이상 + 세대당 Cat5e 4페어 이상
		세대인입		세대당 광케이블(SMF) 4코어 이상 + 세대당 Cat5e 4페어 이상
		댁내 배선		실별 인출구당 Cat5e 4페어 이상 + 거실 인출구 광1구 이상
	접속자재			배선케이블 성능등급과 동등 이상으로 설치
	세대 단자함			광선로 종단장치(FDF), 디지털 방송용 광수신기, 접지형 전원시설이 있는 세대 단자함 설치, 무선 AP 수용 시 전원 콘센트 4구 이상 설치
	인출구	설치 대상		침실, 거실, 주방(식당)
		설치 갯수	침실 및 거실	실별 4구 이상, 거실 광 인출구 1구 이상
			주방(식당)	2구 이상
		형태 · 성능		케이블 성능등급과 동등 이상의 8핀 모듈러잭(RJ45) 또는 광케이블용 커넥터
	무선 AP	단지 공용부		단지 내(주민공동시설, 놀이터 등) 1개소 이상, 무선 AP까지 광케이블 또는 Cat6 4페어 이상
		세대 내		1개소 이상, 세대 단자함에서 무선 AP까지 Cat6 4페어 이상
배관 설비	구조			성형 배선 가능 구조
	건물간선계			단면적 1.12m²(깊이 80cm 이상) 이상의 TPS 또는 5.4m² 이상의 동별 통신실 확보 출입문에는 관계자 외 출입 통제 표시 부착
	예비 배관	설치구간		구내간선계, 건물간선계
		수량		1공 이상
		형태 · 규격		최대 배관 굵기 이상
집중 구내 통신실	위치			지상
	면적	~300세대		12m² 이상
		~500세대		18m² 이상
		~1,000세대		22m² 이상
		~1,500세대		28m² 이상
		1,501세대~		34m² 이상
		디지털 방송 설비설치 시		3m² 추가(단, 방재실에 설치할 경우 제외)
	출입문			유효너비 0.9m, 유효높이 2m 이상의 잠금장치가 있는 방화문 설치, 관계자 외 출입 통제 표시 부착
	환경 · 관리			통신장비 및 상온/상습 장치 설치, 전용 전원설비 설치

구내 배선 성능	구내간선계		광선로 채널 성능 이상
	건물간선계		광선로 채널 성능 이상
	수평 배선계	세대인입	광선로 채널 성능 이상
		댁내 배선	광선로 채널 성능 이상 + 동선로 채널 성능 이상
도면 관리			배선, 배관, 통신실 등 도면 및 선번장
디지털 방송	배선		헤드엔드에서 세대 단자함까지 광케이블 1코어 이상 설치(SMF 설치 권장)

2) 홈네트워크 건물 인증 심사기준

심사항목	요건		
	AAA등급 (홈 IoT)	AA등급	A등급
등급 구분 기준	심사항목(1) + 심사항목(2) 중 16개 이상 + 심사항목(3)	심사항목(1) + 심사항목(2) 중 16개 이상	심사항목(1) + 심사항목(2) 중 13개 이상
배선방식	성형 배선		
심사항목(1)	• 세대 단자함과 세대 단말기 간 배선 • 블로킹 필터 설치 공간 • 통신 배관실(TPS) • 예비 전원장치	• 세대 단자함과 세대 단말기 간 예비 배관 • 집중 구내통신실 면적 • 단지 서버실	
심사항목(2)	• 영상정보처리기기 • 조명제어기 • 현관 방범 감지기 • 원격 검침 전송 장치 • 환경감지기 • 전자 경비 시스템 • 욕실폰 • 에어컨제어 • 디지털도어락 • 주차 위치 인식시스템 • 홈 뷰어 카메라 • 세대 단말기와 데이터 통신이 가능한 홈 분전반 • 에너지효율 관리 시스템	• 가스 밸브제어기 • 난방제어기 • 주동 현관 통제기 • 침입감지기 • 차량통제기 • 무인 택배 시스템 • 주방TV • 일괄 소등 제어 • 엘리베이터 호출 연동제어 • 현관도어카메라 • 대기전력 차단장치 • 환기장치 제어 • 음성 인식제어기	
심사항목(3)	• 스마트기기용 앱 • IoT 기기 연결 확장성 확보		

3) 심사항목별 심사방법

심사항목	심사방법
배선 설비 : 배선방식, 케이블 접속 자재, 세대 단자함 인출구 개수, 무선 AP	설계도서 대조, 배선 설비 성능등급 대조, 배선 설비 설계도서 대조 및 현장 확인
배관설비 : 배관구조, 건물간선계, 예비 배관	설계도서 대조심사
집중 구내통신실 : 위치, 면적, 출입문, 환경/관리	현장 실측으로 유효면적 확인
구내배선성능, 도면 관리, 디지털 방송	측정 장비로 실측 확인, 도면 보유 여부 확인

※ 건물 용도별, 인증 등급별 심사기준 상이

19.4

01 인증제도 관련하여 다음 물음에 답하시오.

구분	등급
초고속정보통신 건물의 인증 등급 3가지	(①)
홈네트워크 건물의 인증 등급 3가지	(②)

정답 ① 특등급, 1등급, 2등급, ② AAA등급, AA등급, A등급

구분	초고속정보통신 건물	홈네트워크 건물
법규	「건축법」 제2조 제2항 제2호 「건축법」 제2조 제2항 제14호	「건축법」 제2조 제2항 제2호 「주택법」 제2조 제4항 및 「주택법 시행령」 제4조 제4항
대상 건물	공동주택 중 총 20세대 이상의 건축물 업무시설 중 연면적 3,300m² 이상인 건축물	공동주택 중 20세대 이상의 건축물 오피스텔(준주택)
분류 등급	특등급, 1등급, 2등급	AAA등급, AA등급, A등급
인증	 초고속정보통신특등급	 초고속정보통신특등급 홈네트워크AAA등급(홈IoT)
적용	병행 사용 가능, 초고속 1등급 이상 시 홈네트워크 인증 가능	

23.4

02 초고속정보통신 건물 공사를 진행할 때 준공검사 단계 사용전검사를 진행한다. 법적 사용전검사 대상 공사 3가지를 서술하시오. (6점)

정답 구내 통신선로 설비공사, 이동통신 구내 선로 설비공사, 방송 공동수신 설비

- **사용전검사** : 정보통신설비의 시공 품질을 확보하기 위해 정보통신설비를 사용하기 전에 기술기준에 적합하게 시공되었는지를 확인하는 제도이다.
- 정보통신공사업법 제36조, 동법시행령 제35조 및 시행규칙 제7조에 명시되어 있다.
- 구내 통신선로 설비공사, 이동통신 구내 선로 설비공사, 방송공동수신설비의 공사 중 연면적 150m² 이하의 건축물에 설치되는 공사 또는 신고대상건축물에 설치되는 공사, 감리를 실시한 공사를 제외한 경우에 대해 사용전검사를 한다.

SECTION 03 정보통신공사 시공, 감리, 감독

🔲 기출 분석

연도	19년	20년	21년	22년	23년
문제 수	2	2	1	1	3

01 정보통신공사 시공하기

1) 개념

정보통신공사에 대해 대상 공사를 설계도서(도면, 내역서, 설명서 등)에 맞게 시공사가 공사의 전 과정을 책임지고 맡아 실제 현장에 시공하는 것을 말한다.

2) 시공 시 제출 서류(발주처에 따라 상이함)

- 착수계
- 사업수행 계획서(공정표, 안전관리계획서, 인력투입 등)
- 현장대리인 선임계
- 안전관리자 선임계
- 공사 원가계산서(또는 계약내역서)
- 시공도면
- 정보통신공사업 등록증

02 정보통신공사 감리하기

1) 개념

- 정보통신설비의 기본설계와 실시설계가 제반 관련 규정에 의해 작성되는지를 관리(설계감리)하고, 설계 도서 및 관련 규정의 내용대로 시공되는지 여부의 감독 및 품질관리/시공관리/안전 관리에 대한 지도 등에 관한 발주자의 권한을 용역업자가 위탁받아 대행하는 활동을 말한다.

2) 감리 대상 공사 범위

- **총 공사금액 1억 원 이상** : 전기 통신사업용, 철도, 도시철도, 도로, 방송, 항만, 항공, 송유관, 가스관, 상/하수도 설비용 정보통신 공사
- 6층 이상인 건축물에 설치되는 정보통신 설비
- **연면적 5,000m² 이상 건축물 정보통신 설비** : 통신 시설이 없는 지하 주차장, 창고 등은 연면적에서 제외

3) 감리의 업무

정보통신공사업법 시행령 제8조의2(감리원의 업무 범위)
- 공사계획 및 공정표의 검토
- 공사업자가 작성한 시공상세도면의 검토 · 확인
- 설계도서와 시공도면의 내용이 현장조건에 적합한지 여부와 시공 가능성 등에 관한 사전검토
- 공사가 설계도서 및 관련규정에 적합하게 행해지고 있는지에 대한 확인
- 공사 진척 부분에 대한 조사 및 검사
- 사용 자재의 규격 및 적합성에 관한 검토 · 확인
- 재해 예방대책 및 안전관리의 확인
- 설계변경에 관한 사항의 검토 · 확인
- 하도급에 대한 타당성 검토
- 준공도서의 검토 및 준공확인

※ "정보통신공사 감리업무 수행기준" 참고 (2019. 12 과학기술정보통신부)

4) 감리원 등급별 담당업무

구분		담당업무 내용
상주감리원	특급감리원	• 감리계획 수립 및 집행, 조정 • 감리원별 수행업무 지정 및 교육 • 현장감리업무 총괄 및 발주처와 업무협조 • 신기술, 신공법 검토 • 최종기능 검사 확인 및 각종 검사서 최종 확인
	고급감리원	• 설계변경사항 검토 • 현장 감리업무, 연월일 감리 계획 수립 작성 • 공사추진계획 및 문제점 검토 • 감리의견 검토 및 기술검토 • 감리요원에 대한 업무교육, 시정조치사항 확인
	중급감리원	• 공정관리, 사급자재 반입확인 • 현장 감리업무, 안전관리업무 • 지시서작성 및 지시이행여부 확인 • 감리의견서 작성 및 각종 기술검토 • 도면파악, 공사지시서 작성, 현장관리 의견서 작성
	초급감리원	• 도면파악, 공사지시서 작성 • 현장시공 확인, 안전관리 확인, 품질시험 입회, 보고서 작성
비상주 감리원		• 기성, 준공검사 • 각종 공법검토 및 기술보완사항 • 설계변경사항 검토 및 대책 지시, 계약금액 조정 심사

5) 감리업무 수행절차

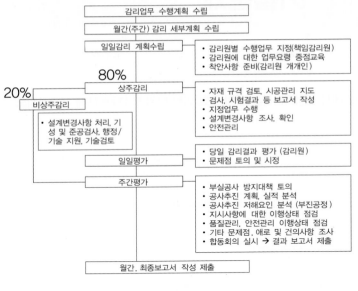

▲ 감리업무 수행절차

03 정보통신공사 감독하기

1) 개념

사업계획승인권자는 감리자가 감리업무 수행사항을 보고하는 경우에는 아래 사항을 점검·평가하여야 하며, 감리자는 이에 성실히 응하여야 한다.

2) 점검 평가 항목
① 감리원 구성 및 운영
• 감리원의 적정자격 보유 여부 및 상주이행 상태
• 감리결과 기록유지 상태 및 근무상황부, 감리서류의 비치

② 시공관리
• 계획성 있는 감리업무 수행 여부
• 예방 차원의 품질관리 노력
• 시공상태 확인 및 지도업무

③ 기술검토 및 자재 품질관리
• 자재품질 확인 및 지도업무
• 설계개선 사항 등 지도실적
• 중점품질관리대상의 선정 및 그 이행의 적정성

④ 현장관리
• 재해 예방 및 안전관리, 공정관리
• 건설폐자재 재활용 및 처리계획 이행 여부 확인
• 감리보고서 내용의 사실 및 현장과의 일치 여부

※ 점수표기 없는 문항은 5점

18.7, 18.11, 19.7, 20.7

01 정보통신공사업법에서 규정하는 감리원의 주요 업무 범위 5가지에 대해 서술하시오.

> **정답** 공사계획 및 공정표의 검토, 공사 진척 부분에 대한 조사 및 검사, 재해 예방대책 및 안전관리의 확인, 설계변경에 관한 사항 검토, 준공도서의 검토 및 준공확인 등

정보통신공사업법 시행령 제8조의2(감리원의 업무범위)
- 공사계획 및 공정표의 검토
- 공사업자가 작성한 시공상세도면의 검토 · 확인
- 설계도서와 시공도면의 내용이 현장조건에 적합한지 여부와 시공가능성 등에 관한 검토
- 공사가 설계도서 및 관련 규정에 적합하게 행해지고 있는지에 대한 확인
- 공사 진척 부분에 대한 조사 및 검사
- 사용 자재의 규격 및 적합성에 관한 검토 · 확인
- 재해 예방대책 및 안전관리의 확인
- 설계변경에 관한 사항의 검토 · 확인
- 하도급에 대한 타당성 검토
- 준공도서의 검토 및 준공확인

18.7

02 정보통신공사업법에서 규정하는 공사의 구분 4가지만 쓰시오.

> **정답** 통신설비공사, 방송설비공사, 정보설비공사, 기타설비공사

정보통신공사업법 시행령 제2조(공사의 범위)
- 전기통신관계법령 및 전파관계법령에 따른 통신설비공사
- 방송법 등 방송관계법령에 따른 방송설비공사
- 정보통신관계법령에 따라 정보통신설비를 이용하여 정보를 제어 · 저장 및 처리하는 정보설비공사
- 수전설비를 제외한 정보통신전용 전기시설설비공사 등 그 밖의 설비공사

정보통신공사업법 시행령 [별표 1]
- **통신 설비공사** : 통신선로 설비공사, 교환설비공사, 전송설비공사, 구내 통신설비 공사, 이동통신 설비공사, 위성 통신 설비공사, 고정무선통신선로설비공사
- **방송설비공사** : 방송국설비공사, 방송 전송/선로 설비공사
- **정보 설비공사** : 정보제어/보안 설비공사, 정보망 설비공사, 정보매체 설비공사, 항공/항만통신설비공사, 선박의 통신/항해/어로 설비공사, 철도통신/신호 설비공사
- **기타 설비공사** : 정보통신 전용 전기시설 공사

03 다음 설계서를 작성하는 중 괄호에 들어갈 답을 쓰시오.

20.4

> 입찰 참가자가 입찰 가격의 결정 및 시공에 필요한 정보를 제공하고 서면으로 설명하는 자료이다. (   )는 입찰하기 전에 공사가 진행사항 및 현장에서 현장상황 도면과 시방서에 표시하기 어려운 사항을 나타내는 것이다.

정답 현장설명서

04 다음은 정보통신공사업법의 정보통신감리에 대한 정의이다. 괄호 안에 알맞은 말을 넣어 완성하시오.

20.10

> 정보통신감리라 함은 통신공사에 대하여 발주자의 위탁을 받은 용역업자가 (①) 및 (②)의 내용대로 시공되었는지를 (③)하고 (④), (⑤) 및 안전관리에 대한 지도 등에 관하여 발주자의 권한을 대행하는 것이다.

정답 ① 설계도서, ② 관련규정, ③ 감독, ④ 품질관리, ⑤ 시공관리

정보통신공사업법 제2조(정의) 제9항
"감리"란 공사(건축사법에 따른 건축물의 건축 등은 제외)에 대하여 발주자의 위탁을 받은 용역업자가 설계도서 및 관련 규정의 내용대로 시공되는지를 감독하고, 품질관리 · 시공관리 및 안전관리에 대한 지도 등에 관한 발주자의 권한을 대행하는 것을 말한다.

05 정보통신공사 계약체결 후 시공사에서 발주자에 공사 착공계를 작성, 제출하고자 한다. 착공계 작성 시 기본적으로 첨부되는 서류 4가지 이상 적으시오.

21.4

정답 공사예정공정표, 현장대리인 선임계, 안전관리자 선임계, 책임기술자 자격수첩 사본

사업자 등록증, 법인 등기부 등록증, 설계내역서 등 발주처 요청에 따라 첨부서류가 조정될 수 있다.

21.11

06 감리원의 안전관리 수행 중 안전관리 수행방법 3가지를 쓰시오.

> **정답** 1) 안전관리 예산편성 및 집행계획의 적정성 검토, 2) 안전점검 계획 수립 및 실시, 3) 안전교육 계획의 실시

정보통신공사업법 제2장 공사의 설계 · 감리 〈개정 2009. 3. 25.〉
제6조(기술기준의 준수 등)
① 공사를 설계하는 자는 대통령령으로 정하는 기술기준에 적합하게 설계하여야 한다.
② 감리원은 설계도서 및 관련 규정에 적합하게 공사를 감리하여야 한다.
③ 과학기술정보통신부장관은 다음 각 호의 구분에 따라 공사의 설계 · 시공 기준과 감리업무 수행기준을 마련하여 발주자, 용역업자 및 공사업자가 이용하도록 할 수 있다.
1. 설계 · 시공 기준 : 공사의 품질 확보와 적정한 공사 관리를 위한 기준으로서 설계기준, 표준공법 및 표준설계설명서 등을 포함한다.
2. 감리업무 수행기준 : 감리업무의 효율적인 수행을 위한 기준으로서 공사별 감리 소요인력, 감리비용 산정 기준 등을 포함한다.

정보통신공사 감리업무 수행기준(2019. 12/ 과학기술정보통신부)
제53조(안전관리조직 편성 및 임무)
제54조(안전관리결과 보고서의 검토) 참조

22.11

07 정보통신공사에 대한 감리를 완료한 때에는 공사가 완료된 날부터 7일 이내로 용역업자는 발주자에게 감리결과를 통보해야 한다. 감리결과 보고 시 포함되어야 하는 항목 3가지를 쓰시오. (6점)

> **정답** 착공일 및 완공일, 공사업자의 성명, 시공상태의 평가결과 등

정보통신공사업법 시행령 제14조(감리결과의 통보)
• 용역업자는 공사에 대한 감리를 완료한 때에는 공사가 완료된 날부터 7일 이내에 다음의 사항이 포함된 감리결과를 발주자에게 통보하여야 한다.
• 착공일 및 완공일
• 공사업자의 성명
• 시공상태의 평가결과
• 사용 자재의 규격 및 적합성 평가결과
• 정보통신기술자 배치의 적정성 평가결과

정보통신공사 감리업무 수행기준(2019. 12/ 과학기술정보통신부) 제66조(공사감리 결과보고서의 제출)
• 감리결과보고서(별지서식 50)
• 시공상태의 평가결과서(별지서식 51)
• 사용자재의 규격 및 적합성 평가결과서(별지서식 52)
• 정보통신기술자 배치의 적정성 평가결과서(별지서식 53)

08 정보통신공사의 공정관리 감리업무를 수행할 시 다음 업무의 내용을 확인하고 빈칸의 내용을 서술하시오. (3점)

> 감리원은 공사 착공일로부터 (①) 이전에 공사업자로부터 공정관리 계획서를 제출받아 제출받은 날부터 (②) 이내에
> 검토하여 승인하고 발주자에게 제출하여야 하며 다음 각호의 사항을 검토, 확인하여야 한다.

정답 ① 30일, ② 14일

정보통신공사 감리업무 수행기준(2019. 12/ 과학기술정보통신부)
① 감리원은 당해 공사가 정해진 공기 내에 시방서, 도면 등에 의거하여 우수한 품질을 갖추어 완성될 수 있도록 공정관리의 계획수립, 운영, 평가에 있어서 공정
진척도 관리와 기성관리가 동일한 기준으로 이루어질 수 있도록 감리하여야 한다.
② 감리원은 공사 착공일로부터 30일 이전에 공사업자로부터 공정관리계획서를 제출받아 제출받은 날부터 14일 이내에 검토하여 승인하고 발주자에게 제출하
여 검토, 확인하여야 한다.

SECTION
04

정보통신공사 시공관리, 공정관리, 품질관리, 안전관리

출제빈도   상 중 **하**

기출 분석

연도	19년	20년	21년	22년	23년
문제 수	1	0	0	0	0

01 정보통신공사 시공관리, 공정관리, 품질관리, 안전관리하기

1) 개념

정보통신공사에 대해 설계 단계의 감리업무 수행사항으로 공사 착공 시와 공사 시행 시 진행, 검토할 업무 종류와 세부 수행사항을 정의한다.

2) 정보통신공사 각 단계별 업무

단계	업무종류	세부사항	업무담당			
			발주자	지원업무 담당자	감리원	공사업자
공사 착공	감리계약 체결	PQ 기준	주관			
		감리업무수행계획서, 감리원 배치계획서	승인	검토	작성	
	용지측량, 기공승락, 지장물 이설 확인, 용지보상 등의 지원업무를 수행			주관	확인	시행
	감리업무착수(전반적 사항)		승인	확인	보고	
	업무연락처 등의 보고		확인	확인	보고	작성
	설계도서 등의 검토	감리원에게 보고			확인	검토, 보고
		발주자에게 보고		확인	검토, 보고	검토, 보고
	설계도서 등의 관리				시행	
	공사표지판 등의 설치			확인	승인	시행
	착공신고서		승인	확인	검토, 보고	작성
	공사 및 이해관계자 합동회의	타부문공사 간섭사항, 본공사 관련자	주관	주관	검토, 보고	시행
	하도급 관련사항		승인	확인	검토, 보고	요구
	현장사무소, 공사용 도로, 작업장 부지 등의 선정	가설시설물 설치계획표		협의	승인	작성
	현지여건조사				합동 조사	합동 조사

공사 시행	행정업무	발주자에 대한 정기 및 수시 보고사항	접수	확인	보고	작성
		현장 정기교육			지시, 확인	주관
		감리원의 의견제시 등	요구	확인	작성, 보고	요구
		민원사항처리 등	요구	요구	작성	시행
		정보통신기술자 등의 교체	요구	조사, 검토	필요성 보고	시행
		제3자 손해의 방지			지시	주관
		공사업자에 대한 지시			주관	시행
		수명사항의 처리	지시	확인	지시, 보고	시행
		사진 촬영 및 보관		접수	보고	시행
	기자재관리	주요기자재 공급원 승인요청서 검토			승인	시행
		기자재 반입검사			승인	시행
		기자재 불출 등 관리 점검			확인	시행
	품질관리	품질관리계획(QMS/EMS)	승인 (감리)	확인	검토 보고	작성
		품질시험계획서			검토, 승인	작성
		중점품질관리			입회 확인	시행
		외부기관에 품질시험의뢰	주관	필요시 입회	검토 확인	시행
	시공관리	시공계획서			승인	작성
		시공상세도			검토, 승인	작성
		금일작업실적 및 명일작업계획서			검토, 확인	작성, 협의
		시공확인			확인,	요구
		검사업무			확인	요구
		현장상황 보고		지시	보고	작성

공사 시행	공정관리	공정관리계획서			검토, 승인	작성
		공사진도 관리		확인	검토, 보고	작성
		부진공정 만회 대책		확인	검토, 보고	작성
		수정 공정계획		확인	검토, 보고	요구, 작성
		준공기한 연기원	승인	확인	검토, 보고	요구, 작성
		공정현황보고(필요시)		요청, 확인	검토, 보고	보고
	안전관리	안전관리 조직편성 및 임무 부여			검토, 승인	작성
		안전점검		주관	지도, 확인	시행
		안전교육			지도	시행
		안전관리 결과보고서			검토	작성
		사고 보고 및 처리	확인	확인	확인, 보고	조치
	환경관리	환경관리			지도, 확인	시행
		제보고 사항		접수	검토, 보고	작성

3) 정보통신공사 시공관리

① 정보통신공사업법 제3절 공사의 시공관리 · 사용전검사(使用前檢査) 및 유지보수 등의 법령에 따라 아래 사항을 수행한다.

• 제33조(정보통신기술자의 배치) 공사업자는 공사의 시공관리와 그 밖의 기술상의 관리를 하기 위하여 대통령령으로 정하는 바에 따라 공사 현장에 정보통신기술자 1명 이상을 배치하고, 이를 그 공사의 발주자에게 알려야 한다.

• 제36조(공사의 사용전검사 등) 대통령령으로 정하는 공사를 발주한 자(자신의 공사를 스스로 시공한 공사업자 및 제3조제2호에 따라 자신의 공사를 스스로 시공한 자를 포함하며, 이하 이 조에서 "발주자등"이라 한다)는 해당 공사를 시작하기 전에 설계도를 특별자치시장 · 특별자치도지사 · 시장 · 군수 · 구청장(자치구의 구청장을 말한다. 이하 같다)에게 제출하여 제6조에 따른 기술기준에 적합한지를 확인받아야 하며, 그 공사를 끝냈을 때에는 특별자치시장 · 특별자치도지사 · 시장 · 군수 · 구청장의 사용전검사를 받고 정보통신설비를 사용하여야 한다. 〈이하 생략〉

② 정보통신공사업법 시행령 제3절 공사의 시공관리 및 사용전 검사, 제34조 ~ 제37조에서 규정한다.
• 제34조 정보통신기술자의 현장배치기준 등
• 제35조 착공전 설계도 확인 및 사용전검사의 대상공사, 착공전 설계도 확인
• 제36조 사용전검사 등
• 제37조 공사의 하자담보책임

※ 점수표기 없는 문항은 5점

18.11

01 정보통신공사 착수단계에서 검토되어야 할 설계도서 3가지를 쓰시오.

정답 1) 공사계획서, 2) 설계도면, 3) 시방서(설계설명서)

정보통신공사업법 제2조(정의) 제8항 "설계"란 공사에 관한 계획서, 설계도면, 설계설명서, 공사비명세서, 기술계산서 및 이와 관련된 서류(설계도서)를 작성하는 행위를 말한다.
건설공사 사업관리방식 검토기준 및 업무수행지침 제81조(공사착수단계 설계도서 등 검토업무) 제2항에서 검토내용을 다음과 같이 규정하고 있다.
- 현장 조건에 부합 여부
- 시공의 실제 가능 여부
- 공사착수전, 공사시행중, 준공 및 인계 · 인수단계에서 다른 사업 또는 다른 공정과의 상호 부합여부
- 설계도면, 시방서, 구조계산서, 산출내역서 등의 내용에 대한 상호 일치여부
- 설계도서에 누락, 오류 등 불명확한 부분의 존재 여부
- 발주청에서 제공한 공종별 목적물의 물량내역서와 시공자가 제출한 산출내역서 수량과의 일치 여부
- 시공시 예상 문제점 등
- 사업비 절감을 위한 구체적인 검토

19.11

02 다음은 0000 정보통신공사에 대한 착공계 양식의 일부이다. ①과 ②에 들어갈 내용을 순서대로 적으시오.

> 착공계
> 공사명: 00 정보통신공사
> 도급금액: 일금 0000000원정(₩0,000,000원)
> 계약년월일: 0000년 00월 00일
> (①)년월일: 0000년 00월 00일
> (②)년월일: 0000년 00월 00일
> 위 공사의 착공계를 제출합니다.

정답 ① 착공, ② 준공

01 공사계획서 작성 시 기본적으로 들어가야 하는 내용을 4가지 이상 쓰시오.

> **정답** 공사개요, 공사수행 조직도, 안전관리계획, 공사예정공정표 등

• 공사계획서 주요 항목

1. 공사개요	7. 인력 투입계획
2. 수행 조직도	8. 품질관리 및 시험계획
3. 공사 예정 공정표	9. 안전관리계획
4. 주요공종 시공 절차 및 방법	10. 환경관리계획
5. 주요 장비 반입계획	11. 폐기물처리계획
6. 주요 자재 수급 계획	12. 교통관리계획

※ 공사계획서 작성 기준 일반사항이며 실제 공사별로 상이할 수 있음

02 정보통신공사 착수단계에서 검토되어야 할 설계도서가 <u>아닌</u> 것은?

> 설계도면, 시방서, 구조계산서, 감리결과보고서, 산출내역서, 폐기물 처리 확인서

> **정답** 감리결과보고서, 폐기물 처리확인서

• 공사 착수단계에서는 설계도서를 검토한다.
• 설계도서는 설계도면, 시방서, 구조계산서, 산출내역서가 있다.

03 정보통신공사 설계의 3단계를 쓰고 간단히 설명하시오.

정답 1) 기본 계획 : 공사의 문제점 도출 및 법규, 공사여건 등을 조사하여 개략적인 계획과
설계를 통해 사업성을 판단하기 위한 용도로 주로 컨설팅 형태로 이루어진다.
2) 기본설계 : 기본 계획을 바탕으로 개략의 공사비를 산출하고 인허가 관련 서류와 기본설계 계획서를 작성한다.
3) 실시설계 : 기본설계서를 바탕으로 조사 및 분석을 통해 시설물의 규모, 배치, 형태, 공사 기간 등을 구체적으로
설계하는 과정으로 설계보고서, 공사비 적산서, 설계계산서, 기타 서류를 산출물로 작성한다.

04 공사의 시작에서부터 완료시까지 작업순위에 따라 효과적인 공사운영을 위해 공사기간을 공정별로 세분화한 표를 무엇이라고 하는지 쓰시오.

정답 공사예정공정표

공사명, 공사위치, 계약금액, 착공년월일, 준공기한, 공종, 보할, 소계, 누계 등의 내용을 작성한다.

05 초고속정보통신 건물 인증 대상건축물 조건 2가지를 쓰시오.

• 공동주택 중 총 20세대 이상의 건축물
• 업무시설 중 연면적 3,300m² 이상인 건축물

구분	초고속정보통신 건물	홈네트워크 건물
법규	「건축법」 제2조 제2항 제2호 「건축법」 제2조 제2항 제14호	「건축법」 제2조 제2항 제2호 「주택법」 제2조 제4항 및 「주택법 시행령」 제4조 제4항
대상 건물	공동주택 중 총 20세대 이상의 건축물 업무시설 중 연면적 3,300m² 이상인 건축물	공동주택 중 20세대 이상의 건축물 오피스텔(준주택)
분류 등급	특등급, 1등급, 2등급	AAA등급, AA등급, A등급
인증	 초고속정보통신특등급	 초고속정보통신특등급 홈네트워크AAA등급(홈IoT)
적용	병행 사용 가능, 초고속 1등급 이상 시 홈네트워크 인증 가능	

06 홈네트워크 건물 인증 대상건축물 조건 2가지를 쓰시오.

• 공동주택 중 20세대 이상의 건축물
• 오피스텔(준주택)

07 초고속정보통신 건물 인증 본 인증에 대한 아래 빈칸을 채우시오.

> • 신청인은 동일한 건축물에 대한 본 인증 신청을 (①)회까지 신청 가능
> • 최종 설계도면과 실제 시공 결과는 동일해야 하며, 예비인증을 받은 건축물의 설계도면이 본 인증 또는 (②) 이전에 변경되었을 경우 심사기관에 그 사실을 통지하여야 함

정답 1) 3, 2) 준공예정일

08 초고속정보통신 건물 인증의 심사기준에서 특등급 세대 내 배선방식은 무엇인가?

정답 성형 배선

심사항목			특등급 요건	
	배선방식(세대 내)		성형 배선	
설비	케이블	구내간선계	광케이블(SMF) 12코어 이상 + 세대당 Cat3 4페어 이상	
		건물간선계	세대당 광케이블(SMF) 4코어 이상 + 세대당 Cat5e 4페어 이상	
		세대인입	세대당 광케이블(SMF) 4코어 이상 + 세대당 Cat5e 4페어 이상	
		댁내 배선	실별 인출구당 Cat5e 4페어 이상 + 거실 인출구 광구 이상	
	접속자재		배선케이블 성능등급과 동등 이상으로 설치	
	세대 단자함		광선로 종단장치(FDF), 디지털 방송용 광수신기, 접지형 전원시설이 있는 세대 단자함 설치, 무선 AP 수용 시 전원 콘센트 4구 이상 설치	
	인출구	설치 대상	침실, 거실, 주방(식당)	
		설치 갯수	침실 및 거실	실별 4구 이상, 거실 광 인출구 1구 이상
			주방(식당)	2구 이상
		형태 · 성능	케이블 성능등급과 동등 이상의 8핀 모듈러잭(RJ45) 또는 광케이블용 커넥터	
	무선 AP	단지 공용부	단지 내(주민공동시설, 놀이터 등) 1개소 이상, 무선 AP까지 광케이블 또는 Cat6 4페어 이상	
		세대 내	1개소 이상, 세대 단자함에서 무선 AP까지 Cat6 4페어 이상	

09 홈네트워크 건물 인증 심사기준에서 AA등급의 기준은 무엇인가?

정답 심사항목(1) + 심사항목(2) 중 16개 이상 충족

심사항목	요건		
	AAA등급 (홈 IoT)	AA등급	A등급
등급 구분 기준	심사항목(1) + 심사항목(2) 중 16개 이상 + 심사항목(3)	심사항목(1) + 심사항목(2) 중 16개 이상	심사항목(1) + 심사항목(2) 중 13개 이상
배선방식	성형 배선		
심사항목(1)	• 세대 단자함과 세대 단말기 간 배선 • 세대 단자함과 세대 단말기 간 예비 배관 • 블로킹 필터 설치 공간 • 통신 배관실(TPS)	• 집중 구내통신실 면적 • 단지 서버실 • 예비 전원장치	
심사항목(2)	• 영상정보처리기기 • 조명제어기 • 현관 방범 감지기 • 원격 검침 전송 장치 • 환경감지기 • 전자 경비 시스템 • 욕실폰 • 에어컨제어 • 디지털도어락 • 주차 위치 인식시스템 • 홈 뷰어 카메라 • 세대 단말기와 데이터 통신이 가능한 홈 분전반 • 환기장치 제어	• 가스 밸브제어기 • 난방제어기 • 주동 현관 통제기 • 침입감지기 • 차량통제기 • 무인 택배 시스템 • 주방TV • 일괄 소등 제어 • 엘리베이터 호출 연동제어 • 현관도어카메라 • 대기전력 차단장치 • 에너지효율 관리 시스템 • 음성 인식제어기	
심사항목(3)	• 스마트기기용 앱 • IoT 기기 연결 확장성 확보		

10 정보통신공사 계약체결 후 시공사에서 발주자에 공사 착공계(착공 신고서)를 작성, 제출하고자 한다. 다음 중 착공계 작성 시 기본적으로 첨부되는 서류를 |보기|에서 골라 4개 적으시오.

┌ 보기 ├───

하자보수담보증권, 정보통신공사업등록증, 시험성적서, 공사예정공정표, 준공검사원, 현장대리인 선임계, 안전관리자 (담당자) 선임계

정답 정보통신공사업등록증, 공사예정공정표, 현장대리인 선임계, 안전관리자(담당자) 선임계

11 다음 보기 중에서 시공사가 발주자에게 제출하는 서류에 해당하는 것을 |보기|에서 골라 4개를 쓰시오.

> **보기**
>
> 착공계, 감리계획서, 준공계, 설계도면, 감리업무일지, 특별시방서, 준공도면, 시험성적서

정답 착공계, 준공계, 설계도면, 준공도면

12 특급감리원의 주요 업무를 3가지 이상 쓰시오.

정답 • 감리계획 수립 및 집행, 조정
• 현장감리업무 총괄 및 발주처와 업무협조
• 신기술, 신공법 검토
• 최종기능 검사 확인

13 정보통신공사의 감독업무를 위한 점검, 평가 항목을 3가지 이상 쓰시오.

정답 1) 감리원의 구성 및 운영, 2) 시공관리, 3) 현장관리

14 공사계획서 작성 시 기본적으로 들어가야 하는 내용으로 적합한 것을 |보기|에서 골라 5개 적으시오.

| 보기 |

공사개요, 공정관리계획, 안전관리계획, 공사예정공정표, 환경관리계획, 감리수행계획, 유지보수계획, 하자보수계획, 설계변경계획, 공사비조달계획

정답 공사개요, 공정관리계획, 안전관리계획, 공사예정공정표, 환경관리계획

15 공사계획서의 안전관리 조직도에서 공사현장에 상주하며 공사에 따른 위험 및 장애 발생 예방업무를 수행하는 안전관리책임자는 누구인가?

정답 현장대리인

구내통신 공사 품질관리

성능측정 및 시험방법, 측정결과 분석

기출 분석

연도	19년	20년	21년	22년	23년
문제 수	2	6	2	6	6

01 EMI, EMS, EMC

1) EMI

- 방사 또는 전도되는 전자파가 다른 기기의 기능에 장애를 주어 전자회로의 기능 약화 또는 동작 불량을 초래하는 것이다.
- EMI 발생원은 자연(전자폭풍, 태양방사 등)적인 원인과 인공(AM, TV 방송/컴퓨터, 모니터)인 원인으로 구분한다.
- 방사되는 종류에 따라 전력 공급선/데이터 케이블을 따라 전도되는 CE(Conducted Emission, 전도)와 안테나 등에서부터 에너지의 전자기장을 통하여 방사되는 RE(Radiated Emission, 방사)로 구분할 수 있다.
- 억제 방법으로는 접지, 전자 필터링, 기구적 쉴딩, RF 회로 분리, 설계 가이드 이용 등이 있다.

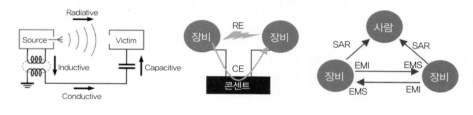

▲ EMI

2) EMS

- 어떤 기기에 대해 전자파 방사 또는 전자파 전도에 의한 영향으로부터 정상적으로 동작할 수 있는 능력을 말한다.
- EMI와는 대응이 되는 용어로 전자파로부터의 보호를 의미한다.
- 종류에 따라 CS(Conductive Susceptibility), RS(Radiation Susceptibility)으로 구분된다.

3) EMC

- 전자파를 주는 측과 받는 측의 양 측면의 성능을 나타내는 기기의 능력으로 EMS와 EMI 모두를 포함한다.
- "전자파 양립성"으로 전자파의 발생(Interference)과 영향(Susceptibility), 양측의 성능확보 기준이다.
- EMI 레벨과 EMS 레벨의 서로 양립할 수 있는 최소한의 레벨이 EMC이다.

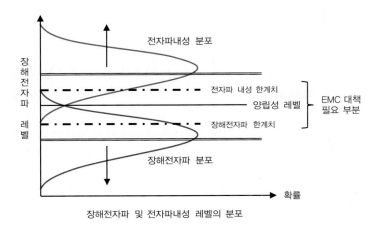

장해전자파 및 전자파내성 레벨의 분포

▲ EMC

- 방사와 전도 EMI는 전체적으로 분리된 문제로 생각할 수 없다.
  - 케이블에 전도된 장해전자파(Noise)는 케이블 자체가 안테나 역할을 하여 방사가 이루어진다.
  - 전자파의 파장보다 케이블의 길이가 길수록 방사가 증가한다.
  - 케이블은 반대로 수신안테나의 역할도 하여 방사된 전자파를 수신한다.

4) EMI/EMS의 중요성

- 전자파는 시스템에 오동작과 인체 영향으로 인해 정부에서 법으로 규제하고 있다.
- 전자파 방사와 그에 따른 영향에 관심이 증가하고 있고 전자파 이용 역작용으로 전자파 환경 오염이 심각해짐에 따라 국내외 규제 기준의 폭이 강화되었고, 이는 WTO 경제 체제하에서 새로운 무역 장벽의 수단으로 대두되고 있다.

5) EMI/EMC 대책

- 회로 설계 시 적절한 Damping 저항과 필터 적용, 바이패스 콘덴서 적용이 필요하다.
- 부품 선정 시 부품에 따라 EMI를 고려하여 EMI가 우수한 부품을 선정해야 한다.
- PCB 설계 시 PCB Pattern line이 안테나 역할을 하지 않도록 안테나에 고주파 에너지를 공급하지 않도록 설계하고, 전원과 그라운드를 강화해야 한다.
- PCB 설계 시 EMI 시뮬레이터를 통해 사전검증이 필요하다.
- 쉴드 및 접지를 위해 케이스 쉴드, 접지/가상 접지 포인트 등을 고려하여 설계한다.
- 부품 실장과 조립 시에 기기 외부로 나가는 케이블은 EMI 차폐 제품을 사용하고 가급적 Twist type 케이블을 사용하며, 배선이 길 경우 Critical net은 반드시 Terminator(종료, 끝)가 있어야 한다.

1) OTDR

- 광섬유에 광전력을 입사하여 그중 일부가 광섬유 내에서 산란되어 후방으로 돌아오는 광을 검출하는 장비로, 후방산란법을 이용한 측정 장비이며 광 선로의 건설 및 유지보수용으로 사용된다.
- **OTDR의 구성**
  - 광선로에 광 펄스($5ns \sim 10\mu s$)들을 입사시켜 되돌아온 파형에 대해 시간 영역에서 측정
  - 광선로의 특성, 접점 손실, 손실 발생 지점, 색 분산 등을 측정하고 고장점을 찾는 장비
  - 수평에는 시간, 수직에는 파워(dB)를 나타냄
  - 파이버의 감쇠는 좌측에서 우측으로 감소하는 선형으로 나타남
  - 입력과 후방 산란된 빛은 모두 거리에 따라 감쇠됨
  - 시간에 따라 검출된 신호는 작아짐
  - 커넥터, 스플라이스, 파이버 끝단 또는 파이버의 비정상 등이 스크린상에서 파워의 증가로 나타남

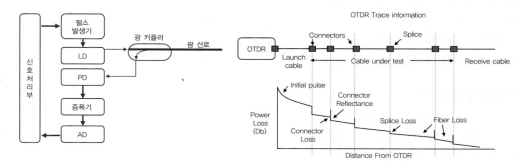

▲ OTDR

- **OTDR의 용도**
  - 단위 길이별 손실측정, 스플라이스와 커넥터 평가, 장애점의 위치 확인
  - **단위 길이별 손실** : 파이버의 단위 길이별 손실을 설치 전/후에 감쇠를 측정함
  - **스플라이스와 커넥터 평가** : 설치 전후 허용할 만한 한계값 안에 있는지 확인
  - **장애점 위치 확인** : 정확한 장애점을 찾을 수 있어 시간과 비용 절감
  - 접속의 퀄리티 측정

2) 스펙트럼 분석기

- 스펙트럼 분석기는 전기신호, 음향신호, 광학신호 등의 스펙트럼(주파수) 성분을 검사하는데 사용하는 장치로, 전자공학 분야에서 입력된 전자 신호에 대한 주파수 영역에서 신호의 세기를 측정하는 전자 계측기기이다.
- **스펙트럼 분석기의 특징**
  - 현대 무선통신의 변조 해석에 필수적으로 사용되는 장비
  - 변조된 신호의 변조 방식, 주파수 대역폭 분석을 위한 필수장비
  - 주파수 전력특성에 대한 분석을 수행
  - 주파수 방사 효율, 전자장비의 누설주파수 탐색에 사용
  - 신호 분석을 위한 넓은 범위의 푸리에변환을 해야 하므로 고성능 연산장치 필요
  - 가격이 고가

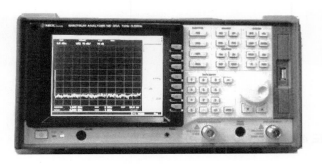

▲ 스펙트럼 분석기

3) 오실로스코프

• 오실로스코프(Oscilloscope)는 진동을 의미하는 영단어 "Oscillation"과 보는 기기를 의미하는 영어 단어 "Scope"가 합쳐져서 만들어진 합성어로, 진동하는 것을 보는 기기를 의미한다.

• **오실로스코프 구조**

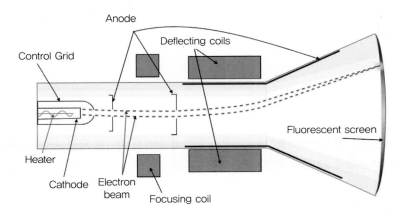

▲ 오실로스코프

• **오실로스코프 기능 및 특징**
  – 일반적으로 전자 및 전기의 교류 신호를 측정 분석하는 전자 계측 장비
  – 시간에 따른 전압 변화를 시각적으로 확인할 수 있는 장치
  – 시간 경과에 따른 전기신호의 변화를 표시하며, X축은 시간, Y축은 전압을 표시
  – 측정된 그래프로부터 신호의 진폭(전압), 주파수, 상승 시간, 시간 간격, 왜곡 등과 같은 다양한 특성에 대해 파형을 분석할 수 있음
  – 단일 이벤트를 캡처하여 연속적으로 표시할 수 있으므로 사용자는 아주 짧은 시간에 일어나서 직접 볼 수 없는 이벤트를 이러한 계측기를 통해 관찰할 수 있음

※ 점수표기 없는 문항은 5점

01 오실로스코프의 용도 4가지를 쓰시오.
18.4, 20.4, 23.7

정답 신호 전압 측정, 신호 주기 측정, 주파수 측정, 파형 측정, 변조도 측정 등

- 일반적으로 전자 및 전기의 교류 신호를 측정 분석하는 전자계측 장비이다.
- 시간에 따른 전압 변화를 시각적으로 확인할 수 있는 장치이다.
- 시간경과에 따른 전기 신호의 변화를 표시하며, X축은 시간 그리고 Y축은 전압을 표시한다.
- 측정된 그래프로부터 신호의 진폭(전압), 주파수, 상승 시간, 시간 간격, 왜곡 등과 같은 다양한 특성에 대해 파형을 분석할 수 있다.
- 단일 이벤트를 캡처하여 연속적으로 표시할 수 있으므로 사용자는 아주 짧은 시간에 일어나서 직접 볼 수 없는 이벤트를 이러한 계측기를 통해 관찰할 수 있다.

02 전자파 양립성(EMC) 기반의 방송통신기자재등의 전자파 적합성 평가를 위한 시험방법에서 전자기파 장해 실험(EMI) 관련 시험항목 2가지를 적으시오.
19.4

정답 전자파 전도시험(CE), 전자파 방사시험(RE)

방사되는 종류에 따라 전력 공급선/데이터 케이블을 따라 전도되는 CE(Conducted Emission, 전도)와 안테나 등에서부터 에너지의 전자기장을 통하여 방사되는 RE(Radiated Emission, 방사)로 구분할 수 있다.

03 ^{20.4} 스펙트럼 분석기와 더불어 RF 엔지니어링 영역의 필수장비 중 하나인 네트워크 분석기는 미리 알고 있는 기준 신호를 고주파 시스템 회로에 인가하여 그 응답 특성을 주파수 면에서 분석하는 측정기이다. 네트워크 분석기를 이용하여 측정할 수 있는 4가지를 쓰시오.

정답 S–파라미터, 입출력 임피던스, 복사패턴, 지연시간

- 전파 분야에서 전파 회로의 특성에 대해서 분석하는 기계로 네트워크라는 단어만 보고 통신망을 분석하는 기계라고 생각할 수 있지만 정확히는 RF 회로의 회로망을 분석하는 기계이다.
- 네트워크 분석기는 기계 내부에 신호발생기와 수신기가 통합되어있는 형태인데 이를 이용해서 RF 회로에 네트워크 분석기에서 발생한 RF 신호를 흘려주고 회로에서 역류하거나 출력되는 신호를 분석하고 입력신호에 따른 회로의 반응 특성에 대해서 기록된다.

04 ^{20.7} 광섬유 케이블의 손실을 측정하는 측정법에 대한 설명이다. 괄호 안에 알맞은 말을 넣어 완성하시오.

> 광섬유 케이블의 손실을 측정하는 방법에는 투과측정법과 후방산란법이 있다. 투과측정법은 광파워미터를 이용한 컷백법과 (①)가(이) 있고 후 후방산란법은 (②) 장비를 이용한다.

정답 ① 삽입법, ② OTDR

투과측정법은 광섬유 전반의 광전력의 감쇠량을 직접 측정하는 방법으로 광섬유의 손실특성을 입사단의 광전력과 출사단의 광전력의 비율로 나타낸다.
측정 방법으로는 입사단의 광전력 평가방법에 따라 삽입법(Insertion method)과 컷백법(Cut–back method)으로 구별하며 실제 광선로구간에는 삽입법에 의해 광섬유 손실을 측정한다.

05 주파수 영역 상에서 신호의 전력을 관찰하기 위한 스펙트럼 분석기(Spectrum Analyzer)와 달리 오실로스코프(Oscilloscope)는 시간 영역 상에서 신호의 파형을 관찰할 수 있는 장비이다. 다음의 물음에 답하시오.

1) Time/DIV 버튼 기능을 설명하시오.
2) Volt/DIV 버튼 기능을 설명하시오.
3) 오실로스코프의 주요 측정항목 4가지는?

정답 1) 시간 스케일을 조정하는데 사용(좌우로 조정하면 시간 축이 변화한다.)
2) 전압 스케일을 조정하는데 사용(좌우로 조정하면 전압의 표출 스케일이 증가/감소한다.)
3) 신호 전압 측정, 신호 주기 측정, 주파수 측정, 파형 측정, 변조도 측정

06 디지털 신호는 시간이 흐름에 따라 단계적인 레벨을 이동하면서 파형을 그리게 되며 이러한 단계적인 레벨 이동의 흐름을 특정 시간 단위 내에서 중첩하여 보여준 파형이 바로 눈 패턴(Eye Pattern)이다. 오실로스코프에서 측정된 파라미터 값으로 알 수 있는 3가지를 쓰시오.

정답 1) 최적 표본화 시점 : 샘플링에서 눈 모양이 열린 최대 높이의 위치가 최적 샘플링 순간이다.
2) 타이밍 에러의 민감도 : 아이패턴의 기울기를 통해 시간 오차에 대한 민감도를 평가한다.
3) 노이즈 마진 : 눈이 열린 높이만큼을 잡음애 대한 여유분으로 잡을 수 있다.

07 전자파 적합성인 EMC(Electro Magnetic Compatibility) 시험방법 중 EMS(Electro Magnetic Susceptibility)에서 수행하는 시험 항목 3가지를 쓰시오. (6점)

정답 1) 전도 내성 (Conducted Susceptibility) : 유선을 통한 전자파 간섭 내성
2) 복사 내성 (Radiated Susceptibility) : 자유공간에서의 전자파 간섭 내성
3) 정전기 방전 (Electrostatic Discharge) : 정전 내성

08 다음 OTDR에 관련하여 쓰시오.

22.8

1) OTDR의 원어
2) OTDR의 용도

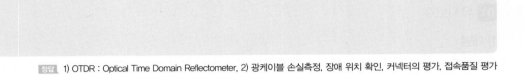

정답 1) OTDR : Optical Time Domain Reflectometer, 2) 광케이블 손실측정, 장애 위치 확인, 커넥터의 평가, 접속품질 평가

- **단위 길이별 손실** : 파이버의 단위 길이별 손실을 알기 위해 설치 전/후에 감쇠를 측정함
- **스플라이스와 커넥터 평가** : 설치 전후 허용할 만한 한계값 안에 있는지 확인
- **장애점(고장점)** : 정확한 장애점을 찾을 수 있어 시간과 비용 절감
- 접속의 퀄리티 측정

09 광 통신 시스템에 시공된 광케이블의 성능 및 커넥터 등의 특성을 측정하는 장비로서 후방산란의 원리를 이용하고 비파괴적인 방법으로 광케이블의 손실과 고장점을 진단할 수 있는 장비는 무엇인가? (3점)

22.11

정답 OTDR : Optical Time Domain Reflectometer

SECTION 02 유지보수

기출 분석	연도	19년	20년	21년	22년	23년
	문제 수	1	0	1	2	0

01 유지보수

1) 개념

유지보수는 구축된 시스템을 항상 최상의 운전 상태 또는 정상적인 운영상태 그대로 유지하기 위한 각 장치의 시험, 조정, 수리, 복구 따위의 작업으로 프로그램에 의하여 자동적으로 구성되는 경우와 유지 보수자의 수작업으로 구성되는 경우를 포함하며, 구내 정보통신설비가 최적의 성능을 유지하기 위하여 하자담보 책임 기간이 지난 후부터 점검 등의 유지관리를 진행한다.

2) 유지보수의 범위

- 「건축법 시행령」 제87조 제4항에 의한 방송공동수신설비
- 「주택건설기준 등에 관한 규정」 제32조의2에 의한 지능형 홈네트워크설비
- 「방송통신설비의 기술기준에 관한 규정」 제17조에 의한 구내통신선로설비
- 「개인정보보호법 시행령」 제3조에 의한 영상정보처리기기
- 「화재예방, 소방시설 설치·유지 및 안전관리에 관한 법률 시행령」 제15조에 따른 비상방송설비를 포함한 전관방송설비

3) 유지보수 점검주기

① 정보통신설비의 원활한 성능 유지를 위하여 정기점검과 긴급점검으로 구분하여 시행한다.

② 정기점검은 설비별 정해진 주기에 따라 점검하는 것으로 설비별 주기는 다음과 같다.
- **월간점검** : 1개월을 주기로 설비의 기능 및 성능상태를 점검
- **분기점검** : 3개월을 주기로 설비의 기능 및 성능상태를 점검
- **연간점검** : 12개월을 주기로 설비의 기능 및 성능상태를 점검

③ 긴급점검은 필요시 설비의 일부 또는 전반에 대하여 다음 각호에 해당할 때 시행하는 점검을 말한다.
- 설비의 개선, 교체, 수리를 완료하였을 때
- 설비의 기능에 이상이 있거나, 이상이 발생할 우려가 있다고 인정될 때
- 설비 사용의 중단 기간이 1개월 이상 지속되었을 때
- 기타 필요하다고 인정할 때

④ 공동주택의 다음 각 호의 정보통신설비는 점검을 생략할 수 있으며, 점검 및 교체 등이 필요한 경우에는 거주자의 동의를 반드시 받아야 한다.

- 홈게이트웨이
- 세대 단말기
- 수평 배선계(케이블 및 배관)
- 그 밖의 전유부분 내 정보통신설비

⑤ 정보통신설비 점검 시 기능정지 등 중요한 영향을 미치는 작업을 수행하고자 할 때에는 사전에 정보통신설비 관리자에게 허가를 받아야 한다.

4) 정보통신설비 점검주기

설비	세부설비	점검주기
구내통신선로설비	구내간선계(케이블 및 배관)	연간
	건물간선계(케이블 및 배관)	연간
	수평배선계(케이블 및 배관)	연간
	국선단자함 또는 주배선반	월간
	동단자함	월간
	층단자함	월간
방송공동수신설비	수신안테나	월간
	증폭기, 분배기(분기기)	월간
	신호처리기	월간
	장치함	월간
	직렬단자	연간
지능형홈네트워크설비	홈게이트웨이	연간
	세대단말기	연간
	네트워크장비	분기
	서버	분기
영상정보처리기기	카메라	분기
	카메라 폴(Pole)	분기
	제어함체	분기
	영상저장장치	분기
전관방송설비	배관 및 케이블	연간
	구내방송설비	월간
	비상방송설비	월간
	스피커	월간
	운영프로그램	월간

5) 구내통신선로설비 점검표

소속		점검자		점검일자		
점검항목		**점검내용**			**점검결과**	**비고**
구내간선계/건물간선계/수평배선계 (케이블 및 배관)		케이블 외관 상태 확인				
		케이블 정리 상태 확인				
		케이블 이격거리 준수 확인				
		배관 외관 상태 확인				
		바인드 상태 확인				
국선단자함 또는 주 배선반		내부 청결 상태 확인				
		케이블 굴곡반경 상태 확인				
		케이블 결선 상태 확인				
		케이블 정리 상태 확인				
		선번 상태 확인				
	링크상태 확인	국선단자함~층단자함				
		국선단자함~동단자함				
동단자함		내부 청결 상태 확인				
		케이블 굴곡반경 상태 확인				
		케이블 결선 상태 확인				
		케이블 정리 상태 확인				
		선번 상태 확인				
		링크상태 확인(동단자함~층단자함)				
층단자함		내부 청결 상태 확인				
		케이블 굴곡반경 상태 확인				
		케이블 결선 상태 확인				
		케이블 정리 상태 확인				
		선번 상태 확인				
		링크상태 확인(층단자함~세대단자함)				
특이사항 및 조치내역						

6) 방송공동수신설비 점검표

소속		점검자	점검일자		
점검항목	점검내용			점검결과	비고
수신안테나	안테나 외관 상태 확인				
	케이블 결선 상태 확인				
	안테나 수신값 확인				
증폭기, 분배기(분기기)	외관 상태 확인				
	케이블 결선 상태 확인				
	케이블 정리 상태 확인				
	입·출력상태 확인				
신호처리기	외관 상태 확인				
	케이블 결선 상태 확인				
	입·출력상태 확인				
	전원상태 확인				
장치함	내부 청결 상태 확인				
	케이블 굴곡반경 상태 확인				
	케이블 결선 상태 확인				
	케이블 정리 상태 확인				
직렬단자	외관상태 확인				
	수신상태 확인				
특이사항 및 조치내역					

7) 유지보수 형태

예방정비 Preventive maintenance	사후정비 Corrective Maintenance	예지정비 Predictive Maintenance
설비의 성능을 유지하기 위해서는 설비의 노화 및 열화 방지를 위한 예비적 조치가 필요하므로, 이를 위해서 윤활, 청소, 조정, 점검, 교체 등 일상의 정비 활동과 함께 설비에 대한 계획적인 정기 점검, 정기 수리, 정기 교체를 수행하는 정비법	작동 가능한 상태 유지를 위해서 시스템 또는 하부시스템을 복구하거나 고장 난 구성요소를 수리하는 등 관련된 모든 유지보수 활동으로 설비에 고장이 발생하여 부품을 교체하거나 수리하는 일	장비의 동작상태를 실시간으로 모니터링해서 이상징후를 사전에 파악하고 조치하는 유지보수 방법, 설비의 상태를 기반으로 관리하므로 condition based maintenance 라고도 함
시간 기반 정비(TBM) : 정기/부정기 점검 상태 기반 정비(CBM) : 감시/검사	고장 인지 후 취해지는 보전	유지보수 관리 시스템 이용 장애 예측기반

※ 점수표기 없는 문항은 5점

01 ^{18.7} 통신공동구를 설치할 때 유지관리에 필요한 부대설비 5가지를 쓰시오.

정답 조명시설, 배수시설, 소방시설, 환기시설, 접지시설

"공동구 설치 및 관리지침" 제3절 부대설비
- 제12조(급·배수설비) 급수설비(공동구 내부의 청소 등을 위하여 급수하는 설비) 및 배수설비(비가 올 때 침수되는 물과 지하수 등 공동구 안에 고여 있는 물을 퍼낼 수 있는 설비)는 다음 각 호와 같이 설치되어야 한다.
- 제13조(환기설비) 환기설비는 다음 각 호의 어느 하나에 해당하는 경우에 설치되어야 한다. 이 경우 환기설비의 설계 및 시공 시 환기 방식, 환기구 위치 및 부대설비 수용계획을 고려하여야 한다.
- 제14조(전원설비) 공동구 내 부대설비(조명, 배수, 환기 및 그 밖의 시설)에 전원을 공급하기 위한 전원설비를 설치할 때 공동구 시설의 제반 기능, 안전 및 유지관리 등을 고려하여야 한다.
- 제15조(조명설비) 공동구 내에서 원활하게 작업하기 위해 조명설비를 갖추어야 하며, 이 경우 일정 기준 이상의 조도를 확보하여야 한다.
- 제16조(중앙통제설비) 공동구 내 설비시스템을 감시하고, 각종 설비를 자동으로 운전하며, 공동구에 관한 자료를 기록, 보관 및 분석하는 중앙통제시스템을 구축하여야 한다.
- 제17조(방재설비) 소화설비, 경보설비, 피난설비, 소화활동설비 등 다음 각 호의 방재설비와 관련 법령에 따른 방재설비를 설치하여야 한다.
- 제18조(상황표지판) 공동구 내 위치를 알 수 있는 안내표지, 점검표지, 주의표지 등 상황표지판을 통로에 설치하여야 한다.
- 제19조(그 밖의 설비) 그 밖에 통신설비 또는 비상연락설비, 경보설비, 차수벽 및 환기구 등의 잠금장치 등을 관련 기준에 따라 적합하게 설치하여야 한다.

02 ^{19.4, 22.4} 가동률이 0.92인 정보통신시스템에서 MTBF가 23시간일 경우 MTTR을 구하시오.

정답 가동률 $A = \dfrac{MTBF}{MTBF + MTTR}$, $0.92 = \dfrac{23}{23 + MTTR}$,

$MTTR = \dfrac{23 - (0.92 \times 23)}{0.92} = \dfrac{1.84}{0.92} = 2$시간

03 전기통신망 및 서비스계획 유지보수 및 관리를 위한 망에서 중앙관리 5대 기능 중 4가지를 작성하시오.
21.4

> **정답** 장애(Fault) 관리(Management), 구성(Configuration) 관리, 계정(Accounting) 관리, 성능(Performance) 관리, 보안(Security) 관리

04 광섬유 절단 순서를 차례대로 나열하시오.
22.4

가. 광섬유를 절단한다.
나. 광섬유 절단기를 청소한다.
다. 광섬유 코팅을 제거한다.
라. 알코올로 광섬유를 청소한다.

> **정답** 다 → 라 → 가 → 나

광섬유 절단을 수행한 이후 부산물 등을 청소해야 한다.

SECTION 03 접지공사, 접지저항 측정

01 접지

1) 정의

전기설비 또는 정보통신설비를 대지와 등전위시켜 충격전류 발생 시 대지로 방출시켜 인명보호와 장비파손, 오동작 등을 방지하기 위해 구축하는 설비로서 접지방식 및 기준저항 등은 전기설비 기준, 방송통신 설비 기술기준에서 규정하고 있다.

2) 개념도

전력설비와 낙뢰설비, 정보통신 설비에 대한 충격전류를 대지 방출하여 사고를 방지하고, 통상적으로 대지의 전위를 "0" 전위로 하며 통신설비와 대지 사이의 전위차를 "0"으로 만들기 위해 대지에 접지케이블을 연결한다.

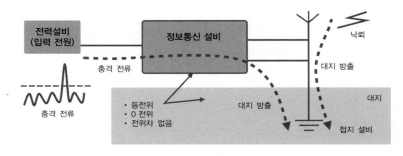

▲ 접지구성 개념도

02 접지의 구성방식

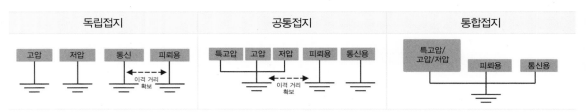

1) 독립접지

- 고압, 특고압, 통신용, 보안용, 피뢰용 등의 기준 접지 저항을 달리하여 각각의 접지 시스템을 분리하여 이격거리를 두고 설치하는 접지방식이다.
- 뇌전류 등의 손상 시 독립적으로 시스템을 보호한다.
- 이격거리 확보, 전기적 완전 절연이 필수적이다.

2) 공통접지

- 전력(특고압, 고압, 저압), 통신, 피뢰접지를 기준 접지저항을 달리하여 각각 분리 구성한다.
- 접지 시스템 간 충분한 이격거리를 두고 개별적으로 연결한다.

3) 통합접지

- 하나의 접지 시스템에 통신용, 보안용, 피뢰용 접지를 공통으로 연결하는 접지방식이다.
- 장비간 전위차 발생을 방지한다.
- 접지 시공비 면에서 경제적이지만, 접지에 문제 발생 시 전 시스템에 영향을 준다.

03 접지저항

개념도	내용
 접지선의 저항 대지 접지전극의 저항 대지 저항　접촉저항	• 전극의 저항, 접촉저항, 접지선의 저항이 모두 접지에 영향을 미침 • 토양성분이 가장 큰 영향을 줌 • 종합적 검사 후 기술기준 만족 필요 • 필요에 따라 저감재 적용을 통한 접지값 확보 • 영구적이고 낮은 임피던스의 자재 사용 • 충분한 용량, 내 부식성, 물리적 강도가 높은 제품 사용

04 접지공사(매설)방법

구분	개념도	특징
접지동봉	 접지동봉	• 설치가 가장 용이하며 저렴한 시공 방식 • 직렬식, 병렬식 구성 가능(기준 충족 시까지 연접시공) • 실제 현장에서는 5개 이상은 의미 없음
나동선	 나동선 저감재	• 폭 30cm~50cm, 깊이 70cm 굴착 • 중앙에 나동선을 포설하고 저감재를 도포(5cm이상)한 후 되메움 • 토질이 양호한 곳에 사용하는 방식
메시(망상)		• 나동선을 격자형으로 접속하고 저감재 도포 • 대형 접지전극 구성 가능 시 사용(건물, 철탑 등) • 낮은 접지값 요구 시 사용 • 접지 면적 넓음

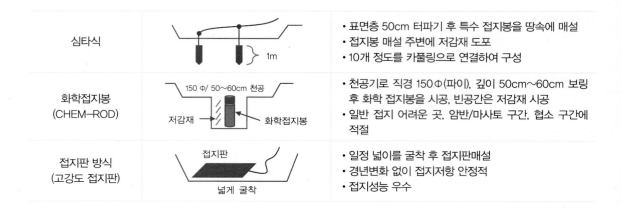

심타식		• 표면층 50cm 터파기 후 특수 접지봉을 땅속에 매설 • 접지봉 매설 주변에 저감재 도포 • 10개 정도를 카풀링으로 연결하여 구성
화학접지봉 (CHEM-ROD)		• 천공기로 직경 150Φ(파이), 깊이 50cm~60cm 보링 후 화학 접지봉을 시공, 빈공간은 저감재 시공 • 일반 접지 어려운 곳, 암반/마사토 구간, 협소 구간에 적절
접지판 방식 (고강도 접지판)		• 일정 넓이를 굴착 후 접지판매설 • 경년변화 없이 접지저항 안정적 • 접지성능 우수

05 접지 기술기준 비교

구분	10Ω	100Ω
기준	국선 100회선 초과 시	국선 100회선 이하 시
적용유형	모든 설비의 기본값	10Ω 적용이 어려운 산악, 암반 지역 등
대상 설비	전송, 교환, TV 설비 등	단순장치 보안 접지 등
적용 케이블	GV 2.6mm² 이상	GV 1.6mm² 이상

06 통신접지저항 측정

1) 통신접지저항 측정순서 및 개념도

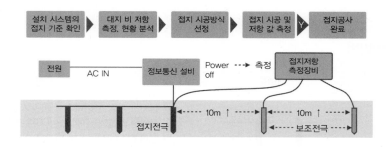

▲ 통신접지저항 측정순서 및 개념도

접지전극과 보조전극 사이는 최소 10m 이상 떨어뜨리고 등 간격으로 설치하여 테스트함
접지저항 기준값 미달 시 접지설비 보강 등 적절한 조치를 취하여 접지저항 값 확보가 필요함

2) 통신접지저항 측정방식

구분	개념도	특징
3점 전위강하법		• 접지전극(e)과 보조전극(c) 사이에 또 다른 보조전극(p)을 두어 접지 전극에 의한 전압강하 측정 • 측정된 값으로 옴의 법칙 이용 V/I로 구함 • 단일 접지봉의 경우 최소 50m 이상 이격 권장
2전극 합성저항 측정법		• 측정하고자 하는 접지 시설이 요구되는 기준접지 저항을 만족하는지 정도의 가벼운 판단 용도로 사용함 • 절연체 없는 수도관, 가스관 등 기존 시설 이용 • 3점 전위강하법 대신 적용(보조전극 미설치)
3전극 연립방정식법		• 접지극 외 2개의 보조 접지극 사용 • 접지극 간의 거리 일정 유지 • 단독, 소규모 접지공사에서 사용
클램프 온 측정기 이용법		• 측정 정확도 낮음 • 집게 형태의 클램프측정기 사용 • 별도의 보조 전극 없이 측정 • 쉽고, 간단하게 측정 가능

이론을 확인하는 기출문제

01 18.4
기술기준의 적합성 조사 시 측정용 보조 전극의 설치가 어려운 지역에서 3점 전위강하법 대신 적용 가능한 측정법은 무엇인가?

> **정답** 2극 측정법(2전극 합성저항 측정법)

• 측정하고자 하는 접지 시설이 요구되는 기준 접지저항을 만족하는지 정도의 가벼운 판단 용도로 사용한다.
• 절연체 없는 수도관, 가스관 등 기존 시설을 이용해 측정한다.
• 3점 전위강하법 대신 적용(보조전극 미설치)된다.

02 다음이 설명하는 접지저항 측정법은 무엇인가?

1) 전위강하법 대신에 사용한다.

2) 측정이 간단하고 빠르다.

3) 다중 접지된 시스템의 접지저항 측정에 유리하다.

4) 접지체와 접지전극을 분리하지 않고 보조 전극을 사용하지 않는다.

정답 2극 측정법(2전극 합성저항 측정법)

2전극 합성저항 측정법

• 측정하고자 하는 접지 시설이 요구되는 기준 접지저항을 만족하는지 정도의 가벼운 판단 용도로 사용한다.

• 절연체 없는 수도관, 가스관 등 기존 시설을 이용해 측정한다.

• 3점 전위강하법 대신 적용(보조전극 미 설치)된다.

03 접지는 기능을 위한 접지와 안전을 위한 접지로 구분된다. 다음 |보기| 중 기능을 위한 접지 2가지를 고르시오.

⎯| 보기 |⎯⎯⎯⎯⎯⎯⎯⎯⎯⎯⎯⎯⎯⎯⎯⎯⎯⎯⎯⎯⎯⎯⎯⎯⎯⎯⎯⎯⎯⎯⎯⎯⎯

외함의 접지, 안테나 접지, 피뢰침 접지, 변압기 2차 단자 접지, 전원 중성 접지

정답 안테나 접지, 전원중성 접지

04 다음 괄호 안에 알맞은 말을 넣어 완성하시오.

18.7

낙뢰 또는 강전류 전선과의 접촉 등으로 이상전류 또는 이상전압이 유입될 우려가 있는 방송통신 설비에 과전류 또는 과전압을 방전시키거나 이를 제한 또는 차단하는 (   )가 설치되어야 한다.

정답 서지 보호기(Surge Protector Device)

05 아래에서 설명하는 접지전극 시공방법을 쓰시오.

18.7

1. 현재 접지 분야에서 가장 많이 시공되고 있는 방법
2. 시공 면적이 넓고 대지 저항률이 낮은 지역에서 우수한 성능 발휘
3. 재료비가 비교적 저렴한 편
4. 추가 시공이 용이하며 타 접지 시스템과의 연계성이 매우 좋음
5. 부식에 의한 접지 전극 손상이 빠르게 진행되어 수명이 짧음
6. 접지봉의 구조가 단순하며 시공이 간단함

정답 접지동봉 접지방식

• 설치가 가장 용이하며 저렴한 시공 방식이다.
• 직렬식, 병렬식 구성가능(기준 충족시까지 연접시공)하다.
• 실제 현장에서는 5개 이상은 의미가 없다.

06 다음 괄호 안에 들어갈 알맞은 용어를 쓰시오.

19.4

> 방송통신설비의 기술기준에 관한 규정에 따라 선로설비의 회선 상호 간 회선과 대지 간 및 회선의 심선 상호 간의 절연저항은 직류 (가)볼트 절연저항계로 측정하여 (나)Ω 이상이어야 한다.

정답 (가) 500, (나) 10M

방송통신설비의 기술기준에 관한사항 제12조(절연저항)
선로설비의 회선 상호 간, 회선과 대지 간 및 회선의 심선 상호 간의 절연저항은 직류 500볼트 절연저항계로 측정하여 10메가옴 이상이어야 한다.

07 괄호에 공통으로 들어갈 전압의 크기를 쓰시오.

20.7

> 고압이란 직류는 1.5KV, 교류는 1KV를 초과하고 각각 (　　　)V 이하인 전압을 말하며 특고압이란 (　　　)V를 초과하는 전압을 말한다.

정답 7K(7000)

- **저압** : 직류는 1.5KV이하, 교류는 1KV이하인 것
- **고압** : 직류는 1.5KV를, 교류는 1KV를 초과하고, 7KV 이하인 것
- **특고압** : 7KV를 초과하는 것
- 2021년 관련 규정 개정

08 벼락 또는 강전류전선과의 접촉 등으로 이상전류 또는 이상전압이 유입될 우려가 있는 방송통신설비에 설치하는 것으로 과전류 또는 과전압을 방전시키거나 이를 제한 또는 차단하는 장치는 무엇인지 쓰시오.

20.7

정답 서지 보호기(Surge Protector Device)

09 단순한 강봉에 동피막을 입히고 나동선을 슬리브에 접속하는 접지방식과 그물 모양 구조로 접지 나동선을 일정한 간격으로 포설하여 접지전극으로 이용하는 접지방식이 각각 무엇인지 쓰시오.

21.4

정답 1) 나동선 접지, 2) 메시(망상) 접지

나동선		• 폭 30cm~50cm 깊이 70cm 굴착 • 중앙에 나동선 포설, 저감재 도포(5cm이상) 후 되메움 • 토질이 양호한 곳에 사용하는 방식
메시(망상)		• 나동선을 격자형으로 접속하고 저감재 도포 • 대형 접지전극 구성 가능 시 사용_건물, 철탑 등 • 낮은 접지값 요구 시 사용, 접지 면적 넓음

10 접지저항 설계 시 무엇보다 중요한 것은 대지 저항이다. 대지 저항은 대지 저항률에 의해 결정되는데 이러한 대지 저항률에 영향을 미치는 요인 3가지를 쓰시오.

22.11

정답 1) 토양의 종류와 수분 함유량, 2) 접지극 형상과 크기, 3) 접지극의 매설 깊이 및 간격

1) 토양의 종류와 수분 함유량
• 모래보다는 점토가, 점토보다는 진흙이 대지저항률이 낮다.
• 토양에 수분이 많을수록 대지저항률이 낮다.
2) 접지극 형상과 크기
• 접지전극과 토양의 접지면이 넓을수록 대지저항률이 낮아진다.
3) 접지극의 매설 깊이 및 간격
• 접지전극을 깊게 매설하고 좁은 간격으로 설치할수록 대지저항률이 낮아진다.
위 세가지 요인 외에 토양의 화학적 성분, 온도, 계절적 영향 및 계절 변동계수, 암석, 해수 등의 영향을 받는다.

01 정보통신시스템의 가용성을 나타내는 MTBF, MTTR, MTTF의 용어를 설명하시오.

> 정답 1) MTBF(Mean Time Between Failure) : 평균 고장시간, 설치 후 고장에서 고장까지의 평균시간이다.
> 2) MTTR(Mean Time To Repair) : 평균 수리시간
> 3) MTTF(Mean Time To Failure) : 평균 고장수명

1) MTBF(Mean Time Between Failure) : 부품, 장치 혹은 컴퓨터시스템을 동작시켰을 경우의 고장에서 고장까지의 평균시간, 즉 평균고장간격을 말한다. MTBF는 부품, 장치 혹은 컴퓨터시스템 등의 신뢰성을 나타낼 때 사용하며 이것이 길수록 신뢰성이 높은 것으로 된다.
2) MTTR(Mean Time To Repair) : 부품, 장치 혹은 컴퓨터시스템이 고장을 일으켰을 때부터 다시 동작하기까지의 시간, 즉 수복에 요하는 평균수리시간을 말한다.
3) MTTF(Mean Time To Failure) : 수리하지 않은 부품 등의 사용을 개시하고부터 고장나기까지의 동작시간의 평균값이다.

02 스펙트럼 분석기의 주요 특징을 3가지 이상 쓰시오.

> 정답 1) 현대 무선통신의 변조해석에 필수장비임
> 2) 변조된 신호의 변조 방식, 주파수 대역폭 분석을 위해 필수장비
> 3) 주파수 전력특성에 대한 분석

03 통신공동구를 설치할 때 유지/관리에 필요한 부대설비 5가지를 쓰시오.

> 정답 조명시설, 배수시설, 소방시설, 환기시설, 접지시설

• 공동구 설치 및 관리지침
• 제 3절 급/배수 설비, 환기설비, 전원설비, 조명설비, 중앙통제설비, 방재설비, 통신설비 등

04 유지보수 수행형태 3가지를 간단히 설명하시오.

> **정답** 1) 예방정비 : 설비의 성능을 유지하기 위해 사전에 예방조치를 실시하는 정비
> 2) 사후정비 : 설비의 고장 후 복구 및 고장수리를 위해 부품을 교체하는 등의 정비
> 3) 예지정비 : 설비의 상태를 결정하기 위해 수행되는 모든 주기작업

05 유지보수 대상 구내 정보통신설비를 4가지 이상 쓰시오.

> **정답** 구내통신선로설비, 방송공동수신설비, 지능형홈네트워크설비, 영상정보처리기기, 전관방송설비

06 유지보수 점검주기를 3가지로 구분하고 점검방법을 쓰시오.

> **정답** 1) 월간점검 : 1개월을 주기로 설비의 기능 및 성능상태를 점검
> 2) 분기점검 : 3개월을 주기로 설비의 기능 및 성능상태를 점검
> 3) 연간점검 : 12개월을 주기로 설비의 기능 및 성능상태를 점검

07 접지전극의 시공방법에는 일반 접지봉접지, 메시(망상)접지, 동판접지, 화학 저감제 접지 등이 있다. 다음의 설명은 위 시공방식 중 어떤 시공방법을 설명한 것인지 쓰시오.

> 1. 시공 지역 전체를 1m 깊이의 설계된 면적으로 구덩이를 판다.
> 2. 나동선을 정해진 간격으로 그물 형태로 포설한다.
> 3. 그물 모양의 각 연결점을 압착 슬리브 접합 혹은 발열 용접으로 접속한다.
> 4. 외부접지도선을 연결하여 인출한다.
> 5. 시공지역 전체를 메우고 마무리한다.

정답 메시(망상) 접지

08 다음이 설명하는 접지방식은 무엇인가?

1) 하나의 접지 시스템에 고압, 특고압, 저압, 통신용, 보안용, 피뢰용 접지를 공통으로 연결하는 접지방식이다.
2) 장비간 전위차 발생을 방지한다.
3) 접지 시공비면에서 경제적이지만, 접지에 문제 발생 시 전 시스템에 영향을 준다.

정답 통합접지방식

공통접지 방식은 특고압, 고압, 저압의 전력접지는 통합하고, 피뢰와 통신접지는 분리하는 접지를 말한다.

09 다음은 접지의 개념이다. 괄호 안에 들어갈 단어를 쓰시오.

전력설비와 낙뢰설비, 정보통신 설비에 대한 충격전류의 대지 방출을 통한 사고방지가 가능하고 통상적으로 대지의 전위를 (①)(으)로 하고, 통신설비와 대지 간의 전위차를 (②)(으)로 만들기 위해 대지에 접지 케이블을 연결한다.

정답 ① 0, ② 0

MEMO

MEMO

누구나 작성만 하면 100% 포인트 지급
합격 후기 EVENT

이기적과 함께 합격했다면,
합격썰 풀고 네이버페이 포인트 받아가자!

합격 후기
작성 시
100%
지급

네이버페이
포인트 쿠폰

25,000원

카페 합격 후기 이벤트

이기적 스터디 카페에
합격 후기 작성하고 5,000원 받기!

5,000원
네이버 포인트 지급

▲ 자세히 보기

 ### 블로그 합격 후기 이벤트

개인 블로그에
합격 후기 작성하고 20,000원 받기!

20,000원
네이버 포인트 지급

▲ 자세히 보기

- 자세한 참여 방법은 QR코드 또는 이기적 스터디 카페 '합격 후기 이벤트' 게시판을 확인해 주세요.
- 이벤트에 참여한 후기는 추후 마케팅 용도로 활용될 수 있습니다.
- 이벤트 혜택은 추후 변동될 수 있습니다.

이기적 스터디 카페 🔍

한번에 합격, 자격증은 이기적

이기적 스터디 카페

합격 전담마크! 핵심자료부터
실시간 Q&A까지 다양한 혜택 받기

365 이벤트

매일 매일 쏟아지는 이벤트!
기출복원, 리뷰, 합격후기, 정오표

이기적 유튜브 채널

13만 구독자의 선택,
7.5천 개의 고퀄리티 영상 무료

CBT 온라인 문제집

연습도 실전처럼!
PC와 모바일로 시험 환경 완벽 연습

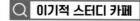

이기적 스터디 카페

홈페이지 : license.youngjin.com
질문/답변 : cafe.naver.com/yjbooks

이렇게 기막힌 적중률

정보통신기사

필기+실기

3권 · 문제집

올인원

All in One

정보통신기술사 안영준, 육철민, 윤경수, 이병찬, 장윤진, 정영준 공저

25
· 2025년 수험서 ·

수험서 48,000원

13000

9 788931 478228
ISBN 978-89-314-7822-8

 YoungJin.com Y.
영진닷컴

시험 환경 100% 재현!

CBT 온라인 문제집

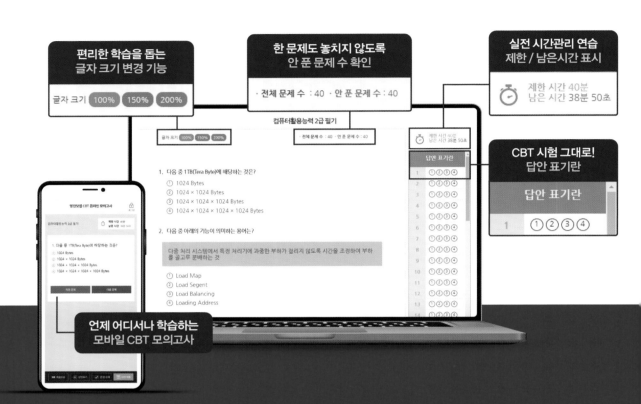

편리한 학습을 돕는 글자 크기 변경 기능

글자 크기 100% 150% 200%

한 문제도 놓치지 않도록 안 푼 문제 수 확인

· 전체 문제 수 : 40 · 안 푼 문제 수 : 40

실전 시간관리 연습 제한 / 남은시간 표시

제한 시간 40분
남은 시간 38분 50초

CBT 시험 그대로! 답안 표기란

답안 표기란

1 ① ② ③ ④

언제 어디서나 학습하는 모바일 CBT 모의고사

이용 방법

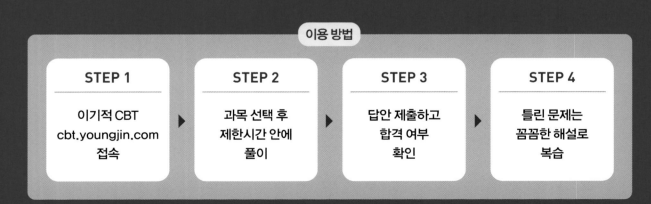

STEP 1

이기적 CBT
cbt.youngjin.com
접속

STEP 2

과목 선택 후
제한시간 안에
풀이

STEP 3

답안 제출하고
합격 여부
확인

STEP 4

틀린 문제는
꼼꼼한 해설로
복습

이기적 CBT 🔍

이렇게
기막힌
적중률

정보통신기사
필기+실기 올인원

3권 · 문제집

"이" 한 권으로 합격의 "기적"을 경험하세요!

YoungJin.com Y.
영진닷컴

PART 07 최신 필기 기출문제

PART

07

>> 이 기 적 정 보 통 신 기 사

최신 필기 기출문제

필기 기출문제

시행일	문항 수	소요시간
2024년 3월	총 100문항	150분

수험번호 : _____

성   명 : _____

<1과목> 정보전송일반

01 반감산기에서 차를 얻기 위하여 사용되는 게이트는?

① NAND
② NOR
③ OR
④ Exclusive OR

02 8진 PSK에서 반송파 간의 위상차는?

① π
② $\pi/2$
③ $\pi/4$
④ $\pi/8$

03 동일한 시간, 주파수, 공간 자원 상에서 다수의 사용자에게 신호를 동시에 전송하여 주파수 효율성을 향상시키는 기술은?

① FDMA
② SDMA
③ NOMA
④ LTE

04 다음 중 금속막에 의한 차단 유무에 따라 STP 케이블과 UTP 케이블로 분류되는 전송 매체는?

① 꼬임 쌍선
② 동축 케이블
③ 단일 모드 광섬유
④ 다중 모드 광섬유

05 다중입출력(MIMO: Multiple Input Multiple Output)안테나의 핵심기술이 아닌 것은?

① 핸드오버(Handover)
② 공간다중화(Spatial Multiplexing)
③ 다이버시티(Diversity)
④ 사전코딩(Pre-coding)

06 다음 중 HDLC 프로토콜에 대한 설명으로 옳지 않은 것은?

① 바이트 방식의 프로토콜이다.
② 단방향, 반이중, 전이중방식 모두 사용이 가능하다.
③ 데이터 링크 계층의 프로토콜이다.
④ 오류제어방식으로 ARQ 방식을 사용한다.

07 수직안테나와 수평안테나의 조합으로 다른 전파를 발사하여 페이딩을 경감하는 다이버시티는?

① 편파 다이버시티(Polarization diversity)
② 공간 다이버시티(Space diversity)
③ 시간 다이버시티(Time diversity)
④ 주파수 다이버시티(Frequency diversity)

08 통신속도가 2,000[bps]인 회선에서 1시간 전송했을 때, 에러 비트 수가 36[bit]였다면, 이 통신회선의 비트 에러율은 얼마인가?

① 2.5×10^{-5}
② 2.5×10^{-6}
③ 5×10^{-5}
④ 5×10^{-6}

09 입력측 신호대 잡음비가 15[dB]이고 시스템의 잡음지수(Noise Factor)가 10일 때, 출력측 신호대 잡음비는 몇 [dB] 인가?

① 5
② 10
③ 15
④ 25

10 다음 설명 중 다중모드 광섬유(Multimode Fiber)에 대한 설명으로 적절하지 않은 것은?

① 여러 개의 광 경로를 통해 신호를 전송할 수 있다.
② 모드 간 간섭으로 인해 장거리 전송에서 효율적이다.
③ 일반적으로 단일모드 광섬유보다 전송 거리가 짧다.
④ 제조 비용이 비교적 낮고 설치가 용이하다.

11 다음 중 온도 특성이 좋고, 전원이나 부하의 변동에 대하여 비교적 안정도가 좋기 때문에 안정한 주파수의 발생원으로 많이 쓰이는 발진회로는?

① 빈 브리지형 발진회로
② 수정 발진회로
③ RC 발진회로
④ 이상형 발진회로

12 다음 중 특정 대역의 주파수를 차단하고 나머지 주파수를 통과시키는 필터는?

① Low Pass Filter
② High Pass Filter
③ Band Pass Filter
④ Band Rejection Filter

13 광케이블의 광학 파라미터가 <u>아닌</u> 것은?

① 편심률
② 개구수
③ 수광각
④ 모드 수

14 다음 중 선로의 전송특성 열화 요인에서 정상 열화 요인이 <u>아닌</u> 것은?

① 펄스성 잡음
② 위상 지터
③ 반향
④ 누화

15 다음 중 동기식 전송 방식과 비교한 비동기 전송 방식에 대한 설명으로 올바른 것은?

① 블록 단위 전송 방식이다.
② 비트신호가 1에서 0으로 바뀔 때 송신 시작을 의미한다.
③ 각 비트마다 타이밍을 맞추는 방식이다.
④ 전송속도와 전송효율이 높은 방식이다.

16 데이터의 끝에 한 비트를 추가하여 1의 개수로 오류여부를 판단하는 오류 검출 방법은?

① 패리티 검사(Parity Check)
② 블록합 검사(Block Sum)
③ 순환중복 검사(CRC)
④ 검사합 검사(Check Sum)

17 다음 중 이동통신기기에 사용하는 PN(Pseudo Noise) 코드 설명으로 <u>틀린</u> 것은?

① PN 코드는 균형성을 가진 의사잡음이다.
② 형태가 무작위인 것 같지만 실제로는 규칙성을 갖는다.
③ PN 코드는 런 특성을 가지고 있다.
④ PN 코드는 초기동기를 잡는 데는 사용되지 않는다.

18 PDH(Plesiochronous Digital Hierarchy) 중 북미방식인 T1의 전송속도는?

① 64[Kbps]
② 1.544[Mbps]
③ 2.048[Mbps]
④ 6.312[Mbps]

19 다음 중 전송 매체 표기 방법에 대한 설명으로 옳지 <u>않은</u> 것은?

10BaseT

① 전송속도가 10[Mbps]이다.
② 광대역(Broadband) 전송을 사용한다.
③ 전송 매체가 트위스트 페어 케이블이다.
④ 최대 전송 거리가 100미터 이내이다.

20 다음 중 회로 구성이 간단하고 가격이 저렴하며, 잡음이나 신호의 변화에 약하며, 광섬유를 이용한 디지털 전송에서 사용되는 변조 방식은?

① ASK
② FSK
③ PSK
④ QAM

<2과목> 정보통신기기

21 이동통신의 세대와 기술이 바르게 짝지어진 것은?

① 1세대 : GSM
② 2세대 : AMPS
③ 3세대 : WCDMA
④ 4세대 : CDMA

22 국내 지상파 HDTV 방식에서 1채널의 주파수 대역폭은?

① 6[MHz]
② 9[MHz]
③ 18[MHz]
④ 27[MHz]

23 다음 중 멀티미디어 화상회의 데이터를 TCP/IP와 같은 패킷망을 통해 전송하기 위한 ITU-T의 표준은?

① H.221
② H.231
③ H.320
④ H.323

24 홈네트워크 설비 중 정전에 대비하여 예비전원이 공급되는 설비가 아닌 것은?

① 홈게이트웨이
② 감지기
③ 세대 단말기
④ 단지 서버

25 웨어러블 기기의 IEEE 802.15.6 표준에 관한 설명으로 옳지 않은 것은?

① 매우 저전력으로 동작하여 배터리 수명을 연장한다.
② 주로 인체 주변에 부착된 센서들 사이에서 데이터통신을 지원한다.
③ 전파의 특성으로 인해 장거리 통신에도 적합하다.
④ 의료, 스포츠 및 생체 감시 등 다양한 응용 분야에서 사용된다.

26 VR, AR, MR 기술에 대한 설명으로 옳은 것은?

① MR은 컴퓨터를 통해 가상현실을 체험하게 해주는 기술이다

② AR은 현실 세계 위에 가상적인 요소를 추가하여 혼합된 환경을 제공한다.

③ MR은 VR보다 완전한 가상 경험을 제공하여 실제 환경을 완전히 대체한다.

④ VR, AR, MR 모두 인공지능 기술을 기반으로 한다.

27 이동통신 시스템에서 단말기가 이동교환기 내에 있는 기지국에서 통화의 단절 없이 동일한 주파수를 사용하는 다른 기지국으로 옮겨 통화하는 경우에 해당되는 Handoff는?

① Hard Handoff

② Soft Handoff

③ Softer Handoff

④ Dual Handoff

28 50개의 중계선으로 5[Erl]의 호량을 운반하였다면 이 중계선의 효율은 몇 [%]인가?

① 5[%]

② 10[%]

③ 20[%]

④ 30[%]

29 다음 중 NFC(Near Field Communication)의 설명으로 틀린 것은?

① 13.56[MHz] 주파수 대역을 사용한다.

② 전송거리가 10[cm] 이내이다.

③ Bluetooth에 비해 통신설정 시간이 길다.

④ P2P(Peer to Peer)기능이 가능하다.

30 다음 광통신 장치에 대한 설명이 틀린 것은?

① OLT(Optical Line Terminal) : 국사 내에 설치되어 백본망과 가입자망을 서로 연결하는 광가입자망 구성장치

② ONT(Optical Network Terminal) : 가입자와 가입자를 광을 통해 서로 연결해 주는 광통신 장치

③ ONU(Optical Network Unit) : 주거용 가입자 밀집 지역의 중심부에 설치하는 소규모의 옥외/옥내용 광통신 장치

④ Backbone : 네트워크상에서 중요 공유자원들을 연결하기 위한 중추적인 기간 네트워크

31 다음 중 CSU(Channel Service Unit)의 기능으로 옳은 것은?

① 광역통신망으로부터 신호를 받거나 전송하며, 장치 양측으로부터의 전기적인 간섭을 막는 장벽을 제공한다.

② CSU는 오직 독립적인 제품으로 만들어져야 한다.

③ CSU는 디지털 데이터 프레임들을 보낼 수 있도록 적절한 프레임으로 변환하는 소프트웨어 장치이다.

④ CSU는 아날로그 신호를 전송로에 적합하도록 변환한다.

32 데이터 통신에서 DTE와 DCE의 역할과 관련된 설명으로 옳은 것은?

① DTE는 데이터 물리적으로 전송하고, DCE는 데이터를 발생시키는 장치이다.

② DTE는 통신 회선을 관리하고, DCE는 데이터를 생성 및 송수신한다.

③ DTE로는 터미널이나 컴퓨터 등이 있고, DCE는 모뎀이나 CSU/DSU가 있다.

④ DTE와 DCE는 모두 데이터의 오류를 검출하고 수정하는 기능을 갖추고 있다.

33 통신속도를 달리하는 전송회선과 단말기를 접속하기 위한 방식으로 실제로 전송할 데이터가 있는 단말기에만 채널을 동적으로 할당하는 방식을 무엇이라 하는가?

① 집중화기

② 다중화기

③ 변조기

④ 부호기

34 다음 중 WPAN(Wireless Personal Area Network) 기술에 해당하지 <u>않는</u> 것은?

① Zigbee

② PLC

③ Bluetooth

④ UWB

35 다음 중 영상회의시스템의 구성요소로 <u>틀린</u> 것은?

① 입력부

② 음향부

③ 제어부

④ 회의 보조시설

36 다음 CATV의 구성요소 중 중계 전송망으로 간선, 분배선, 간선증폭기, 분배증폭기 등으로 구성된 것은?

① 전송계

② 단말계

③ 센터계

④ 분배계

37 다음 중 스마트홈(Smart Home) 서비스를 구성하는 기술 구성요소가 <u>아닌</u> 것은?

① 스마트 단말(Device)

② 게이트웨이(Gateway)

③ 스마트폰 애플리케이션

④ CCTV 통합관제센터

38 홈네트워크건물 인증 심사기준에 따른 등급의 종류가 <u>아닌</u> 것은?

① 홈IoT
② AA등급
③ A등급
④ B등급

39 CCTV 구성요소로 <u>틀린</u> 것은?

① camera
② DVR/NVR
③ 전송장치
④ 단말장치

40 다음 중 이동통신 시스템의 구성 중 기지국의 주요 기능으로 <u>틀린</u> 것은?

① 통화 채널 지정, 전환, 감시 기능
② 이동통신 단말기의 위치확인 기능
③ 통화의 절체 및 통화로 관리 기능
④ 이동통신 단말기로부터의 수신신호 세기 측정

41 다음 중 정보통신시스템 구축 시 네트워크에 관한 고려사항이 <u>아닌</u> 것은?

① 파일 데이터의 종류 및 측정방법
② 백업 회선의 필요성 여부
③ 단독 및 다중화 등 조사
④ 분기 회선 구성 필요성

42 IEEE 802.1Q 표준 규격의 VLAN을 구별하는 VLAN ID를 전달하는 방법인 태깅(Tagging) 방법에 대한 설명으로 <u>틀린</u> 것은?

① 이더넷 프레임에서 소스 주소(Source Address) 바로 다음에 2바이트 TPID (Tag Protocol ID)를 삽입하여 VLAN 태그가 존재함을 알려준다.
② VLAN 태그를 인식하지 못하는 구형 장비는 알려지지 않은 이더넷 프로토콜 타입으로 간주하여 폐기한다.
③ TPID 바로 다음에 2바이트 TCI(Tag Control Information)를 삽입하여 태그 제어 정보로 사용한다.
④ TCI 중 12비트인 VID(VLAN ID)는 각각의 VLAN을 식별하는 데 사용하며, 총 4,096개의 VLAN 구별이 가능하다.

43 이더넷에서 장치가 매체에 접속하는 것을 관리하는 방법으로 데이터 충돌을 감지하고 이를 해소하는 방식을 무엇이라 하는가?

① CRC(Cyclic Redundancy Check)
② CSMA/CD(Carrier Sense Multiple Access/Collision Detection)
③ FCS(Frame Check Sequency)
④ ZRM(Zmanda Recovery Manager)

44 다음 중 포트(Port) 주소에 대한 설명으로 **틀린** 것은?

① TCP와 UDP가 상위 계층에 제공하는 주소 표현이다.
② TCP헤더에서 각각의 포트주소는 32bit로 표현한다.
③ 0~1,023까지의 포트번호를 Well-Known Port라고 한다.
④ Source Port Address와 Destination Port Address로 구분한다.

45 다음 중 라우터의 주요 기능이 <u>아닌</u> 것은?

① 경로 설정
② IP 패킷 전달
③ 라우팅 테이블 갱신
④ 폭주 회피 라우팅

46 클래스 B 주소를 가지고 서브넷 마스크(subnet mask) 255.255.255.240으로 서브넷을 만들었을 때 나오는 서브넷의 수와 호스트의 수가 맞게 짝지어진 것은?

① 서브넷 2,048, 호스트 14
② 서브넷 14, 호스트 2,048
③ 서브넷 4,094, 호스트 14
④ 서브넷 14, 호스트 4,094

47 다음 중 네트워크 대역이 다른 네트워크에서 동적으로 IP 부여를 하기 위해 필요한 DHCP(Dynamic Host Configuration Protocol) 구성 요소가 <u>아닌</u> 것은?

① DHCP 서버
② DHCP 클라이언트
③ DHCP 릴레이
④ DHCP 에이전트

48 다음 중 VLSM을 지원하는 내부 라우팅 프로토콜이 <u>아닌</u> 것은?

① RIP v1
② EIGRP
③ OSPF
④ Integrated IS-IS

49 LTE와 LTE-A 차이에 관한 설명으로 옳지 <u>않</u>은 것은?

① LTE-A는 LTE에 비해 더 높은 데이터 전송 속도를 지원한다.

② LTE-A는 CA 기술을 사용하여 더 넓은 대역폭을 활용할 수 있다.

③ LTE-A는 다중 안테나 기술(MIMO)을 개선하여 더 높은 효율성과 용량을 제공한다.

④ LTE-A는 5세대로 구분되며 LTE와 기술적으로 호환이 어렵다.

50 다음 중 라우팅 프로토콜이 <u>아닌</u> 것은?

① BGP(Border Gateway Protocol)

② EGP(Exterior Gateway Protocol)

③ SNMP(Simple Network Management Protocol)

④ RIP(Routing Information Protocol)

51 전화통신망(PSTN)에서 인접 선로 간 차폐가 완전하지 않아, 인접 선로 상의 다른 신호에 영향을 미쳐 발생하는 품질 저하 현상은?

① 누화(Cross Talk)

② 신호 감쇠

③ 에코(Echo)

④ 신호 지연

52 패킷 교환망(PSDN)에 대한 설명으로 옳은 것은?

① 모든 데이터는 동일한 경로를 통해 전달된다.

② 패킷 교환망은 데이터 전송의 효율성을 높이기 위해 데이터를 작은 패킷으로 나누어 전송한다.

③ 패킷 교환망은 전송 중에 데이터의 순서가 유지된다.

④ 패킷 교환망은 항상 실시간 데이터 전송에 적합하다.

53 고속 데이터 전송을 위해 IEEE 802.3u 표준에 기반한 근거리 통신망(LAN) 기술로서, 100 [Mbps]의 전송 속도를 제공하는 방식은?

① FDDI(Fiber Distributed Data Interface)

② Fast Ethernet

③ Gigabit Ethernet

④ Token Ring

54 다음 중 전송속도가 가장 빠른 디지털가입자회선(Digital Subscriber Line) 방식은?

① VDSL

② SDSL

③ ADSL

④ HDSL

55 다음 중 Dense Wavelength Division Multiplexing(DWDM)에서 주로 사용하는 파장 범위는?

① 1260~1360[nm]

② 1360~1460[nm]

③ 1460~1530[nm]

④ 1525~1565[nm]

56 다음 중 이동통신이나 위성통신에서 사용되는 무선 다원 접속(Radio Multiple Access)방식에 해당되지 않는 것은?

① FDMA

② TDMA

③ CDMA

④ WDMA

57 다음 중 강우로 인한 위성통신 신호의 감쇠를 보상하기 위한 방법이 아닌 것은?

① Site Diversity

② Angle Diversity

③ Orbit Diversity

④ Frequency Diversity

58 이동통신의 세대와 기술이 바르게 짝지어진 것은?

① 1세대 : GSM

② 2세대 : AMPS

③ 3세대 : WCDMA

④ 4세대 : CDMA

59 동기식 광전송 시스템(SDH)에 대한 설명으로 적합하지 않은 것은?

① STM-1 신호는 155.52 Mbps의 전송 속도를 가진다.

② SDH 시스템은 주로 단일 모드 광섬유를 사용하여 장거리 전송을 구현한다.

③ SDH는 ATM 셀을 효율적으로 전송하기 위해 설계된 시스템이다.

④ SDH는 네트워크의 동기화를 필요로 하지 않는 비동기식 전송 방식이다.

60 다음 중 패킷 교환망에서 DTE(Data Terminal Equipment)와 DCE(Data Circuit-terminating Equipment) 간의 인터페이스를 정의하는 ITU-T 표준은?

① X.25

② X.28

③ X.30

④ X.75

61 다음에서 설명하고 있는 용어는?

> • 리눅스 커널의 가상 메모리(VM) 하위 시스템에 밀접하게 관련이 있고 디스크 사용량에는 약간의 영향이 있다.
> • 이 파일을 조정하면 파일 시스템을 향상시킬 수 있으며, 시스템의 반응을 빠르게 할 수 있다.

① bdflush
② buffermem
③ freepages
④ kswapd

62 다음 중 사용자 A가 사용자 B에게 메시지에 디지털 서명과 메시지 암호화하여 전송하려 한다면 어떤 순서로 A, B의 공개키와 A, B의 비밀키를 사용하여 암호화하여야 하는가?

① B의 공개키 → A의 공개키
② A의 공개키 → B의 비밀키
③ A의 비밀키 → B의 공개키
④ B의 비밀키 → A의 비밀키

63 다음 중 시스템의 평균 고장 간격을 나타내는 신뢰성 지표는?

① MTBF
② MTTF
③ MTTR
④ Availability

64 가상화 기술을 이용하여 서버 또는 컴퓨터를 가상화함으로써 논리적으로 업무망과 인터넷망을 분리하는 방식은?

① 메모리 가상화
② 네트워크 가상화
③ 물리적 망분리
④ 논리적 망분리

65 다음 중 Web 서버와 WAS 서버(Web Application Server)의 기능 차이에 대한 설명으로 옳지 <u>않은</u> 것은?

① Web 서버는 정적인 콘텐츠를 제공하는 데 주로 사용된다.
② WAS 서버는 동적인 콘텐츠를 생성하고 비즈니스 로직을 처리하는 데 사용된다.
③ Web 서버는 주로 HTTP 프로토콜을 통해 클라이언트 요청을 처리한다.
④ WAS 서버는 데이터베이스 연결과 같은 백엔드 통신을 지원하지 않는다.

66 다음 보안 시스템에 해당하는 것은?

> • 방화벽, VPN, IPS, 안티바이러스 등 서로 다른 종류의 보안제품 정보를 한 곳에서 관리하는 통합보안 관리시스템
> • 다양한 보안 장치들을 한 곳에서 관리함으로써 효율적인 보안 네트워크를 운영할 수 있고, 집중화된 보안 관리를 통해 각각의 보안 기능을 최대화할 수 있는 장점이 있으며, 주로 대규모 네트워크에서 활용

① ESM(Enterprise Security Management)
② WIPS(Wireless IPS)
③ UTM(Unified Threat Management)
④ IPS(Intrusion Prevention System)

67 UPS(Uninterruptible Power Supply) 구성요소에 대한 설명으로 틀린 것은?

① 정류기(Rectifier) : 3상/단상 전원(교류)을 직류로 변환하여 축전기에 충전시키는 장치
② 인버터(Inverter) : 전력 반도체 소자를 이용하여 직류 전원을 교류로 변환시키는 장치
③ 스위치(Switch) : 이상 신호가 감지될 경우, 전원을 차단하는 장치
④ 축전지(Battery) : 전력을 충전하고, 정전 시 인버터에 공급하는 장치

68 네트워크 관리 구성 모델에서 관리를 실행하는 객체와 관리를 받는 객체를 올바르게 짝지은 것은?

① Manager—Server
② Manager—Agent
③ Agent—Manager
④ Client—Agent

69 다음 중 정보통신망에서 정보를 교환하는 방식이 아닌 것은?

① 회선 교환(Circuit Switching) 방식
② 메시지 교환(Message Switching) 방식
③ 프레임 교환(Frame Switching) 방식
④ 패킷 교환(Packet Switching) 방식

70 ISMS(Information Security Management System) 인증에 관한 설명으로 옳지 않은 것은?

① ISMS 인증은 기업 정보의 비밀 유지, 무결성, 가용성을 보장하는 체계화된 정보보호 절차와 과정을 포함한다.
② ISMS 인증은 정보보호 관리체계의 수립, 운영, 점검, 개선의 4단계로 구성된다.
③ ISMS 심사는 한국인터넷진흥원과 금융보안원이 담당한다.
④ ISMS 인증을 통해 기업은 정보보호 체계의 효과성을 지속적으로 검증하고 개선할 수 있다.

71 다음 중 보안 위협에 대한 설명으로 옳지 않은 것은?

① 스푸핑(Spoofing)은 공격자가 합법적인 사용자로 가장하여 시스템에 접근하는 공격 기법이다.
② 세션 하이재킹(Hijacking)은 공격자가 사용자와 서버 간의 세션을 가로채어 접근 권한을 획득하는 공격이다.
③ 피싱(Phishing)은 사용자가 악성 웹사이트에 접속하도록 유도하여 개인 정보를 탈취하는 기법이다.
④ 랜섬웨어(Ransomware)는 시스템의 리소스를 과도하게 사용하여 서비스를 방해하는 공격이다.

72 다음 보안 프로토콜에 해당하는 것은?

> • 인터넷에서 데이터를 안전하게 전송하기 위해 설계된 프로토콜이다.
> • 데이터 암호화, 서버 인증, 메시지 무결성을 제공하여 전송 중 데이터의 기밀성과 무결성을 보호한다.
> • HTTPS로 알려진 웹사이트 보안에 사용되며, 웹 브라우저와 서버 간의 안전한 통신을 보장한다.
> • 최신 버전에서는 보안 취약점을 해결하고 더 강력한 암호화 방식을 사용한다.

① SSH
② SSL/TLS
③ IPsec
④ WPA2

73 정보통신시스템 계획 중 아래 내용에 해당하는 단계는?

> 시스템 성능 평가, 사용자 피드백, 문제에 대한 개선 및 보안, 시스템의 개량개선 검토

① 시스템 설계
② 시스템 구현
③ 시스템 시험
④ 시스템 유지보수

74 네트워크 장비를 하나의 네트워크 관리체계(NME)로 볼 수 있으며 여기에는 네트워크 관리를 위해 사용되는 소프트웨어들을 포함하고 있는데 이들 NME의 역할이 아닌 것은?

① 장비에 들어오고 나가는 트래픽 통계 정보를 수집한다.
② 수집한 통계 정보를 저장한다.
③ 관리 호스트로부터의 요청을 처리한다.
④ 장비에 이상 발생 시 주위 장비들에 이를 알린다.

75 IEEE 802.1Q 표준 규격의 VLAN을 구별하는 VLAN ID를 전달하는 방법인 태깅(Tagging) 방법에 대한 설명으로 틀린 것은?

① 이더넷 프레임에서 소스 주소(Source Address) 바로 다음에 2바이트 TPID (Tag Protocol ID)를 삽입하여 VLAN 태그가 존재함을 알려준다.
② VLAN 태그를 인식하지 못하는 구형 장비는 알려지지 않은 이더넷 프로토콜 타입으로 간주하여 폐기한다.
③ TPID 바로 다음에 2바이트 TCI(Tag Control Information)를 삽입하여 태그 제어 정보로 사용한다.
④ TCI 중 12비트인 VID(VLAN ID)는 각각의 VLAN을 식별하는 데 사용하며, 총 4,096개의 VLAN 구별이 가능하다.

76 다음 중 논리적 망분리의 특징으로 **틀린** 것은?

① 가상화 등의 기술을 이용하여 논리적으로 분리하여 운영

② 상대적으로 관리가 용이하여 효율성 높음

③ 구성 방식에 따라 취약점 발생하여 상대적으로 낮은 보안성

④ 완전한 망분리 방식으로 가장 안전한 방식

77 다음 중 데이터베이스 시스템의 분할 투명성으로 옳은 것은?

① 데이터베이스 시스템은 데이터를 여러 서버에 분산 저장할 수 있지만, 사용자는 하나의 데이터베이스 서버로 접근할 수 있다.

② 데이터베이스 시스템은 복수의 동시 접근을 지원하며, 다수의 사용자가 동시에 데이터를 조작할 수 있다.

③ 데이터베이스 시스템은 데이터베이스의 물리적인 저장 위치를 나타내지 않고, 사용자는 데이터가 어디에 저장되었는지 알 수 없다.

④ 데이터베이스 시스템은 데이터의 중복을 허용하지 않으며, 데이터베이스 내에 중복 데이터가 저장되지 않는다.

78 MDF에 대한 설명 중 **틀린** 것은?

① 외부 회선과 내부 회선의 접속 분계점 역할을 한다.

② 교환 장비를 운용하는 경우, MDF를 사업자와 가입자간 접속 분계점으로 본다.

③ 아파트 공용 복도나 사무실 인근 등 가입자가 위치한 주변에 주로 설치된다.

④ 외부 회선과 내부 회선 간 절체 시험을 수행할 수 있다.

79 다음 중 기능상 목적이 서로 다르거나 동일한 목적의 개별접지를 전기적으로 연결하여 구현한 접지시스템은?

① 단독접지

② 공통접지

③ 통합접지

④ 독립접지

80 다음 중 정보통신망 운영계획에 포함되어야 할 내용이 **아닌** 것은?

① 연간, 월간 장기계획

② 주간, 일간 단기계획

③ 최적 회선망의 설계조건 검토

④ 작업내용, 작업량, 우선순위, 주기, 운전소요시간, 운전형태 및 시스템 구성

81 DMA 제어기에서 CPU와 I/O 장치 사이의 통신을 위해 반드시 필요한 것이 <u>아닌</u> 것은?

① address register
② word count register
③ address line
④ device register

82 컴퓨터의 중앙 처리 장치(CPU)는 4가지 단계를 반복적으로 거치면서 동작한다. 4가지 단계에 속하지 <u>않는</u> 것은?

① Fetch Cycle
② Branch Cycle
③ Interrupt Cycle
④ Execute Cycle

83 다음 중 용역업자가 발주자에게 통보해야 하는 감리결과에 포함되지 <u>않는</u> 것은?

① 착공일 및 완공일
② 공사업자의 성명
③ 사용자재의 제조원가
④ 정보통신기술자배치의 적정성 평가결과

84 다음 중 정보통신공사업에 종사하는 정보통신기술자에 관한 설명으로 옳지 <u>않은</u> 것은?

① 정보통신기술자는 동시에 두 곳 이상의 공사업체에 종사할 수 없다.
② 동일한 종류의 공사인 경우 1명의 정보통신기술자와 다수의 공사를 관리할 수 있다.
③ 정보통신기술자는 자기의 경력이나 기술자격증을 대여하여서는 아니된다.
④ 정보통신기술자는 타인에게 자기의 성명을 사용하여 용역 또는 공사를 하게 하여서는 아니된다.

85 I/O 채널(channel)의 설명 중 맞지 <u>않는</u> 것은?

① CPU는 일련의 I/O 동작을 지시하고 그 동작 전체가 완료된 시점에서만 인터럽트를 받는다.
② 입출력 동작을 위한 명령문 세트를 가진 프로세서를 포함하고 있다.
③ 선택기 채널(selector channel)은 여러 개의 고속 장치들을 제어한다.
④ 멀티플렉서 채널(multiplexer channel)에는 보통 하드디스크 장치들을 연결한다.

86 다음 중 프로그램 카운터와 명령의 번지부분을 더해 유효번지로 결정하는 주소 지정 방식은?

① 즉각 주소 지정 방식(Immediate Addressing Mode)
② 간접 지정 주소 방식(Indirect Addressing Mode)
③ 직접 주소 지정 방식(Direct Addressing Mode)
④ 상대 주소 지정 방식(Relative Addressing Mode)

87 다음 중 예약 또는 증권 서비스 등에 적합한 처리 시스템 방식은?

① 시분할 처리 시스템
② 실시간 처리 시스템
③ 분산 처리 시스템
④ 일괄 처리 시스템

88 다음 중 자기보수 코드(Self Complement Code)인 것은?

① 3초과 코드
② BCD 코드
③ 그레이 코드
④ 해밍 코드

89 주소영역(Address Space)이 1[GB]인 컴퓨터가 있다. 이 컴퓨터의 MAR(Memory Address Register)의 크기는 얼마인가?

① 30[bit]
② 30[Byte]
③ 32[bit]
④ 32[Byte]

90 Open Source로 개방되어 사용자가 변경이 가능한 운영체제는?

① Mac OS
② MS-DOS
③ OS/2
④ Linux

91 다음 중 구내통신선로설비에서 충분한 회선을 확보하여야 하는 경우와 관계없는 것은?

① 옥외로 인입되는 국선의 구성
② 구내로 인입되는 국선의 수용
③ 구내회선의 구성
④ 단말장치 등의 증설

92 지능형 홈네트워크 설비 설치 및 기술기준에 따른 단지 서버의 설치기준으로 틀린 것은?

① 단지서버는 상온 · 상습인 곳에 설치하여야 한다.
② 단지서버는 외부인의 조작을 막기 위한 잠금장치를 하여야 한다.
③ 단지서버는 집중구내통신실 또는 방재실에 설치할 수 있다.
④ 단지서버가 설치되는 공간에는 영상정보처리기기 등을 설치할 수 없다.

93 영상정보처리기기 운영자가 개인영상정보를 제3자에게 제공할 수 있는 경우가 아닌 것은?

① 정보주체에게 동의를 얻은 경우
② 범죄의 수사와 공소의 제기 및 유지를 위하여 필요한 경우
③ 개인정보처리자의 동의를 얻은 경우
④ 법원의 재판업무 수행을 위하여 필요한 경우

94 이용요금을 미리 받고 전기통신서비스를 제공하는 사업(선불통화서비스)을 하려는 기간통신사업자는 보증보험증서 사본 등의 관련 자료를 누구에게 제출해야 하는가?

① 과학기술정보통신부장관
② 방송통신위원장
③ 중앙전파관리소장
④ 한국정보통신진흥협회장

95 다음 중 과학기술정보통신부장관이 소속 공무원으로 하여금 방송통신 설비를 설치·운영하는 자의 설비를 조사하거나 시험하게 할 수 있는 경우가 아닌 것은?

① 유지·보수중인 방송통신설비인 경우
② 국가비상사태에 대비하기 위한 경우
③ 재해·재난 예방을 위한 경우 및 재해·재난 발생한 경우
④ 방송통신설비 관련 시책을 수립하기 위한 경우

96 전기통신설비를 이용하여 타인의 통신을 매개하거나 전기통신설비를 타인의 통신용으로 제공하는 것을 무엇이라 하는가?

① 정보통신서비스
② 전기통신서비스
③ 전기통신역무
④ 정보통신역무

97 다음 중 스케줄링에 대한 설명으로 틀린 것은?

① 스케줄링이란 프로세스들의 자원 사용 순서를 결정하는 것을 말한다.
② 선점 기법은 프로세스가 점유하고 있는 자원을 다른 프로세스가 빼앗을 수 있는 기법을 말한다.
③ 선점 기법은 우선순위가 높은 프로세스가 급히 수행되어야 할 경우 사용된다.
④ 비선점 기법은 실시간 대화식 시스템에서 주로 사용된다.

98 8비트에 저장된 값 10010111을 16비트로 확장한 결과값은? (단, 가장 왼쪽의 비트는 부호(Sign)를 나타낸다.)

① 0000000010010111
② 1000000010010111
③ 1001011100000000
④ 1111111110010111

99 OSI 7계층 모델 중 각 계층의 기능에 대한 설명으로 틀린 것은?

① 물리계층 : 전기적, 기능적, 절차적 기능 행위
② 데이터 링크계층 : 흐름제어, 에러제어
③ 네트워크 계층 : 경로설정 및 네트워크 연결관리
④ 전송 계층 : 코드 변환, 구문검색

100 다음 중 시스템에 접근하는 침입자를 오래 머물게 하여 추적이 가능하게 하므로 능동적으로 방어할 수 있고, 침입자의 공격을 차단할 수 있다는 장점으로 인해 많이 활용되는 침입탐지 기술은?

① Spoofing
② Honeypot
③ Sniffing
④ Switching

필기 기출문제 02회

시행일	문항 수	소요시간
2023년 10월	총 100문항	150분

수험번호 : _____

성   명 : _____

<1과목> 정보전송일반

01 다음 중 OTDR(Optical Time Domain Reflectometer) 특징으로 <u>틀린</u> 것은?

① 광선로의 특성, 접점 손실과 고장점을 찾는 광선로 측정 장비이다.

② 광선로 특성을 측정하기 위해 광커플러를 이용하여 광선로에 연결한다.

③ 레일리 산란에 의한 후방산란광을 이용하여 광섬유 손실 특성을 측정한다.

④ 광선로에 광펄스들을 입사시켜 되돌아온 파형에 대해 주파수 영역에서 측정한다.

02 다음 중 PAM(Pulse Amplitude Modulation) 변조방식에 대한 설명으로 <u>틀린</u> 것은?

① PAM 신호를 장거리로 송신하는 경우에 아날로그 광대역 증폭기가 필요하다.

② 잡음에 매우 강하여 PAM 신호가 잡음에 영향을 받지 않는다.

③ PAM 변조기로 on-off 스위치를 이용하여 비교적 간단하게 구성할 수 있다.

④ PAM 복조기는 저역통과필터를 사용하여 회로를 구성할 수 있다.

03 다음 중 통신 신호의 부호화 방식이 <u>다른</u> 것은?

① DPCM(Differential Pulse Code Modulation)

② APCM(Adaptive Pulse Code Modulation)

③ APC(Adaptive Predictive Coding)

④ ADM(Adaptive Delta Modulation)

04 다음 중 정궤환(Positive Feedback)을 사용하는 발진회로에서 발진을 위한 궤환 루프(Feedback Loop)의 조건으로 옳은 것은?

① 궤환 루프의 이득은 없고, 위상천이가 $180°$이다.

② 궤환 루프의 이득은 1보다 작고, 위상천이가 $90°$이다.

③ 궤환 루프의 이득은 1보다 작고, 위상천이가 $0°$이다.

④ 궤환 루프의 이득은 1보다 크고, 위상천이가 $180°$이다.

05 다음 중 전자파 간섭에 노출된 컴퓨터 네트워크에서 데이터를 전달하는데 가장 적합한 전송 매체로 옳은 것은?

① 광섬유(Optical Fiber)

② 동축케이블(Coaxial Cable)

③ 마이크로웨이브(Microwave)

④ UTP(Unshielded Twisted Pair)

06 주기전압신호(Periodic Voltage Signal)의 푸리에 급수(Fourier Series) 계수(c_n) 스펙트럼이 그림과 같이 주어졌을 때 Parseval 정리를 이용하여 평균 전력[kW]을 구하면?

C_n

50 50

−60 60 f

① 5[kW]
② 10[kW]
③ 50[kW]
④ 100[kW]

07 다음 중 대역 제한 채널(Band Limited Channel)의 대역폭이 입력 신호의 대역폭에 비해 작은 경우 발생하는 것은?

① 왜곡(Distortion)
② 누화(Crosstalk)
③ 잡음(Noise)
④ 심볼 간 간섭(Inter Symbol Interference)

08 다음 중 통신시스템에서 동기식 전송의 특징으로 옳지 <u>않은</u> 것은?

① 2[kbps] 이상의 전송속도에서 사용
② Block과 Block 사이에는 휴지 간격이 없음
③ Timing 신호를 이용하여 송수신측이 동기 유지
④ 전송 성능이 좋으며 전송 대역이 넓어짐

09 OFDM(Orthogonal Frequency Division Multiplexing) 변조방식에서 PAPR(Peak to Average Power Ratio)이 증가하는 직접적인 이유는 무엇인가?

① 기지국 내 차량 통신 사용자 수가 증가하는 경우 PAPR이 증가한다.
② 많은 부반송파 신호들이 동위상으로 더해지는 경우 PAPR이 증가한다.
③ 이웃한 기지국에서 사용자 수가 많아지는 경우 PAPR이 증가한다.
④ 채널 부호화가 다중화되는 경우 PAPR이 증가한다.

10 전송신호가 $s(t)=2\cos(2\pi 100t)+6\cos(2\pi 150t)$ 이고, 다음과 같은 전력스펙트럼 밀도(PSD) $G_n(f)$를 갖는 잡음 $n(t)$이 인가될 때 신호 대 잡음비(SNR)로 옳은 것은?

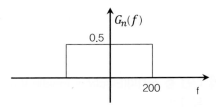

① −20[dB]
② −10[dB]
③ 0[dB]
④ 10[dB]

11 다음 중 부울대수의 정리가 성립되지 <u>않는</u> 것은?

① A + B = B + A
② A · B = A(A + B)
③ A(B + C) = AB + AC
④ A + (B · C) = (A + B)(A + C)

12 50/125[μm] 광케이블에서 코어의 굴절률이 1.49이고 비굴절률(△)이 1.5[%]일 때 개구수는 약 얼마인가?

① 0.156
② 0.158
③ 0.258
④ 2.28

13 다음 중 동선의 트위스트 페어(Twisted Pair) 케이블의 특징으로 맞지 <u>않는</u> 것은?

① 가격이 저렴하고 설치가 간편하다.
② 하나의 케이블에 여러 쌍의 꼬임선들을 절연체로 피복하여 구성한다.
③ 다른 전송 매체에 비해 거리, 대역폭 및 데이터 전송률 면에서 제한적이지 않다.
④ 유도 및 간섭현상을 줄이기 위해서 균일하게 서로 꼬여 있는 형태의 케이블이다.

14 다음 중 전자파(Electromagnetic Wave)로 분류되는 것은?

① 알파선(Alpha Rays)
② 초음파(Ultrasonic Waves)
③ 감마선(Gamma Rays)
④ 베타선(Beta Rays)

15 다음 중 FDM(Frequency Division Multiplexing)에 관한 설명으로 옳지 <u>않은</u> 것은?

① 다중의 메시지 신호를 넓은 대역에서 동시에 전송할 수 있다.
② 각 메시지 신호는 부반송파로 우선 변조된다.
③ 여러 부반송파가 합쳐진 후 주반송파로 변조된다.
④ 주반송파 변조 방식은 FM 방식으로만 전송된다.

16 전계 $E[V/m]$ 및 자계 $H[A/m]$인 전자파가 자유 공간 중을 빛의 속도로 전파(Propagation)될 때 단위시간에 단위면적을 지나는 에너지는 $[W/m^2]$?

① EH
② EH^2
③ E^2H
④ E^2H^2

17 디지털 통신 시스템에서 E_b/N_o[dB]을 증가시켰을 때 발생되는 효과로 옳은 것은? (E_b : 비트당 에너지, N_o : 잡음 전력스펙트럼 밀도)

① 비트 에러율 증가
② 비트 에러율 감소
③ 대역폭 증가
④ 대역폭 감소

18 다음 중 TDM(Time Division Multiplexing) 수신기에 대한 설명으로 옳지 <u>않은</u> 것은?

① 수신측에서의 표본화기인 Demodulator 는 수신되는 신호와 동기 되어야 한다.
② 저역통과필터는 PAM 샘플로부터 아날로그 신호를 재구성하는 데 사용된다.
③ 채널 필터링이 양호하지 않은 경우 심볼 간 간섭(ISI)이 발생할 수 있다.
④ 비트 동기와 프레임 동기를 완벽하게 유지하면 심볼 간 간섭(ISI)을 방지할 수 있다.

19 다음 중 FDMA(주파수 분할 다중화)에 대한 설명으로 옳지 <u>않은</u> 것은?

① 인접 채널 간에 간섭이 발생할 수 있다.
② 여러 사용자가 시간과 주파수를 공유한다.
③ 전송 신호 매체의 유효 대역폭이 클 때 가능하다.
④ 진폭변조, 주파수변조, 위상변조방식이 사용될 수 있다.

20 다음 회로의 명칭은 무엇인가?

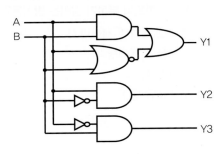

① 비교 회로
② 다수결 회로
③ 일치 회로
④ 반일치 회로

21 다음 중 AM 방송에서 사용하는 다중화 방식으로 옳은 것은?

① 주파수 분할 다중화
② 시간 분할 다중화
③ 코드 분할 다중화
④ 위상 분할 다중화

22 다음 중 광대역 다중화기(Group band multiplexer)의 설명으로 적합하지 <u>않은</u> 것은?

① 광대역 데이터 회로를 위해 설계된 시분할 다중화기로 문자 삽입식 시분할 다중화기이다.
② 여러 가지 다른 속도의 동기 시 데이터를 한데 묶어서 전송할 수 있다.
③ 고속 링크 측 채널 속도는 19.2[kbps]에서부터 1,544[kbps]까지 사용할 수 있다.
④ 정확한 동기를 유지하기 위하여 별도의 동기용 채널이 필요하다.

23 다음 중 LTE 이동통신에서 사용하는 다중접속 방식으로 옳은 것은?

① OFDMA(Orthogonal Frequency Division Multiple Access)
② TDMA(Time Division Multiple Access)
③ FDMA(Frequency Division Multiple Access)
④ CDMA(Code Division Multiple Access)

24 TV 서비스 중 가정마다 공급되는 초고속 인터넷망을 통해 다양한 VOD(주문형 비디오) 서비스를 즐길 수 있는 멀티미디어 서비스로 전용 셋탑박스(중계기)를 설치하면 서비스 업체가 제공하는 미디어 콘텐츠를 언제든 시청할 수 있는 것은?

① 케이블TV
② IPTV
③ 스마트TV
④ 유선TV

25 "가상세계와 가상세계" 그리고 "가상세계와 현실세계"에 대한 인터페이스 규격을 정의한 표준으로 옳은 것은?

① MPEG−U
② MPEG−V
③ MPEG−E
④ MPEG−M

26 다음 중 구내에 설치하는 무인택배시스템에서 보유해야 하는 기능으로 적절하지 <u>않은</u> 것은?

① 별도의 등기우편 전용함을 통한 등기우편물을 수령할 수 있는 기능이 있어야 한다.
② 모든 보관함에는 유사시 탈출할 수 있는 비상탈출버튼을 내장하여야 한다.
③ 홈네트워크 연동을 통해 각 세대의 월패드에 택배 도착 알림 기능이 있어야 한다.
④ 사용자가 원격 무인택배 관제센터와 24시간 상담을 할 수 있도록 착신 전용 전화를 내장하여야 한다.

27 다음 키오스크(Kiosk)에 관한 설명 중 틀린 것은?

① 터치패널 등이 탑재된 설치형 디지털 단말기를 말한다.
② 예전에는 정보를 전달하는 입력장치로 주로 사용했으나 현재는 출력장치로만 사용한다.
③ 무인교통카드 판매기, 무인민원발급기, ATM 기기 등에서 주로 사용되고 있다.
④ 무인주문시스템으로 사용자가 메뉴를 고르고 결제하는 상호작용 단말기이다.

28 다음 중 주차관제시스템의 구성요소 중 단지 입·출구에 설치되지 <u>않는</u> 장비는?

① 차량번호 인식 장치
② 차량 자동 차단기
③ 주차권 발권기
④ 주차관리 서버

29 다음 전자교환기 중앙제어장치의 보호방식 중 최소의 서비스 유지를 목표로 하는 컴퓨터 용량의 45[%] 정도의 부하가 걸리는 방식은?

① 축적 프로그램 제어방식
② 포선논리 제어방식
③ 대기 방식
④ 부하분담 방식

30 일반적인 범용 컴퓨터의 메모리에 대한 설명 중 틀린 것은?

① RAM은 영구적인 데이터를 저장하며 휘발성(Volatile)을 가지지 않는다.

② Flash 메모리 칩은 내용을 지우고 다시 프로그램할 수 있다.

③ CMOS 칩은 배터리에 의해 전원이 공급되어 전원이 나가더라도 내용을 잃어버리지 않는다.

④ ROM은 특별한 장비 없이는 컴퓨터가 사용자 데이터를 쓰거나 지울 수 없다.

31 모뎀 수신기의 구성요소 중 다양한 영향으로 인한 진폭변화의 영향을 줄이기 위하여 적절한 신호 크기 레벨을 유지할 수 있도록 하는 구성요소로 옳은 것은?

① 대역 제한 필터(Band Limiting Filter)

② 부호화기(Encoder)

③ 복호화기(Decoder)

④ 자동이득조절기(Automatic Gain Controller)

32 실제로 데이터를 전송해야 하는 단말에게만 시간 폭을 할당하여 소프트웨어적으로 시간 폭 배정이 가능한 지능형 다중화 장치는 무엇인가?

① 동기식 TDM(Synchronous TDM)

② 비동기식 TDM(Asynchronous TDM)

③ 동기식 FDM(Synchronous FDM)

④ 비동기식 FDM(Asynchronous FDM)

33 PON(Passive Optical Network)에서 ONU(Optical Network Unit)에 관한 설명 중 틀린 것은?

① ONU는 통상적으로 국사 내에 설치되어 백본망과 가입자망을 서로 연결하는 광가입자망 구성장치를 말하며, 광신호를 종단하는 기능을 수행한다.

② ONU는 전기신호를 광신호로 광신호를 전기신호로 변환하는 기능을 수행한다.

③ ONU는 Optical Splitter를 통해 전송된 광신호를 수신하여 분리하고 이를 해당하는 각 단말기로 전송한다.

④ ONU는 각 단말기에서 전송한 신호를 다중화하여 OLT(Optical Line Terminal)로 송출한다.

34 다음 중 지상파 디지털TV 표준방식인 ATSC(Advanced Television Systems Committee)를 다른 방식의 지상파 표준방식과 비교한 특징이 아닌 것은?

① 낮은 출력으로 넓은 커버리지 서비스 제공

② 높은 대역폭 효율로 고화질 서비스 제공

③ 잡음 간섭에 대해 강인함

④ 이동수신에 용이함

35 다음 중 공동주택에서 CCTV 카메라 의무설치 장소가 아닌 곳은?

① 지하주차장

② 옥상 출입구

③ 피난층 계단실

④ 각 동의 출입구

36 다음 중 통신 신호의 전송방법에서 집중화 방식을 다중화 방식과 비교한 특징으로 <u>틀린</u> 것은?

① 통신회선의 유지보수가 편리하다.
② 채널을 효율적으로 사용할 수 있다.
③ 데이터가 있는 단말기에만 타이밍 슬롯을 할당한다.
④ 패킷교환 집중화 방식과 회선교환 집중화 방식이 있다.

37 통신시스템에서 멀티미디어 데이터 압축기법 중 혼성압축기법으로 <u>틀린</u> 것은?

① MPEG(Moving Picture Experts Group)
② JPEG(Joint Photographic Experts Group)
③ GIF(Graphics Interchange Format)
④ FFT(Fast Fourier Transform)

38 디지털 화상회의 시스템에서 QCIF(Quarter Common Intermediate Format)을 흑백화면으로 25프레임, 8비트로 샘플링을 한다면 데이터 전송률은 약 얼마인가?

① 5[Mbps]
② 10[Mbps]
③ 20[Mbps]
④ 40[Mbps]

39 홈네트워크에서 L2 워크그룹 스위치가 스위칭을 수행하는 기반으로 옳은 것은?

① IP 주소
② MAC 주소
③ TCP/UDP 포트번호
④ 패킷 내용

40 다음 중 영상통신기기의 "보안" 사항으로 관련이 <u>없는</u> 것은?

① 무결성(Integrity)
② 인증(Authenticity)
③ 암호화(Encryption)
④ 품질(Quality)

<3과목> 정보통신네트워크

41 다음 중 OSI 7계층에서 컴퓨터와 네트워크 종단 장치 간의 논리적, 전기적, 기계적 성질과 관련된 계층으로 옳은 것은?

① 물리 계층
② 데이터링크 계층
③ 네트워크 계층
④ 전송 계층

42 다음 중 통신망에서 전송 시 프레임 수신측에서 에러 검출을 돕기 위해 삽입된 필드로 옳은 것은?

① Preamble
② Type
③ FCS(Frame Check Sequence)
④ Padding

43 다음 중 네트워크 장비의 관리를 위한 SNMP(Simple Network Management Protocol)에 대한 설명으로 **틀린** 것은?

① 프로토콜 스택 내 이더넷 또는 라우팅 등 하위계층에 발생하는 일을 알 수 없다.
② 매니저와 에이전트가 통신하기 위해 TCP를 이용하여 메시지를 전송한다.
③ SNMP가 사용하는 쿼리(Queries)/응답 매커니즘으로 네트워크 트래픽이 발생한다.
④ SNMP로 수집된 정보로부터 네트워크 장비 전산 자원사용량, 에러양, 처리속도 등을 알 수 있다.

44 다음 중 링크 상태 기반 라우팅 알고리즘이 수행하는 동작 설명으로 **틀린** 것은?

① 주변 라우터에 측정된 링크 상태 분배
② 주변 라우터에 자신의 호스트 리스트 분배
③ 주변 라우터 각각에 대한 지연시간 측정
④ 주변 라우터를 인지하고 그들의 네트워크 주소 숙지

45 다음 |보기에 대한 설명 중 괄호 (   ) 안에 들어갈 용어로 옳은 것은?

┌ 보기 ┐
X.25 인터페이스 프로토콜에서 (   ) 계층은 LAPB(Link Assess Procedure Balanced)로 전송제어 절차를 규정하고 순서, 오류, 흐름제어기능을 한다.
└─────┘

① 네트워크
② 데이터링크
③ 물리
④ 표현

46 다음 중 파장분할 다중화 기술(WDM)에서 채널 수가 적은 것부터 많은 순서대로 나열한 것으로 옳은 것은?

① CWDM → DWDM → UDWDM
② CWDM → UDWDM → DWDM
③ DWDM → CWDM → UDWDM
④ DWDM → UDWDM → CWDM

47 주파수 대역 분류 중 ISM(Industrial Science Medical) band에 대한 설명으로 **틀린** 것은?

① Bluetooth, Zigbee, WLAN 등 근거리 통신망에서 많이 활용된다.
② 같은 ISM 주파수 대역을 사용하는 무선장치 간 상호간섭에 대한 문제 해결을 위해 주파수 간섭 회피기술을 사용한다.
③ ITU-T에서 통신 용도가 아닌 산업, 과학, 의료분야를 위해 사전허가 없이 사용 가능한 공용주파수 대역이다.
④ ISM 밴드는 주파수를 사전에 분배하여 사용하고 신뢰성 있는 통신을 위해 단말기는 고출력, 고전력 송신기를 사용한다.

48 위성 DMB와 지상파 DMB의 전송방식이 올바르게 짝지지어진 것은?

① 8VSB : OFDM
② OFDM : CDM
③ OFDM : 8VSB
④ CDM : OFDM

49 다음 중 IPv6 IP 주소 표기설명으로 옳은 것은?

① 8비트씩 8개 부분으로 10진수 표시
② 8비트씩 8개 부분으로 16진수 표시
③ 16비트씩 8개 부분으로 10진수 표시
④ 16비트씩 8개 부분으로 16진수 표시

50 「초고속정보통신건물 인증업무처리지침」 중 홈네트워크 건물인증심사기준에서 AA등급 요건으로 적합하지 <u>않은</u> 것은?

① 배선방식은 트리(Tree)구조이어야 한다.
② 세대단자함과 홈네트워크 월패드 간 배선은 Cat 5e 4 페어 이상으로 한다.
③ 세대단자함과 홈네트워크 월패드 간 예비배관은 16C 이상으로 한다.
④ 전력선 통신방식을 적용하는 경우에는 블록킹 필터 설치공간을 확보한다.

51 다음 중 수신측에서 설정한 크기만큼 세그먼트를 전송할 수 있게 하여 데이터 흐름을 동적으로 조절하는 흐름 제어기법으로 옳은 것은?

① Karn 알고리즘
② 슬로우 스타트(Slow Start)
③ 슬라이딩 윈도우(Sliding Windows)
④ 스톱 앤 포워드(Stop and Forward)

52 다음 중 IP(Internet Protocol) 데이터그램 구조에 포함되지 <u>않는</u> 항목은?

① Version
② Protocol
③ IP address
④ Sequence number

53 다음 중 구내정보통신망(LAN) 전송로 규격의 하나인 1000BASE-T 규격에 대한 설명으로 <u>틀린</u> 것은?

① 최대 전송속도는 1000[kbps]이다.
② 베이스밴드 전송방식을 사용한다.
③ 전송매체는 UTP(꼬임쌍선)이다
④ 주로 이더넷(Ethernet)에서 사용된다.

54 다음 중 ICMP(Internet Control Message Protocol) 중 하나인 ping을 PC에서 동작했을 때 송신 버퍼 크기를 지정하는 ping 옵션으로 옳은 것은?

① -a

② -n

③ -l

④ -t

55 다음 중 광섬유 통신기술 중 하나인 WDM(Wavelength Division Multiplex)의 특징으로 틀린 것은?

① 복수의 전달정보를 동일한 파장에 할당하여 여러 개의 광섬유에 나누어 전송하는 기술이다.

② 중장거리 전송을 위해 EDFA, 라만증폭기를 사용하여 전송손실을 보상한다.

③ 전송되는 파장 간격 및 파장 수 따라 CWDM, DWDM 등으로 구분한다.

④ IP, ATM, SONET/SDH, 기가비트 이더넷의 등 서로 다른 전송속도와 프로토콜을 가진 채널의 전송이 가능하다.

56 다음 중 무선 LAN의 MAC 알고리즘으로 옳은 것은?

① CSMA/CA

② CSMA/CD

③ CDMA

④ TDMA

57 다음 중 CDMA 이동통신에서 사용하는 레이크 수신기에 대한 설명으로 틀린 것은?

① 다중경로 페이딩에 의한 전소에러를 최소화하기 위한 기술

② 시간 차(지연)가 있는 두 개 이상의 신호를 분리해 낼 수 있는 수신기

③ 신호환경에 맞춰 안테나의 빔방사 패턴을 자동으로 변화시켜 수신감도를 향상시킴

④ 여러 개의 상관검출기로 다중경로 신호를 분리하고 상관검출기를 통해 최적신호를 검출한다.

58 전송 채널 대역의 이용효율을 높이기 위해 수신단에서 수신된 데이터에 대한 "확인응답(ACK, NAK)"을 따로 보내지 않고, 상대편으로 향하는 데이터 프레임에 "확인 응답 필드"를 함께 실어보내는 전송오류제어기법은?

① Piggyback Acknowledgement(피기백 확인 응답)

② Synchronization Acknowledgement (동기 확인 응답)

③ Time out Acknowledgement(타임아웃 확인 응답)

④ Daisy Chain Acknowledgement(데이지 체인 확인 응답)

59 다음 중 네트워크 가상화 기술로 옳지 <u>않은</u> 것은?

① VPN(Virtual Private Network)
② SDN(Software Defined Network)
③ NFV(Network Functions Virtualization)
④ VOD(Video On Demand)

60 다음 중 RFID(Radio Frequency IDentification) 시스템의 구성요소로 적당하지 <u>않은</u> 것은?

① 정보를 제공하는 전자태그(Tag)
② 수동형태그용 전원공급장치(Power Supply)
③ 데이터를 처리하는 호스트 컴퓨터(Host Computer)
④ 판독기능을 하는 리더(Reader)

<4과목> 정보시스템운용

61 다음 중 IIS(Internet Information Service) Server에 대한 설명으로 <u>틀린</u> 것은?

① 마이크로소프트의 윈도즈용 인터넷 서버군의 이름이다.
② Web, HTTP, FTP, Gopher 등이 포함되어 있다.
③ 데이터베이스를 이용한 웹 기반의 응용 프로그램 작성을 지원하는 일련의 프로그램들을 포함한다.
④ 아파치 서버와는 다르게 ActiveX 컨트롤을 지원하지 못한다.

62 127대 단말의 사내 네트워크를 보유한 회사에서 NAT(Network Address Translation)를 이용하여 IPv4 사설 IP를 설정하여 운용하고자 한다. 다음 중 사설 IP 대역으로 설정하기에 적합한 IP 대역은?

① 1.10.0.0 ~ 1.10.0.255
② 172.32.1.0 ~ 172.32.1.255
③ 192.168.2.0 ~ 192.168.2.255
④ 192.168.3.0 ~ 192.168.3.127

63 다음 중 OSI 기본 참조 모델에서 서로 다른 프로토콜을 사용하는 통신망 간의 상호 접속을 위해 프로토콜 변환 기능을 제공하는 장치는?

① 게이트웨이
② 브리지
③ 허브
④ 리피터

64 다음 중 지능형 홈네트워크 설비 중 감지기에 대한 설비기준이 <u>아닌</u> 것은?

① 가스감지기는 LNG인 경우에는 천장 쪽에, LPG인 경우에는 바닥 쪽에 설치하여야 한다.
② 동체감지기는 유효감지반경을 고려하여 설치하여야 한다.
③ 감지기에서 수집된 상황 정보는 단지서버에 전송하여야 한다.
④ 동체감지기는 지상의 주동 현관 및 지하주차장과 주도를 연결하는 출입구에 설치하여야 한다.

65 다음 중 스마트빌딩 종합방재실 기기 배치도에 포함되는 CCTV 설비의 구성품이 <u>아닌</u> 것은?

① 네트워크 영상녹화장치(NVR)
② 모니터
③ 스위칭 허브
④ 출입통제시스템

66 다음 중 HTTPS의 특징으로 옳지 <u>않은</u> 것은?

① HTTP에 Secure Socket이 추가된 형태이다.
② HTTP 통신에 SSL 혹은 TLS 프로토콜을 조합한다.
③ HTTP → SSL → TCP의 순서로 통신한다.
④ HTTPS는 디폴트로 8080 포트를 사용한다.

67 다음 중 Zero-day Attack을 방지할 수 있는 가장 효율적인 기술은?

① IDS
② Honeypot
③ IPS
④ Firewall

68 다음 중 1개소 또는 여러 개소에 시공한 공통의 접지극에 개개의 설비를 모아 접속해 접지를 공용화하는 접지방식은?

① 독립접지
② 다중접지
③ 보링접지
④ 공통접지

69 다음 중 SNMP(Simple Network Management Protocol)에서 사용되는 PDU(Protocol Data Unit)가 <u>아닌</u> 것은?

① GetRequest PDU
② Local PDU
③ Trap PDU
④ GetResponse PDU

70 다음 중 항온항습기의 유지관리 시 주요 점검 항목의 내용으로 거리가 <u>먼</u> 것은?

① 가습기의 전극봉의 상태를 주기적으로 확인해야 한다.
② 팬 모터 장애 상태는 필터 재질에 따라 사전에 확인한다.
③ 수시로 압축기 냉매의 압력을 확인해야 한다.
④ 응축수 배출 배관의 연결 부위의 누수 상태를 확인한다.

71 다음 중 물리적 · 환경적 보안, 접근통제, 정보시스템 획득 및 개발 · 유지 등의 통제항목에 대한 기준을 제시한 정보보안 경영시스템(ISMS : Information Security Management System)에 대한 국제표준으로 옳은 것은?

① ISO/IEC 27001
② ISO/IEC 50001
③ ITU-T G.984.2
④ ITU-T G.984.1

72 다음 중 클라우드 서비스에서 서버의 부하 분산을 위한 기술에 해당하지 <u>않는</u> 것은?

① DNS 라운드로빈
② OS 타입
③ 얼로케이션(Allocation) 방식
④ 어플라이언스 타입

73 다음 중 물리적 보안장비인 CCTV 시스템에 대한 설명으로 <u>틀린</u> 것은?

① 실시간 감시 및 영상정보를 녹화한다.
② 인식 및 영상정보를 전송하는 기능을 수행한다.
③ 카메라, 렌즈, 영상저장장치를 포함한다.
④ 케이블 및 네트워크를 포함하지 않는다.

74 다음 중 물리적 보안을 위한 계획 수립과정에서 가장 우선하여 고려하여야 하는 사항은?

① 통제구역을 설정하고 관리
② 보호해야 할 장비나 구역을 정의
③ 제한구역을 설정하고 관리
④ 외부자 출입사항 관리대장 작성

75 다음에서 설명하는 데이터베이스 스키마(Schema)는?

> 개체 간의 관계(Relationship)와 제약조건을 나타내고 데이터베이스의 접근 권한, 보안 및 무결성 규칙에 관한 명시를 정의한다.

① 내부 스키마
② 외부 스키마
③ 개념 스키마
④ 관계 스키마

76 다음 중 유선랜에서 제공하는 것과 유사한 수준의 보안 및 기밀보호를 무선랜에서 제공하기 위한 Wi-Fi 표준에 정의된 보안 프로토콜은?

① WEP(Wired Equivalent Privacy)
② WIPS(Wireless Instrusion Prevention System)
③ WTLS(Wireless Transport Layer Security)
④ WAP(Wireless Application Protocol)

77 다음 |보기|의 특징을 가지는 영상신호의 전송방식은?

> |보기|
> • 카메라 추가가 용이
> • 보안 위험이 높음
> • 구축비용이 저렴
> • 별도 전원 필요
> • 전파환경에 따른 통신 끊김 현상 발생

① 광케이블
② 무선방식
③ 동축 케이블
④ UTP 케이블

78 다음 중 WDM(Wavelength Division Multi-plexing)기술에서 사용하는 C밴드 대역 파장은?

① 1260 ~ 1360[nm]
② 1360 ~ 1460[nm]
③ 1460 ~ 1530[nm]
④ 1530 ~ 1565[nm]

79 다음 중 방송 공동수신설비의 수신안테나 설치 기준으로 옳지 않은 것은?

① 수신안테나는 모든 채널의 지상파방송, 종합유선방송 신호를 수신할 수 있도록 안테나를 구성하여 설치하여야 한다.
② 수신안테나는 벼락으로부터 보호될 수 있도록 설치하되, 피뢰침과 1.5미터 이상의 거리를 두어야 한다.
③ 수신안테나를 지지하는 구조물을 풍하중을 견딜 수 있도록 견고하게 설치하여야 한다.
④ 둘 이상의 건축물이 하나의 단지를 구성하고 있는 경우에는 한 조의 수신안테나를 설치하여 이를 독립적으로 사용할 수 있다.

80 광통신망 유지보수를 위한 계측기가 아닌 것은?

① OTDR
② Optical Power Meter
③ 융착접속기
④ 선로분석기

81 다음 중 주소 범위가 192.0.0.0에서 223.255.255.255까지인 주소 클래스는?

① A class
② B class
③ C class
④ D class

82 다음 중 DDoS(Distributed Denial of Service) 공격 중 대역폭 공격에 대한 설명으로 틀린 것은?

① 다량의 TCP 패킷을 서버 및 네트워크에 전송하여 정상적인 운영 불가
② 대용량 트래픽 전송으로 인한 네트워크 회선 대역폭 고갈
③ 주로 위조된 큰 크기의 패킷과 위조된 출발지 IP 사용
④ 회선 대역폭 고갈로 인한 정상 사용자 접속 불가

83 다음 |보기의 설명 중 괄호 안에 들어갈 숫자로 옳은 것은?

┤보기├
클라우드컴퓨팅서비스의 보안인증 유효기간은 인증 서비스 등을 고려하여 대통령령으로 정하는 (   )년 내의 범위로 하고, 보안인증의 유효기간을 연장받으려는 자는 대통령령으로 정하는 바에 따라 유효기간의 갱신을 신청하여야 한다.

① 1
② 3
③ 5
④ 10

84 다음 중 구내통신설비 및 통신선로에 접지단자를 설치하지 않아도 되는 것은?

① 금속으로 된 광섬유 접속함체
② 금속으로 된 옥외분배함
③ 금속으로 된 구내통신단자함
④ 전송설비용 통신케이블

85 구내 통신선 중 건물간선케이블 및 수평배선케이블은 몇 [MHz] 이상의 전송대역을 갖는 꼬임케이블, 광섬유케이블 또는 동축케이블을 사용하여야 하는가?

① 1[MHz]
② 10[MHz]
③ 100[MHz]
④ 300[MHz]

86 다음 감리원 배치기준 중 용역업자가 발주자의 승낙을 얻어 1명의 감리원에게 둘 이상의 공사를 감리할 수 있게 하는 경우에 해당하지 않는 것은?

① 총 공사비가 2억원 미만의 공사로 동일한 시·군에서 행해지는 동일한 종류의 공사
② 총 공사비가 2억원 미만의 공사로 공사 현장 간의 직선거리가 20킬로미터 이내인 지역에서 행해지는 동일한 종류의 공사
③ 이미 시공 중에 있는 공사의 현장에서 새로이 행해지는 동일한 종류의 공사
④ 6층 미만으로서 연면적 5천 제곱미터 미만의 건축물에 설치되는 정보 통신설비의 설치공사

87 다음 |보기의 괄호 안에 들어갈 문구로 옳은 것은?

┌ 보기 ┐
(   )은 국민이 원하는 다양한 방송통신서비스가 차질 없이 안정적으로 제공될 수 있도록 방송통신에 이용되는 유·무선망의 고도화를 위하여 노력하여야 하며, 이를 위하여 필요한 시책을 수립·시행하여야 한다.
└────┘

① 행정안전부장관
② 과학기술정보통신부장관
③ 문화체육관광부장관
④ 방송통신위원장

88 다음 중 OSI 7계층의 5계층 이상에서 사용하는 VPN(Virtual Private Network)은?

① IPsec(Internet Protocol Security) VPN
② PPTP(Point-to-Point Tunneling Protocol) VPN
③ SSL(Secure Sockets Layer) VPN
④ MPLS(MultiProtocol Label Switching) VPN

89 발주자는 감리원으로부터 승인요청이 있을 경우 특별한 사유가 없는 한 다음 기한 내에 처리될 수 있도록 협조해야 한다. 다음 |보기의 괄호 안에 각각의 일정으로 옳은 것은?

┌─ 보기 ├────────────────────
• 실정보고, 설계변경 방침변경 : 요청일로부터 단순한 경우 (   )일 이내
• 시설물 인계 · 인수 : 준공검사 시정 완료일로부터 (   )일 이내
• 현장문서 및 유지관리지침서 : 공사준공 후 (   )일 이내
└──────────────────────────

① 7, 7, 14
② 7, 14, 14
③ 14, 14, 21
④ 14, 21, 30

90 다음 프로그램 언어 중 구조적 프로그래밍(Structured Programming)에 적합한 기능과 구조를 갖는 것은?

① BASIC
② FORTRAN
③ C
④ RPG

91 다음 중 프로그램 구현 시 목적파일(Object File)을 실행파일(Execute File)로 변환해 주는 프로그램으로 옳은 것은?

① 링커(Linker)
② 프리프로세서(Preprocessor)
③ 인터프리터(Interpreter)
④ 컴파일러(Compiler)

92 다음 보조기억장치 중 처리속도가 빠른 것부터 순서대로 가장 올바르게 나타낸 것은?

① 자기드럼 〉 자기디스크 〉 자기테이프
② 자기디스크 〉 자기드럼 〉 자기테이프
③ 자기드럼 〉자기테이프 〉자기디스크
④ 자기테이프 〉 자기디스크 〉 자기드럼

93 다음 중 기간통신사업자가 제공하려는 전기통신서비스에 관하여 정하는 이용약관에 포함되지 않는 것은?

① 전기통신역무를 제공하는데 필요한 설비
② 전기통신사업자 및 이용자의 책임에 관한 사항
③ 수수료 · 실비를 포함한 전기통신서비스의 요금
④ 전기통신서비스의 종류 및 내용

94 다음 중 하드디스크의 데이터 접근시간에 포함되지 않는 것은?

① 탐색시간
② 회전지연시간
③ 읽기시간
④ 전송시간

95 다음 중 메모리 맵 입출력(Memory-mapped I/O)방식의 설명으로 **틀린** 것은?

① 입출력을 위한 제어·상태 레지스터와 데이터 레지스터를 메모리 주소 공간에 포함하는 방식이다.

② 입출력 전용(Dedicated I/O) 또는 고립형 입출력(Isolated I/O) 주소 지정이라고 한다.

③ 장치 레지스터의 주소를 지정하기 위해 메모리 공간의 주소 일부를 할당한다.

④ 메모리와 입출력장치가 동일한 주소버스 구조를 사용한다.

96 명령문 수행 파이프라인에서 데이터 종속성(Data Dependency)은 성능을 저해한다. 이를 해결하기 위해 레지스터 재명명(Register Renaming) 방법을 사용하는 종속성끼리 올바르게 나열된 것은?

① 쓰기 후 읽기(RAW) 종속성과 읽기 후 쓰기(WAR) 종속성

② 쓰기 후 읽기(RAW) 종속성과 쓰기 후 쓰기(WAW) 종속성

③ 읽기 후 쓰기(WAR) 종속성과 쓰기 후 쓰기(WAW) 종속성

④ 읽기 후 쓰기(WAR) 종속성과 읽기 후 쓰기(WAR) 종속성

97 다음 중 하드디스크 섹터의 위치를 지정하기 위한 주소지정방식 중 '하드디스크의 구조적인 정보인 실린더 번호, 헤드 번호, 섹터 번호를 사용하여 주소를 지정하는 방식'으로 옳은 것은?

① CHS(Cylinder Head Sector) 주소지정방식

② LBA(Logical Block Addressing) 주소지정방식

③ MZR(Multiple Zone Recording) 주소지정방식

④ 섹터 주소지정방식

98 다음 중 하나의 프린터를 여러 프로그램이 동시에 사용할 수 없으므로 논리장치에 저장하였다가 프로그램이 완료 시 개별 출력할 수 있도록 하는 방식은?

① Channel

② DMA(Direct Memory Access)

③ Spooling

④ Virtual Machine

99 다음 중 데이터 웨어하우스와 사용자 사이에서 특정 사용자가 관심이 있는 데이터를 담은 비교적 작은 규모의 데이터 웨어하우스를 무엇이라 하는가?

① 데이터마트

② 데이터마이닝

③ 빅데이터

④ 웨어하우스

100 다음 중 공개 소프트웨어에 대한 설명으로 옳지 않은 것은?

① 무료의 의미보다는 개방의 의미가 있다.

② 라이센스(License) 정책을 만들어 유지하도록 한다.

③ 상업적 목적으로 사용이 불가하다.

④ 공개 소스 소프트웨어와 같은 의미로 사용한다.

필기 기출문제 (03회)

시행일	문항 수	소요시간
2023년 6월	총 100문항	150분

수험번호 : _____

성   명 : _____

〈1과목〉 정보전송일반

01 어떤 신호가 4개의 데이터 준위를 가지며 펄스 시간은 1[ms] 일 때 비트 전송률은 얼마인가?

① 1,000[bps]
② 2,000[bps]
③ 4,000[bps]
④ 8,000[bps]

02 다음 중 데이터의 신호처리 과정에서 나타나는 엘리어싱(Aliasing) 현상에 대한 설명으로 틀린 것은?

① 표본화율이 나이키스트 표본화율보다 낮으면 발생한다.
② 엘리어싱이 발생하면 원래의 신호를 정확히 재생하기 어렵다.
③ 표본화 전에 HPF(High Pass Filter)를 사용하여 엘리어싱을 방지할 수 있다.
④ 주파수 스펙트럼 분포에서 서로 이웃하는 부분이 겹쳐서 발생한다.

03 2비트 데이터 크기를 4준위 신호 중 하나에 속하는 2비트 패턴의 1개 신호 요소로 부호화하는 회선 부호화 (Line Coding) 방식은?

① RZ(Return to Zero)
② NRZ-I(Non Return to Zero-Inverted)
③ 2B/1Q
④ Differential manchester

04 다음 회로에서 출력 X에 대한 부울식은?

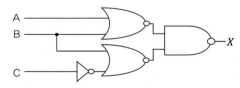

① $X = \overline{A} + B + C$
② $X = B + \overline{A}\,C$
③ $X = A + \overline{B}\,C$
④ $X = A + B + \overline{C}$

05 다음 그림의 회로 명칭은?

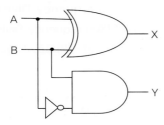

① 가산기
② 감산기
③ 반감산기
④ 비교기

06 통신용 중계케이블의 통화전압이 55[V]이고 잡음전압이 0.055[V]이면 잡음레벨[dB]은?

① 44[dB]
② 50[dB]
③ 55[dB]
④ 60[dB]

07 통신용 케이블 중 UTP(Unshielded Twisted-Pair) 케이블 규격에 대한 설명으로 틀린 것은?

① CAT.5 케이블의 규격은 10BASE-T이다.
② CAT.5E 케이블의 규격은 1000BASE-T이다.
③ CAT.6 케이블의 규격은 1000BASE-TX이다.
④ CAT.7 케이블의 규격은 10GBASE이다

08 광섬유케이블에서 빛을 집광하는 능력 즉, 최대 수광각 범위 내로 입사시키기 위한 광학 렌즈의 척도를 무엇이라 하는가?

① 개구수(Numerical Aperture, NA)
② 조리개 값(F-number)
③ 분해거리(Resolved Distance)
④ 초점심도(Depth of Focus)

09 인공위성이나 우주 비행체와 같이 매우 빠른 속도로 운동하는 경우 전파발진원의 이동에 따라서 수신주파수가 변하는 현상은?

① 페이저 현상
② 플라즈마 현상
③ 도플러 현상
④ 전파지연 현상

10 무선통신시스템에서 송신출력이 10[W], 송수신 안테나 이득이 각각 25[dBi], 수신 전력이 -20[dBm]이라고 할 때 자유공간 손실은 몇[dB]인가? (단, 전송선로 손실 및 기타 손실은 무시한다)

① 100[dB]
② 105[dB]
③ 110[dB]
④ 115[dB]

11 통신시스템에서 데이터 전송 시 비트율이 고정되어 있을 때 다원 베이스 밴드 전송(Multilevel Baseband Transmission)을 사용하여 심볼당 비트 수를 증가시켜 전송한다면 어떠한 효과가 있는가?

① 전송 대역폭을 줄일 수 있다.
② 전송 전력을 줄일 수 있다.
③ 비트 에러율이 줄어든다.
④ 얻어지는 효과가 없다.

12 데이터 전송 시 서로 다른 전송 선로 상의 신호가 정전 결합, 전자 결합 등 전기적 결합에 의하여 다른 회선에 영향을 주는 현상은?

① 왜곡(Distortion)
② 누화(Crosstalk)
③ 잡음(Noise)
④ 지터(Jitter)

13 데이터 통신 다중화 기법 중 시분할 다중화(TDM)에 대한 설명으로 틀린 것은?

① 망동기가 필요하다.
② 수신 시 비트 및 프레임 동기가 필요하다.
③ 인접채널간 간섭을 줄이기 위해 보호대역이 필요하다.
④ 데이터 프레임 구성시 필요한 오버헤드가 커서 데이터 전송 효율이 떨어진다.

14 이동통신시스템의 주파수 변조방식인 OFDM (Orthogonal Frequency Division Multi-plexing)과 FDM(Frequency Division Multi-plexing)을 비교한 설명으로 적합하지 않은 것은?

① OFDM과 FDM은 정보 전송을 위하여 주파수 대역을 나눈다는 공통점이 있다.
② OFDM 방식에서는 직교성을 사용하여 FDM 방식보다 대역폭 효율이 좋지 않다.
③ FDM 방식은 OFDM 방식과 동일하게 다중 부반송파를 사용한다.
④ FDM 방식은 많은 수의 변복조기가 필요하다.

15 다음 보기의 설명으로 적합한 것은?

신호레벨이 변하는 속도로 매초에 전송할 수 있는 부호의 수를 의미하여 하나의 부호(심볼)를 전송할 때 필요한 시간에 대한 심볼의 폭으로 나타낼 수 있으며, 단위는 'Baud'이다.

① 변조속도
② 데이터 신호속도
③ 데이터 전송속도
④ 베어러(Bearer) 속도

16 이동통신시스템의 스펙트럼 확산 방식 중 하나인 FH(Frequency Hopping) 방식에 대한 설명으로 틀린 것은?

① 미리 정해진 순서(의사랜덤수열)에 따라 서로 다른 호핑용 채널에 할당시킨다.
② 수신측은 송신 시 사용한 호핑 코드와 동일한 코드를 이용하여 특정 시간에 특정 주파수로 튜닝하여야 한다.
③ 같은 주파수를 사용하더라도 호핑 코드만 다르면 여러 확산대역 시스템을 동일 장소에 사용 가능하다.
④ 동일 지역에서 서로 다른 도약 시퀀스(Hopping Sequence)에 의해 네트워크를 분리할 수 없다.

17 이동통신에서 다중 경로의 반사파에 의해 발생되는 페이딩(Fading)으로 페이딩 주기가 짧고, 도심지역에서 주로 발생하는 페이딩은?

① Long Term Fading
② 흡수성 Fading
③ Rician Fading
④ Short Term Fading

18 주기 신호가 300[Hz], 400[Hz], 500[Hz]의 주파수를 갖는 3개의 정현파로 분해될 경우 대역폭은?

① 200[Hz]
② 300[Hz]
③ 400[Hz]
④ 500[Hz]

19 입력측 신호대잡음비가 15[dB]이고 시스템의 잡음지수(Noise Factor)가 10일 때, 출력측 신호대잡음비는 몇 [dB] 인가?

① 5
② 10
② 15
④ 25

20 전파의 경로별로 도래각이 다른 점을 이용해서, 빔의 각도가 다른 복수 개의 안테나 수신 전력을 합성하여 페이딩을 보상하는 방법은?

① Angle Diversity
② Path Diversity
③ Site Diversity
④ Antenna Diversity

21 유비쿼터스 센서 네트워크(USN) 구성에서 기본적인 기술 구성요소가 아닌 것은?

① 버스부(BUS)
② 제어부(MCU)
③ 센서부(Sensor)
④ 통신부(Radio)

22 가입자선에 위치하고 단말기와 디지털 네트워크 사이의 인터페이스를 제공하며, 유니폴라 신호를 바이폴라 신호로 변환시키는 것은?

① DSU(Digital Service Unit)
② 변복조기(MODEM)
③ CSU(Channel Service Unit)
④ 다중화기

23 다음 중 아날로그 신호를 디지털신호로 변환하여 전송매체로 전송하기 위한 과정으로 옳은 것은?

① 표본화-부호화-양자화-펄스발생기-통신채널
② 펄스발생기-부호화-표본화-양자화-통신채널
③ 표본화-양자화-부호화-통신채널-펄스발생기
④ 표본화-양자화-부호화-펄스발생기-통신채널

24 1,200[bps] 속도를 갖는 4채널을 다중화한다면 다중화 속도는 최소 얼마인가?

① 1,200[bps]
② 2,400[bps]
③ 4,800[bps]
④ 9,600[bps]

25 20개의 중계선으로 5[Erl]의 호량을 운반하였다면 이 중계선의 효율은 몇 [%] 인가?

① 20[%]
② 25[%]
③ 30[%]
④ 35[%]

26 다음 중 재난안전통신망 단말기에서 지원하는 음성 코덱이 아닌 것은?

① EVS(Enhanced Voice Service)
② WB-AMR(Wideband-Adaptive Multi Rate)
③ NB-AMR(Narrowband-Adaptive Multi Rate)
④ VP9

27 각종 사물에 컴퓨터 칩과 통신 기능을 내장하여 인터넷에 연결하는 기술은?

① IoT(Internet of Things)
② Cloud Computing
③ Blockchain
④ Big Data

28 멀티미디어기기 중 비디오텍스의 특성으로 틀린 것은?

① 대용량의 축적 정보를 제공한다.
② 쌍방향 통신 기능을 갖는 검색·회화형 화상 정보 서비스이다.
③ 정보 제공자와 운용 주체가 같다.
④ 시간적인 제한은 없으나 화면의 전송이 느리고 Interface가 필요하다.

29 다음 중 SIP(Session Initiation Protocol) 서버의 기능이 아닌 것은?

① SIP 장비의 등록
② SIP 장비간 호 처리
③ SIP 호 연결 Proxy 기능
④ 멀티미디어 정보 관리 및 제공

30 웹 브라우저 간에 플러그인의 도움없이 서로 통신을 할 수 있도록 설계되어 음성통화, 영상통화 등 영상회의 시스템에 사용되는 API(Application Program Interface)는?

① UAS(User Agent Server)
② H.323
③ WebRTC(Web Real−Time Communication)
④ H.264

31 IPTV의 보안기술 중 CAS(Conditional Access System)와 DRM(Digital Right Management)에 대한 설명으로 틀린 것은?

① CAS는 인증된 사용자만이 프로그램을 수신한다.
② DRM은 콘텐츠 복제와 유통방지를 목적으로 한다.
③ CAS는 다단계 암호화 키를 사용한다.
④ DRM은 단방향 통신망에서 사용한다.

32 다음 |보기|에서 우리나라 디지털 지상파 HDTV 방송의 전송방식 표준 기술로 바르게 나열한 것은?

┌─| 보기 |────────────────────┐
• 변조방식 : ㉠ 8−VSB ㉡ COFDM
• 반송파 방식 : ㉢ 단일 캐리어 ㉣ 복수캐리어
• 음성 부호화 : ㉤ MPEG−2 오디오 AAC
　㉥ Dolby AC−3
└──────────────────────────┘

① ㉠, ㉣, ㉥
② ㉡, ㉢, ㉤
③ ㉠, ㉢, ㉥
④ ㉡, ㉣, ㉤

33 아래 |보기|의 홈네트워크 장비 보안요구 사항 중 정보통신망 연결기기 인증기준 항목의 "인증"에 관련된 내용으로 구성된 것은?

┤ 보기 ├
ㄱ. 비밀번호 및 인증정보관리
ㄴ. 사용자 인증(관리자 인증 포함)
ㄷ. 세션 관리
ㄹ. 디바이스 접근
ㅁ. 개인정보 법적 준거성

① ㄱ, ㄴ, ㄷ
② ㄱ, ㄴ, ㄹ
③ ㄴ, ㄷ, ㄹ
④ ㄷ, ㄹ, ㅁ

34 다음 중 RFID(Radio Frequency Identification)의 구성요소에 대한 설명으로 틀린 것은?

① 태그는 배터리 내장 유무에 따라 능동형과 수동형으로 구분된다.
② 리더기는 주파수 발신 제어 및 수신 데이터의 해독을 실시한다.
③ 리더기는 용도에 따라 고정형, 이동형, 휴대형으로 구분된다.
④ 태그는 데이터가 입력되는 IC칩과 배터리로 구성된다.

35 다음 중 단말형(On-Device) 인공지능(AI) 기술에 대한 설명으로 틀린 것은?

① 중앙 서버를 거치지 않고 사용자 단말에서 인공지능 알고리즘을 실행하고 결과를 획득하는 기술이다.
② 단말기 자체적으로 사용자의 음성 데이터를 학습하고 오프라인 환경에서는 사용자의 데이터를 학습할 수 없다.
③ 효율적 처리를 위해 신경망 처리장치와 같은 하드웨어와 경량화된 소프트웨어 최적화 솔루션 등이 이용된다.
④ 단말형 인공지능의 가장 큰 장점은 보안성과 실시간성이다.

36 다음 중 긴급구조용 위치정보를 제공하는 웨어러블 기기의 구성요소가 아닌 것은?

① 무선(이동)통신모듈
② SNS(Social Networking Service) 처리 모듈
③ A-GNSS(Assisted Global Navigation Satellite Systems) 모듈
④ WiFi 모듈

37 다음 |보기|에서 설명하고 있는 기술 용어는?

┤ 보기 ├
가상의 정보(객체)를 현실세계에 덧입혀 제공하는 기술에서 더 나아가, 현실과 가상이 자연스럽게 결합되어 두 환경이 공존하는 기술

① 가상현실(VR, Virtual Reality)
② 증강현실(AR, Augmented Reality)
③ 혼합현실(MR, Mixed Reallity)
④ 홀로그램(Hologram)

38 다음 중 HMD(Head Mounted Display)기반의 가상현실 핵심기술 요소가 아닌 것은?

① 영상 추적(Image Tracking) 기술
② 머리 움직임 추적(Head Tracking) 기술
③ 넓은 시야각(Wide Field of View) 구현 기술
④ 입체 3D(Stereoscopic 3D) 구현 기술

39 다음 중 프린터의 인쇄 이미지 해상도나 선명도를 표시하는 방식은?

① Pixel
② Lux
③ DPI
④ Lumen

40 다음 |보기|의 내용에서 설명하는 전력제어 기술은?

> | 보기 |
> 통화 중 이동국의 출력을 기지국이 수신 가능한 최소 전력이 되도록 최소화함으로써 기지국 역방향 통화 요량을 최대화하며, 단말기 배터리 수명을 연장시킨다.

① 폐루프 전력제어
② 순방향 전력제어
③ 개방루프 전력제어
④ 외부루프 전력제어

<3과목> 정보통신네트워크

41 클래스 B주소를 가지고 서브넷 마스크 255. 255.255.240으로 서브넷을 만들었을 때 나오는 서브넷의 수와 호스트의 수가 맞게 짝지어진 것은?

① 서브넷 2,048 호스트 14
② 서브넷 14, 호스트 2,048
③ 서브넷 4,094 호스트 14
④ 서브넷 14, 호스트 4,094

42 OSI 7계층 중 시스템간의 전송로 상에서 순서제어, 오류제어, 회복처리, 흐름제어 등의 기능을 실행하는 계층은?

① 물리 계층
② 트랜스포트 계층
③ 데이터 링크 계층
④ 세션 계층

43 다음 중 네트워크의 호스트간 패킷 전송에서 슬라이딩 윈도우 흐름제어 기법에 대한 설명으로 틀린 것은?

① 송신측에서 ACK(확인응답) 프레임을 수신하면 윈도우 크기가 늘어난다.
② 윈도우는 전송 및 수신측에서 만들어진 버퍼의 크기를 말한다.
③ ACK(확인응답) 수신 없이 여러 개의 프레임을 연속적으로 전송할 수 있다.
④ 네트워크에 혼잡현상이 발생하면 윈도우 크기를 1로 감소시킨다.

44 인터넷상의 IP 주소 할당 방식인 CIDR(Classless Inter Domain Routing) 형태로 192.168.128.0/20으로 표기된 네트워크가 가질 수 있는 IP 주소의 수는?

① 512
② 1,024
③ 2,048
④ 4,096

45 다음 중 210.200.220.78/26 네트워크의 호스트로 할당할 수 있는 첫 번째 IP와 마지막 주소는 무엇인가?

① 210.200.220.65, 210.200.220.126
② 210.200.220.64, 210.200.220.125
③ 210.200.220.64, 210.200.220.127
④ 210.200.220.65, 210.200.220.127

46 데이터 통신 프로토콜인 UDP(User Datagram Protocol)와 비교할 때 TCP(Transmission Control Protocol)의 장점이 아닌 것은?

① 전송 연결설정
② 흐름제어
③ 혼잡제어
④ 멀티캐스팅 가능

47 IP기반 네트워크상의 관리 프로토콜인 SNMP (Simple Network Management Protocol)의 데이터 수집 방식에 대한 설명으로 틀린 것은?

① 관리자는 에이전트에게 Request 메시지를 보낸다.
② 에이전트는 관리자에게 Response 메시지를 보낸다.
③ 이벤트가 발생하면 에이전트는 관리자에게 Trap 메시지를 보낸다.
④ 이벤트가 발생하면 관리자나 에이전트 중 먼저 인지한 곳에서 Trap 메시지를 보낸다.

48 다음 중 근거리 정보통신망을 구성하기 위한 네트워크 접속장치가 아닌 것은?

① 허브
② 라우터
③ 브릿지
④ 모뎀

49 이더넷에서 장치가 매체에 접속하는 것을 관리하는 방법으로 데이터 충돌을 감지하고 이를 해소하는 방식을 무엇이라 하는가?

① CRC(Cyclic Redundancy Check)
② CSMA/CD(Carrier Sense Multiple Access/Collision Delection)
③ FCS(Frame Check Sequence)
④ ZRM(Zmanda Recovery Manager)

50 VLAN(Virtual Local Area Network)으로 네트워크를 분리하여 이루어지는 네트워크 장치는 무엇인가?

① L2 스위치
② 라우터
③ DHCP(Dynamic Host Configuration Protocol) 서버
④ DNS(Domain Name System) 서버

51 다음 |보기|의 괄호( ) 안에 들어갈 적합한 용어는?

┌─| 보기 |─────────────────────────
│ 라우터를 구성한 후 사용하는 명령인 트레이스
│ (Trace)는 목적지까지의 경로를 하나하나 분석해
│ 주는 기능으로 ( )값을 하나씩 증가시키면서
│ 목적지로 보내서 돌아오는 에러 메시지를 가지고
│ 경로를 추적 및 확인해 준다.
└─────────────────────────────────

① TTL(Time To Live)
② Metric
③ Hold time
④ Hop

52 IP 기반 네트워크의 OSPF(Open Shortest Path First)에서 갱신정보를 인접 라우터에 전송하고 인접 라우터는 다시 자신의 인접 라우터에 갱신정보를 즉시 전달하여 갱신정보가 네트워크 전역으로 신속하게 전달되도록 하는 과정은?

① 플러딩(Flooding)
② 경로 태그(Route Tag)
③ 헬로우(Hello)
④ 데이터베이스 교환(Database Exchange)

53 평균 고장 발생 간격이 23시간이고, 평균복구시간이 1시간인 정보통신시스템의 1일 가동률은 약 몇 [%]인가?

① 104.34 [%]
② 100.00 [%]
③ 95.83 [%]
④ 91.67 [%]

54 다음 중 교환기의 과금처리 방식 중 하나인 중앙집중처리방식(CAMA)에 대한 설명으로 틀린 것은?

① 다수의 교환국망일 때 유리하다.
② 신뢰성이 좋은 전용선이 필요하다.
③ 유지보수에 많은 시간이 소요된다.
④ 과금센터 구축에 큰 경비가 들어간다.

55 다음 중 네트워크 통신의 패킷 교환방식과 관련된 내용으로 틀린 것은?

① 축적전달(Store and Forward) 방식
② 지연이 적게 요구되는 서비스에 적합
③ 패킷을 큐에 저장하였다가 전송하는 방식
④ X.25 교환망에 적용

56 다음 |보기의 괄호(   ) 안의 내용으로 적합한 것은?

┤ 보기 ├

ATM 셀의 전체 크기는 (㉠)바이트로, B-ISDN 에서 전송의 기본단위이다. 크기가 (㉡)바이트인 헤더와 (㉢)바이트인 사용자 데이터로 구성된다.

① ㉠ 53, ㉡ 5, ㉢ 48
② ㉠ 53, ㉡ 48, ㉢ 5
③ ㉠ 48, ㉡ 5, ㉢ 43
④ ㉠ 48, ㉡ 43, ㉢ 5

57 디지털 이동통신 시스템에서 이동국(단말기)이 자신의 위치와 상태를 교환기에 수시로 알려줌으로써 전체 시스템의 부하를 줄여주고 이동국 착신호의 신뢰성을 증가시키는 것은?

① 위치등록
② 전력제어
③ 핸드오프
④ 다이버시티

58 다음 중 정지위성에 대한 설명으로 틀린 것은?

① 지구 전체 커버 위성 수는 90도 간격으로 최소 4개이다.
② 지구 표면으로부터 정지 궤도의 고도는 약 36,000[km]이다.
③ 지구의 자전주기와 같은 주기로 지구를 공전하는 인공위성이다.
④ 지구의 인력과 위성의 원심력이 일치하는 공간에 위치한다.

59 다음 중 네트워크 통신에서 기존 일반적인 네트워킹과 비교하여 SDN(Software Defined Network)의 장점이 아닌 것은?

① 확장성
② 유연성
③ 비용절감
④ 넓은 대역폭

60 서비스 회사가 자신의 네트워크 망을 통해 영상을 스트리밍해 주는 서비스를 무엇이라 하는가?

① STB(Set Top Box)
② IPTV(Internet Protocol Television)
③ VolP(Voice Over Internet Protocol)
④ VPN(Virual Private Network)

<4과목> 정보시스템운용

61 리눅스 시스템에서 지정된 여러 개의 파일을 아카이브라고 부르는 하나의 파일로 만들거나, 하나의 아카이브 파일에 집적된 여러 개의 파일을 원래의 형태대로 추출하는 리눅스 쉘 명령어는?

① tar(Tape Archive)
② gzip
③ bzip
④ bunzip

62 리눅스 커널에서 보안과 관련된 패치 등의 집합체이며 해킹 공격의 방어에 효과적인 방법은?

① 긴급 복구 디스켓 만들기
③ 커널 튜닝 적용
② /boot 파티션 점검
④ Openwall 커널 패치 적용

63 다음 중 클라우드 컴퓨팅 가상화의 주요 이점이 아닌 것은?

① 비용 절감
② 정합성 향상
③ 효율성 및 생산성 향상
④ 재해 복구 상황에서 다운타임 감소 및 탄력성 향상

64 다음 중 서버 부하분산 방식 중 정적부하방식이 아닌 것은?

① 라운드로빈
② 가중치
③ 액티브－스탠바이
④ 최소응답시간

65 다음 |보기|에서 분산 데이터베이스의 투명성은 무엇인가?

┌ 보기 ┐
여러 사용자나 응용프로그램이 동시에 분산 데이터베이스에 대한 트랜젝션을 수행하는 경우에도 그 결과에 이상이 발생하지 않는다.
└─────┘

① 위치 투명성
② 복제 투명성
③ 병행 투명성
④ 분할 투명성

66 다음 중 통합관제센터 구축 이후 진행되는 성능시험 단계별 시험 내역으로 틀린 것은?

① 단위 기능시험 : 시스템별 요구사항 명세서에 명시된 기능들의 수행여부를 판단하기 위한 시험
② 통합시험 : 시스템간 서비스 레벨의 연동 및 End－to－End 연동시험
③ 실환경 시험 : 최종단계의 시험으로 실제 운영환경과 동일한 시험
④ BMT(Bench Mark Test) 성능시험 : 장비도입을 위한 장비간 성능 비교시험

67 다음 중 접지설비의 접지저항에 대한 설명으로 **틀린** 것은?

① 접지선은 접지 저항값이 10[Ω] 이하인 경우에는 1.6[mm] 이상, 접지 저항값이 100[Ω] 이하인 경우에는 직경 3.6[mm] 이상의 PVC(Poly Vinyl Chloride) 피복 동선 또는 그 이상의 절연 효과가 있는 전선을 사용한다.

② 금속성 함체나 광섬유 접속등과 같이 내부에 전기적 접속이 없는 경우 접지를 아니할 수 있다.

③ 접지체는 가스, 산 등에 의한 부식의 우려가 없는 곳에 매설하여야 하며, 접지체 상단이 지표로부터 수직 깊이 75[cm] 이상 되도록 매설하되 동결심도보다 깊게 하여야 한다.

④ 전도성이 없는 인장선을 사용하는 광섬유 케이블의 경우 접지를 아니할 수 있다.

68 다음 중 건물의 통신설비인 중간단자함(IDF)에 관한 설명으로 **틀린** 것은?

① 층단자함에서 각 인출구까지는 성형배선 방식으로 한다.

② 국선단자함과 층단자함은 용도가 상이하다.

③ 구내교환기를 설치하는 경우에는 층단자함에 수용하여야 한다.

④ 선로의 분기 및 접속을 위하여 필요한 곳에 설치한다.

69 다음 중 건물의 화재감지 방식 중 연기가 빛을 차단하거나 반사하는 원리를 이용한 연기감지 센서는?

① 광전식
② 이온화식
③ 정온식
④ 자외선 불꽃

70 다음 |보기|에서 설명하는 통신회선 장비의 명칭은?

┤보기├

하나의 시스템에서 광전송 기능(SDH)뿐 아니라 다양한 형태의 서비스를 통합 수용할 수 있는 전용회선 장비로, 이더넷 기반(10[Mbps], 100[Mbps], 1[Gbps] 등), TDM 기반(T1, E1, DS3 등) 및 SDH 기반(STM1/16/64 등)들을 포함한 다양한 서비스 인터페이스를 수용한다.

① WDM(Wavelength Division Multiplexing)
② MSPP(Multi Service Provisioning Platform)
③ ROADM(Re-configurable Optical Add-Drop Multiplexer)
④ 캐리어 이더넷

71 네트워크 통신에서 '전용회선 서비스에 주로 사용되는 기간망'의 안정성을 고려하여 구성하는 망 형태가 **아닌** 것은?

① Ring형
② Mesh형
③ 8자형
④ Star형

72 다음 |보기와 같은 특징을 갖는 서버기반 논리적 망분리 방식은?

┤ 보기 ├

- 가상화된 인터넷 환경 제공으로 인한 악성 코드 감염을 최소화
- 인터넷 환경이 악성 코드에 감염되거나 해킹을 당해도 업무 환경은 안정적으로 유지 가능
- 가상화 서버 환경에 사용자 통제 및 관리정책 일괄적 적용 가능

① 인터넷망 가상화
② 업무망 가상화
③ 컴퓨터기반 가상화
④ 네트워크기반 가상화

73 다음 중 정보보호 관리체계의 인증 의무대상자가 아닌 것은?

① 정보통신서비스 부문 전년도 매출액이 100억 원 이상인 자
② 연간 매출액 또는 세입 등이 150억 원 이상인 자
③ 집적정보통신시설 사업자
④ 정보통신서비스 부문 3개월간의 일일평균 이용자수 100만명 이상인 자

74 다음 |보기는 정보보호 관리체계에 대한 "정보통신망 이용촉진 및 정보보호 등에 관한 법률" 일부 조항이다. 괄호( ) 안에 들어갈 단어로 적합하지 않은 것은?

┤ 보기 ├

과학기술정보통신부장관은 정보통신망의 안정성·신뢰성 확보를 위하여 ( )·( )·( ) 보호조치를 포함한 종합적 관리체계를 수집·운영하고 있는 자에 대하여 제4항에 따른 기준에 적합한지에 관하여 인증을 할 수 있다. (제4항은 정보보호 및 개인정보보호 관리체계 인증 등에 관한 고시임)

① 물리적
② 관리적
③ 기술적
④ 정책적

75 데이터의 비대칭암호화 방식에서 수신자의 공개키로 암호화하여 이메일을 전송할 때 얻을 수 있는 기능은?

① 무결성(Integrity)
② 기밀성(Confidentiality)
③ 부인방지(Non Repudiation)
④ 가용성(Availability)

76 다음 암호화 방식 중 암호화·복호화 종류가 다른 것은?

① RSA(ron Rivest, adi Shamir, leonard Adleman)
② IDEA(International Data Encryption Algorithm)
③ DES(Data Encryption Standard)
④ AES(Advanced Encryption Standard)

77 다음 중 네트워크를 관리하는 통신망인 TMN(Telecommunication Management Network)에서 정의하고 있는 5가지 관리 기능이 아닌 것은?

① 성능관리
② 보안관리
③ 조직관리
④ 구성관리

78 다음 중 네트워크 자원들의 상태를 모니터링하고 이들에 대한 제어를 통해서 안정적인 네트워크 서비스를 제공하는 것은?

① 게이트웨이 관리
② 서버 관리
③ 네트워크 관리
④ 시스템 관리

79 다음 중 WPAN(Wireless Personal Area Network) 방식이 아닌 것은?

① Zigbee
② Bluetooth
③ UWB(Ultra Wide Band)
④ BWA(Broadband Wireless Access)

80 공격자가 두 객체 사이의 세션을 통제하고, 객체 중 하나인 것처럼 가장하여 객체를 속이는 해킹기법은?

① 스푸핑(Spoofing)
② 하이재킹(Hijacking)
③ 피싱(Phishing)
④ 파밍(Pharming)

81 일반 범용컴퓨터의 하드디스크 오류가 발생하였을 때, 하드디스크를 재구성하지 않고 복사된 것을 대체함으로써 데이터를 복구할 수 있는 RAID(Redundant Array of Independent Disks) 레벨(Level)은?

① RAID 0
② RAID 1
③ RAID 3
④ RAID 5

82 32비트의 데이터에서 단일 비트 오류를 정정하려고 한다. 해밍 오류 정정 코드(Hamming Error Correction Code)를 사용한다면 몇 개의 검사 비트들이 필요한가?

① 4비트
② 5비트
③ 6비트
④ 7비트

83 다음 중 범용컴퓨터의 입출력 프로세서 (I/O Processor) 기능에 대한 설명으로 틀린 것은?

① 컴퓨터 내부에 설치된 입출력 시스템은 중앙처리장치의 제어에 의하여 동작이 수행된다.
② 중앙처리장치의 입출력에 대한 접속 업무를 대신 전담하는 장치이다.
③ 중앙처리장치와 인터페이스 사이에 전용 입출력 프로세서(IOP: I/O Processor)를 설치하여 많은 입출력장치를 관리한다.
④ 중앙처리장치와 버스(Bus)를 통하여 접속되므로 속도가 매우 느리다.

84 동심원을 이루는 저장장치에 데이터를 기록하는 방식으로 등각속도(CAV; Constant Angular Velocity)와 등선속도(CLV; Constant Linear Velocity)가 있다. 자기 디스크(Magnetic Disk)와 컴팩트 디스크(CD)의 기록 방식이 올바르게 나열된 것은?

① 자기 디스크: CAV, 컴팩트 디스크: CAV
② 자기 디스크: CLV, 컴팩트 디스크: CAV
③ 자기 디스크: CAV, 컴팩트 디스크: CLV
④ 자기 디스크: CLV, 컴팩트 디스크: CLV

85 다음 중 일반 범용컴퓨터의 운영체제에서 컴퓨터 시스템 내의 물리적인 장치인 CPU, 메모리, 입출력장치 등과 논리적 자원인 파일들이 효율적으로 고유의 기능을 수행하도록 관리하고 제어하는 부분은 무엇인가?

① 메모리
② GUI(Graphical User Interface)
③ 커널
④ I/O(Input/Output)

86 다음 중 일반 범용컴퓨터의 중앙처리장치(CPU)의 스케줄링 기법을 비교하는 성능 기준으로 틀린 것은?

① CPU 활용률 : CPU가 작동한 총시간 대비 프로세스들의 실제 사용 시간
② 처리율(Throughput) : 단위 시간당 처리 중인 프로세스의 수
③ 대기시간(Waiting Time) : 프로세스가 준비 큐(Ready Queue)에서 스케줄링 될 때까지 기다리는 시간
④ 응답시간 : 대화형 시스템에서 입력한 명령의 처리결과가 나올 때까지 소요되는 시간

87 일반 범용컴퓨터에서 메모리에 접근하지 않아 실행 사이클이 짧아지고, 명령어에 사용될 데이터가 오퍼랜드(Operand) 자체로 연산 되는 주소지정방식은?

① 베이스 레지스터 주소지정방식(Base Register Addressing Mode)
② 인덱스 주소지정 방식(Index Addressing Mode)
③ 즉시 주소지정 방식(Immediate Addressing Mode)
④ 묵시적 주소지정 방식(Implied Addressing Mode)

88 네트워크에서 IP주소의 네트워크 주소와 호스트 주소를 구분해 주는 것은?

① Subnet Mask
② ARP(Address Resolution Protocol)
③ DNS(Domain Name System)
④ RARP(Reverse Address Resolution Protocol)

89 다음 |보기에서 설명하는 프로토콜로 적합한 것은?

┤ 보기 ├
- 헤더 정보는 단순하고 속도가 빠르지만 신뢰성이 보장되지 않는다.
- 데이터 전송 중 일부 데이터가 손상되더라도 큰 영향을 받지 않는 서비스에 활용된다.
- 실시간 인터넷 방송 또는 인터넷 전화 등에 사용된다.

① IP(Internet Protocol)
② TCP(Transmission Control Protocol)
③ UDP(User Datagram Protocol)
④ ICMP(Internet Control Message Protocol)

90 다음 |보기에서 설명하는 것은 무엇인가?

┤ 보기 ├
외부 침입자가 시스템의 자원을 정당한 권한없이 불법적으로 사용하려는 시도나 내부 사용자가 자신의 권한을 오남용하려는 시도를 탐지하여 침입을 방지하는 것을 목적으로 하는 하드웨어 및 소프트웨어를 총칭한다.

① 침입탐지시스템(IDS)
② 프록시(Proxy)
③ 침입차단시스템(Firewall)
④ DNS(Domain Name System) 서버

91 다음 중 디지털 서명 알고리즘이 <u>아닌</u> 것은?

① 서명 알고리즘
② 해싱 알고리즘
③ 증명 알고리즘
④ 키 생성 알고리즘

92 2진수 (100110.100101)를 8진수로 변환한 값은?

① 26.91
② 26.45
③ 46.91
④ 46.45

93 다음 중 클라우드 컴퓨팅 서비스 유형으로 <u>틀린</u> 것은?

① BPaaS : 비즈니스 프로세스 클라우드 서비스
② IaaS : 인프라 클라우드 서비스
③ PaaS : 플랫폼 클라우드 서비스
④ SaaS : 공용 클라우드 서비스

94 분산 컴퓨팅에 관한 설명으로 <u>틀린</u> 것은?

① 분산컴퓨팅의 목적은 성능 확대와 가용성에 있다.
② 성능확대를 위해서는 컴퓨터 클러스터의 활용으로 수직적 성능 확대와 수평적 성능 확대가 있다.
③ 수평적 성능확대는 통신연결을 높은 대역의 통신회선으로 업그레이드하여 성능향상 시키는 것이다.
④ 수직적 성능확대는 컴퓨터 자체의 성능을 업그레이드하는 것을 말한다. CPU, 기억장치 등의 증설로 성능향상을 시킨다.

95 다음 중 정보통신공사업자의 시공능력평가에 포함되지 않는 사항은?

① 경영진평가
② 자본금평가
③ 기술력평가
④ 경력평가

96 다음 중 방송통신설비 기술기준 적합조사를 실시하는 경우가 아닌 것은?

① 방송통신설비 관련 시책을 수립하기 위한 경우
② 국가비상사태를 대비하기 위한 경우
③ 신기술 및 신통신방식 도입을 위한 경우
④ 방송통신설비의 이상으로 광범위한 방송통신 장애가 발생할 우려가 있는 경우

97 방송통신발전기본 법령에서 규정한 "방송통신설비의 관리규정"에 포함되지 않는 것은?

① 방송통신설비의 유지ㆍ보수에 관한 사항
② 방송통신설비 관리조직의 구성ㆍ직무 및 책임에 관한 사항
③ 방송통신서비스 이용자의 통신 감청에 관한 사항
④ 방송통신설비 장애 시의 조치 및 대책에 관한 사항

98 다음 중 정보통신공사업법에서 규정하는 '하도급'에 대한 설명으로 옳은 것은?

① 도급받은 공사의 전부에 대하여 수급인이 제3자와 체결하는 계약을 말한다.
② 도급받은 공사의 일부에 대하여 하도급인이 제3자와 체결하는 계약을 말한다.
③ 도급받은 공사의 일부에 대하여 수급인이 제3자와 체결하는 계약을 말한다.
④ 도급받은 공사의 전부에 대하여 하도급인이 제3자와 체결하는 계약을 말한다.

99 다음 업무용 건축물의 구내통신설비 구성도에서 (가)의 명칭은?

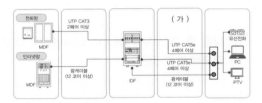

① 구내통신실
② 수평 배선계
③ 중간 단자함
④ 건물 간선계

100 정보통신공사를 설계한 용역업자는 설계도서를 언제까지 보관하여야 하는가?

① 공사의 목적물이 폐지될 때까지
② 공사가 준공된 후 2년간 보관
③ 공사가 준공된 후 5년간 보관
④ 하자담보 책임기간이 종료될 때까지

필기 기출문제 04회

시행일	문항 수	소요시간
2023년 3월	총 100문항	150분

수험번호 : _____

성   명 : _____

<1과목> 정보전송일반

01 다음 중 전송부호 형식의 조건으로 <u>틀린</u> 것은?

① 대역폭이 작아야 한다.
② 부호가 복잡하고 일관성이 있어야 한다.
③ 충분한 타이밍 정보가 포함되어야 한다.
④ 에러의 검출과 정정이 쉬워야 한다.

02 다음 중 회선 부호화(Line Coding)에 대한 설명으로 <u>틀린</u> 것은?

① 기저대역 신호가 전송채널로 전송되기 적합하도록 아날로그 신호 형태로 변환하는 방식이다.
② 디지털 데이터를 디지털 신호로 변환하는 방식이다.
③ 단극형, 극형, 양극형(쌍극형) 등의 범주가 있다.
④ 디지털 신호의 기저대역 전송을 위해 신호를 만드는 과정이다.

03 전송매체의 대역폭이 12,000[Hz]이고, 두 반송파 주파수 사이의 간격이 최소한 2,000[Hz]가 되어야 할 때 2진 FSK 신호의 보오율[baud]과 비트율[bps]은? (단, 전송은 전이중방식으로 이루어지며 대역폭은 각 방향에 동일하게 할당된다.)

① 4,000[baud], 4,000[bps]
② 4,000[baud], 8,000[bps]
③ 10,000[baud], 10,000[bps]
④ 10,000[baud], 16,000[bps]

04 궤환에 의한 발진회로에서 증폭기의 이득을 A, 궤환 회로의 궤환율을 β라고 할 때, 발진이 지속되기 위한 조건은?

① $\beta A = 1$
② $\beta A < 1$
③ $\beta A < 0$
④ $\beta A = 0$

05 다음 논리도는 무슨 회로인가?

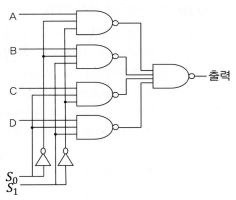

① 멀티플렉서(multiplexer)
② 디멀티플렉서(demultiplexer)
③ 인코더(encoder)
④ 디코더(decoder)

06 다음 중 UTP(Unshielded Twisted-Pair) 케이블에 대한 설명으로 옳은 것은?

① CAT.6 케이블 규격은 100BASE-TX이다.
② CAT.5E 케이블의 대역폭은 500[MHz]이다.
③ CAT.3 케이블은 최대 1[Gbps] 전송속도를 지원한다.
④ CAT.7 케이블은 최대 10[Gbps] 전송속도를 지원한다.

07 다음 중 선로의 전송특성 열화 요인에서 정상열화요인이 아닌 것은?

① 펄스성 잡음
② 위상 지터
③ 반향
④ 누화

08 다음 중 다중모드 광섬유(Multimode Fiber)에 대한 설명으로 틀린 것은?

① 코어내를 전파하는 모드가 여러 개 존재한다.
② 모드 간 간섭이 있어 전송대역이 제한된다.
③ 고속, 대용량 장거리 전송에 사용된다.
④ 단일모드 광섬유보다 제조 및 접속이 용이하다.

09 30[m] 높이의 빌딩 옥상에 설치된 안테나로부터 주파수가 2[GHz]인 전파를 송출하려고 한다. 이 전파의 파장은 얼마인가?

① 5[cm]
② 10[cm]
③ 15[cm]
④ 20[cm]

10 다음 중 밀리미터파의 특징으로 틀린 것은?

① 저전력 사용
② 우수한 지향성
③ 낮은 강우 감쇠
④ 송수신장치의 소형화

11 신호전압과 잡음전압을 측정하였더니 각각 25[V]와 0.0025[V]이었다. 신호대잡음비(SNR)은 몇 [dB]인가?

① 40[dB]
② 60[dB]
③ 80[dB]
④ 100[dB]

12 정보 전송률 R과 채널용량 C간의 관계가 옳은 것은?

① R<C 이면, 채널부호를 이용해 에러율을 임의로 작게 할 수 있다.

② R<C 이면, 모뎀을 이용해 에러율을 임의로 작게 할 수 있다.

③ R>C 이면, 채널부호를 이용해 에러율을 임의로 작게 할 수 있다.

④ R>C 이면, 모뎀을 이용해 에러율을 임의로 작게 할 수 있다.

13 동일한 데이터를 2회 송출하여 수신측에서 이 2개의 데이터를 비교 체크함으로써 에러를 검출하는 에러 제어 방식은?

① 반송제어 방식

② 연속송출 방식

③ 캐릭터 패리티 검사 방식

④ 사이클릭 부호 방식

14 다음 중 동기식 전송방식에 대한 설명으로 옳은 것은?

① 각 글자는 시작 비트와 정지 비트를 갖는다.

② 데이터의 앞쪽에 반드시 비동기문자가 온다.

③ 한 묶음으로 구성하는 글자들 사이에는 휴지기간이 있을 수 있다.

④ 회선의 효율을 증가시키기 위해 블록 단위로 송수신한다.

15 다음 중 TDM(Time Division Multiplexing) 수신기에 대한 설명으로 틀린 것은?

① 수신기에서 표본기(Decommulator)는 수신되는 신호와 비동기식으로 동작한다.

② 저역통과필터(LPF)는 PAM(Pulse Amplitude Modulation) 샘플로부터 아날로그 신호를 재구성하는데 사용된다.

③ LPF가 불량하면 심볼 간 간섭이 발생할 수 있다.

④ 한 신호가 다른 채널에 나타나는 Crosstalk 현상이 발생할 수 있다.

16 다음 중 PDH 및 SDH/SONET의 공통점이 아닌 것은?

① 디지털 다중화에 의한 계위 신호 체계

② 시분할 다중화(TDM)방식

③ 프레임 반복 주기는 125[us]

④ 북미 표준의 동기식 다중화 방식 디지털 계위 신호 체계

17 다음 중 광대역종합정보통신망(B-ISDN)에 대한 설명으로 틀린 것은?

① ATM방식

② 회선교환방식

③ 광전송 기술

④ 양방향 통신

18 다음 중 주파수도약 대역확산(FHSS : Frequency Hopping Spread Spectrum) 방식의 특징이 <u>아닌</u> 것은?

① 직접확산방식에 비해 가입자 수용 용량이 작다.
② 동기화가 필요없다
③ 여러개의 반송파를 사용한다.
④ 전파방해나 잡음, 간섭에 강하다.

19 다중 경로로 인해 페이딩이 발생했을 때 동일 정보를 일정 시간 간격을 두어 반복적으로 보내어 방지하는 방식은?

① 공간 다이버시티(Space Diversity)
② 주파수 다이버시티(Frequency Diversity)
③ 시간 다이버시티(Time Diversity)
④ 편파 다이버시티(Polarization Diversity)

20 다수의 안테나를 일정한 간격으로 배열하고 각 안테나로 공급되는 신호의 진폭과 위상을 변화시켜 특정한 방향으로 안테나 빔을 만들어 그 방향으로 신호를 강하게 송수신하는 기술은?

① 핸드오버(Handover)
② 다이버시티(Diversity)
③ 빔포밍(Beamforming)
④ 전력제어(Power Control)

21 정보단말기의 전송제어장치에서 단말기와 데이터 전송회선을 물리적으로 연결해 주는 부분은?

① 회선접속부
② 회선제어부
③ 입출력제어부
④ 변복조부

22 다중화 방식의 FDM방식에서 서브 채널 간의 상호 간섭을 방지하기 위한 완충 역할을 하는 것은?

① Buffer
② Guard Band
③ Channel
④ Terminal

23 다음은 PON(Passive Optical Network)의 구성도로 괄호( ) 안에 들어갈 장치명은?

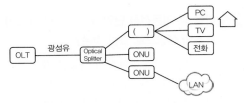

① OLT(Optical Line Terminal)
② Optical Splitter
③ ONU(Optical Network Unit)
④ ONT(Optical Network Terminal)

24 다음 중 CSU(Channel Service Unit)의 기능으로 옳은 것은?

① 광역통신망으로부터 신호를 받거나 전송하며, 장치 양측으로부터의 전기적인 간섭을 막는 장벽을 제공한다.

② CSU는 오직 독립적인 제품으로 만들어져야 한다.

③ CSU는 디지털 데이터 프레임들을 보낼 수 있도록 적절한 프레임으로 변환하는 소프트웨어 장치이다.

④ CSU는 아날로그 신호를 전송로에 적합하도록 변환한다.

25 유선전화망에서 노드가 10개일 때 그물형(Mesh)으로 교환회선을 구성할 경우, 링크 수를 몇 개로 설계해야 하는가?

① 30개　　　② 35개
③ 40개　　　④ 45개

26 다음 중 이동전화 단말기(Mobile Station) 구성요소의 설명으로 **틀린** 것은?

① 제어장치 : 전화기의 기능을 제어하고 전기적인 신호를 음성신호로 변경해 준다.

② 통화로부 : 통화회선의 수용과 상호접속에 의한 교환기능을 수행한다.

③ 무선 송·수신기 : 전파된 신호를 무선통식 방식으로 가능하게 송신기와 수신기를 사용한다.

④ 안테나 : 전파를 송·수신하는 기능을 수행한다.

27 다음 중 이동통신 시스템의 구성 중 기지국의 주요 기능으로 **틀린** 것은?

① 통화채널 지정, 전환, 감시 기능
② 이동통신 단말기의 위치확인 기능
③ 통화의 절체 및 통화로 관리 기능
④ 이동통신 단말기로부터의 수신신호 세기 측정

28 다음 중 FM 수신기의 특징으로 **틀린** 것은?

① 디엠퍼시스 회로가 있다.
② 수신주파수 대역폭이 AM수신기에 비해 좁다.
③ 주파수 변별기로서 검파한다.
④ 수신 전계의 변동이 심한 이동 무선에 적합하다.

29 다음 중 가입자망 기술로 망의 접속계 구조 형태인 PON(Passive Optical Network)기술에 대한 특징으로 **틀린** 것은?

① 네트워크 양끝 단말을 제외하고는 능동소자를 전혀 사용하지 않는다.

② 광섬유의 효율적인 사용을 통하여 광전송로의 비용을 절감한다.

③ 유집수 비용이 타 방식에 비해 저렴하다.

④ 보안성이 우수하다.

30 다음 중 멀티미디어 통신 서비스에 해당하지 않는 것은?

① VOD(Video On Demand)
② AM 방송
③ IPTV
④ 인터넷 방송

31 다음 중 IPTV의 특징으로 **틀린** 것은?

① 입력장치로 주로 키보드를 사용한다.
② 네트워크로 방송 폐쇄형 IP망이다.
③ 전송방식은 멀티캐스트 다채널 방송형태이다.
④ 쌍방향 통신형 서비스를 제공한다.

32 다음 중 대한민국에서 사용하는 디지털 공중파 TV 송수신 기술이 개념으로 **틀린** 것은?

① 수신안테나를 통하여 영상, 음성 신호를 수신한다.
② 영상신호와 음성신호를 전기적인 신호로 변환한다.
③ 영상증폭기와 음성증폭기를 이용하여 신호를 증폭한다.
④ 우리나라는 SECAM방식으로 송수신한다.

33 다른 장소에서 회의를 하면서 TV화면을 통해 음성과 화상을 동시에 전송받아 한 사무실에서 회의를 하는 것처럼 효과를 내는 장치는?

① VCS(Video Conference System)
② VOD(Video On Demand)
③ VDT(Video DialTone)
④ VR(Video Reality)

34 다음 중 IPTV 서비스를 위한 네트워크 엔지니어링과 품질 최적화를 위한 기능으로 **틀린** 것은?

① 트래픽 관리   ② 망용량 관리
③ 네트워크 플래닝   ④ 영상자원 관리

35 욕실(TV)폰, 안방(TV)폰 및 주방(TV)폰 등의 홈네트워크 기기 중 월패드의 기능 일부 또는 전부가 적용된 제품은?

① 주기능폰(Main-phone)
② 서브폰(Sub-phone)
③ 휴대폰(Mobile-phone)
④ 태블릿(Tablet)

36 다음 중 홈네트워크장비의 보안성 확보를 위한 보안요구사항이 **아닌** 것은?

① 데이터의 무결성   ② 접근통제
③ 전송데이터 보안   ④ 개인정보보호 인증

37 스마트미디어 기기를 구성하는 센서의 종류 중 검출대상이 다른 것은?

① 포토트랜지스터
② 포토다이오드
③ Hall소자
④ Cds소자

38 IoT 센서를 더욱 스마트하게 활용하기 위해, 센서와 관련된 응용서비스(Application) 처리 시 필요한 핵심적인 기능이 아닌 것은?

① 저전력 소모
② 저지연
③ 고속데이터 처리
④ 전용플랫폼 사용

39 다음 |보기에서 설명하는 스마트 기기는 무엇인가?

┤ 보기 ├
• 인터넷 및 네트워크 기반의 양방향 서비스 및 맞춤형 서비스가 가능한 미디어로, 특정시간, 장소 또는 청중의 행동에 따라 전자 장치에 정보, 광고 및 기타 메시지를 보내는 시스템
• 콘텐츠 및 디스플레이 일정과 같은 관련 정보를 네트워크를 통해 제공하며, 실내, 실외, 이동기기(엘리베이터, 차량, 선박, 철도, 항공기 등)에 설치 운영

① Smart Signage
② UHDTV(Ultra High Definition TV)
③ HMD(Head Mounted Display)
④ OTT(Over The Top)

40 다음에서 설명하는 홈네트워크시스템 구성요소는 무엇인가?

• 방식, 주파수, 재질 등은 설계도서 또는 공사시 방서에 따르며, 내부에 IC회로가 내장된 무전지 타입이어야 함
• 기능 : 공동현관기의 연동, 디지털 도어록 및 주동출입시스템과 연동

① 동작감지기
② 공동현관기
③ RF카드
④ 자석감지기

<3과목> 정보통신네트워크

41 OSI 참조모델에서 컴퓨터, 단말기, 통신 제어장치, 단말기 제어장치 등과 같은 응용 프로세서 간에 데이터통신 기능을 제공하는 요소는?

① 개방형 시스템
② 응용개체
③ 연결
④ 전송미디어

42 다음 그림은 16진수 열두 자리로 표기된 MAC 주소를 나타낸다. 모든 필드가 FFFF, FFFF, FFFF로 채워져 있을 때 이에 해당되는 MAC 주소는?

16진수로 표기된 MAC 주소

① 유니캐스트 주소
② 멀티캐스트 주소
③ 브로드캐스트 주소
④ 멀티브로드캐스트 주소

43 IEEE 802.2 표준으로 정의되어 있고, 다양한 MAC 부계층과 양계층간의 접속을 담당하는 계층은?

① PHY 계층
② DLL 계층
③ LLC 계층
④ IP 계층

44 다음 중 포트(Port) 주소에 대한 설명으로 **틀린** 것은?

① TCP와 UDP가 상위 계층에 제공하는 주소 표현이다.
② TCP헤더에서 각각의 포트주소는 32bit로 표현한다.
③ 0~1023까지의 포트번호를 Well-Known Port라고 한다.
④ Source Port Address와 Destination Port Address로 구분한다.

45 DHCP 프로토콜에서 IP를 일정시간 동안만 부여하고 시간 종료 후 회수 시 설정하는 항목은?

① 임대 시간
② 여유 시간
③ 고정 시간
④ 동적 시간

46 IPv4 주소체계에서, IP 헤더에는 2바이트의 '프로토콜 필드'가 정의되어 있다. 프로토콜 필드에 '6'이 표시되어 있는 경우에 해당되는 프로토콜은?

① ICMP(Internet Control Message Protocol)
② IGMP(Internet Group Message Protocol)
③ TCP(Transmisssion Control Protocol)
④ UDP(User Datagram Protocol)

47 네트워크의 호스트를 감시하고 유지 관리하는 데 사용되는 TCP/IP상의 프로토콜은?

① SNMP
② FTP
③ VT
④ SMTP

48 다음 중 정적(Static) VLAN(Virtual Local Area Network)에 대한 설명으로 **틀린** 것은?

① 네트워크에서 사용자가 이동하는 경우에도 동작 가능하다.
② MAC 주소별로 주소가 자동 할당된다.
③ VLAN 구성이 쉽고 모니터링 하기도 쉽다.
④ 스위치 포트별로 VLAN을 할당한다.

49 근거리통신망(LAN) 방식표기 중 10Base−T의 전송속도와 전송매체를 표현한 것으로 알맞은 것은?

① 전송속도 : 10[Kbps], 전송매체 : 광케이블
② 전송속도 : 10[Mbps], 전송매체 : 광케이블
③ 전송속도 : 10[Mbps], 전송매체 : 꼬임 쌍선 케이블(Twisted Pair Cable)
④ 전송속도 : 10[Kbps], 전송매체 : 꼬임 쌍선 케이블(Twisted Pair Cable)

50 다음 중 라우팅(Routing)에 대한 설명으로 **틀린** 것은?

① 라우팅 알고리즘에는 거리 벡터 알고리즘과 링크 상태 알고리즘이 있다.
② 거리 벡터 알고리즘을 사용하는 라우팅 프로토콜에는 RIP, IGRP가 있다.
③ 링크 상태 알고리즘을 사용하는 대표적인 라우팅 프로토콜로는 OSPF프로토콜이 있다.
④ BGP는 플러딩을 위해서 D class의 IP 주소를 사용하여 멀티캐스팅을 수행한다.

51 다음 중 LAN에서 사용되는 리피터의 기능으로 맞는 것은?

① 네트워크 계층에서 활용되는 장비이다.
② 두 개의 서로 다른 LAN을 연결한다.
③ 모든 프레임을 내보내며, 필터링 능력을 갖고 있다.
④ 같은 LAN의 두 세그먼트를 연결한다.

52 다음 중 LAN의 구성요소로 **틀린** 것은?

① 전송매체
② 패킷교환기
③ 스위치
④ 네트워크 인터페이스 카드

53 다음 중 라우터의 내부 물리적 구조에 포함되지 않는 것은?

① GPU
② CPU
③ DRAM
④ ROM

54 동기식 다중화에 있어서 사용되는 오버헤드는 계층화된 개념을 반영하여 구간 오버헤드(SOH) 와 경로 오버헤드(POH)로 구분된다. 다음 중 구간 오버헤드에 해당하지 않는 것은?

① 재생기구간 오버헤드
② 다중화기구간 오버헤드
③ STM-n 신호가 구성될 마지막 단계에 삽입된다.
④ VC(Virtual Container) 신호가 구성될 때마다 삽입된다.

55 ITU-T에서 제정한 표준안으로서 패킷 교환망에서 패킷형 단말과 패킷 교환기 간의 인터페이스를 규정하는 프로토콜은 무엇인가?

① X.25
② X.28
③ X.30
④ X.75

56 다음 중 DSB(Double Side Band) 통신방식과 비교하여 SSB(Single Side Band) 통신 방식의 특징으로 틀린 것은?

① S/N비가 개선된다.
② 적은 전력으로 양질의 통신이 가능하다.
③ 회로 구성이 간단하다.
④ 점유 주파수 대역이 반이다.

57 2.4[Gbyte]의 영화를 다운로드 하려고 한다. 전송회선은 초당 100[Mbps]의 속도를 지원하는데 회선 에러율이 10[%] 라고 가정한다면 얼마의 시간이 소요되는가? (단, 에러에 대한 재전송 및 FEC 코드는 없다고 가정한다.)

① 약 1.5분
② 약 3.5분
③ 약 5.5분
④ 약 7.5분

58 다음 중 정지궤도 위성에 대한 설명으로 틀린 것은?

① 정지궤도란 적도상공 약 36,000[km]를 말한다.
② 궤도가 높을수록 위성이 지구를 한 바퀴 도는 시간이 길어진다.
③ 극지방 관측이 불가능하다.
④ 정지궤도에 있는 통신위성에서는 지구면적의 약 20[%]가 내려다보인다.

59 통신, 방송, 인터넷 같은 각종 서비스를 통합하여, 다양한 응용서비스를 쉽게 개발할 수 있는 개방형 플랫폼(Open API)에 기반을 둔 차세대 통합네트워크인 BcN에 대한 설명 중 옳은 것은?

① 광대역 통합 네트워크(Broadband convergence Network)
② 광대역 통신망(Broadband communication Network)
③ 방송통신 융합망(Broadband and communication Network)
④ 기업 간 통신망(Business company Network)

60 다음은 ITS(Intelligent Transportation System) 서비스 중 무엇에 대한 설명인가?

> • 도로상에 차량 특성, 속도 등의 교통 정보를 감지할 수 있는 시스템을 설치하여 교통 상황을 실시간으로 분석하고, 이를 토대로 도로 교통의 관리와 최적 신호 체계의 구현을 꾀하는 동시에 여행시간 측정과 교통사고 과학 및 과적 단속 등의 업무 자동화를 구현한다.
> • 예로 요금 자동 징수 시스템과 자동 단속시스템이 있다.

① ATMS(Advanced Traffic Management System)
② ATIS(Advanced Traveler Information System)
③ AVHS(Advanced Vehicle and Highway System)
④ APTS(Advanced Public Transportation System)

61 다음에서 설명하는 장치의 이름으로 옳은 것은?

> • OSI 모델의 물리 계층, 데이터 링크 계층, 네트워크 계층의 기능을 지원하는 장치
> • 자신과 연결된 네트워크 및 호스트 정보를 유지하고 관리하며, 어떤 경로를 이용해야 빠르게 전송할 수 있는지를 판단하는 장치

① Gateway
② Repeater
③ Router
④ Bridge

62 다음 중 효과적인 암호 관리를 위해 필요한 일반적인 규칙과 관계 없는 것은?

① 암호는 가능하면 하나 이상의 숫자 또는 특수 문자가 들어가도록 하여 여덟 글자 이상으로 하는 것이 좋다.
② 암호는 가능하면 단순한 암호를 사용하는 것이 좋다.
③ 암호에 유효기간을 두어 일정 기간이 지나면 새 암호를 바꾸라는 메시지를 보여준다.
④ 암호 입력 횟수를 제한하여 암호의 입력이 지정된 횟수만큼 틀렸을 때에는 접속을 차단한다.

63 리눅스 서버는 데몬 방식으로 네트워크 서비스 제공 프로그램을 실행한다. 리눅스 서버의 데몬들에 대한 설명 중 틀린 것은?

① lpd : 프린트 서비스를 위한 데몬
② nscd : rpc.lockd를 실행하기 위한 데몬
③ gpm : 웹서버 아파치의 데몬
④ kfushd : 메모리와 파일 시스템을 관리하기 위한 데몬

64 다음 |보기와 그림에서 (가)에 해당하는 서버의 명칭은?

┤ 보기 ├
• 웹브라우저로부터 요청을 받아 정적인 콘텐츠를 처리하는 시스템이다.
• 정적인 콘텐츠는 html, css, jpeg 등이 있다.

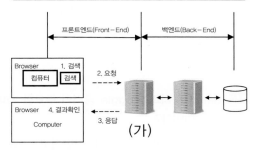

① Web Server
② WAS(Web Application Server)
③ DB Server
④ 보안 서버

65 전파에너지를 전송하기 위하여 송신장치 또는 수신장치와 안테나 사이를 연결하는 선을 무엇이라 하는가?

① 통신선
② 급전선
③ 회선
④ 강전류절연전선

66 데이터베이스의 상태를 변화시키는 하나의 논리적 기능을 수행하기 위한 작업의 단위 또는 한꺼번에 모두 수행되어야 할 일련의 연산들을 의미하는 것은?

① 트랜잭션(Transaction)
② 릴레이션(Relation)
③ 튜플(Tuple)
④ 카디널리티(Cardinality)

67 다음 중 통합관제센터 백업 설정요소로 고려사항이 아닌 것은?

① 백업 데이터에 대한 무결성
② 백업대상 데이터와 자원 현황
③ 백업 및 복구 목표시간
④ 백업 주기 및 보관기간

68 다음 중 정보통신망의 유지보수 장애처리, 긴급변경 정책 및 절차가 아닌 것은?

① 장애대응 조치 절차
② 장애 감시체계 및 감시방법
③ 주요 부품 및 인력 지원
④ 장애원인분석 및 향후 대응방안마련

69 통신용 케이블의 보호를 위하여 만들어진 고정된 구조물로서 다량의 케이블 다발을 수용할 수 있도록, 벽이나 바닥 천정 등에 고정되는 케이블의 이동통로는?

① 케이블 트레이(Cable Tray)
② 크림프(Crimp)
③ 브리지 탭(Bridged Tap)
④ 풀박스(Pull Box)

70 IEEE에서 제정한 무선 LAN의 표준은?

① IEEE 802.3
② IEEE 802.4
③ IEEE 802.9
④ IEEE 802.11

71 다음 중 정보통신시스템 구축 시 네트워크에 관한 고려사항이 아닌 것은?

① 파일 데이터의 종류 및 측정방법
② 백업회선의 필요성 여부
③ 단독 및 다중화 등 조사
④ 분기회선 구성 필요성

72 다음 중 이중바닥재의 성능시험 항목이 아닌 것은?

① 충격시험
② 누설저항시험
③ 국부인장시험
④ 연소성능시험

73 IPv4 주소체계는 Class A, B, C, D, E로 구분하여 사용하고 있으며 Class C는 가장 소규모의 호스트를 수용할 수 있다. Class C가 수용할 수 있는 호스트 개수로 가장 적합한 것은?

① 1개   ② 254개
③ 1,024개   ④ 65,536개

74 다음 시스템의 가동현황표에서 장비의 MTBF(Mean Time Between Failure)는? (단, TG* = 가동시간(분), TF* = 고장시간(분))

가동	고장	가동	고장	가동	고장
T_{G1}	T_{F1}	T_{G2}	T_{F2}	T_{G3}	T_{F3}
100	20	150	18	80	25

① 89분   ② 95분
③ 267분   ④ 330분

75 Smurf 공격과 Fraggle 공격의 주요한 차이점은 무엇인가?

① Smurf 공격은 ICMP 기반이고, Fraggle 공격은 UDP 기반이다.
② Smurf 공격은 TCP 기반이고, Fraggle 공격은 IP 기반이다.
③ Smurf 공격은 IP 기반이고, Fraggle 공격은 ICMP 기반이다.
④ Smurf 공격은 UDP 기반이고, Fraggle 공격은 TCP 기반이다.

76 정보보호 및 개인정보보호 관리체계 인증기준에서 네트워크 접근통제와 관련된 설명이 <u>아닌</u> 것은?

① 네트워크 접근통제 관리절차를 수립·이행하여야 한다.

② 네트워크 영역을 물리적 또는 논리적으로 분리하고, 각 영역 간 접근통제를 적용하여야 한다.

③ 일정 시간 동안 입력이 없는 세션은 자동 차단하고, 동일 사용자의 동시 세션 수를 제한하여야 한다.

④ 중요 시스템이 외부와의 연결을 필요로 하지 않은 경우 사설 IP로 할당하여 외부에서 직접 접근이 불가능하도록 설정하여야 한다.

77 감시카메라 상단덮개가 튀어나와 있어서 눈과 비로부터 카메라를 보호해주며, 눈과 비에 노출이 쉬운 실외 설치 시 CCTV에 물이 침투해 생기는 고장이나 렌즈 물이 묻으면 깨끗한 화면 촬영이 힘든 단점을 보완하기 위해 장착하는 함체를 무엇이라 하는가?

① NVR

② DVR

③ 하우징

④ 리십

78 다음 중 데이터베이스 접근통제 보안정책에 대한 설명으로 <u>틀린</u> 것은?

① 비인가자의 데이터베이스 접근을 제한한다.

② 일정 시간 이상 업무를 수행하지 않는 경우 수동 접속 차단한다.

③ 사용하지 않는 계정, 테스트용 계정, 기본 계정 등은 삭제한다.

④ 계정별 사용 가능 명령어를 제한한다.

79 다음 중 상태 비저장(Stateless Inspection) 방화벽의 특징은?

① 보안성이 강하다.

② 방화벽을 통과하는 트래픽 흐름상태를 추적하지 않는다.

③ 패킷의 전체 페이로드(Payload) 내용을 검사한다.

④ 인증서 기반의 방화벽이다.

80 침입탐지시스템(IDS)과 방화벽(Firewall)의 기능을 조합한 솔루션은?

① SSO(Single Sign On)

② IPS(Intrusion Prevention System)

③ DRM(Digital Rights Management)

④ IP관리시스템

〈5과목〉 컴퓨터일반 및 정보설비 기준

81 다음 지문과 같이 가정할 경우, 무한히 명령문을 수행하여 몇 배의 성능향상을 얻을 수 있는가?

> 5단계(Stage) 파이프라인을 사용하는 파이프라인 기법(Pipelining)에서 성능향상(Speedup)을 제한하는 요인(Conflict)들이 발생하지 않는다고 가정한다.

① 2.5배 수렴
② 5배 수렴
③ 7.5배 수렴
④ 10배 수렴

82 다음 중 램(RAM)에 대한 설명으로 틀린 것은?

① 롬(ROM)과 달리 기억 내용을 자유자재로 읽거나 변경할 수 있다.
② SRAM과 DRAM은 전원공급이 끊기면 기억된 내용이 모두 지워진다.
③ SRAM은 DRAM에 비해 속도가 느린 편이고 소비 전력이 적으며, 가격이 저렴하다.
④ DRAM은 전하량으로 정보를 나타내며, 대용량 기억 장치 구성에 적합하다.

83 다음 중 I/O 채널(Channel)에 대한 설명으로 틀린 것은?

① CPU는 일련의 I/O 동작을 지시하고 그 동작 전체가 완료된 시점에서만 인터럽트를 받는다.
② 입출력 동작을 위한 명령문 세트를 가진 프로세서를 포함하고 있다.
③ 선택기 채널(Selector Channel)은 여러 개의 고속 장치들을 제어한다.
④ 멀티플렉서 채널(Multiplexer Channel)은 복수개의 입·출력 장치를 동시에 제어할 수 없다.

84 중앙 연산 처리 장치에서 마이크로 동작(Micro-Operation)이 순서적으로 일어나게 하려면 무엇이 필요한가?

① 스위치(Switch)
② 레지스터(Register)
③ 누산기(Accumulator)
④ 제어신호(Control Signal)

85 기억장치에서 CPU로 제공될 수 있는 데이터의 전송량을 기억장치 대역폭이라고 한다. 버스 폭이 32비트이고, 클럭 주파수가 1,000[MHz]일 때 기억장치 대역폭은 얼마인가?

① 40[MBytes/sec]
② 400[MBytes/sec]
③ 4,000[MBytes/sec]
④ 40,000[MBytes/sec]

86 다음 중앙처리장치의 명령어 싸이클 중 (가)에 알맞은 것은?

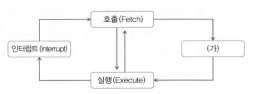

① Instruction   ② Indirect
③ Counter   ④ Control

87 다음 지문의 괄호 안에 들어갈 용어를 올바르게 나열한 것은?

> 소프트웨어는 (㉠)와/과 (㉡)으로 나누어 볼 수 있으며, (㉠)에는 (㉢)와/과 운영체제가 있고, (㉡)에는 (㉣)와/과 주문형 소프트웨어가 있다.

① ㉠ 응용소프트웨어, ㉡ 시스템소프트웨어, ㉢ 유틸리티, ㉣ 패키지
② ㉠ 시스템소프트웨어, ㉡ 응용소프트웨어, ㉢ 유틸리티, ㉣ 패키지
③ ㉠ 시스템소프트웨어, ㉡ 유틸리티, ㉢ 응용소프트웨어, ㉣ 패키지
④ ㉠ 응용소프트웨어, ㉡ 시스템소프트웨어, ㉢ 패키지, ㉣ 유틸리티

88 '255.255.255.224'인 서브넷에 최대 할당 가능한 호스트 수는?

① 2개   ② 6개
③ 14개   ④ 30개

89 IPv4와 IPv6 주소체계는 몇 비트인가?

① 8 / 16 [bit]
② 16 / 32 [bit]
③ 16 / 64 [bit]
④ 32 / 128 [bit]

90 다음 중 네트워크에 연결이 안 됐을 때 원인을 조사하기 위해서 사용하는 확인 명령어가 아닌 것은?

① ipconfig
② ping
③ tracert
④ get

91 다음 |보기|의 IP주소와 서브넷 마스크를 참조할 때 다음 중 가능한 네트워크 주소는?

> ┤ 보기 ├
> • IP주소 : 192.156.100.68
> • 서브넷 마스크 : 255.255.255.224

① 192.156.100.0
② 192.156.100.64
③ 192.156.100.128
④ 192.156.100.255

92 다음 중 빅데이터처리시스템에서 실시간 데이터 처리를 위해 필요한 핵심 기술요소가 <u>아닌</u> 것은?

① 메시지류
② 시계열 저장소
③ 메모리 기반 저장소
④ 가상머신

93 다음 중 네트워크 가상화 기술 중 소프트웨어 프로그래밍을 통해 네트워크를 제어하는 차세대 네트워킹 기술은?

① 가상머신(VM : Virtual Machine)
② 네트워크 기능 가상화(NFV : Network Function Virtualization)
③ 하이퍼바이저(Hypervisor)
④ 소프트웨어 정의 네트워크(SDN : Software Defined Network)

94 다음 |보기|의 괄호(   ) 안에 들어갈 내용으로 옳은 것은?

┤ 보기 ├
기간통신사업자는 정보통신설비와 이에 연결되는 다른 정보통신설비 또는 이용자설비와의 사이에 정보의 상호전달을 위하여 사용하는 (   )을 인터넷, 언론매체 또는 그 밖의 홍보매체를 활용하여 공개하여야 한다.

① 기술기준
② 전용회선
③ 통신규약
④ 설비기준

95 유선 · 무선 · 광선이나 그 밖에 전자적 방식에 따라 부호 · 문자 · 음향 또는 영상 등의 정보를 저장 · 제어 · 처리하거나 송수신하기 위한 기계 · 기구 · 선로나 그 밖에 필요한 설비를 무엇이라 하는가?

① 국선접속설비
② 전송설비
③ 정보통신설비
④ 이용자방송통신설비

96 다음 중 구내통신선로설비의 설치 및 철거 방법으로 <u>틀린</u> 것은?

① 구내에 5회선 이상의 국선을 인입하는 경우 옥외회선은 지하로 인입한다.
② 사업자는 이용약관에 따라 체결된 서비스 이용계약이 해지된 경우에는 설치된 옥외회선을 철거하여야 한다.
③ 배관시설은 설치된 후 배선의 교체 및 증설 시공이 쉽게 이루어질 수 있는 구조로 설치하여야 한다.
④ 인입맨홀 · 핸드홀 또는 인입주까지 지하인입배관을 설치한 경우에는 지하로 인입하지 않아도 된다.

97 어린이집 영상정보처리기기의 촬영영상을 의무적으로 보관하는 기간은?

① 30일 이상
② 40일 이상
③ 60일 이상
④ 보관 규정 없음

98 다음 중 감리원이 공사업자가 설계도서 및 관련 규정의 내용에 적합하지 아니하게 공사를 시공하는 경우 취할 수 있는 조치는 무엇인가?

① 하도급인과 협의하여 설계변경 명령을 할 수 있다.
② 발주자의 동의를 얻어 공사 중지 명령을 할 수 있다.
③ 수급인에게 보고하고 공사업자를 교체할 수 있다.
④ 한국정보통신공사협회에 신고하여 공사업자에 과태료를 부과한다.

99 정보통신공사의 품질 확보와 적정한 공사 관리를 위한 설계·시공 기준이 아닌 것은?

① 설계기준
② 감리비용 산정 기준
③ 표준공법
④ 표준설계설명서

100 총 공사금액 70억원 이상 100억원 미만인 정보통신공사의 감리원 배치기준으로 옳은 것은?

① 특급감리원
② 고급감리원
③ 중급감리원
④ 초급감리원

시행일	문항 수	소요시간
2022년 10월	총 100문항	150분

수험번호 : _____

성   명 : _____

<1과목> 정보전송일반

01 스마트 안테나(Smart antenna)는 공간신호를 인식하여 스마트 신호처리 알고리즘을 사용하는 안테나 배열을 의미한다. 다음 중 스마트 안테나 종류가 아닌 것은?

① Multiple Input Multiple Output antenna(MIMO)
② Switched beam array antenna
③ Adaptive array antenna
④ Single Input Single Output antenna(SISO)

02 100[mV]는 몇 [dBmV]인가? (단, 1[mV]는 0[dBmV] 이다.)

① 10[dBmV]
② 20[dBmV]
③ 30[dBmV]
④ 40[dBmV]

03 단파 통신에서 페이딩(Fading)에 대한 경감법으로 적합하지 않은 것은?

① 간섭성 페이딩은 AGC 회로를 부가한다.
② 편파성 페이딩은 편파다이버시티를 사용한다.
③ 흡수성 페이딩은 수신기에 AGC 회로를 부가한다.
④ 선택성 페이딩은 주파수 다이버시티 또는 SSB통신방식을 사용한다.

04 구내통신선로설비란 통신사업자설비와 건물 내의 가입자 단말기 간을 접속하여 통신서비스가 가능케 하는 건물 내 정보통신 기반시설을 말한다. 다음 중 이러한 구내통신선로 기술기준에 대한 국제표준은 어느 것인가?

① ISO/IEC 96000
② ISO/IEC 29103
③ ISO/IEC 11801
④ ISO 20022

05 PDH(Plesiochronous Digital Hierarchy)중 북미방식인 T1의 전송속도는?

① 64[Kbps]
② 1.544[Mbps]
③ 2.048[Mbps]
④ 6.312[Mbps]

06 공통선 신호방식은 별도의 신호 전용채널을 통해 신호정보를 다중화하여 고속으로 전송하는 방식이다. 이때 사용되는 다중화 방식은 무엇인가?

① FDM
② TDM
③ CDM
④ WDM

07 문자방식 프로토콜에 사용되는 전송제어문자가 아닌 것은?

① ENQ
② DLE
③ REG
④ ETB

08 다음 중 전송로의 동적 불완전성 원인으로 발생하는 에러로 알맞은 것은?

① 지연 왜곡
② 에코
③ 손실
④ 주파수 편이

09 다음 중 전자 계산기의 기억 요소(Memory element)로 사용하는 장치가 아닌 것은?

① Disk
② Register
③ Flip Flop
④ Inverter

10 다음의 구형파 신호에 대한 실효값(RMS)은?

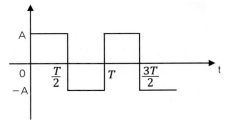

① 0.5A
② A
③ 1.5A
④ 2A

11 다음 중 전자파(전파)에 대한 설명으로 틀린 것은?

① 전자파를 파장이 짧은 것부터 순서대로 나열하면 감마선, x선, 적외선 등이 있다.
② 전자파는 파장이 짧을수록 직진성 및 지향성이 강하다.
③ 전자파는 진공 또는 물질 속을 전자장의 진동이 전파함으로써 전자 에너지를 운반하는 것이다.
④ 전파는 인공적인 유도에 의해 공간에 퍼져 나가는 파이다.

12 다음 중 정보를 유지하기 위한 래치(Latch)회로나 시프트 레지스터(Shift register)에 주로 사용되는 플립플롭은?

① D Flip-Flop
② T Flip-Flop
③ RS Flip-Flop
④ K Flip-Flop

13 다음 중 광섬유 케이블의 분류 방법이 <u>다른</u> 것은?

① 단일 모드 광섬유 파이버

② 계단형 광섬유 파이버

③ 언덕형 광섬유 파이버

④ 삼각형 광섬유 파이버

14 다중입출력(MIMO: Multiple Input Multiple Output)안테나의 핵심기술이 <u>아닌</u> 것은?

① 핸드오버(Handover)

② 공간다중화(Spatial Multiplexing)

③ 다이버시티(Diversity)

④ 사전코딩(Pre-coding)

15 대류권파의 페이딩이 <u>아닌</u> 것은?

① 신틸레이션 페이딩

② K형 페이딩

③ 덕트형 페이딩

④ 도약성 페이딩

16 다음 |보기| 중 기저대역(Baseband) 무선 전송 기술방식으로 응용되는 UWB(Ultra Wide Band) 방식의 설명으로 옳은 것을 모두 선택한 것은?

┤ 보기 ├

ㄱ. 매우 짧은 펄스폭의 변조방식인 PPM(Pulse Position Modulation)을 이용한 단거리 고속 무선 통신 기술이다.

ㄴ. 송신기 제작이 쉽고 저렴한 가격으로 구현 가능하며, 회로의 크기가 작다.

ㄷ. 대용량의 데이터를 저전력 소모하에 고속으로 전송 가능하다.

ㄹ. 반송파를 이용하지 않고, 기저대역(Baseband) 상태에서 수 GHz 이상의 넓은 주파수 대역, 매우 높은 스팩트럼 밀도로 전송한다.

① ㄱ

② ㄱ, ㄴ

③ ㄱ, ㄴ, ㄷ

④ ㄱ, ㄴ, ㄷ, ㄹ

17 5단 귀환 시프트 레지스터(Shift Register)로 구성된 PN부호 발생기의 출력 데이터 계열의 주기는?

① 5

② 16

③ 31

④ 32

18 다음이 설명하는 용어는?

> • LTE의 상향링크 전송방식
> • 여러 개의 주파수가 섞여 하나의 주파수로 보임
> • 통화자들이 전체 부반송파 개수를 나누어 사용
> • PAPR 특성으로 인한 단말의 전력 증폭기의 부담을 개선

① OFDMA
② CDMA
③ FDMA
④ SC−FDMA

19 12비트의 정보가 6ms마다 전송된다면 비트율 [bps]은 얼마인가?

① 1000[bps]
② 1500[bps]
③ 2000[bps]
④ 2500[bps]

20 어느 특정시간 동안 10,000,000개의 비트가 전송되고, 전송된 비트 중 2개가 오류로 판명되었을 때 이 전송의 비트 에러율은 얼마인가?

① 1×10^{-6}
② 1×10^{-7}
③ 2×10^{-6}
④ 2×10^{-7}

21 국내 지상파 HDTV 방식에서 1채널의 주파수 대역폭은?

① 6[MHz]
② 9[MHz]
③ 18[MHz]
④ 27[MHz]

22 이동통신시스템에서 단말기가 이동교환기 내에 있는 기지국에서 통화의 단절 없이 동일한 주파수를 사용하는 다른 기지국으로 옮겨 통화하는 경우에 해당되는 Handoff는?

① Hard Handoff
② Soft Handoff
③ Dual Handoff
④ Softer Handoff

23 상업용 건축물에 빌딩자동화(Building Automation)를 구성하는 주요 시스템으로 가장 거리가 먼 것은?

① 빌딩안내 시스템
② 주차관제 시스템
③ 홈네트워크 시스템
④ 전력제어 시스템

24 각 세대 내에 설치되어 사용되는 홈네트워크 사용기기들을 유무선 네트워크로 연결하고 세대망과 단지망 혹은 통신사의 기간망을 상호 접속하는 장치는?

① 홈게이트웨이
② 감지기
③ 전자출입시스템
④ 단지서버

25 홀로그램(Hologram) 핵심기술의 주요 내용으로 가장 거리가 먼 것은?

① 실공간에 재현된 그래픽의 안경형 홀로그램 구현
② 실물에 대한 3차원 영상정보 활용하여 데이터 획득
③ 대용량의 홀로그래픽 간섭 패턴을 컴퓨터로 고속 처리
④ 홀로그램 데이터로부터 객체를 실공간에 광학적으로 재현

26 다음 중 포트 공동 이용기(Port Sharing Unit)의 특징이 아닌 것은?

① 여러 대의 터미널이 하나의 포트를 이용하므로 포트의 비용을 줄일 수 있다.
② 폴링과 셀렉션 방식에 의한 통신이다.
③ 컴퓨터와 가까운 곳에 있는 터미널이나 원격지 터미널에 모두 이용할 수 있다.
④ 터미널의 요청이 있을 때 사용하지 않는 포트를 찾아 할당한다.

27 회선을 보유하거나 임차하여 정보의 축적, 가중, 변환하여 광범위한 서비스를 제공하는 것은?

① CATV
② ISDN
③ LAN
④ VAN

28 다음 중 DSU(Digital Service Unit)의 특징으로 틀린 것은?

① 디지털 정보를 디지털 신호로 변환한다.
② 디지털 정보를 장거리 전송하기 위해 사용한다.
③ 양극성 신호를 단극성 신호로 변환하여 전송한다.
④ 디지털 네트워크에서 사용하는 회선종단장치이다.

29 주차관제시스템의 구축 시 고려사항으로 가장 거리가 먼 것은?

① 무인화 운영시스템으로 확장 고려
② 주차 가능 구역의 효율적 관리 방안
③ 차량번호인식 에러율 최소화 방안
④ 차량 정보는 개방형으로 자유롭게 확인

30 다음 중 무선 통신 송신기의 구성 요소가 아닌 것은?

① 발진기
② 증폭기
③ 변조기
④ 복조기

31 CCTV 구성요소로 틀린 것은?

① camera

② DVR/NVR

③ 전송장치

④ 단말장치

32 어느 멀티미디어 기기의 전송대역폭이 6[MHz]이고 전송속도가 19.39[Mbps]일 때, 이 기기의 대역폭 효율값은 약 얼마인가?

① 2.23   ② 3.23

③ 5.25   ④ 6.42

33 다음 중 모뎀의 궤환시험(Loop Back Test) 기능과 관련된 것이 아닌 것은?

① 모뎀의 패턴발생기와 내부회로의 진단테스터

② 자국내 모뎀의 진단 및 통신회선의 고장의 진단

③ 전송속도의 향상

④ 상대편 모뎀의 시험인 Remote Loop Back Test도 가능

34 다음 중 웨어러블(Wearable) 디바이스가 갖춰야 할 기본 기능으로 틀린 것은?

① 항시성   ② 가시성

③ 저전력   ④ 경량화

35 다음 중 스마트 미디어기기의 영상표출 디바이스로서 가장 거리가 먼 것은?

① HMD(Head Mounted Display)

② Smart Phone

③ VR기기

④ 화상스크린

36 다음 중 FM수신기에서 주로 사용되는 잡음억제 회로로 거리가 먼 것은?

① Limiter 회로

② Squelch 회로

③ De-emphasis 회로

④ Eliminator 회로

37 다음 중 멀티미디어 화상회의 데이터를 TCP/IP와 같은 패킷망을 통해 전송하기 위한 ITU-T의 표준은?

① H.221

② H.231

③ H.320

④ H.323

38 다음 중 EMS(에너지관리시스템, Energy Management System)에서 에너지 관리대상에 따른 분류로 가장 거리가 먼 것은?

① FEMS(Factory Energy Management System)

② CEMS(City Energy Management System)

③ HEMS(Home Energy Management System)

④ BEMS(Building Energy Management System)

39 다음 중 스마트홈(Smart Home) 서비스를 구성하는 기술 구성요소가 아닌 것은?

① 스마트 단말(Device)

② 게이트웨이(Gateway)

③ 스마트폰 애플리케이션

④ CCTV 통합관제센터

40 다음 |보기는 전자 교환기의 동작 과정 중 일부이다. |보기의 동작 과정 순서로 옳은 것은?

| 보기 |

ㄱ. 통화선 선택　　　ㄴ. 통화선 접속
ㄷ. 전화번호 수신　　ㄹ. 응답신호 검출
ㅁ. 출선 선택　　　　ㅂ. 호출신호 송출

① ㄷ, ㅁ, ㄱ, ㄹ, ㄴ, ㅂ

② ㄷ, ㅁ, ㄱ, ㅂ, ㄹ, ㄴ

③ ㄷ, ㅁ, ㄱ, ㄹ, ㅂ, ㄴ

④ ㄷ, ㅁ, ㄱ, ㄴ, ㄹ, ㅂ

41 TCP/IP 관련 프로토콜 중 응용계층이 아닌 것은?

① SMTP

② ICMP

③ FTP

④ SNMP

42 다음은 무엇에 대한 설명인가?

- 실제 환경에 가상의 객체를 혼합하여 사용자가 실제 환경에서보다 실감이 나는 부가 정보를 제공 받을 수 있다.
- 최근 스마트폰이 널리 보급되면서 게임 및 모바일 솔루션 업계와 교육 분야 등에서도 다양한 제품을 개발하고 있다.

① 증강현실

② 가상현실

③ 인공현실

④ 환상현실

43 다음 중 네트워크 내 혼잡현상을 해결하기 위해 사용되는 제어 기법이 아닌 것은?

① 패킷 폐기 방법

② 선택적 재전송 방법

③ 버퍼 사전 할당 방법

④ 요크 패킷 제어 방법

44 다음 중 부가가치통신망(VAN)의 계층구조가 아닌 것은?

① 연산처리 계층
② 정보처리 계층
③ 통신처리 계층
④ 네트워크 계층

45 다음 중 라우터에 대한 설명으로 옳은 것은?

① OSI 3계층 레벨에서 프로토콜 처리 능력을 갖는 Network 간 접속 장치이다.
② 단말기 사이의 거리가 멀어질수록 감쇄되는 신호를 재생시키는 장비이다.
③ OSI 2계층에서 LAN을 상호 연결하여 프레임을 저장하고 중계하는 장치이다.
④ OSI 4계층 이상에서 동작하며, 서로 다른 데이터 포맷을 가지는 정보를 변환해 준다.

46 4[Gbps](상향 1[Gbps], 하향 3[Gbps]) 급 용량의 FTTH 회선이 있다고 가정한다. 하향회선을 기준으로 할 때 괄호 안에 들어갈 최대수용 가능한 가입자 수는 약 얼마인가?

- CBR 가입자 : 용량 100[Mbps], 가입자수 10회선, 회선점유율 100%
- VBR 가입자 : 용량 50~100[Mbps], 가입자수 ( )회선, 회선점유율 70%
- CBR(Constant Bit Rate) : 고정 전송속도
- VBR(Variable Bit Rate) : 실시간 가변 전송속도

(단, 제어회선, 에러율, 재전송률 등은 없는 것으로 가정하고, 순수한 가입자 데이터 용량으로 한정하여 계산)

① 80
② 57
③ 21
④ 11

47 SNMP에서 이벤트를 보고하는 TRAP 메시지가 사용하는 포트 번호는?

① 160
② 161
③ 162
④ 163

48 LAN의 채널 접근 방식에 따른 분류 가운데 무엇에 대한 설명인가?

- 1976년 미국 제록스에서 이더넷을 처음 개발한 후 제록스, 인텔, DEC가 공동으로 발효한 규격이다.
- 채널을 사용하기 전에 다른 이용자가 해당 채널을 사용하는지 점검하는 것으로 채널 상태를 확인해 패킷 충돌을 피하는 방식이다.
- 데이터 전송이 필요할 때 임의로 채널을 할당하는 랜덤 할당 방식으로 버스형에 이용된다.

① CSMA/CD
② 토큰 버스
③ 토큰 링
④ 슬롯 링

49 다음 중 네트워크 서브넷 마스크가 255.255.255.248일 때 CIDR 표기법으로 표시하면 어떤 숫자인가?

① 32
② 30
③ 29
④ 28

50 다음 중 네트워크 상에서 라우터가 멀티캐스트 통신 기능을 구비한 PC에 대하여 멀티캐스트 패킷을 분배하는 데 사용하는 프로토콜은 무엇인가?

① ICMP(Inter Control Message Protocol)
② IGMP(Internet Group Management Protocol)
③ Routing Protocol
④ Switching Protocol

51 10기가비트 이더넷(10 Gigabit Ethernet)의 설명 중 틀린 것은?

① 카테고리 3, 4, 5인 UTP 케이블 모두 사용 가능하다.
② LAN뿐만 아니라 MAN이나 WAN까지도 통합하여 응용할 수 있다.
③ 기가비트 이더넷보다 성능이 최대 10배 빠른 백본 네트워크이다.
④ IEEE 802.3 위원회에서 표준화하였다.

52 다음 중 위성통신의 특징으로 틀린 것은?

① 운용 시 지연 시간이 발생하지 않는다.
② 회선설정이 유연하다.
③ 서비스 지역이 광범위하다.
④ 비용이 통신거리에 무관하여 경제적이다.

53 다음 |보기가 설명하고 있는 VLAN 트렁킹 프로토콜(Trunking Protocol)의 운용모드로서 적절한 것은?

┤ 보기 ├
독립된 영역을 만들 때 사용하며, 다른 스위치로부터 받은 VLAN 정보를 자신의 것과 동기화시키지 않고, 다른 스위치에게 전송(중계)만하며, VLAN의 생성, 수정, 삭제 등이 가능하다.

① 서버 모드(Server Mode)
② 클라이언트 모드(Client Mode)
③ 액세스 모드(Access Mode)
④ 트랜스페이런트 모드(Transparent Mode)

54 스위치 전송 방식 중에서 목적지 주소만 확인하고 전송을 진행하는 방식은?

① Store and forward 방식
② Cut-through 방식
③ Fragment-free 방식
④ Fittering 방식

55 PCM 통신방식에서 4[kHz]의 대역폭을 갖는 음성 정보를 8[bit] 코딩으로 표본화하면 음성을 전송하기 위해 필요한 데이터 전송률은 얼마인가?

① 4[kbps]　　　　② 8[kbps]
③ 32[kbps]　　　④ 64[kbps]

56 다음 중 IGP(Interior Gateway Protocol)로 사용하지 <u>않는</u> 라우팅 프로토콜은 어느 것인가?

① RIP(Routing Information Protocol)
② BGP(Border Gateway Protocol)
③ IGRP(Interior Gateway Routing Protocol)
④ OSPF(Open Shortest Path First)

57 다음 중 IPv6의 주소 유형이 <u>아닌</u> 것은?

① Basiccast
② Unicast
③ Anicast
④ Multicast

58 다음 중 회선교환방식에 비하여 패킷교환방식의 장점이 <u>아닌</u> 것은?

① 회선효율이 높아 경제적 망구성이 가능하다.
② 장애발생 등 회선상태에 따라 경로설정이 유동적이다.
③ 실시간 데이터 전송에 유리하다.
④ 프로토콜이 다른 이기종 망간 통신이 가능하다.

59 Mobile IP 서비스에서 사용되는 바인딩(binding)에 대한 설명으로 맞는 것은?

① HA(Home Agent)가 MN(Mobile Node)에게 데이터를 보내기 위해 터널을 연결하는 것
② COA(Care Of Address)와 MN(Mobile Node)의 홈 주소를 연결시키는 것
③ HA(Home Agent)와 FA(Foreign Agent)가 자신이 어느 링크에 접속되어 있는지를 광고로 알리는 것
④ FA(Foreign Agent)가 MN(Mobile Node)과 다른 MN(Mobile Node)을 연결시키는 것

60 국내 공중통신망의 총괄국 아래 계위의 디지털 교환기들의 사용하고 있는 망동기 방식은?

① 단순 종속동기방식(SMS : Simple Master Slave)
② 계위 종속동기방식(HMS : Hierarchical Master Slave)
③ 선지성 대체 종속동기방식(PAMS : Pre Assigned Master Slave)
④ 자체 재배열 종속동기방식(SOMS : Self Organized Master Slave)

61 다음은 어떠한 백업 명령을 실행하는 것인가?

> 테이프의 백업과 복구 프로그램을 포함한다. 테이프 드라이브에 파일 백업 및 복구 기능을 제공하는 사용자 인터페이스를 제공하며, 그 이외에 파일을 하드디스크에 백업할 수도 있다.

① cpio
② taper
③ dump
④ minix

62 연축전지의 정격용량 200[AH], 상사부하 12[kW], 표준전압 100[V]인 부동충전방식의 충전기 2차 전류값은 얼마인가?

① 120[A]
② 140[A]
③ 160[A]
④ 200[A]

63 출입보안시스템 제어부에서 분석한 감지신호를 유·무선 네트워크를 이용하여 관제센터로 전달하는 역할을 하는 요소는?

① 감시부
② 통신부
③ 경보부
④ 출력부

64 클라우드 보안 영역 중 관리방식(Governance)이 아닌 것은?

① 컴플라이언스와 감사
② 어플리케이션 보안
③ 정보관리와 데이터 보안
④ 이식성과 상호 운영성

65 장비간 거리가 증가하거나 케이블 손실로 인한 신호 감쇄를 재생시키기 위한 목적으로 사용되는 네트워크 장치는?

① 게이트웨이(gateway)
② 라우터(router)
③ 브리지(bridge)
④ 리피터(repeater)

66 다음 중 물리적 보안을 위한 출입통제 방법이 아닌 것은?

① CCTV
② 보안요원 배치
③ 근접식 카드 리더기
④ 자동문 설치

67 무선 네트워크 환경에서 보안을 담당하며, 관제-탐지-차단의 3단계 메커니즘으로 작동되는 것은?

① SSO(Single Sign On)
② Firewall
③ IDS(Intrusion Detection System)
④ WIPS(Wireless Intrusion Prevention System)

68 내부 네트워크와 외부 네트워크 사이에 있는 하드웨어와 소프트웨어로 구성되며 보통은 라우터나 서버 등에 위치하는 소프트웨어는?

① IDS
② VPN
③ Firewall
④ TCP/IP 보안

69 다음 |보기|의 업무는 ISMS(Information Security Management System)의 어떤 단계에서 수행하는 업무인가?

| 보기 |
• 정확한 프로세스의 측정과 이행을 모니터링
• 수집된 정보 분석(정량적, 정성적)
• 분석 결과 평가

① 계획 : ISMS 수립
② 수행 : ISMS 구현과 운영
③ 점검 : ISMS 모니터링과 검토
④ 조치 : ISMS 관리와 개선

70 서지보호기(Surge Protector)의 서지 피해 보호 종류 중 전원 계통에 인입된 서지의 억제와 관련된 것을 모두 고른 것은?

㉠ 직격뢰의 피해 억제
㉡ 데이터 및 전화교환기의 보호 통신용
㉢ 접지시스템의 개선
㉣ 무선안테나 경로로 인입된 서지의 억제

① ㉠, ㉡
② ㉠, ㉡, ㉢
③ ㉡, ㉢, ㉣
④ ㉠, ㉡, ㉣

71 통신망(Network) 관리 중 아래 내용에 해당되는 것은?

• 네트워크 장비를 관리 및 감시하기 위한 목적
• 관리시스템, 관리대상 에이전트, MIB(Management Information Base) 등으로 구성
• 원격장치구성, 네트워크 성능 모니터링, 네트워크 사용 감시의 역할

① SNMP(Simple Network Management Protocol)
② TMN(Telecommunications Management Network)
③ SMAP(Smart Management Application Protocol)
④ TINA-C(Telecommunication Information Network Architecture Consortoum)

72 데이터베이스 시스템을 구성하는 기본요소가 아닌 것은?

① 메타데이터
② 응용프로그램
③ DBMS(DataBase Management System)
④ 컴파일러

73 통신망 계획 시 검토사항이 적절하지 <u>않은</u> 것은?

① 설비의 신뢰성 : 통신망의 환경조건 분석, 설치 운용사례수집

② 수요 및 트래픽 분석 : 트래픽(Traffic)의 종류, 이용자의 성향분석

③ 이용자의 성향분석 : 최한시(Idle Hour) 기준의 트래픽 설계, 멀티미디어서비스 이용 동행

④ 기술적 특성 및 전망 : 인터페이스 조건, 기술발전추세 부합여부

74 다음 |보기|에서 설명하고 있는 내용으로 적합한 것은?

┤ 보기 ├

• 새로운 압축 파일을 적당한 디렉토리에 옮긴 다음 새로운 커널을 설치하기에 앞서 이전 커널을 삭제한다.

• 새로운 커널을 설치하기 전에 이전의 커널을 삭제해도 커널은 이미 메모리에 존재하기 때문에 시스템을 재부팅하기 전까지는 아무런 영향을 주지 않는다.

① 긴급 복구 디스켓 만들기

② boot 파티션 점검

③ 커널 튜닝 적용

④ Openwall 커널 패치 적용

75 물리적 보안 시스템인 CCTV 관제센터 설비 구성요소가 <u>아닌</u> 것은?

① DVR 및 NVR

② 영상 인식 소프트웨어

③ 바이오 인식 센서

④ IP 네트워크

76 서버의 디렉토리에 있는 각종 설정값을 조절하여 리눅스 커널의 가상 메모리(VM) 하위 시스템 운영을 조정할 수 있는데 설정 값에 해당되지 <u>않는</u> 것은?

① overcommit_config

② page-cluster

③ pagetable_cache

④ kswapd

77 다음 중 초고속정보통신건물 인증제도에서 말하는 집중구내통신실(MDF실)의 설명으로 <u>틀린</u> 것은?

① 관계자 외 출입통제 표시 부착

② 유효면적은 실측

③ 유효높이 1.8M 이상 잠금장치가 있는 방화문 설치

④ 침수 우려가 없는 지상에 설치

78 관리하고자 하는 네트워크 장비들에 대한 감시와 제어를 수행하는 시스템은?

① 에이전트
② 네트워크 관리 시스템
③ 호스트
④ 네트워크 장비

79 다음 중 정보통신시스템 유지보수 활동의 유형에 해당되지 않는 것은?

① 준공 시 정보통신시스템 성능의 유지관리
② 잘못된 것을 수정하는 유지보수
③ 시스템 구축을 위한 유지보수
④ 장애발생 예방을 위한 유지보수

80 httpd.conf 파일 설정 항목에 대한 설명으로 틀린 것은?

① ServerTokens는 클라이언트의 요청에 따라 웹서버가 응답하는 방법을 설정한다.
② Timeout은 클라이어트가 요청한 정보를 받을 때까지 소요되는 초 단위 대기 시간의 최대값을 의미한다.
③ ServerAdmin은 웹서버에 문제가 생겼을 때 클라이언트가 메일을 보내는 웹서버 관리자의 이메일 주소를 설정한다.
④ ErrLog는 웹서비스를 통해 사용자에게 보일 HTML 문서가 위치하는 곳의 디렉토리를 설정한다.

81 운영체제가 추구하는 목적에 적합한 것은?

① 사용자의 독점성과 자원의 효율적 이용
② 사용자의 편리성과 자원의 독점적 이용
③ 사용자의 독점성과 자원의 독점적 이용
④ 사용자의 편리성과 자원의 효율적 이용

82 다음 중 정보통신공사를 발주하는 자가 용역업자에게 설계를 발주하지 않고 시행할 수 있는 경우에 해당하지 않는 것은?

① 기존설비를 교체하는 공사로서 설계도면의 새로운 작성이 불필요한 공사
② 통신구설비공사
③ 비상재해로 인한 긴급 복구공사
④ 50회선 이상의 구내통신선로설비공사

83 하둡(Hadoop)에 대한 설명으로 맞는 것은?

① 신뢰할 수 있고, 확장이 용이하며, 분산 컴퓨팅 환경을 지원하는 오픈 소스 소프트웨어이다.
② 인공지능 과정을 통해 분석 결과를 해석하고, 의사결정할 수 있는 지능을 가진 인간과 유사한 시스템이다.
③ 데이터 웨어하우징을 통해, 서버, 스토리지, 운영체제, 데이터베이스, 데이터 마이닝 등이 통합된 제품이다.
④ 비관계형 데이터베이스로 데이터를 테이블에 저장하지 않는 데이터베이스이며 관계형과는 대조적인 개념이다.

84 다음 중 네트워크 통신 시에 허락되지 않은 사용자나 객체가 통신으로 전달되는 정보를 함부로 수정할 수 없도록 하는 것은?

① 무결성
② 기밀성
③ 가용성
④ 클라이언트 인증

85 특정한 짧은 시간 내에 이벤트나 데이터의 처리를 보증하고, 정해진 기간 안에 수행이 끝나야 하는 응용 프로그램을 위하여 만들어진 운영 체제는?

① 임베디드 운영 체제
② 분산 운영 체제
③ 실시간 운영 체제
④ 라이브러리 운영 체제

86 다음 중 정보통신공사의 설계도서에 대한 보관 기준을 설명한 것으로 잘못된 것은?

① 공사에 대한 실시 · 준공설계도서는 공사의 목적물이 폐지될 때까지 보관
② 실시 · 준공설계도서가 변경된 경우에는 변경 전후 실시 · 준공설계도서 모두 보관
③ 공사를 설계한 용역업자는 그가 작성 또는 제공한 실시설계도서를 해당 공사 준공 후 5년간 보관
④ 공사를 감리한 용역업자는 그가 감리한 공사의 준공설계도서를 하자담보책임기간 종료시까지 보관

87 다음 중 다음에 실행할 명령의 주소를 기억하여 제어 장치가 올바른 순서로 프로그램을 수행하도록 하는 정보를 제공하는 레지스터는?

① 명령 레지스터(IR)
② 프로그램 계수기(PC)
③ 기억장치 주소 레지스터(MAR)
④ 기억장치 버퍼 레지스터(MBR)

88 다음 중 과학기술정보통신부장관이 전기통신번호 자원 관리계획을 수립 · 시행하는 목적으로 볼 수 <u>없는</u> 것은?

① 전기통신역무의 효율적인 제공을 위하여
② 통신기술인력의 양성사업을 지원하기 위하여
③ 이용자의 편익을 위하여
④ 전기통신사업자간의 공정한 경쟁환경의 조성을 위하여

89 10진수 0.375를 2진수로 맞게 변환한 값은?

① 0.111
② 0.011
③ 0.001
④ 0.101

90 다음 중 방송통신설비의 운용자와 이용자의 안전 및 방송통신서비스의 품질향상을 위하여 규정한 단말장치의 기술기준이 <u>아닌</u> 것은?

① 방송통신망 또는 방송통신서비스에 대한 장애인의 용이한 접근에 관한 사항
② 전송품질의 유지에 관한 사항
③ 전화역무 간의 상호운용에 관한 사항
④ 전기통신망 유지 및 보수자의 안전에 관한 사항

91 바이트(8bit) 단위로 주소지정을 하는 컴퓨터에서 MAR(Memory Address Register)과 MDR(Memory Data Register)의 크기가 각각 32비트이다. 512[Mb](Megabit) 용량의 반도체 메모리 칩으로 이 컴퓨터의 최대 용량으로 주기억장치의 메모리 배열을 구성하고자 한다. 필요한 칩의 개수는?

① 8개
② 16개
③ 32개
④ 64개

92 다음 중 아날로그 신호를 디지털 신호로 전환하고, 디지털 신호를 아날로그 신호로 전환해주는 장치는 어느 것인가?

① 마우스(Mouse)
② 전자태그(RFID)
③ 스캐너(Scanner)
④ 모뎀(Modem)

93 OSI 7계층 모델 중 각 계층의 기능에 대한 설명으로 <u>틀린</u> 것은?

① 물리 계층 : 전기적, 기능적, 절차적 기능 정의
② 데이터 링크 계층 : 흐름제어, 에러제어
③ 네트워크 계층 : 경로 설정 및 네트워크 연결 관리
④ 전송 계층 : 코드 변환, 구문 검색

94 다음 중 네트워크 계층에서 전달되는 데이터 전송 단위로 옳은 것은?

① 비트(Bit)
② 프레임(Frame)
③ 패킷(Packet)
④ 데이터그램(Datagram)

95 다음 |보기의 IP주소는 어느 클래스에 속하는가?

| 보기 |
128.216.198.45

① A class
② B class
③ C class
④ D class

96 다음 지문은 인터럽트 처리과정을 나타낸 것이다. 처리과정의 순서를 올바르게 나열한 것은?

ⓐ 주변장치로부터 인터럽트 요구가 들어옴
ⓑ pc 내용을 스택에서 꺼냄
ⓒ 본 프로그램으로 복귀
ⓓ 인터럽트 서비스 루틴의 시작번지로 점프해서 프로그램 수행
ⓔ pc 내용을 스택에 저장
ⓕ 중단했던 원래의 프로그램번지로부터 수행

① ⓐ→ⓓ→ⓑ→ⓒ→ⓕ→ⓔ
② ⓐ→ⓔ→ⓓ→ⓑ→ⓒ→ⓕ
③ ⓔ→ⓐ→ⓓ→ⓑ→ⓒ→ⓕ
④ ⓔ→ⓐ→ⓑ→ⓓ→ⓒ→ⓕ

97 다음 중 정보통신공사업법 시행령에서 규정하고 있는 초급감리원의 자격등급으로 적절하지 않은 것은?

① 기능사자격을 취득한 후 6년 이상 공사업무를 수행한 사람
② 고등학교를 졸업한 후 6년 이상 공사업무를 수행한 사람
③ 2년제 전문대학을 졸업한 후 4년 이상 공사업무를 수행한 사람
④ 학사학위 이상의 학위를 취득한 후 3년 이상 공사업무를 수행한 사람

98 다음 중 전기통신설비를 공동 구축할 수 있는 대상은?

① 국가 또는 지방자치단체와 국민 사이
② 전기통신사업자와 전기통신이용자 사이
③ 기간통신사업자와 자가통신사업자 사이
④ 기간통신사업자와 다른 기간통신사업자 사이

99 영상정보처리기기의 설치 · 운영 제한규정에 맞지 않는 것은?

① 영상정보처리기기운영자는 영상정보 이외에 녹음기능을 사용할 수 있다.
② 영상정보처리기기운영자는 개인정보가 분실 · 도난 · 유출 · 위조 · 변조 또는 훼손되지 아니하도록 안전성 확보에 필요한 조치를 하여야 한다.
③ 영상정보처리기기운영자는 대통령령으로 정하는 바에 따라 영상정보처리기기 운영 · 관리 방침을 마련하여야 한다.
④ 영상정보처리기기운영자는 영상정보처리기기의 설치 · 운영에 관한 사무를 위탁할 수 있다.

100 개인의 컴퓨터나 기업의 응용서버 등의 컴퓨터 데이터를 별도 장소로 옮겨 놓고, 네트워크를 연결하여 인터넷 접속이 가능한 다양한 단말기를 통해 언제 어디서나 데이터를 이용할 수 있는 사용자 환경은?

① 클라우드 컴퓨팅
② 빅데이터 컴퓨팅
③ 유비쿼터스 컴퓨팅
④ 사물인터넷 컴퓨팅

필기 기출문제 06회

시행일	문항 수	소요시간
2022년 6월	총 100문항	150분

수험번호 : _____

성   명 : _____

<1과목> 정보전송일반

01 SDH(Synchronous Digital Hierarchy : 동기식 디지털 계위) 특징이 <u>아닌</u> 것은?

① TDM 방식으로 다중화 함
② 동기식 디지털 기본 계위신호 STM-1을 기본으로 권고함
③ 프레임 주기는 125[μs]임
④ 9행×90열 구조로 되어 있음

02 신호 x(t)의 푸리에 변환을 X(f)라고 할 때, 다음 함수의 푸리에 변환으로 맞는 것은?

$$x(t)\cos 2\pi f_0 t$$

① $-\dfrac{1}{2}X(f-f_0) + \dfrac{1}{2}X(f+f_0)$

② $\dfrac{1}{2}X(f-f_0) + \dfrac{1}{2}X(f+f_0)$

③ $\dfrac{1}{2}X(f-f_0) - \dfrac{1}{2}X(f+f_0)$

④ $-\dfrac{1}{2}X(f-f_0) - \dfrac{1}{2}X(f+f_0)$

03 무선환경에서 다중입출력(MIMO) 안테나의 송신측과 수신측 기술의 궁극적 목표가 각각 알맞게 연결된 것은?

① 송신측-공간간섭 제거, 수신측-채널용량 증대
② 송신측-공간간섭 제거, 수신측-공간간섭 제거
③ 송신측-채널용량 증대, 수신측-채널용량 증대
④ 송신측-채널용량 증대, 수신측-공간간섭 제거

04 반송파를 여러 개 사용해 일정한 주기마다 바꾸며 신호를 대역확산하여 전송하는 기술은?

① 직접확산(DS)
② 주파수 도약(FH)
③ 시간도약(TH)
④ 첩(Chirp)

05 다음 중 대류권파 페이딩의 종류와 방지대책으로 연결이 <u>틀린</u> 것은?

① 신틸레이션 페이딩 – AGC, AVC 이용하여 방지
② K형 페이딩 – AGC, AVC 이용하여 방지
③ 산란형 페이딩 – diversity 이용하여 방지
④ Duct형 페이딩 – AGC, AVC 이용하여 방지

06 광케이블의 광학파라미터가 <u>아닌</u> 것은?

① 편심률
② 개구수
③ 수광각
④ 모드 수

07 통신속도가 2000[bps]이고 1시간 전송했을 때 에러 비트 수가 36[bit]였다면 비트에러율은?

① 2.5×10^{-5}
② 2.5×10^{-6}
③ 5×10^{-5}
④ 5×10^{-6}

08 주기 신호의 주파수 스펙트럼 형태는?

① 선 스펙트럼
② 연속 스펙트럼
③ 사각 스펙트럼
④ 정현 스펙트럼

09 채널의 대역폭이 1,000[Hz]이고 신호대 잡음비가 3일 경우 채널용량은 얼마인가? (단, 채널용량은 샤논의 정리를 이용하여 계산)

① 1,500[bps]
② 2,000[bps]
③ 2,500[bps]
④ 3,000[bps]

10 디지털 전송방식에서 원신호속도, 샘플링방식, 베어러 속도가 잘못 연결된 것은?

① 1,200[bps] : 4,800[bps] 단점 샘플링 : 6.4[kbps]
② 2,400[bps] : 2,400[bps] 단점 샘플링 : 3.2[kbps]
③ 4,800[bps] : 4,800[bps] 단점 샘플링 : 6.4[kbps]
④ 9,600[bps] : 9,600[bps] 단점 샘플링 : 12.8[kbps]

11 다음 설명의 괄호 안에 들어갈 용어로 알맞은 것은?

광대역 종합정보통신망(B-ISDN)을 구현하기 위하여 ITU-T에서 선택한 전송기술은 (   )이고, 이 기술의 실제 근간을 이루는 물리적 전송망은 (   )이다.

① SDH/PDH, X.25
② ATM, SDH/SONET
③ xDSL, SDH/PDH
④ LAN, X.25

12 다음 그림과 같은 발진회로에서 발진주파수는?

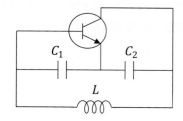

① $f = \dfrac{1}{2\pi\sqrt{(C_1 + C_2)}}$

② $f = \dfrac{1}{2\pi\sqrt{L\left(\dfrac{C_1 C_2}{C_1 + C_2}\right)}}$

③ $f = \dfrac{1}{2\pi\sqrt{L(C_1 + C_2)}}$

④ $f = \dfrac{1}{2\pi\sqrt{(C_1 + C_2)/L}}$

13 다음 중 ㉠~㉡이 순서대로 올바르게 짝지어진 것은?

> 신호의 세기는 전송매체 상에서 거리가 증가함에 따라 작아진다. 유도매체에서 감쇠는 일반적으로 (㉠)의 형태로 나타내고, 거리 단위당 (㉡)의 형태로 표시한다.

① 지수함수 − S/N비
② 로그함수 − 데시벨
③ 지수함수 − Baud
④ 로그함수 − BPS

14 이동통신망에서 발생하는 페이딩 중 고층 건물, 철탑 등 인공구조물에 의하여 발생하는 페이딩은?

① Long−term Fading
② Short−term Fading
③ Rician Fading
④ Mid−term Fading

15 효율적인 전송을 위해 하나의 전송로에 여러 신호를 동시에 전송하는 기술은?

① 다중화
② 부호화
③ 압축화
④ 양자화

16 다음 중 LC발진회로에서 발진주파수의 변동요인과 대책이 틀린 것은?

① 전원전압의 변동 : 직류안정화 바이어스 회로를 사용
② 부하의 변동 : Q가 낮은 수정편을 사용
③ 온도의 변화 : 항온조를 사용
④ 습도에 의한 영향 : 회로의 방습 조치

17 다음 중 직교 진폭변조(QAM) 방식에 대한 설명으로 틀린 것은?

① 진폭과 위상을 혼합하여 변조하는 방식이다.

② 제한된 채널에서 데이터 전송률을 높일 수 있다.

③ 검파는 동기 검파나 비동기 검파를 사용한다.

④ 신호 합성시 I-CH과 Q-CH이 완전히 독립적으로 존재한다.

18 다음 중 동축 케이블에 대한 설명으로 틀린 것은?

① 영상 전송에서 우선 고려사항은 감쇄이며, 이를 위해 75[Ω] 특성 임피던스를 많이 사용한다.

② 특성 임피던스는 내외부 도체의 직경으로부터는 영향을 받지 않는다.

③ 통신, 계측, 안테나 등의 Radio Frequency 영역에서는 50[Ω] 특성 임피던스를 사용한다.

④ BNC커넥터(Connector)는 N커넥터보다 차단주파수(Cutoff Frequency)가 낮다.

19 다음 중 데이터 동기식 전송 방식에 대한 설명으로 틀린 것은?

① 비트 동기와 블록 동기가 있다.

② BBC, BASIC Protocol에서 사용한다.

③ 각 비트의 길이는 통신속도에 따라 정해지면 일정하다.

④ 스타트 비트와 스톱 비트로 문자를 구분한다.

20 다음 중 부가식 확인 응답(Piggyback Acknowledgement)이란?

① 수신측이 에러를 검출한 후 재전송해야 하는 프레임의 개수를 송신측에게 알려주는 응답

② 수신한 전문에 대해 확인 응답 전문을 따로 보내지 않고, 상대편에게 전송되는 데이터 전문에 확인 응답을 함께 실어 보내는 방법

③ 송신측이 일정한 시간 안에 수신측으로부터 ACK가 도착하지 않으면 에러로 간주하는 것

④ 송신측이 타임-아웃 시간을 설정하기 위한 목적으로 송신한 테스트 프레임에 대한 응답

21 자유공간에서 송수신 안테나 간 거리 2[km]에 1[GHz]의 주파수로 통신링크를 구성하고자 한다. 이에 대한 전송경로의 손실은 약 얼마인가?

① 118.52[dB]

② 128.52[dB]

③ 98.52[dB]

④ 108.52[dB]

22 이동통신의 세대와 기술이 바르게 짝지어진 것은?

① 1세대 : GSM

② 2세대 : AMPS

③ 3세대 : WCDMA

④ 4세대 : CDMA

23 다음 DTV의 특징 중 잡음에 강하고, 전송 에러 자동 교정 및 Ghost 감소의 특징으로 맞는 것은?

① 양방향화

② 고품질화

③ 고기능화

④ 다채널화

24 기존 통신 및 방송사업자와 더불어 제3사업자들이 인터넷을 통해 드라마나 영화 등의 다양한 미디어 콘텐츠를 제공하는 서비스를 무엇이라 하는가?

① OTT

② IPTV

③ VOD

④ P2P

25 전화기와 교환기 간의 접속 제어 정보를 전달하는 신호방식은?

① 가입자선 신호 방식

② 중계선 신호 방식

③ No.6 신호 방식

④ No.7 신호 방식

26 입력신호가 x(t) = 10cos8000πt와 같이 주어졌을 때 aliasing이 나타나지 않는 이상적인 최소 표본화 주파수는?

① 16,000

② 8,000

③ 4,000

④ 2,000

27 다음 중 영상회의 시스템의 구성요소로 틀린 것은?

① SCN(주사회로)

② 음성 신호처리

③ 영상 신호처리

④ TV 프로세서(송수신 장치)

28 다음 광통신 장치에 대한 설명이 <u>틀린</u> 것은?

① OLT(Optical Line Terminal) : 국사 내에 설치되어 백본망과 가입자망을 서로 연결하는 광가입자망 구성장치

② ONT(Optical Network Terminal) : 가입자와 가입자를 광을 통해 서로 연결해주는 광통신장치

③ ONU(Optical Network Unit) : 주거용 가입자 밀집 지역의 중심부에 설치하는 소규모의 옥외/옥내용 광통신 장치

④ Backbone : 네트워크상에서 중요 공유자원들을 연결하기 위한 중추적인 기간 네트워크

29 다음 중 멀티미디어의 특징으로 <u>틀린</u> 것은?

① 디지털화

② 통합성

③ 단방향성

④ 상호작용성

30 다음 스마트공장의 구성 요소 중 IIoT(Industrial Internet of Things)에 해당하지 <u>않는</u> 것은?

① ERP(Enterprise Resource Planning)

② 각종 센서(Sensor)

③ 엑츄에이터(Actuator)

④ 제어기(Controller)

31 다음 중 CCTV와 CATV에 대한 설명으로 <u>틀린</u> 것은?

① CCTV는 헤드엔드, 중계전송망, 가입자설비로 구성되어 있다.

② CCTV는 특정 건물 및 공장지역 등 서비스 범위가 한정적이다.

③ CATV는 다수의 채널에 쌍방향성 서비스를 제공한다.

④ CATV는 방송국에서 가입자까지 케이블을 통해 프로그램을 전송하는 시스템이다.

32 다음에서 설명하고 있는 용어는?

> 스마트공장에서 물리적 실제 시스템과 사이버 공간의 소프트웨어 및 주변 환경을 실시간으로 통합하고 상호 피드백하여 물리세계와 사이버세계가 실시간 동적 연동되는 시스템

① CPS(Cyber-Physical System)

② MES(Manufacturing Execution System)

③ SCM(Supply Chain Management)

④ PLM(Product Lifecycle Management)

33 정보통신시스템의 통신 회선 종단에 위치한 신호변환장치 중에서 디지털 전송로인 경우 송신측에서 단극성 신호를 쌍극성 신호로 변환하는 장치는?

① CODEC

② DSU

③ CSU

④ CPU

34 이동 통신 시스템에서 hand off 기능에 대한 설명으로 옳은 것은?

① 자동 우회 기능 및 통화량의 자동 차단 기능
② 한 서비스 지역 내에서 다수의 사용자가 동시에 통화할 수 있는 기능
③ 사용자가 가입 등록되어 있는 서비스 사업자의 시스템 이외의 시스템에서도 정상적인 서비스를 제공하는 기능
④ 사용자가 현재 서비스를 제공받고 있는 기지국을 벗어나더라도 인접 기지국으로 채널을 자동으로 전환해 주는 기능

35 홈네트워크건물 인증 심사기준에 따른 등급의 종류가 아닌 것은?

① 홈IoT
② AA등급
③ A등급
④ B등급

36 가상현실(VR) 및 증강현실(AR)의 기술적 발전 방향이 아닌 것은?

① 오감기술 도입
② 다중 사용자 환경기술
③ 증강현실(AR)로 단일화
④ 동적기술로 임장감 확대

37 홈네트워크 설비 중 정전에 대비하여 예비전원이 공급되는 설비가 아닌 것은?

① 홈게이트웨이
② 감지기
③ 세대단말기
④ 단지 서버

38 다음 중 집중화기에 대한 설명으로 옳지 않은 것은?

① m개의 입력 회선을 n개의 출력 회선으로 집중화하는 장비이다.
② 집중화기의 구성 요소로는 단일 회선 제어기, 다수 선로 제어기 등이 있다.
③ 집중화기는 정적인 방법(Static Method)의 공동 이용을 행한다.
④ 부채널의 전송속도의 합은 Link 채널의 전송속도보다 크거나 같다.

39 빌딩안내시스템 중 승강기 안내시스템에 대한 설명으로 틀린 것은?

① Display에 전송되는 선로는 반드시 동축 케이블을 사용한다.
② 다양한 메시지 표출 기능을 제공하여야 한다.
③ 임의적으로 운용시간을 지정하여 LCD를 제어한다.
④ Display는 돌출형 매립형으로 설치한다.

40 지능형 교통체계기술(ITS) 중에서 차량 간 통신 기술(Vehicle to Vehicle Communication), 차량과 인프라 간 통신 기술((Vehicle to Infrastructure Communication)에 활용되는 기술은?

① WAVE
② IEEE 802.11s
③ WiBro
④ LTE-R

43 IPv4의 C 클래스 네트워크를 26개의 서브넷으로 나누고, 각 서브넷에는 4~5개의 호스트를 연결하려고 한다. 이러한 서브넷을 구성하기 위한 서브넷 마스크 값은?

① 255.255.255.192
② 255.255.255.224
③ 255.255.255.240
④ 255.255.255.248

<3과목> 정보통신네트워크

44 프로토콜의 서로 다른 네트워크 사이를 결합하는 것은?

① 리피터　　　　② 브리지
③ 라우터　　　　④ 게이트웨이

41 다음 중 LAN 장비에서 네트워크계층의 연결장비인 것은?

① Router　　　　② Bridge
③ Repeater　　　④ Hub

45 다음은 무엇에 대한 설명인가?

> • 범세계적이고 융통성 있는 전송 네트워크를 실현해 주는 광통신 전송시스템 표준화가 목적이다.
> • 기본이 되는 최저 다중화 단위인 OC-1(Optical Carrier-1)의 전송 속도는 51.84[Mbps]이다.
> • 광케이블의 WAN 시스템으로서 이론적으로 2.48[Gbps]의 전송 속도를 가지며 음성, 데이터, 비디오의 정보를 동시에 보낼 수 있다.
> • 서로 다른 업체 간에도 호환이 되고 새로운 서비스 플랫폼에도 유연하다.

42 OSI 7계층과 TCP/IP 프로토콜의 관계에 대한 설명으로 틀린 것은?

① OSI 모델은 7개 계층으로, TCP/IP 프로토콜은 4개 계층으로 구성되어 있다.
② TCP/IP 프로토콜의 계층 구조는 OSI 모델의 계층 구조와 정확하게 일치하지 않는다.
③ TCP는 OSI 참조 모델의 네트워크계층에 대응되고, IP는 트랜스포트 계층에 대응된다.
④ TCP/IP 프로토콜은 OSI 참조 모델보다 먼저 개발되었다.

① SONET(Synchronous Optical Network)
② SDH(Synchronous Digital Hierarchy)
③ PDH(Plesiochronous Digital Hierarchy)
④ OTN(Optical Transport Network)

46 다음 중 마이크로파 통신방식의 특징이 <u>아닌</u> 것은?

① 외부의 영향을 많이 받지만 광대역성이 가능하다.
② 예민한 지향성을 가진 고이득 안테나를 얻을 수 있다.
③ 안정된 전파 특성을 갖는다.
④ S/N 개선도를 크게 할 수 있다.

47 다음 중 네트워크 대역이 다른 네트워크에서 동적으로 IP 부여를 하기 위해 필요한 DHCP(Dynamic Host Configuration Protocol) 구성 요소가 <u>아닌</u> 것은?

① DHCP 서버
② DHCP 클라이언트
③ DHCP 릴레이
④ DHCP 에이전트

48 HUB에 대한 설명으로 맞는 것은?

① 근거리 통신망(LAN)과 단말 장치를 접속하는 장치이다.
② 근거리 통신망(LAN)과 외부 네트워크를 연결하여 다중 경로를 제어하는 장치이다.
③ OSI 7 Layer에서 2계층의 기능을 담당하는 장치이다.
④ 아날로그 선로에서 신호를 분배, 접속하는 중계 장치이다.

49 다음 ITU-T 권고안 시리즈 중 축적 프로그램 제어식 교환의 프로그램 언어에 관한 사항을 규정한 것은?

① I
② Q
③ P
④ Z

50 라우팅의 루핑 문제를 방지하기 위한 여러 가지 방법 중 라우팅 정보가 들어온 곳으로는 같은 라우팅 정보를 내보내지 <u>않는</u> 방법을 무엇이라 하는가?

① 최대 홉 카운트(Maximum Hop Count)
② 스플릿 호라이즌(Split Horizon)
③ 홀드 다운 타이머(Hold Down Timer)
④ 라우트 포이즈닝(Route Poisoning)

51 데이터링크 계층(Datalink Layer)에서 전송제어 프로토콜의 절차 단계 중 옳은 것은?

① 데이터링크 설정 → 회선접속 → 정보전송 → 회선절단 → 데이터링크 해제
② 정보전송 → 회선접속 → 데이터링크 설정 → 데이터링크 해제 → 회선절단
③ 회선접속 → 데이터링크 설정 → 정보전송 → 데이터링크 해제 → 회선절단
④ 회선접속 → 데이터링크 설정 → 데이터링크 해제 → 회선절단 → 정보전송

52 SNMP(Simple Network Management Protocol)에서 네트워크 장치의 상태를 감시하는 요소는?

① NetBEUI
② 에이전트(Agent)
③ 병목
④ 로그

53 다음 중 이동통신 시스템에서 전체 가입자의 관리를 책임지는 데이터베이스는?

① HLR(Home Location Register)
② EIR(Equipment Identity Register)
③ VLR(Visitor Location Register)
④ AC(Authentication Center)

54 다음 중 IP주소와 서브넷 마스크로 표시된 1.1.1.1 255.255.0.0을 CIDR 표기법으로 표현한 것은 무엇인가?

① 1.1.1.1/4
② 1.1.1.1/8
③ 1.1.1.1/10
④ 1.1.1.1/16

55 다음 중 ATM 셀 헤더를 구성하는 필드(field)에 대한 설명으로 틀린 것은?

① PT : 페이로드에 실린 정보의 종류를 표시한다.
② VPI : 셀이 속한 가상경로를 식별하기 위해 사용한다.
③ CLP : 망 폭주 시 셀이 폐기될 우선순위를 나타낸다.
④ HEC : 헤더 자체오류 유무를 검사하기 위한 것으로 해밍코드(Hamming Code)를 사용한다.

56 10Base-5 이더넷의 기본 규격으로 맞는 것은?

① 전송 매체가 꼬임선이다.
② 전송 속도가 10[Mbps]이다.
③ 전송 최대 거리가 50[m]이다.
④ 전송 방식이 브로드밴드 방식이다.

57 다음 중 데이터 버스트(Burst)를 송신하고자 할 때 사전에 시간 대역의 사용을 요구하여, 지정된 시간 대역으로 버스트를 송신하는 방식은?

① A-ALOHA
② P-ALOHA
③ S-ALOHA
④ R-ALOHA

58 인터넷 네트워크의 자율시스템(Autonomous System)에 관한 설명으로 옳은 것은?

① 내부에서 사용하게 되는 라우팅 프로토콜을 IGP(Interior Gateway Protocol)라 하는데 대표적인 것은 RIP와 OSPF가 있다.

② 대표적인 AS간 라우팅 프로토콜은 EGP(Exterior Gateway Protocol)가 있는데 EGP 이전에는 BGP가 이용되었다.

③ EGP(Exterior Gateway Protocol)는 RIP나 OSPF와 같게 기본통신을 TCP 연결을 맺어서 동작한다.

④ EGP(Exterior Gateway Protocol)는 목적지에 도달하기 위해 경유하는 자율시스템의 순서를 전송하여 이용하게 되므로 RIP에서의 문제점을 해결한다.

59 스마트도시(Smart City) 기반시설에 해당하지 않는 것은?

① 기반시설 또는 공공시설에 건설 · 정보통신 융합기술을 적용하여 지능화된 시설

② 초연결지능통신망

③ 도시정보 데이터베이스

④ 스마트도시 통합운영센터 등 스마트도시의 관리 · 운영에 관한 시설

60 다음 중 VLAN의 종류로 거리가 먼 것은?

① 포트기반(Port-based) VLAN

② LLC주소기반 VLAN

③ 프로토콜 기반 VLAN

④ IP서브넷을 이용한 VLAN

<4과목> 정보시스템운용

61 ARP(Address Resolution Protocol) 스푸핑은 몇 계층 공격에 해당하는가?

① 1계층

② 2계층

③ 3계층

④ 4계층

62 UTM(Unified Threat Management)의 장점이 아닌 것은?

① 패킷 필터링을 통한 내외부 네트워크 접근 통제

② 공간 절약

③ 관리 용이

④ 장애 발생 시 전체에 영향이 없음

63 다음 중 정보통신망 유지보수 OS패치를 위한 세부 검토 항목으로 틀린 것은?

① 서버, 네트워크 장비, 보안시스템은 중요도에 따라 패치관리 및 정책 및 절차를 수립하고 이행해야 한다.

② 주요서버, 네트워크 장비에 설치된 OS, 소프트웨어 패치적용 현황을 관리해야 한다.

③ 주요서버, 네트워크 장비, 정보보호시스템의 경우 공개 인터넷접속을 통해 패치를 실시한다.

④ 운영시스템의 경우 패치 적용하기 전 시스템 가용성에 미치는 영향을 분석하여 패치를 적용한다.

64 다음 중 논리적 망분리의 특징으로 <u>틀린</u> 것은?

① 가상화 등의 기술을 이용하여 논리적으로 분리하여 운영

② 상대적으로 관리가 용이하여 효율성 높음

③ 구성 방식에 따라 취약점 발생하여 상대적으로 낮은 보안성

④ 완전한 망분리방식으로 가장 안전한 방식

65 정보통신시스템의 하드웨어 설계 시 고려사항이 <u>아닌</u> 것은?

① 운용, 유지 보수 및 관리

② 민원 가능성

③ 신뢰성

④ 전기적 및 물리적 성능

66 방송전송시스템에 따른 방송 종류를 바르게 연결한 것은?

> (가) 정규방송
> (나) 자주방송
> (다) 유료방송

> (a) 국내 지상파 방송사 서비스
> (b) IPTV, OTT 등 상업적 방송 서비스
> (c) 안내방송, 공지사항 등 자체제작 방송 서비스

① (가)-(a), (나)-(b), (다)-(c)

② (가)-(b), (나)-(a), (다)-(c)

③ (가)-(a), (나)-(c), (다)-(b)

④ (가)-(b), (나)-(c), (다)-(a)

67 다음에서 설명하고 있는 용어는?

> • 리눅스 커널의 가상 메모리(VM) 하위 시스템에 밀접하게 관련이 있고 디스크 사용량에는 약간의 영향이 있다.
> • 이 파일을 조정하면 파일 시스템을 향상 시킬 수 있으며, 시스템의 반응을 빠르게 할 수 있다.

① bdflush

② buffermem

③ freepages

④ kswapd

68 IoT 미들웨어 플랫폼을 활용한 무선모듈형 화재감지 시스템의 구성시 불필요한 설비는 무엇인가?

① 화재감지센서

② 데이터베이스

③ 키오스크

④ 빅데이터 분석서버

69 다음 중 기술적 보안 기술 요소가 <u>아닌</u> 것은?

① 보안 표준

② SSO(Single Sign On)

③ EAM(Enterprise Access Management)

④ SRM(Security Risk Management)

70 다음 중 물리적 보안구역에 대한 자체 점검항목으로서 적절하지 **못한** 것은?

① 특별한 보호가 필요한 시설과 장비를 보호하기 위한 보호구역을 정의하고, 이에 따른 보안대책을 수립하여 이행하고 있는가를 점검

② 물리적 보호구역이 필요한 보안 등급에 따라 정의되고 각각에 대한 보안조치와 절차가 수립되어 있는가를 점검

③ 일반인의 출입경로가 보안지역을 지나가지 않도록 배치되어 있는가를 점검

④ 응용시스템 구현 시 코딩표준에 따라 응용시스템을 구현하고 보안요구사항에 대한 시험 사항의 점검

71 자료를 압축하기 위하여 버로우스-윌러(Burrows-Wheeler) 블록 정렬 텍스트 압축 알고리즘(Block-sorting text compression algorithm)과 호프만 코딩(Huffman coding)을 사용하는 유틸리티는?

① dispatch
② Runlevel
③ bunzip2
④ schedule

72 수리가 가능한 시스템이 고장난 후부터 다음 고장이 날 때까지의 평균시간을 의미하는 것은?

① MTBF
② MTTF
③ MTTR
④ Availability

73 네트워크를 모니터링하고 관리하는데 사용되는 하드웨어와 소프트웨어의 조합으로 구성되는 망관리 시스템은?

① NMS
② DOCSIS
③ SMTP
④ LDAP

74 광케이블을 설치할 때 고려사항이 **아닌** 것은?

① 최소 굴곡반경 이상 구부리지 않는다.
② 포설할 때는 허용 장력 이상의 힘으로 당겨야 한다.
③ 분기 개소마다 용도별로 표찰을 부착하여야 한다.
④ 포설 시 꼬이거나 비틀리지 않도록 한다.

75 다음 중에서 망분리 적용 시 주요 고려사항으로 옳은 것을 모두 고른 것은?

┌─────────────────────────────────────┐
│ ㉠ PC 보안관리   ㉡ 망간 자료 전송 통제 │
│ ㉢ 인터넷 메일 사용   ㉣ 네트워크 접근제어   │
│ ㉤ 보조저장매체 관리   │
└─────────────────────────────────────┘

① ㉠, ㉡
② ㉠, ㉡, ㉢
③ ㉠, ㉡, ㉢, ㉣
④ ㉠, ㉡, ㉢, ㉣, ㉤

76 정보통신공사에서 접지를 개별적으로 시공하여 다른 접지로부터 영향을 받지 않고 장비나 시설을 보호하는 접지 방식은?

① 공통접지
② 독립접지
③ 보링접지
④ 다중접지

77 다음 중 웹서버에서 APM을 설치하기 위한 명령어가 <u>아닌</u> 것은?

① yum – y install httpd
② yum – y install MySQL
③ yum – y install php
④ yum – y install proftpd

78 클라우드서비스 어플라이언스(Appliance) 타입 부하분산 장비가 <u>아닌</u> 것은?

① BIG-IP
② NetScale
③ Ace 4700
④ LVS(Linux Virtual Server)

79 WLAN(Wireless Local Area Network)의 MAC 알고리즘으로 옳은 것은?

① FDMA(Frequency Division Multiple Access)
② CDMA(Code Division Multiple Access)
③ CSMA/CA(Carrier Sense Multiple Access Collision Avoidance)
④ CSMA/CD(Carrier Sense Multiple Access Collision Detection)

80 WAS(Web Application Server) 서버 구성요소가 <u>아닌</u> 것은?

① XML
② JSP
③ Servlet
④ JavaBeans

81 다음 중 프로그램의 이식성(Portability)을 가능하게 하는 주소지정방식은 무엇인가?

① 상대주소지정(Relative addressing)
② 간접주소지정(Indirect addressing)
③ 직접주소지정(Direct addressing)
④ 베이스레지스터 주소지정(Base-register addressing)

82 다음 중 감리원의 공사중지 명령과 관련된 설명으로 맞는 것은?

① 공사업자가 관련 규정의 내용에 적합하지 아니하게 해당 공사를 시공하는 경우에는 발주자의 동의 없이 공사중지명령을 내릴 수 있다.
② 공사업자는 감리원으로부터 재시공 등 필요한 조치에 관한 지시를 받으면 무조건 지시를 따라야 한다.
③ 공사업자가 자신의 명령을 따르지 않는 경우에는 공사업자를 바꾸는 등의 필요한 조치를 할 수 있다.
④ 감리원으로부터 필요한 조치에 관한 지시를 받은 공사업자는 특별한 사유가 없으면 이에 따라야 한다.

83 방송통신설비의 기술기준에 관한 규정에 포함되어 있는 기술기준이 아닌 것은?

① 전자파설비의 기술기준
② 구내통신선로설비의 기술기준
③ 구내용 이동통신설비의 기술기준
④ 방송통신기자재의 기술기준

84 다양한 보안 솔루션을 하나로 묶어 비용을 절감하고 관리의 복잡성을 최소화하며, 복합적인 위협 요소를 효율적으로 방어할 수 있는 솔루션은?

① UTM(Unified Threat Management)
② IPS(Intrusion Prevention System)
③ IDS(Intrusion Detection System)
④ UMS(Unified Messaging System)

85 다음 중 공격대상이 방문할 가능성이 있는 합법적인 웹 사이트를 미리 감염시키고 잠복하고 있다가 공격대상이 방문하면 악성코드를 감염시키는 공격 방법은?

① Watering Hole
② Pharming
③ Spear phishing
④ Spoofing

86 정보통신망의 안정성 및 정보의 신뢰성을 확보하기 위한 정보보호지침에 포함되지 않는 사항은?

① 정보보호시스템의 설치 · 운영 등 기술적 · 물리적 보호조치
② 정보의 불법 유출 · 변조 · 삭제 등의 방지하기 위한 기술적 보호조치
③ 정보통신망의 지속적인 이용 가능 상태 확보하기 위한 기술적 · 물리적 보호조치
④ 전문보안업체를 통한 위탁관리 등 관리적 보호조치

87 운영체제의 발달 순서를 올바르게 표시한 것은?

① 일괄처리 ⇒ 다중 프로그램 ⇒ 대화식처리 ⇒ 분산처리

② 다중 프로그램 ⇒ 분산처리 ⇒ 일괄처리 ⇒ 대화식처리

③ 일괄처리 ⇒ 다중 프로그램 ⇒ 분산처리 ⇒ 대화식처리

④ 다중 프로그램 ⇒ 분산처리 ⇒ 대화식처리 ⇒ 일괄처리

88 다음 중 정보통신공사의 설계 및 감리에 관한 설명으로 **틀린** 것은?

① 감리원은 설계도서 및 관련 규정에 적합하게 공사를 감리해야 한다.

② 설계도서를 작성한 자는 그 설계도서에 서명 또는 기명날인하여야 한다.

③ 발주자는 용역업자에게 공사의 설계를 발주하고 소속 기술자만으로 감리업무를 수행하게 해야 한다.

④ 공사를 설계하는 자는 기술기준에 적합하게 설계해야 한다.

89 10진수 43과 이진수 10010011의 논리합(OR)를 맞게 변환한 값은?

① 10111011

② 10111000

③ 10111110

④ 10111111

90 다음 중 맨홀 또는 핸드홀의 설치기준으로 **틀린** 것은?

① 맨홀 또는 핸드홀은 케이블의 설치 및 유지·보수 등의 작업 시 필요한 공간을 확보할 수 있는 구조로 설계하여야 한다.

② 맨홀 또는 핸드홀은 케이블의 설치 및 유지·보수 등을 위한 차량 출입과 작업이 용이한 위치에 설치하여야 한다.

③ 맨홀 또는 핸드홀 간의 거리는 350[m] 이내로 하여야 한다.

④ 맨홀 또는 핸드홀에는 주변 실수요자용 통신케이블을 분기할 수 있는 인입 관로 및 접지시설 등을 설치하여야 한다.

91 다음 중 OSI 7 Layer의 물리계층(1계층) 관련 장비는?

① 리피터(Repeater)

② 라우터(Router)

③ 브리지(Bridge)

④ 스위치(Switch)

92 캐시 메모리의 쓰기(Write) 정책 가운데 쓰기 동작이 이루어질 때마다 캐시 메모리와 주기억장치의 내용을 동시에 갱신하는 방식은?

① write-through

② write-back

③ write-once

④ write-all

93 다음에서 (　　)에 들어갈 적합한 용어는?

> 공사의 감리를 발주 받은 (　　)가(는) 감리원을 배치하는 경우에는 발주자의 확인을 받아 그 배치 현황을 특별시장·광역시장·특별자치시장·도지사 또는 특별자치도지사에게 신고하여야 한다.

① 공사업자
② 용역업자
③ 시공업자
④ 설계업자

94 다음 운영체제의 방식 중 가장 먼저 사용된 방식은?

① Batch Processing
② Time Slicing
③ Multi-Threading
④ Multi-Tasking

95 다음 중 무선랜의 보안 문제점에 대한 대응책으로 **틀린** 것은?

① AP보호를 위해 전파가 건물 내부로 한정되도록 전파 출력을 조정하고 창이나 외부에 접한 벽이 아닌 건물 안쪽 중심부, 특히 눈에 띄지 않는 곳에 설치한다.
② SSID(Service Set Identifier)와 WEP(Wired Equipment Privacy)를 설정한다.
③ AP의 접속 MAC주소를 필터링한다.
④ AP의 DHCP를 가능하도록 설정한다.

96 다음 중 스위치와 허브에 대한 설명으로 올바른 것은?

① 전통적인 케이블 방식의 CSMA/CD는 허브라는 장비로 대체되었다.
② 임의의 호스트에서 전송한 프레임은 허브에서 수신하며, 허브는 목적지로 지정된 호스트에만 해당 데이터를 전달한다.
③ 허브는 외형적으로 스타형 구조를 갖기 때문에 내부의 동작 역시 스타형 구조로 작동되므로 충돌이 발생하지 않는다.
④ 스위치 허브의 성능 문제를 개선하여 허브로 발전하였다.

97 다음 중 '5단계 명령어 파이프라인'에 인가된 클럭의 주파수가 1[GHz]이고, 이에 명령어 200개를 실행시키고자 한다. 이때 클럭 주기는 얼마인가?

① 0.1[ns]
② 1[ns]
③ 10[ns]
④ 100[ns]

98 개인정보보호법 시행령에 따르면 공공기관이 영상정보처리기기의 설치 · 운영에 관한 사무를 위탁하는 경우에는 문서로 하여야 한다. 다음 중 해당 문서에 포함될 내용으로 틀린 것은?

① 위탁 처리비용
② 위탁하는 사무의 목적 및 범위
③ 재 위탁 제한에 관한 사항
④ 영상정보에 대한 접근 제한 등 안정성 확보 조치에 관한 사항

99 클라우드 컴퓨팅의 서비스 유형과 적용 서비스가 틀린 것은?

① IaaS : AWS(AmazonWeb Service)
② SaaS : 전자메일서비스, CRM, ERP
③ PaaS : Google AppEngine, Microsoft Asure
④ BPaaS : 컴퓨팅 리소스, 서버, 데이터센터 패브릭, 스토리지

100 다음 중 누산기(Accumulator)에 대한 설명으로 맞는 것은?

① 연산장치에 있는 레지스터의 하나로서 연산 결과를 기억하는 장치이다.
② 기억장치 주변에 있는 회로인데 가감승제 계산 논리 연산을 행하는 장치이다.
③ 일정한 입력 숫자들을 더하여 그 누계를 항상 보존하는 장치이다.
④ 정밀 계산을 위해 특별히 만들어 두어 유효 숫자 개수를 늘리기 위한 것이다.

시행일	문항 수	소요시간
2022년 3월	총 100문항	150분

수험번호 : _____

성　　명 : _____

<1과목> 디지털전자회로

01 다음 중 전송 제어문자의 내용으로 옳은 것은?

① SYN : 문자 동기 유지
② STX : 헤딩의 시작 및 텍스트의 시작
③ ETX : 텍스트의 시작을 표시
④ EOT : 전송 시작 및 데이터 링크의 초기화 표시

02 양자화 잡음의 개선 방법으로 틀린 것은?

① 양자화 스텝을 크게 한다.
② 비선형 양자화 방법을 사용한다.
③ 선형양자화와 압신 방식을 같이 사용한다.
④ 양자화 스텝수가 2배로 증가할 때마다 6[dB]씩 개선된다.

03 다음 중 동기식 전송(Synchronous Transmission)에 대한 설명으로 틀린 것은?

① 전송속도가 비교적 낮은 저속 통신에 사용한다.
② 전 블록(또는 프레임)을 하나의 비트열로 전송할 수 있다.
③ 데이터 묶음 앞쪽에는 반드시 동기문자가 온다.
④ 한 묶음으로 구성하는 글자들 사이에는 휴지 간격이 없다.

04 다음 중 FEC(Forward Error Correction) 기법에서 사용하는 오류 정정부호가 <u>아닌</u> 것은?

① CRC
② LDPC
③ Turbo Code
④ Hamming Code

05 다음 중 이동통신이나 위성통신에서 사용되는 무선 다원 접속(Radio Multiple Access)방식에 해당되지 <u>않는</u> 것은?

① FDMA
② TDMA
③ CDMA
④ WDMA

06 짝수 패리티 비트의 해밍코드로 0011011을 받았을 때(왼쪽에 있는 비트부터 수신됨), 오류가 정정된 정확한 코드는 무엇인가?

① 0111011
② 0011000
③ 0101010
④ 0011001

07 다음 중 광 강도 변조의 설명으로 맞는 것은?

① 파장이 서로 다른 광 신호간에 상호 간섭을 받지 않는 변조 방식이다.

② 여러 광 신호를 하나의 광섬유에 전송하기 위해 행하는 변조 방식이다.

③ 광 신호에 포함된 직류성분을 제거하기 위해 행하는 변조방식이다.

④ 발광 디바이스의 휘도를 신호에 따라 변화시키는 휘도 변조 방식이다.

08 5[kHz]의 음성신호를 재생시키기 위한 표본화 주기는?

① 225[μs]

② 200[μs]

③ 125[μs]

④ 100[μs]

09 설계자가 감쇠 특성을 고려하여 통신시스템을 설계할 때 반영하지 않아도 되는 사항은?

① 수신기의 전자회로가 신호를 검출하여 해석할 수 있을 정도로 수신된 신호는 충분히 커야 한다.

② 오류가 발생하지 않을 정도로 신호는 잡음보다 충분히 커야 한다.

③ Pair 케이블을 조밀하게 감을수록 비용이 낮고 성능은 좋아진다.

④ 감쇠는 주파수가 증가함에 따라 증가하는 특성을 보인다.

10 전리층을 이용한 통신에 가장 많이 사용되는 주파수대는?

① VLF대

② HF대

③ VHF대

④ UHF대

11 다음 중 채널용량에 대한 설명으로 옳지 <u>않은</u> 것은?

① 통신용량이라고도 하며 단위로는 [bps]를 사용한다.

② 수신측에 전송된 정보량은 상호 정보량의 최대치이다.

③ 채널용량을 증가시키기 위해서는 대역폭을 줄이고 S/N비를 증가시켜야 한다.

④ 잡음이 있는 채널에서는 Shannon의 공식을 사용하여 채널 용량을 계산한다.

12 다음 중 다원접속 기술 방식이 <u>다른</u> 것은?

① Token

② Polling

③ CSMA/CD

④ Round-robin

13 이동통신망에서 발생하는 페이딩 중 고층 건물, 철탑 등 인공구조물에 의하여 발생하는 페이딩은?

① Long-term Fading
② Short-term Fading
③ Rician Fading
④ Mis-term Fading

14 다음 중 디지털 통신망에서 발생하는 Slip에 대한 설명으로 옳지 <u>않은</u> 것은?

① 일종의 버퍼인 ES의 오버플로우나 언더플로우에 의한 데이터 손실을 Slip이라고 한다.
② Slip이 제어되지 않으면 프레임 동기 손실을 유발한다.
③ 1프레임 단위로 발생하는 Slip을 Controlled Slip이라 한다.
④ Slip을 방지하는 방법으로 SSB(Single Side Band)방법을 사용한다.

15 증폭기와 정궤환 회로를 이용한 발진회로에서 증폭기의 이득을 A, 궤환율을 β라고 할 때, βA〉1이면 출력되는 파형은 어떤 현상이 발생하는가?

① 출력되는 파형의 진동이 서서히 사라진다.
② 출력되는 파형은 진폭에 클리핑이 일어난다.
③ 지속적으로 안정적인 파형이 발생한다.
④ 출력되는 파형은 서서히 진폭이 작아진다.

16 다음 중 상호변조왜곡 방지 대책으로 가장 적합한 것은?

① 입력 신호의 레벨을 높인다.
② 전송시스템에 FDM 방식을 사용한다.
③ 송수신 장치를 선형영역에서 동작시킨다.
④ 필터를 이용하여 통과대역 내의 신호를 걸러낸다.

17 다음 중 UTP 케이블 특징이 <u>틀린</u> 것은?

① 차폐 기능을 지원
② 8가닥 선으로 구성
③ 트위스트페어 케이블의 일종
④ 전송길이는 최대 100[m] 이내

18 다음 중 Flip-Flop과 관계가 <u>없는</u> 것은?

① RAM
② Decoder
③ Counter
④ Register

19 다음 중 레이더 또는 위성통신에 이용되며, Ka밴드, K밴드, Ku밴드, X밴드, L밴드 등 특수한 용어를 사용하여 밴드를 분류하는 파는 무엇인가?

① 단파
② 마이크로파
③ 밀리미터파
④ 초단파

20 다음 문장의 괄호 a-b-c-d-e가 순서대로 바르게 짝지어진 것은?

> 통신망을 구성하는 각 노드들은 통신회선을 이용하여 연결하여야만 신호가 전달된다. 이 때 사용하는 통신회선을 (a)라 하는데 여기에는 (b)와 (c)가 있다. (b)는 물리적 통로를 따라 유도되는 것으로 (d) 등을 말하고, (c)는 전자파(전파)를 전송하는 매체로 (e)등이 있다.

① 토폴로지 – 중계기 – 스위치 – 교환기 – 증폭기
② 링크 – 집중화기 – 다중화기 – MUX – 안테나
③ 네트워크 – 이더넷 – 무선통신망 – 전화선 – 발진기
④ 전송매체 – 유도전송매체 – 비유도전송매체 – 유선 – 공기

\<2과목\> 정보통신시스템

21 단말기에 마이크로프로세서를 내장하여 분산처리방식에 적절한 단말장치는?

① 전용 단말 장치
② 지능형 단말 장치
③ 복합 단말 장치
④ 범용 단말 장치

22 다음 중 수신기의 성능 측정 변수에 해당하지 않는 것은?

① 감도(Sensitivity)
② 선택도(Selectivity)
③ 안정도(Stability)
④ 신뢰도(Reliability)

23 다음 중 멀티미디어 기기의 특징으로 틀린 것은?

① 정보의 공유
② 정보의 디지털화
③ 양방향성 서비스
④ 인간과 컴퓨터의 독립성

24 다음 중 VoIP 기술의 구성요소로 틀린 것은?

① 미디어 게이트웨이
② 시그널링 서버
③ IP 터미널
④ 구내 교환기

25 무선송신기에서 주파수 체배기가 사용되는 목적은?

① 수정발진자의 주파수보다 더 낮은 주파수를 얻기 위해
② 수정발진자의 주파수보다 더 높은 주파수를 얻기 위해
③ 수정발진자의 주파수 허용편차를 개선하기 위해
④ 수정발진자의 주파수를 정수배 감소시키기 위해

26 다음 중에서 멀티미디어 단말의 구성요소가 아닌 것은?

① 처리장치
② 저장장치
③ 매체 전송장치
④ 오디오, 비디오 캡쳐 장치

27 다음 중 시스템의 잡음지수와 등가잡음온도에 대한 설명으로 틀린 것은?

① 잡음지수는 시스템에 입력되는 잡음대 시스템에서 출력되는 잡음과의 비이다.
② 이상적인 장치의 잡음지수는 1(0[dB])이다.
③ 등가잡음온도는 잡음지수값에 의해 영향을 받는다.
④ 등가잡음온도계산에 사용되는 시스템의 상온기준온도는 275°[K]이다.

28 다음 중 ZigBee 통신방식의 특징으로 옳지 않은 것은?

① 저전력 구내 무선 통신 기술이다.
② 근거리 고속통신에 적합하다.
③ 성형, 망형 등 다양한 네트워크 토폴로지를 지원한다.
④ 네트워크의 안정성을 요구하는 RF 애플리케이션에 사용된다.

29 송수신할 데이터가 있는 단말기에만 타임슬롯 (Time slot)을 할당하는 방식은 무엇인가?

① 주파수분할 다중화 방식
② 부호화 방식
③ 변조 방식
④ 통계적 시분할 다중화 방식

30 다음 중 고속의 송신 신호를 다수의 직교하는 협대역 반송파로 다중화시키는 변조방식은?

① EBCDIC
② CDMA
③ OTDM
④ OFDM

31 기존의 아날로그 카메라에 설치되어 있는 동축 케이블을 활용해 고화질 영상전송이 가능한 디지털 신호 전송방식은?

① DNR
② HD-SDI
③ HDMI
④ WDR

32 다음 중 주파수 분할 다중화(FDM)에 대한 설명으로 옳지 않은 것은?

① 채널 간의 완충 지역으로 가드밴드(Guard Band)가 있어 대역폭이 낭비가 된다.
② 저속의 Data를 각각 다른 주파수에 변조하여 하나의 고속 회선에 신호를 싣는 방식이다.
③ 주파수 분할 다중화기는 전송하려는 신호에서 필요한 대역폭보다 전송 매체의 유효 대역폭이 클 경우에 가능하다.
④ 각 채널은 전용 회선처럼 고속의 채널을 독점하는 것처럼 보이지만 실제로 분배된 시간만 이용한다.

33 디지털 화상회의 시스템에서 QCIF 포맷을 흑백 화면으로 25프레임, 8비트로 샘플링을 한다면 데이터 전송률은 약 얼마인가?

① 5[Mbps]
② 10[Mbps]
③ 20[Mbps]
④ 40[Mbps]

34 일반적인 모뎀의 기능에 멀티플렉서(Multi-plexer)가 혼합된 형태로서 대체로 4개 이하의 채널을 다중화하고자 할 때 사용되는 모뎀으로 가장 적절한것은?

① 광대역 모뎀　　　② 단거리 모뎀
③ 멀티포트 모뎀　　④ 멀티포인트 모뎀

35 우리나라 DTV 표준에 관한 설명 중 <u>틀린</u> 것은?

① 오디오표준 : Dolby AC-3
② 영상표준 : MPEG-2
③ 전송방식 : OFDM
④ 채널당 대역폭 : 6[MHz]

36 다음 중 CCTV의 기본 구성에 해당하지 <u>않는</u> 것은?

① 촬상 장치
② 전송 장치
③ 스펙트럼 분석 장치
④ 표시 장치

37 다음 중 멀티미디어 서비스를 위한 요구사항과 거리가 <u>먼</u> 것은?

① 음성 정보의 고압축 알고리즘 기술
② 영상 정보의 Real Time 전송을 위한 고속 통신망의 구축
③ 분산 환경의 통신 Protocol 및 Group 환경의 통신 Protocol
④ 동적인 정보들 간의 동기화 속성을 부여할 수 있는 기술

38 IPTV 서비스의 구성요소 중 |보기|의 설명에 대한 것으로 적절한 것은?

> ┤보기├
> 디지털 콘텐츠를 TV 또는 이용자 단말장치를 통해 볼 수 있게 해주는 장치로서 이용자와 직접 인터페이스하는 IPTV의 핵심 요소로 TV위에 설치된 상자라는 의미에서 명명된 용어이다.

① 셋탑박스
② 인코더
③ 헤드엔드
④ 방송소스

39 다음 CATV의 구성 요소 중 가입자 설비로 컨버터, 홈 터미널, TV수상기 등으로 구성된 것은?

① 전송계
② 단말계
③ 센터계
④ 분배계

40 다음 중 트래픽(Traffic)에 대한 설명으로 <u>틀린</u> 것은?

① 트래픽양 = 전화의 호수 × 점유시간
② 가입자가 통화를 위하여 발신한 호의 집합체이다.
③ 1일 중 호가 가장 적게 발생한 1시간을 최번시라 한다.
④ 통화 성공률 = (통화 성공한 호수 / 발생한 총 호수)×10

41 국가 통합 교통체계 효율화법의 내용 중 괄호 안에 들어갈 내용으로 적합한 것은?

> "지능형교통체계(ITS)"란 교통수단 및 교통시설에 대하여 (가) 등 첨단 교통기술과 교통정보를 개발·활용함으로써 교통체계의 운영 및 관리를 (나)하고, 교통의 효율성과 안정성을 향상시키는 교통체계를 말한다.

① (가) 무선 및 유선통신, (나) 과학화, 자동화
② (가) 전자·제어 및 통신, (나) 과학화, 자동화
③ (가) 전자·제어 및 통신, (나) 지능화, 자동화
④ (가) 무선 및 유선통신, (나) 지능화, 자동화

42 OSI 7계층에서 물리적 연결을 이용해 신뢰성 있는 정보를 전송하려고 동기화, 오류제어, 흐름 제어 등 역할을 하는 계층은?

① 데이터링크계층   ② 물리계층
③ 전송계층   ④ 네트워크계층

43 세션(Session) 서비스에서 세션 접속의 설정 및 해제에 필요한 절차의 기본 프로토콜 요소를 제공하는 것은?

① 핵(Kernel) 기능단위
② 절충 해제(Negotiated Release) 기능단위
③ 반 이중(Half-Duplex) 기능단위
④ 전 이중(Full-Duplex) 기능단위

44 다음 중 ROADM(Reconfigurable Optical Add-Drop Multiplexer)이 OXC(Optical Cross Connect)에 비하여 갖는 최대 장점은?

① 파장 단위로 회선을 분기/결합이 가능하다.
② 스위칭 속도가 느리다.
③ 전광/광전 변환이 필수적이다.
④ 트래픽 상황 변화에 대처가 느리다.

45 하나의 브로드캐스트 도메인에 너무 많은 장비가 속해 있는 경우에 발생하는 문제점이 아닌 것은?

① 보안에 취약함
② 네트워크 성능 저하
③ 라우팅 테이블 증가
④ 로드밸런싱의 어려움

46 일반적으로 통신망의 크기(Network coverage)에 따라 통신망을 분류할 때 적절하지 않은 것은?

① LAN   ② MAN
③ WAN   ④ CAN

47 패킷경로를 동적으로 설정하며, 일련의 데이터를 패킷단위로 분할하여 데이터를 전달하고, 목적지 노드에서는 패킷의 재순서화와 조립과정이 필요한 방식은?

① 회선교환방식
② 메시지교환방식
③ 가상회선방식
④ 데이터그램방식

48 다음 중 TCP 프레임의 헤더 구조에 대한 설명으로 틀린 것은?

① 순차 번호(Sequence Number) 필드는 송신 TCP로부터 수신 TCP로 송신되는 데이터 스트림 중 마지막 바이트를 지정한다.

② 응답 번호(Acknowledgement Number)는 응답 제어비트가 설정되어 있을 때만 제공된다.

③ Data Offset은 TCP 헤더에서 32비트 워드의 숫자를 특성화시킨다.

④ Window는 수신부가 응답 필드에서 지정한 번호부터 수신할 수 있는 바이트의 수를 표시한다.

49 ATM에서 기본 패킷 단위인 셀의 크기는?

① 32바이트
② 53바이트
③ 64바이트
④ 1,024바이트

50 다음 중 통신 프로토콜의 주요 기능이 아닌 것은?

① 송신지 및 수신지 주소 지정
② 전송 메시지의 생성 및 캡슐화
③ 정보 흐름의 양을 조절하는 흐름 제어
④ 정확하고 효율적인 전송을 위한 동기 맞춤

51 다음 중 클라이언트/서버 네트워킹에 대한 설명으로 틀린 것은?

① 보안유지가 필요한 저비용, 소규모 네트워크에 사용된다.

② 네트워킹을 구성하는 각 장비에 특수한 역할이 부여된다.

③ 대부분의 통신은 클라이언트와 서버 사이에서 이루어진다.

④ 피어투피어 네트워킹에 비해 성능, 확장성 측면에서 장점이 있다.

52 다음 중 RIP(Routing Information Protocol)의 동작 특성이 아닌 것은?

① Distance Vector 알고리즘을 사용하여 최단 경로를 구한다.

② 링크 상태 라우팅에 근거를 둔 도메인 내 라우팅 프로토콜이다.

③ 라우팅 정보의 기준인 서브네트워크의 주소는 클래스 A, B, C의 마스크를 기준으로 하여 라우팅 정보를 구성한다.

④ 자신이 갖고 있는 라우팅 정보를 RIP 메시지로 작성하여 인접해 있는 모든 라우터에게 주기적으로 전송한다.

53 캐리어 이더넷은 기존 LAN 영역에 쓰이는 이더넷 기술을 전달망 또는 백본 영역까지 확장시킨 기술이다. 다음 중 캐리어 이더넷이 기존 이더넷 기술의 단점을 보완하기 위하여 최우선적으로 고려한 사항은 무엇인가?

① 구축거리
② QoS
③ 과금
④ 망중립성

54 다음 교환 방식 중 축적 교환 방식에 해당하지 않은 것은?

① 시분할 회선 교환 방식
② 메시지 교환 방식
③ 가상회선 패킷 교환 방식
④ 데이터그램 패킷 교환 방식

55 이동통신 기지국의 섹터 간 전파가 겹치는 지역에서 통화전환이 이루어질 때의 핸드오프를 무엇이라고 하는가?

① 하드 핸드오프(Hard Handoff)
② 소프트 핸드오프(Soft Handoff)
③ 소프터 핸드오프(Softer Handoff)
④ 미들 핸드오프(Middle Handoff)

56 인터넷상에서 주소체계인 IPv4와 IPv6을 비교한 설명으로 옳지 않은 것은?

① IPv4는 32비트의 주소체계를 가지고 있다.
② IPv4는 헤더구조가 복잡하다.
③ IPv4는 네트워크 크기나 호스트의 수에 따라 A, B, C, D, E클래스로 나누어진다.
④ IPv4는 확실한 QoS(Quality of Service)가 보장된다.

57 1분 동안 전송된 총 비트수가 100[bit]이고 이에 부가로 전송된 전송비트가 20[bit]이다. 이 때 이 회선의 코드(부호)효율은 약 얼마인가?

① 80[%]   ② 83[%]
③ 86[%]   ④ 89[%]

58 이더넷 네트워크에서 VLAN 표준은?

① IEEE 802.1D   ② IEEE 802.1P
③ IEEE 802.1Q   ④ IEEE 802.1X

59 수직안테나와 수평안테나의 조합으로 다른 전파를 발사하여 페이딩을 경감하는 다이버시티는?

① 공간 다이버시티(Space diversity)
② 편파 다이버시티(Polarization diversity)
③ 주파수 다이버시티(Frequency diversity)
④ 시간 다이버시티(Time diversity)

60 다음은 무엇에 대한 설명인가?

> • 동기 디지털 계층으로 B-ISDN인 광섬유 매체에서 사용자-네트워크 인터페이스의 속도를 결정하려고 각 국의 속도 계층을 하나로 통일한 것이다.
> • 동기화 데이터를 전송하는 국제 표준 기술을 말하며, STM-1 시리즈의 속도를 사용한다.
> • 전송 레벨은 155.52[Mbps]를 STM-1로 시작하여 최대 STM-256까지 정의하고, 실제 응용은 1, 4, 16만 적용한다.
> • TMN(Telecommunication Management Network) 등 망 관리와 유지에 필요한 신호대역이 할당되어 있다.

① SDH(synchronous digital hierarchy)
② PDH(plesiochronous digital hierarchy)
③ OTN(optical transport network)
④ SONET(synchronous optical network)

61 다음 중 사용자 A가 사용자 B에게 메시지에 디지털 서명과 메시지 암호화하여 전송하려 한다면 어떤 순서로 A, B의 공개키와 A, B의 비밀키를 사용하여 암호화하여야 하는가?

① B의 공개키→A의 공개키
② A의 공개키→B의 비밀키
③ A의 비밀키→B의 공개키
④ B의 비밀키→A의 비밀키

62 네트워크 관리 및 네트워크의 장치와 그들의 동작을 감시, 관리하는 프로토콜은?

① SMTP
② SNMP
③ SIP
④ SDP

63 다음 중 정보통신망 운영계획에 포함되어야 할 내용이 아닌 것은?

① 연간, 월간 장기계획
② 주간, 일간 단기계획
③ 최적 회선망의 설계조건 검토
④ 작업내용, 작업량, 우선순위, 주기, 운전소요시간, 운전형태 및 시스템구성

64 리피터(Repeater)가 동작하는 OSI 7 Layer의 계층은?

① 물리 계층
② 응용 계층
③ 네트워크 계층
④ 데이터링크 계층

65 서비스의 중단을 야기하는 장애구간을 탐색하기 위하여, 각 구간을 질분하여 시험하는 루프백(Loop-Back) 시험에 대한 설명으로 잘못된 것은?

① 루프백의 제어방법에는 자국(Local)제어 방법과 원격국(Remote)제어 방법이 있다.
② 원격루프백은 자국으로부터 수신한 신호를 자국으로 돌려주는 것을 말한다.
③ 루프백 시험을 위해서는 패턴을 발생하고 분석하는 계측기를 사용하여야 한다.
④ 루프백이 수행되는 지점은 각 통신시스템에서 신호의 입력 및 출력이 이루어지는 지점이다.

66 정보통신 시스템 기본설계에서 프로그램 설계가 아닌 것은?

① 톱-다운 설계
② 복합 설계
③ 데이터 중심형 설계
④ 하드웨어 설계

67 정보통신시스템 운용 중 장애 발생 시 대응절차로 적합하게 나열한 것은?

> (가) 장애발생 신고접수   (나) 장애처리
> (다) 결과보고   (라) 장애이력 관리

① (가)–(나)–(다)–(라)
② (가)–(다)–(나)–(라)
③ (나)–(다)–(가)–(라)
④ (나)–(가)–(라)–(다)

68 보안 위협의 유형 중 다음 내용에 해당하는 것은?

> 보안요건 중 무결성을 위협하는 것으로 인가받지 않은 제3자가 자원에 접근할 뿐만 아니라 내용을 변경 하는 것

① 변조
② 흐름차단
③ 가로채기
④ 계정 탈취

69 다음 중 MIB(Management Information Base)에 대한 설명으로 옳지 않은 것은?

① 관리하려는 요소에 관한 정보를 포함하는 데이터베이스
② 각각의 관리하려는 자원은 객체로 표현되는데 이들 객체들의 구조적인 모임
③ MIB에 저장된 객체 값은 읽기 전용
④ SMI에 의하여 데이터의 형태와 자원들이 어떻게 나타내어지고 이름 붙여지는지를 정의

70 시스템의 평균 수리 소요시간을 의미하는 것은?

① MTBF
② MTTF
③ MTTR
④ Availability

71 정보통신보안의 요건 중 다음 내용에 해당하는 것은?

> 시스템 내의 정보는 인가된 사용자만 수정이 가능하며, 정보의 내용이 전송 중에 수정되지 않고 전달되는 것을 의미한다.

① 무결성
② 기밀성
③ 가용성
④ 인증

72 정보통신시스템에서 신뢰성의 척도로 가동률을 사용하고 있다. MTBF = 22시간, MTTR = 2시간일 때 가동률은 얼마인가? (단, 소수점 3번째 자리에서 반올림한다.)

① 0.98
② 0.96
③ 0.94
④ 0.92

73 정보통신시스템 분석의 목적에 관한 내용으로 맞지 <u>않는</u> 것은?

① 새로운 시스템 설계의 기초자료를 얻는다.

② 비능률적이고 낭비적인 요소와 문제점을 발견할 수 있다.

③ 시스템 또는 각 구성요소에 장애가 발생했을 때 회복을 위한 수리의 간편성, 정기적인 점검자료를 얻는다.

④ 전산화에 따른 효과분석을 할 수 있는 기초자료를 얻는다.

74 시스템의 총 운용 시간 중 정상적으로 가동된 시간의 비율을 의미하는 것은?

① MTBF

② MTTF

③ MTTR

④ Availability

75 정보통신망에서 채널용량은 샤논의 정리와 나이퀴스트의 전송률에 의해 정리할 수 있는데 샤논과 나이퀴스트 정리에서 채널용량과 전송률을 높이기 위한 공통점은 무엇인가?

① 대역폭

② 주파수

③ 데이터의 비트수

④ 신호대 잡음비

76 다음 WLAN 규격 중 가장 속도가 빠른 규격은?

① IEEE 802.11a

② IEEE 802.11b

③ IEEE 802.11g

④ IEEE 802.11n

77 어떤 시스템에서 신뢰도를 높이기 위해 중복시스템을 채용하고 있다. 이 시스템에서 유니트 1 또는 3이 고장을 일으키면 자동적으로 유니트 2 또는 4로 바뀐다. 유니트 1, 2, 3, 4의 신뢰도를 각각 [0.8], [0.8], [0.9], [0.9]라 할 때 이 시스템의 신뢰도는 얼마인가?

① 0.9684

② 0.9504

③ 0.5184

④ 0.0684

78 시스템을 구성하는 각 장비의 기능에 따라 정상상태를 시험할 목적으로 사용되는 프로그램은?

① 프로그램 보수 프로그램

② 장애해석 프로그램

③ 시스템 가동 통계 프로그램

④ 보수시험 프로그램

79 네트워크 상에 발생한 트래픽을 제어하며, 네트워크 상의 경로 설정 정보를 가지고 최적의 경로를 결정하는 장비는?

① 브리지
② 라우터
③ 리피터
④ 게이트웨이

80 정보통신시스템 계획 중 아래 내용에 해당하는 단계는?

> 시스템 성능 평가, 사용자 피드백, 문제에 대한 개선 및 보안, 시스템의 개량개선 검토

① 시스템 설계
② 시스템 구현
③ 시스템 시험
④ 시스템 유지보수

<5과목> 컴퓨터 일반 및 정보설비 기준

81 다음 중 마이크로프로세서에 대한 설명으로 옳지 <u>않은</u> 것은?

① 마이크로프로세서는 CPU의 여러 형태 중 하나로 중앙제어장치를 단일 IC에 집적한 반도체 소자이다.
② 마이크로프로세서는 연산부와 제어부, 레지스터부로 구성되어 있다.
③ 마이크로프로세서는 MPU(Micro Processing Unit)라 부르기도 한다.
④ 마이크로프로세서는 CPU의 기능과 일정한 용량의 캐쉬 및 메인 메모리 등의 기억장치, 입출력제어회로 등을 단일의 칩에 모두 내장한 것을 말한다.

82 다음 중 중앙처리장치(CPU)에 대한 설명으로 옳지 <u>않은</u> 것은?

① 인간의 두뇌에 해당하는 역할을 수행하는 장치이다.
② 각종 프로그램을 해독한 내용에 따라 실제 연산을 수행한다.
③ 연산장치와 기억장치로 구성된다.
④ 컴퓨터 내의 각 장치들을 제어, 지시, 감독하는 기능을 수행한다.

83 다음 명령의 수행 결과값은?

```
mov cx, 4
mov dx, 7
sub dx, cx
```

① 1.75
② 3
③ 11
④ 28

84 원시프로그램(Source program)을 컴파일 하여 얻어지는 프로그램은?

① 실행 프로그램
② 목적 프로그램
③ 유틸리티 프로그램
④ 시스템 프로그램

85 지능형 홈네트워크 설비 설치 및 기술기준에서 공용부분 홈네트워크 설비의 설치기준에 맞지 않는 것은?

① 단지서버는 상시 운용 및 조작을 위하여 별도의 잠금장치를 설치하지 아니한다.
② 원격검침시스템은 각 세대별 원격검침장치가 정전 등 운용시스템의 동작 불능 시에도 계량이 가능하여야 한다.
③ 집중구내통신실은 독립적인 출입구를 설치하여야 한다.
④ 단지네트워크장비는 집중구내통신실 또는 통신배관실에 설치하여야 한다.

86 16진수 AB를 10진수로 표현한 값은?

① 169
② 170
③ 171
④ 172

87 다음 중 프로그램의 이식성(Portability)을 가능하게 하는 주소지정 방식은 무엇인가?

① 상대주소지정(Relative addressing)
② 간접주소지정(Indirect addressing)
③ 직접주소지정(Direct addressing)
④ 베이스레지스터 주소지정(Base-register addressing)

88 국선 수용 회선이 100회선 이하인 주배선반의 접지저항 허용범위는 얼마인가?

① 1,000[Ω] 이하
② 100[Ω] 이하
③ 10[Ω] 이하
④ 1[Ω] 이하

89 다음 스위칭 회로의 논리식으로 옳은 것은?

① $F = A + B$

② $F = A \cdot B$

③ $F = A - B$

④ $F = \dfrac{A}{B + A}$

90 기억된 내용의 일부를 이용하여 기억되어 있는 데이터에 직접 접근하여 정보를 읽어내는 장치는?

① 가상기억장치(Virtual Memory)

② 연관기억장치(Associative Memory)

③ 캐시 메모리(Cache Memory)

④ 보조기억장치(Auxiliary Memory)

91 다음 중 시스템 소프트웨어에 대한 설명으로 틀린 것은?

① 시스템 소프트웨어와 응용 소프트웨어로 구별할 수 있다.

② 시스템 소프트웨어는 관리, 지원, 개발 등으로 분류할 수 있다.

③ 스프레드시트, 데이터베이스 등은 대표적인 시스템 소프트웨어이다.

④ 운영체제는 대표적인 시스템 소프트웨어이다.

92 기간통신사업을 경영하려는 자는 누구의 허가를 받아야 하는가?

① 과학기술정보통신부장관

② 방송통신위원장

③ 기간통신사업자연합회

④ 과학기술정보통신부 공익성심사위원회

93 Open Source로 개방되어 사용자가 변경이 가능한 운영체제는?

① Mac OS

② MS−DOS

③ OS/2

④ Linux

94 다음 중 맨홀 또는 핸드홀의 설치기준으로 맞지 않는 것은?

① 맨홀 또는 핸드홀은 케이블의 설치 및 유지 · 보수 등의 작업 시 필요한 공간을 확보할 수 있는 구조로 설계하여야 한다.

② 맨홀 또는 핸드홀은 케이블의 설치 및 유지 · 보수 등을 위한 차량 출입과 작업이 용이한 위치에 설치하여야 한다.

③ 맨홀 또는 핸드홀 간의 거리는 350[m] 이내로 하여야 한다.

④ 맨홀 또는 핸드홀에는 주변 실수요자용 통신케이블을 분기할 수 있는 인입 관로 및 접지시설 등을 설치하여야 한다.

95 파일 관리자는 파일 구조에 따라 각기 다른 접근 방법으로 관리한다. 다음 중 저장공간의 효율성이 가장 높은 파일 구조는 어느것인가?

① 직접 파일(Direct File)
② 순차 파일(Sequential File)
③ 색인 순차 파일(Indexed Sequential File)
④ 분할 파일(Partitioned File)

96 다음 중 감리원이 공사업자가 설계도서 및 관련 규정의 내용에 적합하지 아니하게 공사를 시공하는 경우 취할 수 있는 조치는 무엇인가?

① 하도급인과 협의하여 설계변경 명령을 할 수 있다.
② 발주자의 동의를 얻어 공사 중지 명령을 할 수 있다.
③ 수급인에게 보고하고 공사업자를 교체할 수 있다.
④ 한국정보통신공사협회에 신고하여 공사업자에 과태료를 부과한다.

97 다음 중 컴퓨터 네트워크의 라우팅 알고리즘의 하나로서 수신되는 링크를 제외한 나머지 모든 링크로 패킷을 단순하게 복사·전송하는 것을 무엇이라고 하는가?

① Flooding
② Filtering
③ Forwarding
④ Listening

98 공개된 장소에서 영상정보처리기기를 설치·운영할 수 있는 경우가 아닌 것은?

① 유동인구 및 시장조사를 위하여 필요한 경우
② 영유아의 안전과 어린이집의 보안을 위하여 설치하는 경우
③ 범죄의 예방 및 수사를 위하여 필요한 경우
④ 시설안전 및 화재 예방을 위하여 필요한 경우

99 다음 중 정보통신공사업의 운영에 대한 설명으로 옳지 않은 것은?

① 공사업을 양도할 수 있다.
② 공사업자인 법인 간에 합병할 수 있다.
③ 공사업자인 법인을 분할하여 설립할 수 있다.
④ 합병에 의하여 설립된 법인은 소멸되는 법인의 지위를 승계하지 못한다.

100 다음 중 정보통신망의 안정성 및 정보의 신뢰성을 확보하기 위한 정보보호지침에 포함되지 않는 사항은?

① 정보보호시스템의 설치·운영 등 기술적·물리적 보호조치
② 정보의 불법 유출·변조·삭제 등의 방지하기 위한 기술적 보호조치
③ 정보통신망의 지속적인 이용 가능 상태 확보하기 위한 기술적·물리적 보호조치
④ 전문보안업체를 통한 위탁관리 등 관리적 보호조치

필기 기출문제 (08회)

시행일	문항 수	소요시간
2021년 10월	총 100문항	150분

수험번호 : _____
성   명 : _____

<1과목> 디지털전자회로

01 다음 회로에서 제너 다이오드에 흐르는 전류는? (단, 제너 다이오드의 파괴전압은 10[V]이다.)

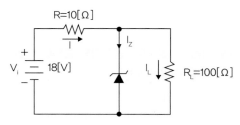

① 0.5[A]
② 0.7[A]
③ 1.0[A]
④ 1.7[A]

02 다음 그림에서 1차측과 2차측의 권선비가 5:1일 때 1차측의 입력전압 Vrms = 120[V]이다. 다이오드가 이상적이고 리플이 작다고 가정하면 직류 부하전류는 약 얼마인가?

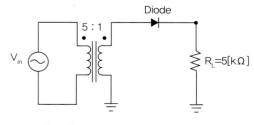

① 1.7[mA]
② 3.4[mA]
③ 5.1[mA]
④ 6.8[mA]

03 다음과 같은 블록에서 출력으로 나타나는 파형이 적합한 것은?

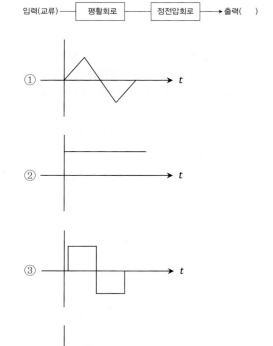

04 다음 중 캐스코드 증폭기에 대한 설명으로 틀린 것은?

① 입력단은 공통베이스, 출력단은 공통이미터로 구성된 증폭기이다.
② 전압 궤환율이 매우 적다.
③ 공통베이스 증폭기로 인해 고주파 특성이 양호하다.
④ 자기 발진 가능성이 매우 적다.

05 다음 그림과 같은 회로에서 결합계수가 0.5이고, 발진주파수가 200[kHz]일 경우 C의 값은 얼마인가? (단, π = 3.14이고, $L_1 = L_2 = 1$[mH]로 가정한다.)

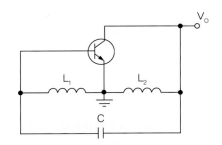

① 211.3[μF]
② 211.3[pF]
③ 422.6[μF]
④ 422.6[pF]

06 다음 그림과 같은 발진회로에서 높은 주파수의 동작에 적절한 발진회로 구현을 위한 리액턴스 조건은 무엇인가?

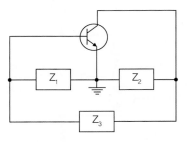

① Z_1 = 용량성, Z_2 = 용량성, Z_3 = 용량성
② Z_1 = 유도성, Z_2 = 유도성, Z_3 = 유도성
③ Z_1 = 유도성, Z_2 = 용량성, Z_3 = 용량성
④ Z_1 = 용량성, Z_2 = 용량성, Z_3 = 유도성

07 다음 중 연산증폭기의 응용회로가 아닌 것은?

① 부호변환기
② 배수기
③ 교류전류 플로워
④ 전압 – 전류 변환기

08 다음 차동증폭 회로에서 주어진 전압 및 전류 조건에 맞는 직류 IV-곡선으로 맞는 것은? ($I_{RC1} = I_{RC2} = 3.25[mA]$, VE = 0.7[V]이다.)

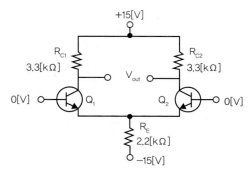

①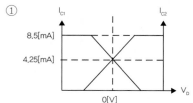

②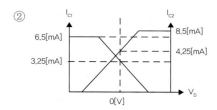

③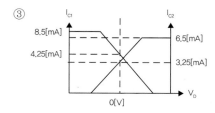

④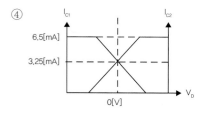

09 다음 중 OP-AMP 성능을 판단하는 파라미터로 관련이 없는 것은?

① Vi_0(입력 오프셋 전압)
② CMRR(동상 신호 제거비)
③ I_B(입력 바이어스 전류)
④ PIV(최대 역 전압)

10 발진회로의 출력이 직접 부하와 결합되면 부하의 변동으로 인하여 발진주파수가 변동된다. 이에 대한 대책이 아닌 것은?

① 정전압 회로를 사용한다.
② 발진회로와 부하 사이에 완충증폭기를 접속한다.
③ 발진회로를 온도가 일정한 곳에 둔다.
④ 다음 단과의 결합을 밀 결합으로 한다.

11 다음 중 아날로그 신호로부터 디지털 부호를 얻는 방법이 아닌 것은?

① PM(Phase Modulation)
② DM(Delta Modulation)
③ PCM(Pulse Code Modulation)
④ DPCM(Differential Pulse Code Modulation)

12 포스터 실리 검파 회로와 비검파 회로와의 검파 감도 비는?

① 1:3   ② 3:1

③ 1:2   ④ 2:1

13 FM수신기에 사용되는 주파수 변별기의 역할은?

① 주파수 변화를 진폭 변화로 바꾸어준다.

② 진폭 변화를 위상 변화로 바꾸어준다.

③ 주파수체배를 행한다.

④ 최대주파수편이를 증가시킨다.

14 다음 중 4진 PSK에서 BPSK와 같은 양의 정보를 전송하기 위해 필요한 대역폭은?

① BPSK의 0.5배

② BPSK와 같은 대역폭

③ BPSK의 2배

④ BPSK의 4배

15 다음 중 저역 통과 RC회로에서 시정수가 의미하는 것은?

① 응답의 위치를 결정해준다.

② 입력의 주기를 결정해준다.

③ 입력의 진폭 크기를 표시한다.

④ 응답의 상승속도를 표시한다.

16 다음 회로는 무엇을 가리키는가?

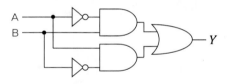

① 배타적 논리합 회로(Exclusive−OR)

② 감산기(Subtractor)

③ 반가산기(Half adder)

④ 전가산기(Full adder)

17 RS 플립플롭 회로의 출력 Q 및 $\overline{Q}$는 리셋(Reset) 상태에서 어떠한 논리값을 가지는가?

① $Q = 0$, $\overline{Q} = 0$

② $Q = 1$, $\overline{Q} = 1$

③ $Q = 0$, $\overline{Q} = 1$

④ $Q = 1$, $\overline{Q} = 0$

18 다음 중 파형 조작 회로에서 클리퍼(Clipper)회로에 대한 설명으로 옳은 것은?

① 입력 파형에서 특정한 기준 레벨의 윗부분 또는 아랫부분을 제거하는 것

② 입력 파형에 직류분을 가하여 출력 레벨을 일정하게 유지하는 것

③ 입력 파형 중에서 어떤 특정 시간의 파형만 도출하는 것

④ 입력의 Step전압을 인가하는 것

19 다음 그림과 같은 회로의 논리 동작으로 맞는 것은?

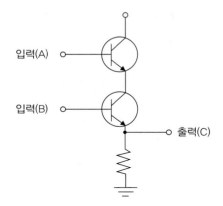

① OR
② AND
③ NOR
④ NAND

20 다음 중 멀티바이브레이터의 동작 특성에 대한 설명으로 틀린 것은?

① 비안정 멀티바이브레이터는 한쪽의 상태에서 다른 쪽의 회로가 가진 시정수에 따라 교번 발진을 계속한다.
② 단안정 멀티바이브레이터는 외부로부터의 트리거에 의해 상태 전이를 일으켜도 일정한 시간이 지나면 다시 원래의 상태로 되돌아온다.
③ 쌍안정 멀티바이브레이터는 입력펄스가 공급되기 전까지는 그 상태를 계속 유지한다.
④ 쌍안정 멀티바이브레이터는 1개의 펄스가 공급될 때 2개의 출력펄스를 가져 펄스의 주파수를 높이는데 이용한다.

21 다음 중 출력장치의 기능에 대한 설명인 것은?

① 발생한 정보의 입력을 부호화하여 전기신호로 변환하는 것
② 입·출력장치의 제어 및 호스트 컴퓨터와의 제어를 수행하는 것
③ 발생한 정보의 출력을 부호화하여 변환하는 것
④ 전기신호를 인간이 이해할 수 있는 형태로 출력하는 것

22 다음 중 정보단말기 변조기능의 목적 또는 필요성에 맞지 <u>않는</u> 것은?

① 잡음, 간섭을 줄인다.
② 무선전송매체를 사용하여 전파 복사(Radiation)를 이용하게 한다.
③ 전송 신호를 전송매체에 정합시킨다.
④ 역다중화가 이루어진다.

23 Zigbee 네트워크 내에서 반드시 하나만 존재하며, 네트워크 정보의 초기화를 담당하는 것은 무엇인가?

① 코디네이터(Coordinator)
② 라우터(Router)
③ 게이트웨이(Gateway)
④ 단말장치(Data Terminal)

24 어느 센터의 최번시 통화량을 측정하니 1시간 동안에 3분짜리 전화호 100개가 측정되었다. 이 센터의 최번시 통화량은 몇 [Erl]인가?

① 4[Erl]
② 5[Erl]
③ 6[Erl]
④ 7[Erl]

25 침입탐지시스템(IDS)과 방화벽(Firewall)의 기능을 조합한 솔루션은?

① SSO(Single Sign On)
② IPS(Intrusion Prevention System)
③ DRM(Digital Rights Management)
④ IP관리시스템

26 라우터가 패킷을 수신하면 라우터 포트 중 단 하나만을 통해 패킷을 전달하는 라우팅을 무엇이라 하는가?

① 싱글캐스트 라우팅
② 유니캐스트 라우팅
③ 멀티캐스트 라우팅
④ 브로드캐스트 라우팅

27 다음 중 DSU에 대한 설명으로 옳지 않은 것은?

① 유니폴라 신호를 바이폴라 신호로 변환시키는 디지털모뎀이다.
② 벨 시스템의 DDS에 사용된다.
③ T1/E1간의 타이밍을 보정해 준다.
④ 송수신 전단에 위치하여 원거리 디지털전송을 보장한다.

28 다음 중 CATV의 헤드앤드(Head End)의 주요 기능이 아닌 것은?

① 채널 변환
② 신호 분리 및 혼합
③ 옥내 분배
④ 신호 송출

29 유선 전화망의 구성 요소로 교환기와 단말기를 연결시켜 주고, 신호와 정보를 전달하는 것은?

① 가입자 선로
② 중계 선로
③ 스위치
④ 프로그램 기억장치

30 초고속 인터넷을 이용하여 다양한 디지털 영상 서비스, 개인맞춤형 서비스, 양방향 데이터 서비스 등을 제공하는 TV로 옳은 것은?

① DTV
② IPTV
③ HDTV
④ UHDTV

31 국내 HDTV방식의 1채널 대역폭은 얼마인가?

① 4[MHz]
② 6[MHz]
③ 8[MHz]
④ 10[MHz]

32 기존의 아날로그 카메라에 설치되어 있는 동축 케이블을 활용해 고화질 영상전송이 가능한 디지털 신호 전송방식은?

① DNR
② HD-SDI
③ HDMI
④ WDR

33 다음 중 위성통신의 특징으로 틀린 것은?

① 신호의 전송시간이 지연된다.
② 다원접속이 가능하다.
③ 기후 영향을 받지 않는다.
④ 동보통신이 가능하다.

34 셀룰러 이동통신방식에서 기지국 서비스 영역을 확대하는 방법이 아닌 것은?

① 고이득 지향성 안테나를 사용한다.
② 수신기의 수신 한계레벨을 높게 조정한다.
③ 다이버시티 수신기를 사용한다.
④ 기지국 안테나 높이를 증가시킨다.

35 다음 중 통신위성 트랜스폰더에 대한 구성방법으로 옳지 않은 것은?

① 단일주파수변환(Single Frequency Conversion) 시스템
② 이중주파수변환(Double Frequency Conversion) 시스템
③ 기저주파수검파(Regenerative) 시스템
④ 대역통과(Bandpass) 시스템

36 다음 중 강우로 인한 위성통신 신호의 감쇠를 보상하기 위한 방법이 아닌 것은?

① Site Diversity
② Adaptive Diversity
③ Orbit Diversity
④ Beam Diversity

37 다음 중 지능형 교통시스템에서 통행료 자동지불시스템, 주차장관리, 물류 배송관리, 주유소 요금 지불 등에 활용되는 단거리 무선통신은?

① DSRC
② GPS
③ WiBro
④ LAN

38 다음 중 멀티미디어 디지털 콘텐츠의 저작권 보호를 위한 '디지털 워터마킹'에 대한 설명으로 옳지 않은 것은?

① 비가시성으로 눈에 띄지 않아야 한다.
② 왜곡 및 잡음에 강해야 된다.
③ 인식을 위해서 원본을 가지고 있어야 한다.
④ 최소의 bit를 사용해야 한다.

39 다음 중 단순한 전송 기능 이상으로 정보의 축적, 가공, 변환처리 등의 부가가치를 부여한 음성 또는 데이터 정보를 제공해 주는 복합적인 정보서비스 망은?

① DSU
② VAN
③ LAN
④ MHS

40 정보통신 기술을 이용해 시간과 장소의 제약 없이 동료 직원들과 원활하게 협업하고 끊김 없이 업무를 수행가능하게 하는 환경으로 옳은 것은?

① 원격 회의
② 스마트 워크
③ 영상 응답 시스템
④ 화상 회의 시스템

〈3과목〉 정보통신기기

41 다음 중 PCM 북미방식과 유럽방식의 설명이 옳은 것은?

① 북미방식과 유럽방식의 표본화주파수는 모두 8[kHz]이다.
② 유럽방식은 24채널, 프레임당 비트수는 193비트이다.
③ 북미방식은 32채널, 프레임당 비트수는 256비트이다.
④ 유럽방식은 15절선, 북미방식은 13절선을 사용한다.

42 다음 중 PCM 통신에서 양자화 잡음의 설명으로 적합하지 않은 것은?

① 진폭 값을 디지털 신호로 변환시키는 과정에서 생기는 잡음이다.
② 진폭 값이 양자화 기준 값을 초과하게 된 경우 생기는 잡음이다.
③ 양자화 잡음의 크기는 양자화 잡음의 평균 전력으로 표현한다.
④ 입력 진폭이 작을 때 신호 대 양자화 잡음비가 크게 나빠진다.

43 PCM 단계 중에서 연속적인 아날로그 신호를 입력으로 받아 불연속적인 진폭을 갖는 펄스를 생성하는 과정에 해당되는 것은?

① 표본화
② 양자화
③ 부호화
④ 압축기

44 신호의 전압이 V(t) = 4 + 5cos20πt + 3sin30πt[V]이고, 저항이 1[Ω]일 때 평균전력은 몇 [W]인가?

① 23[W]
② 33[W]
③ 43[W]
④ 53[W]

45 30[m] 높이의 빌딩 옥상에 설치된 안테나로부터 주파수가 2[GHz]인 전파를 송출하려고 한다. 이 전파의 파장은 얼마인가?

① 5[cm]
② 10[cm]
③ 15[cm]
④ 20[cm]

46 다음 중 동축케이블의 전기적 특성 중 2차 정수는?

① 인덕턴스
② 특성임피던스
③ 정전용량
④ 콘덕턴스

47 다음 중 광케이블의 회선손실인 것은?

① 불균등 손실
② 곡률 손실
③ 산란 손실
④ 접속 손실

48 다음 중 이동통신망에서 기지국 간에 통화채널을 절체하는 핸드오버기술 가운데서 소프트 핸드오버(Soft Hand over)의 가장 큰 장점으로 알맞은 것은?

① 신호대 잡음비(S/N)가 개선된다.
② 기지국(BS)의 서비스 커버리지가 넓어진다.
③ 통화채널 용량이 증가한다.
④ 단절이 없이 부드럽게 통화 채널 절체가 이루어진다.

49 다음 중 동축케이블의 특징으로 틀린 것은?

① 차폐된 구조를 가진 케이블이다.
② 외부도체는 신호전송용으로 사용한다.
③ 2선식 케이블의 표피효과를 보완한 케이블이다.
④ 세심동축케이블의 내경/외경은 1.2/4.4[mm]이다.

50 입력 데이터 비트율(Bit Rate)이 4,800[bps]일 때, 맨체스터 부호인 경우 심볼률 및 대역폭은 각각 얼마인가?

① 2,400[symbols/sec], 2,400[Hz]
② 4,800[symbols/sec], 4,800[Hz]
③ 9,600[symbols/sec], 9,600[Hz]
④ 12,000[symbols/sec], 12,000[Hz]

51 다음 중 반송대역전송(Bandpass Transmission)에서 디지털 신호의 변환 대상이 아닌 것은?

① 진폭
② 위상
③ 부호
④ 주파수

52 플래그 동기방식에서 비트스터핑(Bit Stuffing)을 행하는 목적은?

① 프레임 검사 시퀀스의 구분
② 데이터의 투명성 보장
③ 정보부 암호화
④ 데이터 변환

53 비동기 전송방식의 특징으로 가장 옳은 것은?

① 문자와 문자 사이에 일정치 않은 휴지 시간이 존재할 수 있다.
② 시작 비트와 정지 비트 없이 출발과 도착 시간이 정확한 방식이다.
③ 비트열이 하나의 블록 또는 프레임의 형태로 전송된다.
④ 모뎀이 단말기에 타이밍 펄스를 제공하여 동기가 이루어진다.

54 다음 중 서브넷마스크에 대한 설명으로 <u>틀린</u> 것은?

① IP주소와 대응되는 비트 간에 AND 연산을 적용한다.

② 네트워크 ID를 서브넷 ID와 호스트 ID로 구분한다.

③ 호스트 ID에 해당되는 부분은 0으로 설정한다.

④ 서브넷마스크는 32비트의 이진수로 구성된다.

55 다음 IP주소들이 어느 클래스에 속하는 지를 알 맞게 연결한 것은?

> ⓐ 165.132.124.65
> ⓑ 210.150.165.140
> ⓒ 65.80.158.57

① ⓐ C클래스, ⓑ E클래스, ⓒ D클래스

② ⓐ A클래스, ⓑ B클래스, ⓒ C클래스

③ ⓐ B클래스, ⓑ C클래스, ⓒ A클래스

④ ⓐ A클래스, ⓑ B클래스, ⓒ D클래스

56 다음 중 IP주소가 B Class이고 전체를 하나의 네트워크망으로 사용하고자 할 때 적절한 서브넷 마스크 값은?

① 255.0.0.0

② 255.255.0.0

③ 255.255.255.0

④ 255.255.255.255

57 다음 중 IPv4와 IPv6의 연동 방법으로 <u>틀린</u> 것은?

① 이중 스택(Dual Stack)

② 터널링(Tunneling)

③ IPv4/IPv6 변환(Translation)

④ 라우팅(Routing)

58 다음 중 OSI 7계층에서 경로 설정 기능을 제공하는 계층은?

① 네트워크 계층   ② 전달 계층

③ 표현 계층   ④ 물리 계층

59 다음 중 OSI(Open System Interconnection) 참조 모델의 목적이 <u>아닌</u> 것은?

① 시스템 상호간에 접속하기 위한 개념 규정

② OSI 표준을 개발하기 위한 범위 선정

③ 관련 규격의 적합성을 조정하기 위한 공통적인 기반 제공

④ 폐쇄적인 시스템 구축을 위한 법률 규정

60 다음 중 착오 제어(에러 제어) 평가 방법이 <u>아닌</u> 것은?

① 전송 에러율   ② 비트 에러율

③ 블록 에러율   ④ 문자 에러율

61 RS-232C 통신방식에서 DTE와 DCE 사이의 최대 이격 거리는?

① 2[m]   ② 5[m]
③ 10[m]   ④ 15[m]

62 근거리 통신망(LAN)과 원거리 통신망(WAN)을 연결하는 도시지역 통신망은?

① MAN(Metropolitan Area Network)
② NAN(Neighborhood Area Network)
③ PAN(Personal Area Network)
④ BAN(Body Area Network)

63 70개의 노드를 망형으로 연결할 때 필요한 회선 수는?

① 780   ② 1,225
③ 2,415   ④ 3,160

64 다음 중 DSU(Digital Service Unit)의 기능으로 옳은 것은?

① 디지털 데이터를 디지털 신호로 변환
② 아날로그 데이터를 디지털 신호로 변환
③ 디지털 신호를 아날로그 데이터로 변환
④ 아날로그 신호를 디지털 데이터로 변환

65 다음 중 통신 프로토콜의 특성으로 알맞지 않은 것은?

① 두 개체 사이의 통신 방법은 직접 통신과 간접 통신 방법이 있다.
② 프로토콜은 단일 구조 또는 계층적 구조로 구성될 수 있다.
③ 프로토콜은 대칭적이거나 비대칭적일수 있다.
④ 프로토콜은 반드시 표준이어야 한다.

66 다음 중 X.25 표준에 대한 설명으로 틀린 것은?

① ITU-T가 개발한 패킷교환 방식의 장거리 통신망 표준이다.
② X.25 계층 구조는 물리계층, 프레임계층, 상위계층으로 구성되어 있다.
③ 패킷 방식 단말이 데이터 교환을 하기위해 어떻게 패킷 네트워크에 연결되는가를 정의한다.
④ 패킷의 다중화는 비동기식 TDM을 사용한다.

67 다음 중 HDLC 프로토콜에 대한 설명으로 옳지 않은 것은?

① 바이트방식의 프로토콜이다.
② 단방향, 반이중, 전이중방식 모두 사용이 가능하다.
③ 데이터링크계층의 프로토콜이다.
④ 오류제어방식으로 ARQ 방식을 사용한다.

68 통신프로토콜의 기능에 해당하지 <u>않는</u> 것은?

① 표준화   ② 단편화와 재합성

③ 에러제어   ④ 동기화

69 컴퓨터 간의 원활한 정보교환을 위하여 ISO에서 규정한 표준 네트워크 구조는?

① OSI   ② DNA

③ HDLC   ④ SNA

70 다음은 STM-1 프레임구조를 설명한 내용이다. 비트율 크기가 맞지 <u>않는</u> 것은?

① 재생기 구간 오버헤드(RSOH)
  : 3×9B[byte]
② 다중화기 구간 오버헤드(MSOH)
  : 5×9B[byte]
③ 포인터(PTR) : 1×9B[byte]
④ 상위경로 오버헤드를 포함한 유료부하공간
  : 160×9B[byte]

71 위성통신용 지구국의 구성 요소로 옳지 <u>않은</u> 것은?

① 송수신계   ② 인터페이스계

③ 안테나계   ④ 자세제어계

72 스마트도시(Smart City) 기반시설에 해당하지 <u>않는</u> 것은?

① 기반시설 또는 공공시설에 건설 · 정보통신 융합기술을 적용하여 지능화된 시설
② 초연결지능통신망
③ 도시정보 데이터베이스
④ 스마트도시 통합운영센터 등 스마트도시의 관리 · 운영에 관한 시설

73 Ethernet에서 사용되는 매체접속 프로토콜은?

① CSMA/CD   ② Polling

③ Token Passing   ④ Slotted Ring

74 전화통신망(PSTN)에 일반적으로 사용되는 교환방식의 특징이 <u>아닌</u> 것은?

① 호가 연결된 후 데이터 전송 중에는 일정한 경로를 사용한다.
② 축적교환방식의 일종이다.
③ 전송지연이 작다.
④ 연속적인 데이터 전송에 적합하다.

75 미국표준협회(ANSI)에서 개발된 근거리 통신망(LAN) 기술로서, IEEE 802.5 토큰링에 기초를 둔 광섬유 토큰링 표준방식은?

① FDDI(Fiber Distributed Data Interface)
② Fast Ethernet
③ Gigabit Ethernet
④ Frame Relay

76 다음 이동통신망 구성 장비 중 대형장애가 동시에 발생 시 처리의 우선순위가 가장 낮은 시스템은 무엇인가?

① MSC
② HLR
③ BSC
④ BTS

77 암호화 형식에서 4명이 통신을 할 때, 서로 간 비밀 통신과 공개 통신을 하기 위한 키의 수는?

① 비밀키 2개, 공개키 4개
② 비밀키 4개, 공개키 6개
③ 비밀키 6개, 공개키 8개
④ 비밀키 8개, 공개키 10개

78 보안의 중요성이 점차 증가하고 있다. 다음 중 보안 문제가 심각해지는 원인이 아닌 것은?

① 개방형 네트워크
② 폐쇄형 네트워크
③ 인터넷의 확산
④ 전자상거래 등 각종 응용서비스의 출현

79 네트워크 장비를 하나의 네트워크 관리체계(NME)로 볼 수 있으며 여기에는 네트워크 관리를 위해 사용되는 소프트웨어들을 포함하고 있는데 이들 NME의 역할이 아닌 것은?

① 장비에 들어오고 나가는 트래픽 통계 정보를 수집한다.
② 수집한 통계 정보를 저장한다.
③ 관리 호스트로부터의 요청을 처리한다.
④ 장비에 이상 발생 시 주위 장비들에 이를 알린다.

80 통신망 관리 시스템 네트워크 내에서 소통되는 호의 상황, 설비 상황이나 그의 변동상황을 파악·관리하며 네트워크의 설비 설계, 폭주 관리 설비, 소통관리 등의 역할을 갖는 시스템은?

① 가입자 시설 집중 운용 분산 시스템(Subscriber Line Maintenance and Operation System)
② 장거리 회선 감시 제어 및 운용 관리 시스템
③ 트래픽 집중관리 시스템(Centralized Traffic Management System)
④ 네트워크 트래픽 시스템(Network Traffic System)

〈5과목〉 전자계산기일반 및 정보통신설비기준

81 다음 중 전기통신사업자가 제공하는 보편적 역무의 구체적인 내용을 정할 때 고려사항이 아닌 것은?

① 사회복지 증진
② 정보통신기술의 발전 정도
③ 공공의 이익과 안전
④ 기간통신사업자의 사업 규모

82 다음 중 도급의 정의를 가장 바르게 설명한 것은?

① 발주자가 의뢰한 공사의 설계도서를 작성하고 이에 따라 공사의 공정을 기획 작성
② 공사업자가 공사를 완공할 것을 약정하고, 발주자가 그 일의 결과에 대하여 대가를 지급할 것을 약정하는 계약
③ 용역업자가 공사의 시방서를 작성하고 이에 따라 공사기자재를 준비
④ 공사업자가 용역업자의 설계도서와 공사시방서에 따라 공사를 시공

83 컴퓨터 등 정보처리능력을 가진 장치에 의하여 전자적인 형태로 작성되어 송수신되거나 저장된 문서형식의 자료로서 표준화된 것을 무엇이라 하는가?

① 행정문서
② 전자문서
③ 통신문서
④ 인증문서

84 전기통신사업자가 법원 · 검사 · 수사관서의 장, 정보수사기관의 장으로부터 재판, 수사, 형의 집행 또는 국가안전보장에 대한 위해를 방지하기 위한 정보수집을 위하여 자료의 열람이나 제출을 요청받을 때에 응할 수 있는 대상이 아닌 것은?

① 이용자의 성명과 주민등록번호
② 이용자의 주소와 전화번호
③ 이용자의 아이디
④ 이용자의 동산 및 부동산

85 설치장소의 여건에 따른 가공통신선의 설치 높이에 대한 설명으로 옳지 않은 것은?

① 22,900[V]를 수용하는 전압의 가공강 전류전선용 전주에 가설되는 경우에는 노면으로부터 5[m] 이상으로 하여야 한다.
② 도로상 설치되는 경우 노면으로부터 4.5[m] 이상으로 한다.
③ 철도 또는 궤도를 횡단하는 경우 차량의 통행에 지장을 줄 우려가 없더라도 열차의 높이 때문에 5[m] 이상으로 하여야 한다.
④ 도로상에서 교통에 지장을 줄 염려가 없고 시공상 불가피한 경우 보도와 차도의 구별이 있으면 보도상에서 3[m] 이상으로 한다.

86 다음의 설명에서 해당하는 것은?

> 유선, 무선, 광선이나 그 밖에 전자적 방식에 따라 부호, 문자, 음향 또는 영상 등의 정보를 저장, 제어, 처리하거나 송수신하기 위한 기계, 기구, 선로나 그 밖에 필요한 설비

① 전기통신설비
② 자가통신설비
③ 전자통신설비
④ 정보통신설비

87 방송통신설비 기술기준 적합조사를 실시하는 경우가 아닌 것은?

① 방송통신설비 관련 시책을 수립하기 위한 경우
② 국가비상사태를 대비하기 위한 경우
③ 신기술 및 신통신방식 도입을 위한 경우
④ 방송통신설비의 이상으로 광범위한 방송통신 장애가 발생할 우려가 있는 경우

88 다음 중 전기통신기본법의 목적을 달성하기 위하여 전기통신에 관한 기본적이고 종합적인 정보의 시책을 강구하는 기관은?

① 과학기술정보통신부
② 한국방송통신전파진흥원
③ 중앙전파관리소
④ 한국정보통신공사협회

89 다음 중 중요한 통신설비의 설치를 위한 통신국사 및 통신기계실입지조건이 <u>아닌</u> 것은?

① 인적이 많고 지대가 높은 곳
② 풍수해로부터 영향을 많이 받지 않는 곳
③ 강력한 전자파장해의 우려가 없는 곳
④ 주변지역의 영향으로 인한 진동발생이 적은 곳

90 다른 사람의 위탁을 받아 공사에 관한 조사, 설계, 감리, 사업관리 및 유지관리 등의 역무를 수행하는 것을 무엇이라 하는가?

① 도급
② 수급
③ 용역
④ 감리

91 다음 중 연결 리스트(Linked List)에 대한 설명으로 <u>틀린</u> 것은?

① 연결 리스트는 데이터 부분과 포인터 부분을 가지고 있다.
② 포인터는 다음 자료가 저장된 주소를 기억한다.
③ 삽입, 삭제가 쉽고 빠르며 연속적 기억 장소가 없어도 노드의 연결이 가능하다.
④ 포인터 때문에 탐색 시간이 빠르고 링크 부분만큼 추가 기억 공간이 필요하다.

92 2진수 11011을 그레이 코드로 변환한 것은?

① 11101   ② 10110
③ 10001   ④ 11011

93 병렬 프로세서의 한 종류로 여러 개의 프로세서들이 서로 다른 명령어와 데이터를 처리하는 진정한 의미의 병렬 프로세서로 대부분의 다중프로세서 시스템과 다중 컴퓨터 시스템이 이 분류에 속하는 구조는?

① SISD(Single Instruction stream Single Data stream)
② SIMD(Single Instruction stream Multiple Data stream)
③ MISD(Multiple Instruction stream Single Data stream)
④ MIMD(Multiple Instruction stream Multiple Data stream)

94 주기억장치 관리에서 배치전략(Placement Strategy)인 최초적합(First-Fit), 최적적합(Best-Fit), 최악적합(Worst-Fit)에 대한 설명으로 <u>옳지 않은</u> 것은?

① 최초적합은 가용공간을 찾는 시간이 적어 배치결정이 빠르다.
② 최적적합은 선택 후 남는 공간을 이후에 활용할 가능성이 높다.
③ 최악적합은 가용공간 크기를 정렬한 후 가장 큰 공간에 배치한다. 최악적합은 가용공간 크기를 정렬해야하는 것이 단점이다.
④ 최악적합은 가용공간 크기를 정렬해야하는 것이 단점이다.

95 다음 중 BCD 코드 1001에 대한 해밍코드를 구하면? (단, 짝수 패리티 체크를 수행한다.)

① 0011001
② 1000011
③ 0100101
④ 0110010

96 길이가 5인 2진 트리로 가족관계를 표현하려고 한다. 최대 몇 명을 표현할 수 있는가?

① 31명
② 32명
③ 63명
④ 64명

97 다음 중 1회에 한해 사용자가 내용을 기록할 수 있는 롬(ROM)은?

① 마스크(mask) ROM
② PROM
③ EPROM
④ EEPROM

98 마이크프로세서를 구성하는 요소장치로 데이터 처리 과정에서 필수적으로 요구되는 것들로 올바르게 짝지어진 것은?

① 제어장치, 저장장치
② 연산장치, 제어장치
③ 저장장치, 산술장치
④ 논리장치, 산술장치

99 여러 개의 CPU로 구성된 시스템에서 동시에 여러 프로그램을 처리하는 것은?

① 일괄 처리(Batch processing)
② 다중 프로그래밍 (Multi programming)
③ 다중 태스킹 (Multitasking)
④ 다중 처리(Multi processing)

100 2진수 0.111의 2의 보수는 얼마인가?

① 0.001
② 0.010
③ 0.011
④ 1.001

시행일	문항 수	소요시간
2021년 6월	총 100문항	150분

수험번호 : _____

성 명 : _____

`<1과목>` 디지털전자회로

01 다음 그림과 같이 2[kΩ]의 저항과 실리콘(Si)다이오드의 직렬 회로에서 다이오드 양단의 전압 크기는 얼마인가?

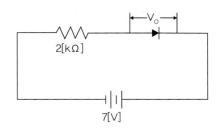

① 0[V]
② 1[V]
③ 5[V]
④ 7[V]

02 콘덴서를 이용한 필터의 출력에 리플전압이 발생하는 이유는?

① 콘덴서의 인덕턴스
② 콘덴서의 개방
③ 콘덴서의 충전과 방전
④ 콘덴서의 단락

03 다음 정류회로에 대한 설명으로 옳은 것은?

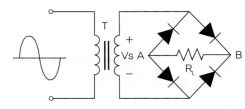

① 저전압 정류할 때 적합하다.
② VS가 양의 전압일 때 RL양단에 전류가 흐르지 않는다.
③ RL에 걸리는 전압의 최대치는 T의 2차 전압의 최대치에 가깝다.
④ 다이오드에 걸리는 역방향 전압의 최대치는 T의 2차 전압의 최대치에 2배에 가깝다.

04 병렬저항형 이상형 발진회로에서 1.6[kHz]의 주파수를 발진하는데 필요한 저항 값은 약 얼마인가? (단, C = 0.01[µF])

① 2[kΩ]
② 4[kΩ]
③ 6[kΩ]
④ 8[kΩ]

05 다음 바이어스 회로에서 트랜지스터의 DC 이득 β = 100이고, VBE = 0.7[V]이다. VCC = 10[V]일 때 컬렉터에 흐르는 DC 전류 IC = 10[mA]가 되도록 하는 바이어스 저항 Rb는 얼마인가?

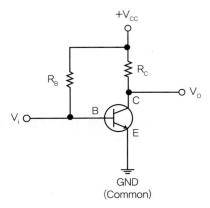

① 320[kΩ]
② 495[kΩ]
③ 880[kΩ]
④ 930[kΩ]

06 다음 증폭기 회로에서 RE가 증가하면 어떤 현상이 일어나는가?

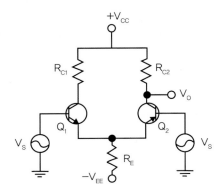

① 차동이득이 감소한다.
② 차동이득이 증가한다.
③ 동상이득이 감소한다.
④ 동상이득이 증가한다.

07 전치 증폭기에 대한 설명으로 틀린 것은?

① 출력신호를 1차 증폭시킨다.
② 초기신호를 정형한다.
③ 고출력 증폭용으로 사용된다.
④ 종단 증폭기에 비해 증폭률이 낮다.

08 다음 그림과 같은 회로에 대한 설명으로 옳은 것은?

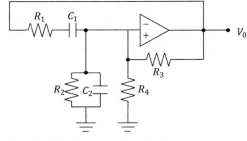

① 발진 주파수의 가변이 쉽다.
② 고주파용 발진기이다.
③ 발진주파수 $f = \dfrac{\sqrt{6}}{2\pi RC}$ [Hz] 이다.
④ 증폭기의 전류이득이 29 이상이면 발진한다.

09 다음 중 비반전 연산증폭기에 대한 설명으로 옳은 것은?

① 출력과 입력의 위상은 동위상이다.
② 두 개의 단자에 흐르는 전류는 최대값을 가진다.
③ 입력단자의 전압은 0이다.
④ 폐루프 이득은 항상 1보다 작다.

10 다음 회로의 동작점(Q)으로 알맞은 것은? (단, β = 50, VBE = 0.7[V])

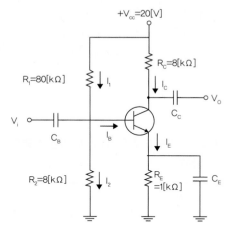

+V_{cc}=20[V]

① 3.5[mA], 18.5[V]
② 2.5[mA], 17.5[V]
③ 0.5[mA], 15.5[V]
④ 0.3[mA], 10.5[V]

11 9,600[bps]의 비트열을 16진 PSK로 변조하여 전송하면 변조속도는?

① 1,200[Baud]
② 2,400[Baud]
③ 3,200[Baud]
④ 4,600[Baud]

12 다음 중 PWM의 특징과 거리가 <u>먼</u> 것은?

① PAM보다 S/N비가 크다.
② PPM보다 전력부하의 변동이 크다.
③ LPF를 이용하여 간단히 복조할 수 있다.
④ 진폭 제한기를 사용하여도 페이딩을 제거할 수는 없다.

13 다음 중 주파수변조(FM)에서 신호대 잡음비(S/N)를 개선하기 위한 방법으로 <u>틀린</u> 것은?

① 디엠파시스(De-Emphasis) 회로를 사용한다.
② 잡음지수가 낮은 부품을 사용한다.
③ 변조지수를 크게 한다.
④ 증폭도를 크게 높인다.

14 다음 중 주파수변조를 진폭변조와 비교한 설명으로 <u>틀린</u> 것은?

① 페이딩의 영향이 적다.
② 주파수의 혼신방해가 작다.
③ 사용주파수대역이 좁다.
④ S/N비가 개선된다.

15 다음 중 출력 파형으로 구형파를 얻을 수 <u>없는</u> 회로는?

① 멀티바이브레이터
② 슈미트트리거 회로
③ 부트스트랩 회로
④ 슬라이서 회로

16 다음 그림의 회로 명칭은 무엇인가?

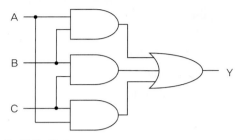

① 일치 회로
② 반 일치 회로
③ 다수결 회로
④ 비교 회로

17 25진 리플 카운터를 설계할 경우 최소한 몇 개의 플립플롭이 필요한가?

① 3개
② 4개
③ 5개
④ 6개

18 그림과 같은 회로의 출력은?

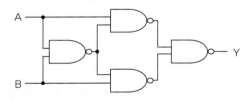

① AB
② $\overline{A} + \overline{B}$
③ $AB + \overline{AB}$
④ $A\overline{B} + \overline{A}B$

19 반감산기에서 차를 얻기 위하여 사용되는 게이트는?

① 배타적OR게이트
② AND게이트
③ NOR게이트
④ OR게이트

20 다음 중 슈미트 트리거 회로에 대한 설명으로 틀린 것은?

① 입력이 어느 레벨이 되면 비약하여 방형 파형을 발생시킨다.
② 입력 전압의 크기가 on, off 상태를 결정한다.
③ 펄스 파형을 만드는 회로로 사용한다.
④ 증폭기에 궤환을 걸어 입력신호의 진폭에 따른 1개의 안정 상태를 갖는 회로이다.

21 정보통신시스템의 기본 구성에서 데이터전송계에 속하지 <u>않는</u> 것은?

① 중앙처리장치　　② 전송회선
③ 단말장치　　　　④ 통신제어장치

22 다음 중 NFC(Near Field Communication)의 설명으로 <u>틀린</u> 것은?

① 13.56[MHz] 주파수 대역을 사용한다.
② 전송거리가 10[cm] 이내이다.
③ Bluetooth에 비해 통신설정 시간이 길다.
④ P2P(Peer to Peer)기능이 가능하다.

23 정보처리시스템으로 분류되지 <u>않는</u> 것은?

① 중앙처리장치　　② 통신회선
③ 기억장치　　　　④ 입출력장치

24 다음 문장의 괄호 안에 들어갈 알맞은 것은?

> (　　)(이)란 정보통신을 수행하고자 하는 호스트 컴퓨터 및 단말기와 DCE 사이의 접속규격으로 이들 상호 간에는 기계적, 전기적, 기능적 특성이 맞아야 한다.

① 데이터 처리방식
② 데이터 전송방식
③ 인터페이스
④ 인터로킹

25 OSI 참조모델에서 서비스 프리미티브의 유형이 <u>아닌</u> 것은?

① REQUEST
② INDICATION
③ REVIEW
④ RESPONSE

26 다음 중 TCP/IP 프로토콜에 관한 설명으로 거리가 <u>먼</u> 것은?

① TCP/IP는 De jure(법률) 표준이다.
② IP는 ARP, RARP, ICMP, IGMP를 포함한다.
③ 인터넷에서 사용하는 프로토콜이다.
④ TCP는 신뢰성 있는 스트림 전송 포트 대 포트 프로토콜이다.

27 다음 중 정보통신 표준화 분야에서 핵심적인 역할을 수행하고 있는 국제 표준화 단체가 <u>아닌</u> 것은?

① IAU　　　　② IEC
③ ANSI　　　　④ TTA

28 전화통신망(PSTN)에서 최번시 1시간에 발생한 호(Call)수가 240이고, 평균통화시간이 2분일 때 이 회선의 호량은?

① 0.1[Erl]　　② 8[Erl]
③ 40[Erl]　　④ 360[Erl]

29 전자우편이나 파일전송과 같은 사용자 서비스를 제공하는 계층은?

① 물리계층
② 데이터링크계층
③ 표현계층
④ 응용계층

30 호출 개시 과정을 통해 수신측과 논리적 접속이 이루어지며 각 패킷은 미리 정해진 경로를 통해 전송되어 전송한 순서대로 도착되는 교환방법은?

① 회선교환방법
② 가상회선교환방법
③ 데이터그램교환방법
④ 메시지교환방법

31 다음 중 CSMA/CD 방식에 관한 특징으로 틀린 것은?

① 노드 수가 많고, 각 노드에서 전송하는 데이터량이 많을수록 효율적인 전송이 가능하다.
② 데이터 전송이 필요할 때 임의로 채널을 할당하는 랜덤 할당 방식이다.
③ 통신 제어 기능이 단순하여 적은 비용으로 네트워크화 할 수 있다.
④ 채널로 전송된 프레임을 모든 노드에서 수신할 수 있다.

32 다음 중 위성통신망의 회선 할당 방식으로 옳은 것은?

① PAMA
② FDMA
③ TDMA
④ CDMA

33 전송장비인 허브(Hub)를 사용하는 이유가 <u>아닌</u> 것은?

① 단순히 Segment와 Segment 연결을 위해서만 사용한다.
② 네트워크 관리가 용이하다.
③ 병목현상을 어느 정도 줄여준다.
④ 다른 네트워크의 네트워크 장비와 연결 가능하도록 한다.

34 X.25 인터페이스 프로토콜에서 LAPB 방식을 정의하며, ISO 7776에서 제정하였고, HDLC 프로토콜의 일종으로 제어 순서, 오류, 흐름 등을 제어하는 계층은?

① 네트워크계층
② 데이터링크계층
③ 물리계층
④ 표현계층

35 광대역통합망(BcN : Broadband Conver-gence Network)의 계층주소 중 전달망 계층에 대한 설명으로 옳지 <u>않은</u> 것은?

① 광대역(Broadband) 서비스 제공
② 이동망 사용자의 이동성(Mobility) 확보
③ 서비스 보장(QoS) 및 정보보안
④ 소프트스위치에 의한 다양한 서비스 구현

36 다음 중 정보통신시스템 구축 시 네트워크에 관한 고려사항이 <u>아닌</u> 것은?

① 파일 데이터의 종류 및 측정방법
② 백업회선의 필요성 여부
③ 단독 및 다중화 등 조사
④ 분기회선 구성 필요성

37 네트워크 관리 구성 모델에서 관리를 실행하는 객체와 관리를 받는 객체를 올바르게 짝지은 것은?

① Agent-Manager
② Manager-Server
③ Client-Agent
④ Manager-Agent

38 송신자와 수신자 간에 전송된 메시지를 놓고, 전송치 않았음을 또는 발송되지 <u>않은</u> 메시지를 받았다고 주장할 수 없게 하는 정보의 속성은?

① 무결성
② 기밀성
③ 인증
④ 부인방지

39 공개키 암호인 RSA 암호에 관한 설명 중 옳지 <u>않은</u> 것은?

① 데이터의 암호화에는 공개키가 사용되고 복호화에는 비밀키가 사용된다.
② 알고리즘의 안전성을 유지하기 위해서 비밀키는 공개키와 무관하게 생성해야 한다.
③ 공개키 암호는 소인수 분해의 어려움에 기반을 두고 있다.
④ RSA에서는 평문도 키도 암호문도 숫자이다.

40 수리가 가능한 시스템에 고장난 후부터 다음 고장이 날 때까지의 평균시간을 의미하는 것은?

① MTBF
② MTTF
③ MTTR
④ Availability

41 다음 중 2개의 전극(Anode와 Cathode) 사이에 삽입된 유기물 층에 전기장을 가해 발광하게 되는 것은?

① CRT
② OLED
③ PDP
④ TFT-LCD

42 그림, 차트, 도표, 설계 도면을 읽어 이를 디지털화하여 컴퓨터에 입력시키는 기기는?

① 디지타이저
② 플로터
③ 그래픽 단말기
④ 문자 판독기

43 DOCSIS(Data Over Cable Service Interface Specifications)라는 표준 인터페이스 규격을 활용하는 단말은?

① 케이블 모뎀
② 휴대폰
③ 스마트 패드
④ 유선 일반전화기

44 다음 중 시분할 다중화기에 대한 설명과 가장 거리가 먼 것은?

① 비트 삽입식과 문자 삽입식의 두 가지가 있다.
② 시분할 다중화기가 주로 이용되는 곳은 Point-to-Point 시스템이다.
③ 각 부채널은 고속의 채널을 실제로 분배된 시간을 이용한다.
④ 보통 1,200[baud] 이하의 비동기식에 사용한다.

45 통신속도를 달리하는 전송회선과 단말기를 접속하기 위한 방식으로 실제로 전송할 데이터가 있는 단말기에만 채널을 동적으로 할당하는 방식을 무엇이라 하는가?

① 집중화기   ② 다중화기
③ 변조기   ④ 부호기

46 ITU-T의 모뎀표준으로 14,000[bps] 전송을 지원하는 최초의 표준은?

① V.32   ② V.32bis
③ V.34bis   ④ V.90

47 4-PSK 변조방식에서 변조속도가 1,200[baud]일 때 데이터 전송속도는 몇 [bps] 인가?

① 1,200[bps]   ② 2,400[bps]
③ 3,600[bps]   ④ 4,800[bps]

48 TV 방식의 기능 중 전기장 또는 자기장에 의하여 전자빔의 방향을 바꾸는 기능으로 옳은 것은?

① 비월주사 기능　② 동기 기능
③ 편향 기능　　　④ 비동기 기능

49 20개의 중계선으로 5[Erl]의 호량을 운반하였다면 이 중계선의 효율은 몇 [%] 인가?

① 20[%]　　　② 25[%]
③ 30[%]　　　④ 35[%]

50 다음 중 CATV의 특성이라고 볼 수 없는 것은?

① 서비스는 지역적 특성이 높다.
② 전송 품질이 양호하다.
③ 단방향 전송만 가능하다.
④ 채널 용량이 증가한다.

51 유선전화망에서 노드가 10개일 때 그물형 (Mesh)으로 교환회선을 구성할 경우, 링크 수를 몇 개로 설계해야 하는가?

① 30개　　　② 35개
③ 40개　　　④ 45개

52 다음 중 CCTV의 기본 구성요소로 틀린 것은?

① 촬영장치　　② 헤드엔드
③ 전송장치　　④ 표시장치

53 다음 중 이동통신에서 이론적으로 시스템의 용량을 증가시킬 수 있는 방법이 아닌 것은?

① 점유 주파수 대역을 넓힌다.
② 비트에너지 대 잡음전력 밀도 비를 낮춘다.
③ 섹터화 이득을 높인다.
④ 음성활성화율을 높인다.

54 셀룰러(Cellular) 방식의 이동통신에서 입력속도 9.6[kbps], 출력속도 1.2288[Mbps]일 때 확산이득은 약 얼마인가?

① 15.03[dB]
② 19.40[dB]
③ 21.07[dB]
④ 24.50[dB]

55 다음 문장에서 (a), (b), (c), (d)의 순서대로 바르게 나열된 것은?

> 위성통신에서 수백 [MHz] 이하의 낮은 주파수에서는 (a), (b)에 의한 감쇠가 크고, 10[GHz] 이상의 높은 주파수에서는 (c) 또는 (d) 등에 의한 감쇠 증가로 위성통신 장애가 발생한다.

① 대기가스 – 강우 – 우주잡음의 증가 – 전리층
② 우주잡음의 증가 – 전리층 – 대기가스 – 강우
③ 대기가스 – 전리층 – 우주잡음의 증가 – 강우
④ 강우 – 우주잡음의 증가 – 대기가스 – 전리층

56 다음 중 부호분할다원접속(CDMA) 방식에 대한 설명으로 옳지 <u>않은</u> 것은?

① 위성통신에서만 사용되고 있는 다원접속방식이다.

② 의사불규칙 잡음코드를 사용한다.

③ 주파수도약방식을 사용하므로 페이딩에 강하다.

④ 사용 스펙트럼의 확산으로 인접 주파수대역에 대한 간섭을 줄일 수 있다.

57 다음 중 팩스 작동원리를 순서대로 나열한 것은?

① 송신주사 → 전송 → 기록변환 → 광전변환 → 수신주사

② 송신주사 → 광전변환 → 전송 → 기록변환 → 수신주사

③ 송신주사 → 기록변환 → 광전변환 → 전송 → 수신주사

④ 송신주사 → 기록변환 → 전송 → 광전변환 → 수신주사

58 다음 중 메시지 처리시스템(MHS)의 구성 요소가 <u>아닌</u> 것은?

① MS(Message Store)

② UA(User Agent)

③ MTA(Message Transfer Agnet)

④ MH(Message Host)

59 PSTN을 통해 이루어졌던 음성 전송을 인터넷 망을 사용하여 제공하는 인터넷 텔레포니의 핵심기술은?

① VoIP

② DMB

③ WiBro

④ VOD

60 다음 문장에서 설명하는 디지털 멀티미디어 콘텐츠 보호방법은?

- 콘텐츠를 암호화한 후 배포하여 인증된 사용자만 사용
- 무단 복제 시 인증되지 않은 사용자는 사용할 수 없도록 제어

① DRM

② Water Marking

③ DOI

④ INDECS

61 표본화 정리에 의하면 주파수 대역이 60[Hz]~ 3.6[kHz]인 신호를 완전히 복원하기 위한 표본화 주기는?

① 1/60[초]   ② 1/3.6[초]
③ 1/7,200[초]   ④ 1/6,800[초]

62 다음 중 나이퀴스트(Nyquist) 표본화 주파수 (f_s)로 알맞은 것은? (단, f_m은 최고주파수이다.)

① $f_s = 2f_m$ ② $f_s < 2f_m$
③ $f_s > 2f_m$ ④ $f_s \leq 2f_m$

63 5[kHz]의 음성신호를 재생시키기 위한 표본화 주기는?

① 225[μs]   ② 200[μs]
③ 125[μs]   ④ 100[μs]

64 다음 중 Dense WDM(DWDM)에서 사용하는 파장간격이 틀린 것은?

① 20[nm]   ② 1.6[nm]
③ 0.8[nm]   ④ 0.4[nm]

65 광통신에서 전송 용량을 증대시키는(고속화)기술로서 가장 관계가 적은 것은?

① Soliton 기술
② WDM(Wavelength Division Multiplexing) 방식
③ EDFA(Eribium Doped Fiber Amplifier)
④ Intensity Modulation

66 다음 중 광케이블 기반 광통신의 장점으로 틀린 것은?

① 저손실성
② 광대역성
③ 세경성 및 경량성
④ 심선 접속의 용이성

67 전파통신이 가능한 가시거리(Line-of-Sight)를 구하는 공식은? (단, d는 가시거리, K는 지구의 곡률에 의한 보정 계수, H는 안테나의 높이[m])

① $d = K \times 4.17 \sqrt{H^3}$ [km]
② $d = 7.14 \times \sqrt{KH}$ [km]
③ $d = 4.17 \times \sqrt{K^3 H}$ [km]
④ $d = K \times 7.14 \sqrt{H^3}$ [km]

68 다음 중 중계국에 할당된 여러 개의 주파수 채널을 다수의 이용자가 공동으로 사용하는 주파수공용통신(TRS)에 대한 설명으로 <u>틀린</u> 것은?

① 음성과 데이터의 전송이 가능하다.
② 채널당 주파수 이용효율이 낮다.
③ 신속한 호접속이 가능하다.
④ 산업용 통신에 주로 이용된다.

69 다음 중 마이크로파 통신의 특징으로 <u>틀린</u> 것은?

① 파장이 길다.
② 광대역성이 가능하다.
③ 강한 직진성을 가진다.
④ S/N을 개선할 수 있다.

70 다음 중 병렬전송의 특징이 <u>아닌</u> 것은?

① 근거리 전송에 적합하다.
② 단위시간에 다량의 데이터를 고속으로 전송할 수 있다.
③ 비용이 많이 든다.
④ 한번에 한 비트만 전송이 가능하다.

71 다음 중 동기식 전송방식과 비교한 비동기 전송방식에 대한 설명으로 올바른 것은?

① 블록단위 전송방식이다.
② 비트신호가 1에서 0으로 바뀔 때 송신시작을 의미한다.
③ 각 비트마다 타이밍을 맞추는 방식이다.
④ 전송속도와 전송효율이 높은 방식이다.

72 다음 중 공통선 신호 방식에 해당하지 <u>않는</u> 것은?

① 통화로와 신호전송이 분리되어 다수의 통화에 필요한 신호를 한 채널로 전송하는 방식
② 아날로그 신호방식(No.6)
③ 디지털 신호방식(No.7)
④ 국간 망에 분포되어 있는 트래픽 부하를 조절하기 위해서 전화국간에 주고받는 신호방식

73 문자동기방식에서 에러를 체크하기 위한 코드는?

① ETX(End of Text)
② STX(Start of Text)
③ BCC(Block Check Character)
④ BSC(Binary Synchronous Control)

74 다음 중 VLAN 표준 프로토콜의 VLAN Tag 구성에 대한 설명으로 틀린 것은?

① 이더넷 프레임 앞에 VLAN Header로 캡슐화하여 구성된다.
② TPID는 0×8100의 고정된 값의 태그 프로토콜 식별자이다.
③ TCI는 VLAN 정보와 프레임의 우선순위 값을 표시한다.
④ VID는 12비트로 구성되며 VLAN ID로 사용된다.

75 다음 중 고속 LAN으로 대학캠퍼스나 공장같이 한 곳에 모여 있는 LAN들을 연결하는데 주로 사용되는 것은?

① FDDI
② ASK
③ QAM
④ FSK

76 다음 중 정보 통신망에서 정보를 교환하는 방식이 아닌 것은?

① 회선 교환(Circuit Switching) 방식
② 메시지 교환(Message Switching) 방식
③ 패킷 교환(Packet Switching) 방식
④ 프레임 교환(Frame Switching) 방식

77 다음 중 동적(Dynamic) VLAN을 구성하는 기준이 되는 것은?

① 스위치 포트
② 라우터 포트
③ MAC 주소
④ IP 주소

78 다음 중 비트 방식의 데이터링크 프로토콜이 아닌 것은?

① BSC   ② SDLC
③ HDLC   ④ LAPB

79 다음 중 통신 시스템 내에 있는 동위 계층 또는 동위 개체 사이에서의 데이터 교환을 위한 프로토콜은?

① 응용 지향 프로토콜
② 네트워크 내부 프로토콜
③ 프로세스간 프로토콜
④ 네트워크간 프로토콜

80 다음 중 패리티 검사(Parity Check)를 하는 이유는 무엇인가?

① 수신정보내의 오류 검출
② 전송되는 부호의 용량 검사
③ 전송데이터의 처리량 측정
④ 통신 프로토콜의 성능 측정

〈5과목〉 전자계산기일반 및 정보통신설비기준

81 다음 중 설명이 옳지 <u>않은</u> 것은?

① 마이크로프로세서는 디지털 데이터를 입력받고, 메모리에 저장된 지시에 따라 처리하며, 결과를 출력으로 내놓는 다목적의 프로그램 실행이 가능한 기기이다.

② 마이크로프로세서는 프로그램이라는 형태로 용도에 따라 메모리에 축적하는 방식을 택한 것이 마이크로컴퓨터의 모태가 되고 있다.

③ 인텔은 1971년 최초의 4비트 마이크로프로세서 4004를 선보였다.

④ 최초의 마이크로프로세서는 일반 컴퓨터의 중앙처리장치에서 주기억장치와 연산장치, 제어장치 및 각종 레지스터들을 단지 1개의 IC 소자에 집적시킨 것이다.

82 2진수 $(100011)_2$를 2의 보수(two's complement)로 표시한 것은?

① 100011 　　　② 011100

③ 011101 　　　④ 011110

83 다음 중 Parity Bit에 대한 설명으로 <u>틀린</u> 것은?

① 1Bit의 에러를 검출하는 코드이다.

② 2Bit 이상 에러가 발생하면 검출할 수 없다.

③ Parity Bit를 포함해서 '1'의 개수가 짝수 또는 홀수인지 검사한다.

④ '1'의 개수를 홀수 개로 하면 짝수 Parity, 짝수 개로 하면 홀수 Parity라 한다.

84 정보표현의 단위가 작은 것부터 큰 순으로 올바르게 나열된 것은?

㉠ 바이트	㉡ 레코드
㉢ 파일	㉣ 비트
㉤ 데이터베이스	

① ㉠ ㉡ ㉢ ㉣ ㉤　　　② ㉣ ㉠ ㉡ ㉢ ㉤

③ ㉣ ㉢ ㉠ ㉤ ㉡　　　④ ㉠ ㉣ ㉢ ㉡ ㉤

85 다음은 인터럽트 처리과정을 나타낸 것이다. 처리과정의 순서를 올바르게 나열한 것은?

> ⓐ 주변장치로부터 인터럽트 요구가 들어옴
> ⓑ pc 내용을 스택에서 꺼냄
> ⓒ 본 프로그램으로 복귀
> ⓓ 인터럽트 서비스 루틴의 시작번지로 점프해서 프로그램 수행
> ⓔ pc 내용을 스택에 저장
> ⓕ 중단했던 원래의 프로그램번지로부터 수행

① ⓐ → ⓓ → ⓑ → ⓒ → ⓕ → ⓔ

② ⓐ → ⓔ → ⓓ → ⓑ → ⓒ → ⓕ

③ ⓔ → ⓐ → ⓓ → ⓑ → ⓒ → ⓕ

④ ⓔ → ⓐ → ⓑ → ⓓ → ⓒ → ⓕ

86 마이크로프로세서로 구성된 중앙처리장치는 명령어의 구성 방식에 따라 2가지로 나눌 수 있다. 이중 연산 속도를 높이기 위해 처리할 수 있는 명령어 수를 줄였으며, 단순화된 명령구조로 속도를 최대한 높일 수 있도록 한 것은?

① SCSI(Small Computer System Interface)

② MISC(Micro Instruction Set Computer)

③ CISC(Complex Instruction Set Computer)

④ RISC(Reduced Instruction Set Computer)

87 메모리 관리에서 빈 공간을 관리하는 Free 리스트를 끝까지 탐색하여 요구되는 크기보다 더 크되, 그 차이가 제일 작은 노드를 찾아 할당해 주는 방법은?

① 최초적합(First-Fit)
② 최적적합(Best-Fit)
③ 최악적합(Worst-Fit)
④ 최후적합(Last-Fit)

88 다음 괄호에 들어갈 내용으로 맞게 나열된 것은?

> 마이크로컴퓨터는 연산 및 처리 기능을 갖는 (㉮) 부분과 연산 처리의 대상이 되며, 목적 기능을 갖는 (㉯) 부분으로 나누어 볼 수 있다. (㉮)의 운용을 위해서는 반드시 (㉯)의 자원이 필요하다.

① ㉮ 하드웨어, ㉯ 소프트웨어
② ㉮ CPU, ㉯ Memory
③ ㉮ ALU, ㉯ DATA
④ ㉮ CPU, ㉯ 소프트웨어

89 다음 중 마이크로 명령어에 대한 설명으로 틀린 것은?

① OP코드와 오퍼랜드로 구분한다.
② 오퍼랜드에는 주소, 데이터 등이 저장된다.
③ 오퍼랜드는 오직 한 개의 주소만 존재한다.
④ 컴퓨터의 기계어 명령을 실행하기 위해서 수행되는 낮은 수준의 명령어이다.

90 자원을 효율적으로 관리하기 위한 운영체제의 추가관리 기능들로 올바르게 나열된 것은?

① 프로세스관리기능-명령해석기시스템-보호시스템
② 명령해석기시스템-보호시스템-네트워킹
③ 주기억장치관리-네트워킹-명령해석기시스템
④ 주변장치관리기능-보호시스템-네트워킹

91 다음 중 용역업자가 발주자에게 통보해야 하는 감리결과에 포함되지 <u>않는</u> 것은?

① 착공일 및 완공일
② 공사업자의 성명
③ 사용자재의 제조원가
④ 정보통신기술자배치의 적정성 평가결과

92 정보통신공사업을 경영하려는 자는 누구에게 공사업 등록을 신청하여야 하는가?

① 도지사
② 방송통신위원장
③ 과학기술정보통신부장관
④ 정보통신공사협회장

93 방송통신설비의 기술기준에 관한 규정에서 정의하고 있는 '선로설비'가 <u>아닌</u> 것은?

① 분배장치   ② 전주
③ 관로   ④ 배선반

94 다음 중 통신공동구의 유지·관리에 필요한 부대설비가 아닌 것은?

① 조명시설　　② 환기시설
③ 집수시설　　④ 접지시설

95 방송통신설비의 설치 및 보전은 무엇에 따라 하여야 하는가?

① 설계도서　　② 프로토콜
③ 전기통신기술기준　④ 정보통신공사업법

96 영상정보처리기기를 설치·운영하는 자는 영상정보처리기기가 설치·운영되고 있음을 알려주는 안내판을 설치하는 등 필요한 조치를 하여야 한다. 이때 안내판에 포함되는 사항이 아닌 것은?

① 녹음기능 및 보관기간
② 촬영 범위 및 시간
③ 설치 목적 및 장소
④ 관리책임자 성명 및 연락처

97 국선과 국내간선케이블 또는 구내케이블을 종단하여 상호 연결하는 통신용 분배함은 무엇인가?

① 분계점　　② 국선접속설비
③ 국선단자함　④ 국선배선반

98 다음 중 정보통신공사업법에 따른 감리원의 업무범위가 아닌 것은?

① 공사계획 및 공정표의 검토
② 공사업자가 작성한 시공상세도면의 검토·확인
③ 설계도서 변경 및 시공일정의 조정
④ 공사가 설계도서 및 관련규정에 적합하게 행하여지고 있는 지에 대한 확인

99 기간통신사업자가 전기통신서비스의 요금을 감면할 수 있는 대상이 아닌 것은?

① 인명·재산의 위험 및 재해의 구조에 관한 통신 또는 재해를 입은 자의 통신을 위한 전기통신서비스
② 전시(戰時)에 군 작전상 필요한 통신을 위한 전기통신서비스
③ 남북 교류 및 협력의 촉진을 위하여 필요로 하는 통신을 위한 전기통신서비스
④ 기간통신사업자의 고객유치를 위한 전기통신서비스

100 다음 중 정보통신공사업에서 규정한 정보통신설비의 설치 및 유지·보수에 관한 공사와 이에 따른 부대공사로 잘못된 것은?

① 수전설비를 포함한 정보통신전용 전기시설설비공사 등 그 밖의 설비공사
② 전기통신관계법령 및 전파관계법령에 의한 통신설비공사
③ 정보통신관계법령에 의하여 정보통신설비를 이용하여 정보를 제어·저장 및 처리하는 정보설비공사
④ 방송법 등 방송관계법령에 의한 방송설비공사

필기 기출문제 (10회)

시행일	문항 수	소요시간
2021년 3월	총 100문항	150분

수험번호 : _____

성   명 : _____

〈1과목〉 디지털전자회로

01 반도체 다이오드의 두 가지 바이어스(Bias) 조건으로 맞는 것은?

① 발진과 증폭
② 블록과 비블록
③ 유도와 비유도
④ 순방향과 역방향

02 다음 그림과 같은 평활회로에서 출력 맥동률을 최소화하기 위한 방법으로 <u>틀린</u> 것은?

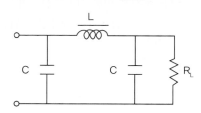

① 정류파형의 주파수를 높인다.
② L값을 크게 한다
③ C값을 크게 한다.
④ R_L값을 작게 한다.

03 다음 회로에서 R_L 양단에 나타나는 정류출력전압은? (단, 입력에는 최대치 Vm인 사인파가 인가된다.)

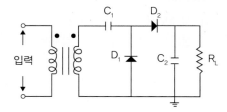

① $-V_m$
② V_m
③ $-2V_m$
④ $2V_m$

04 다음 중 드레인 접지형 FET 증폭기에 대한 특성으로 <u>틀린</u> 것은? (단, FET의 파라미터 A_m은 상호 전도도이다.)

① 입력 임피던스는 매우 크다.
② 전압 이득은 약 1이다.
③ 출력은 입력과 역위상이다.
④ 출력 임피던스는 약 $1/A_m$ 이다.

05 다음 바이어스 회로에서 전류 궤환 회로로 변경하려 한다. 어느 부분이 추가 또는 수정되어야 하나?

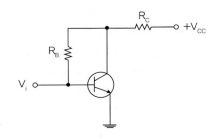

① R_C
② R_E
③ R_B
④ R_C, R_E

06 계단(Step)입력에 대한 연산증폭기의 출력파형이 아래 그림과 같다. 슬루율(Slew Rate)은?

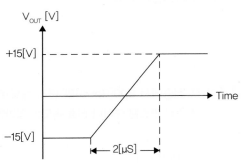

① 15[V/μS]
② 7.5[V/μS]
③ 10[V/μS]
④ 30[V/μS]

07 다음 회로의 종류는?

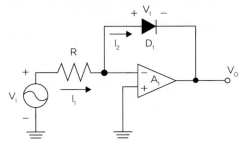

① 반파정류회로
② 전파정류회로
③ 피크검출기
④ 대수 증폭기회로

08 다음 콜피츠 발진회로가 발진하는 조건은?

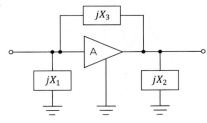

① $jX_1 < 0$, $jX_2 > 0$, $jX_3 > 0$
② $jX_1 < 0$, $jX_2 < 0$, $jX_3 < 0$
③ $jX_1 > 0$, $jX_2 < 0$, $jX_3 > 0$
④ $jX_1 < 0$, $jX_2 < 0$, $jX_3 > 0$

09 병렬저항 이상형 RC발진회로에서 C = 0.01[μF]일 때 1500[Hz]의 발진주파수를 얻기 위한 R값은 약 얼마인가?

① 1.51[kΩ]
② 2.52[kΩ]
③ 3.23[kΩ]
④ 4.33[kΩ]

10 증폭기와 정궤환 회로를 이용한 발진회로에서 증폭기의 이득을 A, 궤환율을 β라고 할 때, βA<1이면 출력되는 파형은?

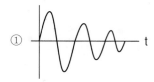
① t

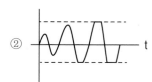
② t

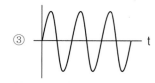
③ t

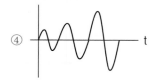
④ t

11 다음 중 단측파대 변조 방식의 특징으로 틀린 것은?

① 점유주파수대역폭이 매우 작다.
② 변복조기 사이에 반송파의 동기가 필요하다.
③ 송신출력이 비교적 작게 된다.
④ 전송 도중에 복조되는 경우가 있다.

12 AM 복조(검파) 회로에서 직선 검파회로의 RC(시정수)가 반송파의 주기보다 짧은 경우에 일어나는 현상은?

① 충방전 특성이 늦어진다.
② 출력은 입력 전압의 반송파 진폭의 제곱에 비례하게 되며, 감도가 높아지게 된다.
③ 방전이 빨리 일어나서 저항 R의 단자 전압 변동이 크게 일어난다.
④ 포락선의 변화에 추종하지 못한다.

13 변조도 80%로 진폭 변조한 피변조파에서 반송파의 전력 Pc와 상측파대 또는 하측파대의 전력 Ps와의 비율은?

① 1 : 0.8
② 1 : 0.55
③ 1 : 0.33
④ 1 : 0.16

14 정보 전송에서 800[Baud]의 변조 속도로 4상차분 위상 변조된 데이터 신호 속도는 얼마인가?

① 600[bps]
② 1,200[bps]
③ 1,600[bps]
④ 3,200[bps]

15 다음 회로에서 기전력 E를 가하고 S/W를 ON 하였을 저항 양단의 전압 V_R은 t초 후 어떻게 표시되는가?

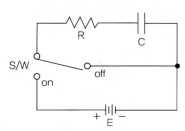

① $E \cdot e^{\frac{t}{CR}}$

② $E \cdot (1 - e^{\frac{t}{CR}})$

③ $-E \cdot e^{\frac{C}{R}t}$

④ $\frac{E}{e}$

16 다음 중 Flip-Flop 회로를 쓰지 <u>않는</u> 것은?

① 리피터 회로

② 분주 회로

③ 기억 회로

④ 진 계수 회로

17 다음 중 BCD 코드란?

① byte

② bit

③ 2진화 10진 코드

④ 10진화 2진 코드

18 다음 회로와 등가인 회로는 어느 것인가?

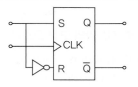

① RS 플립플롭

② JK 플립플롭

③ D 플립플롭

④ T 플립플롭

19 다음 그림은 T F/F을 이용한 비동기 10진 상향 계수기이다. 계수값이 10이 되었을 때 계수기를 0으로 하기 위해서는 전체 F/F을 clear시켜야 하는데 이렇게 하기 위해 (가)에 알맞은 게이트는?

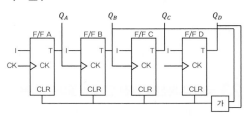

① OR

② AND

③ NOR

④ NAND

20 멀티플렉서의 설명이 <u>아닌</u> 것은?

① 특정한 입력을 몇 개의 코드화된 신호의 조합으로 바꾼다.

② N개의 입력데이터에서 1개의 입력만 선택하여 단일 통로로 송신하는 장치이다.

③ 멀티플렉서는 전환 스위치의 기능을 갖는다.

④ 데이터 선택기라고도 한다.

<2과목> 정보통신시스템

21 다음 중 지능망의 구성 요소가 <u>아닌</u> 것은?

① IP(Intelligent Peripheral)
② LBS(Location Base Service)
③ SCP(Service Control Point)
④ SSP(Service Switching Point)

22 정보통신시스템은 크게 데이터 전송계와 데이터 처리계로 분리할 수 있다. 다음 중 데이터 전송계가 <u>아닌</u> 것은?

① 단말장치
② 통신 소프트웨어
③ 데이터 전송회선
④ 통신 제어장치

23 국내의 통신망 발전 단계로 올바른 것은?

① ISDN → PSTN → BCN
② BCN → ISDN → PSTN
③ PSTN → ISDN → BCN
④ ISDN → BCN → PSTN

24 핀테크(FinTech)란 금융(Finance)과 기술(Technology)의 합성어로, 금융과 IT의 융합을 통한 금융서비스 및 산업의 변화를 통칭한다. 다음 중 핀테크의 일반적인 구성 범위가 <u>아닌</u> 것은?

① 자금결제
② 금융데이터 분석
③ 금융 소프트웨어
④ 마그네틱 결제

25 PPP(Point-to-Point Protocol)에서 IP의 동적 협상이 가능하도록 하는 프로토콜은?

① NCP(Network Control Protocol)
② LCP(Link Control Protocol)
③ SLIP(Serial Line IP)
④ PPPoE(Point to Point Protocol over Ethernet)

26 다음 중 BSC 프로토콜에서 사용되지 <u>않는</u> 방식은?

① 루프(Loop) 방식
② 반이중(Half Duplex)방식
③ 포인트 투 포인트(Point-to-Point)방식
④ 멀티포인트(Multipoint)방식

27 인터넷 프로토콜 중 TCP/IP 계층은 ISO의 OSI 모델 7계층 중 각각 어느 계층에 대응되는가?

① 인터넷계층 – 데이터링크계층
② 네트워크계층 – 세션계층
③ 응용계층 – 물리계층
④ 전송계층 – 네트워크계층

28 표준화 단체인 IETF가 인터넷 표준화를 위한 작업문서를 무엇이라 하는가?

① RFC(Request For Comment)
② RFI(Request For Information)
③ RFP(Request For Proposal)
④ RFO(Request For Offer)

29 ISO/IEC JTC 1의 활동 중 SC21(OSI 상위계층/데이터베이스)에 활동하는 WG 설명으로 맞는 것은?

① WG1: OSI 관리
② WG4: OSI 구조
③ WG5: 특정 응용 서비스
④ WG8: 데이터베이스

30 디지털 통신에서 펄스 성형(Pulse shaping)을 하는 주된 이유로 옳은 것은?

① 심볼간 간섭(ISI)를 줄이기 위함
② 노이즈를 줄이기 위함
③ 다중접속을 용이하게 하기 위함
④ 채널 대역폭을 증가시키기 위함

31 패킷경로를 동적으로 설정하며, 일련의 데이터를 패킷단위로 분할하여 데이터를 전달하고, 목적지 노드에서는 패킷의 재순서화와 조립과정이 필요한 방식은?

① 회선교환방식   ② 메시지교환방식
③ 가상회선방식   ④ 데이터그램방식

32 다음 중 10[Gbps] 동기식 전송시스템의 신호를 표시한 것은?

① STM−16   ② STM−32
③ STM−64   ④ STM−128

33 다음 중 근거리통신망(LAN)에서 사용되는 채널 할당방식에서 요구할당 방식에 해당되는 것은?

① ALOHA   ② TDM
③ CSMA/CD   ④ Token Bus

34 VAN의 서비스 기능 중 통신처리기능(통신처리 계층)으로 **틀린** 것은?

① 패킷 교환
② 코드 변환
③ 속도 변환
④ 프로토콜 변환

35 다음 중 센서 네트워크를 이용하여 유비쿼터스 환경을 구현하는 것을 목적으로 하는 것은?

① USN   ② BcN
③ TMN   ④ VAN

36 다음 중 유용한 시스템이 가져야 할 특성이라고 볼 수 **없는** 것은?

① 목적성   ② 자동성
③ 제어성   ④ 비선형성

37 효율적인 정보통신시스템 유지보수 조직 운영 및 관리 방안 중 인력구성 계획단계에 해당하지 **않은** 것은?

① 운영 및 유지보수에 대한 지침을 이해한다.
② 운영 및 유지보수에 유경험자를 투입한다.
③ 유지보수 업무 효율성을 극대화시키는 팀을 구성한다.
④ 공사 시방서의 구축예정 물량을 확인한다.

38 다음 중 TMN(Telecommunication Management Network)에서 정의하고 있는 5가지 관리 기능에 해당하지 **않는** 것은?

① 성능관리
② 보안관리
③ 조직관리
④ 구성관리

39 다음 문장이 설명하는 것은 무엇인가?

데이터베이스 검색 프로그램과 유사한 단순 프로토콜이다. 관리 대상 장치의 데이터베이스에는 CPU, 네트워크 인터페이스, 버퍼와 같은 구성요소가 제대로 기능하는 지와 인터페이스를 통과하는 트래픽의 양으로 표시되는 처리량이 얼마인지에 대한 정보가 들어 있다.

① DNS
② SNMP
③ OSPS
④ TCP/IP

40 우리나라가 독자 개발한 대칭키 암호화 기술은 무엇인가?

① SEED
② RSA
③ DES
④ RC4

<3과목> 정보통신기기

41 다음 내용에 해당하는 것은?

> IEEE 802.15.4 표준 기반 저전력으로 지능형 홈 네트워크 및 산업용기기 자동차, 물류, 환경 모니터링, 휴먼 인터페이스, 텔레메틱스 등 다양한 유비쿼터스 환경에 응용이 가능하다.

① Bluetooth
② Zigbee
③ NFC
④ RFID

42 최단 펄스시간 길이가 $1,000 \times 10^{-6}$[sec]일 때, 이 펄스의 변조속도는?

① 1[baud]
② 10[baud]
③ 100[baud]
④ 1,000[baud]

43 가입자선에 위치하고 단말기와 디지털 네트워크 사이의 인터페이스를 제공하며, 유니폴라 신호를 바이폴라 신호로 변환시키는 것은?

① DSU(Digital Service Unit)
② 변복조기(MODEM)
③ CSU(Channel Service Unit)
④ 다중화기

44 1,200[bps] 속도를 갖는 4채널을 다중화한다면, 다중화 설비 출력 속도는 적어도 얼마 이상이여야 하는가?

① 1,200[bps]
② 2,400[bps]
③ 4,800[bps]
④ 9,600[bps]

45 다음 중 LAN의 구성요소로 틀린 것은?

① 전송매체
② 패킷교환기
③ 라우터
④ 네트워크 인터페이스 카드

46 10Base-5 이더넷의 기본 규격으로 옳은 것은?

① 전송 매체가 꼬임선이다.
② 전송 속도가 10[Mbps]이다.
③ 전송 최대 거리가 500[m]이다.
④ 전송 방식이 브로드밴드 방식이다.

47 다음 중 회선 교환 방식의 설명으로 틀린 것은?

① 설정되면 데이터를 그대로 투과시키므로 오류 제어 기능이 없다.
② 데이터를 전송하지 않는 기간에도 회선을 독점하므로 비효율적이다.
③ 회선을 전용선처럼 사용할 수 있어 많은 양의 데이터를 전송할 수 있다.
④ 음성이나 동영상 등 실시간 전송이 요구되는 미디어 전송에는 적합하지 않다.

48 사무실에서 인터넷 구내 망을 설치하여 음성전화 서비스를 제공하는 설비는?

① PBX
② IP-PBX
③ ISDN-PBX
④ Solo-PBX

49 대용량 전자교환기에서 가장 많이 채택하고 있는 접속 제어 방식은?

① 자동 제어 방식
② 반전자 제어 방식
③ 축적 프로그램 제어 방식
④ 중앙 제어 방식

50 H.261의 화상통신에 대한 지원 포맷으로 맞는 것은?

① 106.52[dB]
② 4CIF, CIF
③ CIF, QCIF
④ Sub-QCIF, 4CIF

51 다음 중 영상회의 시스템의 구성요소로 **틀린** 것은?

① 음향부   ② 망용량 관리
③ 제어부   ④ 편집부

52 다음 중 IPTV 서비스를 위한 네트워크 엔지니어링과 품질 최적화를 위한 기능으로 맞지 <u>않는</u> 것은?

① 트래픽 관리   ② 망용량 관리
③ 네트워크 플래닝   ④ 영상자원 관리

53 FM 수신기 리미터의 역할로 가장 타당한 것은?

① 진폭 제한기
② 전류 증폭기
③ 잡음 억제 회로
④ 주파수체배기

54 인공위성이나 우주 비행체는 매우 빠른 속도로 운동하고 있으므로 전파발진원의 이동에 따라서 수신주파수가 변하는 현상은?

① 페이지 현상
② 플라즈마 현상
③ 도플러 현상
④ 전파지연 현상

55 다음 중 WCDMA 방식에 대한 설명으로 옳은 것은?

① 주파수 간격은 1.15[MHz]이다.
② GPS로 기지국간 시간 동기를 맞추어 전송한다.
③ 서로 다른 코드로 기지국을 구분한다.
④ 칩 전송속도는 5.2288[Mbps]이다.

56 다음 중 이동통신에서 사용하는 셀 종류 중 가장 작은 것은?

① Mega Cell   ② Pico Cell
③ Macro Cell   ④ Micro Cell

57 멀티미디어 데이터 압축기법 중 손실 압축 기법으로 틀린 것은?

① FFT(Fast Fourier Transform)
② DCT(Discrete Cosine Transform)
③ DPCM(Differential Pulse Code Modulation)
④ Huffman Code

58 멀티미디어 서비스 활성화를 위한 CPND의 의미로 틀린 것은?

① C : Contents(콘텐츠)
② P : Platform(플랫폼)
③ N : Network(네트워크)
④ D : Digital(디지털)

59 다음 중 멀티미디어 압축 기술로 틀린 것은?

① MIDI
② AVI
③ JPEG
④ MPEG

60 다음 중 멀티미디어기기의 압축에 사용되는 방식이 아닌 것은?

① MPEG-1
② MPEG-2
③ MPEG-4
④ MPEG-21

61 다음 설명 중 틀린 것은?

① ADM은 양자화기의 스텝 크기를 입력신호에 따라 적응시키는 방법이다.

② PCM은 연속적인 아날로그 신호를 일정한 간격으로 샘플링 하는 방법이다.

③ DM은 예측값과 측정값의 차이를 양자화 하는 변조 방법이다.

④ DPCM은 진폭값과 예측값과의 차이만을 양자화하는 방법이다.

62 양자화 잡음비의 개선 방법으로 틀린 것은?

① 양자화 스텝을 크게 한다.

② 비선형 양자화 방법을 사용한다.

③ 선형 양자화와 압신방식을 같이 사용한다.

④ 양자화 스텝수가 2배로 증가할 때마다 6[dB]씩 개선된다.

63 10[GHz]의 직접확산 시스템이 20[kbaud]의 데이터 전송에 사용된다. 20[Mbps]의 확산부호를 BPSK 변조시킬 때 이 시스템의 처리이득은 얼마인가?

① 13[dB]

② 18[dB]

③ 27[dB]

④ 30[dB]

64 TDM을 사용하여 5개의 채널을 다중화 하려고 한다. 각 채널이 100[byte/s]의 속도로 전송하고 각 채널마다 2[byte]씩 다중화 하는 경우 초당 전송해야 하는 프레임수와 비트 전송률[bps]은 각각 얼마인가?

① 50개, 2,000[bps]

② 50개, 4,000[bps]

③ 100개, 2,000[bps]

④ 100개, 4,000[bps]

65 트위스트 페어 케이블의 누설 콘덕턴스(G)는? (단, δ는 유전체의 손실각이다.)

① $G = \omega C sin\delta$

② $G = \omega C tan\delta$

③ $G = \omega C cos\delta$

④ $G = \omega C \dfrac{1}{cos\delta}\delta$

66 스넬의 법칙(Snell's law)이란 광선 또는 전파가 서로 다른 매질의 경계면에 입사하여 통과할 때 입사각과 굴절각과의 관계를 표현한 법칙이다. 다음 그림과 같이 굴절률이 n_1과 n_2로 서로 다른 두 매질이 맞닿아 있을 때 매질을 통과하는 빛의 경로는 매질마다 광속이 다르므로 휘게 되는데, 그 휜 정도를 빛의 입사 평면상에서 각도로 표시하면 θ_1과 θ_2가 된다. 이때 스넬의 법칙으로 n_1, n_2, θ_1, θ_2의 상관관계를 올바르게 정의한 것은?

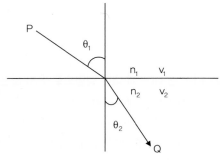

① $n_1 + \cos\theta_1 = n_2 + \sin\theta_2$
② $n_1 + \cos\theta_2 = n_2 + \sin\theta_2$
③ $n_1(\sin\theta_1) = n_2(\sin\theta_2)$
④ $n_1(\sin\theta_2) = n_2(\sin\theta_1)$

67 다음 중 전송로상의 구조 분산(도파로 분산)에 대한 설명으로 틀린 것은?
① 광섬유의 구조에 변화가 생겨 빛과 광케이블이 이루는 각이 파장에 따라 변해서 발생
② 실제 전송로의 경로의 길이에 변화가 발생하게 되고 도착 시간의 차이가 발생
③ 광 펄스가 옆으로 퍼지는 현상
④ 모드 사이의 전달되는 전파속도 차이 때문에 발생하는 분산

68 제한대역매체를 통해 기본파와 제3고조파를 포함하는 디지털 신호를 전송하는데 필요한 대역폭은 얼마인가?(단, n[bps]로 디지털 신호를 보내고자 한다.
① n[Hz]
② 2n[Hz]
③ 4n[Hz]
④ 6n[Hz]

69 다음 중 밀리미터파의 특징으로 틀린 것은?
① 저전력 사용
② 우수한 지향성
③ 낮은 강우 감쇠
④ 송수신장치의 소형화

70 다음 중 비동기 전송방식의 특징이 아닌 것은?
① 저속도의 EIA-232D 데이터 전송에 주로 사용
② 긴 데이터 비트 열을 연속적으로 전송하는 방식
③ 수신기가 각각 새로운 문자의 시작점에서 재동기를 수행
④ 매 문자마다 Start, Stop 비트를 부가하여 전송

71 다음 중 혼합형 동기방식의 특징으로 **틀린** 것은?

① 비동기식보다 전송속도가 빠르다.

② 글자와 글자 사이에는 휴지시간이 없다.

③ 각 글자가 스타트 비트와 스톱 비트를 가진다.

④ 동기식과 비동기식의 전송 특성을 혼합한 것이다.

72 다음 데이터 통신방식 중 반이중 방식의 설명으로 **틀린** 것은?

① 2선식 전송로를 이용하며 어느 시점 한 방향으로만 데이터를 전송

② 전송 데이터 양이 적을 때 사용

③ 데이터 전송방향을 바꾸는데 소요되는 시간인 전송 반전 시간 필요

④ 전이중 방식보다 전송효율이 높은 특성을 보유

73 다음 중 HDLC 전송 프로토콜의 국 사이에서 교환되는 데이터 전송 단위는?

① 데이터그램   ② 프레임

③ 비트   ④ 패킷

74 다음 중 IP의 특성이 **아닌** 것은?

① 비접속형   ② 신뢰성

③ 주소 지정   ④ 경로 설정

75 다음 중 CIDR(Classless Inter-Domain Routing)에 대한 설명으로 **틀린** 것은?

① 인터넷을 단일 계층구조로 만들어 효율적인 네트워킹을 지원한다.

② 별도 서브넷팅 없이 내부 네트워크를 임의로 분할할 수 있다.

③ 소수의 라우팅 항목으로 다수의 네트워크를 표현할 수 있다.

④ 네트워크 식별자 범위를 자유롭게 지정할 수 있다.

76 다음 중 UDP에 대한 설명으로 **옳지 않은** 것은?

① 신뢰성을 제공하지 않는다.

② 연결설정 없이 데이터를 전송한다.

③ 연결 등에 대한 상태 정보를 저장하지 않는다.

④ TCP에 비해 오버헤드의 크기가 크다.

77 다음 중 동적 라우팅(Dynamic Routing)에 사용되는 프로토콜은?

① HTTP

② PPP

③ OSPF

④ SMTP

78 OSI 7계층 중 2계층인 데이터링크 계층(Data link Layer)의 기능이 <u>아닌</u> 것은?

① 입출력제어
② 회선제어
③ 동기제어
④ 세션제어

79 전송제어 프로토콜 중 HDLC 프로토콜의 프레임구조에서 어드레스(Address)부의 모든 비트가 1인 경우를 무엇이라 하는가?

① No Station Address
② Destination Address
③ Source Address
④ Global Address

80 다음 중 FEC(Forward Error Correction)의 특징이 <u>아닌</u> 것은?

① 역 채널을 사용하지 않는다.
② 연속적 데이터 전송이 가능하다.
③ 오류가 발생시 패킷을 재전송한다.
④ 잉여 비트에 의한 전송채널 대역이 낭비된다.

81 다음 중 DMA(Direct Memory Access)에 대한 설명으로 <u>틀린</u> 것은?

① 주변 장치와 기억장치 등의 대용량 데이터 전송에 적합하다.
② 프로그램 방식보다 데이터의 전송속도가 느리다.
③ CPU의 개입 없이 메모리와 주변장치 사이에서 데이터 전송을 수행한다.
④ DMA 전송이 수행되는 동안 CPU는 메모리 버스를 제어하지 못한다.

82 다음 중 선택된 트랙에서 데이터를 Read 또는 Write하는데 걸리는 시간은?

① Seek Time
② Search Time
③ Transfer Time
④ Latency Time

83 특수한 연필이나 수성펜 등으로 사람이 지정된 위치에 직접 표시한 것을 광학적으로 읽어내는 장치는?

① 디지타이저(Digitizer)
② 광학 표시 판독기(OMR)
③ 광학 문자 판독기(OCR)
④ 자기 잉크 문자 판독기(MICR)

84 2진수 0011에서 2의 보수(2's Complement)는?

① 1100
② 1110
③ 1101
④ 0111

85 자료의 병렬전송을 직렬전송으로 변경하는 레지스터는?

① 명령 레지스터(IR)
② 메모리 주소 레지스터(MAR)
③ 메모리 버퍼 레지스터(MBR)
④ 쉬프트 레지스터(Shift Register)

86 ASCII 코드의 존(Zone)비트와 디지트(Digit) 비트의 구성으로 올바른 것은?

① 존 비트: 2, 디지트 비트: 3
② 존 비트: 3, 디지트 비트: 3
③ 존 비트: 3, 디지트 비트: 4
④ 존 비트: 4, 디지트 비트: 4

87 다음 중 운영체제의 기능으로 <u>틀린</u> 것은?

① 프로세스의 생성, 제거, 중지 등을 다루는 프로세스 관리
② 프로세스의 적재와 회수를 다루는 기억장치 관리
③ 입출력 장치의 상태를 파악하는 입출력 장치 관리
④ 문서의 작성과 수정, 삭제 등에 관한 사용자 업무처리

88 다음 중 프로그램 언어에 대한 설명으로 <u>틀린</u> 것은?

① 하드웨어가 이해할 수 있는 언어를 기계어라고 부른다.
② 고급언어로 작성된 프로그램은 기계어로 변환해야 실행이 가능하다.
③ C, PASCAL, FORTRAN 등은 고급언어이다.
④ 어셈블리어는 기계어라고 부른다.

89 다음의 내용은 마이크로프로세서의 동작을 나타낸 것이다. 동작순서를 바르게 표기한 것은?

| (1) 명령레지스터 | (2) 해독 및 실행 |
| (3) 프로그램 카운터 증가 | (4) 명령어 인출 |

① (3) − (4) − (1) − (2)
② (4) − (1) − (2) − (3)
③ (3) − (1) − (4) − (2)
④ (4) − (2) − (3) − (1)

90 클럭의 주파수가 1[GHz]이고, 명령어 200개를 실행시키고자 한다. 이때 클럭 주기는 얼마인가?

① 0.1[ns]
② 1[ns]
③ 10[ns]
④ 100[ns]

91 정보통신의 표준화에 관한 업무를 효율적으로 추진하기 위하여 과학기술정보통신부장관의 인가를 받아 설립된 기관은?

① 한국정보통신기술협회
② 한국정보화진흥원
③ 국립전파연구원
④ 한국방송통신전파진흥원

92 다음 중 전력선통신을 행하기 위한 방송통신설비가 갖추어야 할 기능으로 옳은 것은?

① 전력선과의 접속부분을 안전하게 분리하고 이를 연결할 수 있는 기능
② 전력선으로부터 이상전류가 유입된 경우 접지될 수 있는 기능
③ 단말기의 전력분배 기능
④ 주장치의 이상 현상으로부터 보호할 수 있는 기능

93 다음 중 보호기와 금속으로 된 주배선반·지지물·단자함 등이 사람 또는 방송통신설비에 피해를 줄 우려가 있을 때에 하는 시설은?

① 보안시설
② 통전시설
③ 절연시설
④ 접지시설

94 다음 중 인터넷접속역무 제공사업자가 이용사업자에게 공개해야 하는 인터넷접속조건에 해당하지 <u>않는</u> 것은?

① 상호접속료
② 통신망 규모
③ 가입자 수
④ 트래픽 교환비율

95 방송통신설비가 이에 접속되는 다른 방송통신설비의 위해 등을 방지하기 위한 대책으로 적합하지 <u>않은</u> 것은?

① 전력선통신을 행하는 방송통신설비는 이상전압이나 이상전류에 대한 방지대책이 요구되지 않는다.
② 다른 방송통신설비를 손상시킬 우려가 있는 전류가 송출되는 것이어서는 아니 된다.
③ 다른 방송통신설비의 기능에 지장을 주는 방송통신콘텐츠가 송출되어서는 아니 된다.
④ 다른 방송통신설비를 손상시킬 우려가 있는 전압이 송출되는 것이어서는 아니 된다.

96 발주자는 누구에게 공사의 감리를 발주하여야 하는가?

① 감리원
② 정보통신기술자
③ 용역업자
④ 도급업자

97 다음 중 전기통신사업법에서 정하는 "기간통신역무"에 대한 사항으로 옳지 <u>않은</u> 것은?

① "기간통신역무"외의 전기통신역무는 "부가통신역무"라 말한다.
② 전화·인터넷접속 등과 같이 음성·데이터·영상 등을 그 내용이나 형태의 변경 없이 송신 또는 수신하게 하는 전기통신역무를 말한다.
③ 음성·데이터·영상 등의 송신 또는 수신이 가능하도록 전기통신회선설비를 임대하는 전기통신역무를 말한다.
④ 전화·인터넷접속 등과 같이 음성·데이터·영상 등의 내용이나 형태를 적합한 형태로 변경하여 송신 또는 수신하게 하는 전기통신역무를 말한다.

98 다음 중 별정통신사업의 등록요건이 <u>아닌</u> 것은?

① 납입자본금 등 재정적 능력
② 기술방식 및 기술인력 등 기술적 능력
③ 이용자 보호계획
④ 정보통신자원 관리계획

99 다음 중 가장 무거운 벌칙을 처벌받는 대상은?

① 전기통신업무 종사자가 재직 중에 통신에 관하여 알게 된 타인의 비밀을 누설한 자
② 전기통신사업자가 취급 중에 있는 통신의 비밀을 침해한 자
③ 전기통신사업자가 전기통신설비의 제공으로 취득한 이용자의 정보를 제3자에게 제공한 자
④ 전기통신사업자가 제공하는 전기통신역무를 이용하여 타인의 통신을 매개한 자

100 다음 중 용어의 정의가 맞지 <u>않는</u> 것은?

① "강전류절연전선"이라 함은 절연물만으로 피복되어 있는 강전류 전선을 말한다.
② "전자파공급선"이라 함은 전파에너지를 전송하기 위하여 송신장치나 수신장치와 안테나 사이를 연결하는 선을 말한다.
③ "회선"이라 함은 전기통신의 전송이 이루어지는 유형 또는 무형의 계통적 전기통신로를 말하며, 그 용도에 따라 국선 및 구내선 등으로 구분한다.
④ "중계장치"라 함은 선로의 도달이 어려운 지역을 해소하기 위해 사용하는 증폭장치 등을 말한다.

정답 및 해설

CHAPTER
02

필기 기출문제
정답 및 해설

필기 기출문제 01회

01 ④	02 ③	03 ③	04 ①	05 ①
06 ①	07 ①	08 ③	09 ①	10 ②
11 ②	12 ④	13 ①	14 ①	15 ②
16 ①	17 ④	18 ②	19 ②	20 ①
21 ③	22 ①	23 ④	24 ②	25 ③
26 ④	27 ①	28 ②	29 ③	30 ②
31 ①	32 ③	33 ②	34 ④	35 ①
36 ③	37 ④	38 ④	39 ④	40 ③
41 ①	42 ④	43 ②	44 ④	45 ④
46 ③	47 ④	48 ①	49 ④	50 ③
51 ①	52 ②	53 ②	54 ①	55 ④
56 ④	57 ③	58 ③	59 ④	60 ①
61 ①	62 ③	63 ①	64 ④	65 ④
66 ①	67 ③	68 ②	69 ③	70 ③
71 ④	72 ④	73 ④	74 ④	75 ④
76 ③	77 ①	78 ③	79 ③	80 ③
81 ④	82 ②	83 ③	84 ②	85 ④
86 ④	87 ②	88 ①	89 ①	90 ④
91 ①	92 ④	93 ③	94 ①	95 ①
96 ③	97 ④	98 ④	99 ④	100 ②

<1과목> 정보전송일반

01 ④

배타적 논리합 회로(Exclusive-OR)
- Exclusive-OR은 두 입력값 중 어느 하나가 참인 경우, 결과값이 참이 되는 논리회로이다.
- 두 개의 입력이 다를 때만 1을 출력한다.

02 ③

8진 PSK에서 반송파 간의 위상차
- PSK에서 반송파 간의 위상차 = $2\pi/M$(M은 진수)
- 8진 PSK에서 M은 4이므로 $2\pi/8 = \pi/4$

03 ③

NOMA(Non Orthogonal Multiple Access, 비직교 다중접속)
비직교 다중접속기술로 셀의 주파수 용량 향상을 위해 동일한 시간, 주파수, 공간 자원 상에 다수의 사용자를 위한 신호를 동시에 전송하여 주파수 효율을 향상시키는 기술

04 ①

UTP(Unshielded Twisted Pair)
- 비차폐 꼬임선, 절연된 2개의 구리선을 서로 꼬아 만든 여러 쌍의 케이블 외부를 플라스틱 피복으로 절연시킨 케이블이다.
- 일반 전화선이나 LAN(근거리통신망)의 환경을 이어주는 신호선의 한 종류이다.
- 내부의 선은 두 가닥씩 꼬인 4쌍, 8가닥의 신호선으로 구성된다.
- 신호 전송 용도는 4가닥, 나머지 4가닥은 접지 용도이며, 전송 길이는 최대 100m 이내이다.
- 선로 간 누화 현상 감소를 위하여 근접한 Pair 간 꼬는 길이를 달리한다.

STP(Shielded Twisted Pair) 케이블
- 차폐 꼬임선, 두 가닥씩 꼬인 Pair 4쌍 각각에 알루미늄 호일 등을 사용하여 편조실드 처리를 한 케이블이다.
- 전자기파 장해가 예상되는 발전소, 변전소 등에 사용된다.
- 차폐에 따라 부피가 크고, 휘어지지 않아 취급이 어렵다.
- 내부의 선은 두 가닥씩 꼬인 4쌍, 8가닥의 신호선으로 구성되며, 신호 전송 용도는 4가닥이고 나머지 4가닥은 접지 용도이다.

05 ①

MIMO 안테나의 핵심기술
- 공간 다중화(Spatial Multiplexing) : 서로 다른 데이터를 2개 이상의 안테나를 사용하여 각각의 경로로 동시에 전송하는 기술이다.
- 공간 다이버시티(Diversity) : 2개 이상의 독립된 전파 경로를 통해 전송된 여러 개의 수신 신호 가운데 가장 양호한 특성을 가진 신호를 이용하는 기술이다.
- 사전코딩(Pre-coding) 방식으로 MIMO에서 사용하는 전송코드 형태인 STC(Space Time Code)를 사용한다.

06 ①

HDLC 특성
- 단방향, 반이중, 전이중 전송방식 모두 가능하다.
- 오류 제어를 위해 Go-Back-N ARQ 및 Selective ARQ 방식을 사용한다.
- 전송 효율과 신뢰성이 높다.
- 1차국(= 주국, 명령 송신 및 응답 프레임을 수신), 2차국(= 종국, 1차국의 명령 수신 및 응답), 복합국(명령, 응답 모두를 송수신)으로 구성되어 있다.
- Point-To-Point, Multi-point, Loop 방식은 모두 가능하다.
- 데이터링크 계층의 프로토콜이다.

07 ①

다이버시티
- 전계의 불규칙한 변동과 같은 페이딩 발생 영향을 적게 받기 위해서 취해지는 방식을 말한다.
- 편파 다이버시티 : 편파가 다르면 페이딩의 상태가 달라지는 것을 이용하는 방식으로, 2개의 편파(수직편파, 수평편파)를 따로 송수신하여 페이딩의 영향을 개선하는 방식이다.
- 공간 다이버시티 : 동일 주파수를 사용하는 2개 이상의 안테나를 공간적으로 분리하여 설치하여 다이버시티 효과를 얻는 기법이다.
- 시간 다이버시티 : 동일 정보를 시간 차이를 두어 반복적으로 송신하고, 이중 페이딩이 발생하지 않거나 적은 전파를 수신하여 페이딩을 방지하는 방식이다.
- 주파수 다이버시티 : 동일 정보 신호를 주파수를 다르게 하여 2개 이상으로 전송하고, 수신측에서 2개 이상의 신호 중 양호한 신호를 선택 또는 합성하는 방식이다.
- 각도 다이버시티 : 전파를 수신하는 각도가 다른 안테나를 이용해 다이버시티 효과를 얻는 방식이다.

08 ③
비트 에러율(BER, Bit Error Rate)
- 비트 에러율은 전송된 총 비트 당 오류 비트의 비율로 계산할 수 있다.
- 비트 에러율은 디지털신호가 받는 전송로의 잡음, 왜곡 등의 영향 정도를 종합적으로 평가, 판단할 수 있는 지표이다.
- 비트 에러율 $\dfrac{\text{에러 비트 수}}{\text{총 전송 비트 수}} = \dfrac{36}{2,000 \times 3,600} = \dfrac{1}{200,000} = \dfrac{1}{2 \times 10^5}$
$= 5 \times 10^{-6}$이다.

09 ①
신호대 잡음비 계산
- $SNR_{in} = 10\log_{10}\dfrac{\text{신호의 파워}}{\text{잡음의 파워}} = 15[dB]$
- Noise Factor = 100이므로, dB값으로 나타낸 Noise Figure는 $10\log_{10} = 10[dB]$이다.
- Noise Figure $= \dfrac{SNR_{in}}{SNR_{out}}$이며, $10[dB] = \dfrac{15[dB]}{SNR_{out}}$이다.
- $[dB]$계산시 나누기는 뺄셈, 곱하기는 덧셈으로 계산할 수 있으므로, $SNR_{out} = 15[dB] - 10[dB] = 5[dB]$이다.

10 ②
광케이블 전송모드
- **Single Mode 광섬유**
  - 1개의 전파 Mode만 전파, Mode간 분산이 없다.
  - 손실 및 분산 특성이 우수하다.
  - 광섬유 중앙으로 직선 전파된다.
  - Power가 강하고, 광대역 전송 속도가 우수하며 고속, 장거리 전송에 적합하다.
  - Core 직경(9um)이 작아 제조 및 접속이 어렵고 고가이다.
- **Multi Mode 광섬유**
  - 광섬유 Core안에서 전파되는 빛의 Mode가 여러 개인 광섬유이다.
  - 모드간 분산 특성이 불리하여 전송 대역폭이 좁다.
  - Core의 직경이 50~60um이며 계단형 Multi Mode와 언덕형 Multi Mode가 있다.
  - Step Index는 근거리 단파장용으로 저가이며, 광원과의 결합 효율 우수. Core의 직경이 비교적 크기 때문에 제조 및 접속이 용이하다.
  - Gradded Index는 계단형 Multi Mode의 모드간 분산 특성을 향상시킨 모드로, 굴절율 분포는 중심부가 높고 클래드 경계면 쪽으로 갈수록 감소된다. 여러 경로의 빛이 한곳에 집속, 모드 분산이 제거되어 속도 증가의 장점이 있다.

11 ②
수정 발진회로
- 수정 발진회로는 LC 회로의 유도성 소자 대신에 압전효과를 갖는 수정 진동자를 이용한 발진회로이다.
- LC 발진회로보다 높은 주파수 안정도가 요구되는 경우 이용된다.
- 주파수 안정도가 좋으며, 기계적으로나 물리적으로 안정하다.
- 수정 진동자의 선택도(Q)가 매우 높다.
- 발진을 만족하는 유도성 범위가 매우 좁다.
- 고주파 발진기에 적합하다.

12 ④
필터의 종류
- **저역통과필터(LPF, Low Pass Filter)** : 낮은 대역만 통과시키는 필터
- **고역통과필터(HPF, High Pass Filter)** : 높은 대역만 통과시키는 필터
- **대역통과필터(BPF, Band Pass Filter)** : 원하는 대역만 통과시키는 필터
- **대역제거필터(BRF, Band Rejection Filter)** : 원하는 대역만 제거하는 필터

13 ①
광케이블의 광학 파라미터
- **비굴절률차** : 코어와 클래드 간의 상대적 굴절률 차
- **수광각** : 광을 코어 내에서 입사할 때 전반사시킬 수 있는 최대 입사 원뿔각
- **개구수** : 광섬유가 내부 전반사 조건을 만족하면서, 광원으로부터 빛을 얼마나 받을 수 있는지를 나타내는 능력 수치값
- **굴절률 분포 계수** : 코어 내에서 축으로부터의 거리에 따른 굴절률의 변화
- **규격화 주파수** : 광섬유 내 빛의 경로(전파 모드) 개수를 정하는 광섬유 파라미터

> **오답 피하기**
> 편심률, 코어 직경, 클래드의 직경, 비원율은 구조적 파라미터이다.

14 ①
전송특성 열화 요인
- **정상 열화 요인**
감쇠 왜곡, 고주파 왜곡, 군지연 왜곡, 랜덤 왜곡, 주파수 편차, 위상 지터, 누화, 반향 등
- **비정상 열화 요인**
펄스 잡음, 단시간 레벨 변동, 진폭 이동, 순간적 단절, 위상 이동 등

15 ②
비동기 전송 방식(Asynchronous Transmission)
- 비동기 전송은 데이터를 송신장치에서 수신장치로 전송할 때, 서로 간에 타이밍을 맞추지 않고 문자 단위로 전송하는 방식이다.
- 비동기 전송 데이터 신호는 Start bit, 데이터, Stop bit로 구분된다.
- 송신장치와 수신장치가 서로 독립적인 시스템 클럭을 사용하지만, Start bit와 Stop bit로 동기를 맞추고 데이터를 인식한다.
- 매번 동기로 인하여 저속(2,000[bps] 이하) 전송에 많이 쓰인다.
- 문자와 문자 사이에는 휴지 간격(idle time)이 있을 수 있으며, 전송 속도와 전송효율이 낮은 방식이다.

> **오답 피하기**
> 동기식 전송 방식은 블록 단위로 전송, 별도의 타이밍 클럭 신호를 통해 각각의 비트마다 타이밍을 맞춰, 전송속도와 전송효율이 높은 방식이다.

16 ①
패리티 검사(Parity Check)
- 패리티 체크는 수신정보 내의 오류를 검출하기 위해 사용되는 방식이다.
- 정보 비트 수가 적고, 오류 발생 확률이 낮은 경우에 주로 사용하는 오류 검출 방식이다.
- 데이터의 끝에 한 비트를 추가하여 1의 개수로 오류 유무를 판단한다.
- 오류 검출은 가능하나, 오류 정정은 불가능하다.
- 구현이 간단하여 비동기 통신에 많이 이용한다.

17 ④
의사잡음코드 (PN, Pseudo Noise)
- 직접확산 방식의 통신 시스템에서 협대역 신호를 광대역 신호로 확산시키는 데 사용된다.
- 2레벨 자기상관함수, 평형, 이진가산, 런(Run) 특성이 있다.
- PN Code는 초기동기를 잡는 데 사용된다.

18 ②

NAS(North America Standard, 북미방식, T1)

표본화 주파수는 8000[Hz](125[μs] 주기), 프레임당 타임슬롯(채널) 수는 24개, 타임슬롯(채널) 당 비트 수는 8[bit]이므로, 프레임당 비트 수는 (8[bits] * 24채널) + 1 = 193[bits]이며, 출력 비트율(속도)은 193[bits/frame] * 8000 [frame/sec] = 1.544[Mbps]이다.

19 ②

전송 매체 표기 방법(10BaseT)의 의미

- 10 : 전송속도가 10[Mbps]
- Base : 전송방식으로 Baseband(기저대역) 전송을 사용
- T : Twisted pair cable을 사용하며, Twisted pair cable은 리피터나 허브 없이 최대 100미터까지 전송 가능

20 ①

ASK(Amplitude Shift Keying)

- ASK는 진폭편이변조로 정보신호에 따라 반송파의 진폭을 변화시키는 디지털 변조 방식이다.
- ASK 변조기는 회로 구성이 간단하고, 가격이 저렴하다.
- ASK 피변조파는 잡음 및 간섭 등에 약한 특성이 있고, 오류확률이 높다.
- ASK 변조 방식은 디지털 신호 1과 0에 따라 반송파를 보내거나 보내지 않는 방식으로 광섬유를 이용해 디지털 신호를 전송하는 목적으로 사용하고 있다.

<2과목> 정보통신기기

21 ③

이동통신 세대별 기술

구분	기술	설명
1세대	AMPS	아날로그 셀룰러 통신으로 FDMA 방식을 사용
2세대	CDMA, GSM	디지털 셀룰러 통신으로 CDMA, TDMA 방식을 사용
3세대	WCDMA	멀티미디어 통신을 하며 광대역 CDMA방식을 사용
4세대	LTE	패킷데이터 통신방식으로 OFDMA방식을 사용

22 ①

HDTV(High Definition TV)

국내 지상파 HDTV 방식과 UHDTV 방식에서 1채널의 주파수 대역폭은 6[MHz] 이다.

23 ④

H.323

- H.323은 ITU-T에서 TCP/IP 환경의 오디오, 비디오 및 데이터를 포함한 화상 회의시스템에 필요한 프로토콜로 정의하고 있다.
- 호 처리 제어, 디렉터리 서비스, 연결 설정, 논리 채널의 개설과 종료, 종단 간의 능력교환(Capability Exchange), 패킷망에서의 실시간 전송, point-to-point(점대점) 및 point-to-multipoint, 상태변환 기능 등을 지원한다.

24 ②

홈네트워크 설비의 예비전원

지능형 홈네트워크 설비 설치 및 기술기준에 따라 홈네트워크 설비인 홈게이트웨이, 세대 단말기, 단지 서버 등은 정전에 대비하여 예비전원이 공급되어야 한다.

오답 피하기

감지기는 가스감지나, 개폐감지 등을 위해 사용하는 장비로 홈네트워크 설비에 해당하지 않는다.

25 ③

IEEE 802.15.6

IEEE 802.15.6 표준은 WBAN(Wireless Body Area Network)을 위한 표준으로, 매우 저전력으로 동작하여 배터리 수명을 연장하고, 인체 주변에 부착된 센서들 간의 데이터통신을 지원한다. 인체와 가까운 거리에서 사용되며, 장거리 통신에는 부적합하다.

26 ②

융복합 단말기기

- VR(Virtual Reality, 가상현실) : 사용자에게 가상의 컨텐츠와 실시간 상호작용을 통해 실감 체험을 제공
- AR(Augmented Reality, 증강현실) : 현실 세계 위에 가상적인 요소를 추가하여 혼합된 환경을 만들어 사용자에게 제공
- MR(Mixed Reality, 혼합현실) : 현실 세계와 가상적인 요소를 결합하여 혼합된 경험을 제공하는 기술로 사용자가 현실 세계에서 가상 요소와 상호작용이 가능

오답 피하기

VR, AR, MR 모두가 인공지능 기술을 일부 활용할 수 있지만, 필수 요소는 아니다.

27 ②

핸드오프의 종류

구분	설명
Soft Handoff	셀(Cell) 간의 핸드오프, 기지국에서 통화의 단절 없이 동일한 주파수를 사용하는 다른 기지국으로 옮겨가는 방식
Softer Handoff	동일한 기지국 내 다른 섹터(Sector) 간의 핸드오프
Hard Handoff	이동국이 한 기지국에서 다른 기지국으로 이동할 때 기존 기지국과 연결되었던 채널을 끊은 후 새로운 기지국의 새로운 채널로 연결되는 핸드오프 방식

28 ②

중계선의 효율

- 얼랑(Erl) : 1회선을 1시간 동안 계속 점유한 통화량(호량)이다.
- 중계선의 효율 : 중계선에서 단위시간 동안의 1중계선 당 평균사용 시간의 백분율이다.
- 5/50 = 10%

29 ③

NFC(Near Field Communication)

13.56[MHz]의 High Frequency 무선 대역을 사용하는 기술로, 10[cm]가량의 가까운 거리와 통신하기 위해 사용한다. P2P 양방향 통신이 가능하다.

오답 피하기

NFC는 장치 간 통신 설정이 0.1초 이내에 이뤄질 정도로 짧은 특징을 지니고 있으며, Bluetooth 기술은 NFC보다 통신 설정이 오래 걸리고 전송속도 또한 느리다.

30 ②

PON 구성장비

구분	설명
OLT	• 국사나 헤드엔드에 위치하며, 광신호를 전송 • 가입자의 광신호를 국사 측에서 종단하는 기능
RT (광 스플리터)	• 주로 아파트 관리사무소에서 적용됨 • 전원이 필요 없는 수동형 광 분배기 • 입력된 광신호의 파장을 분리하여 전송
ONU	• 가입자 단말과 연결하는 변환 장치 • 가입자 밀집 지역의 분계점에 설치
ONT	• 가입자나 사업자 구내로 포설되어 최종적으로 설치되는 장치 • PC, TV 등과 연결

오답 피하기
ONT는 최종종단 장치이며 국사로부터 가입자까지 도달하여 PC나 전화에 연결되는 장치이다.

31 ①

CSU(Channel Service Unit)
CSU는 광역통신망으로부터 신호를 받거나 전송하며, 장치 양측으로부터의 전기적인 간섭을 막는 장벽을 제공한다.

오답 피하기
• CSU는 전기적 간섭을 막는 보호기능, 타이밍 신호 공급기능, 유지보수기능, 루프백 시험 기능 등 다양한 기능을 제공한다.
• CSU는 디지털 데이터 프레임들을 보낼 수 있도록 적절한 프레임으로 변환하는 하드웨어 장치이다.
• CSU는 디지털신호를 전송로에 적합하도록 변환한다.

32 ③

데이터 전송계
• **DTE(Data Terminal Equipment, 데이터 종단 장비)** : 사용자 측에서 데이터의 송신이나 수신에 사용하는 장비로 데이터를 발생시키며 컴퓨터 입출력 단말장치 등이 해당
• **DCE(Data Communication Equipment, 데이터 통신 장비)** : 정보를 전달하기 위하여 전송 신호의 동기제어 송수신을 확인하고, 전송절차 제어, 전송 정보를 전기신호로 전환하는 역할을 수행하는 장치로 모뎀(Modem), CSU/DSU(채널 서비스 유닛/데이터 서비스 유닛) 등이 있음

33 ②

집중화기와 다중화기의 비교

구분	다중화기	집중화기
회선 사용 방식	통신회선의 정적 배분	통신회선의 동적 배분
회선 공유 방식	공유회선을 규칙적으로 공유	공유회선의 독점 형태
구조	구성이 간단	구성이 복잡
대역폭	대역폭 동일	대역폭이 모두 상이

오답 피하기
집중화기는 회선을 동적으로 할당하고, 다중화기는 회선을 정적으로 할당한다.

34 ②

WPAN(Wireless Personal Area Network)
짧은 거리(10m 내)의 개인 공간 활동 영역 내에서 저전력 휴대단말을 이용한 무선 네트워크 구성을 말한다.

오답 피하기
PLC(Power Line Communication)는 전력선 통신으로 전력선을 이용하여 데이터를 전송하는 시스템이다.

35 ①

영상회의시스템의 구성요소

구분	설명
음향부	음성을 송 · 수신하는 음향부(음성처리 등)
영상부	영상을 송 · 수신하는 영상부(동영상 처리)
제어부	회의시스템을 제어하는 제어부
회의 보조시설	기록 및 연락을 수행하는 회의 보조시설

36 ①

CATV 구성
• **전송계** : 중계 전송망으로 간선, 분배선, 간선 증폭기, 분배 증폭기 등으로 구성된다.
• **단말계** : 가입자 설비로서 컨버터, 옥내분배기, TV 및 부가장치 등으로 구성된다.
• **센터계** : 수신점 설비, 헤드엔드, 방송 설비 및 기타 설비로 구성된다

37 ④

스마트홈(Smart Home)
• 스마트홈은 집안의 가전제품들이 인터넷을 통해 상호 연결되고 지능화되어 이를 통해 다양한 서비스가 제공되는 첨단 인텔리전트 서비스 시스템이다.
• 스마트홈 서비스 기술 구성요소는 스마트 단말(Device), 게이트웨이, 스마트폰 애플리케이션으로 나뉜다.

38 ④

홈네트워크건물 인증 심사기준

등급	내용
AAA (홈IoT)	심사항목(1) + 심사항목(2) 중 16개 이상 + 심사항목(3)
AA	심사항목(1) + 심사항목(2) 중 16개 이상
A	심사항목(1) + 심사항목(2) 중 13개 이상

39 ④

CCTV 구성요소

구분	내용
촬상장치	카메라를 이용하여 영상을 촬영하는 장치로, 반도체 촬상소자를 적용한 CCD 방식을 주로 사용
전송장치	동축전송방식, UTP 전송방식, 광전송방식 등으로 영상신호를 전송
표시장치	촬영된 영상을 모니터를 통해 표시
기록장치	DVR, NVR 등으로 영상을 저장

40 ③

기지국의 기능
• 통화 채널 지정, 전환, 감시 역할
• 이동통신 단말기의 위치확인
• 이동통신 단말기로부터의 수신 신호 세기 측정

오답 피하기
통화의 절체 및 통화로 관리 기능은 이동 전화 교환국에서 수행한다.

41 ①
네트워크 구축 시 고려사항
- 백업 회선의 필요성 여부를 고려한다.
- 단독 및 다중화 등을 조사한다.
- 분기 회선 구성 필요성을 검토한다.
- 경제성, 안전성, 보안성, 확장성, 유지보수 가능성을 고려한다.

42 ④
VLAN Tag
- IEEE 802.1Q는 VLAN 상에서 스위치 간에 VID(VLAN Identifier) 정보를 전달하는 방법으로 이더넷 프레임에 덧붙이는 태그 방식을 의미한다.
- VLAN ID를 전달하는 방법으로 태깅 방법을 사용하는데, 스위치 제조사마다 서로 다른 방식을 사용하고 있어 표준화하였다.
- VLAN Tag는 각각 2바이트의 TPID(Tag Protocol Identifier)와 TCI(Tag Control Information)로 구성되어 있다.
- TPID는 0×8100의 고정된 값의 태그 프로토콜 식별자로서 SA 다음에 2바이트의 VLAN 태그가 있음을 알리고, TCI는 VLAN 태그로서 Priority(3bit), CFI(1bit), VID(12bit)로 구성되어 있다.
- VLAN 표준은 IEEE 802.1Q 이다.
- VLAN 태그를 인식하지 못하는 구형 장비는 알려지지 않은 이더넷 프로토콜 타입으로 간주하여 폐기한다.

43 ②
CSMA/CD
- 감시하다가 신호가 있으면 기다리고, 신호가 없으면 전송하는 방식
- 가장 많이 사용되는 액세스 방법으로 버스형에서 사용됨
- 사용자가 필요할 시 액세스하는 방식
- 작업량이 적어 효과적
- 데이터 전송이 필요할 때 임의로 채널을 할당하는 랜덤 할당 방식
- 통신 제어 기능이 단순하여 적은 비용으로 구현 가능

44 ②
PORT(포트)
- IP 내에서 애플리케이션 상호 구분(프로세스 구분)을 위해 사용하는 번호이며, 포트 숫자는 IP 주소가 가리키는 PC에 접속할 수 있는 통로(채널)이다.
- 이미 사용 중인 포트는 중복해서 사용할 수 없다.
- 다른 프로그램에서 3000번 포트를 사용 중이면, 3001번 포트 번호로 리액트가 실행된다.
- 포트 번호는 0~65,535까지 사용할 수 있으나, 0~1,023번까지의 포트 번호는 주요 통신을 위한 규약에 따라 이미 정해져 있는 Well known port이다.

45 ④
라우터 주요 기능
- 경로 설정
- IP 패킷 전달
- 라우팅 테이블 갱신
- 네트워크 혼잡상태 제어
- 이중 네트워크 연결

46 ③
서브넷 마스크 수와 호스트 수
- 클래스별 주소
  - A 클래스 : 첫 비트가 '0'으로 시작하며, 네트워크 주소 8bit, 호스트 주소 24bit이다.
  - B 클래스 : 첫 비트가 '10'으로 시작하며, 네트워크 주소 16bit, 호스트 주소 16bit이다.
  - C 클래스 : 첫 비트가 '110'으로 시작하며, 네트워크 주소 24bit, 호스트 주소 8bit이다.
- 클래스 B의 디폴트 서브넷 마스크 : 255.255.0.0
- 서브넷 마스크 : 255.255.255.240은 다음과 같이 해석한다.
  - 호스트 주소 16bit 부분 255.240 → 11111111.11110000이다.
  - 호스트 주소 뒤 16bit 중 연속된 1이 위치한 12bit를 네트워크 주소로 사용한다는 의미이다.
  - 네트워크 주소는 앞 28bit이고 호스트 주소는 뒤 4bit이다.
  - 서브넷 수는 $2^{12} - 2 = 4,094$개
  - 호스트 수는 $2^4 - 2 = 14$개

47 ④
DHCP 구성 요소
- 서버(Server) : 클라이언트로부터 IP 할당 요청이 받으면, IP 부여 및 관리한다.
- 클라이언트(Client) : IP주소를 요청하고, 서버로부터 IP주소를 부여받으면, 다른 호스트와 TCP/IP통신을 할 수 있다.
- 릴레이(Relay) : 다른 네트워크 대역에 있는 DHCP server로 중계하는 역할을 한다.

48 ①
VLSM(Variable Length Subnet Mask, 가변길이 서브넷 마스크)
- VLSM으로 기본 서브넷을 한 네트워크에서 또다시 서브넷을 하는 것이다.
- 서브넷이 동일한 네트워크에서 여러 마스크를 사용할 때 발생하며, VLSM을 사용하면 다양한 서브넷 계층으로 나눌 수 있다.

VLSM 특징
- 라우팅 테이블의 크기가 줄어든다.
- IP주소의 낭비를 막아, IP를 효율적으로 사용할 수 있다.
- 경로 요약이 가능하다.
- 네트워크에 VLSM이 있으면 클래스리스 내부용 라우팅 프로토콜(EIGRP, IS-IS, OSPF, RIPv2, BGPv4)을 사용해야 한다.

49 ④
LTE-A
- LTE의 발전된 버전으로, 4.5세대 이동통신으로 분류
- 더 높은 전송속도와 용량을 제공하며, 멀티캐리어와 CA 기술을 도입하여 성능을 향상시킴
- 더 많은 기지국과 채널을 이용하여 더 강력한 통신 성능을 제공

50 ③
라우팅 프로토콜의 종류
- 내부 라우팅(IGP)
  - 거리 벡터 알고리즘 : RIP, IGRP, EIGRP
  - 링크 상태 알고리즘 : OSPF, IS-IS
- 외부 라우팅(EGP)
  - 경로 벡터 알고리즘 : BGP

51 ①

PSTN(Public Switched Telephone Network)에서의 누화, 신호 감쇠, 에코, 신호 지연
- **누화(Cross Talk)** : 전화 통화 중에 서로 다른 회선 사이에서 신호가 혼선되어 상대방의 음성이 무작위로 뒤섞이는 현상으로, 일반적으로 인접한 전화 회선 사이에 발생할 수 있으며, 누화가 심한 경우 상대방의 음성이 이해하기 어려워질 수 있다.
- **신호 감쇠** : 전화망에서 신호의 에너지가 전송 중에 약해지는 현상으로, 신호가 장거리를 이동하거나 케이블을 통과하는 동안 에너지 손실이 발생할 수 있으며, 이에 따라 통화 품질이 저하될 수 있다.
- **에코(Echo)** : 통화 중에 자신이나 상대방의 음성이 반향되어 동일한 내용이 되돌아오는 현상으로, 주로 전화 회로나 통화 장비에서 발생하며, 에코가 심한 경우 통화의 음질이 저하되어 음성의 내용을 이해하기 어려워질 수 있다.
- **신호 지연** : 전화 통화 중에 신호가 송수신되는 과정에서 시간적인 지연이 발생하는 현상으로, 지연이 길면 통화가 불편해지고 상호 간의 응답이 느려질 수 있다.

52 ②

PSDN(패킷 교환망)
- 물리적 회선을 공유하기 때문에 회선 효율이 높다.
- 경로 장애 시 타 경로를 선택하므로 신뢰성이 높다.
- 디지털 전송방식으로 전송품질이 높다.
- 경제적인 망 구축이 가능하다.
- 프로토콜이 표준화되어 있으며, 상이한 다른 기종 간의 통신을 가능하게 한다.
- 축적교환의 형태이므로 대량의 데이터 전송 시 전송지연이 발생한다.

> **오답 피하기**
>
> 패킷 교환망에서는 각 패킷이 독립적으로 전송되므로, 같은 데이터도 서로 다른 경로를 통해 전달될 수 있으며, 도착 순서가 전송 순서와 다를 수 있다. 또한 패킷 교환망은 효율적이지만, 실시간 데이터 전송에서는 지연이 발생할 수 있다.

53 ②

Fast Ethernet
IEEE 802.3u 표준에 기반한 기술로, 100[Mbps]의 전송속도를 제공한다.

> **오답 피하기**
>
> - **Token Ring** : IEEE 802.5 표준에 기반한 기술로, 16[Mbps]의 전송속도를 제공한다.
> - **FDDI(Fiber Distributed Data Interface)** : IEEE 802.5의 토큰 링 프로토콜을 개선한 방식을 사용하며 100[Mbps]의 속도를 제공한다.
> - **Gigabit Ethernet** : IEEE 802.3z 및 802.3ab 표준에 기반한 기술로, 1[Gbps]의 전송속도를 제공한다.

54 ①

xDSL(x-Digital Subscriber) 종류 및 특징
전화선을 이용하여 초고속 데이터 통신을 가능하게 하는 디지털 가입자 회선으로, ADSL, VDSL, SDSL, HDSL 등이 있다

구분	변조방식	최대거리	하향속도	상향속도	응용	비고
ADSL	DMT, CAP	5.4km	160K~9M	2~768K	인터넷	보편적인 DSL
VDSL	DMT, CAP	1.4km	1.3M~52M	3M	인터넷, VOD	단거리 고속 제공
SDSL	DMT, CAP	3.6km	160K~2,048M		전용회선	HDSL의 단일 구리
HDSL	2B1Q, CAP	5.4km (4선식)	1.5M~2,048M		T1/E1 서비스	

55 ④

광통신 파장대역의 구분과 사용
- 1260~1360 [nm] : O band, 초기 광섬유 통신에 사용
- 1360~1460 [nm] : E band, 상업적 광섬유 통신으로는 잘 사용되지 않음
- 1460~1530 [nm] : S band, FTTH, PON 등 단거리 통신에 사용
- 1525~1565 [nm] : C band, DWDM 등 고속 장거리 통신에 사용
- 1565~1625 [nm] : L band, C 밴드가 포화된 경우 추가 채널을 제공

56 ④

위성통신 다중 접속
- **FDMA** : 제한된 위성 주파수를 분할하여 각 지구국에 할당하고, 다수의 지구국이 위성을 공유하는 방식
- **TDMA** : 여러 개의 시간 단위로 분할하여 각 지구국에 할당하고, 해당 시간 동안 위성을 사용하는 방식
- **CDMA** : 동일 시간 동일 주파수에서 각 지구국이 코드를 다르게 하여 스펙트럼 확산 방식으로 위성을 공유
- **SDMA** : 지구국의 지역을 분할하여 주파수를 재사용하면서 여러 지구국이 위성을 공유하는 방식

57 ②

위성통신 다이버시티(Diversity)
- 강우 감쇠 등에 의한 통신품질 저하 현상을 방지하기 위해 서로 다른 2개 이상의 독립된 전파경로를 통하여 수신된 여러 개의 신호 중 가장 양호한 특성을 갖춘 신호를 선택하여 이용하는 방법
- 위성통신에서 강우 감쇠 보상 대책으로는 장소 다이버시티, 주파수 다이버시티, 전력제어 기법 및 위성 중계기에서 Beam overlay 기술을 이용하여 해당 지역에 실효 방사 전력(EIRP)를 높이는 기법 등이 있다
- **Site Diversity** : 여러 위치에 지상국을 설치하여 다양한 경로로 데이터를 수신
- **Orbit Diversity** : 궤도가 분리된 2개의 위성을 통해 데이터를 수신
- **Frequency Diversity** : 다양한 주파수 대역으로 데이터를 수신

58 ③

세대별 적용기술
- 1세대 : 아날로그 기술
- 2세대 : GSM(Global System for Mobile Communications), CDMA (Code Division Multiple Access)
- 3세대 : WCDMA(Wideband Code Division Multiple Access), CDMA2000
- 4세대 : LTE(Long-Term Evolution)

59 ④

SDH/SONET
- SDH와 SONET은 광 매체상에서 동기식 데이터 전송을 하기 위한 표준 기술로, 국제적으로 동등한 표준으로 인정받고 있다.
- 두 기술 모두 전통적인 PDH에 비해, 더 빠르면서도 비용은 적게 드는 네트워크 접속 방법이다.

> **오답 피하기**
>
> SDH는 네트워크의 동기화를 필요로 하는 동기식 전송방식이며, PDH는 비동기식 전송방식에 해당한다.

60 ①

ITU-T 표준안 프로토콜

- X.25 : 패킷 교환망에서 DTE와 DCE 간의 인터페이스를 정의하는 ITU-T 표준이며 공중 데이터 네트워크에서 데이터 패킷을 전송하기 위한 프로토콜로, 전송 오류를 검출하고 수정하는 기능을 포함한다.
- X.28 : 비동기 DTE와 패킷 교환망 간의 인터페이스를 정의하는 표준이다.
- X.30 : PSTN 또는 ISDN 상의 X.25 프로토콜을 위한 인터페이스를 정의하는 표준이다.
- X.75 : 서로 다른 패킷 교환망 간의 인터페이스를 정의하는 표준이다.

<4과목> 정보시스템운용

61 ①

리눅스 커널 가상메모리(VM)

- 리눅스 커널의 가상메모리 하위 경로는 /proc/sys/vm/ 이며 디렉터리에 있는 각종 값을 조절하여 리눅스 커널의 가상메모리 하위 시스템을 조정할 수 있다.
- bdflush 커널 데몬의 작동을 제어 디스크를 쓰기 위해 대기하는 시간을 좀 더 늘리면 디스크 접근 시 과도한 경쟁 현상을 피할 수 있다.

오답 피하기

- buffermem : 얼마나 많은 메모리가 버퍼 메모리로 사용되어야 하는가를 전체 시스템 메모리에 대한 퍼센트 단위로 조절한다.
- freepage : freepage 구조의 값을 포함하고 있다. 이 구조는 min, low, high의 3개의 값을 포함한다.
- kswapd : 메모리가 조각으로 나뉘거나 꽉 차는 경우 메모리를 해소해 주는 역할을 수행한다.

62 ③

디지털 서명과 암호화

디지털 서명은 네트워크상에서 사용자 신원을 증명하는 방법으로 송신자(사용자 A)는 자신의 개인키(비밀키)로 메시지를 암호화하여 전송한다. 이후, 수신자(사용자 B)는 공개키를 통해 메시지를 복호화한다.

63 ①

시스템 신뢰성 척도

- MTBF(Mean Time Between Failure) : 수리할 수 있는 시스템의 고장 발생 시점부터 다음 고장 시점까지의 평균시간
- MTTF(Mean Time To Failure) : 수리하지 않는 시스템의 사용 시작 시점부터 고장이 발생할 때까지의 평균시간
- MTTR(Mean Time To Repair) : 시스템 고장 시점부터 수리 완료된 시점까지의 평균 수리시간
- 가용도(Availability) : 시스템 전체 운용시간에서 고장 없이 운영된 시간의 비율

64 ④

논리적 망분리

한 대의 PC에서 내부망과 외부망을 논리적으로 분리한 방식이며 인터넷망 또는 업무망을 논리적으로 가상화하여 외부 악성코드 침입과 내부정보 유출을 막을 수 있다

65 ④

Web, WAS

- Web 서버 : 웹 클라이언트(웹브라우저 등)가 HTTP 프로토콜을 통해 요청한 HTML 페이지를 정적으로 제공하는 서버이다.
- WAS 서버 : asp, php, jsp 등 개발 언어를 읽어 동적 컨텐츠, 웹 응용 프로그램 등을 처리한다.

오답 피하기

WAS 서버는 데이터베이스와의 통신을 포함하여 다양한 백엔드 시스템과의 연동을 지원한다.

66 ①

통합보안 관리(Enterprise Security Management, ESM)

- ESM은 방화벽, VPN, IPS, 안티바이러스 등 서로 다른 종류의 보안제품 정보를 한 곳에서 관리하는 통합보안 관리시스템이다.
- ESM은 다양한 보안 장치들을 한 곳에서 관리함으로써 효율적인 보안 네트워크를 운영할 수 있고, 집중화된 보안 관리를 통해 각각의 보안 기능을 최대화할 수 있는 장점이 있다.
- 주로 기업 등 대규모 네트워크에서 활용된다

67 ③

UPS 구성요소

- 정류기(Rectifier) : 3상/단상 전원(교류)을 직류로 변환하여 축전기에 충전시키는 장치
- 인버터(Inverter) : 전력 반도체 소자를 이용하여 직류 전원을 교류로 변환시키는 장치
- 스위치(Switch) : 상용전원과 예비전원을 절체시키는 장치
- 축전지(Battery) : 전력을 충전하고, 정전 시 인버터에 공급하는 장치

68 ②

네트워크 관리구조

- 네트워크나 시스템은 일반적으로 관리자(Manager)와 대리인(Agent)으로 구성된다.
- 관리자는 대리인 동작에 대해 명령을 전달하고 동작을 수행하게 하는 관리 객체이다.
- 대리인은 관리자의 명령을 받아 실행하고, 결과값을 관리자에게 전달하는 수행 객체이다.

69 ③

정보통신망 교환방식

- 정보통신망 교환방식은 회선교환 방식과 축적교환 방식이 있다.
- 회선교환 방식은 송수신 단말기가 둘만의 회선을 설정하여 정보를 교환하는 방식이다.
- 축적교환 방식은 송신측 데이터를 교환기에 저장시켰다가 경로설정 후 수신측에 전송하는 방식으로 메시지 교환방식과 패킷 교환방식이 있다.

70 ③

ISMS 담당 기관

ISMS는 인증협의회(과학기술정보통신부 개인정보보호위원회)에서 정책을 담당하고, 인증기관으로는 한국인터넷진흥원(KISA)과 금융보안원(FSI)이 있으며, 심사는 한국정보통신진흥협회(KAIT), 한국정보통신기술협회(TTA), 개인정보보호협회(OPA), 차세대정보보안인증원(NISC)에서 담당한다.

71 ④

해킹기법 종류
- **스푸핑(Spoofing)** : 자신의 IP나 ARP 등을 바꾸어서 다른 사람으로 가장하고 패킷을 가로채는 해킹기법이다.
- **하이재킹(Hijacking)** : 인증이 완료된 정상적인 사용자의 세션을 가로채는 해킹기법이다.
- **피싱(Phishing)** : 전자우편 또는 메신저를 통해 피해자에게 신뢰할 수 있는 사람으로 가장하여 비밀번호나 개인정보를 탈취하는 해킹기법이다.
- **파밍(Pharming)** : 사용자가 정확한 웹 페이지 주소를 입력하더라도 가짜 웹 페이지에 접속하게 하여 개인정보를 탈취하는 해킹 기법이다.

오답 피하기

시스템 리소스를 과도하게 사용하는 공격은 주로 DDoS(Distributed Denial of Service) 공격이며 랜섬웨어는 시스템의 데이터를 암호화하고 이를 해제하기 위한 금전을 요구하는 악성 소프트웨어이다.

72 ②

SSL(Secure Socket Layer)/TLS(Transport Layer Security)
- SSL/TLS는 호스트와 서버 사이의 안전한 보안 채널 형성을 위한 보안 프로토콜이다.
- SSL/TLS는 TCP/IP의 전송(Transport)계층에서 수행되며, 호스트와 서버 사이 상호인증과 데이터 암호화를 통해 정보를 보호한다.
- TLS는 SSL 3.0을 기반으로 만든 SSL 후속 프로토콜이다.

73 ④

정보통신시스템 계획 단계
- **요구사항 분석 단계** : 사용자 요건 또는 개발하고자 하는 시스템 목표를 설정하는 단계
- **시스템 설계 단계** : 요건 정의와 분석한 시스템이 구현 가능하도록 구체적으로 설계하는 단계
- **시스템 구현 단계** : 설계에 맞도록 시스템을 개발 및 구현하는 단계
- **시스템 시험 단계** : 구현된 시스템의 정상 동작 및 요건에 부합하는지 테스트하는 단계
- **시스템 유지보수 단계** : 배포 및 운영, 구현된 시스템 성능 평가, 문제점 개선 및 검토 단계

74 ④

NME(Network Management Entity)
- NME는 네트워크 자원들 작업을 위한 소프트웨어 집합체이다
- NME는 호스트, 스위치, 라우터, 컨트롤러 등과 같은 관리대상의 상위에 위치하고 있으며, 네트워크 자원들의 상태 정보 및 트래픽 수집, 통계 저장, 호스트 요청처리 등을 수행한다.

75 ④

VLAN Tag
- IEEE 802.1Q는 VLAN 상에서 스위치 간에 VID(VLAN Identifier) 정보를 전달하는 방법으로 이더넷 프레임에 덧붙이는 태그 방식을 의미한다.
- VLAN ID를 전달하는 방법으로 태깅 방법을 사용하는데, 스위치 제조사마다 서로 다른 방식을 사용하고 있어 표준화하였다.
- VLAN Tag는 각각 2바이트의 TPID(Tag Protocol Identifier)와 TCI(Tag Control Information)로 구성되어 있다.
- TPID는 0×8100의 고정된 값의 태그 프로토콜 식별자로서 SA 다음에 2바이트의 VLAN 태그가 있음을 알리고, TCI는 VLAN 태그로서 Priority(3bit), CFI(1bit), VID(12bit)로 구성되어 있다.
- VLAN 표준은 IEEE 802.1Q이다.
- VLAN 태그를 인식하지 못하는 구형 장비는 알려지지 않은 이더넷 프로토콜 타입으로 간주하여 폐기한다.

76 ④

망분리
- 망분리란 외부망을 통한 비인가 접근과 내부정보 유출을 차단하기 위해 업무망과 외부망(인터넷망)을 분리하는 정책을 말한다.
- 망분리는 PC 보안관리, 네트워크간 자료 전송 및 통제, 인터넷 메일 사용 권고, 네트워크 접근제어, USB 등 보조장치에 대한 관리 등을 고려해야하며, 종류로는 물리적 망분리와 논리적 망분리가 있다.

구분	물리적 망분리	논리적 망분리
정의	업무망과 외부망을 물리적으로 분리한 완전한 망분리 방식	업무망과 외부망을 논리적으로 분리하여 물리적으로 분리되지 않은 방식
동작 원리	2대의 PC를 사용하여 망을 분리하고, 전송 프로그램으로 데이터 전달	1대의 PC에 가상화 기술을 적용하여 망을 분리하고, 전송 프로그램 사용
장점	물리적 네트워크 분리에 따른 높은 보안성	• 낮은 구축비용 • 관리가 용이
단점	• 높은 구축비용 • 상대적으로 관리 불편	네트워크가 논리적으로 분리되어 있어 상대적으로 낮은 보안성

77 ①

데이터베이스의 투명성(Transparency)

구분	내용
분할 투명성	하나의 논리적 Relation이 여러 단편으로 분할되어 각 단편의 사본이 여러 site에 저장
위치 투명성	사용하려는 데이터의 저장 장소 명시 불필요. 위치정보가 System Catalog에 유지되어야 함
지역사상 투명성	지역 DBMS와 물리적 DB 사이의 Mapping 보장, 각 지역 시스템 이름과 무관한 이름 사용 가능
중복 투명성	DB 객체가 여러 site에 중복되어 있는지 알 필요가 없는 성질
장애 투명성	구성요소(DBMS, Computer)의 장애에 무관한 Transaction의 원자성 유지
병행 투명성	다수 Transaction 동시 수행 시 결과의 일관성 유지, Time Stamp, 분산 2단계 Locking을 이용하여 구현

78 ③

MDF 주요기능
- 외부 회선과 내부 회선의 접속 분계점 역할을 한다.
- 교환 장비를 운용하는 경우, MDF를 사업자와 가입자 간 접속 분계점으로 본다.
- 회선 및 통신장비의 상태를 감시할 수 있다.
- 외부 회선과 내부 회선 간 절체 시험을 수행할 수 있다.

79 ③

통합접지
- 통신 시스템, 전기장비, 피뢰침과 같은 여러 설비를 하나의 공통된 전극으로 구성한 접지방식이다.
- 건축물 부지 내 하나의 접지선 또는 철골 구조물을 이용하여 각 시스템의 접지전극을 연결하는 방법을 주로 사용한다.
- 접지가 필요한 모든 설비를 접지하는 것이 용이하며, 비용을 절감할 수 있는 장점이 있다.
- 모든 설비가 공통으로 연결되어 있기 때문에, 특정 접지전극의 성능 열화나 손상이 발생할 경우, 전체 장비에 영향을 줄 수 있다.

80 ③
정보통신망 운영계획
- 정기점검 계획서 작성
- 일일/주간/월간 점검방법 결정
- 기술 지원체계 정립
- 하자 관리 조직 및 방침 수립
- 작업내용, 작업량, 작업 우선순위 등 유지보수 계획 수립

오답 피하기

최적 회선망의 설계조건 검토는 정보통신망 설계에 해당된다.

<5과목> 컴퓨터일반 및 정보설비 기준

81 ④
DMA(Direct Memory Access) I/O
CPU의 직접적인 개입 없이 입출력에 필요한 정보를 DMA 제어기에 전달하여 기억장치와 주변장치 사이에서 직접 입출력을 수행하는 방식이다. DMA 장치에는 주소 레지스터(Address Register), 카운터(Counter), 상태 레지스터(Status Register)가 필요하다.

82 ②
명령어 사이클
- 호출(Fetch) 사이클 : 인출사이클. CPU가 기억장치로부터 명령어를 읽어오는 단계이다.
- 실행(Execute) 사이클 : 명령을 실행하는 단계이다. CPU는 읽어온 명령어를 해석하고 실행한다. 그리고 다시 호출 사이클로 복귀한다.
- 간접(Indirect) 사이클 : 간접주소일 때 유효주소를 가져온다.
- 인터럽트(Interrupt) 사이클 : 인터럽트를 처리하고 호출 사이클로 복귀한다.

83 ③
정보통신공사업법 시행령
제14조(감리결과의 통보)
용역업자는 공사에 대한 감리를 완료한 때에는 공사가 완료된 날부터 7일 이내에 다음의 사항이 포함된 감리결과를 발주자에게 통보하여야 한다.
- 착공일 및 완공일
- 공사업자의 성명
- 시공 상태의 평가결과
- 사용자재의 규격 및 적합성 평가결과
- 정보통신기술자배치의 적정성 평가결과

84 ②
정보통신공사업법
제40조(정보통신기술자의 겸직 등의 금지)
- 정보통신기술자는 동시에 두 곳 이상의 공사업체에 종사할 수 없다.
- 정보통신기술자는 다른 사람에게 자기의 성명을 사용하여 용역 또는 공사를 하게 하거나 경력수첩을 빌려주어서는 아니 된다.

85 ④
입출력 채널(Channel I/O)
DMA의 확장된 개념으로 CPU를 대신하여 메모리와 입출력 장치 사이에서 입출력 전용 프로세서(I/O Processor)가 입출력을 제어하는 방식이다.

오답 피하기

- 선택기 채널(Selector Channel) : 여러 개의 고속 장치를 제어하기 위해 사용하지만, 전송은 여러 장치 중 동시에 한 개에 대해서만 전용으로 전송이 이루어진다.
- 멀티플렉서 채널(Multiplexer Channel) : 한 번에 여러 장치에 대하여 블록 전송을 수행하여 동시에 여러 장치에서의 전송을 처리할 수 있다.

86 ④
주소 지정 방식
- 즉각 주소 지정 방식(Immediate Addressing Mode) : 명령어 내에 데이터를 가진 오퍼랜드가 포함되어 있다.
- 직접 주소 지정 방식(Direct addressing mode) : 오퍼랜드에 데이터가 저장된 메모리 유효주소를 표시하는 방식이다.
- 간접 주소 지정 방식(Indirect addressing mode) : 오퍼랜드에 데이터의 간접주소를 명시하는 방식이다.(데이터의 주소의 주소)
- 상대 주소 지정 방식(Relative addressing mode) : PC(Program Counter)값에 명령어의 주소필드 값을 더해서 데이터의 주소값을 구하는 방식이다.

87 ②
운영체제의 처리 방식
- 일괄 처리 시스템
  - 일괄 처리 시스템은 시스템의 효율성을 최대한 높이기 위하여 일정 시간 또는 일정량의 데이터를 모아서 한 번에 처리하는 시스템이다.
  - 급여 계산, 회계 마감 업무, 세무 처리, 수도/전기요금 처리, 연말 결산 등의 업무에서 사용된다.
- 온라인 실시간 처리 시스템
  - 온라인 실시간 처리 시스템은 데이터 발생 즉시, 또는 데이터 처리 요구가 있을 시 즉시 처리하여 결과를 산출하도록 하는 방식으로 단순히 온라인 처리 시스템이라고도 한다.
  - 레이더 추적기, 전화 교환장치의 제어, 금융 On-Line 업무, 예약 등 시간에 제한을 두고 수행되어야 하는 작업에 사용된다.
- 분산 처리 시스템
  - 분산 처리 시스템은 지리적으로 분산되어있는 여러 대의 컴퓨터를 통신회선으로 연결하여 논리적으로 하나의 시스템을 사용하는 것처럼 운영하는 방식이다.
  - 클라우드 시스템, 빅데이터 시스템 재해복구 시스템, 백업 시스템 등에서 사용된다.

88 ①
자기보수 코드
1의 보수를 취하게 되면 10진수 상의 9의 보수를 얻는 코드로 오류 검출 능력이 있으며, 3초과(Excess-3) 코드, 84-2-1 코드, 2421 코드 등이 있다.

89 ①
메모리 주소 레지스터(MAR, Memory Address Register)
- 메모리로부터 읽어오거나 메모리에 쓰기 위한 주소를 일시적으로 저장하고, 주소버스와 연결한다.
- 1[GB]의 주소영역을 저장하기 위한 MAR의 크기
  - $1[GB] = 2^{30}[Byte]$
  - 2^{30}은 30[bit]로 나타낼 수 있다.

90 ④
운영체제별 특징
- Linux : 독립된 플랫폼, 빠른 업그레이드, 강력한 네트워크 지원, 멀티 태스킹과 가상 터미널 환경지원, 유닉스와 호환성, 공개형 오픈소스 운영체제, 다중 사용자 환경지원의 특징이 있다.
- MacOS : Apple 사가 UNIX 기반으로 개발한 운영체제이다.
- MS-DOS : Windows 이전에 MS사가 개발한 단일작업처리 운영체제이다.

91 ①
방송통신설비의 기술기준에 관한 규정
제20조(회선 수)
구내통신선로설비에는 다음의 사항에 지장이 없도록 충분한 회선을 확보하여야 한다.
- 구내로 인입되는 국선의 수용
- 구내회선의 구성
- 단말장치 등의 증설

92 ④
지능형 홈네트워크 설비 설치 및 기술기준
제9조(단지서버)
- 단지서버는 집중구내통신실 또는 방재실에 설치할 수 있다. 다만 단지서버가 설치되는 공간에는 보안을 고려하여 영상정보처리기기 등을 설치하되 관리자가 확인할 수 있도록 하여야 한다.
- 단지서버는 외부인의 조작을 막기 위한 잠금장치를 하여야 한다.
- 단지서버는 상온 · 상습인 곳에 설치하여야 한다.

93 ③
개인정보 보호법
제18조(개인정보의 목적 외 이용 · 제공 제한)
- 개인정보처리자는 다음의 어느 하나에 해당하는 경우에는 정보주체 또는 제3자의 이익을 부당하게 침해할 우려가 있을 때를 제외하고는 개인정보를 목적 외의 용도로 이용하거나 이를 제3자에게 제공할 수 있다.
  - 정보주체로부터 별도의 동의를 받은 경우
  - 다른 법률에 특별한 규정이 있는 경우
  - 명백히 정보주체 또는 제3자의 급박한 생명, 신체, 재산의 이익을 위하여 필요하다고 인정되는 경우
- 이하의 경우는 공공기관의 경우로 한정한다.
  - 개인정보를 목적 외의 용도로 이용하거나 이를 제3자에게 제공하지 아니하면 다른 법률에서 정하는 소관 업무를 수행할 수 없는 경우로서 보호위원회의 심의 · 의결을 거친 경우
  - 조약, 그 밖의 국제협정의 이행을 위하여 외국정부 또는 국제기구에 제공하기 위하여 필요한 경우
  - 범죄의 수사와 공소의 제기 및 유지를 위하여 필요한 경우
  - 법원의 재판업무 수행을 위하여 필요한 경우
  - 형 및 감호, 보호처분의 집행을 위하여 필요한 경우
  - 공중위생 등 공공의 안전과 안녕을 위하여 긴급히 필요한 경우

94 ①
전기통신사업법 시행령
제37조의4(선불통화서비스 및 보증보험에의 가입 등)
이용요금을 미리 받고 전기통신서비스를 제공하는 사업(선불통화서비스)을 하려는 기간통신사업자는 다음의 자료를 과학기술정보통신부장관에게 제출하여야 한다. 다만, 회선설비 미보유사업자의 경우에는 중앙전파관리소장에게 제출한다.
- 보증보험증서 사본
- 해당 연도 선불통화서비스 이용요금(선불통화발행액)의 총액에 관한 자료
- 선불통화서비스의 이용방법에 관한 자료
- 그 밖에 선불통화서비스의 업무처리기준 및 이용자 보호 등 과학기술정보통신부장관이 정하여 고시하는 자료

95 ①
방송통신발전 기본법
제28조(기술기준)
과학기술정보통신부장관은 방송통신설비가 기술기준에 적합하게 설치 · 운영되는지를 확인하기 위하여 다음의 어느 하나에 해당하는 경우에는 소속 공무원으로 하여금 방송통신설비를 설치 · 운영하는 자의 설비를 조사하거나 시험하게 할 수 있다.
- 방송통신설비 관련 시책을 수립하기 위한 경우
- 국가비상사태에 대비하기 위한 경우
- 재해 · 재난 예방을 위한 경우 및 재해 · 재난이 발생한 경우
- 방송통신설비의 이상으로 광범위한 방송통신 장애가 발생할 우려가 있는 경우

96 ③
전기통신기본법
제2조(정의)
"전기통신역무"라 함은 전기통신설비를 이용하여 타인의 통신을 매개하거나 전기통신설비를 타인의 통신용으로 제공하는 것을 말한다.

97 ④
프로세스 스케줄링 분류
- 선점형 스케줄링(Preemptive scheduling)
  - CPU를 할당받아 실행 중인 프로세스가 있어도 다른 프로세스가 실행 중인 프로세스를 중지하고 CPU를 강제로 점유할 수 있는 방식이다.
  - 빠른 응답이 요구되는 대화형 시스템에 적합하고 문맥교환 오버헤드가 적다.
  - RR, SRTF, MLQ, MFQ
- 비선점형 스케줄링(Non-preemptive scheduling)
  - CPU를 할당받아 실행 중인 프로세스의 경우 종료되거나 스스로 중지될 때까지 실행을 보장하는 방식이다.
  - 일괄 처리시스템에 적합하고 특정 기준을 중심으로 자원을 배분한다.
  - FCFS, Priority, SJF, HRN

98 ④
부호 확장(Sign extension)
부호가 있는 수를 더 큰 비트로 확장하는 경우, 확장된 공간은 기존의 수와 동일한 부호로 채운다. 부호가 없는 경우에는 0으로 채운다.

99 ④
전송계층
종단 간 신뢰성 있고 투명한 데이터 전송을 제공하는 역할을 수행

100 ②
허니팟(Honeypot)
마치 공격이 성공한 것처럼 보이게 하여 상대방 침입자를 기만하고 역추적하여 정보를 수집하는 역할의 보안기법이다.

필기 기출문제 02회

01 ④	02 ②	03 ③	04 ③	05 ①
06 ①	07 ④	08 ④	09 ②	10 ②
11 ②	12 ③	13 ③	14 ③	15 ④
16 ①	17 ②	18 ④	19 ②	20 ①
21 ①	22 ①	23 ①	24 ②	25 ②
26 ②	27 ②	28 ④	29 ④	30 ①
31 ④	32 ②	33 ①	34 ②	35 ③
36 ①	37 ④	38 ②	39 ②	40 ④
41 ①	42 ③	43 ②	44 ②	45 ②
46 ①	47 ④	48 ④	49 ②	50 ①
51 ③	52 ④	53 ①	54 ③	55 ①
56 ①	57 ③	58 ①	59 ④	60 ②
61 ④	62 ②	63 ①	64 ④	65 ④
66 ④	67 ②	68 ④	69 ②	70 ②
71 ①	72 ②	73 ④	74 ②	75 ③
76 ①	77 ②	78 ④	79 ②	80 ④
81 ③	82 ①	83 ③	84 ①	85 ③
86 ④	87 ②	88 ③	89 ②	90 ③
91 ①	92 ①	93 ①	94 ③	95 ②
96 ③	97 ①	98 ③	99 ①	100 ③

<1과목> 정보전송일반

01 ④

OTDR(Optical Time Domain Reflectometer)
- OTDR은 광선로에 광펄스들을 입사시켜 되돌아온 파형에 대해 시간영역에서 측정하는 광펄스 측정기를 말한다.
- 광섬유의 전송손실, 거리측정, 단선 위치 검출, 커넥터 접속 등의 접속손실이나 반사량을 측정하는 기기이다.
- 레일리 산란에 의한 후방산란광을 이용하여 손실 특성을 측정한다.
- 광선로 특성을 측정하기 위해 광커플러를 이용하여 광선로에 연결한다.

02 ②

PAM(Pulse Amplitude Modulation, 펄스 진폭 변조)
- 정보신호에 따라 펄스 반송파의 진폭(크기)을 변화시키는 방식이다.
- 표본치 진폭 크기에 1:1 대응관계를 갖는 가장 많이 사용되는 진폭 변조 방식이다.
- PAM 신호를 장거리로 송신하는 경우에 아날로그 광대역 증폭기가 필요하다.
- PAM 변조기로 on-off 스위치를 이용하여 비교적 간단하게 구성하며, 복조기는 저역통과필터를 사용하여 회로를 구성할 수 있다.

신호가 잡음에 영향을 받지 않을 수는 없다.

03 ③

PCM(Pulse Code Modulation) 관련 변조 방식
PCM 관련 변조방식에는 DPCM(Differential PCM), APCM(Adaptive PCM), DM(Delta Modulation), ADM(Adaptive DM) 등이 있다.

APC(Adaptive Predictive Coding)은 음성 신호 부호화 방식(음성 압축코딩)의 하나이다.

04 ③

발진회로
- 발진회로는 전기적 에너지를 받아서 지속적인 전기적 진동을 만들어 내는 회로(장치)이다.
- 발진회로는 증폭기와 정궤환 회로로 구성된다.
- 바크하우젠(Barkhausen) 발진조건은 $|A\beta| = 1$이고, 증폭도(A_f)는 $\dfrac{A}{(1 - A\beta)}$이다.
- 궤한 루프 이득은 1보다 작아야 하며, 위상천이가 0°(또는 360°)로 동위상이어야 한다.

05 ①

광섬유의 특징
- 광파를 이용하여 빠른 전송속도의 장점으로 광대역 통신에 유리하다.
- 선로 손실이 적어 장거리 전송에 유리하다.
- 주재료인 석영이 풍부하고 가볍다.
- 전자기파의 간섭이 적다.
- 전송 에러율이 매우 낮고, 보안성이 높다.
- 케이블 파손 시에 대형 사고로 이어지며, 전송장치가 고가이다.

06 ①

Parseval 정리
- 푸리에 변환에서 시간 영역 상의 총 에너지는 주파수 영역 상의 총 에너지와 같고, 푸리에 급수에서는 시간 영역 상의 평균 전력은 주파수 영역 상의 푸리에 급수 각 성분의 전력 합과 같음을 의미하는 정리이다.
- $P = \dfrac{1}{T} \int |x(t)|^2 dt = \sum\limits_{n=-\infty}^{\infty} |X_n|^2$ 이므로, $|50|^2 + |50|^2 = 5,000[W]$이다.

07 ④

ISI(Inter Symbol Interference, 심볼 간 간섭)
전송되는 디지털 심볼 신호가 다중경로 페이딩, 대역 제한 채널 등을 통과할 때 이웃하는 심볼들이 서로 겹치며 비트 에러의 원천이 되어 심볼 간 서로 간섭이 발생하는 현상을 말한다.

08 ④

동기식 전송 방식(Synchronous Transmission)
- 동기 전송은 송/수신기가 동일한 클럭을 사용하여 데이터를 송/수신하는 방법이다.
- 전송효율을 높이기 위해서 송신측과 수신측이 서로 약속된 일정한 데이터 형식에 따라 전송하는 방식이다.
- 미리 정해진 수만큼의 문자열을 한 묶음(블록단위)으로 만들어서 일시에 전송하는 방법이다.
- 블록 앞에는 동기 문자를 사용하며, 별도 클럭(Timing) 신호를 이용하여 송수신측이 동기를 유지한다.
- 묶음으로 구성하는 글자들 사이에는 휴지 간격(idle time)이 없다.

09 ②

OFDM(Orthogonal Frequency Division Modulation)
- OFDM은 하나의 정보를 여러 개의 반송파(subcarrier)로 분할하고, 분할된 반송파 간의 간격을 최소로 하기 위해 직교성을 부가하여 다중화시키는 변조기술이다.
- 고속의 직렬 데이터를 저속 병렬 데이터로 변환하여 여러 개의 직교 주파수에 실어 전송하고, 수신측에서는 병렬의 저속 데이터들을 합쳐서 고속의 직렬 데이터로 복원한다.

- OFDM은 주파수 이용효율이 높고, 멀티패스에 의한 ISI(심볼 간 간섭)에 강해 고속 데이터 전송에 적합하다.
- OFDM은 반송파간의 성분 분리를 위한 직교성 부여로 전송효율 증대가 가능하고, FDM의 GB(Guard Band)를 두지 않는 장점이 있다.
- OFDM은 많은 부반송파 신호들이 동위상으로 더해지는 경우 PAPR(Peak-to-Average Power Ratio)이 증가한다.

10 ②
S/N(Signal to Noise)
- S/N은 아날로그 신호의 측정지표로 신호와 노이즈의 비를 dB로 표현한 값으로 출력의 S/N과 입력의 S/N 비로도 표현된다.
- 진폭이 8(2 + 6)인 신호와 100(0.5×200)인 잡음의 비는 8/10 = 0.8이며, 이를 dB로 계산하면 $10\log(\frac{S}{N}) = 10\log 0.8 = -10[dB]$이다.

11 ②
부울대수의 정리
- 부울대수는 회로 안에서 일어날 수 있는 모든 상태를 명제로 표현해서 추상화하는 방법으로 회로를 효율적이고 간소화하게 만들기 위한 수학적 식을 말한다.
- 부울대수 법칙에는 교환법칙(예: A + B = B + A), 결합법칙(예: A + (B + C) = (A + B) + C), 분배법칙(예: A + (B · C) = (A + B)(A + C)) 등이 있다.

> **오답 피하기**
> A · B = A(A + B)는 불가하고, A · B = B · A는 교환법칙으로 가능하다.

12 ③
개구수(Numerical Aperture, NA)
- 개구수는 광섬유케이블에 빛을 집광하는 능력 즉, 최대 수광각 범위 내로 입사시키기 위한 광학 렌즈의 척도를 말한다.
- $NA = \sqrt{n_1^2 - n_2^2}$ or $n_1\sqrt{2\Delta}$ 이다. (n_1 : 코어 굴절률, n_2 : 클래드 굴절률, Δ : 비굴절률)
- $NA = 1.49\sqrt{2 \times 0.015} = 0.258$이다.

13 ③
트위스트 페어(Twisted Pair) 케이블
- UTP(Unshielded Twisted Pair) 케이블은 비 차폐 꼬임선, 절연된 2개의 구리선을 서로 꼬아 만든 여러 쌍의 케이블 외부를 플라스틱 피복으로 절연시킨 케이블이다.
- STP(Shielded Twisted Pair) 케이블은 차폐 꼬임선으로 Pair에 알루미늄 호일 등을 사용하여 편조실드 처리가 되어있는 케이블이다.

> **오답 피하기**
> 다른 전송 매체에 비해 거리, 대역폭 및 데이터 전송률 면에서 제한적이다.

14 ③
전파(Radio Wave)의 특징
- 시간에 따라 변화하는 전기장과 자기장의 상호작용에 의해 빛의 속도로 퍼져나가는 파동 에너지이며, 전계와 자계에 직각인 방향으로 진행하는 횡파이다.
- 전계는 자계를 만들고, 자계는 전계를 만드는 과정을 거치는 상호 전자적인 유도 현상에 의해 공간으로 퍼져나가는 파이다.
- 전파의 주요 특징은 직진성, 굴절, 회절, 간섭, 감쇠, 회절, 편파 등이 있다.
- 전파는 파장이 짧을수록(주파수가 높을수록) 직진성과 지향성이 강하다.
- 전자파의 예로는 라디오파, 마이크로파, 적외선, 가시광선, 엑스선, 감마선 등이 있다.

15 ④
주파수 분할 다중화 (FDM, Frequency Division Multiplexing)
- FDM은 전송하는 각 정보의 주파수를 다르게 분할하여 전송하는 다중화 방식이다.
- 아날로그 다중통신방식에서 많이 사용하며, 정보의 양이 많으면 주파수 대역폭이 많이 필요하다.
- 동기를 위한 장치는 불필요하나, 채널 사용 효율이 낮으며 송/수신기 구조가 복잡하다.

> **오답 피하기**
> FDM에서 사용하는 변조 방식은 AM, FM, PM 등 다양한 방식이 있다.

16 ①
전계 E 및 자계 H인 전자파가 자유 공간 중을 빛의 속도로 전파될 때 단위시간에 단위면적을 지나는 에너지(포인팅 전력)는 EH(전계와 자계의 곱)이다.

17 ②
C/N(Carrier to Noise)
- C/N은 디지털 신호의 성능지표로 반송파와 노이즈 크기의 비이다.
- $\frac{C}{N} = \frac{E_b}{N_o} \times \frac{r_b}{B_n}$, ($\frac{E_b}{N_o}$: BER, r_b : Bit rate, B_n : 수신기 잡음 대역폭)
- C/N이 높다는 것은 디지털 통신에서 동일 BER 고려 시 더 높은 Bit rate로 신뢰성이 있는 통신이 가능하다는 것을 의미한다.
- E_b/N_o가 증가하면 신호의 에너지가 더 커지므로, 잡음의 영향을 덜 받게 되며, 이는 비트 에러율을 감소시킨다.

18 ④
시간 분할 다중화 (TMD, Time Division Multiplexing)
- TDM은 전송하고자 하는 각각 정보의 시간을 다르게 분할하여 전송하는 다중화 방식으로, 여러 개의 서로 다른 신호가 전송로를 점유하는 시간을 분할해 줌으로써 하나의 전송로에 채널을 다중화하는 방식이다.
- TDM은 시간 영역을 Slot으로 나눔으로써 1개의 설비를 통해 여러 개의 메시지를 전송하는 방식이다.
- 여러 개의 입력 신호는 LPF에 의해 대역 제한이 되므로 불량 시 심볼 간 간섭이 발생할 수 있다.
- 채널 사용 효율이 좋으며, 송/수신기 구조가 동일하다.
- 정보의 양에 따라 많은 시간이 필요하며, 동기가 정확해야 하는 단점이 있다.

> **오답 피하기**
> ISI는 동기화를 잘 유지하여도 방지되지 않으며, 신호의 대역폭과 필터링의 문제로 발생한다.

19 ②
FDMA(Frequency Division Multiple Access, 주파수 분할 다중접속)
- FDMA는 사용 가능한 주파수 대역을 여러 개로 나누어서 각각의 사용자에게 할당하는 방식이다.
- 다중접속 방식 중 가장 간단하고 오래된 방식으로 1세대 이동통신에 사용되었다.
- 아날로그 방식으로 구현이 간단한 장점이 있지만, 인접 채널 간 간섭이 생길 수 있으므로 주파수 대역 사이에 보호 대역인 Guard Band가 필요하다.
- 주파수 이용효율에 한계가 있어 사용자 수가 제한된다.
- 동기가 필요하지 않아 기지국의 장비가 간단하고 저렴하지만, 간섭에 약한 특징이 있다.

> **오답 피하기**
> - FDMA에서는 여러 사용자가 각기 다른 주파수 대역을 사용하며, 공유하지 않는다.
> - 여러 사용자가 시간과 주파수를 공유하는 것은 CDMA에 해당된다.

20 ①

비교기(Comparator)

- 비교기는 2개의 수(2진수)의 크기를 비교하는 회로이며, 각 자리마다 대소 또는 같은가를 직접 비교한다.
- A = B일 때 Y1 = 1

〈2과목〉 정보통신기기

21 ①

다중화(Multiplexing)

- 서로 다른 2개 이상의 신호들을 하나의 전송 매체를 이용해서 동시에 전송할 수 있도록 신호를 결합/분리하는 과정이다.
- 분리된 두 지점 상호 간에 여러 개의 저속신호를 개별적으로 직접 연결하지 않고, 고속신호로 변환하여 하나의 통신 채널로 전송하는 방법이다.
- 경제적인 정보의 전송, 통신시스템의 단순화, 주파수 효율성 향상 등을 위해 서로 다른 여러 정보를 하나의 전송로로 송수신하는 다중화 기술을 적용할 수 있다.
- **주파수 분할 다중화** : 전송하는 각 정보의 주파수를 다르게 분할하여 전송하는 다중화 방식이며 AM, FM 방송 등에서 사용한다.
- **시간 분할 다중화** : 전송하고자 하는 각각 정보의 시간을 다르게 분할하여 전송하는 다중화 방식으로, 여러 개의 서로 다른 신호가 전송로를 점유하는 시간을 분할해 줌으로써 하나의 전송로로 채널을 다중화하는 방식이다.
- **코드 분할 다중화** : 코드를 다르게 하여 다중화하는 방식으로, 이동통신에서 하나의 주파수를 이용해 여러 사람이 통화할 수 있도록 하는 방식이다.

22 ①

광대역 다중화기(Group band multiplexer)

- 광대역 데이터 통신을 위해 여러 가지의 전송속도와 대역을 갖는 데이터를 하나로 묶어서 전송하는 다중화 장치이다.
- 여러 가지 다른 속도의 동기시 데이터를 한데 묶어서 전송할 수 있다.
- 고속 링크 측 채널 속도는 19.2[kbps]에서부터 1,544[kbps]까지 사용할 수 있다.
- 정확한 동기를 유지하기 위하여 별도의 동기용 채널이 필요하다.

오답 피하기

- 비트 삽입식과 문자 삽입식은 시분할 다중화기에 해당하는 내용이다.

23 ①

다중접속 기술(Multiple Access)

- **FDMA(Frequency Division Multiple Access, 주파수 분할 다중접속)** : 사용 가능한 주파수 대역을 여러 개로 나누어서 각각의 사용자에게 할당한다.
- **TDMA(Time Division Multiple Access, 시분할 다중접속)** : 동일한 주파수 대역폭 안에서 시간축을 여러 구간으로 나누고, 각 사용자가 서로 겹치지 않게 다른 시간에 접속, 각각의 사용자 신호를 서로 다른 시간 슬롯에 할당하여 전송한다.
- **CDMA(Code Division Multiple Access, 코드 분할 다중접속)** : 각 사용자가 고유의 확산 부호를 할당받아 신호를 부호화하여 전송하면 해당 확산 부호를 알고 있는 수신기에서만 부호화된 신호를 복원하는 것으로, 각각의 사용자 신호에 서로 다른 코드를 곱하여 구분하는 다중접속 기술이다.
- **OFDMA(Orthogonal Frequency Division Multiple Access, 직교 주파수 분할 다중접속)** : 각 사용자가 서로 다른 직교 관계에 있는 부반송파를 사용하는 FDMA 방식으로, 사용자는 채널 상태에 따라 가변하는 부반송파를 할당받아 데이터를 전송하며, 4세대 이동통신(LTE)에서 사용하는 방식이다.
- **SC-FDMA(Single Carrier-Frequency Division Multiple Access, 단일 반송파 주파수 분할 다중접속)** : LTE 상향링크 전송에서 사용되는 방식으로 OFDMA의 신호처리와 유사하나, DFT 회로 등이 추가되어 기존 OFDMA의 PAPR 문제와 전력효율 등을 개선, LTE 상향링크에 적용한 다원접속 기술이다.

- **NOMA(Non Orthogonal Multiple Access, 비직교 다중접속)** : 비직교 다중접속기술로 셀의 주파수 용량 향상을 위해 동일한 시간, 주파수, 공간 자원상에 다수의 사용자를 위한 신호를 동시에 전송하여 주파수 효율을 향상시키는 기술이다.

24 ②

IPTV(Internet Protocol TV)

- IP망(인터넷)을 통해 전용 셋탑박스로 양방향 TV 서비스를 제공하는 통신 및 방송이 융합된 서비스를 말한다.
- 전송방식은 멀티캐스트 다채널 방송형태이다.
- 네트워크로 방송 폐쇄형 IP망이다.

25 ②

MPEG(Motion Picture Image Coding Experts Group)

- MPEG은 움직이는 그림, 즉 동화상을 압축하는 데 적용되는 표준규격을 말한다. 국제표준화기구(ISO) 산하 조직인 MPEG을 그대로 사용하고 있다.
- MPEG-V는 가상세계와 가상세계 그리고 가상세계와 현실세계 간 소통을 위한 인터페이스 규격을 정의하고 있다.

26 ②

무인택배시스템 기능

- 택배, 세탁, 등기우편 등의 화물 수령기능이 있어야 한다.
- 수령 시 착불 요금에 대해서 대금결제 기능이 있어야 한다.
- 택배 및 세탁물 등의 화물에 대해 발송 기능이 있어야 한다.
- 발송 시 선불 요금에 대해서 대금결제 기능이 있어야 한다.
- 관리소 또는 원격지(서비스업체)에 무인택배 관리시스템을 구축하여 무인택배함을 모니터링 및 제어할 수 있는 기능이 있어야 한다.
- 비상시 무인택배함의 문을 원격에서 개방할 수 있는 기능이 있어야 한다.
- 사용자가 원격 무인택배 관제센터와 24시간 상담을 할 수 있도록 착신전용 전화를 내장하여야 한다.
- 화물 도착 시 핸드폰으로 SMS 및 e-mail로 알림 기능이 있어야 한다.
- 홈네트워크 연동을 통해 각 세대의 월패드에 택배 도착 알림 기능이 있어야 한다.
- 택배물 도착 후 2일 경과 시 SMS 알림 및 월패드에 택배 도착을 통보하고 12시간마다 추가 알림 기능이 있어야 한다.
- 감시카메라를 제어부에 설치하고 CCTV 감시카메라 시스템과 연동하여 검색 및 저장을 할 수 있어야 한다.
- 10인치 이상 컬러 모니터(LCD)를 내장하여 터치스크린 방식으로 무인택배함을 조작할 수 있도록 하여야 하며 음성 안내 기능이 있어야 한다.
- 별도의 등기우편 전용함을 통한 등기우편물을 수령할 수 있는 기능이 있어야 한다.
- 등기우편물의 안전한 수령을 위한 별도의 비밀번호 기능이 있어야 한다.
- RF 기능의 출입카드나 등록된 신용카드를 인식할 수 있는 인증기를 무인택배함에 내장하여 무인택배시스템을 이용할 수 있도록 하여야 한다.
- 무인택배시스템에는 절전 기능이 있어야 한다.
- 대형 보관함에는 유사시 탈출할 수 있는 비상탈출버튼을 내장하여야 한다.
- 바코드 리더기를 장착하여 화물의 정확한 정보를 저장하여야 한다.
- 홈네트워크 시스템과 연동(통신 Protocol 등 상호 호환)될 수 있도록 해야 한다.

27 ②

키오스크(Kiosk)

키오스크는 입출력장치로 사용된다.

28 ④

주차관제시스템

- 주차관제시스템은 정보통신기술을 이용하여 차량번호 인식 기술을 통한 24시간 무단점 무인정산 운영이 가능한 시스템으로써 주차장 이용객의 이용 편의성과 더불어 운영/관리자의 운영 효율성을 제공함을 목적으로 한다.

- 단지 입 · 출구에 설치되는 장비는 차량번호 인식 장치, 차량 자동 차단기, 주차권 발권기이며, 주차관리 서버는 건물의 통신기계실에 설치된다.

29 ④
전자교환기 중앙 제어 방식(Central Control)
- 전자교환기에서 호 처리를 제어하기 위해 중앙에 대용량의 제어 장치를 사용하여 교환기 내부의 호 처리에 관련되는 모든 절차를 제어하는 방식이다.
- 제어 장치 고장 시 교환 시스템의 기능 정지를 막기 위해 일반적으로 제어 장치를 이중화하였는데 동작/대기(active/standby) 방식과 부하 분담(load sharing) 방식이 있다.
- 중앙제어장치의 보호방식 중 최소의 서비스 유지를 목표로 하는 컴퓨터 용량의 45[%] 정도의 부하가 걸리는 방식은 부하분담 방식이다.
- 포션논리 제어방식은 모든 회로 사이의 결선으로 제어논리를 구성하는 방식이다.
- 축적 프로그램 제어방식은 교환기 컴퓨터 기억장치의 프로그램에 의해서 제어하는 방식이다.

30 ①
메모리(Memory)
- 기억장치(Memory)는 명령어와 데이터를 저장하고, 필요할 때 읽기 가능한 장치이다.
- 주기억장치는 CPU가 직접 접근하여 명령어와 데이터를 쓰고 읽으며 프로그램의 수행을 지원하는 장치이다.
- 기억장치의 종류로는 주기억장치로 RAM, ROM 등이 있으며 보조기억장치로는 하드디스크, CD-ROM 등이 있다.

오답 피하기
영구적인 데이터를 저장하며 휘발성(Volatile)을 가지지 않는 것은 ROM에 대한 설명이다.

31 ④
모뎀(MODEM)의 구성
- 송신부 : 데이터 부호화기, 변조기, 스크램블러, 주파수 체배기, 대역 제한 여파기, 증폭기, 변압기 등으로 구성된다.
- 수신부 : 등화기, 대역 제한 여파기, 자동 이득 조절기, 복조기, 데이터 복호화기, 디스크램블러 등으로 구성된다.
- 다양한 영향으로 인한 진폭변화의 영향을 줄이기 위하여 적절한 신호크기 레벨을 유지할 수 있도록 하는 회로는 자동이득조절기(Automatic Gain Controller)이다.

32 ②
동기식 TDM(Synchronous TDM)
- 채널에 할당된 시간 슬롯(Time slot)이 점유할 수 있는 대역폭을 미리 할당한다.
- 하드웨어 구조가 간단하다.
- 대역폭을 낭비하여 전송 시스템 성능이 감소한다.
- 동기 비트가 필요하다.

비동기식 TDM(Asynchronous TDM)
- 동적으로 대역폭을 채널에 할당하는 방식으로 실제로 데이터를 전송해야 하는 단말에게만 시간 폭을 할당하여 소프트웨어적으로 시간 폭 배정한다.
- 전송 회선을 효율적으로 이용하여 많은 양의 데이터를 전송가능하다.
- 버퍼가 필요하다.

33 ①
PON(Passive Optical Network)
- 가입자 인터넷 회선 서비스 구성 방법으로 광신호 분기, 결합기 등이 별도의 전원 공급이 필요 없는 수동 부품으로만 회선을 구성하는 방식이다.

- PON의 구성요소

구분	설명
OLT	· 국사나 헤드엔드에 위치하며, 광신호를 전송 · 가입자 광신호를 국사 측에서 종단하는 기능
RT (광스플리터)	· 주로 아파트 관리사무소에서 적용됨 · 전원이 필요 없는 수동형 광분배기 · 입력된 광신호의 파장을 분리하여 전송
ONU	· 가입자 단말과 연결하는 변환 장치 · 가입자 밀집 지역의 분계점에 설치
ONT	· 가입자나 사업자 구내로 포설되어 최종적으로 설치되는 장치 · PC, TV 등과 연결

오답 피하기
국사 내에 설치되어 백본망과 가입자망을 서로 연결하는 광가입자망 구성장치로, 광신호를 종단하는 기능을 수행하는 것은 OLT이다.

34 ④
ATSC(Advanced Television Systems Committee) 방식
우리나라 디지털 TV 표준은 미국식 전송방식인 ATSC(Advanced Television System Committee)로, 낮은 출력과 넓은 커버리지를 갖고 잡음 간섭에 강하며 높은 대역폭 효율로 고화질 서비스를 제공한다.

오답 피하기
이동수신은 DMB 방송의 특징이다.

35 ③
CCTV 카메라는 지능형 홈네트워크 설비 설치 및 기술기준에 의하여 주차장, 주동출입구, 어린이 놀이터, 엘리베이터 등에 설치할 것을 권장한다.

36 ①
집중화기의 특징
- m개의 입력 회선을 n개의 출력 회선으로 집중화하는 장비이다.
- 집중화기의 구성요소로는 단일 회선 제어기, 다수 선로 제어기 등이 있다.
- 패킷교환 집중화 방식과 회선교환 집중화 방식이 있다.
- 부채널의 전송속도의 합은 Link 채널의 전송속도보다 크거나 같다.
- 입력 회선 n개가 출력 회선 m개보다 같거나 많다. (n≧m)

다중화기와 집중화기의 비교

구분	다중화기	집중화기
회선 사용 방식	통신회선의 정적 배분	통신회선의 동적 배분
회선 공유 방식	공유회선을 규칙적으로 공유	공유회선의 독점 형태
구조	구성이 간단(유지보수 용이)	구성이 복잡(유지보수 어려움)
대역폭	대역폭 동일	대역폭이 모두 상이

37 ④
멀티미디어 데이터 압축기법
- MPEG(Moving Picture Experts Group) : 움직이는 그림, 즉 동화상을 압축하는 데 적용되는 표준규격을 말한다. 국제표준화기구(ISO) 산하 조직인 MPEG(엠펙) 명칭을 그대로 사용하고 있다.
- JPEG(Joint Photographic Experts Group) : 사진 등의 정지 화상을 통신에 사용하기 위해서 압축하는 기술의 표준이다. 이미지를 만드는 사람이 이미지의 화질과 파일의 크기를 조절할 수 있다.
- GIF(Graphics Interchange Format) : 이미지의 전송을 빠르게 하기 위하여 압축 저장하는 방식 중 하나이다. JPEG 파일에 비해 표현할 수 있는 색상이 적고 압축률도 떨어지지만, 전송속도는 빠르다.

오답 피하기
FFT(Fast Fourier Transform)는 영상 또는 아날로그 신호 등의 푸리에 변환을 간단하게 계산하기 위한 알고리즘이다.

38 ②

QCIF(Quarter Common Intermediate Format)

- 디스플레이의 해상도를 일컫는 용어로 해상도가 174×144(약 25,000픽셀)로 CIF 해상도(352×288, 약 10만 픽셀)의 4분의 1수준이다. 영상전화, 화상회의를 위한 영상 이미지 포맷이다.
- 25,000bit × 2(흑백화면 2개 채널) × 25frame × 8bit = 10[Mbps]

39 ②

L2 워크그룹 스위치

- 데이터 링크 계층에서 운용하는 스위치로 가장 기본적인 스위치이다.
- MAC 주소를 기반으로 스위칭을 하며 특정 포트에 채널을 할당하여 전이중(Full-Duplex) 방식을 사용한다.
- 포워딩 방식으로 동작하며 MAC 주소가 가득 찰 경우, 더미 허브와 같이 플러딩 방식으로 동작한다.
- VLAN을 운용할 수 있고 가격 대비 성능이 우수하다.

40 ④

영상통신기기의 보안 사항

- 무결성(Integrity) : 비인가된 변경으로부터 정보를 보호하는 특성이다.
- 인증(Authenticity) : 정보를 보낸 송신자를 증명하는 기법이다.
- 암호화(Encryption) : 정보를 의도하지 않은 수신자가 파악할 수 없는 형태로 변환한다.

오답 피하기

품질은 성능과 관련된 내용이다.

〈3과목〉 정보통신네트워크

41 ①

OSI 모델 기능

기능	설명
응용 계층	• 사용자가 네트워크에 접근할 수 있도록 인터페이스를 제공하는 계층으로 사용자에게 가장 직접적으로 보이는 부분 • HTTP, SMTP, FTP, SNMP 등
표현 계층	• 응용프로그램 형식을 네트워크 형식으로 변환하고, 정보의 형식 설정과 코드 교환 암호화 및 판독기능을 수행 • MPEG, JPEG, MIDI 등
세션 계층	실제 네트워크 연결이 이루어지는 계층으로 프로세스 간의 통신을 제어하고, 동기화 제어, 연결, 세션관리 등을 수행
전송 계층	• 종점 간의 오류수정과 흐름 제어를 수행하여 신뢰성 있고 투명한 데이터 전송을 제공하며 1~3 계층을 사용하여 종단점 간 신뢰성 있는 데이터 전송을 수행 • TCP, UDP 등
네트워크 계층	• 교환, 중계, 경로설정 등을 수행하는 계층으로 라우터들을 바탕으로 데이터를 패킷 단위로 잘게 쪼개어 전송하는 역할을 수행 • IP, IPX, ICMP, ARP 등
데이터링크 계층	• 동기화, 오류제어, 흐름제어, 입출력제어, 회선제어, 동기제어 등의 물리적 링크를 통해 신뢰성 있는 정보를 전송 • HDLC, BSC 등
물리 계층	• 전송 매체에서의 전기적 신호전송기능, 제어 및 클럭신호를 제공하고, 전기적, 기계적, 절차적 사항 등을 규정 • RS-232, RS-485 등

42 ③

FCS(Frame Check Sequency)

프레임의 무결성을 확인하기 위해 사용된다. 데이터 전송 중에 프레임에 추가되어, 수신측에서 FCS를 검사여 프레임의 오류 여부를 판단한다.

43 ②

SNMP(Simple Network Management Protocol)

- 네트워크상에서 자동으로 정보를 수집하여 네트워크 관리를 하기 위한 프로토콜이다.
- 매니저와 에이전트가 통신하기 위해 UDP를 이용하여 메시지를 전송한다.
- SNMP가 사용하는 쿼리(Queries)/응답 매커니즘으로 네트워크 트래픽이 발생한다.

44 ②

링크 상태 라우팅

구분	설명
정의	링크의 상태 정보를 전달하여 최단 경로를 구성하는 알고리즘으로 주변 상황에 변화가 있을 때 그 정보를 모든 라우터에게 전달하는 방식
특징	• 네트워크 변화에 능동적으로 대처 가능하며, 대규모 네트워크에 유리 • 최신 라우팅 정보를 유지할 수 있음 • 경로는 홉 수, 지연, 대역폭 등에 따라 결정 • 다익스트라 알고리즘 적용

45 ②

X.25

X.25는 데이터 단말장치와 데이터 회선 종단장치간의 인터페이스를 제공하며, 통신을 원하는 두 단말 장치가 패킷 교환망을 통해 패킷을 원활하게 전달하기 위한 프로토콜이다.

구분	설명
패킷 계층	• OSI7 계층의 네트워크 계층에 해당 • 패킷 계층의 수행절차 : 호 설정 - 데이터 전송 - 호 해제 • 호 설정 후, 호 해제 시까지 가상 회선을 이용하여 통신경로를 유지
프레임 계층	• OSI7 계층의 데이터링크 계층에 해당 • 패킷의 원활한 전송을 지원 • 다중화, 순서 제어, 오류 제어, 흐름 제어기능 등 • LAPB를 사용
물리 계층	• DTE와 DCE 간의 물리적 접속에 관한 인터페이스 정의 • X.21을 사용

46 ①

WDM 방식

구분	CWDM	DWDM	UDWDM
전송속도	100Mbs~10Gbs	10~100Gbps	100Gbps 이상
채널 간격	20nm	0.4~10nm	0.4nm 이하
채널 수	8~18	수백개	수천개
전송 거리	단거리	중거리	장거리
적용망	FTTH	MAN	WAN

47 ④

ISM(Industrial Science Medical) band
- ITU-T에서 통신 용도가 아닌 산업, 과학, 의료분야를 위해 사전허가 없이 사용 가능한 공용주파수 대역이다.
- Bluetooth, Zigbee, WLAN 등 근거리 통신망에서 많이 활용된다.
- 같은 ISM 주파수 대역을 사용하는 무선장치 간 상호간섭 문제 해결을 위해 주파수 간섭 회피기술을 사용한다.

48 ④

DMB(Digital Multimedia Broadcasting)
- 이동통신과 방송이 결합된 방송서비스로서 휴대폰이나 PDA에서 다채널 멀티미디어 방송을 시청할 수 있다.
- 위성 DMB는 CDM 방식, 지상파 DMB는 OFDM 방식의 전송방식을 사용한다.

49 ④

IP 주소 체계표시
- IPv4 : 주소길이 32비트, 8비트씩 4부분으로 10진수로 표시한다.
- IPv6 : 주소길이 128비트, 16비트씩 8부분으로 16진수로 표시한다.

50 ①

홈네트워크 건물인증심사 AA등급
배선방식은 성형(Star)구조이어야 한다.

51 ③

슬라이딩 윈도우
슬라이딩 윈도우는 윈도우 안에서 전송스테이션이 PDU(Protocol Data Unit)를 전송하는 기법으로 대표적인 흐름 제어기법이다.

52 ④

IP 주소(IPv6) 헤더 구성요소

구분	설명
Version	4비트 값으로 0110의 값을 가짐. IPv4는 0100임
Priority	패킷별 우선순위 전송. IPv4의 Service Type 필드와 유사
Flow label	QoS(Quality of Service) 기능 및 Flow별 우선순위 제공. 실시간 서비스에서 사용
Payload Length	IP Datagram의 크기(데이터 전체 길이)
Next Header	상위 계층 Protocol 종류 표시 (TCP/UDP 등)
Hop Limit	패킷이 라우터에 의해 중개될 때마다 감소되며, 0이 되면 해당 패킷은 네트워크에서 사라짐. IPv4에서 TTL과 동일 (최대 255)

53 ①

1000BASE-T
- 최대 전송속도는 1[Gbps]이다.
- 전송매체는 UTP(꼬임쌍선)으로 4쌍 모두를 사용해서 동시에 쌍방향 데이터를 전송한다.

54 ③

Ping 명령어 옵션
- -a : 주소를 호스트 이름으로 확인
- -n count : 보낼 횟수 지정

- -l size : 송신 버퍼 크기(보낼 데이터 크기 지정)
- -t : Ctrl + C를 누르기 전까지 지속

55 ①

WDM
- WDM은 다수의 채널을 각각의 파장에 할당한 뒤, 다수의 파장을 한 가닥의 광섬유로 동시에 전송하는 기술로서, 통신 용량과 속도를 향상시키는 광 전송 방식이다.

구성	설명
송신기	• 광 파장은 레이저 다이오드 또는 레이저 모듈을 사용하여 생성하며, 각 데이터 스트림은 빛으로 변조하여 광섬유로 전송 • 전기신호를 빛 신호로 변환하는 전광 변환
MUX/DEMUX	• MUX는 송신기에서 입력되는 다중 파장을 하나의 빛 신호로 통합 • DEMUX는 통합된 광신호를 분할하여 수신기에 입력
수신기	수신기는 광섬유로부터 도착한 광 파장을 검출하고, 광을 전기신호로 변환

- EDFA, 라만 증폭기를 사용하여 전송손실을 보상하며, 파장 간격 및 파장 수 따라 CWDM, DWDM 등으로 구분한다.

56 ①

CSMA/CA
CSMA/CA는 WLAN에서 사용하는 프로토콜로 유선 LAN에서는 프레임 충돌 검출이 쉽게 인지되나 무선 LAN에서는 충돌 감지가 어렵다는 점을 감안하여 데이터를 송신하기 전에 캐리어를 감지하고 데이터를 전송하는 충돌회피 프로토콜이다.

57 ③

레이크 수신기
- CDMA 방식 등에서 서로 다른 경로로 도착한 시간에 차이(지연확산)가 있는 다중경로 신호들을 잘 묶어서 더 나은 신호를 얻을 수 있도록 해주는 수신기이다.
- 다중경로 페이딩에 의한 전소 에러를 최소화하기 위한 기술로서, 시간차(지연)가 있는 두 개 이상의 신호를 분리해 낼 수 있다.
- 여러 개의 상관검출기로 다중경로신호를 분리하고 최적신호를 검출한다.

58 ①

Piggyback Acknowledgement(피기백 확인 응답)
- 각 수신 전문에 대해 시간이 경과된 경우, 개별적인 응답 전문을 회신하여 송신측이 다음 작동을 취할 수 있도록 하는 응답이다
- 수신된 데이터에 대한 "확인 응답(ACK, NAK)"을 따로 보내지 않고, 상대편으로 향하는 데이터 프레임에 "확인 응답 필드"를 함께 실어 보내는 전송오류제어기법이다

59 ④

네트워크 가상화
- VPN(Virtual Private Network) : 공중 네트워크를 통해 한 회사나 몇몇 단체가 내용을 바깥 사람에게 드러내지 않고 통신할 목적으로 쓰이는 사설 통신망이다.
- SDN(Software Defined Network) : 개방형 API(오픈플로우)를 통해 네트워크의 트래픽 전달 동작을 소프트웨어 기반 컨트롤러에서 제어/관리하는 접근방식이다.
- NFV(Network Functions Virtualization) : 통신 서비스를 만들기 위해 IT 가상화 기술을 사용하여 모든 계열의 네트워크 노드 기능들을 함께 묶거나 연결이 가능한 빌딩 블록으로 가상화하는 네트워크 아키텍처 개념이다.

60 ②

RFID(Radio Frequency IDentification)

- 소형 전자칩과 안테나로 구성된 전자 Tag를 제품에 부착하여 사물을 정보 단말기가 인식하고, 인식된 정보를 IT 시스템과 실시간으로 교환하는 기술이다.
- RFID 구성요소
  - 태그는 배터리 내장 유무에 따라 능동형과 수동형으로 구분된다.
  - 리더기는 주파수 발신 제어 및 수신 데이터의 해독을 실시한다.
  - 리더기는 용도에 따라 고정형, 이동형, 휴대형으로 구분된다.
  - 태그는 데이터가 입력되는 IC칩과 안테나로 구성된다.

〈4과목〉 정보시스템운용

61 ④

IIS(Internet Information Service) Server

- IIS 서버란 마이크로소프트사에서 개발한 웹 서버 소프트웨어로 윈도우 운영체제에서 사용되며, 사용자 요청에 따라 웹 페이지, 애플리케이션, 파일 등을 제공하는 역할을 한다.
- 마이크로소프트 제품이므로 윈도우 OS에서 실행되고, 데이터베이스를 이용한 웹 기반의 응용 프로그램들을 쉽게 설치, 작성, 관리할 수 있다.
- FTP, SMTP, HTTP/HTTPS를 포함하고 있고, ASP.NET, PHP, CGI와 같은 서버 사이드 스크립팅 언어를 지원하여 동적 웹 페이지를 생성할 수 있다.
- 아파치 웹 서버와 함께 가장 잘 알려진 웹 서버이다.

오답 피하기

ActiveX는 인터넷 익스플로러에서 실행되지 않는 외부 프로그램 연결을 위해 마이크로소프트사가 개발한 프레임워크이다.

62 ③

NAT와 사설 IP

- NAT란 1개의 공인 IP 주소에 다수의 사설 IP 주소를 할당 및 매핑하는 IP 주소 변환 기술을 말한다.
- 사설 IP란 공인된 IP 주소를 사용하지 않고, 사적인 용도로 사용하는 IP 주소를 말하며, IP 대역 설정 시, 네트워크 주소와 브로드캐스트 주소를 고려한다.
- 사설 IP 대역은 다음과 같다.
  - Class A 규모 : 10.0.0.0 ~ 10.255.255.255
  - Class B 규모 : 172.16.0.0 ~ 172.31.255.255
  - Class C 규모 : 192.168.0.0 ~ 192.168.255.255

63 ①

네트워크 접속 장비

- 게이트웨이 : OSI 모델의 모든 계층을 포함하여 동작하는 네트워크 장비로서 두 개의 다른 네트워크나 프로토콜 사이의 데이터 형식을 변환하는 장치이다.
- 브리지 : 2계층 장비로 네트워크를 분리하거나, 서로 다른 네트워크를 연결해 주는 장비이다.
- 허브 : 2계층 장비로 다수의 PC와 장치들을 묶어서 LAN을 구성할 때 각각의 PC에 연결된 케이블을 하나로 모으는 역할을 해주는 장비이다.
- 리피터 : 1계층 장비로 신호를 재생하여 전달되는 거리를 증가시키는 네트워크 장비이다.

64 ④

지능형 홈네트워크 설비 설치 및 기술기준(감지기 부문)

- 감지기 : 화재, 가스누설, 주거침입 등 세대 내 상황을 감지하는데 필요한 기기
- 가스감지기는 공기보다 가벼운 LNG 사용 시 천장 쪽에, 공기보다 무거운 LPG 사용 시 바닥 쪽에 설치하여야 한다.

- 동체감지기는 유효감지반경을 고려하여 설치하여야 한다.
- 감지기에서 수집된 상황 정보는 단지서버에 전송하여야 한다.

오답 피하기

지상의 주동 현관 및 지하주차장과 주도를 연결하는 출입구에 설치하여야 하는 설비는 전자출입시스템이다.

65 ④

CCTV 시스템 주요 설비

- DVR/NVR : CCTV 영상을 녹화하는 장치로 DVR은 아날로그 카메라 영상을 처리하고, NVR은 디지털카메라(IP 카메라)를 처리한다.
- 영상분석 서버 : CCTV 영상들을 실시간으로 분석하거나 사용자 요구 시 정보를 제공하는 역할을 한다.
- 월 스크린(모니터) : 운영자들이 전체 CCTV 영상 모니터링을 용이하게 할 수 있도록 벽에 설치된 초대형 스크린이며, 여러 개의 영상을 동시에 관제하거나 특정 영상만 확대해서 볼 수 있다.
- 네트워크 장비 : CCTV 시스템의 단일 네트워크 구성을 위해 여러 IP 장치들을 연결하는 장비로 허브, 스위치 등이 해당된다.
- 보안장비 : 인가되지 않은 자의 접근이나 내부 영상정보가 외부로 유출되지 않도록 설치된 장비이다.

오답 피하기

출입통제시스템은 특정 구역에 인가되지 않은 사람들의 출입을 제한하는 시스템으로 출입자 확인 장치(지문, RFID 등), 전기적 잠금장치, 출입문 컨트롤러 등으로 구성되어 있다.

66 ④

HTTPS(Hyper Text Transfer Protocol Secure)

- HTTPS는 HTTP에 보안기술(Security)을 적용하여 중요한 정보를 안전하게 전달하는 프로토콜이다.
- HTTPS는 SSL(Secure Sockets Layer)이나 TLS(Transport Layer Security) 프로토콜이 조합된 형태이며 HTTP → SSL → TCP → IP 순서로 통신한다.
- HTTPS는 포트번호로 443번을 사용한다.

67 ②

Zero-day Attack과 정보보안 기술

- Zero-day Attack은 소프트웨어의 보안 취약점이 발견된 후 패치가 나오기 전까지의 약점을 노린 해킹 공격법으로, 소프트웨어와 OS의 최신상태 유지, 필수 애플리케이션만 사용, Honeypot 시스템 설치 등과 같은 방법으로 예방할 수 있다.
- Honeypot : 외부 침입자를 유인할 목적으로 설치한 의도적인 가상 시스템이다. 침입자의 공격을 유인하여 프로그램 침입이 성공한 것처럼 속이고 대응시간을 확보한다.

오답 피하기

- IDS : 네트워크 트래픽을 실시간으로 수집, 분석하여 외부 침입 여부를 판정하는 장비이다.
- IPS : IDS를 개선한 형태의 보안장비로 비정상 트래픽을 탐지할 뿐 아니라 차단하는 기능이 있어 알려지지 않은 공격 패턴을 방어하는 데 효과적이다.
- Firewall : 사전 정의된 보안정책이나 접근제어 목록에 따라 외부에서 내부 네트워크로 유입되는 트래픽을 모니터링하고, 허가되지 않은 트래픽을 제어하는 보안장비이다.

68 ④

통신설비 접지

- 독립접지 : 모든 통신설비나 전기 장비에 대해 개별적으로 구성하는 접지방식이다.
- 다중접지 : 장파 송신 공중선에서 넓은 면적에 지선망을 매설하고, 각부에 접지선을 접속하여 접지 저항을 줄이는 접지방식이다.

- **보링접지** : 지면을 수직으로 깊이 파서 접지전극을 매설하는 접지방식으로 주요 목적은 지면의 저항을 줄여 설비에 안정적이고 효과적인 접지를 제공하는 것이다.
- **공통접지** : 설비를 전력계통, 통신계통, 피뢰침으로 구분하고, 구분된 설비들을 공통접지극에 모아서 접지하는 방식이다.

69 ②
SNMP PDU 종류
- **GetRequest** : 관리시스템이 Agent에게 정보를 요청할 때 사용하는 메시지이다.
- **GetNextRequest** : 여러 개의 객체를 순서에 따라 연속 참조할 때 사용하는 메시지이이다.
- **GetBulkRequest** : 대형 변수 테이블을 한꺼번에 요청할 때 사용하는 메시지이다.
- **GetResponse** : Agent가 GetRequest에 대해 응답할 때 사용하는 메시지이다.
- **SetRequest** : 관리시스템이 객체의 값을 변경할 때 사용하는 메시지이이다.
- **Trap** : Agent가 관리노드에게 이벤트, 사건 등을 보고할 때 사용하는 메시지이다.
- **InformRequest** : MIB를 묘사하는 여러 관리노드들 간 사용하는 메시지이다.

70 ②
항온항습기 유지관리
- **전극봉 상태 점검** : 전극봉의 표면이 오염되면 측정 정확도가 떨어질 수 있으므로 주기적으로 청소하여 먼지나 오염물질을 제거한다.
- **온도 및 습도 센서 점검** : 온도와 습도 센서의 정확도를 확인하고 필요시 교체한다.
- **필터 청소 및 교체** : 공기 필터를 정기적으로 청소하고, 필요에 따라 교체한다.
- **냉매 및 압축기 점검** : 냉매의 양과 압축기 상태를 점검한다.
- **콘덴서 및 증발기 코일 청소** : 콘덴서와 증발기 코일을 청소하여 먼지나 오염물질로 인한 열교환 효율 저하를 방지한다.
- **배관 점검** : 냉매 배관 및 드레인 배관, 연결 부위를 점검하여 누수나 막힘이 없는지 확인한다.
- **드레인 시스템 청소** : 물이 흐르는 드레인 시스템을 정기적으로 청소하여 배수 불량이나 곰팡이 발생을 예방한다.

71 ①
ISMS 주요 국제 표준
- **ISO/IEC 27001** : 정보보안 관리(경영)시스템에 대한 요구 사항을 정의하는 국제표준이다.
- **ISO/IEC 27002** : 정보보안 관리시스템에 관한 모범사례를 제공하는 가이드라인이다.
- **ISO/IEC 27005** : 정보보안 리스크 관리에 관한 지침을 제공하는 표준이다.
- **ISO/IEC 27017** : 클라우드 서비스의 정보보안 관리에 대한 지침을 제공하는 표준이다.
- **ISO/IEC 27018** : 클라우드 컴퓨팅 환경에서 개인 식별정보 보호를 위한 지침 제공 표준이다.

> **오답 피하기**
> - **ISO/IEC 50001** : 에너지 관리시스템(EnMS)에 대한 국제표준이다.
> - **ITU-T G.984.1** : Gigabit Passive Optical Networks(GPON) 시스템에 대한 표준이다.
> - **ITU-T G.984.2** : Gigabit Passive Optical Networks(GPON)의 하위 표준이다.

72 ③
서버 부하분산 방식
- **DNS 라운드로빈** : 복수의 IP 주소를 DNS 서버에 등록해두고, 클라이언트 요청이 들어오면 등록된 IP를 순서대로 전달하는 방식이다.

- **OS 타입** : 운영체제(OS)가 가지고 있는 자체 기능으로 부하분산을 구현하는 방식이다.
- **어플라이언스 타입** : 부하분산 장치(Load Balancer)를 별도로 구매하여 사용하는 방식이다.

73 ④
CCTV 시스템
- CCTV 시스템은 보안구역이나 통제구역에 설치된 카메라(아날로그/IP)를 통해 외부인원을 촬영하고 인식하는 물리적 출입통제 시스템이다.
- 카메라와 관제센터, 네트워크로 구성되어 있으며, 실시간 영상 녹화 및 전송, 저장하는 기능이 포함되어 있다.
- CCTV 시스템은 아날로그 카메라를 사용할 경우 동축 케이블로 망을 구성하고, IP 카메라일 경우 이더넷 케이블로 망을 구성한다.

74 ②
물리적 보안과 계획 수립과정
- 물리적 보안은 데이터, 시스템, 네트워크, 부대설비와 같은 자산을 물리적인 방법으로 보호하는 행위이다.
- 물리적 보안은 자산에 가해질 수 있는 피해 최소화가 목적이며, 보호대상(장비, 구역 등) 정의 → 통제/제한구역 설정 → 출입통제 시스템 선정 → 보안 프로세스 수립 → 보안사고 대응방안 마련의 순서대로 계획을 수립한다.

75 ③
데이터베이스 스키마(Database Schema)
- 데이터베이스 스키마는 데이터의 구조와 속성, 개체 사이에 존재하는 관계 정의와 이들이 유지해야 하는 제약조건 등을 전반적으로 기술한 것이다.
- **내부 스키마** : 물리적인 저장장치 입장에서 DB가 저장되는 방법이 기술되어 있다.
- **외부 스키마** : 사용자 입장에서 필요한 데이터베이스의 논리적 구조가 기술되어 있다.
- **개념 스키마** : 실제 데이터 저장 여부, 데이터 간 관계, 제약조건, 접근 권한 등이 기술되어 있다.
- **관계 스키마** : 데이터가 어떻게 구조화되고 서로 연결되는지가 기술되어 있다.

76 ①
무선랜 표준 프로토콜
- **WEP** : IEEE 802.11 표준 옵션 중 하나로 유선랜 수준의 보안과 기밀보호를 제공하기 위한 무선랜 보안 프로토콜이다.
- **WIPS** : 무선 네트워크에서 발생하는 불법 접근, 공격, 위협을 실시간으로 감지하고 차단하는 시스템이다.
- **WTLS** : IETF의 TLS 프로토콜을 기반으로 한 무선 네트워크 보안 프로토콜이다.
- **WAP** : 모바일에서 무선 네트워크를 통해 인터넷 콘텐츠와 서비스를 접근할 수 있도록 하는 표준 프로토콜이다.

77 ②
영상 데이터 전송방식
- **유선 방식** : 광케이블, UTP 케이블, 동축 케이블을 사용하여 데이터를 전달하는 방식으로 보안 위험성이 낮고, 안정적으로 데이터를 전달할 수 있지만, 단말 추가가 불편하고, 구축비용이 높다는 단점이 있다.
- **무선 방식** : 전파를 이용하여 데이터를 전달하는 방식으로 보안 위험성이 있고, 전파환경에 따라 데이터 끊김 현상이 발생할 수 있지만, 구축비용이 낮고, 단말 추가가 용이한 장점이 있다.

78 ④

WDM
- 하나의 광섬유에 다수의 채널을 각기 다른 파장으로 동시에 전송하는 광 다중화 방식이다.
- WDM 밴드
  - O band : 1260~1360[nm]
  - E band : 1360~1460[nm]
  - S band : 1460~1530[nm]
  - C band : 1530~1565[nm] (가장 많이 사용)
  - L band : 1565~1625[nm] (장거리 전송에 유용)
  - U band : 1625~1675[nm]

79 ②

방송 공동수신설비의 설치기준에 관한 고시 제13조(수신안테나의 설치방법)
- 수신안테나는 모든 채널의 지상파방송, 위성방송 신호를 수신할 수 있도록 안테나를 구성하여 설치하여야 한다.
- 수신안테나는 벼락으로부터 보호될 수 있도록 설치하되, 피뢰침과 1미터 이상의 거리를 두어야 한다.
- 수신안테나를 지지하는 구조물은 풍하중을 견딜 수 있도록 견고하게 설치하여야 한다. 이 경우 풍하중의 산정에 관하여는 「건축물의 구조기준 등에 관한 규칙」 제9조를 준용한다.
- 둘 이상의 건축물이 하나의 단지를 구성하고 있는 경우에는 한 조의 수신안테나를 설치하여 이를 공동으로 사용할 수 있다.

80 ④

광통신망 유지보수 계측기 종류
- OTDR : 광케이블에서 발생하는 신호의 손실과 반사를 측정하여 광케이블 절단 구간을 찾아내는 장비이다.
- Optical Power Meter : 광케이블에서 인입된 신호 세기를 측정하는 장비이다.
- 융착접속기 : 두 개의 절단된 광케이블을 융착하여 연결하는 장비이다.

오답 피하기

선로분석기는 광통신망이 아닌 통신 케이블의 절단이나 접속부 불량 여부를 분석하는 장비이다.

〈5과목〉 컴퓨터일반 및 정보설비 기준

81 ③

IPv4 주소 범위

클래스	공인주소 범위	최상위 비트
A 클래스	1.0.0.0 ~ 9.255.255.255 11.0.0.0 ~ 126.255.255.255	0
B 클래스	128.0.0.0 ~ 172.15.255.255 172.32.0.0 ~ 191.255.255.255	1
C 클래스	192.0.0.0 ~ 192.167.255.255 192.169.0.0 ~ 223.255.255.255	11
D 클래스	224.0.0.0 ~ 239.255.255.255	111

82 ①

DDoS(Distributed Denial of Service) 공격유형
- 대역폭 공격 : 대역폭 소진을 목적으로 공격 대상에 패킷을 지속적으로 보내는 공격으로, ICMP/UDP Flooding, UDP 기반 반사 공격 등이 있다. 일시적으로 대량의 트래픽이 발생한 서버는 무력화된다.

- 자원소진 공격 : 대규모 연결요청, 연결 완료 요청, 응답 대기를 유도하여 대상의 CPU, 메모리 자원 등을 고갈시켜 서버를 마비시키는 공격으로 TCP SYN Flooding 등이 있다. 대역폭 공격과 비교하여 적은 트래픽 부하로 서버의 과부하를 유발할 수 있다.
- 웹 부하 공격 : 웹페이지 생성 부분을 집중적으로 공격하는 방식으로 정상 세션 후 과도한 Http 페이지 요청 반복으로 웹과 DB의 과부하를 유도한다. 비정상 Http Request, Http Get Flooding 공격 등이 있다.

83 ③

클라우드컴퓨팅 발전 및 이용자 보호에 관한 법률
제23조의2(클라우드컴퓨팅서비스의 보안인증)
- 과학기술정보통신부장관은 정보보호 수준의 향상 및 보장을 위하여 보안인증기준에 적합한 클라우드컴퓨팅서비스에 대하여 대통령령으로 정하는 바에 따라 인증을 할 수 있다.
- 보안인증의 유효기간은 인증 서비스 등을 고려하여 대통령령으로 정하는 5년 내의 범위로 하고, 보안인증의 유효기간을 연장받으려는 자는 대통령령으로 정하는 바에 따라 유효기간의 갱신을 신청하여야 한다.

84 ①

접지설비 · 구내통신설비 · 선로설비 및 통신공동구등에 대한 기술기준
제5조(접지저항 등)
- 교환설비 · 전송설비 및 통신케이블과 금속으로 된 단자함(구내통신단자함, 옥외분배함 등) · 장치함 및 지지물 등이 사람이나 방송통신설비에 피해를 줄 우려가 있을 때에는 접지단자를 설치하여 접지하여야 한다.
- 통신관련시설의 접지저항은 10Ω 이하를 기준으로 한다. 다만, 다음 각호의 경우는 100Ω 이하로 할 수 있다.
  - 선로설비중 선조 · 케이블에 대하여 일정 간격으로 시설하는 접지(단, 차폐케이블은 제외)
  - 국선 수용 회선이 100회선 이하인 주배선반
  - 보호기를 설치하지 않는 구내통신단자함
  - 구내통신선로설비에 있어서 전송 또는 제어신호용 케이블의 실드 접지
  - 철탑 이외 전주 등에 시설하는 이동통신용 중계기
  - 암반 지역 또는 산악지역에서의 암반 지층을 포함하는 경우 등 특수 지형에의 시설이 불가피한 경우로서 기준 저항값 10Ω을 얻기 곤란한 경우
  - 기타 설비 및 장치의 특성에 따라 시설 및 인명 안전에 영향을 미치지 않는 경우
- 다음에 해당하는 방송통신관련 설비의 경우에는 접지를 아니할 수 있다.
  - 전도성이 없는 인장선을 사용하는 광섬유케이블의 경우
  - 금속성 함체나 광섬유 접속등과 같이 내부에 전기적 접속이 없는 경우

85 ③

접지설비 · 구내통신설비 · 선로설비 및 통신공동구등에 대한 기술기준
제32조(구내 통신선의 배선)
구내간선케이블, 건물간선케이블 및 수평배선케이블은 100[MHz] 이상의 전송대역을 갖는 꼬임케이블, 광섬유케이블 또는 동축케이블을 사용하여야 한다. 이 경우 사업용방송통신설비와의 접속을 위한 광섬유케이블은 단일모드 광섬유케이블을 사용하여야 한다.

86 ④

정보통신공사업법 시행령
제8조의3(감리원의 배치기준 등)
- 용역업자는 1명의 감리원에게 둘 이상의 공사를 감리하게 해서는 안 된다. 다만, 다음 어느 하나에 해당하는 공사로서 발주자의 승낙을 얻은 경우에는 둘 이상의 공사를 감리할 수 있다.
- 총공사금액이 2억원 미만의 공사로서 다음 하나에 해당하는 공사
  - 동일한 시 · 군에서 행해지는 동일한 종류의 공사
  - 공사 현장 간의 직선거리가 20킬로미터 이내인 지역에서 행해지는 동일한 종류의 공사
- 이미 시공 중에 있는 공사의 현장에서 새로이 행해지는 동일한 종류의 공사

87 ②

방송통신발전 기본법
제13조(방송통신에 이용되는 유·무선 망의 고도화)
과학기술정보통신부장관은 국민이 원하는 다양한 방송통신서비스가 차질 없이 안정적으로 제공될 수 있도록 방송통신에 이용되는 유·무선망의 고도화를 위하여 노력하여야 하며, 이를 위하여 필요한 시책을 수립·시행하여야 한다.

88 ③

VPN
- 인터넷망과 같은 공중망을 사설망처럼 이용할 수 있도록 특수 통신체계와 암호화 기법을 제공하는 가상 사설 통신망으로 터널링 프로토콜과 암호화 기술을 이용한다.
- PPTP(Point-to-Point Tunneling Protocol) VPN : L2계층 터널링 기술로 MS에 의해 표준화되었다. 설치와 관리가 단순하고 보안에 취약하다.
- IPsec(Internet Protocol Security) VPN : L3 계층 터널링 기술로 다수 동시 접속자를 지원한다.
- SSL(Secure Sockets Layer) VPN : 4계층 이상의 웹 기반에서 효율적인 터널링 기술이다.
- MPLS(MultiProtocol Label Switching) VPN : L3 또는 L2 계층의 MPLS 라벨을 이용하는 VPN 기술이다.

89 ②

정보통신공사 감리업무 수행지침
제6조(발주자의 지도·감독 및 지원업무담당자의 업무범위)
발주자는 감리원으로부터 보고 및 승인 요청이 있을 경우 특별한 사유가 없는 한 다음 각 호에 정해진 기한 내에 처리될 수 있도록 협조하여야 한다.
- 실정보고, 설계변경 방침변경 : 요청일로부터 단순한 경우 7일 이내
- 시설물 인계·인수 : 준공검사 시정 완료일로부터 14일 이내
- 현장문서 및 유지관리지침서 : 공사준공 후 14일 이내

90 ③

구조적 프로그래밍(Structured Programming)
구조적 프로그래밍은 순서대로 진행하는 순차, 조건문을 이용한 선택, 반복문을 이용하는 반복의 구조를 여러 번 사용하여 프로그램하는 방식을 말한다. 비구조적 방식에 비교하여 코드가 모듈화되어 유지보수가 쉽고 코드의 재사용성이 높다. C언어는 대표적인 구조적 프로그래밍 언어이다.

91 ①

프로그램 구현
- 프리프로세서(Preprocessor) : 전처리기라고 불리며 소스코드를 컴파일하기 전에 전처리 지시문에 정의된 작업을 수행한다. 수행 작업으로 헤더파일 결합, 매크로 정의 치환, 조건지시문 변환 등이 있다.
- 인터프리터(Interpreter) : 고급 언어(High level language)로 작성된 원시 프로그램을 실행하되 목적 프로그램은 만들지 않고 대화식으로 처리한다.
- 컴파일러(Compiler) : 고급 언어로 작성된 원시프로그램을 기계어로 된 프로그램으로 만들어 준다.
- 어셈블러(Assembler) : 저급 언어(Low level language)로 작성된 원시프로그램을 목적 프로그램으로 변환한다. 어셈블리어를 기계어로 번역한다.
- 링커(Linker) : 두 개 이상의 목적 프로그램을 합쳐서 실행할 수 있는 프로그램으로 만드는 역할을 한다.
- 로더(Loader) : 프로그램을 실행하기 위하여 프로그램을 보조 기억 장치로부터 컴퓨터의 주기억장치(RAM)에 올려놓는 프로그램이다.

92 ①

보조기억장치 처리속도
자기드럼, 자기디스크 방식이 직접접근방식으로 순차접근방식의 자기테이프보다 처리속도가 빠르다. 또한 자기드럼은 고정헤드로 seek time이 없어 접근시간이 빨라 한때 주기억장치로 사용되었다. 저장용량이 작은 단점이 있다.

93 ①

전기통신사업법 시행령
제35조(이용약관의 신고 등)
전기통신서비스에 관한 요금 및 이용조건을 신고 또는 변경신고하려는 자는 다음 각 호의 사항을 포함하여 작성한 이용약관에 전기통신서비스의 요금 산정 근거 자료를 첨부하여 과학기술정보통신부장관에게 제출해야 한다.
- 전기통신서비스의 종류 및 내용
- 전기통신서비스를 제공하는 지역
- 수수료·실비를 포함한 전기통신서비스의 요금
- 전기통신사업자 및 그 이용자의 책임에 관한 사항
- 그 밖에 해당 전기통신서비스의 제공 또는 이용에 필요한 사항

94 ③

디스크 입·출력 시간
- 탐색시간(Seek time) : 기록할 위치 또는 원하는 데이터가 있는 디스크 실린더에 헤더를 위치시키는 시간이다.
- 회전지연시간(Rotation time, Latency) : 헤더가 트랙에서 원하는 섹터까지 위치하는 데 걸리는 시간이다.
- (데이터)전송시간(Transfer time) : 섹터를 읽어서 전송하거나 데이터를 섹터에 기록하는 데 걸리는 시간이다.
- Access Time = Seek Time + Rotational Latency + Transfer Time

95 ②

입출력 주소지정 방식
- Memory mapped I/O
주기억장치 주소 일부를 입출력장치에 할당하는 방식으로 입출력장치를 메모리 일부로 취급한다. 입출력 명령이 없고 프로그램 작성이 간단하며 기억장치 주소 공간이 감소한다.
- I/O mapped I/O
입출력장치 번지와 기억장치의 주소를 구별하여 지정하는 방법이다. 출력 명령이 필요하며 입출력을 위한 별도의 선택 신호가 필요하다.

96 ③

데이터 종속성
- 데이터 종속성 : 어떤 명령어를 실행하기 위해서는 앞의 다른 명령어의 실행 결과를 이용해야 하는 상황이다.
  - RAW(Read After Write) 종속성 : Read가 전부 이루어지기 전에 Write가 발생하는 경우이다. 특정 register의 처리가 다 끝나지도 않았는데 해당 register를 사용하면서 발생한다. 흐름 의존성(Flow dependency)이라고도 한다.
  - WAR(Write After Read) 종속성 : Read 전에 Write가 먼저 이루어지거나 동시 실행이 될 경우이다. 반의존성(Anti-dependency)이라고도 한다.
  - WAW(Write After Write) 종속성 : Write가 이루어지고 같은 레지스터에 또 다른 Write가 이루어질 경우이다. 출력 의존성(Output dependency)이라고도 한다.
- 레지스터 재명명
명령어 실행 과정에서 CPU 레지스터의 중복 사용으로 실행이 지연되는 WAR 종속성과 WAW 종속성에 의한 성능 저하를 방지하기 위한 방법이다. 레지스터를 추가적으로 사용하거나 원래의 프로그램 코드에서 사용하는 레지스터의 이름을 변경한다.

97 ①

섹터 주소지정방식
- **CHS 주소지정방식** : 물리적으로 주소를 할당하는 방식으로 각각 실린더, 헤드, 섹터에 번호를 할당해 그 주소를 이용하여 데이터를 찾아 읽고 쓰는 방식이다.
- **LBA 주소지정방식** : 논리적인 주소를 이용하는 방식으로 Sector를 일차원으로 배열하여 순서대로 숫자를 지정해 주소를 계산해주는 방식이다.

98 ③

스풀(Spool : Simultaneous Peripheral Operation On-Line)
중앙처리장치에 비해 주변장치의 처리속도가 느려서 발생하는 대기시간을 줄이기 위해 고안된 기법이다. 프린터 스풀링이란 인쇄할 때 운영체제는 인쇄 데이터를 버퍼에 저장하고 있다가 프린터의 인쇄 진행 상황 또는 프린터 메모리 가용량 등에 따라 프린터에 데이터와 제어 코드 등을 전송하여 인쇄 작업을 진행하는 것을 말한다

99 ①

- **데이터 웨어하우스** : 데이터를 여러 데이터 소스들로부터 통합하여 저장하는 단일저장소이다.
- **데이터 마트** : 데이터를 특정 목적에 따라 추출하여 저장하는 형태이다.
- **데이터 레이크** : 미가공된 원시 데이터를 그대로 저장한다.
- **빅데이터** : 대용량 데이터를 수집, 저장, 관리, 분석하여 가치 있는 정보를 만들고, 생성된 지식을 바탕으로 능동적으로 대응하거나 변화를 예측하기 위한 정보화 기술이다.

100 ③

무료 오픈 소스 소프트웨어
무료 오픈 소스 소프트웨어(FOSS : Free and Open Source Software)는 모든 사람이 무료로 사용하고, 수정 및 배포할 수 있는 소프트웨어이다. 오픈 소스 소프트웨어 라이센스(GPL, BSD 등)에 따라 소스 코드 공개의무 유무, 상업 목적의 사용 가능 여부 등에 차이가 있다.

01 ②	02 ③	03 ③	04 ④	05 ③
06 ④	07 ①	08 ①	09 ③	10 ③
11 ①	12 ②	13 ③	14 ②	15 ①
16 ④	17 ④	18 ①	19 ①	20 ①
21 ①	22 ①	23 ④	24 ③	25 ②
26 ④	27 ①	28 ③	29 ④	30 ③
31 ④	32 ③	33 ①	34 ④	35 ②
36 ②	37 ③	38 ①	39 ③	40 ①
41 ③	42 ③	43 ④	44 ④	45 ①
46 ④	47 ④	48 ④	49 ②	50 ①
51 ①	52 ①	53 ③	54 ①	55 ①
56 ①	57 ①	58 ①	59 ④	60 ②
61 ①	62 ④	63 ②	64 ④	65 ①
66 ④	67 ①	68 ③	69 ①	70 ②
71 ④	72 ①	73 ②	74 ④	75 ②
76 ①	77 ③	78 ③	79 ④	80 ③
81 ②	82 ③	83 ④	84 ③	85 ③
86 ②	87 ③	88 ①	89 ③	90 ①
91 ②	92 ④	93 ④	94 ③	95 ①
96 ③	97 ③	98 ③	99 ②	100 ③

〈1과목〉 정보전송일반

01 ②
비트 전송률 계산
- 비트 전송률(bps) $= n \times B$ [bps] (n : 한 번에 전송하는 비트 수, B : 변조 속도)이다.
- $n = \log_2 M$ (M은 데이터 준위 수)이므로, $n = \log_2 4 = 2$이다.
- 변조속도 $B = \dfrac{1}{T} = \dfrac{1}{1 \times 10^{-3}} = 1,000$[baud]이다.
- 그러므로 비트 전송률 $n \times B = 2 \times 1,000 = 2,000$[bps]이다.

02 ③
엘리어싱(Aliasing)
- 엘리어싱이란 Nyquist 표본화 주기 및 Nyquist 표본화 주파수를 만족하지 않았을 때, 주파수 영역에서 스펙트럼이 겹치는 현상을 말한다.
- 엘리어싱이 발생하면 나중에 원신호를 얻었을 때 신호가 찌그러지게 된다.
- 주파수스펙트럼 분포에서 서로 이웃하는 부분이 겹쳐서 발생한다.
- 엘리어싱 오차를 줄이려면 샘플링(표본화) 주기를 낮추고, 샘플링 주파수를 높여 초당 샘플수를 많게 해야 한다.

오답 피하기

엘리어싱 방지하기 위해서는 필요대역 이상의 고주파 성분을 제거할 수 있는 LPF(Low Pass Filter)를 표본화하기 전에 사용하면 된다.

03 ③
2B/1Q (2 Binary 1 Quaternary)
- 2진 데이터 4개(00, 01, 11, 10)를 1개의 4진 심볼(-3, -1, +1, +3)로 변환하는 선로 부호화 방식이다.
- 첫째 비트는 극성을, 둘째 비트는 심볼의 크기를 의미한다.
- 첫째 비트가 1 이면 + , 0 면 - 이며, 둘째 비트 진폭이 1이면 1, 0이면 0을 말한다.

- Baseband 변조방식으로도 비교적 전송 가능 거리가 길고, AMI에 비해 근단 누화가 양호하다.

04 ④
부울식 계산
- $\overline{(A+B)} \cdot \overline{(B+\overline{C})}$, De Morgan 정리 $\overline{A \cdot B} = \overline{A} + \overline{B}$ 를 이용하여, $\overline{\overline{(A+B)}} + \overline{\overline{(A+\overline{C})}} = (A+B) + (B+\overline{C})$이다.
- 동일법칙 $A + A = A$이므로, 최종 $X = A + B + \overline{C}$이다.

05 ③
반감산기
- 반감산기는 두 비트의 뺄셈을 수행하며, 그 차와 1을 빌려왔는지를 나타내는 자리내림을 가진 논리회로이다.
- 1자리 2진수와 감산을 행하는 것으로 반가산기와 대응되는 회로이다.
- 가산기 회로도에 NOT 게이트 회로를 결합한 회로이다.

06 ④
잡음레벨[dB] 계산
신호대 잡음비는 $20\log \dfrac{\text{통화전압}}{\text{잡음전압}} = 20\log \dfrac{55}{0.055} = 20\log 10^3 = 60$[dB]이다.

07 ①
UTP(Unshielded Twisted Pair) 케이블
- UTP 케이블은 비차폐 꼬임선으로, 절연된 2개의 구리선을 서로 꼬아 만든 여러 쌍의 케이블 외부를 플라스틱 피복으로 절연시킨 케이블이다.
- UTP Cable 종류

Category	대역폭	전송속도	규격
Category 5(CAT-5)	100[MHz]	100[Mbps]	100BASE-TX
Category 5e(CAT-5e)	100[MHz]	1[Gbps]	1000BASE-T
Category 6 (CAT-6)	250[MHz]	1[Gbps]	1000BASE-TX
Category 6A(CAT-6A)	500[MHz]	10[Gbps]	10G BASE
Category 7(CAT-7)	600[MHz]	10[Gbps]	10G BASE

오답 피하기

CAT.5 케이블의 규격은 100BASE-TX이며, 대역폭은 100MHz, 전송속도는 100Mbps이다.

08 ①
주요 광학 파라메터
- **수광각(Acceptance Angle)** : 빛을 받아드릴 수 있는 각으로 광을 Core내에서 전달하기 위한 최대의 입사각도이다.
- **개구수(Numerical Aperture)** : 입사광에 대해 받아들일 수 있는 최대 수광각이다. (광을 모을 수 있는 능력)
- **규격화 주파수(Normalized Frequency)** : Optical Fiber가 단일 모드 인지, 다중 모드 인지를 구별하는 것을 말한다.

09 ③
도플러 현상
- 전파의 송/수신부가 가까워지거나 멀어짐에 따라 상대적으로 수신 주파수 높아지거나 낮아지는 현상을 말한다.
- 예를 들어, 빠르게 지나가는 자동차가 울리는 경적 소리를 생각해보면, 가까운 곳에서는 음정이 크게 들리며 멀어질수록 음정이 점점 낮아지는 것처럼 들립니다. 하지만 운전자 입장에서는 동일한 음으로 소리가 나고 있을 것으로, 신호의 거리가 가까워지고 멀어질수록 수신자 입장에서 느끼는 소리의 음(주파수) 차이가 느껴지는 상황을 말한다.

10 ③

자유공간 손실 계산
- 송신출력이 10[W]를 [dBm]으로 환산하면,

$$10\log_{10}\frac{10\,W}{1\,mW}[dBm] = 10\log_{10}10^4 = 40[dBm]$$

- 송/수신 안테나의 이득은 25[dBi]이고, 수신 전력이 −20[dBm]이다.
- 자유공간 손실은 송신출력 + 송신 안테나 이득 + 수신 안테나 이득 − 수신 전력으로 계산되며, 40 + 25 + 25 + 20 = 110[dB]이다.

11 ①

동일 비트율의 심볼수 증가 시 효과
- 동일 비트율의 데이터 속도(bps)에서 심볼당 비트수를 증가시키면 전송 대역폭(Bandwidth)이 줄어든다.
- 동일 대역폭(Bandwidth)에서 심볼당 비트수를 증가시키면 데이터 전송속도(bps)가 늘어난다.

12 ②

누화(Crosstalk)
- 채널의 신호가 다른 채널에 전자기적으로 결합되어 영향을 미치는 현상을 말한다.
- 누화의 원인으로는 차폐가 안 된 동선 가닥이 인접해 있거나, 안테나가 원하는 신호 이외에 반사 전파 등에 의한 신호도 수신할 때 발생한다.
- 누화 손실은 유도회선에서 송신한 신호 세기에 피 유도회선으로 유입된 신호 세기의 비이다.
- 보통 주파수가 높을수록 누화에 의한 잡음이 증가한다.
- 누화에는 근단누화와 원단누화가 있으며, 근단누화 특성이 원단누화 특성보다 더 많은 영향을 미친다.

13 ③

시간 분할 다중화 (TDM, Time Division Multiplexing)
- TDM은 전송하고자 하는 각각 정보의 시간을 다르게 분할하여 전송하는 다중화 방식으로, 여러 개의 서로 다른 신호가 전송로를 점유하는 시간을 분할해 줌으로써 하나의 전송로에 채널을 다중화하는 방식이다.
- 채널 사용 효율이 좋으며, 송/수신기 구조가 동일하다.
- 정보의 양에 따라 많은 시간이 필요하며, 동기가 정확해야 하는 단점이 있다.
- TDM의 종류에는 Time slot을 고정적으로 할당하는 STDM과 Time slot을 동적으로 할당하는 ATDM 방식(통계적 시분할 다중화라고도 한다.)이 있다.

14 ②

OFDM(Orthogonal Frequency Division Modulation)
- OFDM은 하나의 정보를 여러 개의 반송파(subcarrier)로 분할하고, 분할된 반송파 간의 간격을 최소로 하기 위해 직교성을 부가하여 다중화시키는 변조기술이다.
- 고속의 직렬 데이터를 저속 병렬 데이터로 변환하여 여러 개의 직교 주파수에 실어 전송하고, 수신측에서는 병렬의 저속 데이터들을 합쳐서 고속의 직렬 데이터로 복원한다.
- OFDM은 주파수 이용 효율이 높고, 멀티패스에 의한 ISI(심볼간 간섭)에 강해 고속 데이터 전송에 적합하다.
- OFDM은 반송파간의 성분 분리를 위한 직교성 부여로 전송효율 증대가 가능하고, FDM의 GB(Guard Band)를 두지 않는 장점이 있다.
- OFDM은 유/무선 채널에서 고속 데이터 전송에 적합한 디지털 변조방식으로, 지상파 디지털 방송, IEEE 802.11a 등의 무선 LAN, 전력선 모뎀 등의 전송방식에 채택되고 있다.

주파수 분할 다중화 (FDM, Frequency Division Multiplexing)
- FDM은 전송하는 각 정보의 주파수를 다르게 분할하여 전송하는 다중화 방식이다.
- 아날로그 다중통신방식에서 많이 사용하며, 정보의 양이 크면 주파수 대역폭이 많이 필요하다.

- 동기를 위한 장치는 불필요하나, 채널 사용 효율이 낮으며 송/수신기 구조가 복잡하다.

15 ①

변조속도(통신속도, 신호속도, 보오율, Baud Rate)
- 변조속도는 초당 신호단위의 수로 단위는 baud를 사용하며 Baud rate이라고도 한다.
- 신호의 변조과정에서 1초 간에 몇 회 변조가 되어졌는가를 나타내는 것으로, 초당 신호단위의 수 또는 최단 펄스의 시간 길이의 역수로 계산할 수 있다.
- 변조속도(보오율), $B = \dfrac{1}{T}$ [baud]

16 ④

주파수 도약(FHSS, Frequency Hopping Spread Spectrum)
- 원 신호를 미리 정해진 패턴에 따라 불연속적으로 반송파를 호핑(편이)시키는 기술이다.
- 1차 변조된 파를 PN부호에 의해 결정되는 주파수 합성기 출력 신호와 재변조하는 방식으로, 송/수신단에서 동일한 PN부호 발생기를 가지고 있어야 송/수신이 가능하다.
- 데이터 변조방식은 주로 M진 FSK가 사용되며, 반송파를 여러 개 사용해 일정한 주기마다 바꾸며 신호를 대역확산하는 방식이다.

오답 피하기
동일 지역에서 서로 다른 도약 시퀀스에 의해 네트워크 분리가 가능하다.

17 ④

이동통신 페이딩
- 이동통신 페이딩은 주변 장애물과 환경에 의해 전계강도가 변하며, Long term, Short term, Rician 페이딩이 있다.
- Long term 페이딩 : 기지국에서의 거리에 따라 전파의 세기가 변화(감소)되는 현상이다.
- Short term 페이딩 : 주위의 건물 또는 장애물의 반사파 등에 의해 수신되는 전파의 세기가 빠르게 변화하는 현상을 말한다.
- Rician 페이딩 : 기지국 근처에서는 이동국과의 사이에 가시거리가 확보되어 직접파와 반사파가 동시에 존재하게 되는 현상을 말한다.

18 ①

대역폭(Bandwidth) 계산
- 3개의 정현파로 구현될 경우 대역폭은 최고 주파수 − 최저주파수로 계산된다.
- 대역폭 = 500[Hz] − 300[Hz] = 200[Hz] 이다.

19 ①

신호대잡음비 계산
- $SNR_{in} = 10\log_{10}\dfrac{\text{신호의 파워}}{\text{잡음의 파워}} = 15[dB]$
- Noise Factor = 10이므로, dB값으로 나타낸 Noise Figure는 $10\log_{10}$ 10[dB]이다.
- Noise Figure = $\dfrac{SNR_{in}}{SNR_{out}}$이며, $10[dB] = \dfrac{15[dB]}{SNR_{out}}$이다.
- [dB]계산 시 나누기는 뺄셈, 곱하기는 덧셈으로 계산할 수 있으므로, $SNR_{out} = 15[dB] - 10[dB] = 5[dB]$이다.

20 ①

Angle Diversity

Angle Diversity는 지향성이 다른 수신안테나를 이용하는 방식으로, Beam 폭이 좁고 첨예한 지향성 수신 안테나를 사용하는 방법이다.

- **공간 다이버시티** : 동일 주파수를 사용하는 2개 이상의 안테나를 이용하여 다이버시티 효과를 얻는 기법이다.
- **주파수 다이버시티** : 주파수가 다른 2개 이상의 동일 정보신호를 전송하고, 수신측에서 2개 이상의 신호 중 양호한 신호를 선택 또는 합성하여 수신하는 방식이다.
- **편파 다이버시티** : 편파가 다르면 페이딩의 상태가 달라지는 것을 이용하는 방식으로, 2개의 편파(수직편파, 수평편파)를 따로 송수신하여 페이딩의 영향을 개선하는 방식이다.
- **시간 다이버시티** : 동일 정보를 시간 차이를 두어 반복적으로 송신하고, 이중 페이딩이 발생하지 않거나 적은 전파를 수신하여 페이딩을 방지하는 방식이다.

〈2과목〉 정보통신기기

21 ①

USN(Ubiquitous Sensor Network)

- USN 기술은 모든 사물에 컴퓨팅 능력과 통신 기능을 부여해 환경과 상황을 자동으로 인지하도록 함으로써 사용자에게 최적의 서비스를 제공할 수 있게 하는 기술로 각종 센서에서 수집한 정보를 무선으로 수집할 수 있도록 구성한 네트워크를 말한다.
- USN의 기본적인 기술 구성요소는 제어부, 통신부, 센서부, 전원부로 구성되어 있다.

22 ①

모뎀과 DSU, CSU 비교

구분	모뎀	DSU	CSU
사용목적	음성급 전화망 모뎀간 전송	데이터 전용망 가입자측 장비	데이터 전용망 국측 장비
전송신호	아날로그	디지털	디지털
특징	QAM, DPSK	Unipolar 신호를 Bipolar로 변환	T1, E1 등 전용회선 수용
전송속도	9.6[Kbps]	64[Kbps]	128[Kbps]

23 ④

PCM(Pulse Code Modulation) 과정

- PCM은 송신측에서 아날로그 파형을 일단 디지털화하여 전송하고 수신측에서 그것을 다시 아날로그화 함으로써 아날로그 정보를 전송하는 방식이다.
- PCM의 과정은 표본화 – 양자화 – 부호화 – 펄스발생기 – 통신채널을 통해 이루어진다.
- **표본화** : 연속적인 아날로그 신호를 일정 시간 간격으로 표본을 취하는 과정이다.
- **양자화** : 표본화된 신호를 진폭에 따라 이산적인 값을 변환하는 과정이다.
- **부호화** : 양자화를 통해 이산적인 값을 디지털 2진수로 표현하는 과정이다.

24 ③

다중화 속도

다중화는 다수의 데이터 신호를 중복시켜서 하나의 고속신호를 생성시켜 신호를 전달하는 방식이므로 4개의 채널을 다중화하면 최소 1,200[bps]×4ch = 4,800[bps]의 속도가 된다.

25 ②

중계선의 효율과 어랑

- **어랑(Erl)** : 1회선을 1시간 동안 계속 점유한 통화량이다.
- **중계선의 효율** : 중계선에서 단위 시간 내의 1중계선당 평균 사용 시간이다.

$$\therefore \frac{5}{20} \times 100 = 25\%$$

26 ④

재난안전통신망(PS−LTE)

- 경찰, 소방, 해경 등 재난관련 기관들이 재난 대응업무에 활용하기 위해 전용으로 사용하는 전국 단일의 무선 통신망이며 광대역 무선통신기술(LTE) 기반으로, 산불·지진·선박 침몰과 같은 대형 재난 발생시 재난관련 기관들의 신속한 의사소통과 효과적인 현장대응을 할 수 있다.
- 재난안전통신망 단말기는 사용자의 업무유형에 따라 스마트폰형, 무전기형, 복합형 등 전용단말기를 사용한다.
- 재난안전통신망 단말기는 음성 코덱(EVS, WB−AMR 및 NB−AMR 등)과 비디오 코덱(H.265, H.264 및 H.263 등)을 지원해야 한다.

VP9는 Google의 오픈소스 비디오 코덱으로, VP8의 업그레이드 버전으로 UHD 비디오 서비스를 위해 개발되었다.

27 ①

IoT(Internet of Things)

- IoT는 인터넷을 기반으로 모든 사물을 연결하여 상호 소통하는 지능형 기술 및 서비스를 말한다.
- IoT는 크게 센서, Device/Platform, N/W, 서비스로 구분되며, 상호 정보의 공유가 가능한 환경이다.
- IoT 센서와 관련된 응용서비스 처리 시 핵심적인 기능은 고속데이터 처리, 저전력, 저지연이다.
- **IoT 기술의 구성**

구분	내용
Sensor	온도, 습도, 열, 초음파 등 다양한 센서를 이용하여 원격감지, 위치 및 모션 추적 등을 통해 사물과 주위 환경으로부터 정보를 획득
Device / Platform	저렴한 비용과 빠른 개발속도로 제품을 만들고 IoT 응용 서비스의 활용이 가능하도록 개방형 환경을 제공
Network	저전력, 장거리 통신이 가능한 NW와 TCP/IP 기반의 인터넷 프로토콜 필요 (LoRa, NB−IoT, Sigfox, LTE−M)
Service	다양한 산업과 ICT 기술이 융복합된 서비스를 제공하며 의료, 자동차, 건축, 제조, 환경, 보안, 생활 분야 등에 적용됨

28 ③

비디오텍스(Videotex)

- 텔레비전 방송망, 전화망, LAN 등의 통신망을 통해 정보 센터의 데이터베이스에 접속하여 데이터베이스의 정보 중 사용자가 원하는 정보를 단말기에 표시하는 서비스이다.
- 대용량의 축적 정보를 제공한다.
- 쌍방향 통신 기능을 갖는 검색·회화형 화상 정보 서비스이다.
- 정보 제공자와 운용 주체가 다르다.
- 시간적인 제한은 없으나 화면의 전송이 느리고 Interface가 필요하다.

29 ④

SIP(Session Initiation Protocol)

- VoIP 서비스를 지원하는 프로토콜로 ITU−T H.323과 대응되는 IETF의 신호 프로토콜(IETF SIP)이며 H.323이 과거 인터넷폰에 대한 사실상의 표준이었으나, 지금은 SIP 프로토콜을 사용한다.
- SIP(Session Initiation Protocol) 서버의 기능은 SIP 장비의 등록, SIP 장비간 호 처리, SIP 호 연결 Proxy 기능을 제공한다.

필기편

PART 07

최신 필기 기출문제

필기 기출문제 03회 정답 및 해설 3-203

30 ③
WebRTC(Web Real-Time Communication)
WebRTC는 브라우저 이용자간 P2P 방식의 실시간 화상전화, 영상협업, 파일공유, 인터넷방송 서비스를 별도 프로그램 설치 없이 구현할 수 있게 해주는 기술 표준 규격이다.

- UAS(User Agent Server)은 SIP 프로토콜에서 호를 수락하거나 거절 또는 Redirect하는 장치이다.
- H.323 은 음성전화망 시그널링 프로토콜이다.
- H.264 는 MPEG-4 표준안 보다 압축율이 약 2배 정도 향상된 동영상 압축 기술 표준이다.

31 ④
IPTV의 보안기술
- CAS(Conditional Access System)는 허가된 특정 사용자에게만 채널과 프로그램, VOD 등의 Contents를 시청할 수 있도록 제한하는 방송용 보안 기술이다.
- DRM(Digital Right Management)은 콘텐츠를 암호화 한 후 배포하여 인증된 사용자만 사용하고 무단 복제 시 인증되지 않은 사용자는 사용할 수 없도록 제어하는 기술이다.

DRM은 인터넷과 IPTV 등 양방향 통신망에서 사용된다.

32 ③
디지털 지상파 HDTV 방송의 전송방식 표준 기술
- HDTV는 기존 아날로그방식에 비해 화소를 4배 향상시키고 고품질의 영상을 제공한다.
- 영상압축방식은 MPEG-2, 음성압축방식은 AC-3, 전송방식은 8VSB방식을 사용하며 6[MHz]의 대역폭을 사용한다.

33 ①
홈네트워크 장비 보안요구사항
인증기준 항목 : 사용자 확인을 위하여 전자서명, 아이디/비밀번호, 일회용 비밀번호(OTP) 등을 통해 신원확인 및 인증 기능을 구현

디바이스접근은 접근통제 항목이며, 개인정보 법적 준거성은 데이터 기밀성과 무결성에 해당하는 내용이다.

34 ④
RFID(Radio Frequency Identification)
- 소형 전자칩과 안테나로 구성된 전자 Tag를 제품에 부착하여 사물을 정보 단말기가 인식하고, 인식된 정보를 IT 시스템과 실시간으로 교환하는 기술이다.
- 태그는 배터리 내장 유무에 따라 능동형과 수동형으로 구분된다.
- 리더기는 주파수 발신 제어 및 수신 데이터의 해독을 실시한다.
- 리더기는 용도에 따라 고정형, 이동형, 휴대형으로 구분된다.
- 태그는 데이터가 입력되는 IC칩과 안테나로 구성된다.

35 ②
단말형(On-Device) 인공지능(AI) 기술
- 중앙 서버를 거치지 않고 사용자 단말에서 인공지능 알고리즘을 실행하고 결과를 획득하는 기술이다.
- 효율적 처리를 위해 신경망 처리장치와 같은 하드웨어와 경량화된 소프트웨어 최적화 솔루션 등이 이용된다.
- 단말형 인공지능의 가장 큰 장점은 보안성과 실시간성이다.

단말기 자체적으로 사용자의 음성 데이터를 학습하고 오프라인 환경에서도 사용자의 데이터를 학습할 수 있다.

36 ②
긴급구조용 위치정보를 제공하는 웨어러블 기기의 구성요소
무선통신모듈, A-GNSS모듈, WiFi 모듈은 위치정보의 이용이 가능한 모듈이다.

SNS(Social Networking Service)는 웹상에서 이용자들이 인적 네트워크를 형성할 수 있게 해주는 서비스로 긴급구조용 위치정보를 제공하는 웨어러블 기기가 아니다.

37 ③
실감형 디스플레이 기술
- 가상현실(Virtual Reality) : 가상의 컨텐츠와 실시간 상호작용을 통해 실감체험을 제공하는 기술이다.
- 증강현실(Augmented Reality) : 현실세계에 가상의 개체를 사용자의 시점에 맞게 증강시켜 제공하는 기술이다.
- 홀로그램(Hologram) : 특정 레이저광원을 이용하여 물체로부터 반사되는 빛의 간섭무늬를 기록한 것이다.

38 ①
HMD(Head Mounted Display)
- HMD(Head Mounted Display)는 VR기기의 일종으로 머리에 착용하여 주변시야를 차단시킨 후 사용자의 눈에 직접 가상현실 화면을 현시하는 방식이다.
- HMD의 핵심기술은 머리 움직임 추적(Head Tracking)기술, 넓은 시야각(Wide Field of View)구현 기술, 입체 3D(Stereoscopic 3D) 구현 기술, 인터랙션 및 사용자 인터페이스 기술 등이 있다.

39 ③
DPI(Dots Per Inch)
- 프린터의 성능(해상도)을 나타내는 지표이다.
- 1인치 안에 들어 있는 점의 수를 나타낸다.
- 수치가 높을수록 선명도가 좋다.

40 ①
이동통신 전력제어
- 폐루프 전력제어 : 통화 중 이동국의 출력을 기지국이 수신 가능한 최소 전력이 되도록 최소함으로써 기지국 역방향 통화 용량을 최대화하며, 단말기 배터리 수명을 연장시킨다.
- 순방향(하향 링크) 전력제어 : 기지국에서 송신전력을 제어하는 방식으로 기지국에서 멀리있는 이동국에서는 큰 송신 출력, 가까이 있는 이동국에게는 작은 송신 출력을 전송하는 방식이다.
- 외부루프 전력제어 : 기지국 외부의 제어센터에서 전력제어를 수행하는 방식이다.
- 개방루프 전력제어 : 이동단말과 기지국 간에 루프를 형성하지 않고 주로 이동단말에 의해 송신전력을 조절하는 방식이다.

41 ③

서브넷 마스크 수와 호스트 수

• **클래스별 주소**
- A클래스 : 첫 비트가 '0'으로 시작하며, 네트워크 주소 8bit, 호스트 주소 24bit이다.
- B클래스 : 첫 비트가 '10'으로 시작하며, 네트워크 주소 16bit, 호스트 주소 16bit이다.
- C클래스 : 첫 비트가 '110'으로 시작하며, 네트워크 주소 24bit, 호스트 주소 8bit이다.
• **클래스 B의 디폴트 서브넷 마스크** : 255.255.0.0이다.
• **서브넷 마스크** : 255.255.255.240는 다음과 같이 해석한다.
- **호스트 주소 16bit 부분** : 255.240 → 11111111.11110000이다.
- 호스트 주소 뒤 16bit 중 12bit를 네트워크 주소로 사용한다는 의미이다.
- 네트워크 주소는 앞 28bit이고 호스트 주소는 뒤 4bit이다.
- 서브넷 수는 $2^{12} - 2 = 4,094$개이다.
- 호스트 수는 $2^4 - 2 = 14$개이다.

42 ③

OSI 모델 기능

기능	설명
응용계층	• 사용자가 네트워크에 접근할 수 있도록 인터페이스를 제공하는 계층으로 사용자에게 가장 직접적으로 보이는 부분임 • HTTP, SMTP, FTP, SNMP 등
표현계층	• 응용프로그램 형식을 네트워크 형식으로 변환하고, 정보의 형식 설정과 코드 교환 암호화 및 판독기능을 수행 • MPEG, JPEG, MIDI 등
세션계층	실제 네트워크 연결이 이루어지는 계층으로 프로세스간의 통신을 제어하고, 동기화 제어, 연결, 세션관리 등을 수행
전송계층	• 종점간의 오류수정과 흐름제어를 수행하여 신뢰성 있고 투명한 데이터 전송을 제공 • 1~3계층을 사용하여 종단점간 신뢰성 있는 데이터 전송 • TCP, UDP
네트워크계층	• 교환, 중계, 경로설정 등을 수행하는 계층으로 라우터들을 바탕으로 데이터를 패킷 단위로 잘게 쪼개어 전송하는 역할을 수행함 • IP, IPX, ICMP, ARP 등
데이터링크계층	• 동기화, 오류제어, 흐름제어, 입출력제어, 회선제어, 동기제어 등의 물리적 링크를 통해 신뢰성 있는 정보를 전송 • HDLC, BSC 등
물리계층	• 전송 매체에서의 전기적 신호전송기능, 제어 및 클럭신호를 제공하고, 전기적, 기계적, 절차적 사항 등을 규정 • RS-232, RS-485 등

43 ④

흐름제어

• **흐름제어 정의**
수신 버퍼 크기가 송신 버퍼보다 작을 때 발생하는 에러를 제어하는 기술로서 전송단이 수신단으로부터 ACK를 받기 전에 전송하는 Data의 양을 조절하는 제어 기술이다.
• **슬라이딩 윈도우 특징**
- 송신측에서 ACK(확인응답) 프레임을 수신하면 윈도우 크기가 늘어난다.
- 윈도우는 전송 및 수신측에서 만들어진 버퍼의 크기를 말한다.
- ACK(확인응답) 수신 없이 여러 개의 프레임을 연속적으로 전송할 수 있다.
- 윈도우 안에서 전송스테이션이 PDU(Protocol Data Unit)를 전송하는 기법이다.

44 ④

CIDR 표기법

• **CIDR 체계**
- IP 주소 및 접미사로 표기한다.
- A.B.C.D/E : A부터 D까지는 IPv4 주소와 동일하게 8비트로 0~255까지인 10진수 수이며, 슬래시 뒤에 오는 수는 접두사 길이라고 한다.
- A.B.C.D/24 : 24비트 이후의 옥텟(8비트)을 전부 사용할 수 있다는 표현으로 하나의 옥텟은 8비트로 256개이기 때문에 192.168.0.0/24는 192.168.0.0 ~ 192.168.0.255까지 사용이 가능함을 의미한다.
• **192.168.128.0/20은 다음과 같다.**
- IP 192.168.128.0은 C클래스로서 디폴트 서브넷마스크는 255.255.255.0이다.
- 네트워크 ID는 192.168.128일 것이며, 호스트 ID 부분은 0부분으로, 기본적인 아이피 범위는 192.168.128.0 ~ 192.168.128.255이나, 네트워크의 첫 번째와 마지막 IP는 사용이 불가능하다. (네트워크 주소와 브로드 캐스트 주소)
- 192.168.128.0/20 20비트 이후의 12비트를 전부 사용할 수 있다는 표현이다.
- 즉, 192.168.128.0/20은 192.168.240.0 ~ 92.168.255.255까지 사용이 가능함을 의미한다.
- IP 주소의 수 = 2^{12} = 4,096개

45 ①

CIDR 표기법

• **210.200.220.78/26 해석**
- CIDR (Classless Inter-Domain Routing) 표기법을 사용한 주소이다.
- IP 주소는 210.200.220.78이며, 서브넷 마스크가 26비트인 것을 의미한다.
- 26비트의 서브넷 마스크는 255.255.255.11000000으로 표현된다.
- 이진 표기법에서 마지막 6비트는 호스트를 나타내며, 나머지 26비트는 네트워크를 나타낸다.
- 최소 호스트 주소는 210.200.220.64이고, 최대 호스트 주소는 210.200.220.127이나, 네트워크의 첫 번째와 마지막 IP(네트워크 주소와 브로드 캐스트 주소)는 사용이 불가능하다.
• **호스트의 첫 번째 IP와 마지막 IP**
네트워크 주소와 브로드 캐스트 주소를 제외했을 때, 첫 번째 IP는 210.200.220.65이며, 마지막 IP 주소는 210.200.220.126이다.

46 ④

TCP 특징

기능	설명
연결형 서비스	가상회선 방식 제공하며, 3-way handshaking을 통한 연결설정 및 4-way handshaking을 통해 연결 해제 진행
흐름제어	데이터 처리 속도를 조절하여 수신자의 버퍼 오버플로우 방지
혼잡제어	네트워크 내의 패킷 수가 넘치게 증가하지 않도록 방지
신뢰성 높은 전송	일정시간 ACK 값이 수신 못할 경우 재전송 요청한다.
전이중, 점대점 방식	양방향 전송 및 각 연결이 정확히 2개의 종단점을 가지고 있다.

47 ④

SNMP 동작 절차

절차	설명
get request	Manager에서 Agent로 특정 정보 요청
get next request	특정 계층의 하위계층 전체 정보 요청
get response	Agent가 Manager에게 응답
set request	Manager가 Agent에게 특정값 설정
Trap	UDP 162번 포트를 통해 event 발생내용을 전송

48 ④

네트워크 접속장비

- 리피터 : 1계층 장비로서 신호를 재생하여 전달되는 거리를 증가시키는 네트워크 장비이다.
- 브리지 : 2계층 장비로서 네트워크를 분리하거나, 서로 다른 네트워크를 연결해 주는 장비이다.
- 허브 : 2계층 장비로서 다수의 PC와 장치들을 묶어서 LAN을 구성할 때 각각의 PC에 연결된 케이블을 하나로 모으는 역할을 해주는 장비이다.
- 스위치(L2 스위치) : 2계층 장비로서 2계층 주소인 MAC주소를 기반으로 동작하여 네트워크 중간에서 패킷을 받아 필요한 곳에만 보내주는 장비이다.
- 라우터 : 3계층 장비로서 패킷의 위치를 추출하여 그 위치에 대한 최적의 경로를 지정하며, 이 경로를 따라 데이터 패킷을 다음 장치로 전향시키는 장치이다.
- 게이트웨이 : OSI 모델의 모든 계층을 포함하여 동작하는 네트워크 장비로서 두 개의 완전히 다른 네트워크 사이의 데이터 형식을 변환하는 장치이다.

49 ②

CSMA/CD

구분	설명
CSMA/CD	• 감시하다가 신호가 있으면 기다리고, 신호가 없으면 전송하는 방식 • 가장 많이 사용되는 액세스 방법으로 버스형에서 사용됨 • 사용자가 필요시 액세스하는 방식임 • 작업량이 적어 효과적인 방식임

50 ①

L2 스위치

구분	설명
동작원리	• 프로세서, 메모리, 펌웨어가 있는 Flash ROM으로 구성되어 있다 • 부팅 시 각 포트별 노드의 상태를 확인한다. • 각 노드의 MAC주소를 메모리에 적재하게 하고, 패킷이 전달될 때 이 정보를 기반으로 스위칭하게 된다. • 스위칭할 때 각 포트별 주소 정보가 저장된다. • 일반적인 스위치는 메모리 용량 이상의 주소가 저장될 경우 스위칭 기능이 중지되고, 더미 허브와 같은 방식으로 동작한다. • 동일 네트워크 간의 연결만 가능하다.
특징	• 구조가 간단하며 신뢰성이 높다. • 가격이 경제적이고 성능이 우수하다. • 브로드캐스트 패킷에 의해 성능 저하가 발생한다. • 패킷의 MAC주소를 읽어 스위칭한다. • L2 스위치 허브는 여러 개의 포트 중 특정 포트로만 정보를 전달한다.

51 ①

Ping(핑) & Trace(트레이스)

1) 사용 목적

라우터 구성 후 네트워크 연결에 이상 없는지 테스트하기 위한 프로그램이다.

2) Ping & Trace

구분	설명
Ping	특정 호스트로 ICMP(Internet Control Message Protocol) 패킷을 보내고, 호스트가 이 패킷을 수신하고 응답하는 데 걸리는 시간을 측정하여, 호스트 간의 연결 상태를 평가하고 지연 시간을 확인할 수 있다.
Trace	트레이스는 목적지까지의 경로를 분석해 주는 기능으로 TTL 값을 하나씩 증가시키면서 목적지로 보내서 돌아오는 에러 메시지를 가지고 경로를 추적 및 확인해 준다.

52 ①

OSPF

OSPF	• Open Shortest Path First • 링크 상태 방식이며, 다익스트라의 SPF(Shortest Path First) 알고리즘 사용 • 링크 상태 정보를 이용하여 최단 경로로 패킷을 전달 • Link State에 변화가 있을 때 해당 라우터가 LSA를 전체 네트워크에 Flooding함 　- LSA(Link State Advertisement)는 라우팅 정보 • 라우팅 설정이 복잡하고 자원 소모량이 많음 • AS내부를 영역 단위로 나누어 관리

53 ③

가동률

구분	설명
가동률 (Availability)	• 장비의 신뢰도를 표현하는 일반적인 측정치 • $Availability = \dfrac{MTBF}{MTBF + MTTR}$ $= \dfrac{23}{24} \times 100 = 95.83\%$
평균 무고장 시간 (MTBF)	• 시스템과 제품이 고장 난 시간에서 다음 고장까지의 시간 • MTBF = MTTR + MTTF
평균 고장시간 (MTTF)	시스템과 제품의 고장을 수리(복구)한 이후부터 다음 고장까지의 시간
평균 수리시간 (MTTR)	• 고장 복구(수리) 시간으로 고장을 일으켰을 때부터 다시 동작하기까지의 시간 • $MTTR = \dfrac{\text{총 고장시간}}{\text{고장횟수}}$

54 ③

중앙집중처리방식 CAMA

- CAMA(Centralized Automatic Message Accounting) 정의

통화 시작과 종료 시점에서 중앙 집중 처리 장치를 통해 통화 정보를 기록하고 요금을 책정하는 방법을 말하며, CAMA 방식은 과거에 주로 사용되던 방식 중 하나로 아날로그 전화망에서 사용되었다.

- CAMA(Centralized Automatic Message Accounting) 특징
  - 신뢰성 : CAMA 시스템은 중앙 집중 처리되기 때문에 통화 정보의 일관성과 정확성이 보장된다. 중앙 집중 처리 하기 때문에 신뢰성이 좋은 전용선이 필요하다.
  - 유지보수 : CAMA 시스템은 중앙 집중 처리되기 때문에 유지보수가 상대적으로 용이하다.
  - 구축 경비 : CAMA 시스템은 중앙 집중 처리되기 때문에 과금 처리 시스템의 구축 비용이 감소하지만, 전체 시스템을 구축하기 때문에 큰 경비가 소요된다.

– **다수의 교환국망** : CAMA(중앙집중처리방식)는 다수의 교환국망일 때 유리한 면이 있다. CAMA는 교환국마다 독립적인 과금 기능을 구현하는 것이 아니라, 통화 정보를 중앙 집중 처리 장치에서 처리하는 방식으로 작동하기 때문에 다수의 교환국에서 통화 정보를 통합적으로 관리할 수 있다.

55 ②

PSDN(Paket Switching Data Network, 패킷교환망)

• PSDN 정의
– 데이터를 작은 패킷 단위로 나누어 전송하는 네트워크 방식을 말한다. 각각의 패킷은 독립적으로 전송되며, 경로에 따라 다른 패킷과 섞일 수 있다.
– 패킷교환망은 축적교환의 일종으로, 단말기로부터 송출된 데이터를 교환기에 축적(버퍼링)한 후 패킷망 내에서 고속으로 전송하는 방식을 사용한다.
• PSDN 특징
– 물리적 회선을 공유하기 때문에 회선 효율이 높다.
– 경로 장애 시 타 경로를 선택하므로 신뢰성이 높다.
– 디지털 전송방식으로 전송품질이 높다.
– 경제적인 망 구축이 가능하다.
– 프로토콜이 표준화되어 있으며, 상이한 다른 기종 간의 통신을 가능하게 한다.
– 축적교환의 형태이므로 대량의 데이터 전송 시 전송 지연이 발생한다.
– 비동기적으로 데이터를 송수신한다.
– ITU-T 권고안 X.21, X.21bis, X.25, X.28, X.29 등의 표준화된 프로토콜을 사용한다.
• 패킷 교환방식 중에는 패킷을 큐에 저장하고 나중에 전송하는 스토어-앤-포워드(store-and-forward) 방식이 있다.

56 ①

ATM

• ATM은 광대역 ISDN을 구현하기 위한 기초기술로 비동기 시분할 다중화를 사용한 고속패킷교환을 말한다.
• 전송할 정보가 있을 때만 정보 데이터를 53Byte[Header 5Byte + Payload 48Byte]의 일정한 크기로 분할해서 프레임에 실어 전송하는 방식이다.

기능	설명
유연한 네트워크 구축	• 같은 수신처 레이블 정보를 가진 셀의 송신개수를 변화시킴으로써 통신 채널의 대역 용량을 시간적으로 변경 할 수 있음 • 가상패스(VP, Virtual Path)와 가상채널(VC, Virtual Channel) • 가상패스 용량을 가변하여 융통성 있는 네트워크를 운영할 수 있음
효율적인 정보전송	• 셀을 임시 축적하기 위한 버퍼를 갖추고 있음 • 버퍼에서도 셀이 넘치는 경우 우선 송신할 셀과 폐기해도 되는 셀을 구분하여 취급함
오퍼레이션의 향상	• 통신 채널 내에서 보수용 오퍼레이션 정보를 통지할 수 있음 • 고장 발생 시 고장 발생점보다 하류 쪽에 있는 통신 채널의 나머지 부분을 사용하여 통신할 수 있음 • 단말에서 단말까지의 종단 간 시험을 쉽게 할 수 있음 • 비트 오류발생시 서비스를 중단하지 않고도 비트 오류 발생 구간을 알아내고 검사할 수 있음

57 ①

HLR(Home Location Register, 홈 위치등록 레지스터)

• HLR 정의
– 이동단말의 모든 정보인 가입자 정보, 위치정보, 과금정보, 등록인식 등을 저장하는 일종의 가입자 서비스용 데이터 베이스이다.
– 이동전화가입자에 대한 정보를 실시간으로 관리하는 시스템으로, 교환기는 HLR에게 가입자의 현재 위치 정보를 입수하여 이동통신 가입자에 대한 착신이 가능하게 된다.
• HLR 기능
내부 DB에는 가입자에 대한 전화번호, 단말기 일련번호, 호처리 루팅정보, 각종 부가서비스 정보 등을 관리한다.

58 ①

정지위성(Geostationary Satelite)

• 지구 적도 상공 35,800[Km]에 위치한 위성 3개를 활용하여 안정된 대용량 통신을 가능하게 하는 통신 방식이다.
• 지구의 자전과 같은 공전 주기를 가지며, 통신 서비스를 제공하기 위해 고정된 위치에서 운영된다.
• 지구 중심으로부터 42,000[Km] 떨어진 궤도를 돈다.
• 신호가 36,000[Km] 이상을 전파할 때 심한 감쇠 현상이 발생한다.

59 ④

SDN 특징

구분	설명
제어와 데이터 평면 분리 (확장성 높음)	• 네트워크 장비(스위치, 라우터 등)의 데이터 전달 기능과 제어 기능을 분리 • 데이터 평면은 전통적인 방식대로 패킷을 전달하는 역할을 하고, 제어 평면은 중앙화된 컨트롤러에 의해 관리하여 확장성이 높음
중앙화된 컨트롤러	중앙화된 소프트웨어 컨트롤러는 네트워크 장비들에게 명령을 내리고, 네트워크 흐름을 조정하며, 정책을 관리
프로그래밍 가능한 네트워크	네트워크 관리자가 필요에 따라 네트워크 동작을 조정하고 최적화할 수 있음
유연성과 자동화	네트워크 변경을 빠르게 반영하고, 정책 및 설정을 자동화하여 네트워크 운영 및 관리를 향상시킴
가상화 지원 (비용절감)	가상 네트워크 구성을 효과적으로 관리할 수 있으며, 가상 네트워크 간의 격리와 흐름제어가 가능

60 ②

IPTV

인터넷 프로토콜을 사용하여 텔레비전 프로그램과 비디오 컨텐츠가 제공되는 양방향 텔레비전 서비스이다.

구분	설명
IP 네트워크	IPTV는 인터넷 프로토콜(IP)을 사용하여 TV 프로그램과 비디오를 전송하는데, 이를 위해 IP 네트워크 인프라가 필요
IPTV 서버	IPTV 서버는 채널, VOD, 시리즈 등의 컨텐츠를 저장하고 관리하는 중요한 역할
인터넷 연결된 디바이스	IPTV는 다양한 디바이스에서 시청 가능하며, TV 외에도 컴퓨터, 스마트폰, 태블릿 등을 통해 시청가능
셋톱박스	IPTV 채널을 수신하고 TV에서 시청할 수 있도록 디코딩하는 역할을 하는 셋톱박스 필요

<4과목> 정보시스템운용

61 ①

tar(Tape Archive)

여러 개의 파일을 아카이브라고 부르는 하나의 파일로 만들거나, 하나의 아카이브 파일에 집적된 여러 개의 파일을 원래의 형태대로 추출하는 리눅스 쉘 명령어이다.

오답 피하기
• gzip은 하나의 파일을 압축하는데 사용하는 명령어이고 표준 GNU/UNIX 압축 유틸리티이다.
• bzip 파일을 압축하고 해제하는데 사용하며 gzip 보다 높은 압축률의 성능을 지닌다.
• bunzip, bzip으로 압축한 파일을 해제하는데 사용한다.

형 식	파일명
tar	파일명.tar
gzip & gunzip	파일명.gz
bzip2 & bunzip2	파일명.bz2

62 ④

Openwall 커널 패치

Openwall은 서버용으로 설계된 보안 강화 Linux의 다양한 소프트웨어의 소스이다. 리눅스 커널에서 보안과 관련된 패치 등의 집합체이며 해킹 공격의 방어에 효과적인 방법이다.

오답 피하기

- **긴급 복구 디스켓 만들기** : 컴퓨터에 문제가 발생할 때를 대비하여 긴급 복구용 디스켓을 만든다.
- **커널 튜닝** : 리눅스를 설치하면 범용 용도로 기본 설정이 되어 있으므로 웹 서버, 네트워크 서버 등으로 사용하려면 커널 파라미터 튜닝이 필요하다.
- **boot 파티션 점검** : 부팅에 오류가 있을 때 점검시간을 단축하고 부팅시간을 최적으로 만들기 위해 부팅에 필요한 부분을 논리적으로 파티션을 나눈 드라이브를 점검한다.

63 ②

클라우드 컴퓨팅(Cloud Computing)

클라우드 컴퓨팅은 가상화 기술을 적용하여 구축 비용절감, 효율성, 생산성 향상, 재난 복구 시간 단축 등의 특징을 가지고 있으나 정합성은 낮아진다.

64 ④

서버 부하분산 방식

분 류	부하분산 방식	설명
정 적	라운드 로빈(Round Robin)	순서대로 할당
	가중치(Ratio)	가중치가 높은 서버에 할당
	액티브-스탠바이	액티브 장비만 할당
동 적	최소 연결수 (Least Connection)	연결 수가 작은 서버에 할당
	최소 응답 시간(Fastest)	가장 빠르게 응답하는 서버에 할당
	최소 부하(Least Loaded)	가장 부하가 적은 서버에 할당

65 ③

데이터베이스의 투명성(Transparency)

구분	내 용
분할 투명성	하나의 논리적 Relation이 여러 단편으로 분할되어 각 단편의 사본이 여러 site에 저장
위치 투명성	사용하려는 데이터의 저장 장소 명시 불필요. 위치정보가 System Catalog에 유지되어야 함
지역사상 투명성	지역 DBMS와 물리적 DB 사이의 Mapping 보장. 각 지역 시스템 이름과 무관한 이름 사용 가능
중복 투명성	DB 객체가 여러 site에 중복 되어 있는지 알 필요가 없는 성질
장애 투명성	구성요소(DBMS, Computer)의 장애에 무관한 Transaction의 원자성 유지
병행 투명성	다수 Transaction 동시 수행 시 결과의 일관성 유지. Time Stamp, 분산 2단계 Locking을 이용 구현

66 ④

통합관제센터 구축 이후 성능시험

- **단위별 기능시험** : 시스템 요구사항(명세서)에 명시된 기능들을 판단하기 위해 실행하는 시험을 말한다.
- **통합시험** : 장비들 또는 시스템간 실행하는 End-to-End 연동시험
- **실제 환경시험** : 실제 운영환경과 동일한 상태에서 실행하는 시험

오답 피하기

BMT는 여러 개의 제품 성능을 상호 비교하여 품질을 상대적으로 평가하기 위한 시험으로 장비 도입 이전에 실행하는 시험이다.

67 ①

접지설비 · 구내통신설비 · 선로설비 및 통신공동구등에 대한 기술기준(주요 내용)

- 접지선은 접지 저항값이 10[Ω] 이하인 경우에는 2.6[mm] 이상, 접지 저항값이 100[Ω] 이하인 경우에는 직경 1.6[mm] 이상의 피 · 브이 · 씨 피복 동선 또는 그 이상의 절연효과가 있는 전선을 사용하고 접지극은 부식이나 토양 오염방지를 고려한 도전성 재료를 사용한다. 단, 외부에 노출되지 않는 접지선의 경우에는 피복을 아니할 수 있다.
- 접지체는 가스, 산 등에 의한 부식의 우려가 없는 곳에 매설하여야 하며, 접지체 상단이 지표로부터 수직 깊이 75[cm] 이상 되도록 매설하되 동결심도보다 깊도록 하여야 한다.
- 사업용방송통신설비와 전기통신사업법 제64조의 규정에 의한 자가전기통신설비 설치자는 접지저항을 정해진 기준치를 유지하도록 관리하여야 한다.
- 다음 각 호에 해당하는 방송통신관련 설비의 경우에는 접지를 아니할 수 있다.
  – 전도성이 없는 인장선을 사용하는 광섬유케이블의 경우
  – 금속성 함체이나 광섬유 접속등과 같이 내부에 전기적 접속이 없는 경우

68 ③

접지설비 · 구내통신설비 · 선로설비 및 통신공동구등에 대한 기술기준(주요 내용)

- 층단자함에서 각 인출구까지는 성형배선 방식으로 하여야 한다.
- 국선단자함에서 인출구까지 꼬임케이블을 배선할 경우에 구내배선설비의 링크성능은 100[MHz] 이상의 전송특성이 유지되도록 하여야 한다.
- 다만, 동단자함이 설치된 경우 링크성능 구간은 동단자함에서 인출구까지로 한다.
- 국선단자함은 구분하여 설치하여야 한다. 다만, 구내교환기를 설치하는 경우에는 주배선반에 수용하여야 한다.
- 중간단자함은 선로의 분기 및 접속을 위하여 필요한 곳에 설치한다.

69 ①

연기감지기 종류

- **광전식 감지기** : 연기가 빛을 차단하거나 반사하는 원리를 이용한 센서
- **이온화식 감지기** : 방사능 물질에서 방출되는 α선을 감지하는 원리의 센서
- **정온식 감지기** : 정해진 온도 이상이 감지되면 바이메탈의 접점이 붙게되는 원리의 센서
- **차동식 감지기** : 온도가 급격히 변화하여 내부 공기가 팽창되는 것을 감지하는 원리의 센서
- **자외선 불꽃 감지기** : 260[nm] 이하의 파장을 갖는 에너지 방사에 반응하는 원리의 센서

70 ②

MSPP(Multi Service Provisioning Platform)

- MSPP는 한 개의 광 전송장비(SDH)로 다양한 형태의 데이터를 전송 및 처리할 수 있는 장비이다.
- MSPP는 여러 서비스 및 계층을 하나의 공통 플랫폼으로 통합하는 기능이 있고, PSTN, IP 등 모든 신호를 동일 장비(One Box)에 수용할 수 있으며, 기존 SDH 망 및 인프라를 그대로 사용하면서도 다양한 서비스 대역폭을 사용자가 원하는 만큼 세분화할 수 있는 특징이 있다.

71 ④
네트워크 구조－Star형
- Star형 네트워크는 각 호스트가 중앙 제어장치와 Point－to－Point 링크에 의해 접속되어 있는 형태이다.
- Star형 네트워크는 하나의 링크가 고장나도 다른 링크에 영향을 주지 않는 장점이 있으나, 중앙 제어장치가 고장날 경우 네트워크 전체에 영향을 미치기 때문에 네트워크 안정성이 비교적 낮다.

72 ①
논리적 망분리
한 대의 PC에서 내부망과 외부망을 논리적으로 분리한 방식이며 인터넷망 또는 업무망을 논리적으로 가상화하여 외부 악성코드 침입과 내부 정보 유출을 막을 수 있다.

73 ②
ISMS 인증 의무대상자
- 정보통신망서비스를 제공하는 자(ISP)
- 집적정보통신시설 사업자(IDC)
- 연간 매출액 또는 세입 등이 1,500억 원 이상이거나 정보통신서비스 부문 전년도 매출액이 100억 원 이상 또는 3개월간 일일평균 이용자수 100만 명 이상으로서, 대통령령으로 정하는 기준에 해당하는 자

74 ④
정보통신망 이용촉진 및 정보보호 등에 관한 법률
제47조(정보보호 관리체계의 인증) ① 과학기술정보통신부장관은 정보통신망의 안정성·신뢰성 확보를 위하여 관리적·기술적·물리적 보호조치를 포함한 종합적 관리체계(이하 "정보보호 관리체계"라 한다)를 수립·운영하고 있는 자에 대하여 제4항에 따른 기준에 적합한지에 관하여 인증을 할 수 있다.

75 ②
정보보안 주요요소
- 기밀성 : 인가된 사용자만 정보를 확인할 수 있다.(암호화)
- 무결성 : 정보의 내용은 인가된 사용자 이외에는 임의대로 수정, 삭제되지 않아야 한다.
- 가용성 : 인가된 사용자는 원하는 시간과 어떠한 환경이라도 정보 접근이 가능해야 한다.
- 인증 : 인가된 사용자는 본인임을 증명해야 한다.
- 부인방지 : 송수신자가 데이터를 전송하거나 수신 받은 사실에 대해 부인해서는 안 된다.

76 ①
암호화 기술
- RSA : 공개키 암호화 알고리즘으로 암호화 뿐 아니라 전자서명이 가능한 최초의 알고리즘이다.
- IDEA : 대칭키 암호화 알고리즘으로 DES를 대체하기 위해 개발되었고, 128비트의 키로 64비트 블록을 암호화한다.
- DES : 대칭키 암호화 알고리즘으로 56비트의 키를 이용하는 대칭키 암호화 알고리즘이다.
- AES : 대칭키 암호화 알고리즘으로 DES와 동일하게 블록 대칭키 암호화 방식을 사용하되, 128bit 평문을 128bit 암호문으로 출력한다.

77 ③
TMN(Telecommunication Management Network) 5대 기능
- 장애관리 : 네트워크 장애를 감지하거나, 비정상적인 동작이 감지되었을 때 신속하게 대처할 수 있도록 정보를 제공하는 기능이다.
- 구성관리 : 네트워크 장비 및 링크의 연결 상태, 설정, 역할 등 전반적인 네트워크 구성요소와 형상을 관리하는 기능이다.

- 성능관리 : 네트워크 장비와 링크 상태(에러율, 가동율 등)를 모니터링하여 성능저하가 발생했을 때 즉시 대처할 수 있도록 하는 기능이다.
- 계정관리 : 사용자의 권한, 자원 사용현황, 계정 정보 등을 수집/저장/제어하는 기능이다.
- 보안관리 : 네트워크 보안 정책을 수립하고, 이벤트를 모니터링하여 보안 위협에 대처할 수 있도록 하는 기능이다.

78 ③
네트워크 관리 시스템(NMS)
네트워크 관리 시스템(NMS)은 네트워크를 모니터링하고 관리하는데 사용되는 하드웨어와 소프트웨어의 조합으로 네트워크 내 전체 장비의 상태와 성능을 감시하는 시스템이다.

79 ④
WPAN(Wireless Personal Area Network)
- WPAN은 약 10m 이내의 개인 활동공간에서 휴대기기 간 무선 네트워크 구성 기술이다.
- WPAN의 종류로는 Bluetooth(802.15.1), Zigbee(802.15.4), UWB(802.15.3) 등이 있다.

> **오답 피하기**

BWA란 음성, 데이터, 고화질 동영상 등 멀티미디어 서비스 지원을 위해 2GHz, 5GHz, 26GHz, 60GHz 대역을 이용한 무선 통신 시스템의 총칭이다.

80 ②
해킹기법 종류
- 스푸핑(Spoofing) : 자신의 IP나 ARP 등을 바꾸어서 상대방으로 가장하고 패킷을 가로채는 해킹기법이다.
- 하이재킹(Hijacking) : 인증이 완료된 정상적인 사용자의 세션을 가로채는 해킹기법이다.
- 피싱(Phishing) : 전자우편 또는 메신저를 통해 피해자에게 신뢰할 수 있는 사람으로 가장하여 비밀번호나 개인정보를 탈취하는 해킹기법이다.
- 파밍(Pharming) : 사용자가 정확한 웹 페이지 주소를 입력해더라도 가짜 웹페이지에 접속하게 하여 개인정보를 탈취하는 해킹기법이다.

⟨5과목⟩ 컴퓨터일반 및 정보설비 기준

81 ②
RAID
- RAID : 여러 디스크를 조합하여 하나의 디스크처럼 사용하는 기술이다. 디스크의 신뢰성, 가용성, 성능을 좋게 한다.
- RAID0 : 데이터를 블록 단위로 여러 디스크 펼쳐서 저장한다. (스트리핑)
- RAID1 : 저장데이터의 복사본을 다른 디스크에 저장한다. (미러링)
- RAID3 : 데이터를 바이트 단위로 여러 디스크에 저장하고 오류정정을 위한 패리티 디스크를 사용한다. 최소 3개 디스크를 사용한다.
- RAID5 : 데이터를 블록 단위로 여러 디스크에 저장하고, 패리티를 분산저장한다.

82 ③
해밍코드
1비트 에러를 정정할 수 있는 오류정정부호이다.
n개 데이터 + k개 패리티 비트 = n + k 코드
$2k-1 \geq n + k$
$2^k - k - 1 \geq n \rightarrow$
1) k = 2 이면 n = 1
2) k = 2 이면 n = 2 ~ 4

3) k = 4 이면 n = 5 ~ 11
4) k = 5 이면 n = 12 ~ 26
5) k = 6 이면 n = 27 ~ 57

83 ④

I/O Processor, Channel I/O

입출력은 별도의 독립된 입출력 프로세서(IOP)가 하고 입출력을 진행하는 동안에 CPU는 다른 프로그램을 실행함으로써 CPU의 효율을 높이는 방식이다. CPU는 입출력 요청만 하고 IOP가 전담한다.

84 ③

보조기억장치, 등각속도, 등선속도

• 등각속도(CAV, Constant Angular Velocity) 방식 : 일정한 속도로 회전하는 상태에서 트랙의 위치와 관계없이 데이터를 같은 비율로 접근하는 방식이다. 디스크를 읽고 쓰는 장치가 간단하나 저장공간 낭비가 있다.
• 등선속도(CLV, Constant Linear Velocity) 방식 : 낭비되는 저장공간 없이 데이터가 균일하게 저장된다. 트랙의 위치에 따라 디스크의 회전속도를 변경, 바깥쪽 트랙은 느리게, 안쪽 트랙은 빠르게 디스크를 회전하여 저장된 데이터의 읽기 속도를 같게 한다. 등선속도 방식은 오디오나 비디오 데이터를 저장하는 경우와 같이 트랙을 일정한 속도로 읽거나 써야 하는 광학 저장장치에 주로 사용한다.

85 ③

커널은 운영체제의 핵심 구성 요소이며 컴퓨터의 물리적 하드웨어와 그 하드웨어에서 실행되는 프로세스 간의 주요 인터페이스 역할을 한다. 커널을 사용하면 CPU, 메모리, 디스크 I/O 및 네트워킹에 대한 접근을 제공하여 여러 응용 프로그램이 하드웨어 리소스를 공유할 수 있다.

86 ②

CPU의 스케줄링 기법을 비교하는 성능 기준

스케줄러는 CPU 이용률 향상, 처리율 향상, 반환시간 감소, 대기시간 감소, 반응시간 감소가 되도록 운영되어야 한다.

성능 기준	설명	목표
CPU 활용률 (Utilization)	CPU가 작동한 총시간 대비 프로세스들의 실제 사용 시간	향상
처리율 (Throughput)	단위 시간당 완료된 프로세스의 개수	향상
대기시간 (Waiting Time)	프로세스가 준비 큐(Ready Queue)에서 스케줄링 될 때까지 기다리는 시간	감소
응답시간 (Response Time)	프로세스가 CPU를 사용하기 위해 들어와서 최초로 CPU를 사용하기까지 걸린 시간	감소
반환시간 (Turnaround Time)	프로세스가 준비 큐(Ready Queue)에서 기다린 시간 + 실제 CPU를 사용한 시간	감소

87 ③

연산 주소지정방식

• 베이스-레지스터 주소지정 방식(Base-register addressing mode) : 베이스 레지스터의 값과 주소필드 값을 더하여 주소값을 구하는 방식. 프로그램 재배치에 유용하다.
• 인덱스 주소지정 방식(Index addressing mode) : 인덱스 레지스터값과 명령어의 주소필드 값을 더하여 주소값을 구하는 방식이다.
• 즉시 주소지정 방식(Immediate addressing mode) : 오퍼랜드에 데이터를 직접 표시하는 방식. 메모리에 접근하지 않아 실행 사이클이 짧다.
• 암시적 주소지정 방식(Implied addressing mode) : 묵시적 주소지정방식. 오퍼랜드를 사용하지 않고 주소부분이 암시적으로 정해져 있다. 스택을 사용하는 0 주소 명령이나 누산기를 사용하는 1 주소 명령에서 사용한다.

88 ①

• 서브넷 마스크(Subnet Mask) : 클래스리스(Classless) 기반 IP주소에서 네트워크 주소와 호스트 주소를 구분하기 위한 구분자이다. 호스트 비트를 모두 0으로 설정하고 네트워크 비트를 모두 1로 설정하여 생성된 32비트 숫자이다.
• ARP : 근거리 통신망(LAN)에서 목적지 인터넷 프로토콜(IP) 주소로부터 MAC 주소인 물리적 컴퓨터 주소를 연결하는 프로토콜 또는 절차이다.
• DNS : 목적지 인터넷 도메인 이름으로부터 IP(인터넷 프로토콜)주소로 변환하는 시스템이다.
• RARP : MAC 주소를 인터넷 프로토콜(IP) 주소에 매핑하는데 사용되는 네트워킹 프로토콜이며, ARP(주소 확인 프로토콜)의 반대이다.

89 ③

• IP : 데이터 패킷이 네트워크를 통해 이동하고 목적지에 도착할 수 있도록 데이터 패킷을 라우팅하고 주소를 지정하기 위한 프로토콜이다.
• TCP : 패킷의 안정적인 전송을 보장하기 위해 IP 위에서 사용되는 연결지향 전송 프로토콜이다.
• UDP : 데이터의 빠른 전송을 위한 비 연결 전송 프로토콜이다. 데이터가 신속하게 필요하고 패킷 손실의 영향이 최소화되는 애플리케이션에 적합하다.
• ICMP : 네트워크 내의 장치가 데이터 전송 문제를 전달하는 데 사용하는 네트워크 계층 프로토콜이다. 오류 보고 목적으로 사용한다. 두 장치가 인터넷을 통해 연결되면 ICMP는 데이터가 목적지에 도달하지 못한 경우 전송 장치와 공유하기 위해 오류를 생성한다.

90 ①

보안장비

• 침입차단시스템(Firewall) : 방화벽은 IP 주소와 포트 번호에서 규칙을 사용하여 들어오고 나가는 트래픽을 필터링한다.
• IDS : 들어오는 네트워크 트래픽에서 악의적인 활동이나 정책 위반을 분석하고 탐지되면 경고를 보내는 하드웨어 또는 소프트웨어 프로그램이다. 실시간 트래픽을 탐지하고 공격 시그니처나 트래픽 패턴을 검색한 후 경보를 전송한다.
• IPS : 유해 트래픽을 검사, 탐지, 분류하여 선제적으로 차단하는 장치이다. 실시간 통신을 통해 공격 패턴이나 시그니처를 검사한 후 공격이 탐지되면 차단한다.
• 프록시 서버 : 사용자와 목적지 서버 사이에 게이트웨이를 제공하는 시스템 또는 라우터이다. 사이버 공격자가 네트워크에 진입하는 것을 방지하는 데 도움을 줄 수 있다.
• DNS : 목적지 인터넷 도메인 이름으로부터 IP(인터넷 프로토콜)주소로 변환하는 시스템이다.

91 ②

서명 알고리즘

• 디지털 서명은 네트워크에서 송신자의 신원을 증명하는 방법으로, 송신자가 자신의 비밀키로 암호화한 메시지를 수신자가 송신자의 공용 키로 해독하는 과정이다
• 키 생성 알고리즘 : 임의로 가능한 개인 키들의 세트로부터 알고리즘은 개인 키와 해당 공개키를 출력한다.
• 서명 생성 알고리즘 : 서명을 만들기 위해 데이터와 개인 키를 결합한다.
• 서명 검증 알고리즘 : 서명을 확인하고 메시지, 공개키 및 서명을 기반으로 메시지가 인증되었는지 여부를 확인한다.

92 ④

2진수 → 8진수 변환

2진수를 세 자릿수로 구분하여 8진수로 변환시킨다.
100110.100101 → [100][110].[100][101]
→ 8진수 [4][6].[4][5] 변환할 수 있다
$(46.45)_8$

93 ④
클라우드 서비스모델
- SaaS(Software as a Service) : 클라우드를 통해 Software를 제공해주는 서비스이다.
- PaaS(Platform as a Service) : 프로그램 개발에 필요한 플랫폼을 제공해 주는 서비스이다.
- IaaS(Infrastructure as a Service) : 클라우드를 통해 IT 자원을 제공해주는 서비스이다.
- BPaaS(Business Process as a service) : 클라우드 서비스모델을 기반으로 한 비즈니스 프로세스 아웃소싱(BPO) 서비스이다.

94 ③
분산 컴퓨팅
분산 컴퓨팅은 단일 문제를 해결하기 위해 데이터의 처리 및 저장이 단일 중앙 장치에서 처리되지 않고 여러 장치 또는 시스템에 분산되는 시스템을 의미한다. 수평적 성능확대는 더 많은 컴퓨터 서버를 도입하여 연결하는 성능확대 방식이다.

95 ①
정보통신공사업법
제27조(공사업에 관한 정보관리 등)
① 과학기술정보통신부장관은 공사에 필요한 자재 · 인력의 수급 상황 등 공사업에 관한 정보와 공사업자의 공사 종류별 실적, 자본금, 기술력 등에 관한 정보를 종합관리하여야 한다.
② 과학기술정보통신부장관은 공사업자의 신청을 받으면 대통령령으로 정하는 바에 따라 그 공사업자의 공사실적 · 자본금 · 기술력 및 공사품질의 신뢰도와 품질관리수준 등에 따라 시공능력을 평가하여 공시(公示)하여야 한다.

96 ③
방송통신발전기본법
제28조(기술기준)
- 방송통신설비를 설치 · 운영하는 자는 그 설비를 대통령령으로 정하는 기술기준에 적합하게 하여야 한다.
- 과학기술정보통신부장관은 방송통신설비가 기술기준에 적합하게 설치 · 운영되는지를 확인하기 위하여 다음 각 호의 어느 하나에 해당하는 경우에는 소속 공무원으로 하여금 방송통신설비를 설치 · 운영하는 자의 설비를 조사하거나 시험하게 할 수 있다.
1. 방송통신설비 관련 시책을 수립하기 위한 경우
2. 국가비상사태에 대비하기 위한 경우
3. 재해 · 재난 예방을 위한 경우 및 재해 · 재난이 발생한 경우
4. 방송통신설비의 이상으로 광범위한 방송통신 장애가 발생할 우려가 있는 경우

97 ③
방송통신발전기본법
제30조(관리 규정)
방송통신설비 등을 직접 설치 · 보유하고 방송통신서비스를 제공하는 방송통신사업자 중 대통령령으로 정하는 자는 방송통신서비스를 안정적으로 제공하기 위하여 대통령령으로 정하는 바에 따라 방송통신설비의 관리 규정을 정하고 그 규정에 따라 방송통신설비를 관리하여야 한다.

방송통신발전 기본법 시행령
제21조(관리규정)
② 관리규정에는 다음 각 호의 사항이 포함되어야 한다.
1. 방송통신설비 관리조직의 구성 · 직무 및 책임에 관한 사항
2. 방송통신설비의 설치 · 검사 · 운용 · 점검과 유지 · 보수에 관한 사항
3. 방송통신설비 장애 시의 조치 및 대책에 관한 사항
4. 방송통신서비스 이용자의 통신비밀보호대책에 관한 사항

98 ③
정보통신공사업법
용어정의
하도급 : 도급받은 공사의 일부에 대하여 수급인이 제3자와 체결하는 계약을 말한다.

99 ②
구내통신설비
- **구내간선계** : 구내에 두 개 이상의 건물이 있는 경우 국선단자함에서 각 건물의 동단자함 또는 동단자함에서 동단자함까지의 건물 간 구간을 연결하는 배선체계를 말한다.
- **건물간선계** : 동일 건물 내의 국선단자함이나 동단자함에서 층단자함까지 또는 층단자함에서 층단자함까지의 구간을 연결하는 배선체계를 말한다.
- **수평배선계** : 층단자함에서 통신인출구까지의 건물 내 수평 구간을 연결하는 배선체계를 말한다.
- **집중구내통신실** : 구내 상호간 및 구내 · 외간의 방송 또는 통신을 위한 케이블, 교환설비, 전송설비, 방송 및 통신을 위한 전원설비, 배선반 등과 그 부대설비를 설치할 수 있는 장소를 말한다.
- **국선단자함** : 사업자 설비(국선 등)와 이용자 설비(구내선 등)를 상호 접속하고 원활한 회선의 절체 접속과 유지 보수를 위하여 분계점에 설치되는 망 접속 장치를 말한다. 일반적으로 단독주택 등과 같은 소형 건축물에서는 주단자함(Main Distribution Box), 업무용 건축물 등과 같은 대형 건축물에서는 주배선반(MDF, Main Distribution Frame)의 형태이다.
- **중간단자함** : 국선단자함으로부터 세대단자함까지의 구간 중에서 배관의 굴곡점, 선로의 분기 및 접속을 위하여 필요한 곳에 설치되는 단자함이다.
- **세대단자함** : 세대내에 인입되는 통신선로, 방송공동수신설비 또는 홈네트워크설비 등의 배선을 효율적으로 분배 · 접속하기 위하여 이용자의 주거전용 면적에 포함되는 실내공간에 설치되는 분배함을 말한다.

100 ③
정보통신공사업법 시행령
제7조(설계도서의 보관의무)
법 제3조제3항에 따라 공사의 설계도서는 다음 각 호의 기준에 따라 보관하여야 한다.
1. 공사의 목적물의 소유자는 공사에 대한 실시 · 준공설계도서를 공사의 목적물이 폐지될 때까지 보관할 것. 다만, 소유자가 보관하기 어려운 사유가 있을 때에는 관리주체가 보관하여야 하며, 시설교체 등으로 실시 · 준공설계도서가 변경된 경우에는 변경된 후의 실시 · 준공설계도서를 보관하여야 한다.
2. 공사를 설계한 용역업자는 그가 작성 또는 제공한 실시설계도서를 해당 공사가 준공된 후 5년간 보관할 것
3. 공사를 감리한 용역업자는 그가 감리한 공사의 준공설계도서를 하자담보책임기간이 종료될 때까지 보관할 것

01 ②	02 ①	03 ①	04 ①	05 ①
06 ④	07 ①	08 ③	09 ③	10 ③
11 ③	12 ①	13 ①	14 ①	15 ①
16 ①	17 ②	18 ②	19 ③	20 ③
21 ①	22 ②	23 ④	24 ①	25 ④
26 ②	27 ③	28 ②	29 ④	30 ②
31 ①	32 ④	33 ①	34 ④	35 ②
36 ④	37 ③	38 ④	39 ①	40 ③
41 ①	42 ①	43 ③	44 ②	45 ①
46 ③	47 ①	48 ①	49 ③	50 ④
51 ②, ④	52 ①	53 ①	54 ①	55 ①
56 ③	57 ①	58 ④	59 ①	60 ①
61 ①	62 ①	63 ③	64 ①	65 ②
66 ①	67 ①	68 ③	69 ①	70 ④
71 ①	72 ①	73 ②	74 ①	75 ①
76 ③	77 ①	78 ①	79 ②	80 ②
81 ②	82 ①	83 ④	84 ①	85 ③
86 ②	87 ②	88 ①	89 ④	90 ④
91 ②	92 ④	93 ④	94 ③	95 ③
96 ④	97 ③	98 ②	99 ②	100 ①

<1과목> 정보전송일반

01 ②
전송부호 조건
- DC(직류)성분이 포함되지 않아야 한다.
- 동기 정보가 충분히 포함되어 있어야 한다.
- 만들기 쉽고 부호 열이 짧아야 한다.
- 전송 부호의 코딩 효율이 양호해야 한다.
- 전송 대역폭이 작아야 한다.
- 타이밍 정보가 충분히 포함되어야 한다.
- 전송과정에서 에러의 검출과 정정이 가능하여야 한다.
- 전송 부호 형태에 제한을 받지 않아야 한다.(투명성을 가져야 한다.)

02 ①
전송 부호화(Line Coding, 선로 부호화, 라인 부호화)
- 전송 부호화는 신호원 출력인 디지털 신호를 선로 특성에 맞게 전기적인 펄스 열로 변환하는 과정을 말한다.
- 전송 부호화는 단극형(Unipolar), 극형(Polar), 양극형(Bipolar) 방식이 있다.
- 극형 방식에는 한 비트 전압이 일정한 NRZ, 반 비트 동안 전압 유지 후 0V로 복귀하는 RZ, 두 방식의 문제점을 개선한 맨체스터 코딩 등이 있다.

03 ①
2진 FSK 신호의 보오율[baud]과 비트율[bps] 계산
- 전송매체 대역폭이 12,000[Hz]이며, 전이중방식으로 되어 있어 각각 대역폭은 6,000[Hz]이다.
- 두 반송파 주파수 사이의 간격이 2,000[Hz]이니, 보오율 = 6,000 − 2,000 = 4,000[baud]이며, FSK는 심볼 하나당 1bit를 보내기에 비트율은 4,000[bps]이다.

04 ①
발진회로
- 발진회로는 전기적 에너지를 받아서 지속적인 전기적 진동을 만들어내는 회로(장치)이다.
- 발진회로는 증폭기와 정궤환 회로로 구성된다.
- 발진 주파수에 의한 증폭기의 이득과 궤환회로의 궤환율의 곱이 1을 초과하는 경우 발진이 일어난다.
- 위상 조건은 입력과 출력이 동위상이고, 증폭도(A_f) $= \dfrac{A}{(1 - A\beta)}$ 에서
  - 바크하우젠(Barkhausen) 발진조건은 $|A\beta| = 1$ (안정된 발진)이다.
  - 발진의 성장 조건은 $|A\beta| \geq 1$ (상승진동)이다.
  - 발진의 소멸 조건은 $|A\beta| \leq 1$ (감쇠진동)이다.

05 ①
멀티플렉서(Multiplexer)
멀티플렉서는 여러 아날로그 또는 디지털 입력신호 중 하나를 선택하여 선택된 입력을 하나의 출력(라인)에 전달하는 조합회로이다.

구분	논리회로	진리표	
		선택선(S_0, S_1)	출력(f)
멀티플렉서		0 0	w_0
		0 1	w_1
		1 0	w_2
		1 1	w_3

06 ④
UTP(Unshielded Twisted Pair) 케이블
UTP 케이블은 비차폐 꼬임선으로, 절연된 2개의 구리선을 서로 꼬아 만든 여러 쌍의 케이블 외부를 플라스틱 피복으로 절연시킨 케이블이다.

UTP Cable 종류

Category	대역폭	전송속도	규격
Category 5(CAT-5)	100[MHz]	100[Mbps]	100BASE-TX
Category 5e(CAT-5e)	100[MHz]	1[Gbps]	1000BASE-T
Category 6 (CAT-6)	250[MHz]	1[Gbps]	1000BASE-TX
Category 6A(CAT-6A)	500[MHz]	10[Gbps]	10G BASE
Category 7(CAT-7)	600[MHz]	10[Gbps]	10G BASE

07 ①
전송 특성 열화 요인
- 정상 열화 요인 : 감쇠 왜곡, 고주파 왜곡, 군지연 왜곡, 랜덤 왜곡, 주파수 편차, 위상지터, 누화, 반향 등이 있다.
- 비정상 열화 요인 : 펄스 잡음, 단시간 레벨 변동, 진폭 이동, 순간적 단절, 위상 이동 등이 있다.

08 ③
광케이블 전송모드
- Single Mode 광섬유
  - 1개의 전파 Mode만 전파, Mode간 분산이 없다.
  - 손실 및 분산 특성이 우수하다.
  - 광섬유 중앙으로 직선 전파된다.
  - Power가 강하고, 광대역 전송 속도가 우수하며 고속, 장거리 전송에 적합하다.
  - Core 직경(9um)이 작아 제조 및 접속이 어렵고 고가이다.
- Multi Mode 광섬유
  - 광섬유 Core안에서 전파되는 빛의 Mode가 여러 개인 광섬유이다.
  - 모드간 분산 특성이 불리하여 전송 대역폭이 좁다.

- Core의 직경이 50~60um이며 계단형 Multi Mode와 언덕형 Multi Mode가 있다.
- Step Index는 근거리 단파장용으로 저가이며, 광원과의 결합 효율 우수, Core의 직경이 비교적 크기 때문에 제조 및 접속이 용이하다.
- Gradded Index는 계단형 Multi Mode의 모드간 분산 특성을 향상시킨 모드로, 굴절율 분포는 중심부가 높고 클래드 경계면 쪽으로 갈수록 감소된다. 여러 경로의 빛이 한곳에 집속, 모드 분산이 제거되어 속도 증가의 장점이 있다.

09 ③
파장 계산

$\lambda = \dfrac{c}{f}$ 이고, 주파수 f는 2GHz $= 2 \times 10^9$, c는 3×10^8이므로,

$\lambda = \dfrac{3 \times 10^8}{2 \times 10^9} = 0.15[m] = 15[cm]$이다.

10 ③
밀리미터파의 특징

- 밀리미터파는 3~30[GHz]의 전파인 SHF 전파를 말한다.
- 파장이 짧으므로 지향성이 우수하며, 송수신 장치를 소형화 시킬 수 있다.
- 직진성을 가지므로 저전력을 사용한다.
- 강우시 감쇠가 크다.

11 ③
잡음레벨[dB] 계산

신호대 잡음비 $= 20\log\dfrac{\text{신호전압}}{\text{잡음전압}} = 20\log\dfrac{25}{0.0025} = 20\log10^4 = 80[dB]$

12 ①
채널용량

- 채널용량이란 송신측에서 수신측으로 전송되는 정보량인 상호 정보량의 최대치를 말하는 것으로, Shannon의 정리와 Nyquist공식을 이용하여 구할 수 있다.
- 채널의 전송용량을 늘리려면 채널의 대역폭을 증가시키거나, 신호의 세기를 높이고, 잡음을 감소시키면 된다.
- 채널용량이 정보 전송률보다 크면, 채널부호를 이용하여 에러율을 임의로 작게 할 수 있다.

13 ②
연속송출 방식

- 연속송출은 송신측에서 동일한 데이터를 2회 송출하고, 수신측에서는 2개의 데이터를 비교하여 에러를 판단하는 에러 검출 방식이다.
- 2개 데이터가 같으면 전송과정에서 에러가 없다고 판단하고, 같지 않으면 에러가 발생했다고 판단한다.

14 ④
동기식 전송 방식(Synchronous Transmission)

- 동기 전송은 송/수신기가 동일한 클럭을 사용하여 데이터를 송/수신하는 방법이다.
- 전송 효율을 높이기 위해서 송신측과 수신측이 서로 약속되어 있는 일정한 데이터 형식에 따라 전송하는 방식이다.
- 미리 정해진 수만큼의 문자열을 한 묶음(블록단위)으로 만들어서 일시에 전송하는 방법이다.
- 블록 앞에는 동기 문자를 사용하며, 별도 클럭(Timing) 신호를 이용하여 송수신측이 동기를 유지한다.
- 송신기 및 수신기 클럭이 장시간 동안 동기상태에 있도록 추가적인 비용 요구된다.
- 매 문자마다 동기에 따른 부담이 별로 없어 고속 전송이 가능하다.

- 묶음으로 구성하는 글자들 사이에는 휴지 간격(idle time)이 없으며, BBC, BCS에서 사용한다.

비동기 전송 방식(Asynchronous Transmission)

- 비동기 전송은 데이터를 송신장치에서 수신장치로 전송할 때, 서로 간에 타이밍을 맞추지 않고 문자 단위로 전송하는 방식이다.
- 비동기 전송에서 데이터 신호는 Start bit, 데이터, Stop bit로 구분된다.
- 송신장치와 수신장치가 서로 독립적인 시스템 클럭을 사용하지만, Start bit와 Stop bit로 동기를 맞추고 데이터를 인식한다.
- 매번 동기에 따른 부담으로 인해 저속(2,000[bps] 이하) 전송에 많이 쓰인다.
- 문자와 문자 사이에는 휴지시간이 있을 수 있으며, 전송속도와 전송효율이 낮은 방식이다.

15 ①
시간 분할 다중화 (TMD, Time Division Multiplexing)

- TDM은 전송하고자 하는 각각 정보의 시간을 다르게 분할하여 전송하는 다중화 방식으로, 여러 개의 서로 다른 신호가 전송로를 점유하는 시간을 분할해 줌으로써 하나의 전송로에 채널을 다중화하는 방식이다.
- TDM은 시간 영역을 Slot으로 나눔으로써 1개의 설비를 통해 여러개의 메시지를 전송하는 방식이다.
- 여러 개의 입력 신호는 LPF에 의해 대역 제한이 됨으로 불량시 심볼 간 간섭이 발생할 수 있다.
- 채널 사용 효율이 좋으며, 송/수신기 구조가 동일하다.
- 정보의 양에 따라 많은 시간이 필요하며, 동기가 정확해야 하는 단점이 있다.
- TDM의 종류에는 Time slot을 고정적으로 할당하는 STDM과 Time slot을 동적으로 할당하는 ATDM방식(통계적 시분할 다중기라고도 한다.)이 있다.

16 ①
PDH 및 SDH/SONET 공통점

- TDM(시분할 다중화) 방식으로 다중화한다.
- 프레임 반복 주기는 주기는 125[μs] 이다.
- PDH는 입력신호의 비트속도를 맞추기 위해 추가적인 bit 삽입(Bit Stuffing) 하며, 북미방식(NAS)과 유럽방식(CEPT)이 있다.
- SONET은 북미를 중심으로 제안된 동기식 전송방식이며, SDH는 SONET을 기초로한 세계적인 동기식 전송방식이다.

17 ②
B-ISDN(Broadband Integrated Services Digital Network, 광대역 종합 정보 통신망)

- 기존의 종합 정보 통신망 서비스의 대역을 초과하는 화상이나 고속 데이터 전송에 소요되는 대역을 갖는 ISDN을 말한다.
- B-ISDN은 광대역성이 요구되는 화상 또는 고속 데이터를 전송하기 위하여 155.52Mbps 또는 622.08Mbps 정도가 요구된다.
- B-ISDN은 광대역 화상 전화와 같은 동화상과 음향, 고정밀 동화상, 고속 데이터, 광대역 비디오텍스, 고선명 텔레비전(HDTV) 등의 서비스가 가능하다.
- 비동기 전송 방식(ATM)을 사용하며, 일정한 크기를 갖는 패킷들의 연속적인 흐름에 의해서 정보가 전달된다.

회선교환방식은 협대역 종합정보통신망(N-ISDN) 방식의 특징이다.

18 ②
주파수 도약(FHSS, Frequency Hopping Spread Spectrum)

- 원 신호를 미리 정해진 패턴에 따라 불연속적으로 반송파를 호핑(편이)시키는 기술이다.
- 1차 변조된 파를 PN 부호에 의해 결정되는 주파수 합성기 출력 신호와 재변조하는 방식으로, 송/수신단에서 동일한 PN부호 발생기를 가지고 있어야 송/수신이 가능하다.

- 같은 주파수를 사용하더라도 호핑 코드만 다르면 여러 확산대역 시스템을 동일 장소에 사용 가능하다.
- 데이터 변조방식은 주로 M진 FSK가 사용되며, 반송파를 여러 개 사용해 일정한 주기마다 바꾸며 신호를 대역확산하는 방식이다.
- 전파방해나 잡음 간섭에 강하고, 상대적으로 부품이 저렴하고 높은 출력을 요구하지 않아 저가 생산운용의 특징이 있다.

송신부와 수신부는 같은 시간대에 같은 주파수에 위치토록 동기화가 필요하다

19 ③
다이버시티 종류
- **공간 다이버시티** : 동일 주파수를 사용하는 2개 이상의 안테나를 이용하여 다이버시티 효과를 얻는 기법이다.
- **주파수 다이버시티** : 주파수가 다른 2개 이상의 동일 정보신호를 전송하고, 수신측에서 2개 이상의 신호 중 양호한 신호를 선택 또는 합성하여 수신하는 방식이다.
- **편파 다이버시티** : 편파가 다르면 페이딩의 상태가 달라지는 것을 이용하는 방식으로, 2개의 편파(수직편파, 수평편파)를 따로 송수신하여 페이딩의 영향을 개선하는 방식이다.
- **시간 다이버시티** : 동일 정보를 시간 차이를 두어 반복적으로 송신하고, 이 중 페이딩이 발생하지 않거나 적은 전파를 수신하여 페이딩을 방지하는 방식이다.

20 ③
빔포밍(Beamforming)
- 빔포밍 기술은 안테나 여러 개를 일정한 간격으로 배열하고 각 안테나로 공급되는 신호의 진폭과 위상을 변화시켜 특정한 방향으로 안테나 빔을 만들어 그 방향으로 신호를 강하게 송수신하는 기술이다.
- 어레이 안테나를 활용하여 원하는 특정 방향만으로 방사/수신하는 전파 빔을 만들어 낼 수 있다.
- 섹터 안테나와 같이 고정형 빔포밍과 스마트 안테나, MIMO 등 적응형 빔포밍으로 구분할 수 있다.

〈2과목〉 정보통신기기

21 ①
정보단말기의 전송제어장치
- **입출력제어부** : 입출력장치를 제어하고 상태를 감시한다.
- **회선제어부** : 데이터 직병렬 변환 및 에러검출 등의 제어 역할을 수행한다.
- **회선접속부** : 단말기와 데이터 전송회선을 물리적으로 연결한다.

22 ②
FDM방식에서의 Guard Band
FDM 방식에서 서브 채널간 상호 간섭을 방지하기 위한 완충 역할은 Guard Band이다.

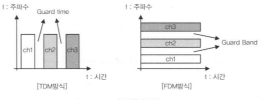

▲ 다중화의 종류

TDM 방식에서 서브 채널간 상호 간섭을 방지하는 완충 역할은 Guard Time이다.

23 ④
광가입자망 구성장비

구분	설명
OLT	• 국사나 헤드엔드에 위치하며, 광신호를 전송 • 가입자광 신호를 국사측에서 종단하는 기능
RT (광스플리터)	• 주로 아파트 관리사무소에서 적용됨 • 전원이 필요없는 수동형 광분배기 • 입력된 광신호의 파장을 분리하여 전송
ONU	• 가입자 단말과 연결하는 변환 장치 • 가입자 밀집지역의 분계점에 설치
ONT	• 가입자나 사업자 구내로 포설되어 최종적으로 설치되는 장치 • PC, TV 등과 연결

24 ①
CSU(Channel Service Unit)
CSU는 광역통신망으로부터 신호를 받거나 전송하며, 장치 양측으로부터의 전기적인 간섭을 막는 장벽을 제공한다.

- CSU는 전기적 간섭을 막는 보호기능, 타이밍신호 공급기능, 유지보수기능, 루프백시험 기능 등 다양한 기능을 제공한다.
- CSU는 디지털 데이터 프레임들을 보낼 수 있도록 적절한 프레임으로 변환하는 하드웨어 장치이다.
- CSU는 디지털 신호를 전송로에 적합하도록 변환한다.

25 ④
그물형(Mesh) 교환회선의 링크수
- 그물형(Mesh)으로 모든 노드를 망형으로 연결하는 경우 필요회선 수는 아래와 같다.
- 필요전송로 수 $= \dfrac{n(n-1)}{2}$

$$\therefore \; \frac{10(10-1)}{2} = 45$$

26 ②
이동전화 단말기(Mobile Station)
- **제어장치** : 전화기의 기능을 제어하고 전기적인 신호를 음성신호로 변경해 준다.
- **통화로부** : 수신된 전기신호를 음성신호로 변환시키고, 음성신호를 전기신호로 변환시켜 송신한다.
- **무선 송·수신기** : 전파된 신호를 무선통신방식으로 가능하게 송신기와 수신기를 사용한다.
- **안테나** : 전파를 송·수신하는 기능을 수행한다.

통화회선의 교환기능은 이동 전화 교환국에서 담당한다.

27 ③
기지국의 기능
- 통화채널 지정, 전환, 감시 기능의 역할을 수행한다.
- 이동통신 단말기의 위치확인 기능을 가진다.
- 이동통신 단말기로부터의 수신신호 세기 측정을 수행한다.

통화의 절체 및 통화로 관리 기능은 이동 전화 교환국에서 수행한다.

28 ②

FM 수신기의 특징
- 디엠퍼시스 회로가 있다.
- 수신주파수 대역폭이 넓다.
- 리미터, 스켈치, 주파수 변별기로서 검파한다.
- 수신 전계의 변동이 심한 이동 무선에 적합하다.
- 신호대 잡음비가 좋고 잡음에 강하다.

29 ④

PON(Passive Optical Network)기술
- 네트워크 양끝 단말을 제외하고는 능동소자를 전혀 사용하지 않아 설치가 용이하다.
- 광섬유의 공유를 통한 효율적인 사용을 통하여 광전송로의 비용을 절감한다.
- 전원이 필요 없는 수동형 소자를 이용하여 유지보수 비용이 타 방식에 비해 저렴하다.

PON과 AON의 비교

구분	PON	AON
소자구분	수동 광소자 사용 (광 분배기)	능동 소자사용 (이더넷 스위치)
구축비용	초기비용 높음	저렴
주연결방식	Point to Point	Point to Multipoint
적용분야	주로 아파트	PON방식 적용이 어려운 곳 (주택 등)
기타	FTTH 서비스에 적합	장애발생시 즉각조치 어려움

30 ②

멀티미디어 통신 서비스
멀티미디어 통신은 문자나 그림, 소리, 동영상 같은 두 개 이상의 매체들이 하나의 정보로 전달되는 것을 말한다.

오답 피하기

AM 방송은 아날로그 방송으로서 음성 서비스만 지원한다.

31 ①

인터넷 TV와 IPTV의 비교

구분	인터넷 TV	IPTV
입력장치	키보드	리모컨
네트워크	공개 IP 망	폐쇄 IP 망
전송방식	unicast	multicast
대상	전세계 인터넷 사용자	가입자
특징	낮은 해상도, 버퍼링 등	사용료 有, 높은 해상도 등

오답 피하기

입력장치로 키보드를 사용하는 것은 인터넷 TV이다.

32 ④

디지털 공중파 TV 송수신 기술
- DTV는 기존 아날로그 방식의 신호를 사용하던 방식에서 디지털 신호를 이용하여 영상과 음향을 사용하는 방식의 방송시스템이다.
- 우리나라 DTV 표준은 미국식전송방식인 ATSC(Advanced Television System Committee)이며 오디오표준은 Dolby AC-3, 영상표준은 MPEG-2를 사용하며 채널당 대역폭은 6[MHz]를 적용한다.

오답 피하기

SECAM 방식은 프랑스에서 개발된 컬러TV의 전송 방식으로 2개의 색차신호 성분을 주사선마다 바꾸어 송출하는 선순차 방식을 의미한다.

33 ①

영상 회의 시스템(Video Conference System)
원거리에 떨어져 있는 사용자들이 서로 보면서 대화할 수 있는 실시간 오디오/비디오 네트워크의 회의 시스템을 말한다.

34 ④

네트워크 엔지니어링
- **트래픽 관리** : 부하 조절 실패 등 모든 상황에서 네트워크의 성능을 최적화하는 것이다.
- **망용량 관리** : 최소 비용으로 망 요구를 만족하며 성능을 보장하는 것이다.
- **네트워크 플래닝** : 노드 및 전송용량을 계획하고 트래픽 변화에 대비하는 것이다.

35 ②

서브폰(Sub-Phone)
욕실폰, 안방폰 및 주방폰 등의 홈네트워크 기기 중 월패드의 기능 일부 또는 전부가 적용된 단말로 홈네트워크, 홈오토메이션 확장 기기로 안방, 작은 방, 서재 등에서 사용할 수 있다.

36 ④

홈네트워크 장비 보안요구사항
데이터 기밀성, 데이터 무결성, 인증, 접근통제, 전송데이터 보안 5가지이다.

37 ③

스마트미디어 센서의 종류
- **포토트랜지스터** : 빛에너지를 전류로 전환하여 증폭하는 역할이다.
- **포토다이오드** : 빛에너지를 전류로 전환하여 스위칭하는 역할이다.
- **CDS(조도센서)** : 빛의 세기에 따라 저항값이 변하는 광 가변저항이다.

오답 피하기

홀소자(Hall Sensor)
홀소자는 자기장의 세기를 감지할 때 사용하는 센서이다. 스마트폰에서는 홀 센서를 이용해 플립커버의 닫힘 유무를 확인할 때 사용한다.

38 ④

IoT(Internet of Things)
- IoT는 인터넷을 기반으로 모든 사물을 연결하여 상호 소통하는 지능형 기술 및 서비스를 말한다.
- IoT는 크게 센서, Device/Platform, N/W, 서비스로 구분되며, 상호 정보를 공유가 가능한 환경이다.
- IoT 센서와 관련된 응용서비스 처리 시 핵심적인 기능은 고속데이터 처리, 저전력, 저지연이다.
- **IoT 기술의 구성**

구분	내용
Sensor	온도, 습도, 열, 초음파 등 다양한 센서를 이용하여 원격감지, 위치 및 모션 추적 등을 통해 사물과 주위 환경으로부터 정보를 획득
Device / Platform	저렴한 비용과 빠른 개발속도로 제품을 만들고 IoT 응용서비스의 활용이 가능하도록 개방형 환경을 제공
Network	저전력, 장거리 통신이 가능한 NW와 TCP/IP 기반의 인터넷 프로토콜 필요 (LoRa, NB-IoT, Sigfox, LTE-M)
Service	다양한 산업과 ICT 기술이 융복합된 서비스를 제공하며 의료, 자동차, 건축, 제조, 환경, 보안, 생활 분야 등에 적용

39 ①

Smart Signage

사물과 사물끼리 통신하고 피드백하는 기술, 즉 고도의 AI · IoT 기술을 통해 스스로 작동하는 광고물이나 간판이며 기존 디지털 사이니지와 달리 콘텐츠를 실시간 전송하고, 모니터링이 가능하다. 유지 · 관리도 쉽고, 컨텐츠를 손쉽게 확보할 수 있으며 맞춤형 마케팅도 가능한 특징을 지닌다.

40 ③

홈네트워크 설비의 설치기준

구분	내 용
홈네트워크망	단지망, 세대망
홈네트워크 장비	홈게이트웨이, 세대단말기, 단지네트워크장비, 단지서버

- **단지망** : 집중구내통신실에서 세대까지를 연결하는 망이다.
- **세대망** : 전유부분(각 세대내)을 연결하는 망이다.
- **홈게이트웨이** : 전유부분에 설치되어 세대 내에서 사용되는 홈네트워크 사용 기기들을 유무선 네트워크로 연결하고 세대망과 단지망 혹은 통신사의 기간 망을 상호 접속하는 장치이다.
- **세대단말기** : 세대 및 공용부의 다양한 설비의 기능 및 성능을 제어하고 확인 할 수 있는 기기로 사용자인터페이스를 제공하는 장치이다.
- **단지네트워크장비** : 세대내 홈게이트웨이와 단지서버간의 통신 및 보안을 수 행하는 장비로서, 백본(back-bone), 방화벽(Fire Wall), 워크그룹스위치 등 단지망을 구성하는 장비이다.
- **단지서버** : 홈네트워크 설비를 총괄적으로 관리하며, 이로부터 발생하는 각 종 데이터의 저장 · 관리 · 서비스를 제공하는 장비이다.

> **오답 피하기**
>
> 홈네트워크 설비의 방식, 주파수, 재질 등은 설계도서 또는 공사시방서에 따르 며, 내부에 IC회로가 내장된 무전지 타입이어야 하며 공동현관기의 연동, 디지 털 도어록 및 주동출입시스템과 연동 되는 기능은 RF카드의 역할이다.

<3과목> 정보통신네트워크

---

41 ①

OSI 모델에서 개방형 시스템간의 연결을 모델화하기 위한 요소

- **개방형 시스템** : 컴퓨터, 단말기, 통신, 제어장치 등과 같은 응용프로세스 간의 데이터통신 기능을 제공한다.
- **응용개체** : 네트워크상에서 동작하는 응용 프로그램과 시스템 운영 및 관리 프로그램이다.
- **연결** : 응용개체 사이를 서로 연결하는 논리적인 데이터통신 회선 기능이다.
- **전송미디어** : 데이터링크 등과 같이 네트워크 시스템 간의 데이터를 전송한다.

42 ③

네트워크 통신방식

구분	유니캐스트	멀티캐스트	브로드캐스트	애니캐스트
개념	출발지와 목적 지가 명확한 일 대일 통신	특정된 그룹에 모 두 보내는 방식	같은 네트워크 의 모든 노드에 게 보내는 방식	가장 가까운 노 드와 통신
개념도				
특징	MAC이 동일	특정그룹을 지정 하여 보내는 방식 MAC 주소 : 01:00:5E:XX:XX :XX	주로 IP는 알지만, MAC을 모를 경우 MAC 주소 : FF:FF:FF:FF:FF :FF	수신 가능한 한 노드에만 전송

43 ③

LLC(Logical Link Control) 부계층

- **LLC 부계층 정의** : 데이터링크계층 내의 LAN 프로토콜에 관련된 부계층 중 하나로서, 여러 다양한 매체 접속제어 방식 간의 차이를 보완하는 역할을 한다.
- **통신 계층의 구분**
  - LAN에서는 데이터링크 계층을 2개 부계층으로 나눈다.
  - 상위 LLC 부계층은 여러 다양한 MAC 부계층과 Layer 3간의 접속을 담 당한다.
  - 하위 MMC 부계층은 물리계층 상의 토폴로지나 기타 특성에 맞추어 주는 제어를 담당한다.

Network Layer				
Data-Link Layer	LLC 부계층			
	MAC 부계층	CSMA/CD	Token-Ring	Token-Bus
Physical Layer				

- **IEEE802.2**
  - IEEE802.2에 기반한 MAC 부계층에서 성립된 링크를 통한 데이터 교환 절차를 규정한다.
  - 표준번호 802.2로써, LLC 표준을 정의하고 있으며, 그 밑에 802.3(CSMA/ CD), 802.4(Token Bus), 802.5(Token Ring) 등을 정의한다.

44 ②

PORT(포트)

- **포트 정의** : IP 내에서 애플리케이션 상호 구분(프로세스 구분)을 위해 사용 하는 번호이며, 포트 숫자는 IP 주소가 가리키는 PC에 접속할 수 있는 통로 (채널)이다.
- **포트 특징**
  - 이미 사용 중인 포트는 중복해서 사용할 수 없다.
  - 다른 프로그램에서 3000번 포트를 사용 중이면, 3001번 포트 번호로 리 액터가 실행된다.
  - 포트 번호는 0~65,535까지 사용할 수 있으나, 0~1023번까지의 포트 번 호는 주요 통신을 위한 규약에 따라 이미 정해져 있는 Well known port 이다.

45 ①

DHCP 동작 과정

- **임대(lease)** : IP를 할당해 주는 것을 의미한다.
  - IDiscover : MAC 주소 기반으로 IP 주소를 받기 위해 Discover 패킷을 브로드캐스트 하는 과정이다.
  - Offer : DHCP 서버가 사용 가능한 IP 주소를 브로드캐스트 하는 과정으 로 Discover를 보낸 호스트 이외의 다른 호스트는 패킷을 전부 폐기한다.
  - Request : 할당받은 IP 주소 DHCP 서버에 승인 요청한다.
  - ACK : IP 주소를 할당하게 되는 과정으로 서버의 승인사항을 브로드캐스 트 하는 과정이다
- **갱신(Renewal)** : IP 주소의 임대갱신을 의미한다.
  - Request : DHCP 서버에 갱신을 요청하는 Request 패킷을 유니캐스트 한다.
  - ACK : 임대갱신 요청에 대한 승인 과정이다.
- **반환(Release)** : 임대 기간이 끝나거나, IP 주소를 사용하지 않을 경우로 IP 주소 반환을 의미한다.

46 ③

IPv4 헤더의 Protocol Identifier

- 어느 상위 계층 프로토콜이 데이터 내에 포함되었는가를 나타낸다.
- 프로토콜 필드 값에 따라 1(ICMP), 2(IGMP), 6(TCP), 8(EGP), 17(UDP), 89(OSPF) 등으로 표시된다.

47 ①

SNMP(Simple Network Management Protocol)
네트워크를 효율적으로 운용하기 위하여 여러 개의 에이전트를 두고 매니저는 필요시 에이전트에게 정보를 요청하면 에이전트는 응답하는 방식의 TCP/IP망 관리 프로토콜이다.

48 ②

VLAN 할당 방식

구분	설명
정적 VLAN	• 포트별 수동 할당 • 관리자가 VLAN 할당을 각 스위치에서 직접 할당 • VLAN 구성이 쉽고 모니터링 하기도 쉽다. • 네트워크에서 사용자가 이동하는 경우에도 동작 가능하다.
동적 VLAN	• MAC 주소별 자동 할당 • MAC 주소에 따라 관리 서버로부터 VLAN이 자동 할당되어 설정됨

49 ③

10BASE-T (UTP 방식)
Ethernet LAN에서 UTP케이블을 사용하는 케이블 연결방식으로, 10BASE-T에서 10은 10Mbps, BASE는 baseband, T는 Twisted-Pair cable을 의미한다.

규격	전송속도(최대)	호환성
1000BASE-T	1Gbps	• 10Base-T 케이블은 연결하면 10Mbps 이하 • 100Base-TX 케이블 연결하면 100Mbps 이하 • 1000Base-T 케이블 연결하면 1Gbps 이하
100BASE-TX	100Mbps	• 10Base-T 케이블은 연결하면 10Mbps 이하 • 100Base-TX 케이블 연결하면 100Mbps 이하 • 1000Base-T 케이블 연결하면 100Mbps 이하
10BASE-T	10Mbps	• 10Base-T, 100Base-TX, 1000Base-T 케이블 모두 연결가능하지만 속도는 모두 10Mbps 이하

50 ④

정적 라우팅 vs 동적 라우팅
• 정적 라우팅

구분	설명
정의	• 네트워크 관리자가 수동으로 라우팅 항목을 설정하는 방법 • 미리 정해진 경로를 따라 경로를 선택
특징	• 속도가 빠르고 안정적이며, 소규모 네트워크에 유리 • 보안성이 우수하고, CPU 부하가 적다. • 초기 구성과 유지 보수에 시간이 많이 걸린다. • 확장성이 매우 적다. • 라우팅 테이블이 수동으로 작성된다.

• 동적 라우팅

구분	설명
정의	• 라우팅 프로토콜에 의해 망의 상태에 따라 경로가 자동으로 설정되는 방법 • 라우팅 항목이 자동으로 생성 및 유지 된다.
특징	• 네트워크 변화에 능동적으로 대처 가능하며, 대규모 네트워크에 유리 • 최신 라우팅 정보를 유지할 수 있다 • 라우터의 부하가 크고, 라우터의 메모리를 많이 차지함 • 대역폭 소비가 큼

• 내부 라우팅 vs 외부 라우팅

구분	설명
내부	• AS(Autonomous system, 자율시스템) 내부의 라우터끼리 라우팅 정보를 전달하는 방식 • IGP(내부 라우팅 프로토콜)
외부	• AS와 AS간, 서로 다른 AS로 라우팅 정보를 전달하는 방식 • EGP(외부 라우팅 프로토콜)

• 거리 벡터 라우팅

구분	설명
정의	거리와 방향 정보에 의한 라우팅 알고리즘으로, 라우터와 그리고 직접 연결된 주변 라우터와의 정보를 교환하는 방식이다.
특징	• 주변 라우터로부터의 정보를 이용하여 네트워크를 구성 • 작은 규모의 네트워크에 적용 • 경로 계산은 홉 수에 의한다. • 벨만-포드 알고리즘 적용

• 링크 상태 라우팅

구분	설명
정의	링크의 상태 정보를 전달하여 최단 경로를 구성하는 알고리즘으로 주변 상황에 변화가 있을 때 그 정보를 모든 라우터에게 전달하는 방식
특징	• 네트워크 변화에 능동적으로 대처 가능하며, 대규모 네트워크에 유리 • 최신 라우팅 정보를 유지 할 수 있다. • 경로는 홉수, 지연, 대역폭 등에 따라 결정된다. • 다익스트라 알고리즘 적용

51 ②, ④

리피터(Repeater)
• 통상적으로 LAN의 Ethernet 방식에서, 두 개의 케이블을 하나로 연결하여, 세그먼트를 연장시키는 장치를 의미한다.
• 신호를 증폭 또는 재생한다.
• 두 개의 서로 다른 LAN을 연결한다.
• 물리계층에서 정의된다.
• 리피터 양쪽 단에서는 같은 매체 접근제어방식을 사용해야 한다.
※ 문제 오류로 복수 정답 처리된 문항

52 ②

LAN 구성요소

구성요소	설명
호스트(장치)	LAN에 연결된 컴퓨터나 장치로서, 각 호스트는 데이터를 전송하고 네트워크 상태를 감지하며, 충돌을 감지하고 처리한다.
케이블	LAN에서 호스트와 장비들을 연결하는 데 사용
네트워크 인터페이스 카드	호스트는 네트워크 인터페이스 카드를 사용하여 LAN에 연결된다. NIC는 컴퓨터와 네트워크 사이의 통신을 가능하게 하는 하드웨어 장치
스위치 또는 허브	스위치는 MAC 주소를 사용하여 호스트 간의 통신을 전담하며, 스위치를 통해 각 호스트는 독립적인 연결을 하게 된다. 허브는 데이터를 받아서 연결된 모든 호스트에게 중계한다.
라우터	라우터는 여러 개의 LAN을 연결하는 데 사용되는 장비로서 LAN 간의 통신을 중계하고 인터넷과의 연결을 관리한다.
프로토콜	LAN에서는 통신을 위해 특정한 프로토콜이 사용된다.

53 ①

라우터 내부 구성요소

구성요소	설명
CPU	라우터를 제어하고, 다양한 기능을 위한 연산을 담당
DRAM	각 포트에 필요한 버퍼 제공 및 라우팅 테이블을 저장
Flash 메모리	저장장소이며, 운영체제인 OS를 저장함
NVRAM	Non volatile RAM으로 설정이 저장되며, 재부팅되어도 설정 값 유지되는 config정보가 저장되는 장소
ROM	기본적인 설정이 저장되어 있으며, PC의 BIOS와 비슷

54 ④

구간 오버헤드(SOH)

- 동기식 다중화 전송방식에서, STM-n 신호의 전송 성능표시와 운용 및 유지보수 등을 목적으로 재생기 구간(RS)이나 다중화기 구간(MS)에 삽입 추출되는 오버헤드이다.
- 구간 오버헤드는 STM-n 신호가 구성되는 마지막 단계(시점)에서 맨 앞부분에 삽입된다.
- 재생기 구간 오버헤드(RSOH)와 다중화기 구간 오버헤드(MSOH)로 구분된다.

55 ①

X.25

X.25는 데이터 단말장치와 데이터 회선 종단장치 간의 인터페이스를 제공하며, 통신을 원하는 두 단말장치가 패킷 교환망을 통해 패킷을 원활하게 전달하기 위한 프로토콜이다.

구분	설명
패킷 계층	• OSI7 계층의 네트워크 계층에 해당 • 패킷 계층의 수행 절차 : 호 설정 – 데이터 전송 – 호 해제 • 호 설정 후, 호 해제 시까지 가상 회선을 이용하여 통신경로를 유지
프레임 계층	• OSI7 계층의 데이터링크 계층에 해당 • 패킷의 원활한 전송을 지원 • 다중화, 순서제어, 오류제어, 흐름제어 기능 등 • LAPB를 사용
물리 계층	• DTE와 DCE 간의 물리적 접속에 관한 인터페이스 정의 • X.21을 사용

56 ③

SSB(Single Side Band) 변조(단측파대 진폭변조)

- SSB 정의 : SSB는 스펙트럼상에서 상 측파대 또는 하 측파대 중 1개 측파대만을 전송하는 방식이다.
- SSB 특징(DSB 대비)
  - S/N비가 개선된다.
  - 적은 전력으로 양질의 통신 가능하다.
  - 회로 구성이 복잡하다.
  - 점유 주파수 대역이 반이다.
  - 주파수 대역이 좁아 다중화 통신 등 대역 효율성 도모에 적합하다.

57 ②

파일 전송시간

- 전송시간

파일 크기가 2.4[Gbyte]이고, 전송속도가 100[Mbps]일 때, 오류가 없다면 파일 전송에 소요되는 시간은 아래와 같다.

$$전송시간 = \frac{(2.4 \times 10^9) \times 8\,[bits]}{100 \times 10^6\,[bits/s]} = 192초 = 3분 12초$$

- 오류발생

2.4[Gbyte]의 데이터에서 오류율이 10[%]이라면 0.24[Gbyte]의 데이터 손실이 발생하고, 이를 적용해야 한다.

$$전송시간 = \frac{((2.4 + 0.24) \times 10^9) \times 8\,[bits]}{100 \times 10^6\,[bits/s]} = 211.2초 = 3분 52초$$

58 ④

정지궤도 위성

- 정의 : 지구와 동일한 자전주기와 같은 방향으로 동작하는 궤도에 있는 인공위성으로, 이러한 위성들은 지구의 자전주기와 동일하게 약 24시간 동안 한 지점을 고정하여 주변 지역과 같은 위치를 유지한다.
- 특징
  - 정지궤도란 적도상공 약 36,000[km]를 말한다.
  - 궤도가 높을수록 위성이 지구를 한 바퀴 도는 시간이 길어진다.
  - 극지방 관측이 불가능하다.
  - 지구 전체 커버 위성 수는 90도 간격으로 최소 4개이다.
  - 지구의 자전주기와 같은 주기로 지구를 공전하는 인공위성이다.
  - 지구의 인력과 위성의 원심력이 일치하는 공간에 위치한다.

59 ①

광대역통합망(BcN, Broadband Convergence Network)

- BcN은 다양한 서비스를 단말에 구애받지 않고 끊김이 없이 이용할 수 있는 유비쿼터스 서비스 환경을 제공하는 통신 기술이다.
- 통합네트워크에서 다양한 서비스를 제공한다.
- 표준화된 개방형 네트워크 구조이다.
- 패킷 기반의 유무선 방송 멀티미디어 통합네트워크이다.
- 운영비용 및 투자비가 최소화된다.

60 ①

ITS(Intelligent Transportation System) 서비스

- ITS 정의
  - 기존의 교통시설물(도로, 신호기 등)에 컴퓨터 전자, 통신, 제어 기술을 접목시켜 기존 도로의 처리용량을 100% 활용하는 시스템이다.
  - ITS는 현재의 교통체증, 교통사고, 교통공해 문제를 획기적으로 줄일 수 있는 21세기 첨단 지능형 교통 시스템이다.
- ITS 서비스

서비스	설명
첨단교통관리 (ATMS, Advanced Traffic Management System)	교통 혼잡 관리 및 흐름 최적화를 위한 시스템으로, 실시간 교통 데이터 수집 및 모니터링, 신호등 제어, 도로 조건 모니터링 등을 포함하여 교통 효율성을 향상시키고 교통 혼잡을 최소화하는 데 사용된다.
첨단교통정보 (ATIS, Advanced Traveler Information System)	운전자에게 교통 정보를 제공하는 시스템으로, 운전자들이 안전하고 효율적인 경로를 선택하는 데 도움을 준다.
첨단대중교통 (APTS, Advanced Public Transportation System)	대중 교통 시스템을 개선하고 효율화하는 시스템으로, 실시간 버스 및 열차 위치 추적, 스마트 카드 결제 시스템, 예약 및 정보 제공 등을 포함한다.
화물운송체계 (CVO, Commercial Vehicle Operation)	상업 차량 및 트럭 운송 업무를 관리하고 개선하는 시스템으로, 차량의 무게, 크기, 로그북 등을 모니터링하고 효율적인 물류 운영을 지원한다.
첨단 자동차.도로 정보 시스템 (AVHS, Advanced Vehicle Highway System)	도로 인프라와 차량 간의 통신을 개선하는 시스템으로, 차량 간의 안전한 거리 유지, 도로 표지판 정보 공유, 교통 흐름 최적화 등이 가능하다.

61 ③
네트워크 장비
- **Gateway** : 컴퓨터 네트워크에서 서로 다른 통신망, 프로토콜을 사용하는 네트워크 간의 통신을 가능하게 하는 컴퓨터나 소프트웨어를 말한다(4계층).
- **Repeater** : 장비간 거리가 증가하거나 케이블 손실로 인해 신호가 감쇄할 경우, 신호를 재생시켜 릴레이하는 장치이다(1계층).
- **Router** : 컴퓨터 네트워크 간에 경로를 설정하고 데이터를 전송하는 장치이다(3계층).
- **Bridge** : 두 개의 LAN을 상호 접속하고 데이터를 전송하는 통신망 연결 장치이다(2계층).

62 ②
효과적인 암호 관리 방법
- 숫자와 특수문자를 조합하여 구성한다.
- 여덟 글자 이상으로 가능하면 복잡하게 구성한다.
- 주기적으로 교체한다.
- 암호 입력 횟수를 제한하여 반복적 시도를 사전에 방지한다.

63 ③
데몬(Daemon)
- 리눅스/유닉스 시스템이 처음 기동될 때 실행되는 백그라운드 프로세스이며 사용자의 요청이 발생하면 대응하는 리스너와 같은 역할을 한다.
- 메모리에 상주해 있으면서 특정 요청이 오면 즉시 대응할 수 있도록 대기 중인 프로세스이다.
- **데몬의 종류**

종 류	설명
crond	cron을 실행시키는 데몬으로 지정한 프로그램을 지정한 시간에 주기적으로 실행시키는 데몬
iptables	IP 패킷 필터링을 관리하는 데몬이며 iptables를 이용하여 서버 자체를 방화벽 서버로 사용
lpd	프린터(Line Printer)가 정상적으로 동작하게 해주는 데몬
nscd	rpc.lockd를 실행하기 위한 데몬
xinetd	telnet, FTP 등과 같은 서비스를 제어할 수 있는 슈퍼 데몬
kfushd	메모리와 파일 시스템을 관리하기 위한 데몬

오답 피하기

웹서버 아파치의 데몬은 httpd이며 gpm은 텍스트 기반의 리눅스 어플리케이션에 마우스를 서포트 하는 데몬이다.

64 ①
Web Server
웹 클라이언트(웹브라우저 등)가 HTTP 프로토콜을 통해 요청한 HTML 페이지를 정적으로 제공하는 서버이다.

오답 피하기
- **WAS(Web Application Server)** : WAS 서버는 asp, php, jsp 등 개발 언어를 읽고 처리하여 동적컨텐츠, 웹 응용 프로그램 서비스를 처리하는 것이다.
- **DB Server** : 데이터베이스 정보를 제공하는 서버이다.
- **보안 서버** : 네트워크 전반의 보안 기능을 담당하는 서버. 인터넷상에서 전송되는 자료를 암호화하여 송수신하는 기능 뿐 아니라, 기타 개인정보 보호를 위한 가장 기본적인 수단으로 사용된다.

65 ②
통신회선 종류
- **통신선** : 절연물로 피복한 전기도체 또는 절연물로 피복한 위를 보호피복으로 보호한 전기도체 및 광섬유 등으로 통신용으로 사용하는 선을 말한다.
- **급전선** : 전파에너지를 전송하기 위하여 송신장치나 수신장치와 공중선 사이를 연결하는 선을 말한다.
- **회선** : 정보통신의 전송이 이루어지는 유선 또는 무선 전송 구간의 계통적 통신망이다.
- **강전류절연전선** : 절연물만으로 피복되어 있는 강전류전선을 말한다.
- **강전류케이블** : 절연물 및 보호물로 피복되어 있는 강전류전선을 말한다.

66 ①
트랜잭션(Transaction)
하나의 작업을 수행하기 위해 필요한 데이터베이스의 연산들을 모아놓은 것으로, 데이터베이스에서 논리적인 작업의 단위가 된다.

오답 피하기
- **튜플** : 데이터베이스내의 주어진 목록과 관계있는 속성 값의 모음이다. 관련 테이블에서 행한 수치 이상으로 혼합된 자료 요소를 의미한다.
- **릴레이션** : 하나의 개체에 관한 데이터를 2차원 테이블의 구조로 저장한 것이다.
- **카디널리티** : 하나의 릴레이션에서 튜플의 전체 개수를 릴레이션의 카디널리티라고 한다.

67 ①
데이터 백업 설정요소
- 백업대상 데이터 용량
- 저장 용량
- 복구시간
- 백업 주기 및 기간

68 ④
정보통신망 장애처리 주요요소
- 장애 감시체계(관제 시스템)
- 장애 감시방안
- 장애처리 프로세스
- 장애처리 인력 및 측정도구
- 예비 장비 또는 부품

69 ①
케이블 트레이
- 케이블 트레이는 다량의 통신 케이블 수용, 지지 또는 통신 케이블의 보호를 위해 벽이나 바닥, 천정 등에 고정되어 있는 구조물이다.
- 케이블 트레이는 금속제 또는 불연성 재료로 제작되며, 사다리형, 바닥 밀폐형, 메쉬형, 펀치형 등이 있다.

70 ④
IEEE 802 시리즈
- IEEE 802.2 : Logical Link Control(LLC)
- IEEE 802.3 : CSMA/CD MAC and PHY
- IEEE 802.4 : Token Passig Bus
- IEEE 802.5 : Token Passing Ring
- IEEE 802.9 : Isochronous LANs
- IEEE 802.11 : 무선 LAN 표준(802.11a, 802.11b, 802.11g, 802.11n 등)
- IEEE 802.15 : WPAN(Wireless Personal Area Network)

71 ①
네트워크 구축을 위한 준비단계 및 고려사항
- 기존 설치된 시스템 활용
- 향후 증설 및 확장을 고려한 설계
- 국내외 표준규격 준수
- 용이한 유지보수
- 백업 및 이중화 구성(회선/장비/경로)
- 장애처리 프로세스

72 ③
이중바닥재 성능시험 항목
- 국부압축 시험 및 충격 시험
- 연소성능 시험
- 대전성능 시험
- 누설저항 시험
- 방식성능 시험

73 ②
IPv4 클래스 체계
IPv4 주소체계에서 클래스란 하나의 IP주소에 네트워크 영역과 호스트 영역을 나누는 방법을 말하며, A,B,C,D,E 클래스가 있다.

클래스	네트워크 수	호스트 수
A	$2^7 = 128$	16,772,214
B	$2^{14} = 16,344$	65,534
C	$2^{21} = 2,097,152$	254
D	멀티캐스트용	
E	실험용	

74 ①
MTBF(Mean Time Between Failures, 평균 고장 간격)
- MTBF는 수리할 수 있는 시스템의 고장 발생시점부터 다음 고장 시점까지의 평균시간을 말하며 계산식은 다음과 같다.
- $MTBF = \dfrac{\text{가동시간} - \text{고장시간}}{\text{고장건 수}} = \dfrac{(100 + 150 + 80) - (20 + 18 + 25)}{3}$
  = 89분

75 ①
Smurf 공격과 Fraggle 공격
- Smurf 공격이란 공격자가 ICMP 패킷을 이용하여 대상 서버 다운을 시도하는 DDoS 공격법을 말한다.
- Fraggle 공격은 방식은 Smurf 공격과 유사하나 ICMP 패킷 대신 UDP 패킷을 사용한다는 점이 다르다.

76 ③
ISMS 인증기준 – 네트워크 접근통제
- 인증기준 : 네트워크에 대한 비인가 접근을 통제하기 위하여 IP관리, 단말인증 등 관리절차를 수립·이행하고, 업무목적 및 중요도에 따라 네트워크 분리(DMZ, 서버팜, DB존, 개발존 등)와 접근통제를 적용하여야 한다.
- 주요확인 사항
  - 조직의 네트워크에 접근할 수 있는 모든 경로를 식별하고 접근통제 정책에 따라 내부 네트워크는 인가된 사용자만이 접근할 수 있도록 통제하고 있는가.
  - 서비스 사용자 그룹 정보자산의 중요도, 법적 요구사항에 따라 네트워크 영역을 물리적 또는 논리적으로 분리하고 각 영역 간 접근통제를 적용하고 있는가.
  - 네트워크 대역별 IP주소 부여 기준을 마련하고 DB서버 등 외부 연결이 필요하지 않은 경우 사설 IP로 할당하는 등의 대책을 적용하고 있는가.

- 물리적으로 떨어진 IDC, 지사, 대리점 등과의 네트워크 연결기 전송구간 보호대책을 마련하고 있는가.

오답 피하기
응용프로그램 접근 주요 확인사항 : 일정 시간동안 입력이 없는 세션은 자동차단하고, 동일 사용자의 동시 세션수를 제한하고 있는가.

77 ③
CCTV 주요 구성요소
- NVR : IP 카메라를 통해 디지털 영상을 전송받아 압축 저장하는 기능의 장치이다.
- DVR : 카메라로 촬영한 아날로그 영상을 디지털로 변환해 저장하는 장치이다.
- 하우징 : 시외에 설치된 CCTV 렌즈를 외부 이물질로부터 보호하는 기계 부품 또는 덮개를 말한다.

78 ②
데이터베이스 접근통제 보안정책
- 비인가자의 데이터베이스 접근을 제한한다.
- 일정 시간 이상 업무를 수행하지 않는 경우 자동으로 접속을 차단한다.
- 사용하지 않는 계정, 테스트용 계정, 기본 계정 등은 삭제한다.
- 계정별 사용 가능 명령어를 제한한다.

79 ②
상태 비저장 방화벽
- 상태 비저장 방화벽이란 패킷의 인과 관계를 확인하지 않고, 단순히 장비에 등록된 정책만 가지고 패킷을 필터링하는 방화벽으로 패킷 필터(Packet Filter) 방화벽이라고도 한다.
- 상태 비저장 방화벽은 데이터 패킷의 소스, 대상, 기타 매개 변수를 활용하여 데이터가 위협에 처했는지 파악하기 때문에 상태 저장(Stateful Inspection) 방화벽 대비 보안성이 취약하다.
- 상태 비저장 방화벽은 패킷 전체를 검사하지 않고, 프로토콜 헤더만 검사하며, 수신 트래픽 유형, 포트 번호 또는 대상 주소 등 미리 결정된 규칙에 의거하여 연결의 안전만을 결정한다.

80 ②
침입방지시스템(Intrusion Prevention System, IPS)
- IPS는 스파이웨어, 해킹 등 외부로부터 침입을 탐지 및 차단하는 시스템으로 방화벽과 IDS가 조합된 형태이다.
- IPS는 IDS가 침입을 탐지하는 기능에 특화된 것과 달리, 탐지 이후 차단 능력을 가지고 있어 알려지지 않은 공격 패턴을 방어하는데 효과적이며, 명백한 공격에 대해서는 사전 방어 조치를 취할 수 있는 특징이 있다.

〈5과목〉 컴퓨터일반 및 정보설비 기준

81 ②
파이프라인 명령어실행시간
성능향상 제한 요인이 발생하지 않는다고 가정하고 무한히 많은 명령문을 사용하는 이상적인 경우에 성능향상은 명령단계 값에 수렴한다. 따라서 5배에 수렴한다.
k = 파이프라인 단계 수, N = 명령어 수
- 파이프라인 명령어실행시간 $T_p = k + (N - 1)$
- 기존 명령어 실행시간 $T = k \times N$
- 속도향상 $= \dfrac{T}{T_p}$

- 성능향상 제한 요인이 없고 이상적인 경우, 명령어가 무한개일 경우 속도향상은 파이프라인 단계 수, k에 수렴한다.

82 ③
RAM
SRAM은 플리플롭 구조로 DRAM에 비해 속도가 빠르고, 용량이 적으며 고가이다.

특징	SRAM	DRAM
구조	플리플롭	커패시터
속도	빠르다	느리다
용량	적다	크다
가격	고가	저가
활용	캐시메모리	주메모리

83 ④
Channel I/O
- DMA의 확장된 개념. CPU 대신하여 메모리와 입출력 장치 사이에서 입출력 전용 프로세서(I/O Processor)를 이용하여 입출력을 제어하는 방식이다.
- **선택기채널(Selector Channel)** : 여러 개의 고속 장치를 제어하기 위해 사용한다. 여러 장치 중 한 개에 대하여 전용으로 전송한다.
- **멀티플렉서채널(Multiplexer Channel)** : 한 번에 여러 장치에 대하여 블록 전송을 수행하여 동시에 여러 장치를 처리할 수 있다.

84 ④
CPU명령어
마이크로 동작(micro-operation) : 마이크로 연산. CPU 제어기에서 발생시키는 한 제어신호가 전송되는 동안에 일어나는 CPU의 상태변화. 하나의 명령어는 여러 개의 마이크로 연산으로 수행한다.

85 ③
기억장치 대역폭
클럭 주기 1[ns] 당 32[bit] 전송. 이것을 초당 전송량으로 변환하면,
$32[bit] \times 1[ns] \times 1000000000 = 4000000000[byte/s] = 4000[Mbyte/s]$

86 ②
명령어사이클
- 한 개의 기계어 명령어를 가져와 명령어가 요구하는 동작을 수행하는 연속적인 동작 과정이다. 호출(fetch) 사이클과 실행(execute) 사이클로 기본 구성된다.
- **호출(Fetch) 사이클** : 인출사이클. CPU가 기억장치로부터 명령어를 읽어오는 단계이다.
- **실행(Execute) 사이클** : 명령을 실행하는 단계이다. CPU는 읽어온 명령어를 해석하고 실행한다. 그리고 다시 호출 사이클로 복귀한다.
- **간접(Indirect) 사이클** : 간접주소일 때 유효주소를 가져온다.
- **인터럽트(Interrupt) 사이클** : 인터럽트를 처리하고 호출 사이클로 복귀한다.

87 ②
시스템소프트웨어
- 소프트웨어는 시스템소프트웨어와 사용자의 응용소프트웨어 구분한다.
- 시스템소프트웨어란 사용자와 응용프로그램을 위해 플랫폼을 제공하고 하드웨어 및 하위 자원을 운용, 제어 및 관리하는 역할을 하는 프로그램이다.

88 ④
호스트 수
'255.255.255.224' = 11111111.11111111.11111111.11100000
네트워크비트 : 27, 호스트비트 : 5.
$2^5 = 32 - 2$ (네트워크 대표주소, 브로드캐스트 주소) = 30

89 ④
IP주소체계표시
- IPv4 : 주소길이 32비트. 8비트씩 4부분으로 10진수로 표시한다.
- IPv 6 : 주소길이 128비트. 16비트씩 8부분으로 16진수로 표시한다.

90 ④
네트워크 명령어
- ipconfig : 내컴퓨터의 네트워크 환경(IP정보)를 확인하는 명령어이다.
- ping : 목적지 컴퓨터를 향해 일정 크기의 패킷을 보낸 후, 이에 대한 응답 메시지를 보내면 이를 수신하여 목적지 컴퓨터 동작 여부 및 네트워크 상태를 확인한다.
- tracert : 인터넷을 통해 특정 서버 컴퓨터를 찾아가면서 거치는 경로를 기록해주는 명령어이다.
- get : ftp에서 파일을 다운할 때 사용하는 명령어이다.

91 ②
'255.255.255.224' = 11111111.11111111.11111111.11100000
네트워크비트 : 27, 호스트비트 : 5
$2^5 = 32 - 2$ (네트워크 대표주소, 브로드캐스트 주소) = 30
실제 호스트 수 = 30개
서브넷 네트워크 수 : 3비트, 2^3 = 8개
192.156.100.64~192.156.100.95

92 ④
빅데이터시스템
- 시계열 저장소 : 시간에 따라 저장되는 시계열 데이터를 처리하기 위해 최적화된 저장소로 빠르고 정확하게 실시간으로 쌓이는 대규모 데이터들을 처리할 수 있도록 고안되었다.
- 메모리 기반 저장소 : 데이터 접근시간이 하드디스크와 비교하여 빨라 실시간 처리가 가능하다.

93 ④
네트워크 가상화
- 가상머신 : 물리적 하드웨어 시스템에 구축되어 논리적인 CPU, 메모리, 네트워크 인터페이스 및 스토리지를 갖추고 가상 컴퓨터 시스템으로 작동하는 가상 환경이다.
- 하이퍼바이저 : 물리 하드웨어와 가상머신의 영역을 분리하고 자신이 그 사이에서 중간 관리자, 즉 인터페이스 역할을 한다.
- NFV : X.86과 같은 범용서버에 H/W 각 기능을 가상화하여 서비스하는 Network 기술이다.
- SDN : 개별 형태로 운영되던 H/W, S/W를 가상화를 통해 Control Plane과 Data Plane으로 분리하는 Open Flow 기반 개방형 N/W 제어, 관리하는 기술이다.

94 ③
방송통신설비의 기술기준에 관한 규정
제27조(통신규약)
① 사업자는 정보통신설비와 이에 연결되는 다른 정보통신설비 또는 이용자설비와의 사이에 정보의 상호전달을 위하여 사용하는 **통신규약**을 인터넷, 언론매체 또는 그 밖의 홍보매체를 활용하여 공개하여야 한다.

95 ③

용어

- 정보통신설비 : 유선, 무선, 광선, 그 밖의 전자적 방식으로 부호·문자·음향 또는 영상 등의 정보를 저장·제어·처리하거나 송수신하기 위한 기계·기구(기구)·선로(선로) 및 그 밖에 필요한 설비를 말한다.
- 국선접속설비 : 사업자가 이용자에게 제공하는 국선을 수용하기 위하여 설치하는 국선수용단자반 및 이상전압전류에 대한 보호장치 등을 말한다.
- 전송설비 : 교환설비·단말장치 등으로부터 수신된 방송통신콘텐츠를 변환·재생 또는 증폭하여 유선 또는 무선으로 송신하거나 수신하는 설비로서 전송단국장치·중계장치·다중화장치·분배장치 등과 그 부대설비를 말한다.
- 이용자 : 방송통신서비스를 제공받기 위하여 이용자가 관리·사용하는 구내통신선로설비, 이동통신구내선로설비, 방송공동수신설비, 단말장치 및 전송설비 등을 말한다.

96 ④

방송통신설비의 기술기준에 관한 규정
제18조(설치방법)

① 구내통신선로설비 및 이동통신구내선로설비는 그 구성과 운영 및 사업용전기통신설비와의 접속이 쉽도록 설치하여야 한다.

② 구내통신선로설비의 국선 등 옥외회선은 지하로 인입하여야 한다. 다만, 같은 구내에 5회선 미만의 국선을 인입하거나 사업자의 인입맨홀·핸드홀 또는 인입주로부터 거리가 40미터 이하인 경우로서 사업자가 불가피하다고 인정하는 경우에는 그러하지 아니하다.

③ 구내통신선로설비 및 이동통신구내선로설비를 구성하는 배관시설은 설치된 후 배선의 교체 및 증설시공이 쉽게 이루어질 수 있는 구조로 설치하여야 한다.

④ 제1항 내지 제3항에 의한 구내통신선로설비 및 이동통신구내선로설비의 구체적인 설치방법에 대한 세부기술기준은 전파연구소장이 정하여 고시한다.

제24조(국선접속설비 및 옥외회선 등의 설치 및 철거)

① 기간통신사업자는 해당 역무에 사용되는 방송통신설비가 벼락 또는 강전류전선과의 접촉 등으로 그에 접속된 이용자방송통신설비 등에 피해를 줄 우려가 있는 경우에는 이를 방지하기 위하여 국선접속설비 또는 그 주변에 제7조에 따른 보호기를 설치하여야 한다. 〈개정 2011.1.4, 2017.4.25, 2019.6.25〉

② 기간통신사업자는 국선을 5회선 이상으로 인입하는 경우에는 케이블로 국선수용단자반에 접속·수용하여야 한다.

③ 기간통신사업자는 국선 등 옥외회선을 지하로 인입하여야 한다. 다만, 같은 구내에 5회선 미만의 국선을 인입하는 경우에는 그러하지 아니하다.

④ 제3항 단서에도 불구하고 기간통신사업자는 건축주등이 제4조제2항제2호의 분계점과 사업자가 이용하는 인입맨홀·핸드홀 또는 인입주까지 지하인입배관을 설치한 경우에는 옥외회선을 지하로 인입하여야 한다.

⑤ 기간통신사업자는 「전기통신사업법」 제35조의2제2항에 따른 공중케이블 정비계획에 따라 정비대상으로 선정된 지역의 건축물에 5회선 미만의 국선 등 옥외회선을 공중으로 인입하는 경우에는 건축물마다 하나의 인입경로로 옥외회선을 설치하여야 한다. 다만, 방송통신설비를 안전하게 설치, 운영 또는 관리하기 위한 건축물로서 과학기술정보통신부장관이 정하여 고시하는 바에 따른 건축물은 두 개의 인입경로로 옥외회선을 설치할 수 있다.

⑥ 기간통신사업자는 「전기통신사업법」 제28조에 따른 이용약관에 따라 체결된 서비스 이용계약이 해지된 경우에는 과학기술정보통신부장관이 정하여 고시하는 기간 이내에 제3항 단서에 따라 설치된 국선 등 옥외회선을 철거하여야 하며, 그 내역을 기록·관리하여야 한다. 다만, 서비스 이용계약이 일부만 해지된 경우에는 그러하지 아니하다.

97 ③

영유아보육법
제15조의4(폐쇄회로 텔레비전의 설치 등)

① 어린이집을 설치·운영하는 자는 아동학대 방지 등 영유아의 안전과 어린이집의 보안을 위하여 「개인정보 보호법」 및 관련 법령에 따른 폐쇄회로 텔레비전(이하 "폐쇄회로 텔레비전"이라 한다)을 설치·관리하여야 한다. 다만, 다음 각 호의 어느 하나에 해당하는 경우에는 그러하지 아니하다.

③ 어린이집을 설치·운영하는 자는 폐쇄회로 텔레비전에 기록된 영상정보를 60일 이상 보관하여야 한다.

98 ②

정보통신공사업법
제9조(감리원의 공사중지명령 등)

① 감리원은 공사업자가 설계도서 및 관련 규정의 내용에 적합하지 아니하게 해당 공사를 시공하는 경우에는 발주자의 동의를 받아 재시공 또는 공사중지명령이나 그 밖에 필요한 조치를 할 수 있다.

② 제1항에 따라 감리원으로부터 재시공 또는 공사중지명령이나 그 밖에 필요한 조치에 관한 지시를 받은 공사업자는 특별한 사유가 없으면 이에 따라야 한다.

99 ②

정보통신공사업법
제6조(기술기준의 준수 등)

① 공사를 설계하는 자는 대통령령으로 정하는 기술기준에 적합하게 설계하여야 한다.

② 감리원은 설계도서 및 관련 규정에 적합하게 공사를 감리하여야 한다.

③ 과학기술정보통신부장관은 다음 각 호의 구분에 따라 공사의 설계·시공 기준과 감리업무 수행기준을 마련하여 발주자, 용역업자 및 공사업자가 이용하도록 할 수 있다.

1. 설계·시공 기준 : 공사의 품질 확보와 적정한 공사 관리를 위한 기준으로서 설계기준, 표준공법 및 표준설계설명서 등을 포함한다.

100 ①

정보통신공사업법 시행령
제8조의3(감리원의 배치기준 등)

① 용역업자는 법 제8조제2항 후단에 따라 다음 각 호의 기준에 따른 감리원을 공사가 시작되기 전에 1명 배치해야 한다. 이 경우 용역업자는 전체 공사기간 중 발주자와 합의한 기간(공사가 중단된 기간은 제외한다)에는 해당 감리원을 공사 현장에 상주하도록 배치해야 한다.

1. 총공사금액 100억원 이상 공사 : 특급감리원(기술사 자격을 가진 자로 한정한다)
2. 총공사금액 70억원 이상 100억원 미만인 공사 : 특급감리원
3. 총공사금액 30억원 이상 70억원 미만인 공사 : 고급감리원 이상의 감리원
4. 총공사금액 5억원 이상 30억원 미만인 공사 : 중급감리원 이상의 감리원
5. 총공사금액 5억원 미만의 공사 : 초급감리원 이상의 감리원

01	④	02	④	03	①	04	③	05	②
06	②	07	③	08	②	09	④	10	②
11	④	12	①	13	①	14	①	15	④
16	③	17	③	18	④	19	③	20	④
21	①	22	②	23	②	24	①	25	①
26	④	27	④	28	③	29	④	30	④
31	④	32	②	33	③	34	②	35	④
36	④	37	④	38	③	39	④	40	④
41	②	42	①	43	②	44	①	45	①
46	②	47	③	48	③	49	③	50	②
51	①	52	②	53	④	54	②	55	④
56	③	57	③	58	③	59	②	60	③
61	②	62	②	63	②	64	②	65	①
66	④	67	④	68	③	69	④	70	③
71	①	72	④	73	③	74	③	75	③
76	①	77	③	78	③	79	③	80	④
81	④	82	②	83	①	84	①	85	③
86	②	87	②	88	②	89	②	90	④
91	④	92	②	93	④	94	③	95	②
96	②	97	③	98	③	99	①	100	①

〈1과목〉 정보전송일반

01 ④

스마트 안테나(Smart antenna)의 종류

• MIMO(Multiple Input Multiple Output) 안테나 : 기지국과 사용자 단말의 안테나를 2개 이상으로 늘려 데이터를 여러 경로로 전송하고, 수신단에서 여러 경로로 수신된 신호를 검출해 간섭을 줄이고 속도를 증대하는 기술이다.
• Switched beam array 안테나 : 송수신되는 빔의 방향을 알고리즘을 이용하여 전자적으로 바꾸어 줌으로써 원하는 방향으로 전파를 발사해 빔의 지향성을 예리하게 만드는 스마트 안테나 기술이다.
• Adaptive array 안테나 : 배열 안테나를 구성하는 각 안테나 소자에 적절한 위상차의 전류를 공급함으로써 여러 가지 지향특성을 얻을 수 있는 적응형 배열 안테나 기술이다

오답 피하기

SISO(Single Input Single Output) : 단일 입력/출력을 가지는 안테나이다.

02 ④

데시벨

• 데시벨이란 신호의 감쇠, 이득을 수량적으로 표현하기 위한 단위로, 신호의 상대적 크기를 1/10로 나타내는 [dB]를 사용한다.
• dB수식의 분모에 기준값을 대입하여 절대값으로 사용이 가능하다. 그 예로, $dBm = 10\log\frac{P2}{1mW}$, $dBW = 10\log\frac{P2}{1W}$, $dBmV = 20\log\frac{mV}{1mV}$, $dBV = 20\log\frac{V}{1V}$ 가 있다.
• 계산을 하면 $20\log\frac{100[mV]}{1[mV]} = 20\log10^2 = 40[dBmV]$이다.

03 ①

전리층(단파통신)에서 발생되는 페이딩 및 대책

• **간섭성 페이딩** : 서로 다른 전파통로를 거쳐 수신되는 전파끼리 간섭을 일으켜 발생되는 페이딩으로, 공간 또는 주파수 다이버시티로 경감할 수 있다.
• **편파성 페이딩** : 편파의 변화에 의해 발생되는 페이딩으로, 편파 다이버시티로 경감시킬 수 있다.
• **흡수성 페이딩** : 전파가 전리층을 통과하거나 반사할 때 감쇠를 받아 발생되는 페이딩으로, 수신기에 AGC 또는 AVC회로를 사용하여 방지할 수 있다.
• **도약성 페이딩** : 전리층 전자밀도의 불규칙적인 변동에 의해 전파가 전리층을 시간에 따라 반사하거나 투과함으로서 생기는 페이딩으로, 주파수 다이버시티로 경감시킬 수 있다.

04 ③

ISO/IEC 11801

• 구내통신선로 기술기준에 대한 국제표준이다.
• 아날로그 및 ISDN 통신, 다양한 데이터 통신 표준, 컨트롤 시스템 개발, 공장 자동화 등 범용 목적의 전기통신 케이블링 시스템(통합 배선)을 규정하고 있다.

05 ②

NAS(North America Standard, 북미방식, T1)

• 북미에서 사용하는 PCM으로 24개 전송채널을 시분할 다중화하여 1,544[Mbps]를 제공한다.
• 표본화 주파수는 8000[Hz](125[μs] 주기), 프레임당 타임슬롯(채널) 수는 24개, 타임슬롯(채널) 당 비트수는 8[bit]이므로, 프레임당 비트수는 (8[bits] * 24채널) + 1 = 193[bits]이며, 출력 비트율(속도)는 193[bits/frame] * 8000 [frame/sec] = 1,544[Mbps]이다.

06 ②

시간 분할 다중화(TDM, Time Division Multiplexing)

• TDM은 전송하고자 하는 각각 정보의 시간을 다르게 분할하여 전송하는 다중화 방식으로, 여러 개의 서로 다른 신호가 전송로를 점유하는 시간을 분할해 줌으로써 하나의 전송로에 채널을 다중화하는 방식이다.
• 공통선 신호방식에서는 신호정보를 다중화하기 위해 TDM을 사용하며, 64kbps 속도로 전송한다.
• 채널 사용 효율이 좋으며, 송/수신기 구조가 동일하다.
• 정보의 양에 따라 많은 시간이 필요하며, 동기가 정확해야 하는 단점이 있다.
• TDM의 종류에는 Time slot을 고정적으로 할당하는 STDM과 Time slot을 동적으로 할당하는 ATDM 방식(통계적 시분할 다중화기라고도 한다.)이 있다.

07 ③

문자방식 프로토콜에서 사용되는 전송제어 문자

• ACK(Acknowledge) : 수신한 정보 메시지에 대한 긍정 응답이다.
• DLE(Data Link Escape) : 뒤에 따르는 문자들의 의미를 바꾸거나 추가적인 제어를 제공한다.
• ENQ(Enquiry) : 회선사용 요구부호 또는 상대방에게 어떤 응답을 요구하는 데 이용한다.
• EOT(End Of Transmission) : 전송의 끝 및 데이터 링크의 초기화를 나타낸다.
• ETB(End Of Transmission Block) : Block의 끝을 나타낸다.
• ETX(End Of Text) : Text의 끝을 나타낸다.
• NAK(Negative Acknowledge) : 수신한 정보 메세지에 대한 부정 응답
• SOH(Start Of Heading) : 헤딩의 시작을 나타낸다.
• STX(Start Of Text) : 헤딩의 종료 및 text의 개시를 나타낸다.
• SYN(Synchronous Idle) : 문자동기를 유지하거나, 데이터 및 제어문자가 없을 경우 채우기 위해 사용된다.

08 ②

전송로의 불완전성

정적인 불완전성	• 시스템 특성에 의해 발생되는 시스템적인 왜곡으로 상쇄 및 보상이 가능하다 • 진폭 감쇠 왜곡, 지연 왜곡, 특성 왜곡, 손실, 주파수 편이 등 이 있다.
동적인 불완전성	• 무작위적으로 발생하여 예측이 어려운 왜곡으로 제어가 불가 능하다. • 백색잡음, 상호변조잡음, 페이딩, 에코, 위상지터, 혼선 등이 있다.

09 ④

전자 계산기의 기억 장치

• 전자계산기는 사용 용도에 따라 RAM, ROM과 같은 주기억장치와 DISK, 테이프와 같은 보조 기억장치, 캐시, 인터리빙 등 특수기억장치 등이 있다.
• 레지스터는 CPU에 있는 플립플롭으로 구성된 기억 장치로 연산을 위한 데이터나 연산 결과 또는 제어 데이터를 임시적으로 기억시키는데 사용한다.

Inverter는 기억요소 장치가 아닌 DC를 AD로 변환해주는 역할을 수행하는 장치 또는 논리회로에서 부정의 역할을 수행하는 논리 소자로 사용된다.

10 ②

실효값(RMS Value, Root Mean Square Value) 계산

• 평균값 or 피크값만으로는 파형 특성의 유용한 판단 수단이 되지 못하여, 서로 다른 파형간의 적절한 비교의 척도로서 실효값(RMS)을 사용한다.

• $v_{rms} = \sqrt{\dfrac{1}{T}\displaystyle\int_0^T v^2(t)dt}$ 계산식으로 실효값을 계산할 수 있다.

• 위와 아래가 대칭파이므로 반주기에 대해서만 생각하면,

$$v_{rms}^2 = \frac{1}{\frac{T}{2}}\int_0^{\frac{T}{2}} v^2(t)dt = \frac{2}{T}\int_0^{\frac{T}{2}} A^2 dt = \frac{2A^2}{T}\cdot\frac{T}{2} = A^2$$

이므로,

$v_{rms} = A$ 이다.

11 ④

전파(Radio Wave)의 특징

• 시간에 따라 변화하는 전기장과 자기장의 상호작용에 의해 빛의 속도로 퍼져나가는 파동에너지이며, 전계와 자계에 직각인 방향으로 진행하는 횡파이다.
• 전계는 자계를 만들고, 자계는 전계를 만드는 과정을 거치는 상호 전자적인 유도 현상에 의해 공간으로 퍼져나가는 파이다.
• 전파의 주요 특징은 직진성, 굴절, 회절, 간섭, 감쇠, 회절, 편파 등이 있다.
• 전파는 파장이 짧을수록(주파수가 높을수록) 직진성과 지향성이 강하다.

12 ①

D(Delay) 플립플롭

• RS 플립플롭에서 2개의 입력 R,S가 동시에 1인 경우에도 불확정한 출력 상태가 되지 않도록 하기 위하여, 인버터 하나를 입력 양단에 부가한 회로이다.
• D의 값이 0일 경우 S=0, R=1이 되어 Reset 수행, D가 1인 경우 S=1, R=0이 되어 Set을 수행한다.
• 입력 D의 신호 0 및 1 신호는 클럭 펄스가 나타나지 않는 한 출력에 영향을 주지 못한다.

입력	RS FF		출력	
D	S	R	Q	$\overline{Q}$
0	0	1	0	1
1	1	0	1	0

13 ①

굴절율 분포에 따른 광섬유 케이블 구분

Step Index Fiber(계단형 광섬유 파이버), Graded Index Fiber(언덕형 광섬유 파이버), Triangular Index Fiber(삼각형 광섬유 파이버)가 있다.

14 ①

MIMO 안테나의 핵심 기술

• 공간 다중화(Spatial Multiplexing) : 서로 다른 데이터를 2개 이상의 안테나를 사용하여 각각의 경로로 동시에 전송하는 기술이다.
• 공간 다이버시티(Diversity) : 2개 이상의 독립된 전파 경로를 통해 전송된 여러 개의 수신 신호 가운데 가장 양호한 특성을 가진 신호를 이용하는 기술이다.
• 사전코딩(Pre-coding) 방식으로 MIMO에서 사용하는 전송코드형태인 STC(Space Time Code)를 사용한다.

핸드오버(Handover) : 이동국이 서비스 중인 기지국 영역을 벗어나 인접 기지국으로 이동할 때, 통화를 계속 유지하기 위해 통화로를 이동한 기지국으로 바꾸어 주는 기술이다.

15 ④

대류권 페이딩

페이딩 종류	원인	방지대책
K형	등가 지구 반경계수의 변화	AGC, AVC
덕트형	Radio Duct로 인하여 발생	다이버시티
산란형	대기의 난류 등에 의한 산란파	다이버시티
감쇠형	비, 안개, 구름의 흡수 및 산란	AGC

16 ③

UWB(Ultra Wide Band)

• UWB 기술은 고주파수에서 전파를 통해 작동하는 단거리 무선 통신 프로토콜이다.
• 매우 정밀한 공간 인식과 방향성이 특징으로, 모바일 기기가 주변 환경을 잘 인지할 수 있도록 작동한다.
• 대용량의 데이터를 저전력 소모하에 고속으로 전송 가능하며, 저렴한 가격으로 구현이 가능하며 회로 크기가 작은 특징이 있다.
• UWB를 통해 다양한 기기들이 인텔리전트하게 연결되어, 안전한 원격 결제부터 리모컨의 위치 찾기까지 다양한 기능을 수행할 수 있다.
• 넓은 면적의 공간에서 정확한 탐색이 가능하기 때문에 스마트폰을 이용해 공항에서 음식점을 찾거나 주차된 자동차 위치를 파악할 수 있다.
• PPM(Pulse Position Modulation)을 이용한 단거리 고속 무선 통신 기술이다.

17 ③

PN부호 발생기의 출력 데이터 계열의 주기
- PN부호 발생기의 출력 데이터 계열의 주기는 $2^n - 1$이다. (n은 시프트 레지스터의 단 수)
- $n = 5$ 이므로, 출력 데이터 계열의 주기는 $2^5 - 1 = 31$이다

18 ④

SC-FDMA(Single Carrier-Frequency Division Multiple Access, 단일 반송파 주파수 분할 다중접속)
- SC-FDMA 정의 : SC-FDMA는 LTE 상향링크 전송에서 사용되는 방식으로, OFDMA의 신호처리와 유사하나 DFT회로 등이 추가되어 기존 OFDMA의 PAPR문제 개선, 전력효율 개선 등을 통해 LTE Up Link에 적용한 다원접속 기술이다.
- SC-FDMA 특징
  - 주파수영역에서 하나로 뒤섞고, 묶어서 마치 단일 반송파처럼 보이게 하여, 변화가 심한 순시 피크 송신 전력을 두리뭉실하게 중화시켜 전력증폭기 효율성을 높인다.
  - 하나의 반송파를 사용하므로써 PAPR이 감소되지만 DFT, IDFT회로 추가로 구성이 복잡하다.

19 ③

비트율 계산

비트율 = 비트수 $\times \dfrac{1}{전송간격} = 12 \times \dfrac{1}{6 \times 10^{-3}} = 2,000$[bps]이다.

20 ④

비트 에러율
- 비트 에러율은 전송된 총 비트 당 오류 비트의 비율로 계산할 수 있다.
- 비트 에러율은 디지털 신호가 받는 전송로의 잡음, 왜곡 등의 영향 정도를 종합적으로 평가, 판단할 수 있는 지표이다.
- 비트 에러율 = $\dfrac{에러비트\ 수}{총\ 전송\ 비트\ 수} = \dfrac{2}{10,000,000} = 2 \times 10^{-7}$ 이다.

〈2과목〉 정보통신기기

21 ①

지상파 HDTV 방식 주파수 대역폭
국내 지상파 HDTV 방식과 UHDTV 방식의 1개 채널 주파수 대역폭은 6[MHz]이다.

22 ②

핸드오프의 종류

구분	설명
Soft Handoff	셀(Cell) 간의 핸드오프. 기지국에서 통화의 단절 없이 동일한 주파수를 사용하는 다른 기지국으로 옮겨가는 방식
Softer Handoff	동일한 기지국 내 다른 섹터(Sector)간의 핸드오프
Hard Handoff	이동국이 한 기지국에서 다른 기지국으로 이동할 때 기존 기지국과 연결되었던 채널을 끊은 후 새로운 기지국의 새로운 채널로 연결되는 핸드오프 방식

23 ③

빌딩자동화(Building Automation)
빌딩자동화 시스템이란 상업용 건축물에 대한 설비, 조명, 엘리베이터, 방제 등의 제어를 위한 전력제어 자동제어 시스템뿐만 아니라 빌딩의 사용의 편의성을 위한 빌딩안내 시스템, 주차관제 시스템 등을 제공한다.

오답 피하기

홈네트워크 시스템은 주거용 건물에 적용되는 시스템이다.

24 ①

홈게이트웨이(Home Gateway)
- 각 세대 내에 설치되어 사용되는 홈네트워크 사용기기들을 유무선 네트워크로 연결하고 세대망과 단지망 혹은 통신사의 기간망을 상호 접속하는 장치이다.
- 인터넷망을 연결하는 역할을 수행하고, 최근에는 홈IoT 게이트웨이 역할도 수행한다.

25 ①

홀로그램(Hologram)
홀로그램은 그리스어로 홀로(전체)와 그램(메시지)의 합성어로 특정 레이저광원을 이용하여 물체로부터 반사되는 빛의 간섭무늬를 기록한 것이다.

홀로그램의 특징
- 실물에 대한 3차원 영상정보 활용하여 데이터를 획득한다.
- 대용량의 홀로그래픽 간섭 패턴을 컴퓨터로 고속 처리를 수행한다.
- 홀로그램 데이터로부터 객체를 실공간에 광학적으로 재현한다.

오답 피하기

홀로그램은 기존 3D 영상의 문제점인 안경을 착용하는 문제를 해결하여 높은 입체감을 제공하는 기술이다.

26 ④

포트 공동 이용기(Port Sharing Unit)
- 포트 공동 이용기는 호스트와 모뎀 사이에 설치되어 여러 대의 터미널이 하나의 포트를 공동 이용하게 하여 컴퓨터 포트와 비용을 절감한다.
- 포트 공동 이용기는 컴퓨터 설치 장소와 가까운 곳에 있는 터미널이나 원격지 터미널 모두 이용이 가능하다.
- 폴/셀렉터 프로토콜을 이용한다.
- 변복조기 공동 이용기(MSU)와 선로 공동 이용기(LSU)의 대체 장비 혹은 보충 장비로 이용한다.

오답 피하기

포트 공동 이용기는 터미널의 요청이 있을 때 사용하지 않는 포트를 찾아 연결한다.

27 ④

부가가치통신망(VAN : Value Added Network)
- 단순한 전송 기능 이상으로 정보의 축적, 가공, 변환 처리 등의 부가가치를 부여한 음성 또는 데이터 정보를 제공해 주는 복합적인 정보서비스망이다.
- VAN(부가가치통신망)은 제3자(데이터 통신업자)를 매개로 상호 자료를 교환하는 통신망이다.
- VAN은 컴퓨터끼리 단순히 데이터만 교환하는 것이 아니라, 도중의 변환과정에서 부가가치를 창출하기 때문에 부가가치통신망(value added network)이라 한다.

28 ③

모뎀과 DSU, CSU 비교

구분	모뎀	DSU	CSU
사용목적	음성급 전화망 모뎀간 전송	데이터 전용망 가입자측 장비	데이터 전용망 국측 장비
전송신호	아날로그	디지털	디지털
특징	QAM, DPSK	Unipolar 신호를 Bipolar로 변환	T1, E1 등 전용회선 수용
전송속도	9.6[Kbps]	64[Kbps]	128[Kbps]

29 ④

주차관제시스템
- 주차관제시스템은 정보통신기술을 이용하여 차량번호인식 기술을 통한 24시간 무중단 무인정산 운영이 가능한 시스템으로써 주차장 이용객의 이용 편의성과 더불어 운영/관리자의 운영 효율성을 제공함을 목적으로 한다.
- 주차관제시스템 구축 시 고려사항
  - 무인화 운영시스템으로 확장을 고려해야 한다.
  - 주차 가능 구역의 효율적 관리 방안을 고려해야 한다.
  - 차량번호인식 에러율 최소화 방안을 적용해야 한다.

30 ④

무선 통신 송신기 구성요소
무선 송신기는 전파를 안테나를 통해 방사하는 장치로 발진부, 완충 증폭부, 변조기, 여진 전력 증폭기, 종단 전력 증폭기와 송신 안테나로 구성된다.

▲ 무선 송신기 구조

31 ④

CCTV 구성요소

구분	내용
촬상장치	카메라를 이용하여 영상을 촬영한다. 반도체 촬상소자를 적용한 CCD방식을 주로 사용
전송장치	동축전송방식, UTP 전송방식, 광전송방식 등으로 영상신호를 전송
표시장치	촬영된 영상을 모니터를 통해 표시
기록장치	DVR, NVR 등으로 영상을 저장

32 ②

대역폭 효율(Bandwidth Efficiency)
- 디지털 통신을 위한 변조 기술의 전송 효율을 나타내는 값으로 전송된 정보율을 사용된 대역폭으로 나눈 값으로 표현된다.
- 대역폭 효율 $= \dfrac{\text{전송 속도}}{\text{전송 대역폭}}$

$\therefore \dfrac{19.39 \times 10^6}{6 \times 10^6} = 3.23 \, [bps/Hz]$

33 ③

모뎀의 궤환시험(Loop Back Test) 기능
- 모뎀의 패턴발생기와 내부회로의 진단테스터의 역할을 수행한다.
- 자국내 모뎀의 진단 및 통신회선의 고장의 진단을 수행한다.
- 상대편 모뎀의 시험인 Remote Loop Back Test도 가능하다.
- 궤환시험은 선로와 장비, 상태를 테스트하고 전송속도 테스트와는 무관하다.

34 ②

웨어러블 디바이스의 기본 기능
- **항시성** : 사용자가 언제 어디서든 사용 가능하도록 필요한 기능을 제공해야 한다.
- **편의성** : 사용자의 편의를 고려하여 쉽고 빠르게 이용 가능해야 한다.
- **저전력** : 전력소모를 최소화하여 오랜 기간 동안 사용해야 한다.
- **경량화** : 단말의 무게를 최소화하여 사용하는데 지장이 없어야 한다.

35 ④

스마트 미디어기기의 영상 표출 기기
- 스마트 미디어기기는 IP 기반의 디지털 영상이나 이미지 등을 다양한 디스플레이 장치를 통해 유무선의 제약 없이 서비스하는 장치이다.
- 주요 장비로는 스마트폰, 스마트워치, 스마트안경, VR, AR 장비 등이 있다.
- HMD(Head Mounted Display)는 VR기기의 일종으로 머리에 착용하여 주변시야를 차단시킨 후 사용자의 눈에 직접 가상현실 화면을 현시하는 방식이다.

오답 피하기

화상스크린은 스마트 미디어기기가 아닌 기존 미디어 장치이다.

36 ④

FM의 잡음억제회로
- **Limiter 회로** : 신호의 진폭의 변화를 일정하게 유지시켜 잡음을 억제시키는 역할을 한다.
- **Squelch 회로** : 신호의 입력 신호가 미약해서 잡음출력이 커질 때 출력을 차단하는 회로이다.
- **De-emphasis 회로** : 신호의 수신 시 고역이 강조된 주파수 신호를 복원하기 위해 고역 성분을 원 상태로 감소시켜 잡음도 함께 줄여주는 방식을 의미한다.
- **Pre-emphasis 회로** : 신호의 송신 시 고역이 강조된 주파수 신호를 시정수를 통한 변조를 하여 잡음을 줄여주는 방식이다.

37 ④

H.323
- H.323은 ITU-T에서 TCP/IP 환경의 오디오, 비디오 및 데이터를 포함한 화상 회의시스템에 필요한 프로토콜로 정의하고 있다.
- 호 처리 제어, 디렉토리서비스, 연결 설정, 논리채널의 개설과 종료, 종단 간의 능력교환(Capability Exchange), 패킷망에서의 실시간 전송, point-to-point(점대점) 및 point-to-multipoint 지원과 상태변환 기능 등을 지원한다.

38 ②

EMS(Energy Management System)
EMS는 기존 시스템이나 장치와 연계하거나 독립적인 시스템으로써 효율적인 에너지 운영이 가능하도록 에너지의 생산 및 소비 현황을 감시, 제어하는 시스템이다.

EMS 에너지 관리대상에 따른 분류

종류	내용
CEMS(Community EMS)	마을, 관광단지 등
MGEMS(Microgrid EMS)	군, 산단, 캠퍼스, 섬 등
BEMS(Building EMS)	빌딩, 상가, 학교 등
HEMS(Home EMS)	홈, 아파트 등
FEMS(Factory EMS)	각종 공장

39 ④

스마트홈 서비스 기술 구성요소
스마트홈 서비스 기술 구성요소는 스마트 단말(Device), 게이트웨이, 스마트폰 애플리케이션으로 나뉜다.

40 ②

전자 교환기
- 각 개인 사용자의 요구에 따라 가입자 선, 중계선 또는 기타 기능을 가진 장 치들을 접속하여 인간 상호간의 정보 교환을 신속, 정확, 경제적으로 수행해 주는 정보 전달장치로서 통신망 구성의 기본요소이다.
- 전자교환기 동작과정은 전화번호 수신 → 출선 선택 → 통화선 선택 → 호출 신호 송출 → 응답신호 검출 → 통화선 접속 순이다.

＜3과목＞ 정보통신네트워크

41 ②

응용계층 프로토콜, IP계층 프로토콜
- SMTP(Simple Mail Transfer Protocol) : 인터넷에서 전자메일을 보낼 때 사용하게 되는 프로토콜이다.
- FTP(File Transfer Protocol) : 인터넷을 통해 컴퓨터에서 컴퓨터로 파일을 전송할 수 있도록 사용하는 프로토콜이다.
- SNMP(Simple Network Management Protocol) : 네트워크상에서 자동 으로 정보를 수집하여 네트워크 관리를 하기 위한 프로토콜이다.
- ICMP(Internet Control Message Protocol) : IP 계층에서 데이터를 전송 하는 과정에서 전송오류가 발생하였을 때 오류 메시지를 전송하기 위한 프 로토콜이다.

42 ①

증강현실(Agumented Reality)
- 실제 환경에 가상 사물이나 정보를 합성하여 원래의 환경에 존재하는 사물 처럼 보이도록 하는 컴퓨터 그래픽 기술이다.
- 카메라로 캡처된 현실정보와 부가 정보를 합성시켜 증강된 현실을 사용자에 게 보여준다.

43 ②

ARQ 기법
- Stop N Wait : 송신측에서 전송한 하나의 블록에 대해 수신측에서 오류 발 생을 점검하고 ACK나 NAK을 보내올 때 까지 기다리는 방식이다.
- Go Back N : 오류가 발생하거나 NAK이 발생한 프레임부터 다시 재전송하 는 기법이다.
- Selective Repeat : 프레임 도착순서에 영향을 받지 않고 오류가 발생한 프 레임만 재전송하는 기법이다.

44 ①

VAN 계층구조와 기능

구분	설명
기본통신 계층	아날로그 통신과 디지털 통신으로 구분되며, 정보전달을 의미 함
통신망 계층	교환기능과 다른 통신망과의 접속 기능을 제공함
통신처리 계층	• 통신망 계층에 부가가치를 추가한 서비스 • 정보의 축적 : 전자사서함 등 • 정보의 변환 : 속도변환, 코드변환, 프로토콜변환, 매체변환
정보처리 계층	• 필요한 정보의 형태로 변환시킴 • 온라인 실시간, 원격 일괄 · 시분할 처리 시스템 등 데이터 처리 기능 • DB(데이터베이스) 기능

45 ①

네트워크 접속장비
- **리피터** : 1계층 장비로서 신호를 재생하여 전달되는 거리를 증가시키는 네트 워크 장비이다.
- **브리지** : 2계층 장비로서 네트워크를 분리하거나, 서로 다른 네트워크를 연 결해 주는 장비이다.
- **허브** : 2계층 장비로서 다수의 PC와 장치들을 묶어서 LAN을 구성할 때 각 각의 PC에 연결된 케이블을 하나로 모으는 역할을 해주는 장비이다.
- **스위치(L2 스위치)** : 2계층 장비로서 2계층 주소인 MAC주소를 기반으로 동 작하여 네트워크 중간에서 패킷을 받아 필요한 곳에만 보내주는 장비이다.
- **라우터** : 3계층 장비로서 패킷의 위치를 추출하여 그 위치에 대한 최적의 경 로를 지정하며, 이 경로를 따라 데이터 패킷을 다음 장치로 전향시키는 장치 이다.
- **게이트웨이** : OSI 모델의 모든 계층을 포함하여 동작하는 네트워크 장비로서 두 개의 완전히 다른 네트워크 사이의 데이터 형식을 변환하는 장치이다.

46 ②

CBR(고정비트율), VBR(가변비트율), AVR(가용비트율)

구성요소	설명
CBR (Constant Bit Rate)	• CBR은 동영상 인코딩에서 고정된 비트율을 사용하는 방식 • 동영상 파일이 일정한 비트율로 인코딩되고 파일 크 기와 품질이 고정되어 있기 때문에 동영상이 일정한 품질로 전송되길 원하는 경우에 사용
VBR (Variable Bit Rate)	• VBR는 동영상 인코딩에서 비트율이 가변적으로 변하 는 방식 • 동영상의 내용과 움직임에 따라 비트율을 동적으로 조절하여 품질을 최적화
AVR (Available Bit Rate)	• AVR은 동영상 스트리밍 시스템에서 사용되는 비트 율 조정 방식 • 네트워크 상태에 따라 가용한 비트율을 동적으로 할 당하여 동영상을 전송

- 동영상 인코딩 방식에는 CBR, VBR, AVR 등이 있다.
- 하향회선의 용량은 3[Gbps]이다.
  - CBR 가입자가 100×10^6(용량) $\times 10 \times 1$(100%) = 1[Gbps]이므로, 2[Gbps] 가 VBR 가입자에게 할당된다.
  - VBR 가입자 회선 수 = $\dfrac{2 \times 10^9}{50 \times 10^6 \times 0.7}$ = 57.14[회선]이다.

47 ③

SNMP(Simple Network Management Protocol)
- 네트워크를 효율적으로 운용하기 위하여 여러 개의 에이전트를 두고 매니 저는 필요시 에이전트에게 정보를 요청하면 에이전트는 응답하는 방식의 TCP/IP망 관리 프로토콜이다.

- **TRAP 메시지 포트** : TRAP 메시지는 포트 162번으로 보고하며, 응답은 161 번 포트를 사용한다.

48 ①

CSMA/CD 정의 : 이더넷 유선 네트워크에서 충돌 감지와 함께 작동하는 다중 접속 방식으로, 전송 데이터를 공유하는 장치가 네트워크 상태를 감지하고 통 신 중인지 확인 후 전송하는 프로토콜이다.

49 ③

CIDR(Classless Inter-Domain Routing)

- **CIDR 정의**
  - IPv4의 주소한계의 해결을 위해 개발되었으며, 클래스 없는 도메인 간 라우팅 기법이다
  - 고갈되는 IP주소를 기존의 클래스 기반 IP 주소 할당 방식보다 더 효율적이다.
- **CIDR 블록** : 클래스 기반의 IPv4와 달리 네트워크 주소와 호스트 식별자인 두 개의 숫자그룹으로 구성된다.
- **CIDR 표기법**
  - IP주소 및 접미사로 표기한다.
  - A.B.C.D/E : A부터 D까지는 IPv4 주소와 동일하게 8비트로 0~255까지인 10진수 수이며, 슬래시 뒤에 오는 수는 접두사 길이라고 한다.
  - IP와 서브넷마스크를 함께 표기하며, IP/Subnet Bit수와 같이 IP주소 뒤에 Subnet Bit로 표기한다.
  - A.B.C.D/24 : 24비트 이후의 옥텟(8비트)을 전부 사용할 수 있다는 표현으로 하나의 옥텟은 8비트로 256개이기 때문에 192.168.0.0/24는 192.168.0.0 ~ 192.168.0.255까지 사용이 가능함을 의미한다.
  - 255.255.255.248 = 11111111.11111111.11111111.11111000이므로 IP/29가 된다.

50 ②

IGMP(Internet Group Management Protocol)

- 그룹 멤버십을 구성하거나, 그룹 관리를 위한 프로토콜로서, 임의의 호스트가 멀티캐스트 그룹에 가입하거나 탈퇴할 때 사용된다.
- **IGMP 메시지의 전송**
  - IP 프로토콜과 동등한 역할을 수행한다.
  - IGMP 메시지는 직접 데이터 링크 계층으로 전달되지 않고, IP 패킷에 캡슐화되어 전송된다.
  - IP 패킷의 데이터 부분에 실려서 전달되며, IP 패킷의 헤더에는 해당 메시지의 관련 정보가 포함된다.

51 ①

10기가비트 이더넷

- 데이터를 초당 10기가비트 즉, 1.25GB/s 의 속도로 전송하는 기술이다.
- 속도를 보장받기 위해서 Cat.6 이상의 케이블 및 광케이블을 적용하며, 광케이블의 경우 싱글모드 케이블은 트랜시버만 교환하여 사용 가능하다.

케이블 등급	속도	규격
Cat.3	10Mbps	10Base-T
Cat.4	16Mbps	10Base-T
Cat.5	100Mbps	100Base-TX
Cat.5e	1Gbps	1000Base-T
Cat.6	1Gbps	1000Base-TX
Cat.6A	10Gbps	10GBase
Cat.7	10Gbps	10GBase

52 ①

위성통신망의 특징

장점	단점
• 광범위한 커버리지	• 큰 전파손실 및 전파지연
• 빠른 구축과 유연성	• 높은 구축 비용
• 동시에 정보 전송 가능	• 기상 영향
• 생존성, 회선 구성이 용이함	• 전파방해 및 보안성에 취약

53 ④

VLAN 트렁크 프로토콜(VTP : VLAN Trunking Protocol)

- **VLAN 트렁크 프로토콜 정의**
  - 시스코 전용 프로토콜로 스위치 간 트렁크로 연결된 구간에서 VLAN 생

성, 삭제, 수정 정보를 공유하는 프로토콜이다.
  - 트렁크 프로토콜 : 이더넷 프레임에 식별용 VLAN ID를 삽입하여, 스위치 포트들을 그룹핑 연결시킬 수 있는 프로토콜이다.
- **트렁크 프로토콜 모드**

구분	설명
서버 모드	기본 모드로서, 서버 모드에서 VLAN을 생성, 수정 및 삭제할 수 있다.
클라이언트 모드	클라이언트는 서버 모드와 동일한 방식으로 작동하지만, 클라이언트에서 VLAN을 생성, 변경 또는 삭제할 수 없다.
트랜스페어런트 모드	독립된 영역을 만들 때 사용하고, 다른 스위치에게 전송(중계)만 하며, VLAN의 생성, 수정, 삭제 등이 가능하다.

- **액세스 모드(Access Mode)**
  - 액세스 모드는 스위치 포트를 하나의 VLAN에 할당하는 모드로서 해당 VLAN으로 속하는 모든 트래픽은 해당 포트를 통해 전송된다.
  - 액세스 모드는 주로 단일 VLAN을 사용하는 경우나 호스트에 직접 연결되는 경우에 사용된다.

54 ②

스위칭 방식

- **Store and forward 방식**

통신시스템에서 노드로 들어오는 메시지나 패킷을 한번 축적하고 나서 목적지를 식별한 후 정보를 전송하는 방식을 말한다.

- **Cut-through 방식**
  - 수신된 패킷의 헤더 부분만 검사하여, 이를 곧바로 스위칭하는 방식으로 전송되는 프레임 전체가 수신되기 전에 헤더 내의 목적지 주소만을 보고 판단한다.
  - L2 스위칭의 경우 : 컷 스루 스위칭 방식과 매우 유사하다.
  - L3 스위칭의 경우 : 복수개의 라우터를 경유하지 않고, 직접 송수신지 사이에 통신용 컷 스루 경로를 확립하게 된다.
- **Fragment-free 방식**

스토어 앤 포워드 방식과 컷 스루 방식을 결합한 방법으로 처음 512비트를 보고 전송을 시작하기 때문에 에러 감지 능력 부분이 컷 스루보다 우수하다.

55 ④

PCM(Pulse Code Modulation)

- PCM은 표본화, 양자화, 부호화 과정을 통해서 A/D 변환을 수행한다.

구분	설명
표본화	4[KHz]의 대역폭을 갖는 신호를 표본화하기 위한 Nyquist Rate는 8[KHz]로 8,000[samples/s]으로 산출됨
양자화	8[bit] 코딩으로 표본화하는 것은 2^3 양자화 레벨을 갖는 것을 의미함
부호화	샘플당 8[bit]로 표현

- **전송률** : 8,000[samples/s] x 8[bit] = 64[kbps] 이다.

56 ②

라우팅 프로토콜 종류

구분	종류	설명
내부 라우팅	RIP	• Routing Information Protocol • 거리 벡터 방식 • 최대 15Hop까지 지원하며, Hop 수가 가장 적은 경로로 선택 • 매 30초마다 주기적인 라우팅 업데이트 • 라우팅 트래픽 부하 증가 및 수렴시간이 느림 • 설정 및 운영이 간단하며, 소규모 네트워크에 적용 • 서브네트워크의 주소는 클래스 A, B, C의 마스크를 기준으로 라우팅 정보를 구성

내부 라우팅	OSPF	• Open Shortest Path First • 링크 상태 방식이며, 다익스트라의 SPF(Shortest Path First) 알고리즘 사용 • 링크 상태 정보를 이용하여 최단 경로로 패킷을 전달 • Link State에 변화가 있을 때 해당 라우터가 LSA를 전체 네트워크에 Flooding함 　　– LSA(Link State Advertisement)는 라우팅 정보 • 라우팅 설정이 복잡하고 자원 소모량이 많음 • AS내부를 영역 단위로 나누어 관리
	IGRP	• Interior Gateway Routing Protocol • 거리벡터 방식으로 중규모 네트워크에 적합함 • RIP의 문제점을 개선한 프로토콜로써 메트릭으로 최적의 경로 설정 • 매 90초마다 경로 정보 전송하며, 신뢰적임 • 운영과 설정이 간단하고, 수렴이 빠르며, 멀티패스 라우팅 지원 • 국제 표준 규약이 아니며, 비용결정 계산이 복잡함
	IS–IS	• Intermediate System to Intermediate System • 링크 상태 방식이며, 다익스트라의 SPF(Shortest Path First) 알고리즘 사용 • 라우터끼리 동적으로 경로 정보를 주고받는 프로토콜 • 최대홉 제한 없음 • 2단계 계층적 구조(1,2) 지원하며 여러 Area로 구분됨
	EIGRP	• Enhanced IGRP • 거리 벡터 기반의 링크 상태처럼 동작하는 하이브리드 방식 • IGRP 기반으로 라우터 내 대역폭 및 처리 능력의 향상과 경로상 불안정한 라우팅을 최적화함 • Classless Routing 수행하며, 수렴시간이 빠름 • 네트워크 변화에 즉시 반응하여 경로 설정 및 Load Balancing 지원 • 대규모에서 관리가 어려우며, 시스코 라우터에서만 동작
외부 라우팅	BGP	• Border Gateway Protocol • 경로 벡터 라우팅 프로토콜 • AS사이의 경로지정을 위해 사용되는 프로토콜 • Classless Routing을 수행하며, 수렴시간이 빠름 • TCP 사용하여 연결하며, 대형망 네트워크 지원 • Classless Routing 및 다양하고 풍부한 메트릭 사용 • 회선 장애시 우회 경로 생성하고 라우팅 정보의 부분 갱신 가능 • 매트릭 설정이 어렵고 수렴시간이 느림

57 ①

네트워크

• 통신 방식

구분	유니캐스트	멀티캐스트	브로드캐스트	애니캐스트
개념	출발지와 목적지가 명확한 일대일 통신	특정된 그룹에 모두 보내는 방식	같은 네트워크의 모든 노드에게 보내는 방식	가장 가까운 노드와 통신
개념도				
특징	MAC이 동일	특정그룹을 지정하여 보내는 방식 MAC 주소 : 01:00:5E:XX:XX:XX	주로 IP는 알지만, MAC을 모를 경우 MAC 주소 : FF:FF:FF:FF:FF:FF	수신 가능한 한 노드에만 전송

• IPv6의 주소 유형
IPv6의 주소 유형은 유니캐스트, 멀티캐스트, 애니캐스트이다.

58 ③

데이터 교환 방식
• **회선교환방식** : 통신경로 설정 후 데이터 교환하는 방식이다.
　– 연결 설정 단계에서 자원 할당(고정적 대역폭)이 필요하다.
　– 데이터 통신을 위해 연결 설정, 데이터 전송, 연결 해제의 세 단계가 필요하다.
　– 주로 전화망에서 사용하는 교환 방식이다.
　– 전송지연이 거의 없으나, 접속에 긴 시간이 소요된다.
　– 길이가 긴 연속적인 데이터 전송에 적합하다.
• **메세지교환방식** : 축적방식으로 데이터의 논리적 단위인 메시지를 교환하는 방식이다.
　– 전송로를 효율적으로 이용할 수 있다.
　– 코드가 서로 다른 기기 간에도 통신이 가능하다.
　– 실시간 전송에 적합하지 않은 전송방식이다.
• **패킷교환방식** : 패킷데이터를 교환기에 의해 경로 설정되어 보내는 방식이다.
　– 교환 노드에서 패킷 처리가 신속하다.
　– 데이터 도착순서가 송신순서와 동일하다.
　– 전송 데이터에 대한 오류제어가 가능하다.
　– 회선효율이 높아 경제적 망구성이 가능하다.
　– 장애발생 등 회선상태에 따라 경로설정이 유동적이다.
　– 프로토콜이 다른 이기종 망간 통신이 가능하다.

59 ②

모바일 IP 서비스
이동단말(MN)이 한 네트워크에서 다른 네트워크로 이동 후 받은 임시주소인 CoA와 모바일 단말기의 홈 주소를 연결시켜 주는 것을 의미한다.

	구성요소	설명
MN	Mobile Node	이동단말
HoA	Home of Address	MN에 할당된 주소
HA	Home Agent	MN이 초기에 속해 있던 네트워크의 라우터
FA	Foreign Agent	MN이 이동하여 소속된 네트워크의 라우터
CoA	Care of Address	MN이 이동한 후에 획득하는 IP주소
CN	Correspondent Node	MN과 통신하는 노드

60 ③

망동기 방식(Network Synchronization)
• **망동기 방식 개념**
망동기는 구성하는 모든 디지털 장치들을 기준 동기 클럭원에 동기화시킴을 의미하며, 정확한 타이밍 정보를 전체망에 공급하는 체계/방식을 의미하기도 한다.
• **동기 클럭 설정 및 운영 방식에 따른 망동기 방법의 분류**

구분	설명
독립동기방식 (Plesiochronous Synchronization Operation)	각 노드가 자체 클럭에 의해 독립적으로 운용하는 방식으로, 주로 국제간 망에서 사용하는 방식
종속동기방식 (Master Slave Synchronization)	중심국에서 매우 안정된 클럭을 설치하여 주 클럭(Master Clock)으로 삼고, 하위국들은 이 주 노드에서 전송되어온 클럭 정보를 다시 PLL로 복원하며 자체 클럭 원으로 사용하는 방식
상호 동기방식 (Mutual Synchronization Method)	기준 클럭이 여러 군데 있고, 서로 협력하여 가장 좋은 클럭을 선택하고, 그것을 각 노드가 자체 클럭에 대한 기준으로 삼는 방식

• **선 지정 대체방식(PAMS 방식, Pre Assigned Master Slave)**
　– 단순 종속동기방식의 신뢰도 문제를 보완하기 위하여, Master를 2개 선정한 것으로 안정도, 신뢰도, 융통성이 매우 높으나 관리 비용이 많이 소요된다.
　– 우리나라 전기통신망에서는 종속동기방식 중에서 PAMS방식을 적용하고 있다.

61 ②

리눅스 백업

- taper : 테이프의 백업과 복구 프로그램을 포함하며 테이프 드라이브에 파일 백업 및 복구 기능을 제공하는 사용자 인터페이스를 제공하며 디렉토리 사이를 쉽게 이동할 수 있고, 순환하는 디렉토리 선택 기능도 제공하며, 증가 백업과 자동화된 가장 최근 복구는 기본값으로 설정되어 있다.
- cpio : 증분 백업 기능을 제외하고 tar와 비슷하며, 리눅스 파일을 테이프에 저장하기 위한 명령이다.
- dump : 백업을 하는데 있어서 가장 일반화된 명령으로 오래전부터 UNIX의 한 부분으로 제공되고 있으며 tar나 cpio와 완전히 다른 프로그램이다.

62 ②

부동충전방식

- 부동충전방식은 대략 116~119V의 전압으로 평상시에 주로 충전하는 방식을 말한다.
- 부동충전방식은 충전기에 축전지 부하를 병렬로 접속하여 항상 축전지에 정전압을 유지하면서 충전한다. 또한, 축전지의 자기 방전을 보충하는 동시에 일정 이하 상용부하의 전류를 공급하도록 한다.
- 충전기의 2차 전류[A] 계산식

$$\frac{\text{축전지 정격 용량}[AH]}{\text{축전지 공칭 용량}[AH]} + \frac{\text{상시 부하}[W]}{\text{표준 전압}[V]}$$

$$\frac{200[AH]}{100[AH]} + \frac{12,000[W]}{100[V]} = 140[A]$$

63 ②

출입통제시스템

- 출입통제시스템은 건물, 시설물 등 특정 구역에 대해 인가되지 않은 사람들의 출입을 제한하여 인명과 자산을 안전하게 보호하는 시스템으로 감시부, 제어부, 통신부, 경보부, 출력부로 구성되어 있다.
- 출입통제시스템 구성요소별 역할은 다음과 같다.
  - 감시부 : 출입자격을 감시하고 제어부에 전달하는 역할
  - 제어부 : 수집된 정보를 분석하는 역할
  - 출력부 : 분석된 정보를 송출하는 역할
  - 경보부 : 송출된 신호를 경보하는 역할
  - 통신부 : 제어부 정보를 유 · 무선 네트워크를 통해 관제센터로 전달하는 역할

64 ②

클라우드 거버넌스(Governance)

- 클라우드 거버넌스란 조직의 클라우드 운영을 가이드하는 정책의 프레임워크를 정의, 구현, 모니터링 하는 것이다.
- 클라우드 거버넌스는 컴플라이언스와 감사, 정보관리와 보안, 이식성과 상호운영성, 데이터 보안 유지 등이 있다.

65 ④

네트워크 장비

- 게이트웨이 : 컴퓨터 네트워크에서 서로 다른 통신망, 프로토콜을 사용하는 네트워크 간의 통신을 가능하게 하는 컴퓨터나 소프트웨어를 말한다(4계층).
- 라우터 : 컴퓨터 네트워크 간에 경로를 설정하고 데이터를 전송하는 장치이다(3계층).
- 브리지 : 두 개의 LAN을 상호 접속하고 데이터를 전송하는 통신망 연결 장치이다(2계층).
- 리피터 : 장비간 거리가 증가하거나 케이블 손실로 인해 신호가 감쇄할 경우, 신호를 재생시켜 릴레이하는 장치이다(1계층).

66 ④

물리적 보안의 출입통제 방법

- 물리적 보안은 데이터, 시스템, 네트워크, 부대설비와 같은 자산을 물리적인 방법으로 보호하는 행위이다.
- 물리적 보안은 자산에 가해질 수 있는 피해를 최소화하기 위함이며, 보안요원 배치, 출입통제 시스템, CCTV 시스템, 카드 리더기 설치, 침입경보시스템과 같은 방법을 사용한다.

67 ④

WIPS(Wireless IPS)

- WIPS는 무선 네트워크 환경에서 공격자의 침입을 탐지 및 방어하는 시스템으로 IPS와 기능은 유사하나 무선망에 특화된 장비라는데 차이가 있다.
- WIPS는 관제-탐지-차단 3단계로 동작하며, 무선망 관제 중 인가받지 않은 침입 신호가 탐지되면 더 강한 차단 신호를 내보내어 침입 신호를 차단하는 원리를 가지고 있다.

68 ③

방화벽(Firewall)

- 방화벽은 사전 정의된 보안정책이나 접근제어 목록에 따라, 외부에서 내부망으로 유입되는 트래픽을 모니터링하고, 허가되지 않은 트래픽을 제어한다.
- 방화벽은 하드웨어와 소프트웨어로 구성되어 있으며, 외부망과 내부망 사이에 설치되어 외부 트래픽의 유입방지 뿐 아니라, 정해진 규칙에 따라 내부 사용자가 특정 사이트나 외부로 접속하는 것을 방지하는 역할을 한다.

69 ③

ISMS 인증단계

ISMS는 기업정보의 비밀을 유지하고, 언제든 정보를 사용할 수 있도록 하는 체계화된 정보보호 절차와 과정이 포함되어 있으며, 총 4단계로 구성되어 있다.

ISMS 인증단계	설명
ISMS 수립	• 조직이 가지고 있는 위험을 관리하고 목적 달성을 위한 정책을 수립 • 주요업무 : 프로세스를 위한 입/출력 규정, 프로세스 책임자 규정, 네트워크 전반적인 흐름과 구성도 전개
ISMS 구현과 운영	• 수립된 정책을 현재 업무에 적용하는 단계 • 주요업무 : 각 프로세스를 위한 자원 분배, 의사소통 경로 수집, 피드백 수용, 자료 수집
ISMS 모니터링과 검토	• 적용된 정책이 실제로 잘 동작하는지에 대한 확인 • 주요업무 : 프로세스의 측정과 이행 모니터링, 정보 분석, 정보 분석결과 평가
ISMS 관리와 개선	• 시정 및 예방 조치를 실행하는 단계 • 잘못 운영되고 있는 경우 원인을 분석하고 개선 시행

70 ③

서지 보호기(Surge Protector)

- 서지 보호기는 과전압/과전류를 차단하여 기기를 보호하는 장치이다.
- 서지 보호기는 ①낙뢰/지락과 같은 과도전압으로부터 설비를 보호하거나, ②전원계통으로부터 유입된 전압을 억제하는 역할을 한다(데이터 및 전화교환기 보호, 접지 시스템 개선, 무선안테나 경로로 인입된 전압 억제 등).

71 ①

SNMP(Simple Network Management Protocol)

- SNMP는 네트워크 관리 및 감시를 위해 제어/감시/정보관리/운반 등의 기능이 포함된 통신망 관리 프로토콜이다.
- SNMP는 UDP/IP상에서 동작하는 단순한 형태의 메시지 교환형 프로토콜로 매니저, 에이전트, MIB와 함께 NMS를 구성한다.
- SNMP는 구조가 간단하고, 구현이 용이하여 망관리 프로토콜로 자주 사용된다.

72 ④

데이터베이스 시스템 구성요소

응용프로그램, DBMS, 메타데이터, 사용자 등이 있다.

오답 피하기

컴파일러는 코볼(COBOL), 포트란(FORTRAN), C 등의 고급언어로 쓰인 프로그램을 어셈블리 언어나 기계어로 쓰인 프로그램으로 변환할 때 사용한다.

73 ③

통신망 계획 검토사항

- 통신망 환경조건과 설치 및 운용사례를 검토하여 장비 신뢰성을 높인다.
- 서비스 트래픽의 종류와 사용자 수요를 분석하여 용량 산출에 반영한다.
- 최번시(Busy Hour)를 기준으로 트래픽을 산정하고 반영한다.
- 유연성과 확장성, 신규기술 도입 가능성을 고려한다.

74 ③

커널 튜닝

리눅스를 설치하면 범용 용도로 기본 설정이 되어 있으므로 웹 서버, 네트워크 서버 등으로 사용하려면 커널 파라미터 튜닝이 필요하다.

오답 피하기

- **긴급 복구 디스켓 만들기** : 컴퓨터에 문제가 발생할 때를 대비하여 긴급 복구용 디스켓을 만든다.
- **boot 파티션 점검** : 부팅에 오류가 있을 때 점검시간을 단축하고 부팅시간을 최적으로 만들기 위해 부팅에 필요한 부분을 논리적으로 파티션을 나눈 드라이브를 점검한다.
- **Openwall 커널 패치 적용** : 리눅스 커널에서 보안과 관련된 패치 등의 집합체이며 해킹 공격의 방어에 효과적인 방법이다.

75 ③

통합관제시스템

- 통합관제시스템이란 각 조직별로 운영되고 있는 다양한 목적의 CCTV들을 기능적, 공간적으로 통합하여 관제하는 시스템이다.
- 통합관제시스템은 각기 다른 CCTV들이 하나의 시스템에 연계되어 있어 교통감시, 치안유지, 산불감시 등을 한 곳에서 모니터링할 수 있는 특징이 있다.
- 통합관제시스템은 CCTV 영상들을 실시간으로 분석하고, 유연한 상황대처를 위해 영상분석 서버 및 소프트웨어, 스토리지, DVR/NVR, IP 네트워크 장비, 외부 연계장치, 보안장치, 월 스크린 등으로 구성되어 있다.

오답 피하기

바이오 인식센서는 출입통제시스템의 구성요소이다.

76 ①

리눅스 커널 가상메모리(VM)

- 리눅스 커널의 가상 메모리는 메모리를 관리하는 방법의 하나로, 각 프로그램에 실제 메모리 주소가 아닌 가상의 메모리 주소를 주는 방식을 말한다.
- 가상 메모리를 이용하면 실제 물리메모리가 가지고 있는 크기를 논리적으로 확장하여 사용 할 수 있다.
- /proc/sys/vm : 가상메모리 폴더이다.
- page-cluster : 가상메모리는 한 번에 복수의 페이지를 읽어 과도한 디스크 검색을 피하는데 이 때 페이지의 크기를 조절하는 설정이다.
- pagetable_cache : 커널은 하나의 프로세스 캐시당 일정한 양의 페이지 테이블을 저장하는데 커널 메모리 제어를 얻을 필요 없이 빠른 pagetable 할당을 할 수 있다.
- kswapd : 메모리가 조각으로 나뉘거나 꽉 차는 경우 메모리를 해소해 주는 역할을 수행한다.

오답 피하기

메모리 초과 할당 설정은 overcommit_memory의 설정값을 조절한다.

77 ③

초고속정보통신건물의 MDF실 관련 규정(특등급 기준)

프로토콜	공동주택/오피스텔/연립/다세대	업무시설
위치	지상	지상
면적	• 공동주택/오피스텔 : 세대에 따라 상이(12m² ~ 34m² 이상) • 연립/다세대 : 세대에 따라 상이(12m² ~ 25m² 이상)	• 15m² 이상으로 1개소 이상 • 층별 설치를 원칙으로 함 • 2개 층 이상의 통신설비를 1개의 통신실에 통합수용 가능 • 동일 층내에서 층 구내통신실 2개소 이상으로 분리설치 가능
출입문	• 유효너비 0.9m, 유효높이 2m 이상의 잠금장치가 있는 방화문 설치 • 관계자 외 출입통제 표시 부착	
환경/관리	• 통신장비 및 상온/상습장치 설치 • 전용의 전원설비 설치	
심사방법	현장실측으로 유효면적 확인 (집중구내통신실의 한쪽 벽면이 지표보다 높고 침수의 우려가 없으면 "지상 설치"로 인정)	

78 ②

망관리 시스템(NMS)

- NMS는 네트워크를 모니터링하고 관리하는데 사용되는 하드웨어와 소프트웨어의 조합으로 네트워크 내 전체 장비의 상태와 성능을 감시하고 제어하는 시스템이다.
- NMS는 네트워크 장애의 빠른 감지와 대응시간 감소를 위해 개발되었으며, 통신망 모니터링 뿐 아니라, 네트워크 성능 감시, 보안 위협 대응 등 다양한 역할을 하고 있다.

79 ③

유지보수(Maintenance)

- 유지보수는 구축된 시스템의 성능을 최상으로 유지시키고, 장애처리 등을 통해 서비스 단절을 최소화하기 위한 활동이다.
- 유지보수 활동의 4가지 유형은 다음과 같다.
  - **수정 유지보수** : 잘못된 것을 수정하는 유지보수
  - **적응 유지보수** : 시스템을 새로운 환경에 적응하는 유지보수
  - **완전 유지보수** : 새로운 기능을 추가하는 유지보수
  - **예방 유지보수** : 장애발생을 예방하거나 미래의 시스템을 관리하는 유지보수

80 ④

리눅스 아파치 웹서버의 메인 설정파일

- **경로 : /etc/conf/httpd/httpd.conf**
- 아파치 웹 서버 설정파일은 3가지 섹션으로 나뉘어져 있다.
  (Global Environment, Main Server Configuration, Virtual Hosts)
- **ServerAdmin** : 서버 오류 발생 시 클라이언트로 전송할 오류 메시지에 보여질 관리자 이메일 주소이다.
- **ServerTokens** : HTTP 응답 시 헤더의 Server 필드를 통해 제공할 정보이다.
- **Timeout** : 클라이언트와 서버간 유휴시간을 지정한다.
- **ErrorLog** : 에러 로그파일의 경로를 지정한다.

81 ④
운영체제
- 운영체제(OS) : 컴퓨터 자원(프로세스, 메모리, 파일 및 정보, 네트워크) 활용을 효율적으로 관리할 수 있는 프로그램의 집합이다.
- 운영체제 성능 조건
  - 사용 가능도(Availability) 증대
  - 신뢰도(Reliability) 향상
  - 처리능력(Throughput) 증대
  - 응답시간(Turn Around Time) 단축

82 ④
5회선 이하의 구내 통신선로 설비공사를 경미한 공사의 범위이다.
정보통신공사업법 시행령
제6조(설계대상인 공사의 범위)
① 법 제7조에 따라 용역업자에게 설계를 발주해야 하는 공사는 다음 각 호의 어느 하나에 해당하는 공사를 제외한 공사로 한다. 〈개정 2021. 1. 5.〉
1. 제4조에 따른 경미한 공사
2. 천재 · 지변 또는 비상재해로 인한 긴급복구공사 및 그 부대공사
3. 별표 1에 따른 통신구설비공사
4. 기존 설비를 교체하는 공사로서 설계도면의 새로운 작성이 불필요한 공사
제4조(공사제한의 예외)
① 법 제3조제2호에 따라 정보통신공사업자(이하 "공사업자"라 한다) 외의 자가 도급받거나 시공할 수 있는 **경미한 공사의 범위**는 다음 각 호와 같다. 〈개정 2012. 7. 17., 2013. 3. 23., 2017. 7. 26., 2018. 4. 17., 2020. 12. 8., 2021. 1. 5.〉
1. 간이무선국 · 아마추어국 및 실험국의 무선설비설치공사
2. 연면적(둘 이상의 건축물에 설비를 연결하여 설치하는 경우에는 각 건축물의 연면적 합계를 말한다. 이하 같다) 1천 제곱미터 이하의 건축물의 자가유선방송설비 · 구내방송설비 및 폐쇄회로텔레비전의 설비공사
3. 건축물에 설치되는 5회선 이하의 구내통신선로 설비공사
4. 라우터(네트워크 연결장치) 또는 허브의 증설을 수반하지 않는 5회선 이하의 근거리통신망(LAN)선로의 증설공사

83 ①
하둡
하둡은 적당한 성능의 범용컴퓨터 여러 대를 클러스터화하고, 큰 크기의 데이터를 클러스터에서 병렬로 동시에 처리하여 처리 속도를 높이는 것을 목적으로 하는 분산처리를 위한 오픈소스 프레임워크이다.

84 ①
보안
- 기밀성 : 특정 정보에 대해서 허가된 사용자 또는 대상에 대해서만 확인할 수 있어야 한다.
- 무결성 : 특정 정보에 대해서 허가된 사용자 또는 대상에 대해서만 수정 및 삭제 등 가능해야 한다.
- 가용성 : 사용자 또는 대상에 대해서 특정 정보에 대한 접근 및 사용 필요시 항상 가능해야 한다.

85 ③
운영체제분류
- 임베디드 운영체제는 내장형 장치에 적합하게 최적화된 운영체제이다. 예를 들어, 스마트폰, 스마트워치, IoT 장치 등은 임베디드 운영체제를 사용한다.
- 실시간 운영체제는 주어진 특정 시간 내에 주어진 목적을 실행할 수 있도록 인터럽트 처리를 보장하는 운영체제이다.
- 분산 운영체제는 네트워크를 통해 여러 대의 컴퓨터를 연결하여 하나의 시스템처럼 동작하는 운영체제이다.

86 ②
정보통신공사업법 시행령
제7조(설계도서의 보관의무)
법 제7조제3항에 따라 공사의 설계도서는 다음 각 호의 기준에 따라 보관하여야 한다.
1. 공사의 목적물의 소유자는 공사에 대한 실시 · 준공설계도서를 공사의 목적물이 폐지될 때까지 보관할 것. 다만, 소유자가 보관하기 어려운 사유가 있을 때에는 관리주체가 보관하여야 하며, 시설교체 등으로 실시 · 준공설계도서가 변경된 경우에는 변경된 후의 실시 · 준공설계도서를 보관하여야 한다.
2. 공사를 설계한 용역업자는 그가 작성 또는 제공한 실시설계도서를 해당 공사가 준공된 후 5년간 보관할 것
3. 공사를 감리한 용역업자는 그가 감리한 공사의 준공설계도서를 하자담보책임기간이 종료될 때까지 보관할 것

87 ②
CPU 구성 – 레지스터
- PC(Program Counter) : 프로그램 계수기. CPU가 수행할 다음 명령의 주소를 일시적으로 저장한다.
- IR(Instruction Register) : 명령어레지스터. 수행할 명령을 저장한다.
- MAR(Memory Address Register) : 메모리 주소 레지스터. 메모리로부터 읽어오거나 메모리에 쓰기 위한 주소를 일시적으로 저장하고, 주소버스와 연결한다.
- MBR(Memory Buffer Register) : 메모리버퍼레지스터. 메모리로부터 읽어온 데이터 또는 메모리에 써야 할 데이터 일시적으로 저장하고 데이터버스와 연결한다.

88 ②
전기통신사업법
제48조(전기통신번호자원 관리계획)
과학기술정보통신부장관은 전기통신역무의 효율적인 제공 및 이용자의 편익과 전기통신사업자 간의 공정한 경쟁환경 조성, 유한한 국가자원인 전기통신번호의 효율적 활용 등을 위하여 전기통신번호체계 및 전기통신번호의 부여 · 회수 · 통합 등에 관한 사항을 포함한 전기통신번호자원 관리계획을 수립 · 시행하여야 한다.

89 ②
진수 변환
소수부분을 0이 될 때까지 2로 곱하면서 정수부분을 나열한다.

```
  0.375
 ×   2
─────────
  0.750   ── 0
 ×   2
─────────
  1.5
  0.5     ── 1
 × 2
─────────
  1.0
  0.0     ── 1
```
0.375 = 2진수 0.011

90 ④
방송통신설비의 기술기준에 관한 규정
제14조(단말장치의 기술기준)
① 과학기술정보통신부장관은 방송통신설비의 운용자와 이용자의 안전 및 방송통신서비스의 품질향상을 위하여 다음 각 호의 사항에 관한 단말장치의 기술기준을 정할 수 있다.
1. 방송통신망 및 방송통신망 운용자에 대한 위해방지에 관한 사항
2. 방송통신망의 오용 및 요금산정기기의 고장방지에 관한 사항
3. 방송통신망 또는 방송통신서비스에 대한 장애인의 용이한 접근에 관한 사항

4. 비상방송통신서비스를 위한 방송통신망의 접속에 관한 사항
5. 방송통신망과 단말장치 간 또는 단말장치 간의 상호작동에 관한 사항
6. 전송품질의 유지에 관한 사항
7. 전화역무 간의 상호운용에 관한 사항
8. 그 밖에 방송통신망의 보호를 위하여 필요한 사항

91 ④
메모리 구성
32비트 MAR/MBR, 8[bit] 컴퓨터는 $2^{32} \times 8 = 32{,}768$[Mbit] 최대 용량을 구성할 수 있으므로 512[Mbit] 메모리 칩 64개가 필요하다.

92 ④
모뎀, 기타입출력장치
- 모뎀(Modem) : 디지털 형식의 데이터를 아날로그 전송 매체에 적합한 형식으로 변환 또는 그 역으로 변환하는 컴퓨터 하드웨어 장치이다.
- 전자태그(RFID) : RFID(Radio Frequency Identification)는 태그와 리더라는 두 가지 구성 요소로 구성된 무선 시스템이다. 리더기는 태그에 있는 정보를 읽어 판독한다.

93 ④
OSI 7계층
코드 변환, 구문 검색 역할은 표현계층이다.

구분	계층	OSI	데이터 유니트	예시
Layer 1	물리	전기적 신호 전송	bit, 허브, 리피터, 브리지	이더넷, WIFI
Layer 2	데이터링크	인접노드 사이의 데이터 전송	frame, 스위치	
Layer 3	네트워크	중계 노드를 통해 전송하는 데이터 전송과 교환 기능을 제공	packet	IP, ICMP
Layer 4	전송	종단 간 신뢰성 있고 투명한 데이터 전송을 제공	segment	TCP, UDP
Layer 5	세션	통신 장치 간 상호작용 및 동기화 제공, 데이터 에러 복구 관리		
Layer 6	표현	전송하는 데이터 인코딩, 디코딩, 암호화, 코드 변환 등을 수행	data	HTTP, FTP
Layer 7	응용	응용 프로세서 간 정보교환 및 사용자가 이용할 수 있는 서비스 제공		

94 ③
데이터 전송단위
- 비트 : 물리 계층
- 프레임 : 데이터링크 계층
- 패킷 : 네트워크 계층
- 세그먼트 : 전송계층

95 ②
IPv4 주소 범위

클래스	공인주소 범위	최상위 비트
A 클래스	1.0.0.0 ~ 9.255.255.255 11.0.0.0 ~ 126.255.255.255	0
B 클래스	128.0.0.0 ~ 172.15.255.255 172.32.0.0 ~ 191.255.255.255	1
C 클래스	192.0.0.0 ~ 192.167.255.255 192.169.0.0 ~ 223.255.255.255	11
D 클래스	224.0.0.0 ~ 239.255.255.255	111

96 ②
인터럽트 순서
인터럽트 발생 → 처리 프로그램을 중지하고 현 상태를 스택에 저장한다. → 인터럽트 서비스루틴을 처리한다. → 스택에서 이전상태 정보를 꺼내어 복구하고 프로그램수행을 재개한다.

97 ③
초급감리원자격
- 기술자격자
1. 산업기사 이상의 자격을 취득한 사람
2. 기능사자격을 취득한 후 6년 이상 공사업무를 수행한 사람
- 학력, 경력(관련 전공자)
1. 학사학위 이상의 학위를 취득한 후 1년 이상 공사업무를 수행한 사람
2. 전문대학을 졸업한 후 3년(3년제 전문대학의 경우에는 2년) 이상 공사업무를 수행한 사람
3. 고등학교를 졸업한 후 6년 이상 공사업무를 수행한 사람
- 경력(비전공자)
1. 학사학위 이상의 학위를 취득한 후 3년 이상 공사업무를 수행한 사람
2. 전문대학을 졸업한 후 5년(3년제 전문대학의 경우에는 4년) 이상 공사업무를 수행한 사람
3. 고등학교를 졸업한 후 7년 이상 공사업무를 수행한 사람
4. 공사업무를 10년 이상 수행한 사람

98 ④
전기통신사업법
제63조(전기통신설비의 공동구축)
① 기간통신사업자는 다른 기간통신사업자와 협의하여 전기통신설비를 공동으로 구축하여 사용할 수 있다.

99 ①
개인정보보호법
제25조(영상정보처리기기의 설치 · 운영 제한)
⑤ 영상정보처리기기운영자는 영상정보처리기기의 설치 목적과 다른 목적으로 영상정보처리기기를 임의로 조작하거나 다른 곳을 비춰서는 아니 되며, 녹음기능은 사용할 수 없다.
⑥ 영상정보처리기기운영자는 개인정보가 분실 · 도난 · 유출 · 위조 · 변조 또는 훼손되지 아니하도록 안전성 확보에 필요한 조치를 하여야 한다.
⑦ 영상정보처리기기운영자는 대통령령으로 정하는 바에 따라 영상정보처리기기 운영 · 관리 방침을 마련하여야 한다.
⑧ 영상정보처리기기운영자는 영상정보처리기기의 설치 · 운영에 관한 사무를 위탁할 수 있다. 다만, 공공기관이 영상정보처리기기 설치 · 운영에 관한 사무를 위탁하는 경우에는 대통령령으로 정하는 절차 및 요건에 따라야 한다.

100 ①
클라우드컴퓨팅은 서로 다른 물리적 위치에서 존재하는 컴퓨터 자원을 가상화하여 인터넷을 이용하여 언제, 어디서나 사용할 수 있도록 하기 위한 서비스이다.

01 ④	02 ②	03 ④	04 ②	05 ④
06 ①	07 ④	08 ①	09 ②	10 ①
11 ②	12 ②	13 ②	14 ②	15 ①
16 ②	17 ③	18 ②	19 ④	20 ②
21 ②	22 ③	23 ②	24 ①	25 ①
26 ④	27 ①	28 ②	29 ③	30 ①
31 ①	32 ①	33 ②	34 ①	35 ④
36 ③	37 ②	38 ③	39 ①	40 ①
41 ①	42 ④	43 ④	44 ④	45 ①
46 ①	47 ④	48 ①	49 ④	50 ②
51 ②	52 ②	53 ①	54 ②	55 ①
56 ②	57 ④	58 ①	59 ③	60 ①
61 ②	62 ④	63 ②	64 ②	65 ①
66 ③	67 ①	68 ②	69 ④	70 ④
71 ①	72 ①	73 ①	74 ②	75 ④
76 ②	77 ①	78 ②	79 ③	80 ①
81 ④	82 ④	83 ①	84 ①	85 ①
86 ④	87 ①	88 ③	89 ①	90 ③
91 ①	92 ①	93 ②	94 ①	95 ④
96 ①	97 ②	98 ①	99 ④	100 ①

〈1과목〉 정보전송일반

01 ④

SDH(Synchronous Digital Hierarchy)
• SDH는 SONET을 기초로 한 세계적인 동기식 전송 방식이다.
• SDH의 프레임(125[μs] 단위) 구조는 270[byte] * 9행으로 이루어져 있으며, 전송속도는 8000 [frames/sec] * 2430 [bytes/frame] * 8 [bits/byte] = 155.52 [Mbps]이다.
• SDH 전송계위는 STM-n으로 다중화되고, STM-1/4/16/32/48 등이 있다.

02 ②

푸리에 변환
• 푸리에 변환은 시간 영역의 함수를 주파수 영역의 함수로 변환하는 것을 말하며, 스펙트럼 해석에 사용된다.
• $x(t)$의 푸리에 변환 : $X(f)$
• $\cos 2\pi f_0 t$의 푸리에 변환 : $\frac{1}{2}\delta(f-f_0) - \frac{1}{2}\delta(f+f_0)$
• $X(f)$와 $\frac{1}{2}\delta(f-f_0) - \frac{1}{2}\delta(f+f_0)$를 콘볼루션 하면

$$= \frac{1}{2}X(f-f_0) + \frac{1}{2}X(f+f_0)$$ 이다.

03 ④

MIMO 사용에 따른 주요 이점(목표)
• **채널용량 증대(송신측)** : MIMO 안테나는 다중 입출력을 가지는 안테나로 송신측에서는 다양한 형태의 많은 정보를 여러 개의 안테나를 통해 보낼 수 있으므로 채널용량을 증대시킬 수 있다.
• **공간 다이버시티 효과(수신측)** : 수신측에서는 2개 이상의 수신 안테나를 이용하여 공간 다이버시티 효과를 얻을 수 있으므로 간섭성 페이딩을 제거할 수 있다.

04 ②

대역확산기술 종류
• **직접 확산(DSSS, Direct Sequence Spread Spectrum)**
  – 송신측에서는 데이터로 변조된 반송파를 직접 고속의 확산부호를 이용하여 다시 변조하여 스펙트럼 대역을 확산시켜 전송하고, 수신측에서는 송신측에서 사용했던 확산부호와 동기되고, 동일한 역확산 부호를 이용하여 원래의 스펙트럼 대역으로 환원시키는 다음 복조하는 방법이다.
  – PN 부호로 확산된 입력신호는 채널시 잡음에 영향을 받게 되지만, 수신단에서 역확산 과정을 거치게 되면 원신호는 복원되고, 잡음은 더욱 확산하게 된다.
  – 데이터 변조 방식은 주로 PSK 방식이 사용된다.
• **주파수 도약(FHSS, Frequency Hopping Spread Spectrum)**
  – 원 신호를 미리 정해진 패턴에 따라 불연속적으로 반송파를 호핑(편이)시키는 기술이다.
  – 1차 변조된 파를 PN 부호에 의해 결정되는 주파수 합성기 출력 신호와 재변조하는 방식으로, 송/수신단에서 동일한 PN부호 발생기를 가지고 있어야 송/수신이 가능하다.
  – 데이터 변조방식은 주로 M진 FSK가 사용되며, 반송파를 여러 개 사용해 일정한 주기마다 바꾸며 신호를 대역확산하는 방식이다.
• **시간 도약(THSS, Time Hopping Spread Spectrum)** : PN 부호 발생기의 2진 출력에 의해 선택된 특정 Time Slot 동안 데이터로 변조된 반송파를 연집(burst)형태로 송출하는 방식이다.
• **Chirp 방식** : Pulse를 선형 주파수 특성에 따라 반송파의 대역을 확산시키는 기술이다.

05 ④

대류권 페이딩
대류권 페이딩은 대기 중의 불규칙한 공기, 비, 구름, 안개로 전계가 변하며, K형, 덕트형, 산란형, 감쇠형 페이딩 등이 있다.

페이딩 종류	원인	방지대책
K형	등가 지구 반경계수의 변화	AGC, AVC
덕트형	Radio Duct로 인하여 발생	다이버시티
산란형	대기의 난류 등에 의한 산란파	다이버시티
감쇠형	비, 안개, 구름의 흡수 및 산란	AGC

06 ①

광케이블의 광학파라미터
• **비 굴절률차** : Core와 Clad간의 상대적 굴절률 차
• **수광각** : 광을 Core내에서 입사할 때 전반사 시킬 수 있는 최대 입사 원뿔각
• **개구수** : 광섬유가 내부 전반사 조건을 만족하면서, 광원으로부터 빛을 얼마나 받을 수 있는지를 나타내는 능력 수치 값
• **굴절률 분포 계수** : Core 내에서 축으로부터의 거리에 따른 굴절률의 변화
• **규격화주파수** : 광 섬유 내 빛의 경로(전파 모드) 개수를 정하는 광섬유 파라미터

> **오답 피하기**
편심률, Core 지름, Fiber 지름, 편심율, 비원율은 구조적 파라미터이다.

07 ④

비트 에러율(BER, Bit Error Rate)
• 비트 에러율은 전송된 총 비트 당 오류 비트의 비율로 계산할 수 있다.
• 비트 에러율은 디지털 신호가 받는 전송로의 잡음, 왜곡 등의 영향 정도를 종합적으로 평가, 판단 할 수 있는 지표이다.
• 비트 에러율 : $\frac{\text{에러 비트 수}}{\text{총 전송 비트 수}} = \frac{36}{2,000 \times 3,600} = \frac{1}{200,000} = \frac{1}{2 \times 10^5} = 5 \times 10^{-6}$ 이다.

08 ①

주파수 스펙트럼
- 신호를 주파수 또는 파장의 함수로써 주파수 영역에 표현한 것으로, 주파수 성분과 크기를 말한다.
- **진폭 스펙트럼** : 우대칭 특성이 있으며, 주파수별 어떤 성분과 비중이 있는지를 보여준다.
- **위상 스펙트럼** : 기대칭 특성이 있으며, 주파수별 시간 지연이 얼마나 있는지를 보여준다.
- **선 스펙트럼** : 주기신호의 주파수 스펙트럼과 같이 선만으로 구성되는 모양이다.

09 ②

Shannon의 정리
- Shannon의 정리란 채널상에 백색잡음이 존재한다고 가정한 상태에서 채널 용량을 구하는 공식으로 단위는 [bps]이다.
- $C = Blog_2(1 + \frac{S}{N})$ [bps] (C : 채널용량, B : 채널 대역폭, S/N : 신호대 잡음비)이므로, $1000log_2(1 + 3) = 1000log_2(2^2) = 2 \times 1000log_2 = 2,000[bps]$ 이다.

10 ①

베어러 속도
베어러 속도란 기저대역 전송에서 DSU를 통해 전송매체로 전달되는 전송속도로, 데이터 신호 속도$\times \frac{8}{6}$의 속도로 전송로에 전송되는 속도이다.

> **오답 피하기**

원신호속도가 1,200[bps]인 경우, 단점 샘플링시 속도도 1,200[bps]이며, 베어러 속도는 $1,200[bps] \times \frac{8}{6} = 1,600[bps]$이다.

11 ②

ATM(Asynchronous Transfer Mode)
- ATM은 비동기식 전송방식이며, 53[byte]의 셀을 기본 단위로 하는 패킷 교환방식의 한 형태이다.
- ATM은 광대역 서비스들이 갖는 다양한 특성들을 통합 수용이 가능하고, 풍부한 QoS 보장 및 지원이 가능하며, 고정 크기의 셀 및 고속 동작이 가능한 특징이 있다.
- ITU-T에서 ATM 기술을 광대역 종합정보통신망(B-ISDN)의 전송, 교환, 다중화 기술로 채택한 바 있다.

SONET/SDH
- SONET은 북미를 중심으로 제안된 동기식 전송방식이며, SDH는 SONET을 기초로한 세계적인 동기식 전송방식이다.
- SONET의 기본 전송단위인 STS(Synchronous Transport Signal)-1은 90[Byte] * 9행의 2차원 논리적 배열구조를 가진다.
- 전체 810[Byte] 영역에서 36[Byte]는 프레임이 올바른 전송에 필요한 프로토콜 오버헤드로 구성된다.
- SDH는 SONET을 기초로 한 세계적인 동기식 전송 방식이다.
- SDH의 프레임($125[\mu s]$ 단위) 구조는 270[byte] * 9행으로 이루어져 있으며, 전송속도는 8000[frames/sec] * 2430[bytes/frame] * 8[bits/byte] = 155.52[Mbps]이다.

12 ②

콜피츠 발진회로
- 콜피츠 발진회로는 하틀리 발진회로보다 높은 주파수를 얻을 수 있으므로 VHF/UHF대에서 많이 사용된다.
- 콜피츠 발진기는 C_1, C_2의 직렬합성과 L로 구성된다.
- 발진주파수 $f = \dfrac{1}{2\pi\sqrt{L\left(\dfrac{C_1 C_2}{C_1 + C_2}\right)}}$[Hz]이다.

- 높은 주파수 발진에 용이하다.

13 ②

데시벨
- 유도 매체에서 감쇠는 일반적으로 로그함수의 형태로 나타내고, 단위 거리당 데시벨(dB/km)의 형태로 표시한다.
- 전력의 경우에는 $dBm = 10\log\frac{P2}{1mW}$, $dBW = 10\log\frac{P2}{1W}$, 전압의 경우에는 $dBmV = 20\log\frac{mV}{1mV}$, $dBV = 20\log\frac{V}{1V}$ 등의 로그함수 형태로 나타낸다.

14 ②

이동통신 페이딩
- 이동통신 페이딩은 주변 장애물과 환경에 의해 전계강도가 변하며, Long term, Short term, Rician 페이딩이 있다.
- **Long term 페이딩** : 기지국에서의 거리에 따라 전파의 세기가 변화(감소)되는 현상이다.
- **Short term 페이딩** : 주위의 건물 또는 장애물의 반사파 등에 의해 수신되는 전파의 세기가 빠르게 변화하는 현상을 말한다.
- **Rician 페이딩** : 기지국 근처에서는 이동국과의 사이에 가시거리가 확보되어 직접파와 반사파가 동시에 존재하게 되는 현상을 말한다.

15 ①

다중화(Multiplexing)
- 서로 다른 2개 이상의 신호들을 하나의 전송매체를 이용해서 동시에 전송할 수 있도록 신호를 결합/분리하는 과정이다.
- 분리된 두 지점 상호간에 다수 개의 저속신호를 개별적으로 직접 연결하지 않고, 고속신호로 변환하여 하나의 통신 채널로 전송하는 방법이다.
- 주파수 분할 다중화(FDM), 시간 분할 다중화(TDM), 코드 분할 다중화(CDM), 파장 분할 다중화(WDM) 등이 있다.

16 ②

변동 원인	대책
주위 온도의 변동	• 항온조를 사용한다. • 온도계수가 작은 공진자를 사용한다.
부하의 변동	• 완충 증폭기(buffer amp)를 사용한다. • 차폐를 하거나, 다음 단과 소결합 시킨다.
동조점의 불안정	• 발진 강도가 최강인 점보다 약간 벗어난 점으로 한다.
전원 전압의 변동	• 정전압 회로를 채용한다. • 직류 안정화 바이어스 회로를 사용한다. • 전원을 독립적으로 사용한다.
부품의 불량	• Q가 높은 수정 공진자를 사용한다. • 양질의 부품을 사용한다. • 방진 및 방습 장치를 사용한다.

17 ③

QAM 변조
- 반송파의 진폭과 위상을 데이터에 따라 변화시키는 진폭변조와 위상변조 방식을 혼합하여 변조하는 방식이다.
- 4~M개의 서로 다른 진폭과 위상이용 변조이다.
- 주로 16QAM이상이 사용된다.
- ASK와 QPSK를 합친 변조방식이다.
- 서로 직교하는 2개의 반송파를 사용한다.
- 2개 채널인 I-CH과 Q-CH이 완전히 독립적으로 존재한다.
- 제한된 채널에서 PRF(Partial Response Filter)를 사용하여 데이터 전송률을 높일 수 있다.
- 동기검파 또는 동기직교검파를 검파방식으로 사용한다.

18 ②
동축 케이블 개요
- 동축 케이블은 중앙의 구리선을 절연체 및 전도체(차폐용 실드)가 둘러싸고 있는 케이블이다.
- Twisted Pair 케이블보다 감쇠가 심해 장거리 전송을 위해서는 다수의 증폭기가 필요하다.
- 영상전송시 감쇠를 우선 고려해야 하며, 75[Ω]의 특성 임피던스를 많이 사용하며, Radio Frequency 영역에서는 50[Ω] 특성 임피던스를 사용한다.
- 대역폭이 넓으므로 많은 음성신호를 한번에 전송할 수 있는 높은 데이터 전송률을 가진다.
- 특성임피던스는 내부도체 직경과 외부도체 직경, 양 도체사이의 유전체의 비유전율에 따라 변한다.

19 ④
동기식 전송 방식(Synchronous Transmission)
- 동기 전송은 송/수신기가 동일한 클럭을 사용하여 데이터를 송/수신하는 방법이다.
- 전송 효율을 높이기 위해서 송신측과 수신측이 서로 약속되어 있는 일정한 데이터 형식에 따라 전송하는 방식이다.
- 미리 정해진 수만큼의 문자열을 한 묶음(블록단위)으로 만들어서 일시에 전송하는 방법이다.
- 블록 앞에는 동기 문자를 사용하며, 별도 클럭(Timing) 신호를 이용하여 송수신측이 동기를 유지한다.
- 송신기 및 수신기 클럭이 장시간 동안 동기상태에 있도록 추가적인 비용이 요구된다.
- 매 문자 마다 동기에 따른 부담이 별로 없어 고속 전송이 가능하다.
- 묶음으로 구성하는 글자들 사이에는 휴지 간격(idle time)이 없으며, BBC, BCS에서 사용한다.

오답 피하기

비동기 전송방식에서 데이터 신호는 Start bit, 데이터, Stop bit로 구분된다.

20 ②
부가식 확인 응답(Piggyback Acknowledgement)
- 전송 채널 대역의 사용 효율을 높이기 위해 수신한 전문에 대해 확인 응답 전문을 따로 보내지 않고, 상대편에게 전송되는 데이터 전문에 확인 응답을 함께 실어 보내는 방법이다.
- 상대편으로 보낼 데이터 전문이 오랫동안 발생하지 않으면 응답 회신을 계속 지연시킬 수 없기에, 각 수신 전문에 대해 타이머를 작동시켜 타임 아웃되는 경우 개별적인 응답 전문을 회신하여 송신측이 다음 동작을 수행하도록 한다.

〈2과목〉 정보통신기기

21 ③
전송경로 손실
- 자유공간의 전송경로 손실 $= 10\log\left(\dfrac{4\pi D}{\lambda}\right)^2$
- D는 거리, $\lambda = cT =$ 빛의 속도 × 주기
- $\lambda = 3 \times 10^8 \times \dfrac{1}{10^{10}} = 0.03[m]$
- $\therefore$ 전송경로 손실 $= 10\log\left(\dfrac{4 \times 3.14 \times 2000}{0.03}\right)^2 = 118.52[dB]$

22 ③
이동통신 세대별 기술

구분	기술	설명
1세대	AMPS	아날로그 셀룰러 통신으로 FDMA 방식을 사용
2세대	CDMA, GSM	디지털 셀룰러 통신으로 CDMA, TDMA 방식을 사용
3세대	WCDMA	멀티미디어 통신을 하며 광대역 CDMA방식을 사용
4세대	LTE	패킷데이터 통신방식으로 OFDMA방식을 사용

23 ②
DTV의 특징
- **양방향화** : 대화형 단말과 멀티미디어 방송이 가능한 특징이다.
- **고품질화** : 잡음에 강하고, 전송 에러 자동 교정 및 Ghost 감소의 특징을 지닌다.
- **고기능화** : 다양한 서비스를 제공하고 멀티미디어의 형태로 제공한다.
- **다채널화** : 압축기술을 사용하여 대역 폭 활용도를 높여 다양한 채널을 수용한다.

24 ①
OTT(Over The Top)
- OTT는 셋톱박스라는 하나의 플랫폼에만 종속되지 않고 PC, 스마트폰, 태블릿 컴퓨터, 콘솔 게임기, 스마트 TV 등 다수의 플랫폼으로 서비스를 한다.
- 기존 통신 및 방송사업자와 더불어 제3사업자들이 인터넷을 통해 드라마나 영화 등의 다양한 미디어 콘텐츠를 제공하는 서비스이다.

25 ①
가입자선 신호 방식
- **가입자선 신호 방식** : 가입자와 교환기 간에 주고받는 신호 및 그와 관련된 신호방식이다.
- **국간 신호방식** : 교환기와 교환기간의 신호방식이다.

26 ②
최소 표본화 주파수
- 표본화 정리에 따라 원래의 정보를 재생할 수 있도록 신호가 갖는 최고 주파수(fm)의 두 배가 되는 표본화 주파수(fs)를 말한다.
- $f_s = 2f_m$, $Ts = \dfrac{1}{2fm}$
- $f_s = 2 \times 4000 = 8000[Hz]$

27 ①
영상회의 시스템의 구성요소

구분	설명
음향부	음성을 송·수신하는 음향부(음성처리 등)
영상부	영상을 송·수신하는 영상부(동영상 처리)
제어부	회의 시스템을 제어하는 제어부
회의보조시설	기록 및 연락을 수행하는 회의 보조시설

오답 피하기

주사회로는 화소 점, 지시 방향 등을 직선이동(시간에 따라 변하게)하며, 탐색 또는 표출하는 것으로 아날로그 TV나 팩스에서 사용한다.

28 ②
광가입자망 구성장비

구분	설명
OLT	• 국사나 헤드엔드에 위치하며, 광신호를 전송 • 가입자광 신호를 국사측에서 종단하는 기능
RT (광스플리터)	• 주로 아파트 관리사무소에서 적용되며, 전원이 필요 없는 수동형 광분배기 • 입력된 광신호의 파장을 분리하여 전송
ONU	• 가입자 단말과 연결하는 변환 장치 • 가입자 밀집지역의 분계점에 설치
ONT	• 가입자나 사업자 구내로 포설되어 최종적으로 설치되는 장치 • PC, TV 등과 연결

> **오답 피하기**

ONT는 최종종단 장치이며 국사로부터 가입자까지 도달하여 PC나 전화에 연결되는 장치이다.

29 ③
멀티미디어(Multimedia)
• 멀티미디어란 문자, 소리, 그림, 동영상 등의 매체 가운데 두 가지 이상을 합하여 만든 것으로, 디지털 형식으로 정보를 표현하고 전달하는 것이다.
• 멀티미디어의 특징
  - **디지털화** : 다양한 아날로그 데이터를 디지털 데이터로 변환하여 통합 처리한다.
  - **양방향성 및 상호작용성** : 정보 제공자와 사용자 간의 의견을 통한 상호 작용에 의해 데이터가 전달된다.
  - **정보의 통합성** : 텍스트 그래픽 사운드, 동영상, 애니메이션 등의 여러 미디어를 통합하여 처리한다.
  - **비선형성** : 데이터가 일정한 방향으로 처리되고 순서에 관계없이 원하는 부분을 선택적으로 처리한다.

30 ①
IIoT(Industrial Internet of Things)
• IIoT는 제조, 에너지, 기타 산업용 사례에서 사용되는 연결된 장치를 가리키는 산업용 사물 인터넷이다.
• IoT의 구성으로는 각종 센터, 액츄에이터, 제어기, 플랫폼 등으로 구성되어 있다.

> **오답 피하기**

ERP(Enterprise Resource Planning)는 재무, 제조, 소매유통, 공급망, 인사관리, 운영 전반의 비즈니스 프로세스를 자동화하고 관리하는 시스템이다.

31 ①
CCTV (Closed Circuit Television)
• 특정 수신자만을 대상으로 하는 폐쇄적 망을 구성한 텔레비전 통신 시스템이다.
• **CCTV 구성요소**

구분	내용
촬상장치	카메라를 이용하여 영상을 촬영한다. 반도체 촬상소자를 적용한 CCD방식을 주로 사용
전송장치	동축전송방식, UTP 전송방식, 광전송방식 등으로 영상신호를 전송
표시장치	촬영된 영상을 모니터를 통해 표시
기록장치	DVR, NVR 등으로 영상을 저장

CATV(Cable Television)
• CATV는 광케이블이나 동축케이블을 이용하여 방송국과 수신자 사이를 연결하여 다수의 채널에 쌍방향성 서비스를 제공한다.
• CATV는 방송국에서 가입자까지 케이블을 통해 프로그램을 전송하는 시스템이다.

32 ①
CPS(Cyber-Physical System)
• 스마트공장에서 물리적 실제 시스템과 사이버 공간의 소프트웨어 및 주변 환경을 실시간으로 통합하고 상호 피드백하여 물리세계와 사이버세계가 실시간 동적 연동되는 시스템
• **MES(Manufacturing Execution System)** : 환경의 실시간 모니터링, 제어, 물류 및 작업내역 추적 관리, 상태파악, 불량관리 등에 초점을 맞춘 현장 시스템을 의미한다.
• **SCM(Supply Chain Management)** : 공급망 관리. 제품의 생산과 유통 과정을 하나의 통합망으로 관리하는 경영전략시스템이다.
• **PLM(Product Lifecycle Management)** : 제품 설계도부터 최종 제품 생산에 이르는 전체 과정을 일관적으로 관리해 제품 부가가치를 높이고 원가를 줄이는 생산프로세스이다.

33 ②
DSU(Digital Service Unit)
• 가입자측 장비로 컴퓨터 등 데이터 장비의 비트열 신호를 장거리 전송에 맞게 변환 전송하는 장비이다.
• **CSU(Channel Service Unit)** : 국측장비로 T1, E1 같은 트렁크 라인을 그대로 수용할 수 있는 데이터 통신 전용장비이다.

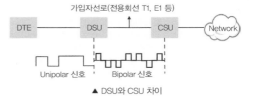

▲ DSU와 CSU 차이

34 ④
이동통신 핸드오프(Handoff)
• 이동통신에서 통화 중인 호를 계속 유지하면서 기지국 간 이동을 수행하는 기능이다.
• 이동단말이 현재의 기지국 영역에서 다른 기지국 영역으로 이동하거나, 사용 중인 기지국 내 무선채널의 상태가 불량할 경우, 동일 기지국 내 현재 섹터에서 다른 섹터로 이동하는 경우 핸드오프가 발생한다.
• **핸드오프의 종류**

구분	설명
Soft Handoff	셀(Cell) 간의 핸드오프, 기지국에서 통화의 단절 없이 동일한 주파수를 사용하는 다른 기지국으로 옮겨가는 방식
Softer Handoff	동일한 기지국 내 다른 섹터(Sector)간의 핸드오프
Hard Handoff	이동국이 한 기지국에서 다른 기지국으로 이동할 때 기존 기지국과 연결되었던 채널을 끊은 후 새로운 기지국의 새로운 채널로 연결되는 핸드오프 방식

35 ④
홈네트워크건물 인증 심사기준

등급	내용
AAA (홈IoT)	심사항목(1) + 심사항목(2) 중 16개 이상 + 심사항목(3)
AA	심사항목(1) + 심사항목(2) 중 16개 이상
A	심사항목(1) + 심사항목(2) 중 13개 이상

36 ③

가상현실(VR) 및 증강 현실(AR)의 기술적 발전 방향

현재(AS-IS)	미래(TO-BE)
가상현실, 증강현실	혼합현실, 확장현실
시각, 청각 위주 기술	오감기술 도입
단일 사용자 기술	다중 사용자 환경기술
정적기술	동적기술 적용

37 ②

홈네트워크 설비 : 지능형 홈네트워크 설비 설치 및 기술기준에 따라 홈네트워크 설비인 홈게이트웨이, 세대단말기, 단지서버 등은 정전에 대비하여 예비전원이 공급되어야 한다.

오답 피하기

감지기는 가스감지나, 개폐감지 등에서 사용하는 장비로 홈네트워크 설비에 해당되지 않는다.

38 ③

집중화기

- m개의 입력 회선을 n개의 출력 회선으로 집중화하는 장비이다.
- 집중화기의 구성 요소로는 단일 회선 제어기, 다수 선로 제어기 등이 있다.
- 패킷교환 집중화 방식과 회선교환 집중화 방식이 있다.
- 부채널의 전송속도의 합은 Link 채널의 전송속도보다 크거나 같다.
- 입력회선 n개가 출력회선 m개보다 같거나 많다. (n≧m)

39 ①

빌딩안내시스템

- 빌딩안내시스템은 디지털 사이니지, 회의실(강의실), 승강기 안내 등 위치 안내 시스템과 연동하여 각각의 장소에 적합한 내용을 디스플레이하고 방문객과 상호작용을 통하여 원하는 정보를 빠르게 인지하여 목적을 달성할 수 있도록 행동을 유도한다.
- 주로 공공기관, 호텔, 빌딩, 학교 등 주요 건물 방문객들이 시설물을 이용하기 편리하도록 로비, 엘리베이터 내부, 회의실, 식당 등에 설치된다.
- 빌딩안내시스템의 종류는 사내방송시스템, 홍보안내시스템, 회의실안내시스템, 식당안내시스템, 무인안내시스템 등으로 구성되며 광고홍보, 회의안내, 식당안내, 뉴스 및 각종 정보를 제공한다.

오답 피하기

Display에 전송되는 선로는 동축케이블이나 UTP, 광케이블 등으로 시공한다.

40 ①

WAVE(Wireless Access in Vehicular Environments)

차량용 고속무선통신기술인 WAVE 통신기술은 고속(≥160km/h)으로 주행하는 상황에서 차량 간 통신(V2V), 차량과 인프라통신(V2I)을 지원하여 전방 도로 및 차량의 위험정보를 긴급 전송, 후속 추돌사고 등을 예방하는 안전서비스, 다차로 무정차툴링 서비스 등 다양한 차세대 지능형 교통시스템(ITS) 구축에 활용할 수 있는 차량 네트워킹 기술이다.

〈3과목〉 정보통신네트워크

41 ①

네트워크 장비

계층	형태
응용계층	L7 스위치, 게이트웨이
표현계층	–
세션계층	–
전송계층	L4 스위치
네트워크계층	라우터
데이터링크계층	브리지
물리계층	리피터, 허브

42 ③

OSI 7Layer와 TCP/IP

43 ④

서브넷 마스크(Subnet Mask)

- **서브넷 마스크 정의**
  - IP주소는 네트워크 부분과 호스트 부분으로 구분되는데, 네트워크 주소와 호스트 주소를 구분해 주는 역할을 한다.
- **Default Subnet Mask**
  - A클래스 : 255.0.0.0이다.
  - B클래스 : 255.255.0.0이다.
  - C클래스 : 255.255.255.0이다.
- **C클래스**
  - 서브넷 마스크를 적용해야 할 부분은 맨 마지막 8bit이다.
  - 4~5개의 호스트를 가지려면, 최소 3bit가 필요하다.
  - 호스트가 3bit이므로 255.255.255.11111000이 되어, 서브넷 마스크는 255.255.255.248이 된다.

44 ④

네트워크 장비

- **리피터** : 1계층 장비로서 신호를 재생하여 전달되는 거리를 증가시키는 네트워크 장비이다.
- **브리지** : 2계층 장비로서 네트워크를 분리하거나, 서로 다른 네트워크를 연결해 주는 장비이다.
- **허브** : 2계층 장비로서 다수의 PC와 장치들을 묶어서 LAN을 구성할 때 각각의 PC에 연결된 케이블을 하나로 모으는 역할을 해주는 장비이다.
- **스위치(L2 스위치)** : 2계층 장비로서 2계층 주소인 MAC주소를 기반으로 동작하여 네트워크 중간에서 패킷을 받아 필요한 곳에만 보내주는 장비이다.
- **라우터** : 3계층 장비로서 패킷의 위치를 추출하여 그 위치에 대한 최적의 경로를 지정하며, 이 경로를 따라 데이터 패킷을 다음 장치로 전향시키는 장치이다.
- **게이트웨이** : OSI 모델의 모든 계층을 포함하여 동작하는 네트워크 장비로서 두 개의 완전히 다른 네트워크 사이의 데이터 형식을 변환하는 장치이다.

45 ①

동기식(SDH, SONET), 비동기식(PDH) 디지털 다중화

- **동기식 광통신망(SONET)**
  - 높은 데이터율을 제공하기 위해 광섬유를 사용하는 네트워크 표준이다.
  - 다중 디지털 트래픽을 위한 광신호 및 동기식 프레임 구조를 정의한다.
  - 프레임형식은 STS(Synchronous Transport Signal)이며, STS-1은 51.8[Mbps] 속도를 가지며, 이 프레임은 OC-1 신호로 전달될 수 있다.
- **동기식 디지털 계위(SDH)**
  - 북미 표준인 SONET을 기초로 하여, 이를 확장한 동기식 디지털 다중화 신호계위에 관한 ITU국제 표준이다.

SONET	SDH	속도(Mbps)
STS-1	STM-0	51.84
STS-3	STM-1	155.52
STS-9		466.56
STS-12	STM-4	622.08
STS-18		933.12
STS-24		1244.16
STS-36		1866.24
STS-48	STM-16	2488.32
STS-96		4976.64
STS-192	STM-64	9953.28
STS-768	STM-256	39813.12

  - 프레임 형식은 STM(Synchronous Transport Module)이며, STM-1은 155.52[Mbps]속도를 가지며, 이 프레임은 OC-3 신호로 전달될 수 있다.
- **비동기식(유사 동기식) 디지털 계위(PDH)**
  - 각각의 디지털 다중화 장치들이 자체 발진기 클럭을 사용하여, DS-n급 신호들을 만들어 가는 다중화 체계이다.
  - 북미식과 유럽식으로 구분되는데, 우리나라는 북미식을 채택하고 있다.

46 ①

마이크로파 통신(Microwave communication)

- 마이크로파 통신은 1~30[GHz]의 마이크로파를 반송파로 이용하는 통신이며, 초 대량의 정보전송에 적합하다.
- 외부 잡음의 영향이 적다.
- 반송파가 높으므로 광대역전송이 가능하다.
- 공중선 이득이 높다.
- 가시거리 내에서 안정된 통신이 가능하다.
- S/N 개선도를 크게 할 수 있다.

47 ④

DHCP 구성 요소

- **서버(Server)** : 클라이언트로부터 IP 할당 요청을 받으면, IP 부여 및 관리한다.
- **클라이언트(Client)** : IP주소를 요청하고, 서버로부터 IP주소를 부여받으면, 다른 호스트와 TCP/IP통신을 할 수 있다.
- **릴레이(Relay)** : 다른 네트워크 대역에 있는 DHCP server로 중계하는 역할을 한다.

48 ①

네트워크 접속장비

- **리피터** : 1계층 장비로서 신호를 재생하여 전달되는 거리를 증가시키는 네트워크 장비이다.
- **브리지** : 2계층 장비로서 네트워크를 분리하거나, 서로 다른 네트워크를 연결해 주는 장비이다.
- **허브** : 2계층 장비로서 다수의 PC와 장치들을 묶어서 LAN을 구성할 때 각각의 PC에 연결된 케이블을 하나로 모으는 역할을 해주는 장비이다.
- **스위치(L2 스위치)** : 2계층 장비로서 2계층 주소인 MAC주소를 기반으로 동작하여 네트워크 중간에서 패킷을 받아 필요한 곳에만 보내주는 장비이다.

- **라우터** : 3계층 장비로서 패킷의 위치를 추출하여 그 위치에 대한 최적의 경로를 지정하며, 이 경로를 따라 데이터 패킷을 다음 장치로 전향시키는 장치이다.
- **게이트웨이** : OSI 모델의 모든 계층을 포함하여 동작하는 네트워크 장비로서 두 개의 완전히 다른 네트워크 사이의 데이터 형식을 변환하는 장치이다.

49 ④

ITU-T 권고안 시리즈

구분	설명
I	통합서비스 디지털망
Q	스위칭과 신호
P	전화전송의 질과 전화기에 관한 사항
Z	프로그래밍 언어
X	PSDN 망에서 DTE와 DCE 사이의 접속 조건을 규정

50 ②

루핑(Looping)

- 프로그램 속에서 동일한 명령이나 처리를 반복하여 실행하는 것을 의미한다.
- 스플릿 호라이즌(Split Horizon)은 라우팅 시 루핑 문제를 방지하기 위해 라우팅 정보가 들어온 곳으로 같은 라우팅 정보를 보내지 않는 방식이다.

기능	설명
Maximum Hop Count	경로상 최대 라우터의 개수를 15개까지 지정하는 방법
Hold Down Timer	일정 시간 동안 홀드 시간을 두어 정보를 무시하는 방법
Split Horizon	라우팅 정보가 들어오는 곳으로 같은 정보를 보내지 않는 방법
Route Poisoning	네트워크가 다운되면 메트릭 값을 사용할 수 없는 값인 16으로 변경하여 다운된 네트워크를 먼저 무한대로 바꾸는 방법
Poison Reverse	라우팅 정보를 되돌려 보내지만, 이 값을 무한대 값으로 하는 방법

51 ③

전송제어 절차

- **회선접속(1단계)** : 회선을 물리적으로 연결한다.
- **데이터링크 확립(2단계)** : 데이터 송수신을 위한 논리적인 경로를 구성한다.
- **정보전송(제3단계)** : 전송로에서의 에러를 검출, 교정하는 제어를 받으며 전송한다.
- **데이터링크 해제(제4단계)** : 데이터의 전송이 종료되면 논리적 연결을 해제한다.
- **회선 절단(5단계)** : 연결된 회선을 절단한다.

52 ②

SNMP(Simple Network Management Protocol)

네트워크를 효율적으로 운용하기 위하여 여러 개의 에이전트를 두고 매니저는 필요시 에이전트에게 정보를 요청하면 에이전트는 응답하는 방식의 TCP/IP망 관리 프로토콜이다.

기능	설명
Manager	관리시스템 안에 탑재하여 관리용 메시지를 에이전트에 요청 및 모니터링
Agent	관리되는 장비들 (허브, 라우터, 스위치, 브리지, 호스트 등)

53 ①
이동통신 시스템

HLR(홈위치 등록기, Home Location Register)	단말 장치의 사용자 정보를 저장하고 관리
VLR(방문자 위치 등록기, Visitor Location Register)	관할영역에 타 시스템의 단말 장치가 진입했을 때 이를 인지하여 타 시스템과 로밍을 해주는 역할
EIR(식별 정보 저장 장치, Equipment Identity Register)	이동통신 시스템에서 사용되는 데이터베이스로서, 모바일 디바이스의 식별 정보를 저장하는 장치
AC(Authentication Center)	이동통신 시스템에서 사용자의 신원을 확인하고 인증하는 중요한 기능을 수행하는 엔티티

54 ④
CIDR 표기법
- CIDR 체계
  - IP주소 및 접미사로 표기한다.
  - A.B.C.D/E : A부터 D까지는 IPv4 주소와 동일하게 8비트로 0~255까지인 10진수 수이며, 슬래시 뒤에 오는 수는 접두사 길이라고 한다.
  - A.B.C.D/24 : 24비트 이후의 옥텟(8비트)을 전부 사용할 수 있다는 표현으로 하나의 옥텟은 8비트로 256개이기 때문에 192.168.0.0/24는 192.168.0.0 ~ 192.168.0.255까지 사용이 가능함을 의미한다.
- 서브넷 마스크 255.255.0.0은 다음과 같다.
  - 255.255.255.248 = 11111111.11111111.00000000.00000000이다.
  - 11111111.11111111.00000000.00000000은 IP/16이 된다.
  - 즉, 1.1.1.1/16으로 표기된다.

55 ④
ATM 기본 제어 정보

구성 요소	설명
PT (Payload Type)	PT 비트는 페이로드에 어떤 종류의 데이터가 담겨 있는지를 식별하는 데 사용되며, PT 비트의 값에 따라 페이로드가 데이터, 음성, 동영상 등의 서비스 데이터인지를 판별
CLP (Cell Loss Priority)	CLP 비트는 셀 전송 과정에서 혼잡 상태가 발생할 경우, 우선적으로 폐기되어도 괜찮은 데이터인지를 표시
HEC (Header Error Control)	오류 검출 코드로서, ATM 스위치나 라우터에서 셀의 헤더를 검사하고 오류가 있는지를 확인하는 데 사용

56 ②
케이블 등급과 특성

케이블 등급	속도	규격
Cat.3	10Mbps	10Base-T
Cat.4	16Mbps	10Base-T
Cat.5	100Mbps	100Base-TX
Cat.5e	1Gbps	1000Base-T
Cat.6	1Gbps	1000Base-TX
Cat.6A	10Gbps	10GBase
Cat.7	10Gbps	10GBase

- 전송 속도가 10[Mbps]이다.
- 전송 최대 거리가 500[m]이다.
- 전송 방식이 기저대역(Baseband) 방식이다.

57 ④
ALOHA(알로하)
- ALOHA는 하와이 대학에서 개발된 최초의 임의 매체 접근방식이다.
- ALOHA에서 데이터를 전송한 스테이션은 전송한 데이터의 ACK를 일정시간 내 응답받지 못했을 경우 프레임 손실로 간주하며, 임의의 시간이 흐른 후 재전송을 시도한다.

구분	설명
S(Slotted) – ALOHA	• 채널을 시간대별로 나누어서 충돌위험을 줄이는 것으로, 각 사용자는 시간대의 시작에서만 전송할 수 있다. • 최대 전송 속도가 36[Kbps]의 전송 속도를 가진다.
P(Pure) – ALOHA	Slot 개념이 없어서, 전송 도중에 다른 노드가 개입하는 경우가 발생하며, 이 경우에도 모든 내용은 재전송 되어야 한다.
R(Reservation) – ALOHA	전송 속도의 효율을 높이기 위해서, 사전에 시간 대역의 사용을 요구하는 '예약'방법을 사용한다.

58 ①
라우팅(Routing)
- 네트워크에서 최적의 경로로 메시지의 목적지까지 갈 수 있도록 경로를 설정해 주는 과정을 의미한다.
- 내부 라우팅 vs 외부 라우팅

구분	설명
내부	• AS(Autonomous system, 자율시스템) 내부의 라우터끼리 라우팅 정보를 전달하는 방식 • IGP(내부 라우팅 프로토콜)
외부	• AS와 AS간, 서로 다른 AS로 라우팅 정보를 전달하는 방식 • EGP(외부 라우팅 프로토콜)

- 라우팅 프로토콜 종류

구분	종류	설명
내부 라우팅	RIP	• Routing Information Protocol • 거리 벡터 방식 • 최대 15Hop까지 지원하며, Hop 수가 가장 적은 경로로 선택 • 매 30초마다 주기적인 라우팅 업데이트 • 라우팅 트래픽 부하 증가 및 수렴시간이 느림 • 설정 및 운영이 간단하며, 소규모 네트워크에 적용 • 서브네트워크의 주소는 클래스 A, B, C의 마스크를 기준으로 라우팅 정보를 구성
	OSPF	• Open Shortest Path First • 링크 상태 방식이며, 다익스트라의 SPF(Shortest Path First) 알고리즘 사용 • 링크 상태 정보를 이용하여 최단 경로로 패킷을 전달 • Link State에 변화가 있을 때 해당 라우터가 LSA를 전체 네트워크에 Flooding함 - LSA(Link State Advertisement)는 라우팅 정보 • 라우팅 설정이 복잡하고 자원 소모량이 많음 • AS내부를 영역 단위로 나누어 관리
	IGRP	• Interior Gateway Routing Protocol • 거리벡터 방식으로 중규모 네트워크에 적합함 • RIP의 문제점을 개선한 프로토콜로써 메트릭으로 최적의 경로 설정 • 매 90초마다 경로 정보 전송하며, 신뢰적이다. • 운영과 설정이 간단하고, 수렴이 빠르며, 멀티패스 라우팅 지원 • 국제 표준 규약이 아니며, 비용결정 계산이 복잡함
	IS-IS	• Intermediate System to Intermediate System • 링크 상태 방식이며, 다익스트라의 SPF(Shortest Path First) 알고리즘 사용 • 라우터끼리 동적으로 경로 정보를 주고받는 프로토콜 • 최대홉 제한 없음 • 2단계 계층적 구조(1,2) 지원하며 여러 Area로 구분됨

내부 라우팅	EIGRP	• Enhanced IGRP • 거리 벡터 기반의 링크 상태처럼 동작하는 하이브리드 방식 • IGRP 기반으로 라우터 내 대역폭 및 처리 능력의 향상과 경로상 불안정한 라우팅을 최적화함 • Classless Routing 수행하며, 수렴시간이 빠름 • 네트워크 변화에 즉시 반응하여 경로 설정 및 Load Balancing 지원 • 대규모에서 관리가 어려우며, 시스코 라우터에서만 동작
외부 라우팅	BGP	• Border Gateway Protocol • 경로 벡터 라우팅 프로토콜 • AS사이의 경로지정을 위해 사용되는 프로토콜 • Classless Routing 수행하며, 수렴시간이 빠름 • TCP 사용하여 연결하며, 대형망 네트워크 지원 • Classless Routing 및 다양하고 풍부한 메트릭 사용 • 회선 장애시 우회 경로 생성하고 라우팅 정보의 부분 갱신 가능 • 매트릭 설정이 어렵고 수렴시간이 느림
	EGP	• Exterior Gateway Protocol • 경로 파악하는 데 있어 최적 또는 최단의 경로를 찾는 라우팅 정보라기보다 도달 가능성을 확인하고 알리는 프로토콜 • 경로에 자신의 AS가 포함되어 있다면 그 경로는 유효하지 않다고 판단 • 속도는 느리지만 많은 양의 라우팅 정보 업데이트 가능 • 다른 AS간에 사용

59 ③

Smart City 기반 시설

기반 시설
정보통신 융합기술이 적용된 지능화된 시설
초연결 지능정보 통신망
관리 운영을 할 수 있는 스마트도시 통합운영센터
정보의 수집 및 제공을 위한 건설기술 또는 정보통신기술이 적용된 폐쇄회로 영상 장치 등

60 ②

VLAN 그룹 구분 방식

구분	설명
Port Based	1계층 물리계층의 포트 단위로 구분 관리
MAC 주소	2계층 데이터링크계층의 MAC 주소에 의한 구분 관리
IP주소	3계층 망 계층의 IP주소에 의한 구분 관리
프로토콜	1~3계층 모두 사용 – 프로토콜 종류뿐만 아니라, MAC 주소나 포트 번호 모두 사용

〈4과목〉 정보시스템운용

61 ②

ARP(Address Resolution Protocol) 스푸핑
• ARP 스푸핑은 근거리 통신망(LAN)에서 사용되는 ARP 메시지를 이용하여 상대방의 데이터 패킷을 중간에 가로채는 공격 기법이다.
• APR 스푸핑는 자신의 MAC주소를 다른 컴퓨터의 MAC 주소인 것처럼 속이는 방법으로 2계층 공격에 해당한다.

62 ④

UTM(Unified Threat Management)
• UTM은 방화벽, VPN, IPS, 안티스팸 소프트웨어 등 여러 종류의 보안장치들을 하나의 단일 장치로 통합한 보안 시스템이다.
• UTM은 하나의 시스템에 다양한 보안 기능을 탑재하여 관리가 용이하고, 비용절감 효과가 있으며, 복합적인 위협요소를 방어할 수 있는 장점이 있다.
• 단, 단일 시스템이기 때문에 고장이 발생할 경우 전체 보안 기능에 영향을 준다는 단점이 있다.

63 ③

패치관리
• 패치관리는 관리자가 네트워크에 설치된 OS, 플랫폼, 어플리케이션, 소프트웨어 업데이트 현황 등을 관리하는 것이다.
• 패치관리는 보안시스템 취약점 등으로 인해 발생할 수 있는 침해사고를 예방하는 것으로 정기적인 실행이 요구되며, 중요도에 따른 정책 및 절차를 수립해야 한다.
• 패치관리는 우선순위나 중요도를 고려하여 패치 적용 전 시스템 가용성에 미치는 영향을 분석해야 한다.
• 패치관리 시스템을 활용하는 경우, 접근통제 등 보안대책을 마련하고 관리한다.
• 주요 서버나 네트워크 장비, 정보보호시스템의 경우, 가급적 외부 인터넷과 접속하지 않는다.

64 ④

망분리
• 망분리란 외부망을 통한 비인가 접근과 내부정보 유출을 차단하기 위해 업무망과 외부망(인터넷망)을 분리하는 정책을 말한다.
• 망분리는 PC 보안관리, 네트워크간 자료 전송 및 통제, 인터넷 메일 사용 권고, 네트워크 접근제어, USB 등 보조장치에 대한 관리 등을 고려해야하며, 종류로는 물리적 망분리와 논리적 망분리가 있다.

구분	물리적 망분리	논리적 망분리
정의	업무망과 외부망을 물리적으로 분리한 완전한 망분리 방식	업무망과 외부망을 논리적으로 분리하여 물리적으로 분리되지 않은 방식
동작 원리	2대의 PC를 사용하여 망을 분리하고, 전송 프로그램으로 데이터 전달	1대의 PC에 가상화 기술을 적용하여 망을 분리하고, 전송 프로그램 사용
장점	물리적 네트워크 분리에 따른 높은 보안성	• 낮은 구축비용 • 관리가 용이
단점	• 높은 구축비용 • 상대적으로 관리 불편	네트워크가 논리적으로 분리되어 있어 상대적으로 낮은 보안성

65 ②

정보통신시스템 하드웨어 설계 시 고려사항
• 장비 성능 및 신뢰성
• 전기적, 물리적 특성
• 경제성
• 유연성 및 확장성
• 시공의 용이성
• 운용 및 유지보수

66 ③

방송의 종류
• **정규방송** : 편성표에 의거하여 정해진 시간에 방송을 송출하는 지상파 방송
• **자주방송** : 안내방송, 공지사항 등 자체제작 방송
• **유료방송** : 콘텐트 수신료를 결제하는 IPTV, OTT와 같은 상업용 방송

67 ①

리눅스 커널 가상메모리(VM)

- 리눅스 커널의 가상메모리 하위 경로는 /proc/sys/vm/ 이며 디렉터리에 있는 각종 값을 조절하여 리눅스 커널의 가상메모리하위 시스템을 조정할 수 있다.
- bdflush 커널 데몬의 작동을 제어 디스크를 쓰기 위해 대기하는 시간을 좀 더 늘리면 디스크 접근시 과도한 경쟁현상을 피할 수 있다.

오답 피하기

- buffermem : 얼마나 많은 메모리가 버퍼메모리로 사용되어야 하는가를 전체시스템 메모리에 대한 퍼센트 단위로 조절한다.
- freepage : freepage 구조의 값을 포함하고 있다. 이 구조는 min, low, high 의 3개의 값을 포함한다.
- kswapd : 메모리가 조각으로 나뉘거나 꽉 차는 경우 메모리를 해소해 주는 역할을 수행한다.

68 ③

IoT 화재감지 시스템

- IoT 화재감지 시스템은 IoT 기반의 화재감지 센서가 열 · 연기를 감지하면 화재위치를 실시간으로 관리자 또는 방재센터에 알리는 실시간 화재감지 시스템이다.
- IoT 화재감지 시스템은 IoT 기술, 빅데이터 분석 기술, 미들웨어 플랫폼 등이 포함되어 있으며, 유선 뿐 아니라 무선 네트워크로도 시스템 구성이 가능하고, 연기, 열, CO_2 등 다양한 요인들을 감지할 수 있다.

69 ④

기술적 보안

- 기술적 보안은 포괄적으로는 물리적 보안을 수행하기 위한 기반 기술이며, 보호대상에 따라 시스템 보안 기술, 네트워크 보안 기술, 어플리케이션 보안 기술, 데이터 보안 기술, PC 보안 기술로 분류된다.
- SSO은 1회 사용자 인증으로 다수의 어플리케이션 및 웹사이트에 대한 로그인을 허용하는 인증 솔루션이다.
- EAM은 인트라넷/엑스트라넷/인터넷 환경/일반 클라이언트 서버 환경에서 통합된 사용자 인증 및 권한관리 시스템을 구축하기 위한 액세스 컨트롤 솔루션이다.
- SRM은 조직의 자산을 보호하기 위해 전반적인 보안 위험요인을 분석하고, 적절한 보안대책을 수립하는 관리적 보안기술을 말한다.

70 ④

물리적 보안 주요 지침

- 보안규정에 따른 출입통제 시스템과 프로세스를 구축한다.
- 출입통제에 대한 모니터링과 감시 방안을 마련한다.
- 출입 인가자와 그러지 않은 사람의 동선을 고려하여 물리적 보안계획을 수립한다.
- 사무실이나 통제구역에는 시건장치를 반드시 설치한다.
- 사내 보안교육과 물리적 보안을 포함한다.
- 중요문서의 출력, 보관, 복사, 반출에 대한 보안 프로세스를 마련한다.
- 분실 및 물리적 보안사고 발생에 대한 보고 프로세스와 담당자를 지정한다.

71 ③

bunzip2

- bunzip2는 자료를 압축하기 위하여 버로우스 - 윌러(Burrows-Wheeler) 블록 정렬 텍스트 압축 알고리즘(Block-sorting text compression algorithm)과 호프만 코딩(Huffman coding)을 사용하고 있으며, 일반적으로 gzip으로 한 것 보다 60~70% 이상의 높은 압축률을 보이며 사용방법도 동일하지만, 압축 해제 속도는 상당히 느린 단점을 가지고 있다.
- bunzip2로 압축을 하게 되면 '.bz2'라는 확장자를 갖게 된다.

72 ①

시스템 신뢰성 척도

- MTBF(Mean Time Between Failure) : 수리할 수 있는 시스템의 고장 발생시점부터 다음 고장 시점까지의 평균시간
- MTTF(Mean Time To Failure) : 수리하지 않는 시스템의 사용 시작시점부터 고장날 때까지의 평균 시간
- MTTR(Mean Time To Repair) : 시스템 고장 시점부터 수리 완료된 시점까지의 평균 수리시간
- 가용도(Availability) : 시스템 전체 운용시간에서 고장없이 운영된 시간의 비율

73 ①

- NMS : 네트워크를 모니터링하고 관리하는데 사용되는 하드웨어와 소프트웨어의 조합으로 네트워크 내 전체 장비의 상태와 성능을 감시하는 시스템
- DOCSIS : CATV망을 이용한 초고속 인터넷 서비스 표준으로 헤드엔드와 가입자 간의 통신규격
- SMTP : 인터넷에서 이메일을 송신하기 위해 사용되는 프로토콜
- LDAP : 네트워크 상에서 조직이나 조직 내 파일/개인정보/디바이스 정보 등을 찾아볼 수 있게하는 프로토콜

74 ②

광케이블 설치 시 고려사항

- 최소 굴곡 반경 이상으로 구부리지 않는다.
- 케이블 포설 시 제조사 사양이 허용하는 장력 이하의 힘으로 당겨야 한다.
- 트레이에 포설할 경우 2[m]마다 케이블 타이로 고정한다.
- 공동구 내 광케이블은 직선거리 50[m] 및 분기 개소마다 용도별 이름표를 부착한다.
- 광케이블 포설 시 꼬이거나 비틀리지 않도록 한다.

75 ④

망분리 적용 시 고려사항

- PC 보안관리 : 네트워크 설정 임의 변경 금지
- 망간 자료 전송 통제 : 업무망과 인터넷망 간 자료 전송 시 별도 프로그램 사용
- 인터넷 메일 사용 : 외부로 보내는 메일은 인터넷을 이용한 외부메일 계정 사용
- 네트워크 접근제어 : 비인가된 기기의 접근 차단
- 보조저장매체 관리 : USB 등과 같은 보조저장매체는 인가된 경우에만 사용

76 ②

독립접지

- 독립접지는 모든 통신시스템이나 전기장비 등에 대해 개별적으로 접지를 구성하는 방식이며, 개별접지 또는 단독접지라고도 한다.
- 독립접지는 접지의 성능악화나 손상이 발생하더라도 다른 장비에 영향을 주지않는 장점이 있지만, 접지공사 비용이 비싸고, 각각의 접지 간 충분한 이격거리를 확보해야하는 등 시공이 용이하지 않은 단점이 있다.

77 ④

APM(Apache, PHP, MySQL)

- APM은 웹서버 구현을 위해 사용하는 Apache, PHP, MySQL을 통칭하는 말이다.
- APM은 각각 독립된 프로젝트이나 서로간의 호환성이 좋아 전통적인 서버 개발에 많이 사용되고 있다.
- yum [옵션] [명령] [패키지]
- -y : 모든 물음에 yes로 대답한다.
- install : 시스템에 패키지나 패키지들을 설치한다.

78 ④

클라우드 부하분산 장치
- BIG-IP, NetScale, Ace 4700는 클라우드 부하분산 하드웨어 장치이다.
- LVS(Linux Virtual Server)는 실제 서버를 통해 IP 로드 밸런스를 맞추기 위한 통합된 소프트웨어 구성 요소 모음이다.

79 ③

CSMA/CA
CSMA/CA는 WLAN에서 사용하는 프로토콜로 유선 LAN에서는 프레임 충돌 검출이 쉽게 인지되나 무선 LAN에서는 충돌 감지가 어렵다는 점을 감안하여 데이터를 송신하기 전에 캐리어를 감지하고 데이터를 전송하는 충돌회피 프로토콜이다.

80 ①

WAS서버의 구성요소
JSP, Servlet, JavaBeans 등 동적처리 구동환경으로 구성된다.

〈5과목〉 컴퓨터 일반 및 정보설비 기준

81 ④

주소지정방식
- **직접 주소지정 방식(Direct addressing mode)** : 오퍼랜드에 데이터가 저장된 메모리 유효주소를 표시하는 방식이다.
- **간접 주소지정 방식(Indirect addressing mode)** : 오퍼랜드에 데이터의 간접주소를 명시하는 방식이다. (데이터의 주소의 주소)
- **변위 주소지정 방식(Displacement addressing mode)** : 레지스터에 저장된 주소값과 주소필드의 값을 더하여 유효주소를 구하는 계산에 의한 주소지정방식이다. 상대 주소지정, 인덱스 주소지정, 베이스-레지스터 주소지정 방식이 있다.
- **상대 주소지정 방식(Relative addressing mode)** : PC(Program Counter)값에 명령어의 주소필드 값을 더해서 데이터의 주소값을 구하는 방식이다.
- **인덱스 주소지정 방식(Index addressing mode)** : 인덱스 레지스터값과 명령어의 주소필드 값을 더하여 주소값을 구하는 방식이다.
- **베이스-레지스터 주소지정 방식(Base-register addressing mode)** : 베이스 레지스터의 값과 주소필드 값을 더하여 주소값을 구하는 방식. 프로그램 재배치에 유용하다.

82 ④

정보통신공사업법
제9조(감리원의 공사중지명령 등)
① 감리원은 공사업자가 설계도서 및 관련 규정의 내용에 적합하지 아니하게 해당 공사를 시공하는 경우에는 발주자의 동의를 받아 재시공 또는 공사중지명령이나 그 밖에 필요한 조치를 할 수 있다.
② 제1항에 따라 **감리원으로부터 재시공 또는 공사중지명령이나 그 밖에 필요한 조치에 관한 지시를 받은 공사업자는 특별한 사유가 없으면 이에 따라야 한다.**

83 ①

방송통신설비의 기술기준에 관한 규정
제1조(목적)
방송통신설비, 관로, 구내통신선로설비 및 구내용 이동통신설비 및 방송통신기자재등의 기술기준을 규정함을 목적으로 한다.

84 ①

보안장비
- **IDS** : 네트워크 트래픽에서 악의적인 활동이나 정책 위반을 분석하고 탐지되면 경고를 보내는 하드웨어 또는 소프트웨어 프로그램이다. 실시간 트래픽을 탐지하고 트래픽 패턴을 검색한 후 경보를 전송한다.
- **IPS** : 유해 트래픽을 검사, 탐지, 분류하여 선제적으로 차단하는 장치이다. 실시간 통신을 통해 공격 패턴을 검사한 후 공격이 탐지되면 차단한다.
- **UTM** : 통합 위협 관리(UTM)는 바이러스 방지, 콘텐츠 필터링, 이메일 및 웹 필터링, 스팸 방지 기능 등 여러 가지 보안 기능을 네트워크 내의 단일 장치로 통합하여 단순화된 방식으로 보안 위협으로부터 보호한다.
- **UMS** : 통합 메시징 시스템. 단일 플랫폼을 통해 이메일, SMS, 팩스, 인스턴트 메시징 등 여러 서비스 제품군을 통합하여 제공하는 IT 비즈니스 솔루션이다.

85 ①

보안 공격
- **Watering Hole** : 워터링홀 공격은 대상이 자주 들어가는 사이트를 파악하고 그 취약점을 통해 악성코드를 심어두고, 대상이 접속했을 때 악성코드에 감염되고 이를 이용해 정보를 취득하는 방식이다. APT 공격에서 주로 쓰이는 공격이다.
- **Pharming** : 사용자가 자신의 웹 브라우저에서 정확한 웹 페이지 주소를 입력하더라도 사기성 웹 사이트로 리디렉션하거나 컴퓨터 시스템을 조작하여 민감한 정보를 수집하는 일종의 사이버 공격이다.
- **Spear phishing** : 일반적으로 악성 이메일을 통해 특정 개인이나 조직을 대상으로 하는 피싱 공격 유형이다. 표적 피싱으로 스피어 피싱의 목적은 로그인 자격 증명과 같은 민감한 정보를 훔치거나 대상의 장치를 악성코드로 감염시킨다.
- **Spoofing** : 다른 사람의 컴퓨터 시스템에 접근할 목적으로 MAC 주소, IP주소, 포트, DSN 주소 등을 변조하여 네트워크 흐름을 조작하는 공격이다.

86 ④

정보통신망법
제45조(정보통신망의 안정성 확보 등)
③ 정보보호지침에는 다음 각 호의 사항이 포함되어야 한다. 〈개정 2016. 3. 22., 2020. 6. 9.〉
1. 정당한 권한이 없는 자가 정보통신망에 접근 · 침입하는 것을 방지하거나 대응하기 위한 정보보호시스템의 설치 · 운영 등 기술적 · 물리적 보호조치
2. 정보의 불법 유출 · 위조 · 변조 · 삭제 등을 방지하기 위한 기술적 보호조치
3. 정보통신망의 지속적인 이용이 가능한 상태를 확보하기 위한 기술적 · 물리적 보호조치
4. 정보통신망의 안정 및 정보보호를 위한 인력 · 조직 · 경비의 확보 및 관련 계획수립 등 관리적 보호조치
5. 정보통신망연결기기등의 정보보호를 위한 기술적 보호조치

87 ①

운영체제 운영방식
- **일괄 처리(Batch Processing)** : 처리할 데이터를 일정 기간 또는 일정량으로 모아 두었다가 한꺼번에 처리하는 방식이다.
- **다중 프로그래밍(Multi Programming)** : 하나의 CPU로 동시에 여러 프로그램을 처리하는 방식이다.
- **시분할 처리(Time-Sharing Processing)** : 여러 사용자가 동시에 하나의 컴퓨터를 사용하는 방식이다.
- **분산 처리(Distributed Processing)** : 지역적으로 분산된 여러 컴퓨터를 연결하여 작업을 분담하여 처리하는 방식이다.

발달 순서
일괄처리 → 다중 프로그램 → 대화식처리 → 분산처리

88 ③
정보통신공사업법
제6조(기술기준의 준수 등)
① 공사를 설계하는 자는 대통령령으로 정하는 기술기준에 적합하게 설계하여야 한다.
② 감리원은 설계도서 및 관련 규정에 적합하게 공사를 감리하여야 한다.
제7조(설계 등)
① 발주자는 용역업자에게 공사의 설계를 발주하여야 한다.
② 제1항에 따라 설계도서를 작성한 자는 그 설계도서에 서명 또는 기명날인하여야 한다.
③ 제1항 및 제2항에 따른 설계 대상인 공사의 범위, 설계도서의 보관, 그 밖에 필요한 사항은 대통령령으로 정한다.
제8조(감리 등)
① 발주자는 용역업자에게 공사의 감리를 발주하여야 한다.
② 제1항에 따라 공사의 감리를 발주 받은 용역업자는 감리원에게 그 공사에 대하여 감리를 하게 하여야 한다. 이 경우 감리원의 업무범위와 공사의 규모 및 종류 등을 고려한 배치 기준은 대통령령으로 정한다. 〈개정 2018. 12. 24.〉

89 ①
진수 변환
1) 2로 나누어 나머지를 역순으로 나열한다.

```
2 | 43
2 | 21    1
2 | 10    1
2 |  5    0
2 |  2    1
       1    0
```
43 = 2진수 (101011)
2) OR 연산

```
     00101011
OR   10010011
     10111011
```

90 ③
접지설비/구내통신설비/선로설비 및 통신공동구 등에 대한 기술기준
제48조(맨홀 또는 핸드홀의 설치기준)
① 맨홀 또는 핸드홀은 케이블의 설치 및 유지·보수 등의 작업 시 필요한 공간을 확보할 수 있는 구조로 설계하여야 한다.
② 맨홀 또는 핸드홀은 케이블의 설치 및 유지·보수 등을 위한 차량출입과 작업이 용이한 위치에 설치하여야 한다.
③ 맨홀 또는 핸드홀에는 주변 실수요자용 통신케이블을 분기할 수 있는 인입관로 및 접지시설 등을 설치하여야한다.
④ 맨홀 또는 핸드홀 간의 거리는 246m 이내로 하여야 한다. 다만, 교량·터널 등 특수구간의 경우와 광케이블 등 특수한 통신케이블만 수용하는 경우에는 그러하지 아니할 수 있다.

91 ①
계층별 장비
- **리피터** : 신호를 증폭하여 재전송하는 물리 계층 장비이다. 신호 증폭을 이용하여 장거리까지 데이터 전달할 수 있다.
- **허브** : 컴퓨터 또는 네트워크 장비를 연결하는 물리 계층 장치이다.
- **브리지** : 목적지 이더넷 주소를 보고 콜리전 도메인을 분리하는 네트워크 인터페이스 장비이다.
- **스위치** : 하드웨어적으로 프레임을 처리한다. 2계층, 3계층, 4계층 스위치 장비가 있다.
- **라우터** : 패킷을 목적지로 라우팅규칙에 따라 전송한다. 브로드캐스트 도메인을 분리하기 위한 네트워크계층 장비이다.
- **콜리전 도메인(Collision domain)** : CSMA/CD를 통한 충돌 범위이다.
- **브로드캐스트 도메인(Broadcast domain)** : 브로드캐스트 패킷을 전송할 때 수신할 수 있는 네트워크 범위이다.

92 ①
캐시 기억장치(Cache Memory)
자주 사용되는 명령을 저장하여 CPU에 빠르게 제공하기 위한 메모리이다. CPU와 주기억장치의 속도 차이를 줄여주는 완충기억장치이다. 연관 기억장치를 사용한다.
- **write-through** : 캐시에 데이터가 업데이트될 때 메모리에도 같이 업데이트하는 방식이다. 캐시의 일관성을 유지할 수 있어서 안정적이다. 메모리 업데이트를 위한 대기시간으로 처리 속도가 느리다.
- **write-back** : 캐시에만 업데이트하다가 캐시메모리가 새로운 데이터로 교체될 때 주기억장치나 보조기억장치에 업데이트하는 방식이다. Write Through보다 훨씬 빠르다. 캐시의 일관성을 유지하기 어렵다.

93 ②
정보통신공사업법
제8조(감리 등)
① 발주자는 용역업자에게 공사의 감리를 발주하여야 한다.
② 제1항에 따라 공사의 감리를 발주 받은 용역업자는 감리원에게 그 공사에 대하여 감리를 하게 하여야 한다. 이 경우 감리원의 업무범위와 공사의 규모 및 종류 등을 고려한 배치 기준은 대통령령으로 정한다. 〈개정 2018. 12. 24.〉
③ 제1항에 따라 공사의 감리를 발주 받은 용역업자가 감리원을 배치(배치된 감리원을 교체하는 경우를 포함한다. 이하 이 조에서 같다)하는 경우에는 발주자의 확인을 받아 그 배치현황을 특별시장·광역시장·특별자치시장·도지사 또는 특별자치도지사(이하 "시·도지사"라 한다)에게 신고하여야 한다. 〈신설 2018. 12. 24.〉

94 ①
운영체제 운영방식
- **일괄 처리(Batch Processing)** : 처리할 데이터를 일정 기간 또는 일정량으로 모아 두었다가 한꺼번에 처리하는 방식이다.
- **멀티 태스킹(Multi-tasking)** : 정해진 시간 동안 교대로 task를 수행하는 방식이다.
- **멀티 쓰레딩(Multi-threading)** : 프로세스의 여러 스레드를 동시에 실행하는 방식이다.

운영체제의 발달 순서
일괄처리 → 다중 프로그램 → 대화식처리 → 분산처리

95 ④
- DHCP는 인터넷사용을 위한 기본정보인 IP주소를 자동분배하는 기능이다. DHCP를 사용하지 않고 할당된 고정IP를 이용하는 것이 보안에 유리하다.
- **무선랜 안전 이용 7대 수칙**
1. 무선 공유기 사용시 보안 기능 설정하기
2. 무선 공유기 비밀번호 안전하게 관리하기
3. 사용하지 않는 무선 공유기는 꺼놓기
4. 제공자가 불분명한 무선랜은 이용하지 않기
5. 보안 설정 없는 무선랜으로 민감한 서비스 이용하지 않기
6. 무선랜 자동 접속 기능 사용하지 않기
7. 무선 공유기의 SSID를 변경하고 숨김 기능 설정하기

국가 정보보안 기본지침 제43조
③ 제2항에 따른 보안대책을 수립할 경우 제1항제1호 및 제2호에 따른 무선랜에 대하여는 다음 각 호의 사항을 포함하여야 한다.
1. 네트워크 이름(SSID) 브로드캐스팅(broadcasting) 금지
2. 추측이 어렵고 복잡한 네트워크 이름(SSID) 사용
3. WPA2 이상(256비트 이상)의 암호체계를 사용하여 소통자료 암호화
4. 비(非)인가 단말기의 무선랜 접속 차단 및 무선랜 이용 단말기를 식별하기 위한 IP주소 할당기록 등 유지
5. IEEE 802.1X, AAA(Authentication Authorization Accounting) 등의 기술에 따라 상호 인증을 수행하는 무선랜 인증제품 사용
6. 무선침입방지시스템 설치 등 침입 차단대책
7. 기관의 내부망 정보시스템 또는 인접해 있는 다른 기관의 정보시스템이 해당 무선랜에 접속되지 아니하도록 하는 기술적 보안대책

8. 그 밖에 무선랜 단말기 · 중계기(AP) 등 구성요소별 분실 · 탈취 · 훼손 · 오용 등에 대비한 관리적 · 물리적 보안대책

96 ①

- 허브 : 컴퓨터 또는 네트워크 장비를 연결하는 물리 계층 장치이다.
- 허브에 각 호스트는 스타형으로 연결한다. 하나의 호스트에서 전송한 프레임을 허브에서 수신해서 연결된 모든 호스트에 전달한다. 외형적으로 스타형이지만 허브는 내부 동작은 공유 버스방식으로 여러 개의 호스트가 동시에 프레임을 전송할 때 충돌이 발생할 수 있다.
- 스위치 허브는 일반허브에 스위치 기능이 있어 어떤 호스트에서 수신한 프레임을 지정된 호스트로 전송한다.

97 ②

파이프라인 명령어실행시간

k = 파이프라인 단계 수, N = 명령어 수,
- 파이프라인 명령어실행시간 T_p = k + (N − 1)
- k = 5, N = 200, T_p = (5 + (200 − 1))[ns] = 204[ns]. 파이프라인 명령어실행시간은 204[ns]이다.

오답 피하기

단순히 클럭주기를 묻고 있다. 1[GHz] 의 주기는 1[ns]이다.
ex) 클럭주파수 1[GHz], 클럭주기는 1[ns]

98 ①

개인정보 보호법
제25조(영상정보처리기기의 설치 · 운영 제한)
⑧ 영상정보처리기기운영자는 영상정보처리기기의 설치 · 운영에 관한 사무를 위탁할 수 있다. 다만, 공공기관이 영상정보처리기기 설치 · 운영에 관한 사무를 위탁하는 경우에는 대통령령으로 정하는 절차 및 요건에 따라야 한다.

개인정보 보호법 시행령
제26조(공공기관의 영상정보처리기기 설치 · 운영 사무의 위탁)
① 법 제25조제8항 단서에 따라 공공기관이 영상정보처리기기의 설치 · 운영에 관한 사무를 위탁하는 경우에는 다음 각 호의 내용이 포함된 문서로 하여야 한다.
1. 위탁하는 사무의 목적 및 범위
2. 재위탁 제한에 관한 사항
3. 영상정보에 대한 접근 제한 등 안전성 확보 조치에 관한 사항
4. 영상정보의 관리 현황 점검에 관한 사항
5. 위탁받는 자가 준수하여야 할 의무를 위반한 경우의 손해배상 등 책임에 관한 사항
② 제1항에 따라 사무를 위탁한 경우에는 제24조제1항부터 제3항까지의 규정에 따른 안내판 등에 위탁받는 자의 명칭 및 연락처를 포함시켜야 한다.

99 ④

클라우드 서비스모델
컴퓨팅 리소스, 서버, 데이터센터 패브릭, 스토리지는 IaaS로 볼 수 있다.
- SaaS(Software as a Service) : 클라우드를 통해 Software를 제공해주는 서비스이다.
- PaaS(Platform as a Service) : 프로그램 개발에 필요한 플랫폼을 제공해주는 서비스이다.
- IaaS(Infrastructure as a Service) : 클라우드를 통해 IT 자원을 제공해주는 서비스이다.
- BPaaS(Business process as a service) : 클라우드 서비스모델을 기반으로 한 비즈니스 프로세스 아웃소싱(BPO) 서비스이다. ex)클라우드 통한 기업의 신용카드 거래 처리 서비스

100 ①

CPU 구성−레지스터
AC(Accumulator) : 누산기. 연산 결과를 임시로 저장하는 레지스터이다.

필기 기출문제 07회

01 ①	02 ①	03 ①	04 ①	05 ④
06 ④	07 ④	08 ④	09 ③	10 ②
11 ③	12 ③	13 ②	14 ④	15 ②
16 ③	17 ①	18 ②	19 ②	20 ④
21 ②	22 ④	23 ④	24 ①	25 ②
26 ③	27 ④	28 ②	29 ④	30 ④
31 ④	32 ④	33 ②	34 ④	35 ④
36 ③	37 ③	38 ①	39 ④	40 ④
41 ④	42 ①	43 ①	44 ①	45 ③
46 ④	47 ④	48 ①	49 ②	50 ④
51 ①	52 ②	53 ②	54 ①	55 ④
56 ④	57 ②	58 ③	59 ②	60 ①
61 ③	62 ④	63 ③	64 ①	65 ②
66 ④	67 ①	68 ①	69 ③	70 ③
71 ①	72 ④	73 ②	74 ④	75 ①
76 ④	77 ②	78 ④	79 ②	80 ④
81 ④	82 ③	83 ②	84 ②	85 ①
86 ③	87 ④	88 ②	89 ③	90 ④
91 ③	92 ①	93 ②	94 ③	95 ③
96 ②	97 ①	98 ①	99 ④	100 ④

〈1과목〉 디지털전자회로

01 ①

문자방식 프로토콜 전송제어 문자

	제어 문자	의미
SOH	Start Of Heading	정보메시지의 헤딩 시작
STX	Start Of Text	텍스트 시작 및 헤딩 종료
ETX	End Of Text	텍스트의 끝
EOT	End Of Transmission	전송을 종료, 데이터링크를 초기화
ENQ	ENQuiry	데이터링크 설정 및 응답 요구
ACK	ACKnowledge	수신한 정보메시지에 대한 긍정 응답
NAK	Negative Acknowledge	수신한 정보메시지에 대한 부정 응답
SYN	SYNchronous idle	문자의 동기를 유지
BCC	Block Check Character	오류 검출을 위한 코드
ETB	End Of Transmission Block	전송 블록의 끝
DLE	Data Link Escape	타 전송 문자와 조합하여 의미를 바꿈

02 ①

양자화 잡음
- 양자화 잡음 정의 : 양자화 잡음은 연속적인 아날로그 신호를 불연속적인 디지털 신호로 바꾸는 양자화 과정에서 순시 진폭 값의 반올림, 버림에 의해 생기는 잡음을 말한다.
- 양자화 잡음 개선방법
  - 양자화 스텝수를 늘리거나, 비선형 양자화를 하거나, 압신기를 사용한다.
  - **신호 전력대 양자화 잡음비(S/Nq)** : 양자화 비트 1[bit] 증가시 6[dB] 증가한다.
  - 양자화 잡음에는 경사과부화(최대값 신호보다 큰 부분)와 그래뉴러(최소값 신호보다 작은부분)이 있으며, 이를 개선하기 위해서는 ADM을 이용해야 한다.

양자화 스텝 사이즈(양자화 계단 크기)를 크게 하면 양자화 잡음은 늘어난다.

03 ①
동기식 전송 방식(Synchronous Transmission)
- 동기 전송은 송/수신기가 동일한 클럭을 사용하여 데이터를 송/수신하는 방법이다.
- 전송 효율을 높이기 위해서 송신측과 수신측이 서로 약속되어 있는 일정한 데이터 형식에 따라 전송하는 방식이다.
- 미리 정해진 수만큼의 문자열을 한 묶음(블록단위)으로 만들어서 일시에 전송하는 방법이다.
- 블록 앞에는 동기 문자를 사용하며, 별도 클럭(Timing) 신호를 이용하여 송수신측이 동기를 유지한다.
- 송신기 및 수신기 클럭이 장시간 동안 동기상태에 있도록 추가적인 비용이 요구된다.
- 매 문자 마다 동기에 따른 부담이 별로 없어 고속 전송이 가능하다.
- 묶음으로 구성하는 글자들 사이에는 휴지 간격(idle time)이 없으며, BBC, BCS에서 사용한다.

04 ①
FEC(Forward Error Correction)
- 송신측이 전송할 문자나 프레임에 부가적 정보를 첨가하여 전송하고, 수신측이 부가적 정보를 이용하여 에러 검출 및 정정을 하는 방식이다.
- Hamming 코드, BCH 코드, Turbo 코드, Convolution 코드, LDPC, Reed-Solomon 코드 등이 있다.
- 송신측이 한 곳이고 수신측이 여러 곳이거나, 채널환경이 열악한 곳, 높은 신뢰성이 요구되는 곳에 사용된다.
- 오류가 발생하여도 재전송 요구 없이 오류수정이 가능하므로 실시간 처리 및 높은 처리율을 제공하는 특징이 있다.

05 ④
위성통신에서 사용되는 무선 다원접속 방식
- FDMA : 여러 개의 주파수로 분할하여 전송하는 방식이다.
- TDMA : 여러 개의 시간으로 분할하여 전송하는 방식이다.
- SDMA : 한 개의 우주국이 여러 개의 지구국이 있는 통신 지역을 분할하여 한정된 주파수 자원을 이용하는 방식이다.
- CDMA : 지구국당 동일한 시간과 주파수를 사용하면서 각 지구국마다 특정한 PN코드를 삽입하여 보내는 방식이다.

WDMA(Wavelength Division Multiple Access) : 파장분할 다중접속
- 광통신에서 사용되는 다중화 방식이다.
- 여러 개의 신호를 파장을 분할하여 다중화를 한다.
- 저렴한 투자비용으로 대용량 트래픽을 전송할 수 있다.
- 사용하는 파장 수에 따라 CWDM, DWDM, UDWDM으로 나뉜다.

06 ④
짝수 패리티 부호 (Even Parity Bit Code)
- 부호화된 비트열 전체에 1의 개수가 짝수가 되도록 패리티 검사 비트를 추가한다.
- 수신된 모든 비트를 더하여 결과값이 0이면 오류가 발생하지 않은 것으로 본다.
- **오류가 정정된 코드 계산**

자리	7	6	5	4	3	2	1
비트	0	0	1	1	0	1	1

- 1,2,4번 자리에 있는 패리티 비트를 제외하고 1이 있는 자리는 5번이며, 이를 8421 BCD 코드인 '0101'로 나타낸다
- 패리티 비트인 '0111'과 exclusive-OR 진행하면 '0010'이 된다.
- '0010'은 십진수로 2이므로, 2번째 비트가 오류이다.
- 오류가 정정된 정확한 코드는 00110010이다.

07 ④
광 강도 변조(IM, Intensity Modulation)
- 광 강도 변조는 전송하고자 하는 정보를 1과 0의 디지털신호로 만든 다음 발광 디바이스의 휘도를 변화시켜 광 펄스를 만드는 방식이다.
- 구동 전류 크기에 광 세기(강도)가 직접 비례하여 변조되고, 수신 광신호 세기에 직접 비례되는 전류 크기로 검출하는 방식이다.

08 ④
Nyquist 표본화 주기
- Nyquist 표본화 주기 : $T_s = \frac{1}{2} f_m$, Nyquist 표본화 주파수 : $f_s = 2 f_m$
- $T_s = \frac{1}{2} f_m = \frac{1}{2 \times 5 \times 10^3} [s] = 10^{-4} [s] = 100 [\mu s]$

09 ③
감쇠(Attenuation)
- 이득의 반대 개념으로, 떨어진 두 지점 사이에 신호를 전송할 때 신호의 전압, 전류, 전력이 감소하는 것을 말한다.
- 송신측과 수신측 신호의 진폭 차이로 나타나며, 데시벨(dB)로 나타낼 수 있다.

Pair 케이블을 조밀하게 감을수록 케이블간 간섭에 의해 성능이 떨어질 수 있다.

10 ②
단파의 특징
- 단파는 주파수 3~30[MHz], 파장 100~10[m]인 HF(High Frequency)로 원거리, 선박통신에 사용되는 주파수이다.
- 단파는 전리층 중 F층에서 반사하여 도약거리가 가장 커서, 원거리 통신에 이용된다.

11 ③
채널용량
- 채널용량이란 송신측에서 수신측으로 전송되는 정보량인 상호 정보량의 최대치를 말하는 것으로, Shannon의 정리와 Nyquist 공식을 이용하여 구할 수 있다.
- Shannon의 정리란 채널상에 백색잡음이 존재한다고 가정한 상태에서 채널용량을 구하는 공식으로 단위는 [bps]이다.
- $C = B log_2 \left(1 + \frac{S}{N}\right)$ [bps] (C : 채널용량, B : 채널의 대역폭, S/N : 신호 대 잡음비)
- Nyquist 공식은 잡음이 없는 채널로 가정하고, 자연왜곡에 의한 ISI에 근거하여 최대용량을 산출하는 공식으로 단위는 [bps]이다.
- $C = 2 B log_2 M$ [bps] (C : 채널용량, B : 채널의 대역폭, M : 진수)

- 채널의 전송용량을 늘리려면 채널의 대역폭을 증가시키거나, 신호의 세기를 높이고, 잡음을 감소시키면 된다.

12 ③
다원접속 기술 방식
- Token, Polling, Round-robin은 다원접속 기술 방식이며, CSMA/CD는 충돌 감지와 다중접속 방식을 다루는 프로토콜이다.
- Token : 이 방식은 네트워크에서 특정 장치에게만 데이터를 전송할 수 있는 "토큰"을 전달하는 방식이다. 토큰을 가진 장치만이 데이터를 전송할 수 있으며, 토큰은 순환 방식으로 장치들 사이에서 전달된다.
- Polling : 폴링은 중앙 제어 장치가 네트워크의 각 장치에게 순차적으로 접근 권한을 부여하는 방식이다. 중앙 제어 장치가 각 장치에게 "할 일이 있는지" 묻고, 장치가 데이터를 전송하거나 대기 상태에 머무른다.

- Round-robin : 라운드로빈은 순환적으로 각 장치에게 리소스 접근 권한을 부여하는 방식이다. 각 장치는 순서에 따라 접근 권한을 얻어 일정 시간 동안 작업을 수행할 수 있으며, 시간이 지나면 다음 장치에게 접근 권한이 이동한다.

13 ②

이동통신 페이딩
- 이동통신 페이딩은 주변 장애물과 환경에 의해 전계강도가 변하며, Long term, Short term, Rician 페이딩이 있다.
- Long term 페이딩 : 기지국에서의 거리에 따라 전파의 세기가 변화(감소)되는 현상이다.
- Short term 페이딩 : 주위의 건물 또는 장애물의 반사파 등에 의해 수신되는 전파의 세기가 빠르게 변화하는 현상을 말한다.
- Rician 페이딩 : 기지국 근처에서는 이동국과의 사이에 가시거리가 확보되어 직접파와 반사파가 동시에 존재하게 되는 현상을 말한다.

14 ④

슬립(Slip)
- Slip은 디지털 통신망에서 디지털 신호의 한 비트 또는 여러 연속 비트들이 손실되거나 중복되는 현상을 말한다.
- Slip이 제어되지 않으면 프레임 동기 손실을 유발하기 때문에 더 큰 정보의 손실이 발생할 수 있다.
- Slip이 발생하더라도 프레임 동기를 유지시키는 가장 간단한 방법은 프레임 단위로 Slip을 발생시키는 것이며, 1프레임 단위로 발생하는 Slip을 Controlled Slip이라고 한다.
- PLL회로를 이용하여 Slip을 방지할 수 있다.

15 ②

발진회로
- 발진회로는 전기적 에너지를 받아서 지속적인 전기적 진동을 만들어 내는 회로(장치)이다.
- 발진회로는 증폭기와 정궤환 회로로 구성된다.
- 발진 주파수에 의한 증폭기의 이득과 궤환회로의 궤환율의 곱이 1을 초과하는 경우 발진이 일어난다.
- 위상 조건은 입력과 출력이 동위상이고, 증폭도(A_f) $= \dfrac{A}{(1-A\beta)}$ 에서
  - 바크하우젠(Barkhausen) 발진조건은 $|A\beta| = 1$(안정된 발진)이다.
  - 발진의 성장 조건은 $|A\beta| \geq 1$(상승진동)으로 출력되는 파형은 진폭에 클리핑(잘리는 것)이 일어난다.
  - 발진의 소멸 조건은 $|A\beta| \leq 1$(감쇠진동)으로 출력되는 파형은 서서히 진폭이 작아진다.

16 ③

상호변조왜곡
- 하나의 전송로 상에 여러 개의 주파수가 전송되는 경우, 각각의 신호 주파수끼리 서로 가감작용을 일으켜 또 다른 주파수 성분을 생성시켜 영향을 미치는 현상이다.
- 방지 대책으로는 송수신 장치를 선형영역에서 동작시키거나, 다중화(TDM) 방식 적용, 필터 적용 등이 있으며, 음성신호에 대한 디지털 데이터 전송을 위해 사용되는 회선의 비율 제한(일정치 이하)을 하기도 한다.

17 ①

UTP(Unshielded Twisted Pair) 케이블
- UTP 케이블은 비차폐 꼬임선으로, 절연된 2개의 구리선을 서로 꼬아 만든 여러 쌍의 케이블 외부를 플라스틱 피복으로 절연시킨 케이블이다.
- 내부의 선은 두 가닥씩 꼬인 4쌍, 8가닥의 신호선으로 구성된다.

- 신호전송용도는 4가닥, 나머지 4가닥은 접지 용도이며, 전송길이는 최대 100[m] 이내이다.
- 선로간 누화 현상 감소를 위하여 근접한 Pair간 꼬는 길이를 달리한다.

18 ②

플립플롭(Flip-Flop)
- 플립플롭은 2개의 안정된 상태를 갖는 쌍안정 멀티바이브레이터를 말한다.
- 플립플롭은 1bit 의 정보를 저장하는 기억소자로 RAM, 카운터, 레지스터, 기억소자 등에 이용된다.
- CPU의 캐시메모리, 레지스터 구성 기본 회로로 사용되며, 휘발성으로 전원 차단되면 정보는 사라진다.
- RS 플립플롭, JK 플립플롭, T 플립플롭, D 플립플롭 등이 있다.

19 ②

마이크로파
- 마이크로파는 주파수 3~30[GHz], 파장 10~1[cm]인 SHF(Super High Frequency)로 레이더 및 위성통신에 사용되는 주파수이다.
- 세분화하면 Ka밴드(26.5~40[GHz]), K밴드(18~26.5[GHz]), Ku밴드(12~18[GHz]), X밴드(8~12[GHz]), C밴드(4~8[GHz]), S밴드(2~4[GHz]), L밴드(1~2[GHz])로 분류할 수 있다.
- 광대역 통신 및 전송이 가능하고, 파장이 짧아 예민한 지향성을 가진 고이득 안테나를 사용할 수 있다.
- 가시거리 내 통신으로 장애물이 없는 거리 내에서만 가능하고, 그 외 장거리 통신은 중간에 중계소를 설치해야 한다.
- 전파손실이 적으며, S/N비를 크게 할 수 있다.
- 외부 잡음의 영향이 적고, 기상조건에 따라 전송 품질이 영향을 받는다.

20 ④

전송매체
- 전송매체 : 각 노드들 간 신호가 전달되는 통신회선이다.
- 유도전송매체 : 꼬임쌍선 케이블, 동축케이블, 광케이블 등과 같은 유선 전송 매체이다.
- 비유도전송매체 : 공기 등과 무선 전송매체를 말한다.

〈2과목〉 정보통신시스템

21 ②

단말장치(Terminal)
- 단말장치는 통신 시스템과 사용자의 접점에 위치하여 데이터를 입력하거나 처리된 결과를 출력하는 기능을 하는 장치이다.
- 단말장치의 분류는 일반적 분류와 프로그램 내장 유무에 따른 분류가 있다.
- 단말장치의 일반적 분류

구분		설명
범용 단말 장치	표시장치	모니터
	인쇄장치	프린터
	천공장치	종이 카드, 종이 테이프
	그래픽장치	스캐너, 디지타이저
전용 단말 장치		은행용, 의료 정보용, 생산 관리용, POS용 등
복합 단말 장치		지능형 단말기, 리모트 배치 터미널 등

• 단말장치의 프로그램 내장 유무에 따른 분류

구분	설명
지능형 단말장치	프로그램이 내장되어 있어 단독으로 일정 수준의 업무 처리가 가능하며 스마트(Smart) 단말 장치라고도 함
비지능형 단말장치	단독으로 업무 처리 능력이 없으므로 중앙 컴퓨터에 의존하며 더미(Dummy) 단말 장치라고도 함

22 ④
무선수신기의 성능지표
• **감도(Sensitivity)** : 무선수신기가 얼마만큼 미약한 전파까지 수신할 수 있는 능력을 나타내는 지표이다.
• **선택도(Selectivity)** : 희망파 이외의 불요파를 제거하여 원하는 주파수의 전파를 선택하는 능력을 말한다.
• **충실도(Fidelity)** : 전파된 통신 내용을 수신하였을 때 본래의 신호를 어느정도 정확하게 재현하는지 나타내는 지표이다.
• **안정도(Stability)** : 수신기에 희망파의 일정한 주파수 및 진폭을 가할 때 어느정도 시간까지 일정출력이 얻어지는 능력을 표현하는 지표이다.

23 ④
멀티미디어(Multimedia)
• 멀티미디어란 문자, 소리, 그림, 동영상 등의 매체 가운데 두 가지 이상을 합하여 만든 것으로, 디지털 형식으로 정보를 표현하여 전달하는 것이다.
• 멀티미디어의 특징
 − **디지털화** : 다양한 아날로그 데이터를 디지털 데이터로 변환하여 통합 처리한다.
 − **양방향성 및 상호작용성** : 정보 제공자와 사용자 간의 의견을 통한 상호 작용에 의해 데이터가 전달된다.
 − **정보의 통합성** : 텍스트 그래픽 사운드, 동영상, 애니메이션 등의 여러 미디어를 통합하여 처리한다.
 − **비선형성** : 데이터가 일정한 방향으로 처리되고 순서에 관계없이 원하는 부분을 선택적으로 처리한다.

멀티미디어 기기는 인간과 컴퓨터를 연결하여 준다.

24 ④
VoIP
VoIP(Voice over Internet Protocol) : 인터넷과 같은 인터넷 프로토콜(IP) 네트워크를 통해 음성 통신과 멀티미디어 세션의 전달을 위한 기술이다. 구성 요소는 단말장치, 게이트웨이; 게이트키퍼 등이 있다.
• **미디어 게이트웨이** : 서로 다른 미디어에 특화된 망들을 상호 연결해주는 장치이다.
• **시그널링서버** : 호처리 제어를 위한 서버이다.
• **IP 터미널** : 사용자의 음성신호를 전달하는 IP 기반 단말이다.

25 ②
주파수 체배기
• 정의
 − 입력 주파수를 원하는 배수로 증폭하는 장치 또는 회로로서, 주파수의 증폭을 통해 더 높은 주파수 신호를 생성할 수 있다.
• 원리
 − 비선형 소자는 입력 신호의 주파수를 증폭시키는 특성이 있으며, 이를 이용하여 원하는 주파수 배수를 생성한다.
 − 주로 다이오드(Diode)나 트랜지스터(Transistor)와 같은 비선형 소자를 사용하여 주파수를 생성할 수 있다.

• 특징

주파수 증폭	입력 주파수를 원하는 배수로 증폭하여 더 높은 주파수 신호를 생성
비선형 동작	주파수 체배기는 비선형 소자를 사용하여 동작하며, 이러한 비선형 동작으로 인해 주파수 변환 효과가 발생
다양한 애플리케이션	주파수 체배기는 다양한 무선 통신 시스템에서 사용되며, 무선 송수신기, 레이더 시스템, 위성통신 등 다양한 분야에 적용

26 ③
멀티미디어 단말의 구성요소
• **입력장치** : 마이크, 카메라, 키보드, 오디오/비디오 캡처 장치 등이 있다.
• **출력장치** : 모니터, 프린터, 스피커 등이 있다.
• **저장장치** : 외장하드, CD-ROM, DVD 등이 있다.
• **처리장치** : 그래픽카드, 사운드카드, GPU카드 등이 있다.

매체 전송은 멀티미디어 단말의 필수 구성요소가 아니고 부가적으로 내장되어 탑재되거나 별도의 전송장치를 통해 전송을 수행한다.

27 ④
잡음지수(Noise Figure) 및 등가잡음온도(Equivalent Noise Temperature)
• 잡음지수는 시스템이나 회로에 신호가 통과하면서 얼마나 잡음이 부가되는지 나타내는 지표로, 여러 증폭단을 거치며 신호품질이 열화되는 정도를 SNR 비로서 나타낸다.
• 잡음지수는 입력측 SNR에서 출력측 SNR의 비로 구할 수 있다.
• 이상적인 잡음지수는 1[0dB]이지만, 시스템 내 잡음의 발생이 없을 수 없으므로 보통의 경우 1보다 큰 값을 갖는다.
• 등가잡음온도는 상온 290[K]를 기준 온도로 하여 잡음원을 정의한 것이다.

28 ②
Zigbee
• Zigbee **정의** : 저전력 무선 통신 기술로서 IEEE 802.15.4 무선 프로토콜을 기반으로 하며, 낮은 비용과 간단한 설정, 자동 메시 구성 기능의 특성을 가지고 있다.
• Zigbee **특징**
 − 저전력 구내 무선 통신 기술이다.
 − 성형, 망형 등 다양한 네트워크 토폴로지를 지원한다.
 − 네트워크의 안정성을 요구하는 RF 애플리케이션에 사용된다.
 − Zigbee는 무선 통신을 위해 IEEE 802.15.4 무선 프로토콜을 사용한다.

29 ④
시간 분할 다중화 (TMD, Time Division Multiplexing)
• TDM은 전송하고자 하는 각각 정보의 시간을 다르게 분할하여 전송하는 다중화 방식으로, 여러 개의 서로 다른 신호가 전송로를 점유하는 시간을 분할해 줌으로써 하나의 전송로에 채널을 다중화하는 방식이다.
• 채널 사용 효율이 좋으며, 송/수신기 구조가 동일하다.
• 정보의 양에 따라 많은 시간이 필요하며, 동기가 정확해야 하는 단점이 있다.
• TDM의 종류에는 Time slot을 고정적으로 할당하는 STDM과 Time slot을 동적으로 할당하는 ATDM 방식(통계적 시분할 다중화기라고도 한다.)이 있다.

30 ④
OFDM(Orthogonal Frequency Division Modulation)
• OFDM은 하나의 정보를 여러 개의 반송파(subcarrier)로 분할하고, 분할된 반송파 간의 간격을 최소로 하기 위해 직교성을 부가하여 다중화시키는 변조기술이다.
• 고속의 직렬 데이터를 저속 병렬 데이터로 변환하여 여러 개의 직교 주파수에 실어 전송하고, 수신측에서는 병렬의 저속 데이터들을 합쳐서 고속의 직렬 데이터로 복원한다.

- OFDM은 주파수 이용 효율이 높고, 멀티패스에 의한 ISI(심볼간 간섭)에 강해 고속 데이터 전송에 적합하다.
- OFDM은 반송파간의 성분 분리를 위한 직교성 부여로 전송효율 증대가 가능하고, FDM의 GB(Guard Band)를 두지 않는 장점이 있다.
- OFDM은 유/무선 채널에서 고속 데이터 전송에 적합한 디지털 변조방식으로, 지상파 디지털 방송, IEEE 802.11a 등의 무선 LAN, 전력선 모뎀 등의 전송방식에 채택되고 있다.

31 ②

HD-SDI(High Definition-Serial Digital Interface)
- HD-SDI는 메가 픽셀화면(1280×720 이상)을 시리얼 라인(동축케이블)을 이용하여 전송하기 위한 디지털 영상 전송규격이다.
- 동축케이블은 75옴 규격을 사용하는 것이 일반적으로 대부분 가정용 TV설치 시 사용되는 동축케이블과 일치한다.
- HD-SDI카메라의 경우 녹화기 또한 HD급 디지털녹화기를 사용해야 한다.
- 기존의 아날로그 카메라에 설치되어 있는 동축케이블을 활용해 고화질 영상전송을 하는데 주로 사용된다.

32 ④

주파수 분할 다중화 (FDM, Frequency Division Multiplexing)
- FDM은 전송하는 각 정보의 주파수를 다르게 분할하여 전송하는 다중화 방식이다.
- 아날로그 다중통신방식에서 많이 사용하며, 정보의 양이 크면 주파수 대역폭이 많이 필요하다.
- 동기를 위한 장치는 불필요하나, 채널 사용 효율이 낮으며 송/수신기 구조가 복잡하다.

오답 피하기

TDM(시간 분할 다중화)의 특성으로, 각 채널은 전용 회선처럼 고속의 채널을 독점하는 것처럼 보이지만 실제로 분배된 시간만 이용한다.

33 ②

QCIF(Quarter Common Intermediate Format)
- 디스플레이의 해상도를 일컫는 용어이며 해상도가 174×144(약 25,000픽셀)로 CIF 해상도(352×288, 약 10만 픽셀)의 4분의 1의 낮은 해상도로 영상전화, 화상회의를 위한 영상 이미지의 포맷이다.
- 25000bit × 2(흑백화면 2개 채널) × 25frame × 8bit = 10[Mbps]

34 ③

멀티 포트 모뎀(Multi Port Modem)
- 제한된 기능의 멀티플렉서와 변복조기가 혼합된 형태로, 대체로 4개 이하의 채널을 다중 이용하고자 하는 응용에서는 별도의 멀티플렉서가 필요하지 않으므로 경제적이다.
- 고속 동기식 변복조기와 시분할 다중화기(TDM)가 하나의 장비로 만들어진 것으로 별도의 장치를 이용하는 것보다 편리한 장점을 지닌다.

35 ③

DTV 표준
우리나라 DTV 표준은 미국식전송방식인 ATSC(Advanced Television System Committee)이며 오디오표준은 Dolby AC-3, 영상표준은 MPEG-2를 사용하며 채널당 대역폭 6[MHz]를 적용한다.

오답 피하기

OFDM은 전송방식이 아닌 변조방식이다.

36 ③

CCTV 구성요소

구분	내용
촬상장치	카메라를 이용하여 영상을 촬영한다. 반도체 촬상소자를 적용한 CCD방식을 주로 사용
전송장치	동축전송방식, UTP 전송방식, 광전송방식 등으로 영상신호를 전송
표시장치	촬영된 영상을 모니터를 통해 표시
기록장치	DVR, NVR 등으로 영상을 저장

37 ①

멀티미디어(Multimedia) 서비스를 위한 요구사항
- 영상 정보의 고압축 알고리즘 기술을 제공해야한다.
- 영상 정보의 Real Time 전송을 위한 고속 통신망을 구축해야한다.
- 분산 환경의 통신 Protocol 및 Group 환경의 통신 Protocol이 있어야 한다.
- 동적인 정보들 간의 동기화 속성을 부여할 수 있는 기술이 필요하다.

38 ①

IPTV(Internet Protocol Television)
- IPTV 정의

인터넷 프로토콜을 사용하여 텔레비전 프로그램과 비디오 컨텐츠가 제공되는 양방향 텔레비전 서비스이다.
- IPTV 구성

구분	설명
IP 네트워크	IPTV는 인터넷 프로토콜(IP)을 사용하여 TV 프로그램과 비디오를 전송하는데, 이를 위해 IP 네트워크 인프라가 필요
IPTV 서버	IPTV 서버는 채널, VOD, 시리즈 등의 컨텐츠를 저장하고 관리하는 중요한 역할
인터넷 연결된 디바이스	IPTV는 다양한 디바이스에서 시청 가능하며, TV 외에도 컴퓨터, 스마트폰, 태블릿 등을 통해 시청가능
셋톱박스	IPTV 채널을 수신하고 TV에서 시청할 수 있도록 디코딩하는 역할을 하는 셋톱박스 필요

39 ②

CATV 구성
- 전송계 : 중계 전송망으로 간선, 분배선, 간선증폭기, 분배증폭기 등으로 구성된다.
- 단말계 : 가입자설비로서 컨버터, 옥내분배기, TV 및 부가장치 등으로 구성된다.
- 센터계 : 수신점 설비, 헤드엔드, 방송 설비 및 기타 설비로 구성된다.

40 ③

트래픽(Traffic)

구분	설명
트래픽 정의	가입자가 통화를 위하여 발신한 호의 집합체
최번시	최번시(최적의 번호 배정 방법)란, 전화망에서 1일 중에 호(Call)가 가장 많이 발생하는 1시간을 의미
트래픽양	전화의 호수 × 점유시간
통화 성공률	(통화 성공한 호수 / 발생한 총 호수)×10

41 ②

국가교통체계효율화법 제2조 (정의)

지능형교통체계(ITS, Intelligent Transport Systems)란 교통수단 및 교통시설에 대하여 전자 · 제어 및 통신 등 첨단 교통기술과 교통정보를 개발 · 활용함으로써 교통체계의 운영 및 관리를 과학화 · 자동화하고, 교통의 효율성과 안전성을 향상시키는 교통체계를 의미

42 ①

OSI 7계층 프로토콜

기능	설명
응용계층	• 사용자가 네트워크에 접근할 수 있도록 인터페이스를 제공하는 계층으로 사용자에게 가장 직접적으로 보이는 부분임 • HTTP, SMTP, FTP, SNMP 등
표현계층	• 응용프로그램 형식을 네트워크 형식으로 변환하고, 정보의 형식 설정과 코드 교환 암호화 및 판독기능을 수행 • MPEG, JPEG, MIDI 등
세션계층	• 실제 네트워크 연결이 이루어지는 계층으로 프로세스간의 통신을 제어하고, 동기화 제어, 연결, 세션관리 등을 수행.
전송계층	• 종점간의 오류수정과 흐름제어를 수행하여 신뢰성 있고 투명한 데이터 전송을 제공 　– 1~3계층을 사용하여 종단점간 신뢰성 있는 데이터 전송 • TCP, UDP
네트워크계층	• 교환, 중계, 경로설정 등을 수행하는 계층으로 라우터들을 바탕으로 데이터를 패킷 단위로 잘게 쪼개어 전송하는 역할을 수행함 • IP, IPX, ICMP, ARP 등
데이터링크계층	• 동기화, 오류제어, 흐름제어, 입출력제어, 회선제어, 동기제어 등의 물리적 링크를 통해 신뢰성 있는 정보를 전송 • HDLC, BSC 등
물리계층	• 전송 매체에서의 전기적 신호전송기능, 제어 및 클럭신호를 제공하고, 전기적, 기계적, 절차적 사항 등을 규정 • RS-232, RS-485 등

43 ①

세션(Session) 계층

• 세션 계층은 OSI 참조모델의 5번째 계층으로, 상위 계층인 표현계층에 제공하는 서비스에 대한 규정으로서 표현개체와 세션개체간의 데이터를 주고 받을 때 필요한 계층이다.
• 세션 계층에서는 응용 실체 간의 데이터 전송을 하기 위해 기본이 되는 논리적 통신로를 제공하고, 그 통신로상에서 데이터 전송을 하기 위한 송신권, 동기 등의 제어를 한다.
• 세션 접속, 보통 데이터 전송, 정상 해제, 이용자 중단, 제공자 중단 등의 서비스는 Kernel 기능단위의 세션 서비스이다.

44 ①

ROADM(Reconfigurable Optical Add-Drop Multiplexer)

광섬유 통신 네트워크에서 광 파장을 동적으로 추가하고 제거하는 장치로서, 이를 통해 유연하고 효율적인 광 통신을 가능하게 한다.

구성요소	설명
동적 광 파장 추가 및 제거	광 파장의 추가와 제거를 소프트웨어적으로 제어하여 네트워크 트래픽에 따라 적절한 대역폭 할당이 가능
재구성 가능	물리적인 장비의 재설치 없이도 광 파장의 구성을 변경할 수 있어 네트워크 운영의 유연성을 높임
호환성	기존의 광섬유 네트워크와 호환되며, 기존 광섬유 기반 시스템과 투명하게 통합하여 사용할 수 있다.

자가 고장 회복	광섬유 네트워크에서의 오류와 장애 발생 시 자동으로 회복할 수 있으며, 이를 통해 네트워크의 안정성과 신뢰성을 보장

45 ③

브로드캐스팅(BroadCasting)

• 브로드캐스팅은 송신 호스트가 전송한 데이터가 네트워크에 연결된 모든 호스트에 전송되는 방식을 의미한다.
• 모든 호스트에 전송되기 때문에 망 대역폭 낭비, 보안성 약화 등의 부작용을 최소화하기 위해 적절히 제한되어야 한다.
• LAN 상에서 어떤 단말장치가 송신한 브로드캐스트 메시지(패킷)를 수신할 수 있는 단말들의 집합 영역을 의미한다.

46 ④

네트워크 분류

• PAN(Personal Area Network) : 개인마다 가지는 고유한 네트워크이다.
• LAN(Local Area Network) : 근거리 통신 네트워크로 건물과 같은 일정지역 내의 구성 형태이다.
• MAN(Metro Area Network) : 대도시 정도의 넓은 지역을 연결하기 위한 네트워크 구성 형태이다.
• WAN(Wide Area Network) : 광범위한 지역을 수용하며, 도시와 도시의 연결을 목적하는 형태이다.
• GAN(Global Area Network) : 세계적 통신망은 국가와 국가 사이를 연결하는 네트워크이다.

47 ④

데이터그램방식

• 가상회선 교환 방식 : 패킷이 전송되기 전에 송신지와 수신지 간의 논리적인 경로가 미리 성립되는 방식이다.
• 데이터그램 방식 : 송신지와 수신지 간의 경로를 정해 놓지 않고 각각의 패킷을 독립적으로 전송하는 방식이다.

구분	가상회선 교환 방식	데이터그램 방식
전용전송로	있음	없음
전송단위	연속적인 데이터	패킷
패킷 도착순서	송신 순서와 같음	송신 순서와 다를 수 있음
에러제어	수행	없음

48 ①

TCP 헤더

기능	설명
송수신자의 포트 번호	TCP로 연결되는 가상회선 양단의 송수신 프로세스에 할당되는 포트 주소
시퀀스 번호	송신자가 지정하는 순서 번호, 전송되는 바이트 수를 기준으로 증가.
응답 번호	수신 프로세스가 제대로 수신한 바이트의 수를 응답하기 위해 사용
데이터 오프셋	TCP 세그먼트의 시작 위치를 기준으로 데이터의 시작 위치를 표현
예약 필드	사용하지 않지만 나중을 위한 예약 필드이며 0으로 채워져야 한다.
제어비트	SYN, ACK, FIN 등의 제어 번호
윈도우 크기	수신 윈도우의 버퍼 크기를 지정할 때 사용. 0이면 송신 프로세스의 전송 중지
체크섬	TCP 세그먼트에 포함되는 프로토콜 헤더와 데이터에 대한 오류 검출 용도
긴급위치	긴급 데이터를 처리하기 위함. URG 플래그 비트가 지정된 경우에만 유효

49 ②

ATM

- ATM은 광대역 ISDN을 구현하기 위한 기초기술로 비동기 시분할 다중화를 사용한 고속패킷교환을 말한다.
- 전송할 정보가 있을 때만 정보 데이터를 53Byte[Header 5Byte + Payload 48Byte]의 일정한 크기로 분할해서 프레임에 실어 전송하는 방식이다.

기능	설명
유연한 네트워크 구축	• 같은 수신처 레이블 정보를 가진 셀의 송신개수를 변화시킴으로써 통신 채널의 대역 용량을 시간적으로 변경 할 수 있음 • 가상패스(VP, Virtual Path)와 가상채널(VC, Virtual Channel) 　– 가상패스 용량을 가변하여 융통적인 네트워크를 운영할 수 있음
효율적인 정보전송	• 셀을 임시 축적하기 위한 버퍼를 갖추고 있음 • 버퍼에서도 셀이 넘치는 경우 우선 송신할 셀과 폐기해도 되는 셀을 구분하여 취급함
오퍼레이션의 향상	• 통신 채널 내에서 보수용 오퍼레이션 정보를 통지할 수 있음 • 고장 발생 시 고장 발생정보가 하류 쪽에 있는 통신 채널의 나머지 부분을 사용하여 통신할 수 있음 • 단말에서 단말까지의 종단 간 시험을 쉽게 할 수 있음 　– 비트 오류발생시 서비스를 중단하지 않고도 비트 오류 발생 구간을 알아내고 검사할 수 있음

50 ②

프로토콜의 기능

기능	설명
단편화와 재조립	• 단편화(Fragmentation) 　– 주어진 데이터를 효율적으로 전송하기 위해 전송 가능한 일정한 크기의 작은 데이터 블록으로 나누는 것 • 재조립(Reassembly) 　– 수신측에서 분리된 데이터를 적합한 메시지로 재합성하는 과정
캡슐화 (Encapsulation)	데이터에 주소, 에러 검출 부호, 프로토콜 제어 등의 각종 제어 정보를 추가하여 하위계층으로 내려 보내는 과정
연결제어 (Connection Control)	연결설정, 데이터 전송, 연결 해제의 3단계로 연결을 제어하는 기능
흐름제어 (Flow Control)	• 수신부에서 처리할 수 있는 데이터 분량만큼 송신부에서 조절하는 기능 • 인터넷에서는 종단간(End-to-End)흐름제어는 전송계층이 담당한다.
오류제어 (Error Control)	전송 중에서 발생하는 오류를 검출하거나 정정하는 기능
동기화 (Syn-chronization)	두 개의 통신 개체가 동시에 같은 상태를 유지하도록 하는 기능
주소지정 (Addressing)	주소를 표기하여 데이터의 정확한 전송을 보장하는 기능
다중화 (Multiplexing)	하나의 통신로를 다수의 사용자들이 동시에 사용 가능하게 하는 기능

51 ①

클라이언트/서버 네트워킹

- 클라이언트 – 서버(Client-Server) 네트워크는 클라이언트가 요청하면 정보를 가지고 있는 서버가 응답하는 방식인 네트워크이다. 대부분의 웹 사이트가 클라이언트–서버 구조로 작동한다. N 대 1 구조이고 중앙화된 컴퓨팅 방식이다. 서버가 모든 접근과 데이터를 관리하기 때문에 보안상 우수하며 안전하다.
- P2P는 정해진 클라이언트, 서버가 없이 개별 정보를 가지고 있는 모든 컴퓨터가 서로 데이터를 주고받을 수 있는 네트워크 구조이다.

52 ②

RIP

RIP	• Routing Information Protocol • 거리 벡터 방식 • 최대 15Hop까지 지원하며, Hop 수가 가장 적은 경로로 선택 • 매 30초마다 주기적인 라우팅 업데이트 • 라우팅 트래픽 부하 증가 및 수렴시간이 느림 • 설정 및 운영이 간단하며, 소규모 네트워크에 적용 • 서브네트워크의 주소는 클래스 A, B, C의 마스크를 기준으로 라우팅 정보를 구성

53 ②

캐리어 이더넷

- 이더넷 기술을 기반으로 한 네트워크 기술 규격이다.
- LAN에서 사용되던 이더넷을 기간망 사업자의 백본망까지 적용한 시스템으로 빠른 데이터 처리에 안전성까지 보강한 스위칭 전송 기술이다.

특징	설명
표준화된 서비스	매체와 인프라에 독립적인 표준화된 플랫폼을 통해 전 세계적 서비스 제공
확장성 (Scalability)	수많은 고객에게 음성, 영상, 데이터를 포함한 애플리케이션을 위한 네트워크 서비스 제공
신뢰성 (Reliability)	링크 또는 노드에 문제 발생 시 발견하고 복구기능 제공
서비스 품질 (QoS)	다양하고 세분화된 대역폭과 서비스 품질 옵션 제공
서비스 관리 (Service Management)	표준에 기반한 네트워크 감시, 진단, 관리 기능 제공

54 ①

교환방식

- 회선이 연결되는 전체기간 동안 회선이 고정으로 할당되어 회선 자체가 점유되는 방식이다.
- **회선교환(Circuit Switching)방식** : 데이터 전송 전에 송수신 간에 물리적 통신 회선을 미리 설정하고 데이터를 전송하는 방식이다.
- **축적교환(Store-and-Switching)방식** : 송신측에서 전송할 데이터를 송신측 교환기에 저장시켰다가 다시 적합한 통신 경로를 선택하여 수신측 터미널로 전송하는 방식이다. 메시지교환방식, 패킷교환방식(데이터그램방식, 가상회선 방식)으로 구분된다.

55 ③

Hand off

이동 중인 휴대전화기가 두 개 이상의 기지국 사이에서 서비스를 지속적으로 제공하기 위해 이동한 기지국 or 셀로 바꾸어주는 기술로서 셀 경계를 넘어갈 때, 기지국 간 간섭이 높을 때, 기지국의 부하분산이 필요할 때 수행한다.

소프터 핸드오프 (Softer Handoff)	• 이동통신 기지국의 섹터 간 전파가 겹치는 지역에서 통화전환이 이루어질 때의 핸드오프를 의미함 • 동일 기지국 내 섹터 간의 핸드오프
소프트 핸드오프 (Soft Handoff)	• 기존 기지국에서 신호 세기가 약화되어도 새로운 기지국과의 연결을 먼저 수립한 후에 기존 기지국과의 연결을 끊음으로써 통화나 데이터 통신의 끊김이 없이 핸드오프를 수행 • 셀(기지국) 간의 핸드오프
하드 핸드오프 (Hard Handoff)	• 기존 기지국에서 신호 세기가 약화되면 즉시 새로운 기지국과의 연결로 전환되어 통화나 데이터 통신이 끊길 수 있음 • 교환기간, 주파수간 핸드오프

56 ④

주소 체계 IPv4와 IPv6

IPv4에서는 Type of Service 필드로 서비스 품질을 일부 지원한다. IPv6에서는 트래픽 클래스, Flow Label을 이용하여 확장된 서비스 품질을 지원한다.

57 ②

부호화율 계산

- 부호화율은 부호화하는 과정에서 전체 전송된 bit에서 실제 정보 bit가 차지하는 비율을 말한다.
- 총 전송하고자 하는 정보비트는 100[bit]이고, 여기에 부가적 전송비트가 20[bit]이다.
- 부호화율 = $\dfrac{\text{정보 bit}}{\text{전체 전송 bit}} = \dfrac{100}{120} \times 100 = 83[\%]$이다.

58 ③

VLAN

- **VLAN 정의**
  - 트래픽 감소 및 네트워크 분리를 목적으로 물리적 LAN을 여러 개의 논리적 브로드 캐스트 도메인으로 분리하는 것을 의미한다.
  - 물리적 배선 구성에 제한을 받지 않고 물리적으로 분리된 노드들을 그룹 단위로 묶을 수 있다.
- **VLAN Tag**
  - IEEE 802.1Q는 VLAN 상에서 스위치 간에 VID(VLAN Identifier) 정보를 전달하는 방법으로 이더넷 프레임에 덧붙이는 태그 방식을 의미한다.
  - VLAN ID를 전달하는 방법으로 태깅 방법을 사용하는데, 스위치 제조사마다 서로 다른 방식을 사용하고 있어 표준화하였다.
  - VLAN Tag는 TPID(Tag Protocol Identifier)와 TCI(Tag Control Information)로 구성되어 있다.
  - TPID는 0×8100의 고정된 값의 태그 프로토콜 식별자로서 SA 다음에 2바이트의 VLAN 태그가 있음을 알리고, TCI는 VLAN 태그로서 Priority(3bit), CFI(1bit), VID(12bit)로 구성되어 있다.
- **VLAN 표준**
  - VLAN 표준은 IEEE 802.1Q 이다.

59 ②

다이버시티

- **다이버시티 정의** : 다이버시티는 수신 전계의 불규칙한 변동과 같은 페이딩 발생 영향을 적게 받기 위해서 취해지는 방식을 말한다.
- **다이버시티 종류**
  - **공간 다이버시티** : 동일 주파수를 사용하는 2개 이상의 안테나를 이용하여 다이버시티 효과를 얻는 기법이다.
  - **주파수 다이버시티** : 주파수가 다른 2개 이상의 동일 정보신호를 전송하고, 수신측에서 2개 이상의 신호 중 양호한 신호를 선택 또는 합성하여 수신하는 방식이다.
  - **편파 다이버시티** : 편파가 다르면 페이딩의 상태가 달라지는 것을 이용하는 방식으로, 2개의 편파(수직편파, 수평편파)를 따로 송수신하여 페이딩의 영향을 개선하는 방식이다.
  - **시간 다이버시티** : 동일 정보를 시간 차이를 두어 반복적으로 송신하고, 이 중 페이딩이 발생하지 않거나 적은 전파를 수신하여 페이딩을 방지하는 방식이다.
  - **각도 다이버시티** : 한 개의 안테나에 2개의 복사기의 각도를 달리하여 부착하는 방식이다.

60 ①

SDH(Synchronous Digital Hierarchy)

- SONET/SDH는 광케이블을 통해 다양한 종류의 디지털 통신 서비스를 전송하기 위한 동기식 네트워크 표준 규격이다.
- SDH는 SONET을 기초로 한 세계적인 동기식 전송 방식이다.
- SDH의 프레임(125[μs] 단위) 구조는 270[byte] * 9행으로 이루어져 있으며, 전송속도는 8000[frames/sec] * 2430[bytes/frame] * 8[bits/byte] = 155.52[Mbps]이다.
- SDH 전송계위는 STM-n으로 다중화되고, STM-1/4/16/32/48 등이 있다.

61 ③

디지털 서명과 암호화

디지털 서명은 네트워크상에서 사용자 신원을 증명하는 방법으로 송신자(사용자 A)는 자신의 개인키(비밀키)로 메시지를 암호화하여 전송한다. 이후, 수신자(사용자 B)는 공개키를 통해 메시지를 복호화 한다.

62 ②

응용계층 프로토콜, IP계층 프로토콜

- SMTP(Simple Mail Transfer Portocol) : 인터넷에서 전자메일을 보낼 때 사용하게 되는 프로토콜이다.
- FTP(File Transfer Portocol) : 인터넷들에서 컴퓨터에서 컴퓨터로 파일을 전송할 수 있도록 사용하는 프로토콜이다.
- SNMP(Simple Network Management Protocol) : 네트워크상에서 자동으로 정보를 수집하여 네트워크 관리를 하기 위한 프로토콜이다.
- ICMP(Internet Control Message Protocol) : IP 계층에서 데이터를 전송하는 과정에서 전송오류가 발생하였을 때 오류 메시지를 전송하기 위한 프로토콜이다.

63 ③

정보통신망 운영계획

- 정기점검 계획서 작성
- 일일/주간/월간 점검방법 결정
- 기술 지원체계 정립
- 하자관리 조직 및 방침 수립
- 작업내용, 작업량, 작업 우선순위 등 유지보수 계획 수립

오답 피하기

최적 회선망의 설계조건 검토는 정보통신망 설계에 해당된다.

64 ①

네트워크 접속장비

- **리피터** : 1계층 장비로서 신호를 재생하여 전달되는 거리를 증가시키는 네트워크 장비이다.
- **브리지** : 2계층 장비로서 네트워크를 분리하거나, 서로 다른 네트워크를 연결해 주는 장비이다.
- **허브** : 2계층 장비로서 다수의 PC와 장치들을 묶어서 LAN을 구성할 때 각각의 PC에 연결된 케이블을 하나로 모으는 역할을 해주는 장비이다.
- **스위치(L2 스위치)** : 2계층 장비로서 2계층 주소인 MAC주소를 기반으로 동작하여 네트워크 중간에서 패킷을 받아 필요한 곳에만 보내주는 장비이다.
- **라우터** : 3계층 장비로서 패킷의 위치를 추출하여 그 위치에 대한 최적의 경로를 지정하며, 이 경로를 따라 데이터 패킷을 다음 장치로 전향시키는 장치이다.
- **게이트웨이** : OSI 모델의 모든 계층을 포함하여 동작하는 네트워크 장비로서 두 개의 완전히 다른 네트워크 사이의 데이터 형식을 변환하는 장치이다.

65 ②

루프백(Loop-Back) 시험

- 루프백 시험이란 통신 장비에서 신호를 보내고, 그 신호가 일정 구간을 거친 뒤 다시 되돌아오게 하는 시험으로 주로 신호의 입력단이나 종단(출력단)에서 수행한다.
- 루프백 시험은 네트워크 상 동작하지 않는 노드 또는 회선 단절이 있는지 확인하는 방법이며, 계측기나 소프트웨어를 사용한다.
- 루프백 시험은 자국에서 시험을 수행하는 자국(Local) 제어방법과 원격에서 수행하는 원격국(Remote) 방법이 있다.

66 ④

프로그램 설계
- 프로그램 설계란 컴퓨터 프로그램에 대한 요구를 조작 가능한 프로그램으로 변환시키는 계획의 개념, 발명, 책략을 의미한다. 여기서 설계는 요구사항을 코드 작성과 오류 수정에 연결시키는 행위를 말한다.
- 프로그램 설계는 톱-다운(Top-down) 방식, 바텀-업(Bottom-up) 방식, 데이터 중심형 모델 방식, 클라이언트-서버 모델 방식, 계층 모델 방식 등이 있다.

오답 피하기

하드웨어는 프로그램에 해당되지 않는다.

67 ①

정보통신시스템 장애 발생시 대응 절차
- 장애처리는 원활한 정보통신 서비스를 위한 운용업무 중 하나로 신속한 장애처리와 이력관리를 통해 정보통신 서비스의 품질을 높일 수 있다.
- 장애발생 신고접수 → 장애처리 → 결과보고 → 장애이력 관리

68 ①

보안위협 유형
- **변조** : 인가되지 않은 사용자가 원래의 데이터를 다른 내용으로 변경하는 행위
- **차단** : 정보가 송수신되지 않도록 인위적으로 가로막는 행위
- **가로채기** : 인가되지 않은 사용자가 정보를 중간에 가로채어 열람하거나 도청하는 행위
- **계정 탈취** : 정보에 접근하기 위해 인가된 사용자의 계정을 불법으로 훔치는 행위

69 ③

관리 정보 프로토콜

기능	설명
정보구조	SMI 및 MIB라는 정보구조를 사용 – SMI(Structure of Management Information) 관리정보구조 – MIB(Management Information Base) 관리정보저장소
정보식별	망 관리 대상 개체가 식별체계 – OID : 트리 형태의 계층구조

MIB
- 관리하려는 요소에 관한 정보를 포함하는 데이터베이스이다.
- 각각의 관리하려는 자원은 객체로 표현되는데 이들 객체들의 구조적인 모임이다.
- SMI에 의하여 데이터의 형태와 자원들이 어떻게 나타내어지고 이름 붙여지는지를 정의된다.

70 ③

시스템 신뢰성 척도
- **MTBF(Mean Time Between Failure)** : 수리할 수 있는 시스템의 고장 발생시점부터 다음 고장 시점까지의 평균시간
- **MTTF(Mean Time To Failure)** : 수리하지 않는 시스템의 사용 시작시점부터 고장날 때까지의 평균 시간
- **MTTR(Mean Time To Repair)** : 시스템 고장 시점부터 수리 완료된 시점까지의 평균 수리시간
- **가용도(Availability)** : 시스템 전체 운용시간에서 고장없이 운영된 시간의 비율

71 ①

정보보안 주요요소
- **기밀성** : 인가된 사용자만 정보를 확인할 수 있다.
- **무결성** : 정보의 내용은 인가된 사용자 이외에는 임의대로 수정, 삭제되지 않아야 한다.
- **가용성** : 인가된 사용자는 원하는 시간과 어떠한 환경이라도 정보 접근이 가능해야 한다.
- **접근통제** : 인가되지 않은 자들은 임의로 정보에 접근할 수 없다.
- **인증** : 인가된 사용자는 본인임을 증명해야 한다.
- **부인방지** : 송수신자가 데이터를 전송하거나 수신 받은 사실에 대해 부인해서는 안 된다.

72 ④

가동률(Availability)
- 가동률이란 시스템 전체 운용시간에서 고장없이 운영된 시간의 비율을 말하며, 가동률을 통해 시스템 신뢰도를 가늠할 수 있다.
- $가동률 = \dfrac{평균\ 고장\ 간격}{평균\ 고장\ 간격 + 평균\ 수리\ 기간} = \dfrac{MTBF}{MTBF + MTTR}$

$= \dfrac{22}{22 + 2} ≒ 0.92$

73 ③

정보통신시스템 분석
- 정보통신시스템 분석은 기존 시스템이나 계획 중인 시스템을 체계적으로 조사하여 그 시스템에 요구되는 정보나 처리과정, 타 시스템과의 관계 등을 조사하는 활동을 말한다.
- 정보시스템 분석은 새로운 시스템에 대한 요구를 명확하게 하고, 비효율적인 요소를 사전에 발췌하거나, 향후 효과에 대한 자료를 얻기 위해 수행한다.

74 ④

시스템 신뢰성 척도
- **MTBF(Mean Time Between Failure)** : 수리할 수 있는 시스템의 고장 발생시점부터 다음 고장 시점까지의 평균시간
- **MTTF(Mean Time To Failure)** : 수리하지 않는 시스템의 사용 시작시점부터 고장날 때까지의 평균 시간
- **MTTR(Mean Time To Repair)** : 시스템 고장 시점부터 수리 완료된 시점까지의 평균 수리시간
- **가용도(Availability)** : 시스템 전체 운용시간에서 고장없이 운영된 시간의 비율

75 ①

채널용량
- 채널용량이란 송신측에서 수신측으로 전송되는 정보량인 상호 정보량의 최대치를 말하는 것으로, Shannon의 정리와 Nyquist 공식을 이용하여 구할 수 있다.
- Shannon의 정리란 채널상에 백색잡음이 존재한다고 가정한 상태에서 채널용량을 구하는 공식으로 단위는 [bps] 이다.
- $C = B log_2 \left(1 + \dfrac{S}{N}\right)$ [bps] (C : 채널용량, B : 채널의 대역폭, S/N : 신호 대 잡음비)
- Nyquist 공식은 잡음이 없는 채널로 가정하고, 자연왜곡에 의한 ISI에 근거하여 최대용량을 산출하는 공식으로 단위는 [bps] 이다.
- $C = 2 B log_2 M$ [bps] (C : 채널용량, B : 채널의 대역폭, M : 진수)
- 채널용량과 전송률을 높이기 위해서는 채널의 대역폭을 높여야 한다.

76 ④

무선 LAN 표준(IEEE802.11)

표준	주파수	최대속도	최대대역폭	변조방식	Modulation	안테나
802.11b	2.4GHz	11Mbps	20MHz	DSSS	CCK	1x1
802.11a	5GHz	54Mbps	20MHz	OFDM	64QAM	1x1
802.11g	2.4GHz	54Mbps	20MHz	OFDM	64QAM	1x1
802.11n	2.4/5GHz	600Mbps	20/40MHz	OFDM	64QAM	2x2
802.11ac	5GHz	3.4Gbps	20/40/80/160MHz	OFDM	256QAM	4x4
802.11ad	60GHz	7Gbps	2.16GHz	OFDM	256QAM	8x8
802.11ax	2.4/5GHz	9.6Gbps	20/40/80/160MHz	OFDM	1024QAM	8x8
802.11b	2.4/5/6GHz	30Gbps	20/40/80/160/320MHz	OFDM	4096QAM	16x16

77 ②

시스템 신뢰도

- 시스템 신뢰도란 시스템 고장없이 성능을 최대한 발휘할 수 있는 확률을 말한다.
- 시스템 신뢰도는 시스템이 직렬일 경우, 각 신뢰도를 곱해서 산출하고, 병렬일 경우 1에서 각 시스템의 신뢰도를 차감한 수를 곱해 산출한다.
- 직렬 시스템 신뢰도(R) = 시스템1 신뢰도 × 시스템2 신뢰도
- 병렬 시스템 신뢰도(R) = [1 − (1 − 시스템1 신뢰도) × (1 − 시스템2 신뢰도)]
- 문제와 같은 경우, 유니트 1,3은 직렬 구성이고, 1,2와 3,4는 각각 병렬로 구성된 형태이다.
- 따라서, 해당 시스템의 신뢰도(R) = [1 − (1 − 0.8) × (1 − 0.8)] × [1 − (1 − 0.9) × (1 − 0.9)] = 0.9504

78 ④

- **프로그램 보수 프로그램** : 프로그램의 추가, 삭제, 편집 프로그램
- **장애해석 프로그램** : 시스템 운영 중에 발생하는 장애 정보 확인 및 해석 프로그램
- **시스템 가동 통계 프로그램** : 시스템 가동 및 운영의 통계자료 출력 프로그램
- **보수시험 프로그램** : 시스템을 구성하는 각 장비의 기능 시험 프로그램

79 ②

라우터 기능

라우터는 경로 설정, IP 패킷 전달, 라우팅 테이블 갱신, 라우팅 결정, 네트워크 주소 변환, 대역폭 관리 등의 기능이 있다.

80 ④

정보통신시스템 계획 단계

- **요구사항 분석 단계** : 사용자 요건 또는 개발하고자 하는 시스템 목표를 설정하는 단계
- **시스템 설계 단계** : 요건 정의와 분석한 시스템이 구현 가능하도록 구체적으로 설계하는 단계
- **시스템 구현 단계** : 설계에 맞도록 시스템을 개발 및 구현하는 단계
- **시스템 시험 단계** : 구현된 시스템의 정상 동작 및 요건에 부합하는지 테스트하는 단계
- **시스템 유지보수 단계** : 배포 및 운영, 구현된 시스템 성능 평가, 문제점 개선 및 검토 단계

81 ④

마이크로프로세서

- 마이크로프로세서는 중앙제어장치를 단일 IC에 집적한 반도체 소자이다.
- 연산부와 제어부, 레지스터부로 구성되어 있다.

> **오답 피하기**
>
> 마이크로컨트롤러(microcontroller)는 마이크로프로세서에 더하여 메모리, 입출력제어버스 등을 하나의 칩으로 만들어 정해진 기능을 수행하는 컴퓨터이다.

82 ③

CPU 정의 및 구성

- CPU는 컴퓨터에서 가장 핵심적인 역할을 수행하는 부분이다.
- 프로그램을 실행하기 위해 메인 메모리에서 명령어를 인출하여 해독하고 실행한다.
- 연산장치, 제어장치, 레지스터로 구성한다.

> **오답 피하기**
>
> CPU는 레지스터 또는 내부기억장치를 가진다.

83 ②

어셈블리어

- cx 레지스터에 4를 이동
- dx 레지스터에 7을 이동
- dx − cx = 7 − 4 = 3

84 ②

시스템소프트웨어

- **컴파일러(Compiler)** : 고급 언어(High level language)로 작성된 원시프로그램을 목적 프로그램으로 변환한다.
- **언어처리 과정** : 원시프로그램 → 목적 프로그램 → 로드 → 실행

85 ①

지능형 홈 네트워크 설치 및 기술기준

제12조(단지네트워크장비)

① 단지네트워크장비는 집중구내통신실 또는 통신배관실에 설치하여야 한다.

② 단지네트워크장비에는 전원 공급을 위한 배관 및 배선을 설치하여야 한다.

③ 단지네트워크장비는 외부인으로부터 직접적인 접촉이 되지 않도록 별도의 함체나 랙(rack)으로 설치하며, 함체나 랙에는 외부인의 조작을 막기 위한 잠금장치를 하여야 한다.

제13조(단지서버)

① 단지서버는 단지서버실에 설치할 것을 권장하나 집중구내통신실 또는 방재실에 설치할 수 있다. 다만 집중구내통신실에 설치하는 때에는 보안을 고려하여 폐쇄회로텔레비전 등을 설치하여야 한다.

② 단지서버는 랙 시스템의 보관장치에 설치하는 것을 권장한다.

③ 단지서버는 외부인의 조작을 막기 위한 잠금장치를 하여야 한다.

④ 단지서버는 상온·상습인 곳에 설치하여야 한다.

제17조(원격검침시스템)

① 각 세대별 원격검침장치는 운용시스템의 동작 불능시에도 계속 동작이 가능하도록 하여야 한다.

② 세대별 원격검침장치의 전원은 정전시에도 동작이 가능하게 구성하여야 하고, 그렇지 못한 경우를 대비하여 정전시 각 세대별 원격검침장치는 데이터 값을 저장 및 기억할 수 있도록 하여야 한다.

제21조(집중구내통신실)

① 집중구내통신실은 「전기통신설비의 기술기준에 관한 규정」 제19조에 따라 설치하여야 한다.

② 집중구내통신실은 독립적인 출입구를 설치하여야 한다.

③ 집중구내통신실에는 보안을 위한 잠금장치를 설치하여야 한다.

④ 집중구내통신실에는 적정온도의 유지를 위한 냉방시설 및 냉방기 고장시 실내온도 상승을 억제하기 위한 흡배기용 환풍기를 설치하여야 한다.

86 ③
16진수를 10진수로 변환
16진수의 각 자릿수에 해당하는 16의 거듭제곱을 곱한 수의 합계이다.
16진수 (AB) = (10 16) + (11 1) = 171

87 ④
주소지정 방식
- 직접 주소지정 방식(Direct addressing mode) : 오퍼랜드에 데이터가 저장된 메모리 유효주소를 표시하는 방식이다.
- 간접 주소지정 방식(Indirect addressing mode) : 오퍼랜드에 데이터의 간접주소를 명시하는 방식이다. (데이터의 주소의 주소)
- 변위 주소지정 방식(Displacement addressing mode) : 레지스터에 저장된 주소값과 주소필드의 값을 더하여 유효주소를 구하는 계산에 의한 주소지정방식이다. 상대 주소지정, 인덱스 주소지정, 베이스-레지스터 주소지정 방식이 있다.
- 상대 주소지정 방식(Relative addressing mode) : PC(Program Counter)값에 명령어의 주소필드 값을 더해서 데이터의 주소값을 구하는 방식이다.
- 인덱스 주소지정 방식(Index addressing mode) : 인덱스 레지스터값과 명령어의 주소필드 값을 더하여 주소값을 구하는 방식이다.
- 베이스-레지스터 주소지정 방식(Base-register addressing mode) : 베이스 레지스터의 값과 주소필드 값을 더하여 주소값을 구하는 방식. 프로그램 재배치에 유용하다.

88 ②
접지설비/구내통신설비/선로설비 및 통신공동구 등에 대한 기술기준
제5조(접지저항 등)
② 통신관련시설의 접지저항은 10Ω 이하를 기준으로 한다. 다만, 다음 각호의 경우는 100Ω 이하로 할 수 있다.
1. 선로설비중 선조·케이블에 대하여 일정 간격으로 시설하는 접지(단, 차폐케이블은 제외)
2. 국선 수용 회선이 100회선 이하인 주배선반
3. 보호기를 설치하지 않는 구내통신단자함
4. 구내통신선로설비에 있어서 전송 또는 제어신호용 케이블의 쉴드 접지
5. 철탑이외 전주 등에 시설하는 이동통신용 중계기
6. 암반 지역 또는 산악지역에서의 암반 지층을 포함하는 경우등 특수 지형에의 시설이 불가피한 경우로서 기준 저항값 10Ω을 얻기 곤란한 경우
7. 기타 설비 및 장치의 특성에 따라 시설 및 인명 안전에 영향을 미치지 않는 경우

89 ②
논리식
각각의 스위치가 모두 on(1)이 되어야 최종결과가 1이다. 따라서 그림은 AND 연산을 표현한다.

90 ②
기타 고속기억장치
- 연관기억장치(Associative Memory) : 검색 데이터를 저장된 데이터 테이블과 비교하고 일치하는 데이터의 주소를 반환하고 저장된 자료에 접근하는 방식의 기억장치이다. 내용 주소화 기억장치. CAM(Content Addressable Memory)이라고도 한다.
- 캐시 기억장치(Cache Memory) : 자주 사용되는 명령을 저장하여 CPU에 빠르게 제공하기 위한 메모리이다. CPU와 주기억장치의 속도 차이를 줄여주는 완충기억장치이다. 연관기억장치를 사용한다.
- 가상기억장치(Virtual Memory) : 주기억장치의 용량 제한을 개선하기 위하여 보조 기억장치의 일부분을 주기억장치인 것처럼 사용하는 방식이다.

91 ③
시스템소프트웨어 : 사용자와 응용프로그램을 위해 플랫폼을 제공하고 하드웨어 및 자원을 운영, 제어 및 관리하는 역할을 하는 프로그램이다.

> **오답 피하기**
> 스프레드시트, 데이터베이스 등은 응용 소프트웨어이다.

92 ①
전기통신사업법
제6조(기간통신사업의 등록 등)
기간통신사업을 경영하려는 자는 대통령령으로 정하는 바에 따라 다음 각 호의 사항을 갖추어 과학기술정보통신부장관에게 등록(정보통신망에 의한 등록을 포함한다)하여야 한다.
1. 재정 및 기술적 능력
2. 이용자 보호계획
3. 그 밖에 사업계획서 등 대통령령으로 정하는 사항

93 ④
운영체제
- 리눅스 : 독립된 플랫폼, 빠른 업그레이드, 강력한 네트워크 지원, 멀티태스킹과 가상 터미널 환경지원, 유닉스와 호환성, 공개형 오픈소스 운영체제. 다중 사용자 환경지원을 가진다.
- MacOS : Apple사가 UNIX기반으로 개발한 운영체제이다.
- MS-DOS : Windows 이전에 MS사가 개발한 단일작업처리 운영체제이다.

94 ③
접지설비/구내통신설비/선로설비 및 통신공동구 등에 대한 기술기준
제48조(맨홀 또는 핸드홀의 설치기준)
① 맨홀 또는 핸드홀은 케이블의 설치 및 유지·보수 등의 작업 시 필요한 공간을 확보할 수 있는 구조로 설계하여야 한다.
② 맨홀 또는 핸드홀은 케이블의 설치 및 유지·보수 등을 위한 차량출입과 작업이 용이한 위치에 설치하여야 한다.
③ 맨홀 또는 핸드홀에는 주변 실수요자용 통신케이블을 분기할 수 있는 인입관로 및 접지시설 등을 설치하여야 한다.
④ 맨홀 또는 핸드홀 간의 거리는 246m 이내로 하여야 한다. 다만, 교량·터널 등 특수구간의 경우와 광케이블 등 특수한 통신케이블만 수용하는 경우에는 그러하지 아니할 수 있다.

95 ②
파일접근
- 순차 파일(Sequential File, 순서 파일) : 모든 데이터가 순서대로 기록된 형태이다.
- 직접 파일(Direct File) : 파일을 구성하는 레코드를 물리 공간에 기록하는 것으로, 직접 접근 방식이라고도 한다.
- 색인 순차 파일(Indexed Sequential File) : 순차 파일과 직접 파일에서 지원하는 방법이 결합된 형태이다. 인덱스를 이용하여 순차접근이 가능하다.
- 분할 파일(Partitioned File) : 분할 파일은 하나의 파일을 여러 개의 파일로 분할하여 저장하는 형태이다.

96 ②
정보통신공사업법
제9조(감리원의 공사중지명령 등)
① 감리원은 공사업자가 설계도서 및 관련 규정의 내용에 적합하지 아니하게 해당 공사를 시공하는 경우에는 발주자의 동의를 받아 재시공 또는 공사중지명령이나 그 밖에 필요한 조치를 할 수 있다.
② 제1항에 따라 감리원으로부터 재시공 또는 공사중지명령이나 그 밖에 필요한 조치에 관한 지시를 받은 공사업자는 특별한 사유가 없으면 이에 따라야 한다.

97 ①

스위치 동작
- Flooding : 수신프레임이 수신된 포트 제외하고 모든 점유 및 활성 포트로 보내는 동작이다.
- Filtering : 다른 포트로 프레임이 전달되지 못하도록 막는 동작이다.
- Forwarding : 목적지 MAC 주소가 스위치 테이블 속에 존재하면 MAC 주소에 해당하는 포트로 프레임을 전달하는 동작이다.
- Learning : 출발지의 MAC 주소와 출발지의 포트에 대한 정보를 스위치 테이블에 저장한다.

98 ①

개인정보보호법
제25조(영상정보처리기기의 설치·운영 제한)
① 누구든지 다음 각 호의 경우를 제외하고는 공개된 장소에 영상정보처리기기를 설치·운영하여서는 아니 된다.
1. 법령에서 구체적으로 허용하고 있는 경우
2. 범죄의 예방 및 수사를 위하여 필요한 경우
3. 시설안전 및 화재 예방을 위하여 필요한 경우
4. 교통단속을 위하여 필요한 경우
5. 교통정보의 수집·분석 및 제공을 위하여 필요한 경우

99 ④

정보통신공사업법
17조(공사업의 양도 등)
① 공사업자는 다음 각 호의 어느 하나에 해당하면 대통령령으로 정하는 바에 따라 시·도지사에게 신고를 하여야 한다. 다만, 제3호의 경우에는 공사업자의 상속인이 시·도지사에게 신고를 하여야 한다.
1. 공사업을 양도하려는(공사업자인 법인이 분할 또는 분할합병되어 설립되거나 존속하는 법인에 공사업을 양도하는 경우를 포함한다. 이하 같다) 경우
2. 공사업자인 법인 간에 합병하려는 경우 또는 공사업자인 법인과 공사업자가 아닌 법인이 합병하려는 경우
3. 공사업자의 사망으로 공사업을 상속받는 경우
② 제1항에 따른 공사업 양도의 신고가 수리된 경우에는 공사업을 양수한 자는 공사업을 양도한 자의 공사업자로서의 지위를 승계하며, 법인의 합병신고가 수리된 경우에는 합병으로 설립되거나 존속하는 법인이 합병으로 소멸되는 법인의 공사업자로서의 지위를 승계하고, 상속 신고가 수리된 경우에는 그 상속인이 사망한 사람의 공사업자로서의 지위를 승계한다.

100 ④

정보통신망법
제45조(정보통신망의 안정성 확보 등)
③ 정보보호지침에는 다음 각 호의 사항이 포함되어야 한다. 〈개정 2016. 3. 22., 2020. 6. 9.〉
1. 정당한 권한이 없는 자가 정보통신망에 접근·침입하는 것을 방지하거나 대응하기 위한 정보보호시스템의 설치·운영 등 기술적·물리적 보호조치
2. 정보의 불법 유출·위조·변조·삭제 등을 방지하기 위한 기술적 보호조치
3. 정보통신망의 지속적인 이용이 가능한 상태를 확보하기 위한 기술적·물리적 보호조치
4. 정보통신망의 안정 및 정보보호를 위한 인력·조직·경비의 확보 및 관련 계획수립 등 관리적 보호조치
5. 정보통신망연결기기등의 정보보호를 위한 기술적 보호조치
④ 과학기술정보통신부장관은 관계 중앙행정기관의 장에게 소관 분야의 정보통신망연결기기등과 관련된 시험·검사·인증 등의 기준에 정보보호지침의 내용을 반영할 것을 요청할 수 있다. 〈신설 2020. 6. 9.〉

필기 기출문제 08회

01	②	02	④	03	②	04	①	05	②
06	④	07	③	08	④	09	④	10	④
11	①	12	④	13	①	14	①	15	④
16	①	17	①	18	①	19	②	20	④
21	④	22	④	23	①	24	②	25	②
26	②	27	③	28	③	29	①	30	②
31	①	32	②	33	③	34	②	35	④
36	②	37	①	38	③	39	②	40	②
41	①	42	②	43	①	44	②	45	③
46	②	47	④	48	④	49	②	50	④
51	③	52	②	53	①	54	②	55	③
56	②	57	④	58	①	59	④	60	①
61	②	62	①	63	③	64	③	65	④
66	②	67	①	68	③	69	①	70	④
71	④	72	③	73	①	74	②	75	①
76	④	77	③	78	②	79	④	80	③
81	②	82	②	83	②	84	④	85	③
86	②	87	③	88	①	89	①	90	③
91	①	92	②	93	④	94	②	95	①
96	①	97	②	98	①	99	④	100	①

〈1과목〉 디지털전자회로

01 ②

제너 다이오드(Zener Diode)
- 제너 다이오드는 전압의 변화에 관계없이 일정한 출력을 얻는 전압회로에 사용된다.
- R = 10[Ω]이고, 제너 다이오드에 흐르는 전류를 각각 I와 I_z라고 했을 때, $I = I_Z + I_L$이므로
$$I_Z = I - I_L = \frac{V_i - V_z}{R} - \frac{V_z}{R_L} = \frac{18 - 10}{10} - \frac{10}{100} = 0.8 - 0.1 = 0.7[A]$$

02 ④

단상 반파 정류회로
- 권선비가 5:1이므로 2차측 전압의 최대값 $V_m = 24 \times \sqrt{2} ≒ 34[V]$이다.
- 따라서, 직류 부하전류의 최대값 $I_m = \frac{V_m}{R_L} = \frac{34[V]}{5[k\Omega]} ≒ 6.8[mA]$이다.

03 ②

교류전원을 직류전원으로 바꾸는 과정
교류전원은 입력단 → 변압기 → 정류회로/평활회로 → 정전압회로를 거쳐 직선에 가까운 직류전원을 출력한다.

04 ①

캐스코드(Cascode) 증폭기
- 캐스코드 증폭기는 한 트랜지스터에서 다른 트랜지스터를 직렬로 연결하는 회로이며, CE 증폭단과 CB증폭단이 종속으로 연결된 구조를 가지고 있다.
- 캐스코드 증폭기는 전압 궤환율과 발진 가능성이 매우 적은 증폭기이다.
- 캐스코드 증폭기는 전압이득이 단일 CE 증폭기와 근사적으로 동일하나, 주파수 응답특성이 우수한 특성이 있다.

05 ②

하틀리 발진회로
- 하틀리 발진기는 인덕턴스 분할발진기로 코일의 일부분에 걸린 전압이 궤한된다.
- 하틀리 발진기는 L_1, L_2의 직렬합성과 C로 구성된다.
- 주파수 가변이 용이하다.
- 발진주파수 $f_0 = \dfrac{1}{2\pi\sqrt{C(L_1 + L_2 + 2M)}}$[Hz]이며, $M = k\sqrt{L_1 L_2}$, k는 결합계수이다.
- 그러므로, $C = \dfrac{1}{4\pi^2 \times (L_1 + L_2 + 2k\sqrt{L_1 L_2}) \times f^2}$

$$= \dfrac{1}{4\pi^2 \times (1mH + 1mH + 2 \times 0.5 \times \sqrt{1mH \times 1mH}) \times (200kHz)^2}$$

$$= \dfrac{1}{39.4384 \times 0.003 \times 4 \times 10^{10}} = 2.1129 \times 10^{-10} = 211.3[pF]$$

06 ④

콜피츠 발진회로
- 콜피츠 발진회로는 하틀리 발진회로보다 높은 주파수를 얻을 수 있으므로 VHF/UHF대에서 많이 사용한다.
- 콜피츠 발진기는 C_1, C_2의 직렬합성과 L로 구성된다.
- 발진주파수 $f_0 = \dfrac{1}{2\pi\sqrt{L\left(\dfrac{C_1 C_2}{C_1 + C_2}\right)}}$[Hz]이다.
- 콜피츠 발진기는 Z_1과 Z_2가 용량성(C)이며, Z_3는 유도성(L)인 발진기이다.

오답 피하기
하틀리 발진기는 Z_1과 Z_2가 유도성(L)이며, Z_3는 용량성(C)인 발진기이다.

07 ③

연산증폭기의 응용회로
연산증폭기의 응용회로로는 부호변환기, 전압–전류 변환기, 가산기, 감산기, 배수기, 미분기, 적분기, 대수증폭기 등이 있다.

08 ④

차동 증폭기
- 차동증폭기는 두 입력 신호의 전압차를 증폭하는 회로로 콜렉터 전류 I_{RC1}과 I_{RC2}가 서로 상보적 관계이다. 따라서, I_{RC1}과 I_{RC2}는 한 쪽이 증가하면 다른 한 쪽이 증가한 만큼 감소하는 그래프를 나타낸다.
- 문제와 같은 차동증폭기의 $I_E = I_{RC1} + I_{RC2} = 3.25[mA] + 3.25[mA] = 6.5[mA]$이므로 최대치는 6.5[mA]이고, 두 그래프는 3.25[mA] 지점에서 교차한다.

09 ④

OP–AMP 파라미터
- **입력 오프셋 전압** : 출력전압이 0일 때, 두 입력단자 사이에 인가되는 전압
- **동상 신호 제거비** : 두 입력단자에 동일한 신호를 인가할 수 있는 정도
- **입력 바이어스 전류** : 두 입력 단자를 통해 인가되는 전류의 평균치
- **입력/출력 저항** : 입력단/출력단에서 증폭기 내부로 본 저항
- **출력전압 범위** : 왜곡없이 부하저항에 공급할 수 있는 최대전압

오답 피하기
최대 역 전압 : 정류회로 파라미터로 다이오드에 걸리는 역방향 전압의 최대값

10 ④

변동 원인	대책
주위 온도의 변동	• 항온조를 사용한다. • 온도계수가 작은 공진자를 사용한다.
부하의 변동	• 완충 증폭기(buffer amp)를 사용한다. • 차폐를 하거나, 다음 단과 소결합 시킨다.
동조점의 불안정	• 발진 강도가 최강인 점보다 약간 벗어난 점으로 한다.
전원 전압의 변동	• 정전압 회로를 채용한다. • 직류 안정화 바이어스 회로를 사용한다. • 전원을 독립적으로 사용한다.
부품의 불량	• Q가 높은 수정 공진자를 사용한다. • 양질의 부품을 사용한다. • 방진 및 방습 장치를 사용한다.

오답 피하기
부하변동에 따른 대책으로는 다음 단과 소결합 시킨다.

11 ①

펄스 변조 방식
- **아날로그 펄스변조** : PAM, PWM, PPM 등
- **디지털 펄스변조** : PCM, DPCM, DM, ADM 등

오답 피하기
PM, FM, AM은 아날로그 변복조 방식이다.

12 ④

포스터 실리형 판별기와 비검파기의 비교
- 포스터 실리형 판별기는 비검파기보다 검파강도(출력전압)가 2배이다.
- 비검파기에서는 2개의 다이오드 방향이 다르다.
- 비검파기에는 별도의 진폭제한기가 필요없다.

13 ①

FM 복조기
- FM 수신기는 FM 변조된 신호의 순시주파수에 선형 비례하는 출력을 만들어 내는 기기를 말한다.
- FM 복조기의 종류로는 경도 검파기(동조회로 + 포락선 검파기), Foster–Seeley 검파기, 비(Ratio) 검파기, 직교 검파기 (Quadrature Detector), PLL 이용 FM 검파기 등이 있다.
- FM 복조기의 기본 구현 형태는 FM 신호 검출 전에 신호 진폭의 변화를 제거하는 리미터, 진폭 변화를 부드럽게 만드는 저역통과필터, 입력 신호 주파수에 비례하여 출력 전압 신호를 만드는(진폭의 변화로 변환) 주파수 변별기, 신호 진폭 변화의 바깥을 감싸는 포락선을 검출하는 포락선검파기로 구현되어 있다.

14 ①

QPSK (4진 PSK)
- QPSK는 2bit를 1개의 Symbol로 전송한다. 다시 말해 2bit의 신호가 1개의 Symbol로 변조되기 때문에 주파수 대역폭이 BPSK에 비해 절반이다.
- 동일 대역폭으로 생각하면 QPSK는 BPSK보다 2배의 데이터를 전송할 수 있다.
- 일정한 속도를 얻기 위해 QPSK는 BPSK보다 1/2의 대역폭이 필요하다.

15 ④

시정수(Time Constant)
- 시스템이나 어떤 물체가 목표 위치까지 도달하는 시간을 말한다.
- 어떤 시스템에 입력을 주었을 때, 실시간으로 반응하는 것이 아니고, 목표점까지는 어느 정도 시간이 걸리는데, 목표점의 63.2[%]에 도달한 점을 말한다.
- 초기값에서 36.8[%] 떨어지는데 걸리는 시간을 말하기도 한다.

16 ①

배타적 논리합 회로(Exclusive—OR)

- Exclusive—OR은 두 입력값 중 어느 하나가 참인 경우, 결과값이 참이 되는 논리회로이다.
- 많은 응용회로에 중요하게 사용되어 기본 논리 소자로 취급되며, 두 개의 입력이 다를 때만 1을 출력한다.
- $Y = \overline{A}B + A\overline{B} = A \oplus B$으로 배타적 OR 회로와 등가이다.

17 ③

RS 플립플롭

- 2개의 입력단자인 R(Reset)과 S(Set)단자를 가지고 있어서 이들 입력의 상태에 따라서 출력이 정해진다.
- S는 Q를 1의 상태로 만드는 입력이고, R은 Q를 0의 상태로 만드는 입력이다.
- R과 S에 1이 동시 입력되는 경우, 출력이 결정되지 않으므로 해당 입력은 금지된다.

입력		출력		기능
S	R	Q	$\overline{Q}$	
0	0	불변	불변	상태 유지
0	1	0	1	Reset
1	0	1	0	Set
1	1	0	0	사용 안 함

18 ①

클리퍼(Clipper) 회로

- 클리퍼 회로란 입력 파형의 일부분을 잘라내기 위한 회로로 리미터(Limiter), 진폭 선택회로(Amplitude Selector), 슬라이서(Slicer)라고도 부른다.
- 클리퍼 회로는 다이오드, 저항, 직류전원으로 구성되어 있고, 입력 파형이 기준 레벨 이상이거나, 이하일 경우 해당 부분을 제거하는 데 사용된다.

19 ②

AND 논리회로

논리회로	설명
AND	논리곱 연산을 수행하는 논리 소자로 모든 입력이 1인 경우만 출력이 1로 나타나며, 나머지 경우에는 0을 출력한다.

회로 심볼	논리식	진리표		
		A	B	C
A ─⎯⎯⎯	$X = A \cdot B$	0	0	0
B ─⎯⎯⎯ ─X		0	1	0
		1	0	0
		1	1	1

20 ④

멀티바이브레이터(Multivibrator)

- 멀티바이브레이터란 발진기, 타이머, 플립플롭과 같이 두 개의 상태를 지닌 회로로 쌍안정(Bistable), 단안정(Monostable), 비안정(Astable) 멀티바이브레이터가 있다.
- 비안정 멀티바이브레이터는 안정 상태를 가지지 않으며, 2개의 준안정 상태(Quasi-stable)를 가진다. 또한, 미리 정해진 T_1, T_2시간만큼 유지되며 무한히 교번 발진하는 특징이 있다.
- 단안정 멀티바이브레이터는 안정 상태에 있다가 트리거 신호가 들어오면 준안정 상태가 되고, 일정시간이 지나면 다시 안정 상태로 돌아온다.
- 쌍안정 멀티바이브레이터는 2개의 펄스가 공급될 때 1개의 출력을 얻고, 2개의 안정 상태를 가진다. 또한, 두 안정 상태 중 어느 한쪽에 무한히 머무르다가 트리거 될 때만 다른 안정 상태로 넘어간다.

21 ④

출력장치 및 입력장치

- **출력장치**
  - 출력장치는 중앙처리장치로부터 받은 정보를 사용자가 볼 수 있는 형태로 변환하여 제공하는 장치이다.
  - 이는 빛, 소리, 인쇄 등의 방식으로 컴퓨터의 결과물을 사용자에게 표시하는 역할을 한다.
- **입력장치**

정보 입력장치는 인간이 사용하는 숫자, 문자, 음성, 동영상 등의 정보를 컴퓨터가 이해할 수 있는 형태로 변환하는 장치이다.

22 ④

변조의 필요성

안테나 설계 (장비제한 극복)	• 변조를 통한 전파방사 편리성 확보 • 짧은 파장 사용으로 안테나 크기 축소, RF 소형화
무선 전송로 손실 보상	• 무선 채널의 잡음, 간섭 억제, 보상 • 수신단에서 원 신호의 분리 편리
장거리 전송	• 반송파를 이용한 고주파 대역으로 이동 • 높은 주파수로 인한 장거리 전송
다중화 전송	• 여러 다른 반송파로 변조를 통한 다중화 • 다중화를 통해 주파수 사용효율 증대
전송속도 향상	• 고속변조 적용으로 전송속도 향상 • 16QAM, 256QAM 등 변조 가능

23 ①

Zigbee

1) Zigbee 정의

저전력 무선 통신 기술로서 IEEE 802.15.4 무선 프로토콜을 기반으로 하며, 낮은 비용과 간단한 설정, 자동 메시 구성 기능의 특성이 있다.

2) Zigbee 구성

- **Zigbee 장치** : Zigbee 네트워크의 각 노드는 Zigbee 장치로서 동작하며, 센서, 액추에이터, 컨트롤러 등으로 구성된다.
- **Zigbee Coordinator** : 기본적인 구성 요소로, 네트워크를 관리하고 조정하며, 정보의 초기화 역할을 한다.
- **Zigbee Router** : 네트워크의 다른 장치들과 통신하는 중간 역할을 하는 장치이다.
- **End Device** : 센서나 액추에이터와 같은 기능을 수행하는 장치로, 네트워크와 직접 통신하는 것이 아니라 Router나 Coordinator를 통해 통신한다.
- **IEEE 802.15.4 프로토콜** : Zigbee는 무선통신을 위해 IEEE 802.15.4 무선 프로토콜을 사용한다.

24 ②

최번시

- **최번시 정의** : 최번시(최적의 번호 배정 방법)란, 전화망에서 1일 중에 호(Call)가 가장 많이 발생하는 1시간을 의미한다. 호는 전화의 이용자가 통신을 목적으로 통신회선을 사용하는 행위이다.
- **통화량(Traffic Volume)**
- 긱 호의 발생 횟수에 따른 보유시간의 곱이다.
- 문제 $= \left[\dfrac{3분 \times 100(개)}{60(분)} \right] = 5[\text{Erl}]$이다.

25 ②

IPS(Intrusion Prevention System)
- IPS는 스파이웨어, 해킹 등 외부로부터 침입을 탐지 및 차단하는 시스템으로 방화벽과 IDS가 조합된 형태이다.
- IPS는 IDS가 침입을 탐지하는 기능에 특화된 것과 달리, 탐지 이후 차단 능력을 가지고 있어 알려지지 않은 공격 패턴을 방어하는데 효과적이며, 명백한 공격에 대해서는 사전 방어 조치를 취할 수 있는 특징이 있다.

26 ②

네트워크 통신 방식

구분	유니캐스트	멀티캐스트	브로드캐스트	애니캐스트
개념	출발지와 목적지가 명확한 일대일 통신	특정된 그룹에 모두 보내는 방식	같은 네트워크의 모든 노드에게 보내는 방식	가장 가까운 노드와 통신
개념도	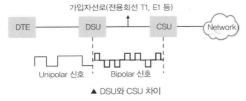			
특징	MAC이 동일	특정그룹을 지정하여 보내는 방식 MAC 주소 : 01:00:5E:XX:XX :XX	주로 IP는 알지만, MAC을 모를 경우 MAC 주소 : FF:FF:FF:FF :FF	수신 가능한 한 노드에만 전송

27 ③

DSU(Digital Service Unit)
- 가입자측 장비로 컴퓨터 등 데이터 장비의 비트열 신호를 장거리 전송에 맞게 변환 전송하는 장비이다.
- DSU와 주로 단말측에서 사용되며 장거리 전송을 위하여 Unipolar 신호를 Bipolar 신호로 변환시켜 전송하며 CSU는 네트워크 측에서 T1, E1 회선 변환 없이 전용회선을 수용한다.

▲ DSU와 CSU 차이

28 ③

CATV 헤드엔드 시스템(HeadEnd System)
CATV에서 헤드엔드 시스템은 수신안테나에서 각 채널의 방송 신호를 수신출력의 레벨을 조정하여 동축케이블로 전송하는 역할을 하며 채널변환, 신호 분리 및 혼합, 신호 송출 등의 기능을 수행한다.

29 ①

유선 전화망의 구성 요소
- **가입자 선로(Subscriber Line)** : 가입자 선로는 개별 사용자들의 전화기와 전화 교환시스템(교환기)을 연결하는 회선을 말한다. 가입자 선로는 가정이나 사무실 등 개별 사용자들의 전화를 유선 전화망에 연결하는 중요한 부분이다.
- **중계선로(Trunk Line)** : 중계선로는 교환시스템(교환기)과 다른 교환시스템이나 통신 사업자 사이를 연결하는 링크를 말한다. 중계선로를 통해 다른 교환시스템과의 통화를 라우팅하고 통신이 이루어진다.
- **교환기(Switch)** : 교환기는 유선 전화망의 핵심 요소로서, 전화 통화 요청 시 송신자와 수신자 사이를 연결하는 역할을 한다. 교환기는 전화 통화를 중계하고 관리하여 정상적인 통화가 이루어질 수 있도록 한다.

- **교환국(Switching Office)** : 교환국은 교환기를 사용하여 여러 개의 가입자 회선 또는 중계선을 연결하며 서로 다른 가입자들 사이를 연결한다.
- **스위치(Switch)** : 스위치는 교환국 내부에서 통화를 연결하는 기능을 담당한다. 교환기는 여러 개의 스위치로 구성되며, 각 스위치는 통화 요청에 따라 적절한 연결을 수행한다.
- **프로그램 기억장치(Program Memory)** : 프로그램 기억장치는 교환기에서 실행되는 소프트웨어 프로그램들을 저장하는 메모리를 말한다. 이 프로그램들은 통화를 관리하고 제어하는 데에 사용된다.

30 ②

IPTV(Internet Protocol TV)
- IP 망(인터넷)을 통해 TV 수상기로 양방향 TV 서비스를 제공하는 통신 및 방송이 융합된 서비스를 말한다.
- 사용자가 IPTV를 이용하기 위해서는 셋탑박스, TV 수상기, 인터넷 회선이 연결되어 있어야 한다.

오답 피하기
- DTV는 기존 아날로그 방식의 신호를 사용하던 방식에서 디지털 신호를 이용하여 영상과 음향을 사용하는 방식의 방송시스템이다.
- HDTV는 기존 아날로그방식에 비해 화소를 4배 향상시키고 고품질의 영상을 제공한다. 영상압축방식은 MPEG-2, 음성압축방식은 AC-3, 전송방식은 8VSB방식을 사용하며 6[MHz]의 대역폭을 사용한다.
- UHDTV는 기존의 DTV(HDTV) 방송보다 2배 선명한 화상과 화소는 4배 높으며 초사실감의 영상을 제공한다.

31 ②

지상파 TV 대역폭
국내 지상파 HDTV 방식과 UHDTV 방식의 1개 채널 주파수 대역폭은 6[MHz]이다.

32 ②

HD-SDI(High Definition-Serial Digital Interface)
- HD-SDI 전송방식은 기존 동축케이블을 통하여 HD급 영상을 전송할 수 있는 기술로서, 아날로그 CCTV 카메라에서도 기존에 설치되어 있는 동축케이블을 활용해 고화질 영상전송이 가능하게 한 방식이다.
- HD-SDI는 HD급 방송 장비 간에 영상을 전송하는 규격으로 SDI에서 진보된 기술이다.

33 ③

위성통신망의 특징

장점	단점
• 광범위한 커버리지	• 큰 전파손실 및 전파지연
• 빠른 구축과 유연성	• 높은 구축 비용
• 동시에 정보 전송 가능	• 기상 영향
• 생존성, 회선 구성이 용이함	• 전파방해 및 보안성에 취약

34 ②

이동통신 기지국의 서비스 범위 확대 방법
- 기지국 안테나의 높이를 증가시킨다.
- 기지국의 송신 출력을 높인다.
- 고이득 지향성 안테나를 사용한다.
- 수신기의 LNA에 저잡음 수신기를 적용한다.
- 수신 안테나에 다이버시티 방식을 적용한다.
- 기지국 사이에 중계기를 설치하여 전파 음영지역을 해소한다.
- 기지국의 설치 위치를 최적화한다.
- 기지국들 사이에서 주파수를 재사용하여 서로 간섭을 최소화하고 효율적으로 무선 리소스를 활용한다.

35 ④

위성통신망의 구성

• 구성

구분	설명
우주국	• 페이로드와 버스(플랫폼)로 구성 • 페이로드 : 송/수신 안테나, 중계기(트랜스폰더)로 구성 • 버스 : 태양전지판, 열제어부, 추진체 등으로 구성
지구국	• 카세크레인/파라볼릭 안테나 • 위성추적시스템 • RF 서브 시스템

• 트랜스폰더(중계기)

구분	설명
정의	수신기와 송신기를 하나의 장치로 모듈화한 장치로서, 주파수 변환 신호의 증폭 및 중계기능을 수행함
구분	• 단일주파수 변환형 트랜스폰더 　– 상향링크 주파수가 수신되면, LNA에서 증폭 후 국부발진기와 혼합시켜 하향 링크 주파수로 변환 • 이중주파수 변환형 트랜스폰더 　– 상향링크 주파수가 수신되면, LNA에서 증폭된 후 1차 국부발 진기와 혼합시켜 중간주파수로 변환 • 기저 주파수 검파형 트랜스폰더 　– 수신된 신호를 검파해서 기저대역신호로 변환

36 ②

위성통신 다이버시티(Diversity)

• 강우감쇠 등에 의한 통신 품질 저하 현상을 방지하기 위하여 서로 다른 2개 이상의 독립적 전파경로를 통하여 수신된 여러 개의 신호 중 가장 양호한 특성을 갖는 신호를 선택하여 이용하는 방법을 의미한다.

• 다이버시티 종류

구분	설명
각도 다이버시티 (Angle Diversity)	전파의 도래방향이 다르면 수신 전계의 페이딩 상태가 달라지는 것을 이용하는 방식
경로 다이버시티 (Path Diversity)	전파경로가 다르면 수신 전계의 페이딩이나 강우감쇠 발생시간, 크기, 빈도 등이 달라지는 것을 이용하는 방식
장소 다이버시티 (Site Diversity)	수신 안테나의 설치장소가 다르면 수신 전계의 페이딩이나 강우감쇠의 발생시간, 크기, 빈도 등이 달라지는 것을 이용하는 방식

37 ①

DSRC(Dedicated Short Range Communication, 단거리 전용통신)

• 노변 기지국과 차량탑재 단말이 근거리 무선통신을 통해 각종 정보를 주고받는 시스템으로써 ITS의 핵심기술이다.

• DSRC 구성

구분	설명
OBU (On-Board Unit)	OBU는 차량에 장착되며 DSRC 통신을 수행하는 장치로서, 차량의 위치, 속도 및 정보를 수집하고, 주변 차량 및 도로 인프라와 통신
RSU (Roadside Unit)	도로나 교통 인프라에 설치되며, DSRC 통신을 지원하는 장치로서 RSU는 차량에게 도로 정보를 전달하거나 차량의 정보를 수집하여 차량 흐름을 관리하는 데 사용
통신 주파수 대역	5.9GHz 주파수 대역을 주로 사용
통신 프로토콜	DSRC는 IEEE 802.11p 표준을 기반으로 한 통신 프로토콜을 사용

38 ③

디지털 워터마킹(Digital watermarking)

• 동영상이나 음성 데이터에 사용자가 알 수 없는 형태로 저작권 정보를 기록하는 장치로 디지털 워터마킹에는 작성자, 저작권자, 작성일 등이 인간의 눈

이나 귀로는 알지 못하도록 숨겨져 있으며, 만약 불법 복제를 위해 디지털 워터마킹 정보를 삭제하려 하면 원래의 동영상이나 음성 정보가 삭제되도록 설계되어 있다.

• 디지털 워터마킹의 특성

구분	설명
비가시성 (perceptual invisibility)	워터마크 신호는 원래의 디지털 데이터를 변경함으로써 삽입 후에도 원본의 변화가 거의 없고, 워터마크의 삽입여부를 감지할 수 없어야 함
강인성 (robustness)	워터마크를 신호의 중요한 부분에 삽입하여 전송이나 저장을 위해 압축할 때 워터마크가 깨지지 않아야 하며 전송 중에 생길 수 있는 노이즈나 여러 가지 형태의 변형과 공격에도 추출이 가능해야 함
명확성 (unambiguity)	추출된 워터마크가 확실한 소유권을 주장할 수 있도록 공격 등에 대해 정확성을 유지해야 함
보안성 (security)	워터마크를 삽입했을 때 컨텐츠가 워터마크를 삽입한 워터마크인지 아닌지를 확인할 수 없어야 하며 관련된 key 값 또는 워터마크 추출 알고리즘 등을 통하여 워터마크의 확인이 가능해야 함
원본 없이 추출 (blindness)	원본 영상 없이 워터마킹된 영상만으로도 워터마크를 검출해야 하며 이는 워터마킹 기법을 온라인상이나 다양한 응용분야의 적용에 있어, 올바른 소유권자를 구별할 수 있어야 하는 현실성을 고려할 때 반드시 가능해야 함

39 ②

부가가치통신망(VAN, Value Added Network)

• **VAN 정의** : 회선을 직접 보유하거나 통신 사업자의 회선을 임차 또는 이용하여 단순한 데이터 전송 이상의 가치를 더해 음성, 데이터 등 다양한 정보를 제공하는 통신망이다.

• **부가가치** : 속도, 프로토콜, 코드 등의 변환처리와 전자사서함, 다자간 통신, 지정시간 배달 등의 저장 전달 교환 등을 의미한다.

40 ②

스마트 워크(Smart Work)

• 스마트 워크란 시간과 장소에 관계없이(Anytime, Anywhere) 업무를 유연하게 처리할 수 있는 근무 형태를 말한다.

• 스마트 워크는 스마트폰, 태블릿 PC를 이용하여 업무를 수행하는 모바일 오피스, 영상회의 시스템 등을 활용하는 원격근무 또는 댁내에서 개인 PC와 VPN을 이용하는 재택근무 등을 포괄한다.

<3과목> 정보통신기기

41 ①

NAS와 CEPT 특징 비교

구분	NAS(T1)	CEPT(E1)
사용국가	북미	유럽
표본화 주파수	8,000[Hz]	8,000[Hz]
프레임당 Bit수	193[bit]	256[bit]
전송채널	24채널	32채널
전송속도	1,544[Mbps]	2,048[Mbps]
압신방식	μ-law	A-law
압축 곡선	15절선	13절선
멀티 프레임 수	12개	16개

※ T1, E1 모두 멀티프레임을 사용하여 전송속도를 증가시킨다.

42 ②
양자화 잡음
- 양자화 잡음 정의 : 양자화 잡음은 연속적인 아날로그 신호를 불연속적인 디지털 신호로 바꾸는 양자화 과정에서 순시 진폭 값의 반올림, 버림에 의해 생기는 잡음을 말한다.
- 양자화 잡음 개선방법
  - 양자화 스텝수를 늘리거나, 비선형 양자화를 하거나, 압신기를 사용한다.
  - 신호 전력대 양자화 잡음비 : 양자화 비트 1[bit] 증가시 6[dB] 증가한다.
  - 양자화 잡음에는 경사과부하(최대값 신호보다 큰 부분)와 그래뉴러(최소값 신호보다 작은부분)이 있으며, 이를 개선하기 위해서는 ADM을 이용해야 한다.

43 ①
PCM 단계
- 표본화(Sampling) : 필요한 정보를 취하기 위해 음성 또는 영상과 같은 연속적인 아날로그 신호를 불연속적인 디지털 신호로 바꾸는 과정이며, 원 신호를 시간 축 상에서 일정한 주기로 추출하는 것을 말한다.
- 양자화(Quantization) : 표본화에 의해 얻은 PAM 신호를 디지털화하기 위해 진폭축으로 이산값(서로 떨어져 있는 값)을 갖도록 처리하는 것을 말하며, 연속적인 아날로그 값을 이산적인 디지털 값으로 바꾸는 A/D변환을 뜻하는 것으로, 표본화된 펄스의 크기를 부호화하기 위한 값으로 바꾸어 주는 과정이다.
- 부호화(Encoding) : 각 데이터 정보 하나 하나에 할당되는 2진 표현으로 바꾸는 과정이며, 양자화된 신호들은 전송 시에 잡음에 매우 민감하므로 전송 및 처리에 적합하도록 부호화하여야 한다.

44 ②
평균전력 계산

파스발(Parseval)의 정리에 의거하여 평균전력 $= 4^2 + \dfrac{5^2}{2} + \dfrac{3^2}{2} = 16 + 12.5 + 4.5 = 33[W]$이다.

45 ③
파장 계산

$\lambda = \dfrac{c}{f}$이고, 주파수 f는 $2[GHz] = 2 \times 10^9$, c는 3×10^8이므로,

$\lambda = \dfrac{3 \times 10^8}{2 \times 10^9} = 0.15[m] = 15[cm]$이다.

46 ②
동축케이블 전기적 특성의 1,2차 정수
- 1차 정수 : 저항, 인덕턴스, 정전용량
- 2차 정수 : 감쇠정수, 위상정수, 전파정수

47 ④
광케이블의 손실
- 광케이블의 손실은 크게 구조 손실, 재료 손실, 회선 손실 3가지로 구분할 수 있다.
- 구조 손실은 불균등 손실, 곡률 손실, 마이크로밴딩 손실 등이 있다.
- 재료 손실은 산란 손실과 흡수손실로 구분될 수 있다.
- 회선 손실은 접속 손실과 결합 손실 등이 있다.

48 ④
소프트 핸드오버(Soft Hand over)
- 핸드오버란 이동 단말이 해당 기지국 서비스 지역을 벗어나 인접 기지국 서비스 지역으로 이동할 때 단말기가 인접 기지국의 새로운 통화 채널에 자동 동조되어 지속적으로 통화 상태가 유지되는 기능을 말한다.

- 소프트 핸드오버는 인접 기지국 2개의 채널을 동시에 운영하며, 종국에는 1개 채널을 서서히 끊게 되므로, 단절없이 부드럽게 통화 채널 절체가 이뤄진다.
- 소프트 핸드오버는 같은 주파수대역을 사용하기 때문에 쉽게 구현 가능하여 CDMA 방식에서 주로 사용한다.

49 ②
동축 케이블의 특징
- 세심동축케이블에는 외부도체 외경이 4.4[mm]와 5.6[mm]인 케이블이 있으며, 외부도체가 4.4[mm]인 세심동축케이블의 내경은 1.2[mm]이다.
- 2선식 케이블의 표피효과를 보완한 케이블이다.
- 외부도체를 접지해서 사용하므로 외부로부터 잡음 및 에코에 강하다.
- 간섭에 강하며, 누화가 적다.
- 가격이 저렴하고, 주파수 특성이 우수하다
- 장거리 전송이 어렵다.

50 ③
맨체스터 부호
- 맨체스터 신호의 극성은 각 비트의 중앙에서 반전한다.
- 디지털 비트 구간의 1/2 지점에서 신호와 위상이 변화한다.(하향천이 '0', 상향천이 '1')
- 수신 동기가 용이하며 오류에 강하고, DC Balance 되어 직류성분 없다.
- 맨체스터 부호의 경우, 하나의 비트구간이 +레벨과 −레벨로 구성되어 2개의 레벨을 가진다.
- 심볼률 = 레벨수×비트율 = $2 \times 4,800 = 9,600[symbols/sec]$ 이다.
- 맨체스터 부호의 점유율 1/2 이므로, 대역폭 $= \dfrac{\text{비트율}}{\text{점유율}} = \dfrac{4,800}{\dfrac{1}{2}} =$

$9,600[Hz]$이다.

51 ③
위성통신에서 사용되는 무선 다원접속 방식
- 디지털 신호를 전송하는 방법으로는 베이스밴드 전송방식과 반송대역 전송방식이 있다.
- 베이스밴드 전송방식은 디지털 신호를 그대로 또는 다른 형식의 디지털 신호로 변환하는 방식이다.
- 반송대역 전송방식은 디지털 신호를 디지털 변조해서 전송하는 방식이다.
- 디지털 변조방식으로는 ASK, FSK, PSK, QAM 등이 있으며, 반송파의 파라미터인 진폭, 주파수, 위상을 변화시켜 전송하는 방식이다.

52 ②
비트 스터핑(Bit Stuffing)
- 비트 스터핑은 HDLC 프로토콜에서 사용하는 제로삽입기술을 말하며, 프레임에 임의의 비트를 삽입해 데이터의 자유로운 전송을 보장하고 오류를 검출하는 방식이다.
- 플래그 비트를 제외한 모든 비트는 1이 6개 이상 연속되지 않도록 하고, 1이 연속적으로 5개가 입력되면 그 다음 6번째에 강제로 0을 삽입하여 송신하는 방식이다.
- 1이 6개 입력되면 플래그, 7개 이상 입력되면 오류로 판단하여 오류를 검출한다.
- 비트 스터핑을 사용함으로서 데이터의 투명성을 보장할 수 있다.

53 ①
비동기 전송 방식(Asynchronous Transmission)
- 비동기 전송은 데이터를 송신장치에서 수신장치로 전송할 때, 서로 간에 타이밍을 맞추지 않고 문자 단위로 전송하는 방식이다.
- 비동기 전송에서 데이터 신호는 Start bit, 데이터, Stop bit로 구분된다.
- 송신장치와 수신장치가 서로 독립적인 시스템 클럭을 사용하지만, Start bit와 Stop bit로 동기를 맞추고 데이터를 인식한다.

- 매번 동기에 따른 부담으로 인해 저속(2,000[bps] 이하) 전송에 많이 쓰인다.
- 문자와 문자 사이에는 휴지시간이 있을 수 있으며, 전송속도와 전송효율이 낮은 방식이다.

오답 피하기

동기식 전송방식은 블록단위 전송, 각 비트마다 타이밍, 전송속도와 전송효율이 높은 방식이다.

54 ②

서브넷(Subnet, Sub Network)
- 서브넷 개념
  - 논리적으로 분할한 네트워크이며, 각각의 서브넷들이 모여 하나의 논리적인 네트워크를 생성한다.
  - IP주소를 효율적으로 사용, 트래픽의 관리 및 제어 가능, 불필요한 브로드캐스팅 메시지를 제한 할 수 있다.
- 서브넷 마스크
  - 서브넷을 분할하는 수단으로, 로컬네트워크의 범위를 조정한다.
  - 라우터에서 서브넷 식별자를 구별하기 위해서 필요하다.
  - 서브넷 마스크는 IP주소와 마찬가지로 32비트로 이루어져 있다.
  - 서브넷 마스크의 비트열이 1이면 해당 IP주소의 비트열은 네트워크 주소 부분으로 간주된다.
  - 서브넷 마스크를 적용하는 방법은 목적지 IP주소의 비트열에 서브넷 마스크 비트열을 AND 연산한다.
  - 서브넷 마스크 목적 : 네트워크 부하를 감소시킨다. 네트워크를 논리적으로 분할한다. 네트워크 ID와 호스트 ID를 구별한다.
- 디폴트 서브넷 마스크
  - 네트워크를 나누지 않고 그대로 쓰는 경우 사용된다.
  - A클래스 : 255.0.0.0이다.
  - B클래스 : 255.255.0.0이다.
  - C클래스 : 255.255.255.0이다.

55 ③

IP 클래스
- 클래스별 주소
  - A클래스 : 첫 비트가 '0'으로 시작하며, 네트워크 주소 8bit, 호스트 주소 24bit이다.
  - B클래스 : 첫 비트가 '10'으로 시작하며, 네트워크 주소 16bit, 호스트 주소 16bit이다.
  - C클래스 : 첫 비트가 '110'으로 시작하며, 네트워크 주소 24bit, 호스트 주소 8bit이다.
- IP주소의 첫 비트 확인
  - 165.132.124.65 → 10100101.132.124.65 → 10으로 시작하므로 B클래스이다.
  - 210.150.165.140 → 11010010.150.165.140 → 110으로 시작하므로 C클래스이다.
  - 65.80.158.57 → 01000001.80.158.57 → 0으로 시작하므로 A클래스이다.

56 ②

디폴트 서브넷 마스크
- 네트워크를 나누지 않고 그대로 쓰는 경우 사용된다.
- A클래스 : 255.0.0.0이다.
- B클래스 : 255.255.0.0이다.
- C클래스 : 255.255.255.0이다.
- 전체를 하나의 네트워크망으로 사용하고자 하므로 서브넷팅이 필요하지 않아, 서브넷 마스크도 디폴트 마스크와 같이 되어 서브넷 마스크는 255.255.0.0이 된다.

57 ④

IPv4-IPv6 전환 방식
IPv4 망에서 IPv6 망으로 자연스럽게 진화시키기 위한 전환 기술로 듀얼스택

기술, 터널링(tunneling) 기술, 변환(translation) 기술 등이 있다.
- 이중 스택(Dual Stack) : IP계층에 IPv4와 IPv6 두 가지의 프로토콜이 모두 탑재되어 있고 통신 상대방에 따라 해당 IP 스택을 선택하는 방식이다.
- 터널링(Tunneling) : 통신방식이 다른 구간에 대하여 새로운 IP 헤더를 추가하여 어떤 프로토콜의 패킷을 다른 프로토콜의 패킷 안에 캡슐화하여 통신하는 방식이다. (예로 IPv6 망에서 IPv4 망을 거쳐 IPv6 망으로 데이터 전달 시 사용하고 IPv6 데이터를 IPv4 패킷에 캡슐화하여 전달한다.)
- IPv4/IPv6 변환(Translation) : IPv4 망과 IPv6 망 사이의 연동 기술로 IPv6 클라이언트가 IPv4 서버에 접속할 때 또는 IPv4 클라이언트가 IPv6 서버에 접속할 때 사용하는 방식으로 IPv6와 IPv4 간의 Address Table을 생성하여 IPv4와 IPv6 주소를 상호 변환하는 기술이다.

58 ①

OSI 모델 기능

기능	설명
응용계층	• 사용자가 네트워크에 접근할 수 있도록 인터페이스를 제공하는 계층으로 사용자에게 가장 직접적으로 보이는 부분임 • HTTP, SMTP, FTP, SNMP 등
표현계층	• 응용프로그램 형식을 네트워크 형식으로 변환하고, 정보의 형식 설정과 코드 교환 암호화 및 판독기능을 수행 • MPEG, JPEG, MIDI 등
세션계층	• 실제 네트워크 연결이 이루어지는 계층으로 프로세스간의 통신을 제어하고, 동기화 제어, 연결, 세션관리 등을 수행
전송계층	• 종점간의 오류수정과 흐름 제어를 수행하여 신뢰성 있고 투명한 데이터 전송을 제공 - 1~3계층을 사용하여 종단점간 신뢰성 있는 데이터 전송 • TCP, UDP
네트워크계층	• 교환, 중계, 경로설정 등을 수행하는 계층으로 라우터들을 바탕으로 데이터를 패킷 단위로 잘게 쪼개어 전송하는 역할을 수행함 • IP, IPX, ICMP, ARP 등
데이터링크계층	• 동기화, 오류제어, 흐름제어, 입출력제어, 회선제어, 동기제어 등의 물리적 링크를 통해 신뢰성 있는 정보를 전송 • HDLC, BSC 등
물리계층	• 전송 매체에서의 전기적 신호전송기능, 제어 및 클럭신호를 제공하고, 전기적, 기계적, 절차적 사항 등을 규정 • RS-232, RS-485 등

59 ④

OSI 7계층 프로토콜
- OSI 7계층 정의 : 네트워크 통신에서 신뢰성 있는 정보 전송을 위해 국제표준기구에서 표준화된 네트워크 구조를 제시한 기본 모델이다.
- OSI 7계층 목적
  - 시스템 상호 간에 접속하기 위한 개념을 규정한다.
  - OSI 표준을 개발하기 위한 범위를 선정한다.
  - 관련 규격의 적합성을 조정하기 위한 공통적인 기반을 제공한다.
  - 개발, 유지보수, 업그레이드, 장비 교체 등을 용이하게 한다.
  - 각 계층을 독립적으로 구분하여 문제를 특정 계층으로 한정시키고 해결하게 한다.

60 ①

에러제어 평가 방법
- 비트 에러율(비트 오율) = $\dfrac{\text{에러 bit수}}{\text{총 전송한 bit수}}$
- 문자 에러율(문자 오율) = $\dfrac{\text{에러 문자수}}{\text{총 전송한 문자수}}$
- 블록 에러율(블록 오율) = $\dfrac{\text{에러 블록수}}{\text{총 전송한 블록수}}$

61 ④

RS-232C (Recomended Standard-232C)

- RS-232C는 EIA/TIA에서 표준화한 DTE 및 DCE 간 양방향 직렬 인터페이스의 물리적 규격안이다.
- RS-232C는 통상, 컴퓨터와 터미널 또는 컴퓨터와 모뎀 등 다양한 기기와의 접속에 사용되며, 기계/전기/기능/절차적 특성을 정의한 표준 규격이다.
- 전기적 변조는 양극 변조방식이며, 9핀 또는 25핀을 사용하는 특징이 있다.
- 속도는 20[kbps]급이며, 이격거리는 15[m] 이내이다.

62 ①

네트워크 분류

- LAN(Local Area Network) : 좁은 지역 좁은 범위에 네트워크를 말한다. 집, PC방, 사무실 등 비교적 좁은 범위의 네트워크이다.
- MAN(Metropolitan Area Network) : 대도시 영역 네트워크, 도시 범위에 네트워크를 말한다. MAN은 상호 연결된 LAN으로 구성된다.
- WAN(Wide Area Network) : 광대한 범위의 네트워크. 국가 범위의 네트워크 범위이다.
- 크기로 보면 LAN 〈 MAN 〈 WAN이다.

63 ③

망형(Mesh Network)

구분	설명
필요회선수	$\dfrac{n(n-1)}{2}$, n : 단말(컴퓨터) 수 $\dfrac{70 \times 69}{2} = 2,415$
장점	신뢰성, 가용성이 높다.
단점	비용이 많이 들며, 설치 또는 관리의 어려움이 있다.

64 ③

DSU(Digital Service Unit)

- 디지털망에 사용하는 회선 종단장치(DCE)이며, 가입자측 장비로 컴퓨터 등 데이터 장비의 비트열 신호를 장거리 전송에 맞게 변환, 전송하는 장비이다.
- 디지털 신호를 먼 곳까지 안전하게 전송할 수 있도록 단극성(Unipolar)신호를 양극성(Bipolar)신호로 변환시킨다.
- 신호 형식은 변환없이 신호 레벨만 높이면 장거리 전송이 가능하다.
- 모뎀, DSU, CSU 비교

구분	모뎀	DSU	CSU
사용 목적	음성급 전화망 모뎀간 전송	데이터 전용망 가입자측 장비	데이터 전용망 국측 장비
전송 신호	아날로그	디지털	디지털
특 징	QAM, DPSK	Unipolar 신호를 Bipolar로 변환	T1, E1 등 전용회선 수용
전송 속도	9.6[Kbps]	64[Kbps]	128[Kbps]

65 ④

통신 프로토콜의 특성

- 두 개체 사이의 통신 방법은 직접 통신과 간접 통신 방법이 있다.
- 프로토콜은 단일 구조 또는 계층적 구조로 구성될 수 있다.
- 프로토콜은 대칭적이거나 비대칭적일 수 있다.
- 컴퓨터를 이용한 온라인(On-Line) 시스템 등장 이후 필요성이 제기되었다.
- 통신 프로토콜의 표준화가 제기되면서 국제전기통신연합(ITU)에서 패킷교환망 용 X.25를 표준화하였다.
- 기능별 계층(Layer)화 프로토콜 기술을 채택하는 네트워크 아키텍처로 발전하게 되었다.

66 ②

X.25

- X.25는 데이터 단말장치와 데이터 회선 종단장치 간의 인터페이스를 제공하며, 통신을 원하는 두 단말장치가 패킷 교환망을 통해 패킷을 원활하게 전달하기 위한 프로토콜이다.
- 계층 구조

구분	설명
패킷 계층	• OSI7 계층의 네트워크계층에 해당 • 패킷 계층의 수행 절차 : 호 설정 - 데이터 전송 - 호 해제 • 호 설정 후, 호 해제 시까지 가상 회선을 이용하여 통신경로를 유지
프레임 계층	• OSI7 계층의 데이터링크 계층에 해당 • 패킷의 원활한 전송을 지원 • 다중화, 순서제어, 오류제어, 흐름제어 기능 등 • LAPB를 사용
물리 계층	• DTE와 DCE 간의 물리적 접속에 관한 인터페이스 정의 • X.21을 사용

67 ①

HDLC 특성

- 단방향, 반이중, 전이중 전송방식 모두 가능하다.
- Go-Back-N ARQ 에러방식을 적용한다.
- 전송 효율과 신뢰성이 향상된다.
- 1차국(명령 송신 및 응답프레임을 수신), 2차국(1차국의 명령 수신 및 응답), 복합국(명령, 응답 모두를 송수신함)으로 구성되어 있다.
- Point-To-Point, Multi-point, Loop 방식은 모두 가능하다.
- 데이터링크계층의 프로토콜이다.

68 ①

프로토콜의 기능

기능	설명

단편화와 재조립	• 단편화(Fragmentation)
	   - 주어진 데이터를 효율적으로 전송하기 위해 전송할 수 있는 일정한 크기의 작은 데이터 블록으로 나누는 것
	 • 재조립(Reassembly)
	   - 수신측에서 분리된 데이터를 적합한 메시지로 재합성하는 과정

캡슐화 (Encapsulation)	데이터에 주소, 에러 검출 부호, 프로토콜 제어 등의 각종 제어 정보를 추가하여 하위계층으로 내려 보내는 과정
연결제어 (Connection Control)	연결설정, 데이터 전송, 연결 해제의 3단계로 연결을 제어하는 기능
흐름제어 (Flow Control)	• 수신부에서 처리할 수 있는 데이터 분량만큼 송신부에서 조절하는 기능 • 인터넷에서는 종단간(End-to-End)흐름제어는 전송계층이 담당
오류제어 (Error Control)	전송 중에서 발생하는 오류를 검출하거나 정정하는 기능
동기화 (Synchronization)	두 개의 통신 개체가 동시에 같은 상태를 유지하도록 하는 기능
주소지정 (Addressing)	주소를 표기하여 데이터의 정확한 전송을 보장하는 기능
다중화 (Multiplexing)	하나의 통신로를 다수의 사용자들이 동시에 사용 가능하게 하는 기능

69 ①

OSI 7계층 프로토콜

- OSI 참조모델은 규정된 방식으로 이기종 시스템 간의 통신을 위한 구조를 제공하며 네트워크 통신을 표준화하고 개선하기 위해 개발된 규정이다.
- 네트워크 통신에서 신뢰성 있는 정보 전송을 위해 국제표준기구에서 표준화된 네트워크 구조를 제시한 기본 모델이다.
- OSI 참조모델은 통신 기능을 7계층으로 나누어 각 계층의 기능을 정의하였다.

70 ④

STM(Synchronous Transfer Mode)

- 동기식 디지털계위의 기본 전송계층 단위이다.
- 유료부하 공간(Payload)은 오버헤드를 제외하고 $9 \times 261B$[byte]이다.
- SDH 전송계위는 STM-n으로 다중화되고, 노드와 노드 사이에서의 전송속도에 따라 STM-1/4/16/32/48 등으로 구분할 수 있다.

SDH	
다중화 계위	전송속도
STM-1	155.52 [Mbps]
STM-4	622.08 [Mbps]
STM-16	2488.32 [Mbps]
STM-32	4976.64 [Mbps]
STM-48	7464.96 [Mbps]

71 ④

위성통신의 지구국

- 지구국 : 우주에 떠 있는 위성에서 지구 쪽의 송수신국을 의미한다.
- 지구국 구성 : 안테나계, 추미계, 송신계, 수신계, 지상 인터페이스계 통신관제 서브 시스템, 측정장치 및 전원 장치로 구성된다.

72 ③

Smart City 기반 시설

기반 시설
• 정보통신 융합기술이 적용된 지능화된 시설
• 초연결 지능정보 통신망
• 관리 운영을 할 수 있는 스마트도시 통합운영센터
• 정보의 수집 및 제공을 위한 건설기술 또는 정보통신기술이 적용된 폐쇄회로 영상장치 등

73 ①

이더넷(Ethernet)

- 이더넷은 CSMA/CD 기술을 사용하여, 이더넷에 연결된 여러 장치들이 하나의 전송매체를 공유할 수 있는 네트워크 기술이다.
- 이더넷 유선 네트워크에서 충돌 감지와 함께 다중 접속 방식으로, 전송 데이터를 공유하는 장치가 네트워크 상태를 감지하고 통신 중인지 확인 후 전송하는 프로토콜이다.
- CSMA/CD

구분	설명
CSMA/CD	• 감시하다가 신호가 있으면 기다리고, 신호가 없으면 전송을 하는 방식 • 가장 많이 사용되는 액세스 방법으로 버스형에서 사용됨 • 사용자가 필요시 액세스하는 방식임 • 작업량이 적어 효과적인 방식임 • 데이터 전송이 필요할 때 임의로 채널을 할당하는 랜덤 할당 방식 • 통신 제어 기능이 단순하여 적은 비용으로 구현 가능

74 ②

전화통신망(PSTN)

- 전화통신망 정의
  - 공공 통신 사업자가 운영하는 공중전화망이라고 하며, 과거로부터 사용되던 일반 공중용 아날로그 전화망을 말한다.
  - 보통 데이터망과는 별도로 전화 위주의 유선 통신망을 지칭한다.
- 전화통신망 특징
  - 전송속도가 느리다.
  - 비트 에러율이 높다.
  - 기존의 시설을 이용할 수 있으므로 광역 서비스가 가능하다.
  - 손쉽게 이용할 수 있으며 별도의 시설투자가 필요치 않다.
  - 교환기능이 있어 어느 곳이라도 통신이 가능하다.
  - 호가 연결된 후 데이터 전송 중에는 일정한 경로를 사용한다.
  - 전송지연이 작다.
  - 연속적인 데이터 전송에 적합하다.
  - 전화망은 회선교환방식(Circuit Switched Network)을 사용한다.

75 ①

FDDI(Fiber Distributed Data Interface)

- FDDI는 멀티모드 케이블(MMF) 광케이블을 사용한 100[Mbps]의 고속 LAN으로, 토큰패싱으로 접속제어하는 링형 통신망을 사용하는 광케이블 토큰링으로 구성되어 있다.
- 고층 빌딩 또는 넓은 구내에서 각 층 혹은 각 건물마다 설치되어 있는 이더넷 등의 LAN을 연결하여, 대규모 LAN으로 하는 것이 대표적인 활용법이다.

76 ④

이동통신망(Mobile Communication Network)

- 이동전화시스템에는 네트워크 전체를 관할하는 OMC(망 관리센터, Operation and Management Center)가 있고, 서비스 지역내의 호 교환을 담당하는 MSC(교환기, Mobile Switching Center)가 있다.
- MSC에는 여러 대의 BSC(기지국 제어기, Base Station Controller)가 연결되어, 각 BSC에 연결된 다수의 BTS(기지국, Base Transceiver System)를 관리하는 역할을 하게 된다.
- 이동통신망 구조

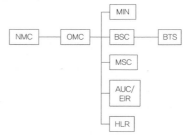

77 ③

대칭키(비밀키)/비대칭키(공개키) 암호화 방식

- 대칭키(비밀키) 암호화 방식은 암복호화에 사용되는 키가 동일한 암호화 방식이다.
- 비대칭키(공개키) 암호화 방식은 암호화에 사용되는 키가 서로 다른 암호화 방식이다.
- 그러므로, 대칭키 암호화 방식은 송수신자가 서로 공유하고 있는 키가 필요하고, 공개키 방식은 송수신자 모두 한 쌍의 키(개인키, 공개키)가 필요하다.
- 통신 인원 수(n)가 4명일 경우, 대칭키/비대칭키 수량은 다음과 같다.
  - 대칭키 : $\frac{n(n-1)}{2} = 6$, 비대칭키 : $2n = 8$

78 ②

개방형 네트워크와 폐쇄형 네트워크
- 개방형 네트워크란 통신사업자가 서비스 공급자에게 네트워크 용량을 충분히 제공할 수 있는 통신망이다. 개방형 네트워크는 사용자들이 다양한 멀티미디어 콘텐츠와 서비스를 제공받기 용이하나, 보안위협 요인에 노출되기 쉬운 단점이 있다.
- 폐쇄형 네트워크란 신뢰 기반의 서비스 공급자와 사용자로 구성된 통신망으로 외부 유입이 어려운 형태이다. 폐쇄형 네트워크는 서비스가 제한적이고, 신규 서비스 도입이 느리지만, 외부 패킷 유입이 어려워 보안위협 요인으로부터 안전하다.

79 ④

NME(Network Management Entity)
- NME는 네트워크 자원을 작업을 위한 소프트웨어 집합체이다.
- NME는 호스트, 스위치, 라우터, 컨트롤러 등과 같은 관리대상의 상위에 위치하고 있으며, 네트워크 자원들의 상태 정보 및 트래픽 수집, 통계 저장, 호스트 요청처리 등을 수행한다.

80 ③

CTMS(Centralization Monitoring Management System), 트래픽 집중 관리 시스템
- 트래픽 집중 관리 시스템을 통해 통신망의 효율적인 관리, 중장기 계획에 과학적인 기초자료 제공과 예견되는 통화 폭주를 미연에 방지할 수 있다.
- Acquisition : 전용회선을 이용한 트래픽 데이터의 수집을 한다.
- Analysis : 수집된 데이터의 분석을 한다.
- Store : 장단기 수요 예측을 위한 데이터의 가공 및 축적을 한다.

〈5과목〉 전자계산기일반 및 정보통신설비기준

81 ④

보편적 역무 : 모든 이용자가 언제 어디서나 적절한 요금으로 제공받을 수 있는 기본적인 전기통신역무를 말한다.

전기통신사업법 제4조(보편적 역무의 제공 등)
③ 보편적 역무의 구체적 내용은 다음 각 호의 사항을 고려하여 대통령령으로 정한다.
1. 정보통신기술의 발전 정도
2. 전기통신역무의 보급 정도
3. 공공의 이익과 안전
4. 사회복지 증진
5. 정보화 촉진

82 ②

용어 정의
도급 : 원도급 · 하도급 · 위탁 기타 명칭여하에 불구하고 공사를 완성할 것을 약정하고, 발주자가 그 일의 결과에 대하여 대가를 지급할 것을 약정하는 계약을 말한다.

83 ②

용어 정의
- **전자문서** : 정보처리시스템에 의하여 전자적 형태로 작성되어 송신 또는 수신되거나 저장된 정보를 말한다.
- **전자서명** : 서명자를 확인하고 서명자가 전자문서에 서명을 하였음을 나타내는데 이용하기 위하여 전자문서에 첨부되거나 논리적으로 결합된 전자적 형태의 정보를 말한다.

84 ④

전기통신사업법
제83조(통신비밀의 보호)
① 누구든지 전기통신사업자가 취급 중에 있는 통신의 비밀을 침해하거나 누설하여서는 아니 된다.
② 전기통신업무에 종사하는 사람 또는 종사하였던 사람은 그 재직 중에 통신에 관하여 알게 된 타인의 비밀을 누설하여서는 아니 된다.
③ 전기통신사업자는 법원, 검사 또는 수사관서의 장, 정보수사기관의 장이 재판, 수사, 형의 집행 또는 국가안전보장에 대한 위해를 방지하기 위한 정보수집을 위하여 다음 각 호의 자료의 열람이나 제출(이하 "통신자료제공"이라 한다)을 요청하면 그 요청에 따를 수 있다.
1. 이용자의 성명
2. 이용자의 주민등록번호
3. 이용자의 주소
4. 이용자의 전화번호
5. 이용자의 아이디
6. 이용자의 가입일 또는 해지일

85 ③

접지설비/구내통신설비/선로설비 및 통신공동구 등에 대한 기술기준
제11조(가공통신선의 높이)
① 설치장소 여건에 따른 가공통신선의 높이는 다음 각호와 같다.
1. 도로상에 설치되는 경우에는 노면으로부터 **4.5m이상**으로 한다. 다만, 교통에 지장을 줄 우려가 없고 시공상 불가피할 경우 보도와 차도의 구별이 있는 **도로의 보도상**에서는 3m이상으로 한다.
2. 철도 또는 궤도를 횡단하는 경우에는 그 철도 또는 궤조면으로부터 **6.5m이상**으로 한다. 다만, 차량의 통행에 지장을 줄 우려가 없는 경우에는 그러하지 아니하다.
3. 7,000V를 초과하는 전압의 가공강전류전선용 전주에 가설되는 경우에는 노면으로부터 **5m이상**으로 한다.
4. 제1호 내지 제3호 및 제2항 이외의 기타지역은 지표상으로부터 4.5m이상으로 한다. 다만, 교통에 지장을 줄 염려가 없고 시공상 불가피한 경우에는 지표상으로부터 3m이상으로 할 수 있다.
② 가공선로설비가 하천 등을 횡단하는 경우에는 선박 등의 운행에 지장을 줄 우려가 없는 높이로 설치하여야 하며, 헬리콥터 등의 안전운항에 지장이 없도록 안전표지(항공표지등)가 설치되어야 한다.

86 ④

- **정보통신설비** : 유선, 무선, 광선, 그 밖의 전자적 방식으로 부호 · 문자 · 음향 또는 영상 등의 정보를 저장 · 제어 · 처리하거나 송수신하기 위한 기계 · 기구(기구) · 선로(선로) 및 그 밖에 필요한 설비를 말한다.
- **전기통신설비** : 전기통신을 하기 위한 기계 · 기구 · 선로 또는 그 밖에 전기통신에 필요한 설비를 말한다.
- **자가전기통신설비** : 사업용전기통신설비 외의 것으로서 특정인이 자신의 전기통신에 이용하기 위하여 설치한 전기통신설비를 말한다.

87 ③

방송통신발전기본법
제28조(기술기준)
① 방송통신설비를 설치 · 운영하는 자는 그 설비를 대통령령으로 정하는 기술기준에 적합하게 하여야 한다.
② 방송통신사업자는 과학기술정보통신부장관이 정하여 고시하는 방송통신설비를 설치하거나 설치한 설비를 확장하기 위하여 다음 각 호의 어느 하나에 해당하는 경우에는 방송통신설비가 제1항에 따른 기술기준에 적합한지를 시험하고 그 결과를 기록 · 관리하여야 한다. 다만, 방송통신설비를 임차하여 방송통신서비스를 제공하는 등 대통령령으로 정하는 방송통신사업자의 경우에는 그러하지 아니하다.
③ 방송통신설비의 설치 및 보전은 설계도서에 따라 하여야 한다.
④ 제3항에 따른 설계도서의 작성에 필요한 사항은 대통령령으로 정한다.
⑤ 과학기술정보통신부장관은 방송통신설비가 기술기준에 적합하게 설치 · 운영되는지를 확인하기 위하여 다음 각 호의 어느 하나에 해당하는 경우에는 소속 공무원으로 하여금 방송통신설비를 설치 · 운영하는 자의 설비를 조사하거

나 시험하게 할 수 있다.
1. 방송통신설비 관련 시책을 수립하기 위한 경우
2. 국가비상사태에 대비하기 위한 경우
3. 재해 · 재난 예방을 위한 경우 및 재해 · 재난이 발생한 경우
4. 방송통신설비의 이상으로 광범위한 방송통신 장애가 발생할 우려가 있는 경우
⑥ 제5항에 따른 조사 또는 시험을 하는 경우에는 조사 또는 시험 7일 전까지 그 일시, 이유 및 내용 등 조사 · 시험계획을 방송통신설비를 설치 · 운용하는 자에게 알려야 한다. 다만, 긴급한 경우이거나 사전에 통지를 하는 경우 증거인멸 등으로 조사 · 시험 목적을 달성할 수 없다고 인정하는 경우에는 그러하지 아니하다.

88 ①
전기통신기본법
제4조(정부의 시책)
과학기술정보통신부장관은 이 법의 목적을 달성하기 위하여 전기통신에 관한 기본적이고 종합적인 정부의 시책을 강구하여야 한다.

89 ①
방송통신설비의 안전성 · 신뢰성 및 통신규약에 대한 기술기준
제4조(안전성 · 신뢰성 기준)
방송통신서비스에 사용되는 방송통신설비가 갖추어야 할 안전성 및 신뢰성에 관한 기준
제2장 통신국사 및 통신기계실의 조건
1. 입지조건
중요한 통신설비의 설치를 위한 통신국사 및 통신기계실은 다음 사항을 고려하여 구축하거나 선정한다.
• 풍수해로부터 영향을 많이 받지 않는 곳. 다만, 부득이한 경우로서 방풍, 방수 등의 조치를 강구하는 경우에는 그러하지 아니하다.
• 강력한 전자파장해의 우려가 없는 곳. 다만, 전자차폐등의 조치를 강구하는 경우에는 그러하지 아니하다.
• 주변지역의 영향으로 인한 진동발생이 적은 장소

90 ③
용어정의
• 용역 : 다른 사람의 위탁을 받아 공사에 관한 조사, 설계, 감리, 사업관리 및 유지관리 등의 역무를 하는 것을 말한다.
• 도급 : 원도급, 하도급, 위탁, 그 밖에 명칭이 무엇이든 공사를 완공할 것을 약정하고, 발주자가 그 일의 결과에 대하여 대가를 지급할 것을 약정하는 계약을 말한다.
• 수급인 : 발주자로부터 공사를 도급받은 공사업자를 말한다.
• 하도급 : 도급받은 공사의 일부에 대하여 수급인이 제3자와 체결하는 계약을 말한다.
• 감리 : 공사(『건축사법』 제4조에 따른 건축물의 건축등은 제외한다)에 대하여 발주자의 위탁을 받은 용역업자가 설계도서 및 관련 규정의 내용대로 시공되는지를 감독하고, 품질관리 · 시공관리 및 안전관리에 대한 지도 등에 관한 발주자의 권한을 대행하는 것을 말한다.

91 ④
자료구조
• 프로그램에서 자료를 기억장치의 공간에 저장하는 방법과 저장된 자료 간의 관계를 말한다.
  • 선형자료구조 : 하나의 자료의 뒤에 다른 하나의 자료가 존재하는 방식이다. 1:1 관계이고 배열, 리스트가 대표적이다.
  – 선형 리스트(Linear List) : 배열과 같이 연속되는 기억장소에 저장되는 리스트이다. 간단하고 접근속도가 빠르고 저장 효율이 높다. ex) 배열(Array)
  – 연결 리스트(Linked List) : 자료들을 반드시 연속적으로 배열시키지는 않고 노드의 포인터 부분을 이용하여 서로 연결한다. 삽입, 삭제가 쉽다.
  – 스택(Stack) : 리스트의 한쪽 끝으로만 자료의 삽입, 삭제 작업이 이루어진다.
  – 큐(Queue) : 선형 리스트의 한쪽에서는 삽입, 다른 한쪽에서는 삭제 작업이 이루어지도록 구성된 자료구조이다.

  – 디큐(Deque) : 삽입과 삭제가 리스트의 양쪽 끝에서 모두 발생할 수 있는 자료구조
• 비선형 자료구조 : 하나의 자료 뒤에 여러 개의 자료가 이어지는 방식이다. 1:n 관계로 트리, 그래프가 대표적이고 계층적 구조를 나타낼 수 있다.

92 ②
2진수 그레이코드 변환
최상위 비트는 그대로 이동하고 그다음 자리는 앞자리 비트와 XOR 연산한다.

2진수	1	1	0	1	1
	이동	XOR	XOR	XOR	XOR
그레이코드	1	0	1	1	0

93 ④
멀티프로세서 유형
• SISD : 직렬컴퓨터로 보편적인 컴퓨팅유형이며 PC 등이 있다.
• SIMD : 여러 프로세서로 구성될 수 있으며 제어장치에 의해 같은 명령어로 여러 데이터를 처리한다.
• MISD : 각 프로세서는 서로 다른 명령어를 실행하지만 처리하는 데이터는 단일 스트림이다.
• MIMD : 전형적인 병렬컴퓨터로 여러 개의 프로세서가 다른 명령어로 다른 데이터를 처리한다.

94 ②
메모리 배치전략
기억장치 배치전략은 새로운 데이터를 주기억장치 영역 어느 곳에 배치할지 결정하는 전략이다. 선택 후 남는 공간을 이후에 활용할 가능성이 높은 방식은 최악적합이다.
• 최초적합(First Fit) : 기억장치의 사용 가능한 공간을 검색하여 순차적으로 처음 찾은 곳을 할당하는 방식이다.
• 최적적합(Best Fit) : 사용 가능한 공간에서 데이터의 크기와 차이가 가장 작은 것을 선택하는 방식이다. 가용공간들에 대한 목록이 크기 순서대로 정렬되어 있어야 한다.
• 최악적합(Worst Fit) : 사용 가능한 공간에서 가장 큰 공간에 할당한다. 할당하고 남은 공간을 크게 하여 다른 프로세스들이 사용하도록 하는 방식이다. 가용공간들에 대한 목록이 크기 순서대로 정렬되어 있어야 한다.

95 ①
해밍코드
패리티 비트 위치
P1 = 1, 3, 5, 7
P2 = 2, 3, 6, 7
P4 = 4, 5, 6, 7
비트에 대한 패리티 비트가 된다.

순서	1	2	3	4	5	6	7
코드	P1	P2	1	P4	0	0	1

P1 = 1, 3, 5, 7 = P1, 1, 0, 1 = 0, 1, 0, 1 , P1 = 0
P2 = 2, 3, 6, 7 = P2, 1, 0 ,1 = 0, 1, 0, 1 , P2 = 0
P4 = 4, 5, 6, 7 = P4, 0, 0, 1 = 1, 0, 0, 1 , P4 = 1
0011001

96 ①
비선형 자료구조, 이진 트리
• 이진 트리는 하나의 자료 뒤에 여러 개의 자료를 가지는 비선형 자료구조이고 계층관계를 가진다.
• 트리의 길이(Length) : 출발 노드에서 목적지 노드까지 거쳐야 하는 가지의 수이다.
• 트리의 높이(Height) : 루트 노드에서 가장 깊은 노드까지의 길이이다.

- 트리의 깊이(Depth) : 루트 노드에서 특정 노드까지의 길이이다.
- 높이가 h인 포화 이진 트리(full binary tree)는 $2^h - 1$개의 노드를 가진다.
  (루트 노드의 높이는 1로 할 때) → $2^5 - 1 = 31$

97 ②
ROM
- 마스크 ROM(Masked ROM) : 제조과정에서 데이터 저장된 메모리. 내용 변경이 불가능하다.
- PROM(Programmable ROM) : 사용자가 한번 데이터를 기록할 수 있는 메모리이다.
- EPROM(Erasable PROM) : 자외선을 이용하여 데이터를 삭제 가능한 메모리이다. 여러 번 프로그래밍 가능하다.
- EEPROM(Electrically EPROM) : 전기적으로 지울 수 있는 프로그래밍이 가능한 메모리이다.

98 ②
CPU 구성
- 제어장치 : CPU에 연결된 장치의 동작을 지시하고 제어하는 장치이다.
- 연산장치 : 산술 연산과 논리 연산을 수행한다.
- 레지스터 : 임시 기억 장소로 명령, 주소, 데이터 등을 일시적으로 저장하는 고속기억장치이다.
- 버스시스템 : 주소버스, 데이터버스, 제어버스로 구성한다.

99 ④
운영체제 운영방식
- 일괄 처리(Batch Processing) : 처리할 데이터를 일정 기간 또는 일정량으로 모아 두었다가 한꺼번에 처리하는 방식이다.
- 멀티 프로그래밍(Multi Programming) : 하나의 CPU로 동시에 여러 프로그램을 처리하는 방식이다.
- 멀티 프로세싱(Multi-processing) : 하나의 컴퓨터에 여러 개의 CPU를 설치하여 프로그램을 처리하는 방식이다.
- 멀티 태스킹(Multi-tasking) : 정해진 시간 동안 교대로 task를 수행하는 방식이다.
- 멀티 쓰레딩(Multi-threading) : 프로세스의 여러 스레드를 동시에 실행하는 방식이다.

100 ①
2의 보수
각 비트 자릿수의 반전으로 1의 보수를 구하고 +1 하여 2의 보수를 구한다.
0.111 → 0.000 → 0.001

	0.111
1의 보수	0.000
+1	0.001
2의 보수	0.001

01 ④	02 ③	03 ③	04 ②	05 ④
06 ③	07 ③	08 ①	09 ①	10 ③
11 ②	12 ④	13 ④	14 ③	15 ③
16 ③	17 ③	18 ④	19 ①	20 ④
21 ①	22 ③	23 ②	24 ③	25 ③
26 ①	27 ①	28 ②	29 ④	30 ②
31 ①	32 ①	33 ①	34 ②	35 ④
36 ①	37 ③	38 ④	39 ②	40 ①
41 ②	42 ③	43 ①	44 ④	45 ①
46 ②	47 ②	48 ③	49 ②	50 ③
51 ④	52 ②	53 ④	54 ③	55 ②
56 ③	57 ②	58 ④	59 ①	60 ③
61 ④	62 ①	63 ④	64 ①	65 ④
66 ④	67 ②	68 ②	69 ①	70 ④
71 ②	72 ④	73 ③	74 ①	75 ①
76 ④	77 ③	78 ①	79 ③	80 ①
81 ④	82 ③	83 ④	84 ②	85 ②
86 ④	87 ③	88 ①	89 ③	90 ②
91 ③	92 ①	93 ①	94 ①	95 ①
96 ①	97 ③	98 ③	99 ④	100 ①

〈1과목〉 디지털전자회로

01 ④
다이오드
- 다이오드는 전류를 한쪽 방향으로만 흐르게 하는 소자로 순방향(단락, Short)과 역방향(개방, Open)이 있다.
- 위 문제 회로는 다이오드가 전원과 반대방향인 역방향 바이어스 회로로 다이오드 양단에 걸리는 전압은 7[V]가 된다. 만약, 다이오드가 전원과 동일한 방향의 순방향 바이어스 회로라면, 다이오드 양단에 걸리는 전압은 0[V]가 된다.

02 ③
리플(Ripple)
- 리플은 신호(전압 등)의 부분적인 변동으로, 실제 정류기의 출력은 직류성분만 있지 않고, 약간이지만 존재하는 교류 성분을 말한다.
- 리플은 직류 성분을 중심으로 변화하는 신호로서, 콘덴서의 충전과 방전으로 인한 출력전압의 변동이다.

03 ③
브리지(Bridge) 정류회로
- 브리지 정류회로는 다이오드 4개를 브리지 모양으로 구성한 단상 전파 정류회로이다.
- 브리지 정류회로는 입력되는 전압과 동일한 전압이 출력되는 회로로 저전압 정류에 적합하다.
- 위 문제의 회로에서는 Vs가 양의 전압일 경우, B→A쪽으로 정류된 전류가 흐른다.
- R_L에 걸리는 최대 전압은 변압기(T) 2차 전압의 최대치에 가깝다.
- 다이오드에 걸리는 최대 역방향 전압은 변압기 2차측 전압의 실효치에 가깝다.

04 ②
병렬저항 이상형 발진회로
- 병렬저항 이상형 발진회로는 출력단에 저항을 병렬로 접속하고, 콘덴서를 이용하여 RC회로를 여러 단 연결하여 출력에서 위상을 180도 바꾼 다음 궤환시켜 발진하는 회로이다.
- 발진주파수 $f_0 = \dfrac{1}{2\pi\sqrt{6}\,RC}$ [Hz]이다.
- 그러므로, $R = \dfrac{1}{2\pi\sqrt{6}\,Cf_0} = \dfrac{1}{2\pi\sqrt{6}\,(0.01\times10^{-6})\times(1.6\times10^3)}$
  $\fallingdotseq 4[\mathrm{k\Omega}]$이다.

05 ④
고정 바이어스 회로
- 고정 바이어스회로는 베이스-이미터 접합을 바이어스하기 위해 단일 전원인 Vcc를 사용하는 회로이다.
- $V_{CC} = I_B R_B + V_{BE}$이므로, $R_B = \dfrac{V_{CC} - V_{BE}}{I_B}$이다.
- 여기서 $I_C \fallingdotseq \beta I_B$이므로 위 문제에서 $I_B = \dfrac{10\times10^{-3}}{100} = 0.1[\mathrm{mA}]$이다.
- 따라서 $R_B = \dfrac{10 - 0.7}{0.1\times10^{-3}} = 930[\mathrm{k\Omega}]$이다.

06 ③
차동 증폭기(Differential Amplifier)에서 동(위)상 이득이 감소하는 경우
- 차동 증폭기는 두 입력 신호(Vs)의 전압차를 증폭하는 회로로 연산 증폭기 등에 주로 사용된다.
- 문제와 같은 차동 증폭기에서 동상이득이 감소하는 경우는 다음과 같다.
  - h_{fe} 값이 큰 트랜지스터를 사용하는 경우
  - 이미터 저항 R_E값을 증가시키는 경우
  - 전기적 특성이 동일한 트랜지스터(Q_1, Q_2)를 선정하는 경우

07 ③
전치 증폭기(Pre Amplifier)
- 전치 증폭기는 원 신호의 레벨이 낮아서 메인 증폭기의 입력신호로 사용할 수 없을 때, 원 신호를 일정 수준까지 올리기 위한 첫 번째(1차) 증폭기이다.
- 전치 증폭기는 메인 증폭기의 역할이 아니므로 상대적으로 증폭률이 낮고, 초기신호를 정형하는 역할을 한다.
- 전치 증폭기는 일반적으로 2차 증폭기나 종단 증폭기에 비해 증폭률이 낮다.

08 ①
빈 브리지 발진회로
- 콘덴서와 저항으로 구성된 CR발진회로로, 부궤환 회로에 평형 브리지를 이용해서 주파수 선택성을 갖도록 하고, 정궤환에 의해서 정현파 발진을 하는 회로이다.
- 발진주파수 $f_0 = \dfrac{1}{2\pi\sqrt{R_1 R_2 C_1 C_2}}$[Hz]
- 빈 브리지 발진기는 5Hz ~ 1MHz의 저주파수대의 발진기이며, 작은 왜곡이 요구될 때 사용된다.

09 ①
비반전 증폭기(Non Inverting OP-Amp)
- 비반전 증폭기는 출력전압의 일부를 반전 입력에 되돌려 주는 형태의 증폭기를 말한다.
- 비반전 증폭기는 입력신호가 증폭기의 비반전 입력단자(+)에 인입되기 때문에 출력전압은 입력전압과 동위상이다.
- 이상적인 비반전 증폭기는 입력신호가 무한대이고, 두 단자에 흐르는 전류값은 0이 된다.
- 폐루프 이득은 $\dfrac{V_{out}}{V_{\in}} = 1 + \dfrac{R_2}{R_1}$으로 1보다 크며, 입출력 위상은 동상이다.

10 ③
동작점(Q)
- 동작점이란 트랜지스터의 콜렉터 전류(I_C) 및 콜렉터-이미터 전압(V_{CE})가 특정한 직류값을 갖는 점을 말한다.
- 동작점은 부하선(load line)과 소자의 특성곡선의 교점을 찾는 방식을 주로 사용한다.
- 근사방법을 이용한 해석

$V_B = \dfrac{R_2}{R_1 + R_2} V_{CC} = \dfrac{8[\mathrm{k\Omega}]}{80[\mathrm{k\Omega}] + 8[\mathrm{k\Omega}]} \times 20[V] = 1.8[V]$

$V_E = V_B - V_{BE} = 1.1[V]$

$\therefore I_{CQ} \simeq I_E = \dfrac{V_E}{R_E} = 1.1[\mathrm{mA}]$

$\therefore V_{CEQ} = V_{CC} - I_C(R_C + R_E) = 20 - (1.1[\mathrm{mA}])(8[\mathrm{k\Omega}] + 1[\mathrm{k\Omega}])$
$= 10.1[V]$

11 ②
bps와 변조속도와의 관계
- 변조속도는 신호의 변조과정에서 1초 간에 몇 회 변조가 되어졌는가를 나타낸다.
- bps(데이터 신호속도) $= n \times B$ [bps] (n : 한번에 전송하는 비트수, B : 변조속도)로 $9,600 = \log2 M \times B$(변조속도)이고, M = 16 = 2^4이므로

B(변조속도) $= \dfrac{9,600}{\log_2 2^4} = \dfrac{9,600}{4} = 2,400[\mathrm{Baud}]$ 이다.

12 ④
펄스 폭 변조(PWM)
- PAM파를 만들어 슬라이스 회로와 지연회로를 사용하여 펄스의 폭을 조절하는 펄스 변조방식이다.
- 진폭에 따라 폭이 결정되는 것으로, 진폭이 크면 폭이 넓게 표시된다.
- 펄스의 상승과 하강을 급격하게 하여 S/N비의 개선이 가능하며, 모터 및 전압 제어에 사용된다.

> **오답 피하기**
> PWM 변조는 진폭 제한기의 사용으로 수신 신호의 레벨변동(페이딩)을 제거할 수 있다.

13 ④
주파수 변조(FM)에서 S/N을 개선하기 위한 방법
- 송신측에 Pre-Emphasis, 수신측에 de-Emphasis 회로를 사용한다.
- 변조지수를 크게 한다.
- 주파수 대역폭을 크게 한다.
- 최대 주파수 편이를 크게 한다.

14 ③
주파수 변조 특징
- 신호대 잡음비가 우수하고, 외부 잡음이나 간섭에 강하다.
- 레벨 변동에 강하며, 송신효율이 우수하다.
- 점유 주파수 대역폭이 넓으며, 송/수신기 구성이 복잡한 단점이 있다.
- AM에 비해 이득, 선택도, 감도가 우수하다.
- 에코 간섭, 페이딩의 영향을 덜 받고, S/N가 개선된다.

진폭변조 특징
- 송수신 회로가 간단하며, 점유 주파수 대역이 좁다.
- 약한 전계에서도 수신이 가능하다.
- 잡음이나 간섭에 취약하고, 레벨 변동에 약한 단점이 있다.
- SNR 개선을 위해 송신 출력을 높여야하고, 과변조시 왜곡이 발생한다.

15 ③

- **멀티바이브레이터** : 스위치 회로의 기본회로로서 구형펄스 발행회로나 계수기 등에 사용된다.
- **슈미트트리거 회로** : 정현파를 이용하여 구형파를 얻을 때 사용되며, A/D 변환기 또는 비교회로 등에 응용된다.
- **부트스트랩 회로** : 콘덴서를 순간적으로 충전시켜 MOSFET의 게이트에 문턱 전압 이상의 전압을 인가시켜주는 회로이다.
- **슬라이서 회로** : 특정레벨로 파형의 상부와 하부를 잘라내는 역할의 회로이며, 정현파 신호로부터 구형파 신호를 생성한다.

16 ③

다수결 회로

다수결 회로는 3개의 입력 중 2개 이상이 1이 될 때 출력이 나오는 회로이며, 출력이다.

17 ③

리플 카운터(Ripple Counter) 회로

- 리플 카운터는 비동기 방식의 대표적인 회로로서, 플립플롭의 클럭 펄스 입력이 외부에서 인가되는 것이 아니라 전단의 출력이 트리거(Trigger) 입력으로 들어온다.
- n개의 플립플롭을 연결하면 원래의 상태로 Reset되기 전에 2^n까지 카운터 할 수 있다.
- 리플 카운터를 이용한 N진 카운터 설계에서 필요한 플립플롭 개수 n은 $2^{n-1} \leq N \leq 2^n$이므로, $2^{n-1} \leq 25 \leq 2^n$를 만족하는 n은 5이며, 5개의 플립플롭이 필요하다.

18 ④

배타적 논리합 회로(Exclusive−OR)

- Exclusive−OR은 두 입력값 중 어느 하나가 참인 경우, 결과값이 참이 되는 논리회로이다.
- 많은 응용회로에 중요하게 사용되어 기본 논리 소자로 취급되며, 두 개의 입력이 다를 때만 1을 출력한다.
- $Y = \overline{A}B + A\overline{B} = A \oplus B$으로 배타적 OR 회로와 등가이다.
- $Y = \overline{\overline{\overline{AB} \cdot A} \cdot \overline{\overline{AB} \cdot B}} = \overline{\overline{AB} \cdot A} + \overline{\overline{AB} \cdot B}$
  $= \overline{\overline{AB}} \cdot A + \overline{\overline{AB}} \cdot B = (A + \overline{B}) \cdot A + (\overline{A} + B) \cdot B$
  $= \overline{A}A + A\overline{B} + \overline{A}B + B\overline{B} = 0 + A\overline{B} + \overline{A}B + 0$
  $= A\overline{B} + \overline{A}B$

이다.

19 ①

배타적 논리합 회로(Exclusive−OR)

- Exclusive−OR은 두 입력값 중 어느 하나가 참인 경우, 결과값이 참이 되는 논리회로이다.
- 많은 응용회로에 중요하게 사용되어 기본 논리 소자로 취급되며, 두 개의 입력이 다를 때만 1을 출력한다.
- $Y = \overline{A}B + A\overline{B} = A \oplus B$으로 배타적 OR 회로와 등가이다.

20 ④

슈미트 트리거 회로 특징

- 증폭기에 양(+) 궤환을 걸어 입력신호 진폭에 따른 2개의 안정 상태를 갖는다.
- 입력 전압이 일정 값 이상일 경우, 상승 펄스파를 사용하고, 일정값 이하가 되면 하강 펄스파를 만든다.
- 정현파를 이용하여 구형파를 얻을 때 사용되며, A/D 변환기나 비교회로 등에도 응용된다.
- 입력 전압의 크기로 회로의 개폐(On/Off)를 결정한다.

⟨2과목⟩ 정보통신시스템

21 ①

정보통신시스템 구성

정보통신시스템	구성
데이터 전송계	• 단말장치 • 데이터 전송장치 : 신호변환장치, 전송회선 • 통신제어장치
데이터 처리계	컴퓨터 : 중앙처리장치, 주변장치

22 ③

NFC

- RFID(Radio Frequency Identification) 기술을 기반으로 하며, 근접한 기기 간에 안전하게 데이터를 교환하는 기술이다.
- 동작 주파수는 주로 13.56MHz로서, 근거리 무선통신 기술인 RFID(Radio Frequency Identification)와도 호환된다.
- 전송거리가 10[cm] 이내이다.
- P2P(Peer to Peer)기능이 가능하다.
- 데이터 전송 속도는 최대 424Kbps까지 가능하다.
- 다른 기기들과의 간섭이 최소화되고, 안전한 통신을 할 수 있다.
- NFC를 사용하는 디지털 장치들은 NFC 태그를 통해 간편한 설정 및 통신을 할 수 있다.

23 ②

정보처리시스템

- 정보통신시스템은 원거리에 분산되어 있는 단말들 간 정보를 전송, 처리하기 위한 상호 유기적 결합 시스템으로 정보전송시스템과 정보처리시스템으로 구분된다.
- **정보전송시스템** : 단말장치, 데이터 전송회선(신호변환장치/통신회선), 통신제어장치
- **정보처리시스템** : 컴퓨터(중앙처리장치/기억장치/입출력장치), 주변기기

24 ③

DTE to DCE 인터페이스

- 데이터 단말장치(DTE)와 데이터 회선종단장치(DCE)를 상호 접속하는 것을 의미한다.
- DTE to DCE 인터페이스는 RS−232로 표준화 되어 있다.

25 ③

서비스 프리미티브

- 상위계층이 하위계층에게 서비스를 요청하고 하위계층은 여기에 대해 응답을 보내는 것으로 요구, 지시, 응답, 확인의 4종류가 있다.
- **서비스 프리미티브 기능**

정보통신시스템	구성
요구 (Request)	상위계층이 하위계층에게 서비스를 요청
지시 (Indication)	하위계층이 상위계층에게 상대편으로부터 어떤 요청이 전달됐음을 알림
응답 (Response)	상위계층이 하위계층에게 Indication에 대한 응답을 보냄
확인 (Confirm)	하위계층이 상위계층에게 Request에 대한 응답을 보냄

26 ①
TCP/IP

- TCP/IP는 전송제어 프로토콜과 인터넷 프로토콜로 구성되며, 인터넷으로 통신하는 데 있어 기반이 되는 프로토콜이다.
- 표준, 규약으로 데이터를 주고받기 위한 프로토콜이다.

OSI 7 Layer Model	TCP/IP 프로토콜
응용 계층	응용 계층
표현 계층	
세션 계층	
전송 계층	전송 계층
네트워크 계층	인터넷 계층
데이터링크 계층	네트워크 인터페이스
물리 계층	

27 ①
정보통신표준

- **국제표준** : 국제표준화기구(ITU, ISO, IEC, JTC1 등)에서 채택하여 일반대중이 이용하도록 제공하는 표준이다.
- **지역표준** : 유럽, 아시아 등 지역내 국가가 참여하는 지역 표준화 기구(ETSI, CEN, APT 등)에서 채택하여 해당지역의 일반대중이 이용하도록 제공하는 표준이다.
- **국가표준** : 국가표준화기구(ANSI, BSI 등)에서 채택하여 자국의 일반대중이 이용하도록 제공하는 표준이다.
- **단체표준** : 국가 내 관련 기업이나 연구기관, 소비자, 학계 등 이해관계인이 참여하는 자국 내 표준이다.

28 ②

- **최번시** : 최번시(최적의 번호 배정 방법)란, 전화망에서 1일 중에 호(Call)가 가장 많이 발생하는 1시간을 의미한다. 호는 전화의 이용자가 통신을 목적으로 통신회선을 사용하는 행위이다.
- **통화량**(Traffic Volume)
  - 각호의 발생 횟수에 따른 보유시간의 곱이다.
  - 문제 = $[\dfrac{2분 \times 240(개)}{60(분)}]$ = 8[Erl] 이다.

29 ④
응용계층

- OSI 모델에서 정의되는 최상위 계층이며, 응용프로세스 간의 정보교환기능을 실현한다.
- 응용계층은 최종 사용자가 직접 사용할 수 있는 서비스를 제공하는 사용자 계층을 의미한다.
- 응용프로세스 간의 정보교환 및 웹, 전자우편, 파일 전송 등의 기능을 수행한다.

30 ②
패킷의 교환방식
- 데이터그램 패킷교환방식

구분	설명
정의	• 가상 회선을 설정하지 않고, 데이터를 작은 패킷으로 분할하여 독립적으로 전송하는 방식 • 각각의 패킷은 목적지 주소와 라우팅 정보를 포함하고 있어서, 패킷교환망을 통해 개별적으로 경로를 결정하여 목적지로 전송
특징	• 비연결성 • 독립적 패킷 전송 • 라우팅 정보 포함 • 네트워크의 상태에 따라 최적 경로가 동적으로 변경(동적 라우팅) • 네트워크의 유연성이 높음 • 비 신뢰성 • 전송속도 느림 • 경로설정 안함 • 오류제어 안함

- 가상회선 패킷교환방식

구분	설명
정의	• 데이터를 가상회선이라는 논리적인 연결을 통해 전송하는 방식 • 가상회선은 논리적인 회선으로, 데이터를 전송하기 위해 패킷교환망 내에서 경로를 미리 설정하여 데이터를 전송하는 데 사용
특징	• 가상회선 설정 • 연결기반 통신 • 물리적인 회선을 공유되는 회선 자원 공유 • 데이터 전송이 끝날 때까지 가상회선의 유지 • 신뢰성 있음 • 전송속도 빠름 • 경로설정으로 인한 지연 발생 • 교환기마다 오류제어함

31 ①
CSMA/CD

구분	설명
CSMA/CD	• 감시하다가 신호가 있으면 기다리고, 신호가 없으면 전송을 하는 방식 • 가장 많이 사용되는 액세스 방법으로 버스형에서 사용됨 • 사용자가 필요시 액세스하는 방식임 • 작업량이 적어 효과적인 방식임 • 데이터 전송이 필요할 때 임의로 채널을 할당하는 랜덤 할당 방식 • 통신 제어 기능이 단순하여 적은 비용으로 구현 가능

32 ①
위성통신 회선 할당 방식
- 위성통신 회선 할당 방식은 다원접속을 통해 위성중계기의 자원을 각 지구국에 할당하는 방법으로 PAMA, RAMA, DAMA 등이 있다.
- 종류

할당 방식	구분	설명
PAMA (사전할당 다원접속)	개념	고정된 주파수를 지구국에 사전할당하는 방식 (고정)
	특징	• 사전할당 방식 • 주파수, 타임슬롯 고정 • 미사용시에도 자원 대기함 • 자원 사용유연성이 낮음
RAMA (임의할당 다원접속)	개념	망의 상태와 무관하게 각 지구국에 전송할 정보가 발생하면 임의 주파수를 할당하는 방식
	특징	• 경쟁할당 방식 • 전송 트래픽 발생시 여유자원에 대하여 할당 • 충돌 가능성 있음 • 비실시간 특성 전송분야에 적용
DAMA (요구할당 다원접속)	개념	지구국이 주파수를 요구할 때 주파수를 할당하고 회수하는 방식
	특징	• 전송요구시 할당 • 자원의 효율적 사용 • 제어관리가 복잡함 • 중앙제어, 분산제어 방식

33 ①
허브(Hub)

- 2계층 장비로서 다수의 PC와 장치들을 묶어서 LAN을 구성할 때 각각의 PC에 연결된 케이블을 하나로 모으는 역할을 해주는 네트워크 장비이다.
- 구내 정보통신망(LAN)과 단말장치를 접속한다.
- 한 사무실이나 가까운 거리의 컴퓨터들을 UTP 케이블을 사용하여 연결하기 위해 사용된다.
- 데이터가 하나 또는 그 이상의 방향으로부터 한곳으로 모이는 장소로서, 들어온 데이터들은 다시 하나 또는 그 이상의 방향으로 전달한다.

34 ②

X.25
- X.25는 단말장치와 데이터 회선 종단장치 간의 인터페이스를 제공하며, 통신을 원하는 두 단말장치가 패킷교환망을 통해 패킷을 원활하게 전달하기 위한 프로토콜이다.
- **계층 구조**

구분	설명
패킷 계층	• OSI7 계층의 네트워크 계층에 해당 • 패킷 계층의 수행 절차 : 호 설정 – 데이터 전송 – 호 해제 • 호 설정 후, 호 해제 시까지 가상회선을 이용하여 통신경로를 유지
프레임 계층	• OSI7 계층의 데이터링크 계층에 해당 • 패킷의 원활한 전송을 지원 • 다중화, 순서제어, 오류제어, 흐름제어 기능 등 • LAPB를 사용
물리 계층	• DTE와 DCE 간의 물리적 접속에 관한 인터페이스 정의 • X.21을 사용

35 ④

광대역통합망(BcN, Broadband Convergence Network)
- BcN은 다양한 서비스를 단말에 구애받지 않고 끊김이 없이 이용할 수 있는 유비쿼터스 서비스 환경을 제공하는 통신 기술이다.
- 통합네트워크에서 다양한 서비스를 제공한다.
- 표준화된 개방형 네트워크 구조이다.
- 패킷 기반의 유무선 방송 멀티미디어 통합 네트워크이다.
- 운영비용 및 투자비가 최소화된다.
- 서비스 보장(QoS) 및 정보보안을 제공한다.
- 광대역 서비스를 제공하고, 이동망 사용자의 이동성(Mobility)을 확보한다.

36 ①

네트워크 구축시 고려사항
- 백업회선의 필요성 여부를 고려한다.
- 단독 및 다중화 등을 조사한다.
- 분기회선 구성 필요성을 검토한다.
- 경제성, 안전성, 보안성, 확장성, 유지보수 가능성을 고려한다.

37 ④

네트워크 관리구조
- 네트워크나 시스템은 일반적으로 관리자(Manager)와 대리인(Agent)으로 구성된다.
- 관리자는 대리인 동작에 대해 명령을 전달하고 동작을 수행하게 하는 관리 객체이다.
- 대리인은 관리자의 명령을 받아 실행하고, 결과값을 관리자에게 전달하는 수행 객체이다.

38 ④

정보보안 주요요소
- **기밀성** : 인가된 사용자만 정보를 확인할 수 있다.
- **무결성** : 인가된 사용자 이외에는 정보의 내용을 임의대로 수정, 삭제할 수 없다.
- **가용성** : 인가된 사용자는 원하는 시간과 어떠한 환경이라도 정보 접근이 가능해야 한다.
- **접근통제** : 인가되지 않은 자들은 임의로 정보에 접근할 수 없다.
- **인증** : 인가된 사용자는 본인임을 증명해야 한다.
- **부인방지** : 송수신자가 데이터를 전송하거나 수신 받은 사실에 대해 부인해서는 안 된다.

39 ②

RSA(Rivest Shamir Adleman) 특징
- RSA는 공개키 암호화를 위한 암호 알고리즘이다.
- 공개키 암호화 방식은 암호학적으로 연관된 두 개의 키를 만드는 것이다.
- 공개키 방식에서 공개키는 상대에게 공개될 수 있으나, 개인키는 비밀을 유지해야 한다.
- RSA는 큰 자리 합성수 소인수분해의 어려움에서 착안한 방식이다.
- RSA는 평문, 암호, 키 모두 숫자로 되어 있다.

40 ①

시스템 신뢰성 척도
- **MTBF(Mean Time Between Failure)** : 수리할 수 있는 시스템의 고장 발생시점부터 다음 고장 시점까지의 평균시간
- **MTTF(Mean Time To Failure)** : 수리하지 않는 시스템의 사용 시작시점부터 고장날 때까지의 평균 시간
- **MTTR(Mean Time To Repair)** : 시스템 고장 시점부터 수리 완료된 시점까지의 평균 수리시간
- **가용도(Availability)** : 시스템 전체 운용시간에서 고장없이 운영된 시간의 비율

〈3과목〉 정보통신기기

41 ②

OLED(Organic Light Emitting Diode)
- 유기 화합물 중 형광 물질의 발광에 기반을 둔 디스플레이 기술이다.
- 반도체 특성을 지닌 적층된 박막 유기 화합물의 외부에 전압을 걸고, 주입된 전자, 정공의 재결합 발광을 이용한 발광 다이오드 소자이다.

> **오답 피하기**
- **CRT(Cathode Ray Tube)** : 음극선관을 말하며 브라운관이라고도 한다. 전기신호를 전자빔의 작용에 의해 영상이나 도형, 문자 등의 광학적인 영상으로 변환하여 표시하는 특수진공관이다.
- **PDP(Plasma Display Panel)** : 플라즈마의 전기방전 현상을 일으키는 가스 튜브로 화면을 구성하여 화면을 표출하는 방식이다.
- **TFT–LCD(Thin film Transistor Liquid Crystal Display)** : 매우 얇은 액정을 통해 정보를 표시하는 디스플레이로서 액정의 변화와 편광판을 통과하는 빛의 양을 조절하는 방식으로 영상정보를 표시하는 방식을 사용한다.

42 ①

디지타이저(Digitizer)
디지타이저는 아날로그 데이터를 디지털 형식으로 입력하는 데 사용되는 장치로 스마트폰, 태블릿PC 등 IT 장치에서 펜 등 도구의 움직임을 디지털 신호로 변환하여 주는 입력장치를 의미한다.

43 ①

DOCSIS(Data Over Cable Service Interface Specifications)
DOCSIS는 케이블 모뎀을 포함한 케이블 TV 시설을 통한 초고속 인터넷 서비스를 위한 표준으로 케이블 모뎀의 표준 입출력 처리 장치에 대한 표준 인터페이스 표준안이다.

44 ④

시분할 다중화(TDM)
- 통신회선의 시간을 여러 개로 분할하여 여러 대의 단말기가 동시에 사용할 수 있다.
- 비트 삽입식과 문자 삽입식의 두 가지가 있다.

- 동기 및 비동기식 데이터를 다중화하는데 사용가능하다.
- 각 부채널은 고속의 채널을 실제로 분배된 시간을 이용한다.
- Point-to-Point 시스템이다.

오답 피하기

1,200[baud] 이하의 비동기식에 사용하는 것은 주파수분할 다중화기이다.

45 ①

집중화기와 다중화기의 차이

구분	다중화기	집중화기
회선 사용 방식	통신 회선의 정적 배분	통신 회선의 동적 배분
회선 공유 방식	공유회선을 규칙적으로 공유	공유회선의 독점 형태
구조	구성이 간단	구성이 복잡
대역폭	대역폭 동일	대역폭이 모두 상이

오답 피하기

집중화기는 회선을 동적으로 할당하고, 다중화기는 회선을 정적으로 할당한다.

46 ②

ITU-T의 모뎀 표준
- V.29 : 반이중 9,600[bps] 통신에 대한 표준이다.
- V.32 : 전이중 9,600[bps] 통신에 대한 표준이다.
- V.32bis : 14,400[bps] 통신에 대한 표준이다.
- V.34 : 33,600[bps] 통신에 대한 표준이다.

47 ②

bps와 변조속도와의 관계
- 변조속도는 신호의 변조과정에서 1초 간에 몇 회 변조가 되어졌는가를 나타낸다.
- bps(데이터 전송속도) $= n \times B$ [bps] (n : 한번에 전송하는 비트수, B : 변조속도)로
  데이터 전송속도 $= \log 2M \times 1,200$이고, M $= 4 = 2^2$이므로
  $$= \log_2 2^2 \times 1,200 = 2 \times 1,200 = 2,400[\text{Baud}] \text{ 이다.}$$

48 ③

TV 주사 방식
- **편향기능** : 전기장 또는 자기장에 의하여 전자빔의 방향을 바꾸는 기능이다.
- **비월주사기능** : 영상신호를 화면에 뿌리는 방식 중 하나로서 수평주사선을 한 줄씩 건너서 거칠게 주사한 뒤에 나머지 수평주사선을 나중에 한 줄씩 건너서 다시 한 번 거칠게 주사하는 방식이다.

49 ②

중계선의 효율 및 어랑
- **어랑(Erl)** : 1회선을 1시간 동안 계속 점유한 통화량이다.
- **중계선의 효율** : 중계선에서 단위 시간 내의 1중계선당 평균 사용 시간이다.
$$\therefore \frac{5}{20} \times 100 = 25\%$$

50 ③

CATV(Cable TV)
CATV는 광케이블이나 동축케이블을 이용하여 방송국과 수신자 사이를 연결하여 방송서비스를 전달하는 시스템이다.

CATV의 특징
- 자체 프로그램서비스 등을 이용하기 때문에 지역적 특성이 높다.
- 지상파 방송보다 전송 품질이 양호하다.
- 단방향 통신이 아닌 양방향 방송이 가능하다.
- 지상파 방송보다 유선케이블을 적용하기 때문에 채널 용량이 증가한다.

51 ④

망형(Mesh Network)

구분	설명
필요회선수	$\dfrac{n(n-1)}{2}$, n : 단말(컴퓨터) 수 $\dfrac{10 \times 9}{2} = 45$
장점	신뢰성, 가용성이 높다
단점	비용이 높으며, 설치 및 관리가 어려움이 있다.

52 ②

CCTV 구성요소

구분	내용
촬상장치	카메라를 이용하여 영상을 촬영한다. 반도체 촬상소자를 적용한 CCD방식을 주로 사용
전송장치	동축전송방식, UTP 전송방식, 광전송방식 등으로 영상신호를 전송
표시장치	촬영된 영상을 모니터를 통해 표시
기록장치	DVR, NVR 등으로 영상을 저장

53 ④

이동통신시스템 용량 증가 방법
- **이동통신시스템의 용량** : 시스템이 동시 처리가 가능한 최대 사용자 채널 수 (또는 이용자 수)를 의미한다.
- **이동통신시스템 용량 증가 방법**
  - 점유 주파수 대역을 넓힌다.
  - 비트 에너지 대 잡음 전력 밀도 비가 최소가 되도록 한다.
  - 음성 부호화율을 낮춘다.
  - 섹터의 수 증가, 주파수 재사용 계수를 크게 하거나 다중 송수신 안테나 시스템을 적용한다.

54 ③

확산이득(처리이득) 계산
- 확산이득(처리이득)은 신호의 대역이 확산코드에 의해 얼마나 넓게 환산되었는지를 나타내는 파라미터이다.
- 확산이득 $PG = 10\log \dfrac{\text{확산된 신호 대역폭}}{\text{정보 신호 대역폭}}$
$$= 10\log \frac{1.2288 \times 10^6}{9.6 \times 10^3}$$
$$= 10\log(128) = 21.07[\text{dB}]$$

55 ②

위성통신
- **위성통신망 정의** : 위성통신은 우주의 인공위성을 이용하여 지상의 두 지점 간 통신을 가능하게 하는 중계통신 기술로서, 위성시스템, 지구국 시스템, 두 시스템 사이의 신호 구간으로 구성된다.
- **위성통신망 장단점**

장점	단점
• 광범위한 커버리지	• 큰 전파손실 및 전파지연
• 빠른 구축과 유연성	• 높은 구축 비용
• 동시에 정보 전송 가능	• 기상 영향
• 생존성, 회선 구성이 용이함	• 전파방해 및 보안성에 취약

56 ①
위성통신 다중접속

다중접속	구분	설명
FDMA	개념	제한된 위성 주파수를 분할하여 각 지구국에 할당하여 다수의 지구국이 위성을 공유하는 방식
FDMA	특징	• 주파수 분할 방식 • 지구국 장비 간단함 • 회선설정 용이함 • 주파수 사용효율 낮음 • 간섭에 약함
TDMA	개념	여러 개의 시간 단위로 분할하여 각 지구국에 해당 시간 동안 위성을 사용하는 방식
TDMA	특징	• 시간 분할 방식 • 단일 반송파 사용 • 간섭이 상대적 작음 • 회선할당이 자유로움 • 동기제어로 구조 복잡 • 요구할당방식에 사용
CDMA	개념	동일시간 동일 주파수에서 각 지구국이 코드를 다르게 하여 스펙트럼확산 방식으로 위성을 공유
CDMA	특징	• 코드 분할 방식 • 코드 직교성 • 간섭에 강함 • 용량이 큼 • 회로구성 복잡 • 보안에 유리
SDMA	개념	지구국의 지역을 분할하여 주파수를 재사용하면서 여러 지구국이 위성을 공유하는 방식
SDMA	특징	• 공간 분할 방식 • 주파수 재사용 • 멀티빔, 소형안테나 • 위성체 구조복합 • 다중 액세스

57 ②
팩스 작동원리

▲ 팩스 동작 원리

• 원본을 화소로 분리하여(송신주사) 빛을 주사한 후 광신호를 전기신호로 변환(광전변환)시켜 전송한다.
• 수신측에서 전기신호를 다시 원본형태의 광신호로 변환(전광변환, 기록변환)시키는데 송신측과 같은 빛으로 동기를 맞춰(수신주사) 적용하여 원본 형태로 수신화상을 복원하는 방식이다.

58 ④
MHS 구성요소

구성요소	설명
메시지 저장장치 (MS, Message Store)	• 메일 서버의 일부로써, 사용자들의 전자 메일 메시지를 저장하는 공간 • 메시지의 검색 및 저장을 가능하게 하며 사서함 등의 기능을 제공
사용자 에이전트 (UA, User Agent)	• 이용자로부터 의뢰된 메시지를 MTA로 발신 • 사용자가 전자 메일을 작성하고 읽을 수 있는 인터페이스
메시지 전송 에이전트 (MTA, Message Transfer Agent)	• 메일 서버 간에 메일을 전송하고 중계하는 역할 • 메시지의 전송 및 중계 그리고 코드변환 등의 기능
접근장치 (AU : Access Unit)	사용자가 메시지 통신 시스템에 접근하고 서비스를 이용할 수 있도록 하는 장치나 모듈

59 ①
VoIP(Voice over Internet Protocol)
• 인터넷 프로토콜을 사용하여 음성 통화를 전송하는 기술과 서비스로서, 인터넷을 경유해서 음성의 송수신을 함으로써 통상의 전화처럼 이용하는 서비스 기술이다.

• 기존의 PSTN 네트워크를 통해 이루어졌던 음성 서비스를 IP를 이용하여 제공된다.

60 ③
디지털 콘텐츠 보호기술
• DRM(Digital Right Management) : 콘텐츠를 암호화하여 허가된 사용자만 사용할 수 있도록 하는 디지털 컨텐츠 보호기술이다.
• Water Marking : 사진이나 동영상 같은 디지털 콘텐츠에 저작권 정보를 삽입하여 관리하는 기술이다.
• DOI(Digital Object Identifier) : 디지털 콘텐츠에 부여되는 고유 식별번호를 말한다.
• INDECS(INteroperability of Data in E-Commerce System) : 추가적인 쓰기 작업과 저장 공간을 활용하여 데이터베이스 테이블의 검색 속도를 향상시키기 위한 자료구조를 말한다.

<4과목> 정보전송공학

61 ③
Nyquist 표본화 주기
• Nyquist 표본화 주기 : $T_s = \frac{1}{2}f_m$, Nyquist 표본화 주파수 : $f_s = 2f_m$
• $T_s = \frac{1}{2}f_m \times \frac{1}{2 \times 3.6 \times 10^3} = \frac{1}{7,200}$ [s]이다.

62 ①
Nyquist 표본화 주기
Nyquist 표본화 주기 : $T_s = \frac{1}{2}f_m$, Nyquist 표본화 주파수 : $f_s = 2f_m$이다.

63 ④
Nyquist 표본화 주기
• Nyquist 표본화 주기 : $T_s = \frac{1}{2}f_m$, Nyquist 표본화 주파수 : $f_s = 2f_m$
• $T_s = \frac{1}{2}f_m \times \frac{1}{2 \times 5 \times 10^3} = 10^{-4}$[s] = 100[μs]

64 ①
DWDM 방식

구분	CWDM	DWDM	UDWDM
전송속도	100Mbs~10Gbs	10~100Gbps	100Gbps 이상
채널간격	20nm	0.4~10nm	0.4nm 이하
채널수	8~18	수백개	수천개
전송거리	단거리	중거리	장거리
적용망	FTTH	MAN	WAN

65 ④
광통신 기술

구성요소	설명
Soliton 기술	광통신에서 장거리 전송을 하기 위해 색분산을 0으로 만들어 전송하는 기술을 의미
WDM (Wavelength Division Multiplexing)방식	• 전송하려는 정보에 따라 파장이 서로 다른 광을 만들어낸 다음 광결합기를 통해 결합해 전송 • 수신측에서는 광분파기로 분리한 다음 파장이 서로 다른 광을 광결출기를 이용해 얻어내는 파장분할 다중화 방식

EDFA (Eribium Doped Fiber Amplifier)	• 광증폭기로 펌핑용 레이저 다이오드, 광 아이솔레이터, 파장 결합 커플러 등으로 구성되어 광신호를 증폭 • 증폭효율이 높고 잡음지수가 낮으며 편광의존성도 매우 낮음
Intensity Modulation	광통신에서 사용하는 광변조 방식으로 전송하고자 하는 정보 신호를 부호기에 통과시켜 0과 1의 디지털 펄스를 만든 다음 이것을 가지고 광원을 on/off 하여 광펄스를 전송하는 방식

66 ④

광섬유의 특징
• 광파를 이용하여 빠른 전송속도의 장점으로 광대역 통신에 유리하다.
• 선로 손실이 적어 장거리 전송에 유리하다.
• 주재료인 석영이 풍부하고 가볍다.
• 전자기파의 간섭이 적다.
• 전송 에러율이 매우 낮고, 보안성이 높다.
• 케이블 파손시 대형 사고로 이어지며, 전송장치가 고가이다.

67 ②

가시거리 계산
• R은 등가지구반경, h_1은 송신 안테나 높이, h_2는 수신 안테나 높이일 때, 전파 가시거리인 $d = \sqrt{2R}\left(\sqrt{h_1} + \sqrt{h_2}\right)$이다.
• $h_1 = h_2 = H$이므로, $d = \sqrt{2R}(2\sqrt{H}) = 2\sqrt{2RH}$이다.
• r은 실제 지구반경인 6,370[km]이고, $R = Kr$이므로,
$d = 2\sqrt{2RH} = 2\sqrt{KrH} = 2\sqrt{2r}\sqrt{KH}$
$= 2\sqrt{2 \times 6,370 \times 10^3}\sqrt{KH} = 7.14\sqrt{KH}$[km]이다.

68 ②

주파수공용통신(TRS)
• 주파수 공용통신은 중계국에 할당된 수개의 주파수를 다수의 이용자가 공동으로 사용하는 무선통신 서비스이며, 이동통신 수요의 대체수단으로 주파수 자원부족에 대처할 수 있는 최신 통신기술이다.
• TRS와 일반 무선통신과의 비교

항목	기존 무선통신 방식	주파수 공용방식
채널할당	시스템당 단일채널	시스템당 5~20 채널
중계경로	이동국-중계소-이동국	이동국-중계소-이동국
통화시간	무제한	제한(1~10분 사이로 조정가능)
비밀통화	통화채널에 다수 가입자 사용시 통화내용 공개	통화시 채널이 전용되므로 통화내용 비공개
통화내용	음성	음성 및 데이터
서비스구역	Home Zone	Home Zone외에 인근 지역까지 서비스 가능
통화접속률	Busy 상태가 많으며 무리한 통화시 교신방해	주파수를 공용하므로 통화접속률이 높음
주파수 활용도	효율 낮음	효율 높음
주파수 대역	150[MHz] 혹은 100[MHz] 대역	800[MHz] 대역

오답 피하기
주파수공용통신은 채널당 주파수 이용효율이 높다.

69 ①

마이크로파의 특징
• 마이크로파는 주파수 3~30GHz, 파장 10~1cm인 SHF(Super High Frequency)로 레이더 및 위성통신에 사용되는 주파수이다.
• 광대역 통신 및 전송이 가능하고, 파장이 짧아 예민한 지향성을 가진 고이득 안테나를 사용할 수 있다.

• 가시거리 내 통신으로 장애물이 없는 거리 내에서만 가능하고, 그 외 장거리 통신은 중간에 중계소를 설치해야 한다.
• 전파손실이 적으며, S/N비를 크게 할 수 있다.
• 외부 잡음의 영향이 적고, 기상조건에 따라 전송 품질이 영향을 받는다.

70 ④

전송 방법에 따른 데이터 전송
• 직렬 전송
  – 한 개의 전송선을 이용하여, 한 번에 한 비트씩 순서대로 전송하는 방식이다.
  – 한 비트씩 전송하기 때문에 전송속도는 느리지만, 통신회선의 비용은 저렴하다.
• 병렬 전송
  – 여러 개의 전송선을 병렬로 나열하여, 한 번에 n(라인 개수) 비트 이상을 동시에 전송하는 방식이다.
  – 직렬 전송에 비해 전송속도는 빠르나, 통신회선을 구축하는데 많은 비용이 소요된다.
  – 근거리 통신에 사용되며, 노드와 노드 사이 거리가 짧고, 많은 데이터 전송에 사용된다.

71 ②

비동기 전송 방식(Asynchronous Transmission)
• 비동기 전송은 데이터를 송신장치에서 수신장치로 전송할 때, 서로 간에 타이밍을 맞추지 않고 문자 단위로 전송하는 방식이다.
• 비동기 전송에서 데이터 신호는 Start bit, 데이터, Stop bit로 구분된다.
• 송신장치와 수신장치가 서로 독립적인 시스템 클럭을 사용하지만, Start bit와 Stop bit로 동기를 맞추고 데이터를 인식한다.
• 매번 동기에 따른 부담으로 인해 저속(2,000bps 이하) 전송에 많이 쓰인다.
• 문자와 문자 사이에는 휴지시간이 있을 수 있으며, 전송속도와 전송효율이 낮은 방식이다.

오답 피하기
동기식 전송방식은 블록단위 전송, 각 비트마다 타이밍, 전송속도와 전송효율이 높은 방식이다.

72 ④

공통선 신호방식(CCS, Common Channel Signaling)
• 신호(신호망)와 트래픽을 분리하여 통신망을 운용하는 신호방식을 말하며 No.6 및 No.7 등이 있다.
• No.6방식은 아날로그 방식이며, No.7는 디지털 방식이다.
• 국간 중계선 신호방식은 통화로 신호방식과 공통선 신호방식이 있다.

오답 피하기
공통선 신호방식은 통화회선과 신호를 분리하여 국간에 설치된 전용 고속신호 회선을 통해 대량의 중계선의 신호를 시분할 다중화(TDM)하여 송수신하는 것이 목적이다.

73 ③

BCC(Clock Check Character)
• BCC는 BCS와 같은 문자방식 프로토콜에서 사용되는 에러 검색용 CRC로 heading에서 ETX까지를 체크한다.
• BASIC 프로토콜 프레임 구조

SYN	SOH	heading	STX	text	ETX	BCC

74 ①

VLAN
• VLAN 정의
  – 트래픽 감소 및 네트워크 분리를 목적으로 물리적 LAN을 여러 개의 논리적 브로드 캐스트 도메인으로 분리하는 것을 의미한다.
  – 물리적 배선 구성에 제한받지 않고 물리적으로 분리된 노드들을 그룹 단위로 묶을 수 있다.

• VLAN Tag

- IEEE 802.1Q는 VLAN 상에서 스위치 간에 VID(VLAN Identifier) 정보를 전달하는 방법으로 이더넷 프레임에 덧붙이는 태그 방식을 의미한다.
- VLAN ID를 전달하는 방법으로 태깅 방법을 사용하는데, 스위치 제조사마다 서로 다른 방식을 사용하고 있어 표준화했다.
- VLAN Tag는 TPID(Tag Protocol Identifier)와 TCI(Tag Control Information)로 구성되어 있다.
- TPID는 0×8100의 고정된 값의 태그 프로토콜 식별자로서 SA 다음에 2바이트의 VLAN 태그가 있음을 알리고, TCI는 VLAN 태그로서 Priority(3bit), CFI(1bit), VID(12bit)로 구성되어 있다.
- VLAN 표준은 IEEE 802.1Q 이다.

75 ①

FDDI(Fiber Distributed Data Interface)

- FDDI 정의 : FDDI는 멀티모드 케이블(MMF) 광케이블을 사용한 100[Mbps]의 고속 LAN으로, 토큰패싱으로 접속제어하는 링형 통신망을 사용하는 광케이블 토큰링으로 구성되어 있다.
- FDDI 활용 : 고층 빌딩 또는 넓은 구내에서 각 층 혹은 각 건물마다 설치되어 있는 이더넷 등의 LAN을 연결하여, 대규모 LAN으로 하는 것이 대표적인 활용법이다.

76 ④

정보통신망 교환방식

- 정보통신망 교환방식은 회선교환 방식과 축적교환 방식이 있다.
- 회선교환 방식은 송수신 단말기가 둘만의 회선을 설정하여 정보를 교환하는 방식이다.
- 축적교환 방식은 송신측 데이터를 교환기에 저장시켰다가 경로설정 후 수신측에 전송하는 방식으로 메시지 교환방식과 패킷 교환방식이 있다.

77 ③

VLAN 할당 방식

구분	설명
정적 VLAN	• 포트별 수동 할당 • 관리자가 VLAN 할당을 각 스위치에서 직접 할당 • VLAN 구성이 쉽고 모니터링 하기도 쉽다. • 네트워크에서 사용자가 이동하는 경우에도 동작 가능하다.
동적 VLAN	• MAC 주소별 자동 할당 • MAC 주소에 따라 관리 서버로부터 VLAN이 자동 할당되어 설정됨

78 ①

비트방식 프로토콜

- **비트방식 프로토콜** : 프레임과 프레임을 구분하기 위해 특수한 비트열인 플래그를 사용하는 프로토콜이다.
- **비트방식 프로토콜 종류** : HDLC, SDLC, UDLC, ADCCP, DDCMP, BOLD, LAPB 등이 있다.
- **문자방식 프로토콜 및 종류** : 프레임과 프레임을 구분하기 위해 특수한 10개의 제어문자를 사용하는 프로토콜로서 BSC와 BCS 등이 있다.

79 ③

프로토콜 종류별 개념

프로토콜	개념
네트워크 액세스 프로토콜	가입자가 자신과 연결되어 있는 네트워크 노드와 통신하기 위한 프로토콜
네트워크 내부 프로토콜	네트워크 노드 사이에서의 신뢰성 있고 효율적인 정보의 전달에 목적을 둔 프로토콜

응용지향 프로토콜	프로세스 간의 통신 프로토콜에 기반을 둔 모든 상위 프로토콜
네트워크 간 프로토콜	게이트웨이의 기능을 제공하는 프로토콜
프로세스 간 프로토콜	두 사용자 간에 데이터교환을 위한 기본적인 전송 메커니즘을 제공하는 프로토콜 또는 통신 시스템 내에 있는 동위계층 또는 동위 개체 사이에서의 데이터교환을 위한 프로토콜

80 ①

패리티 검사(Parity Check)

- 패리티 체크는 수신정보 내의 오류를 검출하기 위해 사용되는 방식이다.
- 정보 비트 수가 적고, 에러발생 확률이 낮은 경우에 주로 사용하는 오류 검출 방식이다.
- 오류 검출은 가능하나, 오류 정정은 불가능하다.
- 구현이 간단하여 비동기 통신에 많이 이용된다.

〈5과목〉 전자계산기일반 및 정보통신설비기준

81 ④

마이크로프로세서(Microprocessor)

- 마이크로프로세서는 데이터 처리, 논리와 제어가 단일 집적 회로 또는 소수의 IC에 포함된 컴퓨터 프로세서이다. 컴퓨터의 중앙처리장치 기능을 수행하는데 필요한 산술, 논리 및 제어 회로를 포함한다.
- 마이크로프로세서는 중앙제어장치를 단일 IC에 집적한 반도체 소자이다.
- 연산부와 제어부, 레지스터부로 구성되어 있다.

> **오답 피하기**
>
> 최초의 마이크로프로세서는 일반 컴퓨터의 중앙처리장치에서 **주기억장치를 제외한** 연산장치, 제어장치 및 각종 레지스터를 단지 1개의 IC 소자에 집적시킨 것이다.

82 ③

2의 보수

각 비트 자릿수의 반전으로 1의 보수를 구하고 +1 하여 2의 보수를 구한다.

	100011
1의 보수	011100
+1	011101
2의 보수	011101

83 ④

- 패리티 비트는 오류 감지 목적으로 데이터 블록에 추가되는 검사 비트이다. 패리티 검사는 단일 비트 오류 감지에 적합하다. 2개 비트 오류가 발생하면 검출할 수 없다. 오류 발생 여부만 알 수 있지 오류를 수정할 수 없다.
- **짝수 패리티인 경우** : 1의 개수가 짝수이면 패리티 비트 값은 0이 되고, 1의 개수가 홀수이면 패리티 비트값은 1이다.
- **홀수 패리티인 경우** : 1의 개수가 홀수이면 패리티 비트 값은 0이 되고, 1의 개수가 짝수이면 패리티 비트값은 1이다.

84 ②

정보표현단위

- **비트(Bit)** : 정보표현의 최소단위이다. 0 또는 1로 표시한다.
- **니블(Nibble)** : 4개의 비트로 구성한다.
- **바이트(Byte)** : 8bit로 구성한다. (1[Byte] = 8[Bit]). 256개의 데이터를 나타낼 수 있다. 문자표현의 최소단위이다.

- 워드(Word) : 4byte로 구성한다. 컴퓨터가 한 번에 처리할 수 있는 명령 단위이다.
- 필드(Field) : 레코드를 구성하는 항목이다.
- 레코드(Record) : 프로그램(자료) 처리의 기본단위이다.
- 파일(File) : 프로그램 구성의 기본단위이다. 레코드의 집합이다.
- 데이터베이스(Database) : 파일들을 모아놓은 집합체이다.
- bit < Nibble < Byte < Word < Field < Record < File < Database

85 ②
인터럽트 순서
인터럽트 발생
→ 처리 중인 프로그램을 중지하고 현 상태를 스택에 저장한다.
→ 인터럽트 서비스루틴을 처리한다.
→ 스택에서 이전상태 정보를 꺼내어 복구하고 프로그램 수행을 재개한다.

86 ④
CISC, RISC
- CISC(Complex Instruction Set Computer) 프로세서 : 복잡한 명령어 집합을 가지는 CPU 명령어 구성 방식. 대부분의 범용컴퓨터 CPU가 이에 해당한다.
- RISC(Reduced Instruction Set Computer) 프로세서 : 복잡한 명령어를 제거하여 적은 수의 사용 빈도가 높은 명령어 위주로 처리 속도를 향상한 구성 방식이다.

87 ②
배치 전략
- 최초적합(First Fit) : 기억장치의 사용 가능한 공간을 검색하여 순차적으로 처음 찾은 곳을 할당하는 방식이다.
- 최적적합(Best Fit) : 사용 가능한 공간에서 데이터의 크기와 차이가 가장 작은 것을 선택하는 방식이다. 가용공간들에 대한 목록이 크기 순서대로 정렬되어 있어야 한다.
- 최악적합(Worst Fit) : 사용 가능한 공간에서 가장 큰 공간에 할당한다. 할당하고 남은 공간을 크게 하여 다른 프로세스들이 사용하도록 하는 방식이다. 가용공간들에 대한 목록이 크기 순서대로 정렬되어 있어야 한다.

88 ①
마이크로컴퓨터
- 하드웨어는 모니터, CPU, 키보드, 마우스 등 시스템의 물리적이고 눈에 보이는 구성 요소를 의미합니다. 입력, 연산, 제어, 기억, 출력기능을 가진다.
- 소프트웨어는 하드웨어가 특정 작업 세트를 수행할 수 있도록 하는 일련의 명령어 모음이다.

89 ③
명령어 형식
- 명령어(Instruction)는 연산코드(OP code), 오퍼랜드(operand) 필드로 구성한다.
- OP코드(Operation Code) : 수행할 연산 등을 나타낸다.
- 오퍼랜드(Operand) : 연산에 사용하는 데이터 또는 데이터가 저장된 위치를 나타낸다.

90 ②
운영체제 추가 시스템 관리기능
- 자원 관리기능 : 프로세스관리, 메모리관리, 보조기억장치관리, 파일관리 등의 기능을 한다.
- 시스템 관리기능 : 시스템보호, 네트워킹, 명령어 해석기 기능을 한다.
  - 시스템보호 : 운영체제 프로세스를 다른 사용자 프로그램으로부터 보호하기 위해 권한을 부여한 프로세스만 수행하도록 한다.

  - 네트워킹 : 통신을 위한 네트워크 스택을 가지면 시스템 프로세서는 통신 네트워크를 통해 연결된다.
  - 명령해석기 : 명령어 해석기는 사용자 입력의 여러 명령을 운영체제에 전달하는 인터페이스 역할을 한다.

91 ③
정보통신공사업법 시행령
제14조(감리결과의 통보)
용역업자는 법 제11조에 따라 공사에 대한 감리를 완료한 때에는 공사가 완료된 날부터 7일 이내에 다음 각 호의 사항이 포함된 감리결과를 발주자에게 통보하여야 한다.
1. 착공일 및 완공일
2. 공사업자의 성명
3. 시공 상태의 평가결과
4. 사용자재의 규격 및 적합성 평가결과
5. 정보통신기술자배치의 적정성 평가결과

92 ①
제14조 (공사업의 등록 등 〈개정 1999. 2. 5.〉)
① 공사업을 영위하고자 하는 자는 대통령령이 정하는 바에 의하여 특별시장·광역시장 또는 도지사에게 등록하여야 한다. 〈개정 1999. 2. 5., 2004. 1. 29.〉

93 ①
선로설비 : 일정한 형태의 방송통신콘텐츠를 전송하기 위하여 사용하는 동선·광섬유 등의 전송매체로 제작된 선조·케이블 등과 이를 수용 또는 접속하기 위하여 제작된 전주·관로·통신터널·배관·맨홀(manhole)·핸드홀(handhole)·배선반 등과 그 부대설비를 말한다.

94 ③
접지설비/구내통신설비/선로설비 및 통신공동구 등에 대한 기술기준
제46조(통신공동구의 설치기준)
① 통신공동구는 통신케이블의 수용에 필요한 공간과 통신케이블의 설치 및 유지·보수등의 작업시 필요한 공간을 충분히 확보할 수 있는 구조로 설계하여야 한다.
② 통신공동구를 설치하는 때에는 조명·배수·소방·환기 및 접지시설 등 통신케이블의 유지·관리에 필요한 부대설비를 설치하여야 한다.

95 ①
방송통신발전기본법
제28조(기술기준)
③ 방송통신설비의 설치 및 보전은 설계도서에 따라 하여야 한다.

96 ①
개인정보보호법
제25조(영상정보처리기기의 설치·운영 제한)
④ 제1항 각 호에 따라 영상정보처리기기를 설치·운영하는 자(이하 "영상정보처리기기운영자"라 한다)는 정보주체가 쉽게 인식할 수 있도록 다음 각 호의 사항이 포함된 안내판을 설치하는 등 필요한 조치를 하여야 한다. 다만, 「군사기지 및 군사시설 보호법」 제2조제2호에 따른 군사시설, 「통합방위법」 제2조제13호에 따른 국가중요시설, 그 밖에 대통령령으로 정하는 시설에 대하여는 그러하지 아니하다. 〈개정 2016. 3. 29.〉
1. 설치 목적 및 장소
2. 촬영 범위 및 시간
3. 관리책임자 성명 및 연락처
4. 그 밖에 대통령령으로 정하는 사항

97 ③

- 국선 : 사업자의 교환설비로부터 이용자방송통신설비의 최초 단자에 이르기까지의 사이에 구성되는 회선을 말한다.
- 국선접속설비 : 사업자가 이용자에게 제공하는 국선을 수용하기 위하여 설치하는 국선수용단자반 및 이상전압전류에 대한 보호장치 등을 말한다.
- 국선단자함 : 국선과 구내간선케이블 또는 구내케이블을 종단하여 상호 연결하는 통신용 분배함을 말한다.
- 분계점 : 방송통신설비가 다른 사람의 방송통신설비와 접속되는 경우에 그 건설과 보전에 관한 책임 등의 한계를 명확하게 하기 위하여 설정하여야 하는 것이다.

98 ③

정보통신공사업법 시행령
제8조의2(감리원의 업무범위)
1. 공사계획 및 공정표의 검토
2. 공사업자가 작성한 시공상세도면의 검토·확인
3. 설계도서와 시공도면의 내용이 현장조건에 적합한지 여부와 시공가능성 등에 관한 사전검토
4. 공사가 설계도서 및 관련규정에 적합하게 행해지고 있는지에 대한 확인
5. 공사 진척부분에 대한 조사 및 검사
6. 사용자재의 규격 및 적합성에 관한 검토·확인
7. 재해예방대책 및 안전관리의 확인
8. 설계변경에 관한 사항의 검토·확인
9. 하도급에 대한 타당성 검토
10. 준공도서의 검토 및 준공확인

99 ④

전기통신사업법 시행령
제36조(요금의 감면 대상)
① 법 제29조 본문에 따라 요금을 감면할 수 있는 전기통신서비스는 다음 각 호와 같다. 〈개정 2019. 6. 25.〉
1. **인명·재산의 위험 및 재해의 구조에 관한 통신 또는 재해를 입은 자의 통신을 위한 전기통신서비스**
2. 군사·치안 또는 국가안전보장에 관한 업무를 전담하는 기관의 전용회선통신과 국가, 지방자치단체 또는 「공공기관의 운영에 관한 법률」에 따른 공공기관의 자가통신망 일부를 기간통신사업자의 전기통신망에 통합하는 경우에 그 기관이 사용하는 전용회선통신의 전부 또는 일부를 위한 전기통신서비스
3. **전시(戰時)에 군 작전상 필요한 통신을 위한 전기통신서비스**
4. 「신문 등의 진흥에 관한 법률」에 따른 신문, 「뉴스통신 진흥에 관한 법률」에 따른 뉴스통신 및 「방송법」에 따른 방송국의 보도용 통신을 위한 방송통신서비스
5. 정보통신의 이용 촉진과 보급 확산을 위하여 필요로 하는 통신을 위한 전기통신서비스
6. 사회복지 증진을 위하여 보호를 필요로 하는 자의 통신을 위한 전기통신서비스
7. **남북 교류 및 협력의 촉진을 위하여 필요로 하는 통신을 위한 전기통신서비스**
8. 우정사업(郵政事業) 경영상 특히 필요로 하는 통신을 위한 전기통신서비스

100 ①

정보통신공사업법 시행령
제2조(공사의 범위)
① 「정보통신공사업법」 제2조제2호에 따른 정보통신설비의 설치 및 유지·보수에 관한 공사와 이에 따른 부대공사는 다음 각 호와 같다.
1. 전기통신관계법령 및 전파관계법령에 따른 통신설비공사
2. 「방송법」 등 방송관계법령에 따른 방송설비공사
3. 정보통신관계법령에 따라 정보통신설비를 이용하여 정보를 제어·저장 및 처리하는 정보설비공사
4. 수전설비를 제외한 정보통신전용 전기시설설비공사 등 그 밖의 설비공사
5. 제1호부터 제4호까지의 규정에 따른 공사의 부대공사
6. 제1호부터 제5호까지의 규정에 따른 공사의 유지·보수공사

＜1과목＞ 디지털전자회로

01 ④

다이오드의 인가 바이어스
- 바이어스란 다이오드가 소자로 역할하기 위해 전압을 걸어 주는 것을 말한다.
- 바이어스는 순방향 바이어스(forward bias)와 역방향 바이어스(reverse bias)가 있다.
- 순방향 바이어스란 다이오드의 p영역에 +전압, n영역에 −전압을 걸어주는 경우를 말하며, 역방향 바이어스는 그 반대의 경우를 말한다.

02 ④

평활회로와 맥동률
- 평활회로란 정류회로를 통과한 맥류파형을 평탄한 직류로 만들어 주는 회로이다.
- 맥동률(r)이란 평활회로를 통해 얻어진 직류에 남아있는 교류성분 비율을 말한다.
- 콘덴서(C) 입력형 평활회로의 맥동률은 $\dfrac{1}{2\sqrt{3}\,fCR_L}$ 이다.
- 초크코일(L) 입력형 평활회로의 맥동률은 $\dfrac{\sqrt{2}}{3(2wL)(2wC)}$ 이다.
- 맥동률을 감소시키기 위한 방법은 다음과 같다.
  - 입력전원의 주파수(f)를 크게 한다.
  - 콘덴서(C) 용량과 초크코일(L)의 리액턴스를 크게 한다.
  - 부하저항(R_L)을 크게 한다.

03 ④

반파 배전압 정류회로

- 문제와 같은 반파 배전압 정류회로는 입력신호가 들어오게 되면 D_1을 통해 C_1이 충전되고, C_1이 충전되면 D_2를 거쳐 C_2까지 충전되는 원리를 가지고 있다.
- 반파 배전압 정류회로는 이와 같은 동작원리에 따라 입력 교류전압 최대치(V_m)의 약 2배($2V_m$)에 다다르는 직류전압을 얻을 수 있다.

04 ③

드레인 접지형 FET 증폭기 특성

- 드레인 접지형 증폭기는 입력신호가 출력신호를 따라가기 때문에 소스 팔로워(source follower)라고 한다.
- 드레인 접지형 증폭기의 특성
  - 전압 이득이 거의 1에 가깝다.
  - 낮은 주파수에서 입력 임피던스는 무한대이다.
  - 출력 임피던스는 대략 $1/A_m$이며, 그 값이 매우 작다.
  - 출력 전압과 입력 전압은 동상이다.
  - 소스 팔로워는 전압 버퍼 역할을 하며 전압 이득의 급격한 감소를 막을 수 있다.

05 ④

전류 궤환 회로(이미터 바이어스 회로)

- 전류 궤환 회로는 베이스−이미터간 전압 변동에 대해 안정도가 높은 바이어스로 이미터 바이어스 회로라고도 한다.
- 전류 궤환 바이어스는 고정 바이어스 회로보다 안정도를 높이기 위해 이미터 저항(R_E)을 사용하고, 콜렉터 저항(R_C)을 수정한다.

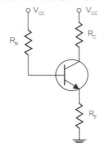

06 ①

연산증폭기(OP−Amp)의 슬루율(Slew Rate)

- 연산증폭기 슬루율이란 연산증폭기의 동작 속도를 나타내는 파라미터이다.
- 연산증폭기 계단 입력에 대한 슬루율은 다음과 같다.

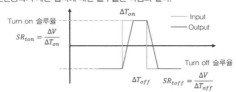

- 위 문제를 대입하면, $\Delta V = 30[V]$, $\Delta T_{on} = 2[\mu S]$ 이므로 슬루율(SR_{ton}) = $15[V/\mu S]$이다.

07 ④

대수 증폭기(로그 증폭기)

- 대수 증폭기란 출력이 입력 전압에 대해 자연 로그가 되는 증폭기를 말한다.
- 대수 증폭기는 증폭기 앞단에 다이오드나 트랜지스터를 병렬로 구성하는 형태이다.
- 다이오드를 이용하는 대수 증폭기의 경우, 다이오드가 도통되기 위해 입력조건이 항상 0보다 커야한다.

대수 증폭기와 유사한 형태를 가진 반파정류회로는 다음과 같다.

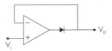

08 ④

3소자 발진기의 구성요건

- jX_1과 jX_2의 부호는 같아야 하며, 똑같이 유도성 또는 용량성이어야 한다.
- jX_3는 jX_1, jX_2와 부호가 달라야 하며, 발진 주파수는 $jX_1 + jX_2 + jX_3 = 0$으로부터 구한다.
- 콜피츠 발진기는 jX_1, jX_2가 용량성(C)이며, jX_3는 유도성(L)인 발진기이다.
- 하틀리 발진기는 jX_1, jX_2가 유도성(L)이며, jX_3는 용량성(C)인 발진기이다.

09 ④

병렬저항 이상형 발진회로

- 병렬저항 이상형 발진회로는 출력단에 저항을 병렬로 접속하고, 콘덴서를 이용하여 RC회로를 여러 단 연결하여 출력에서 위상을 180도 바꾼 다음 궤환시켜 발진하는 회로이다.
- 발진주파수 $f_0 = \dfrac{1}{2\pi\sqrt{6}\,RC}$[Hz]이다.
- 그러므로, $R = \dfrac{1}{2\pi\sqrt{6}\,Cf_0} = \dfrac{1}{2\pi\sqrt{6}\,(0.01\times10^{-6})\times(1.6\times10^3)}$
  $\fallingdotseq 4[k\Omega]$이다.

10 ①

발진회로

- 발진회로는 전기적 에너지를 받아서 지속적인 전기적 진동을 만들어 내는 회로(장치)이다.
- 발진회로는 증폭기와 정궤환 회로로 구성된다.
- 발진 주파수에 의한 증폭기의 이득과 궤환회로의 궤환율의 곱이 1을 초과하는 경우 발진이 일어난다.
- 위상 조건은 입력과 출력이 동위상이고, 증폭도(A_f) = $\dfrac{A}{(1-A\beta)}$에서
  - 바크하우젠(Barkhausen) 발진조건은 $|A\beta| = 1$(안정된 발진)이다.
  - 발진의 성장 조건은 $|A\beta| \geq 1$(상승진동)으로 출력되는 파형은 진폭에 클리핑(잘리는 것)이 일어난다.
  - 발진의 소멸 조건은 $|A\beta| \leq 1$(감쇠진동)으로 출력되는 파형은 서서히 진폭이 작아진다.

11 ④

SSB(Single Side Band, 단측파대 변조)

- 진폭변조(AM)된 신호를 주파수 영역에서 살펴보면 반송파 주파수 만큼 상하로 주파수 천이된 똑같은 형태의 상/하 측파대가 생성된다.
- SSB 방식은 상 측파대 또는 하 측파대 중 1개 측파대 만을 전송하는 방식으로 DSB(양측파대)에 비해 송신기의 전력 소모 및 대역폭 사용을 절감하도록 한 방식이다.
- 반송파가 제거되므로 송신기 전력소비가 적다.
- DSB(양측파대)의 1/2로 주파수 대역이 좁아 다중통신에 접합하다.
- 수신기의 복조는 동기검파를 해야 하며, 수신회로가 복잡하다.
- 유선 방송 전파, 단파 무선 통신 등에 활용된다.

12 ③

직선 검파 회로의 시정수

- 직선 검파(포락선 검파)의 경우, AM파의 입력전압이 가해지면 시정수(RC)에

의해 적당히 충전과 방전 과정을 하여 출력은 피변조파의 포락선을 재현하게 된다.
- 시정수가 작은 경우, 방전이 빠르게 일어나 출력단자에서 전압변동이 크게 일어난다.

13 ④
진폭 변조(AM, Amplitude Modulation)
- 진폭변조란 송신하고자 하는 정보(변조신호)를 가지고, 반송파의 진폭을 변화시켜 전송하는 방식이다.
- 상, 하측 2개의 측대파를 가지며, 피변조파에 반송파 포함여부에 따라 DSB-LC 및 DSB-SC로 구분된다.
- 변조도$(m) = \dfrac{\text{신호파 전압}}{\text{반송파 전압}} = \dfrac{Vs}{Vc} \times 100 =$ 변조율과 같다.
- 피변조파 전력$(Pm) = Pc(1 + \dfrac{m^2}{2})$이다.
- 전력비 = 반송파 : 상측파 : 하측파 $= 1 : \dfrac{m^2}{4} : \dfrac{m^2}{4}$이다.
- 상측파와 하측파의 전력비율 $\dfrac{m^2}{4}$으로 같으며, 반송파의 전력대비 $\dfrac{(0.8)^2}{4} = 0.16$배의 전력을 갖는다.

14 ③
변조속도와 bps 계산
- 변조속도는 초당 신호단위의 수로 단위는 baud를 사용하며 Baud rate이라고도 한다.
- 데이터 신호속도는 1초 동안 전송되는 비트의 수를 말하여, 단위는 [bps] 이다.
- 데이터 신호속도(bps) $= n \times B$ [bps] (n : 한번에 전송하는 비트수, B : 변조속도)이다.
- $n = \log_2 M$(M은 데이터 준위수)이므로, $n = \log_2 4 = 2$이다.
- 신호속도는 $2 \times 800 = 1{,}600$[bps] 이다.

15 ①
RC 직렬회로
- S/W를 ON하면 $V_C = E(1 - e^{\frac{1}{RC}t})$[V]가 된다.
- 여기서 C에 흐르는 전류 $i_C = C\dfrac{dV_C}{dt} = \dfrac{E}{R}e^{\frac{1}{RC}t}$[A]이다.
- $i_R = i_C$이므로, $V_R = i_R \cdot R = E \cdot e^{\frac{1}{RC}t}$

16 ①
플립플롭(Flip-Flop)
- 플립플롭은 2개의 안정된 상태를 갖는 쌍안정 멀티바이브레이터를 말한다.
- 플립플롭은 1bit의 정보를 저장하는 기억소자로 RAM, 카운터(계수 회로), 레지스터, 기억소자, 분주회로 등에 이용된다.
- CPU의 캐시메모리, 레지스터 구성 기본 회로로 사용되며, 휘발성으로 전원 차단되면 정보는 사라진다.
- RS 플립플롭, JK 플립플롭, T 플립플롭, D 플립플롭 등이 있다.

> **오답 피하기**
> 리미터는 입력신호를 일정한 크기로 제한하여 출력하는 회로로, 다이오드로 구성된다.

17 ③
BCD(Binary Coded Decimal) 코드
- BCD 코드는 10진수를 2진수로 표기한 것을 말하여 8421코드가 대표적인 BCD코드이다.
- 8421코드는 10진법의 0~9의 숫자를 이와 등가인 4자리의 2진수로 표시한 것이다.

10진수	5	7
8421 코드	0101	0111

18 ③
D(Delay) 플립플롭
- RS 플립플롭에서 2개의 입력 R,S가 동시에 1인 경우에도 불확정한 출력 상태가 되지 않도록 하기 위하여, 인버터 하나를 입력 양단에 부가한 회로이다.
- D의 값이 0일 경우 S = 0, R = 1이 되어 Reset 수행, D가 1인 경우 S = 1, R = 0이 되어 Set을 수행한다.
- 입력 D의 신호 0 및 1 신호는 클럭 펄스가 나타나지 않는 한 출력에 영향을 주지 못한다.

19 ④
비동기식 10진 카운터
- 10진 카운터는 0에서 9까지의 카운트를 반복한다.
- 비동기식 10진 카운터 구성을 하려면 4개의 플립플롭이 필요하며, 4개 플립플롭에 의해 만들어지는 16개의 상태 중에서 10개의 상태만을 사용한다.
- 이에, 카운터 출력이 10에 도달하는 순간을 포착하여 모든 플립플롭을 0으로 Clear시켜야 한다.
- Q_B와 Q_D 출력을 NAND 게이트로 결합하고, 그 출력을 모든 플립플롭의 Clear 입력에 연결한다.

20 ①
멀티플렉서(Multiplexer)
- 멀티플렉서는 여러 아날로그 또는 디지털 입력신호 중 하나를 선택하여 선택된 입력을 하나의 출력(라인)에 전달하는 조합회로이다.
- 멀티플렉서는 데이터 선택기로서 여러 개의 데이터 입력을 받아들여 한 순간에 오직 하나의 데이터 입력만을 출력하는 스위칭 회로이다.

> **오답 피하기**
> 특정한 입력을 몇 개의 코드화된 신호의 조합으로 바꾸는 것은 인코더(Encoder)이며, 입력 개로부터, 출력 비트 코드로 변환하는 논리회로이다.

21 ②
지능망(Intelligent Peripheral)
- **지능망 정의**
지능망은 기존 전화망을 개선하여 신규 서비스나 주문형 서비스를 용이하게 제공할 수 있는 지능적인 통신 인프라를 의미한다.
- **지능망의 주요 구성요소**

구분	내용
지능형부가시스템 IP(Intelligent Peripheral)	서비스를 제공하는 데 필요한 미디어 처리 및 관련 기능을 담당
서비스제어시스템 SCP(Service Control Point)	서비스 로직을 실행하고 관리하는 역할
서비스스위치 SSP(Service Switching Point)	사용자와 통신 네트워크 간의 인터페이스 역할
서비스 오리진 SO(Service Originating)	사용자가 서비스를 요청하는 곳으로, SSP와 연결되어 사용자의 요청을 처리하고 SCP에 전달하는 역할
서비스 대상 ST(Service Termination)	서비스의 결과를 사용자에게 제공하는 역할

- **지능망의 특징**
  - 기술 및 망 환경 변화에 능동적으로 대응할 수 있는 개방형 망구조이다.

– 기존 교환망의 수정 없이 신규 서비스의 수정, 보완, 적용이 가능한 구조이다.
– 지능망 전용 시스템 구축으로 시스템 및 서비스에 대한 제어와 운용이 편리하다.
– 대표번호 서비스(1588, 1577), 평생번호서비스 등이 지능망의 예이다.

22 ②
데이터 통신의 구성
• 데이터 전송계 : 단말장치, 데이터 전송회선, 통신제어장치
• 데이터 처리계 : 컴퓨터(하드웨어/소프트웨어)

23 ③
국내 통신망의 진화단계
• 통신망의 정의

구분	내용
전화통신망 (PSTN)	공공 통신 사업자가 운영하는 공중전화망이라고 하며, 과거로부터 사용되던 일반 공중용 아날로그 전화망
종합정보통신망 (ISDN)	음성, 문자, 화상 등의 다양한 통신 서비스를 하나의 디지털 통신망으로 종합적으로 제공하는 고속, 고품질 통신망
광대역통합네트워크 (BCN)	통신, 방송, 인터넷이 융합된 품질보장형 광대역 멀티미디어 서비스를 언제, 어디서나, 끊김이 없이 안전하게 광대역으로 이용할 수 있는 차세대 통합 네트워크

• 통신망 발전 단계 : PSTN → ISDN → BCN으로 발전하였다.

24 ④
핀테크(Fin Tech)
• 핀테크는 Finance(금융)와 Technology(기술)의 합성어로 금융 서비스와 정보기술(IT)의 융합을 통한 금융서비스 및 산업의 변화를 통칭한다.
• 핀테크의 4대 영역은 지급결제, 금융데이터 분석, 플랫폼, 금융 소프트웨어이고, 모바일뱅킹, 앱카드 등이 대표적인 핀테크 서비스이다.

25 ①
PPP(Point–to–Point Protocol)
• 두 통신 노드 간의 직접적인 연결을 위해 일반적으로 사용되는 데이터 링크 프로토콜이다.
• PPP 연결설정 및 관리 프로토콜

구분	내용
LCP(Link Control Protocol)	• PPP 연결의 링크 제어를 담당하는 프로토콜 • 연결설정, 매개변수 협상, 링크 감시, 링크 종료
AP(Authentication Protocol)	• PPP 연결의 보안 인증을 처리하는 프로토콜 • 사용자 인증, 네트워크 인증 수행
NCP(Network Control Protocol)	• PPP 연결에서 네트워크 레이어 프로토콜의 설정 및 관리를 담당하는 프로토콜 • 협상하고자 하는 네트워크 프로토콜과 링크 수립, 유지, 종료

26 ①
BSC(Binary Synchronous Communication) 프로토콜
• BSC는 통신국 간의 2진 부호 데이터의 동기 전송을 하기 위해 정의된 문자의 집합과 제어 문자 순서를 사용하는 프로토콜이다.
• BCS는 P2P or Multipoint 네트워크에서 사용되며, Loop 네트워크에서는 사용이 불가하다.
• 반이중 통신방식을 사용하고, 에러제어방식으로 Stop & Wait ARQ를 사용한다.

27 ④
OSI 7Layer

28 ①
국제인터넷 표준화 기구(IETF : Internet Engineering Task Force)
• IETF는 인터넷의 운영, 관리, 개발에 대해 협의하고 프로토콜과 구조적인 사안들을 분석하는 인터넷 표준화 작업기구이다.
• IETF는 분야(Area)로 구별되고, 분야별로 여러 개의 워킹그룹(Working Group)에서 표준 개발을 담당하고 있다. 보통 IETF 표준을 RFC(Request for Comments)로 칭한다.

29 ③
ISO/IEC JTC 1(Joint Technical Committee 1)
• 위원회 목적 : JTC 1은 정보기술(IT) 분야의 표준화를 다룬다.
• 표준화 대상 분야 : 정보의 획득 · 표현 · 처리 · 보안 · 전달 · 교환 · 제공관리 · 저장 · 검색을 위한 시스템과 도구 및 인터페이스에 대한 규격, 적합성 평가 및 기준 등이 대상이다.
• SC21(OSI를 위한 정보검색, 전달 및 관리)의 WG(Working Group)

구분	내용
WG1	OSI 구조
WG3	Data base
WG4	OSI 관리
WG5	특수응용 서비스
WG6	OSI 세션
WG7	분산처리

30 ①
ISI(Inter Symbol Interference)
• 전송되는 디지털 심볼 신호가 다중경로 페이딩, 대역제한 채널 등을 통과할 때 이웃하는 심볼들이 서로 겹치며 비트 에러의 원천이 되어 심볼간 서로 간섭이 발생하는 현상을 말한다.
• 디지털 신호에 대한 품질을 평가하기 위한 척도로 Eye Pattern(눈패턴)을 사용한다.
• ISI 방지대책으로는 광대역 전송로, 재생중계기, 펄스 성형, 등화기, 차폐, 쉴드 적용 등이 있다.

펄스 성형(Pulse Shaping) : 심볼간 간섭(ISI)의 방지, 대역제한 채널의 극복을 위해 디지털 펄스 열을 대역 제한시킨 아날로그 파형으로 바꾸는 방법이다.

31 ④
데이터그램방식
• 가상회선 교환 방식 : 패킷이 전송되기 전에 송신지와 수신지 간의 논리적인 경로가 미리 성립되는 방식이다.
• 데이터그램 방식 : 송신지와 수신지 간의 경로를 정해 놓지 않고 각각의 패킷을 독립적으로 전송하는 방식이다.

구분	가상회선 교환 방식	데이터그램 방식
전용전송로	있음	없음
전송단위	연속적인 데이터	패킷
패킷 도착순서	송신 순서와 같음	송신 순서와 다를수 있음
에러제어	수행	없음

32 ③

동기 디지털계층(SDH : Synchronous Digital Hierarchy)
- 광 매체상에서 동기식 데이터 전송을 하기 위한 표준 기술로서, SONET과 동등하며, 비용 효율성과 빠른 데이터 전송 속도를 제공하는 네트워크 접속 방법이다.
- PDH 장비에 비해 성능이 우수하며, 광섬유 네트워크에서 안정적이고 효율적인 데이터 통신을 가능하게 한다.

SONET	SDH	속도(Mbps)
STS-1	STM-0	51.84
STS-3	STM-1	155.52
STS-9		466.56
STS-12	STM-4	622.08
STS-18		933.12
STS-24		1244.16
STS-36		1866.24
STS-48	STM-16	2488.32
STS-96		4976.64
STS-192	STM-64	9953.28
STS-768	STM-256	39813.12

33 ④

LAN 채널 할당 방식

구분	내용
고정할당 방법	• 각 단말에게 사용 가능한 채널의 일부분을 고정적으로 할당해주는 방법 • FDMA, TDMA
임의할당 방법	• 전송할 데이터가 있을 때 경쟁하여 채널을 할당하는 방법 • ALOHA, CSMA, CSMA/CD
요구할당 방법	• 단말의 요구에 의해서만 채널을 부여하는 방식 • Token 방식의 LAN : Token Bus, Token Ring

34 ①

VAN 계층구조와 기능

구분	설명
기본통신 계층	아날로그 통신과 디지털 통신으로 구분되며, 정보전달을 의미함
통신망 계층	교환기능과 다른 통신망과의 접속 기능을 제공함
통신처리 계층	• 통신망 계층에 부가가치를 추가한 서비스 • 정보의 축적 : 전자사서함 등 • 정보의 변환 : 속도변환, 코드변환, 프로토콜변환, 매체변환
정보처리 계층	• 필요한 정보의 형태로 변환시킴 • 온라인 실시간, 원격 일괄·시분할 처리 시스템 등 데이터 처리 기능 • DB(데이터베이스) 기능

35 ①

USN(Ubiquitous Sensor Network)
태그와 센서로 정보를 인식하고, 그 정보를 무선으로 수집하여 활용하는 무선 네트워크로서 유비쿼터스 환경을 구현하는 것을 목적으로 한다.

구분	설명
센서노드	센서를 이용하여 데이터를 수집 및 싱크노드에 전달
싱크노드	센서노드에서 감지된 데이터 수집 및 센서노드에 작업 요구
게이트웨어	센서 네트워크를 외부 네트워크와 연결
릴레이노드	싱크노드와 센서노드가 원거리 이격 시 중계할 수 있는 노드

36 ④

정보통신 시스템의 5가지 특성
- **목적성** : 반드시 목적을 가지고 있어야 하며 이를 달성하기 위해서는 구성요소들 간 상호작용이 원활하게 이루어져야 한다는 특성
- **자동성** : 조건이나 상황의 변화에 시기적절하게 대응, 처리할 수 있는 특성
- **제어성** : 정해진 규정이나 궤도에서 이탈되는 사태 또는 현상의 발생을 사전에 감지하여 수정하는 특성
- **종합성** : 시스템은 하나 이상의 하위시스템으로 구성되고, 이들 시스템 간 상호작용을 통해 목적을 달성하는 특성
- **시너지효과** : 시스템을 구성하는 개체들의 통합 결과값이 전체를 구성하는 개별 개체의 합을 초과하는 특성

37 ④

정보통신시스템 유지보수 조직운영 및 관리방안 – 인력구성 계획단계
- 유지보수 인력은 해당업무의 지침을 잘 이해하고, 이를 수행하여야 한다.
- 유지보수 인력은 해당업무에 대한 전문적 기술과 경험이 있어야 한다.
- 유지보수 인력은 업무의 효율성을 극대화 시킬 수 있어야 한다.

38 ③

TMN(Telecommunication Management Network) 5대 기능
- TMN은 네트워크를 관리하는 통신망을 의미하고, 5가지 기능이 있다.
- **장애관리** : 네트워크 장애를 감지하거나, 비정상적인 동작이 감지되었을 때 신속하게 대처할 수 있도록 정보를 제공하는 기능이다.
- **구성관리** : 네트워크 장비 및 링크의 연결 상태, 설정, 역할 등 전반적인 네트워크 구성요소와 형상을 관리하는 기능이다.
- **성능관리** : 네트워크 장비와 링크 상태(에러율, 가동율 등)를 모니터링하여 성능저하가 발생했을 때 즉시 대처할 수 있도록 하는 기능이다.
- **계정관리** : 사용자의 권한, 자원 사용현황, 계정 정보 등을 수집/저장/제어하는 기능이다.
- **보안관리** : 네트워크 보안 정책을 수립하고, 이벤트를 모니터링하여 보안 위협에 대처할 수 있도록 하는 기능이다.

39 ②

SNMP(Simple Network Management Protocol) : 네트워크를 효율적으로 운용하기 위하여 여러 개의 에이전트를 두고 매니저는 필요시 에이전트에게 정보를 요청하면 에이전트는 응답하는 방식의 TCP/ IP망 관리 프로토콜이다.

40 ①

암호화 기술
- **SEED** : 한국 인터넷진흥원에서 1998년 개발한 128비트의 대칭키 블록 암호화 알고리즘
- **RSA** : 미국 MIT 수학자들이 1978년에 개발한 공개키 암호화 알고리즘
- **DES** : 미국 IBM에서 1974년 개발한 56비트의 대칭키 블록 암호화 알고리즘
- **RC4** : 미국에서 1987년 개발한 스트림 암호화 방식의 대칭키 알고리즘

〈3과목〉 정보통신기기

41 ②

WPAN(Wireless Personal Area Network)
- **Bluetooth** : IEEE 802.15.1 표준 기반으로 다수의 장치를 무선으로 상호연결하기 위한 단거리 무선통신 기술이다.
- **Zigbee** : IEEE 802.15.4 표준 기반 저전력으로 지능형 홈네트워크 및 산업용기기 자동차, 물류, 환경 모니터링, 휴먼 인터페이스, 텔레매틱스 등 다양한 유비쿼터스 환경에 응용이 가능하다.

- **NFC** : 13.56[MHz]의 High Frequency 무선 대역을 사용하며 10[cm] 가량의 가까운 거리와 통신하기 위해 사용한다.
- **RFID** : 소형 전자칩과 안테나로 구성된 전자 Tag를 제품에 부착하여 사물을 정보단말기가 인식하고, 인식된 정보를 IT 시스템과 실시간으로 교환하는 기술이다.

42 ④

변조속도(통신속도, 신호속도, 보오율, Baud Rate)

- 변조속도는 초당 신호단위의 수로 단위는 baud를 사용하며 Baud rate이라고도 한다.
- 신호의 변조과정에서 1초 간에 몇 회 변조가 되어졌는가를 나타내는 것으로, 초당 신호단위의 수 또는 최단 펄스의 시간 길이의 역수로 계산할 수 있다.
- 변조속도(보오율)은 $\dfrac{1}{1,000 \times 10^{-6}} = \dfrac{1}{10^{-3}} = 1,000[\text{baud}]$ 이다.

43 ①

모뎀과 DSU, CSU 비교

구분	모뎀	DSU	CSU
사용목적	음성급 전화망 모뎀간 전송	데이터 전용망 가입자측 장비	데이터 전용망 국측 장비
전송신호	아날로그	디지털	디지털
특징	QAM, DPSK	Unipolar 신호를 Bipolar로 변환	T1, E1 등 전용회선 수용
전송속도	9.6K[bps]	64[Kbps]	128[Kbps]

44 ③

다중화 설비 출력 속도

다중화는 하나의 전송로에 여러 개의 신호를 중첩시켜 하나의 고속신호를 만들어 효율적인 전송을 수행하며 채널 수에 따라 비례적으로 속도는 증가한다.
∴ 1,200[bps] × 4 = 4,800[bps]

45 ②

LAN 구성요소

구성요소	설명
호스트(장치)	LAN에 연결된 컴퓨터나 장치로서, 각 호스트는 데이터를 전송하고 네트워크 상태를 감지하며, 충돌을 감지하고 처리한다.
케이블	LAN에서 호스트와 장비들을 연결하는 데 사용
네트워크 인터페이스 카드	호스트는 네트워크 인터페이스 카드를 사용하여 LAN에 연결된다. NIC는 컴퓨터와 네트워크 사이를 통신할 수 있게 하는 하드웨어 장치이다.
스위치 또는 허브	스위치는 MAC 주소를 사용하여 호스트 간의 통신을 전담하며, 스위치를 통해 각 호스트는 독립적인 연결을 하게 된다. 허브는 데이터를 받아서 연결된 모든 호스트에게 중계한다.
라우터	라우터는 여러 개의 LAN을 연결하는 데 사용되는 장비로서 LAN 간의 통신을 중계하고 인터넷과의 연결을 관리한다.
프로토콜	LAN에서는 통신을 위해 특정한 프로토콜이 사용된다.

46 ②, ③

케이블 등급과 특성
- 케이블 등급

케이블 등급	속도	규격
Cat.3	10Mbps	10Base-T
Cat.4	16Mbps	10Base-T
Cat.5	100Mbps	100Base-TX
Cat.5e	1Gbps	1000Base-T
Cat.6	1Gbps	1000Base-TX
Cat.6A	10Gbps	10GBase
Cat.7	10Gbps	10GBase

- 10Base-5 기본특성
  - 전송 속도가 10[Mbps]이다.
  - 전송 최대 거리가 500[m]이다.
  - 전송 방식이 기저대역(Baseband) 방식이다.
  - 전송매체로는 임피던스가 50[Ω]이고 직경이 12[mm]인 동축 케이블을 사용한다.

※ 문제 오류로 복수 정답 처리된 문항

47 ④

회선교환방식

- 통신경로 설정 후 데이터를 교환하는 방식이다.
- 연결 설정 단계에서 자원 할당(고정적 대역폭)이 필요하다.
- 데이터 통신을 위해 연결 설정, 데이터 전송, 연결 해제의 세 단계가 필요하다.
- 주로 전화망에서 사용하는 교환 방식이다.
- 전송지연이 거의 없으나, 접속에 긴 시간이 소요된다.
- 길이가 긴 연속적인 데이터 전송에 적합하다.

48 ②

IP-PBX

- **PBX(Private Branch Exchange, 사설 전화교환기)** : 회사나 기업 내에서 사용되는 전화 교환 시스템으로, 일정 수의 외부 전화 회선을 내부 사용자들 간에 자동으로 연결하여 내선 전화 통화를 관리하고 운영하는 시스템이다.
- **IP-PBX(Internet Protocol Private Branch Exchange)**
  - 인터넷 기반의 구내교환기를 의미한다.
  - 단순 음성통화만 가능했던 기존의 PBX와는 달리 IP-PBX는 사내 LAN과 통합하여 유지보수가 간단하고, 구성장비가 간단하여 설치 공간이 절약되며, 인터넷 기반으로 기존 기업의 다양한 어플리케이션과의 통합이 유리하다.

49 ③

전자교환기

- 현재의 교환기는 대용량 전자교환기의 형태로 축적 프로그램 제어(SPC, Stored Program Control)방식을 채택하여 호의 접속 및 제어를 기억장치에 축적시킨 프로그램에 따라 제어를 수행한다.
- 교환기의 발전 단계는 수동식교환기 → 기계식 자동 교환기 → 전자식 자동 교환기(축적 프로그램 방식)로 발전해 왔다.

50 ③

H.261

- ITU-T SG15 에서 1990년에 완성된 ISDN 망을 이용하는 영상부호화 표준안이며 실시간 화상회의를 위한 동영상 압축과 관련된 최초의 표준안이다.
- H.261 표준은 ISDN 영상전화 표준 H.320에 대한 비디오압축 알고리즘으로 제안되었다.
- H.261의 화상통신에 대한 지원 포맷은 CIF, QCIF 이다.
- **CIF** : 352 × 288 화소 (22 × 18 = 396개의 매크로 블록)
- **QCIF** : 176 × 144 화소 (11 × 9 = 99개 매크로 블록)

51 ④

영상회의 시스템

- 영상회의 시스템은 지역적으로 떨어져 있는 사용자들이 서로 보면서 대화할 수 있는 실시간 오디오 비디오 네트워크의 회의 응용을 말한다.
- 영상회의 시스템의 구성은 음향부, 영상부, 제어부 등으로 구성되어 있다.

영상회의 시스템은 실시간영상이기 때문에 편집부는 필요 없다.

52 ④
IPTV(Internet Protocol Television)
• IPTV 정의 : 인터넷 프로토콜을 사용하여 텔레비전 프로그램과 비디오 컨텐츠가 제공되는 양방향 텔레비전 서비스이다.
• IPTV 구성

구분	설명
IP 네트워크	IPTV는 인터넷 프로토콜(IP)을 사용하여 TV 프로그램과 비디오를 전송하는데, 이를 위해 IP 네트워크 인프라가 필요
IPTV 서버	IPTV 서버는 채널, VOD, 시리즈 등의 컨텐츠를 저장하고 관리하는 중요한 역할
인터넷 연결된 디바이스	IPTV는 다양한 디바이스에서 시청 가능하며, TV 외에도 컴퓨터, 스마트폰, 태블릿 등을 통해 시청가능
셋톱박스	IPTV 채널을 수신하고 TV에서 시청할 수 있도록 디코딩하는 역할을 하는 셋톱박스 필요

• IPTV 특징

구분	설명
개별적인 스트리밍	IPTV는 사용자의 요청에 따라 프로그램을 개별적으로 스트리밍하여 제공
대역폭 요구	고화질의 비디오 스트리밍을 제공하기 때문에 높은 대역폭이 필요
VoD(Video on Demand)	IPTV는 다양한 디바이스에서 시청 가능하며, TV 외에도 컴퓨터, 스마트폰, 태블릿 등을 통해 시청가능
시청 환경 개선	인터넷 기반의 특성으로 인해 사용자에게 더 다양하고 개인화된 콘텐츠 제공이 가능하고, 대화형 기능과 다양한 부가 서비스 제공
다양한 콘텐츠	다양한 채널과 VOD 콘텐츠를 제공하며, 사용자들은 다양한 콘텐츠 선택
품질 최적화	트래픽 관리, 망용량 관리, 네트워크 플래닝

53 ①
FM 리미터
• 입력 전압에서 임의 전압 레벨의 위, 아래 영역을 제한하거나 자르는 회로이다.
• 주로 회로 손상을 피하기 위해, 입력 전압 레벨을 특정 범위 내로 제한하기 위해 사용된다.
• FM 수신기의 중간 주파수 증폭기의 후단에 설치되어 페이딩과 잡음에 대한 신호의 진폭변화를 일정하게 유지시키는 역할을 수행한다.

54 ③
도플러 현상(Doppler Effect)
• 어떤 파동의 파동원과 관찰자의 상대 속도에 따라 진동수와 파장이 바뀌는 현상을 의미한다.
• 이동체가 이동하는 동안 수신된 신호의 주파수가 송신 주파수와 달라지는 현상을 나타내는 것이다.

55 ③
WCDMA(Wideband Code DIvision Multiplex Access)
• WCDMA는 IMT-2000을 구현하는 유럽식 비동기식 광대역 부호분할 다중접속(CDMA) 방식이다.
• WCDMA는 기지국을 구별하기 위해 GPS를 사용하지 않으며, 기지국마다 서로 다른 PN코드를 사용하는 방식이다.
• 2[GHz] 주파수대역을 사용하며, 변조방식은 QPSK, 프레임 길이는 10[ms] 등 특징이 있다.

56 ②
이동통신 셀(Cell)
• 셀은 이동 통신에서 하나의 기지국이 관리하는 지역을 가리키는 개념으로 하나의 기지국이 할당된 전파를 이용하여 이동국에게 서비스를 하는 영역을 의미한다.
• 셀크기 분류

셀 종류	반경	용도
Mega cell	100~50km	광역(위성통신 등)
Macro cell	35km 이내	교외
Micro cell	1km 이내	도심
Pico cell	50m 이내	도심밀집지역
Femto cell	옥내	

57 ④
데이터 압축기법
• 데이터 압축기법에는 압축과정에서 데이터의 손실 유무에 따라 무손실 압축과 손실 압축으로 구분할 수 있다.
• 무손실 압축에는 호프만 코딩, 반복길이 코딩, 렘펠–지프 코딩 방법이 있다.
• 손실 압축에는 FFT, DCT 등 변환 코딩과 DPCM, ADPCM, DM, ADM 등 예측 코딩 등이 있다.
• 혼성 압축에는 JPEG, GIF, MPEG, H.261 등의 방법이 있다.

Huffman Code는 무손실 압축 기법이다.

58 ④
멀티미디어 서비스의 CPND(SPND)
• CPND는 ICT 분야의 서비스 구조를 지칭하는 데 사용하며, Contents(컨텐츠)/Service(서비스), Platform(플랫폼), Network(네트워크), Device(장치, 단말)로 구성되어 있다.
• CPND 구성

구분	설명
Contents/ Service	ICT : 응용소프트웨어, 데이터, 그리고 디지털 멀티미디어 등. 문화관광 : 영화 · 음악 · 문학 · 미술 · 공연 · 출판 · 관광 · 체육 등
Platform	콘텐츠 제공, 유통할 수 있는 기반, 기술적 기반의 플랫폼 개념, OS, 앱스토어, 나아가 카카오게임 등으로 확대
Network	유/무선 통신망
Device	장치, 단말

59 ①
멀티미디어 압축기술
• AVI : 윈도 운영체제에서 기본으로 지원하는 동영상 파일 포맷(file format)이다. 오디오와 비디오를 합쳐 하나의 동영상을 구성한다는 뜻에서 AVI(Audio Video Interleaved)라고 한다. 윈도에서는 *.avi라는 확장자를 갖는다.
• JPEG : 사진 등의 정지화상을 통신에 사용하기 위해서 압축하는 기술의 표준이다. 이미지를 만드는 사람이 이미지의 화질과 파일의 크기를 조절할 수 있다.
• MPEG : 엠펙은 움직이는 그림, 즉 동화상을 압축하는 데 적용되는 표준규격을 말한다. 국제표준화기구(ISO) 산하 조직인 MPEG(Motion Picture Image Coding Experts Group : 엠펙)를 그대로 사용하고 있다.

MIDI(Musical Instrument Digital Interface)는 전자 악기끼리 디지털 신호를 송수신 하기 위하여 각 신호를 규칙화한 일종의 규약이다.

60 ④

MPEG(Moving Picture Expert Group)
- 동영상, 음성 신호 등(멀티미디어)을 압축, 부호화, 전송, 표현의 제반 기술에 관련된 ISO/IEC JTC1의 산하위원회 SC29의 작업그룹 WG11이다.
- MEPG-1 : CD, VTR 등과 같은 저장매체에 1.15[Mbps]급으로 동화상 저장용 압축기법이다.
- MEPG-2 : 통신/방송 멀티미디어의 적용을 위해 제안된 보다 일반화된 표준이다.
- MEPG-4 : 초 저속(64[Kbps] 이하) 및 초고속에서도 사용가능한 고 압축용 동영상 압축 표준이다.
- MEPG-21 : 멀티미디어 컨텐츠의 생성, 관리, 유통에 이르는 전자상거래에 대한 프레임워크이다.

〈4과목〉 정보전송공학

61 ③

PCM 관련 변조 방식
- ADM(Adaptive DM)
DM의 성능 개선을 위해, 적응형 양자화기(순시 진폭값과 예측값과의 차이에 따라 양자화 스탭의 크기를 적응적으로 변화시키는 방법)를 사용하여 잡음을 감소시키는 변조방식이다.
- PCM(Pulse Code Modulation)
PCM은 아날로그 신호를 디지털 데이터로 변환하기 위해 사용되는 변조 방법으로, 신호 등급을 균일한 주기로 표본화한 후, 디지털(이진) 코드로 양자화 처리되는 과정을 거친다.
- DM(Delta Modulation, ⊿M, 델타변조)
  - 1bit 양자화(2레벨 양자화)를 수행하여 정보 전송량을 크게 줄인 변조이다.
  - 전송중의 에러에도 강하며, 업다운 카운터가 필요하다.
- DPCM(Differential PCM)
  - 진폭값과 예측값과의 차이만을 양자화하는 방법이다.
  - 양자화 step 수를 줄일 수 있게 되어 전송할 정보량을 줄일 수 있는 변조 방식이다.

오답 피하기

DPCM, DM, ADM은 순시 진폭값과 예측값과의 차이만을 양자화하는 예측 양자화 방법을 사용한다.

62 ①

양자화 잡음
- 양자화 잡음 정의 : 양자화 잡음은 연속적인 아날로그 신호를 불연속적인 디지털 신호로 바꾸는 양자화 과정에서 순시 진폭 값의 반올림, 버림에 의해 생기는 잡음을 말한다.
- 양자화 잡음 개선방법
  - 양자화 스텝수를 늘리거나, 비선형 양자화를 하거나, 압신기를 사용한다.
  - **신호 전력대 양자화 잡음비 : 양자화 비트 1[bit] 증가시 6[dB] 증가한다.**
  - 양자화 잡음에는 경사과부화(최대값 신호보다 큰 부분)와 그래뉴러(최소값 신호보다 작은부분)이 있으며, 이를 개선하기 위해서는 ADM을 이용해야 한다.

오답 피하기

양자화 스텝 사이즈(양자화 계단 크기)를 크게하면 양자화 잡음은 늘어난다.

63 ④

처리이득 계산
- 처리이득(확산이득)은 신호의 대역이 확산코드에 의해 얼마나 넓게 환산되었는지를 나타내는 파라미터이다.
- 처리이득 $PG = 10\log\dfrac{\text{확산된 신호 대역폭}}{\text{원 신호 대역폭}}$

$$= 10\log\frac{\log_2(\text{BPSK의 M})\times 2\times 10^6}{2\times 10^3}$$

$$= 10\log 10^3 = 30[\text{dB}]$$

64 ②

시간 분할 다중화(TDM, Time Division Multiplexing) 계산
- TDM은 전송하고자 하는 각각 정보의 시간을 다르게 분할하여 전송하는 다중화 방식으로, 여러 개의 서로 다른 신호가 전송로를 점유하는 시간을 분할해 줌으로써 하나의 전송로에 채널을 다중화하는 방식이다.
- 한 채널이 2[byte]씩 전송하므로 어느 한 채널이 100[byte]를 전송하려면 50번을 전송해야 하므로, 초당 전송해야하는 프레임 수는 50개이다.
- 비트 전송률은 100[byte/s] × 5채널 = 500[byte/s] = 500 × 8[bit/s] = 4,000[bps]이다.

65 ②

트위스트 페어 케이블의 누설 콘덕턴스
- 누설 콘덕턴스는 절연체가 완벽한 절연이 되지 못하여, 일부 절연 불량 등으로 미소량이나마 전류가 누설되어서 나타나는 저항성 손실 유형이다.
- 트위스트 페어 케이블의 누설 콘덕턴스인 $G = \omega Ctan\delta$이다.

66 ③

스넬의 법칙(Snell's law)
- 파동이 하나의 매질에서 다른 종류의 매질로 진행할 때, 입사각의 사인 값과 굴절각의 사인 값의 비가 항상 일정하다는 법칙이다.
- $n_1\sin\theta_1 = n_2\sin\theta_2$이 성립하며, 전반사가 일어나기 위한 광의 최소 입사각인 임계각은 $\sin^{-1}(\dfrac{n_1}{n_2})$이다.

67 ④

광섬유 케이블의 분산
- 광섬유 케이블은 파장에 따른 전파속도차 때문에 생기는 모드 내 분산과 모드 사이의 전파속도차 때문에 생기는 모드 간 분산으로 나눌 수 있다.
- 모드 내 분산은 광도파로를 구성하는 재료의 굴절률이 파장에 대해 비선형적으로 변화함으로 생기는 분산인 재료분산과 광이 광섬유의 구조 변화로 인하여 광섬유축과 이루는 각이 파장에 따라 변화하게 되면 실제 전송경로의 길이에도 변화가 생겨 도착시간이 변화하게 됨으로써, 광 펄스가 퍼지는 현상인 도파로 분산이 있다.
- 단일모드 광섬유는 색분산만 있고, 다중모드 광섬유는 색분산/모드분산이 모두 존재한다.

68 ②

대역폭 계산

n[bps]로 디지털 신호를 보내고자 할 때 기본파를 전송하는 데는 $\dfrac{n}{2}$[Hz]가, 제3고조파를 전송하는 데는 $\dfrac{3n}{2}$[Hz]의 대역폭이 필요하므로, $\dfrac{n}{2} + \dfrac{3n}{2} = 2n$[Hz]의 대역폭이 필요하다.

69 ③

밀리미터파의 특징
- 밀리미터파는 3~30[GHz]의 전파인 SHF 전파를 말한다.
- 파장이 짧으므로 지향성이 우수하며, 송수신 장치를 소형화 시킬 수 있다.
- 직진성을 가지므로 저전력을 사용한다.
- 강우시 감쇠가 크다.

70 ②

비동기 전송 방식(Asynchronous Transmission)
- 비동기 전송은 데이터를 송신장치에서 수신장치로 전송할 때, 서로 간에 타이밍을 맞추지 않고 문자 단위로 전송하는 방식이다.
- 비동기 전송에서 데이터 신호는 Start bit, 데이터, Stop bit로 구분된다.
- 송신장치와 수신장치가 서로 독립적인 시스템 클럭을 사용하지만, Start bit와 Stop bit로 동기를 맞추고 데이터를 인식한다.
- 매번 동기에 따른 부담으로 인해 저속(2,000[bps] 이하) 전송에 많이 쓰인다.
- 문자와 문자 사이에는 휴지시간이 있을 수 있으며, 전송속도와 전송효율이 낮은 방식이다.

71 ②

혼합형 동기식(등시성) 전송 방식(Isochronous Transmission)
- 혼합형 동기식 전송은 동기식과 비동기식의 전송 특성을 혼합한 전송 방식이다.
- 송신측에서 보낸 타이밍 신호를 그대로 유지해서 수신측까지 데이터 프레임을 보내는 전송 방식이다.
- IEEE 1394, 파이버 채널(FC), USB 등의 규격에서는 육성이나 동화상 등 실시간성이 요구되는 데이터를 전송하기 때문에 혼합형 동기식(등시성) 전송의 규격화를 규정하고 있다.
- 비동기식보다 전송속도가 빠르고, 각 글자가 스타트 비트와 스톱 비트를 가진다.
- 송/수신측이 동기 상태에 있어야 한다.

72 ④

반이중 전송 방식(Half Duplex)
- 반이중 방식은 두 장치 간에 교대로 데이터를 교환하는 전송방식이다.
- 동시에 양쪽으로 전송이 불가하며, 한쪽이 송신하면 다른 한쪽은 수신하는 통신 방식이다.
- 데이터 전송 방향을 바꾸는 데 소요되는 전송 반전 시간이 필요하다.
- 전송 데이터가 적을 때 사용되고, 전이중 방식보다는 전송효율이 낮다.
- 반이중 전송방식의 예로는 무전기(휴대용 무선통신기기)를 들 수 있다.

73 ②

HDLC(High-level Data Link Control)
- **HDLC 정의**
  - 특수한 플래그를 메시지의 처음과 끝에 둔 후 비트 메시지를 구성하여 전송하는 방식이다.
  - SDLC에서 발전된 데이터 링크 프로토콜로서 기본특성이 유사하다.
  - 주국, 종국 혼합국으로 구성되며, 주국에서 전송되는 메시지를 명령이라고 정의하며, 이에 대한 종국의 회신을 응답이라고 한다.

- **구조(Frame)**

플래그 (8비트)	주소부	제어부	정보데이터	FCS (에러검사부)	플래그 (8비트)
01111110	8비트	8비트	n비트	16비트	01111110

구분	내용
플래그	01111110로서 프레임의 시작과 종료를 표시
주소부	목적지 주소를 기록하는 부분
제어부	주소부에서 지정하는 2차국에 대한 동작을 명령하고 흐름/오류제어 수행
FCS	오류검출기능 수행
정보데이터	정보메시지와 제어 정보

- **HDLC 특성**
  - 단방향, 반이중, 전이중 전송 방식 모두 가능하다.
  - Go-Back-N ARQ 에러방식을 적용한다.
  - 전송 효율과 신뢰성이 향상된다.
  - 1차국(명령 송신 및 응답프레임을 수신), 2차국(1차국의 명령 수신 및 응답), 복합국(명령, 응답 모두를 송수신함)으로 구성되어 있다.
  - Point-To-Point, Multipoint, Loop 방식은 모두 가능하다.
- **제어필드 형식에 따른 프레임**
  - **정보-프레임(I-프레임 : Information Frame)** : 사용자 데이터를 전송하는 데 사용한다.
  - **감독-프레임(S-프레임 : Supervisory Frame)** : 에러제어와 흐름제어를 위해 사용한다.
  - **번호를 갖지않는 프레임(U-프레임 : Unnumbered Frame)** : 보조 링크 제어기능을 제공한다.
- **프레임**
  - 수신준비(RR), 수신불가(PNR), 거절(REJ), 선택적 거절(SREJ)의 4가지 기능을 제공한다.
  - 프레임은 Flag-주소부-제어부-정보부-FCS-Flag로 구성되어 있다.
- **주소부(Address Field)**
  - 주소는 전송할 목적지 스테이션의 주소를 의미한다.
  - 8비트로 표시하면 필요시에는 사전에 합의하에 확장 가능하다.
  - 주소부를 확장하려면 각 바이트의 첫 비트값이 0이면 다음 바이트도 주소로 사용한다는 의미이다.
  - 첫 번째 비트가 1이면 주소부의 마지막 바이트를 나타낸다.
  - 주소부의 모든 비트가 1인 경우는 global address로 모든 국(스테이션)에 대한 프레임 전달용으로 사용하고, 모든비트가 0인 경우는 no station address로 모든 국에 대한 시험용으로 사용한다.

74 ②

IP 특성 : IP는 비 연결지향적이며 신뢰할 수 없는 프로토콜이다. 데이터를 전송할 때 주소를 지정하고 경로를 설정하지만 패킷유실이나 오류가 발생할 때 이것에 대하여 해결하지 않는다.
- **비접속형** : 송신자와 수신자가 패킷 전송을 위한 연결 설정 없이 패킷을 전송한다.
- **비신뢰성** : 패킷이 목적지까지 도착하는 것을 보장하지 않는다.
- **주소지정** : 네트워크 전송 목적지를 지정하기 위한 IP주소를 이용한다.
- **경로설정** : 목적지 IP주소를 이용하여 전송 경로를 설정한다.

75 ①

CIDR(Classless Inter-Domain Routing)

- IPv4 주소한계의 해결을 위해 개발되었으며, 클래스 없는 도메인 간 라우팅 기법이다.
- 고갈되는 IP주소를 기존의 클래스 기반 IP주소 할당 방식보다 더 효율적으로 사용할 수 있는 장점이 있다.
- 별도 서브넷팅 없이 내부 네트워크를 임의로 분할할 수 있다.
- 소수의 라우팅 항목으로 다수의 네트워크를 표현할 수 있다.
- 네트워크 식별자 범위를 자유롭게 지정할 수 있다.
- 네트워크 주소와 호스트 식별자인 두 개의 숫자그룹으로 구성된다.

76 ④

UDP 특징

기능	설명
비연결형 서비스	데이터 전송순서가 바뀜
신뢰성이 낮음	흐름제어가 없어서 제대로 전송되었는지, 오류가 없는지 확인할 수 없음
데이터 수신여부 확인하지 않음	TCP의 3-way handshaking과 같은 과정이 없음
TCP보다 속도가 빠름.	SYN, ACK와 같이 확인절차 기능이 존재하지 않기 때문
연결 등에 대한 상태 정보를 저장하지 않음	
1:1 & 1:N & M:N 통신 가능	

77 ③

라우팅 프로토콜 종류(동적 라우팅)

구분	종류	설명
내부 라우팅	RIP	• Routing Information Protocol • 거리 벡터 방식 • 최대 15Hop까지 지원하며, Hop 수가 가장 적은 경로로 선택 • 매 30초마다 주기적인 라우팅 업데이트 • 라우팅 트래픽 부하 증가 및 수렴시간이 느림 • 설정 및 운영이 간단하며, 소규모 네트워크에 적용 • 서브네트워크의 주소는 클래스 A, B, C의 마스크를 기준으로 라우팅 정보를 구성
	OSPF	• Open Shortest Path First • 링크 상태 방식이며, 다익스트라의 SPF(Shortest Path First) 알고리즘 사용 • 링크 상태 정보를 이용하여 최단 경로로 패킷을 전달 • Link State에 변화가 있을 때 해당 라우터가 LSA를 전체 네트워크에 Flooding함 – LSA(Link State Advertisement)는 라우팅 정보 • 라우팅 설정이 복잡하고 자원 소모량이 많음 • AS내부를 영역 단위로 나누어 관리
	IGRP	• Interior Gateway Routing Protocol • 거리벡터 방식으로 중규모 네트워크에 적합함 • RIP의 문제점을 개선한 프로토콜로써 메트릭으로 최적의 경로 설정 • 매 90초마다 경로 정보 전송하며, 신뢰적이다 • 운영과 설정이 간단하고, 수렴이 빠르며, 멀티패스 라우팅 지원 • 국제 표준 규약이 아니며, 비용결정 계산이 복잡함
	IS-IS	• Intermediate System to Intermediate System • 링크 상태 방식이며, 다익스트라의 SPF(Shortest Path First) 알고리즘 사용 • 라우터끼리 동적으로 경로 정보를 주고받는 프로토콜 • 최대홉 제한 없음 • 2단계 계층적 구조(1,2) 지원하며 여러 Area로 구분됨
내부 라우팅	EIGRP	• Enhanced IGRP • 거리 벡터 기반의 링크 상태처럼 동작하는 하이브리드 방식 • IGRP 기반으로 라우터 내 대역폭 및 처리 능력의 향상과 경로상 불안정한 라우팅을 최적화함 • Classless Routing 수행하며, 수렴시간이 빠름 • 네트워크 변화에 즉시 반응하여 경로 설정 및 Load Balancing 지원 • 대규모에서 관리가 어려우며, 시스코 라우터에서만 동작
외부 라우팅	BGP	• Border Gateway Protocol • 경로 벡터 라우팅 프로토콜 • AS사이의 경로지정을 위해 사용되는 프로토콜 • Classless Routing 수행하며, 수렴시간이 빠름 • TCP 사용하여 연결되며, 대형망 네트워크 지원 • Classless Routing 및 다양하고 풍부한 메트릭 사용 • 회선 장애시 우회 경로 생성하여 라우팅 정보의 부분 갱신 가능 • 매트릭 설정이 어렵고 수렴시간이 느림

78 ④

OSI 모델 기능

기능	설명
응용계층	• 사용자가 네트워크에 접근할 수 있도록 인터페이스를 제공하는 계층으로 사용자에게 가장 직접적으로 보이는 부분임 • HTTP, SMTP, FTP, SNMP 등
표현계층	• 응용프로그램 형식을 네트워크 형식으로 변환하고, 정보의 형식 설정과 코드 교환 암호화 및 판독기능을 수행 • MPEG, JPEG, MIDI 등
세션계층	실제 네트워크 연결이 이루어지는 계층으로 프로세스간의 통신을 제어하고, 동기화 제어, 연결, 세션관리 등을 수행
전송계층	• 종점간의 오류수정과 흐름제어를 수행하여 신뢰성 있고 투명한 데이터 전송을 제공 – 1~3계층을 사용하여 종단점간 신뢰성 있는 데이터 전송 • TCP, UDP
네트워크계층	• 교환, 중계, 경로설정 등을 수행하는 계층으로 라우터들을 바탕으로 데이터를 패킷 단위로 잘게 쪼개어 전송하는 역할을 수행함 • IP, IPX, ICMP, ARP 등
데이터링크계층	• 동기화, 오류제어, 흐름제어, 입출력제어, 회선제어, 동기제어 등의 물리적 링크를 통해 신뢰성 있는 정보를 전송 • HDLC, BSC 등
물리계층	• 전송 매체에서의 전기적 신호전송기능, 제어 및 클럭신호를 제공하고, 전기적, 기계적, 절차적 사항 등을 규정 • RS-232, RS-485 등

79 ④

HDLC(High-level Data Link Control) 소부(Address Field)

- 특수한 플래그를 메시지의 처음과 끝에 둔 후 비트 메시지를 구성하여 전송하는 방식이다.
- 주소는 전송할 목적지 스테이션의 주소를 의미한다.
- 8비트로 표시하면 필요시에는 사전에 합의하여 확장 가능하다.
- 주소부를 확장하려면 각 바이트의 첫 비트값이 0이면 다음 바이트도 주소로 사용한다는 의미이다.
- 첫 번째 비트가 1이면 주소부의 마지막 바이트를 나타낸다.
- 주소부의 모든 비트가 1인 경우는 global address로 모든 국(스테이션)에 대한 프레임 전달용으로 사용하고, 모든비트가 0인 경우는 no station address로 모든 국에 대한 시험용으로 사용한다.

80 ③

FEC(Forward Error Correction)

- 송신측이 전송할 문자나 프레임에 부가적 정보를 첨가하여 전송하고, 수신측이 부가적 정보를 이용하여 에러 검출 및 정정을 하는 방식이다.
- 연속적인 데이터 전송이 가능하고, 역채널이 필요없는 장점이 있다
- 기기와 코딩방식이 복잡하고, 잉여 비트에 의한 전송 채널 대역이 낭비되는 단점이 있다.
- 송신측이 한 곳이고 수신측이 여러 곳이거나, 채널환경이 열악한 곳, 높은 신뢰성이 요구되는 곳 등에 사용된다.
- 오류가 발생하여도 재전송 요구 없이 오류수정이 가능하므로 실시간 처리 및 높은 처리율을 제공하는 특징이 있다.

〈5과목〉 전자계산기일반 및 정보통신설비기준

81 ②

입출력제어 DMA

DMA(Direct Memory Access) I/O : CPU는 개입 없이 입출력에 필요한 정보를 DMA 제어기를 이용하여 기억장치와 주변 장치 사이에서 직접 수행하게 하는 방식이다.

82 ③

디스크 입·출력 시간

- **탐구 시간(Seek time)** : 기록할 위치 또는 원하는 데이터가 있는 디스크 실린더에 헤더를 위치시키는 시간이다.
- **지연 시간(Rotation time, latency)** : 헤더가 트랙에서 원하는 섹터까지 위치하는 데 걸리는 시간이다.
- **데이터 전송 시간(Transfer time)** : 섹터를 읽어서 전송하거나 데이터를 섹터에 기록하는 데 걸리는 시간이다.
- Access Time = Seek Time + Rotational Latency + Transfer Time
- 탐구 시간 > 지연 시간 > 데이터전송시간

83 ②

입력장치

- **자기 잉크 문자 판독기(MICR : Magnetic Ink Character Reader)** : 자성 물질 잉크로 기록된 문자를 판별하여 주기억장치에 입력시키는 장치이다.
- **광학문자판독기(OCR : Optical Character Reader)** : 인쇄된 문자를 이미지 스캐너로 읽어 기계가 읽을 수 있는 문자로 변환하는 장치이다.
- **광학마크판독기(OMR : Optical Mark Reader)** : 용지 위에 미리 정한 곳에 마크된 정보를 구별하는 장치이다. 시험답안 작성에 주로 사용되고 있다.

84 ③

2의 보수

각 비트 자릿수의 반전으로 1의 보수를 구하고 +1 하여 2의 보수를 구한다.

	0011
1의 보수	1100
+1	1101
2의 보수	1101

85 ④

레지스터

- **IR(Instruction Register)** : 명령어레지스터. 수행할 명령을 저장한다.
- **MAR(Memory Address Register)** : 메모리 주소 레지스터. 메모리로부터 읽어오거나 메모리에 쓰기 위한 주소를 일시적으로 저장하고, 주소버스와 연결한다.
- **MBR(Memory Buffer Register)** : 메모리버퍼레지스터. 메모리로부터 읽어온 데이터 또는 메모리에 써야 할 데이터를 일시적으로 저장하고 데이터버스와 연결한다.
- **시프트 레지스터** : 데이터를 왼쪽 또는 오른쪽으로 자리 이동하는 레지스터이다. 직/병렬 데이터 전환, 링 카운터(ring counter) 등에 사용한다.

86 ③

ASCII 코드 구성

하나의 문자를 3개의 ZONE 비트와 4개의 비트로 128문자를 표현한다.

87 ④

운영체제의 자원관리

기억장치, 프로세스, 입출력 장치, 파일 등의 자원을 관리한다.

- **메모리 관리** : 메모리 상태 추적 및 기억, 메모리 할당 및 회수 등을 관리한다.
- **보조기억장치관리** : 가상기억장치 및 페이징 장치 관리, 장치 관리자 또는 파일 관리자와 협력을 진행한다.
- **프로세스 관리** : 프로세스와 스레드 스케줄링, 프로세스 생성과 제거, 프로세스의 수행, 프로세스 동기화 및 통신 관리, 주기억장치 관리를 위해 주기억장치 관리자와 협력을 수행한다.
- **입출력 장치 관리** : 입출력 장치의 스케줄 관리, 각종 주변 장치의 스케줄링 및 관리한다.
- **파일 관리** : 파일의 생성과 삭제, 변경 유지들의 관리 및 정보의 위치, 사용 여부와 상태 등을 추적 관리를 한다.

88 ④

프로그램 언어

- **기계어** : 컴퓨터의 언어로 CPU가 컴파일 없이 직접 해독하고 실행할 수 있는 0과 1로만 이루어진 비트 단위의 언어이다.
- **어셈블리어** : 기계어와 1:1 대응이 되는 컴퓨터 프로그래밍의 저급 언어로 복잡하고 난해한 0과 1의 나열된 언어인 기계어를 알파벳으로 변환한 사람의 언어에 가까운 언어이다.
- **고급언어** : 저급 언어보다 가독성이 좋다. C, C++, Java, JavaScript 등등 일반적으로 알고 있는 프로그래밍 언어이다.

89 ②

마이크로프로세서 동작

- 마이크로프로세서는 데이터 처리, 논리와 제어가 단일 집적 회로 또는 소수의 IC에 포함된 컴퓨터 프로세서이다. 컴퓨터의 중앙처리장치 기능을 수행하는데 필요한 산술, 논리 및 제어 회로를 포함한다.
- **명령어 사이클(instruction cycle)** : 한 개의 기계어 명령어를 가져와 명령어가 요구하는 동작을 수행하는 연속적인 동작 과정이다. 호출(fetch) 사이클과 실행(execute) 사이클로 기본 구성된다.
  - **호출(fetch) 사이클** : 인출사이클. PC에 저장된 명령어주소를 MAR로 전달하고 해당 주소에서 명령어를 MBR에 저장한다. 다시 MBR의 명령어를 IR로 전달한다.
  - **실행(execute) 사이클** : 명령을 실행하는 단계이다. CPU는 IR에 저장된 명령어를 해석하고 실행한다. 그리고 다시 호출 사이클로 복귀한다.
  - **PC(Program Counter)** : 프로그램계수기. CPU가 수행할 다음 명령의 주소를 일시적으로 저장한다.

90 ②

클럭 주기

• 클럭 주기는 클럭 주파수의 역수이다.

• 클럭 주기 $= \dfrac{1}{클럭\ 주파수} = \dfrac{1}{1[GHz]} = 1[ns]$

91 ①

방송통신발전기본법

제34조(한국정보통신기술협회)

① 정보통신의 표준 제정, 보급 및 정보통신 기술 지원 등 표준화에 관한 업무를 효율적으로 추진하기 위하여 과학기술정보통신부장관의 인가를 받아 한국정보통신기술협회(이하 "기술협회"라 한다)를 설립할 수 있다.

92 ①

방송통신설비의 기술기준에 관한 규정

제6조(위해 등의 방지)

① 방송통신설비는 이에 접속되는 다른 방송통신설비를 손상시키거나 손상시킬 우려가 있는 전압 또는 전류가 송출되는 것이어서는 아니 된다. 〈개정 2011.1.4〉

② 방송통신설비는 이에 접속되는 다른 방송통신설비의 기능에 지장을 주거나 지장을 줄 우려가 있는 방송통신콘텐츠가 송출되는 것이어서는 아니 된다. 〈개정 2011.1.4〉

③ 전력선통신을 행하기 위한 방송통신설비는 다음 각 호의 기능을 갖추어야 한다. 〈개정 2011.1.4〉

1. 전력선과의 접속부분을 안전하게 분리하고 이를 연결할 수 있는 기능

2. 전력선으로부터 이상전압이 유입된 경우 인명·재산 및 설비자체를 보호할 수 있는 기능

④ 제3항에 따른 전력선통신을 행하기 위한 방송통신설비의 위해방지 등에 대한 세부기술기준은 과학기술정보통신부장관이 정하여 고시한다. 〈개정 2011.1.4, 2013.3.23, 2017.7.26〉

93 ④

방송통신설비의 기술기준에 관한 규정

제7조(보호기 및 접지)

① 벼락 또는 강전류전선과의 접촉 등으로 이상전류 또는 이상전압이 유입될 우려가 있는 방송통신설비에는 과전류 또는 과전압을 방전시키거나 이를 제한 또는 차단하는 보호기가 설치되어야 한다. 〈개정 2011. 1. 4., 2017. 4. 25.〉

② 제1항에 따른 보호기와 금속으로 된 주배선반·지지물·단자함 등이 사람 또는 방송통신설비에 피해를 줄 우려가 있을 경우에는 접지되어야 한다. 〈개정 2011. 1. 4.〉

③ 제1항 및 제2항에 따른 방송통신설비의 보호기 성능 및 접지에 대한 세부기술기준은 과학기술정보통신부장관이 정하여 고시한다. 〈개정 2011. 1. 4., 2013. 3. 23., 2017. 7. 26.〉

94 ①

전기통신사업법

제39조(상호접속)

① 전기통신사업자는 다른 전기통신사업자가 전기통신설비의 상호접속을 요청하면 협정을 체결하여 상호접속을 허용할 수 있다.

② 과학기술정보통신부장관은 제1항에 따른 전기통신설비 상호접속의 범위와 조건·절차·방법 및 대가의 산정 등에 관한 기준을 정하여 고시한다.

전기통신설비의 상호접속기준

제42조(표준인터넷접속조건)

① 미래창조과학부장관은 인터넷망 상호접속시 접속사업자간 계위를 구분하기 위하여 다음 각 호의 사항을 고려하여 표준인터넷접속조건을 정한다.

1. 통신망 규모

2. 가입자 수

3. 트래픽 교환비율

95 ①

방송통신설비의 기술기준에 관한 규정

제6조(위해 등의 방지)

① 방송통신설비는 이에 접속되는 다른 방송통신설비를 손상시키거나 손상시킬 우려가 있는 전압 또는 전류가 송출되는 것이어서는 아니 된다.

② 방송통신설비는 이에 접속되는 다른 방송통신설비의 기능에 지장을 주거나 지장을 줄 우려가 있는 방송통신콘텐츠가 송출되는 것이어서는 아니 된다.

③ 전력선통신을 행하기 위한 방송통신설비는 다음 각 호의 기능을 갖추어야 한다.

1. 전력선과의 접속부분을 안전하게 분리하고 이를 연결할 수 있는 기능

2. 전력선으로부터 이상전압이 유입된 경우 인명·재산 및 설비자체를 보호할 수 있는 기능

96 ③

정보통신공사업법

감리 : 발주자의 위탁을 받은 용역업자가 설계도서 및 관련규정의 내용대로 시공되는지 여부의 감독 및 품질관리·시공관리 및 안전관리에 대한 지도등에 관한 발주자의 권한을 대행하는 것을 말한다.

제8조(감리 등)

① 발주자는 용역업자에게 공사의 감리를 발주하여야 한다.

② 제1항에 따라 공사의 감리를 발주 받은 용역업자는 감리원에게 그 공사에 대하여 감리를 하게 하여야 한다. 이 경우 감리원의 업무범위와 공사의 규모 및 종류 등을 고려한 배치 기준은 대통령령으로 정한다. 〈개정 2018. 12. 24.〉

③ 제1항에 따라 공사의 감리를 발주 받은 용역업자가 감리원을 배치(배치된 감리원을 교체하는 경우를 포함한다. 이하 이 조에서 같다)하는 경우에는 발주자의 확인을 받아 그 배치현황을 특별시장·광역시장·특별자치시장·도지사 또는 특별자치도지사(이하 "시·도지사"라 한다)에게 신고하여야 한다. 〈신설 2018. 12. 24.〉

④ 감리원으로 인정받으려는 사람은 대통령령으로 정하는 바에 따라 과학기술정보통신부장관에게 자격을 신청하여야 한다. 〈개정 2013. 3. 23., 2017. 7. 26., 2018. 12. 24.〉"

97 ④

전기통신사업법 용어정의

• **기간통신역무** : 전화·인터넷접속 등과 같이 음성·데이터·영상 등을 그 내용이나 형태의 변경 없이 송신 또는 수신하게 하는 전기통신역무 및 음성·데이터·영상 등의 송신 또는 수신이 가능하도록 전기통신회선설비를 임대하는 전기통신역무를 말한다. 다만, 과학기술정보통신부장관이 정하여 고시하는 전기통신서비스(제6호의 전기통신역무의 세부적인 개별 서비스를 말한다. 이하 같다)는 제외한다.

• **부가통신역무** : 기간통신역무 외의 전기통신역무를 말한다.

98 ④

전기통신사업법

제21조(별정통신사업의 등록)

① 별정통신사업을 경영하려는 자는 대통령령으로 정하는 바에 따라 다음 각 호의 사항을 갖추어 과학기술정보통신부장관에게 등록(정보통신망에 의한 등록을 포함한다)하여야 한다. 〈개정 2013. 3. 23., 2017. 7. 26.〉

1. 재정 및 기술적 능력

2. 이용자 보호계획

3. 그 밖에 사업계획서 등 대통령령으로 정하는 사항

〈2018. 12. 24.〉 제21조는 삭제되었음

(현재 변경으로 별정통신사업자는 기간통신사업자라 한다.)

99 ①

전기통신사업법 제7장 법칙

제94조(벌칙)
다음 각 호의 어느 하나에 해당하는 자는 5년 이하의 징역 또는 2억원 이하의 벌금에 처한다

1. 제79조제1항을 위반하여 전기통신설비를 파손하거나 전기통신설비에 물건을 접촉하거나 그 밖의 방법으로 그 기능에 장해를 주어 전기통신의 소통을 방해한 자

2. 제83조제2항을 위반하여 재직 중에 통신에 관하여 알게 된 타인의 비밀을 누설한 자

3. 제83조제3항을 위반하여 통신자료제공을 한 자 및 그 제공을 받은 자

제95조(벌칙)
다음 각 호의 어느 하나에 해당하는 자는 3년 이하의 징역 또는 1억5천만원 이하의 벌금에 처한다

7. 제83조제1항을 위반하여 전기통신사업자가 취급 중에 있는 통신의 비밀을 침해하거나 누설한 자

제96조(벌칙)
다음 각 호의 어느 하나에 해당하는 자는 2년 이하의 징역 또는 1억원 이하의 벌금에 처한다

10. 제43조를 위반하여 정보를 사용하거나 제공한 자

제97조(벌칙)
다음 각 호의 어느 하나에 해당하는 자는 1년 이하의 징역 또는 5천만원 이하의 벌금에 처한다.

100 ②

용어

- **급전선** : 전파에너지를 전송하기 위하여 송신장치나 수신장치와 공중선 사이를 연결하는 선을 말한다.
- **수신장치** : 전파를 받는 장치와 이에 부가하는 장치를 말한다.
- **회선** : 전기통신의 전송이 이루어지는 유형 또는 무형의 계통적 전기통신로를 말하며, 그 용도에 따라 국선 및 구내선 등으로 구분한다.
- **중계장치** : 선로의 도달이 어려운 지역을 해소하기 위해 사용하는 증폭장치 등을 말한다
- **강전류절연전선** : 절연물만으로 피복되어 있는 강전류전선을 말한다.

08

최신 실기 기출문제

CHAPTER

01

실기 기출문제

실기 기출문제 (01회)

시행일	문항 수	소요시간
2024년 5월	총 17문항	150분

수험번호 : _____

성 명 : _____

01 통신소, 헤드엔드 등 센터와 사용자를 연결하기 위해 네트워크 구축 시 최초로 네트워크 회선을 테스트하여 성능을 확인하는 과정을 무엇이라 하는가? (4점)

02 인터넷에서 사용자가 도메인 이름을 통해 웹사이트에 접속할 수 있도록 도메인 이름을 IP 주소로 변환해주는 서버는 무엇인가? (3점)

03 다음 IP 주소와 서브넷 마스크를 사용하여 서브네트워크 주소를 구하시오. (4점)

> IP 주소: 45.123.21.8
> 서브넷 마스크: 255.192.0.0

04 (   )는 IETF에서 표준화한 비교적 단순한 형태의 메시지 교환형 네트워크 관리 프로토콜로, 라우터나 허브 등 네트워크 기기의 정보를 망관리 시스템에 보내거나 IP 네트워크상의 장치로부터 정보를 수집 및 관리한다. UDP 기반으로 동작하는 이 인터넷 표준 프로토콜의 약어와 원어를 쓰시오. (4점)

05 다음 괄호 안에 알맞은 용어를 쓰시오. (6점)

> (1)란 공사에 관한 계획서, 설계도면, 설계설명서, 공사비명세서, 기술계산서 및 이와 관련된 서류(이하 설계도서라 한다)를 작성하는 행위를 말한다.
> (2)란 공사에 대하여 발주자의 위탁을 받은 용역업자가 설계도서 및 관련규정의 내용대로 시공되는지를 감독하고 품질관리, 시공관리 및 안전과리에 대한 지도 등에 관한 발주자의 권한을 대행하는 것을 말한다.

06 통신망의 신뢰도를 위해 고려될 수 있는 사항 3가지를 쓰시오. (6점)

07 통신 품질의 척도로 사용되며 데이터 전송의 정확도를 나타내는 3가지 오류율을 쓰고, 이 중 디지털 통신에서 통신 품질의 평가 척도로 사용하는 것을 쓰시오. (8점)

08 괄호 안에 숫자를 채워 접지저항을 측정하는 방법의 명칭을 완성하시오. (9점)

(1)점 전위 강하법
(2)% 법
(3)극 측정법

09 다음 그림에서 Request, Response, Trap 명령어의 전송 방향을 고르시오. (6점)

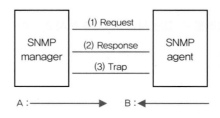

10 감리원은 공사업자로부터 전체 실시공정표에 따른 월간, 주간 상세공정표를 사전에 제출받아 검토 및 확인해야 한다. 괄호 안에 알맞은 일자를 쓰시오. (6점)

> 월간 상세공정표 제출 기일 : 작업 착수 (1)일 전
> 주간 상세공정표 제출 기일 : 작업 착수 (2)일 전

11 전기통신망과 통신 서비스를 체계적으로 관리하기 위한 TMN(Telecommunication Management Network)의 주요 기능 5가지 중 4가지를 서술하시오. (8점)

12 L2 스위치의 동작 방식 중 다음에 해당하는 용어를 쓰시오. (6점)

1) 출발지 주소가 MAC Table에 없을 때 MAC 주소와 포트를 저장하는 기능
2) 목적지 주소가 MAC Table에 없을 때 전체 포트에 패킷을 전달하는 기능
3) MAC Table의 주소를 일정 시간이 지나면 삭제하는 기능

13 캐리어 이더넷의 특정 4가지를 서술하시오. (4점)

14 다음의 공사예정공정표의 빈칸을 채우시오. (6점)

(1)	수량	(2)	...
전선 설치	1	식	...
통신케이블 포설	1	식	...

15 VHF대역의 파장 대역 범위를 계산하시오. (7점)

16 다음과 같은 네트워크 구성에서 Port의 괄호 안에 알맞은 말을 쓰시오. (6점)

192.168.1.100	192.168.1.150	192.168.1.200
SNMP	F/W	Device

Source IP	Destination IP	Port	Allow/Deny
192.168.1.100	192.168.1.200	(1), (2)	Allow

17 A전화국에서 B방면으로 포설된 0.4mm 1800p 케이블에 고장이 발생했고 길이는 1250m이다. A전화국 실험실에서 L3 시험기로 바레이법에 의해 측정할 때 고장위치는? (바레이 3법 저항 325[Ω], 바레이 2법 저항 245[Ω], 바레이 1법 저항 142[Ω])

실기 기출문제 (02회)

시행일	문항 수	소요시간
2023년 11월	총 16문항	150분

수험번호 : _____

성   명 : _____

01 장거리 광섬유 케이블 등에 사용되는 10기가비트 이더넷(IEEE 표준 802.3ae 기준)은 세 가지 형식으로 분류된다. 다음 각 물음에 답하시오. (6점)

> 1) 단파장인 850[nm] 다중모드(multi mode) 광섬유를 사용하며 최대거리가 300[m]인 10기가비트 이더넷의 형식 :
> 2) 장파장인 1310[nm] 단일모드(single mode) 광섬유를 사용하며 최대거리가 10[km]인 10기가비트 이더넷의 형식 :
> 3) 1550[nm] 단일모드(single mode) 광섬유를 사용하며 최대거리가 40[km]인 10기가비트 이더넷의 형식 :

02 홈 네트워크를 구성할 수 있는 네트워킹 기술(규격)의 종류를 4가지 적으시오. (4점)

03 다음 괄호 안에 들어갈 알맞은 용어를 쓰시오. (5점)

> 자신에게 연결되어있는 소규모 회선 또는 네트워크들로부터 데이터를 모아 고속의 대용량으로 전송할 수 있는 대규모 전송회선 및 통신망을 지칭하여 (   )이라고 한다. 즉, 소규모의 LAN 등 데이터망으로부터 생성되는 트래픽을 운반하기 위해 WAN에서 주요 교환노드를 직접 연결하는 고속의 전용 회선을 의미한다.

04 하나의 장비에 여러 보안솔루션의 기능을 통합적으로 제공하므로 다양하고 복잡한 보안 위협에 대응할 수 있고, 관리 편의성과 비용 절감이 가능한 보안시스템은 무엇인지 쓰시오. (4점)

05 정보통신공사업법 제36조 규정에 의해 정보통신시설물의 시공품질을 확보하기 위하여 구내통신선로, 방송 공동수신설비, 이동통신구내선로 공사에 대하여 착공 전 설계도 및 공사 완료 후의 시공상태가 동법 제6조 의 규정에 따른 기술기준에 적합하게 되었는지 여부를 검사하는 것을 무엇이라고 하는가? (4점)

06 다음 문장의 괄호 안에 들어갈 저항값(Ω)은 얼마인지 쓰시오.

> 방송통신설비의 기술기준에서 통신관련시설의 접지저항은 (   )이하를 기준으로 한다.

07 다음은 LAN(Local area network) 프로토콜의 구조를 나타낸 것이다.

1) (   )에 들어갈 계층명과
2) 해당 계층의 기능을 설명하시오.

LLC(Logical Link Control)
(1)
Physical Layer

08 CMD(Command Prompt)창에서 다음 명령어의 기능에 대해 쓰시오.

1) netstat
2) ping
3) route print

09 반송파의 진폭과 위상을 이용하여 신호를 전송하는 변조방식을 쓰시오.

10 다음 OTDR에 관한 질문에 답하시오.

1) OTDR의 원어를 쓰시오.
2) OTDR 측정으로 확인할 수 있는 것을 4가지 쓰시오.

11 정보통신공사업법에서 규정하는 감리원의 주요 업무범위 5가지에 대해 쓰시오.

12 다음 프로토콜은 OSI 7계층 중 어디에 해당되는가?

구분	해당 계층
TCP/UDP	(1)
RS–232C	(2)
HDLC	(3)
IP	(4)

13 정보통신공사업법에 의거 일정공사 금액에 따라 감리원이 배치되어야 한다. 다음 공사금액일 때 배치되어야 할 감리원의 등급을 쓰시오.

1) 5억이상 30억원 미만공사
2) 70억이상 100억 미만공사

14 ping 메시지 관련하여 다음 괄호 안에 알맞은 말을 쓰시오.

> Time Exceeded 메시지는 IP 데이터그램이 최종 목적지에 전달되기
> 이전에 데이터그램의 (　　　　)필드 값이 0에 도달하였을 때 사용된다.

15 TTA에서 인가한 정보통신기관에서 표준화한 업무용 건축물의 구내통신선로 채널 기준에 따라 다음 괄호 안에 알맞은 것을 쓰시오.

> 데이터통신 시스템의 이용자와 시스템 설계자가 전체 채널의 성능을 인증하기 위한 목적으로 수평 케이블과 장비코드, 통신인출구/커넥터, 선택적 변환접속점, 층장비실 내의 2개의 교차접속 등은 (1)가 넘지 않아야 한다. 또한, 장비코드, 패치코드 및 점퍼선의 전체 길이는 (2)를 초과해서는 안된다.

16 네트워크 토폴로지가 망형이고 노드가 100개일 때 다음 물음에 답하시오.

1) 필요 회선 수를 구하는 공식을 쓰시오.

2) 필요 회선 수를 구하시오.

3) 망형(메쉬형) 네트워크의 장단점을 쓰시오.

실기 기출문제 (03회)

시행일	문항 수	소요시간
2023년 7월	총 17문항	150분

수험번호 : _____
성   명 : _____

01 광섬유 케이블을 사용하는 통신방식 중 전송모드에 따른 분류 2가지를 적으시오. (6점)

02 베이스밴드(Baseband)방식, 브로드밴드(Broadband)방식을 설명하시오. (6점)

03 정보통신시스템에서 DTE–DCE간의 국제표준규격인 인터페이스(접속) 규격의 특성 조건 4가지를 쓰시오. (6점)

04 정보통신시스템에서 에러 제어에 사용되는 자동반복요청(ARQ)의 종류 3가지를 쓰시오. (6점)

05 정보보호 관리체계 인증심사가 무엇인지 서술하시오.

06 정보통신공사업 기준 설계의 정의를 쓰시오.

07 기지국에서 무선통신의 용량을 높이기 위한 스마트안테나 기술로 기지국과 단말기에 여러 안테나를 사용하여 안테나 수에 비례해 통신 용량을 높인 기법은 무엇인가?

08 아이패턴에서 눈을 뜬 상하의 폭의 의미는? (4점)

09 1[W]는 몇 [dBm] 인가?

10 회선제어절차 2, 3, 4 단계는? (6점)

11 재생중계기의 기능 3가지(3R)를 쓰시오. (6점)

12 네트워크의 운용 및 유지보수 시에 주로 사용되는 프로토콜 분석기(Protocol analyzer)는 네트워크를 통과하는 데이터 프레임 또는 패킷들을 캡처한 후 이를 세밀하게 분석하는 장비로 하드웨어성 분석기(독립장비)와 소프트웨어성(pc 탑재 등)으로 분류된다. 이러한 프로토콜 분석기의 주요 기능 3가지를 작성하시오. (6점)

13 LAN에서 연결되어있는 단말을 통해 프레임을 보내고자 하는데, 수신하는 단말의 물리주소(MAC)는 알지만 논리주소(IP주소)를 모를 때 사용되는 프로토콜은 무엇인가? (4점)

14 다음과 같은 망 구축 단계가 있을 때 다음 빈칸을 채우시오.

> 기본설계 – 현장 조사 – (   )설계 – 물리망 구축 – 논리망 구축

15 한 전송신호가 QPSK 변조 방식을 사용하는 시스템의 변조속도가 2,400[baud]일 때, 데이터신호 속도를 구하시오. (3점)

16 한 전송신호가 16QAM일 때, 1,000[bps]의 속도로 전송될 때, 신호 변환 속도[baud]를 구하시오. (8점)

17 대역폭이 3,100Hz, S/N이 20[dB]일 때 채널용량은? (소수점 이하는 버림) (6점)

실기 기출문제 (04회)

시행일	문항 수	소요시간
2023년 4월	총 16문항	150분

수험번호 : _____

성   명 : _____

01 회선교환방식의 논리적 연결(접속) 3단계를 서술하시오. (6점)

02 매체접근제어(MAC)방식 중 경쟁방식과 비경쟁방식으로 구분하여 해당 종류를 서술하시오. (8점)

> ALOHA, CSMA/CD, Token RING, Token Bus

03 정보통신네트워크가 대형화 및 복잡화되면서 네트워크 관리의 중요성이 증가하고 있다. 아래 빈칸을 채우시오.

- 통신망을 구성하는 기능요소 또는 개별 장비를 (1)라 한다.
- 여러 장비로부터 정보를 수집, 제어, 관리 등을 통해 네트워크 운송을 지원하는 시스템을 (2)라 한다.
- 네트워크 운영지원 및 시스템 총괄 감시/ 관리시스템을 (3)라 한다.

04 TCP/IP 4계층을 하위계층부터 쓰시오. (4점)

05 초고속정보통신건물 공사를 진행할 때 준공검사 단계 사용전검사를 진행한다. 법적 사용전검사 대상 공사 3가지를 서술하시오. (6점)

06 다음 통신 관련 시설의 접지에 대한 문장의 빈칸을 채우시오. (4점)

> – 통신관련시설의 접지저항은 (1) 이하를 기준으로 한다. 다만, 다음 각호의 경우는 (2) 이하로 할 수 있다.
> 1. 선로 설비 중 선조 · 케이블에 대하여 일정 간격으로 시설하는 접지(단, 차폐케이블은 제외)
> 2. 국선 수용 회선이 100회선 이하인 주 배선반
> 3. 보호기를 설치하지 않는 구내 통신단자함
> 4. 구내 통신선로 설비에 있어서 전송 또는 제어 신호용 케이블의 쉴드 접지
> 5. 철탑 이외 전주 등에 시설하는 이동통신용 중계기
> 6. 암반 지역 또는 산악지역에서의 암반 지층을 포함하는 경우 등 특수 지형에의 시설이 불가피한 경우로서 기준 저항값 10Ω을 얻기 곤란한 경우

07 간접재료비와 직접재료비에 대해 서술하시오. (3점)

08 정보통신공사의 공정관리 감리업무를 수행 시 다음 업무의 내용을 확인하고 빈칸의 내용을 서술하시오. (3점)

> 감리원은 공사 착공일로부터 (1) 이전에 공사업자로부터 공정관리 계획서를 제출받아 제출받은 날부터 (2) 이내에 검토하여 승인하고 발주자에게 제출하여야 하며 다음 각호의 사항을 검토, 확인하여야 한다.

09 다음 PCM중 적응형 양자화 방식을 모두 선택하시오. (3점)

> PCM, DPCM, ADPCM, DM, ADM

10 프로토콜의 기능 5가지를 설명하시오. (10점)

11 신호 대 잡음비(S/N)가 30[dB]일 때, 대역폭 3400[Hz] 이라고 한다면 이 채널의 전송용량을 구하는 식을 적으시오. (3점)

12 오실로스코프를 이용하여 측정할 때 측정 가능 항목을 3가지 서술하시오. (3점)

13 다음은 SNMP의 명령어이다. 해당 항목의 빈칸을 채우시오. (5점)

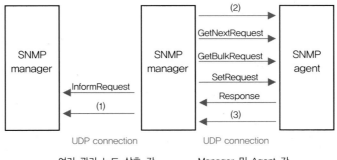

14 다음은 와이어샤크(Wireshark)를 이용한 ARP 명령어 패킷 분석 결과이다. Source MAC 주소는? (6점)

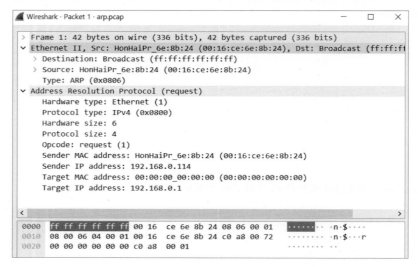

15 다음 노드 6개 기준에 대해 답하시오. (6점)

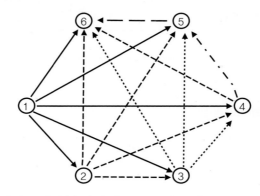

1) 메시망(Mesh Topology)기준 회선(링크) 수와 포트 수를 쓰시오.
2) 링망(Ring Topology)기준 회선(링크) 수와 포트 수를 쓰시오.
3) 링망(Ring Topology)기준 단일링크의 문제점을 개선하기 위한 방법과 이를 개선할 경우 장점을 쓰시오.

16 50옴 시스템과 75옴 시스템을 접속했을 때 아래 질문에 답하시오. (6점)

1) 반사계수는 얼마인가?
2) 정재파비는 얼마인가?
3) 반사 전력은 입사 전력의 몇% 인가?

실기 기출문제 (05회)

시행일	문항 수	소요시간
2022년 11월	총 15문항	150분

수험번호 : _____

성   명 : _____

01 아래 용어에 대해 설명하시오. (10점)

구분	설명
프로토콜	(1)
논리채널	(2)
데이터링크	(3)
반송파	(4)
전용회선	(5)

02 시분할 다중화 방식에 대해 설명하시오. (5점)

03 토폴로지(Topology) 형태 중 망형(메시)으로 60개의 노드를 구성하고자 하는 경우 필요한 회선의 수를 구하시오. (6점)

04 아래 들어갈 용어를 |보기|에서 선택하시오. (6점)

> | 보기 |
>
> 링크, 거리벡터, 스패닝트리(Spanning tree), 라우팅 테이블, 홉(Hop)

> ROP(Routing Information Protocol) 이란 (1) 기반으로 소규모 네트워크에서 사용하는 네트워크 경로 설정 프로토콜이다. 여기서 (1)란 (2)의 수를 의미하며 이를 기반으로 생성된 (3)을 기반으로 최적의 경로를 설정한다.

05 아래의 물음에 답하시오. (6점)

(1) VPN는 무엇의 약어인가?

(2) IPSec 기반의 VPN은 프로토콜 계층 중 몇 계층에서 동작하는가?

(3) IPSec 보안 프로토콜은 보안의 3요소(기밀성, 무결성, 가용성) 중 어떠한 요소를 만족하는가?

06 통신시스템의 오류 제어에는 전방 오류제어(FEC)와 자동 반복 요청(ARQ)가 사용된다. FEC와 ARQ를 설명하시오. (6점)

07 침입탐지시스템(IDS, Intrusion Detection System)는 비정상적인 접근 등으로부터 조직 등의 자산을 보호하는 시스템으로서 H-IDS를 설명하시오. (4점)

08 표준품셈에 의한 공사원가계산 방식에서 아래의 표를 보고 각 물음에 답하시오. (12점)
(비고에 표시된 비목 별 비율은 임의의 값임)

비목	세부비목	금액	비고
재료비	직접재료비	20,000,000	
	간접재료비	1,000,000	직접재료비의 5%
노무비	직접노무비	40,000,000	
	간접노무비	3,200,000	직접노무비의 8%
경비		10,000,000	제경비 포함
일반관리비		( )	일반관리비율 6%
이윤		5,675,200	

1) 순공사원가는 얼마인가?
2) 일반관리비는 얼마인가?
3) 총 공사원가는 얼마인가?

09 아래의 괄호에 들어갈 용어를 각각 쓰시오. (6점)

(1)란 예비 타당성 조사, 기본 계획 및 타당성 조사를 감안하여 시설물의 규모, 배치, 형태, 개략 공사 방법 및 기간, 개략 공사비 등에 관한 조사, 분석, 비교, 검토를 거쳐 최적 안을 선정하고 이를 설계도서로 표현하여 제시하는 설계업무로서 각종 사업의 인허가를 위한 설계를 포함하며, 설계기준 및 조건 등 실시설계용역에 필요한 기술 자료를 작성하는 것이다.
(2)란 시설물의 규모, 배치, 형태, 공사 방법과 기간, 공사비, 유지관리 등에 관하여 세부조사 및 분석, 비교/검토를 통하여 최적안을 선정하여 시공 및 유지관리에 필요한 설계도서, 도면, 시방서, 내역서, 구조 및 수리 계산서 등을 작성하는 것을 말한다.

10 통신 공동구 설치 기준에 대해 3가지를 쓰시오. (6점)

11 정보통신공사에 대한 감리를 완료한 때에는 공사가 완료된 날부터 7일 이내로 용역업자는 발주자에게 감리 결과를 통보해야 한다. 감리 결과 보고 시 포함되어야 하는 항목 3가지를 쓰시오. (6점)

12 광통신 시스템에 시공된 광케이블의 성능 및 커넥터 등의 특성을 측정하는 장비로서 후방산란의 원리를 이용하고 비파괴적인 방법으로 광케이블의 손실과 고장점을 진단할 수 있는 장비는 무엇인가? (3점)

13 전자파 적합성인 EMC(Electro Magnetic Compatibility) 시험 방법 중 EMS(Electro Magnetic Susceptibility)에서 수행하는 시험 항목 3가지를 쓰시오. (6점)

14 프로토콜 분석기는 프레임이나 패킷을 소프트웨어 형식의 방식과 하드웨어 방식의 형태로 나뉜다. 프로토콜 분석기의 기능을 3가지 쓰시오. (6점)

15 접지저항 설계 시 무엇보다 중요한 것은 대지 저항이다. 대지 저항은 대지 저항률에 의해 결정되는데 이러한 대지 저항률에 영향을 미치는 요인 3가지를 쓰시오. (6점)

실기 기출문제 06회

시행일	문항 수	소요시간
2022년 8월	총 18문항	150분

수험번호 : _____

성   명 : _____

---

01 CCITT(국제전신전화 자문위원회) 표준 중 다음을 설명하시오.

> X.20, X.21, X.24, X.75

02 다음 문장의 괄호 안에 들어갈 알맞은 용어를 쓰시오.

> HDSL, SDSL, CSU 등 송수신 속도가 대칭인 전송 장비에 사용되는 선로 부호화 기술로 (   )은(는) 한 번에 2bit 값을 4단계의 진폭으로 구현하여 전송하는 방식이다.

03 아날로그 신호를 디지털 신호로 변환하는 과정을 PCM이라고 한다. PCM 과정 중 첫 단계로 아날로그 신호를 PAM 파형으로 변환하는 과정을 무엇이라고 하는가?

04 LAN 접속 제어 방식 중 CSMA/CD와 비교하여 토큰 패싱 방식의 장점 3가지와 단점 2가지를 쓰시오.

05 다음 용어의 원어를 쓰시오.

> EMI, LTE, DNS

06 다음 설명에 대한 답을 쓰시오.

(1) 2003년 6월에 승인된 표준 무선 LAN 주파수(2.4GHz)에서 최대 54Mbps의 전송속도가 가능하고 변조방식을 DSSS/OFDM을 사용한 무선 LAN 접속 규격

(2) 2.4/5GHz 두 대역 모두에서 최대 600Mbps까지 고속 전송이 가능한 무선 LAN접속 규격

07 다음 용어를 설명하시오.

> 구내 간선계, 건물 간선계

08 노이즈가 없는 20KHz 대역폭을 갖는 채널을 사용하며 280Kbps의 속도로 데이터를 전송할 때 다음 물음에 답하시오.

(1) 필요한 신호 준위 개수 L을 구하시오.

(2) 2MHz 대역폭을 갖는 채널이 있다. 이 채널의 신호 대 잡음비 SNR=63이라고 할 때 채널 용량 C를 구하시오.

09 공사계획서 작성 시 다음에서 설명하는 것은 무엇인가?

(1) 공사를 시공하는 과정에서 요구되는 기술적인 사항을 설명한 문서로서 구체적으로는 사용할 재료의 품질, 작업순서, 마무리정도 등 도면상 기재가 곤란한 기술적인 사항이 표시되는 도서

(2) 공사 시 도면으로 나타낼 수 없는 사항(시공 방법, 상세 규격, 사양, 수치 등) 및 설계, 공사 업무의 수행에 관련된 제반 규정, 요구 사항 등을 명시한 문서

10 인터넷 계층에서 무결성, 인증, 기밀성을 제공하고 VPN에서 사용하는 보안 프로토콜은 무엇인가?

11 침입 방지 시스템(IPS)의 적용 영역에 따른 방법 2가지를 쓰시오.

12 다음 보기 중 통신 설비공사에 해당하는 것 4가지를 쓰시오.

> 통신 선로 설비공사, 전송설비공사, 정보망 설비공사, 정보매체 설비공사, 수전 설비공사, 교환설비공사, 방송국 설비공사, 이동 통신 설비공사

13 공사 예정 가격 산정 시 순 공사 비용이 3,500만 원이고 재료비가 1,200만 원, 경비가 300만 원일 때 노무비를 계산하시오(노무비는 직접/간접노무비를 포함한다).

14 다음 OTDP에 관련한 내용을 쓰시오.

(1) OTDR의 원어

(2) OTDR의 용도

15 프로토콜 분석기 BERT 테스트 중 송신단이 신호발생기이고, 수신단이 프로토콜 분석기일 때 CONTINUE, R-BIT, RUN TIME의 의미를 쓰시오.

16 정보통신네트워크의 대형화, 복잡화, 이기종화로 네트워크 관리의 중요성이 증가하고 있다. 정보통신망을 구성하는 기능요소 또는 개별 장비들로 각종 정보를 수집, 제어, 관리 등을 통해 네트워크 시스템 운용을 지원하는 시스템을 EMS라고 한다. 이런 네트워크 운영 지원 시스템을 총괄적으로 감시, 관리하는 시스템을 NIMS라고 하는데 이러한 망 관리시스템이 수행하는 대표적 기능 5가지를 쓰시오.

17 다음이 설명하는 접지저항 측정법은 무엇인가?

(1) 전위강하법 대신에 사용한다.

(2) 측정이 간단하고 빠르다.

(3) 다중 접지된 시스템의 접지저항 측정에 유리하다.

(4) 접지체와 접지전극을 분리하지 않고 보조 전극을 사용하지 않는다.

18 아래와 같이 전송로를 구성하였다. 전송로 손실은 몇 dB 인지 소수점 둘째 자리까지 구하시오.

실기 기출문제 (07회)

시행일	문항 수	소요시간
2022년 4월	총 19문항	150분

수험번호 : _____

성   명 : _____

01 변조속도가 4,800[Baud]인 128QAM 모뎀의 신호속도[bps]를 구하시오.

02 200MHz 주파수에 대한 수신안테나로 λ/4안테나를 사용하는 경우 수신안테나의 길이를 구하시오.

03 가동률이 0.92인 정보통신시스템에서 MTBF가 23시간일 경우 MTTR을 구하시오.

04 첨두전력 200W, 평균전력 120W의 파형 주파수 주기가 1KHz일 때 펄스폭은 얼마인가?

05 공사계획서 작성 시 기본적으로 들어가야 하는 내용으로 적합한 것을 |보기|에서 골라 5개 적으시오.

> **보기**
>
> 공사개요, 설계변경 계획, 감리 수행계획, 공정관리계획, 하자보수계획, 안전관리계획, 공사비 조달계획, 공사 예정 공정표, 환경관리계획, 유지보수계획

06 공사 시공 시 적용되는 공사원가는 (　　), (　　), (　　)로 구성된다.

07 다음 괄호 안에 알맞은 공사원가 비목을 쓰시오.

> (　　)은(는) 직접 제조작업에 종사하지는 않으나 작업 현장에서 보조작업에 종사하는 노무자, 종업원과 현장 감독자 등의 기본급과 제수당, 상여금, 퇴직 급여 충당금을 말한다.

08 다음 괄호 안에 들어갈 알맞은 용어를 쓰시오.

> 방송 통신설비의 기술기준에 관한 규정에 따라 선로설비의 회선 상호 간 회선과 대지 간 및 회선의 심선 상호 간의 절연저항은 직류 (1)볼트 절연저항계로 측정하여 (2)Ω 이상이어야 한다.

09 정보통신공사업법에서 규정한 공사범위를 4가지 쓰시오.

10 다음 괄호 안에 알맞은 말을 넣어 완성하시오.

> (1) 프로토콜은 IP주소를 물리 주소로 변환하는 프로토콜이고, 이와 반대기능을 수행하는 것은 (2) 프로토콜이다.

11 STM과 ATM에 대해 정의하고 차이점을 간단히 쓰시오.

12 PCM-24채널과 PCM-32 채널의 비교표를 완성하시오.

구분	PCM-24(T1 북미식)	PCM-32(E1 유럽식)
압신기법	(1)	A-law
표본화주파수	8KHz	8KHz
전송속도	1.544Mbps	(2)
프레임당 비트 수	(3)	(4)
프레임당 통화로 수	24/24	(5)

13 북미(T1 계열) 방식의 멀티프레임 구성과 유럽(E1 계열)방식의 멀티프레임 구성을 비교 설명하시오.

14 데이터 전송시스템에서 전송제어장치인 DCE(Data Circuit Equipment)의 기능에 대해서 서술하시오.

15 광섬유 절단 순서를 차례대로 나열하시오.

> 가. 광섬유를 절단한다.
> 나. 광섬유 절단기를 청소한다.
> 다. 광섬유 코팅을 제거한다.
> 라. 알코올로 광섬유를 청소한다.

16 리피터, 브리지, 라우터, 게이트웨이의 사용 목적을 쓰시오.

17 다음 설명하는 전송부호 방식을 쓰시오.

> (1) LAN에서 많이 사용되는 부호로서 대역폭을 많이 차지하며 직류 신호가 전송되지 않는다.
> (2) 전송부호가 1인 경우 전단 T/2 구간에 음(−)의 펄스로 나타내며 후단 T/2 구간에는 양(+)의 펄스로 나타나며, 전송부호 0인 경우엔 이와 반대로 전단 T/2 구간에 양(+)의 펄스로 후단 T/2/ 구간에는 음(−)의 펄스로 표현한다.

18 네트워크 관리 시스템(　)은/는 LAN 세그먼트 및 단위 노드에 대한 모니터링, 분석이 가능하고 SNMP 프로토콜을 사용하여 트래픽 부하 절감에 유리하다. (　)안에 들어갈 단어를 쓰시오.

19 하나의 장비에 여러 보안 솔루션의 기능을 통합적으로 제공하므로 다양하고 복잡한 보안 위협에 대응할 수 있고 관리 편의성과 비용 절감이 가능한 보안 시스템은 무엇인지 쓰시오.

실기 기출문제 08회

시행일	문항 수	소요시간
2021년 11월	총 20문항	150분

수험번호 : _____

성   명 : _____

01 광케이블의 자체 손실 3가지를 쓰시오.

02 광 전송시스템에서 수광소자(광전 변환 장치) 2가지를 쓰시오.

03 단일 동선로에서 전이중통신(Full Duplex) 3가지를 쓰시오.

04 신호 대 잡음 비율 관련하여 다음 물음에 답하시오.

(1) 신호레벨이 100mW 잡음레벨이 1μW일 때 신호 대 잡음비(dB)를 구하시오.

(2) 잡음이 없는 이상적인 채널일 때 신호 대 잡음비(dB)를 구하시오.

05 다음 |보기에서 설명하는 것을 쓰시오.

┌─ 보기 ───
│ 수많은 개인 컴퓨터에 악성 코드 또는 해킹툴과 같은 것들을 유포하여 이들의 컴퓨터를 좀비 PC로 만들고 좀비 PC화
│ 된 컴퓨터들을 통해 특정 서버에 동시에 대량의 트래픽을 유발시켜 서버의 기능이 마비되도록 만드는 공격
└───

06 다음 주어진 파라미터를 이용하여 다음 질문에 답하시오.

┌──
│ 광통신 시스템의 광원 출력이 −3.5[dBm], 수신감도가 −34[dBm], 1Km당 광파 손실이 0.42[dB], 광커넥터 접속 손실
│ 이 4[dB], 시스템 마진이 3[dB]인 광케이블 선로를 설치하고자 한다.
└──

(1) 광 중계기의 설치 간격을 구하는 식과 간격을 구하시오.

(2) 광케이블 간 간격이 70Km일 때 중계기를 설치할 수 있는지 여부와 그 이유를 쓰시오.

07 IPv6 관련하여 다음 질문에 대하여 답하시오.

    (1) 주소 자동 지정 방법 2가지를 쓰시오.

    (2) IPv4와 연동하는 방법 3가지를 쓰시오.

08 전송 손상을 일으키는 다음 문제에 대하여 설명하시오.

    (1) 신호감쇠

    (2) 지연왜곡

    (3) 잡음

09 다음 콘덴서의 정격전압, 용량, 허용오차에 대해 답하시오.

    (1) 2B474K

    (2) 32M

10 ICMP **프로토콜과 관련하여 다음 질문에 대해 답하시오.**

(1) IP 네트워크를 통해 특정한 호스트가 도달할 수 있는지, 응답 시간이 얼마나 걸리는지를 테스트하는 데 쓰이는 명령어는 무엇인가?

(2) 호스트에 도달할 때까지 통과하는 경로의 정보와 각 경로에서의 지연 시간을 추적하는 명령어는 무엇인가?

실기편

PART 08

최신 실기 기출문제

11 교환기에서 입력측 하이웨이 상의 타임 슬롯 순서와 출력 측의 순서를 바꾸기 위한 타임 스위치 방법 3가지를 쓰시오.

12 8위상 변조시스템을 갖는 모뎀에서 다음 질문에 답하시오.

(1) 한번에 전송할 수 있는 비트수는 얼마인가?

(2) 전송속도가 2,400[Baud]일 때 bps는 얼마인가?

13 네트워크를 모두 사용한다고 가정할 때 다음 사항에 대해 답하시오.

> IP주소 : 165.243.10.54, 서브넷 마스크 : 255.255.255.0

(1) 서브넷 마스킹은 몇 비트인가?
(2) 네트워크 어드레스는?
(3) 사용 가능한 Host의 개수는?

14 감리원의 안전관리 수행 중 안전관리 수행 방법 3가지를 쓰시오.

15 가공통신선의 지지물과 가공 강전류전선 간 이격거리 중 가공 강전류전선의 사용전압이 고압일 경우 이격거리가 얼마인지 쓰시오.

16 디지털 신호는 시간이 흐름에 따라 단계적인 레벨을 이동하면서 파형을 그리게 되며 이러한 단계적인 레벨 이동의 흐름을 특정 시간 단위 내에서 중첩하여 보여준 파형이 바로 눈 패턴(Eye Pattern)이다. 오실로스코프에서 측정된 파라미터 값으로 알 수 있는 3가지를 쓰시오.

17 디지털 측정기와 아날로그 측정기를 비교했을 때 디지털 측정기의 장점 5가지를 쓰시오.

18 이더넷 프레임에서 타입과 CRC에 대해 다음 물음에 답하시오.

(1) 타입의 기능 설명 및 몇 Byte인가?

(2) CRC의 기능 설명 및 몇 Byte인가?

19 아래 컴퓨터의 5대 장치에 대해서 다음 물음에 답하시오.

제어장치, 입력장치, 기억장치, (A), 출력장치

(1) (A)에 맞는 용어는?

(2) 기억장치에 8개 비트로 저장되었을 때 양의 값이라면 표현할 수 있는 개수를 10진수로 표현하시오.

20 프로토콜의 기능 6가지를 쓰시오.

시행일	문항 수	소요시간
2021년 7월	총 20문항	150분

수험번호 : _____

성   명 : _____

01 USB 원어와 장점, 단점을 서술하시오.

02 S/N = 20[dB], 대역폭 = 1,000[Hz]인 경우 아래 질문에 대하여 답하시오.

(1) 채널용량의 의미

(2) 채널용량(공식, 답)

03 PSK 방식에서 8개의 위상을 사용하면 하나의 변조신호에 몇 비트 정보를 전달할 수 있는지 계산하시오.

04 통화 중인 이동국이 현재 셀에서 벗어나 동일 사업자의 다른 셀로 진입해도 통화를 계속할 수 있게 하는 일련의 처리 과정을 무엇이라고 하는지 쓰시오.

05 부가가치망(VAN)중 네트워크 계층과 통신처리 계층의 기능을 설명하시오.

06 IEEE 802.11a 그리고 IEEE 802.11g에서 사용하는 변조 기술의 용어를 서술하시오.

07 다음은 회선 교환에서 메시지가 전송되기 전에 경과되는 시간에 대한 설명이다. 물음에 답하시오.
  (1) 신호가 한 노드에서 다음 노드로 전송 시 걸리는 시간으로 2×10^{-8}의 지연을 무엇이라고 하는가?
  (2) DTE가 데이터 한 블록을 보내는데 소요되는 시간을 무엇이라고 하는가?
  (3) 10Kbps로 10,000bit 블록 전송 시 소요 시간을 구하시오.
  (4) 한 노드가 데이터 교환 시 필요한 처리를 수행하는데 소요되는 시간을 무엇이라고 하는가?

08 정보통신망의 토폴로지 4종류를 서술하시오.

09 통신망의 각 단말을 구현하는 데에 필요한 번호의 구성 방법과 부여 방법을 번호계획이라고 한다. 번호 부여 방식에 대해 2가지 쓰시오.

10 SNMP의 원어를 적고 설명하시오.

11 웹(Web) 보안위협 중 XSS(Cross Site Scripting) 공격을 방어하기 위한 입력 검증방법 2가지를 설명하시오.

12 Network Backup의 정의 및 Network Backup 구축 전 고려해야 할 사항 3가지를 서술하시오.

13 다음은 MPLS 네트워크 구성도다. 아래 |보기|에서 올바른 것을 A, B에 모두 적으시오.

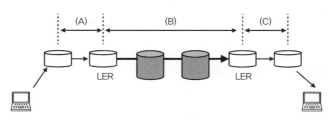

┌─ 보기 ┤
│ LSR(Lable Switch Router), LER(Lable Edge Router), Lable Binding 기능, Lable Switching 기능, 기존 라우터 기
│ 능 불필요, 기존 라우터 기능 제공
└─

14 아래는 공사의 착공부터 완성까지의 관련 일정, 작업량, 공사명, 계약금액 등 시공 계획을 미리 정하여 나타 낸 관리 도표 서식이다. 이것은 무엇인지 쓰시오.

┌─
│ ○○○○○○○공사
│
│ 1. 공사개요
│   공사명 : ×××× 통신공사
│   발주자 : ○○○
│   계약금액 : 123,222,000원
│ 2. 공사 예정공정표
│ 3. 현장 운영방침
│ 4. 공정관리 등
└─

15 빈칸의 답을 적으시오.

가입자 신호의 전송손실은 600Ω이며, 순 저항 종단에서 (1)Hz 주파수 측정 시 (2)dB 이내 단극대 단극 최대 전송손실은 (3)dB 이내여야 한다.

16 인터넷 품질측정요소 중 4가지를 서술하시오.

17 비트에러율(BER) 5×10^{-5}인 전송 회선에 2,400 bps 전송속도로 10분 동안 데이터를 전송하는 경우 최대 블록 에러율을 구하시오. (단, 한 블록의 크기는 511 bit로 구성)

18 아래 메시지를 보고 라우터가 사용하는 데이터링크 프로토콜 이름을 쓰시오.

```
Router#show interfaces serial 0/0/0
serial 0/0/0 is administratevely down. Line protocol is down (disabled)
Hardware is HD64570
MTU 1500 bytes, BW 1544 Kbit, DLY 20000 usec.
Reliability 255/255, txload 1/255, rxload 1/255
Encapsulation HDLC, loopback not set, keepalive set(10sec)
```

19 다음 접지저항에 대한 법규 내용이다. 틀린 문항을 찾아 내용을 수정하시오.

접지선은 접지 저항값이 (1) 10Ω 이하인 경우에는 (2) 2.6mm 이상, 접지 저항값이 (3) 50Ω 이하인 경우에는 직경 (4) 1.6mm 이상의 PVC 피복 동선 또는 그 이상의 절연 효과가 있는 전선을 사용한다.

20 다음은 전원회로의 교류입력단에서 직류 부 하단까지의 기본 구성을 나타내고 있다. |보기에서 알맞은 것을 찾아 빈칸을 채우시오.

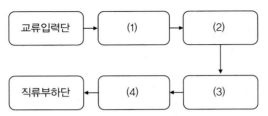

| 보기 |
정전압 회로, 평활회로, 변압기, 정류회로

시행일	문항 수	소요시간
2021년 4월	총 21문항	150분

수험번호 : _____

성   명 : _____

01 통신 신호의 전송품질을 저하시키는 잡음 3가지를 쓰시오.

02 광섬유 케이블에 관한 다음의 질문에 답하시오.

(1) 광 전송과 관련된 법칙은 무엇인가?

(2) 발광소자 2개를 쓰시오.

(3) 수광소자 2개를 쓰시오.

(4) 재료분산과 구조분산이 서로 상쇄되어 분산이 0이 되는 레이저 파장을 쓰시오.

03 다음의 기술의 원어를 작성하시오.

(1) DSSS

(2) FHSS

04 광섬유의 기본성질을 나타내는 광학적 파라미터 4가지를 적으시오.

05 100mW 크기의 신호가 전송 매체를 통과 후 1mW 크기의 신호로 측정되었을 때 감쇠 이득을 구하시오.

06 ISDN에 관한 내용을 기입하시오.

(1) B채널은 (A)Kbps속도의 채널이며 사용자 정보전송에 사용된다.

(2) D채널은 (B)Kbps 또는 64Kbps속도의 채널이며 기본적으로 (C) 전송에 사용된다.

(3) H채널은 384/1,536 또는 (D)Kbps 이상 속도의 채널이며, 사용자 정보 전송에 사용된다.

07 송신측에서 수신측으로 우수패리티를 가진 해밍코드가 전송되어 수신 시, 다음 물음에 답하시오.

Bit no.	1	2	3	4	5	6	7	8	9
해밍코드	0	0	1	0	1	0	0	0	0

(1) 수신 코드에서 패리티 비트는 몇 개가 포함되어 있는가?
(2) 만약 수신된 코드에서 1비트 에러가 발생하였다면 몇 번째에서 발생된 오류인가?

08 괄호 안에 알맞은 말을 넣어 완성하시오.

RIP(Routing Information Protocol)는 (1)를(을) 이용하는 가장 대표적인 라우팅 프로토콜로 (2)라는 것은 (3) 수를 모아 놓은 정보를 근거로 (4) 테이블을 작성하는 것이다.

09 프로토콜의 기능 중 순서결정의 의미를 설명하시오.

10 통신 네트워크 접속에서 토폴리지 종류 4가지를 쓰시오.

11 대칭키, 공개키 암호화 방법을 설명하시오.

12 OSI 7계층인 표현계층 기능 4가지를 적으시오.

13 건축물 내에서의 이동통신 전화 역무 제공을 위한 급전선의 인입 배관 등에 대해 구내용 이동통신 설비 기술 기준의 설치 조건 2가지를 작성하시오.

14 1010100을 복류 RZ, 복류 NRZ파형으로 그리고 각각 특징을 설명하시오.

15 문자(Character)를 구성하는 아스키(ASCII) 코드가 1000001로 7bit이고, 패리티(Parity) 비트가 1bit이다. 이 문자를 전송 시 시작 비트 1bit, 중지비트 1bit를 사용하고 4,800bps 전송속도로 비동기 전송방식을 사용할 때 코드효율, 전송효율, 유효 전송속도를 각각 구하시오.

16 정보통신공사 계약체결 후 시공사에서 발주자에 공사 착공계를 작성, 제출하고자 한다. 다음 중 착공계 작성 시 기본적으로 첨부되는 서류를 4가지 이상 적으시오.

17 프로토콜 분석기의 주요 기능 중 3가지를 작성하시오.

18 전기통신망 및 서비스계획 유지보수 및 관리를 위한 망에서 중앙관리 5대 기능 중 4가지를 작성하시오.

19 코올라쉬 브리지회로에서 X값을 계산하시오.

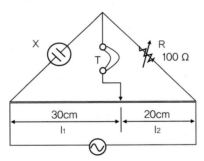

20 단순한 강봉에 동피막을 입히고 나동선을 슬리브에 접속하는 접지방식과 그물 모양 구조로 접지 나동선을 일정한 간격으로 포설하여 접지전극으로 이용하는 접지방식이 각각 무엇인지 쓰시오.

21 정전압 회로의 전기적인 특성을 나타내는 파라미터를 3가지 이상 쓰시오.

실기 기출문제
정답 및 해설

01

정답 개통 시험

해설 개통 시험

네트워크를 구축하고 구내 통신의 품질과 성능을 보장하기 위해 통신소, 헤드엔드 등 센터와 사용자를 연결하여 최초로 회선을 테스트하고, 타 기기와의 조율 및 통신 설정 조정을 통해 회선의 성능을 확인하는 시험

02

정답 DNS 서버

해설 DNS 서버

도메인 이름을 IP 주소로 변환해주는 역할을 하는 서버로, 사용자가 웹 브라우저에 도메인 이름을 입력하면, DNS 서버는 해당 도메인 이름을 해당하는 IP 주소로 변환하여 올바른 웹 서버에 연결될 수 있도록 한다.

03

정답 45.64.0.0

해설 서브네트워크 주소

IP 주소 45.123.21.8을 이진수로 변환 : 00101101.01111011.00010101.00001000

서브넷 마스크를 255.192.0.0을 이진수로 변환 : 11111111.11000000.00000000.00000000

두 값을 AND 연산하면, 00101101.01000000.00000000.00000000로 이 값 45.64.0.0가 서브네트워크 주소이다.

04

정답 SNMP(Simple Network Management Protocol)

해설 SNMP(Simple Network Management Protocol)

IETF(Internet Engineering Task Force)에서 표준화한 프로토콜로 주로 UDP/IP 기반에서 동작하며, 라우터나 허브 같은 네트워크 장치의 정보를 네트워크 관리 시스템에 보내는 데 사용된다. 네트워크 장치의 정보를 수집하고 관리하는 데 매우 유용하며, 또한 장치의 동작을 변경하기 위해 정보를 수정할 수도 있다. SNMP는 간단한 메시지 교환 형식을 사용하며, Manager와 Agent 간의 통신을 통해 네트워크 관리 작업을 수행한다.

05

정답 1) 설계, 2) 감리

해설 정보통신공사업법 제2조(정의)

• 제8항 : "설계"란 공사에 관한 계획서, 설계도면, 설계설명서, 공사비명세서, 기술계산서 및 이와 관련된 서류(설계도서)를 작성하는 행위를 말한다.

• 제9항 : "감리"란 공사(건축사법에 따른 건축물의 건축 등은 제외)에 대하여 발주자의 위탁을 받은 용역업자가 설계도서 및 관련 규정의 내용대로 시공되는지를 감독하고, 품질관리 · 시공관리 및 안전관리에 대한 지도 등에 관한 발주자의 권한을 대행하는 것을 말한다.

06

정답 신뢰성, 가용성, 보전성

해설 신뢰성, 가용성, 보전성
- 신뢰성 : 일정 기간 동안 주어진 기능을 올바르게 수행할 수 있는 능력
- 가용성 : 요구 기능을 요구 시간 동안 올바르게 수행할 수 있는 능력
- 보전성 : 고장나더라도, 빨리 발견하고 회복시킬 수 있는 능력

07

정답 1) BER, FER, CER
2) BER

해설 데이터 전송 오류율
- BER : 디지털 데이터를 전송하거나 저장할 시 전체 비트 중 오류가 발생한 비트 수의 비율
- FER : 동기식 CDMA 방식의 시스템에서 그 수신 성능을 가늠하는 척도로 사용되는 비율
- CER : 비동기 전송 방식(ATM)에서 특정한 기간 동안 전송된 총 셀(cell) 수 대비 오류가 있는 셀의 비율

08

정답 1) 3
2) 61.8
3) 2

해설 통신접지저항 측정방식
- 3점 전위 강하법
  - 접지전극(e)과 보조전극(c) 사이에 또 다른 보조전극(p)을 두어 접지 전극에 의한 전압강하 측정 방법
  - 보조전극(p)은 접지전극(e)과 보조전극(c) 사이 일직선상 61.8[%] 지점에 설치하여야 한다.(61.8% 법칙)
- 2극 (합성저항) 측정법 : 측정하고자 하는 접지 시설이 요구되는 기준접지 저항을 만족하는지 정도의 가벼운 판단 용도로 사용함

09

정답 1) A
2) B
3) B

해설 SNMP 동작 절차

절차	설명
Get request	Manager에서 Agent로 특정 정보 요청
Set request	Manager가 Agent에게 특정값 설정
Get response	Agent가 Manager에게 응답
Trap	UDP 162번 포트를 통해 event 발생내용을 전송

10

정답 1) 7, 2) 2

해설 정보통신공사 감리업무 수행기준 제48조(공사 진도 관리)
감리원은 공사업자로부터 전체 실시공정표에 따른 월간, 주간 상세공정표를 사전에 제출받아 검토·확인하여야 한다.
- 월간 상세공정표 : 작업 착수 7일전 제출
- 주간 상세공정표 : 작업 착수 2일전 제출

11

정답 장애관리, 구성관리, 성능관리, 계정관리, 보안관리

해설 TMN(Telecommunication Management Network) 5대 기능
- 장애관리 : 네트워크 장애를 감지하거나, 비정상적인 동작이 감지되었을 때 신속하게 대처할 수 있도록 정보를 제공하는 기능이다.
- 구성관리 : 네트워크 장비 및 링크의 연결 상태, 설정, 역할 등 전반적인 네트워크 구성요소와 형상을 관리하는 기능이다.
- 성능관리 : 네트워크 장비와 링크 상태(에러율, 가동율 등)를 모니터링하여 성능저하가 발생했을 때 즉시 대처할 수 있도록 하는 기능이다.
- 계정관리 : 사용자의 권한, 자원 사용현황, 계정 정보 등을 수집/저장/제어하는 기능이다.
- 보안관리 : 네트워크 보안 정책을 수립하고, 이벤트를 모니터링하여 보안 위협에 대처할 수 있도록 하는 기능이다.

12

정답 1) Learning, 2) Flooding, 3) Aging

해설 스위치의 기본 동작
- Flooding : 수신프레임을 수신된 포트 제외하고 모든 점유 및 활성 포트로 보냄
- Filtering : 다른 포트로 프레임이 전달되지 못하도록 막음
- Forwarding : 목적지 MAC 주소가 스위치 테이블 속에 존재하면 MAC 주소에 해당하는 PORT로 프레임을 전달
- Learning : 출발지의 MAC 주소와 출발지의 Port에 대한 정보를 스위치 테이블에 저장
- Aging : 스위치에서 MAC address는 일정 시간이 지나면 삭제

13

정답 표준화된 서비스, 확장성(규모성), 서비스관리, 신뢰성, 서비스품질

해설 캐리어 이더넷
- 이더넷 기술을 기반으로 한 네트워크 기술 규격이다.
- LAN에서 사용되던 이더넷을 기간망 사업자의 백본망까지 적용한 시스템으로 빠른 데이터 처리에 안전성까지 보강한 스위칭 전송 기술이다.

특징	설명
표준화된 서비스	매체와 인프라에 독립적인 표준화된 플랫폼을 통해 전 세계적 서비스 제공
확장성 (Scalability)	수많은 고객에게 음성, 영상, 데이터를 포함한 애플리케이션을 위한 네트워크 서비스 제공
신뢰성 (Reliability)	링크 또는 노드에 문제 발생 시 발견하고 복구기증 제공
서비스 품질 (QoS)	다양하고 세분화된 대역폭과 서비스 품질 옵션 제공
서비스 관리 (Service Management)	표준에 기반한 네트워크 감시, 진단, 관리 기능 제공

14

정답 1) 공종(공사의 종류)
2) 단위

해설 공사예정공정표
- 공정을 미리 계획하여 대략적인 공사 일정을 작성하는 표로, 각 공사의 종류와 이에 필요한 장비 및 경비를 기록한다.
- '식'이란 계산하기 어렵거나 산출하기 어려운 자재를 표시하는 단위이다.

15

정답 1~10[m]

해설 VHF의 파장 범위
- VHF의 주파수 범위 : 30~300MHz
- 주파수와 파장의 관계 : $\lambda = \dfrac{c}{f}$

$$-\frac{3 \times 10^8\,[m/s]}{30\,[MHz]} = \frac{3 \times 10^8\,[m/s]}{30 \times 10^6\,[s^{-1}]} = 10\,[m]$$

$$-\frac{3 \times 10^8\,[m/s]}{300\,[MHz]} = \frac{3 \times 10^8\,[m/s]}{300 \times 10^6\,[s^{-1}]} = 1\,[m]$$

16

정답 1) 161
2) 162

해설 SNMP 메시지
- 수송 프로토콜 : UDP
- 사용 포트번호 : 161번 (일반메시지), 162번 (트랩 메시지)
- 3가지 동작패턴 : get, set, trap
- 관련 메세지 종류 : Get Request, Get Next Request, Set Request, Get Reponse, Trap 등

17

정답 A전화국으로부터 약 546.1[m]

해설 바레이법(Varley loop test)을 통한 고장 위치 계산
바레이법은 케이블 고장 위치를 찾기 위해 사용하는 저항 측정 방법이다.
- 바레이 1법 저항
  - $R_1 = 142[\Omega]$
  - 바레이 1법은 고장 위치까지의 거리로, 실제 저항을 측정한다.
- 바레이 2법 저항
  - $R_2 = 245[\Omega]$
  - 바레이 2법은 고장 위치까지의 총 저항을 측정한다.
- 바레이 3법 저항
  - $R_3 = 325[\Omega]$
  - 바레이 3법은 전체 케이블의 저항을 측정한다.
- 고장위치의 계산
  - 고장위치 $= \dfrac{R_1}{R_3} \times$ 케이블 길이 $= \dfrac{142[\Omega]}{325[\Omega]} \times 1250[m]$
  - 약 546.1[m]

01

정답 1) SR, 2) LR, 3) ER

해설 IEEE 802.3ae

유형	파장[nm]	모드	최대거리[m]	주파수[MHz]
10GBASE-LX4	1,310	Multi Mode	300	500
10GBASE-SR	850	Multi Mode	82	500
10GBASE-LR	1,310	Single Mode	10,000	n/a
10GBASE-ER	1,550	Single Mode	40,000	n/a
10GBASE-SW	850	Single Mode	300	500
10GBASE-LW	1,310	Single Mode	10,000	n/a
10GBASE-EW	1,550	Single Mode	40,000	n/a

02

정답 1) WiFi, 2) Bluetooth, 3) PLC, 4) IEEE 1394

해설 1) 유선 통신 기술 : HomePNA, IEEE 1394, USB, PLC 등
2) 무선 통신 기술 : HomeRF, Bluetooth, WLAN, Zigbee, UWB 등

03

정답 backbone망

해설 • 자신에게 연결되어 있는 소형 회선들로부터 데이터를 모아 빠르게 전송할 수 있도록 하는 대규모 전송회선
• LAN에서 WAN(광역통신망)으로 연결하기 위한 하나의 회선 또는 여러 회선의 모음을 말함
• 관제센터, 데이터 센터의 경우 내부네트워크의 통합적 연결을 통해 외부망 연결의 통로로 구성됨

04

정답 UTM(Unified Threat Management, 통합위협관리)

해설

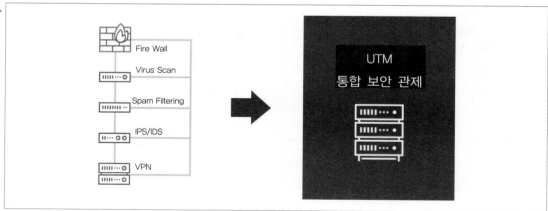

- UTM : 안티바이러스, 방화벽, VPN, IDS, IPS, 트래픽 쉐이핑, 콘텐츠 필터링, 웹 필터링, 이메일 필터링 등 여러 가지 기능을 하나의 박스에 넣어 사용하는 통합보안장비이다.
- 방화벽 : 기업이나 조직 내부의 신뢰성 높은 네트워크와 신뢰성이 낮은 인터넷 간에 전송되는 정보를 선별하여 수용, 거부, 수정하는 기능을 가진 보안시스템으로, 신뢰하지 않는 외부 네트워크와 신뢰하는 내부 네트워크 사이를 지나는 패킷을 미리 정해 놓은 규칙에 따라 차단하거나 허용해 주는 기능을 하는 하드웨어나 소프트웨어이다.
- IDS : 호스트 또는 네트워크에 대한 침입을 즉시 탐지, 이에 대처할 수 있도록 관리자에게 통보하는 시스템이며, 유해 트래픽에 대한 사전 감지/관리, 내부정보 유출 방지, 유해 사이트 차단 등의 기능으로 네트워크 가용성을 확보할 수 있다.
- IPS : 차세대 능동형 보안 솔루션으로 불리며, 악성코드 및 해킹 등으로 인한 유해 트래픽을 차단해주는 솔루션이며 바이러스 웜이나 불법 침입, DDoS 등의 비정상적인 이상 신호를 발견하는 즉시 적절한 조치를 취한다는 점에서 IDS와 차별성을 가진다.

05

정답 사용 전 검사

해설 정보통신공사업법
제36조(공사의 사용전검사 등)
대통령령으로 정하는 공사를 발주한 자(자신의 공사를 스스로 시공한 공사업자 및 자신의 공사를 스스로 시공한 자를 포함)는 해당 공사를 시작하기 전에 설계도를 특별자치시장·특별자치도지사·시장·군수·자치구의 구청장에게 제출하여 제6조에 따른 기술기준에 적합한지를 확인받아야 하며, 그 공사를 끝냈을 때에는 특별자치시장·특별자치도지사·시장·군수·자치구의 구청장의 사용 전 검사를 받고 정보통신설비를 사용하여야 한다.

06

정답 $10\,\Omega$

해설 통신관련시설의 접지저항은 $10\,\Omega$ 이하로 하며, $100\,\Omega$ 이하가 허용되는 경우는 다음과 같다.
- 선로설비중 선조·케이블에 대하여 일정 간격으로 시설하는 접지
- 국선 수용회선이 100회선 이하인 주배선반
- 보호기를 설치하지 않는 구내통신단자함
- 구내통신선로설비에 있어 전송 또는 제어 신호용 케이블의 쉴드 접지
- 철탑 이외 전주 등에 시설하는 이동통신용 중계기
- 특수 지형에의 시설이 불가피한 경우로서 $10\,\Omega$을 얻지 못하는 경우
- 기타 시설 및 인명 안전에 영향을 미치지 않는 경우

07

정답 1) 매체접근제어(MAC ; Media Access Control)
2) 여러 단말들이 통신매체를 공유할 때 매체사용에 대한 사용, 접근, 접속 관리

해설 컴퓨터 네트워크에서 가장 많이 사용하는 이더넷(Ethernet)은 공유 버스를 이용해 호스트를 연결한다. 이더넷에서는 데이터를 전송하기 전에 다른 호스트가 데이터를 전송 중인지 전송 선로를 먼저 확인해야 하며 다른 호스트가 전송 선로를 사용하지 않으면 데이터를 전송할 수 있지만, 사용 중이면 정해진 정책에 따라 나중에 다시 시도해야 한다. 둘 이상의 호스트에서 동시에 데이터 전송을 시도하면 충돌(Collision) 문제가 발생한다. 충돌이 발생하면 호스트는 이를 감지하고, 일정 시점이 지난 후에 재전송해야 한다. 매체접근제어는 이러한 충돌을 방지하기 위한 제어방식이며 CSMA, CSMA/CD, 토큰 버스, 토큰 링 등이 있다.

08

정답 1) netstat : 네트워크에 대한 연결상태, 라우팅 테이블, 인터페이스 상태 등을 보여주는 명령어
2) ping : IP 네트워크를 통해 특정한 호스트에 패킷이 도달할 수 있는지를 확인하는 명령어
3) route print : 라우팅 테이블을 확인하는 명령어

해설 기타 CMD 주요 명령어
- CLS : 화면을 지움
- DEL : 하나 이상의 파일을 지움
- COPY : 하나 이상의 파일을 다른 위치로 복사
- DIR : 디렉터리에 있는 파일과 하위 디렉터리 목록을 보여줌
- FIND : 파일에서 텍스트 문자열을 찾음
- EXIT : CMD.EXE 프로그램을 마침

09

정답 QAM(Quadrature Amplitude Modulation)

해설

구분	특징
ASK(Amplitude Shift Keying, 진폭 편이 변조)	디지털 심볼 신호 값 (0, 1)에 따라 반송파 진폭을 달리 대응시키는 진폭 편이 변조 방식
FSK(Frequency Shift Keying, 주파수 편이 변조)	진폭은 일정하나, 여러 이산적인 주파수들에 의해 반송파를 편이 변조하는 방식
위상편이 변조(PSK, Phase Shift Keying)	디지털 신호의 정보 값 m에 따라, 반송파 위상(Phase)을 변화시키는 편이변조 방식
QAM(Quadrature Amplitude Modulation)	제한된 주파수 대역에서도 전송효율을 향상시키기 위해, 반송파의 진폭과 위상을 동시에 직교 결합시켜 변조

10

정답 1) OTDR 원어 : Optical Time Domain Reflectometer
2) OTDR 측정기능 4가지
- 스플라이싱, 광커넥터, 밴딩 등 접속부까지의 거리
- 스플라이싱, 광커넥터, 밴딩 등 접속부까지의 손실값
- 광섬유 결점의 종류, 위치(거리), 크기
- 광섬유 특성의 균질성 여부

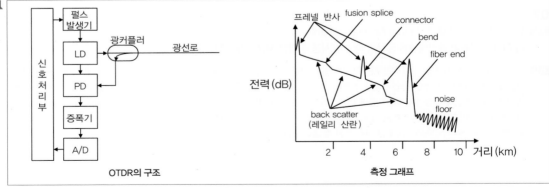

OTDR의 구조   측정 그래프

11

정답 • 공사계획 및 공정표의 검토
• 공사 진척부분에 대한 조사 및 검사
• 사용자재의 규격 및 적합성에 관한 검토 · 확인
• 재해예방대책 및 안전관리의 확인
• 공사업자가 작성한 시공상세도면의 검토 · 확인 등

해설 정보통신공사업법 시행령
제8조의2(감리원의 업무범위)
감리원의 업무범위는 다음 각 호와 같다.
• 공사계획 및 공정표의 검토
• 공사업자가 작성한 시공상세도면의 검토 · 확인
• 설계도서와 시공도면의 내용이 현장조건에 적합한지 여부와 시공 가능성에 관한 사전검토
• 공사가 설계도서 및 관련 규정에 적합하게 행해지고 있는지에 대한 확인
• 공사 진척부분에 대한 조사 및 검사
• 사용자재의 규격 및 적합성에 관한 검토 · 확인
• 재해예방대책 및 안전관리의 확인
• 설계변경에 관한 사항의 검토 · 확인
• 하도급에 대한 타당성 검토
• 준공도서의 검토 및 준공확인

12

정답 1) 전송 계층(Layer 4)
2) 물리 계층(Layer 1)
3) 데이터링크 계층(Layer 2)
4) 네트워크 계층(Layer 3)

해설 OSI 7계층

구분	해당 계층
응용 계층 (Application Layer)	HTTP, SMTP, FTP, SIP 등
표현 계층 (Presentation Layer)	ASCII, MPEG 등
세션 계층 (Session Layer)	NetBIOS, TLS 등
전송 계층 (Transport Layer)	TCP, UDP, SCTP 등
네트워크 계층 (Network Layer)	IP, ICMP, ARP, RIP, BGP 등
데이터링크 계층 (Data Link Layer)	PPP, HLDC, Ethernet, Token ring 등
물리 계층 (Physical Layer)	RS-232C, DSL, ISDN 등 물리적 회선

13

정답 1) 중급감리원
2) 특급감리원

해설 정보통신공사업법 시행령
제8조의3(감리원의 배치기준 등)
• 총공사금액 100억원 이상 공사 : 특급감리원(기술사 자격을 가진 자로 한정한다.)
• 총공사금액 70억원 이상 100억원 미만인 공사 : 특급감리원
• 총공사금액 30억원 이상 70억원 미만인 공사 : 고급감리원 이상의 감리원
• 총공사금액 5억원 이상 30억원 미만인 공사 : 중급감리원 이상의 감리원
• 총공사금액 5억원 미만의 공사 : 초급감리원 이상의 감리원

14

정답 TTL(Time To Live)

해설 Time Exceeded(시간 초과) 에러 메시지를 출력했다는 것은 TTL 또는 Hop Limit(홉 한계)를 초과했다는 의미이다. TTL이나 Hop Limit가 '0'이 되어 타이머가 만료되기 전까지 단편화된 모든 패킷이 도착하지 못한 경우 Time Exceeded가 출력된다.

15

정답 1) 90m, 2) 10m

해설 1) 채널 시험구성은 데이터통신 시스템의 이용자와 시스템 설계자가 전체 채널의 성능을 인증하기 위한 목적으로 사용되며, 채널은 최대 90m의 수평 케이블과 장비코드, 통신인출구/커넥터, 선택적 변환접속점, 층장비실 내의 2개의 교차접속 등을 포함한다. 채널양단에서 장비로의 접속점은 채널 정의에서 제외된다.
2) 장비코드와 패치코드 및 점퍼선의 전체 길이는 상기 90m를 포함하여 100m를 초과해서는 안되므로 10m를 초과할 수 없다.

16

정답 1) $\dfrac{N(N-1)}{2}$(N : 노드의 수)

2) $\dfrac{100(100-1)}{2} = 4,950$개

3) 장점 : 특정 경로에 장애가 생겨도 다른 경로로 데이터 전송 가능
   단점 : 네트워크 관리가 어려움, 가격이 고가임

해설 망형/매쉬형(Mesh) 네트워크 토폴로지
- 모든 노드들이 연결된 형태이다.(회선 수 $\dfrac{N(N-1)}{2}$)
- 모든 정보 단말 장치가 통신회선을 통해서 연결된 구조로 완벽하게 이중화가 되어 있으므로 한쪽 통신회선에 에러가 발생해도 통신을 수행할 수 있어 문제 해결이 쉽고 오류에 매우 강하다.
- 안전한 네트워크로 국방 네트워크 등에 사용된다.
- 가용성이 좋고, 장애 신뢰성이 높다.
- 많은 양의 데이터를 송수신할 수가 있다.
- 네트워크 구축 비용이 고가이다.
- 운영 비용이 고가이다.

실기 기출문제 03회

01

정답 1) 싱글모드(Single mode), 2) 멀티모드(Multi mode)

해설

	코어의 직경	전송대역 (아래대역서/1km 전송 가능)
Single mode — 하나의 모드만 도파 / 저손실, 초광대역 / 계단형	5~15um	10GHz/km 이상
Multi mode — Graded Index — 여러 개의 모드가 도파 / 광원과의 결합효율이 비교적 크며 광대역임 / 언덕형	40~100um	10~50GHz/km 이상
Multi mode — Step Index — 광원과의 결합효율이 크며 협대역임 / 계단형	40~100um	수백M~수GHz/km

02

정답 1) 베이스밴드(Baseband)방식
- 디지털 정보를 변조하지 않고 Line Coding을 통해 통신로로 전송하는 방식
- 펄스를 변조하지 않고 전송하는 방식으로 전송로가 초고속 광대역일 경우 사용
- 효율적 전송을 위해 NRZ, RZ, Manchester Code 등 다양한 기저대역 코드 사용

2) 브로드밴드(Broadband)방식
- 디지털 신호를 반송파의 진폭, 주파수, 위상 등을 통해 변조하여 전송하는 방식
- 데이터 전송 시 변복조를 통해 주파수 대역을 옮겨서 전송하는 반송파 통신방식
- 전송매체를 효율적으로 이용하며, 잡음 등의 영향을 줄일 수 있음
- 변조 방식으로는 입력신호에 따라 반송파의 진폭, 주파수, 위상변조방식 있음

해설

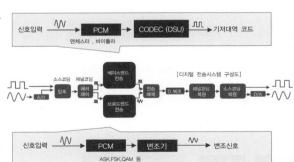

- 한 개의 채널에 하나의 신호만을 쌍방향으로 전송
- 전송매체로는 동선과 광섬유가 주로 사용됨
- 잡음의 영향을 받으므로 전송거리가 짧음
- 주파수상에서 스펙트럼이 이동하지 않음

- 무선통신에 적합한 안테나 크기의 효율적인 전력 사용이 가능
- 협대역 선로 전송거리가 길고 전송용량이 큰 대규모 전송에 이용
- 장비의 제한을 극복
- 전송신호를 전송매체에 정합

03

정답 1) 기계적 특성, 2) 전기적 특성, 3) 기능적 특성, 4) 절차적 특성

해설 1) 기계적 특성 : 물리적 접속을 위한 접속핀의 개소, 크기, 간격 등에 관한 물리적 특성이다.
2) 전기적 특성 : 전압 레벨의 사용에 관한 특성이다.
3) 기능적 특성 : 각 핀마다 설정할 기능에 대한 특성이다.
4) 절차적 특성 : 신호의 전송 절차에 관한 특성이다.

04

정답 1) 정지 & 대기(Stop & wait) ARQ
2) 반송 N 블럭(Go back N) ARQ
3) 선택적 재전송(Selective repeat) ARQ
4) 적응적(Adaptive) ARQ

해설 1) 정지 & 대기(Stop & wait) ARQ
송신측에서 한 블록을 전송한 다음 수신측에서 에러 발생 시 송신측에게 에러가 발생한 데이터 블록을 다시 전송해 주도록 요청하는 방식이다.
2) 반송 N 블럭(Go back N) ARQ
송신측에서 수신측으로 연속적으로 데이터 블록을 보내고, 수신측에서 에러를 검출한 후 에러가 발생한 데이터 블록부터 모두 다시 전송하는 방식이다.
3) 선택적 재전송(Selective repeat) ARQ
송신측에서 수신측으로 연속적으로 데이터 블록을 보내고, 수신측에서 에러를 검출한 후 에러가 발생한 데이터 블록만을 다시 송신측에 요청하는 방식이다.
4) 적응적(Adaptive) ARQ
전송효율을 향상하기 위한 방법으로 블록의 길이를 채널의 상태에 따라 동적으로 변경시켜 전송하는 방식이다.

05

정답 ISMS-P(Personal information & Information Security Management System)
- ISMS : 정보보호 관리체계 인증
- ISMS-P : 정보보호 및 개인정보보호 관리체계 인증
- 정보보호 및 개인정보보호를 위한 일련의 조치와 활동이 인증기준에 적합함을 인터넷진흥원 또는 인증기관이 증명하는 제도이다.
- '개인정보보호 관리체계 인증(PIMS)'과 '정보보호 관리체계 인증(ISMS)'으로 개별 운영되던 인증체계를 하나로 통합한 '통합인증제도'로 2018년 11월 7일부터 시행되었다.
- 「개인정보 보호법」 제32조의2(개인정보 보호 인증)에 규정되어 있다.

해설
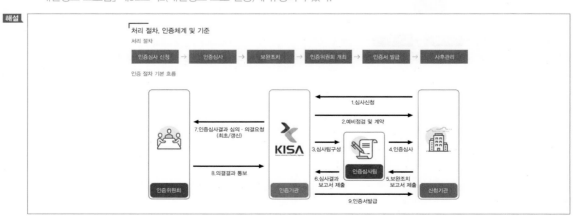

06

"설계"란 공사에 관한 계획서, 설계도면, 설계설명서, 공사비 명세서, 기술 계산서 및 이와 관련된 서류를 작성하는 행위를 말한다.

정보통신공사업법 제2조(정의) 제8항
"설계"란 공사(「건축사법」 제4조에 따른 건축물의 건축 등은 제외한다)에 관한 계획서, 설계도면, 설계설명서, 공사비 명세서, 기술 계산서 및 이와 관련된 서류(이하 "설계도서"라 한다)를 작성하는 행위를 말한다.

07

MIMO(Multiple input Multiple output)

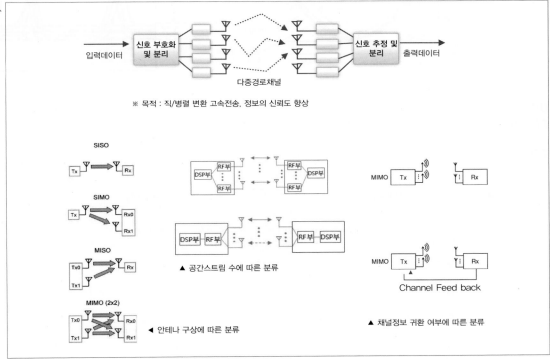

* MIMO 시스템 적용 효과
* 적용되는 안테나 수에 따라(2×2, 4×4 등) 전송속도 향상
* 전파 도달거리 획기적 개선, 기존 무선랜 대비 4배 정도(스마트안테나 기술)
* 페이딩 영향감소, 대용량/고속, 커버리지 증대 등
* MIMO는 시간 차원뿐만 아니라 공간차원의 신호처리를 결합한 것
* 공간 다이버시티 이득(Diversity Gain)
* 공간 다중화 이득(Spatial Multiplexing Gain)
* 빔포밍 이득(Beamforming Gain) = 어레이 이득(Array Gain), 간섭 제거 이득(Interference Reduction)

08

정답 노이즈 마진 : 눈이 열린 높이만큼을 잡음에 대한 여유분으로 잡을 수 있다.

해설 • 최적 표본화 시점 : 샘플링에서 눈 모양이 열린 최대 높이의 위치가 최적 샘플링 순간이다.
• 타이밍 에러의 민감도 : 아이패턴의 기울기를 통해 시간 오차에 대한 민감도를 평가한다.
• 노이즈 마진 : 눈이 열린 높이만큼을 잡음에 대한 여유분으로 잡을 수 있다.

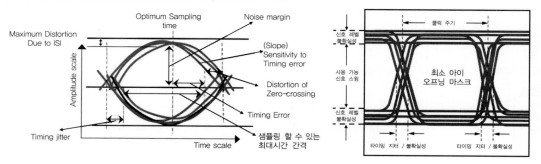

09

정답 30[dBm]

해설 • dBm = 1mW 기준/ 전력, $10\log\dfrac{1W}{1mW} = 10\log 10^3 = 30[dBm]$

• 측정량 단위

구분	절대 레벨	상대 레벨	
대상	dB	dBm	dBW
내용	측정량에 10log를 걸어주는 것으로 상대 레벨 표현 전력 $10\log\dfrac{P_2}{P_1}[dB]$ 전압 $20\log\dfrac{V_2}{V_1}[dB^2]$ 전류 $20\log\dfrac{I_2}{I_1}[dB]$	어떤 전력을 1[mW]를 기준으로 해서 데시벨로 절대 레벨 표현 $dBm = 10\log\dfrac{P}{1mW}$	어떤 전력을 1[W]를 기준으로해서 데시벨로 절대 레벨 표현 $dBm = 10\log\dfrac{P}{1W}$

dBm	dBW	dBmV	dBμV
$10\log\dfrac{W(측정)}{1mW(기준)}$	$10\log\dfrac{W(측정)}{1W(기준)}$	$20\log\dfrac{V(측정)}{1mV(기준)}$	$20\log\dfrac{V(측정)}{1\mu V(기준)}$

10

정답 • 2단계 : 데이터링크의 확립(설정)
• 3단계 : 데이터 전송
• 4단계 : 데이터링크 해제

해설 • 1단계 : 회선의 접속(송수신단 간 통신회선 연결을 통하여 데이터 전송 가능한 상태로 설정)
• 2단계 : 데이터링크의 확립(설정)(송수신단 간의 데이터 전송을 위한 논리적 경로를 설정)
• 3단계 : 데이터 전송(데이터의 실제 전송 및 에러 제어, 흐름제어 수행)
• 4단계 : 데이터링크의 해제(데이터 전송의 종료 후 데이터 전송의 완료를 수신측에 통보하여 데이터링크 설정 전의 초기 단계로 돌아가는 단계)
• 5단계 : 회선의 절단(상대방과 접속된 회선을 절단)

11

정답 등화 증폭(Reshaping), 리타이밍(Retiming), 식별 재생(Regenerating)

해설 전송 선로를 통해 수신된 펄스는 전송 선로의 손실에 의하여 감쇠하는 것과 함께 파형의 일그러짐을 가지고 있다. 열 잡음과 누설 잡음 등의 선로 특성에 의존한 잡음의 영향에 의해 파형이 저하되고, 재생 중계기는 이러한 원인에 의해 저하된 펄스가 식별 불가능한 상태로 되기 전에 새로운 펄스로 만들어 곧바로 전송하는 장치이다. 재생 중계기는 등화 증폭(Reshaping), 리타이밍(Retiming), 식별 재생(Regenerating)의 3R 기능을 제공한다.

12

정답 1) 네트워크상의 패킷의 캡처 및 저장
2) 네트워크 모니터링
3) LAN 병목현상 감지
4) 응용프로그램 실행 오류 감지
5) 프로토콜 설정 오류 분석

해설 • 네트워크를 지나다니는 패킷들을 캡처하여 세밀하게 분석하기 위한 장비로 소프트웨어 또는 하드웨어와 소프트웨어의 조합으로 구성된다.
• 하드웨어 방식 : 휴대용으로 필요한 모든 것이 장착된 형태로 제작된다.
• 소프트웨어 방식 : 고정형 PC나 노트북에 SW를 설치하여 동작하는 형태이다.

13

정답 RARP(Reverse Address Resolution Protocol)

해설 • ARP(Address Resolution Protocol)
논리적인 IP주소를(망 계층) 물리적인 MAC 주소로(데이터링크 계층) 바꾸어주는 역할을 하는 주소 해석 프로토콜이다.
• RARP(Reverse Address Resolution Protocol)
LAN에서 연결되어있는 단말을 통해 프레임을 보내고자 하는데, 수신하는 단말의 물리주소(MAC)는 알지만 논리주소(IP주소)를 모를 때 사용되는 프로토콜이다.

No.	Time	Source	Destination	Protocol	Length	Info
1	0.000	LexmarkP_83:76:2c	Broadcast	RARP	60	Who is 00:04:00:83:76:2c? Tell 00:04:00:83:76:2c
2	302.486	LexmarkP_83:76:2c	Broadcast	RARP	60	Who is 00:04:00:83:76:2c? Tell 00:04:00:83:76:2c

```
> Frame 1: 60 bytes on wire (480 bits), 60 bytes captured (480 bits)
v Ethernet II, Src: LexmarkP_83:76:2c (00:04:00:83:76:2c), Dst: Broadcast (ff:ff:ff:ff:ff:ff)
  > Destination: Broadcast (ff:ff:ff:ff:ff:ff)
  > Source: LexmarkP_83:76:2c (00:04:00:83:76:2c)
    Type: RARP (0x8035)
    Padding: 000000000000000000000000000000000000
v Address Resolution Protocol (reverse request)
    Hardware type: Ethernet (1)
    Protocol type: IPv4 (0x0800)
    Hardware size: 6
    Protocol size: 4
    Opcode: reverse request (3)
    Sender MAC address: LexmarkP_83:76:2c (00:04:00:83:76:2c)
    Sender IP address: 0.0.0.0
    Target MAC address: LexmarkP_83:76:2c (00:04:00:83:76:2c)
    Target IP address: 0.0.0.0
```

14

정답 실시

해설 설계의 단계 : 기본계획 > 기본설계 > 실시설계 > 구축

15

정답 4,800[bps]

해설 QPSK는 4개의 신호준위가 있고 2bit씩 전송한다.

$n = \log 24 = \log_2 2^2 = 2\log_2 2 = 2$

$2bit \times 2,400 = 4,800[bps]$

16

정답 250[baud]

해설 신호속도[bps] = 신호 변환 속도[baud] × 한 번에 전송 가능한 bit수(16QAM은 4bit)

$n = \log_2 16 = \log_2 2^4 = 4\log_2 2 = 4$

$1,000[bps] = X \times 4, \ X = 250[baud]$

17

정답 20,640[bps]

해설 채널용량 $C = B\log_2(1 + \dfrac{S}{N})[bps], \ B = 3,100[Hz], \ S/N = 20[dB]$

$20[dB] = 10\log X, \ X = 100$

$C = 3,100\log_2(1 + 100) = 3,100\log_2 101 = 3,100\dfrac{\log_{10} 101}{\log_{10} 2} = 3,100\dfrac{2.00432}{0.3010} = 20,640[bps]$

01

정답 1단계 회선 설정(개설) : 데이터 전송 전에 송신측과 수신측 사이에 물리적인 통신경로를 설정

2단계 데이터 전송 : 설정된 경로에 따라 연속적으로 데이터를 전송(통신 완료 시까지 독점함)

3단계 회선 해제 : 통신 완료 후 회선을 해제

02

정답 1) 경쟁방식 : 충돌을 회피하기 위해 다른 호스트와 경쟁하여 통신 기회를 얻는 방식이다.

• ALOHA : 전송할 프레임이 있으면 언제든 전송하고 확인 응답을 기다리는 방식으로, 충돌 시 프레임이 소멸되었다고 판단하여 재전송한다.

• CSMA/CD : 타 호스트가 전송하는 반송파를 감지하기 위하여 전송 전 매체의 상태를 점검하고, 충돌이 없을 시 정보를 전송한다.

2) 비경쟁방식 : 다른 호스트와 경쟁 없이 통신을 수행하는 방식이다.

• Token RING : 링 망에서 토큰을 가졌을 때만 정보를 전송하므로 충돌이 없다.

• Token Bus : 버스 망에서 토큰을 가졌을 때만 정보를 전송하므로 충돌이 없다.

03

정답 1) NE(Network Equipment)

2) EMS(Element Management System)

3) NMS(Network Management System)

해설 1) NE(Network Equipment)

통신망을 구성하는 기능요소 또는 개별 장비를 일컬으며 관리 대상 장비이다.

2) EMS(Element Management System)

통신망 장비를 네트워크를 통해 감시 및 제어를 할 수 있는 시스템으로 관리 대상인 통신망 장비(NE, Network Element) 관리의 효율성 및 일관성을 유지시켜준다.

3) NMS(Network Management System)

망 관리시스템은 SNMP 프로토콜을 활용하여 망의 상태, 경보, 트래픽 데이터 등을 수집 축적하고 망 관리 파라미터나 통계 데이터를 계산하며, 통신망 전반의 망 감시, 제어를 통해 통신망을 관리한다.

04

정답 네트워크 인터페이스 계층 – 인터넷 계층 – 전송 계층 – 애플리케이션 계층

해설

OSI 7 계층	TCP/IP 프로토콜	계층별 프로토콜			
애플리케이션 계층	애플리케이션 계층	Telnet, FTP, SMTP, DNS, SNMP			
프로젠테이션 계층					
세션 계층					
트랜스포트 계층	트랜스포트 계층	TCP, UDP			
네트워크 계층	인터넷 계층	IP, ICMP, ARP, RARP, IGMP			
데이터링크 계층	네트워크 인터페이스 계층	Ethernet	Token Ring	Frame Relay	ATM
물리적 계층					

05

정답 1) 구내 통신선로 설비공사, 2) 이동통신 구내 선로 설비공사, 3) 방송 공동수신 설비

해설
- 사용 전 검사 : 정보통신설비의 시공 품질을 확보하기 위해 정보통신설비를 사용하기 전에 기술기준에 적합하게 시공되었는지를 확인하는 제도이다.
- 정보통신공사업법 제36조, 동법시행령 제25조 및 시행규칙 제18조에 명시되어 있다.
- 연면적 150m^2 이상의 건축물에 설치되는 정보통신설비로 구내 통신선로 설비공사, 이동통신 구내 선로 설비공사, 방송공동수신설비가 있다.

06

정답 1) 10[Ω], 2) 100[Ω]

해설 "접지설비 · 구내 통신설비 · 선로 설비 및 통신 공동구 등에 대한 기술기준" 제5조(접지저항 등)

② 통신 관련 시설의 접지저항은 10Ω 이하를 기준으로 한다. 다만, 다음 각호의 경우는 100Ω 이하로 할 수 있다.

1. 선로설비 중 선조 · 케이블에 대하여 일정 간격으로 시설하는 접지(단, 차폐케이블은 제외)
2. 국선 수용 회선이 100회선 이하인 주 배선반
3. 보호기를 설치하지 않는 구내 통신단자함
4. 구내 통신 선로 설비에 있어서 전송 또는 제어 신호용 케이블의 쉴드 접지
5. 철탑 이외 전주 등에 시설하는 이동통신용 중계기
6. 암반 지역 또는 산악지역에서의 암반 지층을 포함하는 경우 등 특수 지형에의 시설이 불가피한 경우로서 기준 저항값 10Ω을 얻기 곤란한 경우

07

정답 1) 직접재료비 : 해당 공사에 직접 투입되는 부품, 장비 등의 재료비이다.

2) 간접재료비 : 직접재료비를 제외한 소모성 부품 등을 말하며 기계 · 설비의 수선용 재료, 기계 윤활유 등의 비용이 이에 포함된다.

해설
- 재료비 : 직접재료비, 간접재료비
- 노무비 : 직접노무비, 간접노무비
- 경비 : 직접경비, 간접경비(4대 보험료, 안전 관리비 등)
- 직접경비 : 현장경비, 인쇄비, 보증보험 등 직접 소요되는 비용으로 보험료, 용차비, 용선비, 현장 사무원 인건비, 자문 위탁비, 복리후생비, 여비, 도서 인쇄비, 기타 등이 포함된다.
- 간접경비 : 직접비에 미 포함된 비용으로 임원, 서무, 경리직원 등의 급여, 사무실비(현장사무실 제외), 광열수도비, 사무용 소모품비, 기계 기구의 수선 및 상각비, 통신운반비, 회의비, 공과금, 영업활동비 등을 포함한다.
- 직접비 : 재료비 + 노무비합산
- 일반관리비 : 순공사비(재+노+경)의 일정 비율 합
- 이윤 : 노 + 경 + 일반관리비의 일정 비율의 합(조정 가능)
- 부가가치세 : 총공사비의 10% 가산

08

정답 1) 30일, 2) 14일

해설 "시공감리업무 수행지침서" 제45조(공정관리)

① 감리원은 당해 공사가 정해진 공기 내에 시방서, 도면 등에 의거하여 소요의 품질을 갖추어 완성될 수 있도록 공정관리를 하여야 한다.

② 감리원은 공사 착공일로부터 30일 안에 시공자로부터 공정관리계획서를 제출받아 제출받은 날로부터 14일 이내에 검토하여 공사감독관에게 보고하여야 하며, 공사감독관은 확인 후 승인한다.

09

정답 1) ADPCM(Adaptive Differential PCM) : 적응 차등 펄스부호 변조
2) ADM(Adaptive Delta Modulation) : 적응형 델타 변조

해설

구분	ADM	ADPCM	DPCM
표본화주파수	16, 32[kHz]	8[kHz]	8[kHz]
부호화 비트 수	1[bit]	4[bit]	4[bit]
양자화 계단 수	2	16	16
전송속도	16, 32[kbps]	32[kbps]	32[kbps]
양자화기	적응형 양자화기	적응형 양자화기	선형 양자화기
SNR	32[kbps] 이하에서 ADPCM에 비해 양호	32[kbps] 이상에서 ADM보다 양호	양자화 잡음 발생 가능
시스템 구성	간단함	복잡함	–
채널에러 특성	워드 단위 부호화	bit 단위 부호화	–

10

정답 주소설정, 순서제어, 흐름제어, 오류제어, 캡슐화, 다중화, 동기화

주소지정(Addressing)	전송대상에 대한 주소 지정
순서지정(Sequencing)	• 데이터 단위가 전송될 때 보내지는 순서를 명시하는 기능으로 연결 지향형(Connection Oriented)에만 사용 • 순서제어, 흐름 제어, 오류제어 등을 위해 순서지정
단편화와 재조합 (Fragmentation and Reassembly)	두 엔티티 사이에서 대용량의 데이터를 교환하는 프로토콜의 경우 대부분 같은 크기의 데이터 블록으로 분할하여 전송
데이터 흐름 제어 (Data Flow Control)	• 수신측 엔티티에서 송신자로부터 받은 데이터의 양이나 속도를 제어 • Stop-and-Wait, Sliding Window 기법
연결제어(Connection Control)	연결 지향형 데이터 전송에서는 연결 설정, 데이터 전송, 연결 해제의 3단계로 구성
캡슐화(Encapsulation)	SDU(Service data unit), PCI(Protocol control information)로 구성
오류제어(Error Control)	두 엔티티에서 데이터를 교환할 때 SDU나 PCI가 잘못된 경우, 이를 발견하는 기법으로 Parity Bit Check, CRC 기법이 있음
동기화(Synchronization)	두 엔티티 간에 데이터가 전송될 때 각 엔티티는 특정 타이머값이나 윈도우 크기 등을 기억하고, 공유
멀티플랙싱(Multiplexing)	하나의 통신 선로에서 여러 시스템이 동시에 통신할 수 있는 기법

11

정답 33,888[bps]

해설 • S/N = 30[dB], 10logX = 30[dB]이므로, X = 10^3 따라서 1,000
 • C = Blog$_2$(1 + $\frac{S}{N}$)[bps] = 3,400log$_2$(1 + 1000) = 3,400log$_2$1001 = 33,888.56[bps]

12

정답 1) 신호 전압 측정, 2) 신호 주기 측정, 3) 주파수 측정

해설 • 일반적으로 전자 및 전기의 교류 신호를 측정 분석하는 전자계측 장비이다.
 • 시간에 따른 전압 변화를 시각적으로 확인할 수 있는 장치이다.
 • 시간 경과에 따른 전기 신호의 변화를 표시하며, X축은 시간 그리고 Y축은 전압을 표시한다.
 • 측정된 그래프로부터 진폭, 주파수, 상승 시간, 시간 간격, 왜곡 등의 정보와 같은 다양한 특성에 대해 파형을 분석할 수 있다.
 • 단일 이벤트를 캡처하여 연속적으로 표시할 수 있으므로 사용자는 아주 짧은 시간에 일어나서 직접 볼 수 없는 이벤트를 이러한 계측기를 통해 관찰할 수 있다.

13

정답 1) Report, 2) Get request, 3) Trap

14

정답 Source MAC 주소 = 00:16:ce:6e:8b:24

15

정답 1) 메시망 기준 : 회선 수 15, 포트 수 전체 30, 각각 5 포트
 2) 단일 링망 기준 : 회선 수 6, 포트 수 전체 12, 각각 2 포트
 /이중 링망기준 : 회선 수 12, 포트 수 전체 24, 각각 4 포트
 3) 링망 구성 시 어느 노드가 장애가 발생하면 통신이 중단되므로 이중 링 구성이 필요하며, 이중 링 구성 시 양방향 통신이 가능하여 한 방향 장애 시에도 통신이 가능하다. 즉 EAST RING, WEST RING로 양방향 링망 구성이 가능하다.

해설 메시망 회선 수 = $\frac{N(N-1)}{2}$ (N :노드), $\frac{6(6-1)}{2}$ = 15개

16

정답 1) 반사계수 : 0.2, 2) 정재파비 : 1.5, 3) 반사 전력은 입사 전력의 4%

해설 1) 반사계수 $[\Gamma] = |\dfrac{Z_l - Z_0}{Z_l + Z_0}| = |\dfrac{75 - 50}{75 + 50}| = 0.2$

2) 정재파비 $[S] = \dfrac{1 + |\tau|}{1 - |\tau|} = \dfrac{1 + 0.2}{1 - 0.2} = 1.5$

3) 반사계수$(0.2) = \sqrt{\dfrac{P_r(\text{반사 전력})}{P_i(\text{입사 전력})}}$, 입사 전력 = 1, 양변을 제곱하여

반사 전력 = $0.04 \times 100\% = 4\%$

구분	공식	
반사계수 $[\Gamma]$	$\Gamma = |\dfrac{V_r}{V_i}| = |\dfrac{Z_l - Z_0}{Z_l + Z_0}| = \dfrac{S - 1}{S + 1} = \sqrt{\dfrac{P_r}{P_i}}$	Z_l : 부하임피던스 Z_0 : 특성임피던스
정재파비 $[S]$ VSWR	$S = \dfrac{V_{max}}{V_{min}} = \dfrac{V_i - V_r}{V_i + V_r} = \dfrac{1 + |\Gamma|}{1 - |\Gamma|}$	V_i : 진행파 전압 V_r : 반사파 전압 Γ : 반사계수
특성임피던스 $[Z_0]$	$Z_0 = \sqrt{Z_{sc} \cdot Z_{oc}}$	Z_{sc} : 단락선로 입력임피던스 Z_{oc} : 개방선로 입력임피던스

01

정답

구분	설명
프로토콜	컴퓨터와 컴퓨터 사이, 또는 한 장치와 다른 장치 사이에서 데이터를 원활히 주고받기 위하여 약속한 여러 가지 규약
논리채널	하나의 물리적인 선로를 통해 다수의 상대방과 통신할 수 있는 여러 개의 채널을 구성하는 각각의 채널
데이터링크	데이터를 송수신하는 시스템 간을 연결하여 접속 매체로 하는 통신로를 말하며 링크에 의하여 접속되는 시스템을 일반적으로 노드(node)라고 함
반송파	데이터의 전달을 위해 사용하는 높은 주파수의 파동을 뜻함, 데이터 신호를 변조하기 위해 사용되는 기준 파형
전용회선	인터넷 서비스 업체와 직접 연결한 통신회선으로, 회선을 전용으로 임대해 사용하므로 전용회선 · 전용라인 또는 임대 라인이라고도 함

02

정답 TDM(Time Division Multiplexing)
- 하나의 전송로를 점유하는 시간(time)으로 분할하여 여러 신호를 전송하는 다중화 기법이다.
- 전송설비에서 주로 사용하는 다중화 기법이며, PDH, SDH 방식이 있다.

03

정답 1,770개

해설 중계노드수 N = 60개, 회선 수 $= \dfrac{N(N-1)}{2} = \dfrac{60(60-1)}{2} = 30 \times 59 = 1,770$개

04

정답 1) 거리벡터, 2) 홉(Hop), 3) 라우팅 테이블

05

정답 1) VPN(Virtual Private Network)
2) 3계층
3) 기밀성, 무결성

06

정답 1) **전방 오류제어(FEC)** : 수신측에서 에러를 검출 및 정정을 한 번에 처리하는 방식으로 비트 오율과 상관없는 일정한 정보처리율을 유지 가능하며, 역 채널이 필요 없고, 일정한 데이터 처리율이 필요할 때 사용된다.
2) **자동 반복 요청(ARQ)** : 수신측에서 에러를 검출한 후 에러가 발생하면 재전송하는 방식으로, FEC에 비해 구조가 간단하고 높은 신뢰도를 제공하는 방식이며, 에러 발생 시 재전송 요청을 위한 역 채널이 필요하다.

해설

FEC(Forward Error Correction) 방식	ARQ(Automatic Repeat reQuest) 방식
수신 단 에러 검출 및 정정	수신 단 에러 검출 후 재전송 요청
Hamming 코드 : 기존 데이터에 Hamming Bit를 추가하여 전송하면 수신측에서 에러 검출 및 정정 콘볼루션 코드 : N개의 시프트 레지스터, 모듈러가산기 스위치로 구성되며 오류 정정 능력이 우수	Stop and Wait ARQ : 수신측 ACK, NAC 여부에 따라 재전송 Go-Back N : N개 패킷을 Ack없이 전송, NAK시 재전송 Selective ARQ : NAK된 패킷만 재전송 Adaptive ARQ : 전송 환경에 따라 가변 전송

07

정답 H-IDS(Host 기반 IDS) 설명

1) 호스트에 프로그램 형태로 설치하여 수집된 자료를 검사하는 방식으로 운영된다.

2) 호스트에 설치하므로 OS에 종속적이다.

3) 암호화된 침입 탐지가 가능하고 시스템과 네트워크 전 범위의 공격 루트 탐지가 가능하다.

4) 동작 과정은 정보의 수집, 정보의 가공 및 축약, 침입 분석 및 탐지, 보고 및 조치 순으로 동작한다.

해설

구분	HIDS	NIDS
탐지 대상	호스트에서 수집된 자료 검사	네트워크를 통과하는 패킷
설치 단위	HOST	네트워크
O/S 관계	종속적	독립적
암호화된 침입 탐지	가능	불가능
공격 루트 탐지범위	시스템과 네트워크	네트워크에 제한적

08

정답 1) 순공사원가 = 재료비 + 노무비 + 경비 = 74,000,000원

2) 일반관리비 = 순공사비(재 + 노 + 경)의 6% = 4,440,000원

3) 총 공사원가 = 재 + 노 + 경 + 일반관리비 + 이윤 = 84,115,200원

해설

구분	내용
공사원가	재료비, 노무비, 경비
총 원가	재료비, 노무비, 경비, 일반관리비, 이윤

- 재료비 : 직접재료비, 간접재료비
- 노무비 : 직접노무비, 간접노무비
- 경비 : 직접경비, 간접경비(4대 보험료, 안전 관리비 등)
- 직접경비 : 현장경비, 인쇄비, 보증보험 등 직접 소요되는 비용으로 보험료, 용차비, 용선비, 현장 사무원 인건비, 자문 위탁비, 복리후생비, 여비, 도서 인쇄비, 기타 등이 포함된다.
- 간접경비 : 직접비에 미 포함 비용으로 임원, 서무, 경리직원 등의 급여, 사무실비(현장사무실 제외), 광열수도비, 사무용 소모품비, 기계 기구의 수선 및 상각비, 통신운반비, 회의비, 공과금, 영업활동비 등을 포함한다.
- 직접비 : 재료비 + 노무비합산
- 일반관리비 : 순공사비(재+노+경)의 일정 비율 합
- 이윤 : 노 + 경 + 일반관리비의 일정 비율의 합(조정 가능)
- 부가가치세 : 총공사비의 10% 가산

09

정답 1) 기본설계

2) 실시설계

10

정답 1) 공동구 내 수용시설의 설치 : 전력 시설, 통신 시설, 상/중수도 시설, 냉/난방시설의 설치

2) 부대설비의 설치 : 급/배수 설비, 환기설비, 전원설비, 조명설비, 중앙통제설비, 방재설비의 설치

3) 공동구 내진설계 : 공동구는 「지진 재해 대책법」에 따라 내진 설계기준의 설정 및 조치 대상 시설로 내진설계를 반영하여 설치하여야 한다.

11

정답 1) 착공일 및 완공일, 2) 공사업자의 성명, 3) 시공상태의 평가 결과

해설 "정보통신공사업법" 시행령 제14조(감리 결과의 통보)

용역업자는 법 제11조에 따라 공사에 대한 감리를 완료한 때에는 공사가 완료된 날부터 7일 이내에 다음 각호의 사항이 포함된 감리 결과를 발주자에게 통보하여야 한다.

1. 착공일 및 완공일
2. 공사업자의 성명
3. 시공상태의 평가 결과
4. 사용 자재의 규격 및 적합성 평가 결과
5. 정보통신기술자 배치의 적정성 평가 결과

12

정답 OTDR : Optical Time Domain Reflectometer

13

정답 1) 전도 내성(Conducted Susceptibility) : 유선을 통한 전자파 간섭 내성
2) 복사 내성(Radiated Susceptibility) : 자유공간에서의 전자파 간섭 내성
3) 정전기 방전(Electrostatic Discharge) : 정전 내성

14

정답 1) LAN의 모니터링 및 병목현상 분석
2) 응용프로그램 실행오류 분석
3) 프로토콜 설정 오류 분석
4) 네트워크 카드 충돌오류 분석

해설 • 프로토콜 분석기는 네트워크상에 흐르는 데이터 프레임을 캡처하고 디코딩하여 분석하며 LAN의 병목현상, 응용프로그램 실행오류, 프로토콜 설정 오류, 네트워크 카드의 충돌오류 등을 분석하는 장비이다.
• 네트워크를 지나다니는 패킷들을 캡처하여 세밀하게 분석하기 위한 장비로 소프트웨어 또는 하드웨어와 소프트웨어의 조합으로 구성된다.
• 하드웨어 방식 : 휴대용으로 필요한 모든 것이 장착된 형태로 제작된다.
• 소프트웨어 방식 : 고정형 PC나 노트북에 SW를 설치하여 동작하는 형태이다.

15

정답 1) 토양의 종류와 수분 함유량, 2) 접지극 형상과 크기, 3) 접지극의 매설 깊이 및 간격

해설 1) 토양의 종류와 수분 함유량
• 모래보다는 점토가, 점토 보다는 진흙이 대지 저항률이 낮다.
• 토양에 수분이 많을수록 대지 저항률이 낮다.
2) 접지극 형상과 크기
접지전극과 토양의 접지면이 넓을수록 대지 저항률이 낮아진다.
3) 접지극의 매설 깊이 및 간격
접지전극을 깊게 매설하고 좁은 간격으로 설치할수록 대지 저항률이 낮아진다.
위 세 가지 요인 외에 토양의 화학적 성분, 온도, 계절적 영향 및 계절 변동계수, 암석, 해수 등의 영향을 받는다.

01

정답 1) X.20 : 공중 데이터통신망에서 비동기식 전송을 위한 DTE(데이터 단말 장치)와 DCE(회선 종단 장치) 간 접속규격이다.

2) X.21 : 공중 데이터통신망에서 동기식 전송을 위한 DTE와 DCE 간 접속규격이다.

3) X.24 : 공중 데이터통신망에서 사용되는 DTE와 DCE 사이의 인터페이지 회로 구성에 대한 프로토콜이다.

4) X.75 : 패킷 교환 공중 데이터통신망에서 네트워크 상호 간의 접속을 위한 노드 사이의 프로토콜이다.

해설 X.25 : 패킷 교환 공중 데이터통신망에서 DTE와 DCE 간 패킷 단말기 접속 프로토콜

02

정답 2B1Q(2 Binary 1 Quartenary, Two-bits-to-one Quartenary)

해설
• 2진 데이터(01,00,10,11)를 1개의 4진 심볼로 변환(예시)
• 첫째 비트는 극성을(+극성/−극성에 따른 펄스 위치 참고), 둘째 비트는 심볼의 크기를 의미
• 즉, 첫째 비트가 1이면 +, 0이면 −, 둘째 비트 진폭이 1이면 +V1, 0이면 +V2

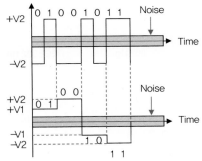

– 01일 때는 첫째 비트가 0이므로 +측에 위치, 둘째 비트가 1이면 +V1
– 00일 때는 첫째 비트가 0이므로 +측에 위치, 둘째 비트가 0이므로 +V2
– 10일 때는 첫째 비트가 1이므로 −측에 위치, 둘째 비트가 0이면 −V1
– 11일 때는 첫째 비트가 1이므로 −측에 위치, 둘째 비트가 1이므로 −V2

03

정답 표본화(샘플링, Sampling)

해설
• 신호파의 최고주파수 f_m의 2배 이상의 간격으로 신호파 주파수를 이산적으로 표본화하면 신호의 순시 진폭 값을 얻을 수 있다는 것이 나이키스트의 표본화 이론이다.

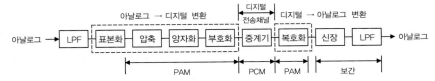

• 표본화(Sampling) : 원 신호에서 표본값을 추출(PAM)
• 양자화(Quantizing) : PAM 신호의 크기를 정량화
• 부호화(Encoding) : 양자화된 신호를 8비트 펄스열로 조합(PCM)
• 다중화(Multiplexing) : 24개 채널(북미 방식) 또는 32개 채널(유럽 방식)로 다중화
• 재생중계(Regeneration) : 감쇠된 펄스를 등화, 재생 및 타이밍
• 역다중화(Demultiplexing) : 다중화된 채널을 각각의 개별 채널로 분리
• 복호화(Decoding) : 역다중화로 분리된 부호열을 PAM으로 복원
• 보간(Interpolation) : PAM 펄스를 이상적인 LPF를 이용하여 연속파로 환원

04

정답 장점 : 충돌이 발생하지 않음, 성능 저하가 적음, 고속 버스트 전송에 유리

단점 : 하드웨어 장비가 복잡, 노드가 많으면 성능이 떨어짐

해설 1) 경쟁방식 : 충돌을 회피하기 위해 다른 호스트와 경쟁하여 통신 기회를 얻는 방식이다.
- ALOHA : 전송할 프레임이 있으면 언제든 전송하고 확인 응답을 기다리는 방식으로, 충돌 시 프레임이 소멸되었다고 판단하여 재전송한다.
- CSMA/CD : 타 호스트가 전송하는 반송파를 감지하기 위하여 전송 전 매체의 상태를 점검하고, 충돌이 없을 시 정보를 전송한다.
2) 비경쟁방식 : 다른 호스트에 경쟁 없이 통신을 수행하는 방식이다.
- Token RING : 링 망에서 토큰을 가졌을 때만 정보를 전송하므로 충돌이 없다.
- Token Bus : 버스망에서 토큰을 가졌을 때만 정보를 전송하므로 충돌이 없다.

05

정답
- EMI(Electro Magnetic Interference) : 전자파 간섭 또는 전자파 장애
- LTE(Long Term Evolution) : 3GPP 컨소시엄에서 개발한 4세대(4G) 무선 통신 기술
- DNS(Domain Name System) : 네트워크에서 도메인이나 호스트 이름을 숫자로 된 ip 주소로 해석해주는 tcp/ip 네트워크 서비스

06

정답 1) IEEE 802.11g, 2) IEEE 802.11n

해설

구분	IEEE 802.11a	IEEE 802.11b	IEEE 802.11g	IEEE 802.11n
표준화	1999.9	1999.9	2003.7	2009.10
주파수대역	5GHz	2.4GHz	2.4GHz	2.4GHz, 5GHz
대역폭	20MHz	20MHz	20MHz	20MHz/40MHz
전송속도	54Mbps	11Mbps	54Mbps	600Mbps
변조방식	OFDM	DSSS	OFDM, DSSS	OFDM

07

정답 1) 구내 간선계 : 집중 구내통신실에서 동별 통신실 구간
2) 건물 간선계 : 동별 통신실에서 층 단자함 구간

해설 1) 집중 구내통신실에서 동별 통신실 구간을 구내 간선계, 동별 통신실에서 층 단자함 구간을 건물 간선계, 층 단자함에서 세대 단자함 및 인출구 구간을 수평 배선계(댁내 인입, 댁내 배선)라 한다.
2) 각 구간에 적용되는 케이블은 관련법ㆍ기술기준 등에 따라 전송속도, 전송 거리 및 케이블 특성 등을 반영하여 설계한다.

08

정답 1) 128개, 2) 12[Mbps]

해설 1) $C = 2B\log_2 M$, M = 진수, 무잡음 채널 조건, B = 대역폭 20KHz, C = 전송속도 280Kbps

따라서 $280Kbps = 2 \times 20KHz \times \log_2 M = 40KHz \times \log_2 M$

따라서 $\log_2 M = 280Kbps/40KHz$, $\log_2 M = 7$, $M = 2^7 = 128$개 신호준위 개수

2) $C = B\log(1 + \frac{S}{N})[bps]$, 주어진 B = 2MHz, S/N = 63, $C = 2MHz\log_2(1 + 63) = 2MHz\log_2 64 = 12Mbps$

09

정답 공사시방서

10

정답 IPsec VPN

해설 1) IPsec VPN
- 인터넷망과 같은 공중망을 사설망처럼 이용할 수 있도록 특수 통신체계와 암호화 기법을 제공하는 가상 사설 통신망이다.
- 이로 인해 사설망과 같이 안전하고, 통신 품질이 보장(QoS)되는 네트워크를 구축할 수 있으며, 전용선보다 저렴하여 기업 간 인트라넷, 익스트라넷구축 시 많이 사용된다.
- 공중망을 통해 데이터를 송신하기 전 암호화하고 수신측에서 복호화한다.
- IP Sec VPN은 3계층 보안 프로토콜로 VPN을 구현하도록 TCP/IP 패킷을 사전에 암호화하는 방식으로 AH와 ESP를 이용하여 암호화한다.
- 모든 TCP/IP 프로그램에 대해 보안성을 보장하고 다수의 동시 접속자를 지원가능하다.

2) SSL VPN
- 클라이언트의 Http Web을 통하여 ID/PW를 통해 사용자를 인증한다.
- 전자 상거래 보안을 위해 개발(넷스케이프사)된 기술이다.
- 응용계층 프로토콜에 관계없이 사용(HTTP, FTP, NNTP) 가능하다.
- 4계층 이상에서 서버와 클라이언트 간에 데이터를 암호화하여 전달한다.
- 구축 운영비용이 상대적으로 유리하고, 유연한 호환성을 제공한다.

11

정답 NIPS(네트워크 기반의 IPS), HIPS(호스트 기반의 IPS)

해설

구분	NIPS(Network IPS)	HIPS(Host IPS)
개요	네트워크의 물리적 혹은 논리적 경계 지점에 인라인 방식으로 설치	• 각 호스트에 설치되어 운영 • IPS 모듈이 시스템의 오남용이나 해킹 시도, 이상징후를 탐지하고 차단
특징	• 네트워크 접속과 트래픽 분석을 통해 공격 시도와 유해 트래픽을 차단하는 기능을 수행 • 대부분의 상용 IPS로 적용됨	• 시스템 레벨에서의 위협이나 공격에 대한 차단이라는 측면에서 신뢰성이 높음 • 각 호스트별로 별도의 에이전트를 설치, 관리해야 하므로 대규모 시스템에서는 운영이 어려움
장점	• 정상 트래픽을 막지 않고 임의 전파를 막을 수 있음 • 대부분 익스플로잇코드가 나오기 전에 새로운 공격에 대해 보호 가능 • 대부분의 사고를 자동적으로 대응하므로 사고 대응 비용이 감소함	• 알려지지 않은 공격에 대해 보호 가능 • 매년 보안 업데이트할 필요가 없어 소요 비용을 줄일 수 있음 • 커널레벨에서 호스팅상의 공격을 방지함 • 패치 관리와 같은 작업 부담을 줄일 수 있음
단점	• 네트워크 코어에서 NIPS 비용이 높을 수 있음 • 인라인 장치이므로 단일 실패 점을 생성함 • 매우 효과적인 보안 업데이트에 의존함	• 모든 주요 서버에 에이전트가 필요하므로 시스템 비용이 높을 수 있음 • 모든 서버에 도달하기 위한 시간이 길 수 있음 • 기능적 보안도 부가되기 위해서는 초기 설치 후 적절한 튜닝 필요

12

정답 1) 통신선로 설비공사, 2) 전송설비공사, 3) 교환설비공사, 4) 이동통신설비공사

해설 정보통신공사업법 시행령 [별표 1]
- 통신설비공사 : 통신선로 설비공사, 교환설비공사, 전송설비공사, 구내 통신설비 공사, 이동통신설비공사, 위성통신설비공사, 고정 무선 통신선로 설비공사
- 방송설비공사 : 방송국설비공사, 방송 전송/선로 설비공사
- 정보설비공사 : 정보제어/보안 설비공사, 정보망 설비공사, 정보매체 설비공사, 항공/항만통신설비공사, 선박의 통신/항해/어로 설비공사, 철도통신/신호 설비공사
- 기타 설비공사 : 정보통신 전용 전기시설 공사

13

정답 노무비 : 2,000만 원

해설 • 순 공사비 : 재료비(직접 + 간접) + 노무비(직접 + 간접) + 경비(직접 + 간접)
• 노무비 = 3,500만 원 − 1,200만 원 − 300만 원 = 2,000만 원

14

정답 1) OTDR : Optical Time Domain Reflectometer
2) 광케이블 손실 측정, 장애 위치 확인, 커넥터의 평가, 접속 품질 평가

해설 • 단위 길이별 손실 : 파이버의 단위 길이별 손실을 설치 전/후에 감쇠를 측정함
• 스플라이스와 커넥터 평가 : 설치 전후 허용할 만한 한계값 안에 있는지 확인
• 장애점 : 정확한 장애점을 찾을 수 있어 시간과 비용 절감
• 접속의 퀄리티 측정

15

정답 1) CONTINUE : test를 계속한다.
2) R−BIT : 지정된 값을 초과하는 비트수(값)를 받을 때까지 test를 계속한다.
3) RUN TIME : 지정된 값을 초과하는 측정시간을 받을 때까지 test를 계속한다.

해설 • BERT는 통신 채널을 통해 데이터 스트림에서 수신된 오류를 원래 전송된 데이터 스트림과 비교한다. 결과 비트 오류 비율(BER)은 전송 채널에서 발생하는 오류 수를 나타낸다.
• BER은 전송된 총 비트 수로 나눈 비트 오류 수이다. 비트 오류 테스트는 통신 데이터링크의 성능을 검증하며 비트 오류는 노이즈, 왜곡, 비트 동기화 실패 및 기타 전송 이상으로 인해 발생한다.

16

정답 1) 장애관리, 2) 구성관리, 3) 계정관리, 4) 성능관리, 5) 보안관리

17

정답 2극 측정법(2 전극 합성저항 측정법)

해설 • 측정하고자 하는 접지 시설이 요구되는 기준접지 저항을 만족하는지 정도의 가벼운 판단 용도로 사용한다.
• 절연체 없는 수도관, 가스관 등 기존 시설을 이용해 측정한다.
• 3점 전위 강하법 대신 적용(보조 전극 미설치)된다.

18

정답 손실 3.01[dB]

해설 • 전송로는 AMP1번 뒷단에서 AMP2번 앞단까지의 손실이다.
• $10\log\dfrac{1.2mW}{2.4mW} = 10\log 0.5 = 10 \times (-0.301) = -3.01[dB]$
• 손실을 물었으므로 −(−3.01[dB]) = 3.01[dB]
• 전압의 이득 or 감쇠 = Voltage Gain or Attenuation dB = $20\log V_{out}/V_{in}$
• 전류의 이득 or 감쇠 = Current Gain or Attenuation dB = $20\log I_{out}/I_{in}$
• 전력의 이득 or 감쇠 = Power Gain or Attenuation dB = $10\log P_{out}/P_{in}$

01

정답 1) n = log₂(M), n = $\log_2 128$ = 7[bit]

2) 신호속도 = 전송속도(변조속도) × $\log_2 128$ = 4,800[baud] × 7 = 33,600[bps]

해설 • 신호속도는 1초 동안 전송 가능한 비트의 수를 나타내는 것으로, 단위는 bps를 사용한다. 예를 들어 2.4kbps는 1초에 2,400개의 비트를 전송한다는 의미이다.
• 데이터 신호속도[bps] = 변조속도[baud] × 변조 시 상태 변화 수(한 번에 전송 가능한 비트 수)

02

정답 안테나의 길이 = 37.5cm(0.375m)

해설 • 파장(λ) = $\frac{c}{f}$, C : 빛의 속도, F : 주파수, 빛의 속도는 3×10^8m/s
• 주어진 주파수 : 200MHz일 때 λ = $\frac{3 \times 10^8}{200 \times 10^6}$ = 1.5m, 안테나 길이가 1.5m이고 λ/4안테나 이므로 1.5m/4 = 0.375m

03

정답 가동률 A = $\frac{MTBF}{MTBF + MTTR}$, 0.92 = $\frac{23}{23 + MTTR}$, MTTR = $\frac{23 - (0.92 \times 23)}{0.92}$ = $\frac{1.84}{0.92}$ = 2시간

04

정답 펄스폭 = 1.67[sec]

해설 • 펄스폭과 첨두전력, 평균전력, 주파수(주기)와의 관계
• 펄스폭 = $\frac{첨두전력}{평균전력}$ × 주기, 주파수 1KHz = $\frac{1}{1000Hz}$ = 0.001[sec]
• 펄스폭 = $\frac{200KW}{120W}$ × 0.001[sec] = 1.67[sec]

05

정답 공사개요, 공정관리계획, 안전관리계획, 공사 예정 공정표, 환경관리계획

해설

1. 공사개요	7. 인력 투입계획
2. 수행 조직도	8. 품질관리 및 시험계획
3. 공사 예정 공정표	9. 안전관리계획
4. 주요공종 시공 절차 및 방법	10. 환경관리계획
5. 주요 장비 반입계획	11. 폐기물처리계획
6. 주요 자재 수급 계획	12. 교통관리계획

06

정답 재료비, 노무비, 경비

해설

구분	내용
공사원가	재료비, 노무비, 경비
총 원가	재료비, 노무비, 경비, 일반관리비, 이윤

07

정답 간접노무비

08

정답 1) 500V, 2) 10M

해설 "방송 통신설비의 기술기준에 관한사항" 제12조(절연저항)

선로설비의 회선 상호 간, 회선과 대지 간 및 회선의 심선 상호 간의 절연저항은 직류 500볼트 절연저항계로 측정하여 10메가옴 이상이어야 한다.

09

정답 1) 통신설비공사, 2) 방송설비공사, 3) 정보설비공사, 4) 기타 설비공사

해설 정보통신공사업법 시행령 [별표 1]

- 통신설비공사 : 통신선로 설비공사, 교환설비공사, 전송설비공사, 구내 통신설비 공사, 이동통신설비공사, 위성통신설비공사, 고정 무선통신 선로 설비공사
- 방송설비공사 : 방송국설비공사, 방송 전송/선로 설비공사
- 정보설비공사 : 정보제어/보안 설비공사, 정보망 설비공사, 정보매체 설비공사, 항공/항만통신설비공사, 선박의 통신/ 항해/ 어로 설비공사, 철도통신/신호 설비공사
- 기타 설비공사 : 정보통신 전용 전기시설 공사

10

정답 1) ARP, 2) RARP

해설 1) ARP(Address Resolution Protocol)

논리적인 IP주소를(망 계층) 물리적인 MAC 주소로(데이터링크 계층) 바꾸어주는 역할을 하는 주소 해석 프로토콜이다.

2) RARP(Reverse Address Resolution Protocol)

LAN에서 연결되어있는 단말을 통해 프레임을 보내고자 하는데, 수신하는 단말의 물리주소(MAC)는 알지만 논리주소(IP주소)를 모를 때 사용되는 프로토콜이다.

11

정답 1) STM : 일정한 타임슬롯을 통해 고정적으로 채널이 할당되는 방식이다.

2) ATM : 비동기 시분할 다중화 방식으로 53바이트의 일정 셀 단위로 정보를 전달하는 방식이다.

3) 차이점

구분	STM(동기식 전송방식)	ATM(비동기식 전송방식)
슬롯 할당	고정적 할당	동적으로 할당
채널할당	STDM	ATDM
교환방식	시분할 교환	ATM 셀(53바이트) 교환
전송단위	프레임	셀
전송시스템	PDH, SDH	ATM 전송장비

12

정답 1) μ법칙(15절선식), 2) 2.048Mbps, 3) 193, 4) 256, 5) 32/30

해설

구분	NAS(DS-1) 북미식	CEPT 유럽식
채널 수	24	32
음성 채널 수	24	30
Frame 비트 수	193 {(7bit + 1bit) × 24ch + 1bit(동기)}	256 (8bit × 32ch)
동기신호 제공	Frame의 첫 bit	0번째 time slot
제어신호 제공	6, 12번 채널당 1bit	16번째 time slot
Frame전송속도	1,544Mbps	2,048Mbps
압신방식	μ법칙(15절선식)	A법칙(13절선식)
정보 전송량	56/64kbps	64kbps
LineCode	AMI,B6ZS	CMI, HDB3
특징	채널 투명성 결여 데이터 통신 시 치명적	공통선 신호방식으로 채널 투명성 가짐

13

정답
- T1의 멀티프레임은 12개, E1의 멀티프레임은 16개로 구성된다.
- T1의 멀티프레임 중 1개 프레임은 24ch로 구성되고 동기용 1비트가 추가된다.
- E1의 멀티프레임 중 1개 프레임은 32ch로 구성되고 0번째 비트는 동기용, 16번째 비트는 제어 신호용으로 사용된다.

해설

구분	NAS = DS-1 = T1	CEPT = DS-1E = E1
채널 수	24	32
음성 채널 수	24	30
Frame 비트 수	193	256
동기신호 제공	Frame의 첫 bit	0번째 time slot
제어신호 제공	6, 12번 채널당 1bit	16번째 time slot
멀티프레임구성	12개	16개

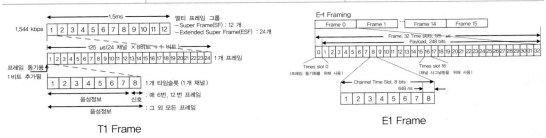

T1 Frame

E1 Frame

14

정답 1) 데이터 회선종단장치, 2) DTE와 전송로 간 인터페이스, 3) MODEM, DSU 사용

해설 1) 데이터 회선종단장치 : 통신망 사업자 기준으로 통신망 관리의 종단역할을 하는 장치이다.
2) DTE와 전송로 간 인터페이스 : DTE와 전송로를 연결하는 기능으로 신호변환 및 회선 접속기능을 수행한다.
3) 아날로그 회선은 MODEM, 디지털 회선은 DSU를 사용한다.

15

정답 다 → 라 → 가 → 나

해설 광섬유 절단을 수행한 이후 부산물 등을 청소해야 한다.

16

정답 1) 리피터 : 전자기 또는 광학 전송매체 상에서 신호를 수신하고, 증폭하며, 매체의 다음 구간으로 재전송 시키는 장치로 전송 거리 연장이 목적임

2) 라우터 : 라우터는 네트워크에서 발생하는 데이터를 처리하고, 최적의 경로를 선택하여 목적지로 전송하는 역할을 함

3) 게이트웨이 : 서로 다른 네트워크가 연결될 때 반드시 게이트웨이를 통하여 통신, 인터넷에 연결될 때 데이터 패킷이 게이 트웨이를 통해 나가고 들어오며, 패킷을 받으면 필요에 따라 프로토콜을 변환하기도 함

17

정답 맨체스터 라인 코딩

해설

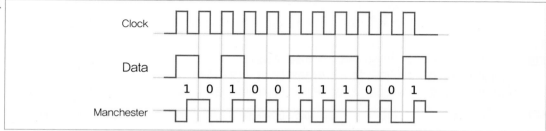

• 맨체스터 코드는 하나의 비트가 전송될 때, 각 비트 타임의 중앙에서 전압의 전이(transition)가 발생하는 게 특징이다. 그러므로 수신자는 이 렇게 전달된 신호만을 보고 전송속도를 알아낼 수 있다. 이는 송신자와 수신자의 동기화를 쉽게 하며, 오류를 줄일 수 있다는 장점이 있다.

• 맨체스터 코드는 '1'과 '0'의 2진값 각각을 양(+)의 전압값과 부(−)의 전압값으로 변환하는 NRZ방식(또는 그 반대의 NRZI 방식)으로 만들어진 신호를, 클록 신호와 XOR 연산하여 만들어진다. 결과적으로 '0'는 High−Low로 표현되고, '1'은 Low−High로 표현되는(또는 그 반대의) 신호 가 만들어진다. 동기화를 돕고 오류를 줄이는 장점이 있는 반면, NRZ나 NRZI로 만들어진 신호와 똑같은 정보를 보내기 위해 두 배의 대역폭 을 사용해야 한다는 단점이 있다.

18

정답 NMS(네트워크 관리 시스템)

해설 망 관리시스템은 SNMP 프로토콜을 활용하여 망의 상태, 경보, 트래픽 데이터 등을 수집 · 축적하고 망 관리 파라미터나 통계 데이터를 계산하 며, 통신망 전반의 망 감시, 제어를 통해 통신망을 관리한다.

19

정답 UTM(Unified Threat Management)

해설 • 침입 차단 시스템으로 가상 사설망 등 다양한 보안 솔루션 기능을 하나로 통합한 보안 솔루션이다.

• 보안 솔루션은 운영목적에 따라 방화벽, 침입 탐지시스템(IDS : Intrusion Detection System), 침입 방지 시스템(IPS : Intrusion Prevention System), 가상 사설망(VPN : Virtual Private Network), 데이터베이스 보안, 콘텐츠 보안, 웹 보안 등 다양한 솔루션 형태로 발전되어 왔다.

• 각각의 보안 솔루션 운용 방법을 익히기 위한 시간 비용, 그리고 운용을 위한 물리적 공간과 인력 확보가 요구되었고, 통합 위협 관리(UTM) 는 다양한 보안 솔루션을 하나로 묶어 비용을 절감하고 관리의 복잡성을 최소화하며, 복합적인 위협 요소를 효율적으로 방어할 수 있는 장 비이다.

01

정답 1) 산란손실, 2) 회선손실, 3) 불균등 손실

해설 • 산란손실 : 코어 제작 시 코어 자체의 굴절률의 불균형으로 발생하는 손실이다.
• 흡수손실 : 철, 구리 등 이물질에 의해 흡수되어 발생하는 손실이다.
• 불균등 손실 : 코어와 클래드 면의 불균등에서 발생하는 손실이다.
• 회선 손실 : 융착 접속, 접속 손실, 점퍼 코드 설치 시에 발생하는 손실이다.
• 코어 손실 : 코어를 구부려서 설치할 때 발생하는 손실이다.
• 밴딩(마이크로, 매크로) 손실 : 포설치 압력, 미세한 구부러짐 등으로 발생하는 손실이다.

02

정답 PD(Photo Diode), APD(Avalanche Photo Diode)

해설 • PD(Photo Diode) : 반도체 다이오드의 일종으로 광다이오드라고도 하며, 빛에너지를 전기에너지로 변환한다. 빛이 다이오드에 닿으면 전자와 양의 전하 정공이 생겨서 전류가 흐르며, 전압의 크기는 빛의 강도에 거의 비례한다. 이처럼 광전 효과의 결과 반도체의 접합부에 전압이 나타나는 현상을 광기전력 효과라고 한다.
• APD(Avalanche Photo Diode) : 어발란체 포토다이오드(APD)는 내부에 광전류의 증폭 기구를 가진 포토다이오드(PD)로서 광 전송에서 광 검파기로 널리 사용된다. 광전류 증폭작용은 반도체 PN 접합에 높은 역방향 바이어스(bias) 전압을 인가할 때 생기는 항복현상에 의한 것이다.

03

정답 1) ADSL, 2) VDSL, 3) SDSL

04

정답 1) $SNR = 10\log\dfrac{100 \times 10^{-3}}{1 \times 10^{-6}} = 50[dB]$
2) $SNR = 10\log\dfrac{S}{0} = \infty(무한대)[dB]$

해설 • $SNR = \dfrac{P_S}{P_N}$, P_N은 신호의 전력, P_S는 잡음의 전력
• 노이즈 전력 대비 신호 전력의 세기를 봄으로써 상대적인 신호 전력 크기를 나타내기 위함이다. 이는 통신 시스템의 성능이 절대적인 신호 전력이 아닌 노이즈 전력 대비 신호의 전력으로 결정되기 때문이다. 통신 시스템의 성능에는 최대 달성 용량인 채널 용량, 신뢰성을 나타내는 오류율 그리고 얼마나 자연스럽게 전달되는지 알 수 있는 지연율 등이 있다.

05

정답 DDoS(Distributed Denial of Service), 분산서비스 거부공격

06

정답 1) L[km] = $\dfrac{광원출력 - 수신감도 - (커넥터 손실 + 시스템 마진)}{광파손실}$

$= \dfrac{-3.5 - (-34) - (4 + 3)}{0.42} = 55.952[km]$

2) 케이블 간격이 70km일 때 중계기 설치 불가

간격이 70km일 때 광 손실은 $70 \times 0.42 = 29.4[dB]$이고 여기에 커넥터 손실과 시스템 마진을 더하면 $36.4[dB]$가 되므로 광원에서 전체손실을 빼면 $-3.5 - 36.4 = -39.9[dBm]$이 되어 광수신기가 복조할 수 없는 감도 미만의 값이 됨

07

정답 1) 상태 보존형 자동 설정방식(DHCPv6) 이용, 상태 비 보존형 자동 설정 방식(호스트 내부에서 자동으로 생성)

2) 이중스택(Dual stack), 주소변환(Address translation), 터널링(Tunneling)

08

정답 1) 신호 감쇠 : 전송된 신호가 전송매체를 통과하면서 신호의 진폭이 감소하는 현상

2) 지연왜곡 : 전송신호에 포함된 모든 주파수 성분 각각에서의 시간 지연이 일정하지 못해 출력에 나타나는 왜곡

3) 잡음 : 전송하고자 하는 원신호를 제외한 모든 장애 신호 성분(열잡음, 충격잡음, 산탄잡음 등)

09

정답 1) 2B474K : 정격전압 125V, 용량 470nF, 허용오차 ±10%

2B(정격전압), 474(용량/ $47 \times 10^4[pF]$ = 470[nP]), K(허용오차)

2) 32M : 정격전압 50V(기본값 적용), 용량 32pF, 허용오차 ±20%

정격전압값 없음, 32(용량/ $32 \times 10^0[pF]$ = 32[pF]), M(허용오차)

정격전압 [V]	오차 [%]
1A : 10, 2A : 100, 3A : 1000	F : ±1% G : ±2% J : ±5% K : ±10% M : ±20%
1B : 12.5, 2B : 125, 3B : 1250	
1H : 50, 2H : 500, 3H : 5000	

10

정답 1) ping

2) tracert

해설 tracert : 지정된 호스트에 도달할 때까지 통과하는 경로의 정보와 각 경로에서의 지연 시간을 추적하는 명령으로 인터넷 제어 메시지 프로토콜(ICMP)을 사용한다.

11

정답 1) SWRr(Sequential Write Random Read)

2) RWSr(Random Write Sequential Read)

3) RWRR(Random Write Random Read)

12

정답 1) $n = \log_2(M)$, $n = \log_2 8 = 3$[bit]

2) 신호속도 = 전송속도(변조속도) $\times \log_2 M$ = 2,400[baud] $\times \log_2 8$ = 7,200[bps]

해설
• 신호속도는 1초 동안 전송 가능한 비트의 수를 나타내는 것으로, 단위는 bps를 사용한다. 예를 들어 2.4kbps는 1초에 2,400개의 비트를 전송한다는 의미이다.
• 데이터 신호속도[bps] = 변조속도[baud] $\times$ 변조 시 상태변화 수(한번에 전송가능한 비트 수)

13

정답 1) 24비트

2) 165.243.10

3) 254개($2^8 - 2$)

14

정답 1) 안전관리 계획 수립에 관한 사항

2) 안전장구 및 보호구 확보에 관한 사항

3) 안전교육 및 현장점검, 지도에 관한 사항

해설 "시공감리업무수행지침서" 제51조(안전관리) 제6항

감리원은 산업재해 예방을 위한 제반 안전관리 지도에 적극적인 노력을 경주하도록 함과 동시에 안전관계 법규를 이행하도록 하기 위하여 다음 각호와 같은 업무를 수행하여야 한다.

1. 시공자의 안전 조직 편성 및 임무의 법상 구비조건 충족 및 실질적인 활동 가능성 검토
2. 안전관리자에 대한 임무 수행 능력 보유 및 권한 부여 검토
3. 시공계획과 연계된 안전 계획의 수립 및 그 내용의 실효성 검토
4. 유해, 위험 방지계획(수립 대상에 한함) 내용 및 실천 가능성 검토(「산업안전보건법」 제48조제3항, 제4항)
5. 안전 점검 및 안전교육 계획의 수립 여부와 내용의 적정성 검토(법 제26조의2, 「산업안전보건법」 제31조, 제32조)
6. 안전관리 예산편성 및 집행계획의 적정성 검토
7. 현장 안전관리 규정의 비치 및 그 내용의 적정성 검토
8. 표준안전관리비는 타 용도에 사용 불가
9. 감리원이 시공자에게 시공과정마다 발생될 수 있는 안전사고 요소를 도출하고 이를 방지할 수 있는 절차, 수단 등을 규정한 "총체적 안전관리 계획서(TSC : Total Safety Control)"를 작성 · 활용토록 적극 권장하여야 한다.
10. 안전관리 계획의 이행 및 여건 변동시 계획 변경 여부
11. 안전보건 협의회 구성 및 운영상태
12. 안전 점검계획 수립 및 실시(일일, 주간, 우기 및 해빙기 등 자체 안전 점검, 건설기술관리법에 의한 안전 점검, 안전진단 등)
13. 안전교육 계획의 실시(사내 안전교육, 직무교육)
14. 위험장소 및 작업에 대한 안전조치 이행
(고소작업, 추락위험작업, 낙하비래 위험작업, 발파작업, 중량물 취급작업, 전기시설 및 취급작업, 화재위험작업, 건설기계 위험작업 등)

15

정답 60cm

해설 제7조(가공통신선의 지지물과 가공강전류전선간의 이격거리)

① 가공통신선의 지지물은 가공강전류전선사이에 끼우거나 통과하여서는 아니된다. 다만, 인체 또는 물건에 손상을 줄 우려가 없을 경우에는 예외로 할 수 있다.

② 가공통신선의 지지물과 가공강전류전선간의 이격거리는 다음 각호와 같다.

1. 가공강전류전선의 사용전압이 저압 또는 고압일 경우의 이격거리는 다음 표와 같다.

가공강전류전선의 사용전압 및 종별		이격거리
저압		30cm 이상
고압	강전류케이블	30cm 이상
	기타 강전류전선	60cm 이상

2. 가공강전류전선의 사용전압이 특고압일 경우의 이격거리는 다음 표와 같다.

가공강전류전선의 사용전압 및 종별		이격거리
35,000V 이하의 것	강전류케이블	50cm 이상
	특고압 강전류절연전선	1m 이상
	기타 강전류전선	2m 이상
35,000V를 초과하고 60,000V 이하의 것		2m 이상
60,000V를 초과하는 것		2m에 사용전압이 60,000V를 초과하는 10,000V마다 12cm를 더한 값 이상

16

정답 1) 최적 표본화 시점 : 샘플링에서 눈 모양이 열린 최대 높이의 위치가 최적 샘플링 순간이다.

2) 타이밍 에러의 민감도 : 아이패턴의 기울기를 통해 시간 오차에 대한 민감도를 평가한다.

3) 노이즈 마진 : 눈이 열린 높이만큼을 잡음에 대한 여유분으로 잡을 수 있다.

17

정답 1) 분해능 정확성 우수

2) PCB로 제작되어 외부 충격에 강함

3) 타 디지털 장비와 연동 편리

4) 신속한 측정 가능

5) 소형, 경량화 가능

해설 그 외에 오차가 적고 분해능이 우수하며 측정값의 저장이 편리하고 측정값을 시각적으로 표현하기 편리하다.

18

정답 1) 타입의 기능은 상위 계층의 네트워크 프로토콜이 도착한 데이터의 형식을 확인하고 패킷을 어떻게 처리할 것인지를 결정하며 길이는 2[Byte] 이다.

2) CRC는 에러 유무를 판단하는 기능으로 수신단에서 에러를 검출할 때 사용되며 길이는 4[Byte] 이다.

해설

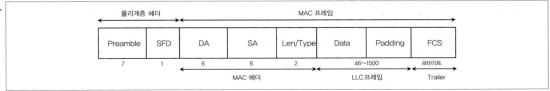

Preamble	SFD	DA	SA	Len/Type	Data	Padding	FCS
7	1	6	6	2	46~1500		4바이트

물리계층 헤더 / MAC 프레임 / MAC 헤더 / LLC프레임 / Trailer

19

정답 1) 연산장치, 2) 255(8비트는 0~255까지 표현 가능)개

20

정답 주소설정, 순서제어, 흐름제어, 오류제어, 캡슐화, 다중화, 동기화

해설

주소지정(Addressing)	전송대상에 대한 주소 지정
순서지정(Sequencing)	• 데이터 단위가 전송될 때 보내지는 순서를 명시하는 기능으로 연결 지향형(Connection Oriented)에만 사용 • 순서제어, 흐름 제어, 오류제어 등을 위해 순서지정
단편화와 재조합 (Fragmentation and Reassembly)	두 엔티티 사이에서 대용량의 데이터를 교환하는 프로토콜의 경우 대부분 같은 크기의 데이터 블록으로 분할하여 전송
데이터 흐름 제어 (Data Flow Control)	• 수신측 엔티티에서 송신자로부터 받은 데이터의 양이나 속도를 제어 • Stop-and-Wait, Sliding Window 기법
연결제어(Connection Control)	연결 지향형 데이터 전송에서는 연결 설정, 데이터 전송, 연결 해제의 3단계로 구성
캡슐화(Encapsulation)	SDU(Service data unit), PCI(Protocol control information)로 구성
오류제어(Error Control)	두 엔티티에서 데이터를 교환할 때 SDU나 PCI가 잘못된 경우, 이를 발견하는 기법으로 Parity Bit Check, CRC 기법이 있음
동기화(Synchronization)	두 엔티티 간에 데이터가 전송될 때 각 엔티티는 특정 타이머값이나 윈도우 크기 등을 기억하고 공유
멀티플랙싱(Multiplexing)	하나의 통신 선로에서 여러 시스템이 동시에 통신할 수 있는 기법

01

정답 1) USB : Universal Serial Bus

2) 장점 : 다양한 인터페이스 지원, DC 5V 전원을 편리하게 사용, 컨버터 적용 시 폭넓은 수용성, USB 3.0 버전의 경우 5[Gbps]의 속도 제공

3) 단점 : 근거리 연결만 지원(2.0은 5m, 3.0은 3m의 길이를 초과할 때부터는 정상 작동을 보장하지 않는다), 이론적으로 한 PC에서 127개까지 인식 제한

02

정답 1) 채널용량이란 물리적인 통로인 채널(Channel)에서 정보가 에러를 발생시키지 않고 보내질 수 있는 최대의 속도이다.

2) 채널 용량식 $C = B\log_2(1 + \dfrac{S}{N})$ [bps], B = 대역폭, S/N = 신호대 잡음비

3) S/N = 20[dB], 대역폭 = 1,000[Hz]

$20[dB] = 10\log(\dfrac{S}{N})$, $\dfrac{S}{N} = 100$, $C = 1,000 \times \log_2(1+100) ≒ 6,658$[bps]

해설 예시)
- S/N [dB] = 10log(S/N), S : 평균신호전력, N : 평균잡음전력
- S/N = 1,000일 때 [dB]로 변환하면 $10\log 10^3 = 10 \times 3 = 30$[dB]

03

정답 전송 비트 수 $n = \log_2(M)$, M = 8이므로 n = 3, 3비트의 정보를 전송할 수 있다.

04

정답 핸드오버(Handover)

해설 통화 중인 이동 단말이 해당 기지국 서비스 지역(cell boundary)을 벗어나 인접 기지국 서비스 지역으로 이동할 때 단말기가 인접 기지국의 새로운 통화 채널에 자동 동조되어 지속적으로 통화 상태가 유지되는 기능을 말한다.

05

정답 1) 네트워크계층(교환 기능) : 가입된 사용자들을 서로 연결시켜 사용자 간의 정보 전송이 가능하도록 제공하는 서비스이며 패킷 교환 방식을 이용한다.

2) 통신 처리계층(통신 처리기능) : 축적 교환 기능과 변환기능을 이용하여 서로 다른 기종 간에 또는 다른 시간대에 통신할 수 있도록 제공하는 서비스이다.

해설 • VAN(부가 가치 통신망, Value Added Network)은 공중 통신 사업자로부터 통신 회선을 임대하여 하나의 사설망을 구축하고 이를 통해 정보의 축적, 가공, 변환 처리 등 부가 가치를 첨가한 후 불특정 다수를 대상으로 서비스를 제공하는 통신망을 뜻한다.

VAN의 계층구조	정보 처리계층	광의의 VAN
	통신 처리계층	협의된 VAN
	네트워크계층	
	기본 통신계층	

- 불특정 다수를 대상으로 서비스를 제공한다.
- 패킷 교환망을 이용한 교환 서비스이다.
- 기업 간 전산망(EDI) 등과 공통적 특성을 가진다.

06

정답 1) OFDM(Orthogonal Frequency Division Multiplexing)

2) 서로 직교관계에 있는 여러 개의 부반송파에 고속의 데이터를 저속의 병렬 데이터로 변환하여 실어 보내는 기법이다.

해설

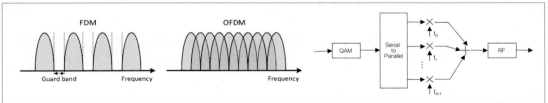

OFDM은 하나의 캐리어를 직교하는 여러 개의 서브 캐리어로 나눠 이를 중첩하여 전송하는 Multiplexing 기법이다. 고속의 전송률을 갖는 데이터열을 낮은 전송률을 갖는 많은 수의 데이터열로 나누고, 이들을 다수의 부반송파를 사용하여 동시에 전송하는 것이다. 즉, OFDM은 데이터 열을 여러 개의 부채널(Sub-channel)로 동시에 나란히 전송하는 다중 반송파 전송방식의 특별한 형태이다.

07

정답 1) 전파지연(Propagation delay)

2) 전송시간(Transmission time)

3) 전송시간 = $\dfrac{\text{전송데이터길이[bit]}}{\text{전송속도[bps]}} = \dfrac{10,000}{10,000} = 1[sec]$

4) 노드지연(Node delay)

08

정답 1) 버스형, 2) 링형, 3) 스타형, 4) 메시형

해설

구성 형태	구성도	특징
링형		링형에서는 장치들이 원형 체인 방식으로 연결되어 있으며, 데이터 전송을 위해 토큰(token)을 사용한다. 토큰은 링형 네트워크를 따라 순환하는데, 토큰을 획득해야 데이터를 전송할 수 있다.
버스형		버스형에서는 하나의 통신 회선에 장치들을 연결한다. 데이터를 목적지 주소와 함께 버스에 연결된 모든 장치에 전송하면 데이터를 받은 장치들은 목적지 주소를 확인하여 자신에게 보내진 데이터일 때 이를 받아들인다.
스타형		스타형에서는 모든 장치가 중앙에 있는 한 장치에 연결되어 있는데, 데이터의 전달은 항상 중앙 장치를 통해 이루어진다. 가장 많이 사용되는 방식이다.
메시형		모든 컴퓨터가 서로 직접적으로 연결된 구조로 다수의 경로를 통해 데이터를 전송할 수 있다. 기기 장애의 영향을 적게 받으므로, 안정성이 높다는 장점이 있으며, 설치나 관리가 어렵고 구성 비용이 높다는 단점이 있다.

09

정답 1) 전화망(PSTN) 번호 부여방식 : 국가번호 + 국내번호(통신망 번호 + 지역번호 + 가입자 번호)
2) 데이터망 번호 부여방식 : 통신망 번호 + 데이터망내 번호(데이터 국번호 + 가입자단말 번호)

해설 • 효율적인 통신망 구성과 전기통신 이용자의 이용편익 향상을 목적으로 하는 전화번호 구성 및 번호 운영 계획 등을 말하며 국제표준화기구 ITU-T에서 계획한다.
• ITU-T의 번호계획은 공중전화망(PSTN), 종합정보통신망(ISDN), 공중데이터망(PSPDN/CSPDN), 텔렉스망(TELEX), 이동통신망, 범용 개인 통신으로 구분하여 규정한다.

10

정답 1) SNMP(simple network management protocol)
2) 네트워크에 연결된 라우터, 허브 등 통신기기의 정보를 망 관리 시스템에 전송하는 데 사용되는 간편 프로토콜로 SNMP 이전에는 ICMP Echo, Echo 응답 Message 등을 이용하여 N/W를 관리하였으며, TCP/IP를 사용하여 N/W의 S/W 및 H/W 개체들의 정보를 자동 수집하여 감시하고 유지보수하기 위한 기본동작과 절차를 명시하였다.

11

정답 1) 입력값 제한 방법 : 데이터에 대한 길이, 문자, 형식 및 규칙 등에 대한 유효성을 검사하여 악성 스크립트 자체가 입력되지 않도록 하는 방식이다.
2) 입력값 치환 방법 : 악성 스크립트로 인식될 수 있는 태그들에 대해 HTML 개체로 변경하여 악성 스크립트가 수행되지 않도록 하는 방식이다.

12

정답 1) Network Backup이란 한 컴퓨터에서 만든 중요정보, 자료(백업 자료)를 같은 네트워크의 다른 컴퓨터에 저장하는 백업하는 것으로 파일 서버나 공유 폴더에 백업하는 것이 가장 쉬운 네트워크 백업 방법이다.
2) Network Backup 구축 전 고려사항
• 네트워크 환경 : 백업데이터의 크기에 맞는 네트워크 부하 고려(데이터 용량 < 네트워크 대역폭)
• 백업 스토리지 : 백업데이터 수용이 가능한 스토리지 용량 고려(용량에 따른 백업데이터의 종류, 크기가 결정되어야 함)
• 네트워크 백업 형태 : 백업의 주기, 대상, 변경된 정보의 선택 백업 등 백업방식 결정

13

정답 1) A : LER(Lable Edge Router), Lable Binding 기능, 기존 라우터 기능 제공
2) B : LSR(Lable Switch Router), LER(Lable Edge Router), Lable Binding 기능, Lable Switching 기능, 기존 라우터 기능 불필요

14

정답 시공계획서(공사계획서)

해설 • 시공계획서에 기재할 주요한 항목은 약 10가지로 구분된다.
• 각 관련 기준에 따라 시공계획서에 기재할 주요한 항목을 규정하고 있다.
• 건설공사 사업관리방식 검토기준 및 업무 수행 지침(국토교통부 고시) 참고

1. 공사개요	7. 인력 투입계획
2. 수행 조직도	8. 품질관리 및 시험계획
3. 공사 예정 공정표	9. 안전관리계획
4. 주요 공정 시공 절차 및 방법	10. 환경관리계획
5. 주요 장비 반입계획	11. 폐기물처리계획
6. 주요 자재 수급 계획	12. 교통관리계획

15
정답 1) 800Hz, 2) 2, 3) 4

16
정답 1) **전송속도(Throughput)** : 링크에서 어떤 flow가 얼마만큼 흐르는지 측정
2) **지연(Delay)** : 인터넷망의 특정 지점 간 전달되는 지연시간
3) **접속 성공률** : 일정 시간 인터넷망을 연결할 때 접속이 성공되는 비율
4) **에러율** : 송신된 패킷이 지정된 목적지에 도착하지 못하는 패킷 수

17
정답
- 총 전송비트 수 $= 2,400 \times 10 \times 60 = 1,440,000$[bit]
- 총 에러 비트 $=$ 총 전송비트 $\times$ 비트 에러율 $= 1,440,000 \times 5 \times 10^{-5} = 72$[bit]
- 총 블록 수 $= \dfrac{\text{총 전송비트}}{\text{총 블록 수}} = \dfrac{1,440,000}{511} = 2,819$개
- 최대 블록 에러율 $= \dfrac{\text{총 에러 블록 수}}{\text{총 블록 수}} = \dfrac{72}{2,819} = 0.02554 \fallingdotseq 26 \times 10^{-3}$

18
정답 HDLC(High-level Data-Link Control)

19
정답 3) 50Ω > 100Ω

해설 "접지설비 구내 통신설비 선로설비 및 통신 공동구 등에 대한 기술기준" 제5조(접지저항 등) 제4항
접지선은 접지 저항값이 10Ω 이하인 경우에는 2.6mm 이상, 접지 저항값이 100Ω 이하인 경우에는 직경 1.6mm 이상의 PVC 피복동선 또는 그 이상의 절연 효과가 있는 전선을 사용하고 접지극은 부식이나 토양오염 방지를 고려한 도전성 재료를 사용한다. 단, 외부에 노출되지 않는 접지선의 경우에는 피복을 아니 할 수 있다.

20
정답 1) 변압기, 2) 정류회로, 3) 평활회로, 4) 정전압 회로

해설 1) 변압기 : 1차 측과 2차 측의 코일 권 선비를 조정하여 2차 측에 교류전압을 출력
2) 정류회로 : 다이오드를 이용해 교류를 한쪽으로 흐르도록 함
3) 평활회로 : 정류회로에서 만들어진 맥류를 평활할 직류로 만드는 회로로써, 직류중에 포함되는 리플을 제거하기 위해 삽입되는 회로
4) 정전압 회로 : 입력전압이 변동하더라도 정류된 DC 전압의 안정적 출력, 일정한 출력값을 가지게 하는 회로가 전원 안정화 회로

실기편
PART 08
최신 실기 기출문제

실기 기출문제 09회 정답 및 해설 3-391

01

정답 1) 열잡음, 2) 충격잡음, 3) 유도잡음(누화)

해설 • 잡음은 통신시스템에서 자연적으로 발생하는 불필요한 신호이다.
- 내부잡음은 열(백색)잡음, 산탄/저주파/시스템 잡음이 있다.
- 외부잡음은 자연/인공/간섭잡음이 있다.

02

정답 1) 스넬의 법칙
2) LED, DFB-LD(분포 귀환형 레이저 다이오드)
3) PD(Photo Diode), APD(Avalanche Photo Diode)
4) 1310[nm]

해설 • DFB-LD(분포 귀환형 레이저 다이오드)
- 회절격자(브래그 격자)가 있는 부분에 전류를 주입하여 이득을 갖게 한 레이저 다이오드이다.
- 레이저 활성영역 바로 위의 층을 주름지게 에칭하여, 광을 선택적으로 반사시킬 수 있도록 한 광 회절격자(Diffraction Grating)이다.
- 파장의 안정성, 고출력(≒ 2mW), 짧은 선폭(≪ 1nm), 매우 낮은 RIN, 빠른 응답 특성, 다소 고가 등
- 단일 주파수의 광을 출력하는 거의 완벽한 코히런트 광원이나, 모드잡음이 생기기 쉬움

03

정답 1) DSSS : Direct Sequence Spread Spectrum, 직접 확산 스펙트럼
2) FHSS : Frequency Hopping Spread Spectrum, 주파수 도약 스펙트럼

해설 • 원래의 신호에 주파수가 높은 디지털 신호(확산 코드)를 곱(XOR)하여 확산(Spreading)시키는 대역확산 변조 방식으로 이동통신 CDMA에 적용되는 기술이다.
- 호핑(Hopping, 도약) 코드에 따라 순간적으로 한 주파수로 호핑 되어 그 주파수에서 아주 짧은 시간 동안 전송하고, 다시 다른 주파수로 호핑 되며 전과 동일한 과정을 반복하는 방식이다. 송신부와 수신부는 같은 시간대에 같은 주파수에 위치토록 동기화가 필요하다. 대표적으로 블루투스 통신에 적용된다.

04

정답 1) 개구수, 2) 수광각, 3) 정규화 주파수, 4) 비 굴절률 차

구분	설명
개구수	광원으로부터 빛을 얼마나 받을 수 있는지를 나타내는 수치
수광각	빛을 광섬유의 코어 내부로 입사시킬 때 광섬유가 전반사시킬 수 있는 입사광의 각도
정규화 주파수	광섬유 내에서 전파할 수 있는 전파 모드의 수
비 굴절률 차	코어와 클래딩 굴절률의 차이를 나타내는 파라미터

05

정답 $10\log\dfrac{1[\text{mW}]}{100[\text{mW}]} = 10\log10^{-2} = -20[\text{dB}]$

해설
- 전압의 이득 or 감쇠 = Voltage Gain or Attenuation dB = $20\log V_{out}/V_{in}$
- 전류의 이득 or 감쇠 = Current Gain or Attenuation dB = $20\log I_{out}/I_{in}$
- 전력의 이득 or 감쇠 = Power Gain or Attenuation dB = $10\log P_{out}/P_{in}$
- 데시벨(dB)이란 증폭률의 상용대수에 20을 곱한 단위 [dB]이다.
- 예를 들어, OP Amp의 개방 이득이 100,000배(10^5배)인 경우, 이를 데시벨로 표기하면 $20\log_{10}10^5 = 100[\text{dB}]$이다.

06

정답 A) 64, B) 16, C) 신호정보, D) 64

해설
1) B채널 : 가입자 정보전송용 채널로 64Kbps의 속도를 제공한다.
2) D채널 : 신호 정보용 채널로 16Kbps의 속도를 제공한다.
3) H채널 : 64Kbps 이상의 고속서비스가 가능한 정보전송 채널이다.

07

정답
1) $2P \geq m + P + 1$에서(m : 메시지 비트수, P : 패리티 비트수)
   $m + P = 9$, 따라서 $P \geq 4$ 패리티비트는 4개 포함됨
2) 신드롬 계산법 : $P_1[1,3,5,7,9] \rightarrow 0$, $P_2[2,3,6,7] \rightarrow 1$, $P_4[4,5,6,7] \rightarrow 1$, $P_8[8,9] \rightarrow 0$
   따라서 $P_8 P_4 P_2 P_{1(2)} = 0110_{(2)} = 6$(6번째 비트에서 오류가 발생함)

08

정답 1) 거리벡터, 2) 거리벡터, 3) 홉, 4) 라우팅

해설 RIP는 경유하는 통신망 안에 있는 모든 라우터의 수를 나타내는 홉(hop) 수로 수치화하고, 거리 벡터 알고리즘을 기반으로 이 수치화 값(메트릭, metric)들을 동적으로 교환하여 라우팅 테이블을 갱신한다.

09

정답
1) 프로토콜의 데이터 단위가 전송될 때 보내지는 순서를 명시
2) 순서에 맞게 전달하여 흐름제어, 오류제어를 수행
3) 수신단에서 전송된 PDU를 순서에 맞게 재구성

해설
- 프로토콜의 3대 요소
- 구문(Syntax) : 데이터의 형식이나 신호로, 부호화 방법 등을 정의한다.
- 의미(Semantics) : 오류제어, 동기 제어, 흐름제어 같은 각종 제어 절차에 관한 제어 정보를 정의한다.
- 순서(Timing) : 송/수신자 간 혹은 양단(End-to-End)의 통신시스템과 망 사이의 통신 속도나 순서 등을 정의한다.
- 순서 결정은 프로토콜 데이터 단위(PDU, Protocol Data Unit)가 전송될 때 보내지는 순서를 명시하는 기능이며, 연결 지향형(Connection-oriented)에만 사용된다.
- 순서를 지정하는 이유는 흐름제어, 오류제어 등을 위해서이다. PDU는 상대한테 보내면 상대는 순서에 맞게 데이터를 재구성하고 오류가 있을 시에는 재전송을 요청한다.
※ PDU(프로토콜 데이터 단위) : 데이터가 전송될 때 일정 크기의 데이터 블록을 말한다.

10

정답 1) 버스형, 2) 링형, 3) 스타형, 4) 메시형

해설

구성 형태	구성도	특징	
링형		링형에서는 장치들이 원형 체인 방식으로 연결되어 있으며, 데이터 전송을 위해 토큰(token)을 사용한다. 토큰은 링형 네트워크를 따라 순환하는데, 토큰을 획득해야 데이터를 전송할 수 있다.	
버스형		버스형에서는 하나의 통신 회선에 장치들을 연결한다. 데이터를 목적지 주소와 함께 버스에 연결된 모든 장치에 전송하면 데이터를 받은 장치들은 목적지 주소를 확인하여 자신에게 보내진 데이터일 때 이를 받아들인다.	
스타형		스타형에서는 모든 장치가 중앙에 있는 한 장치에 연결되어 있는데, 데이터의 전달은 항상 중앙 장치를 통해 이루어진다. 가장 많이 사용되는 방식이다.	
메시형		모든 컴퓨터가 서로 직접적으로 연결된 구조로 다수의 경로를 통해 데이터를 전송할 수 있다. 기기 장애의 영향을 적게 받으므로, 안정성이 높다는 장점이 있으며 설치나 관리가 어렵고 구성 비용이 높다는 단점이 있다.	

11

정답 1) 대칭키 암호화 : 암호화 및 복호화 시 사용되는 키가 동일한 암호화 시스템이다.
2) 공개키 암호화 : 암호화 및 복호화 시 사용되는 키가 서로 다른 암호화 시스템이다.

해설
- 대칭키 암호화 방법은 송신자는 보낼 메시지를 수신자가 공유하고 있는 암호화 키를 이용해 암호문으로 변환하고 수신자는 수신된 암호문을 복호화키를 이용해 평문으로 변환한다.
- 공개키 암호화는 송신자는 보낼 메시지를 수신자의 공개키로 암호화해 보내고 수신자는 자신의 비밀키를 이용해 복호화하여 평문으로 변환한다.

12

정답 1) 데이터 변환 기능(응용계층의 다양한 표현양식을 공통의 형식으로 변환)
2) 데이터 압축/해제 기능
3) 데이터 암호화/복호화 기능
4) 코드 변환(문자코드 번역)

해설
- 표현계층은 OSI 7Layer중 6번째 계층이다.
- 표현계층(Presentation layer)은 코드 간의 번역을 담당하여 사용자 시스템에서 데이터의 형식상 차이를 다루는 부담을 응용계층으로부터 덜어 준다.
- MIME 인코딩이나 암호화 등의 동작이 이 계층에서 이루어진다. 예를 들면, EBCDIC로 인코딩된 문서 파일을 ASCII로 인코딩된 파일로 바꿔주는 것이 표현계층의 몫이다.

13

정답 1) 옥외 안테나는 배관 36[mm] 이상 또는 급전선 외경의 2배 이상 배관설치, 광케이블은 22[mm] 이상 배관설치 및 중계장
치 설치
2) 접속함은 배관 길이가 40[M]를 초과할 경우 설치하고 굴곡점에 적용

해설 "접지설비 · 구내통신설비 · 선로설비 및 통신 공동구 등에 대한 기술기준" 제2절 구내용 이동통신 설비 제35조(급전선의 인입 배관 등), 제36
조(접속함)
- 옥외 안테나에서 중계장치 등까지 설치하는 배관은 다음 각 목에 적합하여야 하며, 건물 내 통신배관실을 이용하여 설치하는 경우에는 그러
하지 아니하다.
- 급전선을 수용하는 배관의 내경은 36mm 이상 또는 급전선 외경(다조인 경우에는 그 전체의 외경)의 2배 이상이 되어야 하며, 3공 이상을
설치하여야 한다.
- 광케이블을 수용하는 배관의 내경은 22mm 이상이어야 하며, 예비공 1공 이상을 포함하여 2공 이상을 설치하여야 한다.
- 배관의 길이가 40m를 초과할 경우
- 제28조제5항제4호의 규정에 부적합한 배관의 굴곡점

14

정답 1) 파형

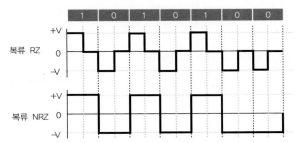

2) RZ(Return to Zero)의 특징 : +V 또는 −V의 반주기 후 0으로 복귀함에 따라 대역폭이 증가하며, 수신 단에서 동기 추출
은 쉬워진다.
3) NRZ(Non Return to Zero)의 특징 : 신호의 극성 표현이 +V 또는 −V로 계속 유지됨에 따라 대역폭은 작지만, 신호가 연
속될 경우 수신 단에서 동기가 어렵다. RZ에 비해 대역폭이 절반이다.

해설
- 베이스 벤드 전송방식은 원래의 신호(펄스파형, 디지털 데이터)를 그대로 보내는 전송방식으로 근거리 전송용이다.
- 전송방식의 유형은 단류 NRZ, 복류 NRZ, 단류 RZ, 복류 RZ, 바이폴라, 맨체스터 등의 방식이 있다.

15

정답 코드효율 $= \dfrac{7}{7+1} \times 100\% = 87.5\%$

전송효율 $= \dfrac{8}{8+2} \times 100\% = 80\%$

유효속도 $= 4,800[\text{bps}] \times 80\% \times 87.5\% = 3,360[\text{bps}]$

16

정답 공사예정공정표, 현장대리인 선임계, 안전관리자 선임계, 책임기술자 자격수첩 사본

해설 사업자 등록증, 법인 등기부 등록증, 설계내역서 등 발주처 요청에 따라 조정 가능하다.

17

정답 1) 네트워크상의 패킷의 캡처 및 저장
2) 네트워크 모니터링
3) LAN 병목현상 감지
4) 응용프로그램 실행 오류감지
5) 프로토콜 설정오류 분석

해설 • 네트워크를 지나다니는 패킷들을 캡처하여 세밀하게 분석하기 위한 장비로 소프트웨어 또는 하드웨어와 소프트웨어의 조합으로 구성된다.
• 하드웨어 방식 : 휴대용으로 필요한 모든 것이 장착된 형태로 제작된다.
• 소프트웨어 방식 : 고정형 PC나 노트북에 SW를 설치하여 동작하는 형태이다.

18

정답 1) 장애관리(Fault)
2) 구성관리(Configuration)
3) 계정관리(Accounting)
4) 성능관리(Performance)
5) 보안관리(Security Management)

19

정답 코올라쉬 브리지 회로에서 X = I$_2$ = R = I$_1$ 이므로 X = 150Ω

해설 접지저항을 측정하는 방법에는 접지저항기에 의한 측정법, 코올라쉬 브리지(Kohlrausch bridge)에 의한 측정법, 비헤르트 브리지(Wiechert bridge)에 의한 측정법이 있다.

20

정답 1) 나동선 접지
2) 메시(망상) 접지

나동선		• 폭 30cm~50cm깊이 70cm 굴착 • 중앙에 나동선 포설, 저감재도포(5cm이상)후 되메움 • 토질이 양호한 곳에 사용하는 방식
메시 (망상)		• 나동선을 격자형으로 접속하고 저감재 도포 • 대형 접지전극 구성 가능 시 사용(건물, 철탑 등) • 낮은 접지값 요구시 사용, 접지 면적 넓음

21

정답 1) 전압 변동률, 2) 부하 변동률, 3) 대기 전류, 4) 맥동 제거율

해설 1) 전압 변동률 : 발전기, 전동기, 변압기 등에 있어서 전 부하시와 무 부하시의 2차 단자 전압차의 정도를 백분율로 나타낸 것이다.
2) 부하 변동률 : 부하가 변동되는 비율을 말한다.
3) 대기전류 : 부하를 연결하지 않아서 오디오 기기가 작동되지 않는 상태에서도 소비되는 전류를 말한다.
4) 맥동 제거율 : 맥동율에 대한 제거가 가능한 비율을 말한다.

MEMO

자격증 독학, 어렵지 않다!
수험생 합격 전담마크

이기적 스터디 카페

- 스터디 만들어 함께 공부
- 전문가와 1:1 질문답변
- 프리미엄 구매인증 자료
- 365일 진행되는 이벤트

이기적 스터디 카페

한번에 합격, 자격증은 이기적

이기적 스터디 카페

합격 전담마크! 핵심자료부터
실시간 Q&A까지 다양한 혜택 받기

365 이벤트

매일 매일 쏟아지는 이벤트!
기출복원, 리뷰, 합격후기, 정오표

이기적 유튜브 채널

13만 구독자의 선택,
7.5천 개의 고퀄리티 영상 무료

CBT 온라인 문제집

연습도 실전처럼!
PC와 모바일로 시험 환경 완벽 연습

 이기적 스터디 카페

홈페이지 : license.youngjin.com
질문/답변 : cafe.naver.com/yjbooks

YoungJin.com Y.
영진닷컴